APPLIED PSYCHOLOGY

The First – Thirteenth Congress Proceedings of the
International Association of Applied Psychology

APPLIED PSYCHOLOGY

Volume 8: The Eighth Congress
Prague 1934

Edited by Horst Gundlach

London and New York

First published in 1935 by Orbis
Reprinted in 1998
by Routledge
11 New Fetter Lane, London EC4P 4EE

Simultaneously published in the USA and Canada
by Routledge
29 West 35th Street, New York, NY 10001

13-volume set
Volume 8 ISBN: 0–415–17223–3

© 1998 Routledge

Printed and bound in Great Britain by Antony Rowe Ltd,
Chippenham, Wiltshire

British Library Cataloguing in Publication Data
A catalogue record for this book is available from the British Library

Library of Congress Cataloguing in Publication Data
A catalogue record for this book has been requested

ISBN 0–415–17215–2

Publisher's note: These reprints are taken from original copies of the Congress
Proceedings. In many cases the condition of these originals is not perfect, the
paper, often acidic, having suffered over time, and the copy being affected by such
factors as inconsistent printing pressure resulting in faint text, show-through
from one leaf to the other, the filling in of some characters and the break-up of
type. The publisher has gone to great lengths to ensure the quality of these
reprints, but wishes to point out that certain characteristics of the original copies
will, of necessity, be apparent in reprints thereof.

VIIIᵉ CONFÉRENCE INTERNATIONALE

DE PSYCHOTECHNIQUE

Tenue à Prague du 11 au 15 septembre 1934

sous la présidence du

Dr F. ŠERACKÝ,

professeur à l'Université Charles IV

COMPTES RENDUS

PUBLIÉS

PAR LE COMITÉ NATIONAL

D'ORGANISATION

PRAGUE 1935

LIBRAIRIE DÉPOSITAIRE «ORBIS»

COMPTES RENDUS

DE LA

VIIIᵉ CONFÉRENCE INTERNATIONALE

DE

PSYCHOTECHNIQUE

IMPRIMERIE «ORBIS», PRAGUE XII

PERSONNES AYANT PRÊTÉ LEUR APPUI
À LA VIIIᵉ CONFÉRENCE INTERNATIONALE
DE PSYCHOTECHNIQUE

placée sous le Haut Patronage de

M. T. G. MASARYK,

Président de la République tchécoslovaque.

PRÉSIDENTS D'HONNEUR:

M.M.

Krčmář (Dr. Jan), ministre de l'Instruction publique,
Beneš (Dr. Eduard), ministre des Affaires étrangères,
Czech (Dr. Ludwig), ministre des Travaux publics,
Baxa (Dr. Karel), maire de la ville de Prague.

COMITÉ D'HONNEUR:

M.M.

Auerhan (Dr. Jan), président de l'Office de Statistique, Prague.
Bachrach (Dr. Karel), président du Syndicat des distilleries d'alcool, Prague.
Basch (Dr. Antonín), directeur de la Société de produits chimiques et métallurgiques à Ústí n. L., Prague.
Baťa (Jan, A.), industriel, Zlín.
Beran (Rudolf), député et leader du parti agraire.
Beutler (Josef, Rudolf), conseiller commercial, directeur de la Carderie et filature de laine à Nejdek, Prague.
Bláha (Ing. Silvestr), général de division, chef de la Maison militaire du Président de la République, Prague.
Brettschneidrová-Popelková (Mme Ludmila), de l'Association tchécoslovaque des professeurs de sciences ménagères.
Brod (Artur), directeur en chef des Usines Fanto, Prague.
Bydžovský (Dr. Bohumil), professeur à l'Université Charles IV, Prague.
Clary-Aldringen (Dr.), industriel, Teplice-Šanov.
Čech (Dr. Petr), directeur général de la Première Société d'Assurance mutuelle tchèque, Prague.
Čížek (Vojtěch), professeur, représentant de l'Union centrale des professeurs tchécoslovaques.
Čupr (Prof. Dr. Karel), recteur de l'Ecole Polytechnique à Brno.
Deutsch (Ernst), industriel, Dvůr Králové.
Dobrý (Ing. Josef), ingénieur, président du Comité Central des bureaux d'orientation professionnelle, Prague.
Domin (Dr. Karel), recteur de l'Université Charles IV, Prague.

Dressler (Rudolf), directeur de la Maison Jindřich Franck & Fils, Prague.

Dvořák (Dr. L., F.), docteur en droit, directeur général de l'Union centrale des syndicats économiques, Prague.

Emler (Dr. Jan), conseiller gouvernemental, directeur de la Bibliothèque universitaire, Prague.

Fafl (Dr. Zdeněk), secrétaire général de la Chambre de Commerce, Prague.

Federer (Oscar), directeur général des Fonderies de Vítkovice.

Feierabend (Dr. Ladislav), directeur général des Syndicats économiques, Prague.

Fischer (Dr. Otakar), doyen de la Faculté des Lettres de l'Université Charles IV, Prague.

Fisher (Dr. L.), général en chef du Service sanitaire de l'Armée tchécoslovaque, Prague.

Foerster (Dr. J. B.), président de l'Académie des Sciences et des Arts, Prague.

Fukátko (Dr. Ing. Jaroslav), secrétaire général de la S. A. Orbis, Prague.

Gesemann (Dr. Gerhard), recteur de l'Université allemande, Prague.

Gibian (Richard), industriel, Prague.

Gintl (Dr. Wilhelm), recteur de l'Ecole Polytechnique allemande, Prague.

Gottlob (Dr. Ing. Harry), directeur de la Fabrique tchèque de soie artificielle, Lovosice.

Hájek (Jan), chef de section au ministère des Affaires étrangères, Prague.

Hartmann (Dr. Joe), directeur de la Société tchèque pour l'industrie sucrière, Prague.

Hendrych (Dr. Jaroslav), vice-président du Conseil scolaire à Prague.

Hlauschek (Dr. Otto), professeur à l'Ecole Polytechnique allemande, Prague.

Hodáč (Dr. František), député, professeur à l'Ecole Polytechnique tchèque, Prague.

Hotowetz (Dr. Rudolf), ancien ministre, membre de l'Institut général des pensions, Prague.

Hromádko (Ing. Vilém), ingénieur, directeur général des Usines Škoda, S. A., Prague.

Charvát (Dr. Jaroslav), directeur général de la Fabrique de ciments de Králův Dvůr, S. A., Prague.

Janko (Dr. Josef), professeur à l'Université Charles IV, président de la Commission d'examen pour les professeurs des écoles secondaires.

Jurnečková-Vorlová (Mme Marie), membre de la Chambre des députés, Prague.

Kadlec (František), industriel, Prague.

Karásek (Karel), membre du Conseil scientifique et du Conseil administratif de l'Académie Masaryk du Travail (M.A.P.).

Klindera (Ing. Ferdinand), président de l'Union centrale des syndicats économiques, Prague.

Kollar (Dr. Robert), conseiller ministériel à l'Office de statistique, chargé de cours à l'Université Charles IV, Prague.

Krofta (Dr. Kamil), professeur à l'Université Charles IV, ministre plénipotentiaire au ministère des Affaires étrangères, Prague.

Kruliš-Randa (Dr. Otakar), directeur général de la Société minière et métallurgique, Prague.

Kubista (Dr. Jaroslav), directeur, assesseur du Conseil provincial, Prague.

Kučera (Ing. Josef), industriel, Stružinec.

Kudrnáč (Josef), industriel, Náchod.

Kutzer (Mme Hermine), institutrice, pour l'Association des institutrices allemandes, Ústí n. L.

Liebieg (Theodor), industriel, Liberec.

Lindworsky (Dr. Johannes), professeur à l'Université allemande, Prague.

Lustig (Emil), directeur général de l'Union centrale des syndicats tchécoslovaques, Prague.

Mansfeld (Ing. Bedřich), secrétaire général de l'Académie Masaryk du Travail, Prague.

Marchas (Rolf), directeur, instructeur au ministère de l'Instruction publique pour les classes spéciales allemandes, Liberec.

Matouš-Malbohan (Dr. František), chef de section au ministère de l'Instruction publique, Prague.

Milbauer (Dr. Ing. J.), recteur de l'Ecole Polytechnique, Prague.

Miřička (Dr. August), professeur à l'Université Charles IV, Prague.

Mixa (Ing. Vojtěch), secrétaire général du syndicat central des Industriels tchécoslovaques, Prague.

Mölzer (Ing. Eustach), président du Conseil d'administration des entreprises électriques de Prague, président de l'Autoclub de la République tchécoslovaque.

Mühlig (Dr. Ing. Jos. Max), industriel, Teplice.

Müller (Dr. Václav), chef de section au ministère de l'Instruction publique, Prague.

Nečas (Ing. Jaromír), député, Prague.

Novák (Ing. Ladislav), ancien ministre, député, Prague.

Orszǎgh (Josef), président de la province de Slovaquie, Bratislava.

Otto (Dr. E.), professeur à l'Université allemande, Prague.

Pantoflíček (Dr. J.), professeur à l'Ecole Polytechnique, président de l'Académie Masaryk du Travail, Prague.

Peča (Dr. Václav), directeur général de la Banque d'assurance mutuelle Slavia, Prague.

Peroutka (Dr. František), directeur en chef de la Banque Nationale, Prague.

Petřík (Ing. Josef), professeur à l'Ecole Polytechnique, Prague.

Pibl (Ing. Alois), directeur des tramways électriques de la ville de Prague.

Pičman (Ing. František), président du comité de la S.I.A., Prague.

Píšek (Dr. František), professeur à l'Ecole Polytechnique de Brno.

Pižl (Dr. Alois), chef de section au ministère de l'Instruction publique, Prague.

Pospíšil (Dr. Vilém), ancien gouverneur de la Banque Nationale, Prague.

Prokůpek (Adolf), président du Conseil national tchécoslovaque, Prague.

Reich (Dr. Ing. Edvard), chef de section au ministère de l'Agriculture, Prague.

Rissinger (Dr. Ing. Karel), directeur général des Usines Křižík-Chaudoir, Prague.

Rohn (E.), directeur, président du Deutscher Lehrerbund, Liberec.

Rosam (Václav), directeur de l'Institut du Travail économique agricole près de l'Académie du Travail Masaryk, Prague.

Rudl (Bohumil V.), directeur général des Usines de kaolin de l'Ouest de la Bohême, Prague.

Růžička (Ing. Klement), directeur général de la S. A. Tchéco-Morave-Kolben-Daněk, Prague.

Rückl (Dr. Jan Jiří), industriel, Stará Huť pod Nižborem.
Ryska (Ing. Karel), professeur à l'Ecole Polytechnique, Brno.
Selig (Leopold), banquier, Prague.
Schicht (Dr. Heinrich), industriel, Ústí n. L.
Schuster (Dr. Václav), ancien ministre, président de la Česká banka Union, Prague.
Schwarzenberg (Dr. Bedřich), président de la Première Société d'Assurance mutuelle tchèque, Tochovice.
Sigmund (Ing. Jan), industriel, Lutín.
Slavík (Dr. Oldřich), directeur en chef de la S. A. Politika, Prague.
Slávik (Dr. Juraj), ancien ministre, député, Prague.
Sobotka (Dr. Josef), président de la province de Bohême, Prague.
Sochor (Zdeněk), industriel, Dvůr Králové.
Soukup (Dr. František), président du Sénat, Prague.
Staněk (Dr. František), président de la Chambre des députés, Prague.
Stauch (Ing. Karel), directeur général des mines et des forges de l'Etat, Prague.
Stieberer (Ing. Václav), président de la Chambre des Ingénieurs, Prague.
Stodola (Kornel), sénateur et président de la Chambre de commerce, Bratislava.
Stránský (Dr. Jaroslav), député et professeur à l'Université, Brno.
Sýkora (Ing. Artuš), directeur de l'Institut industriel près de la Chambre de Commerce, Prague.
Sýkora (Dr. Vladislav), directeur général de la Société métallurgique de Prague.
Syrovátka (Ing. Evžen), conseiller ministériel, chef de la présidence au ministère des Travaux publics, Prague.
Syrový (Jan), général d'armée, inspecteur en chef de la force armée, Prague.
Šafr (Antonin), directeur de l'assurance Securitas et président de l'Union automobile, Prague.
Šálek (Antonin), directeur général de la S. A. Schoeller & Co., Prague.
Šalda (Jaroslav), directeur en chef de la S. A. Melantrich, Prague.
Šíp (Dr. Ladislav), conseiller au ministère de l'Instruction publique, Prague.
Špišek (Dr. Ferdinand), chef de section au ministère de l'Instruction publique, Prague.
Šusta (Ing. Václav), conseiller supérieur, Třeboň.
Tayerle (Rudolf), député, Prague.
Tille (Dr. Václav), professeur à l'Université Charles IV, Prague.
Tolman (Dr. Břetislav), professeur à l'Ecole Polytechnique, Prague.
Tomsa (Dr. B.), recteur de l'Université Coménius, Bratislava.
Třebický (Dr. Jan), président de la Chambre de Commerce, Prague.
Trnka (Dr. František), directeur en chef de la Société des assurances ouvrières contre les accidents, Prague.
Tučný (Alois), député, Prague.
Veselý (Jaroslav), propriétaire foncier et industriel, Molitorov.
Wimmer (Antonin), président de l'Union des instituteurs tchécoslovaques, Prague.
Vlasák (Emanuel), instituteur, président de l'Association des instituteurs tchécoslovaques, Prague.
Winter (Ing. Arnošt), sénateur, Prague.

Wirth (Dr. Zdeněk), chef de section au ministère de l'Instruction publique, Prague.
Wolfrum (C. H.), industriel, Ústí n. L.
Zavřel (Dr. Jan), recteur de l'Université Masaryk, Brno.

Zenkl (Dr. Petr), professeur, membre du Conseil municipal de la ville de Prague et directeur de la Caisse centrale des Assurances sociales, Prague.
Zimmler (Dr. Ing. E.), président de l'Institut central de psychotechnique à Prague.
Živanský (Dr. Bohdan), secrétaire général de l'Union centrale des Chambres de Commerce, Prague.
Žižka (Ing. Rudolf), directeur général de la ville de Prague.
Žmavc (Dr. Ivan), ancien secrétaire général de l'Académie Masaryk du Travail, Prague.

COMITÉ LOCAL DE RÉCEPTION.

Présidente:
Mme *M. Fliederová.*

Secrétaire:
Mme *R. Ronová-Brožková.*

Membres: Mmes

M. Autengruberová,
Amélie Baxová,
Hana Benešová,
Zdeňka Bergrová,
E. Dominová,
Ella Dratvová,
Dr. A. Dratvová,
B. Fischerová,
E. Gibianová,
M. Jedličková,
Š. Kroftová,

L. Kubistová,
C. Mágrová, secrétaire de l'Y.W.C.A.
K. Milbauerová,
M. Mojžíšová,
P. Seligová,
E. Sochorová,
Dr. I. Šaunová, chargée de cours à l'Université,
M. Šeracká,
A. Truksová.

COMITÉ NATIONAL D'ORGANISATION.

Président:

M. *František Šeracký,* docteur ès lettres, professeur de psychologie à l'Université Charles IV, directeur de l'Institut Central de Psychotechnique.

Membres:
M.M.
E. Bena, docteur en médecine, médecin à l'Institut Central de Psychotechnique.
Josef Cibulka, ingénieur du laboratoire psychotechnique des usines métallurgiques de Vitkovice.

Vojtěch Čížek, professeur à l'école secondaire.

Gustav Daněk, professeur à l'Ecole Normale.

Miroslav Disman, instituteur à l'école élémentaire supérieure.

Jan Doležal, docteur ès lettres, vice-directeur de l'Institut Central de Psychotechnique.

A. Dratva, ingénieur, conseiller supérieur au Bureau provincial, représentant de l'Académie Masaryk du Travail.

W. Feuerstein, docteur en médecine, assistant à la IIe clinique allemande des maladies internes.

Jan Hořejši, docteur ès lettres, lecteur à l'Université.

František Jindrák, docteur en droit, directeur de la Première Société d'Assurance Mutuelle tchèque.

František Kafka, docteur en médecine, chef-médecin de l'Asile provincial d'aliénés.

A. Kalmus, docteur en médecine, chargé de cours à l'Ecole Polytechnique allemande, conseiller supérieur de la santé publique.

L. Koubek, instituteur à l'école élémentaire supérieure.

K. Kuchynka, docteur en droit, conseiller de section à l'Office de statistique.

Mme *Marie Kühnelová,* directrice de l'école réformée de Nusle.

Karel Lörsch, professeur à l'école professionnelle, ingénieur de l'Institut Central de Psychotechnique.

Julius Löwy, docteur en médecine, professeur à l'Université.

Capitaine *Josef Mls,* docteur en médecine et ès lettres, assistant au laboratoire de psychotechnique de l'Armée.

Zdeněk Mysliveček, docteur en médecine, professeur à l'Université Charles IV, chef de la Clinique tchèque de psychiatrie.

Josef Novák, professeur à l'école secondaire.

Josef Ogoun, docteur ès lettres, professeur à l'école secondaire.

Petr Otásek, docteur ès sciences techniques, directeur de la Caisse d'Assurance ouvrière contre les accidents.

B. Pešek, instituteur à l'école élémentaire supérieure.

Jiří Polák, docteur en droit, directeur des usines Škoda.

Dimitrij Pšenčík, docteur ès lettres, représentant du Bureau central d'orientation professionnelle.

Jaroslav Rameš, docteur ès lettres, assistant à l'Institut de Psychologie de l'Université Charles IV.

Karel Rotta, secrétaire du Comité National pour l'organisation scientifique du travail.

Walter Simon, docteur en droit, secrétaire général de la Reichsarbeitsgemeinschaft für Berufsberatung.

František Soukup, docteur en médecine, chef-médecin de l'Asile provincial d'aliénés.

Cyril Stejskal, docteur ès lettres, professeur à l'école secondaire.

Emanuel Šlechta, docteur ès sciences techniques, chargé de cours à l'Ecole polytechnique, secrétaire général du Comité National pour l'organisation scientifique du travail.

Stanislav Špaček, ingénieur, conseiller ministériel au ministère des Travaux publics, représentant de l'Académie Masaryk du Travail.

Emanuel Tilsch, secrétaire de l'Institut textile tchécoslovaque.

Jaroslav Třebický, directeur de la S. A. Orbis.

Felix Tříska, secrétaire de l'Institut central de psychotechnique.

10

Karel Třiska, secrétaire de la Société tchécoslovaque de psychologie.
Josef Váňa, docteur ès lettres, directeur du laboratoire psychotechnique des Entreprises électriques de la ville de Prague.
Stanislav Velinský, docteur ès lettres, chargé de cours à l'Université Charles IV.
Mme *Marie Vítková*, directrice de l'école élémentaire supérieure.
Josef Vitásek, directeur de la S. A. Melantrich.
Vladimír Vondráček, docteur en médecine, chargé de cours à l'Université Charles IV, assistant à la Clinique propédeutique tchèque.
Rudolf Zinsmeister, instituteur à l'école élémentaire supérieure.
Antonín Zlatníček, docteur en droit, directeur des usines de kaolin de Bohême occidentale.
Mme *Ludmila Žofková*, directrice de l'école élémentaire supérieure.

COMITÉ INTERNATIONAL DE DIRECTION.

Président:

F. Šeracký (Prague, Tchécoslovaquie).

Secrétaire:

J. M. Lahy (Paris, France).

F. Baumgarten-Tramer (Soleure, Suisse).
V. Bingham (New York, U.S.A.).
St. Blachowski (Poznań, Pologne).
E. Claparède (Genève, Suisse).
G. Corberi (Milan, Italie).
A. G. Christiaens (Bruxelles, Belgique).
A. Gemelli (Milan, Italie).
J. Germain (Madrid, Espagne).
F. Giese (Stuttgart, Allemagne).
A. Grunbaum (Amsterdam, Hollande).
G. Jaederholm (Göteborg, Suède).
C. de Madariaga (Madrid, Espagne).
G. H. Miles (Londres, Angleterre).
E. Mira (Barcelone, Espagne).
Ch. S. Myers (Londres, Angleterre).
H. Piéron (Paris, France).
F. Roels (Utrecht, Hollande).
E. Rubin (Copenhague, Danemark).
H. Rupp (Berlin, Allemagne).
M. L. Sirkin (Charkoff, Russie).
I. Spielrein (Moscou, Russie).
W. Stern (Hambourg, Allemagne).
M. Viteles (Philadelphie, U.S.A.).

Membres correspondants:

K. Hackl (Vienne, Autriche).
G. Zapan (Bucarest, Roumanie).

PRÉFACE.

Nous avons fait tous nos efforts pour que ce volume parût dans le délai d'un an après le Congrès, quoique nous ayons eu quelque difficulté à nous procurer le texte de toutes les communications qui ont été présentées. Comme nous souhaitons que ce volume donne une image complète des travaux du Congrès, nous avons décidé de publier toutes les communications, sans les abréger plus qu'il n'a été strictement nécessaire, ainsi que tous les débats du Congrès. On lira dans ce volume un rapport au sujet de la séance de clôture, les vœux présentés par les diverses commissions, l'énumération des excursions et des réunions mondaines auxquelles le Congrès a donné lieu, la liste des membres du Congrès, etc. et enfin ce qu'on trouve généralement dans les recueils de ce genre.

Les rapports nous apprennent que le programme du Congrès n'a pu être entièrement conçu selon le projet élaboré à Berne en 1933 par le Comité directeur. Il faut se rappeler que les travaux d'organisation proprement dits du Congrès n'ont pas occupé plus de six mois. La matière du Congrès a été répartie comme suit dans le volume :

1. Discours solennels prononcés lors de l'ouverture du Congrès, auxquels se trouvent joints trois rapports de caractère plus général, présentés aussi lors de cette ouverture.

2. Industrie, commerce et administration.

3. Transports.

4. Etude du caractère de l'enfant en vue de l'orientation professionnelle.

5. Orientation professionnelle des bacheliers.

6. Psychopathologie et physiologie du travail.

7. Psychotechnique et médecine.

8. Méthodologie et autres problèmes spéciaux.

9. Applications pédagogiques.

10. Organisation scientifique du travail.

Certains des domaines que nous venons d'énumérer — ceux surtout qui sont cités sous les numéros 9 et 10 — ont donné lieu à des communications qui, pour le moment encore, intéressent tout particulièrement la Tchécoslovaquie. C'est pourquoi nous les publions dans un supplément en langue tchèque, tandis que nous nous contentons d'en donner, dans l'édition internationale de notre volume, de brefs résumés.

En achevant la publication de cet ouvrage nous pensons avec reconnaissance à tous ceux qui ont contribué à assurer le succès de notre Congrès. Que l'expression de ma gratitude aille tout d'abord au Président de la République, M. Thomas G. Masaryk, qui a bien voulu assumer le patronage de la VIIIe Conférence internationale de psychotechnique — titre officiel de notre Congrès — ainsi qu'au gouvernement tchécoslovaque — surtout aux ministères de l'Instruction publique, des Affaires étrangères, des Travaux publics. Je suis aussi redevable d'une grande reconnaissance au Conseil municipal de la ville de Prague. Je tiens en outre à remercier cordialement tous les membres du Comité d'honneur du Congrès et du Comité national d'organisation, ainsi que ceux du Comité féminin, et à assurer de ma gratitude tous ceux qui ont pris une part active aux travaux du Congrès, en particulier les présidents de diverses sections et commissions. MM. Jan Doležal et Stanislav Velínský ont contribué dans une large mesure à la réussite en organisant les expositions du Congrès.

Je ne puis enfin passer sous silence les concours si efficaces qui m'ont été apportés, particulièrement pour l'édition du présent ouvrage. Il me faut remercier le Bureau de la présidence de la République, le ministère du Commerce et de l'Industrie, les Etablissements d'électricité de la Ville de Prague, et la VIe section de l'Académie Masaryk du Travail, sans oublier tous ceux qui, par leur aide financière, ont facilité cette publication. Un dernier remercîment à ceux qui ont été mes collaborateurs dans la rédaction de cet ouvrage, surtout à MM. Jan Doležal, Jaroslav Rameš et Karel Tříska.

F. ŠERACKÝ,
Président de la VIIIe Conférence
Internationale de Psychotechnique.

I.

SÉANCE D'OUVERTURE
A. DISCOURS D'OUVERTURE

DISCOURS DE M. KRČMÁŘ,
ministre de l'Instruction Publique.

Mesdames et messieurs,

De tous les congrès scientifiques internationaux qui se tiennent à Prague, le Congrès psychotechnique présente une importance particulière pour le ministère de l'Instruction publique dont j'ai l'honneur d'être le chef.

L'Administration scolaire a bien vite reconnu l'intérêt considérable des examens psychotechniques des capacités des élèves pour leurs occupations futures et même pour leurs propres études. C'est pourquoi cette Administration a décidé de rendre ces recherches obligatoires pour tous les étudiants du Ier semestre de nos Facultés des lettres et des sciences; étant donné les résultats obtenus, elle les a recommandées également aux élèves des établissements secondaires à la fin de leurs études. A la demande unanime des parents, les examens psychotechniques ont été institués cette année pour les élèves sortant du premier cycle, et d'autre part on s'occupe de l'examen préliminaire des enfants, au point de vue psychotechnique, avant de les admettre dans la première classe de nos écoles secondaires.

Le ministère de l'Instruction publique apporte son appui le plus efficace au centre de ces études psychotechniques, c'est-à-dire à l'Institut psychotechnique tchécoslovaque. L'activité très étendue de cet établissement a suscité l'intérêt de Monsieur le Président Masaryk qui d'ailleurs a visité plusieurs fois déjà cette institution dont il suit avec attention les travaux, s'attachant surtout aux résultats fournis par l'idée centrale de la discipline psychotechnique qui consiste à mettre l'homme à la place convenant le mieux et pour lui-même et pour la société. Grâce au travail de cet Institut, on a pu organiser un comité consultatif pour l'examen psychotechnique des élèves des écoles secondaires, dans lequel siègent les inspecteurs généraux. Par ailleurs, dans le but de multiplier le nombre des observations psychotechniques, le ministère de l'Instruction publique a organisé l'année dernière un cours de vacances destiné aux professeurs de l'enseignement secondaire: de cette entreprise s'est dégagée toute une série de résolutions qui prouvent amplement la vigueur atteinte aujourd'hui par l'idée inspiratrice.

Indépendamment de ce travail appuyé directement par le Ministère de l'Instruction publique, il existe en Tchécoslovaquie un réseau dense d'offices pour le choix d'une profession dans le cadre desquels les établissements commerciaux ou industriels, ou même les villes, mettent sur pied des laboratoires psychotechniques consacrés à l'étude des élèves et des apprentis.

On peut remarquer que, dans cet effort, la République tchécoslovaque apparaît comme la patrie de « l'instituteur des nations », Jan Amos Komenský, bien connu sous le nom de Coménius. Il est certain que ce Congrès met en lumière le très vif intérêt de nos éducateurs pour la pédagogie des institutrices des écoles maternelles jusqu'aux maîtres des Universités; et certes c'est pour nous une grande joie de constater ici la présence d'un si grand nombre de délégations étrangères.

Je désire, dans l'intérêt de tous, que le VIIIe Congrès international de Psychotechnique réuni à Prague réalise beaucoup de travaux positifs vraiment féconds pour notre rapprochement mutuel à nous tous, pour l'enrichissement de notre trésor commun de connaissances et pour le progrès de la science psychotechnique qui est devenue, à l'heure actuelle l'application la plus importante de la psychologie générale.

Je termine en exprimant au Congrès le cordial salut de T. G. Masaryk, Président de la République tchécoslovaque, ainsi que celui du Gouvernement, et, enfin, je déclare ouvert le VIIIe Congrès psychotechnique international.

DISCOURS DE M. ŠTŮLA,
adjoint au maire de Prague.

Mesdames et messieurs,

Permettez-moi de vous saluer chaleureusement ici au nom de la ville de Prague et au nom de ses représentants et de vous dire combien je suis heureux de pouvoir vous souhaiter la bienvenue au nom de la municipalité de Prague en vous exprimant le désir que votre congrès soit une pleine réussite.

Je ne suis pas assez compétent pour parler de vos savants travaux mais je dois reconnaître que nous constatons tous les jours les résultats de vos méthodes dans nos entreprises publiques et je puis affirmer qu'ils ont prouvé leur grande importance.

En terminant, laissez-moi vous renouveler tous nos vœux en vous souhaitant de vous sentir à Prague comme chez vous.

DISCOURS DE M. DOMIN,
recteur de l'Université Charles IV.

Monsieur le ministre, mesdames et messieurs,

C'est pour moi un honneur et un plaisir de pouvoir vous saluer en ma qualité de recteur de la vieille et vénérable Université Charles IV. Depuis que j'occupe ces fonctions c'est la quatrième fois qu'est tenu un congrès dont l'importance dépasse les frontières de notre république.

Ce congrès est l'aréopage suprême de la science et doit démontrer la maturité de l'éducation scientifique chez nous. Nous sommes assurés que la science qui est si éminemment représentée par mon collègue M. Šeracký occupera une place d'honneur en ce congrès international auquel je souhaite de tout mon cœur, au nom de l'Université Charles IV et en mon nom, le meilleur succès possible.

Je vous salue très cordialement au nom de l'Université Charles IV et je vous souhaite que votre congrès réussisse et que votre séjour à Prague soit le plus agréable possible. Encore une fois: Soyez les bienvenus!

DISCOURS DE M. MILBAUER,
recteur de l'École polytechnique tchèque de Prague, suppléant du président de l'Académie Masaryk du Travail.

Permettez-moi, mesdames et messieurs, en ma qualité de recteur de l'école polytechnique de Prague et comme remplaçant le président de l'Académie Masaryk du Travail, de vous souhaiter la bienvenue dans notre ville. La science que je représente est certes bien étrangère à vos travaux. Mais j'ai toujours cru que les sciences qui embrassent deux disciplines étaient destinées à obtenir à notre époque un brillant succès. Dans ma jeunesse on séparait soigneusement la physique de la chimie, mais depuis quelque temps la physico-chimie est devenue la plus intéressante et la plus utile de toutes les disciplines modernes qui se sont développées dans notre siècle. Vous me demanderez peut-être ce que je pense de votre congrès. Eh bien je crois que la nouvelle science qui a pour but d'organiser scientifiquement le travail et qui embrasse de nombreuses disciplines portera autant de bons fruits que l'union de la physique et de la chimie dont je vous ai parlé.

Vous avez fait un choix heureux en prenant Prague comme siège de votre congrès. Cette ville est le cœur de l'Europe centrale et son histoire, ses multiples beautés et son développement grandiose depuis qu'elle est devenue la capitale d'un nouvel État lui ont acquis une renommée mondiale.

De tout cœur je souhaite le plus grand succès à votre congrès.

DISCOURS DE M. FISCHER,
doyen de la Faculté des Lettres de l'Université Charles IV.

Monsieur le ministre, mesdames et messieurs,

C'est pour notre Faculté un honneur de recevoir les représentants éminents de tant de nations. Vos études qui dépassent le cadre de notre Faculté seront d'une grande importance pour notre pays et la Faculté suivra avec grand intérêt vos recherches, méthodes et investigations. Le président du congrès, mon éminent collègue, M. le professeur Šeracký, va nous parler des expériences qu'il a rassemblées en aidant les étudiants dans le choix de leurs vocations.

Il fut un temps où les études de notre Faculté avaient une note tout à fait caractéristique qui les différenciait des autres études. Elles devaient être réservées à ceux qui en étaient dignes, qui se consacraient aux questions les plus hautes qui peuvent intéresser l'esprit humain. Notre époque a choisi un autre point de vue, notre Faculté devient presque superflue dans notre civilisation technique. Mais si je suis bien renseigné, ce sont justement les psycho-techniciens qui se sont imposé le devoir de décider quelles valeurs doivent être abandonnées et quelles doivent être conservées. Il s'agit seulement de montrer que pour réussir il faut avoir une intelligence attentive, il faut être différent de ceux qui se vouent aux études sans en être dignes.

DISCOURS DE M. PIÉRON,
professeur à l'Université de Paris, délégué du gouvernement français.

Mesdames et messieurs,

C'est une tâche bien agréable pour un Français que celle de remercier la Tchécoslovaquie d'avoir bien voulu accueillir à Prague, pour sa VIIIe Conférence, l'Association Internationale de Psychotechnique, parce que la politesse rituelle recouvre des sentiments très vifs de sympathie, et, je puis dire, d'affection.

J'ai eu l'honneur de recevoir à mon Laboratoire quelques-uns de vos compatriotes, et, avec tous, j'ai noué de liens solides d'amitié.

Et, bien que je sois depuis peu dans votre belle ville de Prague, j'ai déjà pu goûté le charme de son accueil et l'atmosphère d'ordre et de liberté qu'on y respire.

Les congrès se succèdent à Prague, laissant tous le regret de vous quitter et l'espoir de vous revenir: vous êtes ici au grand carrefour de l'Europe, en un lieu où les civilisations se fondent harmonieusement; à côté des lignes rigides des clochers gothiques s'élançant vers le ciel, les formes arrondies des minarets byzantins semblent hésiter dans leur envol et s'attarder plus près de terre. Et l'on voit aussi s'accorder et s'unir l'avenir et le passé dans votre pays, si jeune lorsque l'on consulte les actes de naissance des nations modernes, mais si vieux lorsqu'on suit votre histoire dans ses vénérables archives: les hardiesses de l'architecture moderniste coudoient les plus beaux exemples du style baroque, et les traditions respectées n'empêchent pas les initiatives les plus osées.

Et, dans ces initiatives, il n'en est pas de plus heureuses que celles qui relèvent de cette jeune discipline, la Psychotechnique, qui a trouvé chez vous un terrain d'élection. Vous n'avez pas hésité à appliquer au traitement des choses humaines cet esprit rationnel qui nous a donné la maîtrise des principales forces de la nature.

Comme Français, comme psychotechnicien, j'ai lieu de me réjouir de me trouver aujourd'hui à Prague, à l'occasion de cette conférence qui, j'en suis sûr, ne manquera pas d'être particulièrement féconde.

DISCOURS DE M. GEMELLI,

recteur de l'Université Catholique du Sacré Cœur à Milano,
délégué du gouvernement italien.

Mesdames et messieurs,

Le gouvernement fasciste d'Italie, que j'ai l'honneur de représenter, donne sa cordiale adhésion au huitième Congrès International de Psychotechnique, qui se tient dans cette belle et hospitalière Prague. Cette adhésion va aussi aux buts, aux principes de la psychotechnique qui sont en parfaite concordance avec les devises, les intentions, la nature même du Fascisme. C'est le chef du gouvernement italien, le Duce de l'Italie, qui a affirmé cette idée qui est bien psychotechnique, que c'est une grande erreur de l'époque du capitalisme d'avoir considéré l'homme seulement ou surtout de son côté économique: l'*homo oeconomicus* n'existe pas. Ce n'est pas l'homme qui doit se mécaniser en travaillant à la machine, mais nous devons construire et adapter la machine, et même toute l'usine aux besoins, aux aptitudes, aux idéals, aux possibilités psychophysiologiques et sociales de son maître, l'homme.

En Italie on peut trouver dans les lois fascistes fondamentales, comme celle de la *Carta del lavoro* et dans toute sa structure corporative de la Nation en arts, métiers, professions, les meilleures prémisses pour l'étude et les applications de la psychotechnique. Et il est bien naturel que le Parlement ait récemment approuvé la création d'un Institut National pour l'Etude du Travail.

Nous autres Italiens souhaitons donc de grand cœur que ce Congrès International puisse marquer une nouvelle et importante étape dans le domaine si riche et si vaste de la psychotechnique, et que le progrès de l'organisation du travail humain puisse contribuer à cette collaboration des nations au progrès de l'humanité qui pourra assurer la paix des peuples dans l'essor du travail humain.

DISCOURS DE M. CLAPARÈDE,

Président fondateur des Congrès Psychotechniques
au nom des Congressistes étrangers.

Monsieur le Ministre, Monsieur le Président et chers Collègues,

Le programme de notre Congrès est très chargé. Aussi, pour ne pas trop allonger cette séance officielle, m'a-t-on prié de remercier les organisateurs de cette Conférence au nom des congressistes de tous les pays représentés ici. Je puis le faire en connaissance de cause. J'ai assisté en effet la semaine dernière au Congrès de Philosophie qui se tenait ici, et j'ai pu déjà constater quel splendide accueil la ville de Prague réserve à ses hôtes. Il me semble même que les marques de sa généreuse hospitalité vont en progressant d'une semaine à l'autre. Par exemple, les membres du Congrès de Philosophie ne payaient que demi-place dans les tramways; ceux de cette Conférence y sont admis tout à fait gratuitement. Nul doute que si quelque nouveau congrès se réunit à Prague la semaine prochaine, on ne fasse un petit cadeau à ceux qui utiliseront ce moyen de transport!

Les nombreuses nations que j'ai l'honneur de représenter ici pendant quelques minutes sont très différentes quant aux races, aux langues, aux institutions et aux conceptions politiques. Elles ont cependant toutes quelque chose en commun, à savoir la science qu'elles cultivent. Il y a de multiples philosophies, mais il n'y a qu'une science. On dit quelquefois que la science est étrangère à la morale. C'est vrai sans doute s'il s'agit de l'objet de la science. Mais rien n'est plus faux s'il s'agit de la pratique de la science. Car la pratique de la science est un puissant agent de solidarité humaine. Y a-t-il, Mesdames et Messieurs, un autre domaine de l'activité humaine dans lequel les hommes venant de tous les horizons géographiques, politiques ou religieux, travaillent dans un même esprit de désintéressement, armés des mêmes méthodes, et poursuivant un même but, la vérité? — Notre conférence donc ne contribuera pas seulement au progrès de la science, mais encore à cette solidarité internationale si nécessaire à l'heure actuelle.

Excellence, je vous prie de bien vouloir transmettre à M. le Président Masaryk, qui pendant toute sa vie a donné l'exemple du travail, de la part des membres de la Conférence de Psychotechnique, l'hommage de notre respect et de notre admiration.

Aujourd'hui nous avons une aristocratie du travail, créée par la révolution industrielle. Le travail est aussi l'essentiel pour le psychotechnicien. Il faut distinguer les facultés de l'homme. Un génie n'a pas besoin d'être découvert par les psychotechniciens, il fera son chemin lui-même. Mais la psychotechnique est d'une importance extrême pour tous ceux qui n'ont pas réussi. Les psychotechniciens tâchent de réparer les maux causé par l'ordre social actuel.

Je vous souhaite le meilleur succès au nom des professeurs de la Faculté des Lettres.

DISCOURS DE M. ZIMMLER,

président de l'Institut Central tchécoslovaque de Psychotechnique.

Mesdames et messieurs,

L'humanité n'a certes jamais eu de preuves aussi *claires* de la *nécessité de subordonner* toutes ses activités à la domination de *l'esprit* et *non de la force brutale* et de la violence que celles que les événements historiques lui ont fournies au cours des dernières vingt années.

Cet enseignement est tracé sur les tables historiques en caractères indélébiles avec le sang de millions d'hommes.

L'esprit doit dominer l'épée. Une nouvelle époque commence, époque de la science que le salut de l'humanité ne peut être assuré que par un effort *commun* de toutes les nations vers la création d'une nouvelle organisation fondée sur les bases de la science et de l'étude des qualités mentales et physiques du travailleur et de la stricte observation des lois de la justice et de la moralité.

Votre réunion est consacrée à la recherche des voies conduisant à cet idéal bienfaisant pour toute l'humanité, qui mènent à travers nos ateliers par-dessus de toutes les frontières de la politique, de la race et les divisions sociales.

Nos cœurs et nos âmes sont pleins d'ardeurs et brûlent d'accomplir cette noble tâche.

Nous autres, Tchécoslovaques, sommes prêts à contribuer pour notre part à l'effort commun selon nos forces et notre bonne volonté.

Acceptez, je vous en prie, cette déclaration avec bienveillance et tendez-nous vos mains fraternelles pour nous aider à établir la paix et un meilleur avenir de tous les peuples.

Soyez les bienvenus!

DISCOURS DE M. FAFL,
secrétaire général de la Chambre de Commerce à Prague.

Monsieur le ministre, mesdames et messieurs,

J'ai l'honneur de vous saluer ici au nom de M. Třebický, qui regrette vivement de ne pas pouvoir le faire lui-même, d'autant plus qu'en sa qualité de président de la Chambre de Commerce il serait mieux placé que quiconque pour voir l'importance pratique de vos recherches dans la vie économique.

Je ne pense pas qu'il soit nécessaire de souligner la valeur de la psychotechnique du point de vue économique. Elle est employée dans l'industrie, dans le commerce, dans les transports et dans l'administration et a montré qu'elle était d'une extrême importance. Elle a obtenu les meilleurs résultats dans tous les domaines dans lesquels je suis compétent et est devenue un facteur avec lequel il faut compter. C'est donc avec un intérêt spécial que je souhaite le meilleur succès de cette réunion si importante.

DISCOURS DE M. TILLE,
professeur à l'Université Charles IV, président de l'Union Intellectuelle tchécoslovaque.

Monsieur le ministre, mesdames et messieurs,

C'est la première fois que l'Union Intellectuelle Tchécoslovaque a l'occasion de saluer à Prague une réunion aussi brillante de savants éminents. L'Union Intellectuelle s'est imposée le devoir de faire connaître aux écrivains et aux savants étrangers les beautés et la vie culturelle de Prague. Malheureusement le programme de votre congrès est tellement chargé de conférences qu'il sera difficile de trouver le temps nécessaire pour pouvoir vous montrer les beautés de Prague. Mais l'Union Intellectuelle fera son possible pour satisfaire à vos vœux. J'espère qu'à la fin du congrès vous serez contents non seulement du travail sérieux que vous aurez accompli, mais aussi de votre séjour dans la capitale de la République tchécoslovaque, où nous vous souhaitons la bienvenue!

DISCOURS DE M. ŠERACKÝ,

président de la Conférence.

Monsieur le Ministre, Mesdames, Messieurs,

Mes premières paroles seront pour remercier Monsieur le Président de la République tchécoslovaque, sous le Haut Patronage de qui nous ouvrons notre VIIIe Congrès. Le Patronage de M. T. G. Masaryk a pour nous un prix inestimable, venant de l'homme de science et de grandes actions, qui par son intelligence si vaste et profonde comprend si noblement les buts poursuivis par la psychotechnique. J'exprime également ma gratitude à notre comité d'honneur, surtout à son président, M. le docteur Krčmář, ministre de l'Instruction publique, qui a bien voulu inaugurer notre conférence. Je remercie M. Edouard Beneš, ministre des Affaires étrangères, qui regrette de ne pas pouvoir participer à l'ouverture, et qui nous a envoyé une belle lettre dans laquelle il nous souhaite le meilleur succès. M. Beneš est représenté par M. Krofta, ministre plénipotentiaire. Je remercie M. Czech, ministre des Travaux publics, qui nous a honoré de sa présence, M. Soukup, président du Sénat, M. Baxa, maire de Prague, qui est empêché d'assister et qui est représenté par son adjoint M. Štůla. Je profite de cette occasion pour remercier la municipalité de la ville de Prague pour son bienveillant intérêt et l'appui précieux qu'elle a bien voulu prêter à notre congrès.

Je remercie tous les orateurs qui ont pris la parole avant moi et qui ont parlé en termes si flatteurs de notre congrès et de notre pays.

Avant de parler des préparatifs du VIIIe Congrès, permettez-moi de passer brièvement en revue l'histoire des Congrès précédents.

L'idée d'organiser des Congrès psychotechniques internationaux, réunissant les psychologues et les techniciens en vue de la collaboration scientifique la plus étroite, est due à M. Edouard Claparède, présent parmi nous, qui a réussi à inaugurer le premier de ces Congrès à Genève, en 1920. Les Congrès suivants, le IIe et le IIIe, se sont tenus successivement en 1921 et en 1922, à Barcelone et à Milan. La série des Congrès s'est trouvée ensuite interrompue, et ce n'est qu'en 1927 seulement qu'a eu lieu à Paris le très remarquable IVe Congres, qui fut suivi des Congrès tenus à Utrecht en 1928, à Barcelone en 1929 et, en 1931, à Moscou.

C'est à Moscou qu'il a été décidé que la prochaine conférence, la huitième, aurait lieu à Vienne, en 1933; à cette décision s'est jointe aussi la demande de l'Allemagne de choisir Berlin pour siège du IXe Congrès.

La situation politique s'étant un peu obscurcie entre temps, le Comité directeur décida de choisir une autre métropole. Enfin nous avons aujourd'hui la bonne fortune de voir le VIIIe Congrès se tenir à Prague.

Chargé, en ma qualité de membre du Comité directeur, d'assumer les travaux d'organisation de ce VIIIe Congrès, je suis extrêmement flatté de présider à cette conférence, car je vois, dans ce choix de notre ville, la preuve de la confiance que notre nation et notre pays inspirent au monde.

Je dois dire ici que j'ai été puissamment aidé dans ma tâche par la haute sollicitude dont le Gouvernement tchécoslovaque n'a cessé d'entourer notre conférence et par l'intérêt particulier que lui ont témoigné, tant dans le domaine moral que matériel, quantité de protecteurs et collaborateurs. Tout cela a constitué pour moi un concours très précieux.

Quoique les invitations pour le Congrès n'aient été envoyées qu'au mois de mars, plus de 100 rapports ont été soumis au Congrès. L'industrie, le commerce et l'enseignement tchécoslovaques nous assurent une très belle participation. On compte plus de 40 communications tchécoslovaques. Cette abondance nous a obligés à diviser le programme en 3 séances parallèles.

Nous avons l'honneur de voir parmi nous des représentants de l'Allemagne, du Brésil, de l'Angleterre, de l'Autriche, de la Belgique, de l'Espagne, des Etats-Unis, de la Finlande, de la Hongrie, de la Hollande, de l'Italie, de la Palestine, de la Pologne, de la Roumanie, de la Suisse, de l'U.R.S.S. Ce m'est un grand plaisir de les saluer très cordialement, particulièrement les représentants des gouvernements français et italien, et M. Claparède, père spirituel des Congrès Psychotechniques.

Des excursions ont été prévues pour nos hôtes étrangers, non seulement à Prague durant le Congrès, mais après sa clôture à Zlín, Vítkovice, Dvůr Králové, Ústí n. L., Jáchymov et Plzeň.

*

Le présent Congrès diffère, pour son caractère général, sensiblement des Congrès précédents. Alors que dans ces derniers, la théorie et la méthodologie occupaient le premier plan, le programme du VIIIe Congrès veut envisager avant tout les résultats.

La psychotechnique n'est plus seulement la recherche d'une voie, elle s'est affirmée dans la pratique, ses représentants viennent témoigner de ses succès et ainsi la psychotechnique acquiert toute sa signification et peut aider à résoudre les questions difficiles que présente la crise économique actuelle.

C'est avant tout au travail des psychotechniciens qu'on doit de voir l'homme vivant, qui n'est malgré tout pas une pure machine, s'opposer avec un succès croissant à la suprématie de la froide technique.

Le programme du Congrès est très varié et je ne saurais abuser de votre patience par l'énumération de tous ses détails.

En premier lieu se place la question de l'orientation professionnelle. En effet il faut avant tout, et pour des raisons d'ordre économique, prêter une grande attention au facteur humain dès le début de son développement. L'instruction doit bien considérer, non seulement le côté mental, mais également le côté physique. On enseigne en vue de la vie et non de l'école. Ce principe est valable pour les écoles de tous genres, depuis l'école maternelle jusqu'à l'école supérieure. Les institutions spéciales, telles que bureaux d'orientation professionnelle et instituts de psychotechnique doivent poursuivre ce but, qui est aussi celui de l'école.

Depuis assez longtemps nous cherchons à obtenir de la part de l'Etat de prendre à sa charge l'entretien des Bureaux d'orientation professionnelle. Malheureusement, nos efforts n'ont pas été jusqu'à maintenant couronnés de succès. Et pourtant, il en résulterait un avantage incontestable, celui de pouvoir approfondir les méthodes d'orientation professionnelle — comme on s'en rend compte dans les autres pays où ces Bureaux n'ont pas à lutter contre les difficultés de l'existence. De ce point de vue, nous considérons l'ouverture chez nous du VIIIe Congrès psychotechnique comme un événement très heureux, étant donné que notre public aura ainsi l'occasion de reconnaître les précieux services que les institutions de ce genre peuvent rendre aux travailleurs adultes.

L'industrie et le commerce modernes ont aussi grandement modifié les conditions que doit remplir le personnel. Or la psychotechnique, en étudiant les bases scientifiques de la formation des apprentis, de l'entraînement des ouvriers et du personnel des bureaux, obtient, précisément dans ce domaine, des résultats inattendus dont la pratique peut tirer de grands profits.

Parmi les professions spéciales il faut accorder une attention particulière aux professions de conducteurs de véhicules tels que chauffeurs, mécaniciens, pilotes, et autres. Ceux qui exercent ces professions peuvent être dangereux pour les vies et les biens par leur inaptitude, et pour cette raison l'examen psychotechnique des candidats a été rendu obligatoire dans toute une série de pays. Les expériences réalisées dans ce domaine nous intéresseront d'autant plus aujourd'hui que la Chambre des députés met au point le texte définitif des lois concernant la conduite des véhicules automobiles.

Les milieux scolaires et un très grand nombre de familles portent le plus grand intérêt aux recherches projetées dans les écoles secondaires et supérieures. Car la psychotechnique étend depuis peu ses recherches même à ces écoles. Elle prouve que ses méthodes sont parfaitement applicables même à la recherche d'intelligences supérieures, comme il en faut pour les professions libérales et pour les hauts emplois.

Ces derniers temps la psychotechnique travaille en collaboration étroite avec la médecine, car certains travaux et certains emplois entraînent des maladies spéciales et des accidents, et la tâche de la psychotechnique est de sélectionner par un choix préalable ceux qui inclinent naturellement davantage aux accidents et aux maladies en question.

Notre temps a encore donné un nouveau rôle à la psychotechnique. La crise économique actuelle a éliminé du marché du travail un grand nombre d'individus. L'état mental du chômeur, qui ne peut travailler et le voudrait, est critique. Il faut ouvrir aux chômeurs de nouvelles possibilités de travail en tenant compte du fait que le nouveau mode d'existence doit être en accord avec les capacités des individus. La psychotechnique peut se féliciter également d'avoir obtenu, dans les cas où elle eu à intervenir, des résultats concrets.

*

Le Congrès montrera également les efforts de notre jeune psychotechnique au cours de ces dernières années. Son développement est contemporain de l'avènement de la République tchécoslovaque, et je vais essayer de vous esquisser une image d'ensemble de nos travaux réalisés. Leur centre a été incontestablement ici à Prague, où d'abord fut créé l'Institut psychotechnique de l'Académie Masaryk du Travail. Peu à peu toute une série d'institutions psychotechniques s'est séparée de cet institut; par exemple le laboratoire psychotechnique du ministère de la Défense Nationale. La ville de Prague a créé également son propre laboratoire pour la sélection de son personnel et particulièrement pour les conducteurs des tramways électriques municipaux. D'autres laboratoires psychotechniques ont été créés par une série de grandes firmes industrielles telles que Baťa, les aciéries Vítkovice, les blanchisseries de laine de Nejdek et nos collègues allemands possèdent aussi toute une série de bureaux très actifs destinés à l'orientation professionnelle. L'Institut central de psychotechnique tchécoslovaque qui s'est détaché de l'Académie du Travail en 1931 a examiné depuis le début de son activité jusqu'à maintenant 40.000 personnes environ. La plupart de cas essayés se rapportent aux employés de l'Etat pour lesquels l'examen psychotechnique est partiellement obligatoire. Le ministère des Chemins de fer en particulier fait subir depuis 1926 l'examen psychotechnique aux mécaniciens et aux candidats du service des transports en général; les ministères des Travaux publics, des Postes, de la Justice et, en partie (pour les candidats aux postes de la police d'Etat et de la gendarmerie), le ministère de l'Intérieur, font de même. Ces derniers temps le plus grand nombre de sujets de l'Institut central de psychotechnique a été recruté chaque année parmi les élèves des écoles secondaires et supérieures. Des examens psychotechniques pour les élèves de quatrième et les bacheliers sont passés directement à l'école secondaire et, à Prague, les examens psychotechniques sont obligatoirement pratiqués aux facultés des Lettres et des Sciences naturelles de l'Université Charles IV.

L'époque actuelle de crise économique n'est nullement favorable à la psychotechnique, mais tous les services psychotechniques qui ont été créés peuvent témoigner que les méthodes psychotechniques prouvent même aujourd'hui leur utilité dans le choix des travailleurs de valeur. Ce sont particulièrement les formes suivantes:

Nous rencontrons souvent chez nous des adversaires qui prétendent que la psychotechnique ne vaut rien. A l'industrie textile, elle reconnaît bien l'utilité de la psychotechnique, mais celle-ci est dédaignée par les grands établissements métallurgiques. La faute en est, voyons-nous, aux ingénieurs qui dirigent ces établissements. Ils ne ressemblent pas, malheureusement, à leurs collègues américains qui voient dans chaque travailleur avant tout un être humain et non pas une machine. Le concours que nous désirions voir prêter à nos collaborateurs serait précisément celui que pourraient nous apporter les ingénieurs des usines, qui sont en étroit contact avec le travail dans leurs ateliers et qui peuvent le mieux connaître le personnel subalterne et utiliser avantageusement son expérience spécialisée.

Nous prenons seulement en considération l'intérêt que chaque établissement devrait prendre, éliminer préalablement de certains travaux les inaptes qui peuvent causer souvent beaucoup plus de dommages que ne coûte l'entretien des laboratoires psychotechniques; il y a ensuite les accidents du travail qui représentent des dommages pour l'employé et des pertes pour l'employeur. La psychotechnique peut dès à présent exclure d'avance, avec une grande probabilité, tous ceux qui ont des dispositions à encourir dans une occupation déterminée. C'est pourquoi que chaque accident doit être analysé par la psychotechnique et l'on doit en déterminer les causes, particulièrement le facteur personnel de responsabilité. Les aciéries de Vítkovice, qui suivent cette voie pratiquement, ont une expérience de plusieurs années et savent combien d'accidents peuvent être ainsi évités préventivement.

L'employeur doit être aussi conscient de son rôle social. La psychotechnique a pour but d'augmenter le rendement du travailleur sans porter préjudice à son esprit et à son corps, au contraire elle doit lui rendre le travail plus agréable et en éviter le dégoût. La psychotechnique doit chercher à niveler les différences entre les classes sociales. La division du travail doit être débarrassée des abus tels que le népotisme et la corruption. Seules les capacités intellectuelles doivent influencer la décision concernant l'attribution d'une place, qu'il s'agisse d'un emploi supérieur ou inférieur. Nous entendons souvent les employés se plaindre que les directeurs, les présidents et les conseils d'administration ne tiennent aucun compte du résultat des examens psychotechniques.

Il est vrai que la psychotechnique a été utilisée à ses débuts pour pourvoir des emplois subalternes, quoique, au point de vue social, il n'existe pas de différences entre les emplois et que tous ceux qui gagnent leur vie par un travail honnête soient dignes de respect, mais il n'en est pas moins vrai que la psychotechnique d'aujourd'hui possède suffisamment de méthodes scientifiques pour pouvoir exercer une sélection même pour les emplois supérieurs.

Combien serions-nous plus à l'aise dans une société où seules les capacités réelles ainsi que l'intérêt véritable, et non pas la couleur politique ou les relations personnelles, présideraient aux choix des postulants.

Mais une grave question se pose: que faire des éliminés et des incapables? Du point de vue psychotechnique, il n'y a pas lieu de parler d'incapacités pour les gens normaux. Si quelqu'un ne convient pas pour un travail, il conviendra certainement pour un autre. Soyons au contraire heureux que les capacités personnelles soient diverses, ce qui permet de répondre aux exigences de la vie économique et aux nombreuses sortes de travaux. Représentons-nous seulement quel serait l'aspect du monde si tous avaient les mêmes capacités, qui répondraient par exemple aux rôles de journaliers et de directeurs de banque; quel ne serait pas le chaos si tous les hommes devraient exercer des métiers qui ne leur conviendraient pas du tout. Il faut souhaiter d'organiser notre vie économique le plus tôt possible sur une base psychotechnique qui permettra d'utiliser l'individu refusé pour un certain travail dans une autre branche répondant mieux à ses capacités intellectuelles et à son caractère. C'est pourquoi Th. Simon, le psychologue français, avait raison quand il disait que l'introduction de la psychotechnique dans la vie économique représente une révolution plus grande que l'introduction des machines. Ainsi nous devons tenir compte, aujourd'hui comme à l'avenir, du facteur humain. Nous ne savons pas dans quelle direction va s'orienter la vie économique future mais nous devons toujours demander que le facteur humain y garde la place qui lui revient. Nous devons le demander avec d'autant plus d'insistance que le progrès de la mécanisation réfoulera de plus en plus le travail humain.

Dans la technique professionnelle, les changements se produisent beaucoup plus rapidement qu'on ne l'aurait supposé; ainsi la profession de téléphoniste, qui fut une des premières analysées, perd sa raison d'être en étant remplacée par le téléphone automatique; de même le classement dans les bureaux est pratiqué de plus en plus mécaniquement. Par contre, d'autres professions prennent un essor nouveau, comme c'est le cas, après la guerre, pour le métier de coiffeur. En fait de changements, il y a aussi des surprises; on a vu en ces derniers temps fréquemment un travail mécanique se transformer en un travail manuel. Remarquons en passant que ce n'est point une utopie que de prévoir ces surprises de ce genre, et que la psychotechnique gardera toujours son importance économique par sa judicieuse utilisation du facteur humain, ce qui est le but de toute économie politique. La situation des petites unités économiques, comme notre pays, est particulièrement difficile par ces temps de crise mondiale. Il appartient aux chefs des nations de se rendre compte de l'importance de la psychotechnique pour l'économie nationale et d'apprécier les services qu'elle est capable de rendre dans la pratique.

Permettez-moi de souhaiter une fois encore à nos hôtes un séjour agréable dans notre pays.

RAPPORT DE M. LAHY,
secrétaire général, Paris.

Monsieur le Ministre, Mesdames, Messieurs,

J'ai l'obligation de présenter aux membres de notre association, un rapport sur la vie de notre société depuis la clôture de la dernière conférence jusqu'à l'ouverture de celle-ci.

Mes chers collègues,

Notre dernière conférence internationale s'est tenue à Moscou au mois de septembre 1931. Les travaux qui y furent faits ont eu une grande importance autant en raison de la préparation qui les avait précédés que de l'organisation réalisée par notre collègue Spielrein et ses collaborateurs. Pour n'en donner qu'un exemple, rappelons que la commission de terminologie a fixé le sens précis à attribuer — dans chaque langue — aux termes essentiels de notre science. C'est, pensons-nous, le premier et le plus sûr moyen de donner à nos travaux fatalement dispersés une unité de direction.

Le manuscrit des travaux du Congrès a pu être remis au mois de février 1934 aux éditions sociales économiques de l'U.R.S.S. qui se chargent de sa publication.

*

Depuis notre dernière réunion, nous avons eu la douleur de perdre notre collègue, le docteur O. Decroly, un des plus illustres représentants de la Psychotechnique scolaire, le protagoniste de l'éducation nouvelle.

Ses recherches de laboratoire et ses études cliniques, autant que son altruisme et son besoin d'activité en firent vite un protecteur passionné de l'enfance anormale.

Dès 1901, il ouvrit à Ecole son Institut d'Enseignement spécial où il s'ingénia à découvrir les méthodes d'enseignement les plus favorables pour éduquer les enfants anormaux.

Les résultats obtenus dans le traitement éducatif des anormaux furent tels qu'en 1907 un groupe de parents demanda au Dr Decroly d'appliquer sa méthode à l'enseignement des enfants normaux. Aucun problème de l'enfance ne lui était indifférent.

Dans les Congrès, la voix de Decroly faisait autorité, mais sa grande modestie lui faisait préférer les petites réunions, les conversations particulières où il écoutait avec bonté le plus humble des éducateurs. Il reportait sur ses collaborateurs tout le succès de ses travaux, dont chacun est marqué d'une haute probité scientifique.

Le Dr Decroly a donné aux méthodes nouvelles d'éducation une impulsion irrésistible.

Nous avons également à déplorer la perte de notre éminent collègue le Professeur G. C. Ferrari qui est mort subitement à Bologne.

Je ne rappellerai pas la carrière si féconde de Ferrari car toutes nos revues spéciales ont indiqué l'œuvre qu'il a accomplie et les travaux qu'il a publiés. Je me permettrai simplement de rappeler que Ferrari a été un adhérent de la première heure à notre Association Internationale, qu'il était à nos côtés lors de notre première réunion à Genève en 1920, qu'il a organisé la IIIème Conférence à Milan en octobre 1922, qu'il a assisté à toutes les conférences et surtout qu'il a été un des plus ardents défenseurs de la psychotechnique en Italie.

Il avait d'ailleurs été le premier des psychiatres qui ont développé dans ce pays les méthodes de la psychologie expérimentale.

Le Professeur Ferrari a été, pour la psychotechnique, un des plus avisés propagandistes car il a compris, dès la naissance de notre science, l'importance qu'elle devait avoir, non seulement pour la vie, dans ses applications, mais aussi pour la connaissance.

Un troisième décès a également endeuillé notre Association. Le Professeur docteur Otto Lipmann est mort à Berlin le 7 octobre 1933.

D'une famille aisée, Lipmann voulut se créer une carrière de savant libre, c'est-à-dire une carrière scientifique indépendante de toute suggestion administrative.

Il créa en 1906 l'Institut de Psychologie appliquée qu'il a dirigé jusqu'à sa mort. L'activité scientifique de Lipmann le portait en effet vers les applications de la psychologie dont il avait compris l'importance. Doué d'un sens social remarquable, il consacra les dernières années de sa vie à étudier la psychologie du travail dans ses relations avec l'économie et les facteurs sociaux.

En 1907, Lipmann créa avec W. Stern la revue: Zeitschrift für Angewandte Psychologie qui devint rapidement une des plus importantes revues psychologiques du monde. Il la dirigea avec W. Stern pendant un quart de siècle. Ils en furent l'un et l'autre dépouillés en raison de leur origine non aryenne.

Membre du Comité directeur de l'Association Internationale de

Psychotechnique, Lipmann a apporté à notre Association une collaboration constante et dévouée. Il a assisté à tous nos Congrès, où il donnait le meilleur de son travail scientifique. Lors de notre réunion du Comité directeur à Berne, le 7 juillet 1933, il fut contraint par les événements politiques de son pays, à nous offrir sa démission de représentant de l'Allemagne. A l'unanimité, nos Collègues décidèrent que, nommé membre du Comité par le Congrès International des Psychotechniciens, il devait continuer à en faire partie comme représentant de la science internationale. Il est donc resté jusqu'à son dernier jour à la place d'honneur où l'avait élevé notre unanime affection et notre admiration reconnaissante.

Wilhelm Forster, né le 16 mars 1882, mort le 22 mai 1932, professeur de psychologie à l'Université tchèque de Prague, fondateur du laboratoire spécial de psychologie appliquée aux spécialités militaires, était le disciple de James et de sa théorie du dynamisme et fut le grand admirateur de Pierre Janet. Ses études sur le caractère énergétique des processus psychiques sont établies sur des bases profondes. Il était toujours désireux d'apporter à l'empirisme psychologique la précision des mesures expérimentales.

Grands sont ses mérites pour la propagande de la psychologie industrielle et pour l'établissement des méthodes exactes dans l'application psychotechnique. Nous nous rappelons avec émotion son séjour à Paris, pendant lequel il a travaillé à notre laboratoire où il laissa depuis un vif souvenir.

Il avait été décidé au Congrès de Moscou que notre Conférence devait se tenir à Vienne au mois de septembre 1933.

En raison des événements politiques se déroulant dans ce pays, notre Comité directeur a décidé, à la demande des organisateurs du Congrès de Vienne, de retarder d'une année notre réunion internationale dans le cas où les événements auraient pu s'arranger. Mais, comme il n'en a rien été, après une réunion qui s'est tenue à Berne, nous avons choisi, après l'offre qui nous en était faite par le Professeur Šeracký, la ville de Prague comme lieu de la VIIIème Conférence internationale.

Avant de prendre cette décision, nous avons organisé un referendum auprès de tous les membres du Comité directeur qui n'avaient pas pu se rendre à Berne. Ceux-ci ont bien voulu nous confirmer leur désir de voir la capitale de la Tchécoslovaquie nous accueillir.

Je me permets, mes chers Collègues, d'attirer votre attention sur le caractère essentiellement international de notre Association qui est non adhérente à la Société des Nations, ce qui nous permet de nous réunir dans l'état actuel du monde, malgré les rivalités nationales et malgré les compétitions politiques.

Un autre avantage de ce caractère que vous avez voulu imprimer à notre Association, s'est manifesté tout récemment à l'occasion de l'incident survenu à deux de nos collègues allemands: W. Stern et O. Lipmann. Ces deux collègues ont cru devoir abandonner leurs places de membres du Comité de direction de notre Association parce qu'étant non Aryens, leur situation sociale en Allemagne avait été détruite.

Nous avons dès lors décidé de ne pas tenir compte de ces démissions qui, envoyées sous la contrainte d'événements que nous ne voulons pas discuter, mais dont nous ne pouvons admettre les conséquences, et nous avons rappelé à nos Collègues, d'accord d'ailleurs avec notre collègue Rupp, qu'ils avaient été nommés, non par les psychotechniciens allemands, mais par l'assemblée des psychotechniciens du monde entier et exclusivement à titre international.

Notre collègue Lipmann étant décédé, la question ne se pose malheureusement plus pour lui. Quant à W. Stern, nous persistons à le maintenir parmi les membres de notre Comité directeur à titre exclusivement scientifique.

Le fait de donner à notre Association le caractère que j'indique m'amène à préciser le sens que doivent avoir les élections que vous aurez à faire dans quelques jours pour compléter les membres du Comité directeur.

Vous n'aurez pas à choisir les noms des savants parce qu'ils appartiennent à tel où tel pays mais parce qu'ils sont des hommes dont la compétence est universellement reconnue et parce qu'ils représentent, parmi nous, une valeur dans notre science et que leur collaboration est nécessaire pour ses progrès.

A titre de concession, et par une entente qui d'ailleurs ne figure pas à nos Statuts, nous avons convenu de choisir, autant que possible, des représentants de chaque pays (— deux au maximum —) afin de distribuer notre activité conformément aux divisions géographiques que nous impose l'état politique du monde, mais qu'il ne s'agit là que d'un ajustement destiné à faciliter la réunion de nos Congrès.

Méthodes de travail.

Nous avons été les premiers, parmi les organisations scientifiques qui se réunissent en congrès internationaux, à prévoir, avant les réunions officielles des congrès, des séances préparatoires par commissions où s'opèrent, grâce à cette division du travail, un effort qui, en donnant plus de profondeur à nos travaux, dégagent les réunions officielles et permettent de soumettre à vos appréciations des propositions étudiées, non pas par un rapporteur travaillant individuellement mais par un groupe de spécialistes travaillant collectivement.

Cette forme d'organisation des Congrès nous a donné des résultats si appréciables que nous l'avons maintenue ici et que, dès avanthier soir les commissions se sont réunies pour préparer à la Conférence, les travaux qui seront soumis à sa délibération.

Je tiens en terminant à remercier ici notre collègue Šeracký et ses collaborateurs pour le travail d'organisation qu'ils ont bien voulu faire en préparant presque inopinément cette Conférence internationale.

Nous remercions M. le Président de la République Tchécoslovaque Thomas Garrigue Masaryk qui a eu la grande bienveillance d'apporter sa haute protection au Congrès de Psychotechnique. Nous savons tous qu'il a toujours montré à l'égard de cette science une compréhension très vive.

Nous remercions le gouvernement tchécoslovaque en la personne de ses représentants: M. le ministre de l'Instruction publique et des Beaux-Arts Dr. Krčmář qui a eu l'amabilité d'accepter la présidence d'honneur du congrès, M. le Ministre des Affaires étrangères, Dr. Beneš, M. le Ministre de Travaux publics, Dr. Czech, M. le Ministre plénipotentiaire, Dr. Krofta.

Nous remercions la municipalité de la ville de Prague, et particulièrement son maire, M. Baxa et son premier adjoint, M. le Dr. Štůla.

Nous tenons à remercier également les hauts représentants de la science et de l'industrie tchécoslovaques qui sont ici présents:

M. Domin, recteur de l'Université Charles IV; M. Milbauer, recteur de l'Ecole Polytechnique; M. Fischer, doyen de la Faculté de Philosophie de l'Université Charles IV; M. le Dr. Zimmler, président de l'Institut Central de Psychotechnique et président honoraire de la Fondation Masaryk du Travail; M. le Dr Fafl, secrétaire général de la Chambre de Commerce de la ville de Prague et M. le Dr. Tille, professeur à l'Université et président de l'Union Intellectuelle Tchécoslovaque.

B. RAPPORTS GENERAUX

PRINZIPIELLES ZUR ANWENDUNG DER PSYCHOLOGIE IN DER PRAXIS.

FRANZISKA BAUMGARTEN-TRAMER (Solothurn).

Die Psychologie als Wissenschaft hat nach dem Ausdruck von Ebbinghaus eine lange Vergangenheit und eine kurze Geschichte. Eines der wenigen geschichtlichen Momente bildet die Erkenntnis, daß das gesamte Leben des Menschen, sowohl das politische, soziale, wirtschaftliche, wie das rein persönliche von psychischen Faktoren stark beeinflußt wird. Wir sprechen daher heute vom „menschlichen Faktor" und verstehen darunter die psychische Komponente in allen Erscheinungen nicht nur der lebendigen, sondern auch der dinglichen Welt, inwiefern sie in Beziehung zum Menschen tritt.

Im ganzen praktischen Leben handelt es sich um *Erfolg*. Es erwies sich, daß es psychische Mittel gibt, die imstande sind, den Erfolg auf allen Tätigkeitsgebieten des Menschen herbeizuführen und daß die experimentelle Psychologie die Methoden hiefür liefern kann. Es lag daher nahe, diese Hilfe der Psychologie im Kampf um den Lebenserfolg zu verwerten.

Die Anwendung der Psychologie in der Praxis erwies sich tatsächlich von größter wirtschaftlicher Fruchtbarkeit. Wir hörten soeben ein Referat über die Entwicklung und Ausmaße dieser Anwendung und wir werden auf dem Kongreß noch zahlreiche Arbeiten kennenlernen, die einen weiteren Einblick in diese Entwicklung gewähren. Besonders stark ist diese Entwicklung gediehen auf dem Gebiete des Wirtschaftslebens und speziell derjenigen Aufgaben, die sich auf die Zuweisung des Menschen zu einem für ihn geeigneten Berufe beziehen. Während die Anwendung der Psychologie in der Medizin oder Jurisprudenz sich nur auf einen engeren Kreis von Fachmännern beschränkt, richtet sich die Wirtschaftspsychotechnik mit ihren Fragen der Berufsauslese an die weitesten Kreise der Bevölkerung. Auch der „kleine Mann" muß Stellung zu ihr nehmen, ihren Nutzen für sich erwägen.

Für die große praktische Auswirkung der Psychologie im Wirtschaftsleben war aber nicht nur die Aussicht auf materielle Erfolge, sondern auch was sehr oft übersehen wird, ein *ideologisches Moment* von allergrößter Bedeutung. Auf diese Ideologie wollen wir jetzt näher eingehen.

Wenn wir die ersten Arbeiten aus dem Gebiete der Wirtschaftspsychotechnik lesen, so finden wir dort fast durchwegs die Losung: „*Freie Bahn dem Tüchtigen!*" „Der richtige Mann auf dem richtigen Platz!". Dies bedeutet, für die Berechtigung für einen Posten soll kein anderer Ausweis notwendig sein als die Leistungen. Arm oder reich, Aristokrat oder Plebejer, Atheist oder Gläubiger, Konservativer oder Liberaler — alle haben sich nur einzig und allein bezüglich ihrer Leistungsfähigkeiten auszuweisen, wenn sie eine Stelle beanspruchen.

Das objektive, allein zuverlässige Experiment soll den Ausschlag für die Beurteilung der Eignung geben. Es ist dies die gleiche Losung, die wir zuerst in einem der erhabensten Dokumente der Menschheit, der „Déclaration des droits de l'homme et du citoyen" der französischen Revolution in dem Satze formuliert finden: „tous les citoyens ... sont également admissibles à toutes dignités, places et emplois publics, selon leur capacité et sans autre distinction que celle de leurs vertus et de leurs talents". Damit schuf die Psychotechnik eine objektive Forderung, die für sämtliche Individuen in sämtlichen Arbeitsstätten und für alle Länder die gleiche Gültigkeit besaß. Es ist daher begreiflich, daß diese objektive und allgemein gültige Forderung die Grundlage einer internationalen Vereinigung der Psychotechniker bilden konnte. Denn nur dort, wo gemeinsame Ziele herrschen, kann eine Gemeinschaft gebildet werden und eine Zusammenarbeit stattfinden. Diese Ideologie ist es, die der ganzen neuen Bewegung ihre Stoßkraft verließ. Man beachtete sie einerseits als Ausdruck sozialer Gerechtigkeit, als Verwirklichung der Maxime: Jedem das Seinige. Für viele war es eine ethische Befriedigung, für ein solch erhabenes soziales Ziel zu kämpfen, für andere, vornehmlich alle diejenigen, die sich irgendwie im praktischen Lebenserfolg benachteiligt fühlten, war es eine tröstliche Genugtuung, Anhänger einer solchen Bewegung zu sein. Außerdem war es das persönliche und soziale Wohl, das die Psychotechnik glaubte herbeiführen zu können. Der richtige Beruf, die Auswirkung aller Kräfte im Menschen, sowohl des höchst, wie des minderbegabten, diente seinem psychophysischen Wohlbefinden, seiner Lebensfreude. Solches Wohl der einzelnen ist natürlich Grundlage des sozialen Wohlergehens. Dies entsprach der Losung der psychischen Gesundheit (mental hygiene), die fast zu genau der gleichen Zeit wie die Psychotechnik in Amerika ihren Anfang nahm und eine Bewegung auslöste, die heute ebenfalls eine große Entwicklung erlangt hat.

Aus all dem sehen wir, wie die psychotechnische Bewegung auf der Macht einer Idee aufgebaut war, die in der Seele jedes einzelnen ihre Wurzeln hatte.

Die Losung, daß allein nur die psychischen Befähigungen von entscheidender Bedeutung für die Ausübung eines Berufes sind, hatte noch weitere bedeutsame ideologische Konsequenzen zur Folge.

Sie bedeutete vor allem eine Anerkennung der Priorität des Psychischen. Das geistige, die Intelligenz, die Begabung sollten Oberhand über das Materielle, wie Standes- und Bildungsprivilegien, erhalten. Eine *Vorherrschaft des Seelischen* wurde damit proklamiert. In jeder körperlichen Arbeit versuchte man sodann die psychischen Momente herauszuheben. Wir erinnern uns noch lebhaft daran, welchen Eindruck es in den Anfängern der Psychotechnik gemacht hat, als man in den ersten Veröffentlichungen die Feststellung las, der Schlosser müsse Raumstrecken von $^1/_{1000}$ mill. unterscheiden, oder der Chauffeur müsse mit der Schnelligkeit von einigen Hundertsteln Se-

38

kunden reagieren, was an sich hohe psychotechnische Leistungen bedeutet. Man legte Wert darauf zu betonen, daß zwischen der psychischen und physischen Arbeit keine feste Grenze bestehe. Man war sogar bestrebt die landesübliche Einteilung der Berufe in niedere und gehobene oder höhere fallen zu lassen, und als einer der ersten Psychotechniker, Werner Schulte, seine Untersuchung über den Friseurberuf seinem berühmten Lehrer Wilhelm Wundt dedizierte, bedeutete dies nur eine herausfordernde Demonstration der neuen Bewegung, die auch die sozial minder bewerteten Beschäftigungen einer psychologischen Untersuchung für würdig hielt.

Das Ergebnis dieser Bemühungen war, daß man versuchte, den Menschen im Lichte seiner Eigenschaften und Fähigkeiten ohne seine wirtschaftliche und soziale Gebundenheit zu sehen, ohne Fesseln der Standes- oder Klassenangehörigkeit. Man legte einen objektiven Maßstab an, denjenigen der Leistungsfähigkeit, die man ebenfalls mit objektiven Mitteln, resp. Methoden zu bestimmen und zu messen suchte. Überblickt man nun die erste Phase der Anwendung der Psychologie in der Praxis des Wirtschaftslebens, so sieht man, daß sie ihre großen Erfolge ihrer *objektiven Ideologie* verdankt. Das Prinzip der Anwendung der Psychologie in der Praxis ist nun, daß diese Anwendung Realisierung einer allgemein gültigen Idee sei. Wie die Medizin ein oberstes Gesetz hat: die Bewahrung des menschlichen Lebens und der Gesundheit unter allen Umständen, ein Prinzip, das alle Mediziner aller Länder verbindet, so ist es mit der Psychotechnik geworden. Auch sie hat ein letztes, oberstes, alle verpflichtendes Prinzip aufgestellt. Wir verstehen jetzt, warum Münsterberg und William Stern immer wieder betonten, Psychotechnik sei nur die Anwendung der Psychologie im Dienste einer Kulturaufgabe. Das ist richtig, denn nur dann, wenn die Kleinarbeit des Psychotechnikers von einer großen, allgemein gültigen Idee geleitet wird, dann nur bleibt er sich immer treu, dann stellt er seine Arbeit nicht in die Dienste einer von Tagesereignissen beeinflußten sozial-politischen Weltanschauung, sondern besitzt einen festen inneren Halt, der ihm ermöglicht, seine Stellungnahme zu den Einzelproblemen zu bestimmen.

Mit der fortschreitenden Entwicklung der neuen Wissenschaft wurden die Kenntnisse über die Psyche des arbeitenden Menschen allmählich vertieft. Man überzeugte sich, daß der *Charakter* eines Menschen eine bedeutende Rolle in seinem Berufsleben spiele, daß Triebe, Instinkte, Tendenzen, Affekte und Gefühle sehr oft ausschlaggebend für die Richtung seiner Laufbahn seien. Und so kam es zu dem bekannten Schlagwort von dem *„ganzen Menschen"*, den man bei Beurteilung seiner Eignung erfassen müsse. Die gesamte psychotechnische Struktur des Menschen soll somit bei der Prüfung mehr beachtet werden. Eine solche Forderung war sehr zu begrüssen, hat man doch die menschliche Psyche zu sehr auf den Intellekt beschränkt und den Menschen nicht selten einseitig erfaßt. An der ursprünglichen Ideologie wurde dadurch nichts geändert. Seit kurzem gesellen sich aber weitere neue Forderungen zu dem Ganzheitsbegriff des Menschen. Er soll, um richtig beurteilt zu werden, nicht mehr als Wesen isoliert, sondern auch in seiner biologischen Verwurzelung und seiner sozialen Umgebung erfaßt werden.

Mit den obigen Ausführungen haben wir die Rolle des Psychotechnikers in der Gesellschaft berührt. Dies ist noch jetzt eine große Streitfrage. Es wird bisher oft angenommen, der Psychotechniker müsse *nur* die Mittel und Wege zu seinem ihm gestellten Ziele liefern, das Ziel selbst erhält er von außen, von den aktuellen Ereignissen, von Institutionen, Betrieben usw. Aber diese passive Rolle überschreitet er erheblich schon bei der Erfüllung seiner unmittelbaren Aufgaben. Bei Beratungen und Prüfungen, bei der von ihm vorgenommenen Auslese, bei den Normen, die er für die Berufstüchtigkeit aufstellt, bei der Lösung einer jeden ihm gestellten Aufgabe, bei den Gutachten, die er abgibt, vermag er soziale Wirkungen auszuüben. Münsterberg, der über die Rolle des Psychotechnikers in der Gesellschaft oft nachgedacht hat, sagt, daß die angewandte Psychologie mithelfen könne, indirekt in den Streit der Ansichten über die wünschenswerten Ziele Klarheit zu bringen, denn nur der Psychologe kann zeigen, ob es zu einem Ziele überhaupt gangbare Wege geben kann. Somit darf für Münsterberg der Psychologe nur wie er sich ausdrückt „Kritiker der Kulturphilosophie und der soziologischen Reformbemühungen sein", der aber seinen Aufgabenkreis überschreiten würde, würde er selbst der Gesellschaft Ziele vorschreiben wollen. Uns scheint es jedoch, daß wir über diesen so oft vertretenen Standpunkt hinausgehen sollten.

Der praktische Psychologe ist im Stande auch *aktiv* verändernd in die Struktur seines Milieus einzugreifen. Er steht mitten im pulsierenden Leben, seine Untersuchungen liefern ihm reiches Material, was ihm in das Wesen des Individuums wie auch ganzer Gruppen und „Schichten" der Bevölkerung tiefen Eindruck zu erhalten erlaubt. Er kann dabei günstige oder verheerende Wirkungen der verfolgten Ziele feststellen und nicht nur die Überlegung des einen Zieles über das andere sehen, sondern die Überzeugung gewinnen, daß ein *ganz neues Ziel* aufzustellen sei, das dem Wesen und der Eigenart der menschlichen Seele mehr entspräche und dieses Ziel formulieren. Damit vermag die angewandte Psychologie neue politisch-soziale Ideale aufzustellen, die die psychische Gesundheit der Gesellschaft zu erhalten oder zu schaffen vermögen. Die praktische Psychologie befindet sich hierbei wiederum in der gleichen Lage wie die Medizin. Die Medizin kam auf Grund ihrer Heilungen zu einer normativen Wissenschaft, der Hygiene, in der der Gedanke der Prophylaxe vorherrschend ist. Ebenso kann die praktische Psychologie, wenn sie genügend Erfahrungen gesammelt hat, einen *prophylaktischen Teil* ausbauen. Sie könnte bestimmen, welche Bedingungen der individuellen und sozialen Erhaltung und Entfaltung der Menschen günstig seien, wo die Grenzen der Triebfreiheit und der Triebhemmungen liegen, damit sie nicht destruktiv wirken usw., wie die Spannungen zwischen dem Individuum und dem Kollektiv ausgeglichen werden können. Somit beantworten wir die große Streitfrage: Ist die Psychotechnik nur eine angewandte oder ist sie selbst eine autonome Wissenschaft? Sie ist auch eine autonome Wissenschaft, mit dem Leben tief verwurzelt, mit anderen Wissenschaften stark verknüpft. Von ihr können demnach Direktiven für das Leben kommen.

*

Vor über zwei Jahrtausenden hat Plato den Philosophen eine außerordentlich große Rolle in der Gesellschaft zugemessen, er dachte sie zu Staatslenkern zu machen. Dieser Traum wurde nie verwirklicht, die Philosophie ist zuerst Dienerin der Theologie geworden und ist letzten Endes eine abstrakte Wissenschaft geblieben. Immer mehr wurde jedoch im Laufe der Zeit der Psychologie eine große Rolle in der Gestaltung des menschlichen Lebens zugesprochen. J. St. Mill behauptete: „... eine wahre Psychologie bildet die unentbehrliche wissenschaftliche Grundlage der Moral, der Politik, sowie der Erziehungswissenschaft und der Kunst."

Franz Brentano erklärte die Psychologie für die Wissenschaft der Zukunft. 1909 hat ein tiefer holländischer Denker, Heymans, ebenso wie in unseren Tagen McDougall und eine ganze Reihe weniger bekannter Psychologen in der ungenügenden Entwicklung der psychologischen Wissenschaften den Grund aller sozialen Übel gesehen. In einem sehr lesenswerten Aufsatze „Das künftige Jahrhundert der Psychologie" sagt Heymans prophetisch: „einmal wird die Psychologie ihre Lehrjahre hinter sich haben, die Schule verlassen, um ins Leben einzutreten und dieser Augenblick wird einer der allerwichtigsten in der Geschichte der Menschheit sein".

Dieser Augenblick ist gekommen. Wir stehen zwar kaum an seiner Schwelle, aber wir können schon jetzt behaupten: wir praktische Psychologen müssen und sollen die Grundlagen einer neuen besseren Gesetzgebung der menschlichen Gesellschaft für ihre Gesundheit, für ihre Gesundung liefern.

RÔLE DE LA PSYCHOTECHNIQUE DANS LE SYSTÈME DES SCIENCES ET DE LA PRODUCTION

J. M. LAHY (Paris).

La psychotechnique joue dans la science et dans l'organisation du travail humain un rôle particulier qu'il faut tout d'abord souligner. C'est elle, plus que toute autre science, qui permet de rapprocher la théorie de la pratique dont la première est issue, en même temps que de fournir à la pratique des moyens de perfectionnement et de progrès qui peuvent activer les transformations techniques de la production. Comme c'est la production qui imprime à toute la super-structure sociale son caractère particulier, la psychotechnique est donc amenée à prendre une part active dans la vie de la société.

Cette science a constitué maintenant ses méthodes et c'est pour en examiner la valeur que les Congrès de Psychotechnique se réunissent afin de hâter par une collaboration internationale leur développement. Je ne parlerai donc pas ici de ces méthodes dont l'étude réservée aux diverses séances de ce Congrès nous fait pressentir dès à présent le haut intérêt de nos réunions de travail.

Mais, sans empiéter sur ce qui sera dit par mes collègues, je pense qu'il est utile de préciser dès à présent la position qu'occupe la psychotechnique dans la grande collaboration entre les sciences et la production.

La psychotechnique est née de deux courants d'idées, l'un parti des laboratoires de physiologie qui tendait à apporter à l'utilisation de l'homme pour le travail les données, alors acquises, sur le fonctionnement du moteur humain, l'autre courant venu de l'industrie qui cherchait à obtenir de la main-d'œuvre le rendement le plus abondant. Les noms des physiologistes. Mosso, Marey, Imbert doivent être rappelés à côté de ceux des ingénieurs et des organisateurs du travail, tels que Vauban, Taylor, Charpy, parmi tant d'autres.

C'est parce que la physiologie a fait depuis Lavoisier des progrès qui ont abouti à la connaissance des lois de l'énergétique musculaire, qu'on a pu espérer, à un moment donné, que cette science permettrait de prévoir le fonctionnement et l'utilisation du moteur animé avec la même précision que l'on prévoit le fonctionnement du moteur inanimé et son utilisation pour des buts précis. Si le travail humain était resté aussi « musculaire » qu'il l'était jadis, on serait peut-être encore en droit de nourrir certains espoirs à ce sujet. Mais depuis quelques dizaines d'années, par suite du perfectionnement des techniques professionnelles et du développement du machinisme, la fonction musculaire a perdu son importance de premier plan pour céder la place aux fonctions mentales et psychomotrices.

A ce moment, la psychologie expérimentale introduisant dans l'étude des phénomènes psychomoteurs et mentaux, les méthodes de mesures, on a pu appliquer au problème de la conduite des machines — et d'une manière générale à toutes les conditions du travail — les données de cette science nouvelle. La psychotechnique est donc la psychologie expérimentale appliquée à l'étude du travail humain.

*

Aussi, tandis que la physiologie poursuit ses recherches sur le mécanisme intime du fonctionnement de l'organisme, la psychotechnique, elle, s'applique à étudier l'adaptation des réactions mentales et psychomotrices aux conditions de l'activité professionnelle.

Pour bien préciser leur position réciproque, disons que la physiologie, par les progrès qu'elle fait dans le domaine de ses propres recherches, contribuera au perfectionnement de certaines de nos techniques dans le sens d'un meilleur ajustement de nos connaissances avec les besoins de la pratique. Mais les progrès de cette science sont conditionnés par des facteurs que nous n'avons pas à envisager ici, et ses méthodes ne répondent qu'imparfaitement aux besoins nouveaux que crée, chaque jour, la pratique. La psychotechnique, par contre, qui se propose d'aborder les problèmes immédiats et d'ajuster à tout instant le travail humain aux conditions de la production, dispose de méthodes particulières spécialement adaptées à ces fins.

La psychotechnique est donc une science autonome, dont les rapports avec la physiologie sont ceux des sciences connexes, tels que ceux qui existent entre la physiologie et la chimie, entre la chimie et la physique, entre la physiologie et la physique.

La psychotechnique fournit donc un nouvel exemple de la manière dont opère la grande loi du progrès de la connaissance. La division progressive du travail des recherches aboutit à la constitution d'une nouvelle discipline qui, elle, a pour but d'approfondir l'étude d'un domaine réduit des phénomènes. Cela permet d'écarter le confusionisme que crée le simple empilement des méthodes diverses s'adressant aux phénomènes hétérogènes.

Il est sans doute ensuite nécessaire de reconstituer, à l'aide des données acquises par toutes les sciences, une synthèse exprimant une conception du monde, mais c'est là un problème que nous ne devons pas traiter aujourd'hui.

*

Une autre science, avec laquelle la psychotechnique peut, éventuellement, être appelée à collaborer est la médecine. Cette collaboration est surtout efficace avec la psychiâtrie. Le fait a été compris par le Dr. Toulouse, qui au Centre de Prophylaxie Mentale créé par lui à Paris a réalisé depuis dix ans notre collaboration effective et permanente.

Malheureusement, on veut trop souvent confier le soin de régler toutes les questions intéressant l'activité biologique à la médecine qui n'y peut suffire, et cela donne lieu à des confusions socialement regrettables.

Dans une des séances de ce Congrès nous aurons à nous occuper des rapports de la psychotechnique avec la médecine et nous verrons qu'à certains moments cette dernière est appelée à apporter un concours précieux, mais il faut rappeler ici que le diagnostic médical qui est la constatation d'une contre-indication formelle qui s'oppose à l'exercice d'une profession, ne donne pas d'indications positives sur les aptitudes professionnelles éventuelles d'un travailleur. Il est certain, en effet, qu'un sujet qui ne jouit pas de l'intégrité des organes dont dépendent les fonctions utilisées dans la profession est un sujet inapte. Ainsi, tandis que l'examen médical, comme on le voit, porte sur les caractères d'anormalité, l'examen psychotechnique s'adresse plus spécialement aux individus normaux dans un groupe sélectionné au préalable médicalement, et se propose d'en éliminer les maux doués au point de vue de la profession envisagée.

Le problème se pose donc différemment et, en aucun cas, le psychotechnicien ne saurait donner d'avis médical ainsi que le médecin ne saurait être — par destination — substitué au psychotechnicien. Les méthodes psychotechniques s'écartent par principe des méthodes cliniques, lesquelles font souvent intervenir des méthodes d'appréciation subjective connue sous le nom de « sens clinique », pour utiliser exclusivement des techniques expérimentales précises et à chaque instant contrôlables, des méthodes de mesures rigoureuses.

*

Lorsque la psychologie pénètre dans les milieux du travail professionnel pour prendre son aspect de psychotechnique, elle doit obligatoirement entrer en intime contact avec la technique de la production. Le travailleur, l'ingénieur et le chef d'industrie doivent collaborer avec le psychotechnicien. Les premiers posent les problèmes et communiquent leurs connaissances professionnelles, tandis que le dernier applique ses connaissances et ses méthodes psychologiques.

Cette collaboration se fait sous deux formes:

a) par l'étude du travail;

b) par le contrôle des résultats obtenus.

L'analyse préalable du métier est le point essentiel de la tâche du psychotechnicien, parce que c'est elle qui lui pose les problèmes sous leur forme scientifique. Un psychologue qui voudrait faire la sélection sans une étude approfondie du métier se conduirait comme un médecin qui porterait un diagnostic sans examiner son malade, ou comme un ingénieur qui se proposerait de perfectionner une machine sans en connaître le fonctionnement. Ce travail est excessivement délicat et nous savons tous que pour faire un psychotechnicien, il ne suffit pas de quelques heures d'études. Ce sont des années d'acquisition de connaissances théoriques et d'applications pratiques qui sont nécessaires.

Ensuite, le choix des tests, l'organisation de l'expérience, le contrôle des techniques d'application, l'élaboration statistique des résultats, l'étude des cas individuels, toute cette partie ne relève que du psychotechnicien et engage entièrement sa responsabilité. C'est pourquoi nous réclamons pour lui, sur ces points, l'entière indépendance.

Le contrôle des résultats de la psychotechnique ne saurait se faire unilatéralement. C'est l'entreprise qui doit elle-même en fournir les données et constater l'efficacité économique des méthodes psychologiques.

*

Lorsqu'on parle de la psychotechnique on a toujours dans l'esprit un seul des problèmes qui se posent à elle: la sélection préalable des

44

travailleurs. Certes c'est là un problème essentiel, mais ce n'est pas le seul qu'il nous faille envisager.

Rappelons d'abord que l'orientation professionnelle est un cas particulier de la sélection et qui, si elle était faite à l'aide des méthodes de la psychotechnique, aurait un rôle social autrement efficace que la sélection. La prévention des accidents, la manière de régler efficacement le travail d'un ouvrier, la conduite de l'apprentissage des jeunes travailleurs, tout cela a été traité jusqu'ici sans tenir suffisamment compte de la connaissance de la psychologie humaine. La psychotechnique mettant à la base de l'organisation du travail cette connaissance parvient en toutes circonstances à trouver les méthodes les plus rationnelles d'enseignement professionnel et de rendement à l'atelier.

D'autre part, l'étude de l'outillage professionnel du point de vue psychologique relève aussi de la compétence du psychotechnicien. On oublie trop souvent dans l'industrie, qu'à force de perfectionner l'outillage mécanique on le rend souvent d'une utilisation difficile pour les aptitudes des hommes qui doivent s'en servir. Dans diverses entreprises où notre concours est requis nous avons obtenu que, lors de l'étude de l'outillage de production, nous sommes appelés à collaborer avec l'ingénieur.

*

On a reproché à la sélection psychotechnique d'éliminer des milieux du travail les ouvriers qui seraient déclarés médiocrement doués et d'en faire dans la société des sortes de « parias ». C'est là une grave erreur qui traduit seulement, de la part de ceux qui présentent cette objection, l'ignorance des méthodes psychotechniques.

L'expérience a prouvé en premier lieu que les sujets — sauf dans le cas d'anormaux graves qui relèvent de mesures d'hospitalisation — ne sont jamais d'une infériorité totale dans tous les tests, et en second lieu que des fonctions de valeurs médiocres sont compensées chez eux par d'autres fonctions de plus haute valeur. Toutes les combinaisons possibles, au point de vue des aptitudes, se trouvent donc représentées dans la masse des travailleurs et répondent ainsi à la variété des activités professionnelles et des occupations existantes.

L'œuvre sociale de la psychotechnique consiste donc à mettre chacun à sa place dans le système général de la production et du travail.

En ce qui concerne l'industrie des Transports où nous sommes contraints tout d'abord d'écarter d'un travail qui engage la sécurité publique ceux qui sont notoirement inaptes, nous nous attachons à indiquer vers quelles autres carrières leurs aptitudes particulières permettent de les diriger. C'est ainsi que nous n'avons jamais contribué à faire perdre son « gagne-pain » à un travailleur, lorsque notre sélection s'effectuait dans des entreprises comme la Société des Transports en commun de la Région Parisienne, les Chemins de Fer, ou les grosses Usines telles que, par exemple, la Fabrique Nationale d'Armes de Liège. Dans cette dernière nous avons organisé un service dit de « réorientation professionnelle », parce que nous considérons que le devoir du psychotechnicien est de pousser aussi loin que possible la recherche de toutes les aptitudes du sujet afin de trouver parmi tous les métiers exercés à l'usine celui qui lui convient le mieux, et permettant à chaque individu de développer au plus haut point sa personnalité.

A la Compagnie des Chemins de Fer du Nord, où les moyens de réorientation sont plus étendus encore, nous nous appliquons à signaler comme apte à des emplois supérieurs ou même comme apte à recevoir un complément de culture qui lui permettra l'accès de ces emplois, tout travailleur qui, au cours de l'examen psychotechnique, fait preuve de qualités mentales et psychomotrices exceptionnelles.

A concevoir la psychotechnique d'une manière plus étroite on risque en effet d'apporter plus d'ordre sur un point réduit de l'immense chantier du travail humain, mais en même temps de jeter le désordre dans l'ensemble de ce chantier. Notre mission est d'établir l'ordre partout où règne le chaos, c'est pourquoi notre science répond si parfaitement aux besoins de la production industrielle de notre époque.

COORDINATION OF RESEARCH ON PERSONALITY.

C. E. SPEARMAN (London).

Discord in Psychology.

No one can doubt that modern investigations of the personality of both children and adults have displayed many great merits. They have been very numerous, extremely extensive, conducted with the utmost enthusiasm, and planned with admirable cleverness. But one merit—perhaps the supreme one in science—appears to have been granted to them less adequately. It is that of being progressive. Results are accumulated in enormous masses. But the amount of generally agreed information—beyond that of common sense—still remains distressingly small.

And such an issue was only to be expected, so long as we measure and measure without any clear notion as what we should measure and how; so long as psychologists are broken up into hostile camps, each not even understanding the language of the others; so long as the different researchers work on different assumptions without being aware that they are doing so.

To escape from this morass, one needful step appears to be a comparison of the leading schools with one another, especially with reference to their respective assumptions.

Most intolerant and harmful of all would appear to be the quarrels of a philosophical nature, especially the eternal duel between materialism and spiritualism. But this duel could and should be kept outside the pale of empirical science altogether. It is something to settle not before but *after* science has had its say. But even so, there remain grave sources of difficulty within the sphere of psychology itself.

Doctrine of Holism.

Now, of all the current views about mind, including personality, few if any is so confidently advocated as what has been put forward as the doctrine of *Gestalt,* but might perhaps be still more characteristically called that of "Wholes". Here the assumption is made that the mind constitutes an indissoluble unity and that to submit it to analysis is to destroy its essential nature. This fundamental position is then fortified by certain impressive theses. The whole is said to be more than the sum of its parts, to surpass these in importance, and even to precede them in existence. Such utterances about wholes and parts recall those of the medieval Schoolmen, except that the latter were sollicitous to define what these words really meant. What the moderns intend to mean by them is left regrettably obscure. But certainly their language and discourse imply at any rate that all constituents of the mind function in complete mutual dependence.

No such mutual relation, however, would appear to be borne out by actual observation, especially that of correlations between the chief mental features of individuals. Much intelligence may or may not go with much kindness. To know whether a man is brave does not tell whether he is honest. Strength of the instinct to mate need not be accompanied by that of the instinct to fight.

Thus at first sight, at any rate, the fundamental assumption of holism is false.

Doctrine of Faculties and Types.

Accordingly, we need not be surprised to note that after all the doctrine of Wholes has had more lip-service than genuine adoption. Even those authors who most insist on the individual being indivisible do in point of fact describe each person as possessing a number of different faculties, or as moved by manifold instincts or as belonging to a diversity of types. In short, they depict the mind as not having only a single dimension, but several.

But can we dismiss the possibility of having to push the analysis yet further? Admitting that the whole mind divides up into several uncorrelated main features, can we be sure that even each feature may not similarly break up into uncorrelated sub-features? Hardy as is any such denial, yet actually it would seem to be implied by most psychologists.

For instance, tests have again and again been devised, and even employed on a very large scale, to measure the faculty of "attention". But obviously the validity of such tests is wholly dependent on their having an extremely high correlation with all the other mental performances credited to the faculty. In point of fact, no such high correlations have been found to occur. Again, then, the basal assumption is contradicted by the mathematical evidence of correlations.

Sometimes, indeed, such mathematical evidence is faced with at any rate bravery. Thus, one outstanding author writes about types as follows:

"It is certain that Jung's modes of adaptation to the world, introversion and extraversion, exist in spite of the non-existence of mathematical findings concerning these adaptive processes."

But Jung himself declares the introvert

"to suffer in power to form original judgments, a defect which will be manifested in a great variety of mental operations; such as complacently wearing a greatcoat in winter instead of trying to harden himself against the cold; when he goes to hear a new singer, he will docilely accept the estimate made by other people."

Accordingly, the doctrine of the unitariness of the type does not and cannot escape from such assumptions as that the practice of wearing a greatcoat is correlated with unoriginality in the appreciation of music. And surely such assumptions are more than precarious. Even Jung in his later work was compelled to abandon them. For now he explicitly denies the unitariness of introversion, and instead asserts that this breaks up into four different traits, all mutually independent. There is one kind of introversion, he says, for sensation; one for thought; another for feeling; and yet another for intuitive knowledge.

Doctrine of Elements.

But since we thus appear forced to push the analysis ever further and further, where if at all can we finally stay our hands? Are we not ultimately driven back to another doctrine almost as ancient and wide-spread as the preceding one? This is that mental function is constituted of extremely numerous independent elements. In the oldest version of this doctrine, the elements were supposed to consist of "sensations". In more modern times, they have become reflexes, as instanced in the work of Pawlov, Bechterew, and the Behaviourists. Yet another approach to this doctrine has made its appearance even in that of wholes; for these latter have been taken to be built up in successive layers, of which the lowest consists once more in an indefinitely numerous set of irreducible elements. Finally, there is that doctrine of elements which takes these to consist of the physiological "genes".

Now, in order to corroborate any such assumption of multitudinous independent elements, what should be the correlations between the actually observed mental manifestations? The answer must differ according to the proportion of the elements that is supposed to enter into each manifestation. If this proportion is negligible— say, under 1%—then, to verify the assumption, all the correlations between the manifestations should become approximately zero. They certainly do not do so.

If on the other hand the proportion of the elements that enters into each manifestation is assumed to be appreciable, then there should indeed ensue correlations between them, but uniformly of the same size. Moreover, as has elsewhere been proved, all persons should in every different kind of performance show equal ability. Once more, the consequences of the assumptions are refuted by actual observation.

Doctrine of Factors.

After this bankruptcy of all three prevalent doctrines of personality—holism, facultism, and elementism—what further conceivable doctrine of personality yet remains? There is the doctrine in which mental manifestations are assumed—and in some cases actually proved—to be divisible into a comparatively small number of hypothetical constituents or "factors".

Originally, the applications of this doctrine were limited to the sphere of cognitive abilities. The correlations between these were discovered to fall, under certain very general conditions, into a system designated as "hierarchical". And proof was given that when such hierarchy prevails—not otherwise—then every ability of every individual can be divided into two factors, the one["g"] being constant for all abilities of the said individual, whereas the other ["s"] varies independently from one ability to another.

Thus, a person might in a set of tests obtain the scores 15, 8, 23...; and these might then be divisible as follows:

Scores	g	s
15	6 + 9	
8	6 + 2	
23	6 + 17	
. .	6 + .	
.	6 + .	

Before long, various other factors were discovered, the chief of which were named "p" and "o". More important still, the procedure was extended from the sphere of cognitive abilities to that of traits of character. There also weighty factors were discovered, of which the most general was designated by the letter "w".

Accompanying this determination of more and more factors, there has been a continual development of the technique of factorization. In particular, the last couple of years have witnessed the invention of certain very ambitious methods indeed; notably by Hotelling and by Thurstone. By either method, a prospect is offered of obtaining factors in great abundance.

4

Part played by Psychology.

Up to this point, however, we have mentioned little else than statistics, the part played by psychology being almost left out of account. How far would such a predominantly mathematical procedure really make for scientific progress?

Far indeed, apparently, in the direction of criticism. The simple measurement of correlations has enabled us to reject forthwith all three of the great general doctrines of personality that have hitherto held sway. For each of these doctrines has been found to assume a correlational system which actual observation has flatly contradicted.

But when we turn from the destructive to the constructive achievements of the procedure—and especially to the factorization effected—matters become quite otherwise. It is hard to see how on such an almost purely statistical basis there could be built up anything of serious value. In default of a solid psychological foundation, there is grave danger that the multiplication of factors will only go to swell yet further the already accumulated masses of meaningless statistical results that do not really assist psychology, but only choke it.

In general, we must urge that the various procedures appertaining to research on personality should all work in intimate cooperation. First should come psychological theory for the purpose of producing scientifically fertile hypotheses. Next should be introduced mathematics for the purpose of ascertaining by what observable events the said hypotheses would be corroborated. Then should follow these crucial observations. Finally—when, as often happens, the observations agree with the rival hypotheses equally well—further mathematical deductions or actual observations are added, until at last only one of the competing theories remains unshaken.

From all this, it would appear that the present great contention between the so called "German" school which pins its faith on psychological intuition and the so called "American" school which instead puts its trust in statistics is like a quarrel as to whether a man ought to walk with his right leg or with his left.

Some Results obtained.

By means of the combined procedure here recommended, the science of personality has for many years, it is claimed, been steadily progressing. The factor *"g"* has been shown to measure two fundamental processes which include everything that really deserves that much misused title of "intelligence". The one process consists in perceiving relations. The other consists in applying old relations to new contexts.

As cognitive ability is dominated by the factor g, so, apparently, is character by the factor w. The individual for whom this factor is large tends to be trustworthy, kind, good-tempered, and self-controlled. As for the factor p, this perhaps contains the genuine core of what has been crudely indicated by such terms as introversion. The factor o would appear to be especially significant in mental pathology.

Cooperative Investigation of "U.T.'s".

This doctrine of factors, after struggling for a quarter of a century against the most stubborn opposition, and especially against the most extraordinary misrepresentations, has in the last two or three years won its way to very general recognition. Many of its oldest antagonists are now among its most powerful supporters. In particular, that eminent psychologist, Thorndike, has recently initiated a project to investigate the possibility of characterizing an individual by means of a limited set of unitary differential traits; these are now often briefly expressed as "U.T.s". As the leading candidates to constitute such traits, he explicitly puts forward the above mentioned factors.

To comprehend this project, it is necessary above all things to understand the meaning here attached to the term "unitary". The unity here at issue is nothing scholastic, nothing mystical, nor even in way philosophical. It is purely functional. The trait is unitary when all the manifestations of it are perfectly correlated, so that the person who shows excess or defect in any one of these manifestations will do so in all the others also. Together with this complete inter-dependence within each trait should go complete or nearly complete independence between one trait and another.

Such a trait may be called uni-dimensional. A person's degree of it may be adequately represented by a single value.

As regards the results which this Committee has obtained up to the present, there has been a considerable amount of work on the purely mathematical side. This has been devoted to the general problem of factorial analysis on the basis of given systems of correlations.

As regards actual observation, an extensive series of experiments has been effected by Holzinger and myself. 97 tests have been applied to 1100 children 7—18 years of age. The tests were mainly confined to the cognitive sphere, as being the easiest, and therefore suitable for the beginning. Within this sphere they included samples of all the chief traits which previous investigation in any country has made plausible. The actual experiments were completed about a year ago. But since then we have been steadily and strenuously working at the statistical elaboration. So far, the results seem to be very successful. But several more months will be needed before we can proceed to publish them.

On the side of character, the above mentioned factor w derived only from estimates has now been verified in definite experiments.

Further extensive work has been done by H. T. Moore in mental institutions. And more intensive research has been made from our London laboratory.

As before, so now more than ever, we are seeking the widest possible collaboration. We want to make our tests and estimates include as many as we can of the views prevalent at the present day, especially in so far as they imply or involve correlations or other statistical results amenable to empirical verification.

Conversely, so soon as our own results have been elaborated, we hope that they will be submitted to verification by researchers elsewhere.

Finally, we cherish the plan that some day all participants in the work will meet in general conference for mutual criticism and reconciliation.

II.

INDUSTRIE, COMMERCE

ET

ADMINISTRATION

ZWECK UND AUFBAU DER ZENTRALSTELLE FÜR UNFALLVERHÜTUNG IM EISENWERK WITKOWITZ.

A. CIBULKA (Vitkovice).

Für die Gründung einer Zentralstelle für Unfallverhütung im Eisenwerk Witkowitz waren sowohl soziale, als auch wirtschaftliche Erwägungen maßgebend. Es galt, einer Vermehrung der Betriebsunfälle durch Ausbau der bestehenden Schutzeinrichtungen und Einleitung neuzeitlicher Maßnahmen zur Verhütung von Unfällen wirksam entgegenzutreten. Ein Ansteigen der Unfälle war durch das rascher pulsierende Wirtschaftsleben der Nachkriegszeit und das erhöhte Arbeitstempo zu befürchten. Der Produktionsablauf wurde vielfach durch Änderung der Arbeitsverfahren und Einstellung leistungsfähiger Arbeitsmaschinen grundlegend geändert, wobei die neuauftretenden Gefahrenquellen dem bedienenden Arbeiter vollkommen fremd waren.

Im Laufe der nunmehr 10jährigen intensiven Unfallverhütungsarbeit sind die Wege, die zur Verminderung der Betriebsunfälle geführt haben, auf Grund der gemachten Erfahrungen vielfach geändert worden. Neben den Schutzmaßnahmen technischer Art mußte das Hauptaugenmerk der individuellen Unfallbekämpfung zugewendet werden, um nennenswerte Dauererfolge zu erzielen. Die Richtigkeit dieser Erkenntnis bestätigen die streng objektiv geführten eigenen Statistiken, die die Grundlage des sicherheitstechnischen Dienstes bilden, wie auch die Vergleichsstatistiken ähnlicher Unternehmungen des In- und Auslandes. Aus diesen Statistiken geht hervor, daß die Ursache der Unfälle zu 80% am Menschen selbst gelegen ist. Es sind also vorwiegend die Menschen selbst mit den ihnen innewohnenden Eigenschaften wie: Nichteignung, Unachtsamkeit, Sorglosigkeit und Unkenntnis, die den größten Teil aller Unfälle herbeiführen. Aus dieser Erkenntnis heraus hat man den weiteren Aufbau des Unfallverhütungsdienstes gestaltet, indem eine planmäßige, bis zum letzten Arbeiter reichende Aufklärung organisiert wurde. Ein großer Kreis von Mitarbeitern, dessen Einfluß sich wirksam auf das ganze Werk erstreckt, wurde diesem Zweck dienstbar gemacht.

Die Zentralstelle für Unfallverhütung im Eisenwerk Witkowitz ist mit dem psychotechnischen Laboratorium vereinigt. Die ihm angehörigen Ingenieure und Techniker sind, dem organischen Aufbau des Werkes entsprechend, zum Teil auf einzelne Betriebsgruppen verteilt, um gegebenenfalls ihren Einfluß im Betriebe rascher zur Geltung bringen zu können. Weiters wurden alle Aufsichtsorgane vom Vorarbeiter bis zum Abteilungschef dafür gewonnen, an der Unfallverhütungsaktion tatkräftigst mitzuarbeiten und die Sicherheitstechniker in ihren Obliegenheiten mit Rat und Tat zu unterstützen. So wurden ohne übermäßige Kosten wertvolle Mitarbeiter gewonnen, die ein unerläßliches Bindeglied zwischen Arbeiter und Zentralstelle darstellen und die Vorbedingung einer erfolgreichen psychologischen Unfallverhütungsarbeit bilden. Die heutige Zeit verlangt, daß der Vorgesetzte sich nicht nur um die richtige und zeitgerechte Durchführung der ihm übertragenen Arbeit kümmert, sondern nach bestem Wissen dafür sorgt, daß der Arbeiter bei seiner Arbeit weder körperlichen, noch gesundheitlichen Gefahren ausgesetzt ist.

Dies vorausgeschickt, will ich versuchen, Ihnen einen Einblick in die vielseitige Arbeit unserer Zentralstelle zu geben.

Wie erwähnt, läßt sich die Unfallverhütungsarbeit in zwei scharf umrissene Gebiete gliedern:

1. Die physische oder technische Unfallverhütung und
2. die psychotechnische Unfallverhütung.

In ihrer Gesamtheit sind beide Arbeitsgebiete von so großem Umfang, daß dieses Thema in der zur Verfügung stehenden kurzen Zeit nicht erschöpfend behandelt werden kann. Ich will mich deshalb nur darauf beschränken, skizzenhafte Darstellungen einiger wichtiger Arbeiten zu geben, damit Sie einigermaßen Gelegenheit haben, in die Materie der Sache einzudringen.

Die physische oder technische Unfallverhütung stützte sich in ihren Anfängen nur auf die strenge Durchführung gesetzlicher Vorschriften, wie Zustand der Arbeitsstätten, unfallsichere Maschinen, Transmissionen, Vorgelege, Schutzeinrichtungen u. dgl. Sie hat aber bei weitem nicht ausgereicht, alle auftretenden Gefahren beim Bedienen solcher Einrichtungen zu beseitigen. Die Eigenheit der ganzen Anlage ist für die Unfallentstehung mitbestimmend, wie: Raumverhältnisse, Produktionsfluß, Zuordnung der Maschinen und Einrichtungen, Lichtverhältnisse u. dgl.

Eine Maßnahme, die nach kurzer Zeit in der Statistik der Betriebsunfälle günstig zum Ausdruck kommt, ist die Ordnung im Betriebe. Gründliche, vernünftige und dauernde Ordnung in den Werkstätten, auf den Höfen und Plätzen erhöhen das Gefühl der Sicherheit und Arbeitsfreudigkeit. Bekommt jedes Werkzeug, jeder abnehmbare Bestandteil einer Maschine, die zu bearbeitenden und fertigen Arbeitsstücke und die für die Betriebsführung notwendigen Materialien, Schmiermittel, Abfälle u. dgl. seinen zweckmäßigen, vorher genau bestimmten Platz in der Werkstätte zugewiesen, sind weiters die Verkehrswege unfallsicher begehbar gemacht und gefährliche Übergänge bezeichnet, der Fußboden in Ordnung gehalten, so wird die Unfallgefahr für den werktätig schaffenden Menschen in einer solchen Umgebung wesentlich herabgesetzt.

Dem Maschinenschutz fällt ein geringerer Anteil an der Gesamtzahl der Betriebsunfälle zu. Dies ist aber die Auswirkung der früher gepflogenen Unfallschutzmaßnahmen, die sich der Hauptsache nach in dieser Richtung bewegten. Es wäre ein grober Fehler, diese Einrichtungen in bezug auf ihren unfallsicheren Zustand zu vernachlässigen. Es muß ihnen im Gegenteil der Sicherheitsingenieur nach wie vor größtes Augenmerk zuwenden und ihre Betriebssicherheit nach einem genau aufgestellten Arbeitsplan in bestimmten Zeitabständen überprüfen. Speziell den Kranen, die mitunter sehr komplizierte Einrichtungen darstellen, ist gebührende Aufmerksamkeit zu widmen. Können doch Fehler in der Tragkonstruktion, in der elektrischen oder mechanischen Einrichtung durch Schadhaftwerden irgendwelcher Teile, nicht nur den Bedienenden selbst, sondern auch unbeteiligte Mitmenschen gefährden. Ein stetes Sorgenkind für den Sicherheitsingenieur bleiben die für den Krantransport notwendigen Ketten und Seile, die den Betriebserfordernissen entsprechend in verschiedenen Stärken und Längen bereitgestellt sein müssen, deren Anzahl meist sehr beträchtlich ist; demnach auch ihre Unterbringung und Kontrolle.

Weiters muß das elektrische Stromnetz, ob für Hoch- oder Niederspannung, stets unter Aufsicht stehen, um auftretende Schäden sofort zu beheben. Fallweise muß durch Zuziehung eines Fachmannes überprüft werden, ob die Anlage den gesetzlichen Vorschriften entspricht. Werden Sicherungen, die den Zweck haben, die Anlage vor Überlastungen zu schützen, durch einen Draht überbrückt, so kann dadurch unter Umständen die ganze Anlage infolge Kurzschlusses Schaden leiden. Messerschalter sind wegen der Gefahr des Auftretens von Flammenbogen zu überdecken. Steckdosen sind, falls mehrere Spannungen im Betriebe zur Verfügung stehen, trotz der abweichenden Form und Größe der Steckdose mit der ihnen zugehörigen Spannung deutlich zu bezeichnen. Flexible Kabel zum Antrieb transportabler Motore, elektrisch angetriebener Handwerkzeuge oder für Handlampen müssen in gutem Zustande sein. Kabel mit schadhafter Isolation sind zu entfernen und durch neue zu ersetzen. Hochspannungsanlagen, Transformatoren und Umformerstationen unterliegen in der Wartung besonderen gesetzlichen Vorschriften, die genau befolgt werden müssen. In dieser Richtung ist das Bedienungspersonal fallweise auf Kenntnis dieser Vorschriften zu prüfen.

Eng verbunden mit der elektrischen Energiewirtschaft ist die Gasversorgung. Die sogenannten Abfallgase, die bei der Roheisen- oder Kokserzeugung als Nebenprodukte auftreten, bilden als Energiespender hochwertige Produkte und werden durch umfassende Rohrsysteme an die einzelnen Verbrauchsstellen im Werke geleitet. Das einer leckgewordenen Leitung entströmende Gas, offengelassene Ventile oder Schieber bilden ein Gefahrenmoment von unabsehbarer Tragweite. Hier müssen besondere Vorkehrungen getroffen werden, um Unglücksfällen, Vergiftungen oder Explosionen vorzubeugen. Im Eisenwerk Witkowitz sind zu diesem Zwecke 6 Gasrettungsstellen eingerichtet worden, die — mit den modernsten Mitteln der Gasschutztechnik ausgestattet — einer eigenen Stelle, der „Gasverteilungsstelle" angegliedert sind.

Ein besonderes Kapitel für den Sicherheitsingenieur bilden die bei vielen Arbeiten notwendigen Hilfsgeräte wie: Laufbretter, Böcke, Leitern, Unterlagen u. dgl. m. Je nach ihrer Beschaffenheit sind sie für den Arbeiter in gewissem Maße unfallgefährlich. Die Erfahrungen haben speziell bei Leitern gezeigt, daß es zweckmäßig ist, solche Geräte als Werkzeuge zu betrachten und sie nur gegen Ausfolgung einer Werkzeugmarke in Benützung zu geben, um die Kontrollmöglichkeit zu erleichtern.

Eine Fülle von Unfallmöglichkeiten liegt im Handwerkzeug und muß vom Sicherheitsingenieur ständig in den Kreis seiner täglichen Betrachtungen gezogen werden. Bedingt durch den natürlichen Verschleiß, kann ein heute noch gutes Werkzeug morgen schadhaft und bei der Handhabung unfallgefährlich werden. Von der Unmenge der in einem Industrieunternehmen ständig Verwendung findenden Werkzeuge greife ich nur die am meisten gebrauchten heraus, wie: Hammer, Meißel, Feile und Schraubenschlüssel. Der Hammer wird locker und fliegt vom Stiel, der Hammerkopf wird infolge ungeeigneten Materials beim Zuschlagen gestaucht oder splittert ab, ebenso der Meißel. Das Feilenheft löst sich durch ungenügende Befestigung von der Angel der Feile und die Spitze der Angel verletzt dem Arbeiter die Hand, unter Umständen das Auge, wie in der Praxis vorgekommene Fälle beweisen. Der Schraubenschlüssel, ein anscheinend sehr harmloses Werkzeug, birgt manche Tücke in sich. Das Schlüsselmaul ist durch den täglichen Gebrauch beim Anziehen von Schrauben und Muttern erweitert. Durch Abrutschen des Schlüssels bei kräftigem Anziehen entstehen Unfälle, die — falls der Halt an einem hohen Standort verloren geht — tragische Folgen für den Betroffenen nach sich ziehen können. Und so könnte ich Ihnen eine ganze Reihe solcher Möglichkeiten vor Augen führen, deren Ursachen im Werkzeug liegen. Je besser ein Werkzeug durchgebildet ist, desto leichter kann damit gearbeitet werden. Auch die ständige Beobachtung des Werkzeuges bei der Arbeit gibt Anregungen zur Verbesserung und Verfeinerung der Form oder Konstruktion. Der technische Fortschritt der Rohstoffherstellung gibt wiederum vielfach die Mittel in die Hand, durch Wahl geeigneter Materialqualität die Lebensdauer zu erhöhen, bezw. dem Werkzeug die größtmögliche Sicherheit bei der Handhabung zu geben. Sind alle diese Momente berücksichtigt, so ergibt sich von selbst eine gewisse Leistungssteigerung. Die Unfallursachen, die durch falsche Handhabung des Werkzeuges seitens des Arbeiters hervorgerufen werden, bleiben meinen späteren Ausführungen vorbehalten. Um Ihnen eine Vorstellung über die Zahl der verschiedenen im Werke verwendeten Werkzeuge und deren Menge zu geben, will ich anführen, daß derzeit trotz geringerer Beschäftigung 2.300 verschiedene Handwerkzeuge in einer Menge von 700.000 Stück vorhanden sind.

Auch die Kleidung des Arbeiters ist von wesentlichem Einfluß auf die Unfallentstehung und muß vom Standpunkt der Arbeitssicherheit vom Sicherheitsingenieur entsprechend gewürdigt werden.

Speziell jene Arbeiter, die Arbeitsmaschinen, wie: Bohr- und Fräs-
maschinen, Drehbänke, Hobel- und Schleifmaschinen bedienen, werden jederzeit darauf sehen müssen, daß sie anliegende Kleidung
tragen, um nicht von dem in Drehung befindlichen Werkstück erfaßt zu werden; insbesondere sind lose, weite Ärmel gefährlich und
müssen bei solchen Arbeiten gemieden werden. Empfehlenswert ist
das Tragen von Ledermanschetten über dem Handgelenk. Es ist
auch nicht gleichgültig, ob ein Feuerarbeiter oder Gießer bei seiner
Arbeit Schnürschuhe, Holzpantoffel oder Zugstiefeletten trägt.
Schnürschuhe sind jedenfalls am ungeeignetsten. Beim Abfliegen
eines glühenden Zunderteilchens, Funkens oder Spritzers flüssigen
Eisens in die Verschnürung erfordert das Aufschnüren und Abstreifen des Schuhes vom Fuße viel längere Zeit als beim Pantoffel
oder Zugschuh. Die auftretende Verbrennung führt unter diesen
Umständen zu einer Arbeitsunfähigkeit; im gegenteiligen Falle ist
es eine Sache weniger Augenblicke, das Geschehene ohne Hinterlas-
sung von Folgen zu beheben.

Ein weiteres Arbeitsgebiet für den Sicherheitsingenieur ist die
Erhaltung und strikte Anwendung der Körperschutzmittel, die teils
gesetzlich vorgeschrieben sind, teils vom Unternehmer selbst bei
unfallgefährlichen Arbeiten dem Arbeiter zur Verfügung gestellt
werden. Der Hauptsache nach sind es: Schutzbrillen, Handleder,
Fäustlinge, Gamaschen, Mundschwämme, Wattefilter, Gasmasken
u. dgl. Vielfach wird der humane Zweck dieser Schutzmittel, die
nur dem Vorteil des Arbeiters dienen, aus Unkenntnis, Eigensinn
oder anderen Motiven verkannt. Hier muß der Sicherheitstechniker
seinen Einfluß geltend machen, um das gesteckte Ziel einer neu-
zeitlichen Unfallbekämpfung zu erreichen.

Ich habe Ihnen nun, meine sehr verehrten Damen und Herren, in
kurzen Umrissen einen Überblick über das Arbeitsgebiet der technischen Unfallverhütung gegeben, der aber bei weitem keinen Anspruch auf erschöpfende Darstellung machen kann. Sie können
sich vorstellen, was eine solche Zentralstelle für Unfallverhütung
alles in den Kreis ihrer Betrachtungen ziehen muß, um Erfolge
aufzuweisen. Daß sich die zu erwartenden Erfolge nicht von heute
auf morgen einstellen können, ist ja selbstverständlich.

Und nun komme ich zu dem zweiten Punkt meiner Ausführungen,
der psychologischen Unfallverhütungsarbeit, die den Menschen als
solchen betrifft. Sie, meine verehrten Anwesenden, als Fachpsycho-
logen werden am besten darüber Bescheid wissen, was für komplizierte Wesen die Menschen mit allen ihren Eigenschaften darstellen.
Von diesem Gesichtspunkte aus muß sich der Sicherheitstechniker
die Erkenntnisse der praktischen Psychologie zunutze machen und
vor der Einstellung eines Arbeiters in den Betrieb untersuchen, inwieweit er die für eine bestimmte Berufsausübung erforderlichen
Eigenschaften besitzt. Es ist nicht meine Aufgabe zu erörtern, wie

und mit welchen Mitteln dieses Ziel erreicht wird, ich verweise aber auf das hier zur Sprache gelangende Referat über das Psychotechnische Laboratorium im Eisenwerk Witkowitz, das Herr Ing. Pechhold halten wird. Erwähnen will ich nur, daß Neuaufnahmen von Arbeitern in das Werk außer von einer ärztlichen Untersuchung auch von den Ergebnissen einer psychotechnischen Eignungsprüfung abhängig gemacht werden. Das gleiche gilt bei Versetzungen von Arbeitern auf andere Arbeitsplätze. Die Zentralstelle für Unfallverhütung hat somit in dem psychotechnischen Laboratorium des Werkes ein wertvolles Hilfsmittel zur Unfallbekämpfung.

Für Unfallgefahren, die beim Bedienen von Maschinen, maschineller Einrichtungen, bei der Handhabung von Werkzeugen oder allgemein bei der Arbeit auftreten können, die zwar dem Wesen nach durch die Arbeit bedingt sind, bei denen aber die Unfallursache vorwiegend im Verhalten des Menschen selbst zu suchen ist, wird auch das anschauliche Unfallverhütungsbild mit der einem guten Bilde eigenen Eindringlichkeit zu einem wertvollen Hilfsmittel der Unfallverhütungsbestrebungen. Es wird aber wertlos, wenn es nicht an passender Stelle aufgehängt wird. Es muß allen in Betracht kommenden Arbeitern vor Augen geführt werden, um sie aufmerksam zu machen, bei welchen Arbeiten Gefahren vorhanden sind und wie sie sich diesen gegenüber zu verhalten haben.

Eine weitere Maßnahme zur Unfallabwehr und zur Ergänzung der Bildpropaganda, die aber ungeheure Geduld und Ausdauer erfordert und die Grundlage einer erfolgreichen Unfallverhütungsarbeit bildet, ist die Aufklärungs- und Erziehungsarbeit. Erziehungsarbeit erfordert psychologisches Verständnis, Einfühlen in die Umwelt und den Gedankengang des Arbeiters. Hier muß der Sicherheitstechniker mit dem ganzen Stab der Betriebsaufsicht durch endlose Kleinarbeit das Ziel zu erreichen und den Arbeiter zu unfallsicherem Arbeiten zu verhalten suchen, um körperliche oder gesundheitliche Schäden zu vermeiden. Für diese Art von Unfallverhütungsarbeit dürfen Unfallursachen wie: Leichtsinn, Übereifer, Bequemlichkeit, Unvorsichtigkeit nicht letztes Ziel der Erkenntnis sein, sondern der Sicherheitstechniker wird versuchen müssen, die tieferen psychologischen Momente der Unfallentstehung zu erfassen, um nach Möglichkeit Abhilfe zu schaffen. Es kann z. B. die oberflächliche Feststellung der Unfallursache von Unachtsamkeit ihren wahren Grund in körperlicher Indisposition, in Familienverhältnissen, Sorgen u. dgl. haben. Jedenfalls ist es im Interesse der Sache gelegen, sich eingehend mit der Entstehung jedes noch so geringfügigen Unfalles zu befassen und jede Gelegenheit zu benützen, durch Aussprache auf den Verletzten, event. die Mitarbeiter einzuwirken. Um die Möglichkeit einer Aussprache zu finden, um den nachhaltigen Eindruck der Unfallentstehung zu erhöhen, wurde die Einrichtung getroffen, daß jeder Unfallverletzte nach seiner Entlassung aus der ärztlichen Behandlung die Zentralstelle für Unfallverhütung passieren muß. Hier wird nochmals eingehend der Unfall besprochen und Weisung für künftiges Verhalten bei der Arbeit gegeben. Gleichzeitig werden bei dieser Gelegenheit auch die statistischen Unterlagen zur Erfassung der Betriebsunfälle geschaffen, um Richtlinien zu weiteren Maßnahmen für die Unfallverhütungstätigkeit im Werke zu haben.

Und nun noch einige Worte über die materiellen Anforderungen, die eine solche Zentralstelle beansprucht. Ausgehend von dem sozialen Zweck, ist auf die Wirtschaftlichkeit dieser Einrichtung kein besonderer Wert gelegt worden. Im Verlaufe der durchgeführten Maßnahmen hat sich gezeigt, daß die unfallverhütende Tätigkeit auch auf den Produktionsablauf günstig eingewirkt und somit auch die Rationalisierung der Betriebe beeinflußt hat. Die in der ersten Zeit geleisteten Ausgaben für Gehalte, Verbesserungen der Schutzeinrichtungen, Propaganda etc. haben sich im Verlaufe weniger Jahre bezahlt gemacht, wobei noch ein namhaftes Plus übrigblieb. Unsere Zentralstelle wurde in Anbetracht des Ansehens eines Großunternehmens der Schwerindustrie von Anfang an mit allen erforderlichen Mitteln großzügig ausgestattet. Es lassen sich aber auch, wie die Erfahrungen gezeigt haben, mit bescheidenen Mitteln Erfolge erzielen, so daß jedes noch so kleine Unternehmen zum Wohle seiner Arbeiter eine solche Einrichtung schaffen kann. Ein Schema für die unfallverhütende Tätigkeit in einem industriellen Unternehmen kann nicht aufgestellt werden. Klare Erkenntnis der Unfallentstehung, verbunden mit richtig getroffenen Gegenmaßnahmen, den jeweiligen Verhältnissen angepaßt, sind die Richtlinien einer erfolgreichen Unfallverhütungstätigkeit.

Aus diesen kurzen Ausführungen kann zusammenfassend gefolgert werden, daß die technische Unfallverhütung das Unfallmoment bei der Arbeit bis zu einem gewissen Grade zu beseitigen vermag, nie aber vollkommen. Die getroffenen Maßnahmen werden zwecklos, wenn nicht der schaffende Mensch Sinn und Zweck solcher Einrichtungen erkennt. 100%ig unfallsicher arbeitende Menschen wird es wohl niemals geben, aber es wird ohne weiteres möglich sein, durch Erziehung, Anleitung und Schulung von Jugend auf, den Menschen in seinem Denken so zu beeinflussen, daß er auftretenden Gefahren begegnen kann. Unfallverhütungsarbeit ist somit auch eine Angelegenheit der Gesamtheit und jener öffentlichen Körperschaften, die sich mit der Erziehung der Jugend zu befassen haben, da Unfälle nicht allein in der Industrie, sondern überall dort auftreten, wo der schaffende Mensch seinen Einfluß ausübt. Auch volkswirtschaftlich muß getrachtet werden, die Unfälle so weit als möglich herabzusetzen, da diese, wie ja allgemein bekannt, kolossale Verluste nicht nur an der Gesundheit, sondern auch am Nationalvermögen bedeuten. Wenn es — wie z. B. der Gesundheitspflege, die durch hygienische Maßnahmen den Lebensdurchschnitt erhöhte und die Kindersterblichkeit verringerte — ebenso der Unfallbewegung gelingt, mit Hilfe unfallverhütender Maßnahmen die Arbeitsfähigkeit des Volkes bis ins höchste Alter zu erhalten, so ist damit ein Stück sozialer Arbeit geleistet, das sich im wirtschaftlichen Wettkampf zu Gunsten der Nation auswirken muß.

L'HABILETÉ MANUELLE.

A. G. CHRISTIAENS (Bruxelles).

Nous entendons traiter cette question uniquement au point de vue de l'orientation professionnelle des adolescents. Telle qu'elle est présentée, c'est à dire dans son acception la plus générale, elle constitue une question difficile à résoudre.

L'habileté manuelle n'est apparente que dans ses effets matériels, chez des professionnels arrivés à la maîtrise dans l'occupation qu'ils ont choisie et dans laquelle ils excellent. On ne peut donc que partir de l'aptitude acquise, et chercher à l'analyser pour essayer de se rendre compte de la succession des faits qui ont permis à certains individus de l'acquérir.

On se heurte tout de suite à des spécialisations qui sont bien nombreuses. Entre l'habileté manuelle du mécanicien de précision et celle du spécialiste en prothèse dentaire, il y a des différences frappantes. La même impression se répète à mesure qu'on poursuit son enquête en observant les ouvriers des professions qui exigent de l'habileté manuelle. La matière travaillée est variable, ce qui entraîne de grandes différences dans les outils utilisés, les attitudes sont diverses, etc.

Il faut se borner tout d'abord à découvrir les facteurs communs de l'habileté manuelle reconnue chez tous les spécialistes.

Ces facteurs communs ne sont pas nombreux. Nous en avons relevé trois, mais qui paraissent fort intéressants:

1. L'habileté manuelle dépend en tout premier lieu des fonctions motrices; elle présume une parfaite synergie dans la mise en action des muscles qui doivent produire les mouvements nécessaires.
2. Cette synergie est toujours l'aboutissement d'un apprentissage assez long, parfois très long.
3. Les mouvements, quand ils sont journellement exécutés, deviennent automatiques après une certaine période.
   Les caractères particuliers des applications de l'habileté manuelle (spécialisations), peuvent se grouper en trois catégories:
1. L'ampleur, la force, la direction des mouvements varient suivant le genre de travail observé.
2. Les sens, parfois plusieurs, sont toujours mis à contribution.
3. L'intelligence intervient toujours, mais elle est de nature plus ou moins élevée suivant le métier envisagé; les connaissances exigées sont plus ou moins nombreuses, plus ou moins étendues selon le cas.

Nous nous trouvons donc devant une aptitude complexe, qui exige l'intervention de fonctions définies, qui toutes jouent un rôle dans son application dans l'industrie, et en ont joué un au cours de l'apprentissage.

Ce procédé d'analyse n'est destiné qu'à faciliter la recherche de l'importance relative du rôle réservé à chacune de ces fonctions, et en l'occurrence nous le croyons justifié.

Dans n'importe quel mécanisme un peu compliqué, toutes les parties qui le constituent ne doivent pas présenter les mêmes qualités. La valeur de la machine et son rendement dépendent de certains organes essentiels, particulièrement étudiés et construits avec le plus grand soin; les autres, quoique indispensables, ont une importance secondaire.

Si l'on considère dans son ensemble et dans ses parties constitutives le merveilleux mécanisme humain, tout monté, que l'on appelle habileté manuelle, extraordinaire machine-outil vivante mise au service de l'intelligence, on doit convenir qu'il en est de même.

Les organes essentiels de ce mécanisme sont constitués par les fonctions motrices et la parfaite synergie dans la mise en action des muscles qui doivent produire les mouvements nécessaires.

C'est le caractère général qu'on doit admettre comme le plus important, puisque, lorsqu'il manque, les autres fonctions qui doivent intervenir restent totalement inopérantes.

Ce qui accuse encore plus nettement son importance, c'est que les fonctions motrices doivent être de toute première valeur et que la facilité des synergies de mouvements doit être très bien établie, tandis que les autres fonctions, si elles ne sont que faiblement développées, ne font que diminuer la valeur d'emploi de l'habileté manuelle.

Ainsi un sujet chez lequel le premier caractère commun existe à l'état parfait, mais dont la vision est médiocre ou l'intelligence bornée, peut néanmoins utiliser son habileté manuelle, mais dans l'exercice de métiers plus simples.

Au contraire, un sujet dont les fonctions sensorielles ne présentent aucune tare, même si son intelligence est très développée, n'arrive pas à une habileté manuelle utilisable au point de vue industriel, si ses fonctions motrices sont médiocres et s'il ne peut coordonner ses mouvements à la perfection.

L'importance évidente de la qualité supérieure des fonctions motrices, et de celles qui président à la coordination parfaite des mouvements, est tellement grande qu'on doit en conclure qu'elle est la principale source de l'habileté manuelle, celle qu'il faut dépister en tout premier lieu.

Ces fonctions n'existent pas prêtes à l'emploi chez le tout jeune enfant, elles ne sont en lui qu'en puissance, dans la constitution intime du tissu nerveux, sous la forme d'éléments histologiques qui doivent se spécialiser, travail très long. C'est l'hérédité du sujet qui fixe la qualité de ces éléments et leur possibilité de développement, car celui-ci ne peut apporter en naissant que ce que lui ont légué les nombreuses générations formant la lignée à laquelle il appartient.

C'est un premier point à retenir : à l'origine de l'habileté manuelle, il y a l'influence de l'hérédité.

Les éléments nerveux de l'appareil moteur ne se développent et ne se spécialisent que sous l'action des excitations du milieu extérieur et de celles du milieu intérieur, selon une courbe qui n'est pas exactement pareille pour tous, les circonstances favorables ou défavorables étant très diverses suivant les individus.

Il y a des enfants précoces, d'autres chez lesquels l'évolution est lente. Chez tous les premiers mouvements volontaires sont maladroits, non différenciés. Ce n'est que par des efforts répétés d'adaptation vers le but à atteindre, efforts rendus possibles par l'addition constante de parties nouvelles dans leur organisme, que se parachève leur système nerveux et qu'ils arrivent graduellement, plus ou moins vite, à plus de coordination dans leurs mouvements.

Les différences individuelles sont très remarquées. Leurs causes ne l'ont pas été suffisamment. Ces différences individuelles ne peuvent s'expliquer que par l'hérédité en ce qui concerne la qualité du tissu nerveux, et par la variété des circonstances qui ont présidé à leur développement fonctionnel. (Nous incorporons dans l'expression « circonstances » l'espèce d'éducation motrice résultant de la pratique des jeux auxquels les enfants se livrent sans aucune intention de perfectionnement, tout simplement pour répondre à leur besoin d'activité, mais qui n'en a pas moins une grande action sur le développement des fonctions motrices.)

C'est le second point qui doit attirer l'attention : l'habileté manuelle, même si le terrain héréditaire est parfait, dépend aussi des circonstances qui ont marqué l'évolution de l'enfant.

Ces deux points restent malheureusement pour nous deux inconnues, puisque nous ne connaissons à peu près rien de l'hérédité du sujet, et rien du tout quant aux circonstances dans lesquelles ses fonctions motrices se sont établies.

Une indication utile peut être cependant tirée des rapports qui doivent exister forcément entre ces deux inconnues, puisqu'il est évident que, séparées, elles resteraient également impuissantes.

Réunies, retentissant l'une sur l'autre, elles provoquent un état spécifique des éléments moteurs, état qui donne plus ou moins de valeur aux modifications qui s'ensuivent dans l'intimité du tissu nerveux, et déterminent ainsi, en un temps plus ou moins long, une disposition organique qui conditionnera les fonctions motrices.

Cette disposition organique, nous l'appelons « disposition native » puisqu'elle est étroitement liée à l'hérédité du sujet. La rapidité avec laquelle elle se forme est l'indice certain de sa valeur, car elle annonce que le phénomène s'est réalisé sans difficulté. Ceci reste vrai, quel que soit le genre de mouvements que l'on a en vue.

Les adolescents, êtres dont l'évolution organique n'est pas achevée,

64

sont néanmoins déjà en possession de fonctions motrices qui, mises à l'épreuve, peuvent se révéler faibles, moyennes ou déjà excellentes, dans des conditions générales qui n'ont rien de commun avec le travail industriel.

Si les conditions de milieu ont été favorables, leur influence sur des éléments moteurs, héréditairement parfaits, doit donner naissance à des fonctions motrices excellentes, et, comparativement, rapidement acquises. Au contraire, si les conditions de milieu ont été défavorables, leur influence sur des éléments moteurs, héréditairement médiocres, a dû aboutir à des fonctions motrices médiocres, péniblement acquises.

Ce sont les deux cas extrêmes entre lesquels se placent tous ceux qui s'en écartent, soit pour cause d'imperfection du terrain, soit pour cause d'insuffisance d'excitations utiles.

La prise de tests moteurs sur des adolescents peut révéler l'état actuel de leurs fonctions motrices, mais cet état actuel ne donne pas le moyen de prévoir jusqu'à quel point celles-ci sont capables de se développer par la suite, étant donné qu'on se trouve dans l'ignorance complète des conditions dans lesquelles elles se sont établies.

C'est ce qu'ont perdu de vue bien des expérimentateurs qui ont étudié la question de l'habileté motrice ; ils ont admis que les résultats obtenus à la suite de la prise d'une série de tests pouvaient servir à établir un indice définitif, alors qu'en réalité ils n'obtenaient qu'un indice tout provisoire. Pour admettre leur conception, il faut s'imaginer que le développement des aptitudes se fait d'une manière tout à fait régulière, pour tous les adolescents, quelle que soit leur hérédité et quelle qu'ait été leur évolution antérieure. Cela se trouve démenti par les faits.

Tout ceci est valable pour l'habileté manuelle, qui n'est qu'un cas particulier de l'habileté motrice. Constater l'état actuel de cette aptitude ne peut être qu'un point de départ.

En orientation professionnelle, ce qui est intéressant n'est pas de constater le développement déjà acquis par un sujet au moment où l'on procède à son examen, c'est surtout de se rendre compte du degré de développement qu'il pourra atteindre par la suite, donc de s'assurer de son éducabilité.

Pour cela, il faut avoir recours à d'autres épreuves que celles qui sont actuellement en usage, à des épreuves qui portent sur un genre de travail simple, mais qu'on peut rendre graduellement plus difficile. Ces tests ont l'avantage de mettre à la disposition de l'expérimentateur une sorte d'échelle de difficultés du même ordre.

Comme tous les tests employés jusqu'ici, ils peuvent fixer le degré d'habileté manuelle déjà acquis ; mais celui-ci est pris comme simple point de départ, et l'expérience peut continuer sur un degré de difficulté plus élevé, ce qui permet de fixer les progrès dont le sujet est capable en un temps relativement court.

L'examen se fait en deux séances, chacune ne prenant pas plus d'un quart d'heure. La seconde a lieu à 24 heures d'intervalle. Les deux représentent une sorte d'apprentissage en raccourci. Cet examen porte sur les deux premiers caractères communs signalés au début de cette communication, donc sur la disposition organique qui est l'assise certaine de l'habileté manuelle, et permet de qualifier l'éducabilité du sujet.

Le troisième caractère commun est une disposition naturelle si générale qu'elle ne manque que chez des êtres anormaux. Ces derniers, ici, sont hors de cause.

Quant aux caractères particuliers qui ont été relevés, ils dépendent de la qualité des organes sensoriels, lesquels doivent toujours être examinés avant l'épreuve principale, comme l'intelligence doit l'être à l'aide de tests connus, sur lesquels il n'est pas utile d'insister en cette occasion.

Les tests dont il vient d'être question ne sont pas nouveaux. Ils ont été mis en usage chez nous depuis 1919, et ont fait leurs preuves.

ZUM PROBLEM DER PSYCHISCHEN AUSWIRKUNGEN DER ARBEITSLOSIGKEIT.

JOHANNA ELNER (Wien).

Schon vor einigen Jahren als das Psychotechnische Institut in Wien die Aufgabe übernahm, im Rahmen der Nach- und Umschulungskurse, welche die Industrielle Bezirkskommission für Arbeitslose errichtete, die psychologische Begutachtung und Auslese der Kursteilnehmer durchzuführen, da sind wir alle, die wir daran mitarbeiteten, sehr bald vor der Tatsache gestanden, daß diese Menschen psychisch in einer bestimmten Art und Weise reagieren. Damit sind weniger quantitative als qualitative Erscheinungen gemeint. Wohl gelang es dem Eignungsprüfer sehr bald sich auf diese neue Situation einzustellen, stets aber war die Atmosphäre irgendwie spezifisch gefärbt.

Noch brennender wurde das Problem, als aus Wirtschaftskreisen Nachrichten kamen, die über Komplikationen berichteten, welche sich fallweise dann ergaben, wenn man Leute, die lange Zeit arbeitslos gewesen waren, wieder in Betriebe einstellte. Aus dieser Situation ergab sich, als dann die Arbeitslosigkeit schließlich zu einer Massenerscheinung wurde, für alle diejenigen, die beruflich mit Menschen zu tun haben, die lange Zeit arbeitslos waren, immer mehr und mehr die Frage: ja wie sieht es denn in dem Arbeitslosen aus, wie lebt er, was geht in ihm vor? — man muß die Lebensäußerungen des Arbeitslosen erst verstehen lernen, will man ihn richtig beurteilen und behandeln! Die folgenden Ausführungen wollen versuchen demjenigen, der in seinem Beruf mit Arbeitslosen zu tun hat und auch der Allgemeinheit Verständnis beizubringen für Erscheinungen, die durch ihre Ausdehnung und tiefgehende Wirkung geeignet sind, unsere wirtschaftliche, soziale und persönliche Umwelt bedeutsam zu verändern. Die hier vorgebrachten Gedanken entstammen einer Arbeit, die im Anschluß an eine Tagung der Arbeitsgemeinschaft österreichischer Psychotechniker von den Mitarbeitern des Wiener Psychotechnischen Institutes ausgeführt wurde. Es handelt sich bei diesem Versuch um Besprechungen, die mit Arbeitslosen durchgeführt wurden. Zu diesen Besprechungen wurden arbeitslose Verkäufer herangezogen, im Alter von 25—35 Jahren, die den verschiedensten Branchen ihres Berufes entstammten und verschieden lange arbeitslos waren. Wir haben uns deshalb an Verkäufer gewendet, weil wir der Ansicht waren, daß sie eher imstande sein werden, Aussagen über sich selbst zu machen, als dies etwa bei Arbeitern der Fall gewesen wäre. Die Leute wurden wahllos dem Kataster des Arbeitsamtes entnommen, stellen also einen wirklich zufälligen Ausschnitt aus der Zahl der Arbeitslosen dar. Unsere Methode war darauf abgestellt, von dem einzelnen ein möglichst genaues Bild zu bekommen — Zeit sollte keine Rolle spielen — und so kam es, daß wir mit den Leuten auch öfters in Verbindung traten. Bei fast allen war im Verlauf der Besprechungen ein ziemlich starker Kontakt mit uns entstanden.

Da unsere Arbeit aber vorläufig nur die Vertreter einer bestimmten Berufsschichte erfaßt und sich auf eine geringe Zahl von Personen beschränkt, wird keinem der Ergebnisse irgendwelche Endgültigkeit zugesprochen, es handelt sich weniger um statistische Belege, als um allgemeine Eindrücke.

Wenn wir nun zu den Aussagen der einzelnen übergehen wollen, so möchten wir folgendes an die Spitze stellen: Alle diejenigen, die an diesem Versuch mitgearbeitet haben, haben die Überzeugung gewonnen, daß die Arbeitslosen, wenn sie auch anfangs mißtrauisch und zurückhaltend sind, im Verlauf der Besprechung aus sich herausgehen und auch ohne direkte Befragung viel Persönliches erzählen, auch solches, das vielleicht dazu geeignet wäre, für sie ungünstig ausgelegt zu werden. Wir hatten bei diesen Besprechungen eigentlich nicht den Eindruck, bewußt „beschwindelt" worden zu sein, wir hatten auch nicht den Eindruck, daß sich die Leute ihre Angaben nur ungern sozusagen „entlocken" ließen — die meisten sprachen frei, ohne viel Hemmungen (charaktermäßig verschieden). Wohl aber konnten wir feststellen, daß die Aussagen stark abhängig waren von der Art und dem Grad der *politischen Beeinflussung*. Man konnte an der Art der Beantwortung mit großer Sicherheit die politische Parteizugehörigkeit überhaupt und abgesehen davon, den Grad der „politischen Geweckheit", wie man es nennen könnte, erkennen. So kann man ziemlich genau unterscheiden, zwischen solchen Leuten, die ihre Arbeitslosigkeit vor allem als ihr persönliches Schicksal erleben, die bei den Fragen nach dem Grund der Arbeitslosigkeit, nach ihrer Einstellung zu den einzelnen Erscheinungen (wie: Bezug der Arbeitslosenunterstützung, Maßnahmen der Behörden usw.) keine feststehende Meinung haben oder sich oft erst in der Besprechung eine solche bilden und solchen, die ihre Antwort auf diese Fragen prompt bereit haben. Entweder, weil sie sich angeregt durch politische Parteien und Zeitungen auch selbständig und tiefer mit diesen Fragen auseinandergesetzt haben, oder weil sie sich nur äußerlich die Schlagworte angeeignet haben. Diese Leute sind teilweise des eigenen Denkens enthoben und was sie bringen, ist nicht so sehr ihre durch Erlebnis und Überlegung geformte Ansicht, als Ausdruck der Meinungen ihrer geistigen Umwelt. Es ist aber nicht schwer, mit ein bißchen psychologischem Fingerspitzengefühl und geschickter Fragestellung die eigene Meinung von den angelernten Schlagworten zu unterscheiden.

So ist die Wirkung der Arbeitslosigkeit auf das Selbstgefühl, abgesehen von den charaktermäßigen Ungleichheiten (wie hohe oder geringe Selbsteinschätzung, viel oder wenig Vertrauen in die eigene Tüchtigkeit) verschieden danach, ob der Arbeitslose sich als Einzelfall fühlt oder eingebaut in die große Masse, ob er seinen Abbau nur sieht als Folge des Geschäftsrückganges bei seinem Chef oder ob er die allgemeinen Zusammenhänge der Weltwirtschaftskrise sieht und sich selbst als Teil von Hunderttausenden. Dies wirkt sich z. B. stark aus auf seine Einstellung zum *Bezug der Arbeitslosenunterstützung.* Als was empfindet der Arbeitslose die Arbeitslosenunterstützung? Die größere Anzahl gibt an, daß sie den Bezug der Arbeitslosenunterstützung als Anrecht empfindet, ein Recht, das man sich durch das lange Einzahlen während der Berufstätigkeit erworben habe oder sie argumentieren: man habe ein Recht auf Arbeit, wenn der Staat einem dieses Recht nicht zusichern könne, so sei er verpflichtet, einem über die ärgste Not hinwegzuhelfen. Aber auch wenn die Arbeitslosenunterstützung als Anrecht aufgefaßt wird, erklären doch einige spontan, daß ihnen der Bezug der Unterstützung peinlich sei, weil sie Geld bekommen, ohne etwas dafür gearbeitet zu haben. Wenn bei diesen Leuten trotz der Peinlichkeit, die im Bezug einer Leistung ohne Gegenleistung liegt, das Gefühl eines gewissen Anrechtes doch dominiert, so ist es bei der nächsten Gruppe von Leuten, die von der Arbeitslosenunterstützung als von einer *Wohltat,* die der Staat erweist, sprechen, ganz verloren gegangen.

Das gleiche ergibt sich bei der Frage, wie der Arbeitslose die Tatsache der *eigenen Arbeitslosigkeit* erlebt — auch hier eine Gruppe von solchen, die die Arbeitslosigkeit mit mehr oder weniger Verzweiflung aber doch offen, teilweise gleichgültig, teilweise „stark" tragen und solchen, die sich der Arbeitslosigkeit schämen. Es waren Fälle darunter, wo den Verwandten der Verlust der Arbeit nicht bekanntgegeben worden war, wo zu Bekannten nichts davon erwähnt wurde, wo man Fremden gegenüber nur von seinem Beruf als Verkäufer sprach, nicht aber von der Tatsache der derzeitigen Arbeitslosigkeit. Was dem seelisch zugrundeliegt erkennen wir am besten aus dem Ausspruch: „Wenn ich unter Arbeitslosen bin, schäme ich mich nicht, den „anderen" gegenüber verschweige ich es." Die „anderen", d. s. solche Leute, seien es nun Kollegen oder Angehörige anderer Schichten, die noch Arbeit haben.

Hier ist einer der wundesten Punkte; der Arbeitslose fühlt sich ausgestoßen, von den anderen gemieden, wird oder glaubt es wenigstens von den anderen geringer eingeschätzt, kurz er gehört nicht dazu, er kann nicht mittun. Bis jetzt waren wir gewöhnt, unter den „anderen" Vertreter einer anderen gesellschaftlichen Klasse, einer anderen Weltanschauung, einer anderen Rasse zu sehen, jetzt tut sich eine neue Zweiteilung auf: *solche die Arbeit haben* und *Arbeitslose*. Und dieses Verbergen der Arbeitslosigkeit, von dem wir früher gesprochen haben, erklärt sich uns jetzt als ein Kampf, noch zu den „anderen" gezählt zu werden. Aus dieser tatsächlich vorhandenen oder vermuteten Kluft zwischen sich und den anderen, resultiert in vielen Fällen die leichte Verletzbarkeit und Empfindlichkeit, die der Arbeitslose im Verkehr mit in Arbeit Stehenden oft an den Tag legt.

So z. B. im Arbeitsamt: Obwohl mit einer Ausnahme alle sich durchwegs lobend über das Verhalten der Beamten geäußert haben, die Höflichkeit und Geduld betont haben, sind Auftritte und Auseinandersetzungen ja keine Seltenheit. An diesen Differenzen liegt, wie die Arbeitslosen selbst angeben, zumindestens bei den Angestellten, die Schuld zu einem guten Teil beim Arbeitslosen — hier gilt es aber für den Beamten zu verstehen, daß es sich da nicht um unberechtigte Überempfindlichkeit handelt, sondern um die Reaktion eines Menschen, der durch finanzielle Not und veränderte soziale Stellung in seiner Selbsteinschätzung stark erschüttert ist und auf die Außenwelt vielfach anders reagiert als Arbeitende.

Daß bei den Arbeitslosen, gezwungen durch die äußeren Verhältnisse, so etwas wie ein *Abbau der persönlichen Wertung* eintreten muß, versteht man, wenn einem die Verkäuferinnen z. B. erzählen, daß sie beim Bewerben um eine Stelle sich nicht trauen ihr Alter anzugeben, da wegen des geringeren Lohnes nur junge Verkäuferinnen gesucht werden und aus demselben Grund die Angabe des letzten Gehaltes, wenn es verhältnismäßig hoch war, vermeiden, bessere Qualifikationen verschweigen, da ihnen dies manchmal nur hinderlich ist, weil der Arbeitgeber sich scheut, einer solchen Kraft den geringen Lohn, den er bieten will, zuzumuten, mehr aber nicht ausgeben kann oder will. War sonst längere Praxis und bessere Qualifikation eine Empfehlung, so ist dies jetzt manchmal ein Hindernis.

Wenn aber auch die Arbeitslosen, mit denen wir gesprochen haben, in ihrem Selbstgefühl erschüttert sind, in ihrer *Arbeitsfähigkeit* fühlen sie sich nicht berührt. Die Frauen vor allem, auch wenn es sich um langfristige Erwerblose handelt, geben an, daß sie sich völlig arbeitsfähig fühlen und bei gelegentlichen Aushilfsarbeiten während der Oster- und Weihnachtsfeiertage sofort eingearbeitet waren, manche heben noch hervor, wie sehr sie sich in diesen Tagen wohl gefühlt hätten. Hier taucht natürlich sofort die Frage auf: Ist diese wohlerhaltene Arbeitsfähigkeit etwa nur im Gefühl der Arbeitslosen vorhanden, wie sieht es denn objektiv aus, wenn der Arbeitslose bei Neueintritt in einen Betrieb seine Leistungsfähigkeit nun tatsächlich beweisen soll. Hier geben die Erhebungen aus Wirtschaftskreisen Antwort, die manchmal· recht traurige Ergebnisse bringen. Jedenfalls läßt sich diese Frage nicht ganz allgemein lösen — denn die Verhältnisse liegen vollkommen verschieden, je nach der Arbeit, um die es geht. Bei Berufen, wo es sich um Handfertigkeit handelt, um starkes Beanspruchen einzelner Spezialfähigkeiten (wie z. B. Augenmaß, Druckempfinden), um Leistungen, die ständige Übung verlangen (wie Maschinenschreiben, Stenographieren) oder Berufe, die Kenntnis und Beherrschung der neuesten technischen Errungenschaften voraussetzen, ist die Gefahr einer Störung der Arbeitsfähigkeit gewiß vorhanden. Allerdings spielen hier Probleme eine Rolle, die über das rein Leistungsmäßige weit hinausgehen. Denn die Schwierigkeiten, über die bei Wiedereinstellung von Arbeitslosen berichtet wird, beziehen sich nicht so sehr auf verminderte Beherrschung von Fertigkeiten, als auf Komplikationen, die sich aus dem Verhalten der Arbeitslosen ergeben. Bei unseren Versuchspersonen mag das Gefühl der intakt gebliebenen Leistungsfähigkeit sogar auch objektiv richtig sein, weil es sich beim Verkäuferberuf vielleicht um Fähigkeiten handelt, die einmal vorhanden oder erworben, nicht so sehr der Übung unterliegen.

Was ist es nun, was den Arbeitslosen so aus seinem Gleichgewicht bringt? In der diesbezüglichen Literatur tauchen die zwei Fragen auf: Ist es die *finanzielle Not* — ist es die *Beschäftigungslosigkeit*, die als stärkerer Faktor wirkt?

Wir glauben, man kann davon sprechen, daß das, was als stärker empfundenes Moment wirkt, sich im Verlauf der Arbeitslosigkeit ändert. Was nun gesagt werden soll, gilt wahrscheinlich vor allem für Angestellte. Bei Arbeitern mögen die Verhältnisse anders liegen.

Anfangs, solange durch die Abfertigung, durch eventuelle Ersparnisse, finanzielle Reserven in einem gewissen Grad noch vorhanden sind, solange die Kleidung noch intakt ist, wird einige Wochen hindurch die ungewohnte Freizeit sozusagen als Urlaub und angenehm empfunden (Sommer). Dann aber tritt eine Übersättigung an Freizeit ein und die Beschäftigungslosigkeit, die dadurch entstandene leere Zeit, die Langeweile, die Ziellosigkeit des Lebens wird drückend empfunden. Vielleicht noch quälender als die Verdienstlosigkeit. Sie wirkt drückend selbst bei den Frauen, die zwar arbeitslos, aber nicht beschäftigungslos geworden sind — da sie ja, auch wenn sie unverheiratet sind, im Haushalt stets zu tun haben. Sie haben jetzt

70

um so mehr zu tun, als sie mit weit verminderten Mitteln auskommen müssen. Immer wieder stopfen, immer wieder flicken und umändern. — Der Kampf gegen die Not wird für sie zur Arbeit. Aber trotzdem sie stets zu tun haben, klagen sie über Beschäftigungslosigkeit, was ihnen fehlt, ist der Betrieb mit seinem festen Arbeitspensum, seinen Anregungen und seinen Erfolgsmöglichkeiten.

In dem Maße aber, in dem die finanziellen Reserven abnehmen, tritt ein Umschwung ein und von nun an ist es für immer die geldliche Knappheit, die finanzielle Not, die dominiert — das ganze Leben und Denken des Arbeitslosen wird erdrückt durch die Not. Überall stößt er an die Grenzen seiner finanziellen Leistungsfähigkeit.

Diese Not ist verschieden groß, je nach den wirtschaftlichen Verhältnissen der Umwelt, hängt davon ab, wie lange die Arbeitslosigkeit schon dauert, ob man beim Kaufmann noch Kredit bekommt usw., ist aber vor allem dadurch bestimmt, ob der Arbeitslose in einem halbwegs finanziell gesicherten Familienverbande lebt oder ganz auf sich allein und damit auf die Arbeitslosenunterstützung oder Notstandsaushilfe angewiesen ist.

Ist schon die Not derjenigen, die in einem Kreis, in einer Familie leben, groß, so ist sie fast unbeschreibbar bei denjenigen, die ganz auf sich angewiesen sind. Das Nachschaffen von Kleidern muß völlig aufhören, nur die Schuhe werden noch repariert. Vergnügungen kommen nur in Betracht, wenn man eingeladen wird. Alles geht für Zins und Essen und die primitiven kulturellen Bedürfnisse, wie Licht, Seife, Wäsche usw. auf. Auf alles andere muß verzichtet werden, außer man bekommt es von Bekannten oder Verwandten. Und damit sind wir wieder auf einen Konflikt des Arbeitslosen gestoßen. Während, wie wir früher ausgeführt haben, sich zwischen ihm und den in Arbeit Stehenden eine immer größere Kluft auftut, wird er tragischerweise immer mehr und mehr eben auf diese noch in Arbeit Stehenden angewiesen, was besonders konfliktreich wird in solchen Fällen, wo man auf die Unterstützung von Verwandten, mit denen man innerlich nicht sehr gut steht, angewiesen ist.

Während die Not mit längerer Arbeitslosigkeit immer ärger und drückender wird, die Leute zur Verzweiflung und Verbitterung treibt, wird die Berufslosigkeit, die Beschäftigungslosigkeit allmählich zur Gewohnheit. Der Arbeitslose paßt sich mehr und mehr seelisch dieser Erscheinung an. Wohl leidet er sehr unter der Wertlosigkeit seines Lebens, etwas in seinem Inneren revoltiert dagegen, so ziel- und sinnlos dahinzuleben, aber diese innere Aktivität wird bei den meisten immer schwächer und schwächer, man klagt über Beschäftigungslosigkeit, aber man unternimmt immer weniger und weniger Schritte gegen sie, man gleitet hinein in einen Zustand, den wir als „verzweifelte Gleichgültigkeit" bezeichnen möchten. Verzweifelt, verbittert, empfindlich und doch gleichgültig und abgestumpft. Ebenso widerspruchsvoll wie diese Wortkombination ist das Erleben und Verhalten des Arbeitslosen. Man hat zwar nichts zu tun, aber trotzdem werden z. B. Kurse u. a. Lernmöglichkeiten nicht allzusehr angestrebt, man tut eigentlich nichts. Es ist die Hoffnungslosigkeit, die sich abstumpfend auswirkt. Es mag sein, daß in solchen Fällen, wo aus irgendwelchen günstigen Umständen heraus die finanzielle Not nicht allzugroß ist, die Leute sich, sobald diese Anpassung an die Beschäftigungslosigkeit eingetreten ist, mit ihrem Zustand abfinden und sich sogar relativ wohlfühlen. Vielleicht sind das dann diejenigen Fälle, die man als arbeitsscheu und mit ihrem Zustand zufrieden empfindet. Es ist im allgemeinen sehr schwer, über die tatsächliche Tageseinteilung der Arbeitslosen Auskunft zu bekommen; einerseits weil wirklich so wenig geschieht, andererseits weil es gegen die allgemeinen moralischen Forderungen verstößt, dieses Nichtstun einzugestehen. Aber was die Arbeitslosen nicht von sich selbst erzählen wollen, das berichten sie von den anderen und was da den in Arbeit Stehenden vor allem auffällt, ist die Tatsache, daß den Arbeitslosen der Tag so zwischen den Fingern davonrinnt. Dinge, für die sonst Minuten genügten, nehmen jetzt Stunden in Anspruch.

Wenn man sich die finanzielle Not vor Augen hält, die Gereiztheit des Arbeitslosen, sein untätiges Herumtrödeln, dann hat man das Bild der Arbeitslosenfamilie.

Wir unterstreichen vollkommen den Satz, den der Berliner Jugendrichter Franke in einem Artikel der „Sozialen Praxis" äußert: „Nur eine wirklich festgefügte Familie kann die Arbeitslosigkeit eines Mitgliedes ohne Erschütterung ertragen." In dem Moment, wo eine Ehe oder das Verständnis von Eltern und Kindern, zwischen Geschwistern, nur irgendwie problematisch ist, entstehen durch die Arbeitslosigkeit eines Teiles die größten Erschütterungen. Latente Konflikte werden akut. Eine Stieftochter, für die seit ihrer Arbeitslosigkeit das Verhältnis zu Hause so unerträglich geworden ist, daß sie das Elternhaus nur noch zum Schlafen benützt, eine Ehe, bei der es schon früher Unstimmigkeiten gegeben hat, die nun wegen der Zwistigkeiten, die sich aus der finanziellen Not ergeben, so quälend wird, daß sie auseinandergeht — die ganze Problematik und Schwierigkeit menschlicher Gemeinschaft wird vervielfacht. Nicht nur wirtschaftlich, sondern auch in den seelischen Erscheinungen wirkt die Arbeitslosigkeit des einzelnen über ihn hinaus auf seine ganze Umgebung.

Will man diesen seelischen Auswirkungen der Arbeitslosigkeit wenigstens teilweise entgegenarbeiten und nicht untätig zusehen, wie der einzelne den typischen Arbeitslosenhabitus annimmt, dann muß man ihm vor allem das Gefühl „unnütz und anders" zu sein, nehmen. Wir erinnern daran, was wir früher von der Teilung in Arbeitende und Arbeitslose gesagt haben. Man muß dem Arbeitslosen, wenn schon nicht bezahlte Arbeit, so doch Beschäftigung geben. Und zwar sinnvolle Beschäftigung, die ihm das Gefühl gibt, im allgemeinen Arbeits- und Werdeprozeß mit eingeschlossen zu sein. Kurse und Beschäftigungsgruppen, bei denen allzu stark nur das Beschäftigtwerden herausgespürt wird, ohne. daß auch notwendige, nützliche Arbeit geleistet wird, können nicht genügen. Deshalb werden reine Bastelgruppen den Arbeitslosen nie ganz beeinflussen, viel eher können das schon Arbeitsdienstlager zum Beispiel. Denn der Arbeitslose will nicht nur beschäftigt sein, er will auch einen nützlichen, wirklich notwendigen Arbeitsertrag sehen, nur dann wird er das Gefühl, von der Gemeinschaft der Arbeitenden ausgestoßen zu sein, überwinden. Man muß an ihn herantreten in jenem für eine Beeinflussung fruchtbaren Augenblick, am Beginn der Arbeitslosigkeit, wo bereits eine Übersättigung an Freizeit, noch nicht aber die innere Anpassung an die Beschäftigungslosigkeit eingetreten ist.

Wir haben aus unseren bisherigen Erfahrungen die Überzeugung gewonnen, daß es sicher so etwas wie allgemeine Erlebnis- und Verhaltensweisen der Arbeitslosen gibt. Es ist so, als ob sich über den eigentlichen Charakter des Menschen wie eine Haut, ein zweiter — ein Arbeitslosencharakter — legen würde, aber die persönliche Eigenart bricht doch immer wieder durch, denn das gesamte bisherige Lebensschicksal (Veranlagung, persönliche Erlebnisse, früherer Lebensstandard usw.) ist von Einfluß auf die Reaktion der Arbeitslosigkeit gegenüber; und nur wenn es uns gelingt, diese Wechselwirkung von allgemeinen Wirkungen und individuellem Charakter zu erfassen, können wir den einzelnen Arbeitslosen verstehen.

Besonders wichtig ist es, den Jugendlichen aus der Beschäftigungslosigkeit herauszureißen, nicht nur weil er geregelte Beschäftigung sehr entbehrt, sondern weil die Gefahr besteht, daß er es verlernt sie zu entbehren, wenn er einmal in den Zustand der Gleichgültigkeit eingetreten ist und seine Aktivität auf andere Gebiete verlegt. Es steht wohl fest, daß das Problem der arbeitslosen Jugend eine der brennendsten Fragen unserer Zeit ist.

EXERCICE ET APPRENTISSAGE.

FR. AGOSTINO GEMELLI (Milan).

En parcourant la littérature fort nombreuse sur l'exercice, ou bien en examinant les nombreuses recherches poursuivies dans ce domaine, on doit aussitôt reconnaître que les psychotechniciens ont bien souvent considéré ce problème d'une façon excessivement simple. Ils ont négligé de pousser à fond la recherche sur la nature de l'exercice et se sont bornés à considérer l'exercice au point de vue de ses effets (rendement du travail, quantité du produit du travail, temps de production du travail, rapidité de l'apprentissage, etc.), sans étudier à fond

les connexions qui existent entre ces problèmes et le problème fondamental de la nature de l'exercice. Ce fait se vérifie dans des domaines
différents de la psychotechnique; en faisant cette affirmation, je ne
veux certes pas formuler un reproche, mais seulement faire une constatation; pour des raisons faciles à comprendre, le psychotechnicien
est amené bien souvent à se préoccuper presque exclusivement du
problème pratique et à négliger les questions de principe. Celles-ci,
au contraire, comme on sait, ont un caractère directif et formatif,
car les applications sont possibles seulement lorsque les connaissances
scientifiques sont si mûres et si approfondies qu'elles aboutissent,
par un procédé naturel, aux applications pratiques.

Déjà à la Conférence Internationale d'Utrecht, M. Myers, en parlant
de l' « éducabilité »[1]) avait rappelé les psychotechniciens, en mots
délicats, mais très précis, à considérer le problème de l'éducabilité
des aptitudes d'après le point de vue des principes généraux et des
lois générales de l'activité psychique. Et il serait facile d'ajouter
à l'autorité de M. Myers celle d'autres noms en ce qui concerne d'autres
questions de psychotechnique.

J'ai voulu exposer d'abord ces considérations, parce que, si mon
rapport peut sembler de caractère général, et si les conclusions
pratiques ne viennent qu'à la fin, on doit savoir que je l'ai fait de
propos délibéré.

Je vais parler seulement de l'apprentissage moteur et de l'influence
que l'exercice a sur celui-ci; et j'entends mettre en relief une série
de faits que j'indique dès maintenant, pour présenter clairement les
points de vue où je me suis placé:

1) Lorsque nous classons les différentes formes d'apprentissage
en catégories, nous plaçons dans les catégories extrêmes l'apprentissage des connaissances et du côté opposé l'apprentissage moteur.
Toutefois cette séparation est artificielle; dans tout apprentissage
moteur il y a un élément de connaissance, sans lequel, on ne peut
parler d'apprentissage.

2) L'apprentissage, en soi, d'un mouvement, même simple, ne peut
avoir lieu par sa seule répétition; cette répétition n'a pas pour effet
la tendance automatique à répéter cet acte, lorsqu'un sujet est placé
dans des conditions de milieu favorables; pour qu'il puisse répéter
cet acte il faut que le dynamisme des tendances soit mis en jeu par
le moyen de l'intention actuelle d'accomplir ce mouvement (Aufgabe).

3) L'apprentissage n'est donc pas dû à un jeu mécanique d'idées-
forces, ou de réflexes conditionnés, mais il est l'effet d'une organisation des mouvements élémentaires coordonnés à un but; celui-ci

---

[1]) *Myers, On Educability*, Ve Conférence Int. de Psychot., Utrecht, 1928.
Des observations semblables, par rapport à l'exercice, ont été faites plus
récemment par *Knight Dunlap (Habits, their Making and Unmaking*, New
York, 1932, pag. 18 et ss.).

agit (grâce à des stimulations continuelles qui sont intimement liées à ces mouvements) par l'exercice; naturellement l'apprentissage suppose un jeu isomorphe des organes et des structures nerveuses; mais on arrive à l'apprentissage grâce à cette intime connexion du but (qui agit comme stimulant) avec les mouvements.

*

Après avoir avancé ces conclusions pour que la connexion des faits que je vais exposer soit évidente, je commence par exposer quelques-unes des observations que j'ai faites sur l'apprentissage des animaux.

En parcourant la littérature nord-américaine la plus récente sur l'exercice et sur son influence sur l'apprentissage, par exemple, du labyrinthe pour le rat, on est frappé par l'apparence extérieure d'exac-

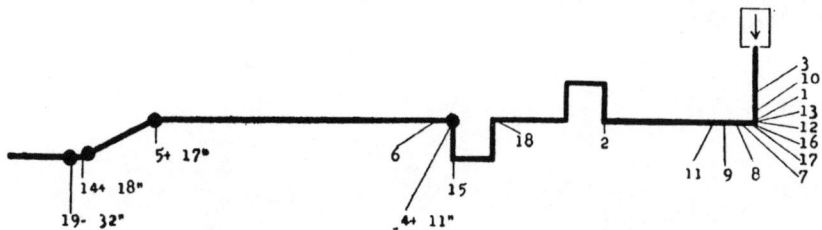

Fig. 1. — Protocole de la conduite d'un rat normal sur le labyrinthe; les numéros progressifs représentent les sorties; les petits cercles noirs la nourriture; les signes + la nourriture atteinte et saisie; les signes — la nourriture atteinte, mais non saisie; les secondes indiquent le temps employé dans le retour. — Echelle: 1 : 100.

titude de ces recherches; elles montrent par des chiffres, des tables, des diagrammes le processus de l'apprentissage dans les conditions les plus diverses. Mais si on va plus dans ces recherches pour tâcher de saisir la nature de l'apprentissage, on reste déçu, car ces tables et ces chiffres nous disent bien peu sur le mécanisme de la conduite de l'animal, sur la succession, les complications et la constitution des réactions, sur la valeur des réactions en connexion avec les circonstances de l'expérience ou avec les aptitudes individuelles; en un mot, ces auteurs ne nous disent pas comment l'action de l'animal s'organise par rapport au but que, expérimentalement, nous l'obligeons à poursuivre et par rapport aux conditions du milieu où nous le mettons. Dans les recherches qu'avec Mlle le Prof. Pastori[2] j'ai commencées il y a deux ans, sur les rats, sur les poulets, sur les colombes et sur les poissons, nous avons réalisé des conditions expérimentales sur lesquelles il m'est impossible de m'arrêter ici, grâce auxquelles il est possible de suivre l'animal dans chaque expérience et de reproduire par un diagramme leur résultat.

[2] On peut voir des détails plus étendus dans: *Gemelli-Pastori, Il processo di apprendimento negli animali*, « Arch. Italiano di Biologia » Vol. XX, dic. 1934, n. 4.

Dans la fig. 1 je présente un exemple des nombreux diagrammes représentant une série d'exercices faits par le même animal, sur le labyrinthe, dans des difficultés progressives; la flèche indique la direction du rat à la sortie de sa demeure; la ligne noire indique, sur une échelle 1 : 100, la série des barres qui constituent le labyrinthe: les petits cercles noirs la nourriture; les nombres progressifs, les sorties de l'animal; ceux qui sont suivis par + indiquent les sorties avec un bon résultat (nourriture atteinte), ceux qui sont suivis par un — les sorties vaines ou inutiles (nourriture atteinte, mais non saisie, parce qu'elle est tombée de la barre); les secondes la durée du retour à la maison.

Il résulte des nombreux diagrammes recueillis ainsi. que le rat normal, quoique stimulé par l'appétit et par l'odeur de la nourriture, préfère entre les deux buts, la maison; en effet, bien des fois, après

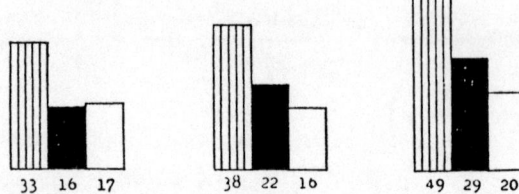

33 16 17   38 22 16   49 29 20

Fig. 2. — Comparaison entre l'activité et le rendement de trois rats du même groupe dans une série de 10 périodes journalières de 5' chacune. — L'aire hachée représente le nombre total des sorties: l'aire noircie le nombre des sorties utiles; l'aire blanche le nombre des sorties inutiles.

avoir effectué une partie du parcours, il rebrousse chemin sans avoir rien pris; et si, après avoir atteint la nourriture, il la heurte et la fait tomber de la barre, au lieu de faire un saut pour l'atteindre (comme il sait très bien le faire, quand, par ex., un grand bruit se produit), le rat refait tout le chemin jusqu'à la maison pour sortir de nouveau. Enfin le temps employé pour le retour tend à s'abréger dans les exercices successifs; toutefois il est beaucoup plus long lorsque le rat revient la bouche vide.

La fig. 2 offre un exemple des observations que nous avons faites sur l'activité et sur le rendement. L'activité (c'est-à-dire le nombre des sorties dans l'unité de temps, et le rendement du travail, c'est à dire le rapport entre les recherches utiles et les vaines) est très différente, non seulement chez les rats normaux et les rats cérebrolésés, mais même chez des sujets différents, ou de la même nichée et également dressés. Il n'est pas rare qu'un des sujets d'un groupe homogène (six ou huit rats de la même nichée) donne un rendement de travail bien supérieur à tous les autres. Le plus grand rendement ne correspond pas toujours à la plus grande activité .

Si l'on élimine des protocoles les cas (rares) de nourriture atteinte et non pas saisie, la courbe de la vélocité indique, pour chaque animal, que le retour est plus rapide que l'aller; le temps employé pour porter la nourriture à la maison est plus bref que celui employé pour atteindre la nourriture; et cela, soit quand il s'agit de parcourir la même route, soit quand l'animal est libre de choisir des chemins différents. Cela résulte des diagrammes du temps, dont je donne quel-

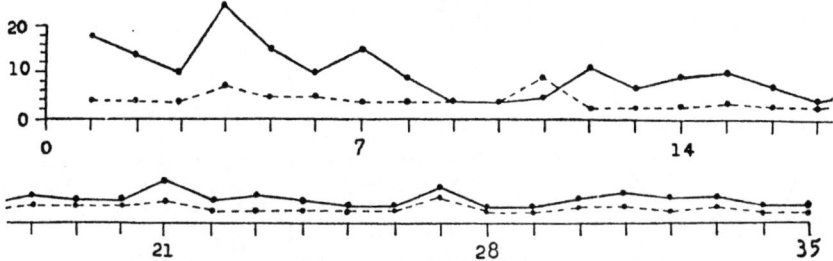

Fig. 3. — Temps en secondes employé par un rat normal à parcourir le même labyrinthe dans 35 expériences successives.
———— à l'aller
— —.—— au retour

ques exemples dans la fig. 3. Remarquez aussi que les rats, laissés libres de choisir le chemin normal ou la traverse, choisissent cette dernière plus fréquemment à l'aller qu'au retour; de sorte que bien

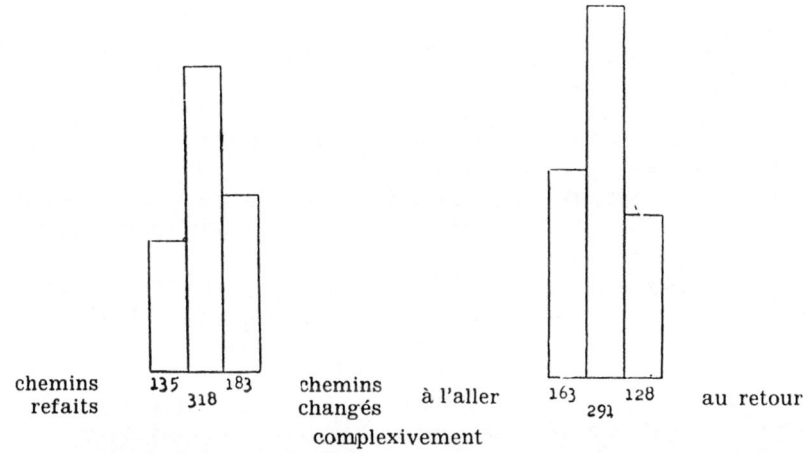

chemins refaits   135   183   chemins changés   à l'aller   163   128   au retour
318   complexivement   291

Fig. 4. — Chemins de retour choisis par un groupe de 9 rats normaux dans 318 expériences.

Fig. 5. — Traverses utilisées par un groupe de 9 rats normaux dans 318 expériences.

souvent, ils emploient plus de temps en allant par le chemin le plus court, qu'en revenant par le chemin le plus long (fig. 4 et 5).

Au contraire la fréquence des fautes est plus remarquable dans le retour qu'à l'aller, ce qui est montré, par ex., par le diagramme de la fig. 6, qui concerne une faute typique: le rat choisit une impasse dangereuse, car il est orienté dans la direction même de la barre qui le reconduit à la maison (fig. 7); cette erreur a des conséquences différentes à l'aller et au retour; en allant, le rat, après avoir atteint l'impasse, retourne immédiatement et rebrousse chemin; au retour il tombe, ou bien il s'accroche à la barre et seulement après des efforts répétés qu'il réussit à reprendre la position normale.

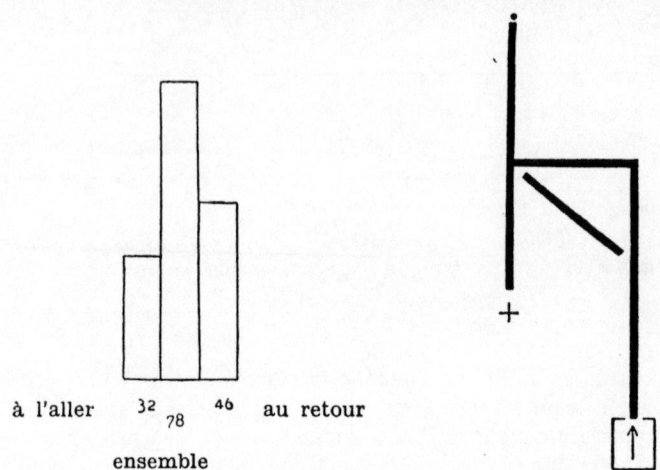

à l'aller   32   46   au retour
          78

ensemble

Fig. 6. — Impasses dangereuses suivies par méprise par un groupe de 9 rats normaux dans 318 expériences.

Fig. 7. — La petite boule noire indique la nourriture: la croix, l'impasse dangereuse.

Par l'ensemble de ces observations, on peut déduire que le procédé d'apprentissage au labyrinthe chez les rats est essentiellement différent dans le cas de la recherche de la nourriture ou du retour à la maison; le premier but est atteint en utilisant des sensations visuelles, olfactives, tactiles (le rat regarde, flaire, parcourt avec le museau le contour de la petite porte de la maison et puis de la barre); le second but est atteint indépendamment ou presque de ces sensations (le rat, avec le museau relevé pour porter la nourriture, ne flaire plus le chemin, ne retrouve plus les traces: en effet il change presque toujours de chemin; mais, vraisemblablement, il se sert surtout du sens de la position, en sorte que, comme le contrôle des autres sens lui fait défaut, il atteint des vitesses plus grandes moyennant un plus grand nombre de fautes).

De ces recherches, il résulte donc que la conduite de l'animal dans l'apprentissage n'est pas une réaction mécanique, constante, uniforme à la stimulation (recherche de la nourriture, recherche de la maison); mais, au contraire, un ensemble d'actions et de réactions et qu'elle suppose une adaptation de l'animal aux différentes circonstances dans lesquelles il est artificiellement placé par l'expérimentateur; l'animal s'y adapte d'une façon différente en vue du but auquel il tend et selon les phases de l'apprentissage et de la variabilité individuelle. Cette façon complexe de réagir et de s'adapter ne s'explique pas comme une simple succession de réflexes; la vie de l'animal est bien plus riche et, surtout, remarquablement « organisée ».

*

Passons maintenant à l'homme.

Chacune de nos actions manuelles, même si elle n'est pas trop complexe, est toute dominée et réglée par le but à atteindre. Encore plus, quand celui qui l'accomplit n'a pas présent le but à atteindre, et cela par l'influence de l'automatisation des mouvements, le but à atteindre exerce, comme tâche (« l'Auflage » des psychologues allemands), une influence directive et coordonnatrice.

J'ai exécuté, pour illustrer ce point, les expériences suivantes. J'apprenais à six sujets quelques actions manuelles complexes, qui demandaient un certain effort pour faire converger les différents mouvements vers un but déterminé, mais qui devenaient facilement automatiques. A l'aide d'une petite pince je faisais faire, avec du fil de fer relativement malléable, les anneaux d'une chaîne. Il faut atteindre une certaine habileté dans la façon de tenir la pince, pour donner un tour de main par lequel le fil s'enroule sur une des pointes de la pince. Le tour de main, dont l'exécution est relativement difficile, doit être fait avec une certaine rapidité, que l'on acquiert après quelques heures d'exercice. Il est nécessaire que le sujet, pour faire une chaîne à anneaux égaux et bien ronds, enroule toujours une portion égale de fil, qu'il l'enroule toujours dans le même sens et toujours à la même hauteur autour d'une des deux pointes coniques de la pince. Des sujets bien habitués peuvent, pendant le travail, se distraire, regarder ce qui arrive autour d'eux, causer; mais, comme dans tout mouvement automatisé il y a une conscience de l'action accomplie qui se réveille lorsqu'on fait une faute, dans notre cas le sujet remarque que la portion de fil enroulé est trop grande, ou bien qu'elle est insuffisante, ou bien que le tour n'a pas été complet, n'est pas exact, etc.

Sur des sujets bien automatisés j'ai fait agir soudain une stimulation extrêmement distrayante, un bruit, un appel; puis j'ai exécuté l'introspection. Les protocoles d'introspection montrent que le sujet, tout en interrompant en réalité l'action entreprise, la continue mentalement, et la conduit mentalement au but. Cela arrive si la stimulation distrayante a été forte, ou, plus précisément, si elle a été si considérable qu'elle empêche que le mouvement s'achève; tel était le cas, dans les expériences susdites, d'une stimulation douloureuse au bras. Mais si, au contraire, la stimulation distrayante n'est pas de cette sorte, le sujet achève réellement et complète l'action initée et s'adresse ensuite à la stimulation. Un fait analogue, analysé bien à fond dans les détails, a été décrit récemment par Mlle Osvianskina,[2]) une élève de M. Lewin, qui comme on sait, dans le but d'étudier comme les actions sont « gestaltet », a fait étudier par ses élèves l'interruption de certaines actions.[4])

C'est à dire que l'on vérifie que les éléments sensoriels, perceptifs, moteurs, cénesthésiques, constituent dans l'action manuelle un tout[5]) dans lequel chacun d'eux est intégré et coordonné ou subordonné aux autres.[6]) Les différentes données sensorielles, perceptives, motrices, grâce à l'activité synthétique de la vie psychique, sont fondues dans une organisation qui a un but. A mon avis, ce procédé d'organisation des données psychiques est tout à fait analogue à celui que l'on vérifie dans la perception. C'est à dire, comme dans la perception toutes les données sensorielles sont coordonnées et subordonnées par la signification, ici, dans l'apprentissage d'une action manuelle, la tâche, le but (« Aufgabe »), domine totalement l'organisation des mouvements élémentaires. En plus, comme dans la perception on a vérifié l'existence d'une construction synthétique et d'une construction analytique de la perception (voir les recherches de Seifert), il est possible encore dans l'apprentissage des mouvements coordonnés que les sujets procèdent analytiquement, ou bien qu'ils construisent synthétiquement le tour de main ou qu'ils coordonnent les mouvements qui caractérisent l'habileté manuelle; ou plutôt qu'ils procèdent tantôt dans l'un, tantôt dans l'autre sens, selon l'influence actuelle de l'*Aufgabe*.

On doit relever encore qu'en examinant des sujets qui accomplissent un travail automatisé comme celui que nous venons de décrire, on remarque d'après les protocoles d'introspection que l'élément central et coordonnateur, grâce auquel on réalise cette synthèse, est donné précisément par l'idée du but, par cette tâche qui domine toute l'action. Une nouvelle preuve de ce que j'affirme, nous est fournie par

---

[3]) *Die Wiederaufnahme unterbrochener Handlungen*, « Psych. Forsch. », Vol. XI, Fasc. 3-4.

[4]) Cfr.: *Zeigarnick, Über das Behalten von erledigten Handlungen*, « Psych. Forsch. », Bd. IX, H. 192, Les critiques récentes des élèves de *Ach*, tout en donnant à ces faits des interprétations différentes (celle de l'action déterminatrice de *Ach)*, ne changent pas cependant la substance des faits observés. Voir: *Schlote, Über die Bevorzugung unvollendeter Handlungen*, « Zeitschr. f. Psychol. », Vol. 117, 1930.

[5]) Les Français, en employant l'expression *tour de main,* qui est une façon de se manifester de l'habileté manuelle, prouvent qu'ils conçoivent l'habileté manuelle dans ce sens.

[6]) Par la doctrine exposée ici je m'éloigne de la doctrine de la « forme ». Voir: *Lewin, Vorsatz, Wille und Bedürfnis*. Berlin, 1926, et les travaux de ses élèves *Zeigarnick, Schwarz, Osvianskina*, « Psych. Forsch. » Bd. 9, H. 1-2, Bd. XI, H. 3-4. *Lewin* a fait une application de la doctrine de la « forme » pour interpréter l'apprentissage des mouvements. En m'éloignant de cette doctrine, je reconnais que l'organisation motrice, qui est le fondement de l'habileté manuelle, est le fruit de l'activité synthétique de la vie psychique, activité que j'ai décrite à propos de la perception (Voir: « Journal de Psychol. », XXIV, N. 2, 15 février 1928).

le fait que, lorsque celui qui exécute l'action manuelle tombe dans une faute de mouvement, immédiatement celle-ci apparaît au sujet dans sa discordance, qu'il saisit tout de suite. Les données introspectives dans les recherches exécutées selon la méthode susdite sont, à ce point de vue, tout à fait frappantes. On peut se convaincre de cela, si l'on considère que dans les mouvements automatiques un certain degré de conscience persiste toujours. Cette conscience semble disparaître quand les mouvements sont accomplis selon le plan établi; mais elle reparaît et nous avertit de la façon dont nous accomplissons le mouvement dès qu'une nouveauté, c'est-à-dire une faute, nous oblige à une correction. Pour conclure, dans l'habileté manuelle entrent en jeu des éléments moteurs et des éléments perceptifs, mais, au lieu d'être séparés, ils constituent un tout uni, grâce auquel on a un « ajustement » continuel des mouvements vers le but à atteindre.

Ce fait apparaît bien clairement dans quelques métiers très fins. Il suffit d'observer comment un ciseleur ou un sculpteur travaillent. L'ouvrier a devant lui le modèle, et sur le morceau de bois ou de métal ou de pierre, sur lequel il doit copier le modèle, il travaille avec l'instrument qui cisèle, ou qui taille, avec de petits mouvements continuels, qu'il ajuste continuellement dans le but d'atteindre l'exécution du tout. La façon dont l'ouvrier saisit l'instrument n'a rien de particulier, mais le résultat est obtenu au moyen d'une adaptation des mouvements de l'instrument, adaptation réglée par les données perceptives. Cela devient évident pour les habiletés motrices non mécanisées et non stéréotypées dans leur ensemble, quoiqu'elles soient le résultat de mouvements automatisés et mécanisés partiellement. Cependant une loi pareille domine aussi les mouvements simples ou stéréotypés d'un travail plus facile, par exemple celui d'un garçon qui, en suivant une selfacting, aperçoit un fil cassé, le dévidoir arrêté et rattache aussitôt les deux bouts cassés. L'action forme un tout indivisible dans ses parties, un tout pour la réalisation duquel on a un procédé constant et continu d'« ajustage » ou de « correction ». Ce procédé a sûrement un fondement physiologique; en fait j'ai montré dans quelques recherches où j'ai fait l'analyse des mouvements coordonnés à un but par la méthode photographique,[1]) que les mouvements ne sont pas continus, mais vont « par marche »; et les marches deviennent toujours plus nombreuses à mesure que les mouvements deviennent plus complexes. Mais ce n'est pas le cas de rappeler ici le procédé que j'ai déjà exposé dans d'autres publications; il me suffisait ici de rappeler le fait, car il peut permettre d'énoncer une conclusion sur le caractère organique de l'habileté manuelle.

Une autre preuve que l'apprentissage a fait de l'habileté manuelle un tout inséparable dans ses parties, nous l'avons dans le fait que, en ralentissant le mouvement, si le ralentissement va au delà de la

---

[1]) *Gemelli, Recherches expérimentales sur la forme des mouvements volontaires*, « Arch. Ital. de Biologie », Vol. 74, 1930.

limite dans laquelle on a établi l'habitude, et si on fait cela pour observer comment les différents éléments se déroulent, le mouvement est exécuté avec moins d'exactitude.[8])

*

Passons maintenant à considérer un autre ordre de faits. J'ai pris comme objet de longues recherches le procédé par lequel les pilotes réussissent à apprendre à gouverner l'avion.[9]) Le procédé est différent de celui des conducteurs d'automobiles, car il s'agit de réussir non seulement à maintenir l'appareil dans une *direction déterminée,* mais aussi et surtout dans la *ligne de vol.* Or, dans l'étude du procédé d'apprentissage des mouvements que le pilote accomplit pour gouverner son avion, je suis arrivé à la conclusion que le maintien de la ligne de vol et l'exécution des mouvements de la cloche pour garder la ligne de vol dépendent strictement de la perception que le pilote a de la position de son corps. C'est-à-dire, la représentation du schéma de son corps guide la construction perceptive de l'espace où le pilote se trouve et dans lequel il doit s'orienter.

Mais dans la représentation du schéma de son corps on vérifie de façon constante un fait intéressant. C'est-à-dire que l'avion forme un tout uni avec le corps du pilote et qu'il entre dans ce schéma représentatif de lui-même, dont le pilot se sert dans la construction de la représentation de l'espace même. Donc, tandis qu'objectivement l'avion fait partie de l'espace extérieur, il est subjectivement perçu comme quelque chose qui appartient à ce que l'on pourrait appeler l'espace personnel, c'est-à-dire l'espace occupé par le corps du sujet; par conséquent, il fait partie du schéma représentatif que nous nous faisons de notre corps; comme si le corps était allongé et étendu dans le sens des dimensions des ailes, de la queue, de la carlingue. Le pilote emploie automatiquement cette construction subjective et étendue du schéma de son corps pour évaluer la position de l'avion dans l'espace et pour la corriger.

Le fait montre qu'il y a un rapport d'interdépendance entre la représentation de l'espace extérieur et la représentation de l'espace personnel, c'est-à-dire de l'espace occupé par nous.

Des faits analogues peuvent être observés soit dans la vie habituelle, soit dans quelques conditions expérimentales.

Si, en descendant l'escalier, je bute contre une marche, aussitôt, pour ne pas tomber, je fais le geste de m'accrocher à un objet; par exemple de saisir la rampe: la main qui doit faire ce geste est perçue comme quelque chose qui sort de moi, qui se détache de moi, ou plus précisément, du schéma représentatif de mon corps. Le mouvement

[8]) *T. H. Pear* a déjà appelé l'attention sur ce fait par un court aperçu (Voir: *The Nature of Skill,* p. 195).

[9]) *L' orientazione dei piloti di aviazione,* « L' Aerotecnica », Vol. XIII, N. 10, ottobre 1933; *L' orientazione lontana nel volo in aeroplano,* « Rivista di Psicologia », A. XXIX, N. 4, dicembre 1933.

qui commence est quelque chose qui se détache sur le « fonɑ » de mon corps comme une « partie ».[10]) La main qui saisit la rampe appartient encore au schéma représentatif dynamique de mon corps, c'est « ma » main; mais en même temps elle est devenue quelque chose qui agit par elle-même, hors de moi, et qui a une autonomie relative. Si la main saisit, ou non, la rampe, pour ce qui se rapporte à mon intérieur, c'est comme si l'acte avait été exécuté; si je ne le réalise pas complètement, alors la « *partie* », la main, rentre dans le « *fond* », c'est-à-dire dans le schéma de mon corps. Ce qui intéresse au point de vue du problème étudié ici, c'est que, logiquement et comme phénomène, on constate ici d'une façon plus évidente, ce que j'ai déjà avancé pour le pilote; il y a un espace phénoménique extérieur, et il y a un espace phénoménique propre à moi. Surtout, en me servant des données sensorielles, cénesthésiques, tactiles, articulaires, je construis cet espace extérieur et je le construis par rapport à mon espace propre, c'est-à-dire au schéma représentatif de mon corps.[11])

Pour comprendre à fond la signification de ce procédé, je prends comme point de départ la conception de la perception, que j'ai déjà exposée[12]) plusieurs fois; c'est-à-dire, je pars de ma doctrine suivant laquelle la perception est une construction des « données » fondamentales fournies par les sensations, données qui sont organisées pour former un tout par l'action de différents facteurs; parmi ceux-ci la signification est le premier et le plus important de tous.

Dans notre cas, le mouvement inadapté accompli en descendant une marche est suivi par le mouvement de saisir la rampe. La représentation de l'espace extérieur a été corrigée par les données sensorielles nécessaires pour mesurer la distance entre moi et la rampe, et j'ai rendu ainsi possible la réalisation d'un mouvement de correction.

C'est-à-dire que, sur la base de ce fait, et d'une façon plus évidente encore que sur la base de ce qui précède (où cependant on a le même procédé de correction de la position de l'avion grâce aux données fournies par les mouvements exécutés dans le déplacement de l'appareil selon la ligne do vol), on peut formuler cette conclusion: nous avons la représentation de l'espace où nous nous mouvons, nous avons

---

[10]) Voir: *Wertheimer, Zu dem Problem der Unterscheidung von Einzelinhalt und Teil,* « Zeitschr. f. Psych. », Vol. CXXIX, P. 353, 1933.

[11]) Voir à ce propos: *Schilder, Das Körperschema. Ein Beitrag zur Lehre vom Bewusstsein des eigenen Körpers,* Berlin, 1923; *Pick, Störung der Orientierung am eigenen Körper,* « Psych. Forsch. », Vol. 1, p. 303, 1922. Voir, surtout dans le sens de la théorie de la forme: *K. Conrad, Das Körperschema. Versuch einer Revision,* « Zeitschr. f. d. Neurologie », Vol. 147, f. 3-4.

[12]) *A. Gemelli, Introduzione allo studio della percezione. Ricerche sperimentali e vedute generali.* Contributi del Laboratorio di Psicologia e Biologia della Università Cattolica del S. Cuore, Serie III, p. 263, 1927, et *Contribution à l'étude de la perception. Recherches expérimentales et vues générales,* « Journal de Psychologie », Vol. XXV, p. 97, 1928.

6*

un schéma représentatif de notre corps, c'est-à-dire une représentation de l'espace qui est occupé par nous, c'est-à-dire un espace à nous,
un espace propre du sujet. Cette représentation de notre espace est
construite au moyen des données sensorielles, visuelles, tactiles,
cénesthésiques; elle en constitue comme le « fond »; de ce « fond »
se détachent, comme « parties », les mouvements des membres de
notre corps, mouvements qui se réalisent comme quelque chose en soi
et grâce auxquels nous corrigeons la représentation de l'espace extérieur que nous nous sommes formée sur la base des données visuelles.
Les données cénesthésiques et tactiles permettent ainsi de corriger
ou de compléter la construction perceptive formée grâce aux données
visuelles.

Donc « espace extérieur » et « espace de notre corps » ne sont pas
deux réalités séparées nettement, mais deux réalités en rapport réciproquement dynamique, et continuellement changeant; ce rapport
est réalisé au moyen de notre motricité, grâce à laquelle nous sortons
presque de nous-mêmes, pour entrer dans le monde extérieur, ou bien
grâce à laquelle le monde extérieur « entre » en nous, dans la sphère
du schéma représentatif de notre corps.

Donc, la motricité nous offre les données pour la construction
connaissable du monde extérieur.

Il n'y a donc pas un espace *dans lequel* ou *sur lequel nous agissons,*
différencié de l'espace *que nous nous représentons ou que nous per-
cevons,* comme les produits de deux fonctions nettement distinguées;
et il n'y a pas une « motricité » séparée nettement, c'est-à-dire fonc-
tionnellement, d'une « capacité perceptive »; mais au contraire, les
deux espaces et les deux procédés sont si intimement unis, que l'on
peut dire que la motricité n'est pas une pure activité motrice, mais
qu'elle a, elle aussi, une fonction de connaissance.

Au point de vue expérimental, le fait peut être facilement contrôlé.
Je rappelle tout d'abord une remarque de M. A. Galli.[13]) On donne
aux sujets la tâche de reproduire par un dessin une figure qui leur
a été présentée optiquement; presque tous les sujets éprouvent avant
tout le besoin de tracer avec la main la même figure dans l'air. Il ne
s'agit pas d'apprendre le mouvement, mais le mouvement fixe dans
la conscience de l'individu la perception de la figure. En répétant l'expérience sur une plus large échelle, en présentant des figures avec
ou sans un sens déterminé, et les en faisant reproduire, j'ai remarqué
que le fait décrit par M. A. Galli se vérifie surtout quand le sujet
doit reproduire de petites figures qui lui ont été présentées optiquement pour des temps très courts; dans ce cas la perception est in-
complète et doit être corrigée ou complétée. Quelques sujets se con-
duisent comme si, du mouvement de la main, ils cherchaient non pas

---

[13]) *A. Galli, Ricerche sulla riproduzione di profili a più significati,* » Ar-
chivio italiano di psicologia«, A. XII. Fasc. 3-4, 1934; *La percezione di fi-
gura e di fondo,* in: » Scritti in onore di F. Kiesow «, Torino, 1934, p. 118.

le moyen de reproduire le dessin, mais de contrôler, préciser, compléter la perception de la figure présentée.

J'ai remarqué d'une façon encore plus évidente ce fait, dans l'étude sur l'acquisition d'habiletés manuelles.[14]) En faisant acquérir dans le laboratoire, donc artificiellement, des habiletés manuelles déterminées, c'est-à-dire en apprenant à exécuter quelques mouvements connexes avec des buts déterminés et préordonnés à des résultats déterminés, j'ai remarqué que l'apprentissage a lieu grâce à un procédé d'organisation ou de *structuration* des mouvements, par lequel l'ensemble des mouvements est toujours plus adéquat au but que l'on veut atteindre et l'exécution est rendue d'autant plus précise et plus rapide que cette structuration interne et cette unification des mouvements sont plus grandes. Or, dans ce procédé chaque mouvement élémentaire a une influence sur le suivant, puisqu'il se conduit comme un stimulant, c'est-à-dire qu'il prend une valeur et une fonction de connaissance, en sorte qu'il se constitue une chaîne de mouvements, dont chacun a la valeur de rendre le suivant plus adéquat au but et plus précis, plus rapide, grâce à une connaissance plus complète et plus adéquate du but à atteindre. Les stimulations et les mouvements sont alors renfermés dans un cycle, dans lequel chacun dépend du précédent et dirige à son tour le suivant.[15])

Ce rapport entre le mouvement et la perception a été déjà l'objet dans ces temps derniers d'observations et de recherches de la part de nombreux savants.

Je rappelle que les neurologues ont attiré l'attention des savants sur cette connexion: selon Weiszäcker,[16]) stimulation et réaction sont unies dans un cercle structural ('« Gestaltkreis »), en sorte que non seulement la configuration de la stimulation détermine le développement de la réaction, mais le procédé contraire se vérifie aussi. De même Grünbaum, dans ses recherches sur l'aphasie, en montrant comment à l'altération du langage sont unies des altérations des coordinations motrices, indiquait quelle influence l'activité motrice a sur la perception.[17]) Mais surtout, on a fait des observations semblables dans la psychologie comparée, pour expliquer la conduite des

[14]) A. Gemelli, *Recherches sur la nature de l'habileté manuelle,* » Journal de psychologie «, Année XXVI, pag. 163, 1929.

[15]) Cette idée a été déjà développée par *Weiszäcker, Biologisch. Akt, Symptom und Krankheit,* « Deutsch. mediz. Wochenschr. », 1931, N. 16; *Der Gestaltkreis,* « Pflüger's Arch. f. d. ges. Physiol. », Vol. 231, F. 4-5, 1933. Voir aussi: « Phil. Anzeig. », Vol. II, 1927 et: *Bethe, Handbuch d. norm. u. path. Physiol.,* Vol. X, p. 35, 1927; la doctrine de *Weiszäcker* a le tort d'être seulement une construction théorique à laquelle font défaut les faits.

[16]) Voir: *loc. cit.,* surtout: *Reflexgesetze,* dans: *Bethe, Handbuch d. norm. u. path. Physiol.,* etc., Vol. 10, p. 35 et suiv.

[17]) *Grünbaum, Aphasie und Motorik,* « Zeitsch. f. Neurol. u. Psych. », Vol. CXXX, pag. 385, 1930.

animaux. Von Allesch[18]) a fait un premier pas dans une nouvelle direction, en montrant comment la conduite de l'animal doit être examinée en relation avec la perception de l'espace que l'animal possède. Des preuves plus directes ont porté à une interprétation de la conduite des animaux dans ce sens. M. Buytendijk, avec ses collaborateurs Hage, Fischel, etc., dans des recherches sur les chiens et sur les rats,[19]) a montré que la conduite de ces animaux dans le labyrinthe, ou vis-à-vis des obstacles, est dirigée vers certains buts grâce aux mouvements (virtuels, ou réels) qui ont la fonction de guider l'activité de l'animal même. Les recherches de M. Buytendijk se rattachent à une doctrine exposée dernièrement par M. Palagyi, à laquelle on n'avait pas donné d'importance et qui a été remise en valeur par M. Klages.[20]) M. Palagyi (sur la base de vues théoriques sur la nature des sensations, qu'il n'est pas nécessaire de rappeler ici, et encore moins de juger), tout en reconnaissant qu'entre sensation et mouvement on doit admettre une séparation nette, affirme que par les seules sensations nous ne pourrions jamais arriver à la représsensation du monde extérieur. « Il faut reconnaître — écrit-il — que le mouvement a dans la perception du monde extérieur une fonction toute caractéristique et excessivement importante... Sensation et mouvement convergent vers la même ligne. »

Partant, si un sourd-muet-aveuglé-né était aussi paralytique depuis sa naissance, il n'aurait aucun moyen de percevoir le monde extérieur, tandis que chez les sourds-muets-aveugles-nés, lorsqu'ils sont instruits et éduqués, il arrive le contraire. Cette possibilité lui ferait défaut parce qu'il n'aurait pas la possibilité d'accomplir des mouvements, c'est-à-dire, parce qu'il n'aurait pas le moyen de se mettre en rapport avec le monde extérieur. Cette fonction de connaissance qu'on doit reconnaître aux mouvements existe non seulement dans la perception d'objets en mouvement, mais aussi quand il s'agit de percevoir des objets ou des situations, qui ne sont pas en mouvement, ce qui met encore plus en relief la fonction de connaissance que le mouvement a dans la perception. D'après M. Palagyi il y a des « mouvements virtuels », ou, comme il les appelle, en rapport à sa théorie particulière de la fantaisie, des « fantômes de mouvements », c'est-à-dire, « non pas des représentations de mouvements, des notions de mouvements, mais au contraire des procédés vitaux, et qui ont donc un

---

[18]) *Von Allesch, Zur nichteuklidischen Struktur des phaenomenalen Raumes,* Jena, 1931.

[19]) *Buytendijk, Über die Formwahrnehmung beim Hund,* « Pflüger's Archiv », Vol. CCV, 1924; *Buytendijk u. Fischel, Versuch einer neuen Analyse der tierischen Einsicht,* « Arch. Néerl. de Physiol. », Vol. XVI, 1931; idem, *Strukturgemässes Verhalten von Ratten,* ibid, vol. XVI, 1931; idem, *Versuche über die Steurung der Bewegung,* ibid., Vol. XVII, 1932; *Buytendijk et Hage,* Vol. VIII, 1923.

[20]) *M. Palagyi, Wahrnehmungslehre,* Leipzig, 1925. Voir surtout la préface de *M. Klages.*

substratum nerveux qui correspond aux mouvements mécaniques ».
Grâce à ces « mouvements virtuels » nous pouvons percevoir des
objets en mouvement ou fondre des sensations différentes dans un
tout. Exemple: je couvre de ma main l'ouverture circulaire d'un verre
et non seulement j'en perçois la forme circulaire grâce aux sensations
diverses que le bord du verre détermine, mais ces sensations éveillent
en moi un « fantôme de mouvement », qui me permet de fondre les
différentes données sensorielles dans un tout à la forme circulaire
de l'ouverture du verre.

Ces observations de M. Palagyi (si l'on fait abstraction de sa
théorie sur la fantaisie) sont fort importantes et nous pouvons les
utiliser pour nous rendre compte de la fonction des automatismes
moteurs.

Les « mouvements virtuels » de M. Palagyi rentrent précisément
dans la série de facteurs auxquels la construction de la perception
est due. Si je perçois une figure quelconque plus ou moins compliquée,
il m'est possible de fondre ensemble les différentes données qui me
sont fournies par les sensations et de construire le tout perceptif,
surtout grâce aux mouvements virtuels qui nous permettent — comme
nous l'avons vu dans l'exemple cité de la perception du bord circulaire
du verre — d'unir et de fondre chaque donnée sensorielle dans le tout
de la perception.

Il faut ajouter encore que, selon cette interprétation des faits, les
données fournies par le toucher acquièrent une importance et une
signification bien plus grandes qu'on ne croyait autrefois, ce qui correspond à ce que nous savons aujourd'hui sur la base des données
expérimentales. Je rappelle tout d'abord les belles recherches de M.
Katz,[21]) desquelles il résulte que le mouvement est un facteur extrêmement important de la perception, précisément parce que, par le
toucher, il nous permet de nous rendre compte d'une quantité d'aspects
des choses qui autrement ne seraient pas connus (si un objet est lisse
ou non, s'il est dur ou tendre, s'il est élastique ou non, etc.[22])

Si je dois traverser une rue, enlever un objet d'une place pour le
mettre dans une autre, ou bien si je dois faire un mouvement auquel
je ne prête pas beaucoup d'attention, parce qu'il est habituel, il est
nécessaire que je choisisse entre les nombreuses possibilités parmi
lesquelles mon mouvement peut être réalisé, pour éviter des personnes
ou des véhicules, pour traverser la rue dans un point plutôt que dans
un autre, etc., ou bien encore pour prendre un objet parmi plusieurs
autres, pour le mettre sur une table au lieu que sur une console, etc.

Il s'agit cependant de mouvements habituels, qu'on accomplit sans
leur prêter trop d'attention. Nous allons dans les rues de la ville sans

---

[21]) Surtout dans son volume: *Der Aufbau der Tastwelt*, Leipzig, 1932.

[22]) Voir à ce propos aussi: *Leidler, Versuch einer psychologischen Analyse des Schwindels*, « Monatschr. f. Ohrenheilk. und Laringologie », Vol.
XLII, f. 10, 1928, surtout la seconde partie: *Die Rolle der Bewegung in
der Wahrnehmung.*

contrôler les différents mouvements que nous faisons, peut-être même en pensant à autre chose; nous mettons à leur place des objets en poursuivant le cours de nos pensées déjà commencé, etc.[23]) Pour que ces mouvements automatisés se réalisent, il faut donc avoir la perception adéquate d'une situation déterminée et la reproduction d'une action appropriée. Or cela est possible seulement par cette configuration virtuelle des mouvements ou de leur organisation, dont M. Palagyi a parlé théoriquement et que M. Buytendijk a si bien montrée dans les activités des animaux.

Ce fait nous semble encore plus évident quand il s'agit de mouvements complexes automatiques, tels qu'on les acquiert par l'exercice. D'après mes recherches sur l'habileté manuelle, dont les résultats ont été confirmés dernièrement par M. Viteles,[24]) il est bien montré que l'on a une habileté manuelle seulement lorsque les différents mouvements qui la constituent forment un tout organisé e solidement structuré. Mais pour que cette structuration s'accomplisse et pour qu'elle se maintienne, il est nécessaire d'avoir des « mouvements virtuels », qui ont la tâche de guider l'ensemble des mouvements vers le but à atteindre. Remarquez encore, que ceci est évident surtout pour les habiletés manuelles les plus complexes et se rapprochant des habiletés artistiques. Celui qui a vu travailler un artisan, sait bien qu'avant de commencer le mouvement réel, par ex. ce « tour de main » par lequel on exécute la coupure déterminée d'une matière déterminée, l'artisan accomplit plusieurs fois en petit, comme en raccourci, le même mouvement; jusqu'à ce qu'il se décide à le réaliser. Lorsque ces « mouvements virtuels » qui guident le mouvement font défaut, celui-ci perd son organisation senso-motrice et devient un mouvement imprécis, incertain. Cela arrive parce que ces « mouvements virtuels » sont le moyen par lequel le contact entre le mouvement et la perception est établi. Comme j'ai déjà dit plus haut, ces habiletés manuelles ou ces gestes automatiques, sont constitués par une série à chaîne de mouvements partiels, chacun desquels est, à son tour, stimulation et réaction par rapport à l'anneau précédent et suivant de la chaîne. Justement grâce à ces « mouvements virtuels » est construite l'organisation des mouvements pour former un tout: le geste, le mouvement complexe, etc. Ceci paraît encore plus évident si l'on considère que cette construction senso-motrice a aussi un caractère prospectique. C'est-à-dire que toute situation demande que le but du mouvement soit atteint en rapport avec cette situation déterminée; c'est cette situation qui dirige presque l'exécution de mon mouvement automatique: mais pour que je puisse accomplir ce mouvement sans faire attention à lui, et sans le contrôler, ce contrôle doit être exercé par les mouvements virtuels, qui à tout moment m'avertissent que

---

[23]) *Gemelli et Ponzo, Les facteurs psychophysiques qui prédisposent aux accidents,* « Journal de psychologie », A. XXX, 15 oct. 1933.

[24]) *Viteles, The Influence of Training on Motor Test,* « Journal of experimental Psychology », XVI A., f. 4, 1933.

l'exécution des différents mouvements partiels sert à atteindre le but du mouvement complexe et est adéquate à celui-ci.

En concluant, on peut dire que non seulement la vie de notre conscience perceptive est envahie par notre activité motrice, mais qu'à son tour, notre activité motrice est guidée continuellement par notre activité perceptive; grâce à ce fait il est possible de corriger les mouvements partiels différents et de les ajuster au but que nous nous proposons d'atteindre par eux.

Activité perceptive et activité motrice donc, tout en étant l'expression de deux pôles opposés de notre activité psychique, s'influencent réciproquement et se coordonnent l'une l'autre; par ce jeu réciproque sont bien garanties soit notre adaptation au monde extérieur et à ses modifications, de sorte que notre action peut atteindre les buts que nous nous proposons, soit la connaissance adéquate de ce monde extérieur, que nous construisons dans notre moi par un procédé qui est fonction de toute la vie présente et passée de notre conscience.

*

Ce que j'ai rapporté jusqu'ici, permet de comprendre la valeur de quelques recherches accomplies pour déterminer l'influence de l'exercice sur l'apprentissage.

Les expériences ont eu pour occasion l'observation suivante: dans une fabrique de lampes de T.S.F., au moyen d'opérations préliminaires exécutées par des ouvriers, étaient préparés dans un support de verre un certain nombre de fils. Un groupe d'ouvrières recevaient ces supports et, les appuyant sur une tablette adaptée, devaient, selon le modèle des lampes à construire, plier les fils, les unir, y enfiler des petits tubes de métal, etc. Ceux qui connaissent les lampes de T.S.F., savent bien que quelques modèles sont à ce point de vue fort compliqués, selon qu'il s'agit de lampes à une ou à plusieurs grilles. Les ouvrières employaient comme instrument une pincette à pointe ronde, une pincette tranchante (taille-fer) et un petit soudeur électrique. Cependant la direction de la fabrique avait observé que le travail n'avançait pas assez rapidement et que le rendement n'était pas conforme au programme; en outre, on avait remarqué qu'en changeant les ouvrières et en les remplaçant par d'autres, on n'obtenait pas une augmentation de rendement.

Le problème qui me fut posé, fut le suivant: est-il possible, par l'exercice, d'augmenter ou d'améliorer le rendement?

Après avoir bien examiné les conditions générales et d'organisation de l'usine, je crus nécessaire de faire quelques séries de recherches pour être à même de répondre au problème proposé.

J'ai choisi des ouvrières auxquelles j'ai donné des tâches différentes. Chaque sujet devait employer le moindre temps possible pour l'exécution de la tâche et devait faire le moins de fautes possible. Un système combiné de prix, dans lequel, outre à un prix général pour tous, il y avait aussi des prix proportionnés à la bonté et à la rapidité du rendement, assurait la participation active des différents sujets à l'expérience. Les ouvrières ne savaient rien du plan des expériences et croyaient à des essais faits par la fabrique pour déterminer les gages et les tours de travail.

Pour les expériences on choisit quatre modèles de lampes de T.S.F. présentant des difficultés différentes et progressives dans le montage en rapport avec la plus grande complication de construction. Les sujets employés furent divisés en quatre groupes de dix ouvrières chacun; chaque épreuve consistait dans la préparation de cinq lampes, qui étaient présentées à l'ouvrière par le tapis roulant; les cinq

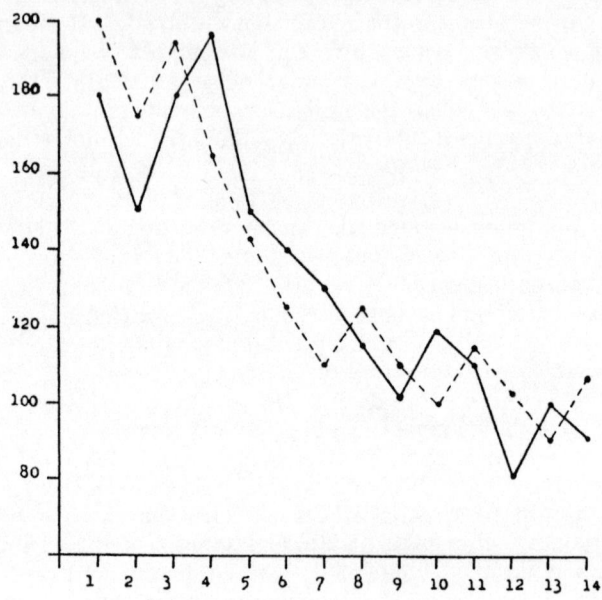

Fig. 8. — Graphique comparatif du temps moyen employé par des ouvrières exercées et par des ouvrières non exercées dans le montage d'une lampe de T.S.F. — Temps moyen en secondes pour chaque groupe des lampes. — Chaque numéro correspond à un grouppe de cinq lampes.

——————— ouvrières exercées

- - - - - - - ouvrières non exercées

lampes étaient placées sur un socle commun. Dès que l'ouvrière avait achevé ces cinq lampes, elle prenait sur le tapis un autre socle avec cinq nouvelles lampes.

Les graphiques suivants illustrent le temps employé et les fautes commises comparativement par deux groupes d'ouvrières qui n'avaient jamais fait ce genre de travail et cependant avaient reçu une instruction sommaire; et par deux groupes d'ouvrières qui avaient travaillé déjà dans l'usine depuis une année au montage d'autres types de lampes de T.S.F. On peut donc dire que dans cette expérience nous

90

avions les conditions nécessaires pour déterminer s'il y avait ou non une transposition d'apprentissage.

De deux diagrammes (fig. 8 et 9) il ressort clairement que l'exercice a une influence, mais qu'elle est égale dans les deux groupes d'ouvrières; quel que soit le point de départ, le résultat est à peu près le même; de sorte qu'il semblerait, comme quelques auteurs

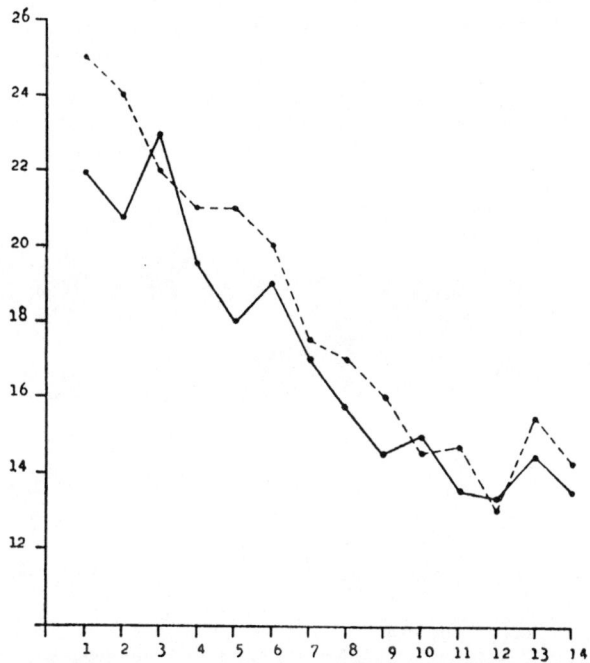

Fig. 9. — Graphique des fautes des ouvrières exercées et des ouvrières non exercées. Nombre moyen des fautes pour chaque groupe de cinq lampes de T.S.F. Chaque numéro correspond à un groupe de cinq lampes.

N.B. — Comme dans la construction des lampes de T.S.F. il faut avoir une grande exactitude, les fautes sont calculées suivant le critère du réfus éventuel de la lampe par le chef d'usine pour défaut de construction.

- - - - - - - ouvrières non exercées
————— ouvrières exercées

l'ont affirmé, que l'exercice détruit les différences individuelles, *pour niveler les différents individus.*

On peut aussi tirer de ces diagrammes la conclusion que dans le fait il n'y a pas eu de transposition (*transfer*) d'apprentissage, parce que les ouvrières qui depuis une année s'appliquaient à un travail fort semblable, se sont montrées dans l'emploi du temps et dans le nombre des fautes aussi habiles que celles qui ne s'étaient jamais occupées d'un travail semblable.

Les diagrammes suivants, dans lesquels sont comparés le temps et le nombre des fautes (fig. 10 et 11) des deux groupes d'ouvrières, sont encore plus évidents; le premier groupe d'ouvrières ont déjà travaillé dans l'usine; le deuxième ne s'est jamais appliqué à ce genre de travail. Mais, au lieu de comparer le rendement pour toute la durée d'une période de travail, dans ces diagrammes on a comparé le temps employé et le nombre des fautes dans les premières phases d'une matinée de travail et vers la fin de la même matinée.

J'ai fait ces expériences afin que l'influence éventuelle de l'exercice apparût plus frappante.

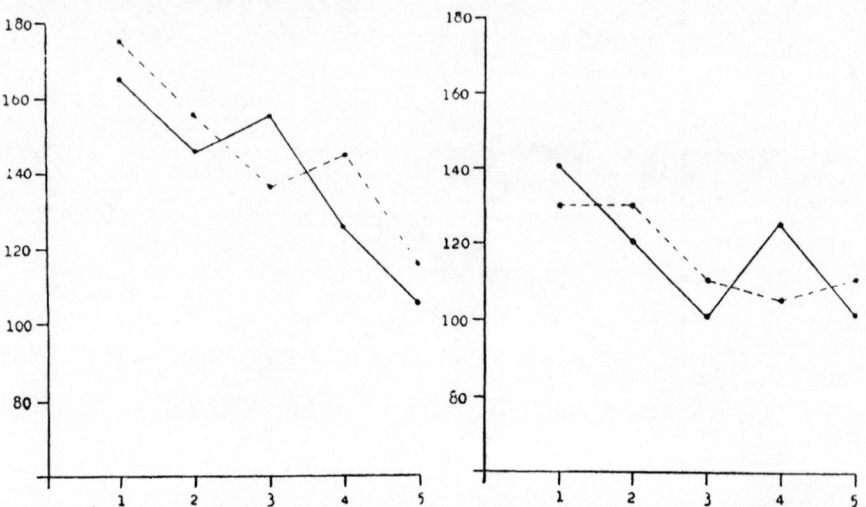

Fig. 10-11. — Graphiques comparatifs du temps moyen employé par un groupe d'ouvrières exercées et par un groupe d'ouvrières non exercées. — Le premier graphique donne les résultats obtenus dans la construction des cinq premiers groupes de lampes de T.S.F. au début du travail. — Le second donne les résultats concernant la construction de cinq groupes de lampes de T.S.F. montées à la fin de la période du matin. — Temps moyen employé à la construction d'une lampe de T.S.F.

------- ouvrières non exercées
————— ouvrières exercées

Il est juste de remarquer aussi que récemment M. Viteles,[25]) en répétant des expériences que j'avais exécutées il y quelques années pour déterminer les caractères de l'habileté manuelle et la manière de l'acquérir, a obtenu un résultat analogue à ceux que je viens de décrire. Mais les expériences de M. Witeless ont à mon avis un défaut. Il s'est servi de différents tests analytiques moteurs. Or, pour les

[25]) *The Influence of Training on Motor Test Performance,* « Journal of exp. Psych. », Vol. XXI, N. 4, Aug. 1933.

raisons que j'ai déjà exposées ailleurs,[26]) je pense qu'il vaut mieux employer des tests analogues, c'est-à-dire d'usine. Tout d'abord on a l'avantage de prendre pour sujets les ouvriers, et puis ces derniers se trouvent mieux à leur aise en présence de tests, qu'ils supposent un vrai travail d'usine. Les résultats sont donc moins artificiels et beaucoup plus sûrs. C'est ce que M. J. Cox a fait récemment, en étudiant la conduite de l'ouvrière qui apprend à monter des lampes électriques usuelles.[27])

Je suis passé ensuite à l'expérience suivante:

L'ingénieur-chef de la section a construit, en bois, des modèles très grands de lampes T.S.F.; les fils, les tubes, les grilles, etc., qui composent la lampe étaient de matières différemment coloriées; puis on avait collé sur chaque partie un numéro progressif indiquant les actions successives que l'ouvrière devait accomplir; on avait même collé des flèches pour indiquer l'ordre des manipulations. On expliqua soigneusement à chaque ouvrière la façon de construire ces lampes, et les phases successives du montage; les inconvénients qu'un changement pourrait causer; on tâcha d'être sûr qu'elles avaient bien compris, en leur faisant répéter lentement l'opération du montage et leur faisant donner des explications. Pendant les expériences le modèle fut placé devant chaque ouvrière avec la recommandation de l'observer toutes les fois qu'elle avait des doutes sur le fil à plier, à unir, etc. Le résultat a été surprenant. Avant tout, la moyenne du temps employé pour la construction des lampes diminua immédiatement de beaucoup; les fautes aussi diminuèrent, et cela pour toutes les ouvrières, celles déjà exercées et celles qui n'avaient pas été exercées.

C'est-à-dire, si l'on compare les ouvrières qui travaillent ayant devant elles le modèle, on voit que pour celles-ci le temps employé est de beaucoup plus court et qu'aussi le nombre de fautes est bien moindre.

Et, si nous comparons le temps employé pour la fabrication des premiers cinq groupes de lampes en une matinée, avec le temps employé pour la fabrication des derniers cinq groupes de lampes de la même matinée (fig. 12-13), nous constatons qu'au début le temps moyen employé est à peu près égal pour les ouvrières exercées et pour celles non exercées; mais à la fin de la journée la différence apparaît, à l'évidence, toute à l'avantage des ouvrières dressées qui travaillent ayant le modèle devant elles.

Donc ce résultat montre que le modèle a agi, en dirigeant les mécanismes moteurs des ouvrières.

En exposant récemment quelques recherches faites pour déterminer l'effet de l'exercice sur la précision des mouvements, M. Mac Neill,

[26]) A. Gemelli, *Recherches sur le diagnostic de l'habileté motrice*, « Revue de la science du travail », t. I, N. 2, juin 1929.

[27]) *Some Experiments on Formal Training in the Acquisition of Skill*, « British Journal of Psychology », Vol. XXIV, p. I, luglio 1925.

un élève de M. Michotte, avance une hypothèse conçue par son maître qui peut être acceptée aussi comme explication des faits que nous venons de décrire. M. Michotte soutient que, dans l'exécution d'un mouvement complexe résultant d'actes séparés exécutés d'après un modèle, il y a deux sortes de forces qui s'opposent, les unes perceptives, les autres motrices; les premières tendent à ce que le sujet tâche d'imiter avec exactitude le modèle; les autres, au contraire, tendent

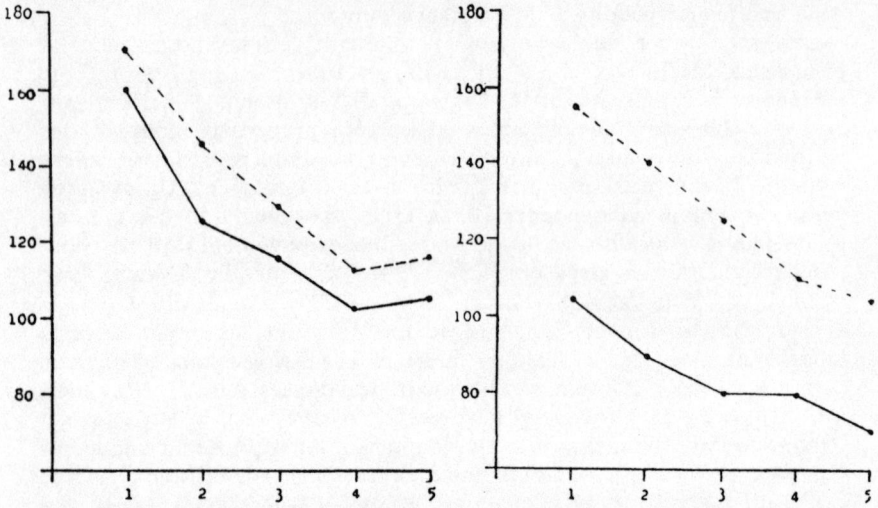

Fig. 12-13. — Graphiques comparatifs du temps employé par un groupe d'ouvrières exercées et par un groupe d'ouvrières non exercées. — Le premier graphique donne les résultats au début du travail. — Le deuxième à la fin du travail. — Dans les deux cas on a donné aux ouvrières des instructions exactes et étendues sur le travail à exécuter et elles ont travaillé avec le modèle devant elles.

- - - - - - - ouvrières non exercées
——————— ouvrières exercées

à ce que le sujet tâche d'exécuter rapidement sa tâche, en éliminant éventuellement ou en atténuant les mouvements et en simplifiant ou en modifiant leur forme.[28])

---

[28]) Les recherches que M. van der Veldt, et plus récemment MM. Montpellier et MacNeill, ont accomplies sous la direction de M. Michotte, ont permis de connaître le mécanisme complexe de la fixation des automatismes moteurs. De ces recherches il résulte clairement que l'exercice conduit à une organisation des éléments moteurs et cénesthésiques dans un tout, de sorte qu'il constitue une « forme ». A savoir, l'exercice n'est pas seulement mécanisation ou automatisation, mais une organisation des éléments différents faisant partie d'une action déterminée. Voir: *Van der Veldt: L'apprentissage du mouvement et l'automatisme*, Louvain, 1928; *Harry McNeill, Motor Adaptation and Accuracy*, Louvain, 1934; *Montpellier, Les altérations morphologiques des mouvements* (sous presse).

Dans notre cas il arrive quelque chose de semblable. Les ouvrières non exercées, poussées dans leur travail par des stimulations adaptées, tâchent de le faire rapidement. Cependant le nombre des fautes est très élevé. Dès que l'on place devant elles le modèle à suivre, le modèle exerce une action directive; et alors il est facile d'observer que,

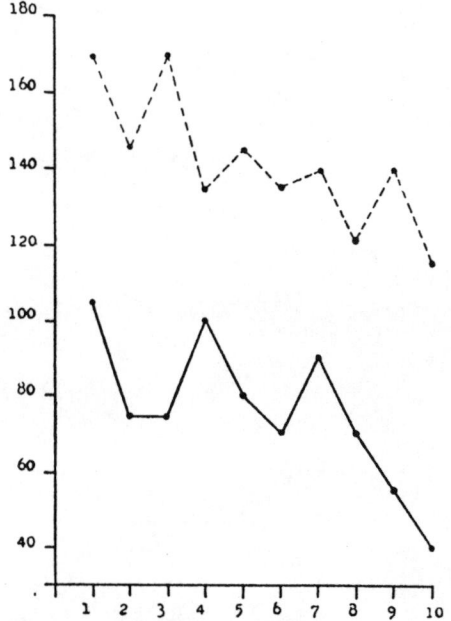

Fig. 14. — Graphique de la moyenne du temps employé dans dix journées successives de travail.

- - - - - ouvrières n'ayant pas devant elles le modèle
————— ouvrières ayant devant elles le modèle

bientôt le travail est exécuté plus rapidement et les fautes sont moins nombreuses (fig. 14-15); l'on a un véritable et profitable apprentissage du sujet.

On pourrait affirmer que ce progrès dans l'apprentissage, grâce à l'exercice, est peut-être dû à l'intelligence. J'ai examiné mes sujets aussi à ce point de vue et j'ai déterminé l'indice de corrélation entre les tests d'intelligence et le progrès accompli; j'ai obtenu des indices de corrélation négatifs ou bien très bas; tellement qu'on devrait attribuer le progrès seulement à l'exercice. Il y a une petite différence dans cet indice de corrélation (intelligence et progrès), entre les sujets dressés et les sujets non dressés; mais il faut observer que cette différence est expliquée par le fait que les ouvrières exercées étaient habituées depuis une année à la vie de la ville et de l'usine, tandis que les autres venaient de la campagne et étaient également embarrassées dans toutes leurs activités. L'infériorité de l'intelligence était apparente.

*

Je ne prétends pas résoudre une question si complexe par

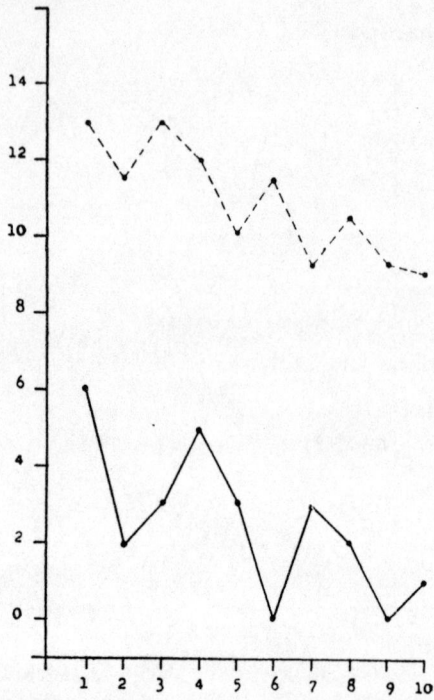

Fig. 15. - Graphique des fautes accomplies en dix jours successifs de travail.
- - - - - ouvrières n'ayant pas devant elles le modèle
————— ouvrières ayant devant elles le modèle

ces modestes observations; mais je ne puis m'abstenir de quelques remarques de caractère général. Bien des discussions à cet égard auraient été évitées, si on avait expliqué clairement ce qu'on entendait comme intelligence et si on avait pensé au fait de l'existence de différents types d'intelligence. La plupart des auteurs nient l'existence de la corrélation entre intelligence et habileté motrice, et cela sur la base des indices de corrélation.[29]) M. Antipoff[30]) a trouvé que la corrélation entre les tests moteurs et les tests d'intelligence est légèrement négative. Et nous ne pouvons certes pas attribuer à l'in-

---

[29]) Voir: *Myers, On Educability*, p. 2 e ss.; *Farmer, A group Factor in sensory-Motor Tests*, « British Journal of Psych. », Vol. XVIII, p. 4, April 1927.

[30]) « Archives de psychologie », T. XXI, n. 81.

fluence de l'intelligence générale le fait que quelques activités motrices sont en corrélation entre elles. Il est certain cependant, que si nous reconnaissons que l'intelligence consiste surtout dans la capacité à saisir une relation (Relationserfassung), — ce qui est démontré toujours plus clairement par les recherches modernes"), — il s'ensuit que l'intelligence nous paraît comme le moyen par lequel le sujet connaît les buts qu'il doit atteindre par son action dans les circonstances nouvelles et différentes où il peut se trouver. L'intelligence nous paraît donc, par rapport à l'activité motrice, comme une qualité grâce à laquelle l'homme a plus de capacité de s'adapter aux différentes conditions de la vie. Après avoir avancé cela, si l'habileté manuelle, au moins dans les catégories où elle ne repose pas sur une caractéristique personnelle, est constituée par une organisation automatisée et mécanisée de mouvements guidés vers un but et provoqués par des procédés perceptifs, il est facile de comprendre que dans l'acquisition de ces manualités, l'intelligence peut intervenir comme un facteur qui exerce une influence favorable, non spécifique, mais générale.

Les procédés deviennent ensuite inconscients et ce n'est que bien rarement, que l'individu aura besoin de contrôler d'une façon consciente ses mouvements, et cela sera, ou à l'occasion de difficultés particulières, ou bien quand il tombe dans quelques fautes; par conséquent l'influence de l'intelligence sur les habiletés manuelles (au moins les inférieures) devient toujours moins grande.

*

Il me semble donc que, sur la base des conclusions théoriques exposées au début de mon rapport et sur la base des données expérimentales brièvement illustrées, je peux arriver aux conclusions suivantes:

1) Il n'est pas possible d'attribuer une valeur définitive, dans la question de l'influence de l'exercice sur l'apprentissage, aux recherches exécutées dans ces dernières années, qu'elles soient fondées directement sur le rendement relatif des différents sujets, (c'est-à-dire en comparant le début et la fin de l'exercice, et en déduisant les données qui montrent comment l'action est accomplie) ou qu'elles soient fondées sur la soi-disant méthode de la « Rangreihe », c'est-à-dire de la place que chaque sujet occupe en comparaison des autres sujets au début et à la fin de l'exercice. En effet ces recherches sont viciées à l'origine, parce qu'elles sont exécutées avec des tests artificiels et surtout elles sont entachées d'erreur dans l'application des méthodes statistiques de corrélation.

2) On doit élever une objection à l'égard de ces recherches; il

---

") *Lindworsky, Revision einer Relationstheorie*, « Arch. f. d. ges. Psych. », Vol. XLVIII, 1924; *O. Selz, Zur Psychologie des produktiven Denkens und Irrtums*, 1922; *Buehler, Die geistige Entwicklung des Kindes*, 1924, par. XV; *Wilwohl, Begriffsbildung*, Wien, 1926.

s'agit toujours d'actions très simples et limitées, presque toujours accomplies au moyen de tests construits artificiellement; en sorte que l'expérimentateur est entraîné fatalement à considérer plutôt le rendement quantitatif que le rendement qualitatif obtenu par le sujet. Nous devons au contraire distinguer, sur l'exemple de M. Myers, entre la « pratique » *(Practice)* d'une habileté donnée, qui résulte de la répétition automatique, mécanique, de la même action, et l'apprentissage *(Training)*, qui, par des procédés conscients et inconscients, conduit à l'acquisition d'une habileté réelle et complexe.

3) Les recherches exécutées dans ces dernières années pour étudier l'influence de l'exercice sur l'apprentissage ont été faites principalement au moyen de formes d'action facilement automatisables, de sorte qu'on peut se rendre compte de ce qui a été affirmé plusieurs fois, à savoir que l'intelligence n'a pas une grande influence sur l'acquisition des habiletés manuelles, de même qu'on peut se rendre compte du fait que des sujets peu intelligents, ou moins doués, faisaient plus de progrès lorsqu'il s'agissait d'exécuter des tâches motrices simples.[32])

4) L'exercice ne doit pas être considéré comme une répétition simple et mécanique de la même action, de sorte qu'on puisse obtenir, grâce à cette pure répétition, un accroissement ou une amélioration de l'action même. Tandis que les recherches sur l'exercice et sur son influence fondée sur la répétition mécanique d'une action sont fort nombreuses, seulement dans ces derniers temps les recherches exécutées sous la direction de M. Michotte sur l'automatisation des mouvements, et celles que j'ai faites avec mes élèves sur l'habileté manuelle, ont montré que l'exercice conduit à l'organisation des éléments moteurs et cénesthésiques dans un tout, de façon à constituer une « forme ». Cela signifie que l'exercice n'est pas une pure mécanisation, ou automatisation, mais bien une organisation des différents éléments qui constituent une action déterminée.

5) La répétition simple d'une action n'en rend pas beaucoup plus parfaite l'exécution; ou mieux, elle n'a de valeur que pour l'exercice des habiletés manuelles inférieures et élémentaires. Dans la classification des habiletés manuelles que j'ai déjà proposée depuis des années, j'ai montré que l'influence de la personnalité est la caractéristique qui distingue les habiletés inférieures de celles plus complexes. Or, pour les formes d'habileté manuelle, dans lesquelles l'influence de la personnalité est moindre, la répétition pure et simple a une certaine influence. Et par conséquent le jugement de prévision sur la capacité des individus examinés doit être fondé surtout sur la conduite des sujets examinés dans les premières étapes de l'appren-

---

[32]) *M. Argelander (Die Frage der Übungsfähigkeit*, « Psych. Zeitschr. », Vol. III, F. V.) semble accepter cette explication du progrès différent accompli par les différents sujets; le progrès différent par l'exercice détruit ou altère, selon M. Argelander, les différences individuelles dues au différent degré d'intelligence.

tissage. Le jugement d'usine (s'il n'est pas formulé sur des données vagues et d'après des impressions personnelles, mais sur des expériences d'usine bien précises et choisies de façon à mettre en relief la conduite de l'apprenti dans les actions fondamentales, c'est-à-dire s'il est basé sur la qualité et sur la quantité du rendement), présente un degré de probabilité d'exactitude élevé et de toute façon suffisant pour la sélection dans le cas d'habiletés manuelles élémentaires.

Si on rappelle le fait démontré par MM. Argelander, Kincaid, Gelhorn, Rupp, Ehinger, Roels et van Wijk et par d'autres nombreux psychotechniciens, c'est-à-dire que l'exercice semble diminuer les différences individuelles dans le sens que des sujets donnant au début un mince résultat présentent, grâce à l'exercice, un rendement plus grand, de sorte que l'on vérifie une égalisation des différents sujets; et si l'on rappelle que cette loi se vérifie plutôt à l'égard de la quantité que de la qualité du produit du travail; et si l'on rappelle encore que cela arrive surtout pour quelques formes d'exercices moteurs très simples, on comprend bien que le jugement sur les habiletés motrices de degré inférieur (jugement fondé sur la courbe de l'apprentissage à l'usine) a une probabilité d'erreurs moins grande qu'un jugement fondé sur les tests par lesquels on examine les aptitudes.

Mais s'il s'agit d'habiletés un peu complexes, dans lesquelles une organisation de groupes de mouvements répétés a lieu pour atteindre des buts constants et déterminés, et si on réfléchit que la personnalité du sujet, c'est-à-dire son aptitude particulière, a une grande influence sur cette organisation des mouvements, on doit conclure que la pure répétition de l'exercice ne suffit pas pour acquérir l'habileté motrice. Dans ce cas les instructions données au sujet, ou bien le modèle mis devant lui, ou bien les fréquents avertissements pour le rappeler à sa tâche, tout cela a une énorme influence. Dans ce cas on peut aussi parler d'une transposition de l'apprentissage *(Transfer of Training)*, parce que l'avantage n'est pas seulement observé dans certaines actions déterminées, mais aussi dans toutes celles analogues. Or, dans ces cas, si le jugement diagnostique du psychotechnicien n'est pas relatif exclusivement à la quantité, mais aussi à la qualité du produit du travail, si l'on ne fonde pas le diagnostic sur une seule donnée, mais sur plusieurs, et si pour la détermination de ces données on choisit des *tests* analogues, qui nous renseignent sur les facteurs essentiels de ces habiletés, on peut se former un jugement sur l'aptitude du sujet pour ce travail déterminé, avec le plus de chance de répondre à la réalité des faits. Il ne s'agit donc pas de prendre comme élément de jugement d'aptitude ou d'habileté l'exercice répété mécaniquement, mais l'exercice en tant qu'il révèle les aptitudes personnelles, comment elles se manifestent et comment elles influencent le même exercice.

Nous pouvons donc conclure d'après les expériences décrites dans ce rapport, que le diagnostic des habiletés manuelles plus complexes et qui exigent le jeu des aptitudes personnelles, ainsi que l'évaluation des pronostics sur les apprentis, reposent sur l'examen des courbes de l'exercice grâce auquel on acquiert cette habileté, pourvu que l'exercice ne soit pas une pure répétition mécanique, mais qu'il renferme les éléments qui servent à éveiller chez le sujet examiné le jeu des aptitudes dont il dispose. J'ajoute que cette courbe de l'exercice doit être construite préférablement par l'application des *tests* analogues. Tandis qu'il est difficile de pouvoir trouver des *tests* analytiques, qui dans leur ensemble donnent une idée exacte de l'ouvrier, dans le choix des *tests* analogues il est facile de trouver des épreuves constituées par des phases du travail, et de les faire apprendre et exécuter par l'apprenti afin d'examiner son rendement. Certes, ces épreuves analogues ne sont pas, comme les épreuves analytiques, des expériences psychologiques dans le sens strict du mot; certes, des facteurs différents ont une influence considérable sur la courbe de l'exercice; mais la haute corrélation entre l'exercice au cours de ces épreuves et le jugement d'usine,[*]) nous garantit que dans le jugement des habiletés manuelles on peut les utiliser avec profit et certitude.

6) Enfin, la dernière conclusion importante, c'est que dans l'instruction des apprentis on ne doit pas se contenter de simples répétitions plus ou moins nombreuses de la même action mais qu'il est nécessaire de diriger l'action de l'apprenti, de façon que l'action même soit de plus en plus adéquate au but à atteindre et que chaque acte soit immédiatement corrigé, pour obtenir le résultat demandé avec le moins d'effort possible. En un mot, l'exercice a une grande valeur pour l'apprentissage, lorsqu'il est adéquat aux habiletés que l'on veut acquérir par lui. Bien des insuccès doivent être attribués justement à cette adaptation de l'exercice aux buts qu'il doit atteindre.

WIEDEREINSTELLUNG VON ARBEITSLOSEN IN DEN ARBEITSPROZESS.

KARL HACKL (Wien).

In den letzten Jahren ist oft von einer Krise der Wissenschaften überhaupt und auch von einer Krise der Psychotechnik zu hören gewesen. Wenn im Zusammenhang mit einer praktischen Wissenschaft wie der Psychotechnik von Krise gesprochen wird, dann kann es hiefür nur 3 Ursachen geben:
1. Die theoretischen Grundlagen der Anwendung sind ungenügend;
2. die praktischen Erfolge sind unbefriedigend und
3. sowohl Theorie als Praxis versagen.

---

[*]) Voir: *Gemelli, Recherches sur le diagnostic de l'habileté motrice*, « Revue de la science du travail », t. I, N. 2, juin 1926.

Betrachten wir praktische Wissenschaften wie Medizin, Technik, Meteorologie u. dgl., so finden wir aber stets, daß in einem recht erheblichen Teil dieser Wissenschaften neben einer unvollkommenen oder gar fehlenden theoretischen Erkenntnis dauernd nachgewiesener praktischer Erfolg steht und daß als hauptsächliches Kriterium für die Anerkennung dieser praktischen Wissenschaften eben dieser praktische Erfolg angesehen wird, ein Zustand, der freilich den Wissenschaftler völlig unbefriedigt läßt, ihm aber wohl den heftigsten Ansporn gibt, den praktischen Erfolg theoretisch zu begründen, ohne deshalb von einer Krise seiner Wissenschaft zu sprechen.

Wir Psychotechniker, als eine der jüngsten Gruppen im Reigen der nach wissenschaftlichen Grundsätzen Arbeitenden, müssen uns daher wohl bewußt sein, welche unendliche Arbeit auf theoretischem Gebiete noch zu leisten ist, wir dürfen uns aber den Ansporn zur Leistung dieser Arbeit nicht vornehmlich aus der negativen Kritik holen, die oft nur zersetzt, ohne theoretisch und praktisch Positives zu leisten, sondern wir müssen nach dem Beispiel anderer praktischer Wissenschaften uns den Ansporn zur Fundierung unseres Arbeitsgebietes aus den nachgewiesenen praktischen Erfolgen holen. Praktischer Erfolg aber läßt sich unter der selbstverständlichen Beachtung aller jeweils vorhandenen Theorie nur durch Arbeit in der Praxis erzielen. Wir werden in der Praxis oft genug nur einen geringen Teil dessen, was man von uns verlangt, leisten können. Dürfen wir aber deshalb von vornherein unsere Hilfe versagen, weil wir das Ideal völliger Hilfe nicht erreichen werden? Niemals!! Hier werden und müssen Fehler geschehen, ebenso wie ja auch unsere theoretische Spekulation durchaus nicht frei von Fehlern ist. Aber hier in der Praxis tritt uns ein harter, unbarmherziger Kritiker gegenüber: das ist der Erfolg oder Mißerfolg, den unsere Arbeit unserem Auftraggeber, sei dieser nun ein öffentlicher oder ein privater, verursacht. Bestehen wir hier, wirklich und nicht scheinbar, dann haben wir keine Ursache von Krise zu sprechen, sondern alle Ursache in ernster Arbeit unsere positiven Anstrengungen zu verdoppeln, mit Hilfe theoretischer Forschung Ungeklärtes zu klären, Fehlgeschlagenes zu verbessern oder zu vermeiden und zu versuchen, die Wirksamkeit unserer Arbeit zu vergrößern.

Immer aber müssen wir im vollen Wissen um unsere Verantwortlichkeit den Mut haben, an die sich uns bietenden praktischen Probleme heranzutreten.

Wohl das größte der heutigen Probleme ist die Arbeitslosigkeit. Niemand wird der Psychotechnik zumuten, dieses Problem zu lösen, wohl aber an einigen Teilfragen und Begleiterscheinungen nützlich mitzuwirken und damit zu einer Linderung der Arbeitslosigkeit beizutragen. Für uns ist es aber ein Beispiel der nützlichen Mitwirkung der Psychotechnik in einem Teile, wo von vornherein nur ein Teilerfolg auf einem Teilgebiet erwartet werden konnte.

Für das Wiener Psychotechnische Institut fanden sich im Rahmen der Arbeitsvermittlungstätigkeit der Landesarbeitsbehörde (Industrielle Bezirkskommission Wien) hiebei folgende Einzelaufgaben:

Die Landesarbeitsbehörde hat Kurse für Arbeitslose zur Nachschulung, d. i. Fortbildung in dem erlernten Berufe und zur Umschulung, d. i. Ausbildung in einem anderen als dem bisherigen Berufe eingerichtet. Die Fort- und Ausbildung bezieht sich auf solche Tätigkeiten, in welchen trotz der allgemeinen Arbeitslosigkeit in bestimmten Zeiten ein gewisser Mangel an *qualifizierten* Arbeitern und Angestellten besteht. Diese Aktion hat also nur Sinn, wenn aus den Kursen in verhältnismäßig kurzer Zeit *qualifizierte* Kräfte hervorgehen. Neben der selbstverständlichen Voraussetzung tüchtiger Lehrkräfte mußten hiebei noch folgende Bedingungen erfüllt sein:

1. Die Kursteilnehmer mußten arbeitswillig sein. Dies wurde dadurch erreicht, daß nur freiwillig sich Meldende in die Kurse aufgenommen wurden.

2. Sie mußten in den Fällen der Weiterbildung doch über ein gewisses Mindestmaß an beruflichem Können verfügen. Dies wurde von der Kurslehrerschaft festgestellt.

3. Sie mußten für eine rasche erfolgreiche Aus- und Weiterbildung geeignet sein und mußten außerdem insbesondere bei der Umschulung auch berufliche Eignung besitzen. Hiezu wurde nun die psychotechnische Eignungsuntersuchung herangezogen. (Beispiele über die Durchführung werden gebracht.)

4. Die Kosten der Ausbildung sollten im Verhältnis zum erzielten Erfolg möglichst gering sein. Auch dies konnte nur erreicht werden, wenn die Eignung der Kursteilnehmer eine genügende war.

5. Der Erfolg der Ausbildung sollte möglichst bei allen Kursteilnehmern ein gleich guter sein. Auch dies setzte eine möglichst gleichartige Eignung voraus.

Während vor Einführung der psychotechnischen Untersuchungen sich hinsichtlich der Punkte 3, 4, 5 unüberwindliche Schwierigkeiten ergaben, sind diese Schwierigkeiten nunmehr durchwegs behoben mit dem weiteren Erfolg, daß das Vertrauen der Arbeitgeber in die Leistungsfähigkeit der Kursabsolventen wesentlich gestiegen ist, wodurch die Vermittlung bedeutend erleichtert wird.

Eine wesentliche Voraussetzung war allerdings noch, daß die betreffenden Kurslehrer sich zu einer engen Zusammenarbeit mit den Psychotechnikern bereitfanden. In Kursen, in denen das nicht der Fall war (meist von einfachen Handwerksmeistern geleitet), ergab sich der Erfolg nicht.

Die wertvollste Aktivpost auf diesem Gebiet bestand jedenfalls darin, daß durch Zuhilfenahme der psychotechnischen Untersuchung die Leistungsfähigkeit der Aktion bedeutend gesteigert und hiedurch das Vertrauen der Arbeitgeberschaft mit dem Erfolg einer leichteren Unterbringungsmöglichkeit der Arbeitslosen erreicht wurde. (Es folgen noch Bemerkungen über Zwangsausbildungskurse.)

Die Überführung von Industriearbeitern in die Landwirtschaft bildete seit langem ein brennendes Problem der Landesarbeitsbehörde. Den bestehenden Absichten stand sowohl das Mißtrauen der Gutsbesitzer, als auch die Abneigung der Industriearbeiter gegenüber landwirtschaftlicher Arbeit entgegen. Psychotechnische Untersuchungen (Bericht hierüber in der Psychotechnischen Zeitschrift, Dezember 1932) hatten den Erfolg, zur Zerstreuung dieses Mißtrauens ebenso wie zur Behebung der Abneigung so stark beizutragen, daß heute bereits Tausende Industriearbeiter in der Landwirtschaft arbeiten.

Die schwierige Situation, in der sich ein Arbeitslosenamt gegenüber den Arbeitslosen befindet, wurde durch eine Erhebung geklärt, die bisher bestandene Zweifel hinsichtlich des richtigen Verfahrens beseitigte.

Zum Schluß wird noch auf die Bedeutung einer psychologisch gelenkten Berufsberatung für die Milderung der Arbeitslosigkeit hingewiesen.

Alle diese psychotechnischen Arbeiten sind typisch dafür, daß sie ganz systematisch dort angesetzt wurden, wo andere Mittel versagten, daß sie von vornherein auf ehrgeizige wissenschaftliche Ziele verzichteten und — den praktischen Anforderungen folgend — sich mit der Rolle der Helferin begnügten, ganz ähnlich wie die ärztliche Praxis erfolgreich arbeitet.

THE FOUNDATIONS OF PSYCHOTECHNICS AS APPLIED TO THE FIELD OF INDUSTRIAL PSYCHOLOGY IN THE USSR.

S. G. HELLERSTEIN (Moscou).

I. Whereas in capitalist countries all the burden of the present economic crisis and unemployment is born by the working youth, the young worker in the U.S.S.R. is being intensively equipped with the theoretical and practical knowledge demanded by the present rapid development of science and technique and as expressed in the extensive plans of socialist construction.

An outstanding feature of workers' education in the U.S.S.R. is the tremendous number of vocational training schools and other training facilities. These provide a systematic education and training of youth for skilled work and for the continuous improvement of the occupational skill of those already engaged in industry. The growth and development of occupational skill is stimulated by a vast network of industrial apprentice schools (attached to practically every one of the industries), special supplementary educational courses, technical circles, compulsory examinations for fulfilling technical qualifications and technical instruction in the shop.

Thus it is not an exaggeration to say that in the U.S.S.R. all who work learn also. Moreover, all questions relating to the means and methods of occupational training are of particular importance and value in the economics of the U.S.S.R.

2. Since psychology and psychotechnics concern themselves with the origin and development of the abilities of man and with the nature of habits, they naturally have to play an important rôle in the theory and practice of all the problems of vocational training. While psychology is by no means a new subject, its application to the field of vocational training has only been very recently developed. Historically, the psychology of vocational training arose from two sources: a) educational psychology, through the extension of the principles of school pedagogics, b) industrial psychotechnics— by an extension of its scope of activity from vocational selection to problems of education and from diagnostic to constructive research.

3. The basic premise of psychotechnics, as applied to training in general and to vocational training in particular is the well established fact that the process of acquiring knowledge and skill is a psychological one. The effectiveness of training depends upon the means employed in influencing psychological activities of the mind of the person trained. A study of psychological processes that are activated by such training is as essential in designing a system of training as is the study of machinery in designing a technological process. These are the motives underlying the numerous attempts encountered in the literature on psychology to create so-called laws of learning, formulated as definite psychological laws (Pyle, Thorndike, Symonds, Ogden, Dunlap, etc.). These are also the motives underlying the serious researches in the field of learning and training, undertaken by Soviet psychotechnicians: studies of Spielrein on curves of learning and general laws of the development of habits; studies of Rubenstein, dealing with the same questions but from the standpoint of differential and type psychology; studies of Tolchinski on training motor functions; studies of Hellerstein on the comparative educability of different psychological functions, and studies by the same author on the psychological meaning of the plateau in learning curves.

4. The basic laws of psychology as elaborated by pedagogic psychology are of tremendous importance in the psychology of vocational training. The laws of repetition (in its negative form), of fixation, of effet, and that of the transfer of training, are of special significance.

The principle of repetition may be formulated as follows: the usefulness of an exercise does not depend so much upon the mere fact that a task is being repeated nor on the number of repetitions of the task performed, as upon the quality of the task itself. A number of experiments have shown that each repetition is useful only when it enriches the acquired experience with new useful knowledge and when it strengthens the connections already established. Therefore repetition and training must fulfil certain requirements.

104

The repetition of a correct motion is lost if we do not train ourselves to coordinate the motion with useful perceptions and gauge the results.

The principle of fixation explains why some new motion can be considered as definitely acquired only if it does not fall outside of the complex coordinating processes of perception, of motor response, and of scoring the results of the activities performed. Psychologists who have illustrated the importance of this principle (particularly Münsterberg) have cited many convincing facts, proving that the final effective step (the motor act and the new perception that results from the act) of every psychological process is the final link in the complex connecting the line of activity. Without this link the process becomes void, leaves no traces and does not lead to a growth of the habit. This principle is in direct connection with the question of knowledge and skill and their unity. It is the principle underlying the requirement of active but not passive acquisition of habits.

The principle of effect is formulated thus: the value of any exercise is commensurate with the opportunity it affords the person being trained to connect the exercise carried out with its result. Perception of the results, particularly of the mistakes made, facilitates elimination of such mistakes as it creates a new chain in the growth of habits in the proper direction.

5. Inasmuch as any kind of training realizes a development of occupational skill not only directly but also indirectly, the task before psychological research is to establish the connection between changes provoked by training and its application to future vocational activity. Hence the exceptional importance of the problem of transfer in psychological theories of training. It means that the explanatory principle differentiating the process of development of faculties from the process of the development of concrete habits can be discovered in the laws of transfer. The principle of transfer leads us to the laws of the formation of general concepts and the principles of generalized skill, thus insuring an easy switching from one sphere of experience to another.

6. In this connection particularly important becomes the problem of specific methods of psychology as applied to training. Psychological analysis and experiment in this case as in diagnostical psychology keep their place and remain the principal method. But their application presumes a number of modifications determined by the specific tasks of training. The psychological analysis in its general form becomes a study of the process of acquisition of professional skill. The changes ensuing in the psychological functions and their combinations brought about by a number of habits and skill become now subjects of the psychological analysis. The psychological experiment as applied to the problems of vocational training becomes much more complicated. On the one hand it becomes an

experiment of the type of prolonged experiments which allows us to follows the tendency of the learning curve during the fulfilment by the pupil of rated and more complicated tasks. On the other hand it is an experiment of the usual pedagogical type allowing us to compare the efficiency of different principles and methods of education after the projection of the basic hypothesis.

7. Psychological analysis of the processes of formation of habits provides the data that can be utilized either in the designing of educational or of the methods of education. The question "what to teach" can not be answered without an analysis of the complex of vocational activities and ascertainment of the complexities of the vocational occupation and its complicating moments underlying the requirements of the profession. The question "how to teach" can not be answered without a study of the laws of formation of new habits on the basis of gradual growth of theoretical and practical experience in a definite province. However, the part played by psychological investigations in the contents and the methods of education is not the same.

8. The rôle of psychotechnics in designing the contents of education is more pronounced in the trades and vocational activities that have been only to a limited extent studied by pedagogics and in relation to which no organized pedagogic systems have as yet been set up. In the detailing of the methods of education psychotechnics is called upon, to establish principles that would enable us to set up in perspective a theoretical basis in vocational education. At present psychotechnicians work in both directions, considering the question of material and methods as intimately connected parts of a system of pedagogy as a whole.

9. Two years experience in the psychotechnics of vocational education has shown that a definite relation exists between the type of work and the psychological problems arising in the course of its analysis from the stand point of vocational education. For instance, there are diversified lines of vocational activities distinguished by complicated situations excluding stereotype actions. These occupations require continual changes and do not permit the formation of routine habits in the behaviour of the worker. These occupations stimulate psychotechnical research in pedagogical methods, with the help of which we can foresee these diversified situations in the vocational activities.

In all probability the skill accumulated in the different trades by extended practice of many years standing could be acquired in a considerably shorter period of time if practical knowledge and habits (acquired during an indefinite period of time and broadening the vocational skill) could be embodied in a rationally set up system of education. One of the tasks of psychotechnics with regard to the stimulation of psychotechnical research in pedagogical methods, with regard to such trades lies in overcoming the traditional viewpoint that considers broadness and diversity of professional skill as intimately associated with an extended period of training (this will be shown by achievements obtained in the steel trade). On the other hand in the trades where complicated and dangerous situations may arise in the course of the work itself and where activity on the part of workmen may lead to serious losses (as, for instance, in mechanized chemical industries there arises the pedagogical task of comprising in the educational material definite exercises reflecting such complex moments of the work and preparing the workers beforehand to adequately adapt themselves to the situation.

10. In setting up the pedagogical process, one should take into consideration the essential features of many trades: higher requirements of development of habits having a limited localized character that presuppose a development of definite psychological aptitudes mostly of a sensory and motor character (such as capacity to distinguish colours, a sense of form movements, hitting a mark etc.). In such cases the task of the psychologist comprises the setting up of a system of training that would on the basis of the pedagogical process secure an adequate development of the element of speed and fixation of definite aptitudes. From the theoretical point of view this problem is the most complicated. The so-called "psycho-training" elaborated in many psychological institutions is not always based on sufficiently well established theoretical foundations.

*

The report embodies definite facts as to results and methods of investigation carried on by the author and his collaborators in education (training of steel workers, psychological principles in the reading of drawings, training of dye-makers and supervisor personel in the chemical industry, etc.).

THE PART EMOTIONAL FACTORS PLAY
IN ACCIDENT PREVENTION.

REX B. HERSEY (Pennsylvania).

Very few people realize that the most difficult phase in accident prevention work today lies in affecting the union of mental and emotional attitudes toward safety-first work. Formerly the job of the safety engineer was even more difficult because he had both elements to overcome. Not only were the emotional factors present which are my topic in this paper, but the mental attitude toward the deliberately safe worker was to regard him as a weakling and a "softy". Today this mental barrier is almost entirely gone.

The proof of this fact was very clearly furnished by the results of an investigation which was conducted for me by three advanced students during the years 1928 and 1932. During 1928, 250 workers were interviewed; during 1932, 418 more workers and foremen. The purpose of the investigation was to discover what general policies of management were deemed most important, least important, best carried out, and most irritating. Each worker picked the four policies he deemed most important, the four least important, etc. from the following list of items:

1. Employee stock subscription
2. Voice or share in management
3. Fair adjustment of grievances
4. Chance of promotion
5. Steady employment
6. Medical and dental service
7. Safety
8. Amount of pay
9. Working conditions (Health and sanitation)
10. Hours of work
11. Type of man in charge
12. Methods of pay
13. Insurance and pension systems (sickness, old age, etc.)
14. Chance to show initiative (through suggestion box or otherwise)

The most interesting result for this paper is the high ranking which safety attained in the worker's eyes. They considered it the fourth most important item in their industrial environment and at the same time the one best carried out by management.

Why then is it often so hard to get them to cooperate day in and day out with a safety program? A certain amount of it comes from the opposition which we always offer to anything which reduces our freedom of action. It is similar in many ways to the common reaction against prohibition. There are, however, other more purely emotional factors which are even more directly responsible.

The first emotional influence to be noted is that accidents may result from low physical and emotional vigor. During the last seven years I have studied in this country and Germany more than one hundred workers, using the most approved methods of both clinic and laboratory which were applicable. In each case the study lasted from four months to a year.[1]) Over 500 cases have been studied less intensively. Only one of them experienced a serious accident, and his accident took place outside of the plant. But of the others, out of over four hundred minor accidents, more than half took place when the worker was in a worried, apprehensive, or some other "low" emotional state. This fact becomes very diagnostic when we bring into the comparison the fact that the total group of workers were,

---

[1]) Hersey "Worker's Emotions in Shop and Home", U. of P. Press 1932. Brand "Hersey's Untersuchung der emotionalen Periodizität im Menschen". Psychotechnische Zeitschrift Nr. 4/5, 1933. Hersey "Psychologie der Menschenführung" (under publication).

however, emotionally low not more than 20% of the time. This shows that the number of accidents which occurred must have been unduly influenced by the sadness or worry of the individual.

The foremost evident causes of these low emotional moods were:
a) Plant worries
b) Home difficulties
c) Fatigue and lack of sleep,
d) Periodic emotional disturbances

One or two illustrations will suffice. A foreman and I were walking through his departement. He saw a man standing on a two wheeled cart painting a machine. There was a support under only one end. If he had stepped one foot to his left, this cart would have tripped over. The foreman told him to get a trestle, which he did. Imagine our amazement on returning fifteen minutes later to find him on a ladder which was too short and which he had placed on a rounded block so that the ladder was apt to slip off at any minute.

The foreman said, "Mike! What in the world is the matter? Look at that block that ladder's on and just after I spoke to you about the cart only ten minutes ago! Do you want to get me in bad?"

"Honest. Boss! I never knowed what I was doin'. My wife tried to commit suicide and I have been worryin' what she's doin' now."

We talked sympathetically for a while and gave him a bit of encouragement before leaving. I observed him carefully without making it obvious most of the rest of the day, but saw no further violation of any rule. A very similar incident was observed in the case of another worker worrying about his demotion and subsequent treatment at the hands of the "gang".

Another man had five accidents in six months, every accident taking place after seven o'clock in the evening. He worked from three to eleven. On investigation we found that he went to school in the morning and was getting no more than four hours' sleep, which made him nervous and irritable. He would be all right, however, until he had finished his supper in the evening. A sensible rearrangement of his outside activities has made him a no-accident worker for over two years.

The home difficulties and plant worries are perhaps more often given as causes of accidents than lack of sleep and the periodic emotional fluctuations. It is true that they are more obvious because a person whose mind is on something else besides his work can certainly not observe the factor of safety as carefully as he should. I have certainly no cause to quarrel with the importance of these items. However, worries often prevent the worker from sleeping properly. This is especially true in the case of home worries or sickness in the family which forces him to get up repeatedly during the night. As far as I have been able to see, lack of sleep shows rather little effect on efficiency, because a mere moment of complete relaxa-

109

tion in the washroom or even at the machine, after a person has been up most of the night, may help him to turn refreshed to his work. It is this slight moment of almost enforced relaxation or dozing, however, which may be the very time for a serious accident to occur.

The last point which I mentioned as a cause of low physical and emotional vigor, namely, the periodic emotional fluctuations, is the time when accidents usually occurred to about 40% of the workers studied. That brings up an interesting question why in both Germany and America some of the men never had even the slightest accident. We shall return to that problem later. Now I should like to explain the subject of periodic emotional fluctuations somewhat fully. Every male worker whom I have studied both in Germany and the United Stated showed the astounding fact that emotional tone varies not only from time to time during the day, but also, for no accountable reason, seems to exhibit longer recurrent fluctuations in average emotional states apparently characteristic of the individual. Stress may, however, well be laid, at this point, upon the fact that this theory does not mean that every person or even any person will suffer a severe case of the "blues" at regular intervals. It means rather that there will be a lowering of a person's emotional resistance and his capacity for integration and response which may for any definite "low" merely mean that he is less happy than during the "highs" both preceding and following. How acute the depression experienced in the "low" may be, depends not only upon the internal condition of the person but also on his relation to his outer environment. These recurrent emotional fluctuations in the workers studied in America averaged about five or six weeks in length, the time span for two men being only three weeks and for another nine weeks. In Germany the average span was at least a week shorter. Some of the workers in Germany had a span as short as fourteen to sixteen days. Once the normal or average time span of the workers was discovered, it was observed that the fluctuation of each period around that norm was no more than a week. That is, if a worker's normal emotional time span was seven weeks, circumstances might speed it up to six weeks or retard its development to eight weeks. Observations disclosed that the span of the younger workers was shorter than that of the older married workers, though this was not as true in Germany as in the United Stated.

If these "lows", both incidental and periodic, render us less competent to do our work and at the same time increase our liability to accidents, is it not logical to think that we should be more able to avoid accidents during the 'highs? It is true that the positive state of pleasant emotional satisfaction and good physical condition helps to reduce the liability to accidents, but when the elation and physical vigor become too exuberant as is often the case especially with young workers, not only accidents and their importance, but also the need for security against old age and illness fade into insignificance in the

110

elated worker's mind. At such times it seems as if a superabundance of emotional energy drives the worker to seek satisfaction for his ego by attempting to show his disdain for all restrictions, the safety regulations included. Though the worker and foreman may ordinarily be quite cooperative with the safety regulations and their observance, these moments of high elation, however caused often make the most understanding worker perform some foolish bit of thoughtless action which may later cost him a finger or an eye. Roughly about 20% of the observed accidents in the United States and 5% in Germany, occurred when the workers were in such a high state.

Another element which often enters into the worker's behavior during such a vigorous mood is the fact that his good feelings stimulate him to produce at his highest rate of speed. His concentration on output alone makes him less careful than he usually is. Without doubt, the worker who is so engrossed in himself, or in the actual operation which he is performing, that he has no eye for anything else, will prove more likely to suffer from accidents than will that worker who takes time to consider where he is going, what may be under foot, or what the safety rule is governing that particular job. If the worker rushes himself, or if the foreman "drives" him, the result is the same. The careful worker must either see to it that the conditions of his work are safe by pausing from time to time and devoting conscious attention to all the details of his work, including his safety, or else he must be able to do his work a large extent in an automatic fashion and thus permit his conscious mind to take the factor of safety into consideration as he works.

While this factor of semi-automatic functioning on the job is some-what out of the purely emotional field which is my subject, I still feel that its importance in demanding realization of the need of proper job training and habit formation is so vital that all those who are dealing daily with this problem of accident prevention cannot realize it too keenly. If every faculty of a person is demanded by the actual doing of certain parts of the job, it is impossible for the person to think ahead and take the safety factor into account, or to remember the safety rules governing that particular job. Pure mental distraction may be the cause of accidents without being the cause of an emotional disturbance. Anything that reduces the worker's attention to the safety element of the job, whether it is a part of the job itself, a nagging wife or a pain in the stomach increases the worker's accident liability.

We have now covered most of the factors which from the emotional standpoint tend to throw a monkey wrench into accident prevention work. I sum them up:

1. The conflict between mental judgment and a deep-down unwillingness to abide by restrictions.

2. The results of low physical and emotional vigor.

3. The contrasting influence of too high spirits.

4. The failure of semi-automatic functioning on the job largely through lack of proper training.

5. Purely outside distraction.

We come now to the methods whereby these emotional factors can be overcome and in part utilized in our accident prevention work. The first approach which I shall use may be termed *the individual approach,* and the second *the collective approach.* Naturally, there is no hard and fast line to be drawn between the two. The individual method is rendered necessary by the fact that about 50% of the accidents, both lost time and minor accidents, would seem to be caused by 20% of the workers. My studies for the German National Railways in 1932—33 have confirmed this point of view, though it must be admitted that a comparative study of the various occupations would give different percentages. Last fall Dr. C. S. Slocume, of the Personnel Research Federation, stressed the same thing in an article called "It's a Habit". His survey indicated that in a plant of 6,600 employees, there were 900 chronic repeaters. These men were responsible for 60 per cent of the minor accidents and also for 60 per cent of the lost time accidents. Is it not most necessary that any sensible program of accident prevention should concentrate itself on these repeating individuals? The major aim of the program should be to cure these men of their accident tendencies or to transfer them to other departments where they would have little opportunity to injure themselves or others.

It is not to be thought that all of these "repeaters" are emotional misfits. With some it is poor training, lack of intelligence to grasp some of the less obvious parts of their work, or some physical deformity or ailment which unfits them for that particular type of job. In one of the railroad shops where I was working Rufe Smith's job was abolished and in accordance with the seniority rule he "bid in" another job. His technical proficiency was sufficient and he was given the job. He had been on it, however, only two days before it was obvious by reason of the awkward manner in which he climbed over the engines that he was an accident risk. The foreman sent him to the medical department for examination, but the physician, who likely had sat in his consultation room the last ten years and hardly knew a machine shop from a blacksmith's shop returned him fit for duty. Of course his separate organs were, but operating as a unit they did not constitute a body to climb efficiently over engines. The foreman did his best to retrain him; his buddies tried to look out for him, but inside of two months he had three minor accidents and one lost time accident, in which because of a fall one of the bones in his leg was broken. After that I induced him to "bid in" another job, on which he has worked the last three years with only four minor accidents.

But the emotions do play an important part in the majority of these repeaters' accidents. The man whose emotions are too easily affected, who can be made elated, sad, or angry by the song of a bird, the defeat of his favorite ball team or the joshing remark of a fellow worker is an accident risk. The maladjusted individual who is harboring some grievance relative to either home or plant, or who has some emotional complex that prevents his intelligent grasp of all the factors in his work most of the time is likely to be a "repeater".

One particular truck driver was a "repeater". On investigation it was found that he was imbued with a superiority complex, to give it a common name. When he got in that big truck he felt every one should give way to him. If it were a question of just squeezing past a red light, he answered it by stepping on the gas. This situation was rectified by a goodly portion of judicious explanation, a dash of humor, and a wee dab of threatening.

What, however, should be done about the "repeaters"?

1. See to it that means of identifying them are available, either from dispensary records or otherwise.

2. Bring in all who may be interested or helpful to assist in studying the individual: foreman, employment manager, doctor, plant psychiatrist, if there is one, workers' representative, etc.

3. Study each case as a psychiatrist does a patient, looking into every factor in his life; past accidents, medical record, plant and family experience, attitudes toward fellow-workers, company and foreman, working habits, inattention, distractibility, clumsiness, intelligence, emotional stability, etc.

4. Draw conclusion as to probable cause and work out remedial measures with cooperation of all concerned.

So much for the first approach to the study of individual cases. The question may now well be asked how does this approach take care of the emotional factors about which we have talked in the first part of this address. The point to keep in mind is that the emotional stability of a person is determined by two factors: one is his relation to the environment; the other is the qualities of personality which he has either inherited or has acquired through earlier training. In our study of the individual worker and his liability to accidents, we cannot neglect the study of both of those relations. The worker who is well adjusted both in the home and outside, and who possesses physical good health is less likely to have those individual moments of maladjustment during which an accident develops. Even his periodic fluctuations of emotional tonus become less noticeable. Thus, it is that the best form of accident prevention work is synonymous with a well-balanced and just personnel program. When this is not in evidence, the best safety program falls short of its best possible results.

The happy worker is, therefore, other things being equal, the safe worker. In this paper I cannot, however, deal with the purely practical problem of sane individual adjustment in both home and plant. The problems involved there are too technical. At present I wish to stress only three important items in achieving emotional balance, which may be said to represent the more general side of human relations. Briefly put, a man must have one or more goals toward which he is striving. He must feel that he is making progress or that his marking time is temporary. He should also feel that he is doing something worthwhile for someone in whose eyes he wants to stand well. It is this fact which makes his immediate supervisor so important· in any safety campaign. The worker who is not satisfied with the conditions of his life can certainly not be so easily appealed to by a safety campaign as the one who has hopes and emotional contentment. These factors help to give the worker the impetus, when a proper training in safe methods is offered, to seize upon them and utilize them even though it means the overcoming of restricting emotion barriers of a more general sort.

We come now to the collective approach. As it is well known to you all, I shall only mention some essential points, which have proved their worth in practice:

1. Example on the part of the foremen.
2. Education of both workers and foremen.
3. A technically "safe" plant.
4. Repeated inspection.
5. Careful investigation of each accident to eliminate unsafe practices.
6. The holding of the direct supervision responsible, at least for the explanation of every accident in his department.
7. Persistance yet variation in some technique of keeping safety continuously in the workers' and foremen's minds.

But most important of all is the attitude of the immediate supervisor. He must set an example of real interest in safe practices and at the same time must be on the lookout for violation of the safety code. The worker's emotional opposition to "safety" is often in inverse ratio to the length of time a conscientious safety program has been in operation and the bosses proved interest. The foremen must therefore also understand and take into account the importance of the worker's emotional attitude.

It is, however, not sufficient in safety work to put before both supervisor and worker merely the ideal of benefits to be derived from not having accidents. The mule requires not only the hay before his nose. The whip diplomatically administered is also necessary. From the emotional standpoint it is necessary to set up an emotional urge wherein greater discomfort follows failure to obey safety rules than satisfaction from flaunting them. To make this policy most effective, the direct supervisor must, therefore, be held responsible not only for accidents incurred by workers under his supervision, but also for infringements of the safety regulations, though such infringements do not lead to actual accidents.

114

Naturally this utilization of the penalty idea must be made with caution. Otherwise, it will defeat its own end by setting up particularly in the worker's mind an emotional tension which will tend to cause accidents rather than prevent them. If, for instance, the idea gets abroad in a plant that two accidents will cause a man to be fired, the result will be worse instead of better. If, however, in the dim background of the worker's or the supervisor's mind there exists the knowledge that every accident or even every violation of a safety rule will demand discomfort and tedious explanation, the result can only be good. This does not mean that flagrant violation of the rules should not be visited with some punishment, but certainly the threat of discharge should never be made an open and commonly used method of coercion.

Let me sum up. Fundamentally there is something in human nature which rebels at the idea of continually being safe. Accidents result largely from a lessening of the power of integration which may come from either unhappy emotion such as worry and fear, or from too high emotion such as elation and undue exhilaration. These emotions may result from very pleasant happenings, periodic emotional fluctuations, home difficulties, lack of sleep, fatigue, or plant worries. Causes of accidents, only indirectly connected with the emotions, are (1) the worker's failure, through improper training, to function sufficiently automatically on the job to overcome the direct emotional difficulties and (2) distractions—which may even result from too great attention paid to certain parts of the job to the detriment of the safety factors necessary.

Closely connected with these more general emotional factors which apply to most workers come the personality factors which are a part of a man's emotional make-up and which cause the largest percentage of accidents to happen to those workers whom we may call "repeaters".

In attempting to overcome these emotional factors we have two methods of approach, the individual and the collective. No safety work can achieve its ultimate goal unless it uses both of these methods. Safety work must therefore offer to the worker both a reward and a penalty, both of them appearing as a part of a just and well balanced personnel program.

CONTRIBUTION À L'ÉTUDE DE LA DEXTRALITÉ.

S. KORNGOLD (Paris).

Sans entrer dans la discussion au sujet de l'ambidextrie congénitale ou du facteur héréditaire de dextralité et de senestralité, nous nous sommes bornée à étudier dans quelle mesure, au cours du développement d'enfant, l'activité coutumière d'une main en développe l'habileté.

Un autre problème vient s'ajouter au précédent: Existe-t-il une influence de l'exercice d'une main sur l'habileté de l'autre main?

Enfin, troisième question: Existe-t-il un rapport entre la dextralité plus ou moins développée et la rapidité dans les mouvements simples des mains?

L'expérience consistait à pointer avec un crayon chaque petit carré d'un quadrillage, en s'efforçant de pointer exactement au milieu de chaque carré et en allant le plus rapidement possible.

Les quadrillages étaient au nombre de quatre et disposés les uns au-dessous des autres. Chaque quadrillage comportait 300 petits carrés de 25 millimètres carrés.

La marche de l'expérience était la suivante:

On pointait avec la main droite le quadrillage N° 1. On changeait de main pour le quadrillage N° 2. On reprenait le travail avec la main droite pour le quadrillage N° 3 et enfin on reprenait la main gauche pour le quadrillage N° 4. Le pointillage de chacun des quadrillages 1, 2, 3 et 4 durait une minute.

On a totalisé le rendement de la main droite (quadrillages N° 1 et 3) ainsi que celui de la main gauche (quadrillages N° 2 et 4). Nous avons considéré comme indice de dextralité la moitié de la différence du rendement des deux mains, en soustrayant le rendement de la main gauche du rendement de la main droite. Tous les indices portant le signe négatif furent éliminés de l'étude, étant considérés comme relatifs aux sujets gauchers. Le nombre des indices de signe négatif était minime. Cela est dû probablement au fait que la structure du test est de nature à favoriser l'emploi de la main droite. On sait en effet que les sujets gauchers dans certaines activités ne le sont pas dans d'autres. L'éducation, la construction de l'outillage provoquent la prédominance de la main droite. L'éducation favorise l'emploi de la main droite dans l'écriture. Le teste de pointillage ressemble beaucoup comme forme d'activité à l'écriture, ce qui explique peut-être le nombre insignifiant de gauchers.

Le test fut appliqué d'abord à un groupe d'enfants de 11 à 15 ans.

En outre on a examiné deux groupes d'adultes appartenant à deux classes sociales différentes:

a) Un groupe de 143 sujets de haute culture, composé de 86 hommes et 57 femmes;

b) Un groupe de 279 sujets de culture primaire.

Les valeurs retenues furent:

a) Nombre de carrés pointés par la main droite;

b) Nombre de carrés pointés par la main gauche;

c) Moyenne du rendement total des deux mains;

d) Indice de dextralité. La moitié de la différence des deux mains.

Pour chacune de ces valeurs on a calculé les étalonnages par âge et par groupe.

116

Enfants.

Etudions d'abord comment varie le nombre de carrés pointés par la main droite (tableau I) et par la main gauche (tableau II) en rapport avec l'âge des sujets. La progression du rendement est assez marquée pour les âges successifs: 11, 12, 13, 14, 15 ans.

Cependant cette progression, étant assez régulière pour tous les sujets de 12 ans par rapport à ceux de 11 ans, et pour les sujets de 13 ans par rapport à ceux de 12 ans, elle se différencie un peu pour les enfants d'âges plus élevés. La différence du rendement des âges successifs devient moins accentuée pour les sujets lents '3 derniers déciles environ) et cette différence augmente considérablement pour les sujets rapides (3—4 premiers déciles). Le même phénomène se produit pour les deux mains avec cette distinction que, pour la main droite, on l'observe déjà à partir de 14 ans tandis que, pour la main gauche, il ne ressort qu'à partir de 15 ans.

Peut-on admettre que l'influence de l'exercice sur la rapidité du mouvement s'arrête assez tôt chez les sujets lents tandis que, dans l'autre catégorie de sujets, le développement de la rapidité progresse avec l'âge?

Cette question étant en dehors de notre travail et exigeant des expériences plus appropriées, nous nous bornons à signaler le fait recueilli par hasard dans notre étude et qui nous a paru intéressant.

La deuxième valeur étalonnée était l'indice de dextralité calculé d'après la méthode exposée ci-dessus.

Le tableau III en montre les résultats numériques. On voit qu'avec progression de l'âge le rendement de la main droite s'améliore par rapport au rendement de la main gauche. La dextralité augmente au cours du développement de l'enfant. Les jeunes enfants sont plus ambidextres que les enfants plus âgés et que les adultes.

Ce fait a déjà été signalé par les psychologues. Il a même amené certains d'entre eux à accepter l'hypothèse de l'ambidextrie congénitale.[1]

Les autres comme Ojemann, Schott[2]) penchent plutôt vers l'hypothèse d'un facteur héréditaire dans la dextralité et la senestralité. Les résultats des expériences communiquées par les auteurs parlent

[1]) Cf. H. Ellis Jones: Dextrality as a fonction of age. Journal of exp. Psych. XIV, 1931, pp. 125—143.
N. B. Cuff: A study of eyedness and handedness. Journal of exp. Psych. XIV, 1931, pp. 164—175.
Bernhard Kamm: Händigkeit und Variationsstatistik. Klinische Wochenschrift, 9e année, 10, 1930, pp. 435—440.
[2]) R. H. Ojemann: Studies in handedness. Journal of educational Psych. XXI, 1930, pp. 597—611 et 695—702.
H. Schott: Linkshändigkeit und Erblichkeit. Zeitschr. f. ges. Neurologie CXXXV, 1931, pp. 305—313.

en faveur tantôt de l'une, tantôt de l'autre théorie suivant les épreuves utilisées pour les recherches, sans qu'aucune expérience cruciale ait été apportée à ce sujet.

L'influence indéniable de l'éducation sur l'exercibilité de la main droite y est pour beaucoup. Elle masque souvent, dans un certain nombre d'activité, la tendance naturelle des sujets.[3]) [4]) [5]) [6])

Cette progression de la dextralité au cours du développement est-elle significative? L'analyse de cette question est résumée par le tableau IV.

Pour déterminer la capacité de différenciation de l'indice de dextralité, en ce qui concerne les âges différents, nous avons comparé, selon la formule classique,[7]) la différence des moyennes de deux âges et l'écart étalon de cette différence.

On sait que si la différence est deux fois plus grande que son écart étalon il y a 43 chances sur 44 pour que la différence soit réelle et qu'elle se trouve dans la direction indiquée; si la différence est trois fois plus grande que son écart étalon, les chances sont de 740 sur 741.

On voit d'après le tableau IV, qu'il existe une différence réelle entre 12 et 11 ans, et que cette différence augmente de plus en plus pour les combinaisons de 13 et 11, 14 et 11 ans. Elle diminue un peu pour 15 ans. Nous remarquons en général pour cet âge une regression de dextralité (Nous reviendrons plus loin sur ce fait. Il n'existe pour ainsi dire aucune différence de dextralité) entre les enfants de 13 et 12 ans.

Nous avons vu que l'indice de dextralité diminue à 15 ans. Nous sommes enclins à croire que ce phénomène est dû au fait que les enfants qui restent jusqu'à 15 ans dans les écoles communales sont presque tous des arriérés. L'hypothèse du rapport entre le manque de dextralité et l'arriération nous fait penser aux recherches de M. O. Wilson et L. B. Dolan,[8]) bien que notre problème ne soit pas tout à fait le même. Dans l'enquête menée par ces auteurs il s'agissait de la différence entre les droitiers et les gauchers au point de vue des résultats scolaires et du rendement dans un test d'intelligence (Otis). Nous nous rendons compte que le rapprochement entre les ambidextres et les vrais gauchers est un peu hasardeux. Néanmoins

[3]) [4]) V. supra, p. 4, notes 3 et 4.

[5]) H. Bowman: The effect of practice on different types of dextrality. Amer. Journ. of Psych. XI, 1928, pp. 117—120.

[6]) J. Heinlein: A study of dextrality in children. Journ. of genet. Psych. XXVI, I, 1929, pp. 91—119.

[7]) Formule de l'écart étalon de la différence entre les moyennes:

$$\varepsilon_{12} = \sqrt{\sigma^2 m_1 + \sigma^2 m_2}$$

[8]) M. O. Wilson et L. B. Dolan: Handedness and Ability. Amer. Journ. of Psych. XLIII, 2, 1931, pp. 261—268.

l'analogie des résultats de ces recherches avec les nôtres est trop marquante pour ne pas faire ce rapprochement. Ces auteurs trouvent plus de gauchers dans les classes spéciales d'arriérés que dans les classes normales. De plus, les résultats d'après les tests d'intelligence, les notes scolaires et l'appréciation des maîtres montrent une supériorité constante quoique légère des droitiers.

*

Pour l'analyse ultérieure des expériences il était nécessaire qu'on puisse se rapporter à une caractéristique unique qui exprimerait, pour chaque sujet, la rapidité des deux mains dans le test de pointillage. Avant de choisir pour cette valeur la moyenne du rendement des deux mains, nous avions voulu nous convaincre que ce procédé n'introduisait pas de causes d'erreurs fortuites trop élevées. Peut-on affirmer à l'avance que les sujets rapides de la main droite sont en même temps rapides de la main gauche?

Pour répondre à cette question, nous avons calculé le coefficient de corrélation (formule de Pearson) entre le rendement des deux mains pour les enfants de 12 et 13 ans et pour le groupe de 275 sujets adultes de culture primaire.

Voici les coefficients obtenus:

Enfants: 12 ans $r = 0,757 \pm 0,024$, 13 ans $r = 0,701 \pm 0,028$.

Adultes: $r = 0,778 \pm 0,016$.

En raison de ces coefficients élevés de corrélation nous nous sommes crue en droit de fixer la moyenne du rendement des deux mains comme valeur caractéristique de la rapidité dans le test. Le tableau V présente l'étalonnage par âge de cette valeur (quartiles).

*

Nous nous sommes demandés s'il existe un rapport quelconque entre la dextralité du sujet et sa rapidité dans les mouvements simples des mains. Nous avons calculé pour ce motif la moyenne des indices de dextralité relatifs aux sujets qui, au point de vue de la rapidité, se classent dans les quartiles présentés dans le tableau V.

Le tableau VI montre l'aspect numérique de cette relation. La chute de l'indice de dextralité est très prononcée surtout pour le quatrième quartile. Le phénomène est général pour tous les âges. Les sujets lents sont donc plus ambidextres que les sujets rapides. Est-ce dû à la structure du test? Est-ce une loi générale? Des épreuves d'autre nature que nous nous proposons d'établir en continuant l'étude de dextralité nous le montreront.

La régularité du phénomène est rompue de nouveau par les résultats des enfants de 15 ans. Bien que marquée encore, la diminution de l'indice de dextralité dans le quatrième quartile n'est pas si affirmeé que pour les autres âges.

Nous sommes certainement ici en présence de sujets dont le comportement et les facultés ne sont pas normales.

A l'encontre de l'hypothèse que ces sujets sont en général des arriérés, on pourrait supposer que leurs résultats indiquent plutôt une certaine maturité qui les rapprocherait des adultes. On verra plus loin, par l'étude des résultats des adultes, que ce n'est pas le cas.

Adultes.

Nous avons mentionné au début de ce travail que le test de pointillage par sa nature même ressemblait beaucoup au travail d'écriture. Il était alors à prévoir que le rendement des sujets appartenant à une classe cultivée, s'exerçant chaque jour à ce genre de travail, dépasserait au point de vue de la rapidité le rendement des classes de culture primaire. Néanmoins, le degré élevé de cette différence nous a surpris.

Nous avons examiné 86 hommes et 57 femmes, tous possédant une culture supérieure (brevet supérieur, baccalauréat, diplômes universitaires). Examinons d'abord (tableau VII) la différence du rendement due au sexe.

Les femmes sont moins rapides que les hommes, aussi bien de la main droite que de la main gauche (colonnes 1 et 2, 3 et 4). Elles sont aussi plus ambidextres que les hommes (colonnes 5 et 6). Cependant cette différence, significative sans doute pour le sexe, devient insensible lorsqu'on compare les résultats des hommes et des femmes cultivés à ceux des hommes sans culture.[9]) Nous avons cru alors pouvoir cumuler les résultats des deux sexes et établir un étalonnage unique, afin de faciliter la comparaison de deux groupes sociaux (tableau VIII).

On voit que la différence est énorme, non seulement pour la main droite, mais qu'elle se maintient, bien que diminuant un peu, pour la main gauche. Elle reste toujours d'un degré tellement élevé qu'il y a lieu de se demander si l'exercice de la main droite par l'écriture ne développe pas, chez les sujets de la classe cultivée, l'habileté de la main gauche. Existerait-il une unité fonctionnelle de l'exercibilité des mouvements? De nombreux auteurs se sont posés cette question: « Peut-on transporter une habileté acquise dans un champ moteur dans un autre champ? L'exercice et l'apprentissage peuvent-ils se transférer d'un membre à un autre? » Cette question en sous-entend une autre, c'est-à-dire: « Y a-t-il ou non une habileté motrice générale et quelles sont les relations entre les différentes habiletés? »[10])

---

[9]) Nous n'avions pas eu la possibilité d'examiner les femmes de la classe sociale correspondante.

[10]) A. Gemelli: Sur la nature de l'habileté manuelle. Contributi del laboratorio di psicologia. Publicazioni della Università Cattolica del Sacro Cuore. S. Biologiche, Vol. VI, 1933, p. 423.

Nos expériences sont trop pauvres pour y répondre. Toutefois elles indiquent nettement le phénomène de transfert de l'habileté acquise d'une main à l'autre. Ce phénomène a été signalé aussi par P. Ewert[11]) et A.-I. Gates[12]) qui ont employé, pour le démontrer, la méthode différente de la nôtre, la méthode de l'exercice direct.

Quant à la rapidité du pointillage du groupe des sujets de culture primaire, elle est de l'ordre de celle des enfants de 13 ans pour la main droite, de celle de 14 ans pour la main gauche.[13]) Le résultat trouvé pour l'indice de dextralité des deux groupes sociaux est logique et conforme aux prévisions. La classe cultivée se montre de beaucoup moins ambidextre que la classe sans culture (tableau IX). La capacité de différenciation de l'indice de dextralité pour deux groupes de culture différente est énorme (tableau X).

Nous avons voulu savoir si le phénomène de l'abaissement de dextralité chez les adultes lents paraîtrait avec autant de netteté que chez les enfants.

En poursuivant alors la méthode exposée ci-dessus, nous avons établi l'étalonnage, par quartiles, de la moyenne de rendement de deux mains (tableau XI). Nous avons ensuite calculé la moyenne des indices de dextralité relatifs aux sujets de chaque quartile (tableau XII). Le phénomène se montre identique pour ces groupes sociaux et pour les enfants.

Pour revenir à la position primitive du problème, résumons les données des expériences:

1° La dextralité semble augmenter avec le développement, les jeunes enfants se montrent plus ambidextres ques les plus âgés;

2° L'activité habituelle de la main droite développe énormément l'adresse de cette dernière, même dans les gestes les plus simples du poignet;

3° L'exercice de la main droite semble influencer et augmenter d'une manière importante l'adresse de la main gauche. Alors se poserait l'hypothèse du transfert de l'exercibilité motrice d'un membre exercé au membre opposé non exercé du corps;

4° Les sujets lents se montrent régulièrement les plus ambidextres. Le fait ressort partout avec une grande netteté et se montre indépendant de l'âge et des influences sociales.

---

[11]) P. Ewert: Bilateral transfer in mirror-drawing. Pedagogical Semin. XXIII, n° 2, 1926, pp. 235—249.

[12]) A. Gates: A critic of methods of estimating and measuring the transfer of training. Journ. of educ. Psych. XV, 9, pp. 545—548.

[13]) Comparer les décilages de la rapidité des enfants, tableaux I et II avec le tableau VIII, colonnes 2 et 4.

Ces conclusions n'ont aucunement la prétention d'être définitives. Elles n'apportent que des suggestions et ont besoin d'être vérifiées par des épreuves d'une nature différente.

Tableau I

Pointillage — Rapidité

Main droite

Age	11	12	13	14	15
Nombre de sujets	33	137	145	87	46
Maximum	233	307	303	362	394
C 10	218.50	242.75	260.41	290.50	323.50
C 20	207.50	224.91	236.64	268.70	284.83
C 30	193.50	213.98	222.83	247.79	270.00
C 40	176.83	205.68	227.54	230.58	256.83
C 50	169.50	196.58	206.42	217.50	231.50
C 60	162.17	185.17	198.59	205.90	208.83
C 70	151.10	172.24	185.41	193.93	191.50
C 80	137.50	157.04	170.61	181.50	180.50
C 90	105.50	130.30	146.67	150.07	156.83
Minimum	57	60	96	96	135

Tableau II

Pointillage — Rapidité

Main gauche

Age	11	12	13	14	15
Nombre de sujets	33	137	145	87	46
Maximum	177	237	240	290	298
C 10	163.00	182.39	198.87	207.75	241.10
C 20	149.10	167.69	180.75	189.68	222.70
C 30	135.00	155.42	159.90	175.62	196.30
C 40	119.00	144.46	148.30	164.75	178.50
C 50	110.75	132.36	137.50	153.50	167.00
C 60	102.50	119.29	129.21	141.90	153.10
C 70	94.25	104.87	120.93	129.64	135.50
C 80	86.00	91.68	108.59	116.30	120.50
C 90	74.83	78.95	92.00	98.50	97.90
Minimum	55	52	32	57	91

Tableau III

Indice de dextralité

Age	11	12	13	14	15
Nombre de sujets	33	137	145	87	46
Maximum	45.50	95.50	81.50	126.00	66.00
C 10	40.67	49.45	51.06	53.62	53.50
C 20	35.17	43.03	42.60	43.75	44.25
C 30	29.62	38.31	39.10	41.03	38.17
C 40	25.50	33.31	35.29	37.12	33.00
C 50	21.37	29.03	30.67	33.09	30.125
C 60	18.50	24.75	26.26	30.375	26.93
C 70	16.67	21.43	21.84	24.55	23.75
C 80	14.83	16.70	17.00	19.70	20.875
C 90	7.75	10.27	11.09	15.35	17.10
Minimum	1.00	0	0	1.00	0.50

Tableau IV

La différenciation des groupes des âges divers par l'indice de dextralité dans le test de pointillage

Indices	Ages	Différence de moyennes	Ecart-étalon de cette différ.
M_1—M_2	12 ans—11 ans	4.83	2.426
M_1—M_2	13 ans—12 ans	0.95	1.811
M_1—M_2	14 ans—13 ans	4.10	2.042
M_1—M_2	15 ans—14 ans	—2.71	—
M_1—M_2	13 ans—11 ans	5.78	2.380
M_1—M_2	14 ans—11 ans	9.88	2.909
M_1—M_2	15 ans—11 ans	7.17	2.856
M_1—M_2	14 ans—12 ans	5.05	2.457
M_1—M_2	15 ans—12 ans	2.34	2.392
M_1—M_2	15 ans—13 ans	1.39	2.355

Tableau V

Pointillage — Rapidité
Moyenne des 2 mains

Age	11	12	13	14	15
Nombre de sujets	33	137	145	87	46
Maximum	205	258.50	247.50	306.50	328
C 25	170.50	187.89	195.46	219.92	244.50
C 50	137.00	161.50	170.64	186.83	204.50
C 75	123.25	133.56	148.33	158.94	162.00
Minimum	56	56	68.50	76.5	117

Tableau VI

Moyennes des indices de dextralité par quartiles de la moyenne des 2 mains

Age	11	12	13	14	15
Nombre de sujets	33	137	145	87	46
Rapidité - Moyenne des 2 mains - Quartiles			Moyennes		
I	25.81	31.58	30.20	43.21	32.71
II	25.96	32.31	31.86	36.27	38.55
III	26.50	31.44	33.80	32.48	29.30
IV	17.23	24.28	26.43	26.73	27.69

Tableau VII

Pointillage — Classe de culture supérieure { 86 hommes / 57 femmes }

Catégories Déciles	Rapidité M. D.		Rapidité M. G.		Rapidité moyenne des 2 mains		Indice de dextralité	
	H	F	H	F	H	F	H	F
Maximum	447.00	370.00	369.00	325.00	408.00	337.50	75.00	76.00
C 10 .	375.70	339.37	292.70	271.87	328.00	300.62	61.62	56.23
C 20 .	349.90	325.07	259.17	247.50	305.14	281.875	56.37	49.97
C 30 .	326.70	307.87	245.30	231.75	292.50	271.19	50.90	45.12
C 40 .	318.10	295.50	231.00	221.50	273.83	260.50	46.30	42.64
C 50 .	307.00	284.14	214.50	208.87	261.29	248.25	41.17	39.17
C 60 .	292.75	272.50	203.81	193.50	252.07	234.79	35.76	32.74
C 70 .	274.00	263.00	193.88	182.81	234.23	222.81	33.30	27.60
C 80 .	256.75	245.70	181.50	172.12	222.50	212.125	28.70	20.90
C 90 .	232.50	225.00	165.07	156.60	203.00	198.75	20.23	15.86
Minimum	152.00	*148.00*	87.00	*126.00*	119.50	*137.00*	5.50	*7.50*

Tableau VIII

Pointillage — Rapidité (Adultes)

Classes sociales Déciles	Main droite		Main gauche	
	Haute culture 141 suj.	Culture primaire 279 suj.	Haute culture 141 suj.	Culture primaire 279 suj.
Maximum	447	339	369	296
C 10	364	256	282	208
C 20	335	233	256	186
C 30	321	218	239	173
C 40	310	206	226	164
C 50	297	196	211	156
C 60	283	186	200	147
C 70	269	175	191	137
C 80	253	161	179	126
C 90	231	142	160	113
Minimum	148	93	87	73

Tableau IX

Pointillage — Indice de dextralité (Adultes)

Classes sociales déciles	Haute culture 141 suj.	Culture primaire 279 suj.
Maximum	76.00	71.00
C 10	60.48	39.60
C 20	53.59	32.30
C 30	48.15	28.33
C 40	43.75	25.09
C 50	39.90	21.69
C 60	34.26	18.58
C 70	31.66	15.60
C 80	25.23	11.57
C 90	18.42	6.74
Minimum	5.50	0.50

Tableau X

La différenciation des groupes de culture différente par l'indice de dextralité dans le test de pointillage

Indices	Groupes	Différence de moyennes	Ecart-étalon de cette différ.
M_1—M_2	Classe cultivée — classe sans culture	17.76	1.746

Tableau XI

Pointillage — Rapidité (Adultes)
Moyenne des deux mains

Classes sociales Quartiles	Haute culture 141 suj.	Culture primaire 279 suj.
Maximum	408.00	298.00
C 25	287.11	202.80
C 50	256.43	175.64
C 75	222.89	152.11
Minimum	119.50	95.50

Tableau XII

Moyennes des indices de dextralité par quartiles de la moyenne des deux mains

Classes sociales Quartiles	Haute culture 141 suj.	Culture primaire 279 suj.
I	40.01	28.45
II	41.34	23.67
III	43.65	21.83
IV	33.87	15.57

LA CONDUITE PSYCHOLOGIQUE DEVANT L'EFFORT MENTAL IMPOSÉ

S. KORNGOLD & A. LÉVY (Paris).

L'homme ne se manifeste pas seulement par ce qu'il fait, mais parfois et dans certains circonstances surtout par ce qu'il ne fait pas. Tous le monde est d'accord sur ce fait que « l'inhibition est elle-même une forme de mouvement, que l'absence de réponse aux sollicitations extérieures est elle-même une réponse ».

On sait combien fréquente est cette deuxième sorte de réaction. On s'évade de l'obligation de répondre et depuis longtemps les psychologues se sont attachés à savoir quelles étaient les causes réelles de cette évasion là où aucune raison directe ne la justifiait. L'explication la plus courante et aujourd'hui généralement répandue admet que cette sorte de réaction est due au caractère particulier de timidité ou de scrupulosité des individus en question. Or, s'il est possible que tous les timides s'évadent de l'obligation d'une réaction, l'inverse n'est pas nécessairement vrai. Tous les individus dont la conduite présente ce caractère ne sont pas des timides ni des scrupuleux. Cette conduite peut avoir d'autres causes qui sont peut-être psychologiquement moins complexes mais plus difficiles à atteindre et à mettre en relief.

Le problème.

Nous nous sommes posées cette question à propos de l'attitude fréquente qu'adoptent des sujets — tant enfants que personnes adultes — au cours de l'application des tests, et notamment des tests mentaux.

On sait que la notation de ces épreuves aboutit à quatre ordres de résultats:

réponses exactes,

erreurs,

omissions,

consignes non suivies (peu fréquentes, se rencontrant chez les sujets qui n'ont pas compris ce qu'on leur demande de faire).

Puis, chaque Laboratoire qui emploie le test choisit, comme base de classement, soit une de ces possibilités, soit des formules mathématiques spécialement établies qui tiendraient compte tant des réponses correctes que des erreurs et des omissions. Ce choix est dicté habituellement par le souci de donner à la série des valeurs obtenues l'allure la plus normale et la dispersion la plus grande. Si par la nature même de l'épreuve, les omissions de réponses sont rares, il est difficile de choisir cette forme de réaction comme base de classement. Dans le cas de formules où on s'efforce de faire jouer toutes les possibilités, on ne sait pas habituellement très bien quelle importance il faut attacher aux erreurs par rapport aux omis-

126

sions. Ainsi la construction de ces formules est pour la plupart des cas déterminée par des idées préconçues ou encore par l'idée du « juste partage ». C'est pour toutes ces raisons qu'on est enclin, le plus souvent, à se borner au classement par le nombre de réponses exactes.

Or, il nous a semblé que, si les réponses exactes donnent en effet une indication sur la *valeur* du sujet, il était intéressant aussi d'étudier les autres résultats, puisque ceux-ci représentent, en somme, la *manière de réagir de l'individu devant la difficulté.*

Les omissions ont donc plus particulièrement retenu notre attention : les sujets qui ne répondent pas, sont-ils des scrupuleux, des consciencieux, qui préfèrent abandonner leur chance de réussir plutôt que de risquer une réponse dont ils ne sont pas sûrs ; — ou bien sont-ils, au contraire, si désarmés devant la question, leur est-elle si étrangère, qu'ils ne sont même pas capables d'essayer de la résoudre, de l'aborder activement ? Autrement dit : le problème doit-il porter essentiellement sur le caractère et le rôle des facteurs effectifs ; — ou bien aussi sur le niveau du développement intellectuel ?

Technique.

Nous disposions de trois séries de tests collectifs d'intelligence qui avaient été appliqués à divers groupes. La pratique de plus en plus répandue de tests collectifs, laissant à l'individu toute liberté dans le choix des réactions nous a paru se prêter très bien à cette sorte d'investigations. C'est dans cette situation que l'individu se sent le moins contrôlé et observé. Il est libre. Il n'a pas honte de ne pas répondre. Il est anonyme. Personne ne l'encourage. Personne ne l'intimide. Il est seul avec ses possibilités psychologiques et son raisonnement, et il n'agira qu'en fonction d'eux.

Ces tests étaient, par ordre croissant de difficulté :
— Cahier B (54 questions),
— Cahier C (58 questions).
— Test d'intelligence logique (80 questions).

Les deux premiers tests (B et C) étaient composés de questions de même type. Cependant les questions du cahier C étaient nettement plus difficiles. Elles consistaient à former des phrases à l'aide de mots en désordre, indiquer des absurdités dans des propositions et dans les images, compléter les phrases, raisonner par élimination, trouver des analogies dans les images présentées, rechercher dans une série de signes deux qui sont absolument identiques, compter des cubes dans un bloc de pavés, enfin compléter des séries de signes et de chiffres selon les lois qui les régissent. Ces questions étaient présentées aux sujets avec la consigne suivante :

Vous trouverez sur ces feuilles quelques questions auxquelles vous devrez répondre aussi rapidement et aussi bien que vous le pourrez. Chaque question comporte tous les éléments nécessaires pour être résolue. Conformez-vous strictement à toutes les indications données.

127

Commencez au début et continuez sans arrêt jusqu'à la fin.
Si l'une des questions est trop difficile, passez à la suivante.
Ne demandez rien à personne.

Le 3ème test employé fut le test dit « d'intelligence logique » dont la valeur diagnostique et la validité ont été bien étudiées et se sont toujours montrées satisfaisantes au cours d'une longue pratique.[1]

La comparaison entre les résultats du test d'intelligence logique et ceux des autres tests nous a été particulièrement utile, non pas seulement par la plus grande difficulté de ce test, mais surtout par la forme de ses questions, absolument différente de celle des deux autres tests.

Tandis que dans les cahiers B et C, le sujet pouvait répondre à la plupart des questions par des explications qui lui semblaient opportunes, le test d'intelligence en question a été, dans sa majeure partie, un test « électif ». Le sujet devait juger un raisonnement qui lui était présenté en soulignant une des deux appréciations : « exact » ou « inexact ».

Voici un exemple d'une question :

Si la conclusion suivante est logique soulignez « exact », sinon, soulignez « inexact ».

> Les idiots ne savent pas écrire.
> Cet homme ne sait pas écrire.
> Par conséquent cet homme est un idiot.

Exact.   Inexact.

Sujets.

La recherche a porté sur des sujets d'âges, de niveaux et de milieux différents, répartis en plusieurs groupes dont nous donnons ci-dessous une liste détaillée :

a) *Enfants:*	Intell. log. No de suj.	Cahier B No de suj.	Cahier C No de suj.
9 ans	52	—	—
10 ,,	102	—	—
11 ,,	168	— —	—
12 ,,	238	—	—
13 ,,	179	—	—
14 ,,	157	—	—
15 ,,	94	—	—
16 ,,	41	—	—
Ecoles professionnelles en province:			
13 ans	—	22	22
14 ,,	— —	164	164
15 ,,	—	143	143
16 ,,	— —	138	138
17 ,,	— —	58	58

---

[1] J. M. Lahy « Un test d'intelligence logique ». Le Travail Humain, T. I, No 2, 1933, p. 129 à 152.

b) *Adultes:*

Classes d'instruction élémentaire:			
apprentis électriciens	82	—	—
ouvriers	833	500	—
Classes cultivées (étudiants, élèves de grandes écoles, professions libérales)	200	—	—
Totaux	2.146	1.025	525
Total pour les 3 tests	—	3.696	—

Notation.

Comme nous n'avons utilisé pour ce premier travail que des données statistiques, il était indispensable, pour connaître l'importance des omissions, d'en trouver d'abord une valeur numérique représentative. La comparaison avec les autres facteurs d'échec (notamment les erreurs) était aussi importante.

Le résultat brut était évidemment inutilisable, les sujets de niveau élevé ayant, bien entendu, peu d'erreurs et peu d'omissions, et inversement en ce qui concerne les sujets faibles.

A la suite de quelques essais préalables, dont nous présenterons les étapes et les résultats plus loin, il nous a paru logique de nous servir de la notation suivante:

A. *Réponses exactes.*

B. *Echecs:* 1° Erreurs. 2° Omissions. 3° Consignes non suivies.

Le nombre des échecs (B) était ramené à 100%, et 1°, 2°, 3° calculés en % par rapport à B. Il devenait ainsi possible d'évaluer proportionnellement chaque facteur d'échec, dans des conditions pratiquement égales pour tous les sujets et pour chacun des tests.

Exemple: Dans le test d'intelligence logique (80 questions), un sujet donne: 56 réponses exactes, 9 erreurs, 12 omissions, 3 consignes non suivies.

Il y a donc 24 échecs.

$$\text{La proportion d'erreurs est de } \frac{900}{24} = 37,5\%$$

$$\text{Celle des omissions: } \frac{1200}{24} = 50\ \%$$

$$\text{et celle des consignes non suivies: } \frac{300}{24} = 12,5\%$$

$$100\ \%$$

La même technique a été adoptée lorsqu'on évaluait la proportion d'un de ces facteurs d'échec imputable non à un seul sujet, mais à un groupe de sujets, caractérisés soit par le même âge, soit par le même indice d'intelligence. Le nombre total d'erreurs (ou d'omissions, ou de consignes non suivies) fourni par le groupe considéré a été exprimé en pour cent par rapport au nombre total d'échecs de ce groupe.

C'est avec intention que nous avons qualifié les conditions d'évaluation numérique de « pratiquement » égales pour tous les sujets. Il est certain que les sujets faibles, nous donnant un nombre plus élevé d'échecs, « favorisent » en quelque sorte nos calculs, alors que les sujets de niveau élevé ne fournissent qu'une faible quantité d'échecs, laissant ainsi une marge bien plus grande aux fluctuations et au hasard. Ce facteur d'erreur ne nous a pas échappé. Nous n'avons pas trouvé le moyen de l'éliminer. Pourtant, le fait que nos calculs portent toujours sur des nombres très grands nous paraît atténuer le facteur en question dans une mesure telle qu'il devient presque négligeable dans la plupart des cas.

Conclusions.

Les résultats détaillés de l'étude, publiés *in extenso* dans l'*Année Psychologique*, XXXIV, nous ont amenés aux conclusions suivantes:

1° — Les résultats par âge montrent que l'attitude passive devant l'effort mental imposé se manifeste le plus fortement chez les sujets les plus jeunes, pour faire place, de plus en plus, à une réaction nettement positive devant la difficulté; cette réaction se traduisant soit par des réponses exactes, soit par des erreurs.

2° — Cette tendance n'est d'ailleurs pas liée à l'âge comme tel, mais au niveau intellectuel des sujets, l'âge n'agissant que comme facteur général de développement intellectuel.

A l'intérieur des groupes d'âge homogène, la tendance passive se manifeste de plus en plus à mesure que l'on se rapproche des plus faibles niveaux intellectuels.

3° — Les mêmes sujets, placés dans des situations d'inégale difficulté, réagissent activement devant l'effort qui est à leur portée, et adoptent l'attitude passive devant la difficulté accrue.

4° — L'exemple d'une sélection scolaire a prouvé que cette tendance n'est pas un pur produit de la méthode expérimentale, mais qu'elle se vérifie dans la pratique.

5° — Les adultes se comportent de la même manière, sans qu'il y ait, à ce point de vue, une différence appréciable entre les classes cultivées, entraînées à l'effort du raisonnement abstrait, et les classes de culture élémentaire.

6° — La loi se présente nette et régulière dans tous les cas. Elle est assez générale et précise pour s'appliquer aux groupes très restreints, peut-être même, dans une certaine mesure, aux cas individuels.

D'une manière générale, l'attitude passive devant l'effort mental imposé peut être considérée comme l'indice d'une infériorité intellectuelle. Cette infériorité peut se présenter sous deux formes: absolue chez les sujets occupant, par exemple, les derniers déciles de leur groupe; relative, dans le cas des sujets réagissant différemment vis-à-vis de deux difficultés inégales.

Liée aux situations autant qu'aux comportements individuels, cette tendance paraît être toujours une manière caractéristique de réagir devant une difficulté trop grande.

Devant la tâche imposée, la réaction normale (et à plus forte raison la réaction de qualité) est l'effort actif, se traduisant par des réponses exactes ou des erreurs. La tendance passive pourrait s'interpréter en quelque sorte comme une réaction de défense devant l'effort disproportionné.

LA SÉLECTION DES EMPLOYÉS DE L'ADMINISTRATION PUBLIQUE PAR LES EXAMENS PSYCHOTECHNIQUES.

KAREL KUCHYNKA (Prague).

Jusqu'à maintenant les candidats aux postes de l'administration publique sont choisis en majorité: sur la base des certificats d'études, sur la base des recommandations, d'après l'impression personnelle ou d'après la satisfaction qu'ils ont donné dans la période d'essai. Toutes ces méthodes ont, cependant, leurs inconvénients, car généralement les certificats ne nous renseignent pas sur les aptitudes réelles des candidats, les recommandations sont souvent sollicitées par les personnes connaissant bien leurs propres défauts; l'impression personnelle est peu fidèle, parce qu'elle nous déconseille des personnes qui sous un extérieur peu sympathique cachent des qualités précieuses d'ordre caractérologique et intellectuel, et surestime les personnes sachant faire semblant de bien travailler, grâce à l'éloquence et à une conduite adroite. La période d'essai est enfin une institution coûteuse et pleine de risques, car si l'employé ne satisfait pas et doit être congédié, les conséquences graves d'ordre psychique et moral de cet insuccès peuvent l'accompagner pendant sa vie entière et d'autre part, s'il n'est pas renvoyé pour des raisons d'ordre social, le dommage causé par son engagement est supporté par son employeur, l'Etat, qui est obligé de payer un employé peu satisfaisant.

Pour cette raison, il y a intérêt, du point de vue de la réforme et de la rationalisation de l'administration publique, à introduire, dans le choix actuellement plus ou moins fortuit, des critères objectifs et plus sûrs, basés sur l'appréciation individuelle des candidats.

Un tel critère est fourni par les méthodes psychotechniques. Ces méthodes ont déjà prouvé leur utilité dans un grand nombre de domaines d'activité humaine où elles sont considérées comme un instrument indispensable. Les résultats qu'elles ont fournis dans les différents services pourvoyant aux intérêts publics, justifient la conviction que les examens psychotechniques peuvent être utilisés avec avantage même dans l'administration et dans les établissements publics, tant dans le service exécutif que dans celui de bureau. Car l'introduction des examens psychotechniques d'admission et de sélection permet d'éliminer par des méthodes scientifiques exactes et économiques les individus inaptes et de déterminer la sphère d'activité convenant le mieux aux aptitudes innées des candidats choisis.

L'activité de chaque bureau ou établissement peut être décomposée en une hiérarchie des fonctions à partir des plus simples, généralement mécaniques, jusqu'à celles demandant aux employés une grande capacité au point de vue intelligence. Il est dans l'esprit de l'organisation scientifique d'établir, par une analyse psychologique, pour chaque fonction le degré optimum d'intelligence qu'elle exige et d'attribuer ensuite la fonction au travailleur qui possède le degré d'intelligence requis. C'est seulement ainsi qu'il est possible de satisfaire au principe de rendement optimum, d'intéresser le travailleur à sa tâche et d'empêcher le gaspillage d'aptitudes et d'énergie qui a nécessairement lieu si un travailleur aux aptitudes supérieures est obligé d'exécuter les travaux qui peuvent bien être faits par une personne à intelligence inférieure.

L'Office Statistique de la République Tchécoslovaque a introduit les examens psychotechniques à titre obligatoire dès 1928 et les fait subir à tous les nouveaux candidats désirant entrer dans ses services. L'expérience qu'il a faite avec cette méthode peut être considérée comme très bonne. Entre les mois de mai 1928 et de février 1932, on a examiné, au total, 1009 candidats, parmi lesquels 657 ont été engagés avant le mois de juillet 1932 d'après le résultat des examens, dont 455 employés auxiliaires, embauchés temporairement, pour le dépouillement des résultats des recensements de la population et des exploitations agricoles et industrielles. C'est surtout cette sélection des travailleurs auxiliaires parmi un grand nombre de candidats qui nous a rendu des services inappréciables par son objectivité, car on a pu refuser les applicants inaptes, préférer ceux qui ont obtenus les meilleurs résultats et engager les personnes aux résultats moyens au fur et à mesure des postes vacants.

A partir de 1933, aucun embauchement dans le service de statistique n'a eu lieu. La plus grande partie des 455 employés auxiliaires ont un I. Q. compris entre 111—115, 14,7% même un I. Q. entre 116—120.

L'importance de l'emploi des examens psychotechniques pour la sélection des employés de statistique est le mieux indiquée par la relation entre le degré d'intelligence, déterminé par l'examen psychotechnique, et la qualification obtenue par les candidats dans le service. En premier lieu, on a pu constater que 10 employés ayant un haut degré d'intelligence ont reçu une qualification générale très défavorable. Il s'agissait dans ce cas des employés très doués, mais qui ne prenaient pas leur occupation assez au sérieux et consciencieusement. Ce fait peut servir en même temps de preuve que les examens psychotechniques ne tiennent pas compte du caractère et de la morale des candidats, ce qui peut avoir pour conséquence que les individus capables et intelligents échouent dans la pratique ou qu'ils s'égarent en raison de leur labilité morale, leur caractère peu équilibré ou leur tempérament extravagant. Ces employés ne forment, cependant, que

132

2,2% du nombre total des personnes embauchées, de sorte que le dommage auquel on s'expose ainsi est amplement balancé par le profit tiré de la sélection objective des autres travailleurs satisfaisants. Par contre, 4 travailleurs avec un degré d'intelligence relativement peu élevé ont réussi à obtenir une qualification supérieure parce que, le travail qui leur était attribué était plus facile, de caractère plutôt mécanique, de sorte qu'ils étaient capables de s'y faire rapidement et de se perfectionner par une routine unilatérale de façon à remplir très bien leur fonction.

Le coefficient de corrélation que nous avons obtenu est de . 2178. Il est relativement peu élevé, parce qu'il y avait parmi les travailleurs sélectionnés un nombre considérable des personnes à instruction secondaire et que les travaux auxiliaires que leur étaient attribués n'avaient pas la même valeur. Une grande partie de ces travaux étaient d'une nature généralement mécanique. Les travaux de cette sorte ne conviennent pas, bien entendu, aux niveaux intellectuels supérieurs de ces travailleurs choisis et ne leur permettent pas d'y obtenir des résultats proportionnés à leur capacité supérieure. Le travail monotone ne les intéresse pas assez, parce qu'il ne s'adresse pas à leurs aptitudes réelles. Il est dès lors, évident que la corrélation générale peu élevée entre l'intelligence et la qualification des employés auxiliaires de l'Office Statistique est due au fait que les travaux que ces employés sont obligés de faire sont d'une nature plutôt secondaire et ne permettent pas aux personnes sélectionnées de déployer leurs aptitudes intellectuelles.

La valeur du coefficient de corrélation est restée au fond inchangée même pour la relation entre le degré d'intelligence établi et la dernière qualification officielle accordée pour 1933, savoir après deux années de pratique. Egalement la dispersion des différentes qualifications conserve, en 1933, la même allure fondamentale qu'en 1931, bien que la majorité des qualifications aient subi un changement tant dans le sens de l'amélioration que du recul. Prises en bloc, les qualifications pour 1933 présentent en moyenne une légère amélioration, attribuable à une meilleure connaissance du travail et à la routine acquise au cours de deux années de pratique, ce qui est d'autant plus significatif que les conditions exigées de ces travailleurs avaient été augmentées pendant les deux années de leur pratique.

Par contre, les employés nommés aux postes définitifs et qui ont été choisis également par la méthode psychotechnique et chargés de travaux plus qualifiés, satisfont réellement dans le service en proportion de leur intelligence, tant par le développement de leurs aptitudes que par la qualité de leur travail, ce qui confirme pratiquement l'utilité de la sélection faite sur la base des examens psychotechniques.

La grande utilité ainsi prouvée par la sélection psychotechnique des travailleurs de l'Office Statistique tchécoslovaque est confirmée également par l'expérience acquise avec le personnel temporaire embauché pour l'élaboration des recensements de la population de 1921 et de 1930. Tandis que la première fois, la sélection a été entièrement accidentelle, l'embauchage pour le deuxième recensement fut opéré d'après le résultat des examens psychotechniques. Le personnel ainsi choisi a dépassé de beaucoup, par son rendement et par son travail consciencieux exact, le personnel employé au premier recensement de 1921.

Finalement, les examens psychotechniques peuvent également paralyser d'une façon efficace l'influence malsaine de la protection privée et politique sur la nomination aux postes dans l'administration publique. Si l'administration n'a pas de critères objectifs qui lui permettent de se rendre compte de la capacité d'un candidat, elle aura peine à résister aux interventions de la part des protecteurs, et il peut arriver que la place sera occupée, au lieu d'un candidat capable, par une personne inapte ou, au moins, peu capable. Mais si l'administration peut s'appuyer sur les résultats d'un examen psychotechnique, toute protection tant soit insistante doit se plier devant le fait que le candidat n'a pas passé l'examen et ne peut, dès lors, être engagé.

L'utilisation des examens psychotechniques d'intelligence dans l'administration publique n'entraîne pas nécessairement l'élimination complète des méthodes empiriques actuelles de sélection des employés (par exemple certificats d'études, informations, références, etc.). Elle doit seulement, comme une nouvelle forme de coopération entre la science et la pratique, compléter les méthodes actuelles et rendre possible la détermination exacte des aptitudes pour certaines activités humaines.

SUR L'EMPLOI DES APPAREILS DE MESURE DES TEMPS DE RÉACTION EN PSYCHOTECHNIQUE.
Un appareil nouveau: le chronographe imprimeur.

J. M. LAHY (Paris).

I. Adaption des techniques des Laboratoires de recherches aux conditions de travail des Laboratoires de psychotechnique.

Sous le nom de psychotechnique, la psychologie appliquée a pris dans les milieux du travail: industriel, militaire et scolaire, un développement qui n'a été possible que grâce au perfectionnement des méthodes de mesure appliquées aux faits de la vie psychologique.

Au point de vue de la technique, ces phénomènes se classent en deux groupes: les phénomènes mentaux et les phénomènes psychomoteurs.

En ce qui concerne les phénomènes mentaux, la généralisation des techniques collectives était possible. Malgré les critiques que l'on peut, à juste titre, leur adresser, elles donnent des résultats suffisamment précis pour qu'on puisse les adopter sous les réserves suivantes:

1° Les techniques d'application doivent être très rigoureusement standardisées (locaux, opérateurs, texte des consignes, règles de corrections).

2° On ne demande pas à ces tests plus qu'ils ne peuvent donner, c'est-à-dire que tout l'élément affectif restera inconnu et que seul le rendement exprimé par des valeurs rigoureusement fixées sera retenu.

Nous avons fixé avec une extrême précision pour chacun de nos Laboratoires toutes les conditions d'expérimentations en des consignes *ne varietur*, dont chaque terme essentiel a été étudié à l'aide des méthodes statistiques.

Nous avons réuni en divers « cahiers », et notamment dans un opuscule dit: « Cahier E », toutes les épreuves collectives relatives à un examen donné.

En ce qui concerne les tests individuels, nous avons tenu à nous entourer des mêmes précautions d'applications que celles qui sont nécessaires pour les tests collectifs. Mais un problème particulier, celui de l'outillage a retenu notre attention.

Il est, en effet, nécessaire pour les applications psychotechniques de n'employer que des temps limités pour chaque examen, afin d'assurer une « cadence » connue au débit du Laboratoire. Il est donc indispensable d'avoir un outillage automatique, robuste.

Il est non moins indispensable que cet outillage ait la précision de celui qui est employé dans les laboratoires de recherches, où le temps d'opération est pratiquement illimité et le maniement des appareils confié à des travailleurs formés aux méthodes générales de la science.

Parmi les appareils les plus usités, ceux qui permettent la mesure de la durée des réactions ont été tout d'abord l'objet de nos recherches. C'est ainsi que le chronoscope le plus simple, le plus usuel, celui de d'Arsonval, a subi par nos soins les modifications suivantes:[1])

1. Retour automatique de l'aiguille au zéro.

2. Adjonction de deux systèmes d'excitation automatique:

a) Pour les excitations auditives, un marteau frappeur mû par une roue à contact produit des sons toujours identiques en hauteur, en intensité et en durée.

Le rythme de ces excitations, qui doit être varié dans des limites expérimentalement établies, est le même pour tous les sujets.

b) Les excitations lumineuses, jadis soumises aux irrégularités des inerties des sources lumineuses ou des volets obturateurs ont été assurées par de lampes à gaz rare. Au début, nous avons dû

    [1]) J. M. *Lahy*. — L'unité de technique dans la mesure des temps de réaction. *Année Psychologique,* 1925, XXVI, pp. 159—168.
    J. M. *Lahy*. — Le Laboratoire de psychologie expérimentale et la clinique psychiatrique. — L'*Encéphale*, pp. 417—424.

créer un appareil de survoltage tant que les lampes en usage nous en inspiraient l'emploi; mais, depuis que la fabrication industrielle des lampes à bas voltage le permet, notre outillage a pu être simplifié.

Pour ces excitations lumineuses, la même roue à contacts dont il est parlé ci-dessus donne le rythme voulu, toujours semblable à lui-même.

3° Nous avons fait connaître un système de notation des résultats et de leur traitement mathématique aussi simple et rapide que possible.

4° Tous les appareils usités pour la mesure des temps de réaction nécessitent la lecture de chaque résultat sur un cadran gradué. Cette méthode introduit une cause d'erreur non systématique puisqu'elle dépend d'une appréciation de l'opérateur. Nous venons donc de créer un appareil nouveau qui *imprime en chiffres* les durées de chaque réaction.[2])

Comme cette technique est entièrement nouvelle — du moins dans le domaine qui nous intéresse, — nous allons donner une description complète de ce nouvel appareil que nous avons pu étudier, mettre au point et réaliser grâce à la précieuse collaboration de M. Guyot et de M. Bernard du Laboratoire psychotechnique de la S.T.C.R.P.

II. *Chronographe au $1/100$ de seconde pour enregistrement des temps de réaction auditifs et visuels.*

L'appareil comprend:

— L'appareil de commande des excitations et d'enregistrement des réactions.

— Les organes d'excitation.

— La presselle de réaction.

L'appareil est commandé par un moteur électrique M fonctionnant sous 4 volts, et synchronisé par un régulateur à pendule P battant la $\frac{1}{2}$ seconde. Le réglage de la vitesse du moteur M dont l'arbre récepteur fait un tour en 1 seconde est obtenu par 2 rhéostats R et R'. La constance de la vitesse est vérifiée, d'une part par le battement régulier de l'aiguille d'un ampèremètre A intercalé dans le circuit, d'autre part par un stroboscope S fixé sur l'arbre du moteur et éclairé par une lampe au néon alimentée par le courant alternatif 110 volts.

Sur l'arbre du moteur M est fixée une roue C portant sur son pourtour les chiffres de 0 à 99. En outre, un secteur D régnant sur $1/20$ de la circonférence commande, lorsqu'un petit doigt vient s'y loger, la fermeture d'un contact a. Le moteur M actionne d'autre part, une roue T à 32 plots faisant un tour en 2 minutes et commandant le rythme des excitations. Ces plots ferment au passage un contact b sur le circuit du contact a.

---

[2]) A notre demande un de nos aides, M. Blanchard, avec un constructeur de Paris, M. Gauthier a mis au point un appareil qui traduit par des traits rigoureusement proportionnels aux temps la durée des réactions.

Lorsque les 2 contacts a et b sont fermés simultanément, un circuit est établi sur 2 relais F et F'. Lorsque le relais F est mis sous tension, 3 contacts: c, d, e, se ferment et restent fermés du fait que l'armature de ce relais s'enclanche après le levier L dont il sera parlé plus loin.

Le relais F' commande la fermeture de 2 contacts f et g.

Un inverseur I ferme les circuits des excitations soit sur un vibreur sensible pour les excitations auditives, soit sur une lampe au néon pour les excitations visuelles.

Le vibreur et la lampe sont fixés dans une boîte placée à environ 2 mètres devant le sujet et portant 2 ouvertures, l'une pour la visibilité de la lampe, l'autre pour l'audition du vibreur.

Un interrupteur J permet, lorsqu'il est ouvert, de limiter la durée des excitations à $^5/_{100}$ de seconde ou, lorsqu'il est fermé, de laisser ces excitations en action jusqu'au moment de la réaction.

La réaction est obtenue à l'aide d'une presselle ordinaire qui, lorsqu'on la serre, ferme un circuit sur un électro E dont l'armature est solidaire du levier L qui porte un tampon K frappant sur la roue chiffrée C, ce qui imprime sur une bande de papier, avec interposition d'un ruban encreur, le chiffre de la roue C qui s'est trouvé au passage.

Fonctionnement. — Supposons qu'il s'agisse, pour fixer les idées, d'excitations auditives à durée limitée.

Le moteur M et le régulateur P étant mis en marche et la vitesse étant régularisée, quand les contacts a et b seront fermés simultanément par une position déterminée des roues C et T les relais F et F' seront mis sous tension, le contact c sera fermé sur le circuit de la presselle et de l'électro E et les contacts d et f seront fermés sur un circuit du vibreur qui entre en action. Au bout de $^5/_{100}$ de seconde le doigt quitte le secteur D de la roue C, ce qui ouvre le contact a sur le circuit du relais F' lequel n'étant plus sous tension ouvre le contact f sur le circuit du vibreur qui s'arrête.

Le sujet en réagissant sur la presselle a mis, par l'intermédiaire du contact ce qui est resté fermé, l'électro E sous tension, ce qui a pour effet d'attirer le levier L dont le tampon K imprime un chiffre indiquant le temps de réaction.

Le levier L par son action a libéré l'armature du relais F, le contact C s'est ouvert et toute nouvelle action sur la preselle a un effet nul. Le tout est remis en position de repos jusqu'à l'excitation suivante.

Si l'excitation est déclanchée au moment du passage du zéro de la roue C devant le tampon K, ce dernier imprimera le temps de réaction théorique lorsque la presselle sera actionnée, mais si les divers éléments de l'appareil: contacts, relais, électros qui entrent en jeu introduisent un certain retard pour l'inscription du temps de réaction (retard qu'il est facile de déterminer par un enregistrement graphique), il sera facile de décaler en avance le doigt qui provoque la fermeture du contact a pour compenser le dit retard de façon à avoir l'inscription du temps de réaction *exact*.

Pour les excitations visuelles, le principe est le même, l'allumage de la lampe d'excitation étant commandé par les contacts e et g.

L'appareillage décrit ci-dessus est complété par divers accessoires, savoir:

— Un contact U qui permet de faire les excitations à la main pour l'apprentissage du test,

— un interrupteur N qui ferme le circuit sur le moteur M et provoque la mise en route de ce dernier,

— un contact n qui a la même fonction que le précédent, mais étant commandé par la roue des excitations T, permet l'arrêt automatique du moteur à la fin de l'expérience,

— un contact h commandé par la bobine de papier lequel, lorsque cette dernière touche à sa fin, ferme le circuit sur une lampe O et prévient ainsi l'opérateur pour mettre en service une nouvelle bobine,

— un contact i commandé par le ruban encreur, lequel ferme le circuit sur une lampe Q et prévient l'opérateur pour réenrouler le ruban,

— un contact j dont la fermeture a lieu lorsque le levier L est attiré par l'électro E et qui a pour but de permettre la vérification de l'exactitude de l'appareil. A cet effet, un signal de Deprez est intercalé dans le circuit de ce contact j et dans le circuit du vibreur d'excitations. Un cylindre enregistreur et un diapason 100 V. D. seront utilisés pour inscrire graphiquement les temps de réaction indiqués par ce signal de Deprez que l'on comparera avec les chiffres inscrits sur la bande de papier.

L'appareil est silencieux. Son réglage est aisé, mais il soulève un problème psychologique sur lequel nous tenons à nous expliquer.

La précision de l'appareil dépend du réglage du moteur opéré à l'aide du stroboscope. Certes, l'appréciation du moment de la fusion des images visuelles constitue une caractéristique individuelle des sujets (les opérateurs en l'espèce). Mais ce caractère subjectif disparaît pratiquement lorsqu'il s'agit, non plus de saisir un seuil de fusion, mais une fusion établie. La sensation visuelle d'immobilité du stroboscope s'est trouvée identique chez 10 sujets (nos opérateurs) après des temps variables dont nous n'avons pas à tenir compte.

III. Du contrôle nécessaire par la méthode graphique et photographique.

Si nous éliminons de la technique psychotechnique l'inscription graphique des temps de réaction, ce n'est pas qu'elle ne nous apparaisse comme la meilleur au point de vue de la précision. Mais pour qu'elle ait toute sa valeur, cette méthode est longue et coûteuse. Le dépouillement des résultats ne peut se faire que par le décompte, centième par centième de seconde, des périodes inscrites.

Amar a jadis employé ce procédé à l'aide d'un appareil qu'il a appelé — un peu naïvement — psychographe et qui, bien qu'ingénieusement construit, ne s'affranchissait que d'une partie du comptage, d'où perte de temps et cause d'erreurs.

CHRONOGRAPHE AU $\frac{1}{100}$ DE SECONDE-SCHÉMA

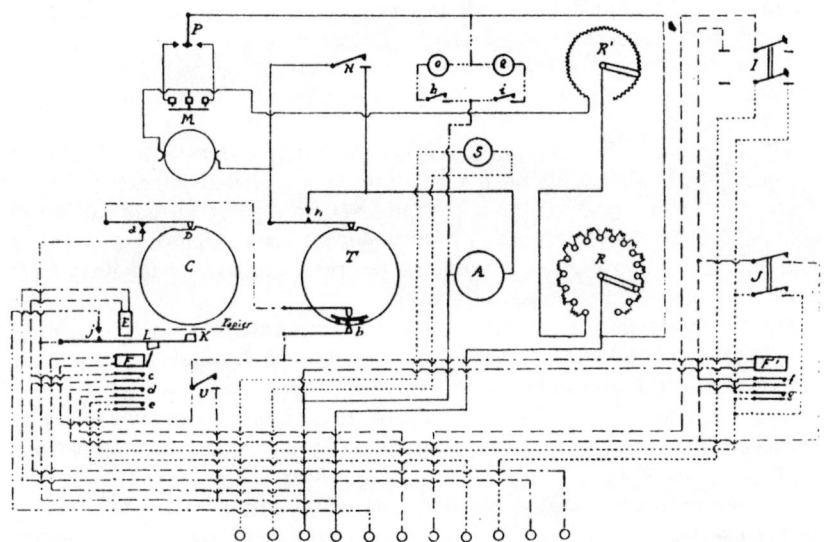

Par contre, la méthode graphique ordinaire, ou mieux encore la méthode photographique doit constituer un appareillage de contrôle indispensable à tous les laboratoires d'application.[3]) Comme il ne s'agit alors que de faire des vérifications par « sondages », c'est un travail aisé et peu coûteux.

Nous pensons que les divers perfectionnements que, depuis plus de 10 ans, nous introduisons dans les techniques des laboratoires de psychologie appliquée, en ce qui concerne la mesure des temps de réaction,[4]) sont maintenant complets et que c'est en toute sécurité qu'on peut en généraliser l'emploi en psychotechnique.

[3]) J. M. *Lahy.* — Le premier Laboratoire français de psychotechnique ferroviaire. — Le *Travail Humain,* t. I, 1933, pp. 409—431.

[4]) Chacune des améliorations que nous avons introduites est susceptible de perfectionnement ou de solutions différentes (tel que cela est déjà produit pour le retour automatique au zéro), mais l'essentiel est d'en admettre le principe.

RECHERCHE EXPÉRIMENTALE SUR LES CAUSES PSYCHOLOGIQUES DES ACCIDENTS DU TRAVAIL.

J. M. LAHY et S. KORNGOLD (Paris).

Nous nous sommes proposé de rechercher à l'aide de la méthode des mesures psychotechniques les causes psychologiques des accidents du travail.

Nous avons pris 500 sujets appartenant à l'Administration des Chemins de fer du Nord où ils font un travail identique, bien que varié (manutention de colis et manœuvres de gare). Ces agents sont généralement dénommés « hommes d'équipe ».

Nous avons constitué 2 groupes de sujets:

1° un groupe qui comprend 200 sujets montrant une propension aux accidents;

2° un groupe de 300 sujets pris au hasard parmi les hommes d'équipe et pour lesquels on n'a pas encore relevé d'accidents.

On constatera que ces deux groupes sont au point de vue qui nous occupe assez peu différents, puisque parmi les normaux récemment engagés à la Compagnie peuvent se trouver des sujets qui sont susceptibles de se blesser dans l'avenir.

D'autre part la Compagnie considère comme aptes aux accidents des sujets qui se sont blessés une fois toutes les deux années, ou encore 1, 2 ou 3 fois par an.

Cette faible différenciation de nos deux groupes donnera à nos résultats une importance beaucoup plus grande que celle qui se déduirait si nos deux groupes étaient plus hétérogènes.

Les sujets ont passé l'examen psychotechnique au Laboratoire des Chemins de fer du Nord et nous avons constitué pour chacun d'eux un profil psychologique assez étendu, c'est-à-dire comprenant un nombre assez grand des tests mentaux, psychomoteurs et moteurs. Les premiers résultats qui montrent la fécondité de la méthode nous permettent d'aboutir aux conclusions suivantes:

1° Les deux groupes des sujets (accidentés et normaux) ne se ressemblent pas au point de vue mental et psychomoteur. Dans la majorité des tests, les blessés en service sont nettement inférieurs; dans une certaine partie des tests ils sont égaux avec une tendance à l'infériorité et dans très peu de tests seulement ils sont égaux au groupe de comparaison constitué par des normaux.

2° L'analyse de ces résultats nous permet de pénétrer le mécanisme de ce qu'on appelle communément la « maladresse ».

On peut se demander tout d'abord si la faiblesse musculaire est un des facteurs d'infériorité. Nos expériences montrent qu'il en est ainsi. Cette infériorité est d'autant plus affirmée qu'elle s'accompagne d'une infériorité de la ténacité de l'effort musculaire mesurée simultanément par la même épreuve *(tableau 1)*.

Mais la différence au point de vue musculaire entre les deux groupes, quoique réelle est moins accusée que celle dans les tests psychomoteurs et mentaux.

3° Si nous considérons les tests psychomoteurs, nous voyons se dégager deux phénomènes:

a) dans tous les tests où le rythme du travail n'est pas imposé, c'est-à-dire où il ne peut pas exister un état psychologique de précipitation, les blessés donnent au point de vue de l'exactitude du travail un rendement aussi bon que le groupe de normaux. Les tests qui prouvent ce fait sont:

a) le nombre et la durée des erreurs commises au test de tourneur *(tableau 2)*,

b) le nombre et la durée des erreurs commises au test de traçage *(tableau 3)*.

Par ailleurs *la rapidité* des temps de réaction et la rapidité de l'exécution de traçage sont analogues pour les deux groupes *(tableau 4)*.

4° Par contre les tests psychomoteurs qui imposent aux sujets un rythme déterminé du travail montrent une différence nettement accentuée entre les blessés et les normaux. Ce sont:

a) nombre des frappes corrects au test de pointage *(tableau 5)*,

b) temps d'apprentissage et automatisation des réactions dans le test d'attention diffusée *(tableau 6)*,

c) les réactions aux excitations visuelles et les réactions aux excitations mixtes visuelles-auditives dans le même test d'attention diffusée *(tableau 7)*.

En plus les blessés se montrent moins réguliers dans leurs temps de réaction *(tableau 8)*.

L'état psychologique qui accompagne l'exécution de ces tests est un état de précipitation qui fait perdre à l'individu la direction de ses mouvements et abaisse ainsi la qualité de son travail.

5° Cet état de précipitation n'est pas seulement fonction du rythme d'un test simple, il est aussi fonction de la complexité du test. Celle-ci augmente le désarroi qui règne dans l'esprit d'un sujet qui pratiquement n'est pas maître de son comportement. Ceci ressort de la comparaison des résultats de deux groupes dans 3 tests: pointage, tourneur et attention diffusée (cf: tableaux 5, 2 et 7).

Le test du pointage exige un travail d'ajustement excessivement simple et pourtant les blessés se montrent de beaucoup inférieurs aux normaux par suite du fait que le test se déroule à un rythme déterminé et imposé au sujet. Par contre dans le test du tourneur qui est beaucoup plus compliqué les blessés donnent au point de vue d'exactitude du travail les valeurs analogues aux normaux; mails ils diminuent la rapidité d'exécution.

Dans le test d'attention diffusée où la tâche devient très complexe et en même temps les rythmes des excitations et des réactions sont imposés, les blessés sont très défavorisés. C'est l'épreuve où ils donnent les résultats les plus mauvais.

6° Les tests mentaux nous permettent de constater le même fait à savoir que:

a) partout où la consigne est donnée à un certain rythme à suivre, les accidentés sont inférieurs au groupe des normaux. Par exemple: on constate ce fait dans l'épreuve de la mémoire des mots associés où l'opérateur dicte à un rythme scandé un couple par 5 secondes, 25 couples de mots à retenir *(tableau 9)*.

Dans ces circonstances certains sujets s'affolent et perdent la possibilité d'organiser leur travail mental.

Le même fait se produit pour la mémoire d'un long récit dicté à une cadence déterminée *(tableau 10)*, ainsi que pour le test d'exécution rapide des consignes données à un rythme accéléré *(tableau 11)*.

b) Par contre dans le test de mémoire immédiate des chiffres qui est composé de petits travaux successifs mais nettement séparés par des pauses compensatrices, les sujets ne s'affolent pas, aussi les accidentés et les normaux donnent des résultats analogues *(tableau 12)*.

Il n'existe pas non plus de différence entre les deux groupes pour le test de mémoire de reconnaissance dans lequel le sujet doit souligner, parmi 200 mots imprimés, les 25 mots entendus précédemment sans qu'aucun rythme de travail lui soit imposé *(tableau 13)*.

7° Nous nous sommes demandés si l'intelligence jouait un rôle dans le problème qui nous occupe. Nous avons constaté que des sujets accidentés constituent un groupe légèrement inférieur, et bien que la valeur de cette différence ne soit pas significative elle indique cependant qu'à aucun point de vue les blessés ne sont supérieurs au groupe des normaux *(tableau 14)*.

Bien que ces recherches ne soient pas terminées, deux faits paraissent cependant acquis:[1])

A) c'est qu'il ne faut pas chercher les mesures de sélection en vue

---

[1]) L'étude détaillée sera publiée dans la revue « *Le travail humain* » On pourra y mieux suivre l'allure des phénomènes par la représentation graphique que nous y adopterons. Il est en effet difficile pour le lecteur d'apprécier la valeur de la différence de deux groupes, exprimée par des chiffres. Ainsi un écart de 10 unités dans le test du tourneur (durée des erreurs) ne fait pas ressortir la différence caractéristique entre les deux groupes, tandis que la même valeur a une importance énorme dans le test d'attention diffusée (excitations visuelles et visuelles-auditives).

On pourrait évidemment atteindre ce phénomène en comparant la différence des moyens des deux groupes à l'écart étalon de cette différence:

$$\varepsilon_{12} = V \overline{\sigma^2 m_1 + \sigma^2 m_2}$$

Mais cette méthode a un inconvénient grave. Dans le cas où les deux groupes ne commencent à se différencier qu'à partir d'un certain point de la répartition, elle masque complètement ce phénomène, qui est d'une importance capitale au point de vue psychologique.

de la prévention des accidents dans les aptitudes motrices seulement, mais beaucoup plus dans un état mental et affectif du sujet;

B) que c'est à l'impossibilité de s'adapter à un rythme imposé du travail que se reconnaît la propension aux accidents. En effet, chaque travail s'effectue selon un plan plus ou moins conscient dans l'esprit et qui s'élabore à chaque instant suivant les circonstances. Un rythme étranger et imposé peut troubler cette élaboration et ne permet pas au sujet d'organiser son travail mental et ses réactions psychomotrices. C'est ce qui provoque des états de précipitation allant parfois jusqu'à l'affolement, des gestes maladroits, ce que l'on appelle dans le langage courant la perte de la « présence d'esprit ».

Tableau 1

Dynamographe.

	Force			Ténacité	
Groupes Déciles	Fréquemment blessés	Normaux	Groupes Déciles	Fréquemment blessés	Normaux
Maximum					
1er	95,5	97	1er	116	128,5
2ème	77,03	80,20	2ème	82,45	81,86
3ème	71,36	75,73	3ème	70,94	71,30
4ème	67,92	72,71	4ème	64,70	65,74
5ème	64,57	70,26	5ème	60,32	61,19
6ème	62,17	67,55	6ème	55,25	56,78
7ème	58,88	65,17	7ème	50,98	53,22
8ème	56,64	62,88	8ème	47,31	49,30
9ème	53,56	60,24	9ème	42,12	44,69
10ème	50,52	56,73	10ème	34,05	38,30
Minimum	33	38		19,5	15,

Tableau 2

Tourneur.

	Erreurs nombre (Moyennes arithmétiques)			Erreurs durée (Moyennes arithmétiques)	
Groupes Déciles	Fréquemment blessés	Normaux	Groupes Déciles	Fréquemment blessés	Normaux
Maximum					
1er	0	0	1er	0	0
2ème	1,42	1,52	2ème	12,69	11,33
3ème	2,94	2,91	3ème	25,59	24,37
4ème	4,53	4,37	4ème	41,76	37,60
5ème	5,71	6,17	5ème	56,17	51,23
6ème	7,91	7,98	6ème	75,33	67,85
7ème	10,17	9,79	7ème	103,26	87,13
8ème	13,44	12,98	8ème	143,86	116,56
9ème	18,24	17,20	9ème	188,93	166,19
10ème	27,54	23,86	10ème	294,79	251,96
Minimum	88	82		1897	843,33

Tableau 3

Traçage.

Erreurs nombre (Moyennes arithmétiques)			Erreurs durée (Moyennes arithmétiques)		
Groupes Déciles	Fréquemment blessés	Normaux	Groupes Déciles	Fréquemment blessés	Normaux
Maximum					
1er	1,33	9	1er	2	23
2ème	13,68	15,13	2ème	32,78	37,06
3ème	18,15	18,30	3ème	41,43	49,26
4ème	21,76	20,77	4ème	51,96	59,63
5ème	25,37	23,90	5ème	65,40	71,06
6ème	29,39	28,74	6ème	79,50	84,83
7ème	34,18	32,61	7ème	90,53	103,26
8ème	39,28	35,42	8ème	116,20	117,93
9ème	44,69	41,59	9ème	145,00	137,59
10ème	54,52	50,53	10ème	184,84	188,90
Minimum	101,66	74,33		501	353,33

Tableau 4

Temps de réaction Rapidité			Traçage Vitesse		
Groupes Déciles	Fréquemment blessés	Normaux	Groupes Déciles	Fréquemment blessés	Normaux
Maximum					
1er	10,7	11,4	1er	0,55	1,00
2ème	13,09	14,15	2ème	1,19	1,21
3ème	13,88	14,88	3ème	1,31	1,33
4ème	14,52	15,39	4ème	1,41	1,41
5ème	15,16	15,85	5ème	1,49	1,52
6ème	15,76	16,28	6ème	1,56	1,57
7ème	16,15	16,77	7ème	2,05	2,06
8ème	16,70	17,23	8ème	2,16	2,13
9ème	17,53	17,79	9ème	2,32	2,22
10ème	18,49	18,53	10ème	2,52	3,02
Minimum	22,1	30,4		4,36	3,57

144

Tableau 5
Pointillage — Rapidité.

Groupes Déciles	Fréquemment blessés	Normaux
Maximum		
1er	96,5	97,4
2ème	84,70	87,97
3ème	80,62	83,88
4ème	77,50	81,21
5ème	74,04	78,11
6ème	70,47	75,69
7ème	68,52	73,41
8ème	64,43	70,72
9ème	59,30	66,74
10ème	50,52	60,70
Minimum	24,5	25,1

Tableau 6
Attention diffusée — Apprentissage

Temps			Fautes		
Groupes Déciles	Fréquemment blessés	Normaux	Groupes Déciles	Fréquemment blessés	Normaux
Maximum					
1er	2,15	2,10	1er	0	0
2ème	4,29	4,00	2ème	2,96	2,52
3ème	6,12	4,50	3ème	9,41	4,83
4ème	7,19	5,51	4ème	14,37	7,38
5ème	8,56	6,47	5ème	21,05	10,50
6ème	11,42	7,56	6ème	32,25	14,50
7ème	14,12	9,13	7ème	46,74	19,89
8ème	16,32	11,20	8ème	63,52	26,25
9ème	19,24	13,51	9ème	85,80	38,01
10ème	24,14	18,03	10ème	144,60	60,20
Minimum	50,34	41,20		339	291

Tableau 7
Attention diffusée — Exactitude relative

Excitations visuelles			Excitations visuelles-auditives		
Groupes Déciles	Fréquemment blessés	Normaux	Groupes Déciles	Fréquemment blessés	Normaux
Maximum					
1er	1	1	1er	0,966	0,988
2ème	0,951	0,968	2ème	0,889	0,914
3ème	0,920	0,950	3ème	0,849	0,890
4ème	0,891	0,935	4ème	0,819	0,867
5ème	0,863	0,916	5ème	0,776	0,846
6ème	0,828	0,894	6ème	0,727	0,823
7ème	0,794	0,870	7ème	0,670	0,797
8ème	0,741	0,842	8ème	0,621	0,766
9ème	0,665	0,796	9ème	0,566	0,721
10ème	0,542	0,702	10ème	0,466	0,653
Minimum	0,133	0,211		0,022	0,100

Tableau 8			Tableau 9		

Temps de réaction: Ecart-étalon.   **Mémoire des mots couplés**

Groupes Déciles Maximum	Fréquemment blessés	Normaux	Groupes Déciles Maximum	Fréquemment blessés	Normaux
1er	1,05	0,65	1er	20	22
2ème	1,45	1,42	2ème	14,17	15,59
3ème	1,63	1,59	3ème	12,12	13,43
4ème	1,83	1,74	4ème	10,63	11,92
5ème	2,00	1,85	5ème	9,10	10,67
6ème	2,13	1,97	6ème	7,76	9,45
7ème	2,27	2,11	7ème	6,52	8,25
8ème	2,51	2,28	8ème	5,25	7,00
9ème	2,75	2,47	9ème	3,94	5,54
10ème	3,34	2,78	10ème	2,49	3,52
Minimum	6,20	4,85	Minimum	0	0

Tableau 10			Tableau 11		

Mémoire du récit.   **Consignes.**

Groupes Déciles Maximum	Fréquemment blessés	Normaux	Groupes Déciles Maximum	Fréquemment blessés	Normaux
1er	17	18	1er	14	14
2ème	10,27	12,58	2ème	12,01	12,62
3ème	8,28	10,59	3ème	10,37	11,34
4ème	6,66	9,10	4ème	9,28	10,30
5ème	5,53	7,91	5ème	8,39	9,29
6ème	4,70	6,87	6ème	7,62	8,33
7ème	3,86	5,86	7ème	6,78	7,38
8ème	3,04	4,87	8ème	5,93	6,49
9ème	2,18	3,71	9ème	4,92	5,40
10ème	1,06	2,27	10ème	3,50	3,83
Minimum	0	0	Minimum	1	1

Tableau 12			Tableau 13		

Mémoire immédiate des chiffres.   **Mémoire de reconnaissance.** Erreurs + Ommissions

Groupes Déciles Maximum	Fréquemment blessés	Normaux	Groupes Déciles Maximum	Fréquemment blessés	Normaux
1er	10	10	1er	5	1
2ème	7,54	8,1	2ème	8,72	7,5
3ème	6,61	7,3	3ème	11,40	9,8
4ème	6,31	6,6	4ème	13,31	11,7
5ème	5,91	6,28	5ème	15,38	13,2
6ème	5,37	5,92	6ème	17,16	14,9
7ème	5,02	5,36	7ème	18,80	16,6
8ème	4,67	4,98	8ème	20,45	18,4
9ème	4,33	4,59	9ème	22,23	20,4
10ème	1,15	4,21	10ème	24,92	24,2
Minimum	0	0	Minimum	39	73

Tableau 14

Intelligence logique.

Réponses correctes.

Groupes Déciles	Fréquemment blessés	Normaux
Maximum		
1er	63	71
2ème	45,40	48,96
3ème	37,42	43,22
4ème	33,36	39,19
5ème	29,86	35,45
6ème	26,33	31,79
7ème	23,52	28,44
8ème	20,82	24,93
9ème	17,24	21,28
10ème	13,27	16,85
Minimum	1	0

CONTRIBUTION À L'ÉTUDE DU PROGRÈS DE L'APPRENTISSAGE ET DE L'EFFICIENCE DANS LES ACTIVITÉS ALTERNANTES.

H. LAUGIER et D. WEINBERG (Paris).

I. *Le problème.* Le problème de l'alternance des activités éducables se rattache au problème plus général et dont l'importance est bien connue de la discontinuité dans le travail.

Dans le cas d'une tâche déjà familière au sujet au point que l'exercice n'entraîne plus des progrès appréciables, on se trouve en présence du problème classique de la fatigue et du repos. Pour les tâches encore perfectibles par l'effet de l'apprentissage, l'efficacité de la discontinuité a été bien établie sous le nom de « loi de Jost »: lorsqu'une habitude psychomotrice ou une série de souvenirs peuvent être acquis par des répétitions ou des exercices successifs, il est en général plus avantageux — jusqu'à certaines limites — d'introduire entre les répétitions des intervalles de repos (« espacement ») plutôt que de s'exercer de façon continue (répétitions « cumulées »); le nombre d'exercices nécessaires pour atteindre un certain progrès est sensiblement inférieur dans le premier cas.

L'activité à laquelle le sujet se livre dans l'intervalle entre les exercices ne laisse pas dans certaines conditions d'avoir une influence considérable sur la vitesse d'apprentissage et l'étude des « exercices alternés » présente un intérêt certain, notamment, au point de vue pratique, l'espacement des exercices ne pouvant être considéré comme réellement économique que si les intervalles entre les exercices espacés peuvent être « récupérés ».

Nous indiquerons ici, de façon sommaire, les résultats de quelques expériences que nous avons entreprises dans cet ordre d'idées, leur détail ainsi que la bibliographie de la question se trouvant exposés ailleurs.[1])

II. *Méthode d'expérience.* Les expériences ont porté sur le test de barrage de signes de Toulouse et Piéron effectué au cours d'une séance de 20 minutes et cela par 5 périodes de 4 minutes chaçune. Les sujets — 54 élèves d'une école primaire supérieure, jeunes filles de 14-15 ans — ont effectué, en outre, à la même séance deux périodes (de 4 minutes chacune) de barrage de lettres sur un texte de journal. La moitié des sujets prise au hasard s'exerçait de façon continue au barrage de signes (5 périodes successives), puis au barrage de lettres (groupe X), l'autre moitié (groupe Y) faisant alterner les périodes de barrage de signes avec celles de barrage de lettres d'après le schéma suivant: signes, signes, signes, lettres, signes, lettres, signes. Huit jours après la première séance une deuxième eut lieu exactement dans les mêmes conditions.

L'essentiel des résultats se trouve condensé au tableau Ier et pourrait être résumé de la manière suivante:

1º L'efficience initiale des deux groupes Y et X paraît à peu près identique (trois premières périodes du barrage de signes à la première séance).

2º Après avoir intercalé une période de barrages de lettres, le groupe Y fait preuve à la 4me période de barrage de signes d'une efficience très supérieure à celle du groupe témoin.

Cette supériorité, nettement significative d'après les critères statistiques, se manifeste au cours de chacune des deux séances.

3º L'efficacité de la méthode alternante se montre ambivalente: l'activité du barrage de lettres en bénéficie également; le groupe Y y réalise dans la 2me période du barrage de lettres, après l'introduction d'une période de barrage de signes un progrès[2]) sensiblement plus élevé que celui réalisé par le groupe X (134 ± 13,0 et 131 ± 16 à la 1ère et 2me séance respectivement, contre 48 ± 9,7 et 42 ± 10,1 pour le groupe X).[3])

---

[1]) in Travail Humain, II, 4, 1934.

[2]) Le progrès est exprimé par le gain absolu, soit par la différence dans la quantité du travail entre les deux périodes comparées.

[3]) A la Ière période de barrage de lettres le groupe Y semble au contraire inférieur au groupe X, mais comparée à son erreur probable cette différence initiale entre les deux groupes ne paraît pas pouvoir être considérée comme significative.

4º Si l'on établit, pour le groupe Y, la différence entre le rendement réalisé à la 4me période de barrage des signes et le rendement à la 3me période, et, pour le groupe X, la différence entre les périodes 3 et 5, on constate que le résultat est encore supérieur pour le groupe alternant: $55 \pm 2,5$ contre $28 \pm 3,1$ pour le groupe X, donc, après trois périodes d'exercice continu de barrage de signes (12 minutes), il a été plus avantageux — pour le progrès immédiatement consécutif dans cette activité — d'ajouter une période consacrée à une tâche différente (barrage de lettres) plutôt que de prolonger l'exercice de l'activité en question.

5º Le progrès réalisé par la méthode alternante au cours de la Ière séance n'a constitué aucun bénéfice appréciable au bout d'un intervalle de 8 jours. Lors de la 2me séance tous les sujets ont débuté à un niveau supérieur à celui qu'ils avaient atteint à la fin de la séance précédente, mais le groupe Y ne s'est pas montré supérieur au groupe témoin. Il avait, dans l'intervalle de 8 jours, réalisé un progrès moindre que celui du groupe Y.

Tous ces résultats sont établis avec netteté et contrôlés à l'aide de critères statistiques d'usage. Les détails des élaborations sont reproduites dans le mémoire cité.

III. *Discussion des résultats.* En résumé, pour les activités éducables que nous avons étudiées, la méthode alternée offre, dans les conditions de nos expériences, une efficacité immédiate très nettement supérieure à celle de la méthode continue.

Cependant, les tâches alternées sont à un haut degré semblables. Dans les deux cas, en effet, il s'agit d'une même tâche générale: choisir et barrer certains signes au milieu d'autres; l'effort musculaire et visuel restant pratiquement du même ordre. L'efficacité de l'alternance ne saurait donc être ramenée au mécanisme banal de la fatigue sensorielle ou musculaire.

D'autre part, l'efficacité ambivalente de l'alternance, le fait que chacune des deux activités alternées en bénéficie, montre bien que, contrairement aux avis des premiers auteurs, la tâche intercalée, pour être efficace, n'a guère besoin d'être nécessairement plus facile que la tâche principale. Le simple fait de changer paraît être essentiel.

Enfin, l'efficience accrue par la méthode alternante au cours d'une séance n'a constitué aucun bénéfice après un intervalle de 8 jours; ce qui pose le problème de savoir si cet accroissement immédiat de l'efficience à la suite de l'introduction d'une tâche différente relève bien du mécanisme d'apprentissage ou seulement des phénomènes momentanés « d'échauffement », dans le sens de Kraepelin.

Dans la première de ces hypothèses, si l'on admet que l'alternance favorise l'apprentissage proprement dit, il faut s'attendre à ce que, au cours d'une série d'expériences répétées, l'efficacité de l'alternance aille en s'affaiblissant au fur et à mesure de l'amortissement de la courbe d'apprentissage ; au contraire, si la deuxième hypothèse était vraie, l'efficacité de l'alternance étant due aux phénomènes d' « échauffement », elle se maintiendrait en principe constant à tous les niveaux de la courbe de l'apprentissage. Des expériences prolongées seraient nécessaires pour permettre de choisir entre ces deux hypothèses dont chacune comporte des conclusions importantes au point de vue théorique et pratique.

Tableau I.

Quantité de travail par période de 4 minutes.

	Séance	No de la période (par ordre chronologique des périodes pour l'activité considérée)	Groupe X		Groupe Y	
			$M \pm EP_M$	$\sigma \pm EP_\sigma$	$M \pm EP_M$	$\sigma \pm EP_\sigma$
Barrage de signes / Nombre de signes vus	I	1.	$302 \pm 7,5$	$59 \pm 5,3$	$299 \pm 8,8$	$67 \pm 6,2$
		2.	$294 \pm 5,5$	$43 \pm 3,9$	$294 \pm 6,6$	$50 \pm 4,7$
		3.	$305 \pm 5,2$	$41 \pm 3,7$	$309 \pm 7,0$	$53 \pm 5,0$
		4.	$311 \pm 5,9$	$46 \pm 4,2$	$363 \pm 7,2$	$54 \pm 5,1$
		5.	$333 \pm 6,3$	$49 \pm 4,4$	$380 \pm 7,8$	$59 \pm 5,5$
	II	1.	$443 \pm 9,0$	$71 \pm 6,4$	$434 \pm 8,2$	$62 \pm 5,8$
		2.	$427 \pm 9,0$	$70 \pm 6,3$	$414 \pm 8,5$	$64 \pm 6,0$
		3.	$434 \pm 8,2$	$64 \pm 5,8$	$411 \pm 9,1$	$69 \pm 6,5$
		4.	$440 \pm 9,3$	$73 \pm 6,6$	$480 \pm 9,8$	$74 \pm 6,9$
		5.	$449 \pm 8,7$	$68 \pm 6,2$	$499 \pm 10,8$	$81 \pm 7,6$
Barrage lettres millimètres de texte vu	I	1.	821 ± 19	151 ± 14	788 ± 21	159 ± 15
		2.	869 ± 19	145 ± 13	923 ± 19	147 ± 14
	II	1.	1068 ± 28	220 ± 20	1016 ± 26	196 ± 18
		2.	1110 ± 27	211 ± 19	1148 ± 37	280 ± 26

Intervention de M. J. M. Lahy à la suite de la communication du Dr. Laugier et de Mlle Weinberg.

Je tiens à remercier le Dr Henri Laugier, qui est un physiologiste distingué, de l'effort qu'il fait pour aborder le domaine de la psychotechnique et pour y apporter les points de vue de sa discipline propre. Qu'il me permette seulement d'exprimer une crainte, c'est qu'il ait commis une de ces erreurs inhérentes à la jeunesse qui consistent à ne pas tenir compte des efforts de ses prédécesseurs. Est-il exact qu'un laboratoire qui fait des mesures de physiologie en même temps que de psychologie puisse prétendre être fondé sur des principes nouveaux, et peut-on dire que la psychotechnique est une science déjà vieillie qui ne répond plus aux besoins du travail moderne? C'est exactement le contraire qu'il faudrait affirmer. La psychotechnique ou psychologie appliquée était jadis confondue avec l'anthropométrie, la physiologie. Lorsque, historiquement, les applications de la science à l'organisation du travail humain ont nécessité plus de précision et lorsque les fonctions psychologiques auxquelles il y avait lieu de faire appel ont pris plus d'importance, la psychotechnique s'est constituée comme science autonome. C'est là un exemple de division nécessaire du travail scientifique.

Pour organiser du point de vue biologique le travail humain, il est nécessaire de faire des mesures relatives aux fonctions hiérarchiques d'après leur importance dans l'activité professionnelle considérée. Si le travail moderne nécessite surtout des mesures psychologiques, il ne s'en suit pas que les psychotechniciens aient abandonné les mesures physiologiques. Ils les placent simplement au rang qu'elles devaient occuper dans la pratique. En effet, lorsqu'on s'attaque à des activités professionnelles qui font appel surtout à des fonctions mentales et psychomotrices, comme c'est aujourd'hui le cas général, ce sont des méthodes psychologiques qui doivent être appliquées. C'est donc pour le plus grand bien de la science que la psychotechnique, qui, à ce point de vue, constitue un progrès sur la physiologie, doit être mise en tête des sciences appliquées au travail humain.

D'ailleurs, d'immenses problèmes se posent pour la physiologie appliquée qui ne sont pas encore abordés par les physiologistes, et les psychologues font constamment appel à ces derniers. Mais, chaque fois qu'un physiologiste commence à s'occuper du travail humain, il évite les difficultés qui se présentent à lui dans sa propre science pour faire de la mauvaise psychotechnique.

Je ne vois pas en quoi la communication faite par Mlle Weinberg apporte, du point de vue où elle s'est placée, quelque chose de nouveau. Bien au contraire. Et Mlle Weinberg le sait très bien, puisqu'elle a travaillé il y a dix ans sous mes ordres au laboratoire de la S.T.C.R.P. et connu pendant plusieurs années mes recherches sur les variations des phénomènes circulatoires en fonction de l'attention.

Il y a bien longtemps, en effet, que j'avais interprété ces phénomènes en m'aidant d'une hypothèse à laquelle j'avais donné le nom, peut-être un peu ambitieux, de « plasticité fonctionnelle ». Sachant les critiques que l'on peut légitimement faire à l'emploi du Pachon, j'avais procédé de telle sorte que j'obtenais en même temps par l'inscription graphique des courbes sphygmographiques et cela pour avoir au moins la certitude de suivre un phénomène dans toutes ses modalités (une courbe continue vaut toujours mieux qu'une courbe interpolée). Si M. Laugier opère lui-même et fait ses mesures, je leur accorde beaucoup d'intérêt, mais si ces mesures sont faites par des opérateurs quelconques, je me permets de faire des réserves. J'ai d'ailleurs présenté jadis une communication à l'Académie des Sciences sur cette question.[1])

---

[1]) « L'adaptation organique dans les états d'attention volontaire et brefs. Compte-rendu de l'Académie des Sciences, 1913, T. 156, pp. 1479

Tout ceci nous amène à préciser que, si l'on veut étudier l'ensemble de la personnalité humaine, il faut non seulement faire des mesures psychologiques et physiologiques conduites très rigoureusement, mais y associer aussi des mesures chimiques, avoir recours à la médecine et, beaucoup plus qu'on ne le croit, à la sociologie. Or, un pareil travail ne peut être fait par un seul chercheur dans un laboratoire, il y faut la collaboration des spécialistes de chaque branche, ce qui amène à concevoir la création d'un grand Institut du travail.

DER WERKSPÄDAGOGE IN DER TEXTILINDUSTRIE.

ADOLF PALME (Reichenberg).

Die Textilindustrie ist dadurch gekennzeichnet, daß zur Herstellung ihrer Erzeugnisse nicht nur eine große Anzahl von teilweise recht komplizierten Maschinen erforderlich ist, sondern daß diese Maschinen auch vom arbeitenden Menschen eine ganz besondere Geschicklichkeit erfordern. Deshalb hängt in ihr von der richtigen Ausbildung und Erziehung der Belegschaft ein wesentlicher Teil des Werkserfolges ab.

Diese Ausbildung erfolgt in den meisten Betrieben bis heute noch durch das Meisterpersonal und die älteren Angehörigen der Belegschaft, deren Obhut die Neuaufgenommenen anvertraut werden. Es ist nur zu natürlich, daß diese Art der Ausbildung nie vollkommen sein kann. Zur Vermittlung der einzelnen Fertigkeiten ist ein großes pädagogisches Geschick erforderlich, ferner Geduld und unermüdliche Ausdauer. Diese Eigenschaften findet man aber unter den Werksangehörigen nur selten. Ferner ist bekannt, daß auch diejenigen Arbeiter, welche durch besondere Mengenleistungen hervorragen und dadurch zur Ausbildung Neueingestellter scheinbar besonders befähigt sind, keineswegs in allen Einzelheiten immer vorbildlich zu arbeiten pflegen. Endlich ist auch noch hervorzuheben, daß das Arbeitstempo des modernen Betriebes eine ordentliche Unterweisung des Neulings an der laufenden Betriebsmaschine verhindert. Die älteren Arbeiter wie auch der Meister haben einfach keine Zeit, um sich mit dem Lernenden so zu beschäftigen, wie es nötig wäre. Dieser ist dadurch auf sich selbst angewiesen. Er beobachtet die Arbeiter, denen er zur Ausbildung zugewiesen ist. Vieles sieht er richtig, aber auch manches falsch und bringt dann seine falschen Auffassungen in seiner Arbeit zum Ausdruck. Die Ausbildung des Neuaufgenommenen ist auf diese Weise immer mangelhaft, mit ihr auch die Arbeit der gesamten Belegschaft, welche ja durchwegs auf diese Weise angelernt wurde. Das Arbeitsprodukt kann unter solchen Voraussetzungen niemals jenen Grad von Vollkommenheit erreichen, welcher heute mehr denn je angestrebt werden muß.

à 1482. (Cf. « Etude expérimentale de l'adaptation psycho-physiologique aux actes volontaires brefs et intenses ». Journal de Psychologie, 1933, T. X, pp. 220-236.)

Aus diesem Grunde ist in den letzten Jahren die Funktion des *Werkspädagogen* geschaffen worden. Dieser findet seinen Einsatz innerhalb des Betriebes überall dort, wo durch planmäßige Menschenführung und -erziehung Besserungen geschaffen werden können. Seine Aufgabe besteht darin, alle Unzulänglichkeiten und Mängel, welche sich aus der menschlichen Psyche ergeben, zu beseitigen. Damit ist schon gesagt, daß seine Aufgaben vorwiegend psychologischer Natur sind.

Der Werkspädagoge bildet gewissermaßen einen Gegenpol zum Ingenieur. Während dieser für die richtige Funktion der Maschinen zu sorgen hat, obliegt jenem die Pflicht, für die richtige Arbeit derjenigen einzustehen, welche an diesen Maschinen beschäftigt sind.

Diese Arbeitsteilung darf aber nicht dahin führen, daß Ingenieur und Werkspädagoge nebeneinander arbeiten, ohne voneinander Kenntnis zu nehmen, ohne sich in die Karten blicken zu lassen. Ihre Zusammenarbeit kann ganz im Gegenteil gar nicht innig genug sein. Auf Grund der täglichen Betriebserfordernisse stellen sie gemeinsam ihre Aufgaben fest und damit die Sonderaufgaben, welche jedem von ihnen zufallen. Dann werden diese planmäßig und mit vollem Energieeinsatz erledigt.

Die Aufgaben, welche dem Werkspädagogen auf diese Weise erwachsen, lassen sich in 6 Hauptgruppen einteilen:

1. Einstellung neuer Arbeitskräfte, 2. Anlernen, 3. Umschulung, 4. Auslese für Sonderdienste, 5. Arbeits- und Werksorganisation, 6. Entlassungen.

Diese Arbeitsgebiete sollen im nachstehenden kurz beschrieben werden.

Bei der *Einstellung* neuer Arbeitskräfte hat der Werkspädagoge dafür zu sorgen, daß der rechte Mann an den rechten Platz kommt. Hiezu hat sich eine zweckmäßig aufgebaute psychotechnische Eignungsprüfung bewährt. Diese darf jedoch nicht wahl- und planlos gehandhabt werden, sondern muß den Werkserfordernissen Rechnung tragen. Bevor man die Prüfmethode entwirft, muß man wissen, was eigentlich geprüft werden soll. Hiezu ist es unerläßlich, daß die im Betrieb vorkommenden Arbeiten auf ihre Anforderungen an den Arbeitenden genau untersucht, d. i. analysiert werden. Hiedurch erhält man ein zusammenhängendes Fähigkeitsbild der einzelnen Werksarbeiten. An Hand dieser Übersicht werden nun die einzelnen Prüfmittel bereitgestellt. Der beschränkte Raum verbietet, an dieser Stelle auf die interessanten Einzelheiten näher einzugehen. Es soll nur ganz allgemein hervorgehoben werden, daß ganz besonders sorgfältig gearbeitet werden muß, wenn man nicht unangenehme Überraschungen erleben will. Wer bei seiner Arbeit Gelegenheit hatte, die psychotechnisch Geprüften nachher bei der praktischen Arbeit zu beobachten, weiß gerade in dieser Beziehung genau Bescheid. Zu warnen ist unbedingt vor zu kurzen Prüfaufgaben, welche dem Prüfling zu wenig

Zeit zur Entfaltung seiner Fähigkeiten lassen und dadurch ein ganz falsches Bild abgeben können. Lieber weniger Prüfaufgaben, dafür aber gründlich vorbereitete und vor allem solche, welche die Möglichkeit zu einer genauen Beobachtung des Prüflings bieten. Ein zweckmäßig angelegter Aufmerksamkeitstest, ferner ein Kombinationstest sowie mehrere Geschicklichkeitsproben, welche den Werksbedingungen entsprechen und nicht nur die Bewegung der Gliedmaßen, sondern auch des gesamten Körpers offenbaren, genügen durchaus. Daneben erfolgt die Feststellung der kritischen Fähigkeiten, wie Sehschärfe, Farbunterscheidungsvermögen, die Prüfung von körperlichen Mängeln (Schweißhände, Krampfadern) usw. Die einzelnen Prüfaufgaben sollen grundsätzlich so beschaffen sein, daß sie die exakte Feststellung von Übungsfähigkeit bzw. Ermüdbarkeit in jedem Einzelfall ermöglichen. Gerade diese beiden Eigenschaften sind ausschlaggebend für den Erfolg des Anlernens und damit der Eignung des Neuaufgenommenen für die praktische Betriebsarbeit.

Des Interesses wegen seien hier zwei Kategorien von Arbeitstypen erwähnt, wie sie sich bei der Eignungsprüfung und auch in der Betriebsarbeit offenbaren:

1. Die einen sind dem Umgang mit *Dingen* zugewandt. Sie sind meist etwas in sich verschlossen, bevorzugen die Einzelarbeit und sind fast ausnahmslos recht geschickt.

2. Die anderen bevorzugen mehr den Umgang mit *Menschen* als mit Dingen. Sie sind geselliger Natur, suchen die gemeinsame Arbeit mit anderen statt der Absonderung, sind aber meist nicht sehr geschickt.

Diesen beiden Haupttypen entsprechend lassen sich auch im Textilbetrieb verschiedene Tätigkeiten nachweisen, welche diese Eigenart zum Ausdruck bringen. Ein Vertreter der ersten Gruppe ist z. B. der Weber am Webstuhl. Von sehr großer Geschicklichkeit, ist er den ganzen Tag nur auf sich und seine eigene Arbeit angewiesen. Er spricht wenig oder gar nicht, seine Aufmerksamkeit ist ganz auf die Funktion des Webstuhls und das Arbeitsprodukt konzentriert. Ganz verschieden von dieser Tätigkeit ist z. B. die Arbeit in einem Sortiment der Vorspinnerei (Kammgarnspinnerei). Hier arbeiten mehrere Vorspinnerinnen miteinander an einer Anzahl von Maschinen, welche ebenfalls durch ihre Funktion miteinander verbunden sind. Das Arbeitsgebiet der einzelnen Arbeiterin ist nicht fest umgrenzt. Sie greift dort zu, wo es gerade nötig ist. Von dem Zusammenspiel dieser Gruppe hängt die Arbeitsleistung des Vorspinnsortiments direkt ab. Wollte man in eine solche Gruppe Menschen des erstgenannten Typs einstellen, so wäre der Mißerfolg unvermeidlich. Jeder wäre nur darnach bestrebt, für sich ein gewisses Arbeitsgebiet abzugrenzen, ohne sich um das, was nebenan vorgeht, zu kümmern. Die Arbeit käme bald ins Stocken. Diese kann eben nur von offenen, geselligen, hilfsbereiten Arbeitskräften wirklich gut erbracht werden. Dieses Beispiel zeigt die Wichtigkeit psychologischer Fragen für die Betriebsarbeit von einer ganz besonders auffallenden Seite.

Für jeden Werksangehörigen, mindestens aber für jeden Neuaufgenommenen, wird eine Personalkarte angelegt. Diese enthält die Vermerke über die Prüfung, Ausbildung sowie die Leistungsergebnisse in der praktischen Betriebsarbeit. Endlich sind auch noch besondere Begebenheiten und Leistungen auf ihr festzuhalten. Diese Personalkarte ist eine wertvolle Hilfe bei allen Veränderungen, welche den einzelnen Werksangehörigen betreffen, und bietet den besten Schutz vor falschen Maßnahmen und Härten dem Arbeiter gegenüber, welche sonst in einem größeren Betrieb auch bei bestem Willen kaum vermeidbar sind. Bei allen Versetzungen, Beförderungen, aber auch bei Entlassungen ist die Personalkarte ein unentbehrliches Hilfsmittel.

Nicht minder wichtig als die richtige Einstellung ist das *Anlernen*. Dieses umfaßt nicht nur die Vermittlung der Arbeitsfertigkeiten, also der mehr oder weniger körperlichen Verrichtungen, sondern auch der Arbeitskenntnisse und stellt somit auch eine intensive geistige Schulung dar.

Die Vermittlung der Arbeitsfertigkeiten erfolgt an besonders entwickelten Übungsanordnungen bzw. Übungsgeräten. Auch hier ist es notwendig, daß zunächst eine Analyse der einzelnen Werksarbeiten vorliegt, bevor man an die Entwicklung der Übungsmethodik herangeht. Derartige Arbeitsanalysen sind mit peinlichster Genauigkeit durchzuführen und enthalten die Festlegung des gesamten Tätigkeitsablaufs bzw. der notwendigen Fertigkeiten und Fähigkeiten bis in die kleinste Einzelheit, bis zum einzelnen Griff, zur Einzelbewegung.

Aus ihnen ist am besten ersichtlich, welche Mittel für die einzelne Übung in Anwendung kommen müssen. Die Tätigkeiten und Teiltätigkeiten sind zunächst in ihren Einzelelementen zu üben, wobei die Schwierigkeiten gestaffelt werden, um einen pädagogisch richtigen Aufbau der Übungsfolge zu erhalten. Die Übung erfolgt auf diese Weise zunächst an besonderen Vorrichtungen und Geräten und dann erst an Übungsmaschinen, welche den normalen Betriebsmaschinen entsprechen. An diesen arbeiten die Lernenden unter dauernder Kontrolle, bis sie endlich fertig ausgebildet dem Betrieb übergeben werden können.

Die Schulung ist durchaus *individuell*, keineswegs schematisch durchzuführen und erfolgt durch ein besonders geschultes Lehrpersonal, welches dem Werkspädagogen untersteht. Zu Lehrpersonen können nur menschlich vorbildlich eingestellte Angehörige der Belegschaft herangezogen werden, welche das nötige pädagogische Geschick besitzen und nicht nur durch die Menge der von ihnen geleisteten Arbeit hervorragen, sondern ganz besonders auch durch deren Güte, die Qualität. Denn gerade die *Qualität* der Arbeit ist es, welche durch das systematische Anlernen gefördert werden soll. Seine gesamten Vorteile sind durch einen bloßen Vergleich der Mengenleistungen keineswegs zu erfassen, obwohl auch hier schon die Vorteile greifbar zutage liegen. Es gelingt nicht nur, die Anlernzeit in einzelnen

Fällen bis zu 70 Prozent herabzusetzen, auch die Gesamtleistungen der einzelnen Werksabteilungen werden durch die zweckmäßige Auslese sowie durch die rationelle Schulung erhöht, bei welcher nicht nur Hochbegabte, sondern auch Durchschnittskräfte durch geeignete Unterweisung und persönliche Erziehung zu Höchstleistungen gelangen. Das wahre Ziel einer richtig geleiteten Anlernung ist die Entfaltung des Lebens im Einzelmenschen, seine Befreiung von Hemmungen und inneren Belastungen. Deshalb muß auch der Werkspädagoge und mit ihm sein Personal in allem, was sie tun und lassen, eine frische Lebendigkeit zum Ausdruck bringen, welche mitzureißen und zu begeistern imstande ist. Eine trockene Schulmeisterei ist nirgends so wenig am Platze wie im praktischen Werksbetrieb. Erst wenn der Arbeitserfolg für den Einzelnen auch sein eigener Lebenserfolg wird, gelangt auch das Werksganze zur Höchstleistung.

Gleichzeitig mit der Vermittlung der Arbeitsfertigkeiten erfolgt der Unterricht in den notwendigen Arbeitskenntnissen. Den Lernenden wird der Produktionsplan des Werkes erklärt. Erst dann, wenn jeder weiß, was für eine Bedeutung seiner eigenen Arbeit im Rahmen des Ganzen zukommt, fühlt er sich auch erst am richtigen Platz. Die Erkennung und Verhütung von Arbeitsfehlern werden systematisch geschult. Die Pflege der Maschinen verlangt eingehende Erklärungen. Ratschläge für rationelle Arbeitserledigung und Lebensführung überhaupt runden den Unterricht zu einem sinnvollen Ganzen ab.

Zu einem richtigen Anlernen ist auch die verständnisvolle Mitarbeit des Vorarbeiter- und Meisterpersonals im Betrieb unerläßlich. Deshalb ist es Aufgabe des Werkspädagogen, auch diesen wichtigen Faktoren der Betriebsarbeit sein Augenmerk zuzuwenden und aus ihnen positiv eingestellte Förderer und Führer von arbeitenden Menschen zu erziehen. Der Geist des wahren Leistungswillens und der gegenseitigen Hilfeleistung muß in allen Werksangehörigen lebendig werden, wenn ein voller Erfolg angestrebt wird. Deshalb steht und fällt eine rechte Werkspädagogik mit der Persönlichkeit dessen, welcher zu ihrer Leitung berufen wird. Nur eine über den Dingen stehende Natur, die überall bereit ist, zu helfen und die kleinen Schwächen der Mitmenschen zuletzt in Stärke zu verwandeln, kann hier ihren Platz ausfüllen.

Mit dem planmäßigen Anlernen Neuaufgenommener geht auch die Umschulung älterer Werksangehöriger Hand in Hand. Nicht nur die wechselnden Erfordernisse der Produktion machen eine solche hie und da nötig, indem Arbeitskräfte aus einer Abteilung in die andere versetzt und hiebei umgeschult werden müssen. Die intensive Zusammenarbeit des Werkspädagogen mit der Akkordabteilung läßt sehr bald noch andere, wichtige Punkte erkennen, an welchen Besserungen geschaffen werden müssen. Zweckmäßig angelegte Leistungstabellen lassen die Schwankungen sowohl der einzelnen Werksabteilung als auch ihrer Angehörigen genau erkennen. Sie bieten ein wertvolles Hilfsmittel zur Kontrolle der Akkordsätze einerseits und dauernd minderleistender Arbeitskräfte anderseits. Derartige Minderleistende werden einer Nachschulung unterzogen. Wenn diese nicht den gewünschten Erfolg hat und die nähere Untersuchung ergibt, daß die Betreffenden an einem Platz standen, der ihren Fähigkeiten nicht entsprach, so erfolgt die Umschulung für eine andere Werksabteilung. Nur bei absoluter Nichteignung erfolgt die Entlassung. Auf diese Weise werden unzählige Mängel behoben und viele Härten vermieden, welche bei einer weniger gründlichen Behandlung dieser Fragen unvermeidbar sind und nicht wenig zu Unstimmigkeiten innerhalb der Belegschaft führen. Die Arbeit des Werkspädagogen trägt hier unmittelbar zur Befriedigung des Betriebes bei.

Eine weitere Aufgabe des Werkspädagogen sind die *Auswahlprüfungen*. Es ist ein sehr bewährter Grundsatz, das Aufsichts- und Meisterpersonal wie auch die Kontorangestellten nicht von auswärts einzustellen, sondern aus den Reihen der eigenen Belegschaft auszuwählen und heranzubilden. Hiedurch werden Arbeitswille, Arbeitsfreude und Strebsamkeit in die Werksarbeit getragen und ein gesunder Wetteifer unter allen in die Wege geleitet, welche in ihrer Arbeit vorwärtsstreben. Dieses Interesse am Arbeitserfolg ist dauernd rege zu erhalten durch eine geeignete Werksreklame, durch Entgegennahme von Vorschlägen zu Verbesserungen und die Belohnung solcher, die sich als brauchbar erwiesen. Auch diese Besonderheiten im Verhalten des Einzelnen werden auf seiner Personalkarte vermerkt. Bei eintretendem Bedarf werden dann die Fähigsten zu Auswahlprüfungen herangezogen. Diese sind ganz auf den Zweck abgestimmt, welchem sie dienen. Je nachdem, ob Vorarbeiter, Abwieger, Abteilungsschreiber, Meister oder Kontorangestellte gesucht werden, muß auch die Prüfordnung beschaffen sein. Hier finden Tests für verteiltes Aufmerken, Sach- und Personengedächtnis, Rechnen, technisches Verständnis, Registrieren, Koordinieren usw. Anwendung. Ein besonders bewährter Grundsatz ist es, den neu ausgewählten Meister eine Zeitlang als Lehrmeister beim Anlernen zu beschäftigen. Auf diese Weise lernt er am besten die Bedeutung aller menschenwirtschaftlichen Fragen kennen, welche auch für den Erfolg seiner späteren Betriebsarbeit ausschlaggebend sind.

Diese intensive Beschäftigung mit dem einzelnen Werksangehörigen leitet den Werkspädagogen ganz zwangläufig dazu über, auch weiteren Zusammenhängen seine Aufmerksamkeit zuzuwenden, d. i. der *Arbeits-* und *Werksorganisation*. Hier sind Aufgaben menschenwirtschaftlicher Art zu unterscheiden von solchen technischer Natur.

Die menschenwirtschaftlichen Organisationsaufgaben ergeben sich durch die Kontrolle der Arbeitsmethoden, deren Zweckmäßigkeit einer ständigen Überprüfung und Verbesserung bedarf. Hiebei sind nicht nur die Quantität, sondern von allem auch die Qualität des Produktes entscheidend. Die einzelnen Arbeitsweisen, die Arbeitsplätze, der Materialtransport sind wichtige Faktoren dieser Art. Die Kontrolle der Arbeitserledigung erfolgt in doppelter Weise: Als Quantitätskontrolle durch die Akkordabteilung, als Qualitätskontrolle durch die im Werk tätigen Kontrollstellen sowie durch besonders eingesetzte Arbeitskontrollen durch den Werkspädagogen mit Hilfe seines Personals. Endlich kann die Schlagfertigkeit des Betriebes dadurch sehr erhöht werden, daß Werksangehörige in Zeiten des schwächeren Betriebes für mehrere Abteilungen des Werkes ausgebildet bzw. angelernt werden. Durch geeignete Werksreklame wird das Interesse der Belegschaft an wichtigen Fragen, welche die Produktion betreffen, dauernd wach erhalten.

Die Organisationsmaßnahmen technischer Art ergeben sich ebenso zwangläufig aus den früher genannten Arbeiten. Sie bestehen zumeist in einer Verbesserung der Arbeitsmittel, der Anordnungen, Vorrichtungen und Maschinen auf Grund von Erkenntnissen bei Arbeitsstudien, beim Anlernen usw. Hier ergibt sich für den Werkspädagogen ein weiterer dauernder Berührungspunkt mit dem Ingenieur, dem Abteilungs- und Werksleiter außer der täglichen Gemeinschaftsarbeit.

Endlich sind auch noch die *Entlassungen* ein Gebiet, welches dauernd unter der Kontrolle des Werkspädagogen stehen sollte. Nicht nur eingestellt und befördert, sondern auch entlassen soll grundsätzlich nur derjenige werden, welcher es verdient. Auch bei größeren Entlassungen, welche durch die Ungunst wirtschaftlicher Verhältnisse heute leider keine Seltenheit sind, sollten keine generellen Erledigungen getroffen werden. Nichts ist imstande, die Spannung zwischen Arbeitnehmer und -geber so ganz unnötig zu steigern, wie gerade diese. Es liegt nur an den Behelfen, welche sich der Werkspädagoge zu schaffen versteht, daß auch die Entlassungen durchaus individuell gehandhabt werden können.

Auf diese Weise ist die Werkspädagogik wohl als ein unentbehrlicher Faktor des modernen Betriebes im allgemeinen und des Textilbetriebes im besonderen gekennzeichnet. Es ist nur der Ungunst der wirtschaftlichen Verhältnisse zuzuschreiben, daß diese wichtige Funktion noch nicht jene Beachtung gefunden hat, welche ihr unstreitig zukommt. Gerade in schlechten Zeiten aber bedarf man ihrer erst recht. Denn eine gediegene Qualitätsleistung ist ohne die intensive Arbeit eines wirklich geeigneten Werkspädagogen nicht denkbar.

Die Art und Weise, auf welche diese Einrichtung verwirklicht werden kann, hängt in erster Linie von der Größe des Betriebes ab. Der Kleinbetrieb wird sich keine besondere Kraft für dieses Arbeitsgebiet halten, sondern lediglich die Kenntnis dieser Fragen zu erlangen trachten, um diese bei den einzelnen Maßnahmen der Leitung mit berücksichtigen zu können. Der Mittelbetrieb kann schon daran denken, eine besondere Kraft mit der Durchführung dieser

Arbeiten zu beauftragen, wenn auch z. B. das Anlernen noch vielfach in der einzelnen Betriebsabteilung selbst wird durchgeführt
werden müssen, nur unter ganz anderen Vorbereitungen und Gesichtspunkten als bisher. Der Großbetrieb endlich tut gut daran,
eine besondere Anlernabteilung zu schaffen, welcher sämtliche
menschenwirtschaftlichen Arbeiten zur rationellen Erledigung zugewiesen werden. Eine solche Abteilung enthält z. B. einen besonderen Prüfraum, einen Übungsraum mit Geräten und Hilfsvorrichtun-
gen sowie einen besonderen Maschinenraum, der möglichst alle Maschinen des Betriebes enthalten soll, um die neu aufgenommenen
Arbeitskräfte ungestört und unter intensiver Kontrolle durch das
Lehrpersonal schulen zu können und sie dem Betrieb bereits fertig
ausgebildet zu übergeben.

BEWEGUNGSPSYCHOLOGIE BEIM ANLERNEN.

ADOLF PALME (Reichenberg).

Tätigkeiten mit großen Anforderungen an Geschicklichkeit:
    Stickerin,
    Andrehen in der Spinnerei,
    Anknüpferin in der Weberei,
    Knüpferin am Teppichstuhl;
weiters:
    Musikinstrumente (Klavier, Violine usw.).
Beobachtungsergebnis: Eigentliche Tätigkeit erfordert nur ein
Mindestmaß von Aufmerksamkeit;
    geistige Haupttätigkeit ist übergelagerten Notwendigkeiten zu-
gewandt:
    Stickerin — Stickmuster,
    Anknüpferin — Kettenrapport,
    Teppichknüpferin — Farbenpatrone,
    Musik — „Vortrag".
Eigentliche Bewegung *„in Fleisch und Blut übergegangen".* Schein-
bar bedeutungsloser Ausspruch — *tiefer Sinn!*
Zusammenhang beim Anlernen sichtbar:
Bewegungs*sicherheit* ist vom Willen nicht zu erzwingen. Man hat
sie oder man hat sie noch nicht. Nur die *ungezwungene* Bewegung
ist *sicher,* wird *beherrscht.*
Unterschied:
Virtuos: Nichtbeherrschung,
    dauerndes Sich-Abquälen,
    Absorbierung der Aufmerksamkeit durch Technik,
    kein Vortrag, „keine Seele".
Künstler: Beherrschung des Technischen,
    Aufmerksamkeit für höhere Interessen frei,
    geistiger Inhalt des Spiels,

Vortrag, „Erleben".

„In Fleisch und Blut übergehen": Bewegungssicherheit ist nicht psychologisch bedingt, sondern *physiologisch,*

„Nervenbahnung",

„Feste Anschlüsse in der Nervenzentrale an Stelle der immer wieder aufs neue hergestellten *(willensbetonten) freien* Verbindungen."

Physiologische Grundlegung *anscheinend* psychologisch bedingt, da bisherige Übung stets im vollen Umfang aufmerksamkeitsbetont und willensbetont war.

Hiezu nähere Untersuchung:

    Bisheriger Vorgang beim Anlernen im allgemeinen:

Übung der Gesamttätigkeit, d. i.:

    komplexe Verrichtung,

    geistige Beanspruchung, insbesondere

    verteilte Aufmerksamkeit.

    Zu geringe Konzentration auf die Tätigkeits*elemente,* demnach andauernde Fehlhandlungen, erst durch zunehmende „Übung" allmählich nachlassend,

    andauerndes Mitüben unnützen Ballastes an Stelle der wichtigen Tätigkeitselemente,

    Übungsziel bei vielen *(bei den meisten!)* nie erreicht, da die *Erkenntnisfähigkeit* und

    Selbstbeobachtung,

    Selbstbeherrschung zu gering ist.

Beispiel: Violinspiel, d. i.:

    1. Tonlage*bewußtsein* am Instrument,

      Tonlage*erkennen* am Notenblatt,

    Griff*sicherheit;*

    2. Bogenführung, ebenso

aus diesem Analysenbild absichtlich ausgelassen der Begriff: *Griffschnelligkeit.*

Schnelligkeit ist niemals eine Sache des geistigen Erkennens, sondern der „*Übung":*

    Grunderkenntnis: Jeglicher Übungsfortschritt tritt solange von selbst ein, als Übungs*sicherheit* gegeben (Selbstbeobachtung!).

Hieraus *Übungsgrundsatz:*

    falsch: Jede Bewegung ist von Anbeginn so *rasch* als möglich zu üben (beste Methode zum *Miß*erfolg!).

    richtig: Jede Bewegung ist von Anbeginn so *langsam* zu üben, daß sie absolut sicher erfolgt!

    Schnelligkeit tritt dann von selbst ein,

    der *Drang,* rascher zu spielen,

    gezüchtet, von

    Selbstbeobachtung,

    Selbstbeherrschung.

Arbeits-Paradoxon: Nur wer den Willen aufbringt, langsam zu arbeiten, lernt schnell arbeiten.

Hiemit Grundbetrachtungen abgeschlossen:

Pädagogisch richtiger Aufbau einer Übungsfolge im besonderen:
Übertragungselemente:

    a) klar erkennbar,

    b) leicht „faßbar",

    c) scharfe Abgrenzung = Unterscheidung (richtige Größe = „nicht zu schwer").

Beispiel:

Anfertigung des „Kreuzknotens" (Tuchmacherknotens), geschlossene Beschreibung, hieraus

Elemente:

Erfassen der Fadenenden,

Auflegen des einen über das andere,

Windebewegung I (Vorholen durch Daumen),

      „   *II* (um den Zeigefinger),

Schlingbewegung,

Festziehen.

Hiebei *schwierigstes Element:*

Windebewegung I *bestimmt die Schnelligkeit.*

Unpädagogisches Anlernen:

Um die Sicherheit = Schnelligkeit der Windebewegung zu erlangen, mußten sämtliche anderen Bewegungen mitgeübt werden — *größter Zeitaufwand (Jahre!)* und *größter Energieverbrauch.*

Pädagogisch richtiges Anlernen:

Schwieriges Element herausgehoben.

Einzelübung.

Vorrichtung: der *Windedraht* (Beschreibung) — Konzentrationsmöglichkeit, *Zeitersparnis.*

Hiebei *Erscheinung:*

Bewegungswiederholung *theoretisch* in überaus großer Zahl möglich, welche hinreicht, um die Bewegung binnen kürzester Zeit in Fleisch und Blut übergehen zu lassen.

Praktisch jedoch begrenzt durch „psychische Sättigung" (Lewin);

d. i.: Urzusammenhang offenbar:

Bewegung wird als sinnlos empfunden, wie ja auch der Kreuzknoten selbst als solcher sinnlos ist und erst im Zusammenhang der Gesamtarbeit seinen Sinn erhält.

Deshalb jahrelange, aber keineswegs intensive, wirklich erfolgreiche Übung, bei welcher viele stecken bleiben.

Möglichkeiten:

1. Verzicht auf wirklich intensive Ausnützung der physiologisch zweckmäßigsten Übungsvorrichtung,

2. Ausschaltung der psychischen Sättigung.

Eigener Versuch:

Grundsatz: Gib dieser Arbeit einen Sinn — und die psychische Sättigung kann nicht eintreten.

Ausführung: Windedraht als Ganzes drehbar,

Übertragung der ausgelösten Bewegung durch Triebwerk,

durch dieses z. B. eine Reihe von Bildern bewegt, welche hintereinander erscheinen und vom Übenden betrachtet bzw. gelesen werden können.

Erfolg:

Die Übenden „werden nicht müde",

Übungserfolg in kürzester Zeit.

Bedingung: Vorrichtung muß jede Fehlbewegung ausschließen.

Weitere Auswertung: Die dargebotenen Bilder stellen die Werksproduktion oder andere, für den Übenden ebenso interessante wie wichtige Stoffe dar, welche ihm bei dieser Gelegenheit zugleich vermittelt werden.

Dies ein Versuch,

obwohl aussichtsreich, seinerzeit Umstände halber aufgegeben, heute aufs neue als Vorschlag zu weiterer Bearbeitung.

Einwand: Durch die Anordnung ist ein wesentliches psychisches Moment, das *Erleben* des Übungserfolges, ausgeschaltet.

Erwiderung:

˙ Hier handelt es sich nicht um den eigentlichen Arbeitserfolg, sondern um die ökonomische Herstellung *physiologischer* Grundbeziehungen.

Der physiologische Vorgang wird auch sonst vom Übenden niemals erlebt,

dafür aber nur die *quälende Dauer des Übens* (Werksarbeit oder Musikinstrument),

diese für viele *unerträglich,*

deshalb überall viele Schüler, wenig Meister.

„Wenn es nicht des Klanges (der Naturschönheit) wegen wäre, so möchte überhaupt niemand die Geschicklichkeit des Künstlers sich aneignen (viele Stunden wandern).

Diejenigen, welchen das Wandern selbst ein Erlebnis ist, suchen dieses nicht der Muskelbewegung, sondern der geistigen Anregung wegen.

Deshalb physische Anstrengung für eigentliches Arbeits-, d. i. *Erfolgserlebnis nicht* wesentlich!

Im Gegenteil: Jeder Übende ist für jede Hilfe *dankbar,* welche ihn die erste überwinden läßt, um möglichst bald das zweite, das Erlebnis selbst, zu erreichen.

Deshalb dieser Einwand materieller Natur: Verwechselt die Form mit dem Inhalt.

Hiemit Bericht über Arbeits*ansatz:*
Endergebnisse liegen noch nicht vor,
diese erst zu schaffen,
Aufforderung zur gemeinsamen Arbeit.
Möglichkeiten:
Viele charakteristische Tätigkeiten, Griffe oder Bewegungen
kehren in den verschiedensten Arbeiten immer in derselben oder
einer ähnlichen Gestalt wieder.
Beispiel: Zupf-, Dreh-, Windebewegungen usw.
Diese näher zu untersuchen und zu spezifizieren, hierauf Kon-
struktion von *Standard-Übungsgeräten.*
Solche Standardgeräte beispielsweise auch für die Übung des
Schreibens (Bewegungs*elemente!!),*
Zeichnens (Bewegungs*elemente!!),*
usw. für die Schulen!
Neubelebung des Interesses an der Ausübung *künstlerischer*
Tätigkeiten (Hausmusik).
Neubelebung gewisser Wirtschaftszweige = der „allgemeinen
Geschicklichkeit = utopischer Gedanke?
Ähnliche Übungsanordnungen nicht nur auf körperlichem, sondern
auch auf geistigem Gebiete möglich?
Auch bei geistigen Tätigkeiten gilt es, jenes Element zu finden,
welches den Gesamtablauf entscheidend beeinflußt oder auslöst.
Falls hiemit eine kleine Anregung zu weiterer Vertiefung gegeben,
so ist die Aufgabe des Vortrags erfüllt.

PSYCHOTECHNIK UND ARBEITERAUSLESE
IM GROSSBETRIEB.

E. PECHHOLD (Vitkovice).

Von den Aufgaben, welche die Psychotechnik im Rahmen der
Arbeitswissenschaft zu erfüllen hat, soll die Menschenauslese und
im besonderen die Arbeiterauslese im industriellen Großbetrieb als
Thema dieses Referates herausgehoben werden. Die psychotechnische
Auswahl von Arbeitern für ein bestimmtes Industrieunternehmen
pflegt unter der Bezeichnung „Konkurrenzauslese" oder „negative
Auslese" der „positiven Berufsberatung" gegenübergestellt zu werden. Mit diesen Begriffen verbindet sich eine gewisse Wertung inso-
ferne, als der Arbeiterauswahl für den Betrieb soziologische und
charakterologische Momente abgesprochen werden und nur eine begrenzte Fähigkeitsauslese verbleibt. Subjektspsychotechnik in der
Industrie wird eben immer noch mit bloßer Lehrlingsprüfung gleich-
gesetzt.
Sieht man den Betrieb jedoch als organischen Körper und seine
Belegschaft nicht nur als Kollektiv von Einzelindividuen, sondern

als soziologisches Gebilde an, dann erscheint eine solche Auffassung dürftig und unzulänglich. Das Problem der Arbeiterauslese und vor allem seine psychotechnische Seite ist nachstehend an dem Beispiel des Eisenwerkes Witkowitz von diesem höheren Gesichtspunkt aus behandelt.

Ein Großunternehmen der Schwerindustrie wirkt durch die verwirrende Vielheit und die ungewöhnlichen Ausmaße seiner technischen Einrichtungen so stark, daß unter diesem Eindruck die organischen Elemente minder bedeutungsvoll erscheinen. Besonders der praktische Techniker neigt gerne zu einer Überschätzung der anorganischen

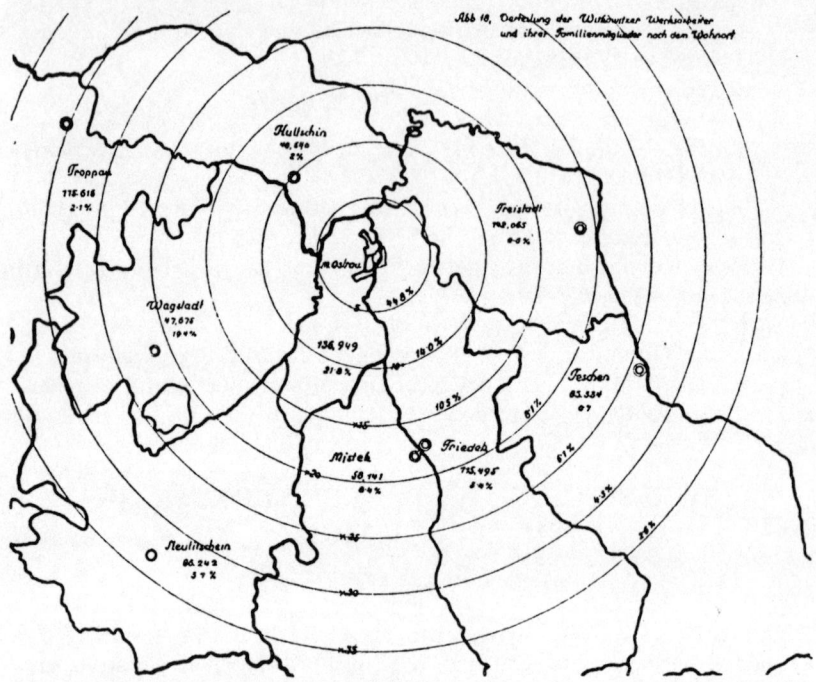

Abb. 1. Verteilung der Werksarbeiter nach dem Wohnort.

Welt. Aber hinter den Hochöfen, Maschinen und Rohrsträngen tritt doch der Faktor „Mensch" als das leitende und handelnde, kurz als das dominierende Element hervor. Auch ein Großbetrieb ist in seinem innersten Wesen nur verständlich aus der Landschaft, welcher er entwachsen ist und aus den Menschen, die ihn gestaltet haben.

Bei einer vollen Belegschaft von 33.700 Mann (zweite Hälfte 1929), zu der noch rund 42.000 Familienmitglieder kommen, hängen vom Eisenwerk Witkowitz fast 76.000 Menschen ab. Von den im Eisenwerk Witkowitz Beschäftigten, auf die sich nachstehende Ausführungen beziehen, wohnen — wie Abb. 1 zeigt — 90.4% in einem Umkreis von 35 km Radius, 77.4% nicht weiter als 20 km, 44.8% nicht weiter als 5 km von ihrer Arbeitsstätte.

Der überwiegende Teil der Arbeiterschaft stammt daher aus einer verhältnismäßig eng umgrenzten Landschaft, die — in der Grundstruktur ein primitives Bauernland — durch die Entdeckung und Verwertung ausgedehnter Steinkohlenlager in kaum 100 Jahren eine industrielle Entwicklung mitmachte, wie sie nur in amerikanischen Beispielen ihresgleichen findet. Diese Gegensätze spiegeln sich auch in der Bevölkerung wider und verleihen ihr ein ganz eigenartiges Gefüge, dessen nähere Untersuchung jedoch zu weit vom Thema abführen würde. Dazu kommt der Einfluß einer 106jährigen Betriebsvergangenheit, welche das Eisenwerk wiederholt an der Spitze des technischen Fortschrittes in Ost- und Mitteleuropa sah. Zu der Arbeitsstätte, an der vielfach schon Väter und Großväter tätig waren, bestehen noch stark traditionelle Beziehungen. Solche und ähnliche Kräfte formten und formen den Typus des „Witkowitzer" Arbeiters.

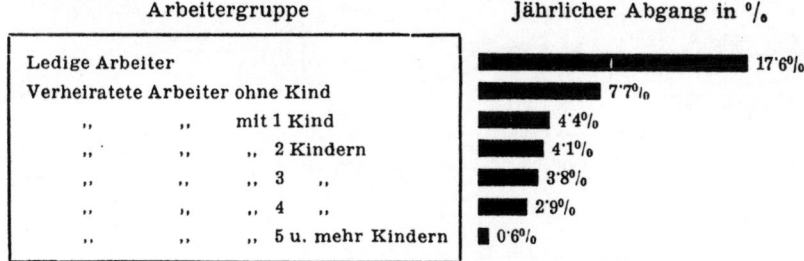

Arbeitergruppe	Jährlicher Abgang in %
Ledige Arbeiter	17·6%
Verheiratete Arbeiter ohne Kind	7·7%
,, ,, mit 1 Kind	4·4%
,, ,, ,, 2 Kindern	4·1%
,, ,, ,, 3 ,,	3·8%
,, ,, ,, 4 ,,	2·9%
,, ,, ,, 5 u. mehr Kindern	0·6%

Abb. 2. Jährlicher Arbeitswechsel bei ledigen und verheirateten Werksarbeitern.

Einen gewissen Gradmesser dafür, ob sich die Arbeiterschaft in dem Unternehmen wohlfühlt, stellt die Fluktuation dar. Bei Eliminierung der Kriseneinflüsse ist der jährliche, durchschnittliche Abgang der Belegschaft 12.9%, bewegt sich also in verhältnismäßig niederen Grenzen. Mit großer Regelmäßigkeit wiederholen sich die Abgangsmotive in den einzelnen Jahren. Rund 60% entfallen auf freiwilliges Ausscheiden, wobei die überwiegende Mehrheit (53%) den regulären Weg der Abmeldung einhält. Der natürliche Abgang durch Pensionierung, Krankheit oder Tod beträgt 12%, ein konstanter Anteil von 12% betrifft die Einziehung zur militärischen Dienstleistung.

Dem Lebensalter nach gehören dem jüngsten Quartil der Arbeiterschaft 47%, dem zweitjüngsten 26%, den beiden restlichen zusammen nur 27% der Abgehenden an. Während von den gesamten männlichen Arbeitern im Jahre 11% ausscheiden, verlassen von den weiblichen 29% ihren Arbeitsplatz. In dieser Unbeständigkeit, ferner in der höheren Krankheits- und Unfallsdisposition und vor allem in den hohen Körperleistungen der Hüttenarbeit liegt der Grund, daß Frauen nur einen unbedeutenden, zwischen 6 und 7% schwankenden Teil der Belegschaft ausmachen. Den beachtenswerten Einfluß, welchen Stand und Kinderzahl auf die Arbeiterbewegung haben, zeigt Abb. 2.

Der jährliche Abgang bei Verheirateten beträgt im Durchschnitt 5.2%, also weniger als ein Drittel des Prozentwertes der Ledigen.

RANGREIHEN DER BETRIEBSABTEILUNGEN
nach der durchschnittlichen Lohnhöhe   nach dem kleinsten Belegschaftswechsel

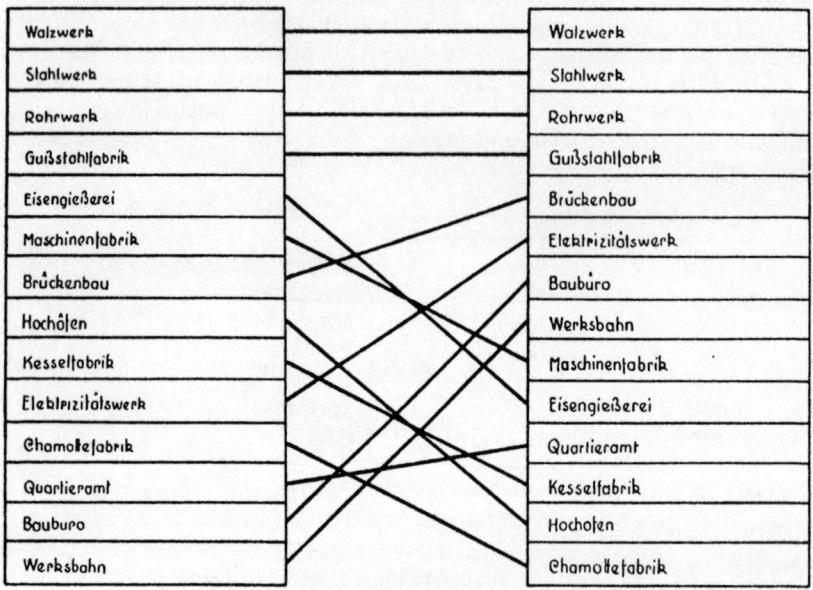

Abb. 3. Lohnhöhe und Seßhaftigkeit.

Daß natürlich durch die Lohnhöhe die Seßhaftigkeit entscheidend beeinflußt wird, veranschaulicht nachfolgende (Abb. 3) Gegenüberstellung der 14 größten Betriebsabteilungen, die einmal nach der Rangreihe der durchschnittlichen Lohnhöhe, anderseits nach der Rangreihe der (durchschnittlichen) jährlichen prozentuellen Abgänge geordnet sind.

Die Korrelation wäre noch vollkommener, wenn nicht andere wesentliche Ursachen (Frauenarbeit, Taglöhnerarbeit) hineinspielen würden. Solche Gesetzmäßigkeiten — die Reihe ließe sich noch beträchtlich fortsetzen — zeigen die Bedeutung der Fluktuationsanalyse für eine vorausschauende Arbeiterauslese. Häufiger Arbeiterwechsel bedingt geringere Kopfleistung, unwirtschaftliche Anlernearbeit, vermehrte Unfälle und Sachschäden u. a. m. Gerade die Schwerindustrie muß wegen ihrer kostspieligen und schwer zu bedienenden Anlagen Wert auf einen möglichst beständigen, verläßlichen Arbeiterstamm legen und erhält dadurch einen stark traditionellen Zug. .

Die Zusammensetzung der Belegschaft nach dem Lebensalter ist in der Form der sogenannten Alterspyramide d. h. durch baum- oder pyramidenartige Gruppierung der Altersjahrgänge um eine Mittelachse (Abb. 4) dargestellt.

Die Höchstwerte liegen in den Klassen von 23—28 Jahren. Einen merklichen Einschnitt hinterlassen die zum Militärdienst eingezogenen jungen Leute von 20—22 Jahren.

Mit 65 Jahren setzt die Pyramide ziemlich scharf auf die Vertikale an, d. h. hier endet praktisch die Arbeitsfähigkeit. Zum Vergleich ist in anderem Maßstab der Altersaufbau der männlichen Bevölkerung Deutschlands (für unseren Staat liegen mir leider derartige Zahlen nicht vor) herangezogen. Das durchschnittliche Lebensalter des Werksarbeiters beträgt 32.4 Jahre. Die Hälfte der Belegschaft steht zwischen 23 und 40 Jahren, ein Viertel darunter, ein Viertel darüber.

Ähnlich ergibt sich das durchschnittliche Dienstalter mit 8.6 Dienstjahren. Alle diese Zahlen betreffen die Zeit normaler Produktion. Die Krisenjahre haben die Werte beträchtlich verschoben.

Von dem Ort und der Art des Wohnens werden Gesundheitszustand, Arbeitsleistung, Fluktuation, Unfallhäufigkeit, politische Einstellung, Kinderreichtum, Bildungsgrad usw. mehr oder weniger stark beeinflußt. Da nur 26.8% der Arbeiter ihren dauernden Wohnsitz in Städten haben, ist die Struktur der Arbeiterschaft vorwiegend ländlich bestimmt. Vorherrschend ist der Typus des „Ziegenagrariers", der in der freien Zeit sein Stück Boden bebaut oder sein Häuschen in Stand hält. Er fühlt sich noch als Glied der Dorfgemeinschaft und hat auch vieles von dem bäuerlich-konservativen Geist in sich, der sich — mißtrauisch und überlegend — nicht so leicht von Schlagworten fangen läßt, sondern mehr greifbaren, realen Nutzen im Auge hat.

Mit dem Wohnort steht der Weg von und zur Arbeit in unmittelbarem Zusammenhang. Bei einer durchschnittlichen Entfernung von etwa 6 km ergibt sich für den vollen Stand die enorme Zahl von täglich 240.000 Verkehrskilometern. Es handelt sich dabei nicht nur um ein Verkehrsproblem, sondern um Tatsachen, welche die gesamte Arbeit merklich beeinflussen, man denke nur an die Unfallhäufigkeit.

Mit dieser in keiner Weise erschöpfenden Hervorhebung derartiger Erscheinungen soll die Betriebssoziologie als eine der grundlegenden Voraussetzungen fruchtbarer psychotechnischer Arbeit gekennzeichnet werden.

Ein zweites noch wichtigeres Gebiet ist die Berufskunde. Im Eisenwerk Witkowitz gibt es z. B. fast 4000 verschiedene Arbeitsplätze, d. h., wenn auf die feineren Nuancen der Arbeit eingegangen wird, 4000 verschiedene Berufe. Man braucht sich nur zu vergegen-

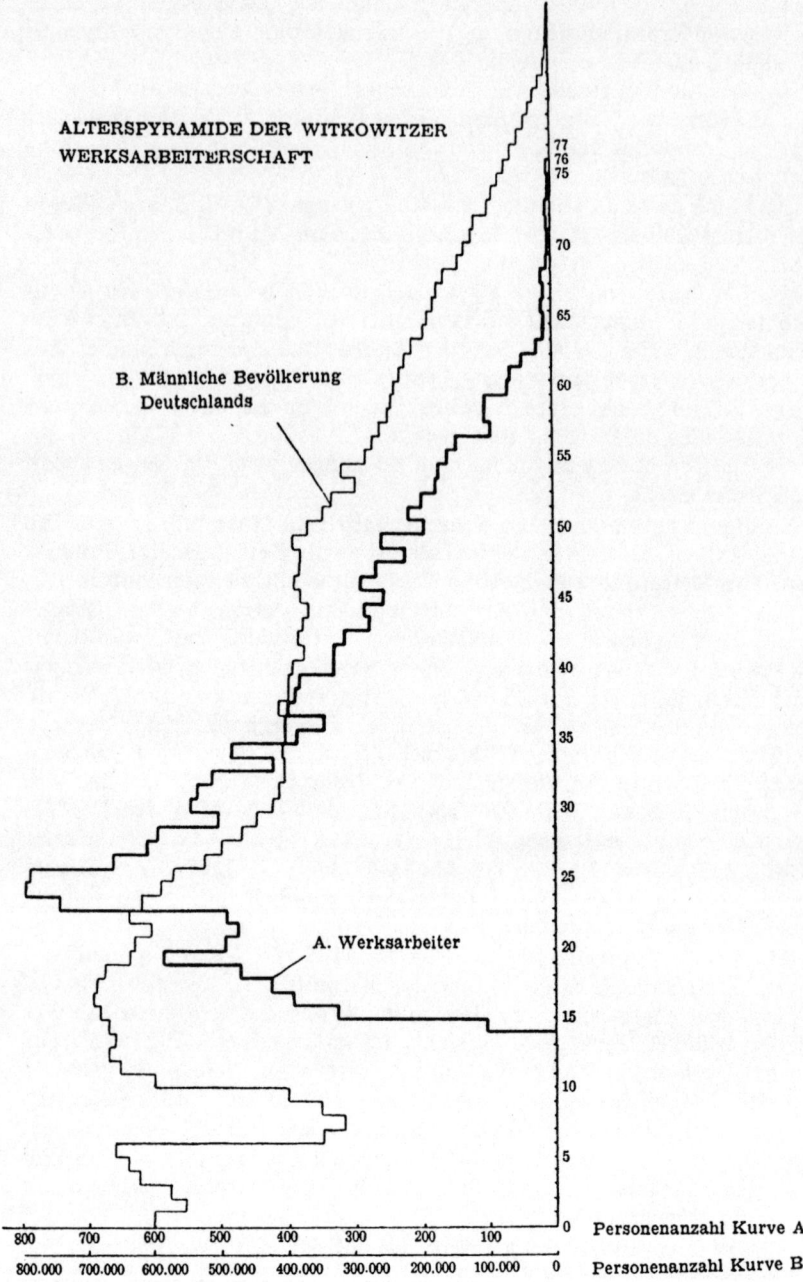

ALTERSPYRAMIDE DER WITKOWITZER
WERKSARBEITERSCHAFT

B. Männliche Bevölkerung
Deutschlands

A. Werksarbeiter

| 800 | 700 | 600 | 500 | 400 | 300 | 200 | 100 | 0 | Personenanzahl Kurve A |
| 800.000 | 700.000 | 600.000 | 500.000 | 400.000 | 300.000 | 200.000 | 100.000 | 0 | Personenanzahl Kurve B |

Abb. 4. Alterspyramide der Witkowitzer Werksarbeiterschaft.

168

wärtigen, welche Fülle von Erfahrung in jeder Teilarbeit verkörpert ist, um das riesenhafte Ausmaß von Berufswissen, das in einem einzigen Betrieb angesammelt ist, annähernd abzuschätzen. Trotzdem muß ein Weg gefunden werden, um die berufliche Arbeit übersichtlich und meßbar zu erfassen, ohne sich zu tief in Spezialwissen zu verlieren. Hier berühren sich Betriebswissenschaft und Psychotechnik; gerade diese ergänzende Zusammenarbeit hat für das Unternehmen im besonderen und die Arbeitswissenschaft im allgemeinen außerordentliche Bedeutung.

ZUSAMMENSETZUNG DER BELEGSCHAFT NACH BERUFSGRUPPEN

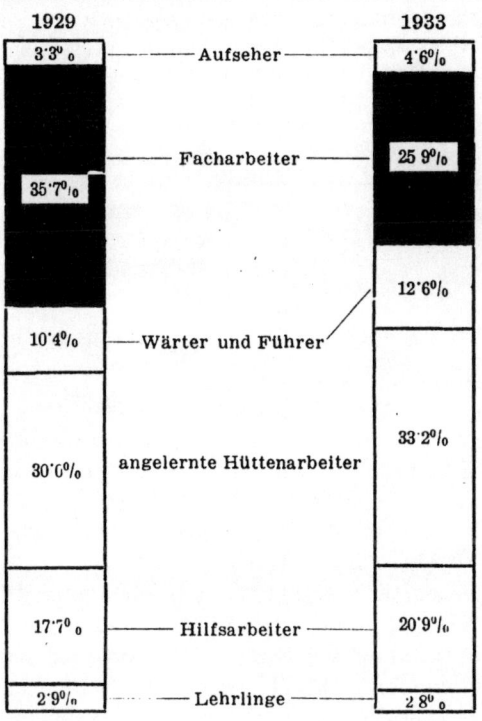

Abb. 5. Berufsgliederung in % des Gesamtstandes 1929 und 1933.

Die berufliche Gliederung der Arbeiterschaft nach 6 großen Gruppen (Aufseher, Facharbeiter, Wärter und Führer, angelernte Hüttenarbeiter, Hilfsarbeiter und Lehrlinge) ist in Abb. 5 für die Zeit der Vollproduktion und der Wirtschaftsdepression gegenübergestellt.

Wenn unser psychotechnisches Laboratorium seine Tätigkeit nur auf die Lehrlinge, d. s. kaum 3% des Gesamtstandes beschränken würde, so wäre seine Wirksamkeit nur gering und es verdiente nicht den Namen eines Ausleseorgans. Die Haupttätigkeit muß sich vielmehr den drei wichtigsten Gruppen der Facharbeiter, Wärter und

Führer, sowie Hüttenarbeiter zuwenden, die zusammen 70—75% der Arbeiterschaft ausmachen. Aus dem Vergleich der zwei Jahre ist zu ersehen, daß die beiden letzteren Gruppen in Krisenzeiten ihren Anteil vergrößern, während die Facharbeiter viel weniger krisenfest sind. Diese Erkenntnis hat sich praktisch schon in einem rapiden Absinken des Lehrlingsangebotes geäußert. Jede Gruppe zeigt hinsichtlich Ausbildung und Ergänzung besonderes Verhalten. Die Fluktuation der Facharbeiter erreicht etwa 10%. Der Nachwuchs wird nur zu einem Drittel durch eigene Lehrlinge gedeckt, da im Werk bloß für eine beschränkte Anzahl von Berufen Lehrmöglichkeit besteht und eine Heranziehung tüchtiger und erfahrener auswärtiger Fachhandwerker für das Unternehmen erwünscht ist. Das Schwergewicht liegt dabei auf der Qualität und hier eröffnet sich der aufnehmenden Stelle eine schwierige, aber sehr wirtschaftliche Aufgabe.

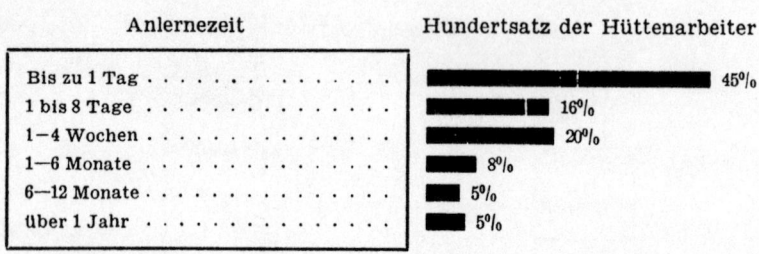

Abb. 6. Anlernezeiten von Hüttenarbeitern.

Wärter und Führer ergänzen sich nur selten durch Neuaufnahmen, sondern vorwiegend aus dem Stand der gelernten und angelernten Arbeiter. Die große Verantwortung ihrer Tätigkeit läßt diese Berufe für die psychotechnische Auslese besonders geeignet erscheinen. Ein psychotechnisches Institut, das hier seine Pflicht erfüllt, muß sich unbedingt für den Betrieb bezahlt machen.

Unter der Bezeichnung Hüttenarbeiter wird eine große Zahl von Berufen zusammengefaßt, für die sich in den Betrieben aus der Erfahrung von Generationen bestimmte Ausbildungswege herauskristallisiert haben. Es kommen Arbeitsplätze vor, die bis zu 5 Jahren Anlernezeit benötigen. Die Tabelle in Abb. 6 gibt eine näherungsweise Übersicht:

Die Fluktuation ist dementsprechend verschieden. Höhergewertete Berufe ergänzen sich vorwiegend aus den Reihen der niederen, welche daher häufigeren Ersatz benötigen. Oft muß eine bestimmte Kette von Arbeitsplätzen durchlaufen werden, besonders wenn Gruppenarbeit vorliegt. Hilfsarbeiter haben natürlich einen vermehrten Arbeitswechsel zu verzeichnen.

✢

Damit ist in großen Zügen das Wirkungsfeld der Industrie-arbeiterauslese in seinen wichtigsten Problemen charakterisiert und es kann auf das Ausleseverfahren übergegangen werden. Die ursprüng-liche Form der Arbeiteraufnahme durch den Meister ist nur im Klein-betrieb möglich, wenn die Arbeiten und Menschen noch vollkommen überschaut werden können. Beim modernen Großbetrieb haben sich drei Siebungsvorgänge herausgebildet. Zunächst nimmt eine ad-ministrative Stelle die Sichtung des Angebotes nach Zeugnissen, Do-kumenten, gesetzlichen Bestimmungen u. dgl. vor. Es folgt die ge-sundheitliche Auslese durch den Arzt. Als dritte Stufe schließt sich die psychotechnische Beurteilung der Arbeitseignung an. Sie hat die schwierigste Aufgabe und wenn auch immer wieder das Schlagwort vom „rechten Mann an den richtigen Platz" im Munde geführt wird, so ist es leider in der Wirklichkeit häufig so, daß man den „rechten Mann" nur bedingt feststellen kann und den „richtigen Platz" oft gar nicht kennt.

Die Grundforderung, welche an eine psychotechnische Industrie-stelle gestellt werden muß, ist: Wahrung der notwendigen Großzü-gigkeit und Universalität bei exakter, einwandfreier Arbeit. Trotz der Vielseitigkeit ihrer Aufgabe, darf sie sich nicht in Sonderpro-bleme verlieren und etwa wichtige Gebiete unbeachtet lassen. Wir Psychotechniker können in dieser Hinsicht sehr viel beim prakti-schen Arzt lernen, der sich nach einer halbstündigen Untersuchung doch mit hinreichender Sicherheit über die gesundheitliche Eignung klar ist. Unsere Methoden sind für den praktischen Massengebrauch noch zu schwerfällig, wir wenden die Prüfordnungen zu schablonen-haft an, statt die einzelnen Proben und Tests mehr als fallweise Werkzeuge zu benützen. Allerdings gehört dazu ein vertieftes, je-derzeit verfügbares psychologisches, physiologisches, soziologisches und berufskundliches Wissen.

Sehr schmerzlich vermißt man in der Praxis, daß sich die theo-retische Psychologie auf keine klare Systematik und Definition der psychischen Erscheinungen zu einigen vermag. Die praktische Be-rufsarbeit differenziert hinsichtlich ihrer Anforderungen an die Eigenschaften und Fähigkeiten des Menschen viel stärker, als ge-wöhnlich angenommen wird. Dadurch erweist sich auch auf der Ge-genseite, beim Berufsanwärter, eine Untergliederung zumindestens nach größeren Eigenschaftsgruppen als notwendig. Die derzeit in der Eignungspsychologie mit Recht im Vordergrund stehende ganz-heitliche, typologische Auffassung bedarf für industrie-psychotech-nische Zwecke unbedingt einer ergänzenden Differenzierung. In Witkowitz wird folgende Einteilung nach 9 Gruppen verwendet, die zwar psychologisch angreifbar sein mag, sich aber praktisch be-währt hat.

I. Unmittelbare Sinnesleistungen: wie Gesicht, Farbenunterschei-dungsvermögen, Tastsinn u. dgl.

II. Mittelbare Sinnesleistungen, bei denen die anderen Eigenschaftsgruppen mitbeteiligt sind, wie Augenmaß, Tiefensehen, Gelenksempfinden usw.

III. Geschicklichkeitsleistungen, Arbeitsproben, arbeitstypologische Merkmale.

IV. Willensleistungen: Aufmerksamkeit, Reaktion, Nervenfestigkeit.

V. Technisch-praktische Intelligenz.

VI. Allgemeine (theoretisch-schulische) Intelligenz.

Psych. Gruppe	Nummer der Probe	Bezeichnung der Probe	Art der Prüfung
I	4	Sehschärfenprobe nach Snellen	Einzelprobe
	14	Schallokalisation mit Mikrofonen	,,
	9	Farbentafeln nach Stilling	,,
		Tastsinnprüfer	,,
II	122	Täuschungsgewichte	Einzelprobe
	87	Halbieren von Strecken, Streckenteiler	,,
	88	Dritteln von Strecken, Streckenteiler	,,
III	244	Drahtbiegeprobe	Gruppenprobe
	252	Kreuzsupport	Einzelprobe
	280	Sortierprobe Fehler	Gruppenprobe
	1	,, Zeit	,,
IV	406	Tachystoskop	Einzelprobe
	412	Aufmerksamkeitsprüfer nach Piorkowsky	,,
	342	Reaktionsbrett nach Schulz	,,
V	574	Bültmann'sche Formerprobe	Einzelprobe
	530	Winkeltrieb	,,
	512	Lückenkomb. nach Friedrich	Gruppenprobe
	526	Transmissionstest	,,
VI	607	Zahlengedächtnis nach Leipziger Methode	Gruppenprobe
	609	Formengedächtnis nach Pechhold	,,
	625	Rechentest	,,
	672	Lückentest: Arbeit u. Beruf	,,
	691	Analogietest: 30 Wortgruppen	,,
VII	701	Größe m. Höhenmaß	Einzelprobe
	702	Gewicht m. Wage	,,
	716	Handkraft mit Dynamometer	,,

Abb. 7. Prüfordnung V/G für Lehrlinge.

VII. Körperliche Eigenschaften.

VIII. Kenntnisse.

IX. Charakterliche Eigenschaften.

Wie im konkreten Fall eine Prüfordnung aussieht, zeigt Abb. 7 an dem Beispiel einer Lehrlingsprüfung.

Die Notwendigkeit eines solchen gliedernden Vorgehens wird verständlich, wenn als Gegenstück das Berufsprofil gegenübergestellt wird. Was heute im Zeitalter einer genügend exakt messenden Arbeitswissenschaft — man denke nur an Zeitstudien oder arbeitsphysiologische Messungen — als Berufskunde hingestellt wird, ist unzulänglich. Den üblichen, allgemeinen Berufsschilderungen kann der gleiche Vorwurf wie den Berufsfragebogen gemacht werden, daß sie bei verdecktem Namen auf viele und sehr verschiedene Berufe zutreffen. Statt allgemeiner Angaben braucht man konkrete Maße und Zahlen. Wohin würde eine Allgemeinbeschreibung der Eigenschaftsanforderungen unserer 4000 Arbeitsplätze führen, als zu einem unübersichtlichen Durcheinander. Es bleibt nur der mühsame, aber dankbare Weg einer Arbeitsanalyse wie sie für alle Gebiete der Arbeitswissenschaft Voraussetzung ist. Auf den wertvollen Hinweisen Poppelreuters aufbauend, haben wir in Witkowitz eine Methode entwickelt, die in absehbarer Zeit die Erfassung der praktischen Arbeit durch eindeutige Maßzahlen ermöglicht. Ihr gedrängtes Ergebnis in psychotechnischer Hinsicht ist das Eigenschaftsprofil des Arbeitsplatzes, von dem Abb. 8 zwei Beispiele zeigt.

Die Erkenntnisse aus umfassenderen Arbeitsuntersuchungen sind für die Psychotechnik sehr aufschlußreich. Es zeigte sich unter anderem eine überragende Bedeutung der Körperleistungen, wogegen die allgemeine Intelligenz nur bei 10% der Arbeitsplätze eine Rolle spielt.

Die Arbeitsphysiologie, deren Ergebnisse sich übrigens praktisch vielseitig verwenden lassen, gewinnt daher stark an Bedeutung und die Forderung nach einer Ergänzung des Ausleseverfahrens durch einfache arbeitsphysiologische Untersuchungen ist ernsthaft zu erwägen. Es erübrigt sich wohl näher darzustellen, wie wesentlich der ganze Auslesevorgang durch die Verwendung derartiger Profile an Zuverlässigkeit und Zeitersparnis gewinnt. Dabei kommen im Profil die speziellen Anforderungen jedes Arbeitsplatzes z. B. in soziologischer, fachtechnischer, unfallgefährdender Hinsicht u. dgl. gar nicht zum Ausdruck.

Schließlich möge noch kurz auf die Forderung der Wirtschaftlichkeit in der Auslese hingewiesen werden. In einem gesunden Wirtschaftsunternehmen muß der Erfolg die aufgewendeten Mittel bezahlt machen, es wird daher auch die psychotechnische Betriebsstelle mit der Zeit einen merklichen Einfluß auf die Belegschaft erzielen müssen. Ein Kriterium dafür bildet vor allem die verläßliche Fernhaltung von unfähigen Arbeitern. Dazu gehört auch die Aus-

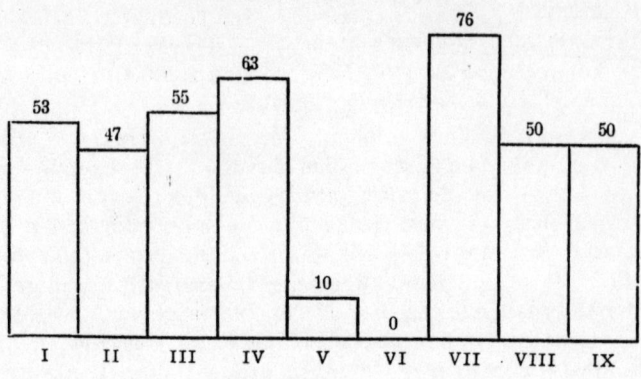

HOCHOFENSCHMELZER

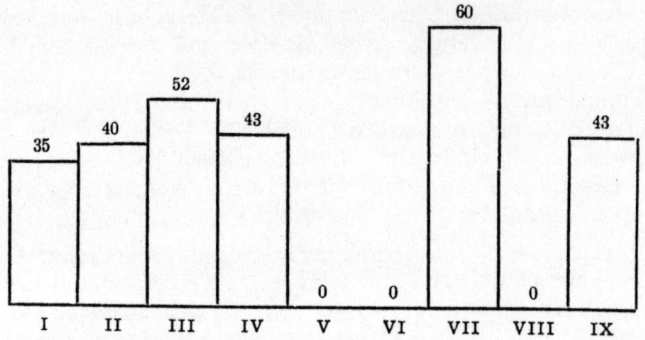

HOCHOFENFORMER

Abb. 8. Arbeitsprofile des Hochofenschmelzers und -Formers.

scheidung von typischen Unfällen im Dienste einer wirksamen Unfallverhütung. Bei größerer Frequenz — in Witkowitz ist der jährliche Durchlauf 5000 Personen — ist nach der Wichtigkeit der Berufsgruppen eine Untergliederung in Kurz- und Languntersuchung
unerläßlich. Bewährungskontrollen, die sich in der Industrie verhältnismäßig leichter und zuverlässiger als in öffentlichen Prüfstel-
len durchführen lassen, sollen laufend die Methodik überprüfen und
eine Zuverlässigkeit von mindestens 80% ergeben.

Die Aufgabe der psychotechnischen Arbeiterauslese in einem
Industriebetrieb hat sich somit als eine sehr vielgestaltige erwiesen.
Neben die gebräuchliche Fähigkeitsuntersuchung tritt die psychotechnische Kenntnisprüfung, außer den psychologischen sind auch
physiologische und soziologische Momente zu beachten. Während
die Berufsberatung den jungen Menschen in den Gesamtkreis der
Berufe bestmöglich eingliedern will, hat es die Industriepsychotech-
nik mit einem begrenzten Berufssektor und vorwiegend mit Erwach-

174

senen zu tun. Beide ergänzen daher einander, ohne sich gegenseitig ersetzen zu können. Der Menschenbedarf der Industrie zeigt infolge der technischen Entwicklung in den letzten Jahren abnehmende Tendenz und dürfte kaum mehr die frühere Höhe erreichen. Die Industriearbeit jedoch wird komplizierter und mit den veränderten Anforderungen steigt die Wertung des menschlichen Faktors. Auslese der Geeigneten wird daher für jedes Unternehmen eine Lebensfrage bleiben und die Psychotechnik findet in der Industrie noch ein weites und dankbares Wirkungsfeld, wenn sie ihre Sendung richtig erkennt.

SOURCES OF RECRUITMENT AND METHODS OF SELECTION OF PERSONNEL SUITABLE FOR HIGH ADMINISTRATIVE POSITIONS.

WINIFRED RAPHAEL (London).

It is dangerous to speak in general terms of "personnel for high administrative positions", for obviously different qualities are needed for success as the General Manager of, say, a factory, a department store, or of a great financial house.

There are essentially two systems of recruitment of administrative staff; (a) promotion from ordinary staff already in the firm, (b) engagement of specially qualified men, either direct to senior positions, or as juniors for training for such positions.

If a firm is largely staffed by people of a high level of intelligence, such as happens in a bank or in an insurance office, it will probably be possible to make most promotions from within. The problems of such an organisation are: (a) How best to recruit their general staff, · (b) How to discriminate at an early stage, men of exceptional merit.

A firm, such as a department store, which has a fair proportion of people of high intelligence, will probably largely promote from within, but supplement this method by a sprinkling of men from without who have had opportunities of further education.

In a factory, or other organisation where the average level of intelligence is not high, it is practically essential to engage a special group of men to train for high administrative positions. Certain firms make a practice of promoting their technical men, but all too often this means losing a good technical man and gaining a poor administration.

The system of *recruitment*—that is of obtaining applicants from whom to select—is of the greatest importance. Many firms are content to remain passive and let applicants come, or at best to go to the most obvious source for recruits whether it is the Employment Exchange or the University Appointments Boards. They are satisfied because they have a constant flow of applicants, and forget that the most gifted get jobs quickly and that in a chance group of applicants there is a disproportionately large number of unsuitable people.

It is well for the firm to make an analysis of the source of supply, age, education etc. of their most satisfactory recruits, and of their least satisfactory, and to use this information as a basis for action in future. They can, for instance, get into direct touch with the educational establishments, or professional bodies through whom their best recruits have come. Some firms who recruit men from the Universities or Technical Colleges, visit the students during their last term, and offer positions to those who seem in every way the most suitable.

One important decision is the age at which to recruit these picked men. If the man is specially intended to be trained for a high administrative position, it is more often advisable to chose those aged about twenty-one (University graduates) than those of about eighteen (Secondary School boys). With the excellent scholarship system existing in England, undoubtedly a very large proportion of the most intelligent boys reach the University. It is considerably easier to judge a man's character and ability at the age of twenty-one, and also if a boy is recruited at the age of eighteen, it is a very long time before he can be given even an executive position.

It has been the experience of the National Institute of Industrial Psychology that the staff themselves, if loyal and interested, often introduce exceedingly suitable applicants. This may sound like a return to nepotism but, of course, people introduced by the staff are given no favour over those from other sources. In one firm where the Institute established a system of allowing each member of the staff to recommend one person a year, and gave very full particulars of the type wanted, three times as large a proportion of these recommended recruits were accepted as those who applied without such an introduction.

The process of *selecting men from outside the firm* (as distinct from promotion) should be threefold: (1) an enquiry into their scholastic and business experience, (2) a personal interview and (3) a test. If the applicant has had considerable experience most emphasis should of course be laid on his record, and the tests can sometimes be omitted.

In order to obtain a full account of his experience, a detailed application form should be given to the applicant. If he has been employed before, references should be obtained. References are less unreliable if definite questions are asked rather than just requesting a letter. School references are seldom useful.

Interviews should be held with several members of the existing administrative staff, each separately. It is advisable for the interviewers to meet beforehand and decide which qualities should be specially noted. They should then draw up a rating scale defining the qualities and their different grades. Such a rating scale will enable

176

the interviewers to compare their impressions, and to check them with later knowledge of the selected applicants.

As regards psychological tests, probably none are of really signicant value in selecting applicants for higher administrative positions expect intelligence tests with the possible exception of tests of General Knowledge.

The chief problem in *promotion* is to find the promising member of the staff at an early stage and so ensure that he has extensive opportunities for training. In a large firm, particularly one with many branches, this causes great difficulty. The most useful methods are:

1. To establish a system of annual reports, on carefully prepared rating scales, and ensure that whenever possible, each member of the staff shall be rated separately by two supervisors.

2. To have a careful system of noting all particularly able work, original suggestions, etc.

3. To post up all vacancies inviting application. At any rate ambitious and self-assured people can be picked out.

4. To give exceptionally promising members of the staff opportunities to act for a short time as assistants to senior man, or to take positions temporarily while the holders are on holiday.

5. To have special discussion groups for able young members of the staff, where senior officials can observe their intelligence, self-assurance, etc. under different conditions from those existing in the departments.

It is obvious that all firms must aim at having a path of promotion to high administrative positions open to any member of the staff who is sufficiently capable. Discontent will naturally result if the recruitment of a privileged group, virtually checks all opportunities of promotion for the ordinary staff.

ÜBER HANDGESCHICKLICHKEIT.

HANS RUPP (Berlin).

Was Geschicklichkeit sei, ist heute trotz mancherlei guter Ansätze noch nicht geklärt. Um einen Beitrag zur Klärung dieser Frage zu liefern, habe ich folgende Versuche angestellt: Ich habe gegen 30 bewährte Handgeschicklichkeitsproben an Schwachsinnigen (S) und Normalen (N), 13 bis 15jährigen Knaben und Mädchen, angestellt.

Man wird fragen, was Ungeschicklichkeit mit Schwachsinn zu tun habe. Zunächst liegt in manchen Aufgaben für Handgeschicklichkeit sicher ein Stück Intelligenzaufgabe enthalten. Die Schwachsinnigen werden also dieses Stück der gesamten Aufgabe nicht lösen können, und die Versuche an S. werden umgekehrt auf diesen Intelligenzanteil, der vielleicht bisher verborgen gewesen ist, aufmerksam machen.

Die Bedeutung unserer Versuche für die Analyse der Geschicklichkeit reicht aber weiter. Wenn auch der Begriff der Intelligenz selbst ebenfalls noch nicht in befriedigender und zwingender Weise aufgeklärt ist, so glauben wir doch, gewisse Grundrichtungen angeben zu können. Intelligenz scheint die Fähigkeit zu sein, in einem größeren, gestalteten Ganzen die besondere Gestaltung, den Aufbau, die Struktur klar zu erfassen, bzw., wo die Gestaltung noch nicht besteht, sie durchzuführen. Freilich haben wir z. Zt. noch keinen Überblick über verschiedene Arten der Gestaltung und kein sicheres Maß für einen größeren oder kleineren, für einen einfacheren oder verwickelteren Aufbau. Dennoch glauben wir annehmen zu dürfen, daß Intelligenz die Fähigkeit des Organismus zur Gestaltung überhaupt sei, und daß diese Fähigkeit bei verschiedenen Organismen in verschiedenem Grade vorhanden ist. Bei Intelligenz im gewöhnlichen Sinne denken wir nun an ein bestimmtes Gebiet der Gestaltung, nämlich an das sprachlich-begriffliche Gebiet. Wenn wir die Versuche mit Kindern und Tieren hinzunehmen, so dehnen wir den Begriff auch auf das Gebiet verschieden schwieriger, in der äußeren Wahrnehmung gegebener Gestaltungen aus. Nun hindert nichts, den Begriff der Gestaltungsfähigkeit auch auf das Gebiet der Körperbewegungen und ihrer Beherrschung, also auf motorische Geschicklichkeit zu erweitern. Man wird den Gedanken plausibel finden, daß Geschicklichkeit nicht etwa den Grad der Schnelligkeit unserer Bewegungen bedeutet, sondern daß sie sich in der Fähigkeit zur Gestaltung komplizierterer oder komplexerer Bewegungen zeigt.

Da nun der geistig körperliche Organismus des Menschen einheitlich ist, und da der eben geschilderte Intelligenzbegriff ganz allgemein für jedes Betätigungsgebiet gilt, so ist es weiter wahrscheinlich, daß der S. in der Regel nicht nur auf dem sprachlich-begrifflichen Gebiet und auf dem Gebiete komplizierter äußerer Situationen, sondern auch auf dem motorischen Gebiete zurücksteht. Das schließt nicht aus, daß in seltenen Fällen spezielle Begabungen oder spezielle Defekte auf diesem oder jenem Gebiet vorkommen.

Wenn das nun richtig ist, so werden die Versuche an S. in der großen Mehrzahl der Fälle auch zeigen, welche Handgeschicklichkeitsaufgaben höhere Anforderungen an die Geschicklichkeit oder — wie wir nun auch sagen können — an die motorische Intelligenz stellen. Es ist zu hoffen, daß wir auf Grund der Versuche an S. geradezu eine Stufenfolge immer kritischerer Geschicklichkeitsaufgaben aufstellen können, indem wir als Aufgaben geringer Geschicklichkeit diejenigen ansehen, die in der Stufenreihe der S. auch von den Schwächsten bewältigt werden, und als Aufgaben von immer höherer Geschicklichkeit diejenigen, die von immer Höherstehenden oder nur von den N. gelöst werden. Auch innerhalb der N. wird sich die Stufenreihe fortsetzen.

Ich habe also verschiedene Geschicklichkeitsproben in gleicher

Weise einer Gruppe von schwachsinnigen Schülern einer Heilanstalt[1]) (18) und einer Klasse von normalen Schülern (15), die ungefähr im gleichen Alter stehen und ungefähr aus dem gleichen Milieu stammen, vorgelegt und festgestellt, bei welchen Aufgaben sich die beiden Gruppen unterscheiden, bei welchen nicht, oder — da in den meisten Fällen ein Unterschied vorhanden war — wie weit die Lösungen sich überdecken oder auseinanderfallen. Es hat sich allerdings gezeigt, daß von den 18 S. ein Mädchen fast idiotisch ist und unsere Aufgaben zum großen Teil nicht verstehen konnte; sie mußte darum bei der Vergleichung fortgelassen werden. Ferner waren zwei der in der Heilanstalt Befindlichen eigentlich nicht schwachsinnig. Der eine Patient,

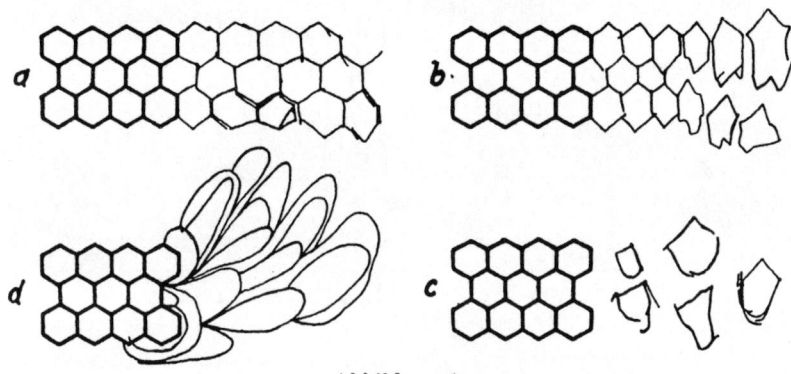

Abbildung 1.

ein Schüler, war wohl nur durch ungünstige Umstände und durch vorübergehende Krankheitserscheinungen in die Anstalt gekommen. Der andere Patient, ein Mädchen, ist infolge psychopathischer Anlagen zwar zu den Fürsorgezöglingen zu rechnen, aber nicht zu den S. Beide Fälle wurden auch von der Anstalt als zweifelhaft bezeichnet. Ebenso war unter den Schülern der Volksschule ein Junge, der den Lehrern immer große Schwierigkeiten bereitet hatte und eigentlich in die Hilfsschule gehört hätte. Wir bezeichnen darum in den folgenden Zusammenstellungen die beiden N. der S.-anstalt und den S. der Volksschule durch gestrichelte Marken, um anzudeuten, daß sie eigentlich in die andere Gruppe gehören. Es bleiben somit in jeder Gruppe 16 Schüler. Bei einigen Proben hat allerdings der eine oder andere gefehlt.

Die Aufgaben und ihre Ergebnisse.

1. Die Aufgabe des *Musterfortsetzens*[2]) habe ich schon vor Jahren an Normalen und Hilfsschülern erprobt. Es zeigte sich, daß sie von

---

[1]) Heil- und Pflegeanstalt Wittenau bei Berlin. Ich spreche der Anstalt für ihr freundliches Entgegenkommen den besten Dank aus.
[2]) Vgl. Rupp, Über optische Analyse, Psych. Forschung, 4, 1923.

den letzteren in der Regel viel schlechter gelöst wurde als von den ersteren. Eine Nachprüfung an unserem viel genauer untersuchten Menschenmaterial war jedoch erwünscht. Die Aufgabe besteht darin, daß verschiedene Muster, deren Beginn auf dem Zeichenblatt vor-

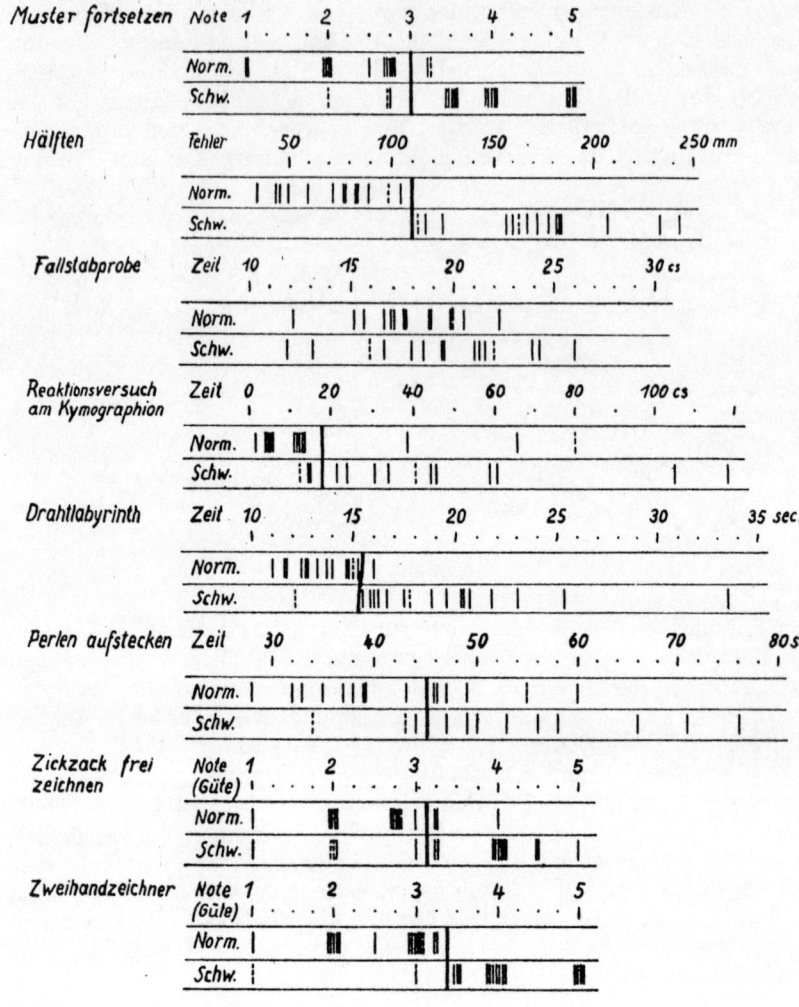

Abbildung 2.

gezeichnet ist, in genau der gleichen Weise fortgesetzt werden sollen. Abbildung 1 zeigt typische Lösungen aus der S-gruppe für das Wabenmuster: erst eine durchaus in das Gebiet der N. reichende Lösung, dann drei verschiedenartige Lösungen wie sie aber nie bei N. vorkommen. Abbildung 2 bringt für diese und für einige der folgenden

180

Proben die graphische Darstellung der Ergebnisse. Für unsere Probe gibt sie die Noten aller N. und aller S. Dazu ist zu bemerken, daß für die Zwecke der Benotung alle 32 Lösungen zunächst in eine Stufenreihe geordnet und dann in der Weise bewertet wurden, daß die ca. 10% Besten und Schlechtesten die Note 1 bzw. 5, die 20% Anschließenden die Note 2 bzw. 4 und die restlichen 40% die Note 3 erhielten. Nach Bedarf wurden auch Zwischennoten gegeben oder die mittlere Note in 3, 3+ und 3— abgestuft.

Abbildung 3 zeigt nun deutlich, daß die Lösungen der N. und S. fast vollständig auseinandertreten. Rechnet man den hilfsschulreifen Schüler aus der Normalklasse zu den S. und umgekehrt die zwei N. der S.-anstalt zu der oberen Reihe der Volksschulklasse und zieht die Grenze genau bei Note 3, so sind es nur zwei Schüler, die die Grenze ein wenig überschreiten: 1 N. liegt etwas unter und 1 S. etwas über der Grenze.

Das klare Durchschauen eines derartigen Musters ist also dem S. im allgemeinen nicht möglich, und alle handwerklichen Arbeiten, wo solche Muster reproduziert werden sollen, bereiten ihm Schwierigkeit.

Es wäre sehr reizvoll, die verschiedenartigen Lösungen genauer zu besprechen. Das Beispiel b in Abbildung 1 zeigt erst ein paar richtige Sechsecke, dann immer stärkeren „Zerfall" des ganzen Musters. Derselbe Zerfall ist noch deutlicher und sofort von Anfang an im Beispiel c vorhanden. Das Mädchen, das Lösung d geliefert hat, bemüht sich überhaupt nicht, in die genauere Struktur einzudringen, sondern zeichnet irgendwelche bequemen Formen und reiht sie ebenso bequem aneinander. Sie macht mehr den Eindruck des Dösens und Hintrottens in der Arbeit. Die Arbeit ist ganz durch „endogene" Bedürfnisse bestimmt, aber nicht vom Willen und von der Intelligenz her beherrscht. Eine straffere Leitung und eine differenzierte Handlung sind ihr unmöglich.

2. Noch schärfer traten die zwei Gruppen bei der Wegsuchprobe auseinander. Ein auf einer Kymographiontrommel befestigter Papierstreifen mit einem aufgezeichneten Weg bewegt sich langsam auf die Versuchsperson zu. Vor der Trommel und parallel zu ihrer Achse bewegt sich ein Stift, der auf der Trommel zeichnet und durch ein Steuerrad nach rechts und links verschoben werden kann, so daß die Versuchsperson, während die Trommel sich bewegt, mit dem Stift auf einem aufgezeichneten Weg fahren kann. Der Weg, von dem Abb. 3 zwei Ausschnitte bringt, ist mehrfach verzweigt. Die Versuchsperson soll nun den richtigen Weg suchen, nämlich denjenigen, der nicht in einer Sackgasse endet, und der zweitens nicht zurückführt. Die Versuchsperson muß also immer ein Stück vorausblicken und aus dem vielfach irreführenden Netz oder Gewirr den richtigen Weg suchen. Die Abbildung 3 bringt eine leichtere und eine schwierigere Verzweigung.

Stellt man die Fehler graphisch zusammen wie in Abbildung 2, so treten die N. und S. ganz auseinander bis auf das als normal zu bezeichnende Mädchen der S.-Gruppe, das ein wenig hinter der Grenze zurückbleibt.

3. Es interessiert, ob auch bei der der Wirklichkeit näherstehenden Aufgabe „Geländeprobe", wie ich sie für Fahrerprüfungen entwickelt habe, eine ähnliche Trennung eintritt. In dieser Aufgabe ist der Weg nicht in einfacher Linie gegeben, sondern wie eine Landschaft mit Häusern, Bäumen usw. in sehr mannigfaltiger Weise aufgezeichnet. Außerdem ist die Aufgabe durch Signale kompliziert, bei denen *neben* der Straße gefahren werden muß. Die Trennung zwischen N. und S. war auch hier vorhanden, nur nicht ganz so scharf; zwei S. reichen in das normale Gebiet hinüber.

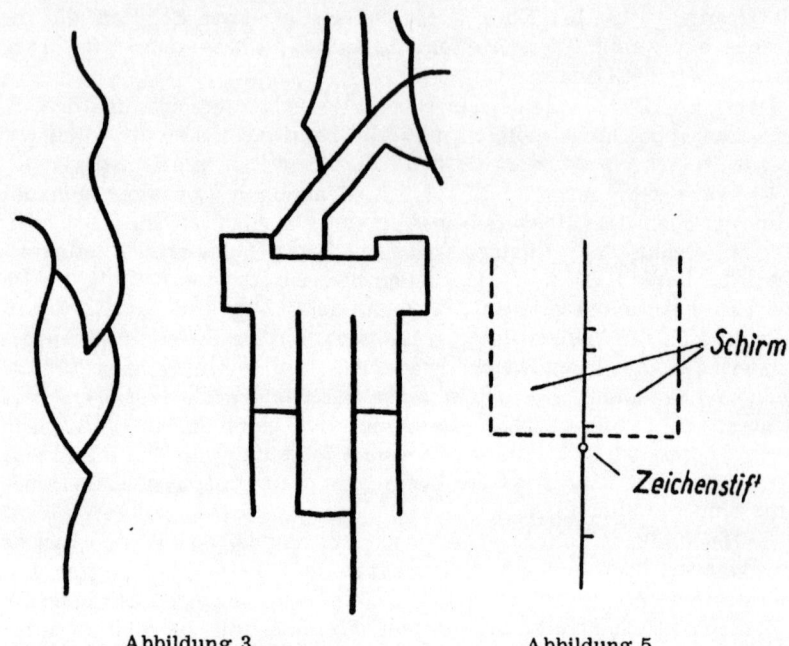

Abbildung 3. Abbildung 5.

Es gilt also hier wie bei der Wegsuchprobe, daß der Überblick über einen etwas verwickelten Weg den S. unmöglich ist, genau so, wie ihnen im früheren Beispiel das Durchschauen des Musters unmöglich war.

4. Es ist aber nicht nur die Verwickeltheit des Weges, die Schwierigkeit bereitet. Schon in den Aufgaben 2 und 3 war „Zeitzwang" vorhanden. Der Weg zog vorbei, und man mußte rechtzeitig mitkommen. Auch einem verhältnismäßig einfachen Weg kann schwer gefolgt werden, wenn er schnell vorbeizieht, oder wenn die Linie schnelle Windungen macht.

Es wurde ein solcher, mehrfach gewundener oder eckiger, aber nie zurückkehrender und sich nie verzweigender Weg aufgezeichnet.

Die Vp hatte ihn möglichst genau nachzufahren *(Kurven nachfahren am Kymographion)*. Auch hier trennten sich N. und S. fast vollständig. Einem ständig wechselnden Weg schnell zu folgen gelingt also den S. viel weniger als den N.

5. Ich untersuchte nun eine ganz andere Seite der Bewegung, nämlich die *Genauigkeit*. Die Versuchspersonen sollten Strecken hälften. Es waren 20 verschiedene Strecken (3, 6, 12, 24 cm) in unregelmäßiger Folge gegeben. Wir addierten die Hälftungsfehler, wobei natürlich die Fehler einer halb so kleinen Strecke wegen des Weberschen Gesetzes doppelt gerechnet wurden.

Auch hier zeigte sich fast vollständige Trennung der zwei Gruppen. Man vergleiche Abbildung 2. Hier handelt es sich nicht um eine „verwickelte" Struktur wie in den Aufgaben 1—3 auch nicht um große Behendigkeit wie in 4; dafür muß man sich bei einer solchen Augenmaßaufgabe sehr genau einstellen, gewissermaßen mit seinem ganzen Körper einbalancieren. Diese Einbalancierung scheint den S. Schwierigkeit zu bereiten. Bezeichnenderweise arbeiteten sie in der Regel schneller als die N., ohne daß aber hinsichtlich Schnelligkeit eine so scharfe Trennung eingetreten wäre wie bei Genauigkeit.

6. Man könnte das vorige Ergebnis auch so auffassen, daß die S. in der Anspannung der Aufmerksamkeit versagten. Danach muß jede Aufgabe, die große Anspannung der Aufmerksamkeit verlangt, von den S. schlechter gelöst werden. Eine solche Aufgabe scheint das Genauausschneiden zu sein. Wir versuchten diese Probe. Es waren zwei stark gewundene Linien gegeben, ähnlich den Grenzlinien einer Landkarte; sie sollte von den Schülern möglichst genau ausgeschnitten werden. Die Güte der Lösung wurde nach Noten bewertet, nach demselben Verfahren, wie es oben (vgl. 1) geschildert worden ist. Nur wurde auch die Zeit berücksichtigt, indem bei sehr schnellem und sehr langsamem Arbeiten die Note etwas verschoben wurde. Hier trennten sich nun N. und S. lange nicht so deutlich wie in den früheren Proben. Setzt man die Grenze hinter Note 3 an, so überschreiten 3 N. und 3 S. ihre Grenze und zwar um erhebliche Beträge. Die obige Vermutung bestätigt sich also nicht.

Der Unterschied zwischen Hälften und Ausschneiden dürfte darin bestehen, daß beim Ausschneiden die genaue Handlung viel mehr „geführt" ist. Man braucht nur hinzusehen und merkt sofort, ob man auf der Linie schneidet oder nicht. Ja noch mehr: die auszuschneidende Linie nimmt beim Schneiden automatisch mit („Anreiz"). Das Hälften dagegen ist eine viel kritischere Arbeit, die eine viel größere Anspannung der Aufmerksamkeit mit sich bringt. Ob die Leistung mehr in der Fähigkeit zu guter Gestaltung (Einbalancieren) oder in der Richtung des Wollens (Richtung auf das Ziel, Zurückweisung anderer Tendenzen) liegt, muß dahingestellt bleiben.

Das Schneiden an sich bereitete auch den S. keine Schwierigkeit. Nur das oben erwähnte idiotische Mädchen, das wir bei unseren

Berechnungen ausgeschieden haben, verstand nicht, das Papier zwischen den beiden Schenkeln der Schere und senkrecht zu ihrer Fläche zu halten, und die Finger dabei so zu stellen, daß sie nicht im Wege stehen und nicht zwischen die schneidenden Schenkel kommen. Ebenso verstand sie den Vorgang des Schneidens nicht. Sie hielt z. B. die Schere *über* dem Papier oder *schlug* mit ihr auf das Papier. Alle übrigen S. konnten schneiden. Die Schwachen unter ihnen waren aber außerstande, den feineren Windungen zu folgen. Man vergleiche das Beispiel Abbildung 4.

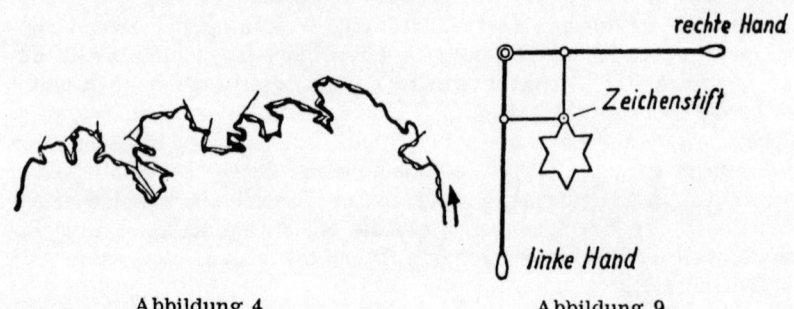

Abbildung 4.   Abbildung 9.

7. Um den Einfluß der Schnelligkeit, den wir schon oben (3.) berührt haben, weiter zu verfolgen, stellte ich verschiedene *Reaktionsversuche* einander gegenüber. Schon frühere Versuche haben klar gezeigt, daß es eine elementare, individuell verschiedene Reaktionsgeschwindigkeit nicht gibt. Wählt man einfachste Bewegungen unter einfachen Aufmerksamkeitsbedingungen und scheidet Schwierigkeiten durch Übung aus, so nivellieren sich alle individuellen Unterschiede. Da man aber immer wieder der Ansicht begegnet, daß Geschicklichkeit im Grunde Schnelligkeit der Bewegungen sei, so habe ich eine einfache Schnelligkeitsaufgabe den N. und S. vorgelegt. Ich wählte einen einfachen Reaktionsversuch, und zwar die von mir vor Jahren eingeführte *Fallstabprobe* (Falluhr) und zwar die Ausführung mit zwei Stäben: Die Hand umfaßt zwei vertikale Stäbe, ohne sie aber zunächst zu berühren (darauf muß streng geachtet werden!); sobald die Stäbe zu fallen beginnen, was durch einen Schlag erkenntlich wird, faßt man mit beiden Händen zu und fängt die Stäbe auf. Die Falltiefe gibt die Reaktionszeit an.

Hier zeigte sich nun, auch uns überraschend, *gar kein* Unterschied zwischen N. und S. Die S. lieferten die langsamsten aber auch die schnellsten Reaktionen. Man vergleiche Abbildung 2. Dabei waren die Bedingungen nicht einmal sehr günstig: Die „Warnpausen", d. h. die Zeiten zwischen dem Achtungssignal und dem Reiz, schwankten unregelmäßig zwischen 2 und 10 Sekunden.

Es bestätigt sich also, daß Geschicklichkeit nicht etwa auf der Schnelligkeit elementarer Bewegungen beruht, denn bei solchen sind N. und S. und daher, wie wir nach unseren ganzen Ergebnissen sagen können, Geschickte und Ungeschickte gar nicht verschieden.

8. Ich versuchte nun eine Komplikation in den Reaktionsversuch hineinzubauen, um zu sehen, ob dadurch die S. versagen. Ich benützte wieder das oben beschriebene *Kymographion mit Stift und Steuerrad* und ließ einen gradlinigen Weg mit unregelmäßig verstreuten Marken so nachfahren, daß jeder Marke entsprechend eine kleine schnelle Ausbuchtung mit dem Steuerrad erzeugt werden sollte (vgl. Abb. 5). Der herankommende Weg war aber diesmal nicht sichtbar, sondern war bis 2 mm vor dem Stift durch einen Schirm verdeckt (Trommelgeschwindigkeit 4 mm/sec.). Die Versuchs-

Abbildung 6.

person mußte also die ganze Zeit hindurch (8 min.) ständig in Bereitschaft sein. Schon unmittelbar nach einer Marke kam gelegentlich eine zweite. Die Arbeit war nicht wie bei dem früheren Reaktionsversuch in kurze sich stereotyp wiederholende Einzelhandlungen getrennt.

In der Tat traten jetzt N. und S. auseinander. Es überschritten nur 3 Versuchspersonen die Grenze, wenn man diese bei 15 cs (= Zentisekunden = 1/100 sek.) ansetzt. Die *dauernde* Bereitschaft und Beherrschung macht also dem S. Schwierigkeit.

9. Eine andere Art der Schwierigkeit der Geschicklichkeitsaufgaben, die bei vielen praktischen Handarbeiten vorkommt und uns zu einem weiteren wesentlichen Faktor führt, zeigt die Aufgabe „Kurven freihändig schnell nachfahren". Ein großes Blatt (DIN A 3, ca. 30×40 cm) ist mit einem vielfach gewundenen, bald eckigen, bald

runden Linienzug bedeckt. Abbildung 6 bringt ein stark verkleinertes Bild. Die Versuchsperson soll die Linie möglichst schnell mit Bleistift nachfahren. Es wird 5× auf demselben Blatt nachgefahren und die Zeit jedes Versuchs gestoppt.

N. und S. treten auch hier auseinander. Allerdings findet in der Mitte eine Häufung und eine Überdeckung statt. Wahrscheinlich hängt dies damit zusammen, daß sich die mittleren Lösungen bei unserer subjektiven Bewertung nicht genügend scharf trennen lassen. Es ist bezeichnend, daß die die Grenze überschreitenden Versuchspersonen nicht etwa weithin überschreiten, wie z. B. beim Reaktionsversuch 6, sondern nur ein ganz kleines Stück. Es ist also nicht unwahrscheinlich, daß die Trennung der beiden Gruppen eine viel schärfere sein würde, wenn wir die Güte der Lösungen genauer bestimmen könnten.

Was bedeutet nun dieser Versuch? Die gegebene Note ist sowohl nach Schnelligkeit wie nach Güte bestimmt. Größere Schnelligkeit wird nun keineswegs dadurch erreicht, daß man sich einfach schnell zu zeichnen bemüht, sondern man muß größere Komplexe der gezeichneten Linie z. B. einen ganzen Zug, ähnlich dem Buchstaben W oder der Ziffer 8, überblicken können. Es genügt aber nicht der optische Überblick, sondern auch die Hand muß einen größeren Bewegungskomplex in einem Zuge bewältigen können. Wir haben also zweierlei größere Gestalten vor uns, die optische und die motorische. Der Geschickte muß auf beiden Gebieten zu größeren Gestaltungen befähigt sein. Dazu kommt endlich 3. die sogenannte „Koordination", d. h. die Anpassung der Bewegung an die optische Lage. Die für Geschicklichkeit bezeichnende Koordination fassen wir aber nicht in dem Sinne auf, daß wir darunter die Fähigkeit zu irgendwelchen Koordinationen verstehen, sondern nur Koordination *komplizierterer* Gestalten. Man möge sich vergegenwärtigen, was es bedeutet, einen komplizierteren Bewegungszug nicht stückweise, sondern als ganzen einer vorgegebenen optischen Linie oder sonstigen optischen Anhaltspunkten genau anzupassen. Jede Phase der Bewegung muß mit dem entsprechenden Teil der optischen Gestalt in Einklang gebracht werden.

Die Befähigung zu dieser Koordination scheint mir das charakteristischste Zeichen von Geschicklichkeit zu sein. Wenn wir oben Geschicklichkeit als motorische Intelligenz gefaßt haben, so meinten wir damit die Fähigkeit zur guten Gestaltung komplizierter Bewegungen. Diese Bewegungen dürfen aber nicht gewissermaßen in der Luft hängen, sondern müssen, gerade bei handwerklicher Arbeit an einem Material, zugleich beste Anpassung an optische Gegebenheiten, also Koordination zeigen. Daß Geschicklichkeit wirklich die Fähigkeit zu größeren Gestaltungen bedeutet, zeigt sich auch darin, daß die Schwachsinnigen viel häufiger stockten und bei Kreuzungen in falsche Linien gerieten. Sie konnten eben die Figuren nicht in größeren Zügen überblicken und konnten schwer vorausschauen, wie es

186

uns ja auch die Aufgaben 1 und 2 gezeigt haben. Die Gestalten bildeten sich langsamer und meist in kleineren Stücken.

10. Die bei der vorigen Aufgabe gefundene Schwierigkeit der genauen Auswertung zeigte sich in viel geringerem Maße bei einer anderen, im übrigen aber ganz verwandten Probe, nämlich beim *Drahtlabyrinth:* Über einen labyrinthartig gewundenen 3 mm dicken Draht ist ein Scheibchen, das in der Mitte ein Loch von 4 mm Durchmesser hat, so schnell als möglich zu schieben. Der Versuch wird 5mal wiederholt und jedesmal die Zeit gestoppt. Abbildung 2 gibt die mittleren Zeiten an. Hier trennen sich N. und S. viel besser. Es sind nur drei, die in das fremde Gebiet hinüberreichen.

Schnelligkeit wird auch hier nur dadurch erreicht, daß man größere Stücke des Drahtes auf einmal überblickt und auch in einem Zug bearbeitet. Das typische Verhalten des Geschickten ist das des souveränen Überblickens auf der einen Seite und das des gelösten und geschmeidigen Folgens der Hand auf der anderen Seite. Der Ungeschickte dagegen arbeitet stückhaft, stockend und vielfach krampfhaft.

11.—13. Die Schwierigkeit der Aufgaben 9 und 10 ist keineswegs bei allen handwerklichen Arbeiten vorhanden. In vielen Fällen handelt es sich um viel einfachere Bewegungen, die sich dafür aber in gleicher Weise wiederholen. Psychologisch fällt damit vor allem der ständige und schnelle Wechsel der Erfassung und Anpassung größerer Gestaltungen fort.

Wenn dies richtig ist, so müssen sich bei solchen einfachen und sich wiederholenden Arbeiten die N. und S. weniger unterscheiden. Ich versuchte drei typische Proben: *Perlenaufstecken, Fädeneinlegen* und *Kappeneinstecken.* Beim Perlenaufstecken waren zwei Arten von Perlen abwechselnd auf einen dünnen Drahtstab aufzustecken; beim Fädeneinlegen waren 20 Fäden in gleicher Weise in zwei untereinander liegende ringartig gebogene Haken einzulegen; beim Kappeneinstecken waren 50 Kappen in 50 in drei Reihen liegende Löcher einzustecken. Abbildung 2 zeigt für die erste Aufgabe eine wesentlich stärkere Überdeckung der Leistungen der N. und S.; 6 Schüler gehen über die Grenze hinaus, und zwar reichen sie wesentlich mehr in das fremde Gebiet hinein, als wir es sonst gefunden haben. Beim Fädeneinlegen gingen 4 Schüler über die Grenze. Beim Einstecken von Kappen ist die Trennung etwas besser. Wahrscheinlich hängt es damit zusammen, daß bei dieser letzteren sehr einfachen und kurzen Elementaraufgabe der Geschickte sofort mehrere Kappen zusammenfaßt und in einem Zug erledigt. Jedenfalls bestätigen die Ergebnisse die oben ausgesprochene Vermutung.

14.—16. Drei weitere Aufgaben zeigen die zunehmende Schwierigkeit, die beim Gebrauch von Werkzeugen entstehen kann. Ich ließ zunächst mit freier Hand ein Zickzack innerhalb zweier paralleler Geraden zeichnen; der Beginn des Zickzacks war vorgezeichnet. Abbildung 7 gibt eine typische und lehrreiche Lösung eines Schwach-

sinnigen: er hat nicht die innere Klarheit oder die innere Zielstrebigkeit, das Zickzack unbekümmert um die schrägen Querlinien der
zweiten Teilaufgabe weiterzuführen, sondern wird abgelenkt oder
ganz in die entstehende schräge Ecke hineingezogen. Die Querlinien
sind für ihn nicht so wie für den Normalen eine leicht abzutrennende
zweite Figur, von der man leicht absehen kann, sondern sie verschmelzen mit der ersten Figur und schließen daher den Raum für
das Zickzack schräg ab. Trotz solcher Schwierigkeiten sind die Lösungen der S. nur wenig von denen der N. verschieden. 7 gehen über
die Grenze, und zwar um sehr erhebliche Beträge.

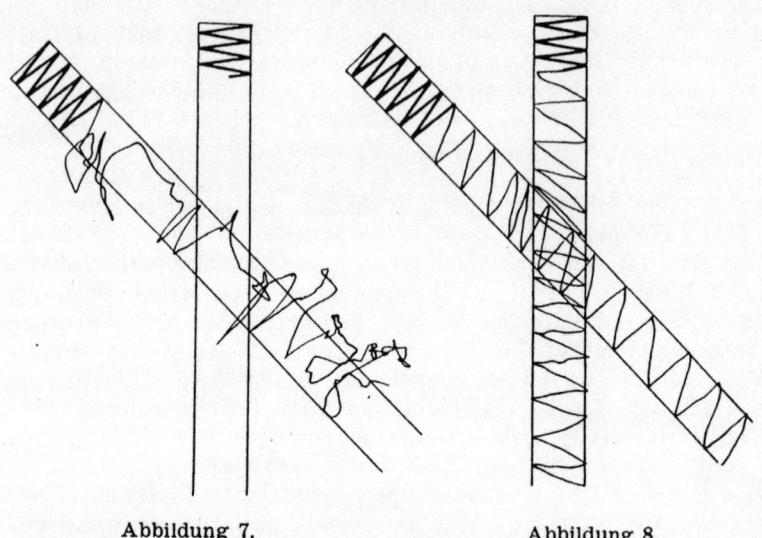

Abbildung 7.   Abbildung 8.

Dasselbe Zickzack ließ ich auch so ausführen, daß nicht der
zeichnende Stift, sondern das Zeichenblatt zu bewegen war: „Unter
festem *Stift zeichnen*“. Alle Bewegungen sind jetzt spiegelbildlich
auszuführen, und zwar nicht nur so, daß rechts und links, sondern
auch so, daß oben und unten und die schrägen Gegenrichtungen
vertauscht sind. Es muß also eine gewisse *Übersetzung* vorgenommen
werden. Die hier geforderte Übersetzung bereitet dem Normalen
wenig Schwierigkeit; stark Schwachsinnige dagegen werden stark
desorientiert. Abbildung 8 bringt einen derartigen Fall. Manche S.
haben die Aufgabe nur dadurch begriffen, daß sie ein ähnliches
Zickzack ausführten wie beim gewöhnlichen Zeichnen und gar nicht
merkten, daß ihre Bewegungen die umkehrten Wirkungen hatten.
Die Lösungen der N. und S. treten recht gut auseinander; es finden
sich nur 3 Überschreitungen der Grenze um geringe Beträge.
    Eine viel schwierigere Übersetzung stellt der *Zweihandzeichner*
dar. Ich wählte die von mir seit Jahren verwendete Form in der

188

Modifikation von Herwig (vergl. Abbildung 9). Hierbei wird jede Bewegung des Zeichenstiftes in eine vertikale und horizontale Komponente zerlegt und die horizontale der linken, die vertikale der rechten Hand zugeordnet. Ich wollte wissen, ob die S. diese ausgesprochen schwierige Übersetzung erfassen können. Man hatte schon beim bloßen Hinsehen den Eindruck völliger Ratlosigkeit. Auch die nach der Güte der Zeichnung gegebenen Noten zeigen eine vollständige Trennung von N. und S. Nur der hilfsschulreife Volksschüler ragt ein wenig in die Gruppe der N. hinein.

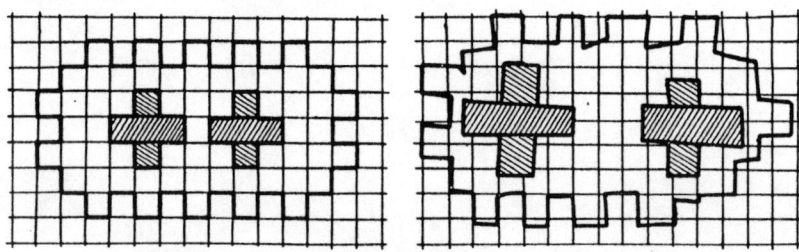

Abbildung 10.

Wir haben also in den beiden Übersetzungen (Unter-Stift, Zweihand) eine gesteigerte Schwierigkeit, die sich bei den S. sehr deutlich durch immer stärkeren Abfall auswirkt. Die Übersetzungen stellen neue künstliche Koordinationen dar, die von den natürlichen mehr oder weniger abweichen. Der mit schwacher motorischer Intelligenz Ausgestattete kann solche neue Gestaltungen nicht vornehmen.

17. Ich versuchte endlich zwei Proben, die ganz der praktischen handwerklichen Arbeit entnommen sind. Die eine derselben war das „Kreuzeausschneiden und -kleben". Die in Abbildung 10 dargestellte Form soll aus kariertem Papier ausgeschnitten und mit 2 roten (in der Abbildung geschrafften) Kreuzen beklebt werden; die Kreuze sind aus zwei Balken zusammenzusetzen. In dieser Aufgabe ist vielerlei enthalten: die auszuschneidende Form in ihrem Aufbau erkennen und richtig auf das karierte Papier verteilen; den zackigen Rand ohne vorheriges Anzeichnen ausschneiden; die beiden Kreuzbalken in der richtigen Größe ausschneiden und beim Aufkleben richtig in die ausgeschnittene Form einfügen. Die Abbildung bringt neben dem Muster eine schlechte Lösung: der schwachsinnige Schüler kümmerte sich nicht viel um die richtige Größe und die richtige Einfügung in das vorhandene Karo. Als er aufmerksam gemacht wurde, meinte er, es ginge auch so. Die Gliederung des Randes war vielen S. unverständlich, die Lösungen waren vielfach bedeutend schlechter als das hier gegebene Beispiel. Dazu kamen die Schwierigkeiten des Klebens mit dem flüssigen Gummi. Ein S. bestrich die ganze ausgeschnittene Form mit einem tüchtigen Klecks Gummi, legte die Balken des Kreuzes darüber und preßte sie mit der ganzen Faust

189

nieder. Angesichts aller dieser Schwierigkeiten — man könnte noch weitere Fälle anführen — versteht man erst, was alles der N. als selbstverständlich erfaßt und richtig ausführt! In der Vielheit der hier zu beachtenden kleinen Probleme oder „Tücken des Objekts" liegt eben die Schwierigkeit der Aufgabe.

N. und S. treten ziemlich gut auseinander. Die Mehrzahl der S. sind fraglos schlechter als alle N. Immerhin überschritten 4 Schüler die Grenze.

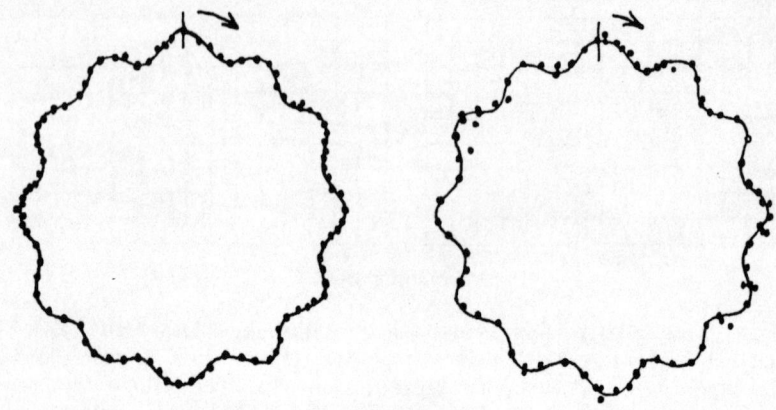

Abbildung 11.

18. Die zweite praktische Handarbeit war das „Ausstechen mit der Nähmaschine". Ein Kranz wie in Abbildung 11 sollte regelmäßig ausgestochen werden. Die Nadel mußte durch Bewegen eines Fußbrettes gesenkt und gehoben werden, das Verschieben des Papieres war mit den beiden Händen zu vollziehen. Hier sind nicht zwei gleichzeitig wirkende Komponenten vorhanden wie oben beim Zweihandzeichnen (vergl. 16), sondern zwei sukzessiv wirkende Komponenten: die Handbewegung und die Fußbewegung; sie müssen sich gut aneinander anschließen. Ferner müssen die Hände das Papier genau in der richtigen Weise verschieben. Die Aufmerksamkeit ist hauptsächlich auf das Verschieben des Papiers gerichtet; die Fußbewegung geht nebenbei einher. Der Kranz ist mit Absicht so gewählt, daß bei jeder neuen Welle eine andere Orientierung nötig ist, so daß man nicht von Wiederholung sprechen kann.

Die Aufgabe läßt den Unterschied zwischen N. und S. deutlich hervortreten. Nur 3 Schüler überschreiten ein wenig die Grenze. Der eben geschilderte Handlungsablauf erfordert auch insofern gute Beherrschung als er dauernd in Ordnung gehalten werden muß. Es ist charakteristisch, daß meist zu Anfang besser gearbeitet wird als später. Wir haben eine ähnliche Erscheinung bei der ersten Aufgabe

(Musterfortsetzen) beobachtet, wo ebenfalls anfangs mehr oder weniger gute Führung vorhanden war und später Zerfall eintrat.

Die 18 hier geschilderten Aufgaben — es waren mehr Aufgaben gegeben, die übrigen zeigten aber nichts wesentlich Neues — haben uns verschiedene Seiten der Geschicklichkeit gezeigt, so daß wir auf Grund der Versuche zu einem klareren Begriff von Geschicklichkeit kommen. Wenn wir die wesentlichen Züge zusammenfassen, ergibt sich folgende Definition: *Geschicklichkeit ist motorische Intelligenz.* Dabei verstehen wir unter Intelligenz die Fähigkeit zur Gestaltung, wobei der Nachdruck auf den *Grad* der Gestaltungsfähigkeit gelegt ist: der Intelligentere kann kritischere Gestaltungen vornehmen. Unter kritischen Gestaltungen sind folgende zu verstehen: die Gestaltung muß „neu" oder „künstlich" sein, d. h. in dem Organismus noch nicht vorgebildet und vererbt, ähnlich wie die Reflexbewegungen; sie muß ferner entweder „verwickelt" sein (die Bedingungen der Verwickeltheit und ihre Grade sind noch genauer zu bestimmen) oder sehr „genau" sein (man vergleiche das Hälften); sie muß relativ schnell und leicht vollzogen werden, und muß leicht wechseln können; sie muß endlich dauernd vollzogen werden können (dauernde Beherrschung). Die Gestaltung bezieht sich auf Bewegungen unserer Glieder, aber auch auf Anpassung dieser Bewegungen an optische oder andere (z. B. akustische) Anhaltspunkte und setzt vielfach auch optische, akustische und andere Gestaltungen voraus.

Die Ansicht, daß Geschicklichkeit die Fähigkeit zu schnellen Bewegungen sei, ist falsch. Ebenso, daß sie einfach in der Koordination von Bewegungen mit optischen und anderen Anhaltspunkten bestehe. Wesentlich ist vielmehr, daß die Bewegungen und die optischen und sonstigen Gegebenheiten kompliziertere Gestaltungen und deren Zuordnung verlangen.

Daß damit die Analyse der Geschicklichkeit schon erschöpft sei, wagen wir nicht zu behaupten. Da wir allerdings sehr verschiedenartige handwerkliche Proben herangezogen haben, ist nicht wahrscheinlich, daß noch viel Wesentliches hinzukommt.

Die nächste praktische Aufgabe wäre, die vielen einzelnen handwerklichen Tätigkeiten daraufhin zu untersuchen, welche der geschilderten Anforderungen in jeder enthalten sind. Da wir durch unsere Versuche mit N. und S. zugleich eine Stufenordnung von den einfachsten bis zu den schwierigsten Geschicklichkeitsaufgaben erhalten, ist damit zugleich eine Methode gegeben, die praktischen handwerklichen Arbeiten in ähnlicher Weise abzustufen. Wir können dann feststellen, welche Arbeiten für sehr Geschickte oder mittel Geschickte in Frage kommen, oder welche von Schwachen, ja selbst Schwachsinnigen noch gelöst werden können. Wenn auch das Problem der Geschicklichkeit damit sicher noch nicht gelöst ist, so dürfte es doch ein wesentliches Stück gefördert sein.

Stefan Blachowski: Diskussionsbemerkungen zur dem Vortrag von Prof. Rupp: „Über manuelle Geschicklichkeit".

Die Versuche von Rupp ermöglichen zwar den Vergleich des Verhaltens von schwachsinnigen und normalen Jugendlichen bei der Lösung von Geschicklichkeitstests, eignen sich aber — infolge der Verflechtung von Intelligenz- und Geschicklichkeitsleistungen — nicht zur prinzipiellen Lösung des Geschicklichkeitsproblems. Es bestehen bekanntlich große Unterschiede der Geschicklichkeit zwischen normalen Jugendlichen und eine Analyse gerade dieser Unterschiede dürfte uns an die Lösung des Geschicklichkeitsproblems heranbringen, wobei man allerdings auch hier ganz besonders die Frage der Verquickung von Intelligenz- und Geschicklichkeitsfunktionen berücksichtigen sollte.

ÜBUNG MIT UND OHNE SELBSTKONTROLLE.

G. ZAPAN (Bukarest).

In der psychologischen Literatur ist die Tatsache bekannt, daß die bloße Wiederholung einer Tätigkeit nicht mit Notwendigkeit zur Vervollkommnung führt, daß aber ein Fortschritt sofort stattfindet, wenn die Wiederholungen mit der Absicht der Vp, sich zu vervollkommnen, durchgeführt werden. Die Absicht der Vervollkommnung ist einem bestimmten Zweck untergeordnet, den die Vp verfolgt und um diesen Zweck zu erreichen, stellt die Übung selbst für die Vp ein Interesse dar.

Doch scheint es, daß die Vervollkommnung der Tätigkeit auch durch die im Ablauf der Übung erzielte Entwicklung selbst gestützt und sogar angespornt wird, in dem Sinne, daß das Bewußtwerden der erreichten Resultate, also die Selbstkontrolle, die Organisation der weiteren Tätigkeit beeinflussen kann. —

So hat Thorndike[1]) — indem er Proben benützte, deren Lösungsweg der Vp unbekannt war — gezeigt, daß auf dem Wege der Wiederholungen die Vp Fortschritte macht, wenn ihr nach jeder Wiederholung die Richtigkeit oder Falschheit der Lösung mitgeteilt wird. Sie strebt in diesem Falle unbewußt zur wahren Lösung, obwohl der Schlüssel der Lösung ihr bis zuletzt unbekannt bleibt.

Lewin und Hoppe[2]) haben die Wirkung der mit-Erfolg und der mit Mißerfolg begleiteten Wiederholungen einer Tätigkeit untersucht.

Winz[3]) hat den günstigen Einfluß der Selbstkontrolle dargestellt, indem er das jeweils Geübte einer Prüfung unterwarf.

Rupp[4]) berichtet ebenfalls von einem interessanten Fall, in dem

---

[1]) *Thorndike*, Psychologie der Erziehung, Jena 1930.

[2]) *Lewin* und *Hoppe*, Erfolg und Mißerfolg, Psychol. Forsch. 1931.

[3]) *Winz*, Neue Versuche über das Lernen in Häufung und Verteilung. Psychot. Zeitschr. 1931.

[4]) *Rupp*, Über Arbeitsschnelligkeit und Arbeitsgüte, Psychot. Zeitschr. 1931.

die Selbstkontrolle für die Vervollkommnung der Tätigkeit eine entscheidende Rolle spielt. Die Halbierungsprobe wurde mit einer Gruppe geübt; der Erfolg war nur gering und bald gelangte man zu einer konstanten Fehlerzahl. Doch vom Augenblick an, wo der Kandidat seine Fehler mittels eines Instrumentes kontrollierte, erschien sofort eine neue Verminderung der Fehlerzahl.

In vorliegender Arbeit berichten wir über einige neue Übungsversuche mit und ohne Selbstkontrolle, die wir mit Studenten- und Schülergruppen durchführten. —

Jede Aufgabe wurde mit zwei gleichartigen Kollektiven geübt. Diese Gruppen unterscheiden sich nur dadurch, daß der einen, wir bezeichnen sie in Folgendem mit dem Ausdruck „mit Selbstkontrolle", die erreichte Leistung nach jeder Wiederholung in Zahlen mitgeteilt wurde, während die andere Gruppe „ohne Selbstkontrolle" ihr Leistungsergebnis nicht erfuhr.

Um den Einfluß der Selbstkontrolle in der Übung in verschiedenen Tätigkeitsgebieten festzustellen, wählte man verschieden geordnete Aufgaben, teils aus abstrakt-intellektuellem, teils aus rein motorischsportlichem Gebiete.

Wie ließen folgende Aufgaben üben:

a) *Sterzingerprobe.* Sie ist eine Erweiterung der Bourdonprobe, und wurde von Sterzinger aufgestellt und angewendet. Sie hat den Zweck, die abstrakte Aufmerksamkeit zu bestimmen. Wir maßen die Zeit, die zur Lösung zweier Buchstabenreihen des Formulars nach Sterzingers Regel benötigt wurde. Wir untersuchten 55 Vpn (Studenten) mit Selbstkontrolle und 24 Studenten ohne Selbstkontrolle.

b) *Suchprobe.* Sie bestand aus dem Aufsuchen von 25 zweistelligen Zahlen aus einem Formular, wobei die Zeit gemessen wurde. 25 Vpn (Studenten) mit Selbstkontrolle, 24 Vpn ohne Selbstkontrolle.

c) *Feldprobe.* Wir maßen die Zeit, die benötigt wurde, um 12 Felder eines in 100 Felder geteilten Rechteckes mittels Koordinatenpaaren zu suchen und zu bezeichnen. — 55 Vpn (Studenten) mit Selbstkontrolle, 24 ohne Selbstkontrolle.

d) *Kreisprobe.* Der Kranz zweier konzentrischer Kreise ist durch in radialer Richtung gehende Linien in 16 gleiche Segmente geteilt. Der Versuch besteht darin, mit dem Bleistift jedes Segment, durch radiale Linien zu halbieren, und zwar nach dem Takt des Metronoms. Als Fehler rechneten wir die Abweichung in Millimeter der gezogenen und dann verlängerten Linien vom Mittelpunkt. 24 Vpn mit Selbstkontrolle, 18 ohne.

e) *Addierungsprobe.* Wir stellten die zu zehn Additionen erforderliche Zeit fest. Jede Addition bestand aus drei Zahlen, zu je zwei Ziffern. Je 12 Vpn (Studenten) in jeder Gruppe.

f) *Drahtlabyrinth.* Die Zeit wurde gemessen, in der drei gelochte Scheiben auf Draht gereiht wurden. Je 12 Schüler von 13 Jahren in jeder Gruppe.

g) *Schnellauf über 40 Meter.* Wir maßen die Zeit. Zwei Gruppen von je 10 zwölfjährigen Schülern.

h) *Medizinballwerfen.* Wir maßen den Abstand. Zwei Gruppen von je 25 dreizehnjährigen Schülern.

i) *Weitsprung mit Anlauf.* Zwei Gruppen zu je 10 zwölfjährigen Schülern.

j) *Weitsprung ohne Anlauf.* Zwei Gruppen zu 25 dreizehnjährigen Schülern.

Die Versuche wurden folgendermaßen ausgeführt: a—e je 40 Wiederholungen in 5 Wochen. Der Rest je 21 Wiederholungen in ca. 2 Monaten.

Das Ergebnis der Untersuchungen ist folgendes: In allen untersuchten Fällen hat die Übung *mit* Selbstkontrolle zu besseren Ergebnissen geführt als *ohne Selbstkontrolle.*

Während die mittleren Anfangsleistungen für beide Gruppen für eine bestimmte Probe ungefähr gleich sind, so sind die letzten Leistungen verschieden. Der Vergleich der letzten mittleren Leistungen der Übung mit und ohne Selbstkontrolle ergibt, in Prozenten ausgedrückt, für die verschiedenen untersuchten Proben, folgende Werte zugunsten der Übung mit Selbstkontrolle:

1. Kreisprobe 300%,
2. Drahtlabyrinth 136%,
3. Medizinballwerfen 122%,
4. Feldprobe 121%,
5. Sterzingerprobe 119%,
6. Weitsprung mit Anlauf 112%,
7. Weitsprung ohne Anlauf 109%,
8. Schnellauf über 40 m 107%,
9. Addierungsprobe 107%,
10. Suchprobe 102%.

Die Tatsache, daß bei den Übungen mit Selbstkontrolle entschieden höhere Resultate erreicht wurden, führt uns mit großer Wahrscheinlichkeit zur Formulierung eines allgemeinen Gesetzes, dem zufolge *die Selbstkontrolle ein Fortschrittsfaktor in jeder Tätigkeit wäre, welche das Individuum mit der Absicht sich zu vervollkommnen wiederholt.* Die Selbstkontrolle fördert also den Fortschritt in der Erlernung und Ausübung jeder Tätigkeit.

Dieses allgemeine Gesetz verlangt eine allgemeine Erklärung, also die Aufstellung einer Theorie der Selbstkontrolle als Fortschrittsfaktor im Erlernen und in der Übung. Den Ausgangspunkt zur Formulierung dieser Theorie finden wir in den psychologischen Beobachtungen, die mit den Vpn jener beiden Gruppen gemacht wurden. Im Falle der Gruppen mit Selbstkontrolle verlieh die Möglichkeit eines zahlenmäßigen Vergleiches der Leistungen den Vpn in ausgesprochenerem Maße, als bei den Gruppen ohne Selbstkontrolle, eine Tendenz, die es ermöglichte, die Resultate zu verbessern, sei es daß eine kürzere Zeit zur Lösung der Aufgaben gebraucht wurde, wo die Leistungen zeitlich gemessen wurden, sei es, daß bei anderen Aufgaben die Fehlerzahl verringert wurde, oder daß bei einer dritten Gruppe die mit direkten Maßen ausgedrückten Leistungen erhöht wurden.

Dies gesteigerte Bestreben der Vpn, die vorhergehenden Leistungen zu übertreffen, äußert sich in Form einer erhöhten psychischen Spannung, einer übrigens notwendigen Voraussetzung zum Lernprozeß und zur Übung. Eine solche Spannung fehlt übrigens, auch wenn die Übung ohne Selbstkontrolle ausgeführt wird, niemals gänzlich.

Es ist bekannt, daß im Laufe der Übung die erhöhte Anfangsspannung allmählich nachläßt, in dem Maße, als die Periode der automatisierten Tätigkeit einsetzt. Da nun im Laufe der Übung mit Selbstkontrolle diese Spannung höher ist als im anderen Falle, folgt, daß die die Tätigkeit regelnde Energie selbst, welche das automatische Feld vorbereitet, größer ist bei der Übung mit Selbstkontrolle; daher führt diese Übung schließlich zu einer vollkommeneren Ordnung der Tätigkeit selbst, also zu einem größeren Fortschritt als derjenige ist, zu dem die Übung ohne Selbstkontrolle gelangt. Um diese Erscheinung noch anschaulicher zu gestalten, führen wir noch eine wichtige Beobachtung, die wir gelegentlich der Experimente machten an, und suchen sie zu deuten. Beim Weitsprung mit Anlauf z. B. zeigte der Kandidat, der seine vorausgehenden Leistungen übertraf, einen stark affektiven, impulsiven Zustand und war von dem Wunsche erfüllt, den Versuch zu wiederholen, um noch mehr zu leisten; standen aber seine Leistungen hinter den vorhergehenden zurück, so zeigte er einen affektiven Zustand der Gereiztheit, der auch wieder mit dem Wunsche verbunden war, den Versuch zu wiederholen, um mehr zu leisten.

Die Erscheinung der oben beschriebenen affektiven Zustände kann man wie folgt deuten: Auf Grund einer oder mehrerer vorangehender Wiederholungen ist für jede Vp ein Anspruchsniveau festgesetzt worden.[5]) Die neue Leistung, die über oder unter dem vorhergehenden Anspruchsniveau steht, bestimmt, sobald sie der Vp bekannt wird, ein neues Niveau. Wir haben es also mit einer psychischen Niveau-Differenz zu tun, oder mit anderen Worten mit einer Differenz des psychischen Potentials, welches sich in eine psychische Energie verwandeln kann, analog den physischen Potentialdifferenzen. Es ist sehr wahrscheinlich, daß die auf diesem Wege erschienenen psychischen Energien es sind, die bei Erfolg oder Mißerfolg die oben erwähnten Zustände automatisch verursachen. Wir glauben auch, daß diese Energie eine bessere und schnellere Organisierung der Tätigkeit bewirkt und dadurch den außerordentlichen

---

[5]) *Lewin* und *Hoppe*, a. a. O.

Erfolg, der bei den Übungen mit Selbstkontrolle beobachtet wird, hervorruft.

Diese durch die Selbstkontrolle verursachte, besser organisierte Tätigkeit kann manchmal zu großen Veränderungen sowohl in der Einstellung, als auch in der besonderen Arbeitsmethode der Vpn führen. So richten die Vpn bei der Kreisprobe ohne Selbstkontrolle ihre Aufmerksamkeit auf die zu halbierende Fläche; bei Selbstkontrolle wenden sie ihre Aufmerksamkeit mehr dem Kreismittelpunkt zu (und erreichen bessere Ergebnisse).

Bei den Leistungen mit gleichem Niveau, wie die vorhergehenden, haben die während der Experimente gemachten psychologischen Beobachtungen das Fehlen von starken affektiven Zuständen bewiesen; dadurch daß der Niveauunterschied in Übereinstimmung mit unseren Ansichten tatsächlich beinahe gleich Null ist, geht hervor, daß auch die entsprechende psychische Energie fehlt, die jene Zustände hervorbringen könnte. Da bei den Versuchspersonen der Gruppe ohne Selbstkontrolle das psychische Niveau nicht klar und genau festgestellt werden kann, führen die Unterschiede in den Leistungen nicht zu affektiven Zuständen und Ausbrüchen, wie es bei der anderen Gruppe (mit Selbstkontrolle) der Fall ist, denn es fehlt jene psychische Energie, die durch die Differenz des psychischen Niveaus bestimmt wird. Gleichzeitig wird die genaue und schnelle Organisierung der Tätigkeit nicht im selben Maße wie bei der Gruppe mit Selbstkontrolle geschehen, so daß die Leistungen bei Übungen ohne Selbstkontrolle diejenigen mit Selbstkontrolle nicht erreichen können.

Die Selbstkontrolle ist also für das Erlernen und Ausüben jeder Tätigkeit, sei es in der Schule, in der Fabrik oder im Beruf, in hohem Maße zu empfehlen.

ZUR PSYCHOLOGIE DES SCHUHKÄUFERS.

HANS ZEISL (Wien).

Ich möchte Ihre Aufmerksamkeit auf ein Gebiet der angewandten Wirtschaftspsychologie lenken, das sich im Anschluß an amerikanische Erfahrungen in den letzten Jahren auch in den europäischen Betrieben einen festen Platz erobert hat; ich meine die *Konsumentenpsychologie.*

Warum ich gerade den *Schuhkonsumenten* in den Mittelpunkt meines Vortrages stelle, hat drei Gründe: zunächst, weil ich in der von meinem Freund Dr. Lazarsfeld gegründeten „Wirtschaftspsychologischen Forschungsstelle" viele Jahre hindurch Gelegenheit hatte, an theoretischen Untersuchungen mitzuarbeiten, die in Österreich, Deutschland und in der Schweiz durchgeführt wurden. Zweitens, weil ich seit einiger Zeit als Konsulent eines der führenden österreichi-

schen Schuhhäuser die Ergebnisse dieser Untersuchungen in der Praxis auswerten kann; nicht zuletzt aber hoffte ich mit einem Vortrag
über Schuhe an den industriellen Genius loci — will sagen unseres
Kongreßlandes — anzuknüpfen. Und um ihnen die Problemlage ganz
deutlich zu machen, lassen Sie mich gleich an das berühmte Baťa-
Wort anknüpfen: „Unser Kunde, unser Herr." In der Tat sind die
Millionen Konsumenten in ihrer großen Mannigfaltigkeit der sozialen
Schichtung, der Bildung und des Geschmacks die Herren der Produktion und die *wissenschaftliche, systematische Erforschung* der *Kon-
sumentenwünsche* muß eine wirksame Ergänzung jeder Verkaufs-
praxis bilden. Und nun zur Sache:

Das Grundmaterial solcher Untersuchungen wird durch Recher-
chen gewonnen, die Studenten der Psychologie nach detailliert ausgearbeiteten Gesprächsanweisungen führen. So liegen schließlich
viele tausende solcher *Gesprächsprotokolle* aus allen Schichten der
Bevölkerung vor; diese werden nun einer sorgfältigen Bearbeitung
unterzogen, deren Ergebnis dann ein zusammenfassendes Gutachten
ist. Ich will ihnen nun aus Untersuchungen, die im Auftrag der
Firmen *Bally* (Schweiz), Leiser (Berlin), Bel-Ka (Wien) u. a. m.
durchgeführt wurden, einige Ergebnisse vorführen.

Es gelang uns vorerst, sehr genaue Ziffern über die besondere Bedeutung des *Schaufensters* gerade für den Schuhkauf festzustellen.
Um Ihnen, die Sie alle das Schuh-Schaufenster nur als Konsumenten
kennen, das Raffinement so eines richtig dekorierten Schaufensters
klarzumachen, zeige ich Ihnen eine Tabelle über die Beurteilung
dreier Auslagen durch das Publikum.

Drei Schaufenster:

	AAA	BBB	CCC
Arrangement	67(!)	47	37
Schöne Schuhe	29(!)	14	11
Große Auswahl	2	31(!)	32(!)
Billiger Preis	—	5	18(!)
Qualität	2	3	2
	100	100	100

Das Schaufenster „AAA" hat offenbar ein vorbildliches Arrangement, sehr schöne Schuhe, eine geringe Auswahl und keinerlei bemerkenswerte Preisangebote. Das Schaufenster „BBB" rückt die Auswahl in den Vordergrund, Arrangement und Schönheit der Schuhe
treten zurück. Das Schaufenster „CCC" schließlich stellt neben die
große Auswahl das billige Preisangebot in den Mittelpunkt.

Die Pointe dieser Tabelle ist nun, daß alle drei Auslagen einem ein-
zigen Unternehmen gehören, das es auf die soziale *Aufteilung* der
Käuferschaft auf diese drei Geschäfte abgesehen hat: „AAA" ist das
Nobelgeschäft, „BBB" für den Mittelstand, „CCC" für die Arbeiter.

Wie sehr dieses Experiment gelungen ist, ersehen Sie aus der folgenden Tabelle, die Ihnen zeigt, wie sich je hundert Käufer der drei Geschäfte auf die einzelnen sozialen Schichten verteilen.

Soziale Schicht:

	Tiefe soziale Schicht	Höhere soziale Schicht	Insgesamt
AAA	11	89	100
BBB	26	74	100
CCC	73	27	100

Im Anschluß an diese Schaufenstertabelle möchte ich Ihre Kenntnis von der Psychologie der Geschlechter um einige amüsante Ziffern bereichern. Untersucht man nämlich, worauf bei der Betrachtung eines Schaufensters die Damen und worauf die Männer vornehmlich achten, dann erhält man folgende Tabelle:

Worauf wird geachtet?

	Männer %	Frauen %
Qualität und Paßform . . .	47(!)	21
Schönes Modell	23	58(!)
Preis	30	21
	100	100

Sie sehen also, daß die Männer vornehmlich auf Qualität und Paßform, die Frauen vor allem auf die Schönheit des Modells achten; sie schätzen also mehr die äußeren, die Männer — wenn man so sagen darf — vor allem die „inneren" Qualitäten des Schuhs.

Gehen wir einen psychologischen Schritt weiter beim Schuhkauf und sehen wir uns die Gründe an, aus denen man einen Schuh im Verkaufsladen wählt; und halten wir hiezu diejenigen Anlässe, aus denen man nachher Unzufriedenheit mit dem gekauften Schuh äußert:

	Gründe der Schuhwahl %	Nachträgliche Unzufriedenheit %
Paßform	24	42(!)
Aussehen und Farbe	47(!)	0
Qualität	16	58(!)
Preis	13	0
	100	100

Während noch bei der Wahl des Schuhs Aussehen und Farbe im Vordergrund stehen, treten im Augenblick, wo man den Schuh tatsächlich trägt, andere Maßstäbe hervor: es wird nurmehr auf die *Paßform* und *Qualität* geachtet; ausschließlich die Erfahrung mit diesen beiden Eigenschaften des Schuhs bestimmt die endgültige Einstellung des Käufers zur Firma.

Das bedeutet aber auch, daß der Käufer im Zeitpunkt des Kaufes die wichtigsten Eigenschaften des Schuhs nicht, oder nur schwer beurteilen kann und in der Hauptsache auf den *Rat* und das *Urteil des Verkäufers* angewiesen ist. Von dem Vertrauen, das sein fachmännischer Rat einflößt, hängt schlechthin alles ab. Auf die vielfachen Anregungen, die sich hier für die *Verkäuferschulung* ergeben, kann hier nur hingewiesen werden. Es sei nur das interessante Detail vermerkt, daß im Schuhhandel, wie in allen Branchen, wo der Kauf vorwiegend Vertrauenssache ist, ältere Verkäufer schon ihres Alters wegen meist erfolgreicher sind, als jüngere.

Lassen Sie mich Ihnen zum Schluß noch einige Zahlen über eine für jedes Unternehmen bedeutsame Frage vorführen: über den *Ruf,* den ein Unternehmen im Publikum genießt.

Die nachfolgende Tabelle enthält das Urteil des Publikums über zwei führende reichsdeutsche Unternehmungen, die wir hier kurzweg mit „L" und „S" bezeichnen. Die Ziffern bedeuten die Zahl der negativen (ungünstigen) Äußerungen über die betreffende Eigenschaft der Firma, die auf je hundert positive (günstige) Äußerungen kommen. Es bedeuten also die höheren Zahlen eine ungünstige, die niedrigeren Zahlen eine günstige Beurteilung:

Zwei Firmen:

	Männer		Frauen	
	„L"	„S"	„L"	„S"
Der Schuh				
Qualität	121(!)	13	100(!)	3
Preis	18	568(!)	16	1020(!)
Paßform	68	21	110(!)	17
Aussehen	43	200(!)	17	200(!)
Der Laden				
Bedienung	12	0	50	80
Auswahl	0	300(!)	1	86
Preis	18	568(!)	16	1020(!)

Die Qualität der L-Schuhe wird also relativ ungünstig eingeschätzt, dafür finden Aussehen und insbesondere der billige Preis eine günstige Beurteilung. Die S-Schuhe sind offenbar von besonderer Qualität und Paßform, jedoch wenig schön und außerordentlich teuer. Insbesondere für die Frauen ist der Preis der S-Schuhe abschreckend.

Bedienung und Auswahl sind bei „L" jedenfalls weit besser als bei „S".

Sie sehen, wie man das Urteil des Publikums in einigen wenigen Ziffern drastisch zusammenfassen kann, um so die „psychologischen Lücken", die eine Verkaufsorganisation im Publikum hinterläßt, klarzustellen und eventuelle Fehler zu verbessern.

Es würde zu weit führen, hier die vielfachen Probleme der Praxis anzuführen, zu deren Lösung konsumentenpsychologische Untersuchungen erfolgreich beigetragen haben. Nur der Praktiker selbst weiß, in wie vielen Situationen er wichtige Entscheidungen oft nur nach dem Fingerspitzengefühl und der beiläufigen Schätzung treffen muß. Aber auch dort, wo ein Unternehmen über eine umfangreiche praktische Erfahrung verfügt, ist die Anwendung konsumentenpsychologischer Untersuchungsmethoden besonders erfolgreich. Denn wie groß immer die Erfahrung eines Unternehmens ist, sie reicht in der Hauptsache doch nur bis zum *Abschluß der Verkaufshandlung*. Will man darüber hinaus auch einen systematischen, zahlenmäßigen Überblick über die psychologische *Stellung* des *Konsumenten* haben, dann muß man sich eines Apparates bedienen, der den Konsumenten *nach* der Verkaufshandlung erfaßt, in jenem psychologischen Bereich, der den nächsten Kaufakt vorbereitet.

III

TRANSPORTS

NOTRE MÉTHODE D'EXAMEN DE L'APTITUDE PSYCHOPHYSIQUE DES PILOTES AVIATEURS.

ADOLFO AZOY (Barcelone).

I. Bases du professiogramme.

Nous avons dressé un professiogramme du pilote aviateur sur les bases suivantes d'expérimentation personnelle:

a) 100 heures de vol normal à de grandes hauteurs et des acrobaties effectuées avec l'aviation militaire, de transports et touristique;

b) un questionnaire réparti entre 20 pilotes militaires, 12 pilotes de transports et 192 pilotes de tourisme;

c) une statistique des causes d'accidents;

d) un examen d'aptitude de 338 pilotes aviateurs effectué à titre de médecin officiel chargé de la sélection de l'aviation civile catalane;

e) l'étude de l'activité aéronautique de 12 pilotes de transports dans l'exercice de leur profession et de 203 pilotes de tourisme parmi lesquels 3 femmes.

II. Résultats obtenus et leur valoration.

Nous avons effectué 100 heures de vol normal à de grandes hauteurs et des acrobaties avec et sans visibilité, et nous avons pu déduire 3 phases fonctionnelles; une réceptive (stimulations sensorio-perceptives), une autre que nous pourrions appeler réactive (fonctions psychiques et psychomotrices, réflexes conditionnés) et finalement une phase active motrice (mouvements volontaires automatiques). (Voir p. 204.)

Nous avons soumis à un questionnaire environ 192 pilotes dans l'exercice de leur profession, et nous avons pu recueillir les réponses sincères de 10 pilotes militaires, 6 de transports et 58 de tourisme, ce qui nous a donné les résultats suivants:

Le questionnaire était composé de 15 questions qui, quoique n'ayant pas de valeur définitive, car les pilotes cherchent toujours une excuse à leurs actions défectueuses et ont tendance à se croire infaillibles, nous ont néanmoins fourni un résultat intéressant par les données statistiques obtenues.

1. Emotion éprouvée dans le pilotage.
2. Peur.
3. Situations et moments embarrassants et leur solution.
4. Troubles organiques éprouvés pendant le vol.
5. La chose la plus facilement apprise pendant l'apprentissage.
6. Les manœuvres réalisées aves le plus de difficulté.
7. Les manœuvres réalisées avec le plus de facilité.

Stimulations sensorio-perceptives	visuelles	habituelles (instruments du tablier, horizon, champ de vol, couleurs, etc.);
		imprévues (nuages, brouillard), observation du danger à l'intérieur de l'avion (instruments du tablier, ailes, câbles, etc.) ou au dehors de l'avion;
	tactiles	habituelles (sensation normale du toucher, maniement des commandes);
		imprévues (rupture ou mauvais fonctionnement d'une partie de l'avion, sensation de l'ascension ou de la descente);
	acoustiques	habituelles (perception et discrimination de tous les bruits et sons intérieurs et extérieurs);
		imprévues (perception et discrimination de tous les bruits et sons anormaux intérieurs et extérieurs, changement de vélocité);
	de l'équilibre	habituelles (contrôle de la position, sensation d'ascension et de descente);
		imprévues (vertige et contrôle de la relation entre les positions anormales et la réalité);
	viscérales	sensations physiologiques ou de malaise qui nous avertissent sur des brusques changements déterminés de position même dans les vélocités extrêmes;
Fonctions psychiques et psychomotrices		réactions psychomotrices (maniement approprié des commandes, corrections des positions);
		lutte contre des troubles organiques et fonctionnels, causés par des raisons extérieures ou intérieures anormales.
		lutte contre l'erreur de la position et les troubles de l'équilibre, par moyen du sens statocinétique et par les indications fournies par les perceptions visuelles, cinésthétiques et tactiles;
		contrôle parfait de l'émotion;
		contrôle de la fatigue de l'attention;
Fonctions motrices		maniement exacte et approprié de l'avion dans toutes les circonstances, soit prévues ou inattendues, soit normales ou anormales.
		exécution exacte de tous les mouvements que demande le fonctionnement des commandes de la part des exrémités soit dans la sinapsis naturelle d'origine otholinique, soit en lutte avec un certain reflet otolithique-pathologique.

204

8. Quelles sortes de sensations éprouve-t-on pendant les virages en verticale, pertes de hauteur, glissements d'ailes, élévation ou descentes imprévues, etc.

9. Quels sont les actes moteurs les plus utiles pendant la conduite.

10. Fatigue.

11. Erreurs.

12. Chiffre d'accidents, et dans quelles conditions sont-ils arrivés?

Ce questionnaire, qui n'était pas signé, s'accompagnait du nombre d'heures de vol effectuées et, en nous offrant un cadre homogène de renseignements sur les aspects importants de l'activité profesionnelle du pilote aviateur, nous a permis d'établir ensuite le professiogramme de cette activité.

Quoique la statistique des accidents soit très difficile à dresser, on a pu obtenir des renseignements précis sur 24 accidents dans lesquels quelque membre de l'équipage a survécu ou bien dont les technichiens ont pu déterminer les causes. De 24, 16 ont eu lieu pendant l'atterrissage, 7 pendant l'envol et 1 en plein vol. Sur l'ensemble, 19 se sont produits par la faute du pilote et 5 par hasard, et sur le total des premiers, 9 par une erreur d'appréciation ou de jugement, 8 par manque de contrôle sensoriel, et 6 par des causes fortuites. Si nous comparons notre statistique avec celle du Dr Graemme Anderson, dans laquelle il analyse une série de 58 accidents (desquels 4 seulement étaient dus à des causes fortuites et 1 à un défaut de l'appareil, les 53 restants étant dus au pilote: 42 par erreur de jugement, 7 par perte de sérénité et 4 par fatigue cérébrale), sur le total desquels 16 se sont produits à l'atterrissage, 2 dans l'air et 10 à l'envol. Comme on voit, la ressemblance avec nos résultats est assez éloquente.

Dans notre tâche journalière consistant à estimer les qualités psycho-physiques des pilotes aviateurs civils de Catalogne, nous avons, dans les revisions annuelles des licences de pilotage, examiné 338 individus aspirants à devenir des pilotes de transports et de tourisme, et cherché à obtenir des renseignements sur l'efficacité des épreuves et leur relation avec l'activité professionnelle de l'aéronaute. De ceux-ci, 203 ont été considérés aptes pour le pilotage de tourisme et 12 comme pilotes de transports. Nous avons pu continuer nos observations de près sur 6 sujets sélectionnés spécialement pour les bourses de la Généralité de Catalogne, en faisant une valoration afin de sélectionner un candidat pour chaque Club Aéronautique de Catalogne et établir la meilleure liste de classification possible.

Le résultat de ces observations amena à attribuer les bourses à 6 aspirants, dont quatre avaient été qualifiés de « bons » par nous, deux d'entre eux même comme très bons, et les deux autres été éliminés comme défectueux quoiqu'ils réunissent les conditions de santé physique exigées.

Au cours de l'apprentissage, ils nous permirent de faire la preuve que la sélection effectuée démontrait *a priori* les aptitudes des aspirants.

Parmi les sujets considérés inaptes, nous en avons étudié quelques-uns qui étaient défectueux, mais qui possédaient d'autres qualités qui à notre avis étaient capables de compenser leurs défauts. C'étaient: 1 daltonique, 5 améthropes dépassant le minimum accordé par la loi; 6 avec des défauts d'équilibration; 3 avec surdité à des degrés différents et 5 avec des réactions psycho-motrices très défectueuses sans lésion sensorielle manifeste.

Le sujet daltonique, qui est un excellent pilote de planeur, étudie le pilotage et jusqu'à la date d'aujourd'hui il possède un contrôle parfait du terrain survolé (il souffre d'une dischromatopie) tout à fait contraire au pilotage. Il supporte 15 heures de vol sans accident.

Des 5 amétropes: un hypermétrope et astigmatique très marqué, fait des prises très défectueuses répondant au manque d'aptitude démontré dans l'épreuve de l'appréciation de la distance, et les quatre autres, de type similaire, ayant une vision à distance très faible, mais avec des réactions psycho-motrices très bonnes, sont de bons pilotes, surtout deux d'entre eux qui sont même excellents.

Des 6 avec des défauts d'équilibration, un seul a pu continuer le vol et encore il volait incliné sur le côté du Romberg. De ces 5 inaptes, 2 souffraient de vertiges (mal de mer) dans n'importe quelle manœuvre simple, 1 avait un retard énorme de contrôle de position (70° en ascension, 10° en descente et 80° en inclinaison latérale) et 2 avaient les réflexes toniques aux membres d'une perversion non compatible avec les commandes.

Les sujets défectueux dans les réactions psycho-motrices n'arrivèrent pas à conduire, pas même avec double commandement, sans commettre des erreurs graves (l'un tomba en vrille par erreur de manœuvre dans un dérapage défectueux en mer avec un passager qu'il portait avec lui, heureusement sans lésions graves).

Nous avons déduit des faits mentionnés que l'aptitude sensorio-perceptive et sensorio-réactive a une valeur autant ou plus considérable que les qualités d'intégrité organique et de lutte contre le millieu environnant. En même temps les statistiques obtenues nous invitent à croire que certains examens ne sont pas utiles au but proposé, surtout en ce qui se rapporte à l'examen visuel-auditif du sens stato-cinétique et de qualités psycho-réactives déterminées.

Dans l'examen visuel, nous avons pu apprécier 10 yeux emmétropes avec appréciation défectueuse des reliefs et des distances. D'un autre côté, il faut étudier la réaction des sujets aux illusions optiques et à la stimulation vertigineuse, et reconnaître leurs facultés de perception visuelle à une lumière très rare ou éblouissante. Ces facteurs sont très importants pour les pilotes de transports, puisque c'est un fait bien connu que les stimulations vestibulaires exagérées provoquent la perte du contrôle visuel pour un temps plus ou moins long et que l'un des problèmes les plus importants qui se posent à l'aviation de transports est justement celui du vol nocturne.

Dans le sens de l'ouïe, la valeur de la qualité de l'audition est plus importante que la quantité puisque l'intensité et la distance de la perception sonore sont très différentes pour certaines oreilles normales, et aussi que l'on conseille aux aéronautes d'amortir le choc sonore qui, avec le temps, peut lésionner leur appareil cochléaire, avec des passe-montagnes spéciaux et de boucher leurs conduits auditifs avec des tampons de ouate. En revanche, la discrimination des différents sons qui constituent le champ d'audibilité ont une grande importance, surtout pour l'orientation proche et éloignée.

Quelques auteurs ont nié la participation de l'appareil vestibulaire dans le vol. Nous nous basons sur notre travail expérimental pour juger cette opinion trop absolue. Il est certain que dans un grand nombre d'occasions cet appareil n'intervient pas, parce que la compensation de la force centrifuge et la gravité annulent les stimulations ampulaires des conduits semi-circulaires. Mais cela se produit pendant le vol normal, tandis que dans des cas anormaux, les stimulations dépassent les limites de réflectivité normale et produisent de graves perturbations d'équilibre de l'appareil et de son équipage. Les otolithes, spécialement ceux de l'utricule (lapilli) participent toujours au vol comme organes de contrôle statique fournissant les sensations d'élévation et de descente et d'inclinaison antéropostérieure. Les otolites du sacule sont des indicateurs des inclinaisons latérales. Les otolithes fournissent une série de réflexes toniques aux membres (flexeurs et extenseurs pour les lapilli et adducteurs et abducteurs pour les sagitae) qui ont une valeur évidente et qui doivent être matière d'examen. Les stimulations otolithiques apparaissent dans les descentes et les élévations brusques ainsi que dans les tours rapides et dans d'autres manœuvres acrobatiques (tonneau, looping spin, etc.) et aussi, lorsque l'aviateur dépasse la limite d'irritabilité normale, apparaissent le vertige de position et le mal de mer avec leurs divers troubles dans l'actuation dynamique des membres. La plupart du temps, le pilote qui souffre de ces désagréables malaises ne sait pas à quoi les attribuer, car presque toujours les examens ont visé le système semi-circulaire horizontal qui est celui qui a le moins de participation dans le vol. Cependant nos vols expérimentaux de manœuvres défectueuses et l'étude des pilotes inaptes nous permettent d'affirmer que si on peut voler sans l'intervention de ce système dans beaucoup de cas, il trouble l'action du pilote, pour entraîné qu'il soit, quand il présente une irritabilité anormale ou excessive. Enfin on doit tenir en compte que le vestibule est un périphérique de contrôle d'un système complexe vestibulo-bulbo-cortico-pedunculo-cérébro-spinal, qui fonctionne sous le pouvoir modérateur correcteur des sens visuel, tactile et cinesthésique.

Le rôle des sensations tactiles dans l'aviation est très discuté. A notre avis, leur existence coopère activement à la sensation d'inclination, de descente et d'élévation, surtout le tact viscéral, quoiqu'il soit masqué par les stimulations de pression otolithiques, qui domine toujours la situation, même dans les actuations des membres sur le palomier de commandes.

Nous pensions depuis longtemps que pour obtenir des renseignements sélectionnés psychotechniques sur les pilotes ou aspirants, il fallait tout d'abord placer le sujet dans une situation identique à celle de son travail, et cela pour plusieurs causes, parmi lesquelles il faut noter l'investigation d'une parfaite inhibition d'émotivité des réactions du sujet aux différentes manœuvres sollicitées, et aux éléments de hasard dus tantôt à l'avion tantôt au champ survolé. Le contrôle exact de la position et de la situation sera toujours plus certain et plus efficace que le recours à des méthodes de laboratoire, parfaites pour la technique et la valoration, mais dont le coefficient d'efficacité ne répond pas au rendement que le pilote pourra donner plus tard dans son travail professionnel. Par conséquent nous avons préparé un examen qui doit s'effectuer dans un avion adapté à ces expériences, et où le sujet à examiner occupe une carlingue spéciale où seront placés les appareils, et nous-mêmes, conduisant l'appareil, nous provoquerons, de notre place de commandement, les différentes stimulations auxquelles l'aspirant devra réagir. Nous le soumettrons à toutes sortes d'acrobaties différentes et le ferons aussi réagir en lui faisant faire des observations différentes et multiples du champ de vol. Ce projet, que nous avons présenté à la Commission Aéronautique catalane et qui a été accepté, constitue notre nouvelle méthode de sélection de pilotes aviateurs, dont nous ferons connaître les résultats aussitôt que les renseignements obtenus pourront se traduire en chiffres d'une exactitude rigoureuse.

Sélection de la feuille professiographique.

Sur la base des résultats antérieurs, nous avons établi un groupe d'épreuves répondant au professiogramme cité et étant en même temps conformes aux conditions légales imposées par la F.A.I.

Bases du choix des épreuves.

Dans le choix des épreuves qui forme la feuille professiométrique, nous avons pris en considération deux facteurs: 1º un nombre suffisant d'épreuves afin de ne pas courir le risque d'attribuer trop de valeur à une technique déterminée et afin d'obtenir des renseignements précis, vérifiés par des épreuves différentes qui corroborent le résultat définitif, et 2º une sélection faite avec soin parmi les méthodes les plus sûres et passant pour les plus efficaces, vérifiée par le pourcentage de nos statistiques.

Après avoir examiné les antécédents personnels et familiers du sujet (sans donner à cette enquête d'autre importance que l'obtention de quelques détails sur la personnalité morale de l'individu, car la sincérité n'est pas fréquente dans ces cas) nous commençons l'exa-

208

men clinique pour ainsi dire, d'abord la fiche anthropométrique selon la méthode usuelle, quoique nous ayons la certitude que — anthropométriquement parlant — le type idéal du pilote aviateur n'existe point. Ensuite nous passons à l'examen physique de l'appareil respiratoire, circulatoire, digestif et uro-génital. L'exploration de l'intégrité fonctionnelle des membres est toujours plus minutieuse car leur participation est plus active et directe.

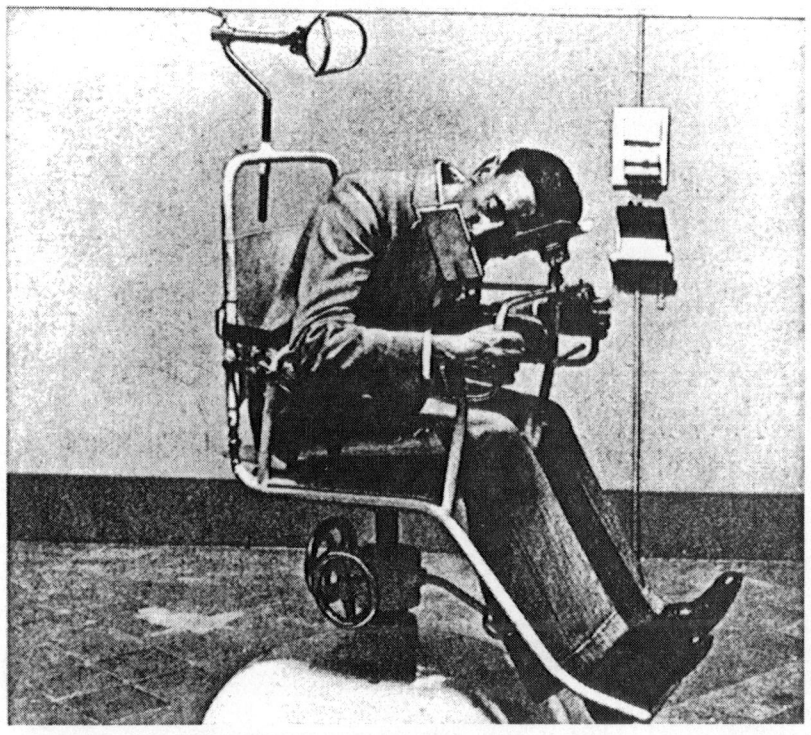

Dans l'examen rhino-pharyngique et du larynx, nous vérifions un examen clinique afin de déceler toute affection pouvant agir sur le mécanisme tubo-tympanique. Nous pratiquons la rhynoscopie antérieure et postérieure. Examen fonctionnel avec les manomètres de Peck et Bayne, exploration de l'oropharynx et finalement laryngoscopie. Puis, nous faisons l'otoscopie avec l'otoscope de Siegle-Zeiss qui nous montre la mobilité tympanique avec une grande augmentation. Dans l'examen neurologique nous étudions les réflexes et nous cherchons l'existence de quelque signe de disfonction centrale.

Ayant terminé la partie qui se réfère à l'état physique de l'organisme humain, nous commençons l'examen sensoriel: vue, ouïe, sens stato-cinétique, qui sont soumis à un examen fonctionnel convenable.

Dans l'examen du sens visuel nous cherchons: vision lointaine (échelle Wecker), vision proche, sens chromatique (appareil du Dr Palomar de Barcelone), astigmatisme, accomodation, champ visuel (périmètre Foster), vision nocturne, vision stéréoscopique, choc d'éblouissement, illusions d'optique et examen objectif des annexes.

Dans l'examen auditif: acumétrie phonique (haute voix, voix chu-

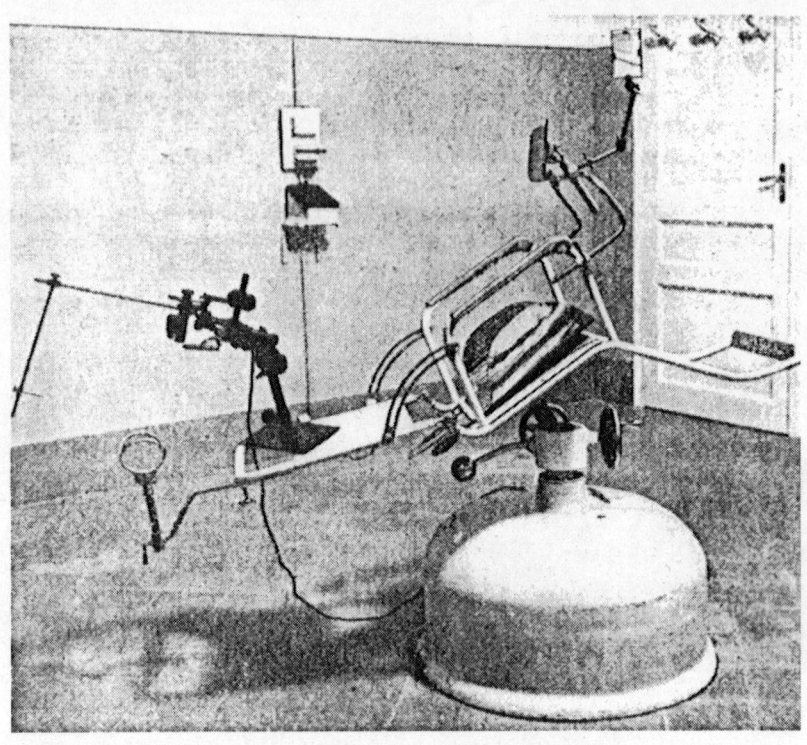

chotée et voix bruyante), acumétrie instrumentale quantitative (acumètre Politzer, montre aérienne, diapason, oseo matoideo), acumétrie instrumentale qualitative, dans laquelle nous étudions: la limite inférieure (avec un diapason Do 32 v. d.), la limite supérieure (avec les vibrations longitudinales du monocorde de Struicken ou le sifflet d'Edelmann), la zone tonale intermédiaire selon l'échelle de Hartmann (avec les diapasons suivants Do 64 v. d.; Do 128 v. d.; Do 256 v. d.; La 435 v. d.; Do 512 v. d.; Do 1024 v. d.; Do 2048 v. d.; Do 4096 v. d.). Finalement nous pratiquons les épreuves de Rinne Weber et Schwabach en faisant un examen d'orientation et de discrimination des sons avec les « Lärmapparate » de Barany ou bien avec des moteurs à différents degrés de révolution.

Dans l'examen du sens stato-cinéthique: des épreuves d'orientation statique (Romberg simple et sensibilisé à droite et à gauche, von Stein, épreuve d'indication de Quix), épreuves d'orientation dynamique (Babinski-Weill), épreuves d'orientation tournante volontaires actives (en faisant faire au sujet 3 tours à droite et à gauche en pivotant sur les pieds joints avec lenteur et en faisant une halte rapide à chaque quart de tour), épreuves de self-contrôle que nous avons nommé A. B. C. (A. est une épreuve de mémoire motrice, B. est un examen du tonus musculaire vestibulaire et C. une épreuve de la sensibilité profonde). Il reste seulement les stimulations irritatives que nous effectuons avec une tendance marquée sur les systèmes verticaux (fronto-sagital droit et fronto-sagital gauche). Dans cet examen nous employons systématiquement les trois épreuves: rotatoire, calorique et galvanique, puisque nous considérions que chacune en elle-même n'est pas assez importante, et en échange l'ensemble des trois donne des renseignements très sûrs. Pour l'épreuve rotative, nous employons notre chaise qui permet l'examen dans toutes les positions et qui fonctionne électriquement, pouvant être utilisée pour des examens psycho-moteurs en rotation droite et inclinée et avec des stimulations de pression otolithique (voir les photographies). La méthode de Brunings est celle que nous avons choisie pour les stimulations caloriques.

Pour finir nous faisons un examen otolithique avec le « Gegenrollungsapparat » de Barany et des épreuves d'inclinaison avec le goniomètre de von Stein et la chaise à désorienter de Figueras.

Nous divisons l'examen psycho-technique en: Examen moteur effectué par le trémomètre de Lahy. Epreuves ambidextrimétriques avec l'appareil de Moede. Epreuve dynamo-métrique effectuée avec l'appareil de Soler-Cardenal. Examen des réactions psycho-motrices visuelles et auditives avec un appareil ad hoc avec stimulations lumineuses et sonores auxquelles le sujet peut répondre soit en position normale, soit en tournant dans des positions inclinées variées (dans cet examen nous comprenons: des réactions sélectives simples et des réactions sélectives avec dispersion, réaction de choc, réaction simultanée et réactions successives). Examen d'appréciation de hauteurs et de reliefs par la méthode du Dr Mira (à grande distance et petite vitesse et à courte distance et grande vitesse par la méthode de Mira).

L'examen de l' « émotivité » n'a pas, selon ce que nous croyons, une épreuve qui lui soit propre, pour parfait et ingénieux qu'il soit, et encore moins si on le pratique comme le faisaient Camus, Nepper, Benary, etc. C'est pourquoi nous l'avons placé en dernier lieu; nous le décomposons en deux parties: une pour étudier l'intensité et la durée de la réaction émotive, et une autre qui mesure le degré d'inhibition émotionnelle. Nous croyons que l'émotivité de l'individu peut s'obtenir seulement pendant tout le cours de l'exploration dans de nombreux détails différents, sans qu'il soit besoin d'une épreuve spéciale. Néanmoins nous intercalons quelques réactions de choc afin d'obtenir le degré d'inhibition nécessaire au pilote.

Voilà donc constituée la feuille professiométrique sur la base de 18 groupes d'épreuves. Mais cela ne suffit pas; nous devions chercher

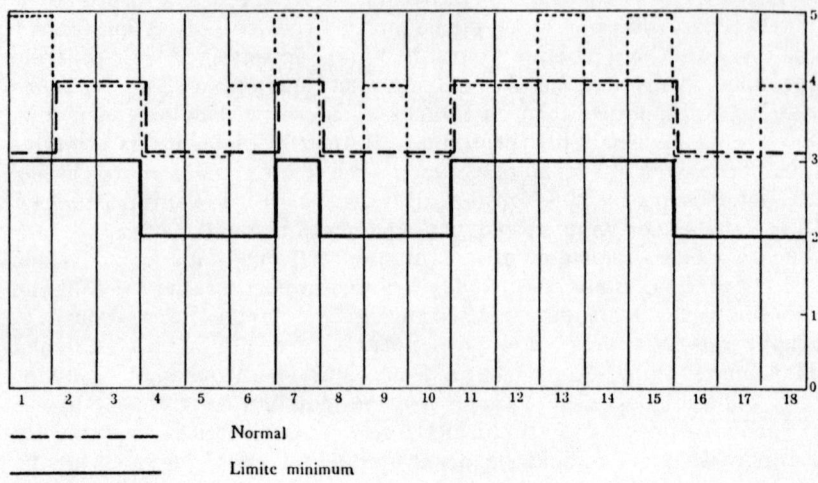

Fig. 1.

Graphique d'un pilote aviateur très apte. Ses meilleures qualités reposent sur les organes sensoriels, réactions psychomotrices, conditions anthropo-métriques et émotivité.

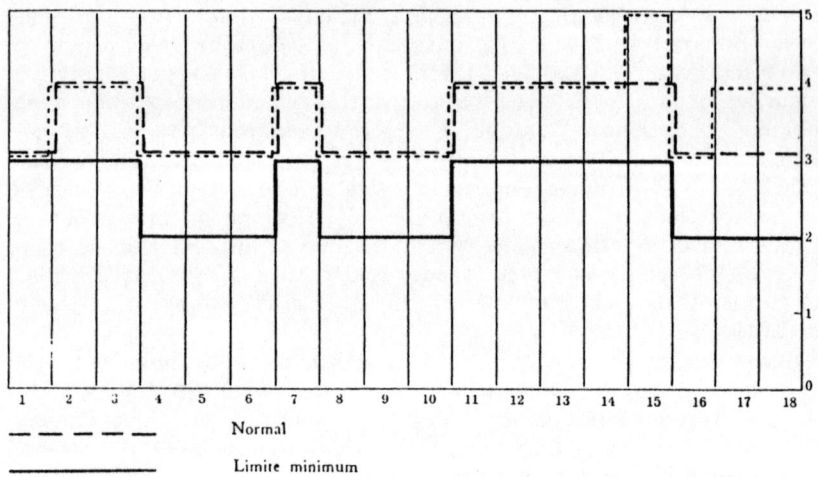

Fig. 2.

Graphique d'un pilote du type moyen dont les conditions générales sont très bonnes. Cas d'un pilote de transport qui exerce sa profession déjà depuis 4 ans et dont l'histoire aéronautique est irréprochable.

une méthode appropriée pour englober tous les résultats. Cette méthode sera forcément graphique, pour deux raisons. Une pour la visibilité et la classification graphique des fiches et l'autre pour une meilleure statistique et étude scientifique comparatives entre

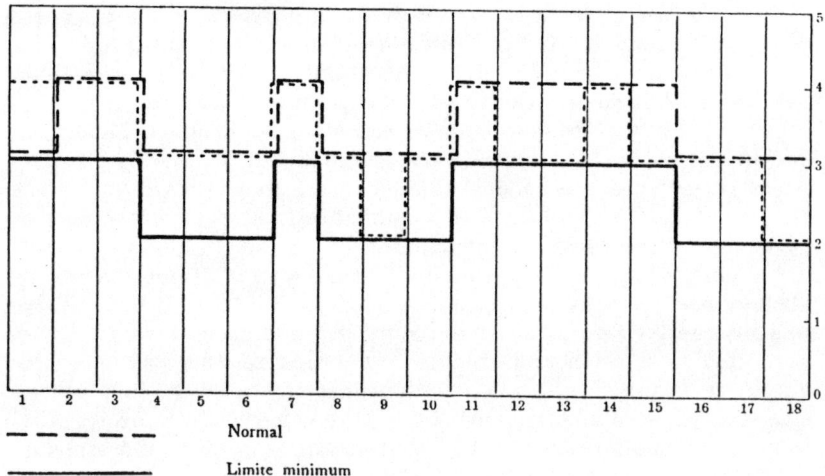

Normal

Limite minimum

Fig. 3.

Graphique d'un pilote dont l'aptitude générale remplit les conditions minimales requises dans la profession.

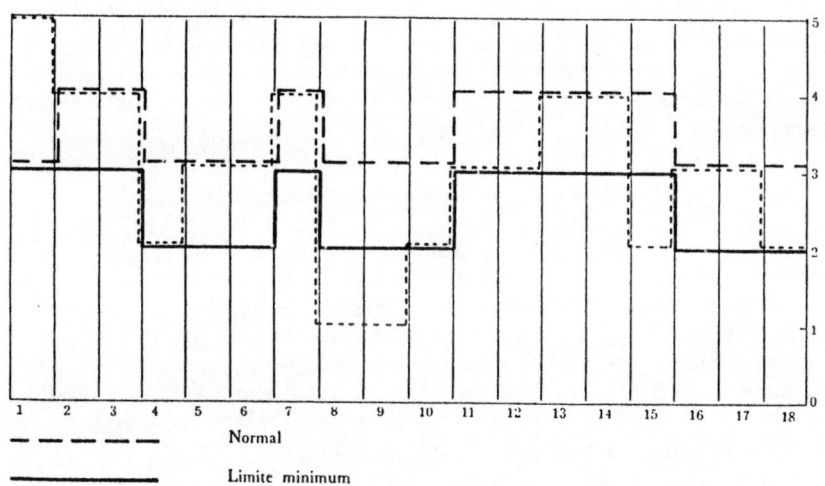

Normal

Limite minimum

Fig. 4.

Graphique d'un pilote dont l'inaptitude est due à un défaut permanent de l'ouïe, réactions psychomotrices, nez perméable avec un syndrome d'obstruction tubo-tympanique.

les différents sujets et leurs divers examens successifs. Nous avions à notre disposition divers procédés, parmi lesquels les trois suivants:

la méthode des courbes,

       ,,   ,,   ,, colonnes et

       ,,   ,,   ,, limites.

Il ne fut pas possible de se servir de la courbe, car l'homogénéité entre les ordonnées et les abcises dans le cas particulier des aviateurs n'existe point. (Les renseignements anthropométriques n'ont pas non plus la même valeur que les aptitudes visuelles, ni la ponctuation des réactions psycho-motrices n'a pas la même importance que la normalité fonctionnelle ou organique de l'appareil digestif.) Ainsi donc cette méthode graphique reste exclue dans notre cas, car en outre, elle ne fournissait pas d'indications permettant de comparer les aptitudes et les inaptitudes.

La méthode des colonnes, quoique graphique et démonstrative, fut abandonnée pour la même raison, car elle n'était ni comparative, ni constructive. Ainsi, nous arrivons par exclusion à la formation suivante: Nous divisons la feuille de données en deux parties égales, une pour chaque groupe, et la ligne des abscisses en cinq parties, égales aussi, et numérotées de 0 à 5. Une ligne brisée noire constitue la limite minimum d'aptitude et tout ce qui se trouve au-dessous est complètement inutile. Cette ligne limite a un niveau différent pour les diverses épreuves. Une autre ligne ombrée, située au-dessus de l'antérieure, brisée aussi, indique le type moyen de l'aptitude normale. Il faut seulement indiquer l'aptitude de l'examiné, qui se représente par une ligne plus large, rouge et brisée, qui suit un cours plus ou moins égal ou éloigné de type moyen ou s'en séparant. Elle peut arriver au maximum ou au minimum selon la valoration de chaque épreuve. C'est ainsi qu'est constituée la ligne graphique qui nous donnera d'une manière claire et rapide les caractéristiques de chaque sujet.

Résultats obtenus et leur valoration.

Sur la base des résultats graphiques présentés, la section statistique de l'Institut Psychotechnique a calculé la valoration de mes travaux, comme conséquence de l'étude des courbes de fréquence particulières et de leur corrélation avec le résultat global individuel. Ainsi nous avons attribué un coefficient de valeur qui détermine l'importance de la preuve pour la décision sur l'aptitude ou l'inaptitude professionnelle.

Les coefficients attribués sont:

     1 pour les épreuves 1, 2, 3, 4, 5, 6, 8, 10,

    10 pour les épreuves 7, 9, 13, 14, 16, 17, 18,

    15 pour les épreuves 12,

    20 pour les épreuves 11, 15.

Le nombre minimum des points obtenus par nous a été de 215

214

et le nombre maximum de 665. Au moyen de la courbe intégrale nous avons établi la classification des individus dans les 5 classes mentionnées, parmi lesquelles les 338 sujets ont été distribués de la manière suivante:

TOURISME (320)   TRANSPORTS (18)   TOTAL (338)

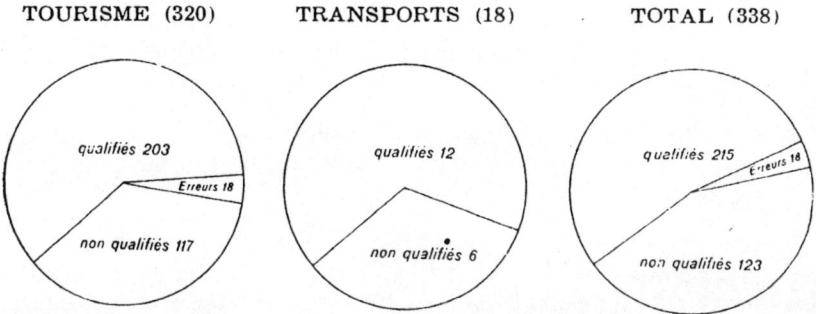

Restent éliminés par règle générale, 1° tous ceux qui, dans une des épreuves, se trouvent au-dessous de la ligne générale de limite minimum; 2° ceux qui dans l'épreuve globale ne réunissent pas au moins 390 points.

Actuellement nous continuons l'étude statistique des corrélations entre le contrôle d'efficacité et le pronostic d'aptitude professionnelle déterminé par l'examen de sélection.

CONTRÔLE DE LA SÉCURITÉ DE LA CIRCULATION.

M. BACQUEYRISSE (Paris).

La sécurité de la circulation dépend surtout de la valeur professionnelle des agents chargés de la conduite des divers véhicules.

Nous nous sommes rendu compte, en effet, que, quelles que soient les améliorations techniques apportées aux organes de conduite et de sécurité des véhicules, ces perfectionnements ne réalisent leur pleine valeur que si les agents qui les utilisent possèdent des aptitudes mentales et psychomotrices permettant l'adaptation rapide et sûre de l'homme à ces progrès techniques.

Des expériences fortuites ont montré que les méthodes de sélection psychotechnique sont d'une grande « sensibilité ». Lors de leur étude et de leur mise au point, ces méthodes ont été fixées pour que la durée minimum des examens coïncide avec un maximum d'efficacité. Si pour des raisons majeures d'exploitation nos examens se trouvent modifiés nous constatons que leur efficacité diminue et nous réajustons immédiatement la méthode aux nécessités de l'exploitation.

Autre exemple: lorsque des perfectionnements de tous ordres

(technique des véhicules, technique de la circulation etc. ...) permirent à nos voitures de passer dans Paris, de la vitesse de 25 km à l'heure, à 45 km, l'efficacité de notre sélection psychotechnique fléchit, et nous dûmes l'adapter aux conditions psychomotrices nouvelles exigées de nos agents pour maintenir, sans risques, des horaires plus serrés.

Ces diverses remarques nous ont convaincus, le « facteur humain » jouant un rôle très important pour la sécurité des transports, qu'il était nécessaire de faire un contrôle constant du service psychotechnique.

Ce contrôle s'établit au moyen des statistiques de nos divers services et par les données des services municipaux qui s'occupent de la circulation générale dans Paris et sa banlieue.

*

Rappelons que, dès sa fondation, en 1921, la S.T.C.R.P. a organisé son service psychotechnique qui, en 1924, était en plein rendement.[1]

Dès lors, des statistiques établies *mensuellement* font ressortir la diminution constante du nombre des accidents malgré l'augmentation du nombre des véhicules et malgré l'accroissement de la vitesse maximum des véhicules. C'est cette surveillance mensuelle qui nous permet de suivre avec attention l'efficacité de notre sélection et, le cas échéant, de l'adapter aux nouvelles conditions du trafic dans Paris.

Voici un résumé de nos données statistiques:

Le tableau et le graphique suivant indiquent le nombre moyen annuel d'accidents occasionnés par les machinistes de la S.T.C.R.P.:

	1923	1924	1925	1926	1927	1928	1929	1930	1931	1932	1933
Nombre moyen annuel d'accidents par machiniste	1,53	1,50	1,55	1,49	0,95	0,95	1,29	0,80	0,68	0,33	0,27

L'examen de ce graphique montre la diminution graduelle du nombre d'accidents. La « pointe » qui se remarque pour 1929, coïncide avec un ajustement des techniques de sélection nécessité par des conditions d'exploitation.

Il faut noter que l'application de la sélection psychotechnique à nos 7.000 machinistes n'a pu se faire au début que graduellement et que ce n'est qu'en 1927 que l'ensemble du personnel a été sélectionné.[2]

Mais, pour se rendre mieux compte de la valeur de notre sélection, il convient de comparer ce qui se passe à la S.T.C.R.P. avec ce qui se passe à l'extérieur, c'est-à-dire parmi les conducteurs de voitures privées ou d'autres services qui circulent dans Paris.

---

[1] Une sévère sélection médicale précède la sélection psychotechnique.

[2] Cependant — ainsi que je l'ai signalé ailleurs — nous pourrions suivre les effets de cette sélection par la diminution des échecs au cours de l'apprentissage des jeunes machinistes, ces échecs étant tombés de 20% en 1922 à 4% environ dès l'année suivante et se maintenant toujours à ce chiffre.

NOMBRE MOYEN ANNUEL D'ACCIDENTS PAR MACHINISTE

Le tableau et les graphiques qui suivent indiquent d'une part le nombre total des voitures en circulation dans le Département de la Seine et le nombre d'accidents concernant ces voitures et, d'autre part, le nombre de véhicules de la S.T.C.R.P. et le nombre d'accidents les intéressant :

Nombre de voitures en circulation

	1923	1924	1925	1926	1927
Tramways et omnibus . .	3.710	3.752	3.829	3.928	4.048
Voitures automobiles . . .	90.083	116.291	138.628	159.115	166.457

	1928	1929	1930	1931	1932	1933
Tramways et omnibus . .	4.093	4.273	4.442	4.898	4.967	4.824
Voitures automobiles . . .	182.781	210.994	250.871	272.579	270.230	285.847

Nombre d'accidents

	1923	1924	1925	1926	1927
Tramways et omnibus . .	15.777	17.777	18.916	12.567	14.182
Voitures automobiles . . .	69.346	90.904	111.644	126.894	134.259

	1928	1929	1930	1931	1932	1933
Tramways et omnibus . .	16.138	16.753	16.624	16.160	10.590	9.995
Voitures automobiles . . .	169.485	167.635	190.098	189.003	170.185	176.437

(Ces chiffres ont été relevés dans les statistiques de la Préfecture de Police.)

En comparant les années 1923 et 1933, on constate que, pour une augmentation graduelle de 218% du nombre de voitures automobiles (voitures privées, taxis, autocars, camions, etc.) le nombre des accidents causés par ces véhicules a augmenté de 155%, alors que pour les autobus et tramways, bien que leur nombre soit en augmentation de 30%, les accidents les intéressant sont, au contraire, en *diminu-tion* de 37%.

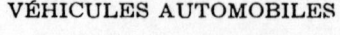

VÉHICULES AUTOMOBILES   AUTOBUS ET TRAMWAYS

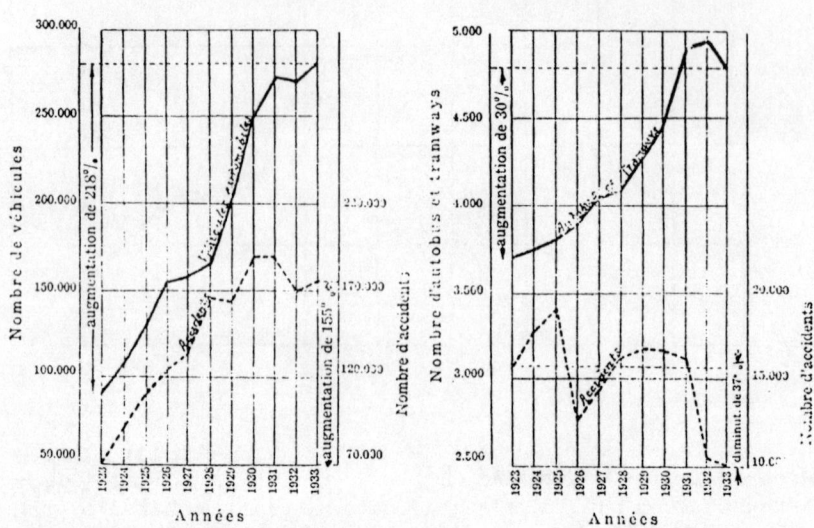

On pourrait faire remarquer que des améliorations ont été apportées aux conditions générales de la circulation et que les tramways et les autobus ont subi d'heureux perfectionnements en ce qui concerne leurs organes de sécurité; mais les autres véhicules ont aussi bénéficié d'améliorations et de perfectionnements semblables. Au surplus, les conclusions qu'on peut tirer des chiffres ci-dessus ne donnent pas toute la mesure de la supériorité des conducteurs de tramways et d'autobus; car, pour la S.T.C.R.P., le nombre de voitures en circulation est, à quelques unités près, celui inscrit à l'effectif, tandis que, pour les autres véhicules, le nombre de ceux circulant est très inférieur au nombre de ceux inscrits.

Si l'on rapporte le nombre d'accidents dont les machinistes de la S.T.C.R.P. sont responsables aux kilomètres-voitures parcourus sur les diverses lignes du réseau, on remarque également, comme le fait ressortir le tableau ci-dessous, une diminution sensible de la proportion, alors, qu'au contraire, les difficultés de la circulation n'ont fait que s'accroître.

	1923	1924	1925	1926	1927	1928	1929	1930	1931	1932	1933
Nombre d'accidents pour 100.000 kms-voitures	7,70	7,52	7,77	7,46	4,76	4,77	6,66	4,03	3,53	2,15	1,37

Ce tableau exprime qu'en 1933 les conducteurs d'autobus et de tramways ont parcouru 5 fois et demie plus de kilomètres qu'en 1923

218

avant de causer un accident, bien que le nombre de véhicules de toute nature circulant dans le Département de la Seine se soit accru dans des proportions considérables (voir plus haut: tableau et graphiques du trafic).

Le tableau suivant indique le nombre de voyageurs transportés pour un accident:

	1923	1924	1925	1926	1927
Nombre de voyageurs transportés pour 1 accident . .	105.200	107.800	112.100	104.100	162.100

	1928	1929	1930	1931	1932	1933
Nombre de voyageurs transportés pour 1 accident . .	168.200	117.200	178.100	194.200	302.200	464.000

soit presque 4 fois et demie plus de voyageurs transportés pour un accident en 1933 par rapport à 1923.

NOMBRE D'ACCIDENTS POUR 100.000 KM-VOITURES   NOMBRE DE VOYAGEURS TRANSPORTÉS PAR ACCIDENT

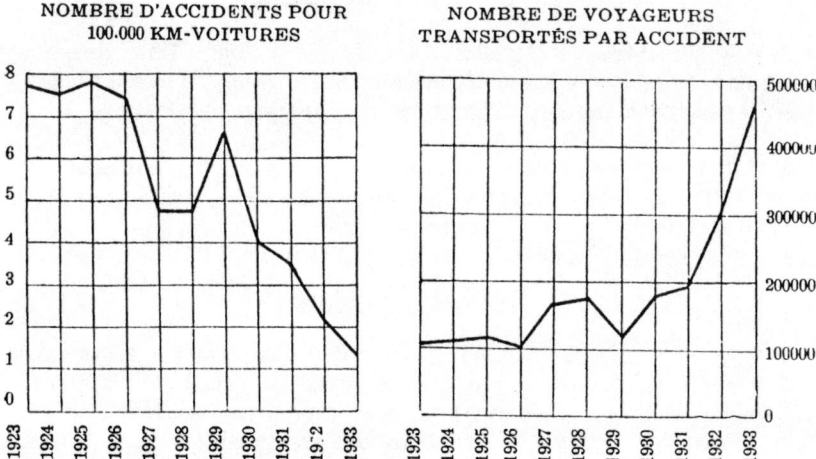

Voici deux graphiques traduisant les renseignements numériques des deux tableaux précédents.

En considérant en particulier le réseau omnibus, le nombre d'accidents entre les années 1929 et 1933 a *diminué* de 66%, alors que le nombre de voitures a *augmenté* de 77% et que la vitesse maximum moyenne a *augmenté* de 44,5%.

Cet accroissement de vitesse, qui nécessite chez les machinistes de meilleures aptitudes, a obligé la S.T.C.R.P. a réadapter sa sélection psychotechnique aux nouvelles conditions d'exploitation du réseau.

Je voudrais, en terminant, rappeler deux faits qui méritent d'être retenus:

1° — Toutes les personnes qui circulent dans Paris ont pu se rendre compte, par elles-mêmes, de quelle habileté nos agents font souvent preuve pour *éviter* des accidents dont la responsabilité serait imputable à autrui. Cela, les statistiques ne peuvent pas le montrer, mais il est équitable de le signaler.

2° — Dès que nous avons créé la sélection psychotechnique nous avons tenu à ce que les agents déjà en service, reconnus inaptes, ne soient pas lésés dans leur carrière administrative. Seuls, des changements d'emploi sont imposés à notre personnel lorsque le souci de la sécurité publique nous oblige à les changer de fonction.

Ainsi a pu s'organiser à Paris, sans dommage pour personne, un système de prophylaxie des accidents par le moyen de la sélection psychotechnique.

MÉTHODES NOUVELLES POUR L'ENSEIGNEMENT DES OPÉRATEURS RADIOTÉLÉGRAPHISTES.

R. A. BIEGEL (La Haye).

Au Laboratoire de Psychotechnique des Postes, Télégraphes et Téléphones des Pays-Bas, deux méthodes nouvelles ont été ébauchées pour l'enseignement des opérateurs radiotélégraphistes, pour la réception auditive et pour l'émission.

Les deux méthodes sont basées sur le principe qu'un bon enseignement mène les élèves directement au but sans gaspiller le temps en faisant des détours.

Ce principe n'est pas appliqué au cas des méthodes ordinaires.

Réception auditive

Au terme de l'apprentissage l'élève doit être à même de recevoir 125 caractères/minute. Il commence à prendre peu de caractères (30 par la méthode ordinaire), puis le tempo est accéléré jusqu'au moment où l'on arrive à la limite de 125 caractères.

En appliquant la méthode ordinaire la réduction du tempo à 30 signes fut réalisé par l'extension des caractères de même que des intervalles entre ceux. Par suite de cette extension des caractères, les images auditives rythmiques comme lesquels ils se présentent, sont analysés en points et traits. L'élève s'accoutume à faire cette analyse, même à compter les points et les traits.

Après être arrivé à la vitesse de 30 caractères, l'élève accélérait, mais l'analyse des caractères se montrait impossible, quand une certaine vitesse fut atteinte. A partir de ce moment les caractères se présentaient comme totalités rythmiques et l'élève fut obligé de les reconnaître comme tels et de choisir entre eux.

L'élève était donc forcé de laisser l'analyse des caractères et d'apprendre la réception auditive des totalités rythmiques. Par suite le progrès fut arrêté, la courbe d'apprentissage montrait une ligne plane.

Il me semblait que d'apprendre les caractères comme totalités rythmiques dès le commencement dans leur forme finale serait une meilleure méthode. Une nouvelle méthode pour l'apprentissage de la réception auditive fut ébauchée.

Au début l'élève ne prend que 40 caractères/minute, mais ici les caractères se présentent dans leur forme finale. Ce sont seulement les intervalles qui sont étendus et qui se font plus courts durant l'apprentissage.

Cette méthode a été décrite complètement dans la « Psychotechnische Zeitschrift », 1932, Nr. 5. En appliquant cette méthode un gain de 40% peut être réalisé sur le temps d'apprentissage.

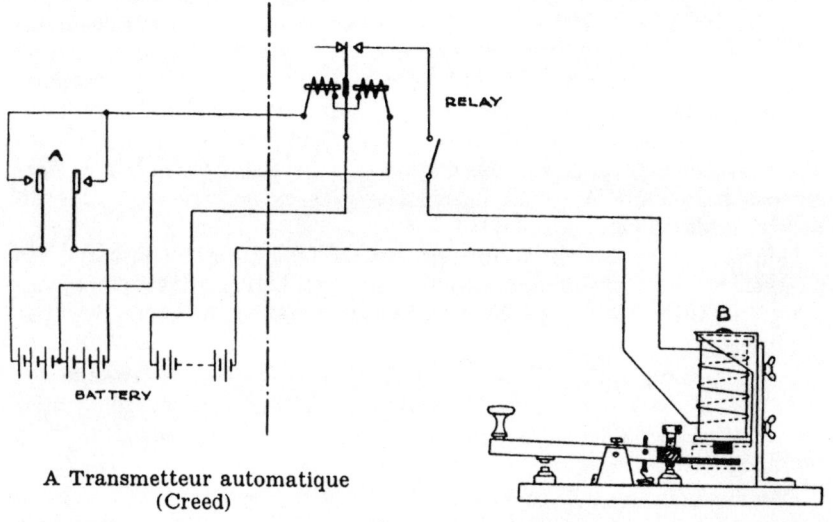

A Transmetteur automatique
(Creed)

B Manipulateur électrique

Émission

Quand un télégraphiste fait émission de signes de Morse, il presse le manipulateur durant les périodes de 1 ou 3 unités (points et traits) et il laisse le manipulateur au repos durant les périodes 1 (pause entre parties d'un caractère), 3 (pause entre caractères) et 5 (pause entre mots). Le télégraphiste doit s'accoutumer au rythme juste.

Pour apprendre le rythme, en appliquant la méthode ordinaire, l'élève comptait à 1, à 3 ou à 5. Parfois ce fut un métronome qui comptait. On croyait qu'en comptant l'élève accoutumait le poignet aux mouvements justes.

L'élève ne fut plus à même de compter après avoir atteint la vitesse de ± 60 caractères/minute, à partir de ce moment il fut obligé de faire l'émission sans compter. Alors se présenta la nécessité de recommencer l'apprentissage, ce qui fut très difficile justement dans le cas donné, comme, parlant psychologiquement, 3 fois 1 n'est pas identique à 3 et 5 fois 1 n'est pas identique à 5.

En appliquant la méthode nouvelle que j'ai ébauchée, l'élève ne compte pas dès le commencement. Les mouvements justes du poignet sont enseignés par un manipulateur électrique, mis en mouvement par une bande spécialement perforée qui passe par un émetteur automatique de Creed. L'enseignement fait appel dès le début au sens kinesthésique qui est celui qui finalement dirige et guide les mouvements.

Au début l'élève apprend les caractères par groupes, comme c'est l'usage, à une vitesse de 40 caractères/minute. La première fois qu'il apprend un groupe, il pose seulement les doigts sur le manipulateur afin de sentir ses mouvements. Puis il émet les signes sur le manipulateur électrique en action qui lui corrige ses mouvements, quand il ne les exécute pas bien. Puis l'élève émet les signes au moyen d'un manipulateur ordinaire, placé à côté du manipulateur électrique. Quand les mouvements de l'élève ne sont pas tout à fait les mêmes que ceux du manipulateur électrique, il peut s'en apercevoir et corriger son rythme. A la fin l'élève émet les caractères sans aide du manipulateur électrique.

Quand on est arrivé à une vitesse de 60 caractères/minute, les mouvements du manipulateur électrique sont trop vites pour pouvoir les sentir, alors dès ce moment seulement une correction par l'ouïe est possible.

Il est prouvé qu'un élève après ± 30 heures d'apprentissage est à même d'émettre 40 caractères/minute à un rythme très exact. Cette période d'apprentissage est plus courte qu'en appliquant la méthode ordinaire.

Comme pour la méthode ébauchée il n'y a pas d'apprentissage renouvelé à la vitesse de 60 caractères une deuxième raison se présente pour la réduction de la période d'apprentissage.

NEW KEYBOARDS FOR TYPEWRITERS
AND TELEPRINTERS.

R. A. BIEGEL (The Hague).

It is generally admitted that there is only one good method for blind typing with 10 fingers. This method is taught everywhere. But experience proves that most typists, after entering upon practice, abandon the method of blind typing with 10 fingers and adopt typing with several fingers under control of the eyes.

The most important cause for the change is the arrangement of the keyboard.

Fig. 1 shows what is known as the "Universal Keyboard". The keys are placed in four horizontal rows, displaced in respect to one another. In the case of typing with 10 fingers each key is assigned to a special finger. In fig. 1 one of the most used divisions is indicated by dotted lines.

The shape of the keyboard entails that:

1. The little fingers are overburdened as they have to strike in addition to some other keys, the keys for "shifting", the "Shiftlock" and the "Back-space" which are the heaviest of all.

UNIVERSAL KEYBOARD

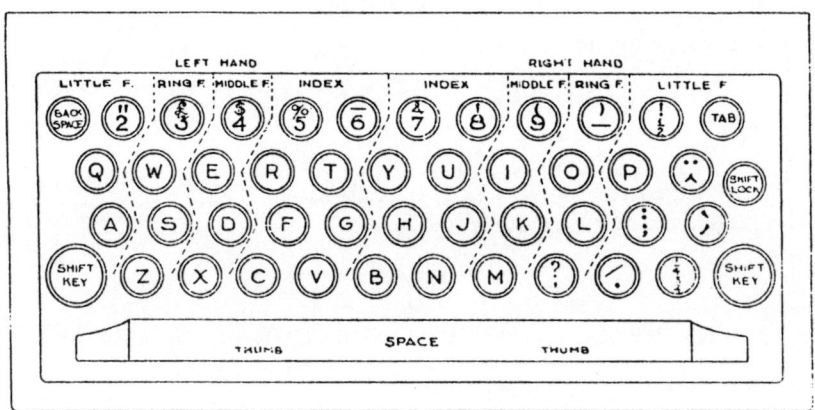

Fig. 1.

2. Owing to the prescribed attitude of the hands (perpendicular to the body) the ringfingers and the little fingers have to be stretched when moving from the row of home-keys (the 2nd row) to the 3rd and 4th rows. This lessens the strength of the strokes of these fingers and causes the stroke to be made not by the central part of the fingertip, but more sideways.

3. The division of the keys into sections for the different fingers is made by parallel zig-zag lines. So the sections for the fingers of the right hand have the same form as those for the fingers of the left hand. Anyone who did not know how the keys of the typewriter are struck might guess that this is done by two congruent instruments. As our hands are not congruent, but the reflected images of each other, it is natural that this should hold good equally for the fingers of the right and the left hand.

4. The tracks, followed by every finger, when moving from the row of home-keys to the other rows, are at angles to one another and are so difficult to follow that often a false key is touched or struck.

*

Fig. 2 gives a scheme for a rearranged typewriter-keyboard that the author has designed in cooperation with Mr. M. J. de Vries, a

223

REARRANGEMENT OF TYPEWRITER KEYBOARD
(Dutch patent has been applied for Nr. 68186)

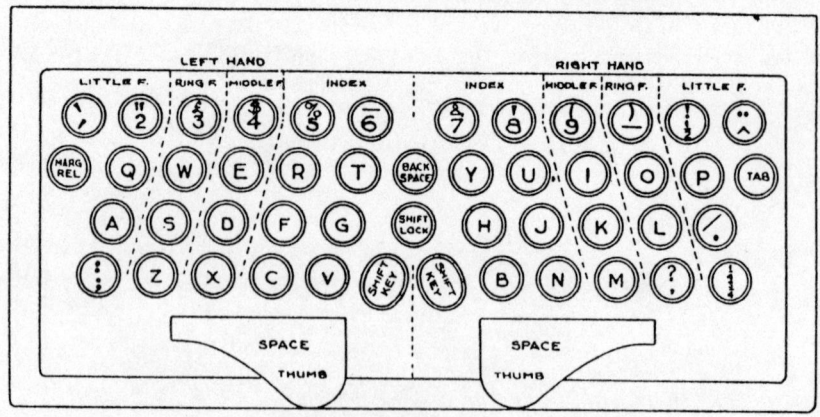

Fig. 2.

REARRANGEMENT OF TELEPRINTER KEYBOARD
(Dutch patent has been applied for Nr. 68186)

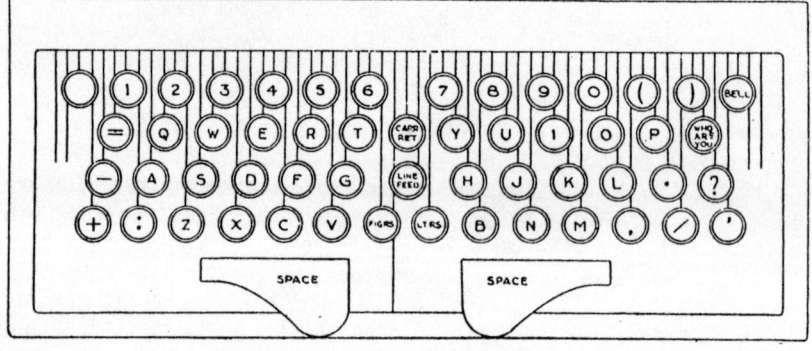

Fig. 3.

telegraphic engineer. This keyboard has none of the drawbacks of the usual one. The assignment of the keys to the fingers has again been indicated by dotted lines.

The following changes have been introduced:

1a. The little fingers are unburdened by placing the keys that are the heaviest to strike in the middle of the keyboard, where they can be struck by the forefingers.

2a. The shape of the keyboard is such that the attitude of the hands may be the natural one, i. e. oblique to the body. In view of the

224

changed attitude of the hands the space-bar is widened out and divided into two equal parts.

3a. The keys are situated in such a way, that the groups of keys for the right and for the left hand are the reflected images of each other.

4a. The keys have been arranged so that every finger, when moving from one row to another, always follows the same straight line. These lines are parallel for the fingers of one hand.

*

On the base of this rearrangement of the typewriter-keyboard, a new keyboard for teleprinters has been designed (Fig. 3). This keyboard is provided with International Alphabet No. 2, as determined at the Telegraph-Conference in Madrid in 1932.

In Fig. 3 the assignment of the keys to the fingers has been omitted, the dotted lines are to be imagined as in the same places as in Fig. 2. In Fig. 3, however, the position of the levers has been indicated, which is missing in Fig. 2. Hence Fig. 2 and 3 complement each other.

Dutch patent and foreign patents have been applied for.

L'EXAMEN DE L'ÉMOTIVITÉ DANS LA SÉLECTION DES CONDUCTEURS DES VÉHICULES RAPIDES.

ENZO BONAVENTURA (Florence).

On reconnaît généralement l'importance de l'examen de l'émotivité dans la sélection du personnel conducteur des véhicules rapides. La résistance aux stimulus émotionnels est, en effet, une condition de bonne réussite dans la conduite de la voiture; ceux qui, devant certaines circonstances, se troublent au point de perdre la maîtrise de la machine, doivent au contraire être exclus de cette occupation.

Mais il y a beaucoup de difficultés à préciser les critères directifs et les méthodes de l'examen et à en juger les résultats pour les buts pratiques de la sélection. On peut affirmer que les mêmes difficultés qui sont la cause que la vie affective et émotive forme encore aujourd'hui, malgré d'innombrables recherches expérimentales, un des chapitres les plus obscurs de la psychologie, entravent aussi le psychotechnicien. Et c'est tout naturel: la psychotechnique étant une branche de la psychologie ne peut se soutenir sans un éclaircissement préliminaire de ses problèmes au point de vue scientifique. Ce rapport cherche à apporter une petite contribution méthodologique aux problèmes psychotechniques de l'examen de l'émotivité.

Avant tout il est nécessaire de bien établir ce qui doit être examiné. Il ne s'agit pas de l'émotivité du sujet, mais de *sa capacité d'inhiber les réactions musculaires qui pourraient troubler la régularité de son travail, sous l'action d'une situation émotive*. On ne devrait donc pas parler d'examen de l'émotivité, mais d'examen de la force d'inhibition, c'est-à-dire, en dernière analyse, des fonctions volontaires dans des circonstances propres à provoquer des réactions émotionnelles. La volonté, en effet, n'est pas autre chose que l'aptitude d'arrêter ou réprimer les réactions déclanchées par les stimulus extérieurs ou, en général, par les situations du milieu. Cette définition était nécessaire, parce qu'après tout le psychotechnicien ne prend pas d'intérêt à savoir si un individu, dans certaines circonstances, éprouve une émotion ou non, mais il se demande s'il réussit ou non à maîtriser ses propres actions, à garder la domination de soi-même, et le contrôle complet et volontaire de ses mouvements.

On comprend alors que dans l'examen de l'émotivité on ne peut pas faire grand cas des réactions somatiques sur lesquelles la volonté n'exerce pas son action inhibitrice: c'est-à-dire, en général, des réactions qui ont lieu dans les muscles lisses.

Parmi ces réactions on doit compter les réflexes cardio-vasculaires. Plusieurs raisons historiques (entre autres, le grand retentissement de la théorie somatique des émotions dans la forme primitive de James et de Lange) ont engagé les psychologues à exagérer l'importance des réflexes cardio-vasculaires dans le dynamisme total des phénomènes émotionnels. Personne ne peut douter que l'appareil circulatoire ne prenne part à la complexe phénoménologie des processus émotifs; mais, quelle que soit l'interprétation qu'on donne de l'émotion, on doit aujourd'hui reconnaître:

1º que dans l'ensemble des modifications somatiques qui forment la réaction émotionnelle, et qui comprennent des variations dans les muscles lisses, des variations dans les muscles striés (mimique et geste), des phénomènes secrétoires (endocriniens et esocriniens), des modifications métaboliques et trophiques, les réflexes cardio-vasculaires ont une part qui n'est pas la principale; ils ne forment assurément pas le groupe des modifications le plus constant ni le plus significatif;

2º que les réflexes cardio-vasculaires sont, du moins en partie, secondaires, c'est-à-dire qu'ils sont la conséquence d'autres troubles qui affectent avec probabilité les mécanismes humoraux et qui, comme véritables phénomènes primaires, suivent directement le choc émotionnel;

3º qu'une connexion constante entre la qualité ou l'intensité de l'émotion, d'une part, et les variations de l'appareil circulatoire, de l'autre, n'a pas été démontrée, malgré d'innombrables recherches expérimentales réalisées dans tous les laboratoires du monde depuis cinquante ans. On a le plus souvent observé l'accélération du pouls; mais on n'est pas d'accord sur la question des rapports temporels entre le choc émotionnel et le réflexe circulatoire, puisque certains savants ont trouvé simplement une accélération prolongée du pouls, d'autres au contraire une accélération soudaine mais de courte durée, suivie d'une période de relâchement et enfin d'une deuxième période d'accélération. Quelques-uns (par ex. *Caster, Emotional Reaction to Strong Stimuli*, Journ. of genetic Psychol., IV, 1930) constatent le pouls ralenti dans un pourcentage élevé de sujets. Or cette incertitude exclut qu'on puisse adopter ce symptôme comme mesure du degré d'émotivité des candidats à la conduite des véhicules rapides.

Mais au point de vue psychotechnique il y a aussi un autre motif de limiter l'importance des réflexes cardio-vasculaires: c'est-à-dire qu'on ne peut démontrer l'existence d'une corrélation entre l'intensité de ces réflexes et les réactions dans les muscles striés auxquels est confié le travail de manœuvre et sur lesquels peut s'exercer le pouvoir d'inhibition du sujet.

Quelques recherches que nous venons de faire à l'Institut de Psychologie de l'Université de Florence, bien qu'elles ne soient pas encore achevées, confirment le manque de cette corrélation. Le but principal de ces recherches est d'établir une méthode d'examen synthétique qui puisse nous donner en même temps des renseignements sur les aptitudes suivantes, qui ordinairement sont examinées analytiquement par des épreuves distinctes et successives: la précision de la coordination visivo-motrice, la rapidité de la réaction auditivo-motrice, la concentration, les oscillations et la distribution de l'attention, la résistance aux stimulus distrayants et aux chocs émotionnels. L'expérience ne dure que 35 minutes, y compris les explications sur la consigne et un bref repos intercalaire. Je ne puis pas en donner ici une description complète; je dirai seulement que la coordination visivo-motrice, qui forme le noyau de l'épreuve est étudiée par un dispositif en partie semblable à celui, bien connu, de Rupp. Le sujet doit guider la pointe d'une aiguille sur une bande de 5 mm de largeur, qui se déroule comme une route sur un cylindre rotatif et qui présente beaucoup de courbes et de changements de direction. Chaque déviation de la pointe hors de la bande, si petite qu'elle soit, est signalée sur des appareils enregistreurs au moyen d'un système de contacts électriques. En même temps on applique au sujet le sphygmographe des carotides Donc, quand on provoque les stimulus distrayants ou émotionnels, on enregistre les effets qui s'en suivent: a) sur la coordination visivo-motrice, c'est-à-dire sur la maîtrise des mouvements de manœuvre; b) sur les réflexes cardio-vasculaires. On peut alors noter s'il y a de corrélation entre les deux effets ou non.

En attendant la publication des résultats complets des expériences, en ce qui concerne les réflexes cardio-vasculaires, nous sommes arrivés aux conclusions suivantes, qui se dégagent aussi de la plupart des recherches antérieures dont j'ai cru devoir tenir compte:

1o Les modifications circulatoires qui succèdent aux chocs émotionnels expérimentaux sont presque toujours légères et limitées; elles se rendent appréciables seulement dans le cas d'émotivité grave et incoercible d'ordre tout à fait pathologique. Il s'agit alors d'individus qui seraient éliminés aussi par les épreuves proprement psychotechniques. Ce résultat confirme celui d'*Aggazzotti* (Giorn. di Med. Militare, 1919) selon qui par l'examen des réflexes cardio-vasculaires on peut éliminer à cause d'insuffisante résistance aux stimulus émotionnels seulement 1,1% des candidats au pilotage aérien. Mais il confirme aussi que la méthode est peu utile au point de vue sélectif: il est en effet assuré par beaucoup d'expériences que la faiblesse du pouvoir inhibitoire à la suite des chocs émotionnels se rencontre avec un pourcentage sensiblement plus élevé. On est d'accord d'autre part que la sélection psychotechnique ne peut pas se limiter à l'élimination des cas pathologiques. Certains directeurs, des centres psychophysiologiques militaires pour l'aviation m'ont assuré qu'ils n'ont *jamais* écarté un candidat par moyen du sphygmographe ou du pléthysmographe!

2º Dans la majorité des cas, le pouls carotidien sous l'action des chocs émotionnels manifeste les modifications suivantes: courte période d'accélération, puis phase de ralentissement, suivie quelquefois par une deuxième période plus prolongée d'accélération. Cela s'accorde aussi avec les expériences d'Aggazzotti. Les valeurs suivantes, tirées de nos tracés, peuvent valoir comme moyenne d'un grand nombre de sujets: Durée moyenne de la pulsation avant le choc, 0,67 sec.; après le choc (coup de revolver) on observe:

> 3 pulsations de 0,67 sec. de durée moyenne
> 6   ,,   ,,   0,61   ,,   ,,   ,,   ,,
> 9   ,,   ,,   0,67   ,,   ,,   ,,   ,,
> 10   ,,   ,,   0,71   ,,   ,,   ,,   ,,

Toutefois chez certains sujets après la première accélération on revient aux valeurs normales avant le choc; et il y en a aussi chez qui on n'observe aucune modification appréciable.

Mais qu'est-ce qu'on observe au contraire dans les déviations de la pointe de l'aiguille? Il y a toutes les combinations possibles. Il y a des sujets qui présentent les réflexes vasculaires dans la forme susdite, mais qui maintiennent parfaitement l'aiguille sur la bande; d'autres qui montrent une période de troubles plus ou moins graves et prolongés dans la manœuvre avec absence de réflexes vasculaires; d'autres enfin chez lesquels les deux effets s'accordent. De sorte que par l'examen du tracé du pouls carotidien on ne peut pas prévoir en général le degré de capacité inhibitrice qui se répercute sur la précision de la manœuvre.

3º Dans les cas où, le pouls étant modifié, la coordination visivomotrice apparaît aussi troublée, les deux ordres de phénomènes ne s'accordent pas dans le temps. Le plus souvent la perte de la maîtrise de ses propres mouvements suit immédiatement le choc émotionnel, tandis que les réflexes vasculaires commencent à paraître quelques secondes après; au contraire, la période d'incoordination motrice cause beaucoup moins du trouble circulatoire, dont les derniers reliquats peuvent encore être remarqués après 30 ou 40 secondes. Cela confirme une fois de plus notre supposition que la capacité inhibitrice n'a pas de prise sur les réflexes vasculaires.

Il faut enfin considérer que pour les buts de la sélection psychotechnique les stimulus qui provoquent des réactions émotionnelles soudaines et violentes (qui dans la conduite quotidienne du véhicule sont l'exception) n'ont pas l'importance qu'ont plutôt les situations prolongées gênantes ou distrayantes. Je partage sur ce point l'opinion de *Brailowsky* (Sovietskaia Psychotechnika, 1932). Or, ces situations n'ont que très peu d'effet sur les réflexes cardio-vasculaires, tandis qu'elles peuvent troubler beaucoup la coordination sensorio-motrice.

Comme conclusion: dans le but de la sélection psychotechnique l'émotivité, dans le sens que nous avons défini, ne peut être mesurée au moyen des réflexes cardio-vasculaires (et la même chose pourrait se dire pour les symptômes respiratoires). La méthode la plus sûre est celle d'enregistrer l'amplitude et la durée du trouble musculaire provoqué soit par le choc émotionnel, soit par des situations gênantes ou distrayantes prolongées, au cours d'un travail de manœuvre qui demande une exacte coordination sensorio-motrice.

Ces considérations n'eussent peut-être pas été nécessaires si dans certains pays la vieille méthode des réflexes cardio-vasculaires n'était encore adoptée pour la sélection des conducteurs, par exemple des pilotes aviateurs. J'espère que ce rapport et la discussion du Congrès servira du moins à éclairer quelques questions méthodologiques sur un argument qui est sans doute l'un des plus complexes et difficiles de la psychotechnique.

NOUVELLES RECHERCHES SUR L'APTITUDE DES CONDUCTEURS DE VÉHICULES RAPIDES.

JOSÉ DRABS (Bruxelles).

Nous eûmes l'occasion, mon regretté ami, le prof. Dr Paul Sollier et moi, d'engager dès 1928, toute une série de recherches systématiques sur la psychologie et la psychotechnique des conducteurs de véhicules rapides: automobilistes, wattmen et mécaniciens de locomotives.

Nous avons, à l'heure actuelle, achevé les deux premières étapes; la dernière sera franchie l'an prochain, et l'ensemble de nos observations sera réuni en une étude globale, dédiée à la psychologie du machiniste, sujet dont l'actualité vient de s'emparer une fois de plus, à la faveur de la lutte contre les accidents, lutte qui s'impose plus que jamais, car le danger finit, heureusement, par dessiller les plus aveugles.

Sans doute, pouvait-on considérer la question comme résolue — au point de vue psychotechnique tout au moins — après les heureuses réalisations de tant de psychotechniciens réputés, en France, en Angleterre, en Italie, en Russie, en Allemagne, en Espagne, en Hollande, en Tchécoslovaquie, en Pologne, et même aux Etats-Unis, essais couronnés de succès et méthodes devenues aujourd'hui classiques; nous n'avons pas à y revenir.

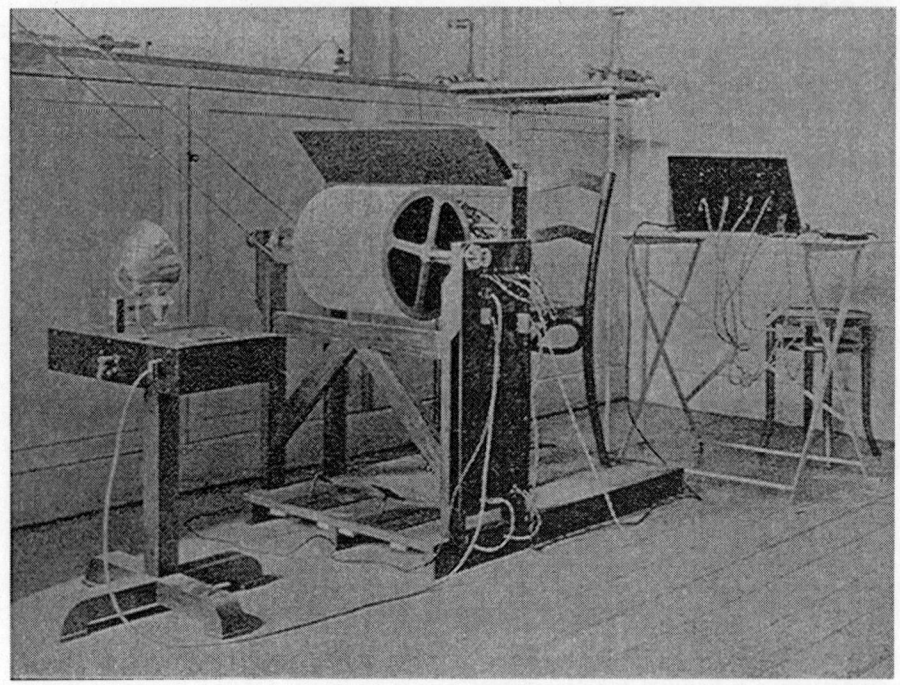

Fig. 1. Taraxigraphe Sollier-Drabs.

Restait cependant le point de vue *psychologique* qui nous a spécialement tentés et retenus, car bon nombre de problèmes restaient peu ou pas résolus, et nous sommes de ceux qui pensent, que si une science appliquée peut différer de la science pure par son objet, elle doit cependant conserver la même rigueur d'esprit et de méthode.

Restait aussi le point de vue *pratique* que les circonstances très dures que connaît l'industrie dans tous les pays, rendent particulièrement important. Les installations psychotechniques en matière de transports sont encore, toutes proportions gardées, d'un prix très élevé; une entreprise peut hésiter à l'engager sans contre-partie nettement garantie: les services publics qui disposent de ressources de plus en plus limitées doivent compter à leur tour, et les pouvoirs autorisés, dans bien des pays, ne veulent légiférer à ce sujet, malgré une conviction qui se trouve évidente, de crainte d'imposer à la nation les charges d'une organisation complexe et fort onéreuse; c'était notamment le cas en Belgique, pour l'obtention d'une licence de conduire des autos, des autos-camions et des autobus.

Ce sont ces deux ordres de facteurs qui nous ont conduits à reprendre le problème, à le *simplifier,* et à rechercher, tant pour la pré-

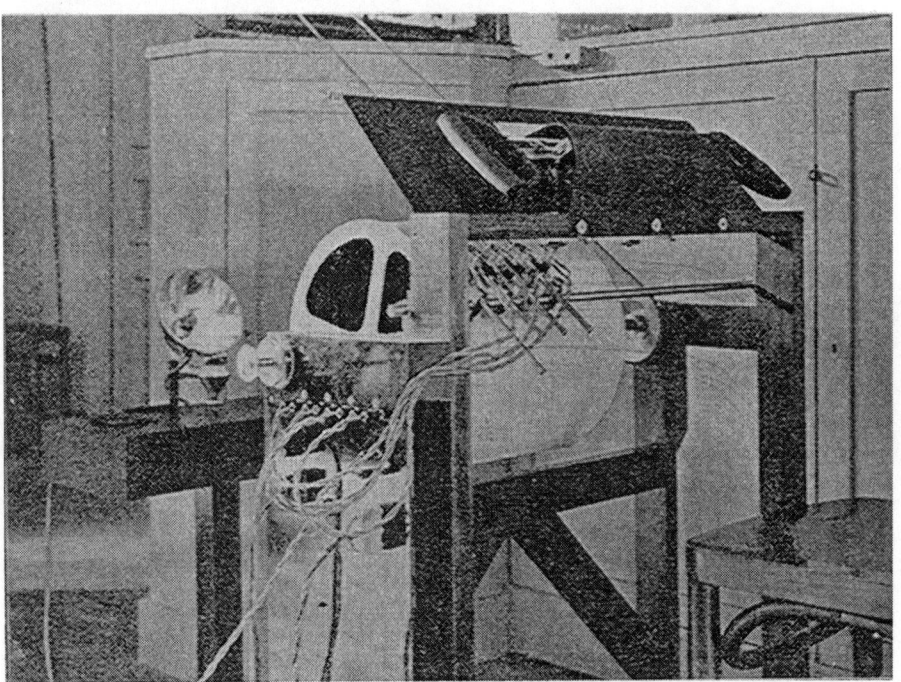

Fig. 2. Taraxigraphe Sollier-Drabs.

sélection (aptitude) que pour la sélection proprement dite (capacité) des conducteurs d'autos, d'autobus et de tramways, des procédés plus accessibles et surtout moins dispendieux, tout en conservant une grande rigueur scientifique; si nous voulons que les procédés psychotechniques s'étendent et se vulgarisent, il faut les rendre séduisants.

Nos recherches ont abouti; les résultats sont déjà dès à présent encourageants; la longue période des essais — car pour nos méthodes originales il a fallu concevoir et créer tout un appareillage nouveau — vient de se clôturer avec succès, et nous réservons à une publication ultérieure le détail des résultats effectifs obtenus par la pratique industrielle; qu'il nous suffise de dire qu'en adoptant nos procédés, la pré-sélection et la sélection des conducteurs d'autos et de tramways, n'exigent plus une installation coûteuse; celle-ci ne représente plus à peine que le $\frac{1}{6}$ environ des frais exigés par bon nombre d'installations similaires à l'étranger: c'est une économie sensible et parti-

231

culièrement propice à la diffusion d'une technique qui nous tient, tous, à cœur.

Le cadre, nécessairement fort limité de cette communication, ne nous permet guère de détailler les procédés originaux de notre méthode: nous nous bornerons à les *schématiser,* de façon que tous les spécialistes puissent s'y retrouver, entreprendre, s'ils le désirent — et nous en serions très heureux — des recherches de contrôle, et se documenter complémentairement dans les études déjà publiées (conducteurs d'autos)[1] ou celles qui sont en voie de publication (wattmen).[2]

I. *Conducteurs d'autos et d'autos-camions: transports individuels.*

Voici la technique adoptée; elle est en service, d'une manière notoire depuis 1930.

QUALITÉ EXIGIBLES   ÉPREUVES DE MESURE

I. PHÉNOMÈNES PERCEPTIFS:

A. — *Vision:*
1° Bonne acuité à distance.
Bonne vision des couleurs (daltonisme).

1. Examen classique de la vision.

2° Adaptation aux variations d'intensité lumineuse: faible (obscurité) et forte (éblouissement).

2. Epreuve du seuil photométrique.

3° Bonne perception de l'espace en profondeur, en largeur (intervalles).
4° Bonne appréciation des distances en fonction des vitesses respectives des mobiles parcourant la route.

3. Epreuve de l'acuité bathoscopique.
Epreuve du seuil oculo-moteur.
4. Epreuve tachodométrique (impliquée dans l'épreuve *c*) des réactions psychomotrices.
Epreuve impliquée dans l'épreuve *a*) des réactions psychomotrices.

B. — *Audition:*
Bonne discrimination auditive (signaux avertisseurs, bruits anormaux du moteur).

C. — *Kinesthésie (sens musculaire):*
Bonne capacité de coordination et de réglage moteur. Mouvements simultanés des bras (volant); mouvements indépendants du bras (levier de vitesse), du pied (accélérateur).

5. Epreuve kinésigraphique, au moyen de trois dispositifs originaux:

a) graduation de l'accélération;

b) graduation de la coordination;

c) graduation de l'amplitude.

II. RÉACTIONS SENSITIVO- ET PSYCHOMOTRICES:
1° Bonne attention visuelle, externe, vigilante; combinée à l'attention auditive (attention distribuée).
2° Rapidité de réaction motrice pour l'arrêt.
3° Capacité de réaction opportune aux problèmes de la route (jugement concret).

a) Epreuve tachodométrique déjà indiquée.

6. b) Epreuve classique du temps de réaction simple et avec choix.

c) Epreuve tachodométrique déjà indiquée.

III. PHÉNOMÈNES AFFECTIFS ET ÉMOTIONNELS:

Modes de réaction aux causes émotionnelles:
Impulsion (opportune ou inopportune).
Inhibition.
Désarroi.

7. Epreuve trémographique (réaction à la surprise visuelle ou auditive).

---

[1] Le Véhicule Industriel: No 9 — Août 1929; No 1 — Décembre 1929; No 6 — Mai 1930. (60, av. Ind. Belge à Bruxelles.)
[2] Bulletin Ergologique du Comité National Belge de l'Organisation Scientifique. (21, rue des Drapiers à Bruxelles.)

II. *Conducteurs d'autobus et wattmen: transports en commun.*

Voici la technique adoptée: ses essais se sont déroulés de 1931 à 1934 et viennent de se clôturer d'une façon également satisfaisante:

Pré-sélection des conducteurs d'autobus (A) et de tramways (T).

A. EXAMENS PRÉALABLES COMMUNS:

1o *Examen médical:* Etat de la vision, de la vision chromatique (photométrie) et de l'audition.
Etat général, état nerveux et état vasculaire.
2o *Examen physiologique:* Dynamographie.
Résistance à la fatigue musculaire: endurance.

B. EXAMENS PSYCHOTECHNIQUES DIFFÉRENTS QUOIQUE CONNEXES:

1o *Attention vigilante:* Procédés prosexigraphique et automatographique:

Rapidité et champ de la perception;	T	A
Temps de réaction aux incidents;	T	A
Réglage au ralentissement et à l'arrêt;	T	A
Rapidité de la réaction au pied.	—	A

2o *Appréciation des distances en fonction des vitesses:*
Procédé tachodographique:

en largeur:	—	A
en profondeur;	T	A
en fonction des vitesses.	T	A

3o *Emotivité:*
Procédé taraxigraphique:

Temps de réaction aux divers excitants;	T	A
Durée de la réaction et retour à la normale;	—	A
Forme de la réaction.	—	A

4o *Automatisation:*
Procédé automatographique:

Durée de l'apprentissage sensitivo-moteur;	T	A
Persistance de l'automatisme;	T	A
Substitution des automatismes.	T	A

5o *Coordination des mouvements; par réglage oculo-moteur:*
Procédé taraxigraphique:

Acuité du réglage;	—	A
Fidélité du réglage.	—	A

Comme on peut en juger, nous avons dû créer des appareils nouveaux et des techniques nouvelles: ces techniques ont fait ou vont faire l'objet d'une série d'articles; parmi celles qui sont fondamentales dans notre méthode, nous citerons:

le procédé tachodograhique destiné à l'exploration de la perception oculo-kinesthésique,

le procédé taraxigraphique destiné à l'exploration des réactions émotives,

le procédé automatographique destiné à l'exploration de la capacité d'automatisation,

le procédé prosexigraphique destiné à l'exploration du champ de perception visuelle et du champ d'attention vigilante.

A titre d'exemple, nous donnons ci-dessous les clichés du « Taraxigraphe » et de l' « Automatographe » Sollier-Drabs et nous souhai-

Fig. 3: Automatographe Sollier-Drabs: Vue extérieure.

tons que la troisième étape qui nous reste à franchir (conducteurs de locomotives) nous apporte la même consécration d'hypothèses et de doctrines qui nous sont chères et sur lesquelles nous nous sommes déjà prononcés, par ailleurs, au cours de ces douze dernières années.

INSTRUMENTATION POUR L'EXAMEN ET LA FORMATION RATIONNELLE DU CHAUFFEUR.

H. HEINIS (Genève).

Une instrumentation utile est une instrumentation qui permet d'obtenir dans un minimum de temps, avec un minimum de force, le maximum de rendement. Telles sont les conditions que devrait remplir tout instrument servant à l'exercice de la psychologie appliquée. Grâce à l'intérêt que la nouvelle science a suscité dans les milieux

234

techniques il existe aujourd'hui déjà un très grand nombre d'appareils spécialement construits à l'usage du psychologue praticien et du psychotechnicien. Tous ces appareils ont la prétention de satisfaire aux optima de temps, de force et de rendement. Cependant un examen approfondi nous révèle que très peu d'entre eux méritent réellement ces attributs. Cela provient de ce que la plupart des constructeurs ignorent le tout, ou à peu près, de la psychologie. De ce fait ils confondent une solution technique avec une solution psychologique et si ingénieuse que soit la construction, elle ne peut répondre que partiellement au but visé. Il en résulte une disproportion marquée entre l'utilité de l'appareil et son prix de revient.

En matière psychologique l'expression « maximum de rendement » est presque exclusivement une notion de qualité. Au point où en est actuellement la psychologie différentielle, il n'est plus admissible d'envisager une manifestation quelconque de l'individu en soi. On la considère, et à juste titre, en fonction de cet ensemble, de cette unité qu'est la personnalité.

Dans le diagnostic psychologique, qui est la tâche principale du psychologue praticien, il convient donc de distinguer nettement entre l'analyse et la synthèse. L'analyse a besoin d'appareils. La synthèse peut facilement s'en passer. Nul ne l'ignore, on a imaginé des profils linéaires, d'autres de deux dimensions et construit même des appareils pour les réaliser afin de faciliter, pour ne pas dire mécaniser, la synthèse. Certes c'est là un moyen utile pour le débutant mais tout à fait superflu pour le professionnel.

En somme, l'appareil psychologique est destiné à servir l'analyse. Or l'analyse consiste à déterminer avec le plus de précision possible le rendement de l'intelligence et des aptitudes de l'individu et d'observer toutes les fonctions mises en jeu pour l'élaboration de ce rendement. Un enregistrement aussi complet — appareil plus expérimentateur — permet de préciser les données, d'éviter les erreurs et par conséquent d'augmenter la qualité du diagnostic et de porter son degré de probabilité proche de la certitude.

Minimum de temps.

Au point de vue investigation le temps biologique et en particulier le temps psychologique comporte des irréductibilités qui ne sont pas toujours observées. Le temps nécessaire minimum à l'obtention d'un bon rendement reste à déterminer pour chaque épreuve; d'après nos constatations il varie entre 3 et 100 minutes. Toute épreuve psychologique de moins de 2 minutes est de peu de valeur diagnostique. Il est tout évident qu'il existe également un optimum pour le temps, optimum qu'il n'y a aucun intérêt de dépasser et qui de ce fait pourrait être appelé maximum. On en conviendra, l'économie de temps doit se faire beaucoup moins dans l'exécution du test que plutôt dans la suite de ceux-ci. Par conséquent une organisation rationnelle de l'examen portera avant tout sur la disposition des appareils, l'étude de la consigne et la suppression des pannes. A ce point de vue l'instrument idéal est le test au sens propre du mot c'est-à-dire l'épreuve sur papier. Mais ce n'est pas un remède universel, sa forme ne satisfaisant pas à toutes les exigences de l'investigation psychologique. Pour tout autre instrument la suppression totale des pannes est impossible. Il ne peut s'agir ici que de sa réduction à un minimum. C'est là le résultat d'une mise au point délicate et de longue haleine. Malheureusement cette mise au point fait trop souvent défaut. Ni le vernissage ni le nickelage ne peuvent s'y substituer.

Minimum de force.

Quant à la force à déployer par l'opérateur pour procéder à l'expérience depuis la préparation de l'appareil jusqu'à la fin du dépouillement, on trouve rarement de juste milieu. Ou bien les possibilités de simplification et d'organisation sont insuffisamment étudiées ou bien l'automatisation a été poussée trop loin. Le premier défaut se rencontre surtout dans l'application des tests dits collectifs d'où leur emploi relativement restreint. Et pourtant la collaboration d'un ou plutôt d'une spécialiste (correctrice, profession qui correspond à celle de laborantine) équipée des instruments de correction appropriés, permettrait de liquider en temps voulu la lourde besogne de correction et d'extraire de ces épreuves tout ce qui peut être utile à l'analyse. Le second défaut: l'automatisation à outrance est issue de la tendance actuelle des constructeurs d'appareils électro-mécaniques. Ces constructions « parfaites » suppriment toute possibilité d'observation et de souplesse d'adaptation, facultés indispensables pour découvrir et mettre en relief les particularités individuelles du sujet. Bref, cet excès enlève au psychologue la partie la plus psychologique de l'examen. Il serait cependant peu rationnel de ne pas décharger l'analyse de toute opération secondaire pouvant être facilement automatisée. Par contre toute latitude possible doit être laissée au travail psychologique propre de l'examinateur dont nous sommes aujourd'hui en droit d'exiger les qualités du professionnel.

Ces considérations nous ont guidés dans la construction de nos appareils pour l'examen psychologique et la formation rationnelle du chauffeur.

I. Examen du chauffeur.

Pour la mesure de la capacité d'attention et de la motricité de l'individu on emploie de préférence la méthode des temps de réaction, méthode féconde dont l'analyse est actuellement la plus fouillée en psychologie. Des instruments multiples ont été construits à cette fin.

La question a retenu notre attention depuis une dizaine d'années et l'étude des différents appareils nous a amenés à la conclusion que le principe du chronoscope de Hipp l'emporte, et de beaucoup, sur toute autre réalisation de ce genre. Néanmoins, quoique la psychologie expérimentale le connaisse depuis fort longtemps, son utilisation pratique est restée limitée au laboratoire de recherches. Cela tient au fait que:

1º pour passer d'une expérience à l'autre, par exemple des réactions simples aux réactions complexes, il faut changer de couplage: fermeture-ouverture ou ouverture-fermeture ce qui nécessite un réglage délicat,

2º le remontage fréquent ne permet pas une suite ininterrompue d'expérimentations,

3º le dépouillement des résultats et la mise en graphique sont longs, et

4º les nombreux couplages donnent souvent lieu à des pannes.

Ce sont là autant d'inconvénients que d'objections contre l'emploi de ce moyen de mesure. Il nous a été possible de les éliminer. Nous avons ainsi créé et mis au point une instrumentation complète pour la prise de réactions simples, complexes ou autres. La réalisation en fut d'autant plus facile que nous avions réuni en une même personne et le constructeur et le psychologue praticien.

Cette instrumentation comprend:

1º un chronoscope de Hipp à 4 cadrans indépendants avec remontage et enregistrement graphique automatiques; un appareil de vérification y est joint;

2º un contacteur, forme piano;

3º une chambre noire avec appareils de signaux optiques, acoustiques et d'accomodation ainsi que l'installation des contacts pour la réaction des 4 membres;

4º un tableau de commande où se trouvent centralisés tous les couplages.

Les quatre possibilités de lecture ou d'enregistrement simultanés du chronoscope permettent de différencier sans autre les réactions des quatre membres. Cette différenciation n'est pas toujours désirable. Pour opérer le changement, il suffit de pousser un levier et l'enregistrement de toutes les réactions se fait par un seul des chronoscopes.

Un autre coup de levier permet de passer de la prise des réactions simples à celle des réactions complexes, la nouvelle construction ne nécessitant plus aucun réglage supplémentaire. D'autre part l'automatisation du remontage et de l'inscription éliminent toute perte de temps pendant l'expérimentation. Et enfin la centralisation des couplages sur le tableau de commande assure le bon fonctionnement de l'installation électrique et évite bien des ennuis dûs aux mauvais ou faux contacts.

Le piano-contacteur sert à deux fins:

1º à donner les excitants soit librement, soit selon un ordre établi, soit automatiquement. L'opérateur a en outre toute latitude de faire intervenir au cours de l'examen un signal lumineux violent destiné à éprouver le sang-froid du sujet,

2º à exercer le contrôle des réactions.

Les signaux optiques, actionnés par le contacteur apparaissent sur un même petit écran dans la chambre noire, ce qui rend toute localisation impossible et les réactions complexes restent ainsi discriminatives. L'appareil d'accommodation fait corps avec celui des signaux optiques en sorte que les expériences peuvent se suivre sans déplacement et sans interruption, puisque l'adaptation des sujets à une faible intensité de lumière s'est déjà opérée pendant la prise des réactions.

II. Formation rationnelle du chauffeur

La psychotechnique a beaucoup étudié la question de l'aptitude à conduire mais s'est peu souciée de la formation des chauffeurs. Et pourtant c'est là au point de vue prévention des accidents un problème psychologique pratique tout aussi important.

D'après les statistiques les inaptes à la conduite de l'auto sont environ au nombre de 7% tandis que ceux qui connaissent insuffisamment l'art de conduire forment plus de la moitié des conducteurs (environ 60%). Les statistiques nous apprennent en outre qu'avec le mode actuel d'apprentissage il faut en moyenne 7 ans de pratique pour être réellement maître de sa machine et que les accidents atteignent leur maximum au cours de la troisième année de conduite. Il y a là matière à réfléchir. Nous en concluons que la rationalisation de la formation des chauffeurs s'impose.

Un apprentissage rationnel du conducteur d'automobile, c'est-à-dire un apprentissage garantissant la formation complète théorique et pratique en un minimum de temps sans danger et sans gaspillage de matière, n'est pas réalisable sur la voiture réelle seulement car celle-ci ne se prête que partiellement à l'application des principes pédagogiques. Or ces principes doivent être à la base de toute méthode rationnelle. Donc seule une instrumentation spéciale saura parfaire « l'outillage » de l'enseignement en question.

Nous avons réalisé une telle installation satisfaisant aux conditions d'optima que nous avions exigées pour tout appareil psychologique. Elle se compose:
1. d'un modèle d'auto fixe,
2. d'un cinéma spécial avec écran,
3. d'un contacteur-enregistreur,
4. d'un chronoscope,
5. d'un appareil signaleur,
6. d'un tableau de commande.

1. Le modèle d'auto comprend le tableau de contrôle (compteur de vitesse, ampèremètre etc.) et la presque totalité des leviers et boutons etc. de commande.

2. Le cinéma est construit pour film sans fin, avec marche avant, marche arrière, accélération, ralentissement, arrêt sur image, projection fixe prolongée, mise en mouvement de l'image. Il est com-

mandé à distance soit depuis le contacteur, soit par les leviers du modèle d'auto.

3. Les autres boutons du contacteur servent à faire apparaître dans le champ visuel du candidat les ordres à lui donner et les remarques à lui faire. C'est l'appareil du signaleur qui remplit ces fonctions à l'aide d'inscriptions lumineuses, signaux optiques ou acoustiques et clignoteur. Les réponses, c'est-à-dire les mouvements exécutés, s'enregistrent sur un plan incliné droit en face de l'opérateur afin de faciliter le travail de contrôle.

4. Le chronoscope à 4 cadrans se révèle également ici comme précieux instrument. Son couplage est tel que les 4 réactions à mesurer en même temps peuvent être choisies arbitrairement parmi tous les mouvements à exécuter par le candidat.

Il est aisé de se représenter le fonctionnement de notre installation. Le principe de la conduite a été renversé. Au lieu de conduire la voiture, le candidat conduit la route (c'est-à-dire sa projection). Chaque mouvement de levier, chaque pression de bouton etc. déclenche sur le modèle le même phénomène qu'il aurait déclenché sur la voiture réelle avec cette différence évidente que tout se passe sans danger aucun ni pour le public, ni pour le candidat, ni pour la voiture.

Le professeur peut, à tout instant, interrompre le mouvement, fixer l'image, faire intervenir ses explications. En sus, toute opération mal exécutée peut être facilement répétée autant de fois que cela est jugé utile.

En résumé, l'instrumentation sert au préapprentissage. Pour être tout-à-fait complet il faudrait y ajouter des plans avec modèles d'autos, camions, cycles etc. en miniature pour leçons de circulation, des tableaux ou coupes pour l'enseignement de la construction et de l'entretien de la voiture. Mais cela est chose connue.

Il n'est pas inutile d'ajouter qu'une salle de théorie installée de la sorte peut servir à l'enseignement et à l'éducation de tout usager de la route (automobiliste, cycliste, piéton). Elle représente une réalisation du principe de l'école active. Comme cet enseignement peut s'étendre à plusieurs personnes à la fois et ne consomme que peu d'électricité ses frais restent sensiblement inférieurs à ceux des leçons de conduite sur voiture réelle.

RÔLE DE L'INTELLIGENCE DANS LE TRAVAIL PROFESSIONNEL.

S. KORNGOLD (Paris).

Les psychotechniciens ont signalé maintes fois l'importance de l'intelligence parmi les diverses aptitudes professionnelles. Toutefois le rôle de cette fonction mentale n'a pas été défini pour tous les cas que présente la pratique, d'autant plus qu'étant une des fonctions dont l'appréciation courante — non mesurée — est la plus subjective, il est à peu près impossible d'obtenir une validité élevée entre cette appréciation et le rendement dans les divers tests d'intelligence.

Nous avons pensé pouvoir utiliser une méthode indirecte en nous servant des données objectives fournies par le travail professionnel qui pourrait servir de base à une étude de cet ordre.

Les aiguilleurs des chemins de fer commettent souvent une faute positivement appréciable, celle de manquer d'initiative dans des circonstances imprévues. Ayant d'une part le relevé de ces fautes pour le nombre suffisant d'agents, et, d'autre part, la mesure d'intelligence par le test d'intelligence logique, nous avons cherché s'il existe une liaison entre ces deux phénomènes.

Nous avons calculé la moyenne des réponses correctes dans ce test pour tous les sujets dont le relevé de punitions avait signalé un manque d'initiative ou un manque de jugement. Dans le tableau ci-dessous, nous comparons les deux groupes de sujets constitués par les bons et par les mauvais aiguilleurs avec deux sous-groupes constitués par les sujets de chaque groupe professionnel qui avaient été signalés pour leur manque d'initiative ou leur manque de jugement.

Qualification professionnelle	Groupes complets		Sous-groupes (manque d'initiative ou de jugement)	
	Nombre de sujets	Moyenne de réponses correctes	Nombre de sujets	Moyenne de réponses correctes
Bons	92	35,77	8	27,50
Mauvais . . .	106	26,74	33	21,73
Total . . .	198	31	41	22,85

Dans le contingent de 92 bons aiguilleurs, nous n'en trouvons donc que 8, c'est-à-dire 8,60%, qui soient signalés pour leur manque d'intelligence dans la profession. La moyenne des réponses correctes dans le test est de 27,50, tandis que la moyenne du groupe entier est de 35,77.

Dans le contingent des 106 « mauvais », le nombre de sujets signalés pour la même raison s'élève à 33, c'est-à-dire 31,10%. Leur valeur moyenne est de 21,73 bonnes réponses, tandis que la moyenne du groupe entier est de 26,74.

La moyenne générale du groupe signalé pour manque d'initiative et de jugement est de 22,85, tandis que la moyenne générale des 198 aiguilleurs est de 31 réponses correctes. La différence: 8 réponses correctes, est significative, car, comparée à l'écart-étalon de cette différence entre les moyennes 2,43, elle se montre 3,2 fois plus élevée, ce qui prouve qu'elle n'est pas due au hasard.

On voit alors que le degré d'intelligence nécessaire pour la profession d'aiguilleur, sans être très élevé ne doit pas pourtant s'abaisser au-dessous d'un certain niveau qui, dans le cas particulier de notre test, est de 31 réponses correctes.

ESSAI D'APPLICATION DES TESTS MUSICAUX DE SEASHORE À LA SÉLECTION DES RADIOTÉLÉGRAPHISTES.

BERNARD LAHY (Paris).

I. *Méthode actuelle de sélection des radiotélégraphistes*

Dans certains pays: Allemagne, Etats-Unis, France, Hollande, U.R.S.S. les opérateurs de radiotélégraphie sont soumis à une sélection psychotechnique. Ce métier, demande, en effet, certaines aptitudes dont l'existence chez les candidats peut être reconnue par la méthode des tests. De cette manière il est possible d'écarter à coup sûr un pourcentage élevé de sujets incapables de réussir dans la profession.

Comme nous sommes à même de pratiquer la méthode française de sélection et d'en contrôler les résultats sur un grand nombre de sujets, rappelons en quoi consiste essentiellement cette méthode. Elle n'emploie qu'un seul test, sous la réserve que les sujets auront un niveau intellectuel déterminé, un degré de culture à peu près identique et sensiblement le même âge (18 à 35 ans). Ce test unique décèle l'aptitude à discriminer des points et des traits émis par un buzzer à des vitesses croissantes. Les sujets notent sur une feuille les traits et les points par groupes dont ils ne connaissent pas la signification. La méthode de notation est assez complexe. Elle est basée sur le nombre de fautes en fonction de la rapidité d'émission et de l'apprentissage du sujet; mais elle est précise et ne laisse aucune place aux appréciations des opérateurs.

II. *Perfectionnements possibles à apporter à cette méthode*

Ce test appliqué dans les conditions qui viennent d'être dites a fait tomber le pourcentage des éliminés en cours d'apprentissage et à l'examen de sortie de 35% à 8%. C'est là un résultat satisfaisant que l'on doit pourtant chercher à améliorer puisqu'il est dans la nature même de la psychotechnique de perfectionner sans cesse à l'aide des expériences fournies par la pratique.

Les élèves subissent tous les jours un entraînement de lecture au son, passant, suivant leurs aptitudes, à des vitesses de plus en plus élevées. On a observé que le passage à des vitesses supérieures à 50—80 signes à la minute était une période critique dans cet apprentissage. Ceux des élèves qui passent régulièrement cette étape feront de bons opérateurs. C'est parmi ceux qui s'attardent que nous trouverons les éliminés pendant le cours ou bien refusés à l'examen de sortie.

Il nous a donc paru utile de rechercher s'il était possible de prévoir les quelques échecs rencontrés à la période critique de l'entraînement.

III. La lecture au son comme fonction « globale »

Il semble qu'à partir de la vitesse 50—80 les lettres de l'alphabet morse ne se présentent plus comme des groupes de traits et de points analysables sensoriellement, mais forment alors un ensemble dont la globalité est perçue et reconnue immédiatement comme telle. On peut admettre que le test « trait-point » élimine les sujets inaptes à faire l'analyse mais laisse passer des sujets qui tout en pouvant analyser les traits et les points seront incapables de saisir par la suite les lettres sous leur forme globale.

Nous nous sommes demandé quelles étaient les conditions qui déterminent cette aptitude spéciale. Nous avons supposé que le caractère nouveau que prennent les signes morses à partir d'une certaine vitesse provenait de leurs qualités musicales. Nous avons été ainsi amené à appliquer et à faire l'étude statistique des tests musicaux de C. F. Seashore. Ces tests ont déjà été décrits en France par M. et Mme Fessard[1]) mais n'ont jamais été employés comme moyen de sélection des opérateurs radiotélégraphistes.

En raison de ce que ces tests n'ont jamais été utilisés comme nous voulons le faire et dans la crainte de ne pas nous être placé dans les mêmes conditions d'expérience que Seashore, nous devrons d'abord procéder à une étude de la valeur de ces tests en tant que tests et de leur valeur prédictive.

IV. Epreuves musicales de Seashore

Les tests musicaux de Seashore ont été établis pour déterminer l'aptitude suivant une méthode analytique avec les différents éléments composant les notes musicales isolés et testés séparément. Seashore distingue hauteur, intensité, intervalles, connaissance, mémoire tonale, rythme. Nous ne définirons pas à nouveau ces qualités fondamentales de l'aptitude musicale et nous renvoyons le lecteur au livre de Seashore[2]) ainsi qu'à l'article déjà cité de M. et Mme Fessard.

Chaque test se compose de 50 ou 100 présentations sonores enregistrés sur des disques de 30 cm, la durée des deux faces du disque est de 10 minutes environ; nous avons employé plusieurs minutes pour la démonstration, en faisant faire un apprentissage collectif par quelques présentations jusqu'à ce que l'ensemble d'une classe les reconnaisse à haute voix sans erreur. Nous avons cherché à donner le plus grand nombre de renseignements et de directives pour éviter le plus les causes d'insuccès provenant de la mauvaise compréhension de la tâche à accomplir. Des 6 tests de Seashore nous n'avons retenu que 4 pouvant, pensions-nous, mesurer certaines des aptitudes par-

---

[1]) Bulletin I.N.O.P., 3e année, Nos 1 et 2, janv. et févr. 1931, pp. 1-11 et 29-41.

[2]) C. E. Seashore, The Psychology of Musical Talent (Stoelting, Chicago).

tielles du radiotélégraphiste, ce qui permettait aussi d'appliquer ces 4 tests en une seule séance qui durait environ une heure.

Trois classes successives d'élèves radiotélégraphistes furent testés deux fois à deux mois de distance, la première fois au début de la scolarité (après deux ou trois semaines) et l'autre à la fin. Tous les sujets étaient âgés de 17 à 22 ans, ils avaient une bonne culture primaire, nous avions ainsi 100 sujets.

V. Résultats

1° *Etude de la constance des tests.* — Les deux applications que nous avons faites nous ont permis de calculer par la méthode de Pearson, sous cette forme, l'indice de fidélité des épreuves.

Afin de permettre la comparaison de nos résultats avec ceux de différents auteurs américains dont certains sont des collaborateurs de Seashore nous donnons un tableau les réunissant tous.

Tableau I.[3])

	Hauteur	Intensité	Inter-valle	Rythme	Mémoire tonale	Connais-sance
Salisbury et Smith	0,93	0,92	0,83	0,83	0,94	0,70
Highsmith . . .	0,76	0,50	0,52	—.	0,82	0,53
Lanier	0,68	0,60	0,50	0,43	0,67	0,54
B.L.	0,72	0,48	0,73	0,58	—	—

On peut remarquer que les corrélations d'auteurs qui ne sont pas des élèves de Seashore ont donné les indices les moins élevés. Cela tient probablement, comme l'a fait remarquer Fessard, à ce que ces auteurs ont travaillé dans des conditions différentes. Néanmoins ces valeurs sont encore très suffisantes et les nôtres nous ont paru assez bonnes pour que nous puissions conserver ce test pour l'usage auquel nous le destinons.

2° *Etalonnages.* — D'une première application faite au laboratoire de M. Piéron sur 15 sujets étudiants, puis d'une autre, faite au Laboratoire de Psychologie appliquée de l'Ecole Pratique des Hautes Etudes sur 30 étudiants, il semblait que certaines divergences apparaissent entre les valeurs extrêmes obtenues sur des étudiants français comparés aux étalonnages de Seashore faits sur des Américains dont nous savons qu'ils étaient adultes et, en outre, musiciens. Nous avons donc jugé utile de refaire un étalonnage français de 4 des épreuves musicales de Seashore sur des jeunes gens de 16 à 20 ans, sans culture musicale spéciale, afin de permettre une utilisation pratique de ces tests.

Nous reproduisons en même temps les décilages que Seashore a obtenus, de sorte qu'il sera ainsi possible de comparer les valeurs de

---

[3]) Nous avons ajouté nos valeurs à celles déjà relevées par Fessard (loc. cit. p. 33).

243

ces épreuves musicales dans leur application d'une part en France, et d'autre part aux U.S.A.

Tableau II. — Etalonnage des 4 tests de Seashore

	Hauteur			Rythme			Intervalles			Intensité	
	B.L.	Seashore		B.L.	Seashore		B.L.	Seashore		B.L.	Seashore
C_{90}	86	88	C_{90}	92	83	C_{90}	96	86	C_{90}	97	95
C_{80}	81	86	C_{80}	88	80	C_{80}	94	84	C_{80}	95	94
C_{70}	79	85	C_{70}	86	77	C_{70}	92	82	C_{70}	93	93
C_{60}	74	83	C_{60}	84	74	C_{60}	90	80	C_{60}	91	91
C_{50}	71	81	C_{50}	82	72	C_{50}	88	78	C_{50}	89	90
C_{40}	64	79	C_{40}	80	70	C_{40}	82	76	C_{40}	88	88
C_{30}	61	75	C_{30}	76	68	C_{30}	80	74	C_{30}	86	86
C_{20}	58	72	C_{20}	75	66	C_{20}	74	72	C_{20}	83	84
C_{10}	55	66	C_{10}	68	62	C_{10}	68	68	C_{10}	74	79

Dans l'ensemble ces 4 étalonnages sont comparables. Cependant il faut noter une supériorité assez marquée de nos sujets sur ceux de Seashore dans les deux épreuves du Rythme et de l'Intervalle. C'est ainsi que, pour le rythme C_{90} de Seashore correspondant au C_{60} de notre étalonnage et que pour les Intervalles notre C_{50} a la même valeur que le C_{90} de Seashore.

Mais ici il faut rappeler que nos sujets sont déjà sélectionnés, d'après un test de discrimination des Traits et des Points émis à des vitesses croissantes, dans lequel les perceptions d'Intervalle et de Rythme sont les traits caractéristiques du Test, tandis que la Hauteur ni l'Intensité ne nous semblent pas intervenir.

3° *Etude de la validité en ce qui concerne le métier de radio-télégraphiste.* — L'objet de ce travail est de rechercher s'il y a lieu de faire confiance à certaines des épreuves musicales de Seashore en vue d'une meilleure sélection des opérateurs radiotélégraphistes. Il s'imposait après l'étude des caractéristiques mathématiques de ces épreuves de connaître leur validité.

La comparaison de chacune des 4 épreuves avec les notes à l'examen de sortie permet les corrélations suivantes, calculées par la méthode de Pearson:

Hauteur	$r = 0,443$	$\pm\ 0,0614$
Intensité	$r = 0,0227$	$\pm\ 0,07631$
Rythme	$r = 0,447$	$\pm\ 0,05898$
Intervalles	$r = 0,2176$	$\pm\ 0,07273$

La pratique montre que l'on est en droit de considérer comme satisfaisant un coefficient de validité d'un test isolé égal à 0,40. Les tests des intervalles et des rythmes pourraient donc être retenus pour constituer une batterie destinée à la sélection des Radiotélé-graphistes, mais dans le cas qui nous occupe nous possédons déjà un test dont la valeur pronostique est bien supérieure à 0,40. Nous n'avons donc pas d'avantages à lui adjoindre des tests de cet ordre.

Evidemment le fait de totaliser des tests de valeur pronostique moyenne peut donner lieu généralement à la constitution d'une batterie dont la validité aura un coefficient de corrélation supérieur à la totalisation des coefficients partiels; mais ici, l'écart que nous avons signalé est trop grand pour que nous courrions le risque de modifier notre méthode.

VI. Conclusions

De l'application des épreuves musicales de Seashore sur une centaine d'élèves radiotélégraphistes nous pouvons tirer les enseignements suivants:

1. Le test de Seashore appliqué à des sujets français, dans les conditions que nous avons décrites, a une fidélité (constance) qui en légitime l'emploi.

2. La coïncidence relative de notre étalonnage avec celui de Seashore confirme cette manière de voir.

Les divergences observées dans les épreuves d'intervalles et de rythme montrent la sensibilité de l'épreuve points-traits imposée aux candidats radiotélégraphistes et en même temps celle de Seashore.

3. La validité relative des intervalles et des rythmes n'est pas suffisante pour justifier l'emploi de ces épreuves comme moyen de sélection professionnelle lorsqu'on emploie déjà la sélection par le test point-trait qui lui est supérieur.

4. Cette conclusion s'explique d'ailleurs par le fait que, nous proposant de déceler une aptitude psychologique globale nous avons fait appel dans les deux cas à des tests analytiques. Nous espérions recomposer une globalité à l'aide de notre test accompagné de ceux de Seashore, mais en raison des résultats que nous avons obtenus nous ne pensons pas qu'il y ait intérêt à constituer une batterie avec les deux sortes d'épreuves, en raison de la supériorité très affirmée du seul test primitif.

SÉLECTION PROFESSIONNELLE DES AIGUILLEURS.

(Résumé.)

J. M. LAHY et S. KORNGOLD (Paris).

Nous désirerions dans la communication qui va suivre donner un aperçu de la méthode générale qu'il convient d'appliquer à la sélection dans les métiers de sécurité.

Il nous a apparu que la sélection des aiguilleurs était celle que l'on devait étudier la première parmi tous les métiers ferroviaires en raison du pourcentage élevé des accidents dus à cette catégorie d'agents et de leur formation professionnelle rapide qui ne présente pas autant de garantie que celle des mécaniciens. Cette catégorie d'agents est généralement moins bien préparée aux fonctions de sé-curité que les mécaniciens. Le niveau intellectuel de ces derniers est plus élevé et les stages nécessaires pour arriver à cet emploi sont beaucoup plus longs et plus efficaces.

En outre, les fautes professionnelles dont les aiguilleurs peuvent être responsables sont plus étroitement liées à certaines aptitudes psychologiques que, seule, la pratique du métier met en évidence.

La méthode générale que nous avons adoptée consiste à rechercher la technique psychologique la plus efficace permettant de prédire la valeur professionnelle éventuelle d'un candidat aiguilleur. Pour cela, nous avons dû établir, avec le plus de précision possible, le degré de liaison existant entre deux classements, l'un psychotechnique, l'autre professionnel d'un même groupe suffisamment nombreux d'aiguilleurs en service. Afin de mieux apprécier notre technique de sélection, nous avons choisi pour notre épreuve deux lots de sujets très différents au point de vue professionnel: un lot de bons et un lot de mauvais aiguilleurs. Si dès lors, l'expérience révélait entre notre classement psychotechnique et le classement professionnel une liaison assez étroite, nous devrions nous estimer en droit de conclure que le test ou la batterie de tests employée était susceptible d'être utilisée pour une sélection préalable des candidats.

Il convenait de fixer d'abord la valeur représentative des deux classements que nous devions comparer.

La « constance » des tests et, par conséquent, celle de la batterie employée a été fixée une fois pour toutes dans des recherches de Laboratoire antérieures. Cette « constance » peut toutefois être in-fluencée par la plus ou moins grande précision des mesures. Le la-boratoire des Chemins de fer du Nord a été installé à cet effet avec tout le soin désirable,[1] ce qui élimine cette cause de variabilité ou d'indétermination.

La seconde variable est — comme nous l'avons déjà indiqué[2] celle dont la « constance » est la plus difficile à assurer. Sans avoir eu recours, faute d'éléments, à la méthode rigoureuse que nous avons indiquée dans l'article auquel nous nous référons, nous avons pu comparer à l'appréciation des chefs de service, second élément de la comparaison, un élément objectif: les fautes professionnelles. Cette partie de notre étude n'a pas été la moins délicate, mais nous sommes certains d'avoir ainsi atteint le signe le plus sûr de la valeur de nos

---

[1] Nous avons donné dans la revue « Le Travail Humain » une des-cription de ce Laboratoire, en insistant particulièrement sur les précau-tions prises pour assurer la régularité du fonctionnement de l'outillage et la précision des techniques opératoires. (J. M. *Lahy*, Le premier labo-ratoire français de Psychotechnique ferroviaire aux Chemins de fer du Nord. Travail Humain t. I, No 4, 1933, pp. 409-431.)

[2] J. M. *Lahy*, La valeur professionnelle des travailleurs appréciée à l'aide des méthodes psychotechniques (Revue de la Science du Travail, t. II, 30 pp. 400-410).

sujets. Nous insisterons d'ailleurs plus loin sur le travail que nous avons dû faire à cet égard, car c'est de la fixité de cet élément de comparaison que dépend bien entendu la valeur pronostique de la méthode psychotechnique employée.

Analyse du travail d'un aiguilleur

Toutes nos recherches de tests ont été précédées d'une étude très approfondie sur la profession d'aiguilleur. Cette étude a demandé plusieurs mois, car il n'est pas aisé de se créer une « mentalité d'aiguilleur » en raison de la diversité des attributions professionnelles qui incombent à ces agents et en raison également de la compléxité des outillages utilisés au cours de leur activité professionnelle.[3])

Nous avons étudié sur place le fonctionnement des postes sémaphoriques, des cabines de triage et des cabines de gares à grande circulation. Nous avons fait ensuite l'observation continue des aiguilleurs au travail, pendant plusieurs semaines dans diverses cabines du réseau afin de déceler ce qui était commun dans le travail. C'est en confrontant toutes ces observations que nous avons établi l'analyse définitive du travail sur laquelle est basée cette étude.

L'Administration nous a désigné 100 bons et 100 mauvais aiguilleurs caractérisés ainsi par l'appréciation de leurs chefs.

L'analyse psychologique du travail de l'aiguilleur nous avait amené à mesurer les fonctions psychologiques suivantes:

1° Intelligence.
2° Attention diffusée et vigilante.
3° Mémoire immédiate, d'association, d'évocation, sous les diverses formes: auditive, visuelle, topographique et cinéthique.
4° Aptitude à la visualisation.
5° Rapidité des décisions et des mouvements.
6° Sang-froid.
7° Résistance à la fatigue mentale et physique.
8° Aptitude à la simultanéité mentale.

Nous estimions qu'il était nécessaire de constituer pour chaque fonction une épreuve spéciale, notre méthode étant — en raison de l'état actuel des connaissances psychologiques — essentiellement analytique.

Les résultats de ces mensurations mentales et psychomotrices seront discutés plus loin; qu'il nous suffise, pour le moment, d'indiquer que nous avons constitué, d'après ces résultats, un classement psychotechnique à 5 échelons.

L'échelon est déterminé statistiquement à l'aide des valeurs re-

---

[3]) L'analyse psychotechnique du travail d'une profession constitue la partie essentielle de toute étude psychotechnique. Celle du métier d'aiguilleur forme un mémoire trop important et trop illustré pour être publié ici, car nous ne nous sommes proposé que de faire connaître les grandes lignes de la méthode et les résultats qu'elle donne.

cueillies au moyen des tests pour chaque sujet. Nous avons qualifié chaque échelon ainsi déterminé par les termes usuels: très bons, bons, moyens supérieurs, moyens inférieurs, éliminables.

Voici la caractéristique de chaque échelon:

1er échelon, très bons: Sujets de grande valeur susceptibles de faire des agents d'élite.

2e échelon, bons: Sujets capables de donner un bon rendement.

3e échelon, moyens supérieurs: Type de l'aiguilleur qui donnera généralement satisfaction.

4e échelon, moyens inférieurs: Cas douteux. Catégorie de sujets qui peuvent rendre des services lorsqu'ils sont favorisés par les conditions de travail et parfois par le hasard.

5e échelon, éliminables: Agents pour lesquels nous considérons que des responsabilités seraient engagées si on leur confiait un poste de sécurité.

La plus grande difficulté à laquelle se heurte le psychotechnicien lorsqu'il veut établir la validité d'un test ou d'une batterie des tests est l'appréciation de la valeur professionnelle des sujets qui doit servir de base à l'étude de cette validité.

L'un de nous a signalé que la seule méthode efficace était d'appliquer à la notation de la valeur professionnelle les méthodes employées en psychologie pour l'étude d'un test.[1]) Ainsi le rendement dans le travail professionnel étant traité comme est traité le rendement dans le test les deux variables qui servent à calculer le coefficient de corrélation (en espèce l'indice de validité) ont une précision analogue.

C'est en se basant sur ce principe que nous avons étudié la valeur professionnelle de nos aiguilleurs en service. Pour cela nous avons cherché à qualifier avec précision chaque sujet en examinant individuellement et statistiquement les divers motifs de punitions qui ont été infligées à tous les agents qui ont servi à notre étude.

On verra plus loin combien l'analyse ainsi faite de tous les motifs de punitions, qui n'a pas été employée sous cette forme jusqu'à présent à notre connaissance, donne de pénétration à l'étude psychologique du travail.

Nous avons constaté un très bon accord entre l'appréciation des chefs et la moyenne annuelle des fautes professionnelles. Ce cas est, en effet, assez rare, nous estimons que cette particularité tient à la stabilité du personnel des chemins de fer, à l'organisation corporative qui y existe, à un esprit de corps dû à la conscience des responsabilités communes et à l'organisation du travail de ces Administrations.

Cependant, quelques cas particuliers ont montré des désaccords

¹) J. M. *Lahy,* La valeur professionnelle des travailleurs appréciée à l'aide des méthodes psychotechniques. Le Travail Humain, T. II, 1930, pp. 400-410.

significatifs que nous avons dû rectifier. Il s'agissait parfois d'agents signalés comme « bons », avec un relevé de punitions très chargé de fautes dans l'exécution du travail, ou, inversement, d'agents signalés comme « mauvais » et n'ayant cependant que peu ou point commis de fautes.[5]) Nous nous sommes donc décidé à prendre comme base de classement professionnel les fautes portées au relevé des punitions. Puis, prenant en considération l'accord (ou le désaccord) de ce classement avec les résultats des épreuves psychotechniques, nous avons composé 3 groupes A, B, C et subdivisés chacun en 2 catégories, soit 6 catégories en tout.

Groupe A. — Accord complet entre l'appréciation des chefs et le classement psychotechnique.

Catégorie I. — Appréciation des chefs: Bon. Classement psychotechnique: Très bon. Moyen supérieur.

Catégorie II. — Appréciation des chefs: Moins bon et mauvais. Classement psychotechnique: Moyen inférieur, éliminable.

Groupe B. — Désaccord entre l'appréciation des chefs et le classement psychotechnique, ce dernier en accord avec le relevé de punitions, c'est-à-dire: accord entre le relevé de punitions et le classement psychotechnique.

Catégorie III. — Relevé de punitions: Bon. Classement psychotechnique: Moyen supérieur.

Catégorie IV. — Relevé de punitions: Mauvais. Classement psychotechnique: Moyen inférieur ou éliminable.

Groupe C. — Désaccord entre le relevé de punitions et le classement psychotechnique.

Catégorie V. — Relevé de punitions: Bon. Classement psychotechnique: Moyen inférieur ou éliminable.

Catégorie VI. — Relevé de punitions: Mauvais. Classement psychotechnique: Moyen supérieur.

Le tableau I contient les moyennes de punitions par an pour chaque catégorie.

Les moyennes des catégories I et II montrent qu'un bon aiguilleur commet à peu près une faute par an, tandis qu'un mauvais atteint ou dépasse le double.

La catégorie III doit donc être considérée comme « bonne » et la

---

[5]) Nous tenons à indiquer une fois pour toutes qu'il n'y a pas là d'insuffisance professionnelle de la part des chefs.

Si les appréciations sur les fautes des agents sous leurs ordres manquent parfois pour nous de précision, cela provient de ce que le travail d'un agent comporte des valeurs très différentes: exactitude du travail professionnel immédiat, correction dans les rapports avec les chefs et les camarades, discipline, tenue, etc. Or, nous ne nous plaçons qu'à un seul point de vue pour juger psychotechniquement un agent: l'exactitude dans le travail professionnel. Ceci dit, il ne faut voir dans certains désaccords entre notre avis et l'appréciation des chefs rien qui soit péjoratif pour ces derniers.

catégorie IV comme « mauvaise », en dépit de l'appréciation subjective des chefs de service.

Les désaccords qui existent entre l'appréciation des chefs et les fautes professionnelles constatées au relevé des punitions auraient pu, semble-t-il à première vue, nous faire écarter les sujets des catégories III et IV, c'est-à-dire 20 sujets. Cette prudence nous a paru exagérée, et, au lieu de diminuer ainsi notre contingent d'étude, nous avons préféré rechercher la cause de ces désaccords, étude qui nous a d'ailleurs été éminemment instructive.

Nous nous sommes demandé tout d'abord si nous avions le droit de placer sur le même plan — au point de vue de l'appréciation professionnelle — des sujets effectuant des tâches de difficultés différentes. Il pourrait se faire, en effet, que les agents occupant des postes chargés se trouvent pénalisés par la difficulté du travail lui-même[6]) et que l'appréciation des chefs en soit influencée. Il n'en est rien. Tous les aiguilleurs qui sont dans des postes de difficultés 4 et 5 se trouvent — à un cas près — dans les catégories I et III; ils sont en même temps « bons » professionnellement et psychotechniquement. La supériorité mentale et psychomotrice de ces sujets est si affirmée que l'influence de la difficulté du travail est sans effet. (Moyenne des fautes très peu élevée: 0,95 et 0,97.)

Pour trouver la raison du désaccord qui nous occupe, nous nous sommes demandé si les fautes professionnelles dont les aiguilleurs se rendent coupables sont toutes de nature équivalente? S'il n'en est pas ainsi — et la chose paraît évidente — la fréquence des fautes d'après leur nature peut nous mettre sur la voie d'indications psychologiques susceptibles d'expliquer la contradiction constatée.

Bien que les fautes indiquées aux relevés des punitions soient très diverses, on trouve, avec une fréquence qui nous a paru significative, certaines fautes identiques dans tous les dossiers de punitions.

Nous avons indiqué cette fréquence en % du total des fautes et par catégories d'agents, au tableau II.

On remarquera que la catégorie III est susceptible, dans le calcul du pourcentage, d'une erreur probable assez importante, du fait que nous n'y relevons que 29 fautes au total. La validité d'un pourcentage dépend, en effet, comme nous l'avons montré ailleurs,[7]) du nombre total de valeurs sur lequel ce pourcentage est établi. Il n'est même pas nécessaire ici de calculer l'erreur à craindre sur la proportion mesurée pour s'apercevoir que la tolérance à admettre serait beaucoup plus élevée pour que le pourcentage ait une valeur bien significative. Aussi laisserons-nous de côté la catégorie III et n'analyserons-nous

---

[6]) Nous avons adopté la classification établie par les Chemins de fer du Nord et dans laquelle la notation croît de 1 à 5 pour différencier les difficultés des postes.

[7]) J. M. *Lahy,* Sur la validité des tests exprimée en « pourcent » d'échecs. Le Travail Humain, t. I, No 1, 1933, pp. 24-31.

que les catégories où le nombre total des fautes est assez élevé pour que l'erreur à craindre sur les proportions calculées soit suffisamment petite.

Grâce à cette distribution des fautes, nous pouvons rechercher quelles sont celles dont la proportion, étant plus élevée chez les meilleur agents, semble indiquer qu'elle est liée à une bonne exécution du service.

Si l'on compare les proportions de chaque sorte de fautes chez les aiguilleurs, 3 cas se présentent:

1º La différence entre les proportions des fautes commises par les bons et par les mauvais aiguilleurs, est faible pour celles d'une certaine nature.

2º Cette proportion est plus forte pour les « bons » que pour les « mauvais ».

3º Cette proportion est plus forte pour les « mauvais » que pour les « bons ».

Si nous prenons, comme base de cette analyse des fautes professionnelles, comme il était légitime de le faire, les catégories de sujets I et II (voir tableau I) ne renferment que des sujets nettement caractérisés au point de vue professionnel et psychotechnique, il apparaît que les fautes qui se rencontrent dans le premier cas, c'est-à-dire celles dont la proportion est du même ordre pour les bons et les mauvais agents sont:

gênes de trains, prises en talon d'aiguille, inattention, négligences, omissions et oublis divers.

Les fautes qui se rencontrent dans le second cas, c'est-à-dire celles dont la proportion est paradoxalement plus élevée chez les « bons » que chez les « mauvais » sont:

manœuvres intempestives d'aiguilles et de signaux,
couvertures intempestives,
erreurs.

Les fautes qui se rencontrent dans le 3e cas, c'est-à-dire celles dont la proportion est plus élevée pour les mauvais que pour les bons aiguilleurs, sont:

fausses directions,
réceptions sur voies occupées,
ouvertures tardives de signaux,
erreurs de manœuvres sémaphoriques,
prises d'écharpe,
manque d'initiative,
non respect des instructions,
registres mal tenus,
absences irrégulières,
sommeil en service,
altercation avec des collègues ou des chefs,
ivresse en service,
dissimulation d'un accident.

Avant de répondre à la question que nous nous sommes posée au sujet des désaccords dans le groupe III et dans le groupe IV, arrêtons-nous sur un fait qui nous a dès l'abord surpris. La proportion des manœuvres intempestives dont sont responsables les bons aiguilleurs est élevée. Ceci est d'autant plus significatif que cette proportion se maintient pour les groupes V et VI.

Cette proportion anormalement élevée paraît s'expliquer par le fait que les bons aiguilleurs sont placés, soit dans des postes très chargés de circulation à grand trafic, soit dans des cabines de débranchement importantes. Dans ces postes, il faut agir rapidement pour ne pas gêner la circulation. On pourrait dire que la manœuvre intempestive est déterminée par le travail lui-même. Ce travail est organisé selon un rythme qui, pour beaucoup de sujets, dépasse leurs possibilités psychologiques. Seuls les sujets exceptionnellement doués s'adaptent, sans faire de fautes, à ce rythme professionnel.

Chez les sujets ordinaires, l'effort d'adaptation détermine une précipitation dans les attitudes mentales et psychomotrices qui peut aller jusqu'à créer de l'angoisse. Le désir d'assurer le travail le plus exactement possible provoque dans de telles conditions une sorte de défaillance professionnelle caractérisée par les manœuvres intempestives, conséquence de la précipitation.

Revenons aux désaccords des catégories III et IV. En ce qui concerne la catégorie III, on ne peut s'empêcher de remarquer, malgré la réserve que nous avons faite sur la faible signification des pourcentages, que le nombre de fautes imputables au caractère des agents appartenant à cette catégorie: ivresse en service, altercations, absences illégales, sommeil en service, non respect des instructions, est important. Pour s'en convaincre, il faut tenir compte du fait que les pourcentages sont proportionnellement plus élevés pour ces fautes dans la catégorie III que dans les autres.

Ce sont vraisemblablement les défauts de caractère que révèlent ces fautes qui incitent les chefs de service à qualifier « mauvais » des agents qui ne font relativement pas de fautes professionnelles.

Le phénomène contraire doit se produire pour la IVe catégorie. Tandis que ces sujets ayant moins de défauts de caractère que d'autres agents bénéficient d'une appréciation favorable (ce qui leur vaut l'appréciation bons) ils commettent des fautes dues au manque d'initiative (6,11 %).

Le nombre total de fautes professionnelles d'autres ordres est d'ailleurs assez élevé (229 sur 13 agents, moyenne par an, 1,77).[8])

Cette analyse des fautes par catégorie nous permet de réunir les catégories I, III et V pour constituer le groupe des bons agents et

---

[8]) Cette analyse qui était nécessaire pour nous afin d'établir d'une manière objective la valeur professionnelle de nos sujets, pourrait être généralisée. Elle donnerait aux Compagnies ferroviaires des renseignements intéressants sur la valeur des agents en ce qui concerne la sécurité.

les catégories II, IV et VI pour constituer le groupe des mauvais. Les agents examinés[9]) se répartissent ainsi : « bons » 92, « mauvais » 106.

Possédant les deux classements, l'un psychotechnique, l'autre professionnel, nous avons calculé la validité de chaque test par trois méthodes différentes :

1° par la comparaison de la différence des moyennes de deux groupes à l'écart étalon de cette différence,

2° par coefficient d'association de Yule,

3° par coefficient de corrélation bisseriale, c'est ce qui nous a permis d'aboutir à la constitution définitive de la batterie des tests qui est dès lors utilisé au Laboratoire d'application.[10])

La justification de la valeur prédictive de cette batterie s'exprime par les chiffres suivants :

Sur 92 aiguilleurs professionnellement « bons », nous trouvons, d'après le classement psychotechnique :

Très bons	4 =	4,35 %
Bons	15 =	16,30 %
Moyens supérieurs	57 =	61,96 %
Moyens inférieurs	11 =	11,96 %
Eliminables	5 =	5,43 %

Sur 106 aiguilleurs professionnellement « mauvais », nous trouvons, d'après le classement psychotechnique :

Très bons	0	
Bons	0	
Moyens supérieurs	7 =	6,60 %
Moyens inférieurs	31 =	29,24 %
Eliminables	68 =	64,15 %

Le coefficient d'association de Yule entre les deux classements est égal à 0,971.

Cette méthode de sélection a donné de tels résultats qu'elle a pu être mise en vigueur et dont la validité se trouve justifiée par un nombre toujours croissant des sujets. Mais nous ne la considérons pas pour cela comme définitive et nous nous proposons d'y adjoindre une épreuve d'émotivité dont la mise au point se poursuit actuellement.

Cette méthode (pneumographie, sphygmographie, plethysmographie et électrocardiographie) se rallie à celle que l'un de nous a caractérisé, il y a plusieurs années, sous le nom de « recherche de l'indice de la plasticité fonctionnelle ».[11])

---

[9]) Deux des agents ayant été écartés de l'étude parce que, au cours de l'examen qu'ils ont subi au Laboratoire, ils ont fait preuve de mauvaise volonté affirmée, il ne reste donc que 198 sujets au lieu de 200.

[10]) Pour l'étude détaillée cf. J. M. *Lahy*, La sélection professionnelle des aiguilleurs, « Le Travail Humain », t. II, No 1, pp. 15-38.

[11]) J. M. *Lahy*,

Tableau I.

Tableau des moyennes de punitions par an de différentes catégories d'agents.

Nombre de sujets	Groupes		Catégorie d'après le classement professionnel et psychotechnique		Moyenne de punitions par an	
69	A. — Accord complet appréciation des chefs et classement psychotechnique	I	Appréciation des chefs.	Bons		
			Classement psychotechnique.	Très Bons	0,92	0,95
				Bons.	0,96	
				Moyens supérieurs		
87		II	Appréciation des chefs.	Moins bons	1,69	
				Mauvais	2,88	
			Classement psychotechnique.	Moyens inférieurs.	1,13	2,20
				Eliminables	2,20	
7	B. — Accord complet fautes et classement psychotechnique	III	Relevé des punitions (appréciation des chefs erronée: Mauvais).	Bons.		0,97
			Classement psychotechnique.	Moyens supérieurs.		
13		IV	Relevé des punitions (appréciation des chefs erronée: Bons).	Mauvais.		1,77
			Classement psychotechnique.	Moyens inférieurs.		
				Eliminables		
16	C. — Désaccords fautes et classement psychotechnique	V	Relevé des punitions,	Bons		0,91
			Classement psychotechnique.	Moyens inférieurs.		
				Eliminables.		
6		VI	Relevé des punitions.	Mauvais.		3
			Classement psychotechnique	Moyens supérieurs.		

En effet, la manière dont se rétablit le fonctionnement des organes de la vie végétative troublé expérimentalement constitue l'un des signes mesurables de l'émotivité exagérée.

En outre, nous avons mis au point un test professionnel d'aiguilleur en vue de la sélection « après coup », selon la méthode que nous avons inaugurée pour la sélection des machinistes de la Société de Transports en Commun de la Région Parisienne.

Tableau II.

Pourcentage des natures des fautes par rapport au nombre total de fautes pour diverses catégories d'agents.

CATÉGORIE DE CLASSEMENT PROFESSIONNEL ET PSYCHOTECHNIQUE NATURE DES FAUTES	I Profes. Bon Psych. Bon	II Profes. Mauv. Psych. Bon	III Relevé punit. Bon Psych. Bon	IV Relevé punit. Mauv. Psych. Mauv.	V Relevé punit. Bon Psych. Mauv.	VI Relevé punit. Mauv. Psych. Bon
Fausses directions	2,0	2,63	3,4	5,67	1,7	4,25
Réceptions sur voie occupée	1,8	4,98	6,8	2,62	0,0	2,12
Man. intempestives { de signaux	10,9	6,64	0,0	4,36	5,4	2,12
{ d'aiguilles	18,2	10,16	6,8	10,91	10,3	2,83
Prises en talon d'aiguille . .	3,8	4,69	3,4	4,80	1,7	3,54
Ouvertures tardives de signaux	9,8	13,29	3,4	9,17	13,7	17,73
Couvertures tardives de trains	1,4	0,68	0,0	1,31	1,7	3,54
Couvertures intempestives .	0,8	0,00	0,0	0,0	0,0	0,0
Gênes de trains (expéditions intempestives)	11,3	10,85	0,0	15,72	20,6	9,21
Prises d'écharpe	0,4	0,78	0,0	1,31	0,0	0,0
Erreurs de manivelles sémaphoriques	2,84	5,27	13,7	3,93	10,35	12,76
Erreurs	5,48	1,56	0,0	3,49	0,0	0,70
Omissions et oublis . . .	6,7	7,91	0,0	5,24	3,4	7,09
Manque d'initiative	1,8	3,42	0,0	6,11	5,1	2,12
Inattention	5,0	4,98	17,2	7,86	8,6	2,12
Négligence	10,7	9,48	17,2	7,86	12,0	9,92
Registre mal tenu	0,4	1,27	0,0	1,31	0,0	5,67
Non-respect des instructions	2,2	4,39	6,8	3,93	5,1	6,38
Dissimulation d'un incident .	0,0	0,97	0,0	0,0	0,0	0,70
Absence irrégulière	1,0	2,15	10,3	1,31	0,0	4,25
Sommeil en service	0,2	1,56	3,4	0,87	0,0	2,12
Altercation avec des chefs ou des collègues	0,2	0,78	3,4	1,31	0,0	0,0
Ivresse en service	0,0	0,39	3,4	0,0	0,0	0,0
Divers	1,0	0,97	0,0	0,87	1,7	0,7
Nombre total brut de fautes	492	850	29	229	58	141
Nombre d'agents	69	87	7	13	16	6
Moyenne des fautes par an	0,95	2,2	0,97	1,77	0,91	3

UNFALLAFFINITÄT IM VERKEHRSWESEN.

G. MAYERHOFER (Prag).

Der von Marbe eingeführte Begriff der Unfallaffinität ist zu verallgemeinert und ungenau definiert. Soviel ist jedoch klar, daß er darunter eine konstitutionelle, dem Individuum schicksalhaft anhaftende Eigenschaft versteht.

Bezüglich der Fahrerberufe glaube ich ohne Marbes Begriffsbildung an das Problem lebensnaher herantreten zu können.

Abgesehen davon, daß die von Marbe eingeschlagene statistische Methode niemals einen Beweis für die Unfallaffinität liefern kann, konnte ich experimentell nachweisen, daß die Häufung von Unfällen bei den einzelnen Personen meist milieubedingt ist.

Als Hauptsymptom für das Verhalten, das häufig zu Unfällen führt, bezeichne ich die Leistungslabilität. Sie entsteht als Belastungswirkung dann, wenn sich eine Diskrepanz zwischen Anforderung und psychophysischer Energie ergibt. Diese kann entstehen als Folge einer Neurose, als Folge einer akuten oder chronischen Ermüdung, akuten oder chronischen Alkoholgenusses, ungünstiger Milieueinflüsse usw.

Die Labilität können wir durch Reaktionsversuche (Labilität der Reaktionszeiten, der Reaktionssicherheit) und durch Aufmerksamkeitsversuche (Einengung der Aufmerksamkeit, Schwankungen der Aufmerksamkeit) feststellen.

Daraus ergibt sich, daß die Fahrereignungsprüfung auf die Erfassung der Leistungslabilität umgestellt werden muß. Diese untersuchen wir, indem wir bei steigend dosierter Belastung die Grenze feststellen, bei der die Labilität deutlich wird.

Aus dem Ergebnis der Labilitätsversuche einerseits und der Berücksichtigung der Milieuverhältnisse, die die Labilität mitbestimmt haben, andererseits, können wir auf die Fahrtüchtigkeit und Unfallsicherheit schließen.

Allerdings hat die Feststellung der Fahrtüchtigkeit vom Standpunkt der Unfallverhütung nur sehr geringen Wert. Meine Versuche an ermüdeten Fahrern haben gezeigt, daß die Unfallsicherheit von der Arbeitszeit sehr stark abhängig ist. Ohne vernünftige Regelung der Arbeitszeit gibt es keine Unfallverhütung im Verkehrswesen. Auch andere Lebens- und Arbeitsbedingungen des Lenkers spielen vom Standpunkt seiner Fahrtüchtigkeit eine sehr wichtige Rolle. Die von Marbe eingeführte abstrakte, nicht existierende Unfallaffinität ist geeignet, in dieser Frage Unklarheit zu stiften, indem der Kern des Problems, der soziale Faktor des Unfalles, verschleiert wird.

PSYCHOLOGICAL CONSIDERATIONS INVOLVED IN THE APPLICATION OF MOTOR DRIVING TESTS.

G. H. MILES (London).

Those psychologists who have intensively studied the many problems of road safety are firmly convinced that they can be of assistance in reducing the loss of human life, but in spite of the proved success of experimental work done in many directions and in many different countries, there is a great deal of public scepticism as to the practical application of this work. The matter is of vital importance to the psychotechnician. His value to the community depends largely on its acceptance of his work. He is, so to speak, the middleman between the pure research worker and the general public, and his effectiveness depends to a large extent on his ability to adapt his services to meet general needs. Why is the general public reluctant to avail itself of the work of the psychologists? By what means can the results and the value of his work be more effectively demonstrated?

There is here a problem for psychological enquiry that would well repay attention. I am considering in this paper only one small aspect of this problem — the task of inducing transport organisations, and the public in general to make use of the tests for motor drivers which have been devised by the N.I.I.P.

An account of these tests has been given in the Journal of the Institute. They are, in the main, modifications of many well-known tests, and preliminary standards of performance have been obtained by testing a number of drivers of important transport companies. Great interest has been shown in the tests and they have had widespread publicity. But the active response of transport companies and the general public has been slow.

This has led me to look about for some psychological cause which, apart from mental inertia, may be responsible for lack of support. That there are many other causes besides those which I am about to mention I have no doubt; and I should be grateful to members of this congress for suggestions and help in overcoming a type of difficulty which many may have experienced in this and in other branches of psychological work.

In the first place, there is a widespread opinion that it is only possible to test a man's driving ability by actually observing him drive. Any normal person can, however, learn to manipulate a car after a few hours' tuition. The real trial comes when that person is faced with some emergency, but I have found it extremely difficult to demonstrate that the tests are based on an examination of a person's fundamental ability to meet hazards and to make accurate judgments of the speed and distances of moving objects. In the mind of the general public, the reaction-time tests and the tests for estimating speeds seem so remote from all practical demands of the road that they are sceptical of their value, in spite of the fact that we have repeatedly obtained marked correlation between the ability revealed by the tests and the practical ability shown by the road records of groups of men who have had thousands of miles of driving experience.

I have also found it most difficult to explain the apparent paradox that it is possible to determine a man's potential ability before he has learned to drive. Perhaps this might be more easily understood by the plain man if in this case the tests were described as tests for disability instead of tests for ability. A doctor who finds that a man has a weak heart can definitively predict that sooner or later disaster will follow if violent exercise is indulged in; and in the same way tests which show that a man has too slow a reaction-time can predict equally certain disaster if he persists in driving in fast traffic.

It is easily realized by most people that a man may be a real danger on the road if his reaction-time is, say, half a second longer than that of a just safe driver. If both are faced with a similar emergency when travelling at 30 miles per hour, the just safe driver may be able to pull up with a few inches to spare but the man whose reaction-time is half a second longer will have travelled at least 22 feet further. But it is surprising how many people have the impression that the man with the long reaction-time would be quite safe if he would only drive slowly. He would certainly be safer: but the trouble is that there are other people who drive fast and who dart out behind moving vehicles, and sooner or later he will fail to avoid one of these.

It is possible that the tests usually applied to motor drivers are too prosaically named to catch the imagination of many people. Reaction-time frequently appeals, but visual co-ordination and perception of depth rouse little interest. Inquiries are frequently made as to whether there are any tests for caution and foresight. Can we test for recklessness and discover the road hog and the thruster? These questions are usually asked by people who think that they have the first two qualities in a marked degree or who detest the latter.

There is also a very prevalent idea that it is not tests that are required but an improvement in road manners and a better knowledge of road regulations. This would undoubtedly greatly improve road comfort but the best-mannered driver would meet with a mishap sooner or later if his reaction were too slow or his judgment of speed erred on the wrong side.

The road hog and the thruster are probably more dangerous from the irritation caused by their bad manners than from lack of driving ability. A driver who is quick to react and can judge speed and distances accurately may seem to the average driver to be thoroughly reckless, though in reality his driving may be no more hazardous

258

than the apparently reckless feats of the steeplejack or the tight-rope walker.

At times even the most timid and cautious driver becomes reckless and relies on chance. He may hesitate to pass a slow-moving vehicle owing to the frequency of oncoming traffic. He is not quite sure of the accuracy with which he can estimate his own acceleration, the speed of the vehicle to be passed and the speeds of the oncoming vehicles. Other vehicles are coming up behind him. At last he thinks he can safely make the attempt, he takes the plunge, accelerates, and just gets past if his judgement of speed has been correct. If, on the other hands, he has misjudged speeds, the oncoming driver or the overtaken driver may have had to brake hard to avoid a collision. If the oncoming driver also misjudges speed and distances, or if he reacts too slowly and brakes later, there is a head-on collision. Caution may reduce the number of hazards encountered, but success or failure in meeting a hazard is determined solely by innate ability to judge correctly and react suitably.

The fact that certain individuals are more liable to accidents than others is common knowledge that has been confirmed by elaborate statistical analysis of-accident records. This had led a number of psychotechnicians to set out in search of a common factor of accident-proneness which may be present to a greater or less degree in all persons. It yet remains to be shown, however, that a group of persons who are accident prone when faced with one type of hazard will also be accident prone when faced with hazards of an entirely different type. The search for some mysterious quality of accident proneness is as attractive as the search for the philosopher's stone, but so far its contribution to the practical problem of reducing the number of persons who fail to meet the emergencies of transport work is small. In our present state of knowledge the only practical way is to define as clearly as possible the principal hazards, to determine the fundamental psychophysical factors which are concerned in meeting these hazards and to devise and verify tests which will assess these factors.

As is well known, this has been done: but the fact remains that, in spite of unimpeachable evidence of the value of these tests, there is still a general reluctance to use them.

I have endeavoured to outline a few of the hindrances to their use arising to a large extent from misunderstanding. But there are a number of objections, some of them of a practical nature, which it is necessary to meet if the tests are to be of practical value. In the first place, the apparatus which is used in many forms of tests is too costly for large-scale application. It is too complicated for the average user, and the time taken in a thorough test is too long. These objections are repeatedly put forward by would-be users, and they are interesting from a psychological point of view as they indicate a balancing up of costs against the value of human life and safety. In their present state of mind the potential users of these tests are evidently not completely convinced that the results obtained will give an adequate return on the outlay. Just how to bring home to potential users and the general public the importance of spending, not a few pounds, but considerable sums on the prevention of road accidents by any means which have been proved of value, is one of the biggest problems that we have to face. There is, however, another way in which the problem can be approached. It vitally concerns the psychotechnician, who must be prepared to reduce the number of his tests to the minimum possible, to modify his apparatus so that it can be constructed on mass-production lines, and to endeavour to reduce the time during which a candidate is under test. There will evidently be a struggle between his desire for thorough intensive work, and the immediate needs of practical life as dictated by those who have the power to say whether such tests shall or shall not be used. If the psychotechnician can reduce his demands without sacrificing scientific accuracy he stands a much greater chance of finding general acceptance for the work he is doing.

There is in this "telescoping", as it were, of the tests, ground for very intensive experimental work. As far as I know, there has not been much work done to find out, for instance, just how many reaction-times should be taken during a test to give a statistically valid result. In the same way, the duration for tests has been arbitrarily determined. If the psychotechnician can legitimately meet the practical man's objections and can devise more economical ways and means of testing without diminishing the value of his results he will go a long way towards gaining public support.

Further, the use of these tests for motor drivers has many advantages additional to that of reducing accidents, and the psychotechnician should put forward these advantages in such a way that the practical man has definite and tangible incentives to use the tests. Many organizations that have been experimenting with these tests, for example, have statistical results which show clearly the advantages of their use in such matters as reduction in the training time of beginners, reduction in running costs and better timekeeping; and in some cases insurance companies have been able to reduce premiums. In the case of the Institute's tests an Insurance Company is offering a rebate of 10 per cent. on the premium to those owner drivers who obtain a certain standard.

There are many other advantages to owner drivers which should be made more widely known. The owner driver, no doubt, has many advantages which the commercial driver does not enjoy. He is not compelled to keep to a schedule time. He can generally choose his own route, and when not quite fit he need not drive: and there are undoubtedly many owner drivers on the road who, by reason of the degree of choice which they can exercise, are able to enjoy motoring but would never make efficient commercial drivers. There are others too who are driving in complete ignorance of a number of defects which if only they were known could be allowed for and their driving would be safer. An owner driver, for instance, whose judgment of speeds and distances was comparatively poor could still drive in safety if he were consciously aware of this defect and took the precaution to allow for it when driving. This is a service to the owner driver which these tests can give, and in the interests of his own safety and that of the general public it would be well if every owner driver were compelled to take these tests before learning to drive. With a knowledge of his weak points the instruction given to him could be so modified that, in spite of his weakness, habits would be formed early which would effectively prevent him from attempting hazards where his limitations might lead to disaster.

I have only mentioned a few of the ways in which I think the psychotechnician can put the value of his work more clearly before his public. The aim of the psychotechnician should be not only to devise and evaluate suitable tests but to explain to the public in a way that appeals to them the exact function and utility of the tests. He should also get in contact with those whom he wishes to serve, find out their needs, their objections and their difficulties. He must place before them very clearly rational incentives to use his services. In this work a whole host of psychological factors are involved and a measured consideration of them is essential if the psychotechnician is to develop his tests beyond the experimental stage.

In every direction psychotechnical work has made great strides recently on the experimental side. There is a growing mass of well tested results and methods and the time is ripe for developing the most effective ways of presenting the facts authoritatively to the public and inducing it to make the fullest use of the psychotechnician's services.

Diskussion.

Dr. W. Blumenfeld (Dresden):

[1]) Die Aufgabe der Findung wirksamer Namen für die Proben ist selbst eine psychotechnische, nämlich eine Aufgabe der Reklamepsychologie.

[2]) Rücksichtsloses Verfahren ist, entgegen der Ansicht des Herrn Miles m. E., eine Eigentümlichkeit eines Fahrers. Man kann sie prüfen, indem man Aufgaben derart stellt, daß sich die Gleichgültigkeit gegen eine „leichte" Übertretung der Vorschriften in Form von registrierbaren Fehlern und Beobachtungen des Verhaltens äussert nach Art eines in Dresden ausgearbeiteten Verfahrens, bei dem ein mit eckigen und spitzigen Löchern versehenes Band auf den Prüfling zuläuft. Der Prüfling hat die Aufgabe, sein „Fahrzeug" zwischen den Löchern hindurchzusteuern, ohne sie zu berühren. Der rücksichtslose Fahrer respektiert dann die „Spitzen" und „Ecken" weniger.

BEZIEHUNG ZWISCHEN DIFFUSER AUFMERKSAMKEIT, WAHRNEHMUNGSSCHNELLIGKEIT UND SCHÄTZUNG DER GESCHWINDIGKEIT UND ENTFERNUNG.

ACHILLE MIZZI (Mailand).

Der Autor der vergleichenden Untersuchung von 3500 psychotechnischen Prüfungen, die im psychotechnischen Laboratorium der städtischen Straßenbahngesellschaft in Mailand zwecks Auswahl der Führer von schnellen Fahrzeugen, Trams, Autobussen, Autos, durchgeführt wurden, kommt auf Grund einer Reihe von statistischen Untersuchungen zur Folgerung, daß die Neigung für eine gute Schätzung der Schnelligkeit und Entfernung nicht in direkter Beziehung mit der diffusen Aufmerksamkeit und mit der Schnelligkeit der Wahrnehmung steht, sondern, daß in dieser zusammengesetzten Funktion andere einfache Werte herausgefunden werden müssen, wie der Raum- und Zeitsinn.

*

Bei den Prüfungen, die im psychotechnischen Laboratorium der städtischen Straßenbahngesellschaft in Mailand für die Auswahl der Führer von schnellen Fahrzeugen systematisch durchgeführt wurden, zieht man einige Resultate und besonders die Werte der diffusen Aufmerksamkeit, der Schnelligkeit der Wahrnehmung und der Schätzung der Geschwindigkeit und Entfernung in Betracht, abgesehen von den Werten der Reaktionszeiten (arithmetisches Mittel, mittlere Variation). Da von einigen Autoren die Aufmerksamkeit auf die Beziehungen zwischen den Resultaten der Prüfungen der Schätzung der Schnelligkeit und Entfernung und den Ergebnissen der Prüfungen der diffusen Aufmerksamkeit und der Schnelligkeit der Wahrnehmung gelenkt wurde, habe ich es für angebracht gehalten, eine Untersuchung von statistischen Charakter zu veranstalten, um festzustellen, ob diese Beziehung sich an meinen experimentellen Daten bewahrheiten läßt; es sind numerisch ziemlich interessante Daten, die sich auf ungefähr 3500 Untersuchungen beziehen. Ich halte es für angebracht, vor allem summarisch auf die Methode und die Technik, die in den oben angeführten Untersuchungen angewendet wurden, einzugehen.

Die diffuse Aufmerksamkeit wurde mittels des Mental-Tests von Ferrari, der von Mizzi umgearbeitet wurde, und nichts anderes als eine Modifikation des Aufmerksamkeitstestes von Toulouse ist, geprüft. Dem Prüfling werden zwei Zeichen gezeigt, die in den folgenden Zeilen unregelmäßig wiederholt werden, und er wird aufgefordert, alle gleichen Zeichen auszustreichen. Man zieht die Zeit und die Fehler (ausgelassene oder verwechselte Zeichen) in % in Betracht.

Für die Schnelligkeit der Auffassung verwenden wir ein von uns konstruiertes Tachistoskop, das im Grunde nur dadurch, daß die Darbietung und der Wechsel der Bildchen (ein Quadrat, das in 9 Felder geteilt ist, in jedem befindet sich eine Buchstabe des Alphabets), auf automatischem (elektrischem) Wege vor sich geht und die Schnelligkeit des Falles des Sektors dauernd kontrolliert wird, von Netschaieff's Apparat abweicht.

Der Prüfling wird aufgefordert, die größte ihm mögliche Anzahl von Buchstaben zu lesen und anzugeben, in welchem der 9 Felder er sie gelesen hat. In % wird die Anzahl der genauen, falschen, nicht am richtigen Platze befindlichen und zweifelhaften Buchstaben angegeben.

Die Prüfung der Schnelligkeitsschätzung und der Entfernungen wird mittels des Tachodometers von Mira durchgeführt. Im ersten Teil der Prüfung wird der Prüfling aufgefordert, in möglichst kurzer Zeit die Stelle anzugeben, wo sich 2 Scheiben, deren Schlitten sich mit verschiedener Schnelligkeit, aber in immer gleichem Verhältnis gegeneinander bewegen, begegnen.

Im zweiten Teil der Prüfung handelt es sich dagegen um zwei Scheiben, die sich in der gleichen Richtung bewegen, aber die rückwärtigere weist eine größere Geschwindigkeit als die andere auf. Der Prüfling muß schnell angeben, bei welchem Punkte die schnellere Scheibe auf die weniger schnelle treffen wird.

In der Wertung der Ergebnisse wird die Genauigkeit und die Schnelligkeit der Antworten durch Messung der Zeit in Betracht gezogen.

Es erscheint mir unnötig, darauf hinzuweisen, von welcher Wichtigkeit für die Führer von schnellen Fahrzeugen eine gute Wertung der Geschwindigkeit und der Entfernung ist. Der Führer von schnellen Fahrzeugen sieht von seinem Wagen aus, der sich mit sehr verschiedener Schnelligkeit bewegt (von einem Meter in der Sekunde beim Beginn der Fahrt bis zu 30 Meter in der Sekunde [100 km per Stunde] bei in voller Fahrt befindlichen Automobilen), Fahrzeuge von verschiedener Größe und von verschiedener Schnelligkeit sich bewegen und muß die Fähigkeit besitzen, sehr schnell — sei es die Entfernung des Hindernisses, das vor ihm auftaucht, sei es die Geschwindigkeit eines anderen Fahrzeuges, das seine Straße kreuzt — abzuschätzen.

Es ist daher sehr wichtig, diese Prüfung so vollständig wie möglich zu gestalten und zu sehen, ob sich von einer so komplexen Funktion elementare Werte ableiten lassen, die vielleicht gewisse, zum Glück nicht häufige Nichtübereinstimmungen zwischen dem praktischen Werte im Berufe und einigen Ergebnissen im Laboratorium aufklären können.

Bei der Prüfung mit dem Tachodometer von Mira, dessen Technik ich schon erwähnt habe, sehen wir, daß zwei Variabeln auf dem Spiele stehen: die Entfernung und die Schnelligkeit. In der Tat befinden sich die 2 Scheiben, die auf Schlitten ruhen, in Abständen, die sich beständig ändern und ihre Schnelligkeiten (die jedoch bei jeder einzelnen Prüfung gleich bleiben) werden von den Prüfern von einer Prüfung zur anderen abgeändert.

Bei der Wertung der Antworten des Prüflings ziehen wir 2 Elemente in Betracht: die Genauigkeit und die Schnelligkeit. Es sind dies zwei Werte, die man getrennt lassen muß, denn im allgemeinen nimmt die Genauigkeit ab, wenn die Schnelligkeit unter gleichen Bedingungen zunimmt. Was nun beim Fahrzeugführer vor allem wichtig ist, ist genau und dann genügend schnell zu werten. Wenn die Antwort zu langsam ist, hat auch die Genauigkeit keinen so großen Wert, da die langsame Antwort in solchem Maße die motorische Reaktion verzögert, daß die Hindernisse nicht vermieden werden können.

Diese wenigen Angaben von allgemeinem Charakter vorausgeschickt, halte ich es für interessant zu sehen, ob man vom statistischen Standpunkte Angaben erhalten kann, die wenigstens die oben angeführte Beziehung bestätigen würden, und, ob so eine enge Beziehung zwischen diffuser Aufmerksamkeit und Schnelligkeit der Wahrnehmung einerseits und der Wertung der Schnelligkeit und Entfernung andererseits besteht.

Die statistische Untersuchung wurde an ungefähr 3500 Prüfungen von mir selbst im psychotechnischen Laboratorium der städtischen Straßenbahn in Mailand mit demselben Kriterium durchgeführt, so daß sie verglichen werden können.

Für jeden Prüfling wurden die Daten der Klassifizierung in den drei Prüfungen hervorgehoben: diffuse Aufmerksamkeit, Schnelligkeit der Auffassung, Abschätzung der Geschwindigkeit und Entfernung.

Ich sage zur größeren Klarheit, daß eine Klassifizierung für jede Prüfung, die in der Rangordnung in 1000 vorher ausgeführten Prüfungen vorher bestimmt wurde, angelegt wurde; bei den noch nicht bearbeiteten erhaltenen Werten konstruiert man eine Galtonsche-Kurve, die mit Hilfe der %-Methode gestattet, die Prüflinge miteinander zu vergleichen und sie zu klassifizieren.

Wenn man die mittleren und niedrigeren Werte der Klassifikation (gute und ungenügende) in Betracht zieht, werden die Prozente in folgender Weise miteinander verglichen:

Für gut befunden in der Schätzung der Geschwindigkeit und Entfernung in %:

a) gut in der diffusen Aufmerksamkeit und in der Schnelligkeit der Auffassung in %;

b) gut in der diffusen Aufmerksamkeit und ungenügend in der Schnelligkeit der Auffassung in %;

c) gut in der Schnelligkeit der Auffassung und ungenügend in der diffusen Aufmerksamkeit in %;

d) ungenügend in der diffusen Aufmerksamkeit und in der Schnelligkeit der Auffassung in %.

Zur größeren Klarheit und Kontrolle:

Für ungenügend befunden in der Schätzung der Schnelligkeit und Entfernung in %:

264

a) gut in der diffusen Aufmerksamkeit und in der Schnelligkeit der Auffassung in %;

b) gut in der diffusen Aufmerksamkeit und ungenügend in der Schnelligkeit der Auffassung in %;

c) gut in der Schnelligkeit der Auffassung und ungenügend in der diffusen Aufmerksamkeit in %;

d) ungenügend in der diffusen Aufmerksamkeit und in der Schnelligkeit der Auffassung in %.

Die Untersuchung der vorstehenden Tabelle klärt uns nicht nur über eine fallweise Abhängigkeitsbeziehung zwischen den uns interessierendem Verhalten auf, sondern weist auch ein völlig negatives Resultat aus.

In der Tat wir finden beim bloßen Durchlesen, daß gegenüber 9,48% guten Ergebnissen, sei es bei der Prüfung beim Tachodometer oder bei der am Tachistoskop und der diffusen Aufmerksamkeit, gut 19,23% der guten Ergebnisse in der Schätzung der Geschwindigkeit und der Entfernung durchaus nicht bei den beiden anderen Prüfungen genügen.

Die Bestätigung dieser Ergebnisse finden wir dann auch im zweiten Teile der Tabelle, wo wir gegenüber 7,38% ungenügenden Ergebnissen in allen drei Prüfungen 29,80% finden, die, obwohl sie bei der Prüfung durch den Tachodometer nicht für gut befunden wurden, bei der tachistoskopischen und der Prüfung der diffusen Aufmerksamkeit gute Ergebnisse zeigen.

Wir müssen in Betracht ziehen, daß in der oben angeführten Statistik einige Elemente von zweifelloser Wichtigkeit vereinigt sind, die einige Phänomene abändern und verschleiern können.

Ich beabsichtige zu sagen, daß man die Verschiedenheit der erhaltenen Resultate bei Personen, die sich schon einige Zeit im Dienste befinden und die schon Kompensationserscheinungen zeigen und bei denen, die wir erst aussuchen, in Betracht ziehen muß.

Ein anderer Koeffizient ist sicher das Alter.

Von diesen Betrachtungen ausgehend, habe ich es für angebracht gehalten, verschiedene Tabellen anzulegen und Untersuchungen anzustellen, die sich hauptsächlich auf das Alter und auf die Tatsache beziehen, ob die Prüfung an Fahrzeugführern, die sich schon im Dienste befinden oder an neu angestelltem Personale vorgenommen wurde.

Der Gleichartigkeit wegen habe ich es für angebracht gehalten, dasselbe statistische Kriterium wie in der vorangehenden Tabelle anzuwenden. Wir erhalten so eine Reihe von Tabellen, die folgendermaßen eingeteilt sind:

1. Neuaufnahme (unabhängig vom Alter).

2. Nachprüfung (unabhängig vom Alter).

3. Neuaufnahme (mit Bezug auf das Alter in Stufen von 5 zu 5 Jahren, vom 21.—50. Lebensjahr).

Gesamtsumme der Prüfungen der neubeförderten und nach-geprüften Angestellten.

Gut bei der Prüfung durch den Tachodometer 46,14%.

Gute Ergebnisse beim Tachistoskop und in der Aufmerksamkeit	9,48%	
Gute Ergebnisse beim Tachistoskop und ungenügende in der Aufmerksamkeit	8,49%	
Ungenügende Ergebnisse beim Tachistoskop und gute in der Aufmerksamkeit	8,94%	
Ungenügende Ergebnisse beim Tachistoskop und in der Aufmerksamkeit	19,23%	46,14%

Ungenügend bei der Prüfung durch den Tachodometer 53,86%.

Gute Ergebnisse beim Tachistoskop und in der Aufmerksamkeit	29,80%	
Gute Ergebnisse beim Tachistoskop und ungenügende in der Aufmerksamkeit	6,56%	
Ungenügende Ergebnisse beim Tachistoskop und gute in der Aufmerksamkeit	10,12%	
Ungenügende Ergebnisse beim Tachistoskop und in der Aufmerksamkeit	7,38%	53,86%
		100,00%

Tabelle 1.

Neuaufgenommenes Personal (unabhängig vom Alter).

Gut bei der Prüfung durch den Tachodometer 50,57%.

Gute Ergebnisse beim Tachistoskop und in der Aufmerksamkeit	14,46%	
Gute Ergebnisse beim Tachistoskop und ungenügende in der Aufmerksamkeit	9,44%	
Ungenügende Ergebnisse beim Tachistoskop und gute in der Aufmerksamkeit	11,44%	
Ungenügende Ergebnisse beim Tachistoskop und in der Aufmerksamkeit	15,23%	50,57%

59,15% der Gesamtsumme der Geprüften.

Ungenügend bei der Prüfung durch den Tachodometer 49,43%.

Gute Ergebnisse beim Tachistoskop und in der Aufmerksamkeit	19,76%	
Gute Ergebnisse beim Tachistoskop und ungenügende in der Aufmerksamkeit . . .	6,19%	
Ungenügende Ergebnisse beim Tachistoskop und gute in der Aufmerksamkeit	12,94%	
Ungenügende Ergebnisse beim Tachistoskop und in der Aufmerksamkeit	10,54%	49,43%
		100,00%

Tabelle 2.

Schon im Dienst befindliches Personal (unabhängig vom Alter).

Gut bei der Prüfung durch den Tachodometer 39,51%.

Gute Ergebnisse beim Tachistoskop und in der Aufmerksamkeit	1,82%	
Gute Ergebnisse beim Tachistoskop und ungenügende in der Aufmerksamkeit . . .	4,70%	
Ungenügende Ergebnisse beim Tachistoskop und gute in der Aufmerksamkeit	5,33%	
Ungenügende Ergebnisse beim Tachistoskop und in der Aufmerksamkeit	27,66%	39,51%

40,85% der Gesamtsumme der Geprüften.

Ungenügend bei der Prüfung durch den Tachodometer 60,49%.

Gute Ergebnisse beim Tachistoskop und in der Aufmerksamkeit	45,06%	
Gute Ergebnisse beim Tachistoskop und ungenügende in der Aufmerksamkeit . . .	7,16%	
Ungenügende Ergebnisse beim Tachistoskop und gute in der Aufmerksamkeit	5,95%	
Ungenügende Ergebnisse beim Tachistoskop und in der Aufmerksamkeit	2,32%	60,49%
		100,00%

Tabelle 3a.

Neuaufgenommenes Personal (21—25 Jahre).

Gut bei der Prüfung durch den Tachodometer 53,79%.

Gute Ergebnisse beim Tachistoskop und in der Aufmerksamkeit 24,50%
Gute Ergebnisse beim Tachistoskop und ungenügende in der Aufmerksamkeit . . . 7,45%
Ungenügende Ergebnisse beim Tachistoskop und gute in der Aufmerksamkeit . . . 11,32%
Ungenügende Ergebnisse beim Tachistoskop und in der Aufmerksamkeit 10,52%   53,79%

18,05% der Gesamtsumme des neuangestellten Personals.

Ungenügend bei der Prüfung durch den Tachodometer 46,21%.

Gute Ergebnisse beim Tachistoskop und in der Aufmerksamkeit 10,04%
Gute Ergebnisse beim Tachistoskop und ungenügende in der Aufmerksamkeit . . . 5,12%
Ungenügende Ergebnisse beim Tachistoskop und gute in der Aufmerksamkeit . . . 16,57%
Ungenügende Ergebnisse beim Tachistoskop und in der Aufmerksamkeit 14,48%   46,21%

100,00%

Tabelle 4a.

Schon im Dienste befindliches Personal (21—25 Jahre).

Gut bei der Prüfung durch den Tachodometer 100,00%.

Gute Ergebnisse beim Tachistoskop und in der Aufmerksamkeit 0,00%
Gute Ergebnisse beim Tachistoskop und ungenügende in der Aufmerksamkeit . . . 0,00%
Ungenügende Ergebnisse beim Tachistoskop und gute in der Aufmerksamkeit . . . 50,00%
Ungenügende Ergebnisse beim Tachistoskop und in der Aufmerksamkeit 50,00%   100,00%

41% der Gesamt-summe der Nachge-prüften.

Ungenügend bei der Prüfung durch den Tachodometer 0,00%.

Gute Ergebnisse beim Tachistoskop und in der Aufmerksamkeit 0,00%

Gute Ergebnisse beim Tachistoskop und unge-nügende in der Aufmerksamkeit 0,00%

Ungenügende Ergebnisse beim Tachistoskop und gute in der Aufmerksamkeit 0,00%

Ungenügende Ergebnisse beim Tachistoskop und in der Aufmerksamkeit 0,00%

—————
100,00%

Tabelle 3b.

Neuaufgenommenes Personal (26—30 Jahre.)

Gut bei der Prüfung durch den Tachodo-meter 53,80%.

Gute Ergebnisse beim Tachistoskop und in der Aufmerksamkeit 15,45%

Gute Ergebnisse beim Tachistoskop und unge-nügende in der Aufmerksamkeit 13,45%

Ungenügende Ergebnisse beim Tachistoskop und gute in der Aufmerksamkeit 13,45%

Ungenügende Ergebnisse beim Tachistoskop und in der Aufmerksamkeit 13,45%

—————
55,80%

43,68% der Gesamt-summe des neuange-stellten Personals.

Ungenügend bei der Prüfung durch den Tachodometer 44,20%.

Gute Ergebnisse beim Tachistoskop und in der Aufmerksamkeit 14,85%

Gute Ergebnisse beim Tachistoskop und unge-nügende in der Aufmerksamkeit 6,65%

Ungenügende Ergebnisse beim Tachistoskop und gute in der Aufmerksamkeit 12,65%

Ungenügende Ergebnisse beim Tachistoskop und in der Aufmerksamkeit 10,05%

—————
44,20%
100,00%

Tabelle 4b.

Schon im Dienste be-findliches Personal (26—30 Jahre).

Gut bei der Prüfung durch den Tachodo-meter 52,08%.

Gute Ergebnisse beim Tachistoskop und in der Aufmerksamkeit 10,20%

Gute Ergebnisse beim Tachistoskop und unge-nügende in der Aufmerksamkeit . . . 8,30%

Ungenügende Ergebnisse beim Tachistoskop und gute in der Aufmerksamkeit . . . 18,78%

Ungenügende Ergebnisse beim Tachistoskop und in der Aufmerksamkeit 14,80%   52,08%

Ungenügend bei der Prüfung durch den Tachodometer 47,92%.

Gute Ergebnisse beim Tachistoskop und in der Aufmerksamkeit 18,78%

Gute Ergebnisse beim Tachistoskop und unge-nügende in der Aufmerksamkeit . . . 4,14%

Ungenügende Ergebnisse beim Tachistoskop und gute in der Aufmerksamkeit . . . 16,70%

Ungenügende Ergebnisse beim Tachistoskop und in der Aufmerksamkeit 8,30%   47,92%

100,00%

9,89% der Gesamt-summe der Nachge-prüften.

Tabelle 8c.

Neuaufgenommenes Personal (31—35 Jahre).

Gut bei der Prüfung durch den Tachodo-meter 46,05%.

Gute Ergebnisse beim Tachistoskop und in der Aufmerksamkeit 5,48%

Gute Ergebnisse beim Tachistoskop und unge-nügende in der Aufmerksamkeit . . . 9,55%

Ungenügende Ergebnisse beim Tachistoskop und gute in der Aufmerksamkeit . . . 10,51%

Ungenügende Ergebnisse beim Tachistoskop und in der Aufmerksamkeit 20,51%   46,05%

30,50% der Gesamt-summe des neuaufge-nommenen Personals.

Ungenügend bei der Prüfung durch den Tachodometer 53,95%.

Gute Ergebnisse beim Tachistoskop und in der Aufmerksamkeit 28,51%

Gute Ergebnisse beim Tachistoskop und ungenügende in der Aufmerksamkeit 6,59%

Ungenügende Ergebnisse beim Tachistoskop und gute in der Aufmerksamkeit 9,55%

Ungenügende Ergebnisse beim Tachistoskop und in der Aufmerksamkeit 9,30% 53,95%

100,00%

Tabelle 4c.

Schon im Dienste befindliches Personal (31—35 Jahre).

Gut bei der Prüfung durch den Tachodometer 30,75%.

Gute Ergebnisse beim Tachistoskop und in der Aufmerksamkeit 0,00%

Gute Ergebnisse beim Tachistoskop und ungenügende in der Aufmerksamkeit 3,85%

Ungenügende Ergebnisse beim Tachistoskop und gute in der Aufmerksamkeit 11,55%

Ungenügende Ergebnisse beim Tachistoskop und in der Aufmerksamkeit 15,35% 30,75%

5,37% der Gesamt-summe der Wieder-geprüften.

Ungenügend bei der Prüfung durch den Tachodometer 69,25%.

Gute Ergebnisse beim Tachistoskop und in der Aufmerksamkeit 30,80%

Gute Ergebnisse beim Tachistoskop und ungenügende in der Aufmerksamkeit 11,55%

Ungenügende Ergebnisse beim Tachistoskop und gute in der Aufmerksamkeit 11,55%

Ungenügende Ergebnisse beim Tachistoskop und in der Aufmerksamkeit 15,35% 65,25%

100,00%

271

Tabelle 3d.

Neuaufgenommenes Personal (36—40 Jahre).	**Gut bei der Prüfung durch den Tachodometer 49,50%.**	
	Gute Ergebnisse beim Tachistoskop und in der Aufmerksamkeit	19,52%
	Gute Ergebnisse beim Tachistoskop und ungenügende in der Aufmerksamkeit	8,82%
	Ungenügende Ergebnisse beim Tachistoskop und gute in der Aufmerksamkeit	2,65%
	Ungenügende Ergebnisse beim Tachistoskop und in der Aufmerksamkeit	17,51% 49,50%
5,63% der Gesamtsumme des neuaufgenommenen Personals.	**Ungenügend bei der Prüfung durch den Tachodometer 50,50%.**	
	Gute Ergebnisse beim Tachistoskop und in der Aufmerksamkeit	28,40%
	Gute Ergebnisse beim Tachistoskop und ungenügende in der Aufmerksamkeit	0,00%
	Ungenügende Ergebnisse beim Tachistoskop und gute in der Aufmerksamkeit	14,70%
	Ungenügende Ergebnisse beim Tachistoskop und in der Aufmerksamkeit	7,40% 50,50%
		100,00%

Tabelle 4d.

Schon im Dienste befindliches Personal (36—40 Jahre).	**Gut bei der Prüfung durch den Tachodometer 49,08%.**	
	Gute Ergebnisse beim Tachistoskop und in der Aufmerksamkeit	3,63%
	Gute Ergebnisse beim Tachistoskop und ungenügende in der Aufmerksamkeit	5,45%
	Ungenügende Ergebnisse beim Tachistoskop und gute in der Aufmerksamkeit	12,75%
	Ungenügende Ergebnisse beim Tachistoskop und in der Aufmerksamkeit	27,25% 49,08%

10,31% der Gesamt-summe der Nachge-prüften.

Ungenügend bei der Prüfung durch den Tachodometer 50,92%.

Gute Ergebnisse beim Tachistoskop und in der Aufmerksamkeit 27,25%
Gute Ergebnisse beim Tachistoskop und unge-nügende in der Aufmerksamkeit 10,92%
Ungenügende Ergebnisse beim Tachistoskop und gute in der Aufmerksamkeit 12,75%
Ungenügende Ergebnisse beim Tachistoskop und in der Aufmerksamkeit 0,00%
                                                                  50,92%
                                                                 100,00%

Tabelle 8e.

Neuaufgenommenes Personal (41—45 Jahre).

Gut bei der Prüfung durch den Tachodo-meter 50,20%.

Gute Ergebnisse beim Tachistoskop und in der Aufmerksamkeit 33,20%
Gute Ergebnisse beim Tachistoskop und unge-nügende in der Aufmerksamkeit 0,00%
Ungenügende Ergebnisse beim Tachistoskop und gute in der Aufmerksamkeit 8,50%
Ungenügende Ergebnisse beim Tachistoskop und in der Aufmerksamkeit 8,50%
                                                                  50,20%

1,67% der Gesamt-summe des neuange-stellten Personals.

Ungenügend bei der Prüfung durch den Tachodometer 49,80%.

Gute Ergebnisse beim Tachistoskop und in der Aufmerksamkeit 32,20%
Gute Ergebnisse beim Tachistoskop und unge-nügende in der Aufmerksamkeit 0,00%
Ungenügende Ergebnisse beim Tachistoskop und gute in der Aufmerksamkeit 16,60%
Ungenügende Ergebnisse beim Tachistoskop und in der Aufmerksamkeit 0,00%
                                                                  49,80%
                                                                 100,00%

Tabelle 4e.

Schon im Dienste befindliches Personal (41—45 Jahre).

Ungenügend bei der Prüfung durch den Tachodometer 36,06%.

Gute Ergebnisse beim Tachistoskop und in der Aufmerksamkeit	0,81%	
Gute Ergebnisse beim Tachistoskop und ungenügende in der Aufmerksamkeit . . .	5,75%	
Ungenügende Ergebnisse beim Tachistoskop und gute in der Aufmerksamkeit . . .	4,10%	
Ungenügende Ergebnisse beim Tachistoskop und in der Aufmerksamkeit	25,40%	36,06%

25,16% der Gesamtsumme der Nachgeprüften.

Ungenügend bei der Prüfung durch den Tachodometer 63,94%.

Gute Ergebnisse beim Tachistoskop und in der Aufmerksamkeit	44,35%	
Gute Ergebnisse beim Tachistoskop und ungenügende in der Aufmerksamkeit . . .	12,22%	
Ungenügende Ergebnisse beim Tachistoskop und gute in der Aufmerksamkeit . . .	5,75%	
Ungenügende Ergebnisse beim Tachistoskop und in der Aufmerksamkeit	1,62%	63,94%
		100,00%

Tabelle 5f.

Neuaufgenommenes Personal (46—50 Jahre).

Gut bei der Prüfung durch den Tachodometer 33,33%.

Gute Ergebnisse beim Tachistoskop und in der Aufmerksamkeit	0,00%	
Gute Ergebnisse beim Tachistoskop und ungenügende in der Aufmerksamkeit . . .	0,00%	
Ungenügende Ergebnisse beim Tachistoskop und gute in der Aufmerksamkeit . . .	0,00%	
Ungenügende Ergebnisse beim Tachistoskop und in der Aufmerksamkeit	33,33%	33,33%

0,41% der Gesamtsumme des neuangestellten Personals.

Ungenügend bei der Prüfung durch den Tachodometer 66,67%.

Gute Ergebnisse beim Tachistoskop und in der Aufmerksamkeit 66,67%
Gute Ergebnisse beim Tachistoskop und ungenügende in der Aufmerksamkeit . . . 0,00%
Ungenügende Ergebnisse beim Tachistoskop und gute in der Aufmerksamkeit . . . 0,00%
Ungenügende Ergebnisse beim Tachistoskop und in der Aufmerksamkeit 0,00%   66,67%
100,00%

Tabelle 4f.

Schon im Dienste befindliches Personal (46—50 Jahre).

Ungenügend bei der Prüfung durch den Tachodometer 39,78%.

Gute Ergebnisse beim Tachistoskop und in der Aufmerksamkeit 0,64%
Gute Ergebnisse beim Tachistoskop und ungenügende in der Aufmerksamkeit . . . 3,85%
Ungenügende Ergebnisse beim Tachistoskop und gute in der Aufmerksamkeit . . . 0,64%
Ungenügende Ergebnisse beim Tachistoskop und in der Aufmerksamkeit 34,65%   39,78%

32,17% der Gesamtsumme der Nachgeprüften.

Ungenügend bei der Prüfung durch den Tachodometer 60,22%.

Gute Ergebnisse beim Tachistoskop und in der Aufmerksamkeit 55,10%
Gute Ergebnisse beim Tachistoskop und ungenügende in der Aufmerksamkeit . . . 2,55%
Ungenügende Ergebnisse beim Tachistoskop und gute in der Aufmerksamkeit . . . 1,93%
Ungenügende Ergebnisse beim Tachistoskop und in der Aufmerksamkeit 0,64%   60,22%
100,00%

4. Nachprüfung (mit Bezug auf das Alter in Stufen von 5 zu 5 Jahren, vom 21.—50. Lebensjahr).

Auch die vorangehenden Tabellen (No. 1 und 2) bestätigen uns die vorher erhaltenen Ergebnisse.

Wenn wir in der Tabelle No. 1 den Prozentsatz der guten Ergebnisse in den drei Prüfungen (14,46%) mit denen der ungenügenden in den 3 Prüfungen (10,54%) zusammenzählen, ergibt sich ein Prozentsatz von 25%, der deutlich unter jenem ist, den man erhält, wenn man den Prozentsatz der guten in der Prüfung durch den Tachodometer und ungenügenden in den beiden anderen Prüfungen (15,23%) mit dem der ungenügenden in der Prüfung durch den Tachodometer und der guten in den beiden anderen (19,76%), d. i. insgesamt 34,99%, zusammenzählt.

Das geht noch viel deutlicher aus der Tabelle No. 2 hervor, die Übereinstimmung mit 4,14% und Nichtübereinstimmung mit 72,72% zeigt.

Auch die Tabellen Nr. 3 (a, b, c, d, e, f) und Nr. 4 (a, b, c, d, e, f) bestätigen uns vollauf die schon erhaltenen Daten. In Bezug auf das Alter ergeben sich keine bemerkenswerten Abänderungen, mit Ausnahme der extremsten Gruppe (vom 46.—50. Lebensjahr), sei es bei der Neuaufnahme, sei es bei der Nachprüfung.

Ein anderes Element zeigt sich bei den Beziehungen (in %) der neuaufgenommenen Prüflinge vom 21.—25. Jahre, da hier der Prozentsatz der Übereinstimmung über den der Nichtübereinstimmung vorherrscht. Ich glaube jedoch nicht, daß sich Folgerungen daraus ziehen lassen, da die Zahl in der ganzen Untersuchung vereinzelt dasteht und keine Tendenz zur Wiederholung zeigt.

Zur größeren Erleichterung der Gesamtanschaulichkeit habe ich es für angebracht gehalten, die Daten der Tabellen in 2 graphischen Darstellungen zu vereinigen, die auch sehr einleuchtend wirken.

In den graphischen Darstellungen sind wiedergegeben:

In der Ordinate mit der verlaufenden Linie die Summe der % der guten Ergebnisse bei allen drei Prüfungen und ungenügenden in allen drei anderen Prüfungen; in der punktierten Linie die Summe der % der guten Ergebnisse in der Prüfung durch den Tachodometer und ungenügenden in den beiden anderen Prüfungen sowie der ungenügenden in der Prüfung durch den Tachodometer und der guten in den beiden anderen Prüfungen.

In der Abszisse das Alter von 5 zu 5 Jahren vom 21.—50. Jahre.

Alle diese sorgfältig gesuchten Ergebnisse sagen uns deutlich, daß das Verhalten gegenüber einer Schätzung der Geschwindigkeit und Entfernung nicht in direkter Beziehung steht mit der schnellen Wahrnehmung und einer guten diffusen Aufmerksamkeit.

Es ist sicher zweifellos, daß diese letzteren von großer Wichtigkeit sind, aber sie sind nicht die einzigen und genügenden Haltungen, die für eine gute Schätzung der Geschwindigkeit und Entfernung notwendig sind.

In dieser allerwichtigsten Funktion sind sicher noch andere Elemente von vielleicht größerem Werte ausschlaggebend, wie zum Beispiel der Zeit- und der Raumsinn.

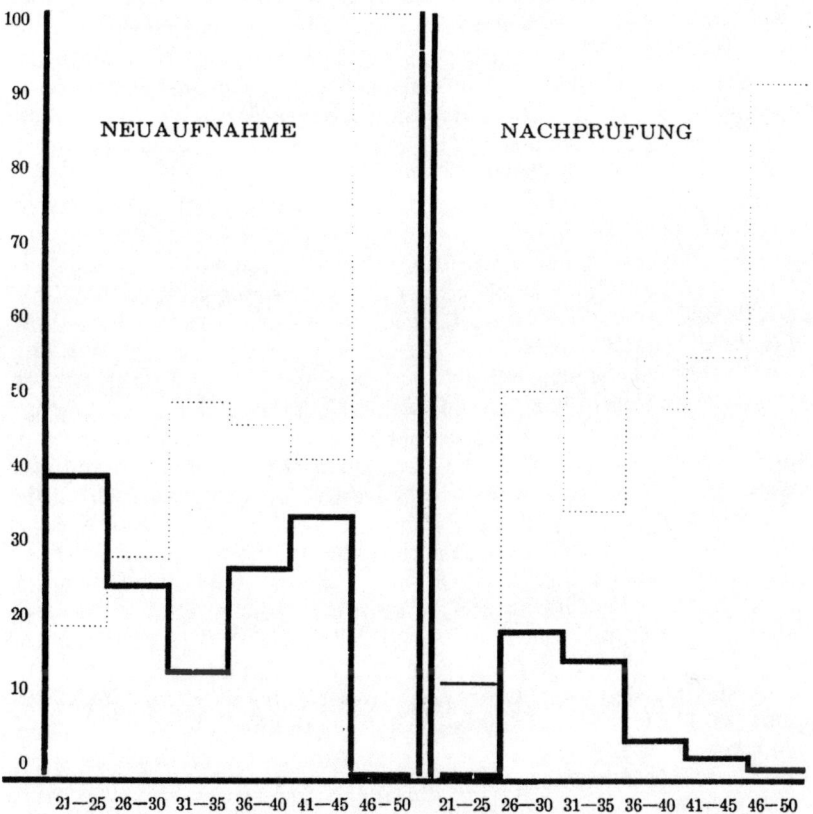

Auf jeden Fall halte ich diese Arbeit für nicht unnütz, auch wenn sie nur gezeigt hätte, daß die weiteren Untersuchungen sich danach richten müssen, die Beziehungen mit den anderen elementaren Funktionen zu erforschen und daß beim heutigen Stand die verschiedenen Daten des psychotechnischen Laboratoriums wegen der Ungenauigkeit der Beziehungen zwischen den verschiedenen Haltungen, die untersucht werden, mit großer Vorsicht gewertet werden müssen.

INTELLIGENZ UND FÄHIGKEIT ZUM KRAFTWAGEN-LENKEN.

JOSEF MLS (Prag).

Die Kraftwagenlenkerei und der ganze Motorverkehr überhaupt ist ohne Zweifel einer der wichtigsten Wirkungskreise der Psychotechnik. Trotz zahlreichen praktischen Erfolgen auf diesem Gebiete ist die psychotechnische Problematik noch bei weitem nicht mit definitiver Geltung gelöst. Es ist fortwährend noch nötig, den bisherigen Auswahlmethoden einen endlichen prognostischen Wert zuzuteilen und trotz zahlreichen bestehenden Methoden solche auszusuchen, die prognostisch noch wertvoller wären.

Der Zweck dieses Referates ist, zur Bestimmung der prognostischen Tragweite der bisher bei uns erfolgreichsten Auswahlprüfung im Kraftwagenlenkerfache, der Prüfung der allgemeinen Intelligenz, beizutragen. Als Intelligenzmaßstab wurde der Intelligenzquotient (IQ.) nach dem Beispiele des amerikanischen Armeetestes beta angewandt. Was die Fähigkeit zum Kraftwagenlenken betrifft, ist in erster Reihe anzuführen, daß es sich um die Fähigkeit zur Führung militärischer Motorfahrzeuge handelt. Da aber die Beurteilung der Lenkerfähigkeit des militärischen Kraftwagenlenkers im Grunde mit den an einen Zivillenker gestellten Ansprüchen gleich ist, können die Ergebnisse dieser Arbeit als für das ganze Kraftwagenlenkerfach gültig angesehen werden. Es werden hier ausschließlich jene Fähigkeiten und Kenntnisse beurteilt, die in unmittelbarer Beziehung zur Führung eines Kraftwagens stehen, nicht aber andere Persönlichkeitsmerkmale, namentlich Charaktereigenschaften, welche eine ausschlaggebende Rolle in anderen Fächern der militärischen Tätigkeit spielen. Außerdem ist die Art der praktischen Klassifikation eine solche, daß sie in die *Struktur* der Kraftwagenlenkerfähigkeit einzudringen erlaubt; es ist hier möglich, die eigentliche Fähigkeit ein Kraftfahrzeug *zu lenken,* die durch die Sicherheit und Ruhigkeit der Führung, durch die Bereitschaft zu adäquaten reaktiven Eingriffen und durch die Ökonomie der Fahrt gekennzeichnet ist, abzusondern — und auf der anderen Seite die *Kenntnisse* betreffend die Zusammensetzung und Funktion des Fahrzeuges, dessen Erhaltung, Orientation im Terrain und die Möglichkeit, die Landkarte und die Vorschriften für Lenker zu gebrauchen, zu isolieren. Man kann also sagen, daß wir hier die Lenkerfähigkeit in zwei Komponenten zerlegt haben: in die *Lenkerpraxis* und die *Lenkertheorie.* Weiter muß bemerkt werden, daß unsere Ausführungen sich auf beide Kategorien der Lenkerei beziehen, auf die Personen- sowie auf die Lastwagenlenker, denn für beide Kategorien ergeben sich ganz gleiche Resultate.

Wie ist nun der Zusammenhang zwischen den beiden Komponenten der Kraftwagenlenkerfähigkeit und der Intelligenz der Lenker? Unser Vergleich stützt sich auf die Bearbeitung des Fortschrittes von 749

Personen, die in den Jahren 1931, 1932 und 1933 die Militärlenker-
kurse absolvierten und der psychotechnischen Untersuchung unterzogen wurden. Es handelt sich also um eine genügende Zahl, um eine
Generalisation wagen zu können. Außerdem bietet uns einen anderen
Vorteil zum Eindringen in das Problem der Lenkerfähigkeit die Einteilung der Kurse in unverkürzte und verkürzte. Die unverkürzten
Kurse besuchen nämlich solche Personen, die noch nicht als Lenker
geschult waren, dagegen werden in die verkürzten Kurse nur solche
Personen aufgenommen, die schon im Zivilleben einen Wagen gelenkt
haben und bei welchen also zu erwarten ist, daß sie in kürzerer Zeit
(beiläufig 50% der für die unverkürzten Kurse bestimmten Zeit)
die gehörige Ausbildung für die Führung militärischer Kraftwagen
erlangen werden.

Betrachten wir vorerst die unverkürzten Kurse. In diesen werden,
wie gesagt, Personen, die bisher mit dem Lenken noch nicht vertraut oder ungenügend vertraut sind, geschult; es ist deshalb notwendig, ihrer Abrichtung mehr Zeit zu widmen. Wir werden aber erkennen, daß auch diese verhältnismäßig längere Zeit in Betreff auf
die Lenkerpraxis nicht den Vorteil, welchen die Zivillenker in ihrer
unverhältnismäßig längeren Zivilübung haben, zu ersetzen vermag.
Man kann dies aus Abbildung 1, welche den Einfluß des Intelligenzfaktors auf die praktische Lenkerfähigkeit veranschaulicht, konstatieren.

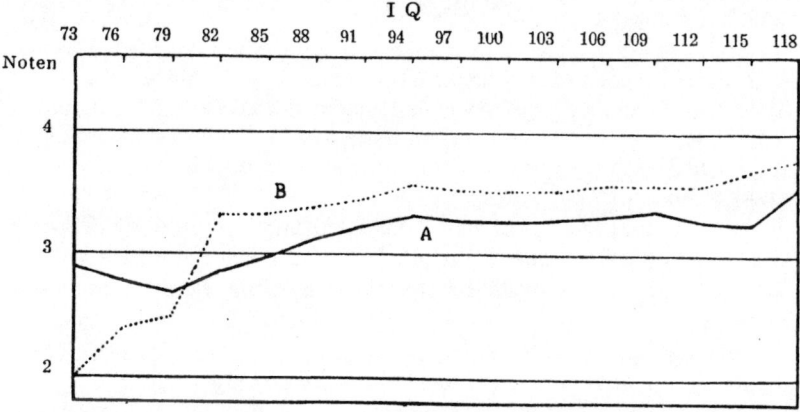

Abbildung 1.

Die Lenkerfähigkeit ist hier mit den Noten 1—5 klassifiziert, wobei
die Note 1 „unfähig" bedeutet (sie wurde im Laufe von ganzen 3
Jahren nur in einem Falle im verkürzten Kurse und bei einer Person
mit dem IQ. 74 gebraucht), die Note 2 „vorläufig unfähig", 3 „gut",
4 „sehr gut" und 5 „vorzüglich".

Aus der graphischen Darstellung ist auf den ersten Blick ersichtlich, daß in beiden Kursen die Beziehung zwischen der Durchschnitts-

note aus Lenken und den zugehörigen Intelligenzabschnitten nicht allzugroß ist. Man kann sie nur bis zu einem bestimmten Intelligenzgrade, der bei dem unverkürzten Kurse beiläufig dem IQ. 94 entspricht, feststellen (siehe Kurve A). Personen mit höherer Intelligenz haben schon keine Vorteile, die psychologische Struktur des Lenkerwesens erhebt also auf die Intelligenzkapazität des Menschen bestimmt keinen höheren Anspruch als es dem IQ. 94 entspricht, welche man also in dieser Beziehung als die Optimalintelligenz erklären kann. Dieses Ergebnis stimmt übrigens mit den Ergebnissen anderer Arbeiten überein. Nur bei den höchsten Intelligenzgraden kann eine gewisse Tendenz zur Erhöhung der Korrelativität festgestellt werden, die man aber wahrscheinlich heterogenen Faktoren zuschreiben muß; es handelt sich hier nämlich um die besten Leute, bei welchen man sich — auch bei aller Objektivität — nicht der Tendenz, alles günstiger als bei anderen zu beurteilen, erwehren kann.

Gleichzeitig können auch Schlüsse, was das Minimum der erforderlichen Intelligenz anbelangt, gezogen werden. Wie ersichtlich, hatten Personen mit einer Intelligenz unter IQ. 85 im Durchschnitt aus Lenken einen weniger als guten, in der Mehrzahl mit der Note „vorläufig ungenügend" klassifizierten Fortschritt.

Wenn wir die analogen Beziehungen bei den verkürzten Kursen (Kurve B) vergleichen, kommen wir zur Erkenntnis, daß sie im Grunde nur wenig verschieden sind. Einen Unterschied stellen wir in folgenden Punkten fest:

1. Die Lenkerfähigkeit ist hier allgemein in denjenigen Intelligenzabschnitten etwas höher eingeschätzt, welche sich hinter der minimalen Intelligenz in der Richtung nach aufwärts ausbreiten. Es handelt sich hier überwiegend um Personen, die schon im Zivilleben mit dem Lenken praktisch gut vertraut, ihre Fähigkeit im Kurse vollständiger entwickeln konnten als die im Lenken bisher ungeschulten.

2. Die Minimalintelligenz ist in der Richtung zu einem niedrigeren Werte verschoben, indem sie beiläufig IQ. 82 beträgt und sie ist nur unbeträchtlich niedriger als die Optimalintelligenz, die auch hier·dem IQ. 94 gleichbleibt.

3. Personen mit niedrigem IQ. bekunden eine kleinere Lenkerfähigkeit als es im analogen Falle bei dem unverkürzten Kurse der Fall war. Wir würden erwarten, daß es eher umgekehrt sein würde, u. zw. aus den Gründen, die für die höhere Fähigkeit in den höheren Intelligenzgraden sprechen. Wir müssen aber erwägen, daß es sich hier um in Betreff auf die Intelligenz sehr ungenügende Individuen handelt, welche einesteils im Zivilleben bestimmt nicht gute Lenker, auch bei noch so langer Gelegenheit zur Vervollkommnung waren — und welchen andererseits in den verkürzten Kursen nur wenig Zeit geboten wurde, sich im Lenken besser auszubilden, nämlich mindestens so, wie es in den unverkürzten Kursen analog der Fall ist. Man kann urteilen, daß sich diese Individuen jener Note nähern würden, die

wir für die unverkürzten Kurse festgestellt haben, wenn sie nur diese absolvieren könnten.

Nach diesen Feststellungen können Endschlüsse über die Beziehung der Intelligenz zur praktischen Lenkerfähigkeit gezogen werden. Als Repräsentanten der Lenkerfähigkeit müssen hier allerdings die Resultate in den verkürzten Kursen angesehen werden, da sie die Schlußphase der Lenkerabrichtung und Entwicklung darstellen. Trotzdem ihre Ausbildung im Kurse doppelt lang ist, sind die Absolventen der unverkürzten Kurse noch nicht über die Lenkerentwicklung hinaus; es beweist dies die allgemeine Erhöhung der Durchschnittsnote aus Lenken beinahe im ganzen Umfange der Intelligenzskala und die Herabsetzung der Intelligenzschwelle vom IQ. 85 auf 82 in den verkürzten Kursen, in denen die Lenkerentwicklung, die im Zivilleben angefangen wurde, zu Ende kommt.

Wenn also dem Lenker *genug Zeit* zur Ausbildung gelassen wird, genügt ihm ein verhältnismäßig niedriger Intelligenzgrad zum erfolgreichen Lenken eines Kraftfahrzeuges; es *genügt gut* IQ. 82. Und in dieser Richtung muß auch die einzige prognostische Bedeutung der Intelligenz in bezug auf die Fähigkeit, einen Wagen zu lenken, gesucht werden: sie verhilft uns zur zeitlichen Erkennung geistig ungenügender, zur Lenkerausbildung ungeeigneter Individuen, wir können aber nicht erwarten, daß wir mittels der Intelligenzmessung die Möglichkeit erlangen werden, der zweiten Hälfte der Auswahlprüfung zu genügen: Individuen mit den höchsten Fähigkeiten zu bezeichnen. Die praktische Fähigkeit, ein Kraftfahrzeug zu lenken — wie aus der Skizze ersichtlich — ist nur unbeträchtlich von der Intelligenz der Lenker im Abschnitte über der Minimalintelligenz beeinflußt. Unsere IQQ. können zwar ungeeignete Individuen ausschalten, können aber nicht ganz vorzügliche Individuen bezeichnen. Für die vorzügliche Lenkerfähigkeit sind sichtlich andere psychophysische Faktoren entscheidend. Da aber die grundlegende Bedeutung der Auswahlprüfungen in erster Reihe in der vorherigen Ausschließung von ungeeigneten Individuen zu sehen ist, ist auch diese Hilfe, welche die Intelligenzprüfung für die Auswahl der Lenker bietet, sehr erwünscht.

Die Lenkertheorie ist von der Lenkerpraxis nicht getrennt zu betrachten. Einen vollkommenen Lenker können wir uns nicht ohne jene Begleitkenntnisse vorstellen, welche von der Lenkertheorie gefordert werden. Ein vollkommener Lenker muß die Konstruktion und Funktion des Wagens und seiner Teile kennen, sonst ist seine Fahrt nicht ökonomisch und er kann sich nicht selbst helfen, wenn ihn unterwegs eine Störung trifft; wenn er nicht die Vorschriften kennt, kommt er oft mit den Verkehrs- und Sicherheitsorganen in Konflikt; wenn er sich nicht im Terrain orientieren und Karten lesen kann, steht und irrt er mehr als er zweckmäßig lenkt. Die Lenkerpraxis und -theorie ergänzen sich gegenseitig und sind beide gleich wertvolle Spiegel des Lenkerwertes.

Wenn wir die einzelnen Intelligenzabschnitte und die zugehörigen
Notendurchschnitte aus den erwähnten Gegenständen vergleichen,
wie es in Abbildung 2 durchgeführt ist, kommen wir sofort zur Erkenntnis, daß der Zusammenhang beider Reihen in diesem Falle beträchtlich größer ist, als es bei der Lenkerpraxis der Fall war. Es
kommt hier zu keiner Abbiegung der Kurven zur Horizontalrichtung,
die für Optimalintelligenz zeugen würde, und zwar weder beim unverkürzten Kurse (Kurve A) noch beim verkürzten (Kurve B).

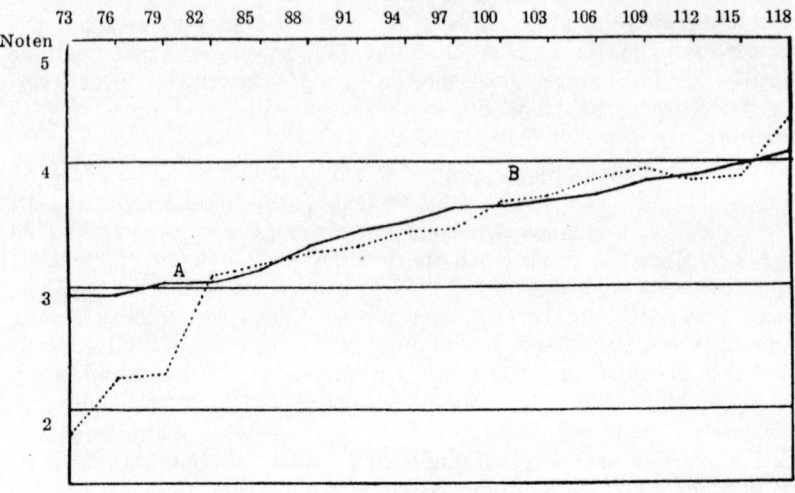

Abbildung 2.

In beiden Kursen steigt mit der Intelligenz auch der Fortschritt
in den theoretischen Gegenständen vollkommen regelmäßig, und zwar
bis zum Skalenende. Es kann hier nicht von einer Optimalintelligenz
im gebräuchlichen Sinne die Rede sein.

Am linken Kurvenende sind die Verhältnisse beinahe die gleichen
wie im Falle der Lenkerpraxis, und zwar aus gleichen Gründen. Auch
hier sind die Absolventen des verkürzten Kurses mit den IQ. 82 nicht
erreichender Intelligenz unter dem Durchschnitte des unverkürzten
Kurses, sogar weit tiefer. Der Nachteil der zeitlichen Beschränktheit
des verkürzten Kurses ist bei niedrigen Intelligenzgraden in Bezug
auf die Theorie wahrscheinlich größer als in Bezug auf die Praxis.
Die Lenkerpraxis können sich auch Träger niedriger Intelligenz aus
dem Zivilleben in einem bestimmten Grade mitbringen, da ihre
Lenkerleistung hauptsächlich in praktischem Lenken besteht, aber
theoretische Kenntnisse bringen sie unverhältnismäßig weniger mit,
in absolut ungenügendem Maße, um so früher, da die Ausbildung des
Zivillenkers sich mehr auf die praktische Fahrt konzentriert. Und
die verhältnismäßig kurze Zeit des Kurses läßt sehr deutlich den

282

Nachteil des niedrigen IQ. für das Verständnis des vorgetragenen Stoffes hervortreten.

Es kann nicht überraschen, daß die Bedeutung des Intelligenzfaktors in Bezug auf die Theorie größer ist und daß sie sich steigert, wenn der Schüler zeitlich beschränkt wird, namentlich der intellektuell schwächere. Es handelt sich hier um das Verständnis der Beziehungen zwischen verschiedenen Elementen, um ein beträchtliches Erfordernis von Vorstellungskraft, Urteilskraft, um Aufmerksamkeit, Gedächtnis — also um Funktionen, welche die Bausteine der Intelligenz sind.

Wollen wir also Beurteilungsnormen für die Theorie aufstellen, müssen wir von den unverkürzten Kursen ausgehen, welche — ähnlich wie es in Bezug auf die Praxis die verkürzten Kurse waren — eine größere Möglichkeit zur Ausbildung darstellen, indem sie die Aneignung des vorgetragenen Stoffes zeitlich besser ermöglichen. Was die Intelligenzschwelle betrifft, ist sie im Grunde nicht von der Schwelle für das praktische Lenken verschieden; in beiden Fällen handelt es sich um IQQ., die sich 80 nähern. Für die Theorie scheint sie etwas niedriger als für die Praxis.

Was höhere IQQ. anbelangt, bieten sie uns mit gewisser Wahrscheinlichkeit die Möglichkeit eines Urteils über die Fähigkeit, sich die nötigen Kenntnisse im ganzen Umfange der Intelligenzskala anzueignen. Es ist uns also möglich, nicht nur deutlich ungeeignete Kandidaten von der Ausbildung auszuschließen, sondern auch mit gewisser Wahrscheinlichkeit die geeignetsten Kandidaten zu bezeichnen, was wir in Bezug auf die Praxis vermißten.

Von dem Grade der prognostischen Sicherheit in dieser Richtung können wir uns dann aus der Höhe der zugehörigen Korrelationskoeffizienten überzeugen. Bei der Korrelation der reinen Theorie, dargestellt durch die Notensumme aus den theoretischen Gegenständen, mit den zugehörigen IQQ. ergab sich der Koeffizient für die unverkürzten Kurse, welche in den erwähnten 3 Jahren von 469 Schülern besucht worden waren, mit dem Durchschnittswerte $+0,44$ (w. F. 0,025), für die verkürzten Kurse mit 280 Schülern mit dem Werte $+0,43$ (w. F. 0,032); wenn wir dann die Korrelation zwischen dem totalen Fortschritte in dem Kurse, gegeben durch die Summe aller Noten, also auch der Noten aus dem Lenken, berechnen, kommt die ungünstige Einwirkung der nivellisierenden Tendenz dieser Fähigkeit beinahe im Laufe der ganzen Intelligenzskala auf die Höhe der Koeffizienten zu Tage. Beide sinken um den Wert 0,026 herab; für die unverkürzten Kurse ergibt er sich nur mit dem Werte 0,414, für die verkürzten mit dem Werte 0,404.

Zusammenfassung.

Wenn wir die bisherigen Erkenntnisse über den prognostischen Wert des IQ. für die Lenkerauswahl zusammenfassen, kommen wir zu folgenden Schlüssen:

1. Es ist möglich, eine *Schwellenintelligenz* festzustellen, welche für die Fähigkeit, ein Fahrzeug zu lenken und für die Aneignung notwendiger Kenntnisse aus dem Lenkerfache unumgänglich notwendig ist. Als Schwelle ist hier der IQ. 82, also der höhere von beiden, zu bezeichnen.

2. Diese Schwellenintelligenz ist beinahe die *Optimalintelligenz* für die *praktische* Fähigkeit ein Kraftfahrzeug zu lenken, vorausgesetzt, daß dem Schüler *genügend Zeit* zur Ausbildung geboten wird. Der Intelligenztest ermöglicht uns ungeeignete auszuschalten, vermag aber nicht vorzügliche Lenker zu bezeichnen.

3. In Bezug auf die *theoretischen Kenntnisse* bietet der Test beide Möglichkeiten, mehr aber die erste Möglichkeit. Sowie in allen anderen Gebieten der psychotechnischen Prognostik geschieht es allerdings nur mit gewisser Wahrscheinlichkeit.

LES TEMPS DE RÉACTION ET LES TEMPS DE REPRISE DANS LA SÉLECTION DES CONDUCTEURS DE VÉHICULES RAPIDES.

M. PONZO (Rome).

Iᵒ Sur la signification générale des temps de reprise.

Même aujourd'hui, après le grand travail accompli et la description de beaucoup de méthodes pour la sélection des conducteurs de véhicules rapides à traction mécanique, les recherches psychotechniques dans ce domaine sont encore intenses.

Cette constatation nous explique d'un côté l'importance qu'on continue à donner à ce problème particulier, de l'autre, elle prouve que jusqu'ici ce qui a été fait n'a pas encore atteint le but.

Nous ne nous sentons pas encore maîtres d'un système combiné d'épreuves qui résolvent les problèmes inconnus de cette équation constituée par la personnalité du conducteur dans ses rapports avec la machine qu'il doit savoir diriger dans les circonstances les plus variées.

Qu'une seconde observation préliminaire me soit permise!

Si nous nous rappelons les principales méthodes de sélection des conducteurs, parmi les différentes épreuves, dont plusieurs changent selon les méthodes employées, il en est une dont on se sert dans toutes les méthodes: celle des temps de réaction.

Cette constatation est le signe certain de la nécessité de cette épreuve.

En faisant cette épreuve les psychotechniciens se sont maintenus, au fond, dans le cadre acquis de la psychologie expérimentale de la période wundtienne. Ils ont considéré la durée de l'acte de réaction en rapport à une tâche plus ou moins complexe (temps de réactions simples et complexes) et aussi à quelques changements dans les conditions objectives et subjectives de l'acte de réaction.

En général, dans l'acte de réaction on a reconnu deux phases dont la première aurait une influence sur la seconde:

1° La phase d'attente d'un stimulus;

2° La phase de préparation du mouvement réactif.

Il ne m'apparaît pas qu'on ait considéré une troisième phase, celle qui suit le moment de la réaction motrice, et si déjà même dans la bibliographie psychotechnique existaient des recherches à ce propos, ces recherches sont restées sans suite, parce que leur valeur n'a pas été comprise.

Il n'y a donc pas à s'étonner si beaucoup de personnes, en entendant parler d'une troisième phase de l'acte de réaction, se demandent comment on peut éventuellement la déterminer et à quoi peut servir son éventuelle détermination dans la pratique psychotechnique.

En supposant que ces demandes me soient adressées, je répondrai tout de suite en me référant à un groupe d'expériences faites par moi-même, en collaboration avec M. l'ingénieur Gatti pendant ces dernières années.

J'ai profité pour ces expériences de la méthode graphique particulière déjà proposée il y a bien des années par M. Patrizi pour l'enregistrement des temps de réaction à des *stimuli* sensoriels, se succédant à brèves distances les uns des autres.

Il est possible en employant un enregistreur d'imprimer, non seulement un rapide mouvement rotatoire au cylindre rotatif, mais aussi un mouvement d'abaissement uniforme du cylindre lui-même. Ces deux formes de déplacement combinées permettent à une pointe appuyée sur le papier noir du cylindre de tracer une ligne blanche continue avec une allure d'hélice.

Dans nos expériences faites dans une grande usine-école avec des moyens techniques différents de ceux qui ont été mentionnés, et dont je ne donne pas ici la description,[1]) le stimulus sensoriel pour la réaction (stimulus lumineux) était toujours donné en coïncidence avec des moments déterminés de la rotation du cylindre.

Les réactions du sujet au stimulus étaient constituées par le mouvement le plus rapide possible de compression de l'index droit tenu en contact avec une touche de réaction. Ce mouvement déterminait à son tour l'éloignement du style de la surface noircie.

On a obtenu ainsi des graphiques semblables à celui que je présente ici (Fig. 1) dans lequel la ligne verticale blanche indique les moments successifs dans lesquels les *stimuli* étaient donnés. Ceux-ci

---

[1]) Voir à ce sujet: E. *Gatti*, M. *Ponzo, Sull' utilizzazione di un tornio d' officina ai fini di determinazioni psicotecniche,* L' Organizzazione scientifica del Lavoro, No 10, 1933.

se suivaient les uns les autres à brefs intervalles variables établis d'avance pendant toute la durée de la série de réactions.

Les points dans lesquels se vérifient les interruptions des traits blancs horizontaux à droite de la ligne verticale représentent les moments de la réaction. Les diverses longueurs de ces traits indiquent la durée, mesurable, des temps particuliers de réaction. Les points d'interruptions sont suivis d'espaces dans lesquels on n'observe aucun signe sur le papier noir. Ces intervalles sont à leur tour limités par des points de reprise du tracé des lignes blanches, qui marquent les moments dans lesquels le sujet a de nouveau enlevé l'index de la touche, déterminant le contact du style sur le papier.

Fig. 1. — Graphique de réactions en séries dans le sujet Z. V.

La longueur de ces intervalles se montre variable dans chacune des réactions successives faites par le même sujet.

L'ensemble des intervalles intercurrents entre la signalisation de la réponse au *stimulus* et la reprise des tracements constitue, au cas où on le considère non comme fond, mais comme figure en lui-même, un profil dont les signes caractéristiques ressortent clairement en les comparant à ceux qui sont obtenus en d'autres situations, chez le même sujet ou chez des sujets différents (voir la fig. 2), dans une égale situation expérimentale. Mais de cela, je parlerai ensuite.

L'existence de ces intervalles nous engage à chercher à nous rendre compte de leurs significations. Les intervalles pourraient être attribués au temps réflexe qu'il faut pour enlever le doigt, immédiatement après avoir pressé la touche de réaction.

A cette interprétation, qui donnerait à l'intervalle la signification du temps employé pour un mouvement musculaire réflexe, s'oppose de façon décisive, la considération de sa durée.

286

En effet dans des expériences de contrôle faites avec la méthode du « *tapping* » le temps demandé pour l'enlèvement du doigt de dessus de la touche sur laquelle le doigt est abaissé et haussé le plus rapidement possible, le temps, dis-je, est beaucoup plus bref que l'intervalle constaté dans les graphiques considérés ici.

Déjà l'existence de l'intervalle n'avait pas échappé à l'attention de M. Patrizi. Il l'avait interprété comme un autre trait personnel, outre celui qui est constitué, selon lui, par le profil des moments des réactions en séries, c'est-à-dire comme la durée d'une action musculaire volontaire.

D'après les recherches faites, je retiens qu'on peut aller plus loin dans l'interprétation à donner à la période de l'intervalle.

A mon avis l'intervalle a la signification d'un second temps de réaction *sui generis* qui se développe entre le moment de l'acte réactif au stimulus lumineux et l'instant constitué par le successif haussement du doigt sur le bouton de la touche de la part du sujet.

En faveur d'une telle hypothèse parlent, avec d'autres signes caractéristiques, les mesures des durées de l'acte réactif qui s'approchent, suivant les cas, à des temps de réaction simple, ou à ceux de réactions plus complexes, avec des écartements des valeurs moyennes habituellement plus amples et plus irréguliers que ceux qu'on a dans les réactions sensorielles communes.

Selon moi, le nouvel acte réactif est imposé par la représentation de la nécessité d'une adaptation aux tâches qui vont suivre tout prochainement avec les *stimuli* lumineux subséquents. Cette nécessité apparaît dans la conscience du sujet à un certain moment après la première réaction constituée par la pression de la touche. L'élaboration impulsive du nouveau mouvement réactif devrait en général s'ensuivre très brève si elle dépendait habituellement d'un seul motif. Tout en admettant que ceci advienne parfois ou même constamment dans certains sujets, la durée beaucoup plus longue qu'on constate dans beaucoup d'autres cas, me fait penser que dans une première phase (plus ou moins longue) du nouveau temps de réaction doivent se vérifier aussi des phénomènes de persévération de l'état et des processus joints à l'acte réactif au *stimulus* lumineux, qui a déjà été effectué. Ces phénomènes de persévération disparaîtraient du sujet seulement à l'apparition de l'impulsion à une nouvelle adaptation motrice en vue d'une tâche prochaine.

Je vois une confirmation d'une telle interprétation dans les grandes différences individuelles qui, pour ce qui concerne la durée des intervalles, se vérifient entre sujet et sujet, et desquelles je parlerai sous peu.

En relation avec ma manière de voir, j'ai donné au nouvel acte réactif le nom de « *réaction de reprise* » et à la période d'intervalle celui de « *période d'élaboration de la réaction de reprise* ». Par amour de la brièveté on peut aussi appeler le nouveau temps de réaction « *temps de reprise* » pour le distinguer du temps de réaction.

Une telle dénomination met surtout en évidence comment le nouveau temps de réaction a éminemment la signification d'un passage de l'accommodement à un acte à celui d'un autre successif imposé par une nouvelle tâche prochaine.

D'après les considérations développées précédemment l'acte classique de réaction le plus simple, considéré comme il se présente en réalité dans sa totalité, ou, si l'on veut, dans sa « *Gestalt* », doit être considéré comme constitué par trois phases indissolublement jointes:

1º de l'attente,

2º de l'élaboration du *stimulus* et de l'exécution de la réaction,

3º de l'évanouissement de la persévération dans l'accommodement à l'acte accompli par le passage du sujet à une adaptation nouvelle, conditionnée par des exigences différentes.

Cette dernière phase suit, au fond, chacune de nos réactions, aucune de ces réactions ne pouvant se concevoir que jointe, de quelque manière, aux suivantes.

Dans un schéma on pourrait donc représenter graphiquement un acte de réaction dans l'ensemble de son cours temporel, par une ligne droite divisée en trois parties. La partie centrale serait occupée par le temps de réaction classique et les deux parties extrêmes par les périodes d'attente et de reprise. Les moments qui objectivement servent à délimiter les trois segments seraient ceux-ci: celui du signal d'avis préalable, celui de l'application du *stimulus,* celui du moment de la réaction au *stimulus* et enfin celui du moment de la réaction de reprise.

Dans les expériences faites par moi-même, les réactions se suivant les unes les autres en l'absence du signal d'avis préalable, le commencement de la phase d'attente coïncidait au fond avec le moment de la réaction de reprise, qui mettait le sujet dans la situation motrice adaptée à l'acte consécutif et prochain de réaction.

La modalité de ces expériences me permet l'emploi d'un schéma différent de celui qui précède pour symboliser plus efficacement, l'unité fondamentale et persistante d'un acte réactif. Le schéma de la spirale, en effet, met bien en évidence le cycle des phases d'un acte réactif et le renouvellement des mêmes phases dans une succession d'actes réactifs.

A une phase d'attente, c'est-à-dire de préparation à un événement particulier, ce dernier, au moment dans lequel il se développe, donne l'impulsion à la réaction motrice. Cette impulsion est suivie par une période utilisée pour la reprise d'une attitude d'adaptation et d'attente d'un autre événement successif; et ainsi de suite. En employant ce schéma chaque phase apparaît inséparablement unie à celle qui la précède et à celle qui la suit. Chaque acte est à son tour inséparablement lié à celui qui le suit dans une configuration cyclique à spirale par laquelle les actes particuliers sont joints entre eux dans des unités toujours plus vastes.

Il n'y a donc ni segments séparés dans un même acte, ni, comme on pourrait le penser, avec le symbole du cercle fermé, une répétition identique, mais une continuelle variation à travers les insensibles passages d'un cercle à l'autre dans une spirale sans fin.

La loi du cycle, formulée si clairement il y a quelques années par M. De Sanctis, trouve dans le domaine des actes de réaction la plus typique illustration. Le symbole de la spirale est conforme non seulement à la réalité de la simple et modeste situation de mes expériences, mais à la plupart des situations dans la vie, qui exigent un rapport continuel entre elles et un éternel renouvellement qui n'est pas seulement une répétition.

II⁰ Sur la valeur des temps de reprise dans la sélection des conducteurs de véhicules rapides.

Je renvoie à une autre occasion un plus complet développement des considérations précédentes sur les trois phases des actes de réaction et sur les cycles de réaction.

Arrivés en effet à ce point, après avoir parlé des expériences faites, qui m'ont conduit à une mesure des temps de reprise, on peut se demander quelle importance ces derniers peuvent avoir concernant la pratique psychotechnique de la sélection des conducteurs d'automobiles.

C'est justement parce qu'à mon avis les temps de reprise rentrent, au sens large, dans le domaine des temps de réaction, qu'il reste encore à démontrer si leur détermination peut être utile dans ce travail de sélection. En effet le temps de reprise, selon moi est, dans une série de réactions, le temps d'adaptation à la réaction subséquente.

Ce n'est pas la longueur absolue des temps de reprise qui peut valoir pour les distinguer des temps de réaction.

Dans un des quinze sujets examinés, j'ai eu en effet, un temps de réaction (valeur moyenne de quatre séries de réactions, considérées ensemble) de 17,7 centièmes de seconde; dans un autre sujet, un temps de 26,2 centièmes de seconde. Les temps dans les autres sujets se trouvent répartis entre ces deux extrêmes.

Pour ce qui concerne les temps de reprise, les deux valeurs extrêmes, dans des sujets différents, ont été données par 13,9 et 29,3 centièmes de seconde.

Les différences de durée entre les temps de réaction et les temps de reprise ne sont donc pas des critériums suffisants pour les distinguer. La possibilité d'une mise en valeur pratique de ces deux ordres de données (temps de réaction, temps de reprise) est située au contraire, dans le fait que, seulement dans un nombre limité de sujets, il y a une correspondance entre les valeurs pour les temps de réaction et pour les temps de reprise.

De la détermination des coefficients de corrélation entre les ordres de rang obtenus en disposant les sujets suivant la longueur des temps de réaction dans les différentes situations expérimentales essayées (variations des intervalles dans la succession des *stimuli*) il est apparu qu'il existe entre eux un coefficient élevé de corrélation (de + 0,64294 à + 0,8223).

Un coefficient de corrélation plutôt élevé se retrouve aussi entre les ordres de rang obtenus en disposant des sujets selon la longueur des temps de reprise, dans les différentes situations expérimentales (de + 0,5857 à + 9429).

On a, au contraire, des coefficients de corrélation très bas ou nuls, ou même inférieurs à la valeur zéro entre les ordres de rang pour les temps de réaction et les ordres pour les temps de reprise (de + 0,2179 à — 0,2286).

Il a donc été possible, en tenant compte chez les différents sujets des valeurs des temps de réaction et de celles des temps de reprise, de constater que, parmi les sujets examinés par moi-même, il y avait des individus:

— rapides dans les temps de réaction et aussi rapides dans les temps de reprise;

— lents dans les temps de réaction et lents aussi dans les temps de reprise;

— rapides dans les temps de réaction et lents dans les temps de reprise;

— lents dans les temps de réaction et rapides dans les temps de reprise.

D'ultérieures différenciations pourraient se faire en tenant compte des écartements des valeurs de la moyenne, tant dans les temps de réaction que dans ceux de reprise.

La comparaison entre les deux graphiques reportés dans les figures

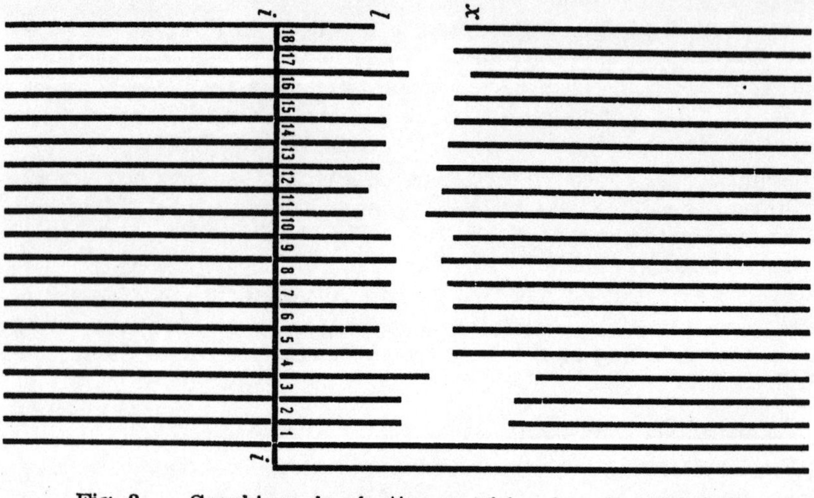

Fig. 2. — Graphique de réaction en séries dans le sujet G F.

1 et 2 peut valoir comme exemple des différents rapports entre la durée des réactions et celle des temps de reprise dans deux sujets.

Sans même recourir à la mesure, la différence visible dans la grandeur des formes obscures qui apparaissent entre les lignes blanches exprime l'énorme variation de rapports entre les temps de réaction et les temps de reprise.

Au point de vue de la sélection professionnelle des conducteurs de véhicules rapides, faite d'après les aptitudes et les capacités individuelles, la nécessité s'impose de considérer et de mesurer les temps de reprise et non seulement les temps de réaction au *stimulus*.

D'après les résultats de mes expériences, il ne suffit pas, en effet, que les chauffeurs sachent réagir rapidement et d'une manière constante à certains *stimuli* déterminés. Aux chauffeurs il est bien souvent demandé par les situations de la profession de faire différentes réactions à des *stimuli* qui se présentent dans une succession rapide et imprévue et il est aussi nécessaire que leurs réactions de reprise se développent très rapidement. Souvent en effet les accidents de circulation doivent s'attribuer au retard, avec lequel se font les adaptations réactives, nécessaires à une nouvelle situation, peut-être après une première réaction rapide et conforme à la situation.

Cela me ramène à examiner les résultats de mes expériences à un point de vue plus général. Puisque les temps de reprise ont été considérés par moi-même comme étant constitués par des passages d'une adaptation à un acte réactif à celle d'un autre acte successif, ils constituent dans le champ des fonctions traitées ici un des plus clairs exemples de phénomènes de « *Einstellung* » et de « *Umstellung* », à l'étude desquels nous a entraînés la pensée de M. Charles Marbe et les recherches de son école.

Ces périodes de transition d'un accommodement à un autre, d'une fonction à une autre, se développent continuellement dans notre vie mentale, mais d'une manière différente suivant les sujets.

Jusqu'ici la psychologie générale et la psychologie appliquée se sont peu occupées de ces recherches.

Selon moi, dans le domaine des temps de réaction considérés par la psychotechnique, plus que les différences entre les sujets dans les réactions simples et dans celles de sélection doit être étudié la conduite des sujets dans une succession d'actes réactifs, à savoir comment et avec quelle rapidité se vérifient les raccordements et les passages de l'un à l'autre.

Les expériences que j'ai rapportées ici et qui servent d'acheminement à la considération de ces phénomènes dans le domaine de la sélection professionnelle laissent entrevoir de grandes possibilités de variations qui, à leur tour, permettront à d'autres et à moi-même une plus profonde pénétration de leur essence.

Cela devient nécessaire particulièrement pour le problème ici mis au point en ce qui concerne la sélection des conducteurs de véhicules rapides.

PRÜFUNG VON STRASSENBAHN- UND KRAFTWAGEN-LENKERN MITTELS SYNTHETISCH-ANALYTISCHER METHODE.

S. STUDENCKI (Warschau).

Die Psychotechnik hat das Problem „synthetische oder analytische Prüfungsmethode" noch nicht endgültig entschieden. Die sogenannte Arbeitsprobe, die grundsätzlich synthetisch eingestellt ist, hat trotz ihrer Popularität analytische Tests doch nicht gänzlich zu verdrängen vermocht. Im Gegenteil, soviel ich beobachtet habe, leben gewöhnlich beide Methoden friedlich nebeneinander: man hat den Eindruck, daß manche Psychotechniker aus Bequemlichkeitsgründen beiden Methoden huldigen. Die mehr fortschrittlichen bedienen sich der Arbeitsprobe, dulden aber gleichzeitig verschiedene „Funktionsproben", um sich gewissermaßen doppelt zu assekurieren, die mehr konservativ eingestellten genieren sich öfters, Fremden gegenüber zuzugeben, daß sie analytische Tests gebrauchen und versuchen auch ihr unmodernes Verfahren dadurch zu rechtfertigen, daß ihre Prüfstelle über keine anderen Prüfmittel verfüge.

Gewiß ist der geschilderte Stand der Dinge durch den kritischen Stand der Psychotechnik und der theoretischen Psychologie in den letzten Jahrzehnten verursacht. Es ist eine bekannte Tatsache, daß keine der beiden Methoden, weder die synthetische noch die analytische, uns völlig zufriedenzustellen vermag. Eine jede hat ihre Vorteile, aber auch ihre Nachteile. Kurz gefaßt: ein Vorteil der synthetischen Arbeitsprobe ist, daß sie das totale Verhalten des Prüflings in einer wirklichkeitsnahen Situation zu erfassen versucht, ein Nachteil ist die Schwierigkeit, das totale Verhalten zu interpretieren. Die analytische Methode dagegen ermöglicht, die Leistung einer gewissen Disposition zuzuordnen, aber ihr großer Nachteil ist die künstliche Form und Inhalt der Probe und eine unnatürliche Stellungnahme des Prüflings der Aufgabe gegenüber.

Ich glaube nicht, daß man durch ein opportunistisches Handhaben beider Methoden der Sache gerecht werden kann. Vielmehr ist es berechtigt, eine Methode anzustreben, die die Vorteile beider genannten Methoden vereint, ohne ihre Nachteile zu besitzen.

Im psychotechnischen Institut der Warschauer Straßenbahnen und Kraftwagen habe ich eine Methode eingeführt, die den Vorteil hat, zugleich synthetisch und analytisch zu sein. Straßenbahn- und Kraftwagenlenker wurden bisher nach Prof. Lahy's (Paris) Muster mit Hilfe eines Films geprüft, der den Zweck hat, nicht nur wirklichkeitsähnliche Bedingungen zu schaffen, sondern direkt eine Illusion des Fahrens zu verursachen. Der Standort (eine Straßenbahnwagen-resp. eine Autobusplattform in natürlicher Größe) ist mit verschiedenen Vorrichtungen versehen, die ein Fahren und Lenken bewirken. Der Film stellte verschiedene typische Szenen vor, die sich im Straßenverkehr öfters ereignen. Die entsprechenden Reaktionen des Prüflings werden gleichzeitig mittels einer elektrischen Apparatur auf einem Papierstreifen registriert und in Bezug auf Zeit und Güte gemessen. Ein weiterer Ausbau dieser Methode in unserem Institut bestand darin, daß statt „typischer" Szenen „spezifische" Situationen geschaffen wurden, „spezifisch" in dem Sinne, daß eine richtige Reaktion ein Vorhandensein einer gewissen Fähigkeit voraussetzt, eine Fehlreaktion den Verdacht erregt, daß im gegebenen Falle ein gewisser Mangel dieser Fähigkeit zum Vorschein tritt. Die Fehlreaktion kann gewiß auch durch andere Gründe verursacht worden sein und zu diesem Zwecke wird ein Kontrollversuch durchgeführt, um die Wahrscheinlichkeit einer von den möglichen Voraussetzungen zu prüfen. Ein zweiter Film wurde zusammengestellt, der den Prüfling in solche Situationen versetzt, die ein großes Ausmaß von verschiedenen Fähigkeiten erfordern. Das Verhalten des Prüflings, durch den ersten Film provoziert, könnte z. B. den Verdacht erwecken, daß er eine zu langsame motorische Reaktion aufweist. Wenn er aber in 2 oder 3 aufeinanderfolgenden Szenen, von denen eine jede eine immer schnellere Reaktion erfordert (es handelt sich um Kinder, die das Geleise unmittelbar vor dem Wagen kreuzen), rechtzeitig bremst, ist es als ein Beweis anzusehen, daß die Reaktionsgeschwindigkeit genügend groß ist. Ob es ein Mangel an Raumschätzungsvermögen oder an Selbstbeherrschung ist, können wir aus seinem Verhalten in anderen Situationen schließen. Auf diese Weise ermöglicht unsere Methode eine gewisse Analyse und Interpretation des Verhaltens der geprüften Person, ohne dieses Verhalten zu sezieren, was in der analytisch eingestellten Psychologie durchgeführt wurde. Im Gegenteil, das Verhalten behält seine Totalität, ermöglicht aber zugleich ein besseres Verständnis der einzelnen Komponenten, die das Verhalten beeinflussen und zustandebringen.

LES RÉSULTATS DES RECHERCHES SUR LA SUSCEPTIBILITÉ AUX ACCIDENTS CHEZ LES CONDUCTEURS DE TRAMWAYS DE LA VILLE DE PRAGUE.

JOSEF VÁŇA (Prague).

Le problème psychologique fondamental auquel on a affaire dans les transports est celui de la susceptibilité aux accidents. C'est surtout pour arriver à une diminution des accidents que nous employons et recommandons l'emploi des méthodes de sélection psychotechnique des conducteurs de voitures. Naturellement, il existe également d'autres critères qui s'imposent dans l'appréciation de l'aptitude et de l'efficience du personnel de transport et avec lesquels il est possible de comparer le classement psychotechnique et de démontrer sa validité. Mais, comme la sécurité est, dans les transports, le critère le plus important, la valeur des méthodes psychotechniques de sélection est jugée surtout d'après leurs contributions à la diminution des accidents de la route.

On comprend que les méthodes psychotechniques ne peuvent assurer ce résultat que sous les conditions suivantes:

1º qu'il existe en effet des différences individuelles en ce qui concerne la susceptibilité aux accidents;

2º que les méthodes employées permettent de révéler dans la personalité du conducteur les traits constituant cette susceptibilité.

Si la première condition n'est pas remplie, la validité des méthodes de sélection est nécessairement nulle. Ce n'est que dans le cas contraire que nous sommes en état de rechercher la validité de nos méthodes sous ce rapport et de nous demander quelles sont les qualités psychophysiologiques donnant naissance à la susceptibilité aux accidents ou bien quels autres facteurs en sont la cause. Tels sont les problèmes dont je me suis occupé au cours des dernières années au Laboratoire psychotechnique des Tramways électriques de la ville de Prague.

Je me permets de vous rappeler que ce laboratoire a été créé en 1924 d'après le plan de notre regretté prof. V. Forster. L'ensemble des méthodes qui ont été complétées et perfectionnées depuis cette époque comprend des examens des fonctions sensorielles, du niveau mental, de la vitesse des réactions, de l'attention distribuée, de la résistance à la fatigue, etc. L'examen psychotechnique qui était facultatif au commencement, devint plus tard obligatoire non seulement pour les conducteurs de tramways mais en général pour les conducteurs de véhicules rapides (tramways, autos et autobus) désirant entrer dans les services municipaux.

Je rappelle également que la validité de la sélection psychotechnique faite dans notre laboratoire a été déjà prouvée de deux manières: 1º on a réduit au minimum le nombre des candidats qui ne réussissent pas à achever avec succès leur formation au service de wattman, ce qui assure une réduction considérable des frais de l'instruction et rend le travail des instructeurs plus facile; 2º une étude spéciale nous a montré que le classement fait après une année de service par les organes de contrôle se trouvait en accord plus étroit avec le classement psychotechnique qu'avec le classement basé sur les résultats obtenus par les candidats à la fin de leur formation professionnelle.

Or, ce qui est intéressant et ce qui m'amène précisément aux problèmes sur lesquels je me propose d'attirer votre attention, les premiers résultats des recherches que j'ai faites sur la relation entre le classement psychotechnique des candidats et le nombre des accidents qu'ils ont enregistrés pendant leur service furent négatifs. Les corrélations ne s'élevaient pas au-dessus du zéro. Ces résultats m'ont obligé à s'occuper d'une analyse approfondie des accidents de transport sur la base des statistiques mensuelles compilées depuis 1927 et permettant de nous rendre compte des différentes catégories d'accidents, de leurs causes, etc. L'étude dont je veux résumer les résultats a porté sur 346 wattmen qui sont en service depuis 1926 et qui au moment de leur entrée avaient passé un examen psychotechnique.

Voici la première question: La distribution des accidents dans un groupe de wattmen peut-elle être attribuée au hasard?

Vous n'ignorez pas qu'on trouve la solution de ce problème par un procédé qui fut proposé par M. Greenwood et G. M. Yule[1]) et appliqué par E. M. Newbold,[2]) c'est-à-dire en comparant la distribution actuelle avec la distribution théorique fournie par l'exponentielle de Poisson.[3])

Dans les fig. 1 et 2 se trouvent représentées les distributions des accidents observées et théoriques pour les périodes annuelles à partir de 1927 jusqu'à 1933. Nous y voyons que les distributions observées s'accordent avec les distributions théoriques, ce qui veut dire que *les distributions des accidents enregistrés par les wattmen au cours d'une année n'indiquent pas l'existence des différences individuelles dans la susceptibilité aux accidents.* On arrive au même résultat si l'on prend en considération tous les accidents ou exclusivement ceux dont les wattmen sont responsables.[4])

Si les statistiques nous montrent que la distribution des accidents parmi les wattmen est conforme à la loi du hasard, on ne peut s'attendre à aucune corrélation entre le classement psychotechnique et le nombre des accidents. Voici l'explication du résultat négatif dont j'ai parlé tout à l'heure.

Cependant la fig. 2 nous montre aussi que le nombre des accidents dont les wattmen sont responsables — et ce sont ceux qui nous intéressent davantage — est très faible au cours d'une année. Donc il est possible que la période d'une année soit trop courte et que ce ne soit qu'à cause de cela que le nombre des accidents causés par les wattmen paraît avoir une distribution due au hasard.

En effet, si nous prenons en considération une période plus longue, nous voyons (fig. 3 et 4) que la distribution des accidents pour la période des trois premières années de service n'est plus conforme

---

[1]) M. Greenwood et G. U. Yule, An Inquiry into the Nature of Frequency Distributions Representative of Multiple Happenings with particular Reference to the Occurence of Multiple Attacks of Disease or of Repeated Accidents, Journ. of Roy. Stat. Soc., vol. 83, 1920, pp. 255-279.

[2]) E. M. Newbold, A Contribution to the Study of the Human Factor in the Causation of Accidents, London, 1926.

[3]) Soit N = nombre de personnes, m = nombre moyen des accidents par personne, le nombre de personnes avec r accidents — supposant que tous les personnes sont exposées au même risque — est donné par l'expression

$$Ne^{-m} \times \frac{m^r}{r!}$$

[4]) Il faut remarquer que c'est toujours le bureau de transport indépendant du laboratoire psychotechnique auquel il appartient de décider si la responsabilité de l'accident doit être attribué aux wattmen ou non.

à la distribution théorique, tandis que la distribution pour la seconde période, à savoir la quatrième à la sixième année de service, coïncide de nouveau avec la distribution théorique correspondante, surtout en ce qui concerne les accidents causés par les wattmen.

Les courbes théoriques dans les fig. 3 et 4 (de même que dans les fig. 1 et 2) ont été construites en partant de la moyenne observée des accidents. On arrive au même résultat si l'on fait comparer la moyenne observée des accidents avec la moyenne théorique correspondant au pourcentage actuel des wattmen sans accidents (voir le tableau I).

Année	Nombre de wattmen sans accidents abs.	en %	Moyenne des accidents par wattmen observée	théorique	Diffé- rence	Erreur prob.[1])	Diff. E. P.
1927-29	93	26,88	1,62	1,31	0,30	0,04	7,5
1930-32	258	74,57	0,298	0,293	0,005	0,008	0,6
1927-33	71	20,52	1,98	1,58	0,40	0,05	8,0

Tableau I.

Comparaison entre la moyenne observée des accidents causés par wattmen et la moyenne théorique correspondant au pourcentage observé des wattmen sans accidents.

Nous voyons dès lors que *les différences individuelles de la suscep-tibilité aux accidents se manifestent dans la distribution des accidents pour la période des trois premières années du service, et qu'elles s'effacent dans une période suivante de la même durée.*

Examinons d'abord la première de ces deux observations et demandons-nous s'il n'existe pas un rapport entre le classement psychotechnique et le nombre des accidents occasionnés par les wattmen au cours de la période pour laquelle l'analyse statistique nous a montré l'existence des différences individuelles de la susceptibilité aux accidents.

Ayant décomposé notre groupe d'après les notes psychotechniques en cinq classes, nous pouvons comparer les distributions des accidents de chaque classe avec la distribution théorique obtenue pour le groupe entier. L'observation de la fig. 5 nous enseigne que la classe composée des wattmen classifiés par la note 1 comprend un surplus de wattmen sans aucun accident et qu'y font défaut les wattmen ayant un nombre d'accidents élevé. La dite proportion change tout à fait à mesure que nous descendons vers la note 5. (Ce n'est qu'à partir de l'année 1927 qu'on a commencé à éliminer d'avance les candidats

---

[1]) L'erreur prob. de la différence de la moyenne observée et théorique a été déterminée approximativement par la formule $\dfrac{\cdot 6{,}449}{\sqrt{N}}\left(\dfrac{Q}{P}-m\right)^{\frac{1}{2}}$ où P signifie le nombre des wattmen sans accidents, $Q = 100 - P$ et $m =$ moyenne observée des accidents par wattmen. (Voir Newbold, l. c. Appendix IV.)

inaptes au point de vue psychotechnique. C'est pour cela que nous trouvons ici encore des candidats classés par la note 5, bien que de nombre restreint, puisque la majorité des candidats classés par cette note a échoué dans les examens terminant leur formation professionnelle.)

Le rapport que nous venons de constater ne concerne que les accidents causés par les wattmen. Si l'on considère tous les accidents, il n'y a pas de différence entre les classes reparties d'après les notes psychotechniques. Il est évident que ce sont précisément les accidents causés par les wattmen qui peuvent mettre en lumière des différences individuelles de la susceptibilité aux accidents. Or, les graphiques montrent que *les différences parmi les wattmen dans le nombre des accidents causés sont conditionnées par des facteurs que le classement psychotechnique nous permet de saisir.*

On peut exprimer aussi les différences parmi les wattmen ayant une aptitude psychotechnique différente en comparant les pourcentages des accidents causés par les wattmen de chaque classe. Le tableau II montre que le pourcentage des accidents dont les wattmen sont responsables est en rapport indirect avec le classement psychotechnique. Parmi les accidents enregistrés au cours des années 1927-29 par les wattmen ayant la note 1 il y en avait 25% causés par les wattmen, tandis que parmi les accidents enregistrés dans la même période par les wattmen ayant la note 5 il y en avait 66% dont ces wattmen étaient responsables.

Tableau II.

Nombre des accidents causés en 1927-29 par les wattmen de différentes aptitudes psychotechniques.

Classement psychotechnique	Nombre d'accidents enregistrés	causés
1	55	14 = 25,45 %
2	178	62 = 34,83 %
3	650	234 = 36,00 %
4	495	229 = 46,26 %
5	32	21 = 65,63 %
Tous les wattmen	1410	560 = 39,75 %

Tableau III.

Nombre des accidents causés en 1927 par les wattmen de différentes aptitudes psychotechniques.

Classement psychotechnique	Nombre d'accidents enregistrés	causés
1	115	25 = 21,74 %
2	349	79 = 22,64 %
3	1253	291 = 23,22 %
4	967	268 = 27,71 %
5	57	23 = 40,35 %
Tous les wattmen	2741	686 = 25,02 %

Si l'on prend en considération la somme des accidents au cours des années 1927-33, on voit que les différences entre les wattmen d'une aptitude psychotechnique différente subsistent, mais qu'elles ne sont plus aussi prononcées que dans la période des trois premières années de service. (Voir la fig. 6 et le tableau III.) C'est une conséquence naturelle de ce que nous avons trouvé, c'est-à-dire que la distribution des accidents pour la période des années 1930-32 est conforme à celle provoquée par le hasard.

Pour trouver l'explication de ce phénomène, il faut tenir compte d'un autre fait qui résulte de la statistique des accidents occasionnés par le groupe en considération, à savoir, que *le nombre des accidents causés par les wattmen diminue rapidement avec le nombre des années du service.* Pour éliminer l'effet des oscillations dues aux conditions extérieures il faut exprimer le nombre des accidents causés en pourcentages des accidents enregistrés au cours de la même année. Le tableau IV nous montre que de la première à la deuxième année du service 58,4 % des accidents ont été causés par les wattmen. Le pourcentage s'abaisse régulièrement de manière qu'après six années de service il n'y avait que 8-9% des accidents causés par les wattmen.

Tableau IV.

Pourcentage des accidents causés par les wattmen en relation avec la durée du service.

Année Ans de service	Nombre des accidents enregistrés	causés abs.	en %
1927 1—2	437	255	58,35
1928 2—3	496	164	33,06
1929 3—4	477	141	29,56
1930 4—5	378	44	11,64
1931 5—6	347	29	8,36
1932 6—7	329	30	9,12
1933 7—8	285	23	8,07

On a évidemment affaire à un processus d'adaptation. Donc *les différences dans la susceptibilité aux accidents* qui se manifestent au début du service et qui correspondent au classement psychotechnique *peuvent être considérées comme différences de l'adaptabilité à la conduite de la voiture.*

Cette conclusion paraît être confirmée par le fait que parmi les épreuves qui ont été à la base du classement psychotechnique il y en avait une qui en soi-même peut différencier assez bien notre groupe

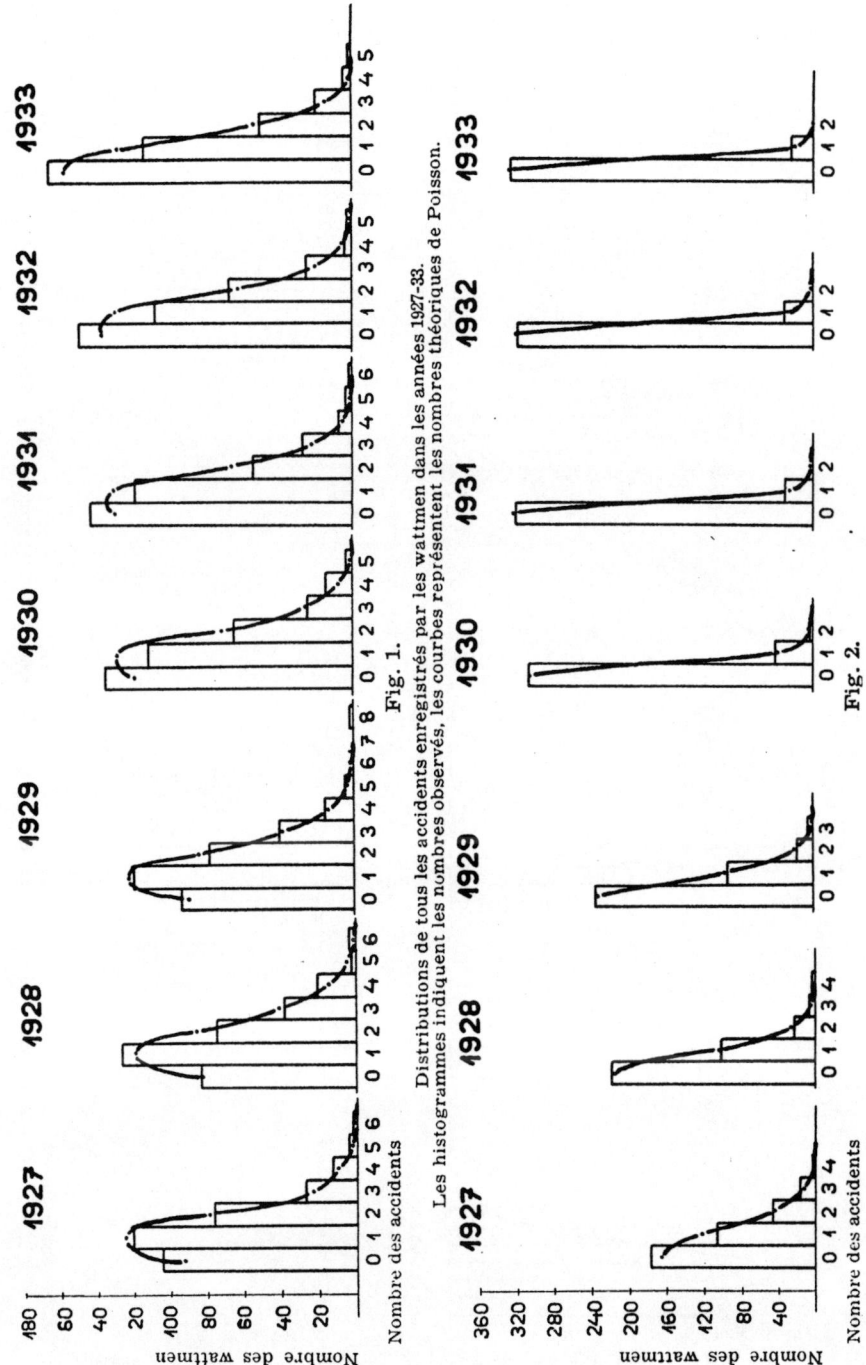

Distributions de tous les accidents enregistrés par les wattmen dans les années 1927-33.
Les histogrammes indiquent les nombres observés, les courbes représentent les nombres théoriques de Poisson.

Fig. 1.

Fig. 2.

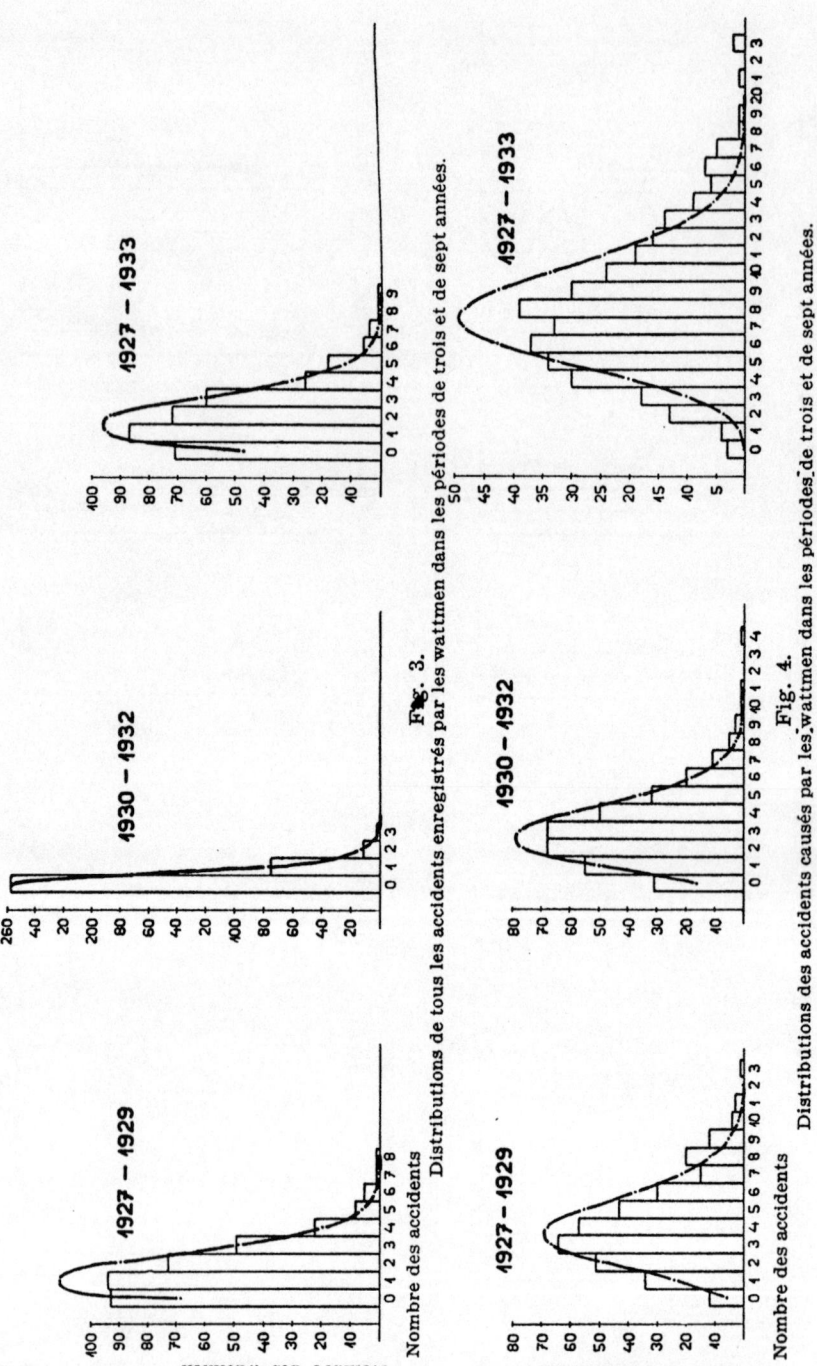

Fig. 3.

Distributions de tous les accidents enregistrés par les wattmen dans les périodes de trois et de sept années.

Fig. 4.

Distributions des accidents causés par les wattmen dans les périodes de trois et de sept années.

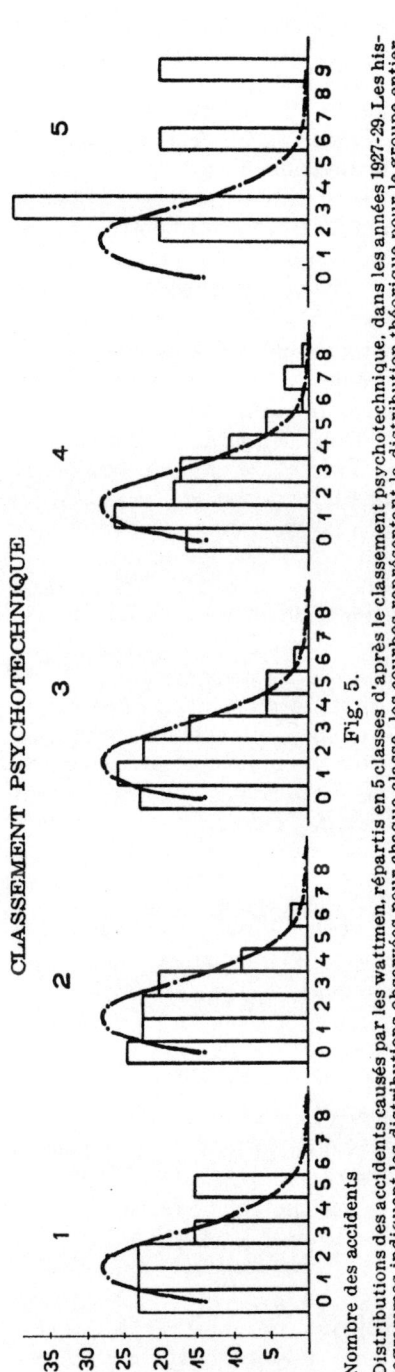

CLASSEMENT PSYCHOTECHNIQUE

Fig. 5.

Distributions des accidents causés par les wattmen, répartis en 5 classes d'après le classement psychotechnique, dans les années 1927-29. Les histogrammes indiquent les distributions observées pour chaque classe, les courbes représentant la distribution théorique pour le groupe entier.

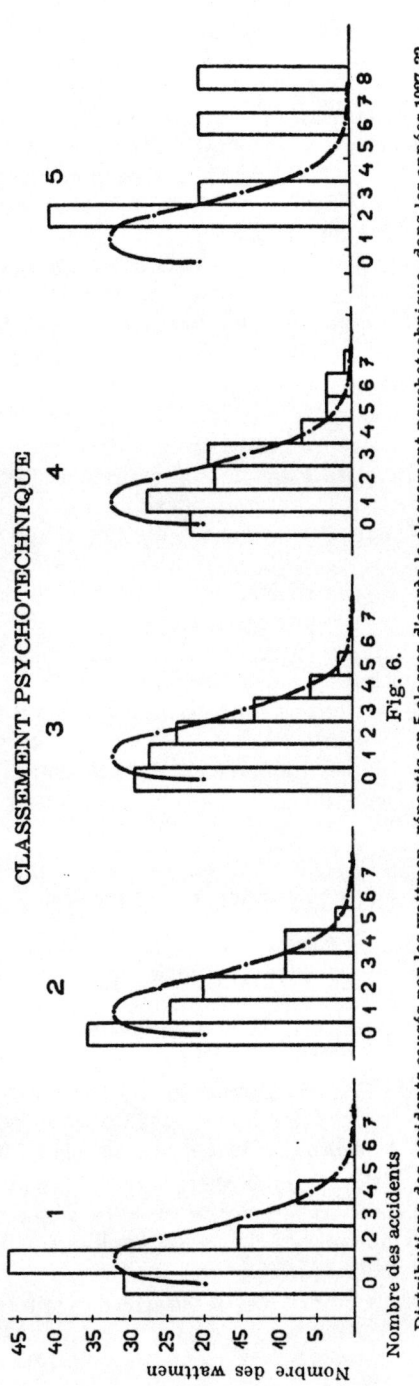

CLASSEMENT PSYCHOTECHNIQUE

Fig. 6.

Distributions des accidents causés par les wattmen, répartis en 5 classes d'après le classement psychotechnique, dans les années 1927-33.

de wattmen à l'égard du nombre des accidents causés au début du service et qui pourrait être considérée comme une épreuve d'adaptabilité mentale. C'est l'examen de l'intelligence. Tous les wattmen figurant dans notre groupe avec la note 5 avaient un résultat insuffisant (moins de 40 points) dans l'examen Army Alpha employé à cette époque là. Si l'on fait une autre division du groupe, soit à 60 points, on trouve que ceux qui n'ont pas atteint cette limite (16% de wattmen) ont causé 51 % des accidents qu'ils ont enregistrés, tandis que parmi les accidents enregistrés par les wattmen qui avaient dépassé 60 points dans l'examen Army Alpha il n'y en avait que 37 % dont les wattmen étaient responsables.

Ces résultats démontrent que la susceptibilité aux accidents telle qu'on a pu la constater chez nos conducteurs de tramways consiste dans *une adaptation lente aux conditions de la conduite de voiture* et que cette insuffisance est prévue par l'examen psychotechnique. La susceptibilité aux accidents, au moins dans notre cas, ne paraît être un trait spécial inhérent à la personnalité mais une résultante des autres facteurs psychologiques. Il est certain qu'une meilleure formation professionnelle des conducteurs, basée sur les principes psychologiques, pourrait faciliter et accélérer le processus d'adaptation et par conséquence diminuer sensiblement le nombre des accidents causés par les wattmen au début de leur service. Nous aurons beaucoup à faire dans cette direction. Mais nous en pouvons être sûr que les différences individuelles se manifestant à cette période ne disparaîtront pas quand même. Donc il faut donner la meilleure instruction à ceux qui sont capables d'en profiter le plus et sans courir le risque d'un grand nombre d'accidents. Nous avons vu que ce sont ceux qui peuvent être sélectionnés par les méthodes psychotechniques.

L'ATTITUDE PSYCHIQUE DES FONCTIONNAIRES DES CHEMINS DE FER POLONAIS AU COURS DES INVESTIGATIONS PSYCHOTECHNIQUES.

JEAN WOJCIECHOWSKI (Varsovie).

En 1924, grâce à l'initiative de plusieurs ingénieurs du Département Mécanique au Ministère des Communications, on commença à organiser le service psychotechnique.

Le premier directeur du laboratoire psychotechnique fut délégué en France afin de prendre contact avec le prof. J. M. Lahy, dont la méthode décisive fut appliquée à l'examen des candidats-mécaniciens en 1927.

Comme ce laboratoire était principalement destiné à l'investigation du personnel des locomotives et du mouvement, car ces catégories encourent les plus grandes responsabilités, les premières années de l'activité étaient consacrées aux épreuves pour déterminer l'utilité des méthodes employées.

A la fin de l'année 1929 le Ministère des Communications a formulé les principes de l'activité du laboratoire, lequel fut subordonné au Chef de la Division Sanitaire du Ministère.

Conformément aux dispositions du Ministère sont soumis aux examens psychotechniques:

les candidats pour l'admission au chemin de fer selon les indications du Ministère du service actif,

les employés qui ont ou doivent occuper un emploi déterminé par les dispositions particulières du Ministère,

les employés nommés à un poste qui exige des aptitudes professionnelles spéciales ou élevées, et enfin

les employés qui ont été cause de catastrophes de chemin de fer.

A ces examens peuvent également se présenter les jeunes gens des écoles qui sollicitent une bourse ou désirent avoir une pratique au chemin de fer.

De cette façon, le Ministère des Communications s'est décidé à soumettre aux épreuves de sélection psychotechnique un matériel humain se destinant au chemin de fer, et même les individus ayant déjà un emploi au chemin de fer, mais se trouvant dans des cas spéciaux (avancement, soupçons). Par conséquent la psychotechnique n'est pas un instrument de disqualification et de réduction des employés, comme ceux-ci l'avaient craint tout d'abord.

En 1930 on mit en marche le laboratoire psychotechnique à la Direction du chemin de fer de Poznań.

Pour l'instant ces deux laboratoires possèdent des locaux commodes et spacieux dont on peut voir les plans représentés sur le dessin No I. Les méthodes d'examen dans les deux laboratoires sont identiques. Les plus élaborés sont les programmes des investigations des candidats mécaniciens et des employés en service du mouvement.

En outre on fait des épreuves pour préparer les tests diagnostiques pour les fonctionnaires des services des voies ferrées, de gares et d'expédition.

Pour l'économie du temps et de la fatigue des sujets on a aménagé deux wagons psychotechniques munis des appareils nécessaires à l'investigation du service du mouvement et des locomotives.

Le plan d'un de ces wagons est représenté par la fig. 2.

Au fur et à mesure de l'augmentation du personnel de ces deux postes psychotechniques le nombre des personnes examinées s'élève et nous pouvons supposer que dans 2 ou 3 ans tous les candidats au service ferroviaire quelconque seront sélectionnés sans exception.

Voici la liste des épreuves subies dans les deux laboratoires des chemins de fer jusqu'au 1er janvier 1934.

	Varsovie	Poznań
Mécaniciens et aide-mécaniciens	1472	501
Ouvriers pour le service du mouvement . .	1024	172
Aspirants pour le service du mouvement .	416	402
Aspirants pour le service commercial . .	66	48
Chauffeurs	166	—
Employés du service de la voie ferrée . . .	2	441
Conducteurs	960	752
Aiguilleurs	194	37
Employés et autres	158	96
Total	4458	2049

La grande difficulté d'obtenir les opinions professionnelles les plus exactes et objectives nous a imposé la nécessité de distribuer des questionnaires spéciaux aux chefs des services intéressés. A la base de ces questionnaires dûment remplis nous pouvons attribuer aux sujets examinés l'une des trois notes: bon, satisfaisant, faible. De cette manière nous sommes en possession de données pour calculer les corrélations entre les jugements psychotechniques et les opinions professionnelles.

Selon nos recherches on peut constater que beaucoup de tests d'origine étrangère ont un coefficient de corrélation très faible avec l'opinion professionnelle. Nous en pouvons énumérer les suivants:

Test d'Ebbinghaus $r = .159$,
test de Couvé $r = .188$,
test de Poppelreuter $r = .154$,
test de Haydt (ségrégateur) $r = .276$,
test des manœuvres pour composer un train $r = .058$.

Néanmoins la convergence d'opinions entre le laboratoire psychotechnique et les autorités compétentes n'est pas inférieure en comparaison avec les résultats obtenus dans les laboratories européens et américains (à peu près 70—90).

Le coefficient de corrélation entre l'évaluation psychotechnique et celle des autorités professionnelles n'est pas sensible ($r = .403$) ce qui est causé sans doute par le fait que la constance d'évaluation professionnelle ne dépasse pas la valeur $r = .183$.

Quant aux résultats des épreuves et des observations recueillies dans les deux laboratoires, il faut dire, qu'en général le matériel humain de ces deux Directions (Poznań et Varsovie) présente beaucoup de différences anthropologiques, typologiques et psychiques. En outre la population de Poznań est élevée sous l'influence de l'école allemande et celle de Varsovie sous l'influence russe. C'est pourquoi l'évaluation de l'intelligence des sujets dans ces deux Directions devait être faite avec l'application de tests différents. (Par exemple le test des proverbes polonais, très utile à Varsovie, était absolument inutilisable à Poznań.)

La fig. 3 représente la comparaison des médians obtenus pour les tests principaux dans nos deux laboratoires.

Tableau I.

	1 Evaluation psychotechnique	2 Evaluation professionnelle	3 Age	4 Education	5 Test Ebbing.	6 Test Bourdon	7 Test Couvé	8 Test Poppelreuter	9 Action multiple	10 Mémoire des mots	11 Mémoire des nombres	12 Distribution des billets	13 Ségrégateur	14 Test des manœuvres
1.		403	201	245	649	411	608	649	731	506	705	724	663	237
2.	403		140	114	159	179	188	154	228	147	168	309	276	001
3.	201	140		254	410	190	201	235	301	286	018	442	112	133
4.	245	114	254		167	083	209	154	178	227	055	223	110	159
5.	649	159	410	167		310	410	381	535	340	144	574	367	131
6.	411	179	190	083	310		308	311	392	098	116	344	309	057
7.	608	188	201	209	410	308		520	465	210	181	436	426	015
8.	649	154	235	154	381	311	520		471	264	163	608	527	149
9.	731	228	301	178	535	392	465	471		308	204	595	490	099
10.	506	147	286	227	340	098	210	264	308		324	309	236	083
11.	705	168	018	053	144	116	181	163	204	324		156	432	060
12.	724	309	442	223	574	344	436	608	595	309	156		555	224
13.	663	276	112	110	367	309	426	527	490	236	432	555		106
14.	237	001	133	159	131	057	015	149	099	083	060	224	106	

Erreur probable — 0,016—0,033.
Les nombres donnés dans ce tableau sont les millièmes de l'unité.

Tableau II.

Programme de l'investigation des aide-chefs de gare.

1. Mémoire des mots, des nombres, des lieux.	Tests spéciaux.
2. Attention concentrée.	Test de Bourdon.
3. Attention diffusée.	Test des actions simultanées.
4. Attention transférée.	Tableau de Poppelreuter.
5. Intelligence.	Tests d'Ebbinghaus et de Baley.
6. Vitesse de distribution des billets.	Tableau des billets.
7. Vitesse de classer les cercles numérotés.	Test de Couvé.
8. Capacité à commander la manœuvre du matériel roulant à la gare.	Test de manœuvre. (Rangiertest.)
9. Attention diffusée (pour les aiguilleurs).	Appareil aux six voies de J. Wojciechowski.
10. Faculté d'exécuter strictement les instructions données.	Appareil de Heydt et de Herwig.

Je présente ci-dessous deux tableaux I et II du programme des épreuves du service mécanicien et celui du mouvement.

En s'appuyant sur les résultats des investigations des dernières années nous avons dressé le tableau de corrélations suivantes:

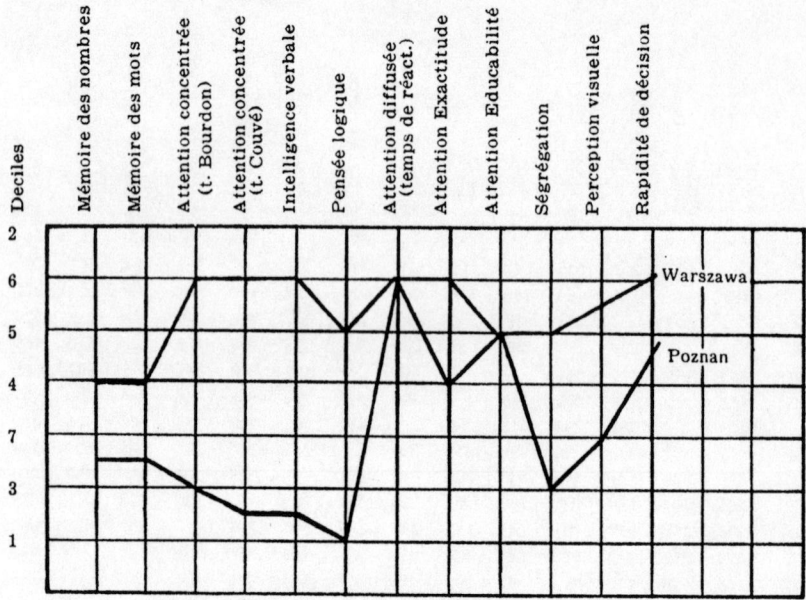

Il faut dire qu'en général les coefficients des tests à l'exception de quelques-uns ne sont pas satisfaisants. Néanmoins, nous croyons que l'ensemble des tests, spécialement de ceux pour les aide-chefs de gare est très proche de la vérité et donne beaucoup de convergences avec les opinions des autorités professionnelles. Le test global du mécanicien avec le film spécialement préparé n'est pas encore mis au point, car jusqu'à présent le test de l'attention diffusée donne les résultats satisfaisants pour la sélection des candidats-serruriers. Ceux-ci une fois admis au service de locomotive et exécutant bien leurs devoirs professionnels ne sont pas soumis aux examens une seconde fois.

D'autre part, les expériences des psychotechniciens des autres pays (Russie Soviétique) font voir que tous les tests avec l'imitation des circonstances naturelles du travail, présentent quelques inconvénients diminuant l'effet de l'investigation.

Il faut constater avec une profonde satisfaction que les symptômes de la crainte et du manque de confiance que nous avons observés pendant les épreuves des premières années de l'activité du laboratoire ont disparu et maintenant on peut constater que tous les sujets

examinés se sentent au laboratoire et au wagon psychotechnique
entourés par une atmosphère amicale.

On a même noté les faits presque inattendus que les fonctionnaires
d'une éducation moyenne ont commencé sous l'influence de l'impression de certains tests de l'intelligence à lire non seulement des
journaux mais aussi des livres scientifiques pour apprendre (comme
on l'a expliqué) « à penser logiquement et devenir plus intelligents ».

IV

ÉTUDE
DU CARACTÈRE DE L'ENFANT
EN VUE DE L'ORIENTATION
PROFESSIONNELLE

GRUNDPROBLEME DER BERUFSBERATUNG.

ANTON BÁLINT (Budapest).

Nach einer Vorbereitungsarbeit, die ich bei Prof. *Bechterew* und bei Prof. *Moede* geleistet habe, fing meine Praxis auf dem Gebiete der Psychotechnik gerade vor zehn Jahren an. Während dieser Zeit habe ich eine Übersicht über etwa 41 Tausend Prüfungsfälle gewonnen. Auf Grund dieser Tätigkeit nehme ich mir die Freiheit, vor dem geehrten Kongreß auf die Kernprobleme der Berufsberatung und auf jene Umstände, wo es mir möglich erscheint, den Weg der Lösung suchen zu können, hinzuweisen.

Das Ziel der Berufsberatung ist — meiner Ansicht nach — für den Menschen, der sich in die Wirtschaftsorganisation der Gesellschaft einzugliedern wünscht, denjenigen *Beruf* zu bestimmen, der der Individualität des betreffenden Menschen am besten entspricht und der auch praktisch erreichbar ist.

Die Berufsberatung unterscheidet sich von der gewöhnlichen Arbeitsvermittlung dadurch, daß sie für das einen Lebensweg suchende Individuum nicht eine zufällig vorhandene *Arbeitsgelegenheit,* sondern eine *Lebenslaufbahn* feststellt.

Während die technischen Wissenschaften eine Vergangenheit von mehreren Tausend Jahren hinter sich haben, stehen die menschliche Arbeit und der arbeitende Mensch erst seit einigen Jahrzehnten im Mittelpunkt der wissenschaftlichen Forschung. Darauf ist es zurückzuführen, daß wir auf dem Gebiete der Berufsberatung auf riesige Schwierigkeiten stoßen und den Eindruck gewinnen, daß *die erwünschte rasche Entwicklung der Berufsberatung nur dann erfolgen kann, wenn eine rege internationale Zusammenarbeit der Fachleute zustande kommen kann.*

Den organisatorischen Teil der Probleme berühre ich nur, weil ich der Meinung bin, daß eine zweckmäßige Organisation auf dem Gebiete der Berufsberatung erst dann geschaffen werden kann, wenn die theoretischen Grundlagen niedergelegt und die praktischen Ausführungsmethoden der Berufsberatung uns auskristallisiert zur Verfügung stehen. Der Aufbau der Organisation hängt davon ab, welche Gesichtspunkte in der Berufsberatung zur Geltung kommen sollen.

Die Stützpunkte der wissenschaftlich begründeten Berufsberatung bilden zwei Gruppen: Stützpunkte bezüglich der *Arbeit* und Stützpunkte bezüglich der *Person.* (S. 1. Tafel.)

Die Kenntnisse, welche die Praxis der Berufsberatung vom Berufsberater verlangt, beziehen sich teils auf die Bedürfnisse der Wirtschaft an *menschlicher Arbeitskraft* im allgemeinen und im Zeitpunkte der Berufsberatung im Verhältnis zu dem zur Verfügung stehenden Menschenmaterial und teils auf die *Berufskunde,* und zwar nicht nur im allgemeinen, wie sich das Menschenschicksal bei den einzelnen Berufszweigen gestaltet, sondern auch bezüglich der Bedingungen der beruflichen Arbeit für die Menschen.

Die andere Gruppe der Stützpunkte bezieht sich auf die *Person.* Hier treten die *Wertungsprobleme* in den Vordergrund, namentlich die Wertung der Person in der Richtung der *Gesundheit,* in der Richtung der *Fähigkeiten* und in der Richtung des *ethischen Verhaltens.* Dazu muß der Berufsberater auch über die Ausbildungsmöglichkeiten der Person orientiert sein.

Bezüglich des Bedürfnisses an menschlicher Arbeitskraft unterscheide ich zwei Stufen der Berufsberatung. Die untere Stufe stützt sich auf das Bedürfnis im Zeitpunkte der Berufsberatung, die obere blickt weiter und erwägt die Frage, ob der gewählte Beruf dem betreffenden Individuum ein ganzes Menschenleben hindurch ständigen Unterhalt bieten kann oder nicht. Für den Berufsberater ist es notwendig zu wissen, wie sich der *Beschäftigungsgrad* bei den einzelnen Berufen gestalten wird. Dazu gehört der Überblick über die Entwicklung des in Betracht kommenden Berufes in dem Lande, wo die Berufsberatung stattfindet, weiter der Überblick über die wirtschaftlichen Verhältnisse, welche die Entwicklungsrichtung des Berufes in der Heimat und auch in weiteren Kreisen bestimmen. Die Orientierung bezüglich des Bedürfnisses der Wirtschaft an menschlicher Arbeitskraft im Zeitpunkte der Berufsberatung kann gesichert werden, wenn die Institution der Berufsberatung mit den Arbeitsvermittlungsstellen und mit den Interessenvertretungen eine *Arbeitsgemeinschaft* zustande bringt. Ein Studium der gesellschaftlichen Wirtschaft bezüglich der menschlichen Arbeitskraft, das als *Konjunkturforschung der menschlichen Arbeitskraft* gilt, ist noch nicht da. Ich selber habe schon in dieser Richtung manche Schritte getan, mußte aber einsehen, daß die eingehende Untersuchung nur in der Form

1. Tafel.

Stützpunkte der Berufsberatung.

Bezüglich der Arbeit	Bedürfnis der Wirtschaft an menschlicher Arbeitskraft	im allgemeinen
		im Zeitpunkte der Berufsberatung
	Berufskunde	allgemeine Berufskunde
		Bedingungen der beruflichen Arbeit für die Menschen
Bezüglich der Person	Kenntnis der Individualität der Person	Wertung der Person bezüglich der *Gesundheit*
		Wertung der Person bezüglich der *Fähigkeiten* und des *arbeitsethischen Verhaltens*
	Kenntnis der Ausbildungsmöglichkeiten der Person	Wirtschaftliche und soziale Verhältnisse der Person
		Ausbildungsinstitute oder -Möglichkeiten und deren Bedingungen

312

einer internationalen Zusammenarbeit eingeleitet werden kann. Mein erster Vorschlag bezweckt eben die Bildung eines Ausschusses im Rahmen der Internationalen Psychotechnischen Vereinigung, der diese Arbeit für die Berufsberatungsorganisationen in den einzelnen Ländern durchführt.

Übrigens drängen sich hier auch andere Probleme in den Vordergrund.

Im praktischen Leben spielen die materiellen Erfolge der menschlichen Tätigkeit eine entscheidende Rolle. Deshalb muß der Berufsberater auch mit dem wirtschaftlichen Wert des Menschen rechnen. Wir haben verschiedene Grundlagen in dieser Beziehung. Unter anderen verweise ich auf die Berechnungen des Statistikers der großen amerikanischen Lebensversicherungsgesellschaften *Dublin*. (S. 2. Tafel.) In Europa steht dieser Wert um 30—40 oder noch mehr Prozent tiefer, je nach der Höhe der wirtschaftlichen Entwicklung eines Landes.

2. Tafel.

Wirtschaftlicher Wert des Menschen.

(Vereinigte Staaten Nordamerikas.)

Nach Louis Dublin.

Alter in Jahren	Wirtschaftlicher Wert in Tausend Pengö	
	bei geistigen Berufen	bei ausgebildeten Arbeitern
0	55	55
18	190	160
25	230	180
33	275	160
50	190	100
60	100	50

3. Tafel.

Einkommen der Industriearbeiter in Ungarn.

(Durchschnittlicher Wochenlohn.)

Alter in Jahren	Wochenlohn in Pengö	
	bei Männern	bei Frauen
10	5	6
15	7·5	10
20	20	15
25	28	18
30	32·5	22
35	35	22·5
40	37·5	22
45	38	20
50	38	19
55	36·5	17·5
60	35	16
65	30	15
70	27·5	13

Die Tafel 3 zeigt die Unterlage, wonach man den wirtschaftlichen Wert des Menschen für Ungarn ausrechnen kann.

Ich unterscheide drei Perioden in der Laufbahn: Die *erste* ist die Vorbereitungsperiode für einen Beruf; die *zweite* ist die Periode der gelernten Berufstätigkeit; die *dritte* ist die Periode der Spezialisierung, die des Aufstieges als Vorarbeiter, Gruppenführer, Meister, oder die des Selbständigwerdens. Alle Perioden haben andere Aufgaben und stellen verschiedene Anforderungen an die Menschen. Man muß also die Frage stellen, ob die ärztlichen und psychotechnischen Untersuchungen und die sonstigen Erwägungen nur mit Rücksicht auf die Lehrlingsjahre oder auf die ganze Laufbahn durchzuführen sind.

4. Tafel.

Berufswechsel der Industriearbeiter in Deutschland.

Beruf	Arbeiterzahl	%
Erster	5·2 Mill.	37
Zweiter	4·0 „	28
Dritter	3·0 „	21

5. Tafel.

Berufswechsel der Industriearbeiter in Ungarn.

In den Altersjahren	1.	befinden sich in der 2.	3.
		Beschäftigung in %	
14—16	58	30	12
22—30	35	24	14
41—60	29	20	18

Aus diesen Daten stellt sich heraus, daß sich kaum ein Drittel der Arbeiterschaft in der ursprünglich gewählten Beschäftigung befindet. Mit Rücksicht auf diese Erscheinung und mit Rücksicht auf die Wirkung der neuesten Entwicklungsrichtung des Maschinenwesens auf den Arbeitsmarkt, die eine ständige und bleibende Ursache der Arbeitslosigkeit zu sein scheint, muß man mit Entschiedenheit betonen, daß der Berufsberater bei seinen Erwägungen auch mit den übrigen Aussichten zu rechnen hat. Auch die Frage muß gestellt werden, ob es nicht richtiger wäre, die Jugend darauf vorzubereiten, daß der Mensch der Zukunft nicht auf einen einzigen Beruf vorzubereiten ist, sondern mindestens auf zwei Berufe. Es muß gefragt werden, ob es nicht richtiger ist, den Zukunftsmenschen in dem Gedanken zu erziehen, daß die Vorbereitung auf .die Lebenstätigkeit eigentlich nie aufhören kann, sondern durch das ganze Leben andauert, um eine Anpassung der Arbeiterschaft an die immer wechselnden Verhältnisse der Wirtschaft möglich zu machen.

Die Praxis der Berufsberatung verlangt vom Berufsberater weiter, daß er in der *Berufskunde,* wozu ich auch die menschliche Arbeitskunde rechne, vollkommen orientiert sei. Die Berufs- und Arbeitskunde ist aber noch immer nicht so weit entwickelt, wie es für die Berufsberatung notwendig wäre. Die Gesetze der Physik haben nicht die Gestalt, in welcher sie in der Technologie anwendbar sind; die der Biologie mußten auch konkretisiert werden, um in die ärztlichen Wissenschaften Eingang finden zu können; die theoretischen Ergebnisse der Arbeitsphysiologie und Arbeitspsychologie müssen sich auch zu Normen umwandeln lassen, weil die Praxis sie nur in dieser Form anwenden kann. Diese Aufgabe ist auch noch nicht gelöst und ich bin der Meinung, daß die Lösung von den Fachleuten ein internationales Zusammenwirken verlangt.

Die *zweite* Hauptgruppe der Stützpunkte der Berufsberatung bezieht sich auf die *Person,* für die die Berufsberatung stattfindet.

Hier treten die tiefsten Probleme der Berufsberatung in den Vordergrund, und zwar die *Wertung* der Person von der Seite der Gesundheit, von der Seite der Fähigkeiten und von der Seite des arbeitsethischen Verhaltens.

Bei den psychotechnischen Prüfungen oder bei den ärztlichen Untersuchungen bekommt man Noten, wie in den Schulzeugnissen, wir müssen aber eingestehen, daß wir das Problem des Umganges mit den Noten noch nicht genügend geklärt haben. Zu lehren und die Schulzeugnisse zu werten, psychotechnische Prüfungen durchzuführen und die Ergebnisse zu gebrauchen, sind zwei von Grund aus verschiedene Sachen. Erst müssen die Methoden des Wertens ausgearbeitet werden. Um auf die Wichtigkeit des Problems hinweisen zu können, sei es mir erlaubt, einige Ergebnisse des Psychotechnischen Laboratoriums beim *Landes-Sozialversicherungs-Institut* in *Budapest,* wo die psychotechnische Prüfung *obligatorisch* ist, vorzuführen. Die Anwendung der obligatorischen Eignungsprüfung wird durch den Paragraph 99 des Alters- und Invalidengesetzes XL. vom Jahre 1929 geregelt:

„(1) Die auf Grund dieses Gesetzes versicherungspflichtigen Personen unter siebzehn Jahren haben sich innerhalb des ersten Jahres nach ihrem Eintritt in das Versicherungsverhältnis zweimal der von der Anstalt organisierten Eignungsprüfung zu unterwerfen.

(2) Die Arbeitgeber der im Sinne des vorhergehenden Absatzes zur Eignungsprüfung Verpflichteten haben die Betreffenden anzuweisen, den in diesem Paragraphen bestimmten Verpflichtungen zu

entsprechen. Für das gegen diesen Paragraphen verstoßende Verhalten des Arbeitnehmers ist sein Arbeitgeber verantwortlich."
(§ 189.)

A) *Bezüglich der Gesundheit.*

6. Tafel.

Krankheitsformen.

Gesichtspunkt	Fälle	in % der Untersuchten
Pes planus	19.620	63·1
Scoliosis	2.323	7·5
Postrachitis	8.504	27·3
Vitium cordis org. et anorg.	5.209	16·8
Anaemia	6.976	22·4
Hypotrophia	14.515	46·6
Subfebrilitas	7.985	25·4
Pulmo Röntgen pos.	2.490	8·0
„ „ neg.	8.553	27·5
Tonsilla hypertrophia et adenoides . .	4.846	15·6
Struma	2.345	7·5
Hypertrophia glandulae cervicalis . .	380	1·5
Dermatosis	757	2·4
Myopia hypermetropia	1.906	6·1
Hypacusis	640	2·1
Neurasthenia, nervositas	1.112	3·6
Morbus glandulae endocrinae	1.326	4·3
Sanus	23.132	74·3
Non sanus . . . . . , ...	7.982	25·7
Numero visitati[1])	31.114	100·0

7. Tafel.

Gesundheitsverhältnisse bei den Jugendlichen.

Grad	Bezeichnung	%	%
1	Vollkommen gesund	28·6	Bezüglich der Berufs-
2	Für den gewählten Beruf gesund . .	32·1	beratung gesund: 76·1
3a	Leichtere Mängel, vorübergehende Krankheiten	15·4	
3b	Größere Mängel, stationäre Krankheiten . . . . , . . .	13·6	Bezüglich der Berufs- beratung nicht gesund
4	Progredierende Krankheiten	9·2	23·9
5	Fortgeschrittene Krankheiten . . .	1·1	

---

[1]) Im Alter von 13—18 Jahren.

Gesundheitsverhältnisse bei der versicherten Bevölkerung.

Alters-klasse	Altersverteilung der Versicherten in %	Gesund %	Nicht gesund %
12—16	9·6	76	24
17—19	12·5	69	31
20—24	18·3	61	39
25—29	15·6	52	48
30—34	11·6	42	58
35—39	8·8	31	69
40—44	7·7	19	81
45—49	5·8	11	89
50—54	4·2	5	95
55—	5·9	—	100
Zusammen	100·0	52	48

B. Bezüglich der Fähigkeiten:
Fähigkeitsverhältnisse.

Grad	Bezeichnung	%	%
1	Vorzüglich	7·5	Für die Berufswahl
2	Gut	33·7	entsprechend: 70·6
3a	Guter Durchschnitt	29·4	
3b	Schwacher Durchschnitt.	18·5	Für die Berufswahl
4	Schwach	10·0	nicht entsprechend:
5	Sehr schwach	0·9	29·4

Tauglichkeitsverhältnisse.

Grad	Bezeichnung	%	%
1	Vorzüglich geeignet	4·1	geeignet:
2	Gut geeignet	36·8	69·1
3a	Im guten Durchschnitt geeignet . . .	28·2	
3b	Im schwachen Durchschnitt geeignet .	19·6	nicht
4	Schwach geeignet	9·9	geeignet:
5	Sehr schwach geeignet	1·4	30·9

Man sieht aus diesen Tafeln, daß die Berufswahl bei 24% der Jugendlichen wegen der Gesundheit, bei 30% wegen der Fähigkeiten verfehlt ist, wenn die Berufswahl ohne Berufsberatung stattfindet.

*

Bei der Arbeiterauslese gelangt man mit Hilfe einer *Formel* zum Schlusse der Untersuchung zu einer Wertzahl, welche es uns ermög-licht, *die untersuchten Personen in eine Rangordnung* zu stellen.

Bei der Prüfung für die *Berufsberatung* brauchen wir eine andere Formel, mit deren Hilfe wir die einzelnen *Berufe* bezüglich der untersuchten Personen *werten und in eine Rangreihe einordnen können.* Ich habe versucht, eine solche Formel zusammenzustellen.

$$W = V \frac{D.\ P.\ E}{M}$$

W = Wertzahl eines Berufes für die Berufsberatung. V = Durchschnittlicher jährlicher Verdienst. D = Wahrscheinliche Dauer der Arbeitsfähigkeit. P = Ergebnis der psychotechnischen Fähigkeitsprüfung. E = Arbeitsethischer Wert. M = Indexziffer des Arbeitsmarktes.

Bei der Feststellung der Formel ging ich von folgenden Erwägungen aus:

1. Abgesehen von den Fällen, wo für die beratene Person der Umstand, daß sie die Arbeitsmittel, wie Grund und Boden, Industrieunternehmen, Handelsgeschäft usw. erbt, die Hauptrolle spielt, ist für die meisten Menschen das Entscheidende, welche materiellen Aussichten man in dem einen oder anderen Beruf haben kann. Ich nehme hier den durchschnittlichen jährlichen Verdienst, der für einen Beruf bestimmbar ist. Dieser wird mit dem Faktor ausgedrückt.

2. Ein jeder Arzt ist in der Lage, sagen zu können, ob eine untersuchte Person gesund oder krank ist. Ein Arzt, der sich für die Berufsberatung spezialisiert hat, stellt zum Zwecke der Berufsberatung fest, in welche der ärztlichen Ordungsstufen die Person in Bezug auf einen gewissen Beruf gehört. Ich verlange aber von den Ärzten noch mehr, sie sollen schätzen können und in Jahren angeben, wie groß man die *Dauer der Arbeitsfähigkeit* annehmen kann, wenn die Person diesen oder jenen Beruf wählt. Dieser Wert wird in dem Faktor *D* ausgedrückt.

3. Die psychotechnische Prüfung hat den Zweck, den *Eignungswert* der Person festzustellen. Das Ergebnis der Untersuchung wird durch den Faktor *P* und durch den Faktor *E* mitgerechnet.

4. Wir wissen, daß auf dem Arbeitsmarkte auch in normalen Zeiten eine Reserve-Arbeiterarmee vorhanden ist. Dies bedeutet, daß man die volle Dauer seiner Arbeitsfähigkeit im allgemeinen auch dann nicht ausnützen kann, wenn man es mit dem besten Willen versucht. Man muß also mit dem Beschäftigungsgrad eines Berufes rechnen. Diesen Wert haben wir in der Indexziffer *M.*

Mit der Konstruktion der Formel wollte ich den Versuch machen, die Berufe bezüglich einer gegebenen Person werten zu können.

*

Wenn wir die Entwicklung der gesellschaftlichen Wirtschaft in Betracht ziehen, können wir behaupten, daß darin immer mehr Plan- und Zweckmäßigkeit zum Vorschein kommt, d. h. die Energietransformation der Menschheit wird fortwährend besser, oder mit *Ostwald,* wird die Energiedissipation der Gesellschaft immer kleiner.

Dazu gehört auch die optimale Ausnützung der menschlichen Arbeitskraft, und dies zu verwirklichen, ist die allgemeinste Aufgabe der wissenschaftlich ergründeten, in der Praxis gewissenhaft und pflichtmäßig durchgeführten Berufsberatung.

Zu diesem Zwecke reiche ich den Vorschlag ein, daß die Internationale Psychotechnische Vereinigung ständige Ausschüsse bilden möge, und zwar:

1. einen Ausschuß für Konjunkturforschung der menschlichen Arbeit;
2. einen Ausschuß für Arbeitsphysiologie und Arbeitspsychologie;
3. einen Ausschuß für Arbeitshygiene und
4. einen Ausschuß für die Psychotechnik im Dienste der Berufsberatung.

DIE KÖRPERLICHE ERZIEHUNG DER VOLKSMASSEN IN ITALIEN UND DIE BERUFSWAHL.

FERRUCCIO BANISSONI (Rom).

Im quälenden Kampfe um neue Systematisierungen, um neue Stabilisierungen, die der ganzen Menschheit der Nachkriegszeit obliegen, gibt es nach meiner Meinung zwei gemeinsame Blickpunkte beim Suchen einer besseren Zukunft: die heranwachsende Generation, die menschliche Arbeit. Die kommende Generation, der wir unsere Hoffnungen widmen, die menschliche Arbeit, Grundlage eines jeden friedlichen und dauerhaften Fortschritts.

Was mit einem dieser beiden Blickpunkte im Zusammenhang steht, kann nicht umhin uns zu interessieren und das Interesse wird größer, wenn unser Studium beide betrifft. Dies ist der Fall bei Problemen, die, wie die Berufswahl, für die menschliche Arbeit und die kommende Generation gleichzeitig in Betracht kommen.

Indem ich anderen tüchtigen Kollegen die Darstellung neuer Theorien, neuer Techniken und neuer Tätigkeiten betreffend die Berufswahl in der Schule, schulärztlichen Praxis und in besonderen bekannten Institutionen überlasse, werde ich eine nicht allzu oft erwähnte Seite des Problems und einige italienische Erfahrungen über Berufswahl und körperliche Erziehung kurz erwähnen.

In der Tschechoslovakei, dem Lande, das uns Gastfreundschaft bietet und das über so edle Traditionen und hervorragende Resultate auf dem Felde der körperlichen Erziehung verfügt, sollen diese wenigen Betrachtungen ihr natürliches Milieu finden.

In Italien hat die körperliche Erziehung ihre faschistische Neuordnung in einem Gesetze des Jahres 1926 gefunden, mit dem die *Opera Nazionale Balilla* begründet wurde, der die körperliche Erziehung der Jugend beider Geschlechter im Alter zwischen 6 und

18 Jahren übergeben wurde. Dank der Energie, dem Enthusiasmus und der organisatorischen Tüchtigkeit des Präsidenten, jetzt auch Staatssekretär für körperliche und Jugenderziehung, S. E. Renato Ricci, hat die Institution Millionen freiwillig Eingeschriebener herangezogen, die einen winzigen Jahresbeitrag (Lit. 5) zahlen, der auch zur unentgeltlichen Unfallversicherung berechtigt. Im letzten Jahre gab es 873.162 Neueingeschriebene. Jetzt betragen die Eingeschriebenen 4,327.231, nämlich 1,952.597 Balilla (Kinder von 6 bis 14 Jahren), die wie die ganze Institution ihren Namen von einem heroischen, patriotischen Knaben aus Genua herleiten, 535.974 Avanguardisti (Jünglinge von 14 bis 18 Jahren), 1,637.689 Piccole Italiane (Mädchen von 6 bis 14 Jahren), 200.971 Giovani Italiane (Mädchen von 14 bis 18 Jahren). Die Opera Balilla hat sich außer dem Turnunterricht in den Schulen in folgender Weise betätigt: Gründung von Hunderten und Hunderten von *Case del Balilla* mit Turnhallen, Spielplätzen, Ambulatorium, Solarium, Bibliothek, Sälen für erzieherische Vorträge und Kinovorführungen, für Musik usw. Die Opera Balilla organisiert und betreibt klimatische Kolonien, Spezialschulen, Schulfürsorge, Campeggi (Zeltlager) — in diesen Tagen sind 30.000 Kinder im *Campo Dux* in Rom zusammengetroffen — Land- und See-, Inlands- und Auslandsreisen und, wie ich später noch erwähnen werde, die hygienische Überwachung der Eingeschriebenen. Es handelt sich also um eine körperliche Erziehung der breiten Massen, die beinahe die ganze italienische Schulbevölkerung aufnimmt.

Schon vom Anfang an hat man vor Augen gehabt, eine solche Organisation, die soviel Lebensstärke und Expansionskraft hat, für die Zwecke der Vorbereitung des zukünftigen Arbeiters zu benützen.

Was insbesondere die Berufswahl anbelangt, haben einige der Tätigkeiten der Opera Balilla damit einen indirekten, andere einen direkten Zusammenhang. Über beide Arten der Tätigkeit werde ich kurz schematisch sprechen, wie es die zur Verfügung gestellte Zeit erlaubt.

1. Die körperliche Erziehung der Opera Balilla zielt nicht nur auf die Erlernung von Leibesübungen oder die Auslese von Athleten, sondern auch auf die Verbesserung der gesamten Persönlichkeit hin und vermehrt somit jene unentbehrliche Grundlage jeder Berufswahl, die die *Freude zur Arbeit* ist. Auch auf dem Internationalen Kongreß für technische Erziehung, der in diesem Jahre in Barcelona abgehalten wurde und dem ich beiwohnte, wurde allerseits erwähnt, daß bei der technischen Ausbildung (wie beim Turnunterricht) die Technik nur ein Mittel für die Erziehung und nicht eine kalte Übermittlung von Kenntnissen sein solle. Die sogemeinte Erziehung ergibt den guten Arbeiter.

2. Die körperliche Erziehung der Massen, die in einigen Organisationen mit gemeinsamen Zwecken nicht die sozial homogenen Kinder einer kleinen Kommunität, einer Schulklasse oder eines einzelnen Schulinstitutes, sondern alle Schulen des Landes jedweden Charakters

vereinigt, gibt Anlaß zu Berührungen, Stimulationen, Erfahrungen und trägt zur Bildung jenes zweiten Grundelementes der Arbeit, nämlich zum *sozialen Sinn der Arbeit* und der *Arbeitsgemeinschaft* bei.

3. Die körperliche Erziehung, die sich in der Opera Balilla auf die hygienische Propaganda, die direkte und indirekte Prophylaxe der Tuberkulose, des Alkoholismus, der jugendlichen Prostitution und des Verbrechertums, der Geschlechtskrankheiten, der Sozialkrank-heiten und Übel im allgemeinen erstreckt, vermehrt die Anzahl der Arbeitstüchtigen, vermindert die sozialen Lasten und die Zahl der Minderwertigen, deren Berufswahl so schwierig oder gar unmöglich ist.

4. Die körperliche Erziehung regt an, kompensiert und gibt oft jene psychomotorischen Tätigkeiten kund, die für die sportliche wie für die Berufstätigkeit gleich wichtig sind.

5. Durch die Unfallversicherung der Cassa Mutua Assistenza Arnaldo Mussolini (die sich auch mit Prophylaxe beschäftigt) wird eine große Anzahl von jugendlichen Krüppeln der Krüppelfürsorge, Berufswahl und -erziehung zugeführt.

6. Mehr als in geschlossenen Schulklassen gibt das Leben des Kindes in Turnhallen, auf Spielplätzen, im Zeltlager, während der Reisen Gelegenheit, die spontane Betätigung und die individuellen Merkmale und Tätigkeiten zu beobachten, unter anderem Organisa-tionstalent, Verantwortungssinn, Fähigkeit zum Befehlen, die so wichtig und sonst schwer zu ergründen sind.

7. Endlich ein Beispiel der Valorisierung der Feldarbeit, die wie bekannt fast überall mit individuellem und sozialem Schaden auch von denen verlassen wird, die dazu alle nötigen physischen und psychischen Fähigkeiten haben. Bei den Versammlungen der Opera Balilla in Rom haben die Eingeschriebenen aus Littoria, das durch den Willen Mussolinis in den nach Jahrtausenden sanierten ponti-nischen Sümpfen gegründet wurde, Feldgeräte als ruhmreiche Waffe tragend defiliert. Besonders wichtig ist diese Propaganda, da in Littoria, wo Mussolini selbst das erste Korn persönlich hatte mähen wollen und die bekannten Worte: „Dies sind die Kriege, die wir vor-ziehen", ausgesprochen hatte.

Ohne mich mit weiteren möglichen Erwägungen über die indirekte Einwirkung auf die Berufswahl aufzuhalten, werde ich etwas über die in diesem Sinne direkt gemeinte Tätigkeit sagen.

Die Berufswahl braucht die Mitarbeit des Lehrers und des Arztes, die Gelegenheit hatten, den Kandidaten längere Zeit kennen zu lernen. In den kleinen Zentren, wo besondere Institutionen fehlen, müssen sie imstande sein, den Kandidaten und deren Familien wenigstens die Gegenindikationen zum gewählten oder aufgezwungenen Beruf und besonders ausgeprägte Befähigungen anzugeben, deren Nutzbar-machung sich die Unerfahrenheit oder ungünstige äußere Bedingun-gen entgegensetzen. Aber ob es sich nun um die Unterstützung der existierenden Institute oder um die notgedrungene Übernahme ihrer wichtigsten Funktionen handelt, ist es nötig, daß Lehrpersonen und Ärzte die nötige Vorbereitung besitzen.

Betrachten wir beide Berufe separat.

Für die Vorbereitung der „professori di educazione fisica e giovanile" der Opera Balilla, den künftigen Erzieher für Leibesübungen in allen Volks- und Mittelschulen, gibt es in Rom beim Foro Mussolini eine zweijährige Accademia Fascista di Educazione Fisica e Giovanile, zu der man mit einer Mittelschulreifeprüfung Zutritt hat (in Orvieto gibt es die Accademia Fascista Femminile).

Unter den obligaten Lehrgegenständen werden experimentelle Psychologie und Psychotechnik von mir selbst gehalten. Nach den unumgänglichen Kenntnissen der experimentellen Psychologie werden die Zusammenhänge zwischen körperlicher Erziehung und Arbeit erwähnt, die Ziele und die wichtigsten Methoden der Berufswahl und Auslese dargestellt, die in allen Lehrstunden erlernten biologischen Kenntnisse über physische und psychische Valutation spezifisch neu erklärt, die Aufgaben des Erziehers in bezug auf die künftige Arbeitstätigkeit der Zöglinge dargestellt.

Was die Ärzte anbelangt, sei gleich erwähnt, daß es deren 3000 gibt, die für die Opera Balilla unentgeltlich arbeiten. Ihnen obliegt die Behandlung, aber auch die Überwachung und die Valutation der Eingeschriebenen. Zu diesem Zwecke werden individuelle „cartelle biotipologiche" verfaßt, wo die wichtigsten physischen und psychischen Befunde eingetragen werden. Diese „cartelle", eine kostbare, unumgängliche Urkunde für die Berufswahl, gibt schon allein die wichtigsten individuellen Gegenindikationen und die markantesten psychophysischen Fähigkeiten, die für die Berufswahl und -tätigkeit von Wichtigkeit sind an.

In der *Rassegna di Scienze Applicate all' Educazione Fisica e Giovanile,* die bei der Accademia Fascista herausgegeben wird und gelegentlich von Kongressen der Ärzte und Erzieher wird für die Berufswahl und für die Psychotechnik propagiert. So war bei der letzten Zusammenkunft der Ärzte der Sprecher Generalberichterstatter über die Arbeit des Kindes.

Endlich erwähne ich, daß die enorme Anzahl von Daten, die über Millionen von Kindern zusammengestellt werden, eine Quelle des Studiums des Jugendalters, das eine Vorbedingung jeder Berufswahlanwendung ist, darstellt.

Ich glaube deswegen, daß die italienische Erfahrung über körperliche Erziehung der Massen, die enormen Möglichkeiten ihrer Nutzbarmachung für Berufswahl und Arbeitstätigkeit der nächsten Generation beweist.

Möge uns die Zukunft den endgültigen Beweis und den friedlichen Preis bringen.

EIN TEST ZUR ERMITTLUNG DER INTERESSEN VON KINDERN UND ERWACHSENEN.

F. BAUMGARTEN und JOHANNA STEIGER:

Die bisherigen Untersuchungen über die Interessen der Kinder bedienten sich vornehmlich der an die Kinder *direkt gerichteten Fragen:* Welches ist deine Lieblingsbeschäftigung? Welches ist dein Lieblingsbuch? Was würdest du machen, wenn du viel Geld hättest? Wem möchtest du gleichen? Wer ist dein Held? usw. Es handelte sich dabei immer um gleichzeitige Befragung einer größeren Zahl von Kindern, so daß die Antworten der Kinder schriftlich gemacht worden sind. Der Erfolg dieser Methode bestand darin, daß man ein Inventar der Kinderwünsche — Ideale — Interessen erhalten hat. Die Fragen wurden größtenteils einzeln gestellt, so daß nur eine beschränkte Zahl von Interessen ermittelt werden konnte. In der letzten Zeit bedient man sich zwar hiezu einer ganzen Frageliste. Es besteht aber trotz dieser Liste die Gefahr, daß man ein Hauptinteresse des Kindes nicht ermittelt. Das Kind muß sich ja bei solchen Fragebogen *reaktiv verhalten,* es antwortet nur darauf, worüber es gefragt wird. Es handelt dabei keinesfalls spontan. Die Fehlerquellen solchen Verfahrens in methodischer Hinsicht fallen unter die Fehler der Erhebungsmethoden überhaupt, über die reichlich genug von Psychologen diskutiert wurde.

Ein zweiter Weg, die Interessen der Kinder kennenzulernen, besteht in der Analyse seiner Betätigungen, darunter vieler während der Freizeit (Bastelarbeiten, Zeichnungen). Diese Methode, ebenfalls eine direkte, ist nur für eine beschränkte Zahl von Interessen von Bedeutung. Die Interessen der Kinder reichen weiter, als ihr Vermögen, sie in einer konkreten Form auszudrücken. Es besteht daher das Bedürfnis nach einer Methode, die von zwei wichtigsten Nachteilen der bisher angewandten frei wäre und daher folgendes enthielte: 1. daß die Kinder ihre Interessen spontan bekunden; 2. daß sie möglichst viele resp. ihre sämtlichen Interessen zum Ausdruck bringen könnten.

Zum Zwecke der Erfassung der Interessen der in der psychiatrischen Praxis sich einfindenden Kinder wurde von Dr. Tramer seit einigen Jahren ein Test verwendet, dessen Ergebnisse so günstig waren, daß es geboten schien, ihn auf normale Kinder auszudehnen. Mit der Zeit wurde er auch mit Erfolg an Erwachsenen angewendet. Über diese Methode, deren Anwendungsmöglichkeiten und Resultate bisheriger Untersuchungen wollen wir nun kurz berichten.

Der Test besteht in einer Zusammenstellung von Büchertiteln, 438 an der Zahl, es ist also nach außen nichts anderes als ein Bücherkatalog und heißt daher *Katalogtest.* Alle Titel sind echt, der Kinderbücherei entnommen. Fast alle in der Schweiz bekannten Autoren deutscher Zunge sind dort vertreten. Die Bücher sind den ver-

schiedensten Gebieten des menschlichen Lebens und der Kultur entnommen, wir ordneten sie nach folgenden 18 Gebieten:

1. Allgemeine Naturereignisse, Pflanzen, Tiere; 2. Geographie;
3. Landleben; 4. Technik und Erfinder; 5. Astronomie; 6. Heimat-
geschichte, Geschichte allgemeine, alte und neue; 7. Heimatkunde;
8. Abenteuer; 9. Familienerzählungen, Erzählungen betreffend Ju-
gendalter, Biographien, Schicksale; 10. Soziale Beziehungen;
11. Ethisch-moralische Interessen; 12. Märchen, Sagen, Erzählungen;
13. Frauenbücher; 14. Krieg und Militär; 15. Geldinteressen;
16. Religion; 17. Arbeit; 18. Erzählungen über Alkoholwirkung.

Der einzige Unterschied zwischen diesem und dem in den Biblio-
theken benutzten Katalog besteht darin, daß an erster Stelle immer
der *Titel*, an zweiter der Name des Verfassers steht. Auf diese Weise
ist die Aufmerksamkeit zuerst auf den Titel, auf den Verfasser erst
in zweiter Linie gerichtet. Wenn man aber einer Versuchsperson das
Heft reicht, so kann sie nicht den mindesten Verdacht schöpfen, daß
es sich nicht um einen wirklichen Katalog handelt.

Die Versuchsperson erhält die Aufgabe, aus diesem Katalog diejenigen Bücher herauszuschreiben, die ihr am besten gefallen, die sie
gerne lesen möchte, die sie gern besäße. Man sagt den kleineren
Kindern, sie sollen diejenigen Bücher wählen, die sie sich als Geburts-
tags- oder Weihnachtsgeschenk wünschen.

Das den Titel bildende Wort oder der Satz, die in irgendeiner Beziehung zu einem bedeutenden psychischen Erlebnis, zu einem „Komplex" stehen, werden bei der Lektüre besonders beachtet, sie aktivieren die Erinnerung. Oder sie werden besonders beachtet, weil sie in
Beziehung zu einem gegenwärtig im Vordergrund des Interesses
stehenden Erlebnis sich befinden (sie berühren die gegenwärtige
„Konstellation"). Daher sind die gewählten Titel immer symptoma-
tisch. Ein Titel, der gar keine Beziehung zu persönlichen Erlebnissen
hat, ist nach den Erfahrungen, worüber wir näher unterrichten werden, fast ausgeschlossen.

Der oben beschriebene Katalogtest stellt somit einen *indirekten
Weg* dar, die Interessenwelt der Kinder kennen zu lernen und dies
ist sein erster großer Vorzug. Hemmungen, seine geheimen Vor-
lieben preiszugeben, wie dies in den Antworten auf direkte Befragung
geschieht, fallen bei ihm fort. Ein Bücherkatalog ist etwas ganz
Unpersönliches, kein Gedanke steigt bei dem Prüfling auf, er könne
sich dabei verraten. Das Kind ist also bei seiner Bücherauswahl frei
und unbefangen. Zweitens erlaubt der Katalogtest die Spannweite
seiner Interessen zu erfassen. Wenn man an das Kind die Frage
stellt: welches Buch möchtest du haben? und das Kind entweder ein
ganz bestimmtes Buch, wovon es gehört hatte oder das es interessierende Gebiet nennt, wie Reisebeschreibungen, etwas Lustiges
usw., so erfährt man auf diese Weise nur das, was im Vordergrund
seines Interesses steht, was es in der gegebenen Zeit bewegt. Wenn
das Kind aber aus dem ihm gebotenen großen Bücherverzeichnis

wählt, so stößt es auf Titel, die irgendwie an seine seelischen Inhalte anklingen, und es wählt daher nicht nur viel mehr, sondern oft auch etwas, was es auf direkte Befragung nie sagen würde.

Ferner kommt ein merkwürdiger psychischer Prozeß hinzu, der für die symptomatische Auswahl der Bücher bezeichnend ist. Das Buch stellt eine Realität dar, etwas, was bereits da war, was schon geschehen ist. Es verkörpert ein vages Gefühl, eine dunkle Ahnung und ermutigt, sich zu ihr zu bekennen. Der Titel formuliert nicht selten das, was das Kind selbst nicht imstande ist, auszusprechen, was ihm selbst noch dunkel oder verborgen bleibt. Auch dieser — „Realitätsfaktor" wollen wir ihn nennen — erhöht den Wert der Methode der Bücherwahl gegenüber derjenigen der Befragung, weil er das psychisch tiefer Liegende berührt. Aus diesem Grunde scheint es geboten, daß möglichst viele Titel im Katalog vorhanden seien, denn um so größer ist dann die Möglichkeit, alles das zu erfassen, was die Kinder bewegt.

Wir wollen einige Beispiele aus der Praxis anführen, die den Wert des Tests dokumentieren.

Wir prüfen zwei fast gleichaltrige (11 bis 12 Jahre) Kinder, einen Knaben und ein Mädchen. Wir lassen sie 10 Bücher, die ihnen besonders gefallen, herausschreiben.

Der 12jährige Knabe wählt:

Das Blockhaus	Robinson der Jüngere
Was das Leben bringt	Ohne Geld um die Welt
Das große Los	Der Herr des Urwaldes
Der Knabe Tell	Tiere der Alpen
Gefährliche Jagden	Leben und Tod.

Es ist klar, daß er vor allem das Abenteuerliche liebt, wie dies die Titel: Das Blockhaus, Gefährliche Jagden, Robinson der Jüngere, Ohne Geld um die Welt, Der Herr des Urwaldes, beweisen. In Verbindung damit steht das Interesse an den Ereignissen des Lebens, an seinen wechselvollen Begebenheiten: Was das Leben bringt, Leben und Tod, Das große Los. Außer diesen zwei Interessenrichtungen, die sich in engem Zusammenhang befinden, ist noch das Interesse an der Natur vorhanden: Tiere der Alpen, Der Herr des Urwaldes kann partiell auch noch dazu gerechnet werden.

Wir sehen daraus das bekannte psychische Bild eines nicht komplizierten, in der Vorpubertät stehenden Buben. Ein „Erlebnishunger", die Neugierde auf das Leben kann man mit einem Wort seine in dieser Auswahl sich äußernde psychische Konstellation charakterisieren.

Das gleichaltrige Mädchen wählt folgende Bücher:

Einer vom Hause Lesa	Die liebe, liebe Großmama
Der Schulmeister und sein Sohn	Heimatlos
Der blinde Knabe	Ein guter Sohn
Jugendparadies	Die Stiefmutter
Die Geschwister	Das kranke Hannchen.

Sehen wir uns diese Wahl genauer an. Wir finden hier einige Titel, die sich auf das enge Familienleben beziehen: Die Geschwister, ein guter Sohn, Die liebe, liebe Großmama, Die Stiefmutter. Das Mädchen ist also mit ihren Gefühlen stark in dem *Familienleben* verwurzelt. Sogar den Titel „Einer vom Hause Lesa" kann man in diese Kategorie einreihen. Der Lehrer interessiert ebenfalls im Zusammenhang mit seinem Familienleben. Ferner sehen wir in ihr ein starkes *Mitgefühl:* Der blinde Knabe, Das kranke Hannchen. Als positives Bild zu diesem Mitgefühl ist der Titel Das Jugendparadies zu werten. Familie und soziale Gefühle, das sind die Hauptinteressen des Mädchens.

Wie wir uns überzeugt haben, kann man den Test zwecks Feststellung der Komplexe statt der Analyse der Träume sehr gut benutzen. Frägt man nach den Motiven der Bücherwahl, so erhält man Antworten, die einen deutlichen Hinweis auf die das Individuum bewegenden Inhalte darstellen. So prüften wir damit einen Knaben, von dem wir wissen, daß er das elterliche Haus verlassen hat, um in die Welt zu ziehen. Er wählte folgende Bücher:

Aus den Schweizer Bergen	Das große Los
Die Todfeinde	Alpenwanderungen
Wegweiser zum Lebensglück	Durch Nacht zum Licht
Kleine Ursachen	Im wilden Westen
Aus dem Leben	Geschichte des 30jährigen Krieges.

Wir können diese Titel leicht gruppieren: „Aus dem Leben", „Wegweiser zum Lebensglück" beweisen, daß die Interessen des Jungen über die Schulangelegenheiten hinausragen. Die Titel: „Aus den Schweizer Bergen", „Alpenwanderungen", „Im wilden Westen" zeugen von dem Wunsche loszuziehen, was er ja wirklich getan hat. „Geschichte des 30jährigen Krieges" gehört hinzu. Sie soll nicht etwa das Interesse für die Weltgeschichte bedeuten, sondern, wie er erklärt, er kenne das Buch und es habe ihm gefallen, weil darin von Gräben, unterirdischen Gängen, durch die man hindurchgehen kann, die Rede sei. „Durch Nacht zum Licht" soll den Erfolg symbolisieren, den er sich wünscht, ebenso wie „Das große Los". „Die Todfeinde" habe er gewählt, weil er nie davon gehört habe, daß es solche gibt. Die Neugierde ist es, die hier die Wahl lenkte. Den Titel „Kleine Ursachen" habe er mißverstanden, er glaubte, es seien Ursachen, Sachen aus dem tiefen Altertum (Analogie zu Urwald). Er wollte wissen, was das sei; also in beiden letzten Fällen handelte es sich um Wißbegierde. Wir können nun leicht die Hauptinteressen des Knaben feststellen:

Das Lebendige, das Leben interessiert ihn, wie auch alles ihm Unbekannte. Er möchte aktiv in diesem Leben stehen (was er auch getan hat, indem er heimlich aus dem elterlichen Hause in die Welt hinausgezogen ist).

Wir wollen hier nicht weitere Beispiele dieser Art mehren, möchten dagegen hinweisen, daß dieser für die Kinder bestimmte Katalog sich auch gut für Erwachsene bewährt hat. So kommt ein Mann, der unter

326

einem schweren moralischen Konflikt leidet; er wählt: „Furchtlos und Treu", „Treu bis in den Tod", „Brave Leute", „Der alte Gott lebt noch". „Fleiß und Trägheit", „Tue recht und scheue niemand". Alle Titel stehen im Dienst dieses Konfliktes. Ein anderer, der mit sich ringt, um eine Stelle zu verlassen, die zwar die Sicherheit, aber keine Aufstiegsmöglichkeit bietet, wählt unter den Büchern: „Wegweiser zum Lebensglück", „Männer eigener Kraft", „Entscheidungsschlachten der Weltgeschichte", was hier wohl mehr symbolisch gedacht wurde, an die eigene Lebensentscheidung erinnerte.

Das Interessanteste wohl hat ein Schwerverbrecher geliefert, über den man ein psychiatrisches Gutachten zu dem Zwecke eingeholt hatte, ob man seine Haft verkürzen könne. Er wählte folgende Titel:

Recht besteht, Unrecht vergeht	Es bedarf wenig um glücklich zu
Furchtlos und treu	sein
Durch Sturm zum Hafen	Die Auswanderer, das Wurstmahl,
Böser Leumund	Vogelschutz
Der Weg zur Wahrheit	Treue Freunde
Auf wogender See	Recht muß Recht bleiben
Im Friedenshafen	Daheim und draußen
Undank ist der Welt Lohn	Gottes Gerechtigkeit
Folgen des Leichtsinns	Von einem, der das Glück gesucht
Heimatlos	Hilfe in der Not.

Die Titel sind nicht anderes als ein Abbild seines Lebensschicksals, was er auch durch seine Antworten, warum er den Titel gewählt habe, bestätigt hat. Z. B. „Recht besteht, Unrecht vergeht": In meinem Leben habe ich viel Unrecht leiden müssen, „Heimatlos": Ich bin gegenwärtig heimatlos. Wenn ich herauskomme, habe ich niemand. „Treue Freunde": Ich habe keine gehabt, man hat mich nur ausgenützt, „Gottes Gerechtigkeit": Die erwarte ich auch einmal usw. Wir ersehen aus diesen Erklärungen besonders deutlich, wie diese Titel in Beziehung zu psychischen Erlebnissen treten. Die Erlebnisse finden in ihnen gute Resonanz. Der Titel wird daher oft als *Symbol* betrachtet, die „Weltschlacht" symbolisiert die eigene innere Entscheidungsschlacht, „Der Friedenshafen" ist Ausdruck des Wunsches, die eigene Seele möchte endlich Ruhe haben usw. In Freuds Terminologie würde es heißen: Jeder gewählte Titel ist eine Wunscherfüllung.

Der Test differenziert ausgezeichnet, d. h. ermöglicht das Individuelle des Kindes zu erfassen. Unter den fast tausendfünfhundert Antworten, die man bisher erhielt, befinden sich keine zwei gleichen. Trotzdem kommen dabei die Alters-, Geschlecht- und Intelligenzunterschiede deutlich zum Ausdruck.

Es war also geboten, diesen Test als Massentest zu gebrauchen, um die Interessen der Kinder und Jugendlichen auf diesem Wege festzustellen. Ein solcher Versuch wurde bereits im Jahre 1928 in den Primar- und Sekundarschulen des Kantons Solothurn ausgeführt. Es handelte sich dabei darum, zu erfahren, welche Interessen bei

Kindern verschiedenen Alters und Geschlechts vorhanden sind und um die Feststellung, in welcher Beziehung die Interessen des Kindes zu seiner Intelligenz stehen. Wir werden darauf hier nicht eingehen. Die Publikation hierüber steht bevor.

Ferner zeigte der Test Anwendungsmöglichkeiten verschiedener Art, unter anderem als Methode zur Klärung einiger Probleme theoretischer Natur.

Es sei hier z. B. nur erwähnt, daß es auf Grund dieses Testes möglich war, eine äußerst interessante Feststellung bezüglich der *Struktur der Persönlichkeit* des Kindes zu machen. Denn wenn die von einem Kinde gewählten Bücher sämtlich *einem* Gebiete angehören. dagegen das andere Kind diese aus vielen Gebieten wählt, so ist es klar, daß es sich daher um zwei verschiedene psychische Strukturen handelt. Solche verschiedene Strukturtypen der Kinder, die man nun unterscheiden konnte, vermögen einen Beitrag zur Lehre von der Persönlichkeitsforschung zu liefern, um so mehr, als es möglich ist, solche Strukturen auf verschiedenen Altersstufen zu verfolgen. Ferner ließ sich dieser Test auch für Kontrollzwecke benutzen. So wurde in den Berner Schulen eine Untersuchung über die Dankbarkeit durchgeführt, und der Katalogtest als Zusatztest angewendet, er sollte die Kontrolle liefern, ob die Bücherwahl des Kindes das Dankbarkeitsgefühl an den Tag legte, resp. einen Hinweis auf die sozialen Gefühle enthalte. Die Ausarbeitung des Materials ist im Gange; es ist jedoch schon jetzt zweifellos, daß eine solche Korrelation besteht.

Wir sind nun dazu übergegangen, eine Modifikation des Tests zu machen, indem wir die Titel ausschließlich aus der Berufswelt wählten, um die speziellen Berufsinteressen auf diese Weise zu prüfen. Aber der Test in der jetzigen Gestalt kann für den Psychotechniker eine wertvolle Ergänzung bilden, indem wir über die Interessenrichtung des Prüflings Einsicht zu erhalten vermögen. Es scheint daher berechtigt, diesen Test angelegentlichst zu empfehlen.

LES PRINCIPES D'INVESTIGATION DES APTITUDES EN VUE D'UNE ORIENTATION PROFESSIONNELLE FONDAMENTALE.

A. P. BOLTOUNOFF (Leningrad).

1. Dans la classe supérieure de l'école générale doit avoir lieu une orientation professionnelle fondamentale, apte à déterminer sommairement la direction de la future activité professionnelle des adolescents.

Cette orientation doit être dûment préparée par l'organisation toute entière du travail pédagogique et éducatif de l'école, chose parfaitement possible dans les conditions de l'école polytechnique.

2. Toutes les mesures subséquentes portant sur l'orientation professionnelle ne doivent avoir pour but qu'une spécialisation plus profonde de la direction générale de l'activité professionnelle, en accord avec les particularités individuelles des adolescents.

Elles doivent régler l'avancement et le transfert professionnel et scolaire des adolescents d'abord, des adultes ensuite.

C'est pourquoi leur adoption est nécessaire dans les établissements professionnels et scolaires comme dans les usines.

3. Conformément à ses fins, l'orientation professionnelle fondamentale doit prendre en considération:

1º Le passage direct des adolescents — de la grande majorité d'entre eux à l'heure actuelle, et de la totalité, sans exception aucune, dans l'avenir le plus prochain — dans les écoles professionnelles supérieures, et non leur entrée immédiate dans une profession.

2º Non seulement leur avenir professionnel immédiat, mais aussi, les perspectives professionnelles plus lointaines des adolescents.

3º Non seulement l'état actuel des professions, mais aussi (et, en ce qui concerne l'U.R.S.S., en premier lieu) les perspectives de transformation de ces dernières.

4. Voici les aptitudes qui doivent devenir l'objet des investigations professionnelles fondamentales: 1º les aptitudes importantes du point de vue professionnel, 2º celles dont l'importance est d'ordre psychologique et différentiel, 3º celles dont la formation est suffisamment achevée vers l'époque de la fin des études générales et, en même temps, celles d'entre elles dont la formation s'est effectuée dans des conditions autant que possible *égales* chez les adolescents provenant de groupes de population divers, but possible à atteindre dans les conditions d'instruction commune pour tous les enfants du pays.

5. *La méthode d'investigation des aptitudes professionnelles et scolaires correspond,* mieux que toute autre, aux particularités de l'orientation professionnelle fondamentale.

6. La détermination des aptitudes professionnelles et scolaires d'un type donné (tel que: méchanotechniques, électrotechniques, technochimiques, médicales, agronomiques, économiques et financières, politiques et sociales, etc.) permet l'orientation des adolescents vers le groupe d'écoles professionnelles où le succès de l'adolescent est directement conditionné par la présence de telle ou autre aptitude énumérée.

Les écoles professionnelles diverses, dans leur ensemble, ou bien en ce qui concerne leurs sections, divisions ou facultés séparées, peuvent être assez facilement subdivisées en groupes où s'acquiert une instruction typique, d'après les connaissances scolaires qui y sont requises: nous savons que le plan scolaire de toute école professionnelle représente non la somme des branches d'enseignement, mais tout un système didactique, possédant toujours un centre d'études spécifiques, déterminé par les fins industrielles de la profession à laquelle l'école professionnelle en question prépare ses élèves. Par cela même, ce centre d'études détermine le contenu, ainsi que l'étendue de toutes les branches d'enseignement auxiliaires.

7. L'orientation des adolescents qui se base sur les aptitudes professionnelles et scolaires de ces derniers ne fait pourtant que déterminer de la façon la plus rationnelle la voie que devra suivre chacun d'entre eux dans son activité professionnelle future.

Une fois cette voie déterminée, elle admet: 1º un avancement portant sur les études professionnelles aussi bien que l'avancement professionnel proprement dit, dont les étapes successives ne représentent que des exigences toujours un peu plus élevées quant aux aptitudes intellectuelles réclamées, et non des exigences entièrement nouvelles; cette voie admet aussi 2º des transferts différents dont les limites ne sont fixées que par le domaine des connaissances spéciales requises.

Pareille restriction est parfaitement admissible, du moment que la maîtrise de tout nouveau domaine de connaissances réclame des aptitudes intellectuelles spécifiques, aussi bien que du temps, des forces et des moyens considérables.

8. La classification des professions d'après la nature des exigences scolaires spéciales est plus stable que toute autre classification. Tout en considérant comme fondamental (en tout cas en U.R.S.S.) dans la transformation des professions l'argumentation considérable des exigences intellectuelles envers le travailleur, le contenu ainsi que le caractère de l'activité professionnelle intellectuelle ne subissent pas de changement qui dépasse les limites du domaine de la science en question. C'est pourquoi l'orientation des adolescents, basée sur leurs aptitudes professionnelles scolaires et par conséquent professionnelles intellectuelles, peut être considérée comme étant la plus prévoyante même au cas de transformation possible des professions elles-mêmes.

9. Les aptitudes professionnelles scolaires peuvent être en toute connaissance de cause jugées comme importantes au plus haut degré, du point de vue professionnel, car l'instruction préparatoire professionnelle même est une condition indispensable pour acquérir la capacité de s'occuper d'un travail qualifié donné; de même que l'auto-formation professionnelle est une condition nécessaire à l'acquisition rationnelle de l'expérience professionnelle; l'activité intellectuelle du type professionnel scolaire fait partie de l'activité professionnelle en tant que facteur déterminant le degré de productivité du travail qualifié. Voici pourquoi l'orientation des adolescents basée sur leurs aptitudes professionnelles scolaires, peut être considérée comme suffisamment pronostique pour les différents aspects de l'activité professionnelle.

10. L'activité intellectuelle peut et doit, en vue de l'orientation professionnelle, être classifiée non seulement d'après ses degrés, mais aussi d'après ses types. Conformément au principe d'unité de la formé et du contenu, auquel appartient le rôle prépondérant, le type d'activité intellectuelle est déterminé par le contenu de cette activité.

Par conséquent dans les limites de l'activité scolaire générale on doit distinguer des types d'intellect mathématique, linguistigue, de sciences naturelles qui correspondent à des branches d'enseignement différentes, de même que dans les limites de l'activité professionnelle éducative scolaire on doit distinguer des types d'intellect mécano-technique, électrotechnique, médical, agronomique, financier et économique, social et politique, etc. Les aptitudes intellectuelles à qualité spécifique qui correspondent à ces types, se forment en raison de prédispositions organiques principalement durant l'étude des différentes sciences scolaires; ces aptitudes en atteignant un certain degré de développement deviennent des objets distinctement formés d'investigation différentielle psychologique.

11. Du moment que le travail scolaire à l'école générale doit avoir pour résultat immédiat non seulement l'accumulation des connaissances mais aussi le développement des aptitudes générales scolaires dans la classe supérieure des écoles, il peut avoir pour objet des aptitudes suffisamment formées et différenciées d'après les sciences scolaires. Toutefois les sciences professionnelles scolaires se distinguent des sciences générales: ce ne sont plus les mathématiques — mais la statistique, non plus la zoologie — mais l'élevage du bétail, non plus la mécanique — mais la mécano-technique, etc. C'est pourquoi, dans la classe supérieure de l'école générale les exigences intellectuelles de type professionnel scolaire se rapportent d'une part aux habitudes intellectuelles suffisamment formées, et de l'autre, à de nouvelles formes d'activité intellectuelle dont les particularités témoignent de l'étendue des aptitudes dans le meilleur sens de ce terme.

12. Du moment que dans l'éducation de la génération croissante le rôle prépondérant appartient de préférence à la famille, à l'école générale qui exécute son travail scolaire éducatif d'après des programmes, des méthodes et des manuels vraiment unifiés et qu'en outre comme cela a lieu en U.R.S.S., toutes les mesures sont prises afin de rapprocher le travail scolaire de la masse des écoliers des meilleurs exemples de ce travail scolaire; sous le rapport des connaissances scolaires et des habitudes intellectuelles que leur inculque l'école, tous les enfants et adolescents se trouvent, plus que sous tout autre rapport, dans des conditions strictement égales. Les fondements intellectuels des aptitudes professionnelles et scolaires dont la formation s'effectue en plus grande partie dans les classes de l'école générale, peuvent être envisagées comme étant égales pour les enfants des milieux sociaux les plus différents.

A condition de se conformer aux indications qui viennent d'être émises, les résultats obtenus par les investigations du type professionnel et scolaire peuvent être reconnus suffisamment concluants pour les aptitudes professionnelles et scolaires des sujets adolescents; et, en même temps, leur capacité pronostique visant l'avancement professionnel et scolaire apparaît pleinement justifiable.

13. Conformément à leurs fins mêmes, le contenu de ces tests doit être de caractère professionnel, leur forme —didactique, leur valeur —

pronostique. En d'autres termes, le contenu de ces épreuves doit être typique pour les branches d'enseignement technique fondamentales et spéciales du domaine en question, la forme de l'activité intellectuelle, suscitée par les épreuves, doit être typique pour la structure du travail scolaire, tandis que les résultats des épreuves doivent être concluants pour un avancement professionnel et scolaire correspondant.

14. Le contenu professionnel et scolaire typique de ces épreuves doit avoir à sa base, partant de l'analyse du contenu des manuels techniques et spéciaux, le sens même des notions fondamentales techniques, comme par exemple: du mouvement — dans la technique mécanique, du courant — dans l'électrotechnique, de la réaction — dans la technique chimique et ainsi de suite, en accentuant — rigoureusement en rapport avec lesdites notions — les sujets caractéristiques techniques (ainsi que le transfert du mouvement — en technique mécanique, l'origine et le transfert du courant — en électrotechnique, le développement de la réaction — en technique chimique et ainsi de suite).

Une sélection purement empirique du contenu professionnel et scolaire des épreuves, faite parmi les sujets d'études techniques les plus courants, peut amener l'introduction dans ces tests d'éléments non spécifiques (par exemple des éléments de technique mécanique dans une épreuve sur l'électro-technique, des éléments d'électro-technique dans une épreuve sur la technique chimique et ainsi de suite), et même faire reculer à l'arrière-plan le contenu spécifique requis.

15. Une sélection du contenu professionnel et scolaire typique qui serait effectuée par contre, de manière purement abstraite et logique, peut pourtant devenir une source d'erreurs non moins graves. Une telle sélection, tenant compte uniquement des notions techniques fondamentales, sans considérer leur contenu matériel spécifique, peut donner lieu à des abstractions dénuées de toute re'clité (en effet, des formes spatiales servant de contenu technique ne sont autre chose qu'une vaine abstraction psychologique et des formules mathématiques servant de contenu technique — rien d'autre qu'une vaine abstraction logique, etc.).

Seules les notions techniques spécifiquement matérialisées permettent une sélection du contenu professionnel et scolaire réellement typique.

16. L'activité intellectuelle suscitée par les épreuves doit consister à comprendre un texte dont les exigences sont de nature complexe, et non « fonctionnelle » — un texte rappelant un fragment tiré d'un manuel technique et spécial. Les formes d'activité intellectuelle « fonctionnelle »courantes (tel que tests consistant à compléter une phrase, à rechercher les « analogies » ou les « contraires », à exclure les mots appartenant à une autre classe que le reste de la série, et ainsi de suite) devraient avant tout posséder plusieurs variantes, suivant les particularités du contenu des épreuves données, car tout contenu ne peut prendre n'importe quelle forme sans perdre d'emblée son sens

fondamental; et même s'il en était autrement, ces tests ne pourraient rendre les exigences intellectuelles d'ordre opératif et structurel nécessitées généralement par le processus de compréhension du contenu scolaire (au sens large de ce mot). Voici pourquoi les tests visant les aptitudes professionnelles et scolaires doivent être didactiques et complexes.

17. Le caractère didactique de la composition des tests d'aptitudes professionnelles et scolaires doit se manifester aussi bien sous le rapport des degrés de difficulté des problèmes de chaque test particulier.

La gradation des difficultés du contenu scolaire a pour source une cumulation de connaissances (ainsi la démonstration des théorèmes subséquents suppose la capacité de démontrer les théorèmes qui ont précédé ces derniers, la compréhension des installations techniques complexes suppose la connaissance des parties qui les composent, et ainsi de suite).

La graduation des difficultés des problèmes sous forme de cumulation didactique distincte, de connaissances, permet de déterminer aisément la valeur qualitative du degré intellectuel maximum accessible à chacun des sujets. Or, pareille évaluation du degré des aptitudes professionnelles et scolaires facilite grandement les conclusions visant l'orientation professionnelle et ayant pour base les résultats des investigations effectuées.

18. Voici la composition didactique des tests d'aptitudes professionnelles scolaires qui répond aux exigences indiquées. Le test se compose de deux parties: « l'exposé » et « les problèmes ». « L'exposé » reflète « un morceau du manuel », qui cumule systématiquement les connaissances spéciales techniques se rapportant aux fins de l'orientation professionnelle du test. « Les problèmes » contiennent des questions visant le contenu de « l'exposé » qui vérifient la justesse de compréhension de la part du sujet. Si la gradation de la difficulté de compréhension (dans le sens de la cumulation subséquente de connaissances) est dûment maintenue, le nombre des problèmes correctement résolus permet de caractériser le degré d'aptitude à assimiler le matériel scolaire en question, non seulement au point de vue de la quantité mais de même au point de vue de la qualité.

19. On peut garantir la valeur pronostique d'une telle caractéristique d'une part, en insérant dans « l'exposé » toutes les données scolaires indispensables à la compréhension du contenu du test et ne pouvant être considérées comme étant connus par tous les sujets; et d'autre part l'on doit garantir cette valeur pronostique par la nouveauté relative du contenu essentiel du test. Cette dernière exigence peut être réalisée sans grande difficulté puisque les sujets spéciaux techniques sont généralement inconnus aux élèves des écoles générales ou n'ont pas été étudiés sous l'aspect présenté dans le test des aptitudes professionnelles scolaires. La première exigence présente des difficultés seulement au point de vue de concision de « l'exposé » car

il est nécessaire d'insérer un nombre considérable de données générales dont « l'exposé » peut devenir par trop volumineux.

20. La méthode de construction des tests d'aptitudes professionnelles scolaires est la suivante :

1º typisation des directions de l'instruction professionnelle,

2º définition des branches d'enseignement spéciales techniques fondamentales pour chaque type d'établissement scolaire,

3º analyse du contenu des manuels principaux de ces branches d'enseignement,

4º sélection dans chaque manuel de morceaux typiquement instructifs au point de vue professionnelle,

5º transformation de ce matériel en un test didactique.

DAS PRINZIP DER HARMONIE IN DER PSYCHOTECHNISCHEN MENSCHENAUSLESE.

MICHAEL ERDÉLYI (Budapest).

Das Prinzip der Harmonie ist verkörpert in dem berühmten englischen Spruch „the right man on the right place" und bildet die ideale Forderung jeder psychotechnischen Arbeit, sowohl in der Eignungs-, als auch in der Auslesepsychotechnik. Die Aufgabe der folgenden Betrachtungen wird es sein, dieses Prinzip — trotz seiner Klarheit und scheinbaren Selbstverständlichkeit — kritisch zu untersuchen.

Was die generelle Gültigkeit des Harmonieprinzips anbelangt, so ist ohne weiteres klar, daß dieses Prinzip als Idealziel jeder psychotechnischen Auslese vorschweben muß, da — einfach durch indirekten Beweis — das Gegenteil, eine Disharmonie zwischen Mensch, Beruf und Gemeinschaft, logisch nicht einmal denkbar ist. Es ist aber fraglich, wie dieses Prinzip in der Praxis durchzuführen ist und ob die Idealforderung auch immer den Forderungen der Praxis kritiklos entspricht; bei dieser Frage tauchen schon Probleme auf, die es notwendig machen, die Möglichkeiten, Grenzen und Hindernisse der Durchführung dieses Prinzips einer näheren Betrachtung zu unterziehen.

Zwei Fragen tauchen bei der Problemstellung zunächst auf: erstens: ist die Verwirklichung des Harmonieprinzips überhaupt möglich und wenn nicht, wo und welche Schwierigkeiten sind zu überwinden; zweitens: ist die Verwirklichung des Harmonieprinzips immer die beste Lösung, oder gibt es nicht Fälle, wo eine andere Möglichkeit zweckmäßiger erscheint? Beide Fragen weisen auf eine Reihe von Gesichtspunkten hin, die nicht nur praktisch, sondern auch theoretisch eine grundlegende Bedeutung haben.

1. *Das Problem des Durchschnitts.* (Durchschnittsmensch und Durchschnittsberuf.) Bei jeder psychotechnischen Auslese kommen Fälle vor, wo selbst bei der eingehendsten Untersuchung keine feste

Richtung hinsichtlich der Eignung bezw. Befähigung festzustellen ist: die betreffende Untersuchungsperson gehört interindividuell zu der großen Gruppe des Durchschnitts-Normalen, ohne besonderen, festbestimmbaren Persönlichkeitszug und intraindividuell geben die psychischen Faktoren keinen einheitlichen Ausgangspunkt. Auf der anderen Seite gibt es wieder Berufe, wo es bezüglich der psychischen Qualitäten keine scharf umrissenen Anforderungen gibt, die also von qualitativ und quantitativ am verschiedensten befähigten Menschen tadellos ausgeübt werden können. Bei dem Durchschnittsproblem hört hiemit scheinbar die Möglichkeit der Auslese auf psychotechnischer Grundlage auf und das Prinzip der Harmonie, in der Formulierung, daß der geeignete Mann an die geeignete Stelle komme, verliert die Möglichkeit der praktischen Durchführung.

Das Durchschnittsproblem ist in der Tat eine große Schwierigkeit jeder psychotechnischen Betrachtungsweise und selbst das idealste Prüfverfahren kann diese Schwierigkeit nicht überwinden. Um aber die Rolle des Harmonieprinzips im Falle des Durchschnittsproblems erkennen zu können, muß man über das Gebiet der Psychotechnik hinausgreifen, einerseits in die Motive der Berufswahl, andererseits in die Arten der Berufe.

Bei jeder Berufswahl spielen — isoliert oder miteinander verbunden — drei Motive mit: a) die Neigung, als die subjektive Überzeugung, auf einen gewissen Beruf oder auf eine bestimmte Berufsgruppe gerichtet. Die Neigung kann eine echte oder vermeintliche, eine zweckmäßige (den Fähigkeiten entsprechende) oder unzweckmäßige sein; b) die Eignung, als richtige Korrelation zwischen Beruf und Persönlichkeit; und c) äußere Umstände: soziale, wirtschaftliche Verhältnisse, Schulbildung, Fertigkeiten usw., als Motive der Berufswahl mit bewußter Ausschaltung psychischer Gesichtspunkte. — Auf der Seite der Berufe kann man — unabhängig von der technischen Betrachtungsweise — die Berufe zunächst in zwei Kategorien unterscheiden: a) die sog. „elastischen" Berufe, bei denen keine festen Anforderungen an die Berufsanwärter gestellt werden können, sondern wo der Mensch eigentlich den Beruf für sich ausformt; und b) die sog. „starren" Berufe, wo die Anforderungen mehr oder minder stark festgelegt sind. Diese zweite Kategorie kann wieder unterteilt werden in: aa) sog. „qualifizierte" Berufe, wo die Berufsausübung zumindest ein Mittelmaß bestimmter psychophysischer Eigenschaften erfordert und bb) in sog. „neutrale" Berufe, wo feste, aber minimale Anforderungen notwendig sind. — Werden diese beiden Einteilungen miteinander verbunden, so kann man — mit einer gewissen unvermeidlichen Schematisierung — feststellen, daß die elastischen Berufe eine Neigung zu diesen Berufen voraussetzen, da der Mangel gewisser Eigenschaften sehr gut durch andere kompensiert werden kann, die qualifizierten Berufe — der Begriffsbestimmung gemäß — eine spezielle Eignung erfordern und endlich die neutralen Berufe schon mit Hilfe günstiger äußerer Umstände ausgeübt werden können.

Unter diesen Umständen kann also das Harmonieprinzip nicht identisch sein mit einer „Auslese der Tüchtigsten" im Sinne der psychischen und psychophysischen Eignung, sondern es wird zunächst jede psychotechnische Prüfung die Aufgabe haben, zu untersuchen, ob im praktisch vorliegenden Fall eine Auslese tatsächlich unter dem Gesichtspunkte der Eignung vorzunehmen sei, oder ob nicht andere Gesichtspunkte berechtigterweise vorherrschen, — ist der letztere Fall gegeben, so müssen psychotechnische Erwägungen aus praktischer Zweckmäßigkeit vernachlässigt werden. Das Harmonieprinzip besagt daher nicht immer, daß der bestgeeignete Mann den geeigneten Platz, sondern daß der rechte Mann den rechten Platz einnehmen soll, — wobei die Beurteilung dessen, was recht ist, nicht nur durch Eignung, sondern auch mit vollem Recht durch andere Gesichtspunkte erfolgen kann.

2. *Die sozialen Beziehungen.* Der Mensch tritt in die Auslese nicht nur in seiner psychophysischen Beschaffenheit, sondern auch in seiner sozialen Gruppenzugehörigkeit; andererseits sind auch die Berufe nicht nur psychisch, technisch und wirtschaftlich, sondern auch in ihren sozialen Rangstellungen zu betrachten (z.B. der Beruf des Diplomaten). Schon allein durch die soziale Stellung des Anwärters werden der Berufswahl gewisse Schranken gezogen, die zwar keine gesetzlichen Verbote sind, jedoch fast oder ganz unüberwindlich erscheinen, womit nicht gesagt ist, daß diese Schranken manchmal unscharf sind und auch, daß im Wechsel gesellschaftlicher Anschauungen manche Schwierigkeiten völlig verschwinden, hingegen aber ganz neue Schwierigkeiten entstehen können. — Die sozialen Anschauungen der Berufsauslese äußern sich am stärksten in den sozialen Vorurteilen: manche Gesellschaftsschichten haben Widerwillen und Voreingenommenheit gegenüber manchen Berufen, welche sie dann — trotz eventuell bester Eignung — nicht ergreifen wollen. Am deutlichsten ist dies zu beobachten in dem Abscheu der sog. „vornehmeren" Klassen gegenüber den „erniedrigenden" körperlichen bezw. gewerblichen Berufen, wobei es sich auch klar zeigt, daß die technische und psychologische, ja sogar manchmal auch wirtschaftliche Rangordnung der Berufe nicht mit ihrer sozialen Einschätzung zusammenfällt. Die sozialen Vorurteile zeigen sich aber nicht nur von „oben" nach „unten", sondern auch — sozial — horizontal, sogar auch von „unten" nach „oben".

Die sozialen Gesichtspunkte, besonders aber die Vorurteile, bilden oft sehr bedenkliche Schwierigkeiten in der Auslese, besonders dort, wo Eignung und soziale Stellung sich kreuzen, manchmal bildet aber der soziale Stand auch große Vorteile und Erleichterungen in dem Ergreifen und bei der Ausübung des Berufes: dies kommt besonders dort vor, wo die Eignung in der Richtung des sozial günstigen Berufes steht, aber auch dort, wo eine geringere Eignung durch soziale Unterstützungen ausgeglichen wird. — Hinsichtlich des Harmonieprinzips muß die Forderung nach dem rechten Manne am rechten Platz auch durch den sozialen Faktor ergänzt werden, indem der „rechte" Mann nicht nur in seinen menschlichen Eigenschaften, sondern auch im Hinblick auf seine soziale Stellung, wie auch auf die soziale Rangordnung des „rechten" Berufes zu betrachten ist.

3. *Der wirtschaftliche Faktor.* Es ist unleugbar, daß wirtschaftliche Erwägungen in der Auslese, besonders in der Berufswahl, eine große, manchmal sogar ausschlaggebende Rolle spielen. Trotz der scheinbar führenden Rolle darf aber der wirtschaftliche Faktor nicht überschätzt, geschweige denn als einzige Grundlage bei der Berufswahl betrachtet werden. Es ist besonders durch die Wirtschaftskrise der Nachkriegszeit üblich geworden, das gesamte Problem der Berufwahl auf den wirtschaftlichen Faktor allein zu beschränken und alle Schwierigkeiten auf die Wirtschaftskrise und Arbeitslosigkeit zurückzuführen. Die Tatsachen der Depression dürfen aber, trotz der immer wachsenden Bedeutung dieser Erscheinungen — die tatsächlich auf viele Einzelerscheinungen verhängnisvoll wirken — nicht den prinzipiell ausschlaggebenden Punkt der Berufsauslese bilden. — Zunächst muß ganz entschieden darauf hingewiesen werden, daß die Wirtschaftskrise eine Übergangserscheinung ist, selbst dann, wenn ihre Dauer nicht überblickt werden kann: schon der Begriff der „Krise" allein setzt einen Aufschwung voraus, da eine ewige Krise sich selbst widerspricht. Mag die sog. „kapitalistische" Krisentheorie gelten, wonach die Krise überhaupt keine krankhafte Erscheinung ist, sondern der natürliche Tiefpunkt einer wellenartigen Konjunkturbewegung, oder auch die sozialistische Theorie, wonach die gegenwärtige Wirtschaftskrise einen Übergang zu einem neuen „kollektiven" Wirtschaftssystem bedeutet, immer wird ein neuer Aufschwung, eine Überwindung der Krise vorausgesetzt. Die Berufsauslese ist hingegen für Jahrzehnte, prinzipiell für das ganze Leben des Anwärters vorausgesehen und muß daher von den Schwankungen der Konjunktur womöglich bewahrt werden. — Man kann durch den Hinweis auf die Wirtschaftskrise ferner die Tatsache nicht umändern, daß jedes Jahr eine neue Generation aus den Schulen in das praktische Leben tritt, für die dann eine Berufswahl einen unumgänglichen und auch unaufschiebbaren Zwang bedeutet, selbst dort, wo die Bedingungen erschwert sind. Eine Berufswahl „ad hoc", das Ergreifen des ersten besten Platzes, kann sich später nicht nur an den Menschen, sondern auch an dem gesamten Wirtschafts- und Gesellschaftsleben rächen und ist manchmal überhaupt nicht gutzumachen. Man muß in diesem Zusammenhange andererseits auch betonen, daß eine rationelle Berufsauslese selbst in der Wirtschaftskrise nicht ausgeschlossen, sondern nur erschwert ist und in vielen Berufen — besonders in den Gewerben — die verschiedensten Möglichkeiten offen stehen, eine entsprechende Stelle zu finden, um den Beruf wenigstens zu erlernen und die wirtschaftlichen Sorgen auf einige Jahre hinausschieben zu können. Man könnte sogar mit einer gewissen paradoxen Übertreibung behaupten, daß die Wirtschaftskrise, durch ihren uni-

versalen, auf allen Berufszweigen lastenden Charakter, es eher erleichtert als erschwert, die Auslese nicht nach momentanen, sondern nach rationellen Gesichtspunkten durchzuführen, wenn auch häufig traurige Folgen der Wirtschaftskrise in bezug auf die Berufsauslese nicht immer beseitigt werden können.

Der wirtschaftliche Faktor hat aber auch in einem anderen, von Konjunkturerscheinungen unabhängigen Zusammenhang eine entscheidende Bedeutung, und zwar in dem *Kostenpunkt der Berufsausbildung*. Das Erlernen eines jeden Berufes erfordert Kostenaufwände, entweder in Form von Geldbeträgen oder in dem Verlust sofortiger Erwerbsmöglichkeiten. Wo aber der Kostenpunkt nicht zu überwinden ist, dort müssen sogar die besten Erwägungen scheitern, wie dies durch die Beispiele der mißglückten Genies und zerstörten Talente allgemein bekannt ist. Die Aufhebung dieses Übelstandes gehört zu den Aufgaben einer künftigen Kultur- und Sozialpolitik: die gegenwärtige Aufgabe der Berufsauslese besteht entweder in der Anpassung der Neigung an den zwangsweise ergriffenen Beruf, oder in dem Hinweis auf Möglichkeiten, wo das Talent sich — in Form von Nebenberuf oder Beschäftigung in der Freizeit — auswirken kann. In dem Kostenpunkt findet sich also — unabhängig von jeder Konjunkturschwankung — eine allgemeine Grenze, die der Verwirklichung des Harmonieprinzips von der Seite des Wirtschaftslebens im Wege steht.

4. *Disproportion und Überauslese.* Die Disproportion ist eine numerische Verschiebung in der Berufswahl zugunsten einzelner Berufe oder einer gewissen Berufsgruppe. Sie ist meist als eine ungesunde soziale Erscheinung, sogar als eine Gefahr zu betrachten, doch können Fälle vorkommen, wo eine Disproportion zugleich eine einseitig ausgebildete, allgemein anerkannte Spezialisierung eines Volksstammes, eines Bevölkerungskreises usw. bedeutet, die oft aus den äußeren Gegebenheiten zu erklären ist und überhaupt keine Gefahr bedeutet. Es kann also eine örtlich oder zeitlich begrenzte Disproportion ganzer Volks- und Gesellschaftsklassen vorkommen, die sogar zur spezifischen Berufseignung einzelner Völker und Stämme führen kann, wenn auch hier eine gewisse Vorsicht am Platze ist und man sich von verfrühten, manchmal auch irreführenden Verallgemeinerungen hüten muß. Die Disproportion und ihre Auswirkungen müssen immer nur vom Gesichtspunkte des Einzelmenschen, nicht aber von irgendeiner Gemeinschaftszugehörigkeit beurteilt werden. Die Disproportion selbst kann aus verschiedenen Faktoren heraus entstehen und je nach der Entstehung erfordert sie eine verschiedene Behandlung: die Faktoren gehören entweder zu den äußeren Verhältnissen oder zu den psychophysischen Begabungen der Berufsanwärter.

1. Was die *äußeren Verhältnisse* anbetrifft, so ist a) eine häufig vorkommende, unbedingt aber ungesunde Ursache einer Disproportion die *momentane Wirtschaftslage*. Es kann vorkommen, daß manche Berufe durch eine augenblickliche Wirtschaftskonjunktur günstiger

erscheinen; wenn aber daraus nun eine ungesunde, übermäßige Zuströmung, eine Disproportion entsteht, so sind diejenigen, die nicht auf richtige Erwägungen hin den Beruf ergriffen haben, wieder in einer nachteiligen, manchmal hoffnungslosen Lage; b) eine zweite Ursache der Disproportion ist die kritiklose *Nachahmung fremder Beispiele,* wobei an und für sich richtige Berufswahl auch für diejenigen als Beispiel gilt, bei denen dafür keine Berechtigung besteht; c) es muß hier auch die *Spannung zwischen echter und unechter Neigung* erwähnt werden, da auch sie oft zu einer einseitigen, ungesunden Disproportion führen kann.

2. Während bei den äußeren Ursachen der Disproportion die Aufgabe einer rationellen Menschenauslese eindeutig bestimmt werden kann, als das Bestreben nach einer vollständigeren Beseitigung der ungesunden Einseitigkeit, so ist bei der zweiten Gruppe der Fälle, bei der *Disproportion auf Grund psychophysischer Begabung,* nicht einmal das Endziel der Auslese klar bestimmbar. Es handelt sich nämlich in diesem Falle um das Problem des Überschusses einzelner, besonders der „höheren", akademischen Berufe an Anwärtern, die auf Grund ihrer Begabung zur Ausübung dieser Berufe völlig berechtigt sind, aber die wirtschaftssoziale Lage die Durchführung dieser psychologisch richtigen Berufswahl unmöglich macht. Dieses „Problem der Akademiker" ist eines der gegenwärtig schwersten sozialpolitischen Probleme, muß aber neben politischen und wirtschaftlichen Gesichtspunkten auch vom psychologischen Standpunkt aus erörtert werden. Von diesem Standpunkt aus ist es aber wichtig zu betonen, daß jede Gewaltmaßregel, jede willkürliche Beschränkung der Zulassung zum höheren Studium für die dafür Begabten, aus den Forderungen des Harmonieprinzips heraus unbedingt zu verurteilen ist. Sollte überhaupt eine Selektion notwendig sein — welche aber womöglich zu vermeiden ist — so kann dies nur auf Grund einer Eignungsfeststellung erfolgen. Die Maßnahmen zur Abschwächung der Disproportion — eine Beseitigung ist undenkbar! — müssen auf ganz anderer Ebene liegen: a) man muß den *Selbstzweck* der höheren Bildung bei den Besprechungen stark betonen, die Einsicht nämlich, daß höhere Bildung *an sich wertvoll* ist und nicht allein die Berechtigung zum Eintritt in bestimmte Berufe bedeuten sollte; b) man muß den Kreis der als „höher" betrachteten Berufe *erweitern* und die Akademiker auch nach solchen Berufen hinlenken (z. B. Handel); c) man muß bei der Berufswahl der Akademiker auch solche Berufe berücksichtigen, die zwar keine höhere Bildung beanspruchen, wo aber entweder die höheren Kenntnisse doch anzuwenden sind, oder wo die Freizeit oder Nebenbeschäftigung eine Weiterbildung gestattet. Eine völlige Lösung bringen auch diese Bedenken nicht, können aber andere, nichtpsychologische Maßnahmen organisch ergänzen.

Für die Geltung und Verwirklichung des Harmonieprinzips bedeutet die Disproportion, besonders ihr letzter Fall, eine Schwierigkeit, die weit über die Grenzen der Psychotechnik hinausgehend vielleicht das ganze Bild der zukünftigen Kulturentwicklung entscheidend beeinflussen wird.

Die *Überauslese* ist ein Verstoß gegen das Harmonieprinzip nach der positiven Seite hin. Sie kommt besonders bei der Konkurrenzauslese vor, wo die psychotechnischen Prüfungen meistens nur die Anforderungen des eben fraglichen Berufes betrachten können und die Auslese allein auf die Erfüllung dieser Anforderungen beschränken, ohne darauf zu achten, ob der Geeignete sich nicht vielleicht auch für andere Berufe noch besser eignet. Bei der Auslese ist seitens der Unternehmungen oft 'die Tendenz bemerkbar, Leute zu wählen, die nicht nur für den betreffenden Beruf entsprechend zu gebrauchen sind, sondern die sich in jeder Beziehung als höchstqualifiziert erweisen. Daß natürlich diese Überauslese eine Ungerechtigkeit bedeutet, muß nicht näher begründet werden, diese Ungerechtigkeit geht aber über die dadurch betroffene Person hinaus und erstreckt sich auch auf diejenigen, die für den betreffenden Beruf noch tauglich gewesen wären, aber nicht zugelassen wurden, und noch darüber hinaus auf die Allgemeinheit, da durch Auslese der Höchstqualifizierten für einige wenige Unternehmungen die Qualität der Arbeitskräfte in anderen Berufszweigen herabsinkt. — Zu der Überauslese gehört auch die übertriebene und mit der zukünftigen Arbeit meist nicht zusammenhängende Forderung von ¡Vorkenntnissen, wie überhaupt die Bevorzugung von Kenntnissen gegenüber den Gesichtspunkten der psychophysischen Eignung. Auch erschwerte Aufnahmebedingungen können zu einer ungesunden Überauslese führen.

5. *Die Sättigung.* Die vorhergegangenen Erörterungen haben auf einige Schwierigkeiten und Hindernisse der Verwirklichung des Harmonieprinzips hingewiesen, die Sättigung hingegen wirft schon die Frage der prinzipiellen Berechtigung des Prinzips auf. Es können nämlich Fälle vorkommen, wo die Berufswahl auf Grund der besten Rücksichtnahme auf Harmonieforderungen erfolgte, die also unbedingt harmonisch sein müßte und in der Praxis dennoch disharmonisch wird. Der Grund dafür liegt in der Erscheinung der Sättigung: in der schrankenlosen Möglichkeit des Sichauslebens in dem Berufe. Der Berufsanwärter, der den Beruf mit aller rationellen Umsicht, mit pünktlichster Beachtung des Harmonieprinzips erwählt hat, findet eventuell den Beruf viel zu glatt, ohne Hemmungen und Hindernisse, oder sieht manche nachteilige Seiten, die er früher nicht kannte, übertrieben an, findet die Arbeit und die Lebensweise viel zu eintönig usw., gerät somit mit dem Beruf und mit sich selbst in Konflikte; die auf Grund des Harmonieprinzips überhaupt nicht vorauszusehen waren.

Die Sättigung erfordert in jedem Einzelfalle eine spezifische Behandlung, die manchmal auch Methoden der Tiefenpsychologie in Anspruch nehmen muß, und es kommen auch Fälle vor, wo der Ausgleich überhaupt nicht auf dem Gebiete des Berufslebens erreichbar ist, sondern durch Narkotika oder durch Beschäftigung in der Freizeit (Sport, Vereinsleben usw.). Auch die verschiedenen Arten der Berufe rufen verschiedene Arten und Grade der Sättigung hervor: in den starren qualifizierten Berufen kommen Sättigungserscheinungen verhältnismäßig seltener vor, schon häufiger kann die Sättigung bei den starren neutralen Berufen festgestellt werden: sie ist aber nicht mit der Monotonie der Arbeitsverrichtung zu verwechseln, sondern bedeutet die Auflehnung gegenüber dem niedrig empfundenen sozialen Stand. Die Aufhebung der Sättigung ist hier im Wege des Hinweises auf das Berufsethos zu suchen, oder — wenn dies überhaupt nicht möglich ist — durch Kompensation auf anderen Lebensgebieten (z. B. Hebung des National- oder Klassenbewußtseins usw.). Viel schwieriger, manchmal völlig hoffnungslos, sind die Sättigungsfälle bei den elastischen Berufen, wo die Sättigung zugleich den Verlust jedes Ideals, einen Zwiespalt der Gesamtpersönlichkeit bedeutet und man kann es oft als einen glücklichen Fall bezeichnen, wenn sich die Konflikte, wenn auch für die Personen in einer Disharmonie, so für die Kultur wenigstens in positiven, manchmal unsterblichen Schöpfungen aufheben. — Trotz der schwerwiegenden Konflikte in Einzelfällen muß aber entschieden betont werden, daß die Sättigung immer eine Ausnahme, oft pathologische Besonderheit, bedeutet und daß die Mehrzahl der Fälle bei der Auslese diesen Erscheinungen nicht unterliegt.

Das Prinzip der Harmonie ist, wie aus den vorhergehenden kurzen Andeutungen hervorgeht, nicht immer und nicht kritiklos anwendbar: es hat seine theoretischen und praktischen Grenzen, die eine Verwirklichung des Idealzieles erschweren und oft auch unmöglich machen. Diese Grenzen sind aber einerseits elastisch und werden mit der wachsenden Einsicht für psychotechnische Auslesearbeit immer lockerer, andererseits widersprechen die Grenzen und Schwierigkeiten nicht der Richtigkeit des Grundprinzips. Trotz allen Schwierigkeiten und auch prinzipiellen Bedenken wird das Prinzip der Harmonie, die Forderung nach dem rechten Manne am rechten Platze, das führende Ideal jeder psychotechnischen Auslese bleiben.

L'ÂGE LE PLUS FAVORABLE POUR L'ENTRÉE EN APPRENTISSAGE.

H. HEINIS (Genève).

L'âge le mieux indiqué pour entrer dans la vie professionnelle est le corollaire de la fin de la scolarité. L'un détermine l'autre, d'où l'intérêt général pour ces questions, surtout depuis qu'on a découvert dans la prolongation de la scolarité obligatoire un moyen de combattre le chômage.[1]) Au fait, ce sont des considérations d'ordre éco-nomique et social qui ont engagé les autorités. compétentes à pro-longer ou même à abréger la durée de la scolarité. Dans ces débats la pédagogie a fait entendre sa voix. Par contre, la science psycho-logique n'a été que fort peu mise à contribution. Pourtant tout le monde est d'accord, qu'il n'est pas indifférent à quelle période du dé-veloppement mental on commence un apprentissage. Il doit exister une phase où les acquisitions d'ordre professionnel se font le plus facilement. La question, il est vrai, si même elle a été posée, n'a guère suscité de travaux scientifiques. Cela semble d'autant plus singulier que la connaissance du degré de maturation nécessaire à l'appren-tissage est d'une importance capitale pour l'orientation profes-sionnelle.

On objectera que cela varie selon le sujet et selon le métier. En effet, tout individu a sa propre courbe de développement et atteint le degré voulu de maturation en vue de sa profession à un moment qui lui est propre. L'âge chronologique est donc insuffisant pour dé-terminer ce moment. Mais n'oublions pas que la loi de Gauss régit ces courbes et fournira par conséquent une moyenne, un âge, où la grande majorité des individus auront évolué jusqu'à la phase en question.

S'il était possible de fixer cet âge par des moyens scientifiques, et de prime abord rien ne semble s'y opposer, on obtiendrait une donnée susceptible de servir de base à toute discussion sur la prolongation de la scolarité ou l'âge minimum pour entrer dans la vie profes-sionnelle.

On ne saurait entreprendre l'étude de l'âge le plus favorable pour commencer l'apprentissage sans considérer dans son ensemble l'évo-lution physique et mentale de l'individu.

La croissance physique est connue. Des travaux de grande enver-gure ont permis de la déterminer. Il n'en est pas de même de la crois-sance mentale. En 1924 nous avions synthétisé les résultats de me-sure de l'intelligence publiés jusqu'alors et établi la loi du développe-ment mental.[2]) Les données expérimentales concernant l'adolescence étaient en petit nombre et pour l'âge adulte il n'existait presque rien. Notre loi est donc restée en partie hypothétique.

A l'encontre de la fameuse trouvaille que l'intelligence cesse de croître à 13 ans et demi, nous avions dénoncé l'insuffisance technique de l'échelle Binet au-delà de 12 ans et préconisé une méthode d'in-vestigation composée de tests applicables à tous les âges. Dès lors

---

[1]) Cf. a) Conférence internationale du travail, Genève 1932;

b) Conférence internationale des directeurs de l'instruction publique, Genève 1934.

[2]) Cf. Heinis: La loi du développement mental. Archives de psychologie 1924, pp. 97—128. A personal Constant. The J. of educat. ps. 1926, pp. 163—186.

nous avons élaboré une telle méthode pour l'examen psychologique complet.[3]) Elle est constituée d'épreuves analytiques et globales formant un tout harmonieux. Chaque test, avant d'être standardisé, a été longuement expérimenté et a subi de fréquentes modifications afin d'en obtenir plein rendement. Nous avions également recherché la succession la plus rationnelle des épreuves. Cette méthode ainsi soigneusement mise au point a été appliquée à 1641 jeunes gens et 642 jeunes filles de la Suisse romande.[4]) Les sujets se destinaient à toutes sortes de professions et représentaient les diverses couches de la population. Dans toutes ces investigations l'erreur personnelle est restée pratiquement constante par le fait que la presque totalité des examens ont été dirigés par le même expérimentateur. Pour chaque sujet la durée de l'expérience a été de 14 heures dont 12 heures de travail en commun (une vingtaine à la fois) — travail personnel et strictement surveillé — et 2 heures d'examen individuel.

Dans notre méthode les tests analytiques figurent au nombre de 42, les tests globaux au nombre de 10 et les mensurations physiques au nombre de 9, ce qui fait un total de 61 mesures.

C'est cette documentation, complétée par l'observation psychologique et par les renseignements obtenus de l'école et de la famille, qui nous a servi à solutionner le problème posé.

L'étude était à mener à un double point de vue: quantitatif et qualitatif, selon que le résultat des épreuves pouvait ou non s'exprimer par un nombre. Par conséquent les tests analytiques devaient fournir les données pour l'étude quantitative, les globaux pour l'étude qualitative.

Etude quantitative: Nous avons reporté les résultats de chaque test analytique sur une table à double entrée. Le résultat même a été mis en abscisse, l'âge par mois (de 13 à 20 ans) en ordonnée. Cette différentiation par mois a facilité l'interpolation. Elle fut parfois nécessaire puisque les sujets ne se répartissaient pas d'une façon régulière sur les 7 ans envisagés. Ensuite nous avons calculé le médian pour chaque période de six mois, afin d'obtenir les points de repaire pour la construction des courbes de développement. Celles-ci peuvent être classées en trois catégories:

1º des courbes se rapprochant de la droite verticale,
2º des courbes progressives de la forme logarithmique,
3º des courbes régressives également de forme logarithmique.

La droite verticale est le critère d'aptitudes ayant atteint le plein développement avant 13 ans, la courbe progressive celui des aptitudes

[3]) Cf. Heinis: Les moyens scientifiques pour déterminer l'âge le plus favorable pour entrer dans la vie professionnelle. Revue suisse d'hygiène 1932, pp. 407—418.
[4]) Nous nous dispensons d'analyser ici l'évolution de nos sujets féminins, parce que les âges de 16 ans et plus sont encore insuffisamment représentés.

en voie de formation. Les épreuves de la 3e catégorie font surtout appel à l'instruction, ce qui explique la régression pour les années post-scolaires Donc seule la seconde catégorie présente un réel intérêt pour notre étude. Ci-après la récapitulation:

	Tests psychologiques	Mesures physiologiques
1ère catégorie	10	2
2e catégorie	20	7
3e catégorie	12	0

Les deux mesures physiologiques accusant de la constance concernent des angles, p. ex. celui formé par la paume de la main et le pouce. Les 7 autres, comme on pouvait d'ailleurs s'y attendre, fournissaient de belles courbes de croissance.

Quant aux 20 épreuves de la 2e catégorie, elles engageaient en particulier l'attention, la concentration, la mémoire immédiate (visuelle et auditive), le jugement pratique, l'observation, l'imagination, l'invention, le raisonnement et l'ingéniosité.

Constatation générale: les courbes de ces tests suivent la loi du développement mental sus-mentionné, sauf au début où il se produit une incision. Ce n'est pas un recul, mais un ralentissement dans la progression; il dure environ un an. Ce ralentissement s'accentue pendant la deuxième moitié, arrive ensuite à un tournant à partir duquel la courbe reprend de plus belle pour rattraper la courbe normale.

Soit A le progrès réalisé de 14½ à 15½ ans, B celui de 14½ à 20 ans, $C = \dfrac{B \cdot 100}{A}$ indiquera en pourcent la part de l'évolution mentale parcourue entre 14½ et 15½, celle de 14½ à 20 ans étant prise comme unité. L'évaluation de ce quotient pour les différents tests nous a amené à la valeur moyenne de $C = 30 \pm 4$.

Ajoutons qu'à 20 ans la presque totalité des courbes prennent la direction de la droite verticale, c'est-à-dire les aptitudes qu'elles représentent ont à 20 ans atteint la maturité.

Nous en concluons que les progrès réalisés pendant cette reprise représentent à peu près le tiers du progrès qui reste à réaliser jusqu'à 20 ans ou en général jusqu'à maturité de l'aptitude.

Pour nos sujets romands l'âge de 14½ à 15½ est une étape marquante comparable à la forte poussée mentale de 10 à 11 ans. Après elle toute l'évolution se ralentit sensiblement.

Il est fort probable que le même phénomène se produise dans les autres races avec décalage cependant de cette période.

A titre d'essai nous avons soumis à l'examen 80 élèves de 14 à 16½ ans d'une ville de Suisse alémanique.[5]) Même constatation: incision

---

[5]) Cf. Heinis: Rapport sur l'essai expérimental. Revue Suisse d'Hygiène, 1934, pp. 119—124,

à un moment donné mais plus tard et reprise à 15½ au lieu de 14½ ans. Autre constatation: les sujets romands examinés cette année. donc à l'apogée du chômage, accusent également un retard.

Etude qualitative: Les tests globaux comprenaient:

1. tests d'expressivité verbale:
a) rédaction sous forme de lettre sur sujet à choix,
b) manifestation du moi: jugement, tendances, désirs;
2. dessins:
a) d'après nature,
b) d'imagination,
c) complément libre à problème posé sous forme de dessin;
3. réalisation de pièces décrites par dessin:
a) matière plastique: avec fil de fer, modelage et découpage dans papier,
b) matière dure: avec marteau, etc.

A n'en pas douter, la diversité des travaux obtenus fut aussi grande que le nombre des sujets mêmes, et il est impossible d'en exprimer l'appréciation d'une façon aussi concise que cela pouvait se faire précédemment. Dans ce communiqué, force nous sera de nous borner à l'indication des constatations générales. Il nous importe en particulier de caractériser le commencement et la fin de l'incision.

Alors qu'à 13½ ans l'égocentrisme est encore assez prononcé, à 15½ ans il a fait place à une tendance à l'objectivation.

Le syncrétisme, forme dominante de la pensée à 13½ ans, est peu fréquent à 15½ ans. Chez le type intuitif la pensée est devenue synthétique, chez le déductif par contre la transformation est plus lente.[6]

L'imagination ainsi que l'observation subissent d'un âge à l'autre un raffinement notable. Le jugement esthétique et l'emploi de clichés se manifestent seulement à l'âge de 14½ ans.

La réalisation est plus aisée à la fin qu'au début de l'incision: les pièces confectionnées répondent mieux aux prescriptions. En outre elles sont plus exactes et plus soignées.

La plupart de ces transformations ont été maintes fois signalées. Il était néanmoins intéressant de les situer dans la courbe du développement mental.

Conclusions.

Nos deux études nous renseignent d'une manière précise sur l'évolution générale de nos jeunes gens entre 13 et 20 ans. Mais cela ne suffit point pour déterminer l'âge auquel chacun d'eux pourrait, avec le plus de profit, entrer en apprentissage. D'autres facteurs: le tempérament, le caractère, spécialement la volonté, la résistance physique, même le degré de développement du sens social peuvent y jouer un rôle déterminant. La courbe de travail (construite d'après les résultats des tests d'attention), l'observation psychologique et les ren-

---

[6] Un exposé plus détaillé devrait se faire sous l'angle de la typologie.

seignements fournis par l'école et la famille sont appelés à combler cette lacune. Cependant seule la synthèse de toutes ces données permet d'établir pour chaque individu le moment optimum que nous recherchons.

Apprendre veut dire: associer dans son esprit un nouvel élément A à un autre B déjà existant. Mais cette association ne peut se faire qu'à l'aide d'une organisation dynamique ou psycho-sensorielle. Il faut vouloir associer, il faut vouloir comprendre et sans cette volonté et cet intérêt pour les choses réelles il n'y a pas d'apprentissage rationnel. Le moment le plus favorable pour entrer dans la vie professionnelle est donc déterminé par deux conditions: 1° le sujet doit avoir pratiquement atteint la fin de la croissance mentale, 2° cette entrée dans la vie pratique doit se faire le plus tôt possible.

La maturité mentale est parfaitement atteinte à 40 ans seulement. Comme nous l'avons vu, la part du développement psychique à parcourir après la fin de l'incision est, comparée à l'ensemble de l'évolution, minime; en sorte que nous pouvons admettre qu'une fois le ralentissement de l'évolution commencé, c'est pratiquement la maturité de l'évolution mentale.

En superposant les deux courbes de développement physique et psychique on constate que les deux incisions dans les courbes, extérieure pour la première, intérieure pour la seconde, coïncident à peu près, ce qui revient pratiquement à dire que le moment de la maturité des aptitudes coïncide avec la fin de la puberté physique et le commencement de la puberté psychique.

C'est le moment où l'intérêt pour les choses réelles est le plus vif, où les impressions sont les plus fraîches, où l'empreinte professionnelle s'incrustera le plus profondément. Attendre jusqu'à ce que le caractère soit formé, c'est méconnaître le rôle éducatif de toute formation professionnelle, c'est également ignorer les grands dangers d'aberration sexuelle que court la jeunesse à cet âge et les déformations d'ordre caractérologique qui s'en suivent et contre lesquelles le moyen préventif le plus efficace est le travail. D'ailleurs qu'est-ce qui peut fournir les occasions les plus favorables pour la systématisation des tendances sinon l'apprentissage bien organisé?

Toutes ces considérations nous amènent à conclure que la puberté psychique, alors que l'âme de l'adolescent est en voie de se former, présente réellement un optimum pour l'acquisition des connaissances professionnelles.

Définition: L'âge le plus favorable pour entrer dans la vie professionnelle est le moment où les aptitudes sont pratiquement arrivées à maturité, où la forte poussée est en train de s'achever et où la puberté psychique commence.

DIE AUSWIRKUNG DER WIRTSCHAFTSKRISE AUF BERUFSWAHL UND BERUFSBERATUNG.

HANS KRAUS (Wien).

Gliederung:

1. Die Rückwirkung lang andauernder Wirtschaftskrisen auf Gemüt und Charakter der Erwachsenen.
2. Die Rückwirkung der Wirtschaftskrisen auf Gemüt und Charakter der Lehrmeister und Eltern.
3. Die Beeinflussung des kindlichen Charakters durch den Defaitismus der Erwachsenen und Eltern.
4. Der Einfluß der Wirtschaftskrisen auf die Berufswahl.
5. Die Aufgaben der Schulen bei der Bekämpfung der Mutlosigkeit der heranwachsenden Jugend.
6. Die Aufgaben der Berufsberatung bei der Berufswahl in Krisenzeiten.

Seit geraumer Zeit lastet über Europa, ja über der ganzen Welt, eine Wirtschaftskrise, deren Ausmaß und Länge in der Wirtschaftsgeschichte sowohl ihrer Intensität als auch ihrer Dauer nach nicht ihresgleichen findet. Die in den letzten Jahren in Erscheinung getretenen politischen und gesellschaftlichen Revolutionen in verschiedenen Staaten Europas und der Übersee sind meines Erachtens zum überwiegenden Teil auf die andauernde Wirtschaftskrise zurückzuführen. Der Handels- und Geldverkehr leidet an schweren Zirkulationsstörungen, die sich am Wirtschaftskörper in gleicher Weise auswirken, wie Störungen des Blutkreislaufes und Gefäßerkrankungen im menschlichen Körper. Viele Männer der Wissenschaft suchen mit aller Gründlichkeit und Energie nach Heilmitteln, bisher leider ohne sonderlichen durchschlagenden Erfolg. Durch die vielen Opfer, die die Wirtschaftskrise in der menschlichen Gesellschaft, in Stadt und Land, in Großstädten und kleinen Dörfern, bei arm und reich und in fast jeder Familie gefordert hat, ist es nicht zu wundern, daß *die Krise auch Gemüt und Charakter aller Menschen beeinflußt und ihr Wollen, Denken und Fühlen in Richtungen brachte, die für die menschliche Gesellschaft große Gefahren bergen.* Ganz abgesehen von Pessimismus und Defaitismus, von Mißtrauen zu gut gemeinten Maßnahmen zur Bekämpfung der Wirtschaftskrise, haben sich menschliche Eigenschaften zu einer unheimlichen Blüte entwickelt, die jedes Gemeinschaftsleben und jede wirtschaftliche Zusammenarbeit zerstören müssen, wenn dieser Entwicklung nicht rechtzeitig Einhalt geboten wird. Neid und Mißgunst, übertriebener Egoismus und Ellbogentaktik, ungesunde Verdienstsucht ohne Rücksicht auf den Mitmenschen beherrschen heute in allzu großem Umfang Geist und Gemüt der Menschheit und müssen bei einer Steigerung des Umfanges zu einer furchtbaren Katastrophe führen. Es ist sehr zu bedauern, daß viele Menschen, die die Wirtschaftskrise persönlich noch nicht zu spüren bekommen haben, immer noch nicht die verzweifelte seelische Situation der Opfer der Krise verstehen und ebenso störend im Gemeinschaftsleben wirken, wie die unglücklichen und derzeit noch zur Hoffnungslosigkeit verurteilten Menschen, die von der Wirtschaftskrise betroffen sind. Es ist ein trauriges Bild, das sich bei genauer Betrachtung der gegenwärtigen Situation in vielen europäischen Ländern ergibt. Leider entspricht es aber der Wahrheit und ruft um schleunigste Abhilfe. Arbeitslosigkeit ist ertragbar, wenn sie nicht allzulange andauert. Der Mangel an den notwendigsten Subsistenzmitteln wird hingenommen, wenn Aussicht besteht, daß das Volumen der Subsistenzmittel sich in absehbarer Zeit erweitert und ein halbwegs erträgliches Leben gestattet. Die bereits geschilderten Rückwirkungen einer Wirtschaftskrise treten ein, wenn die Arbeitslosigkeit lange andauert, an Größe zunimmt und das Volumen der Subsistenzmittel sich andauernd verringert. In gleichem Verhältnis dazu wächst die Hoffnungslosigkeit und diese ist es, die auf Geist, Gemüt und Charakter in unheilvoller, gesellschaftsschädigender Weise rückwirkt und jene Erscheinungen zeitigt, die heute in Ländern mit starker und andauernder wirtschaftlicher Depression an der Tagesordnung sind. Es gibt gewiß Kräfte, die diesen Rückwirkungen der Krise auf Geist, Gemüt und Charakter entgegenarbeiten, so insbesondere die Religion, der Glaube an die Gestaltung menschlichen Schicksals durch göttliche Macht, die Philosophie, anerzogene oder erworbene Bescheidenheit und Zufriedenheit. Aber auch diesen ungemein wertvollen Gegenkräften ist eine Wirkungsgrenze gesetzt. Jedem Psychologen muß dies klar sein. Es gibt auch noch Methoden, die vorübergehend die Hoffnungslosigkeit ausschalten und über den bestehenden Zustand vorübergehend hinwegtäuschen sollen. Sie sind auf die Wirkung der Massenpsychose aufgebaut. Ich behaupte, daß das Erwachen aus dieser Narkose unheilvolle Folgen für den Gesellschaftsorganismus nach sich ziehen wird. So stellen die Wirtschaftskrise und die mit ihr verbundenen gesellschaftsschädlichen Einflüsse nicht nur an die Nationalökonomen, sondern auch an die Psychologen, Seelenforscher und Seelenhirten ungemein schwierige Aufgaben, deren Lösung jedoch gesellschaftsverbindend wirken müßte.

Nach dieser Einleitung will ich nun zur Behandlung des eigentlichen Themas übergehen. Bevor jedoch über die Rückwirkungen der Krise auf den kindlichen Charakter gesprochen werden soll, scheint es mir notwendig, darzulegen, wie Lehrmeister, Arbeitgeber und Eltern in ihrer geistigen und seelischen Struktur durch die Wirtschaftskrise betroffen werden. Sie gehören ja zu den Erwachsenen und nehmen als solche starken Einfluß auf die kindliche Seele. Es ist einleuchtend, daß Arbeitgeber und Lehrmeister als Träger der Wirtschaft in erster Linie Wirtschaftskrisen zu spüren bekommen und wieder je nach Intensität und Dauer die entsprechenden Maßnahmen treffen. Die Sorge um die Erhaltung des Betriebes, der Mangel an Subsistenzmitteln für Arbeitslohn, Unternehmerlohn, Produktionsmittel und Rohstoffe, die sich gerade infolge der Wirtschaftskrise immer mehr verschärfende lautere und unlautere Konkurrenz werden Arbeitgeber und Lehrmeister immer mehr von den Verpflichtungen der Gesellschaft gegenüber abdrängen. Die andauernde Verringerung des Geschäftsumsatzes, Enttäuschungen bei der Geldbeschaffung, zunehmende Verschuldung und persönliche Einschränkungen werden sie über den Rahmen des gesunden Egoismus hinaus in ihrem Denken und Fühlen derart beeinflussen, daß sie ihre Pflicht der Allgemeinheit gegenüber nicht mehr erfüllen können oder auch bedauerlicherweise nicht mehr wollen. Pessimismus und Defaitismus trüben den Blick aufs Ganze und sind die Ursache der so oft festgestellten egozentrischen, von schlechtem Individualismus getragenen gesellschaftsschädlichen Erscheinungen. Diese Eigenschaften wirken sich unter anderem naturgemäß auch in der Beurteilung des Gesamtbildes des Betriebszweiges aus, dem der Arbeitgeber angehört. Diese Gesamtbeurteilung entbehrt oft deswegen der Richtigkeit, weil die Anpassungsfähigkeit der verschiedenen Unternehmer des gleichen Betriebszweiges an die durch die Wirtschaftskrise eingetretene Situation verschieden ist. Technische Neuerungen, findiger Geist, trotz Wirtschaftskrise gegebener Unternehmermut bringen es mit sich, daß manche Betriebe trotz der Wirtschaftskrise bestehen bleiben und sich relativ gut erhalten. So wirkt sich die Wirtschaftskrise in psychologischer Hinsicht naturgemäß auch bei Arbeitgebern und Lehrmeistern in ganz verschiedener Weise aus. Hier wäre es vor allem Aufgabe der Psychotechniker, in manchen Fällen beratend und ermutigend einzugreifen. Meines Erachtens könnten durch solche Tathandlungen manche Unternehmungen noch gerettet werden. Selbstverständlich wirkt sich der Angriff der Wirtschaftskrise auf Arbeitgeber und Lehrmeister, das Verhalten derselben gegenüber diesem Angriff, ihre mehr oder minder geschickte Verteidigung, auch auf den Arbeitsmarkt und in weiterer Folge, was uns ja hier noch besonders interessiert, auf die Gestaltung des Nachwuchses aus. So kann man gerade in der Wirtschaftskrise in manchen Berufsarten eine Lehrlingsmüdigkeit, das heißt ein volles passives Verhalten der Nachwuchsfrage gegenüber, in anderen Berufsarten eine große Nachfrage nach Lehrlingen feststellen, die jedoch nicht immer mit dem Nachwuchsbedarf übereinstimmt, sondern zum Ersatz von Vollarbeitern durch Lehrlinge aus Entlohnungsgründen dient. Des weiteren wurde im Wiener Berufsberatungsamt in der präktischen Arbeit festgestellt, daß die Anforderungen des Lehrmeisters an die Eignung des Lehrlings in gleicher Weise wie die Anforderungen des Arbeitgebers bei erwachsenen Arbeitern durch die Wirtschaftskrise und durch das damit verbundene Überangebot an Arbeitskräften in einem Maße ansteigen, das oft mit der tatsächlichen Notwendigkeit nicht übereinstimmt. Es ist vom Standpunkt der menschlichen Gesellschaft ebenso unwirtschaftlich, in wirtschaftlich günstigen Zeiten das Eignungsprinzip zu vernachlässigen, als bei Wirtschaftskrisen überspitzte Anforderungen an die Eignung zu stellen. Wir werden später bei den Ausführungen über die Rückwirkung der Wirtschaftskrise auf Eltern und Kinder eine gleiche Erscheinung in umgekehrter Art feststellen können. Der Einfluß der Wirtschaftskrise auf Geist, Gemüt und Charakter des Lehrmeisters und Arbeitgebers wirkt sich des weiteren auch auf die Ausbildung des Nachwuchses aus. Im gleichen Grade, in welchem der Lehrmeister durch die psychischen Rückwirkungen der Wirtschaftskrise erfaßt wird, sinken die Freude an der Heranbildung des Nachwuchses, mit ihr die notwendige Einstellung auf die Psyche des Auszubildenden, wie überhaupt die Eigenschaften, die ein Lehrmeister für eine gute Ausbildung aufweisen muß. Ich will zugeben, daß es natürlich von dieser Regel Ausnahmen gibt. Es ist aber festzustellen, daß die Ausnahmen immer mehr und mehr an Zahl abnehmen. Die Gefahren, die durch diese Erscheinungen dem Gemeinschaftsleben drohen, will ich hier des weiteren nicht erörtern. Sie sind für jeden Einsichtigen klar genug.

Betrachten wir nun die Rückwirkungen der Wirtschaftskrise auf die Eltern. Schon aus dem vorher Gesagten ergibt sich, daß von der Wirtschaftskrise in größtem Ausmaß die Eltern betroffen sind. Denn entweder gehören sie zum Kreis der selbständig Erwerbstätigen, die der Wirtschaftskrise zum Opfer fallen, oder zum Kreis der unselbständigen Arbeitnehmer, die in Wechselwirkung mit dem Schwund selbständiger Erwerbstätiger durch die Wirtschaftskrise Arbeit und Erwerb verlieren. Durch die große Anzahl der unselbständig Erwerbstätigen ist auch die Arbeitslosigkeit bei diesen weitaus größer. Sie ist auch andauernder und damit hoffnungsloser, weil die weitaus größere Anzahl der unselbständig Erwerbstätigen nicht über die dem Unternehmertum eigenen Eigenschaften, wie Unternehmermut, Freude am Risiko, Initiative u. dgl. m. verfügt. Der Mangel an diesen Eigenschaften erschwert auch die Umstellung und begründet die Hilflosigkeit der erwerbslosen unselbständigen Arbeitnehmer. Ökonomisch kommt noch die Tatsache dazu, daß die unselbständigen Arbeitnehmer bei Eintritt der Arbeitslosigkeit in den allermeisten Fällen über gar keine Subsistenzmittel mehr verfügen, während der vorsichtige und kluge Selbständige sich doch Reserven in Sachwerten geschaffen hat. Diese ökonomische Tatsache möchte ich aber bei unseren Betrachtungen außer acht lassen, weil die psychische Rückwirkung der Konjunktur vor Eintritt der herrschenden Wirtschaftskrise sich in den verschiedenen Ländern je nach dem Volkscharakter und nach dem Grade der Geldentwertungen verschieden gestaltet hat. Das Ausmaß und die Intensität der psychischen Rückwirkungen der Wirtschaftskrise sind in den einzelnen Gesellschaftsständen und bei der städtischen und ländlichen Bevölkerung verschieden. Die Erfahrung lehrt, daß die wohlhabenden Bevölkerungsschichten verhältnismäßig konservativ sind und damit auch von den psychischen Rückwirkungen einer Krise langsamer betroffen werden. Die Mittelstandschichte hat sich zunächst infolge ihrer kulturellen Entwicklung gegen die Auswirkungen der Wirtschaftskrise gewehrt, ist aber durch ihre lange Dauer und Intensität zusammengebrochen. Die Arbeiterschaft hat wohl durch die verschiedenen sozialen Einrichtungen, die in der Nachkriegszeit geschaffen wurden, verhältnismäßig lange den psychischen Rückwirkungen der Wirtschaftskrise Widerstand geleistet, ist aber schließlich auch, insbesondere durch die fortschreitende Verschlechterung der sozialpolitischen Leistungen, intensiv von den seelischen Folgeerscheinungen der Wirtschaftskrise erfaßt worden. Mittelstand und Arbeiterschaft stehen heute erbittert und hoffnungslos der fürchterlichen Geißel Wirtschaftskrise gegenüber. Daß sich diese Erscheinung in den Großstädten natürlich viel intensiver bemerkbar machen wird, ist durch den bevölkerungspolitischen Aufbau der Großstädte bedingt. Daß in Provinzorten und in landwirtschaftlichen Gebieten diese Tatsachen weniger bemerkbar sind, ist durch die Struktur der Bevölkerung, durch die leichteren Lebensbedingungen und durch die an und für sich infolge der geographischen und wirtschaftlichen Lage gegebene größere Bedürfnislosigkeit gegenüber den Bewohnern der Großstädte erklärt. Immerhin machen sich bereits in einer Reihe mitteleuropäischer Länder auch in Provinzstädten und in ländlichen Gebieten die ungünstigen Einflüsse der Wirtschaftskrise auf Geist, Gemüt und Charakter der Bevölkerung geltend. Der starke Geburtenrückgang in den mitteleuropäischen Ländern zeigt die Angst vor Kindern auf. Er dokumentiert auch die negative Einstellung zur Zukunft und die Flucht vor der Sorge um die Kinder. Diejenigen aber, die Kinder haben, stehen infolge Arbeitslosigkeit oder Einkommensschrumpfung vor schweren Sorgen in der Erziehung, die sich noch verstärken, wenn der Zeitpunkt der Berufswahl herankommt. In weiten Kreisen der Bevölkerung eines von einer Wirtschaftskrise hart betroffenen Landes wachsen Kinder in einem Milieu heran, das erfüllt ist von Hoffnungslosigkeit, Erbitterung, Neid und Mißgunst und ähnlichen gesellschaftsstörenden Eigenschaften. Die Ansichten der Eltern über die Berufswahl ihrer Kinder sind zum größten Teil von individuellen Berufserfahrungen und schlechten Abschätzungen der Berufsmöglichkeiten beeinflußt. Dazu kommt noch das Streben der Eltern, ihre Kinder Berufen zuzuführen, die im Augenblick trotz Wirtschaftskrise eine scheinbare gewisse Stabilität aufweisen oder einen baldigen ordentlichen Verdienst versprechen. Man hat keine Zeit mehr zu warten, man hat vergessen, daß erst durch eine längere Praxis die für den Beruf notwendigen Fähigkeiten und Fertigkeiten eine derartige Entwicklung nehmen, daß der Leistung der Arbeit eine entsprechende Entlohnung gegenüberstehen kann. Des weiteren ist festzustellen, daß, beeinflußt durch Theorien der jüngsten Vergangenheit über die Erleichterung der menschlichen Arbeit, die nur zum Teil in die Praxis umgesetzt werden konnten, häufig aber auch

351

Schiffbruch erlitten haben, die Eltern trachten, ihre Kinder von Berufen fernzuhalten, die mit Mühe und Plage (ich will das Wort schwere körperliche Arbeit als nicht zutreffend vermeiden) verbunden sind. Man ist hier von bestehenden harten Naturgesetzen abgewichen und zu Anschauungen gelangt, die vollkommen ungesund sind. Die einfache Formel, daß das Leben schwer ist und nur derjenige als tüchtig bezeichnet werden kann, der mit den naturgegebenen Schwierigkeiten, die das Leben bietet, fertig wird, erscheint vergessen, trotzdem die Eltern Tag für Tag die Anforderungen des Lebens am eigenen Leib verspüren. Von diesen Erscheinungen ist Mittelstand und Arbeiterschaft erfaßt. Sie wirken sich bei der Berufswahl des Kindes und bei der Berufsberatung sehr nachteilig aus. Auch in der Erziehung wendet man Methoden an, die dem heranwachsenden Kinde die Schwierigkeiten aus dem Weg räumen sollen, statt sie zu lehren, wie man Schwierigkeiten überwindet. Ich wollte, daß die Freude an der sportlichen Betätigung, die ja schließlich und endlich im Überwinden von Schwierigkeiten und in der Erzielung von Bestleistungen durch Training besteht, sich auch auf die psychische Einstellung zum Berufsleben übertragen würde. So macht man aber die kuriose Erfahrung, daß die Liebe zum Sport wohl vorhanden ist, dem Berufsleben aber eine ziemliche Gleichgültigkeit an den Tag gelegt wird. Sicherlich ist diese Erscheinung auch eine Rückwirkung der Wirtschaftskrise, dadurch ausgelöst, daß die Berufserfolge sehr spärlich sind, während in der sportlichen Betätigung doch eher wenigstens kleinere Erfolge und in rascherer Zeit erzielt werden können. So ist es kein Wunder, wenn praktische Berufsberater und Berufsberaterinnen fast täglich die Feststellung machen, daß eher die Eltern beraten gehören, und zwar nicht nur wegen falscher Berufsvorstellungen und wirtschaftlicher Ansichten, sondern auch wegen der Rückwirkungen ihrer durch die Wirtschaftskrise beeinflußten Psyche auf ihre Kinder. Dies ist sicherlich ein schweres Problem für Berufsberater und Jugendfürsorger, da, wie bereits gesagt, die Dauer und Intensität der Wirtschaftskrise eine ungeheure Tiefenwirkung auf die Erwachsenen ausübt. Es ist schwer, einem an Gott und Menschheit verzweifelten Vater oder einer von Sorgen um die nackte Existenz zerwühlten Mutter, deren Streben danach geht, ihr Kind so rasch als möglich einer halbwegs erträglichen Arbeit zuzuführen, um einen Esser in der Familie weniger zu haben, nun Ratschläge für zweckmäßige Erziehung zu geben. Nichtsdestoweniger muß der Versuch, wo es nur möglich ist, unternommen werden, weil gerade die Milieugestaltung den nachhaltigsten Einfluß auf die Einstellung des Kindes zu Beruf, Gesellschaft und Wirtschaft ausübt. Hier erwachsen der Schule, der Berufsberatung und der gesamten öffentlichen Fürsorge, *aber auch jedem einzelnen Mitglied der Gesellschaft* heilige Pflichten der Gemeinschaft gegenüber; und wenn erst der richtige Geist in die kleinste Zelle der Volkswirtschaft, das ist die Familie, eingedrungen sein wird, kann von einer gesunden Entwicklung gesellschaftlicher Verhältnisse gesprochen werden. Freude an der Arbeit nicht allein um des Verdienstes willen, gesunder Egoismus, Strebsamkeit, Verständnis gegenüber der Gemeinsamschaft, soziales Einfühlungsvermögen, Rücksicht auf den Nächsten, müssen alle Schichten einer Gemeinschaft beherrschen, um jene allzu menschlichen Eigenschaften zurückzudrängen, die jede Gesellschaft zerstören.

Wie wirkt sich nun die Wirtschaftskrise auf Geist, Gemüt und Charakter des Kindes und vor allem auf die Berufswahl aus? Das Kind wächst in dem geschilderten Milieu auf. Es hört die pessimistischen und verzweifelten Äußerungen und Meinungen der Eltern, empfindet die schweren Sorgen seiner Umgebung um die nackte Existenz, hört Äußerungen krassester Unzufriedenheit über die Gesellschaftsordnung, bemerkt die Gleichgültigkeit notwendigen erzieherischen Maßnahmen gegenüber und vermißt die notwendige Führung und Gestaltung der kindlichen Seele und der richtigen Vorstellung von Beruf und Arbeit. Dies trifft natürlich nicht in allen Bevölkerungsschichten zu, in manchen trifft man sogar das Gegenteil von diesen Erscheinungen an, das sich dahingehend auswirkt, daß die Kinder zu selbstbewußt, zu eigensüchtig, zu altklug werden. Beide Schichten sind dann wenig beeinflußbar für gute und richtige Ratschläge. Diese und ähnliche extreme Gegensätze, ausgelöst durch die Wirtschaftskrise, sind auch auf anderen Gebieten des Lebens zu beobachten. So ist in Ländern, die die Wirtschaftskrise sehr stark zu fühlen bekommen, der Gegensatz zwischen arm und reich ganz besonders stark ausgeprägt. Dies erklärt auch die Sucht breiter Schichten der Bevölkerung nach Hebung der äußeren Erscheinung, wie sie durch die übertriebene Mode, durch Unbescheidenheit, durch die übermäßige Sucht nach Vergnügungen und Unterhaltungen sinnfällig zum Ausdruck kommen. Der Aufwand für Anschaffungen zur Hebung des Eindruckes des äußeren Menschen und zu einer innerlich hohlen, äußerlich jedoch wirkenden vornehmen Lebensgestaltung steht häufig in keinem Einklang zu den Geschäftserfolgen, zum Einkommen und zum Vermögen. Diese Überspitzungen sind ebenso die psychologische Ursache zu Umsturzbewegungen innerhalb einer Gemeinschaft, wie die bereits geschilderten Erscheinungen. Nun zurück zum eigentlichen Thema. Es ist klar, daß die Milieugestaltung sich auf die kindliche Seele auswirkt und selbstverständlich auch bei der Berufswahl zum Vorschein kommt. So machen wir im Wiener Berufsberatungsamt täglich die Erfahrung, daß eine Reihe der Kinder, beeinflußt durch ihre Eltern, Berufen zustreben, die mit geringer geistiger und körperlicher Anstrengung verbunden sind oder Berufe wünschen, die nach ihrer Meinung ein auskömmliches Dasein gewährleisten, Berufe vermeiden, in denen ihre Eltern oder ihre Umgebung individuell schlechte Erfahrungen gemacht haben, ohne natürlich die Ursachen dieser schlechten Erfahrungen erkennen zu können, Berufen zustreben, die sie über die langjährige nackte Sorge um das tägliche Brot durch gewährte Verpflegung oder durch berufliche Beschäftigung mit Lebensmitteln scheinbar aus dieser Sorge herausheben u. dgl. m. Der Berufsberater, der mit den nackten Tatsachen des Wirtschaftslebens zu rechnen hat, hat es sehr schwer, hier falsche Vorstellungen und psychische Depressionen zu zerstreuen. Er steht in den meisten Fällen einer mutlosen und unglücklichen Menschenschar gegenüber und muß vor der eigentlichen Berufsaufklärung und Berufsberatung erst die Atmosphäre der Vertrauens- und Glaubwürdigkeit in schwieriger Arbeit herstellen. Daß diese Erscheinungen Rückwirkungen der Wirtschaftskrise sind, ist wohl einleuchtend. Wenn man noch bedenkt, daß die Berufswahl in das Pubertätsalter fällt, in welchem an und für sich im kindlichen Gemüt und Charakter eigenartige Erscheinungen vor sich gehen, kann man ermessen, inwieweit sich außerdem noch die gesellschaftlichen und Milieuerscheinungen der Wirtschaftskrise bei der Berufswahl im Kinde auswirken. Nicht zuletzt ist der Mangel an einer sachgemässen, voreingenommenen und den realen Tatsachen entsprechenden Erziehung zu den gemeinschaftsfördernden Eigenschaften Ursache der oft widersinnigen Berufswünsche und der mißtrauischen Einstellung zum Berufsleben. Bei der Analyse der Berufswünsche läßt sich auch noch feststellen, daß falsche Berufsvorstellungen nicht nur durch die Unkenntnis der einzelnen Berufe, sondern auch wieder auf Grund der durch die Wirtschaftskrise bedingten ungünstigen Einstellung der Jugend zur Arbeit an sich entstehen.

Es entsteht nun die Frage, ob all die geschilderten ungünstigen psychischen Rückwirkungen der Wirtschaftskrise insbesondere auf die Kinder wenigstens einigermaßen auch während des Bestehens der Wirtschaftskrise bekämpft werden können. Meines Erachtens besteht die Möglichkeit, wenn in der Erziehung im Elternhaus und insbesondere in der Schule die Erfahrungen des täglichen Lebens berücksichtigt werden. Insbesonders die Schulen müssen sich auf die Erziehung der Kinder zur Arbeitsfreude an sich einstellen. Nicht nur geistige Arbeit, sondern auch körperliche Arbeit muß ihrem Werte nach und in ihrer Bedeutung für die Gemeinschaft in jedem Unterrichtsgegenstande entsprechend gewürdigt werden. Auch auf die natürlichen Grundlagen jeder Gemeinschaft muß Rücksicht genommen werden. Sowohl im täglichen Leben als auch in der Erziehung wird allzuviel gegen die unbeugsamen Naturgesetze gesündigt. Die Erziehung der Kinder hat weder Pessimismus noch Unterschätzung, noch Überschätzung der kindlichen Eigenschaften zugrundezulegen. Eine wohlwollende kritische Einstellung zu den Kindern und eine geschickte Führung bei der Entwicklung der Geistes- und Charaktereigenschaften des Kindes wird nicht nur im einzelnen, sondern für die ganze Gemeinschaft gute Früchte tragen. Man muß sich auch in der Erziehung mit gegebenen Tatsachen abfinden und nicht Potemkinsche Dörfer aufbauen. Die Berufsberater erfahren täglich die ungünstigen Auswirkungen einer Erziehung, die sich nicht den realen Tatsachen anpaßt. Man verlangt oft zu viel von der Gemeinschaft und leistet als einzelnes Mitglied der Gemeinschaft zu wenig. Der Gemeinschaft werden immer allzuviele Pflichten auferlegt, während die Pflichten des Einzelnen gegenüber der Gemeinschaft vergessen werden. Auch hier hat die Erziehung in Elternhaus und Schule entsprechend einzugreifen, ohne jedoch übertriebenen Individualismus entstehen zu lassen. Die Mutlosigkeit der heranwachsenden Jugend wird dann nicht so kraß in Erscheinung treten, wenn schon rechtzeitig auf die Schwierigkeiten des Lebens in entsprechender Form hingewiesen und auch die Bekämpfung der Schwierigkeiten mit Geist und Charakter entsprechend gelehrt wird.

Die Berufsberatung hat in Wirtschaftskrisen auf die psychische Verfassung von Kindern und Eltern, aber auch auf die psychischen Rückwirkungen der Wirtschaftskrise auf Arbeitgeber und Lehrherren und die damit verbundenen Erscheinungen entsprechend Rücksicht zu nehmen. Die Beratung hat sich nicht nur allein mit der Eignungsfeststellung, Klärung des Berufswunsches und der Berufsaufklärung zu erschöpfen, sondern darüber hinaus unter Zugrundelegung der realen Tatsachen eine Beratung über die Lebenseinstellung und die Einstellung der Arbeit zu sein. Die Erfahrungen der Berufsberatung sollen für Maßnahmen der Erziehung, aber auch für Maßnahmen der Gemeinschaft zugunsten ihrer Mitglieder maßgebend sein. Gestattet eine Wirtschaft infolge Verringerung ihres Arbeitsvolumens durch die Wirtschaftskrise nicht allen jungen Menschen bei Beendigung der Schulpflicht den Beginn einer bisher üblichen Berufsausbildung, dann muß die Gemeinschaft mit Hilfe der Berufsberatung neue Wege gehen und für die freistehende Jugend mindestens Arbeitsmöglichkeiten schaffen. Nicht Arbeit um des Verdienstes willen, sondern Arbeit zur Erhaltung und Förderung gesunder seelischer Einstellung zur Gemeinschaft.

Es würde zu weit führen, im Rahmen dieses Vortrages alle Möglichkeiten der Abwehr der psychischen Rückwirkungen der Wirtschaftskrise aufzuzeigen. Ich habe mit dieser Studie versucht, das Problem aufzurollen und zum Nachdenken zu zwingen, welche Methoden angewendet werden müssen, um den seelischen Verfall einer Gemeinschaft, die von der Wirtschaftskrise besonders betroffen ist, aufzuhalten.

ÉTUDE EXPÉRIMENTALE SUR LA VARIABILITÉ DES GOÛTS DES ENFANTS.

BERNARD LAHY (Paris).

Lorsqu'un pédagogue ou un psychotechnicien est amené à fournir des conseils d'orientation professionnelle, il ne peut manquer de tenir compte, à côté des résultats donnés par les tests et par les renseignements scolaires et médicaux, des goûts et des intérêts spéciaux manifestés par l'enfant qu'il s'agit de placer dans le métier le plus conforme à ses aptitudes et à ses désirs.

Ces goûts, ces intérêts, ces désirs sont souvent vagues et presque toujours ignorés de l'enfant. Il faut, pour les apprécier, procéder par questions orales ou écrites destinées à mettre en lumière des éléments subjectifs de la vie psychologique qui occupent une situation intermédiaire entre le subconscient et la conscience claire. Devant l'imprécision qui entoure de tels renseignements, on est en droit de se poser, d'un point de vue théorique et d'un point de vue pratique, la question suivante: Quelle confiance pouvons-nous accorder aux dires des enfants en ce qui concerne aussi bien leurs goûts en général que leurs aspirations professionnelles? Quelles méthodes possédons-nous pour nous assurer de la constance des goûts des écoliers en vue d'utiliser ces renseignements en orientation professionnelle?

Un problème aussi important par la place qu'il occupe dans la pratique de l'orientation, mérite une attention particulière et ne peut rester sans réponse. C'est pour atteindre ce but que nous avons entrepris la recherche expérimentale que nous allons exposer.

Utilisation de la méthode des questionnaires.

La méthode la plus rationnelle consiste à aborder le problème en effectuant une enquête dans les écoles où se fait l'orientation professionnelle, au moyen d'un questionnaire mettant en valeur, parmi plusieurs autres, les divers goûts pouvant servir à motiver un conseil de placement professionnel.

Un tel questionnaire se compose nécessairement d'un grand nombre de questions. Il faut toutefois éviter qu'il ne dure trop longtemps pour ne pas lasser les sujets. De même, on se gardera d'introduire des questions qui, dans leur énoncé, paraissent absurdes ou manquent d'à propos, l'enfant étant très sensible au ridicule. Il ne suffit pas d'éliminer les questions par trop banales, il faut aussi éviter les questions d'un niveau intellectuel trop élevé.

Nous nous sommes efforcé, en établissant le questionnaire qui a servi à notre enquête, de suivre ces directives sans négliger pour cela de faire porter les questions sur la gamme tout entière des activités enfantines, depuis les actes les plus simples jusqu'aux expressions les plus complexes du comportement de l'enfant. Nous avons utilisé certains de nos souvenirs que nous avons réveillés par des interrogatoires d'enfants. Il est, en effet, indispensable de s'inspirer de la mentalité des sujets auxquels on va appliquer le questionnaire. Les goûts et les activités des enfants sont étroitement sous la dépendance de leur milieu social et du genre d'éducation qu'ils reçoivent. Les questions que nous avons réunies sont faites pour être comprises plus particulièrement par des écoliers d'un quartier d'ouvriers de Paris. Nous avons systématiquement écarté l'emploi de questionnaires établis dans d'autres pays, même ceux employés aux Etas-Unis qui, cependant, ont donné lieu à une élaboration statistique de valeur.

Les questions ont été réunies en groupes équilibrés de 10, portant toutes sur le même genre d'intérêt. Ces groupes de questions se rapportent aux activités suivantes:

1º Le travail scolaire.

2º Les jeux et les sports.

3º La lecture.

4º L'activité sociale en dehors de la classe.

5º Les goûts relatifs au travail manuel.

6º Les goûts relatifs au travail intellectuel.

7º Les aspirations. Les ambitions.

Voici le questionnaire tel qu'il a été appliqué à 220 enfants des écoles primaires de la Ville de Paris âgés de 10 à 15 ans.

Voici des questions diverses sur vos principales occupations. Il faut y répondre de la façon suivante: vous soulignerez dans les réponses « non — je ne sais pas — oui » celle qui traduit le mieux vos goûts.

Exemple. A la question: « Aimez-vous le cinéma? » celui qui l'aime soulignera: « (Non, je ne sais pas,) *oui* », celui qui ne l'aime pas soulignera: « *non*, (je ne sais pas, oui), et celui qui est indifférent: « (non), *je ne sais pas,* (oui) ».

Vous devez répondre à toutes les questions sans en laisser une seule de côté. Ne soulignez qu'une seule des 3 réponses. »

Pour ne pas répéter deux fois ce questionnaire, qui est long, nous renvoyons à la fin du travail au tableau — Barême des coefficients de constance suivant les âges — qui le donne en entier. Cependant, afin d'indiquer sous quelle forme il est présenté aux enfants, nous en donnons ici un fragment.

1º Aimez-vous aller en classe?   non, je ne sais pas, oui

2º Aimez-vous entendre la leçon du maître?   non, je ne sais pas, oui

3º Préférez-vous lire cette leçon dans votre livre
de classe?   non, je ne sais pas, oui

4º Aimez-vous apprendre par cœur?   non, je ne sais pas, oui

5° Préférez-vous réciter vos leçons sans les sa-
voir par cœur ?   non, je ne sais pas, oui

6° Aimez-vous faire vos devoirs ?   non, je ne sais pas, oui

7° Préférez-vous, au lieu de travailler seul, copier
les devoirs d'un camarade ?   non, je ne sais pas, oui

8° Avez-vous hâte de ne plus aller en classe et
d'entrer en apprentissage ?   non, je ne sais pas, oui

9° Quand vous aurez quitté l'école, continuerez-
vous à étudier ?   non, je ne sais pas, oui

10° Trouvez-vous que les leçons durent trop long-
temps ?   non, je ne sais pas, oui

Etude statistique du questionnaire.

Une fois ce questionnaire mis au point d'une façon un peu grossière, nous avons procédé à son application en la répétant deux fois
sur les mêmes sujets, en février et en mai 1933. Nous voulions de
cette façon savoir si les goûts exprimés par un enfant demeuraient
semblables après un certain laps de temps ou si, au contraire, les
renseignements fournis par les enfants sur eux-mêmes étaient variables.

Comment faire cette comparaison des deux épreuves ? Il n'était pas
possible d'utiliser les méthodes statistiques courantes, telles que les
formules de Spearman ou de Pearson, les résultats obtenus ne pouvant ni se placer en série continue homogène ni s'exprimer par rangs.
On aurait pu, il est vrai, comparer les pourcentages du nombre total
de « non », « je ne sais pas », « oui » donnés à chaque question, mais
notre but était d'apprécier la constance des sujets pris individuellement et non celle du groupe tout entier. Nous avons alors choisi la
formule d'association de Yule prise sous sa forme simplifié :

$$\frac{ac - bd}{ac + bd}$$

comme étant la plus apte à nous rendre le service désiré.

En vue de calculer ce coefficient pour chaque question et pour
chaque âge, nous avons construit un tableau de corrélation à quatre
cases : une pour les réponses affirmatives dans les deux épreuves ;
une pour les réponses toujours négatives ; dans les deux dernières se
placent les sujets qui n'ont pas répondu de la même manière au cours
des deux épreuves. Comme on le voit, nous avons négligé tous les cas
comportant soit une soit deux réponses « je ne sais pas » ; nous
l'avons fait consciemment pour les raisons suivantes :

a) Parce que la fréquence de ces sortes de réponses est faible
(sauf dans quelques cas que nous attribuons à la façon dont la question avait été posée).

b) Parce que le fait de répondre « je ne sais pas » nous a montré
que l'enfant est dans l'impossibilité de répondre à la question.

Nous avons réuni les valeurs calculées par la méthode que nous venons d'exposer dans le tableau ci-dessus, qui pourra servir ultérieurement de barême de notation pour les divers goûts des enfants tels qu'ils sont mesurés par notre questionnaire.

Interprétation psychologique.

Tout en reconnaissant que le nombre des sujets n'est pas encore suffisant et sous la réserve des vérifications que nous poursuivons actuellement (application sur un plus grand nombre d'enfants et sur des enfants de classes sociales différentes), nous pouvons néanmoins énoncer les quelques considérations qui ressortent déjà de ce travail. Nous allons donc analyser, d'une part les diverses catégories psychologiques de questions, et d'autre part signaler certaines questions types qui présentent une importance du point de vue théorique par les déductions qu'on peut en tirer.

1o *Intérêts sdolaires.* Insistons sur le caractère de ces questions qui est dans la facilité et, pourrait-on dire, l'unilatéralité des réponses. Nous avons voulu par là mettre l'enfant dans un état de responsivité aux questions, et l'habituer à répondre sans effort, pour que, par la suite, il soit amené à nous donner spontanément la réponse la plus sincère. C'est pour cette raison que tous les coefficients de ce groupe sont très élevés et quasiment identiques pour les différents âges. Seules les questions 8, 9, 10 qui laissent la place au goût individuel montrent que ce dernier se forme et s'accuse avec l'âge.

2o *Les jeux et les sports.* Ici, contrairement à ce que nous verrons par la suite, les coefficients sont tous semblables pour chacune des questions. Ce fait prouve que les jeux de toutes sortes tiennent une place prépondérante parmi les activités de l'enfant. Dès le plus jeune âge, celui-ci est en mesure de répondre d'une façon constante aux questions concernant ses amusements. Son opinion ne varie pas car elle fait partie intime de sa vie consciente.

3o *La lecture.* L'ensemble des résultats nous montre ici que les enfants les plus âgés ont une attitude plus constante que les jeunes en ce qui concerne leurs goûts. Il y a lieu d'attirer tout spécialement l'attention sur plusieurs faits: a) la question No 3 (Préférez-vous les livres d'images?) mise particulièrement pour les jeunes enfants s'est révélée très constante pour eux alors que les plus âgés ne savent quelle opinion ils doivent exprimer. Ceci illustre le fait déjà connu que les jeunes enfants, vivant en étroit contact avec les livres d'images, en tirent leur principale représentation du monde, tandis qu'avec l'âge se substitue une représentation plus verbale que graphique à tel point que les enfants de 14 ans semblent avoir perdu tout intérêt envers les livres d'images. Le même raisonnement peut s'appliquer aux questions 7 et 8. (Préférez-vous les romans d'aventures, Aimez-vous les livres qui racontent l'histoire des métiers), ce sont les plus jeunes qui ne manifestent aucune constance par la raison que les aventures ou l'histoire des métiers ne tiennent aucune place dans leur vie. C'est seulement à un âge plus avancé que les enfants pourront juger avec certitude de leurs goûts.

4º *Activité sociale en dehors de l'école.* Les enfants de 11 ans se montrent extrêmement indécis pour répondre à la majorité des questions. Ainsi jamais l'idée ne leur est venue de fabriquer des jouets ou de suivre des cours de travaux manuels. A l'opposé, les réponses des grands montrent que leurs intérêts sont plus nettement dirigés vers les activités professionnelles commes nous allons le voir. Notons qu'ils semblent à cet âge se désintéresser des jeux en dehors de l'école.

5º *Intérêts professionnels* (manuels). Tous les enfants de l'école en question s'intéressent énormément aux travaux manuels, les plus âgés y montrant un intérêt plus élevé que les autres.

6º *Intérêts professionnels* (intellectuels). En ce qui concerne le travail intellectuel, ces écoliers semblent moins familiarisés avec les problèmes de cette nature; ils hésitent beaucoup dans leurs réponses. A noter, entre autres, au point de vue de l'orientation professionnelle, qu'à tous les âges les enfants savent s'ils veulent ou non être des artistes. Pour ce qui est du métier de professeur ou d'écrivain, les enfants de 11 ans ne présentent aucune constance dans leurs goûts, tandis que les plus âgés ont une opinion plus affirmée.

7º *Les aspirations. Les ambitions.* Ce tableau est difficile à interpréter, les questions posées dépassent beaucoup trop le niveau culturel et social des écoliers que nous avons examinés. Pourtant, on peut relever quelques renseignements intéressants: ainsi les jeunes enfants se font une idée conformiste de la gloire alors que les grands sont, à cet égard, dans un état d'indécision qui doit tenir à leurs premiers contacts avec la vie.

Utilisation pratique.

Le barème que nous avons établi pourra servir en orientation professionnelle en attendant les valeurs plus complètes que nous réunissons actuellement. Nous pourrons maintenant savoir quelle confiance accorder aux réponses des enfants concernant leurs goûts. Par exemple, si un écolier nous dit qu'il désire être instituteur, nous verrons, en nous rapportant à la question numéro VI, 5, qu'il n'y a pas lieu de tenir compte de ce goût si l'enfant qui l'émet a moins de 12 ans. Tandis qu'à cet âge et au-dessus, il y a beaucoup plus de chances pour que le goût qu'il exprime soit un véritable goût.

Rappelons en terminant que nous n'avons pas eu pour objectif de fournir des résultats passe-partout. Nous avons voulu fixer dans ses grandes lignes une méthode qui devra être appliquée dans chaque milieu différent. L'orienteur ayant adapté notre questionnaire aux conditions particulières du milieu dans lequel il opère, établira un barème semblable au nôtre en utilisant la méthode du coefficient d'association. Il sera alors en droit de tenir compte dans l'orientation des goûts exprimés par l'enfant.

Barême des coefficients de constance suivant les âges

Questions	Coefficients par âge			
I⁰	11	12	13	14
1. Aimez-vous aller en classe?	1	1	0,97	1
2. Aimez-vous entendre la leçon du maître? .	1	1	0,95	1
3. Préférez-vous lire cette leçon dans votre livre de classe?	0,77	0,95	0,94	0,72
4. Aimez-vous apprendre par cœur?	0,14	0,82	0,74	0,95
5. Préférez-vous réciter vos leçons sans les savoir par cœur?	0,92	0,86	0,90	0,65
6. Aimez-vous faire vos devoirs?	0,77	0,88	0,68	0,66
7. Préférez-vous, au lieu de travailler seul, copier les devoirs d'un camarade?	0,80	1	0,65	0,97
8. Avez-vous hâte de ne plus aller en classe et d'entrer en apprentissage?	0,80	0,81	0,82	0,96
9. Quand vous aurez quitté l'école, continuerez-vous à étudier?	0,77	0,87	0,91	0,88
10. Trouvez-vous que les leçons durent trop longtemps?	0,71	0,94	0,95	0,87
II⁰				
1. Aimez-vous jouer dans la cour de l'école? .	0,80	0,90	0,95	0,75
2. Préférez-vous jouer à la maison?	0,50	0,62	0,62	0,87
3. Aimez-vous jouer seul?	0,77	0,75	0,90	0,92
4. Aimez-vous les jeux de construction? . . .	0,85	0,58	0,87	0,94
5. Aimez-vous les soldats de plomb?	0,88	0,95	0,87	0,95
6. Aimez-vous les promenades à pied?	1	0,90	0,88	0,87
7. Aimez-vous la gymnastique?	0,77	0,94	0,97	0,97
8. Allez-vous le dimanche assister à des épreuves sportives?	0,87	0,91	0,67	0,95
9. Aimez-vous les jeux de société?	0,71	0,96	0,85	0,84
10. Voudriez-vous faire partie d'un équipe de sports?	1	0,86	0,98	0,94
III⁰				
1. Si l'on vous donnait à choisir entre un livre et un billet de cinéma, choisiriez-vous le livre?	0,77	0,93	0,85	0,92
2. Demandez-vous à vos parents de vous acheter des livres?	1	0,66	0,75	0,93
3. Préférez-vous les livres d'images?				
4. Employez-vous votre argent de poche à acheter des livres?	1	0,86	0,85	0,38
	0,77	0,27	0,87	0,98
5. Achetez-vous des journaux illustrés? . . .	0,47	0,84	0,64	0,85
6. Aimez-vous les contes de fées?	0,77	0,94	0,85	0,82
7. Préférez-vous les romans d'aventures? . .				
8. Aimez-vous les livres qui racontent l'histoire des métiers?	0,33	0,90	0,89	0,84
9. Doit-on prendre au sérieux ce qui se dit dans les romans?	0,20	0,39	0,59	0,84
	0,77	0,94	0,95	0,88
10. Prenez-vous des livres à une bibliothèque?	0,84	0,95	0,89	0,72

Questions	Coefficients par Âge			
	11	12	13	14

IVº

Questions	11	12	13	14
1. Aidez-vous votre mère dans le ménage? . .	0,77	0,91	0,99	0,93
2. Savez-vous faire de petits travaux pour remplacer un ouvrier (poser des clous, réparer l'électricité, etc.)?	0,71	0,96	0,95	0,97
3. Allez-vous faire des commissions?	1	0,95	0,92	0,97
4. Suivez-vous des cours de travaux manuels?	0,11	0,92	0,98	0,98
5. Fabriquez-vous certains de vos jouets vous-même?	0,11	0,81	0,92	0,76
6. Dessinez-vous?	0,55	0,84	0,99	0,86
7. Faites-vous partie d'une société (de musique, de sport, d'un patronage)?	0,94	0,96	0,91	0,94
8. Vous occupez-vous de vos frères ou sœurs?	1	0,98	0,93	0,96
9. Jouez-vous aux heures et jours de congé avec un groupe de camarades?	0,86	0,97	0,95	0,60
10. Aimez-vous être le chef de la bande? . . .	1	0,97	0,94	0,54

Vº

Questions	11	12	13	14
1. Aimez-vous regarder travailler les ouvriers?	0,77	0,88	0,94	0,81
2. Aimez-vous le travail de fer?	0,84	0,93	0,93	0,97
3. Aimez-vous le travail du bois?	0,86	0,81	0,93	0,94
4. Aimez-vous la mécanique?				
5. Voudriez-vous quitter la classe pour entrer en apprentissage?	0,77	0,63	0,99	0,89
6. Savez-vous déjà quel métier vous choisirez?	1	0,95	0,83	0,93
Lequel?	0,81	0,84	0,90	1
7. Voudriez-vous travailler dans une usine? .				
8. Aimeriez-vous mieux avoir votre travail chez vous?	1	0,97	0,88	0,65
	0,77	0,89	0,92	0,87
9. Aimez-vous les films documentaires? . . .	0,81	0,94	0,94	0,87
10. Entre le travail de l'ouvrier des villes et celui du cultivateur, choisiriez-vous le travail des champs?	0,25	0,88	0,84	0,71

VIº

Questions	11	12	13	14
1. Voudriez-vous apprendre la comptabilité? .	0,60	0,92	0,97	0,98
2. Voudriez-vous être un inventeur?	0,80	0,69	0,99	0,97
3. Le savant doit se sacrifier et travailler sans relâche pour faire des découvertes. Voudriez-vous être un savant?	0,33	0,89	0,95	0,66
4. Admirez-vous le héros guerrier qui gagne des batailles plus que le savant dont les découvertes servent au bien de tous?	1	0,31	0,90	0,65
5. Voudriez-vous enseigner aux enfants, ou à ceux qui ne le savent pas, tout ce que vous avez appris en classe?	0,43	0,96	0,71	0,75
6. Aimez-vous visiter les musées?	1	1	0,90	1
7. Savez-vous reconnaître si un tableau, un morceau de musique ou un paysage est beau?	0,66	0,91	0,87	0,90

362

Questions	Coefficients par âge			
	11	12	13	14
8. Aimez-vous entendre parler des gens ins-truits?	1	0,95	0,93	0,95
9. Aimeriez-vous écrire des livres?	0,33	0,90	0,93	0,86
10. Voudriez-vous être un artiste?	0,81	0,81	0,67	0,84

VII°

Questions				
1. Désirez-vous exercer le même métier que votre père?	0,71	0,90	0,96	0,97
2. Quand vous aurez un métier, vous efforcerez-vous de monter en grade?	1	0,91	0,97	0,93
3. Aimeriez-vous porter un uniforme?	0,50	0,88	0,89	0,94
4. Enviez-vous le sort des hommes illustres?	0,50	0,92	0,96	0,66
5. Voudriez-vous, même au prix de souffrances, faire comme eux?	0	0,71	0,91	0,88
6. Si l'on vous disait que vous gagneriez une fortune dans un métier que vous n'aimez pas, prendriez-vous ce métier?	0,33	0,81	0,90	0,63
7. Jules César disait qu'il aimerait mieux être le premier dans un village que le second à Rome. Pensez-vous comme lui?	0,50	0,23	0,56	0,78
8. Travaillez-vous à l'école pour être le premier de la classe?	0,54	0,50	0,94	0,80
9. Pensez-vous qu'il est bien de mourir pour conquérir la gloire?	1	0,80	0,76	0,34
10. Un ouvrier qui accomplit bien son métier est-il pour vous aussi estimable qu'un homme fortuné qui a pu s'élever à une haute situa-tion?	0,60	0,22	0,57	0,71

L'ORIENTATION PROFESSIONNELLE DANS LES ÉCOLES INDUSTRIELLES ET LES SERVICES DE LA VILLE DE FLORENCE.

ALBERTO MARZI (Florence).

Les tendances plus modernes de l'orientation professionnelle étant désormais dirigées vers l'école, qui est à présent considérée par tout le monde comme le siège naturel de l'orientation même, de nouveaux problèmes naissent et exigent une solution rationnelle et homogène pour chaque type d'école. En Italie encore mieux qu'ailleurs, à cause des jugements unitaires qui excitent toute la vie de la nation, il est possible de tendre à une solution intégrale des problèmes qui ont, comme celui de l'organisation des services d'O.P., dans les écoles in-dustrielles, une si grande importance économique et sociale.

Cette possibilité a bien augmenté en Italie depuis que par une ré-, cente délibération le Ministère de l'Education Nationale a établi une commission spéciale chargée d'étudier les questions relatives à l'O.P. en appelant à en faire partie d'éminents spécialistes de psychologie et de psychotechnique. Ainsi sera possible une coordination des différentes institutions psychotechniques existant jusqu'ici dans les principaux centres italiens.

Ayant personnellement veillé à l'organisation du Bureau Psychotechnique de la Ville de Florence qui fonctionne auprès de la « Scuola Industriale Leonardo da Vinci » depuis 1930, c'est sur cette organisation, qui a été étudiée dans tous ses détails, que portera mon bref rapport.

Cette école, étant un institut d'instruction technique destiné à la formation professionnelle des ouvriers et des techniciens industriels, comprend en tout cinq classes: trois d'acheminement et deux d'apprentissage industriel. Le fonctionnement en est organisé de sorte que les élèves qui l'ont fréquentée pendant cinq années, soient l'objet, au bout de la cinquième, d'un conseil d'orientation qui, étant le résultat d'une aussi longue période d'observation, doit offrir les meilleures garanties d'exactitude et d'efficacité.

Dès la première année où il fréquente l'école, l'élève est soumis à une minutieuse investigation. Le point de départ de la future formulation du conseil d'orientation est constitué par les jugements portés sur les élèves par les professeurs, et par les désirs que les élèves ont exprimés au sujet de leur avenir.

A la fin de chaque année scolaire, le Bureau recueille en un questionnaire assez détaillé les caractéristiques de tous les élèves de l'Ecole, formulées par les professeurs de chaque branche d'enseignement, théorique ou pratique. Ce travail, qui permet une synthèse du rendement des élèves, peut faciliter la recherche des dispositions naturelles de chacun. En outre, le Bureau s'efforce d'amener, par des questions ou par des conversations directes, l'élève à exprimer ses désirs, à manifester ses aspirations pour l'avenir. On se livre particulièrement à cette investigation à la fin de chaque année scolaire, pour avoir la possibilité de suivre, durant toutes les années où l'élève fréquente l'école, les variations que ces aspirations peuvent présenter, sous diverses influences, particulièrement celles des conditions familiales, sujettes à se modifier avec le temps. On comprend que tant ces indications que les jugements exprimés par les professeurs doivent, dans la pratique, être mises en rapport avec les idées suggérées par l'expérience.

En utilisant les données que nous avons dégagées, le Bureau de Psychotechnique commence à fonctionner dès la première classe. Dans tous les cas où sont signalées des aptitudes spécifiques quelconques, il doit être à même d'en vérifier scientifiquement l'existence, et d'intervenir au cas où les indications positives ou négatives obtenues inviteraient à introduire des modifications dans le cours des études. Outre les données dont la qualité et la quantité varient pour chaque individu, le Bureau de Psychotechnique rédige une fiche personnelle pour chaque élève qui est périodiquement l'objet d'un examen, selon des programmes variant d'après les établissements. Pour les écoles d'acheminement (scuole d'avviamento) et les écoles techniques industrielles, ce programme est le suivant:

A) Pour les garçons au moment de l'admission et pendant le premier cours de l'Ecole d'acheminement professionnel:

Examen des sens, qui complète les notions contenues dans la déclaration du médecin pour l'admission à l'Ecole.

Evaluation de l'âge mental au moyen d'une échelle métrique de l'intelligence, examen d'attention, épreuves d'aptitude technique.

B) A la fin de cette Ecole:

Deuxième évaluation de l'âge mental (très utile pour les changements qui peuvent s'être produits par suite de la crise de puberté) examen psychotechnique proprement dit comprenant des épreuves de: dynamonétrie, ergographie, précision des mouvements, fermeté de la main, rapidité motrice, temps de réaction simple et de choix, perception des formes et des grandeurs, et autres épreuves encore, destinées à compléter celle de l'échelle métrique.

C) Pendant la durée des cours de l'Ecole Industrielle (deux ans) répétition de quelques-unes des épreuves précitées, et s'il arrive que pendant tout le cours des études l'élève ne se soit pas signalé à l'attention par une tendance spéciale, ou que, constatée d'abord, cette tendance n'ait pas été confirmée ensuite par les examens du Bureau de Psychotechnique, ni par l'enquête pour la recherche des aptitudes aux métiers autres que ceux qui sont enseignés à l'Ecole, le Bureau peut diriger le sujet vers les spécialités suivantes: Mécanique, électromécanique, mécanique de précision, menuiserie, tournage en bois et métaux.

Avec l'adoption de ce programme d'organisation, le conseil d'orientation que le Bureau peut fournir à la fin de l'Ecole d'acheminement (trois années) ou de celle d'apprentissage (cinq années au total) est le résultat de beaucoup d'observations sur plusieurs aspects de la personnalité de l'élève, résultat qui n'a pas le caractère d'unilatéralité qui en pourrait dériver par la considération d'un aspect seulement.

Il faut ajouter qu'à l'orienteur reste encore la possibilité de veiller personnellement au travail de coordination des données qui concernent un nombre considérable d'individus, son travail étant largement réparti en égard du temps et notablement favorisé par l'aide demandée aux professeurs qui, il ne faut pas l'oublier, peuvent fournir de précieux éléments pour une exacte estimation des élèves.

Quoiqu'un type semblable d'organisation des services d'Orientation Professionnelle ne puisse recevoir une confirmation précise de son utilité pratique qu'après deux ans, on peut reconnaître que les résultats obtenus jusqu'à présent, après quatre ans d'activité du Bureau de Florence, sont assez satisfaisants.

Les examens psychotechniques effectués par milliers et toutes les données recueillies pendant les trois dernières années ont déjà permis de constater la bonté du système, au moins dans les lignes générales, et on peut espérer pour l'avenir des fruits encore meilleurs.

La pratique a montré en outre que cette espèce d'organisation scolastique des services d'Orientation Professionnelle peut être appliquée, avec de petites modifications, à tous les types d'écoles secondaires, y compris les écoles d'acheminement au travail industriel ou technique industriel, pour lesquelles et dans lesquelles le système a été étudié.

L'application extensive des principes de l'Orientation Professionnelle à l'étude de tous les élèves de chaque école, permet en outre d'éviter des méfiances ou des réserves de la part des élèves ou de leurs familles, qui sont tenues constamment au courant par notre Bureau, des résultats obtenus dans l'étude de chaque individu, et ne sont informées que sous forme aimable et confidentielle des modifications éventuelles qu'il faut apporter aux études de l'élève.

Enfin, selon les directives que MM. les Professeurs Scanga et Ponzo, délégués officiels du Gouvernement Italien au Congrès International de l'Instruction Technique à Barcelone, viennent de formuler dans leur « Rapport sur quelques problèmes de l'Orientation », on cherche par tous les moyens à convaincre l'élève que par une meilleure connaissance de ses aptitudes, comme celle qui peut lui être fournie par l'Orientation Professionnelle, il pourra beaucoup mieux supporter le difficile passage de l'école à l'apprentissage, ou plus précisément de l'école à la vie.

Ce résultat est certainement l'intention la plus haute et la plus noble de l'Orientation Professionnelle et il constitue le but vers lequel sont tendus tous les efforts qu'on accomplit dans le Bureau d'Orientation Professionnelle créé par la Commune de Florence.

BERUFSBERATUNG KRIMINELLER JUGENDLICHER.

OTTO SCHÜRER-WALDHEIM (Wien).

Früher war man in den „Besserungsanstalten" bestrebt, das berufliche Niveau der Zöglinge möglichst *tief* zu halten. Sie wurden ohne Rücksicht auf ihre individuellen Verschiedenheiten mit Land- und Hilfsarbeiten beschäftigt. Eine dauernde soziale Einordnung der Zöglinge wurde durch die geringe Förderung ihrer Erwerbsfähigkeit sehr erschwert. Heute wird die Erziehungsaufgabe in den Fürsorgeanstalten im Wesentlichen als eine *Erziehung zum Beruf* aufgefaßt und den Zöglingen eine *differenzierte* Berufsausbildung ermöglicht. Eine besonders großzügige Ausgestaltung hat die Bundesanstalt für Erziehungsbedürftige in *Kaiserebersdorf* (Wien) erfahren, der auf Grund des neuen österreichischen Jugendgerichtsgesetzes die Aufgabe zufiel, verwahrloste und kriminelle Jugendliche zur Gemeinschaft zurückzuführen. Die von A. *Seyss-Inquart* nach modernen Grundsätzen geleitete Anstalt verfügt über 16 vorzüglich eingerichtete handwerkliche Lehrwerkstätten, eine gewerbliche Fortbildungsschule, der auch eine kaufmännische Abteilung angegliedert ist, mehrere Hilfsarbeiterbetriebe und ein Landgut, das der Heranbildung qualifizierter Landarbeiter und der Umschulung gewerblich Ungeeigneter dient.

Der *Berufsberatung* ist durch die Reform des Fürsorgewesens ein neues Wirkungsfeld erstanden. In Kaiserebersdorf wurde eine mit allen wissenschaftlichen Behelfen ausgestattete Beratungsstelle errichtet, deren Untersuchungsergebnisse die Grundlage dieses Referates bilden.

Es hat sich als notwendig erwiesen, auch jene Zöglinge, welche schon vor der Unterbringung in der Anstalt beruflich tätig waren, einer Beratung zu unterziehen. Jugendliche, welche ihre Berufswahl richtig getroffen haben, gelangen selten in die Fürsorgeerziehung. Eine Rundfrage ergab, daß 70. v. H. von ihrem früheren Berufe nichts mehr wissen wollten. Die Berufsberatung der Anstaltszöglinge muß sich daher auf möglichst *komplex* angelegte Untersuchungen und auch auf *zeitlich ausgedehnte, individuell gerichtete Beobachtungen* stützen.

In Kaiserebersdorf wird jeder neue Zögling in der sogenannten Eingangsgruppe, die vom Berufsberater geleitet wird, untergebracht und zunächst *ärztlich,* dann auch *heilpädagogisch* und im gegebenen Falle *psychiatrisch* untersucht. Die heilpädagogische Diagnose besitzt durch die Stellungnahme zu den Ursachen der Verwahrlosung, vor allem aber durch die Feststellung degenerativer Merkmale und die körperliche *Typenbestimmung* für die Berufsberatung der kriminellen Jugendlichen nicht unerhebliche Bedeutung. Wenn auch selbstverständlich bei der Verwertung der Typenbestimmung für die Berufsberatung jede Schablone, jede Verallgemeinerung vermieden werden muß, so ist doch nicht zu leugnen, daß zwischen Körperbau und Beruf bestimmte Beziehungen bestehen, die ein Berufsberater, der über entsprechende Erfahrungen bezügl. dieser wissenschaftlich noch nicht genügend durchforschten Zusammenhänge verfügt, praktisch verwerten kann. Bei der allgemeinen Berufsberatung wird der Typenbestimmung zumeist wenig Beachtung geschenkt, bei jener der von der Norm abweichenden Jugendlichen stellt jedoch die *Typenforschung ein unentbehrliches Hilfsmittel* dar.

Vor der Entscheidung über die zu erfolgende Berufsausbildung werden die Zöglinge berufskundlich aufgeklärt und einige Wochen hindurch in einem Anstaltsbetrieb beschäftigt, in welchem sie sich nach freier Wahl im Sinne einer *beruflichen Vorbereitung* praktisch betätigen können. Hierdurch wird die Einordnung in eine Arbeitsgemeinschaft angebahnt, auch kann durch die Beobachtung bei der

Arbeit ein Urteil über die Anstelligkeit, Auffassung und Ausdauer gewonnen werden.

Die *psychotechnische* Prüfung, welche sich deswegen keineswegs erübrigt, gibt für *psychotherapeutische* Maßnahmen bei der Berufsberatung krimineller Jugendlicher überaus wertvolle Anhaltspunkte. Durch die auf das psychotechnische Prüfungsergebnis gegründete berufliche Verwertung bestimmter, meist stärker hervortretender Anlagen — z. B. der technischen oder kunstgewerblichen Begabung — kann das Selbstvertrauen dieser Jugendlichen, das zumeist durch verschiedene Erlebnisse erschüttert ist, in wirksamer Weise gefestigt werden. Doch soll sich die Beurteilung der Begabung auf besonders exakte psychotechnische Untersuchung stützen. Bei der Eignungsfeststellung dissozialer Jugendlicher ist daher den *Einzel*prüfungen gegenüber den Gruppenprüfungen der Vorzug zu geben.

Die wesentlich nach der kombinierten Methode des Jugendpsychiaters *Lazar* vorgenommenen *Intelligenzprüfungen* ergaben bei 1000 Versuchspersonen der Anstalt folgendes Gesamtbild:

Allgemeine Intelligenz:	%
gut	23,5
mittel	33,6
untermittel	39,2
schwach (debil)	3,7

Die *Minderbegabten* bilden die Mehrzahl, jedoch sind ausgesprochene Intelligenz*defekte* relativ selten. Die Anstaltsjugendlichen weisen allgemein sehr *geringe Schulkenntnisse* auf, wodurch ihre Einordnung in höher qualifizierte Berufe erschwert wird. So ergab eine Überprüfung der Rechengrundbegriffe, daß 43 v. H. der schulentwachsenen Zöglinge beim Eintritt in die Anstalt nicht dividieren konnten. Durch einen auf heilpädagogischer Grundlage gestellten *Nachschulungsunterricht,* welcher in Kaiserebersdorf für Handwerker im Rahmen der Fortbildungsschule stattfindet, können die Ausfallserscheinungen auf dem Gebiete der elementaren Schulbildung zu einem großen Teile kompensiert werden.

Bei den psychotechnischen Untersuchungen in Kaiserebersdorf hat sich die Ergänzung der schriftlichen Tests durch zahlreiche *Arbeitsproben* und eine möglichst *berufsnahe* Ausgestaltung der Prüfung als zweckmäßig erwiesen. Die Auswahl der Zöglinge zu Maschinenarbeiten, bei welchen sie selbst zu Schaden kommen, oder bedeutende Materialschäden verursachen können, muß nach rigorosen Gesichtspunkten getroffen werden, da sich unter den dissozialen Jugendlichen, vor allem aber unter den schwerer kriminellen Psychopathen, eine große Anzahl „*disponierter Unfaller*" befindet. Diese unfallsdisponierten Individuen zeigen charakteristische Merkmale, die auch dem Nichtmediziner erkenntlich sind. Man hat es auch hier mit bestimmten Typen zu tun, die bei aller Verschiedenartigkeit doch immer wieder anzutreffen sind. Bei der Berufsberatung sollte eigentlich *stets* zur Unfallsaffinität Stellung genommen werden. Nach dieser Richtung ist die Beratung noch sehr ausbaufähig. Unter den Jugendlichen, welche nach unserer Anstaltsstatistik eine erhöhte *Unfallsziffer* aufweisen — wobei zu den Unfällen auch die ganz leichten, scheinbar belanglosen, selbstverschuldeten Schädigungen gerechnet werden —, treten auch jene hervor, bei denen *Linkshändigkeit* festgestellt wurde. Auf die große Verbreitung der Linkshändigkeit bei den Kriminellen wurde schon von *Lombroso* hingewiesen.

Besondere Berücksichtigung bei der Berufsberatung abwegig gewordener Jugendlicher erfordert der in der Berufsanamnese häufig in Erscheinung tretende psychologisch aufschlußreiche *Berufs-* und *Lehrstellenwechsel.* Von 700 schulmündigen städtischen Zöglingen, die in Kaiserebersdorf in den Jahren 1930—1933 statistisch erfaßt wurden, hatten bereits 56% einen Berufswechsel vorgenommen, während 39% bei dem gewählten Beruf geblieben waren, und 5% noch keine Berufswahl getroffen hatten. Von den Erstgenannten hatte die Hälfte (also 28%) sogar öfters, bis zu 5mal, den Beruf gewechselt, wobei der Lehrstellenwechsel noch häufiger stattfand. Der Berufswechsel ist im 16. Lebensjahr, also im 2. Lehrjahre, am größten.

Die Eignungsuntersuchungen in Kaiserebersdorf ergeben die Tatsache, daß die berufliche Unbeständigkeit der dissozialen Jugendlichen viel häufiger, als es allgemein bekannt ist, durch *Fehlgriffe bei der Berufswahl* ausgelöst wird. Überaus ungünstig wirkt sich der *zu frühe Berufseintritt* der Jugendlichen aus.

Sehr aufschlußreich nach dieser Richtung hin sind die neueren Untersuchungen des Wiener Psychologischen Institutes, in welchen auf die Bedeutung des *Betätigungsdranges* und *Leistungswillens* hingewiesen wird. Statistisch wurde belegt, daß der kindliche Betätigungsdrang häufig in Bahnen führt, die dem später auftretenden Leistungswillen in keiner Weise entsprechen. Erst im 16. und 17. Lebensjahre kommt in unseren Breiten der Leistungswille zum Durchbruch. Das wesentliche an diesem ist, daß nicht mehr schlechthin ein Betätigungsdrang befriedigt sein will, sondern daß objektiv nützliche Arbeit verrichtet werden soll, die der Gemeinschaft zugute kommt. Sobald der gereifte Leistungswille sich geltend macht, wird von den Jugendlichen alles, was ihre Leistungsfähigkeit zu beschränken oder zu unterbinden vermag, besonders unangenehm empfunden. *Lau* hat durch Befragung von 3500 Lehrlingen einen *Zufriedenheitskoeffizienten* errechnet, der das Verhältnis der Lust- und Unlustkomponenten im Beruf angibt. Im dritten Lehrgang ergab der Koeffizient den geringsten Wert, wodurch die verstärkte Unzufriedenheit der 16- und 17jährigen zum Ausdruck kommt.

Nach den Beobachtungen in Kaiserebersdorf erfährt nicht nur der Berufs- und Lehrstellenwechsel, sondern auch die *Kriminalität* der Jugendlichen im 16. und 17. Lebensjahre eine bedeutende Steigerung. Von den Zöglingen der Anstalt sind 71 v. H. in diesem Alter erstmalig straffällig geworden. Obwohl der Kriminalität der Jugendlichen gerade in diesen Jahren auch andere Ursachen zugrunde liegen, weist doch das zeitliche Zusammentreffen der Berufskrisen und der gesteigerten Kriminalität auf enge Zusammenhänge hin. Diese ergeben sich vor allem aus den ungünstigen Einflüssen auf die jugendliche Psyche, welche durch den Zwang zu einem Beruf hervorgerufen werden, für den ihnen Eignung oder Interesse fehlt. *Jugendliche, deren Tatendrang von seinem natürlichen Wirkungsfeld abgelenkt wird, da sie keine Arbeit finden oder ihr Beruf ihrer körperlichen und seelischen Veranlagung nicht entspricht, sind für kriminelle Handlungen geradezu prädestiniert.*

Für eine bestimmte Art der Straffälligkeit, die mit den Berufswünschen und der Berufsergreifung innigst zusammenhängt, ist die Bezeichnung *„Berufsrache"* zutreffend. Jugendliche, deren Berufswünsche nicht in Erfüllung gehen, übertragen den Haß gegen den ihnen aufgezwungenen Beruf oft auf ihre Arbeitgeber oder auf die Eltern, die sie für die verfehlte Berufswahl verantwortlich machen. Aus Rache verweigern sie dann die Arbeit, begehen sie Diebstähle, verlassen sie das Elternhaus. Der sinnfällige Ausdruck für das Bestreben, so rasch als möglich von der verhaßten Arbeitsstelle fortzukommen, ist der Fahrraddiebstahl, der bei diesen Jugendlichen so oft zur Straffälligkeit führt. Besonders hervorgehoben zu werden verdient, daß es gerade die begabtesten und leistungsfähigsten unter den Jugendlichen sind, die sich zu verbrecherischen Handlungen hinreißen lassen, wenn ihr Beruf nicht ihrer spezifischen Neigung entspricht.

Auch bei jenen Jugendlichen, die einem *Schulstudium* nachgehen, tritt mitunter sehr deutlich der Einfluß eines gesteigerten, aber *fehlgeleiteten* Leistungswillens in Erscheinung. Die 16- und 17jährigen Schüler rücken oft von ihrem Lehrziel ab, sie vernachlässigen ihre Schulaufgaben, gehen aber eifrig einer Beschäftigung nach, welche ihre eigene Leistung klarer abschätzen läßt. Sie fühlen sich durch die Schule an der Entfaltung ihrer besten Kräfte behindert. Auf diese Art kommt es gleichfalls zu sozialen Entgleisungen, die sehr häufig kriminelle Formen annehmen. In Kaiserebersdorf befindet sich auch eine Anzahl ehemaliger Mittelschüler, die bis zur 6. Klasse emporstiegen und dann kriminell geworden sind. Man hat in der Anstalt mit entgleisten Mittelschülern, die unter Berücksichtigung ihrer Vorbildung gewerblichen Berufen zugeführt wurden, die besten Erfahrungen gemacht. Der verzögerte Eintritt in die Lehre wirkt sich bei den Mittelschülern nur günstig aus, da die *später getroffene Berufswahl entschlossener und differenzierter ist.*

Das berufliche Versagen der abwegigen Jugendlichen ist oft auf vergangene Fehler zurückzuführen, die beim heutigen Stand einer rationellen Berufsberatung vermieden werden können. *Unzulängliche Körperkraft* oder ein dem Beruf *diskrepantes Temperament* stellt sich bei der Arbeit gewöhnlich bald heraus. *Körperliche Gebrechen* wirken sich schwer berufshemmend aus, werden aber von den Jugendlichen oft mit großer Ausdauer zu überwinden versucht. Das Fehlen bestimmter, aber *für den Beruf unbedingt erforderlicher Fähigkeiten* hat für die Jugendlichen besonders unangenehme Folgen. Die Ursache ihrer beruflichen Fehlschläge wird in diesen Fällen vielfach zu spät oder gar nicht erkannt und die unzulängliche Arbeitsleistung auf mangelnden Fleiß oder negativistische Einstellung zurückgeführt.

Soziale Vorurteile der Eltern können den Jugendlichen auf einen Berufsweg drängen, dessen Anforderungen er nicht gewachsen ist. Ebenso gefährdet sind die Jugendlichen, die heute lediglich aus Furcht vor dem Erwerbsleben und der Arbeitslosigkeit zu einem Weiterstudium genötigt werden, für das ihre intellektuellen Fähigkeiten nicht hinreichen.

Unlust an der funktionalen Arbeitstätigkeit macht sich aber auch bemerkbar, wenn der Beruf *unter* dem Begabungs- und Leistungsniveau liegt. Für Kaiserebersdorf sind die Jugendlichen, welche aus einer sozial tiefstehenden und benachteiligten Position emporstreben, die dankbarsten Fälle. Ihr sozialer Aufstieg wird in der Anstalt in die Wege geleitet, wodurch sie rasch zur Gemeinschaft zurückfinden.

Bei den dissozialen Jugendlichen, die jeden Beruf entschieden ablehnen, der nicht ihrer Neigung entspricht, läßt der Berufswechsel mitunter deutlich *konstitutionelle Momente* als Ursache und in dieser Richtung bestimmte *Gesetzmäßigkeiten* erkennen. Die Tendenzen, die hier zur Geltung kommen und sich durchsetzen wollen, würden noch viel deutlicher in Erscheinung treten, wenn nicht durch die Auswirkungen der Wirtschaftskrise auf den Arbeitsmarkt das Bild verfälscht werden würde. Als ein spezifisch männlicher Grundzug kommt in der Berufsneigung vielfach ein ausgesprochenes Verlangen nach *Materialbeherrschung* zum Ausdruck. Die 14jährigen sind jedoch oft gar nicht im klaren, mit welchem Material sie arbeiten wollen oder ob sie einen Beruf vorziehen, der nicht auf Dienstbarmachung eines Materials gerichtet ist, wie etwa den Kellnerberuf oder Büroarbeit. Die frühe Berufswahl muß nicht selten revidiert werden, weil sich später ein Widerwille, ja sogar eine ausgesprochene *Abscheu gegen das Material* einstellt, das sie zu bearbeiten haben. So zeigt sich, daß Jugendliche, bei welchen im Laufe der individuellen Entwicklung feminine Züge hervortreten, vom Schlosser- und Mechanikerberuf, aber auch von der Holzbearbeitung abrücken und Berufen zustreben, die mehr den weiblichen Interessen und Bedürfnissen entgegenkommen. Andere Berufe, wie der des Herrenfriseurs oder des Schneiders, werden erfahrungsgemäß von Jugendlichen mit ausgesprochenem maskulinem Typus abgelehnt.

Wenn die Berufsberatung das durch intensive und auch zeitlich ausgedehnte Beobachtungen gewonnene Material richtig verwertet, hierbei auch die besondere Einstellung der Jugendlichen bezüglich des *Phantasielebens, künstlerischer Einschläge, Ideale* aus dem *Familienkreis* und dgl. berücksichtigt, gelingt es, sogar *Vaganten,* die dreimal und öfter ihren Beruf wechselten, dauernd an *eine* Arbeit zu binden.

Bei kriminellen Jugendlichen kann man auch oft beobachten, daß sie bestrebt sind, ihre *organischen und psychischen Minderwertigkeiten gerade im Beruf zu kompensieren.* Schwächliche Jungen streben hartnäckig Berufen zu, welche an die Körperkraft die größten Anforderungen stellen. Krüppel mit zwei Fingern wollen mitunter die schwierigsten Handarbeiten ausführen, andere mit Fußprothesen durchaus Laufbursche werden. Nahezu blinde Zöglinge streben dem Schneider- oder Uhrmacherberuf zu. Es gehört zu den schwersten Aufgaben der Beratungstätigkeit, dieses Kompensationsbedürfnis mit der Berufswahl in Einklang zu bringen. Manchmal kommt auch das Verlangen nach einer *moralischen* Kompensation im Berufswunsch zum Ausdruck. So wollen z. B. viele Jugendliche in Kaiserebersdorf zum Militär kommen oder Kriminalbeamte werden.

Während die dissozialen Jugendlichen, deren Verlangen nach Liebe in der Kindheit *vernachlässigt* wurde, fleißig und willig der beruflichen Ausbildung obliegen, welche die Anstalt für sie vorsieht, gestaltet sich die Berufseinordnung jener, welche in dieser Richtung *übersättigt* wurden, gewöhnlich schwierig. Ihrem Bestreben, durch *willkürlichen Arbeitswechsel* allen Widerständen auszuweichen, muß in der Anstalt energisch entgegengetreten werden. Mitunter ist eine geordnete berufliche Entwicklung nur durch weitestgehende Eliminierung des elterlichen Einflusses möglich.

Pathologische Fälle, besonders jene schwerer Form, die auch beruflich zumeist nicht zu befriedigen sind, trifft man unter den verwahrlosten Jugendlichen selten an. Selbst die *Postenzephalitiker,* deren soziale Einordnung durch die Neigung zum kriminellen Rezidiv erschwert wird, sind guter beruflicher Leistungen fähig. Häufig ist es notwendig, leichte pathologische Formen, wie die leichten Arten der *intellektuellen Defekte,* einer Erwerbstätigkeit zuzuführen.

Die Berufstätigkeit der straffällig gewordenen *Debilen* ist nicht nur durch geistige Mängel, sondern zumeist auch durch bedeutende physische und moralische Defekte herabgesetzt. Vielfach bevorzugen sie *monotone* Arbeiten. Bei handwerklichen Arbeiten können sie ihre primären Ausfallserscheinungen durch Übung teilweise kompensieren, jedoch sind ihrer *Übungsfähigkeit* bestimmte *Grenzen* gesetzt. Sie scheitern, sobald sie vor Situationen gestellt werden, die Denk- und Urteilskraft, Entschluß und selbständiges Handeln erfordern. Sie sind daher von jeder Maschinenarbeit fernzuhalten. Am besten hat sich in der Anstalt ihre Verwendung bei landwirtschaftlichen Arbeiten erwiesen.

Bei den rohen, *gefühlsstumpfen und gewalttätigen Psychopathen* tritt das Verlangen nach Materialbeherrschung stark hervor. Sie bearbeiten vorzugsweise *hartes* Material, weswegen sie uns meist als Schlosser, Schmiede, Maurer begegnen. Es übt auf sie einen günstigen Einfluß aus, wenn unter ihrer Hand deutlich sichtbare Gebilde entstehen. Garten- oder Landarbeit, die sich sonst bei Psychopathen günstig erweist, wird von ihnen meist abgelehnt.

Jugendliche *Hyperthymiker* müssen möglichst in Berufe gelenkt werden, die ihrer lebensbejahenden Natur entsprechen. Sie verlangen nach einer Tätigkeit, die Abwechslung und Umgang mit Menschen bringt. Umgekehrt müssen die *depressiven*, verschlossenen Naturen, die der Geselligkeit ausweichen, in Berufe geführt werden, die ihrer autistischen Einstellung entgegenkommen. Eine Berufswahl, die nicht der Stimmungsfarbe der Hyperthymiker, beziehungsweise der Depressiven entspricht, führt bei ihnen regelmäßig zur Dissozialität.

Neurotische Symptome der Psychopathie sind einer ungestörten Berufsentwicklung sehr hinderlich, da sie mit mannigfachen Hemmungen verknüpft sind. Die Jugendlichen sind unfähig, einen Entschluß zu fassen und wagen sich an keine Arbeit heran. Die Berufsberatung muß ihre Unfallsdisposition berücksichtigen. Jugendliche mit *hysterischen* Symptomen begeistern sich sehr leicht für einen Beruf, besitzen jedoch zumeist keine Ausdauer.

Um die kriminellen Jugendlichen, vor allem die Psychopathen, vor dem *Gewohnheitsverbrechen* zu bewahren, ist es mitunter notwendig, sie unter besonderer Bedachtnahme auf das *moralische Eignungsmoment* von bestimmten Berufen abzuhalten, die für ihre abnorme psychische Artung Gefahren in sich bergen. Aus der Aufstellung der Verbrechensquotiente der einzelnen Berufe auf Grund der kriminalbiologischen Statistik ergibt sich ganz deutlich, welche Gefahren bestimmte Berufe und Berufsgruppen für ungefestigte Personen in sich bergen.

In Kaiserebersdorf werden Zöglinge, die aus den metallverarbeitenden Gewerben kommen, v. a. Schlosser und Mechaniker, auch bei sonst guter Berufseignung, in ihrem Beruf nicht weiter ausgebildet, wenn sie wegen Einbruches vorbestraft sind. Dies schon mit Hinblick auf die Genossenschaften, die sonst wohlbegründeten Einspruch erheben würden. Von *kaufmännischen* Berufen sind vor allem Hochstapler mit Betrugsdelikten fernzuhalten. Auch der *Kellnerberuf* ist für moralisch ungefestigte Jugendliche minder geeignet, obwohl die Gefahren der Berufstätigen im Gastgewerbe nicht verallgemeinert werden dürfen. Vom *Friseurberuf* werden in der Anstalt Zöglinge abgehalten, deren Straffälligkeit mit konvertierter sexueller Einstellung im Zusammenhang steht. Bei den *Bäcker*lehrlingen muß die Berufsberatung darauf Bedacht nehmen, daß ihre Kriminalität oft auf Trunksucht und nervöse Reizbarkeit zurückzuführen ist, die durch die Hitze bei der Ofenarbeit gesteigert werden kann.

Landwirtschaftliche Ausbildung und *Umschulung* ist für die kriminelle Jugend von größter Bedeutung und wird auf dem Landgut der Anstalt großzügig durchgeführt. Die städtischen Zöglinge müssen *allmählich an das Landleben gewöhnt* und möglichst *vielseitig* ausgebildet werden. Durch das Erlernen qualifizierter Arbeiten wird ihre mit dem Vorteil einer günstigen *Milieuveränderung* verbundene Unterbringung am Land sehr erleichtert. Wichtig ist, daß die Ausbildung möglichst *früh* einsetzt.

Durch die fachgemäße Berufsberatung wurde in Kaiserebersdorf trotz der Schwierigkeit des Zöglingsmaterials ein kontinuierlicher und durch keinen störenden Arbeitwechsel der Zöglinge beeinträchtigter Werkstätten- und Schulbetrieb gewährleistet und die *Produktivität* der Werkstätten erheblich gesteigert. Die *Unfallsziffer* der Anstalt hält sich auf einem Niveau, das sogar unter jenem der Lehrwerkstätten privater Unternehmungen liegt. Die zweckmäßige Arbeitseinteilung hebt die *Arbeitsfreude* der Zöglinge und schafft die Voraussetzungen für nachhaltende heilpädagogische Erfolge. Wie die Berichte über die entlassenen Zöglinge zeigen, bewähren sie sich meist auch auf ihren späteren Arbeitsplätzen, wo sie zunächst die Vorurteile überwinden müssen, die gegen abwegig gewesene Jugendliche in weiten Kreisen herrschen. Die berufliche Tüchtigkeit ehemaliger Anstaltszöglinge wurde von vielen Meistern, Genossenschaften usw. anerkannt. Die *Rückfälligkeit* ist trotz der Ungunst der Zeiten relativ gering.

Die Beobachtungen in Kaiserebersdorf berechtigen zu der Folgerung, daß unter den Maßnahmen, die zur *Einschränkung der Jugendkriminalität* getroffen werden können, einer *wohlorganisierten und alle Jugendlichen umfassenden Berufsberatung* eine hervorragende Bedeutung zukommt. *Sie wird sich besonders dann prophylaktisch bewähren, wenn sie das Berufsproblem möglichst rein als ein individuelles, psychophysisches behandeln und den Ergebnissen der entwicklungspsychologischen Forschung Rechnung tragen kann.* Die modernen Bestrebungen, den Berufseintritt der Jugend durch Vorlehren und Berufsschulen bis zur wirklichen Berufsreife hinauszuschieben, erleichtern auch der Berufsberatung die Aufgabe, dem Schaffensdrang der Jugend die richtigen Wege zu weisen und dadurch die Gesellschaft vor künftigen Rechtsbrechern zu bewahren.

ÜBER DIE AUSWAHL DER KANDIDATINNEN FÜR DIE PFLEGERINNENSCHULE AUF GRUND DER INTELLIGENZPRÜFUNGEN.

A. SMRŽOVÁ (Prag).

In meinem Referate möchte ich einen Bericht über die Forschungen erstatten, die in dem Berufsberatungsamte in Prag I, Křižovnická 5, durchgeführt wurden, und sich auf das Problem beziehen, inwieweit es möglich ist, auf Grund der in einer Intelligenzprüfung erhaltenen Resultate verläßlich einen Erfolg bei der Absolvierung der staatlichen Pflegerinnenschule in Prag vorauszusehen. Den ersten Teil der Forschungen, welcher sich auf die Schülerinnen des ersten Jahrganges im Schuljahre 1931—32, die in die Schule ohne psychologische Untersuchung aufgenommen wurden, bezog, hat Dr. Váňa durchgeführt; den zweiten Teil der Untersuchung, der sich auf die

Schülerinnen, die bereits auf Grund einer Auswahl aufgenommen wurden, bezieht, habe ich durchgeführt.

Die Verwaltung der staatlichen Pflegerinnenschule hat sich für die Auswahl eigener Schülerinnen auf Grund einer psychologischen Untersuchung nach ungünstigen Erfahrungen entschlossen, und zwar deshalb, weil die damaligen Aufnahmsbedingungen, von denen ich noch später sprechen werde, nicht imstande waren, einen größeren Zustrom von Schülerinnen zu verhindern, deren geistige Fähigkeit den Anforderungen der Schule keineswegs entsprach. Diese Schülerinnen bestanden teilweise überhaupt nicht bei den Prüfungen, oder erreichten so schlechte Erfolge, daß sie in die Praxis mit einer Bezeichnung als minderfähige Kräfte traten und deshalb begrenzte Möglichkeiten hatten, im Pflegerinnendienste oder im administrativen Dienste eines Krankenhauses, angestellt zu werden (wozu sie doch in der Schule erzogen wurden).

Das Studium an der staatlichen Pflegerinnenschule zu Prag ist in zwei Jahrgänge gegliedert. Im ersten Jahrgange ist die Schulung theoretisch, im zweiten praktisch. Der Unterricht liegt in den Händen von Professoren und Dozenten der medizinischen Fakultät der Karlsuniversität. Aufnahmsbedingungen sind wie folgt: Alter von 18—30 Jahren, Wohlverhaltung, Absolvierung des dritten Jahrganges einer Bürgerschule, körperliche und geistige Gesundheit. Die Schülerin kann wann immer aus der Anstalt entlassen werden, und zwar wegen unangemessenen Verhaltens, oder wegen körperlicher oder geistiger Unfähigkeit. Das Studium wird mit einer Staatsprüfung aus allen theoretischen und praktischen Hauptgegenständen beendigt.

Wie aus dieser Beschreibung ersichtlich ist, ist die psychologische Eignung der Schülerinnen besonders im ersten Jahrgange durch die Fähigkeit zu einer intellektuellen ziemlich komplizierten Arbeit gegeben. Bei der ersten Forschung hat es sich um zwei Probleme gehandelt. Erstens um die Frage, ob die Intelligenzprüfungen genügend verläßlich den Erfolg der Schülerinnen voraussehen und im günstigen Falle, was für ein minimales Niveau der Intelligenz für eine erfolgreiche Absolvierung der Schule notwendig ist.

Zur Untersuchung der Intelligenzstufe von 53 Schülerinnen des ersten Jahrganges der Pflegerinnenschule hat man eine Gruppenintelligenzprüfung von Dr. Váňa benützt. Es ist eine Zusammenstellung von sieben Prüfungen nach amerikanischem Muster der Gruppenprüfungen. Auf Grund von Altersnormen kann man die Erfolge mit dem I Q bezeichnen. Diese Prüfung wird in den Berufsberatungsämtern in Böhmen benützt. Die Prüfung bewährt sich und ihre Verläßlichkeit ist auf derselben Höhe wie diejenige anderer Gruppenprüfungen, welche im Auslande benützt werden.

Es hat sich gezeigt, daß die Ausdehnung der Unterschiede im Niveau der Intelligenz der Schülerinnen des ersten Jahrganges beinahe dieselbe ist, wie wir sie im normalen Muster der Population treffen. Der niedrigste Intelligenzquotient ist gleich 70, der höchste

136, der durchschnittliche I Q ist 99 und die Standardabweichung 14,3. Es wurden also in die Schule Schülerinnen von äußerst verschiedener Intelligenz aufgenommen.

Im Laufe des ersten Schuljahres müssen sich die Schülerinnen Prüfungen aus 15 Gegenständen unterziehen. Die zwei ersten aus Anatomie und Physiologie entscheiden über die definitive Aufnahme der Hörerinnen. Diejenigen, welche diese zwei Prüfungen nicht mit Erfolg ablegen, werden dann aus der Schule entlassen. Bei den übrigen Prüfungen ist schon die Möglichkeit vorhanden, die Prüfung wiederholen zu können.

Von den 49 Schülerinnen (4 haben die Schule aus anderen Gründen als wegen Unfähigkeit verlassen) haben 9 die Prüfung aus Anatomie oder Physiologie nicht bestanden, das heißt 18,4%. Ihr durchschnittlicher I Q ist 86,6. Der durchschnittliche I Q derjenigen, welche die Prüfung bestanden haben, ist 102. Mit Ausnahme von einem Falle sind nur Schülerinnen mit I Q unter 95 durchgefallen.

Dieser Ausnahmsfall war eine Schülerin mit I Q 115, die wegen Mangel an Fleiß durchgefallen ist. Nach den Informationen der Schule handelte es sich um ein verwöhntes Mädchen, welches die Schule nur deshalb besuchte, um in Prag leben zu können. Unter den Schülerinnen, welche die Prüfung bestanden haben, befindet sich im Gegenteil nur ein Fall, deren Intelligenzstufe weit unter I Q 95 war. Diese Schülerin wird auch von den Professoren als die schlechteste und als Last der Schule bezeichnet.

Die Korrelation zwischen I Q und dem Erfolge bei der ganzen Gruppe (die Schülerinnen, welche die Prüfungen nicht bestanden haben, eingerechnet) wurde auf die Art errechnet, daß man sämtliche Schülerinnen in zwei Gruppen, und zwar mit einem guten und mit einem schlechten Erfolge geteilt hat. Unter die Schülerinnen mit einem schlechten Erfolge hat man 25% der schwächsten derjenigen, die die Prüfung bestanden haben (Durchschnittsnote 1,8 und schlechtere) und dann sämtliche durchgefallene eingerechnet. Die übrigen hat man in die Gruppe mit gutem Erfolg eingeteilt. Durchschnittlicher I Q für Schülerinnen mit gutem Erfolge war 105,7, für Schülerinnen mit schlechtem Erfolge 88,9. Wenn uns diese Durchschnitte und σ_{IQ} für die ganze Gruppe bekannt sind, dann können wir die Korrelation zwischen I Q und dem Erfolge mit dem biserialen r nach der Formel von Kelley

$$ r = \frac{M_1 - M_2}{\sigma} \cdot \frac{pq}{z}, $$

wahrscheinlicher Fehler

$$ r = 0.6745 \frac{\left(\frac{\sqrt{pq}}{z} - r^2 \right)}{\sqrt{N}}, $$

wo p und q, den Proportionen der Fälle in beiden Gruppen gleichen. In unserem Falle wurde r 0,72 ± 0,07 festgestellt.

Diese Forschung hat auch die zweite Frage beantwortet, das heißt, was für eine Intelligenzstufe zur erfolgreichen Absolvierung dieser Schule als minimale betrachtet werden kann. Die kritische Grenze zwischen dem guten und schlechten Erfolge hat sich in der Gruppe I Q 86—95 gezeigt, und es war deshalb möglich, als niedrigste erforderliche Intelligenzstufe bei der Schülerinnenauswahl I Q 95 festzustellen.

Auf Grund dieser Forschung erfolgte dann die Schülerinnenauswahl für die Pflegerinnenschule im nächsten Schuljahre. In dem Berufsberatungsamte hat man 113 Bewerberinnen untersucht, nachdem sie vorher die Ärztin der Pflegerinnenschule als körperlich fähig erklärte. Der niedrigste I Q war 71, der höchste 127, der Durchschnitt 101,2 und die Standardabweichung 12,8. In dieser Gruppe wurden 18 Kandidatinnen (15,8%) nach der psychologischen Untersuchung als für das Studium ungeeignet bezeichnet, 18 Kandidatinnen (15,8%) nur versuchsweise, und 77 Kandidatinnen (68,4%) als gut geeignet zum Studium empfohlen.

In den ersten Jahrgang 1932—33 wurden 61 Schülerinnen aufgenommen. In dieser Gruppe waren nur 2 Schülerinnen, welche auf Grund der psychotechnischen Untersuchung als ungeeignet bezeichnet wurden und 3, die nur zur provisorischen Aufnahme empfohlen wurden. Der Mitteilung nach, welche uns die Schulverwaltung am Jahresschluß zusandte, wurden 4 Schülerinnen wegen körperlicher Unfähigkeit entlassen und 5 andere sind freiwillig aus Familien- oder anderen Gründen ausgetreten. Es ist also eine Gruppe von 52 Schülerinnen geblieben, von denen 49 entsprachen und nur 3 durchgefallen sind, das heißt im Vergleich mit dem Vorjahre, in welchem die Schülerinnen ohne jedwede psychologische Auswahl aufgenommen wurden, eine Besserung um 68,4%. Die 3 Schülerinnen, welche nicht entsprachen, erreichten einen I Q von 92, 98, 101. Bei einer der Schülerinnen, die infolge eines höheren I Q als 95 vom Berufsberatungsamt empfohlen wurden, handelte es sich nach der Mitteilung der Schule beim Durchfallen bei der Prüfung um Mangel an Fleiß, die andere hat nur wegen Furcht vor der Prüfung nicht zusammenhängend geantwortet und soll angeblich nur aus diesem Grunde die Prüfung nicht bestanden haben. Die Schülerin mit der Intelligenz unter 95, die vom Berufsberatungsamte versuchsweise empfohlen wurde, war vom Lande, hat sich sehr schwer in die neuen Verhältnisse gefügt, war bereits 10 Jahre aus der Schule und es wäre nach den Schulangaben anzunehmen, daß sie nicht Schritt halten konnte. 2 Schülerinnen, welche das Berufsberatungsamt als ungeeignet bezeichnete, und die trotzdem von der Schule aufgenommen wurden, haben zwar beide bestanden, jedoch mit einem sehr schlechten Erfolg.

Wenn wir also sämtliche Schülerinnen auf dieselbe Art in zwei Gruppen teilen, die wir vorher beschrieben haben, erhalten wir in der Gruppe mit einem schlechten Erfolge (Durchschnittsnote 1,9 und schlechtere) einen Durchschnitt von I Q 97,6, in der Gruppe mit einem guten Erfolg 101,1, σIQ der ganzen Gruppe ist 1,151. Daraus ergibt sich der biseriale Korrelationskoeffizient $r = 0,595 \pm 0,09$. Die Korrelation muß selbstverständlich niedriger sein als die Korrelation bei der ersten Untersuchung, weil sämtliche Fälle mit einem niedrigen I Q, welche den Korrelationskoeffizient stark erhöhen, durch die Auslese entfallen.

Aus diesen Forschungen folgt, daß wir mit genügender Genauigkeit auf Grund der Intelligenzprüfungen Erfolg in dem Studium an der Pflegerinnenschule voraussagen können. Es ist interessant zu bemerken, daß die ärztliche Prognose in diesem Falle keineswegs verläßlicher war, denn ich erlaube mir zu wiederholen, daß von den 61 aufgenommenen Schülerinnen aus Gesundheitsrücksichten 4, daß heißt 6,5%, während des Schuljahres und wegen mentaler Unfähigkeit 3, daß heißt 4,9% entlassen wurden. Wie gesagt, hat es sich bei der Untersuchung um Anwendung nur einer Prüfung gehandelt. Es ist gewiß nicht notwendig zu betonen, daß wir dem I Q, welcher auf Grund einer keine volle Stunde dauernden Prüfung festgestellt wurde, keinen absoluten Wert zuschreiben. In unsicheren Fällen haben wir immer eine individuelle Prüfung benützt (Terman u. a.). Eine angemessene Stufe der Intelligenz gilt zwar als eine unbedingte Voraussetzung für guten Studienerfolg an dieser Schule, selbstverständlich ist es aber nicht der einzige Faktor. Es wirkt hier eine ganze Reihe von anderen Komponenten mit, unter welchen bestimmt die Charaktereigenschaften eine wichtige Rolle spielen. Versuche in dieser Beziehung sind schon in Arbeit. Gelingt es uns, diese Eigenschaften mit derselben Verläßlichkeit festzustellen, wie es bei der Untersuchung der Intelligenz geschieht, erhöht sich die Sicherheit unserer Prognose wieder um einen Schritt in der Richtung zum wünschenswerten Ausmaß.

ZUM AUFBAU DER PSYCHODIAGNOSTIK.

J. STAVĚL (Bratislava).

Das Bestreben nach psychologischer Erfassung der Einzelperson kommt immer mehr zur Erkenntnis, daß man mit eindimensionaler Psychodiagnostik, ob es sich nun um Leistungsdiagnostik oder Ausdrucksdiagnostik handelt, nicht auskommt, mindestens nicht bei schwierigeren Aufgaben. Wenn aber eine, wie ich sie nennen möchte, mehrdimensionale Psychodiagnostik notwendig ist, erwächst gleich die Frage nach ihren Einzeldimensionen und die bisher weniger beachtete Frage nach deren Beziehungen und organischem Aufbau. Zu diesem Fragenkomplex möchte ich einige Bemerkungen hinzufügen.

Für kompliziertere Aufgaben (z. B. Mittelschulabiturientenberatung) kommen heute hauptsächlich in Betracht: Leistungsdiagnostik,

Angabediagnostik und Ausdrucksdiagnostik. Wir können hoffen, daß sich ihnen später die grundlegendste, nämlich die Konstitutionsdiagnostik, in besser durchgearbeiteter Form als sie heute in Erscheinung tritt, zugesellen wird. Vorläufig sehen wir von ihr ab, ebenso wie von Methoden, die nur für Spezialfälle in Betracht kommen, wie Assoziationsexperiment, Rorschach usw.

Nachdem die Grenzen der Leistungsdiagnostik erkannt wurden, ist in neuerer Zeit als Vervollständigung immer mehr die Angabediagnostik ausgearbeitet worden. Unter diesem Namen fasse ich alle Methoden zusammen, die durch mündliches Befragen oder Fragebogen Angaben gewinnen: 1. Über die nackten Tatsachen des Lebenskreises des zu Untersuchenden. 2. Über seine verflossenen oder gegenwärtigen seelischen Inhalte, seine Erlebnisse und über sein äußeres Verhalten. 3. Über seine Ziele und Ideale. Hieher gehören nicht nur die üblichen Personalfragebogen und Interessenfragebogen, sondern auch viele der sogenannten „Charaktertests" (z. B. Woodworth-Cady Questionnaire, Colgate Mental-Hygiene-Test, Allport-Wernon'sche Study of Values Test, verschiedene Tests der Introversion, Extraversion usw.). Die einzelnen Methoden dieser Angabediagnostik haben sehr verschiedenen Wert, so daß ein allgemeines Urteil nicht möglich ist. Jedenfalls ist es zu begrüßen, daß bei genauer standardisierten Fragebogen besonders von Seiten der Amerikaner immer größeres Gewicht auf die Feststellung des Verläßlichkeitskoeffizienten gelegt wird, was von freier gestalteten Interviews und Fragebogen nicht gesagt werden kann. Bei den letztgenannten wird der Subjektivität der Analyse und der Deutung keine Grenze gezogen, tief und schief Gesehenes reicht sich hier manchmal gefährlich die Hand, besonders in psychoanalytisch orientierten Deutungen. Die Forschungen über den Verläßlichkeitsgrad der durch Interview und allgemeine Fragebogen erzielten Resultate sind spärlich und ihre Ergebnisse meistens nicht ermunternd.

Die bisherigen Erfolge mit der Leistungs- und Angabediagnostik bekräftigen folgendes Urteil: Jede dieser beiden großen Richtungen ist zur Erfassung eines bestimmten Gebietes der Persönlichkeit geeignet; hier arbeitet sie adäquat und ist durch keine andere zu ersetzen. Von gewissen, wenn auch nicht allen Fähigkeitsdispositionen der Person können uns nur aktuelle Leistungsexperimente genauere Auskunft geben, u. zw. umso adäquater, je weniger in die betreffende Fähigkeit auch psychomodale und emotionelle Faktoren eingreifen. Das Risiko des Versagens bei dem Leistungsexperiment wächst aber, wenn man es auf ein anderes Gebiet, das der Psychomodalität (worunter Ablaufs- und Struktureigentümlichkeiten, wie Temperamenteigenschaften u. ä. zu verstehen sind) und des Trieb- und Gefühlslebens ausdehnt. Diese Art der Ausdehnung wurde von Seiten der Psychotechnik immer versucht. Hieher gehören die eigentlichen Charaktertests, sowohl die europäischen (z. B. von Schulte oder Henning), als auch die amerikanischen (Voelker, Hartshorne, Trow,

Moore, Gilliland usw.). Dieser Weg ist voll von Sackgassen. Ein Schulbeispiel dafür ist der heute auch von kritischen Amerikanern, z. B. Symonds, anerkannte Zusammenbruch des Will-Temperament-Tests von Downey. Der Hauptgrund der Mißerfolge ist das meistens paradoxe Bemühen, dem Gebiete des unwillkürlichen Ausdrucks durch das Medium der sehr willkürlichen, unter ungewohnten Laboratoriumsverhältnissen und durch eindeutige Aufgabestellung determinierten Leistungen nahe zu kommen. Es wird dabei das elementarste psychologische Gesetz unbeachtet gelassen, daß die Leistung um so mehr ausdrucksbeladen ist, je mehr sie dem Fokus der Aufmerksamkeit entzogen ist.

Ebenso wie die Leistungsdiagnostik zu gewissen Seiten der persönlichen Fähigkeitsdispositionen, steht die Angabediagnostik in adäquater Beziehung zum Gebiete der genetischen und (im Jasperschen Sinne des Wortes) verständlichen Zusammenhänge und kann hier durch keine andere ersetzt werden. Daß man diesen Zusammenhängen immer größere Aufmerksamkeit schenkt, ist nur zu begrüßen. Es bedeutet die gesunde Reaktion gegen die einseitige Auffassung, die in der menschlichen Persönlichkeit nichts als ein Gefüge von biologisch fest angelegten Dispositionen sieht, so als ob nichts Fließendes, sich Entwickelndes, d. h. zugleich auch Milieu- und Sozialbedingtes da wäre und als ob die Schicht der sozialen und anderen Bindungen, des Ideal-Ichs, der Gesinnungen, der bewußtangelegten Strebungen und Interessen nicht eine wichtige und auch sehr wesentliche Seite der Persönlichkeit ausmachen würde.

Aber wenn auf der anderen Seite ein Psychotechniker glaubt, auf dem Wege der Angabediagnostik restlos und verläßlich bis zu den ursprünglicheren Trieb-, Gefühls- und Temperamentseigentümlichkeiten durchdringen zu können, so läuft er wieder Gefahr, die Tragweite der Methode zu überschätzen. Ein wissenschaftlich strengeres Erschließen von gewissen Seiten des affektiven und psychomodalen Gebietes verlangt nämlich wieder eine angemessene Methode. Anspruch auf Adäquatheit kann, abgesehen von der Konstitutionsdiagnostik, die noch allzuviel in den Ansätzen steht, nur die Ausdrucksdiagnostik erheben. Von ihren Teilgebieten ist für die vorerwähnten praktischen Aufgaben (Studentenberatung u. ä.) am brauchbarsten die Analyse der handschriftlichen Ausdruckssymptome, weil sie bisher am meisten durchgearbeitet ist und weil sie unter anderem auch leicht eine Überkontrolle der Befunde gestattet. Die Psychotechnik sollte selbstkritisch anerkennen, daß die übliche Begrenzung der Ausdrucksdiagnostik auf Nebenbeobachtungen des Gesamtverhaltens während der Untersuchung und auf Gesamteindrücke nur für einfachere Fälle genügen kann. Bei schwierigen Aufgaben und differenzierteren Persönlichkeiten ist die Analyse der handschriftlichen Ausdruckssymptome diesen Nebenbeobachtungen des Verhaltens weit überlegen. Diese Analyse sollte in den Gang der Untersuchung als eine selbständige Etappe an bestimmter Stelle eingeschoben werden.

An welcher Stelle dies zu geschehen hat, wird ersichtlich durch den Hinweis auf die Grenzen der graphologischen Analyse. Die intuitive Graphologie kommt für die wissenschaftliche Praxis nicht in Betracht. An dem, was von der Graphologie dann übrig bleibt, ist das wertvollste ihr analytischer Kern. Durch Untersuchung der Konsistenzen und Gruppierungen der Ausdruckssymptome in der Handschrift kann man in erster Linie eine Reihe von relativelementaren Eigenschaften und Seiten des psychomodalen und affektiven Gebietes ermitteln, wie Stabilität-Labilität, Spannkraft-Spannungslosigkeit, Hemmungsbereitschaft-Ableitungsbereitschaft usw. Das Unspezifische dieser analytischen Ermittlungen ist kein Nachteil, sondern vielmehr ein Vorteil der Methode. Es hat nämlich wichtige Beziehungen zur Ermittlung der mehr oder weniger generellen Eigenschaften, d. h. solcher, die in mehrere verschiedene Verhaltensformen als mitkonstituierende Momente eingehen können. Die Feststellung dieser mehr oder weniger allgemeinen Eigenschaften ist aber gerade für die Berufsberatung von eminenter Bedeutung. Man kann bei den psychologischen Berufszuordnungen umso souveräner vorgehen, je mehr es gelungen ist, bis zur Grundschicht dieser relativ generellen Dispositionen durchzudringen. In der Notwendigkeit dieser Durchdringung unterscheidet sich eben eine breiter angelegte psychologische Berufsberatung von psychologischen Ausleseprüfungen. Diese müssen wegen der Enge des Zuordnungsproblems nicht so tief in das Gebiet der mehr oder weniger generellen Eigenschaften eindringen, sondern können mehr oberflächenhaft, durch direkten Schluß auf Grund spezieller Leistungsgestalten ohne tiefere analytische Vorphase arbeiten. Daß nur eine solche weitgehend *analytische* und deswegen relativ breitere, Eigenschaften und Faktoren ermittelnde Vorphase die Grundlage für eine differenziertere Berufsberatung bilden kann, darf ich als ziemlich allgemein anerkannt voraussetzen. Es ist aber das Verdienst Prof. Spearmans, daß er mit Nachdruck auf die Unzulänglichkeit der bisherigen Analyse hingewiesen hat. Diese Analyse hat, anstatt wirklich eine solche zu sein, manchmal ganz naiv, einfach eine bestimmte spezielle Leistungsgestalt als genügendes Symptom einer breiteren Disposition betrachtet. Prof. Spearman hat auch darauf hingewiesen, daß z. B. ein aus mehreren Teilaufgaben zusammengesetzter Intelligenz-Test in Wirklichkeit einen Analyse-Mechanismus bedeutet, durch den das gemeinsame „g" annähernd herausgehoben wird, und er hat auch Methoden zur strengen Faktoren-Analyse ausgearbeitet. Diese Art der Faktoren-Analyse ist hauptsächlich am Platze, wenn man vom Leistungsmaterial ausgeht. Daneben ist aber zu betonen, daß zur Feststellung gewisser — wie alles anzeigt — ebenfalls mehr oder weniger allgemeinen psychomodalen und affektiven Eigenschaften die Ausdrucks-Analyse einen adäquateren Weg bedeutet.

Nun ist aber klar, daß mit dem Herausanalysieren der generellen Eigenschaften die Psychodiagnostik nicht enden kann. Der soweit wie möglich getriebenen Analyse muß die Ermittlung der speziellen und derivativen Eigenschaften, Verhaltens- und Leistungsdispositionen folgen. Die Psychodiagnostik kann sich um so eher an schwierigere Aufgaben wagen, je mehr sie sich von dem heute noch meist üblichen Verfahren emanzipiert, bei dem einerseits die strengere Analyse nicht weit genug durchgeführt, andererseits das Problem der psychischen Synthesen (wodurch aber keine „Und-Verbindungen" gemeint sind) nicht in seiner ganzen Schwierigkeit erfaßt, geschweige denn gelöst wird. Das gilt auch von der Graphologie. Wenn wir auch von ihr eine reinlichere Scheidung des analytischen und des synthetischen Schrittes verlangen, so wird noch mehr als bisher die Frage aktuell, mit welchen Mitteln, wie weit und mit welcher Verläßlichkeit sie diesen zweiten, synthetischen Schritt verfolgen kann. Die bisherigen Erfahrungen sprechen dafür, daß von einer bestimmten Grenze an, sich die Graphologie auf diesem Wege in das Reich ziemlich hypothetischer psychologischer Kombinatorik begeben muß. Solche Deduktionen können aber wegen ihres zu kleinen Verläßlichkeitsgrades nicht mehr für eine verantwortliche Psychotechnik in Betracht kommen. Diese Gefahr der Überspannung der Tragfähigkeit ist umso größer, je mehr sich die Graphologie vom Gebiet der Psychomodalen- und Gefühlsqualitäten in das Gebiet der Leistungsdispositionen begibt. Das soll natürlich nicht heißen, daß der Graphologie die Diagnose der Leistungsfähigkeiten überhaupt verschlossen wäre. Sie scheint ihr besonders in dem Maße zugänglich zu sein, in dem die Leistungsfähigkeiten mit psychomodalen und Gefühlsfaktoren zusammenhängen, also weit genug in. Anbetracht der Innigkeit dieser Zusammenhänge. Aber jedem Psychotechniker, dem die Mannigfaltigkeit von verschiedenartig neben- und übereinander gelagerten und teilweise auch abgespalteten Leistungsdispositionen und Funktionen fühlbar wird, muß klar sein, daß die Graphologie zur vollkommenen Erfassung dieses Gebietes absolut nicht genügen kann.

Dadurch kommen wir zu der mehr technischen, dafür aber nicht unwichtigen Frage nach der Stelle der Graphologie und der vorerwähnten Methoden in der praktischen Gestaltung der mehrdimensionalen Psychodiagnostik. Es sollte nach dem Gesagten klar sein, daß diese Gestaltung nicht so sehr in dem Nebeneinander der Methoden bestehen kann, als in einer gewissen Art der Verkettung. Man kann durch mehrdimensionales Verfahren sowohl die Tiefe als auch die Verläßlichkeit steigern, ich möchte aber gerne eine extensive und eine intensive Art der Verläßlichkeitssteigerung unterscheiden. Nur eine extensive Steigerung der Verläßlichkeit würde es bedeuten, wenn Psychotechniker und Graphologen ihre Resultate über denselben Fall vergleichen würden. Aus dem früher Gesagten geht übrigens hervor, daß wir der Graphologie keine Sonderstellung unter anderen psychodiagnostischen Verfahren zubilligen können. Wegen ihrer Grenzen kann sie kaum als eine selbstgenügsame Methode gelten, die alle diagnostischen Aufgaben lösen kann, sondern als eine Dimension der Psychodiagnostik, die in Verbindung mit anderen Methoden vom praktischen Psychologen beherrscht und ausgeübt werden sollte. Nur durch passende Verkettung der Methoden kann die „intensive" Verläßlichkeit wachsen. Es ist aber auch noch keine Verkettung, wenn der Psychotechniker durch verschiedenartige Verfahren Einzelresultate sammelt, um zuletzt die Masse der Einzelbefunde irgendwie zum Gesamtbild aufzubauen.

Die Vertiefung und Sicherheit der Erkenntnisse ist bis zu einem gewissen Grade schon davon abhängig, *wie man die diagnostischen Einzelschritte zeitlich ordnet und auf welche Art und mit welchen Voraussetzungen man von einem zum anderen übergeht.* Allgemeine Regeln lassen sich hier nicht aufstellen. Die Organisation der Methoden hängt vom Einzelfall ab, deswegen sollte sie aber keinen improvisierten Charakter tragen. Bogen hat darauf hingewiesen, wie wichtig es manchmal sein kann, den zu Untersuchenden nicht im vorhinein zu fragen, welchen Beruf er ergreifen möchte, sondern ohne solche Vordetermination des Prüfenden die psychologische Berufszuordnung durchzuführen und erst zuletzt mit den Absichten des Betreffenden zu vergleichen. Ein solcher kleiner Kunstgriff kann für den Wert der psychologischen Arbeit von großer Bedeutung sein und ebenso ist es mit der Organisation der Einzelmethoden.

Ich möchte das Prinzip dieser Organisation durch ein Beispiel illustrieren. Es kann schon von Bedeutung sein, an welcher Stelle des Untersuchungsganges man den Prüfling persönlich kennenlernt. Diese Frage kann schon bei ausgiebiger Benützung der Fragebogenmethoden aktuell werden. Sie spitzt sich aber zu, wenn man auch die graphologische Analyse einschaltet. Soll diese vor oder nach dem näheren Kennenlernen bzw. Untersuchen des Prüflings stattfinden? Die Psychotechnik ist heute meistens noch so sehr vom Werte der unmittelbaren Verhaltensbeobachtung der Persönlichkeit überzeugt, daß sie allzuleicht übersieht, welche Gefahren darin stecken. Es kann manchmal sehr vorteilhaft sein, besonders bei differenzierteren Persönlichkeiten, den direkten Kontakt soweit wie möglich hinauszuschieben, also z. B. bei Abiturienten-Prüfungen folgendermaßen vorzugehen:

1. *Beginn mit der graphologischen Analyse* ohne direkte Kenntnis des zu Untersuchenden und dessen genaueren Angaben. Dabei wieder a) erst analytische Ermittlung der relativelementaren und generellen Eigenschaften des Gefühlslebens und der Psychomodalität. b) Dann synthetischer Aufbau eines mehr detaillierten Charakterbildes auf dieser analytischen Grundlage. Dieses Charakterbild ist speziell so zu entwerfen, daß es versuchsweise die Ergebnisse der weiter folgenden Glieder der Angabediagnostik vorausnimmt. Ich nenne diese Vorausnahme „*Versuchsprognose"*.

1. *Übergang zur Angabediagnostik.* a) Zahlenmäßige Auswertung von speziellen Fragebögen. In unserem Institut sind es jetzt (für Abiturientenprüfungen) folgende: Ein zur Ermittlung der Kretsch-

merschen Typen angelegter Fragebogen, ein anderer für Jungsche Typen, ein Fragebogen nach Woodworth-Cady (Psychoneurotic Inventory) und' ein dreiteiliger Interessenfragebogen. b) Vergleich der objektiven, zahlenmäßigen Ergebnisse aller dieser Fragebogen, mit der vorerwähnten graphologischen „Versuchsprognose". Es handelt sich dabei nicht lediglich um die Prüfung der Übereinstimmung der Ergebnisse der graphologischen Analyse mit diesen Resultaten der Angabediagnostik. Diese beiden Ergebnisgruppen beziehen sich zum großen Teil auf verschiedene Wirklichkeitsebenen und sind deswegen nicht gut *direkt* vergleichbar. Nur die mehr sekundären graphologischen Kombinationen lassen sich mit den Fragebogenergebnissen vergleichen. Durch den Vergleich wird also in erster Linie geprüft, ob man die Prinzipien der psychischen Synthesen und Entwicklungen bei der betreffenden Persönlichkeit richtig erfaßt hat. Um es wenigstens durch ein grobes, vereinfachtes Beispiel zu illustrieren: Wenn man durch die graphologische Analyse innere Leerheit und Trockenheit, Mangel an ansprechbarem und ausgeprägtem Gefühlsleben erkennt, so kommt man bei dem synthetischen Schritt zur Frage, ob und wie bei dem Betreffenden dieser Mangel Anlaß bildet zu reaktiven psychischen Entwicklungen. Um diese Frage beantworten zu können, muß man eine Reihe anderer Dispositionen mitberücksichtigen, z. B. die Stärke der Ichtriebe, der Gestaltungstriebe, die Bereitschaft zu sthenischen oder ausweichenden' Reaktionen usw. Wenn man auf Grund' dieser Betrachtung dann den Schluß zieht, daß eine Kompensation im Sinne einer unechten, allseitigen „Interessiertheit" wahrscheinlich ist, so kann das nur den Wert einer Hypothese haben. Wenn man dann aber wirklich einen sehr hohen Gesamtwert im Interessenfragebogen vorfindet und dazu noch feststellt, daß auch die Zahlen für einzelne Interessengruppen kein ausgeprägtes Profil aufweisen, sondern daß auch die Einzelwerte amorph hochstreben, so hat man dadurch ein Doppeltes gewonnen. Erstens wurde dadurch die Richtigkeit der betreffenden graphologischen Kombination bestätigt, zweitens und hauptsächlich wurde sehr wahrscheinlich gemacht, daß auch die Prämisse, nämlich die Erfassung der speziellen Konstellation der Bedingungen, die bereit sind, eine Synthese einzugehen, richtig war. Wenn man aber diese Synthesebereitschaften sicher in den Händen hat, hat man das Wichtigste. Eben zur erhöhten Sicherheit der „synthetischen" Erwägungen sollen die zielbewußten Verkettungen der Methoden verhelfen.

·Folgende Glieder des hier als Beispiel angeführten Untersuchungsganges brauchen keinen Kommentar, weil sie methodologisch ähnliche Ziele verfolgen.

Es folgt c) der Übergang zum personalen Grundfragebogen. Dieser besteht (bei Maturanten) aus 113 Fragen, gruppiert in folgende Kapitel: Personalien — Familie — Sonstiges Milieu — Körperliche Entwicklung und Zustand — Schule — Geistige Entwicklung — Jetzige Lebensführung, Gewohnheiten, Fertigkeiten, Leistungen — Anschauungen — Selbsterkenntnis und Selbstbewertung — Wahl des Studienfaches und Berufes. Sowie der Fragebogen dazu verhilft, die bisherige mehr statische Konzeption historisch zu unterbauen, verhelfen wieder die vorherigen Ermittlungen zur tieferen Deutung der Lebenszusammenhänge, deren Schilderung der Grundfragebogen provoziert.

3. *Übergang zur Leistungsdiagnostik* und zur Beobachtung des Gesamtverhaltens.

4. *Interview* mit dem Prüfling. Wenn man dieses hier geschilderte Verfahren anwendet, sieht man, wie ganz anders sich unter all diesen Vorbedingungen das Interview gestaltet. Man hat schon die wesentliche psychologische Problematik des zu Untersuchenden von Anfang an vor den Augen und kann deshalb auch den Menschen ganz anders erfassen.

Man kann einwenden, daß dieser Untersuchungsgang mit der Gefahr verbunden ist, die unmittelbaren persönlichen Äußerungen schon im Lichte gewisser ev. falscher Voraussetzungen zu sehen. Darauf ist nur zu erwidern, daß diese Gefahr, wenn man sich, wie üblich, gleich persönlich durch die momentane, situationsbedingte Verhaltensform des Prüflings beeindrucken läßt, mindestens ebenso groß sein kann. Der hier als Beispiel geschilderte Untersuchungsgang soll vielmehr die Sicherheit der Diagnose steigern. Wenn man sich bewußt darauf einstellt, durch passende Verkettung der Methoden den einen Schritt durch den anderen kontrollieren zu lassen, ist man durch die Unstimmigkeiten, die unter diesen Bedingungen schärfer hervortreten, leider sogar allzuoft gezwungen, die Schwierigkeit adäquater Wirklichkeitserfassung einzuschätzen und sich voreilige Schlußfolgerungen abzugewöhnen.

KONSTITUTIONSTYPEN.

J. SUTER (Zürich).

Die Psychotechnik ist auf psychologische Theorien angewiesen. Solche werden ihr von der Psychologie als Wissenschaft zur Verfügung gestellt. Zweifellos wäre es unrationell, wenn die Psychotechnik darauf verzichten wollte; dagegen ist sie kompetent die ihr angebotenen Theorien nach Maßgabe der praktischen Bewährung anzuerkennen oder abzulehnen. Vom Standpunkt der Wissenschaft aus betrachtet, kommt der Psychotechnik dabei die große Bedeutung zu, Verifikationsstelle für die psychologische Begriffsbildung zu sein, und auf diesem Wege zur Abklärung der Anschauungen mitzuwirken.

Die Psychologie hat als Wissenschaft in der Neuzeit mancherlei Wandlungen durchgemacht. Dabei hat sich in weitesten Kreisen die Einsicht befestigt, die Aufgabe der Psychologie bestehe in erster

Linie in der phänomenologischen Beschreibung, Sichtung und Ordnung des der Forschung zugänglichen Erfahrungsmaterials.

Diese Tendenz kommt in den bekannten Fragen zum Ausdruck: Gibt es im steten Wechsel des geistigen Geschehens Eigenarten, die für dieses und jenes Individuum, schließlich vielleicht sogar für die Menschen gemeinhin typisch sind? Wenn ja: Lassen sie sich in ein System konstanterer und variablerer Eigenschaften ordnen, wie nach den landläufigen Erfahrungen zu vermuten ist? Und lassen sich endlich auch Methoden finden, die ermöglichen zureichende psychotechnische Bestimmungen in Einzelfällen zu machen, so daß eine im Wesentlichen zutreffende Persönlichkeitscharakteristik gewonnen wird, die über den Augenblick hinausreicht?

Trotz der Erfahrungstatsache der steten Veränderlichkeit des psychischen Geschehens frägt die Psychotechnik mit Recht darnach, ob wir im psychischen Geschehen typische Merkmale (Eigenschaften) vorfinden und bestimmen können, die im Hinblick auf andere von *grundlegender* Bedeutung sind. Denn tatsächlich begegnet die Psychotechnik solchen bei ihren Arbeiten auf Schritt und Tritt; so bei diagnostischen Untersuchungen, wenn sie auf tieferliegende Charakterzüge u. ä. stößt, ebenso beim Verfolgen des Zustandekommens von Arbeits- und anderen Gewöhnungen. Diese empirischen Beobachtungen sind in den letzten Jahren durch eine Reihe interessanter Arbeiten aus dem engeren Fachgebiet der Psychotechnik auch wissenschaftlich belegt worden. So führte u. a. *Tanner* in Zürich mit verbesserter experimentell - psychologischer Methode sorgfältige Untersuchungen an Mechaniker-Lehrlingen durch und stellte die entscheidende Mitwirkung einer von Natur aus dem Menschen typisch zukommenden Eigenschaft des Widerstandsfeingefühls (Druckfeingefühl) für den Erwerb der Fertigkeit des Flachfeilens und die resultierenden Leistungen fest.[1]) Zugleich erwiesen sich die Erscheinungsweisen des Widerstandsfeingefühls bei der Prüfung mittelst eines Apparates, der nach den Prinzipien der experimentellen Psychologie in verbesserter Form konstruiert wurde, unter Berücksichtigung der Einflüsse der andern variableren Eigenschaften im Befinden der Versuchspersonen, wie zu vermuten war, als weitgehend konstant, lediglich mit individuell verschiedenen Ausprägungen, deren Grad für die Leistungsfähigkeit im Flachfeilen als bedeutsam nachgewiesen werden konnte.

Eigenschaften, die analog allen Menschen von Natur aus in irgendeinem Ausmaß eigentümlich sind und sich relativ stetig entwickeln, im Unterschied zu den kraft besonderer Umstände allfällig entstehenden, jedoch nicht in gleicher Weise allgemein typischen Eigenschaften, werden von der Psychologie als *konstitutionell* bezeichnet und ihre Gesamtheit als *Veranlagung*.

---

[1]) Tanner P. A. „Über Widerstandsempfindung und Flachfeilen". Zürcher Diss. 1931.

Da die Veranlagung sich erfahrungsgemäß durch das ganze Leben hindurch erhält und entwickelt, muß sie grundsätzlich auch begrifflich und methodisch bestimmbar sein, nach *Geschlechtern,* im Altersfortschritt nach *Alterstypen,* und beim Vergleich der verschiedenen Menschen untereinander auch nach *individuellen Typen.* Ansätze nach den begrifflichen Richtungen liefern die zahlreichen bekannt gewordenen Typenlehren; sie bedürften aber einerseits noch der feineren Gliederung nach all den konstitutionellen Eigenschaften des Wahrnehmens, Vorstellens, Denkens und Wollens, welche die Psychologie seit langem heraus kristallisiert hat; andererseits ist ebenso wichtig, die konstitutionellen und die offensichtlich erworbenen Eigenschaften nach Möglichkeit auseinander zu halten und für die letzteren ebenfalls nach einer typologischen Gliederung zu suchen; die Verschiedenheiten der *allgemeinen* typischen Eigenschaften in Abhängigkeit von Rasse und Kultur, der *spezielleren* im Hinblick auf Stand, Familie und Schule, und der *spezifisch individuellen* (durch Spiel, Sport und Arbeit begünstigt), zeigen einen Weg zur Erweiterung der konstitutionellen Typologie in der Richtung erworbener Fertigkeiten und Auffassungsweisen.

Über die methodischen Bestimmungsmöglichkeiten handelt die experimentell-psychologische und psychotechnische Literatur ausführlich. Zur Zeit liegt hier noch ein buntes Bild vor mit weit auseinander liegenden Extremen; eine Abklärung ist wohl in erster Linie von der praktischen Verifikationstätigkeit wissenschaftlicher Typenbildungen zu erwarten.

Praktische Erfahrungen, insbesondere solche aus dem Psychotechnischen Institut Zürich, lehren:

1. *Typenbegriffe* der verschiedensten Art können bei individuellen Untersuchungen gute Hilfsdienste leisten; sie sind aber umso wertvoller, je besser es gelingt die individuelle Ausprägung *konstitutioneller* Eigenschaften bei der Prüfung herauszuarbeiten; das trifft in gleicher Weise für diagnostisch-prognostische und pädagogische Zwecke zu, z. B. bei Aufstellung von Lehrgängen.

2. Für die Arbeit des Psychotechnikers können *Tests* der verschiedensten Art brauchbare Dienste leisten; allein auch sie sind für diagnostisch-prognostische und pädagogische Zwecke umso wertvoller, je besser sie geeignet sind, konstitutionelle Eigenschaften der Beobachtung zu erschließen.

3. Das Bedürfnis nach methodisch zureichender Bestimmung konstitutioneller Eigenschaften steht darum im Vordergrund. Die Gesamtarbeit des Psychotechnikers verlangt allerdings darüber hinaus gestaffelt die Ergänzung durch methodische Feststellungen auch von Fertigkeiten allgemeiner typischer und individuell-typischer Art, und endlich die Vervollständigung durch anamnetische Methoden, welche die Einsicht in die persönliche Erlebnis-Struktur von Individuen ermöglichen.

4. Zur Zeit ist die systematische Abklärung und Bereinigung der

psychologischen Theorien, insbesondere der einander vielfach kreu-
zenden Typenlehren, und im Zusammenhang damit auch der zahllosen
verwendbaren Prüfmittel im Hinblick auf die Einsicht in die natürliche Konstitution der Menschen und ihrer Entwicklung im Zusammenhang mit ihrem Milieu, allgemein wissenschaftlich und besonders
nachdrücklich seitens der Psychotechnik mit allen zur Verfügung
stehenden Mitteln anzustreben. Hiezu erscheint vor allem der Ausbau
des Kontaktes der psychotechnisch arbeitenden Organe miteinander
und der Psychotechnik mit den wissenschaftlichen Forschungsstellen
an den Hochschulen zweckmäßig.

L'ÉTUDE DU CARACTÈRE CHEZ L'ENFANT
ET ORIENTATION PROFESSIONNELLE.

HENRI WALLON.

L'étude du caractère doit prendre place en orientation professionnelle pour différentes raisons. Les unes sont d'ordre pratique: constatation que l'aptitude purement technique peut ne pas suffire; qu'un désaccord entre les goûts ou le tempérament du travailleur et son métier
diminuent son mordant au travail, accroît sa fatigabilité, les risques
d'accident, l'instabilité professionnelle. Des statistiques ont montré ce
qu'il en peut coûter à l'industrie. Les autres sont plus théoriques et
résultent des tendances actuelles de la psychologie: unité foncière
des différentes aptitudes intellectuelles et existence d'un facteur g,
selon Spearman, Gestaltpsychologie, participation de toute la personnalité aux actes les plus particuliers, selon W. Stern.

Dans le même sens vont le classement des professions par Lipmann
selon qu'elles mettent le sujet en rapport avec les choses, les idées
ou les personnes, l'étude poursuivie par l'école de Myers et par les
psychotechniciens soviétiques sur les mobiles qui peuvent stimuler
ou inhiber la volonté de travail; les recherches encore à peine ébauchées sur la nécessité de grouper les travailleurs ou collaborateurs
en équipes cohérentes.

La difficulté est de donner une définition en quelque sorte préalable
du caractère. A la différence des intelligences qui peuvent avoir pour
commune mesure les tâches à exécuter, le caractère serait plutôt exprimé par la diversité des conduites individuelles en présence d'une
même situation. Cette diversité de réactions à une même situation
n'empêche pas d'ailleurs la situation de réagir sur le caractère. Elle
finit par être comme intégrée par lui. Diversité des réactions initiales,
diversité des circonstances plus ou moins fortuites auxquelles il arrive
à chacun d'avoir à réagir n'entraînent pourtant pas une diversité
illimitée des caractères. S'ils ne pouvaient pas, en définitive, être
ramenés à un certain nombre de types définis, il n'y aurait pas de
caractériologie possible.

Mais la grosse difficulté de la caractériologie en orientation professionnelle c'est qu'elle comporte essentiellement un pronostic, un pronostic à porter dès l'enfance. Il faut chercher à voir dans l'enfant l'homme qu'il doit devenir. Il faut apprendre à envisager comme un ensemble qui se transforme et qui doit se transformer selon certaines lois ou certaines probabilités, le couple homme-enfant.

*

Pour nous attaquer à de tels problèmes nos méthodes sont encore bien incertaines. Deux exemples suffiront à montrer combien elles peuvent être contradictoires. D'abord celui de la psychoanalyse, dont l'orientation est inverse chez Freud et chez Adler, un de ses ex-disciples. Freud, tourné vers le passé, voit dans les manifestations du caractère chez l'adulte la simple répétition d'impressions infantiles et, dans le développement de l'enfant, la répétition d'impressions ancestrales qui dateraient des formes de société les plus primitives, les différences d'une époque ou d'un âge à l'autre consistant uniquement dans le transfert de ces impressions sur de nouveaux objets. Adler, au contraire, croit que si le caractère de l'enfant se détermine, en effet, dès l'enfance, c'est par la manière dont il réagit à l'ambiance, et dont il se comporte à l'égard des circonstances et des personnes par lesquelles il peut redouter que sa faiblesse ne soit opprimée.

Le second exemple est à l'échelle psycho-sociale. C'est l'opposition entre la conception idéaliste et fixiste d'un Spranger qui ramène les différences de caractère à des différences de valeurs culturelles et la conception évolutionniste qui est en faveur dans l'URSS. Les conséquences de la conception idéaliste sont de ranger les caractères sous des rubriques plus ou moins étanches et invariables. Et lorsqu'il se trouve que les différences de valeurs culturelles sont identifiées avec des différences de race ou de classe sociale, il en résulte une sorte de prédestination rigoureuse. Toute opposée est la conception évolutionniste qui voit dans les transformations considérables que l'activité et l'industrie de l'homme font subir à son milieu vital un facteur de transformation pour l'homme lui-même. Les variations simultanées de l'individu et du milieu ouvrent un vaste champ de recherche. Au lieu d'être enfermée dans des cadres rigides, la psychotechnique est en présence d'une grande plasticité dynamique.

*

Une tentative de caractériologie plus strictement technique est celle de Heymans et Wiersma. Très systématique elle est comme une anticipation schématique sur des recherches que la diversité de leur objet a dans la suite plus ou moins dissociées les unes des autres. Elle pose huit tempéraments. Elle les explique par la combinaison diverse de trois facteurs ayant valeur soit positive, soit négative. Et enfin elle se livre à des recherches statistiques sur les traits de caractère qui se rencontrent de préférence avec chacun des huit tempéraments et avec la valeur positive ou négative de leurs facteurs constituants. Cette construction *apriorique* a été nécessairement submergée et disloquée par la masse et la diversité des faits observés, mais elle n'en indique pas moins les différents thèmes directeurs de la caractériologie.

D'une part la constitution de types distincts entre eux. C'est la méthode clinique qui paraît la plus propre à y réussir en dépit et peut-être à cause de ce qu'elle peut avoir d'intuitif. En fait, les types actuellement utilisés en caractériologie sont empruntés à la pathologie mentale: ce sont, par exemple, les types cycloïde et schizoïde. A ces types psychologiques on a cherché des conditions biologiques, c'est-à-dire ce qui serait constitutif d'un tempérament. L'attention s'est porté sur l'action des glandes endocrines (Pende), sur la morphologie (Viola, Kretschmer), sur les différences de complexion psycho-motrice (Dupré, Gourevitch, Homburger, Wallon).

D'autre part l'emploi de la méthode statistique. Mais dans la mesure où elle se fonde sur l'utilisation des tests elle ne semble convenir que d'une façon très restreinte dans l'étude du caractère, car le test est dans ce cas obligé de se dissimuler pour réussir et la supercherie n'est pas toujours facile. Elle ne paraît pas non plus capable de constituer des types distincts entre eux par la simple recherche des corrélations qui uniraient en faisceaux suffisamment séparés des groupes déterminés de caractères, car des types supposent la discontinuité et cette discontinuité ne se rencontre pas dans la distribution de chacun des traits envisagés. Ce sont seulement les ensembles pris comme tels qui peuvent nous donner l'impression ou l'illusion de la discontinuité. La recherche des corrélations ne peut intervenir que comme moyen de vérifier l'étroitesse des rapports qui peuvent exister entre les différents traits rassemblés dans un type.

A défaut de tests proprement dits, la caractériologie a utilisé des questionnaires, dont la signification a pu être, elle aussi, étalonnée sur des catégories distinctes d'individus. L'usage en est répandu surtout en Amérique. Ils portent sur les goûts ou les répugnances du sujet, sur des circonstances significatives du comportement et aussi sur certaines manifestations psychopathologiques.

Les méthodes jusqu'à ce jour utilisées pour l'étude du caractère sont encore bien approximatives. Nous n'avons pas encore trouvé l'équivalent de ce qu'a été la méthode des tests pour l'étude des aptitudes intellectuelles. Le caractère est sans doute un objet d'étude qui nécessitera une revision plus complète de nos distinctions entre psychique et physique, sujet et objet, individu et milieu.

V

ORIENTATION PROFESSIONNELLE
DES BACHELIERS

ÜBER DIE BERUFSNEIGUNGEN DER SCHÜLER SCHWEIZERISCHER LEHRERSEMINARIEN.

F. BAUMGARTEN und W. ZÜRCHER (Bern).

I.

Im Rahmen einer von mir unternommenen Untersuchung über die Berufsneigungen wurden an fast sämtliche Lehrerseminarien der deutschen und französischen Schweiz Fragebogen versandt, die von den Zöglingen ausgefüllt werden sollten. Es handelte sich um Beantwortung folgender Fragen:

1. In welchem Alter haben Sie sich entschlossen, Ihren Beruf zu wählen?
2. Hat Sie ein besonderes Ereignis dazu veranlaßt? Welches?
3. Haben Sie Ihren Beruf gewählt:
    a) auf Anraten? (wessen?)
    b) durch Aussicht, eine Anstellung zu erhalten?
    c) aus welchem Grunde sonst?
4. Wünschen Sie unter allen Umständen bei Ihrem Beruf zu bleiben? Oder würden Sie auch einen andern wählen, wenn Sie völlig frei und unabhängig wären? Welchen?
5. Was gefällt Ihnen an Ihrem Beruf?
    a) die Ausübung der Arbeit selbst?
    b) die Umgebung, in welcher Sie arbeiten werden?
    c) die soziale Stellung, die Sie innehaben werden?
    d) die materiellen Vorteile?
    e) sonst noch?
    f) was gefällt Ihnen am meisten?
6. Was mißfällt Ihnen an dem gewählten Berufe?
7. Welches waren Ihre Lieblingsfächer in der Schule?
8. Welches waren die Ihnen unbeliebten Fächer?
9. Welches ist Ihre Lieblingsbeschäftigung in der Freizeit?
10. Erinnern Sie sich, was Sie als Kind werden wollten?
11. Was möchten Sie im Leben erreichen?

Aus 16 Seminaren der deutschsprechenden Schweiz gingen 713 ausgefüllte Formulare ein, wovon 443 auf männliche und 270 auf weibliche Seminaristen entfallen. Der Konfession nach sind die Beantwortenden entweder katholisch oder reformiert, das Alter beträgt mit wenigen Ausnahmen 14—22 Jahre. Der größere Teil der Seminare dient zur Ausbildung von Primarlehrern. Die Antworten der deutschen Seminaristen wurden von cand. phil. W. Zürcher bearbeitet, worüber hier einiges mitgeteilt sei.

II.

Die erste Frage, die für uns Interesse hatte, war, festzustellen, in welchem Maße der Lehrerberuf aus der bereits in der Kindheit sich äußernden Neigung erfaßt wird. Die Beantwortung der Frage: was wollten Sie als Kind werden? gibt Aufschluß hierüber. Im voraus sei festgestellt, daß es sich zum Teil um sehr vage, vom Augenblick eingegebene Wünsche handelt, was schon aus der Tatsache hervorgeht, daß von 394 Seminaristen und 230 Seminaristinnen — es antworteten nicht alle — über 1000 Berufswünsche erwähnt wurden. 25,88% der Knaben und 54,35% der Mädchen wollten einmal in der Kindheit bereits *Lehrer* werden. Das macht auf die Anzahl aller Wunschäußerungen berechnet 15,74% aus, resp. 31,64% der Personenzahl. Wir werden die nachfolgenden %-Zahlen alle in diesem Bezugsverhältnis angeben. Sehr bezeichnend ist die Tatsache, daß fast ebensoviel Knaben *Handwerker* werden wollten, sie machen 16,36% der Berufswünsche (wobei Bäcker, Holzarbeiter und Kaminfeger die Hauptwünsche bilden) aus. Nur 7,85% der Mädchenwünsche betreffen Handwerkerberufe, wobei Schneiderin und Coiffeuse die ersten Stellen dieser Reihe einnehmen. In 13,12% der Fälle äußerte sich der bei den Knaben bekannte Beruf des Lokomotivführers und Fliegers, also *Fahrerberufe,* was bei den Mädchen immerhin in 2,78% vorkommt, wobei mehr als die Hälfte dieser Mädchen Fliegerin zu sein wünscht. Rechnet man hiezu die beiden Polizistinnen, 4 Forschungs- und Weltreisende, 2 Wärterinnen im Zoo, so sieht man, daß die Mädchen den Knaben in *Abenteuerberufen* zwar lange nicht gleichkommen, aber doch diesen Einschlag auch deutlich aufweisen. (Bei den Knaben sind außerdem die Militärberufe ähnlich zu bewerten. Immerhin darf man nicht übersehen, daß für sie die Fahrerberufe weit ernsthaftere Wünsche darstellen als für die Mädchen. Es ist schwer festzustellen, wo Abenteuerlust den Ausschlag gab und wo nicht.) Dagegen wollte eine beträchtliche Anzahl von Mädchen die *Pflegeberufe,* wie Kindergärtnerin, Kinderpflegerin, Krankenpflegerin, Fürsorgerin etc. ergreifen, 22,78% ihrer Wünsche beziehen sich auf diese Gruppe, während von den Knaben nur zweimal der Beruf des Krankenpflegers erwähnt wurde (= 0,31%). Es folgen die Wünsche, *Akademiker* zu sein (Arzt, Naturwissenschaftler, Philosoph, Philologe etc., 9,41% bei Knaben und 8,1% bei den Mädchen). Bei den Knaben fallen ferner die Stellungen des *Beamten* und des *Geistlichen* in Betracht (7,1% und 7,4%), während bei den Mädchen solche Wünsche keine Rolle spielen (0,5% und 0,76%). Immerhin ist die etwas höhere Zahl für den Wunsch, Pfarrhelferin zu werden, bezeichnend. Die Tatsache, daß in der Schweiz die Pfarrerin ein sympathisches Echo fand, wirkte hier zweifellos mit. Reizvoll sind für die Mädchen vor allem auch die *Künstlerberufe,* 11,14%, während bei den Knaben nur 4,78%. Wir erwähnen zum Schluß summarisch die Gruppen:

Landwirtschaft (Kn. 10,65%, Mdch. 2,54%), *Handel* und *Geschäftsverkehr* (Kn. 4,32%, Mädch. 4,05%), *Technische Berufe* (nur bei den Knaben genannt, 4,63%, jedoch mit den akademischen Berufen Ingenieur und Architekt zusammen 8,49%).

Wir erhalten auf diese Weise unter den Schweizerkindern im Alter von 4—14 Jahren eine Gruppierung ihrer Berufswünsche, die von derjenigen der Kinder anderer Länder, aber gleichen Milieus, abweicht. Es war zwar nicht möglich, von allen Knaben und Mädchen die Berufstätigkeit des Vaters zu erfahren, 3,89% haben darüber überhaupt keine Äußerungen gemacht, 7,83% bezeichneten sich als Waisen und 5,83% der Antwortenden haben deswegen den Beruf der Mutter angegeben, womit das Milieu nicht immer richtig erfaßt werden kann, da die verwitweten Frauen oft eine niedrigere soziale Stellung einnehmen. Somit können wir nicht genau angeben, wie stark der Berufswunsch des Kindes vom Beruf des Vaters abweicht, aber die prozentuale Betrachtung der sozialen Schicht und der Berufswünsche bringt dennoch manches Aufschlußreiche.

Von den angehenden Lehrern und Lehrerinnen stammen:		Sie geben für die Kindheit folgende Berufswünsche an:	
		Knaben	Mädchen
1. aus den Kreisen der Lehrerschaft	20.87%	15,74%	31,64% Lehrer
2. „ „ „ „ Landwirtschaft	15,91%	10,65%	2,54% Bauer
3. „ „ „ „ Kaufleute und kaufm. Angest.	14,31%	4,32%	4,05% Kaufmann u. Angestellt.
4. „ „ „ „ Beamten	12,41%	7,1 %	0,5 % Beamte
5. „ „ „ „ Handwerker	12,12%	16,36%	7,85% Handwerk.
6. „ „ „ „ techn. Berufe	3,50%	4,63%	— techn.Ber.

Wir sehen hier eine deutliche Abkehr von der Landwirtschaft, die Bauernsöhne streben andern Berufen zu, eventuell zum Zweck eines sozialen Aufstieges. Erwähnenswert ist allerdings, daß sie oft durch die Erbfrage dazu genötigt sind. Erfreulich ist aber, daß eine solche Flucht aus dem *Handwerkerberuf* nicht besteht, im Gegenteil, ein größerer Teil der Kinder wünschte diesen Beruf zu ergreifen. In den bezüglichen Statistiken von Österreich und Deutschland finden wir eine Abkehr von dem Handwerkerberufe. Indessen haben diese Feststellungen nicht viel zu bedeuten, da ja alle gefragten Jungen und Mädchen letzten Endes doch Lehrer werden. Der kaufmännische Beruf hatte scheinbar wenig Anziehungskraft. Es bestätigt sich das, was in andern Untersuchungen bereits festgestellt worden ist: der kaufmännische Beruf bildet nicht ein Ideal der Kindheit, man entschließt sich größtenteils erst in späteren Jahren dazu. Aus dieser Statistik ist jedoch — wie schon angedeutet — der allgemeine Schluß zu ziehen, daß von sämtlichen Seminaristen nur 25,9% Knaben und 54,35% Mädchen ihren Kindheitswunsch, Lehrer zu werden, realisieren. Im Zusammenhang damit steht die Feststellung, daß im allgemeinen der Entschluß, Lehrer zu werden, erst kurz vor Eintritt ins Seminar gefaßt wird (Angabe: im letzten Schuljahr), d. h. mit ca. 14—15 Jahren.

Angaben, daß der Plan schon *sehr* lange (z. B. „seit meiner Kindheit") bestehe, sind *relativ selten*. Ganz vereinzelt sind Aussagen, die behaupten, immer noch nicht entschieden zu sein, d. h. nachdem sie das Studium im Seminar bereits aufgenommen haben.

Was die Gründe der Berufswahl betrifft, so sehen wir, daß bei den meisten Knaben und Mädchen nicht nur ein, sondern *mehrere* Gründe wirksam waren. Bei den Seminaristen beziehen sich über ein Drittel der Motive auf äußere Umstände (38,5%), besondere Veranlassung, Zufall, Erlebnis, Ratschlag der Eltern, Lehrer, Verwandten, Bekannten. Die Männer lassen sich also in der Hauptsache durch *äußere* Ursachen leiten. Etwas Tröstliches liegt aber in der Tatsache, daß an zweiter Stelle gleich die *Neigung zum Beruf* steht, sei es als Liebe zu den Kindern, sei es als Interesse am Übermitteln der Kenntnisse (34,55%, also 52,58% auf die Anzahl der Seminaristen berechnet). In sehr wenigen Fällen (5,2% der Seminaristen und 3,10% der Gesamtheit der Gründe) wurde eine spezielle *Eignung* zum Beruf erwähnt. An dritter Stelle stehen die materiellen Gründe, Aussicht auf einen Posten (10,5% der Motive). Eine kleine Anzahl begründet die Berufswahl mit der Überlegung, daß die Seminarzeit zum Erwerb einer allgemeinen Bildung diene, die unter Umständen auch neue Berufsaussichten eröffnen kann (2,3% der Motive). Bei den Mädchen erhalten wir ein anderes Bild. Hier steht an erster Stelle Neigung zum Beruf (40,9%) im Verhältnis zu der Zahl der Mädchen sind es 72,97%, die aus Neigung Lehrerinnen werden wollen. An zweiter Stelle stehen die *Ratschläge, besondere Veranlassungen* etc. Sie machen 27,6% der Gründe aus. Fast die gleiche Zahl Mädchen und Knaben gibt die Berufswahl auf Grund besonderer *Eignung* an (2,76%) und ähnlich verhält es sich bei den Erwägungen, die allgemeine Bildung betreffend (2,76%). Auch bezüglich materieller Überlegungen stehen die Mädchen kaum hinter den Knaben zurück (9,42%).

III.

Für die Psychologie der Berufe bildet das Wesentliche wohl die Beantwortung der Fragen, was den Seminaristen an dem Lehrerberuf gefällt und was mißfällt. (Die hier folgenden Angaben sind erst als vorläufige Resultate zu betrachten, die genaue Bearbeitung steht noch aus.) Für die 1. Frage wurden hauptsächlich 10 Gründe angeführt:

Am Beruf gefällt:

Die Ausführung der Arbeit selbst (bes. genannt Erziehung, Unterricht)	36,75 und	34,90%
Die Umgebung (besonders genannt die Kinder)	27,85 „	28,00%
Soziale Stellung	10,7 „	13,3 %
Materielle Vorteile	12,05 „	8,35%
Gelegenheit zu Nebenbeschäftigung	4,6 „	3,45%
Freiheit, Selbständigkeit	2,55 „	4,2 %
Vielseitigkeit	0,7 „	2,55%
Nicht mechan. Arbeit, Umgang mit Lebendigem	1,47 „	2 9 %
Das Studium	1,08 „	0,7 %
Die Ferien	1,65 „	1,8 %

Davon sind äußerer Natur: Materielle Vorteile, soziale Stellung, Gelegenheit zur Nebenbeschäftigung, Ferien. Von den inneren steht an erster Stelle die *Ausführung der Arbeit* selbst (ca. 37 und 35%), dabei wurde nur in ⅓ der Fälle auseinandergehalten, daß es sich entweder um das Erziehen oder den Unterricht handelt. Wir können dies als *Lust* an der spezifischen beruflichen *Funktion* bezeichnen. Die Selbständigkeit und die Freiheit bei der Ausführung der Arbeit gehören ebenfalls zu den Faktoren der spezifischen beruflichen Funktion. Bei der Erwähnung dieser Gründe ist aber nicht auseinandergehalten, ob es sich um die Freiheit und Selbständigkeit als soziale Person, was durch günstige materielle Bedingungen erzielt wird, oder um die Selbständigkeit beim Ausüben des Berufes handelt. An zweiter Stelle ist die Umgebung, speziell der Umgang mit Kindern zu nennen (Umgebung 37,85% und 23,7%; davon Umgang mit Kindern 12,35% und 16,9%). Diese Liebe zu den Kindern kann als Zuneigung zum *Objekt* der beruflichen Tätigkeit bezeichnet werden. Es ist aber gleichzeitig auch das *soziale Milieu* des Berufes. Dies stimmt mit einem zweiten angegebenen Grunde überein, der als ergänzender angesehen werden muß: nicht mechanische Arbeit, Umgang mit Lebendigem (15 und 3%). Ein Grund für sich ist das *Studium* und die Hoffnung, sich neben der Schule irgendwie weiter bilden zu können (5,7 und 4,2%). Es zeigt sich hier, daß es auch in diesem Beruf entweder auf Liebe zu den Menschen oder auf die Vorliebe sich mit Dingen und den Ideen zu beschäftigen ankommt. Der Beruf des Lehrers birgt die Möglichkeit, ihn in hohem Maße sowohl ideal, wie vor allem sozial zu gestalten.

Die Gründe des Mißfallens am Beruf sind etwas zahlreicher und zwar 13, jedoch fallen auf sie viel weniger Antworten (während zur Frage: was gefällt, über 1500 Äußerungen vorliegen, kommen auf die gegenteilige Frage kaum 300).

Am Beruf mißfällt:

Vorschriften, Behörden	8,2	und 11,65%
Lehrstoff, Stundenplan	1,9	„ 9,30%
Bestimmte Fächer und Aufgaben: unbeliebte Fächer, Korrigieren, Strafen	9,2	„ 8,15%
Monotonie	7,7	„ 7,00%
Konflikt mit Eltern	8,2	„ 15,10%
Kritik der Kollegen	1,9	„ —
Abhängigkeit von der öffentlichen Meinung	10,15	„ 15,10%
Nebenämter, Vereine	10,15	„ —
„Schlechter Ruf"	1,45	„ 8,15%
Gefahr, typischen, unbeliebten Berufseigenschaften zu verfallen	3,85	„ 15,10%
Stellenmangel	3,85	„ 2,3 %
Studium und Seminar	14,95	„ 7,0 %
Politik bei den Lehrerwahlen	18,8	„ 1,15%

Man kann sie in Gruppen einteilen, da es sich dabei um 4 Arten von Faktoren handelt:

1. Um bestimmte Faktoren bei der Ausübung der spezifischen beruflichen Tätigkeit, wie z. B. die Monotonie (7,7%). Es ist interessant, daß eine Anzahl von Seminaristen (2,15; 5,46%) angegeben hat, der Beruf gefalle durch seine Vielseitigkeit, es sei keine mechanische Arbeit; nun behauptet ein anderer Teil gerade das Gegenteil. Also die Monotonie ist, wie schon Münsterberg behauptet hat, etwas Subjektives — trivial gesagt, ist auch in den Berufstätigkeiten dem einen die Eule, was dem andern die Nachtigall. Auch das Lehren gewisser obligatorischer Fächer und Aufgaben, die als unangenehm empfunden werden, gehören hieher.

2. Eine zweite Gruppe der „mißfallenden Faktoren" bezieht sich auf die *Bedingungen,* unter welchen der Beruf ausgeübt wird. Hiezu gehört der *Stundenplan* (9,3%), Vorschriften der Behörden (8,2; 11,6%), Kritik der Kollegen — Konflikte mit den Eltern (10,15; 15,10%), Abhängigkeit von der öffentlichen Meinung (10,15; 15,10 Proz.). Es ist interessant, daß auch hier wie schon bei den Berufswahlmotiven die Mädchen auf Fragen der Selbständigkeit und Unabhängigkeit viel stärker reagieren als die Knaben.

3. Die *Folgen* und Begleiterscheinungen dieser Berufstätigkeit:

a) *psychischer Art:* Abneigung vor unbeliebten Berufseigenschaften (3,8%, 15,1%),

b) *sozialer Natur:* Nebenämter, Vereine, die viel Zeit in Anspruch nehmen (10,15%; nur bei Seminaristen).

4. Der *Weg* zum Ausüben des Berufes:

a) Studium und Seminar (15; 7,00%),

b) Politik bei der Lehrerwahl (18,8; 1,15%),

c) Überfüllung des Berufes (Stellenmangel) (3,4; 2,32%).

IV.

Um über die tatsächlich bestehenden Neigungen möglichst richtigen Aufschluß zu erlangen, wurde eine Frage eingeschaltet: was wollen Sie im Leben erreichen? Die darauf erhaltenen Antworten — es sind 15 verschiedenartige — kann man wieder in Gruppen einteilen.

1. Die einen beziehen sich direkt auf den erwählten Beruf: sie wünschen, den Beruf gut auszuüben (26,8% Kn. und 20,4% Md.). Zu dieser Gruppe muß man noch Antworten wie „Befriedigung" zählen, die allerdings zum Teil auch ganz allgemein auf innere Ausgeglichenheit tendieren (12,4% und 5,63). Ferner ist dort, wo in seltenen Fällen die Antwort Reformabsichten methodischer Art enthält, anzunehmen, daß man an dem Beruf großes Interesse habe (1,16% und 0,34%). Wir erinnern in diesem Zusammenhang daran, daß als Grund der Berufswahl in zahlreichen Fällen *Neigung* angegeben war; die Zahlen stimmen also gut überein.

2. Bei der zweiten Kategorie kommt es auf sekundäre Faktoren an. Der Beruf wird *Mittel zum Zweck:*
a) zur Erfüllung sozialer Aufgaben (10,5 und 24%),
b) zur Gewinnung von Ansehen in Gesellschaft und Politik (8,9 und 1,4%),
c) zur materiellen Sicherung, die sich auch in Antworten, wie: wünsche eine Stelle, das Patent zu erhalten, äußert (13,4 und 3,1%),
d) die Gründung der Familie (Ehe) (6,6 und 8,27%).
3. Wunsch nach *Persönlichkeitsgestaltung* (16,1 und 23,7%). Es handelt sich interessanterweise um die Selbstentfaltung, die als Bedürfnis empfunden wird. Für manche liegt es in der Pflichterfüllung, für die anderen, indem sie verschiedenen Liebhabereien nachzugehen gedenken.

Die Frage Nr. 4 des Fragebogens hat ergeben, daß eine kleine, aber nennenswerte Minderheit der Seminaristen, nicht die Absicht hat, bei dem gewählten Beruf zu bleiben. Sie sehen das Seminarstudium als eine Art Sprungbrett an und hoffen, nachdem sie einige Jahre verdient haben, eine andere ihnen entsprechende Richtung der Berufstätigkeit einzuschlagen. Sie sind natürlich nicht kompetent, über die Licht- und Schattenseiten des Lehrerberufs zu urteilen. Für die übrigen angehenden Lehrer und Lehrerinnen darf aber festgestellt werden, daß ein großer Teil eine recht erfreuliche Einstellung zum künftigen Berufe vertritt.

L'ORIENTATION PROFESSIONNELLE DES BACHELIERS AU POINT DE VUE MÉTHODIQUE.

BRONISŁAW BIEGELEISEN (Cracovie).

I. *Les buts de l'orientation professionnelle des bacheliers.*

Pour entreprendre l'application de l'orientation professionnelle, il faut:
1º analyser les métiers universitaires et les professions libérales,
2º connaître l'âme de l'adolescent,
3º diriger l'adolescent vers le métier lui convenant,
4º vérifier la valeur de la consultation,
5º organiser l'orientation d'une manière qui conviendrait le mieux aux exigences psychologiques et sociales.

II. *L'analyse des carrières libérales.*

Le terrain est encore neuf et l'on y rencontre beaucoup de difficultés. Dans les monographies, peu nombreuses, des carrières libérales on trouve l'énumération a) des indications psychologiques qui entrent plutôt dans le domaine de la médecine que de la psychotechnique, b) des traits psychologiques distribués schématiquement selon le *tableau 1* à titre d'exemple pour quelques professions.

Médecin:

Traits particuliers:	Traits spéciaux:
Connaissance de l'âme humaine.	Sens pratique de l'hygiène.
Art de gagner la confiance.	Amour de la propreté.
Patience.	Aptitude à traiter convenablement
Prompte accommodation aux situations changeantes.	les détails ainsi que l'ensemble de la maladie.
Type de l'homme d'action.	
Attitude sociale.	

Juge:

Traits particuliers:	Traits spéciaux:
Véracité.	Inflexibilité.
Connaissance des hommes.	Aptitude à l'analyse des questions
Éloquence.	juridiques.
Indépendance du jugement.	Reconstruction de la situation
Justice.	d'après les actes.
Clarté dans l'expression des idées.	Application des principes aux phé-
Objectivité.	nomènes complexes.
Sens de la responsabilité.	

etc.

Ces analyses sont extraites d'un ouvrage « Manuel des professions » très répandu en Allemagne. On y trouve les *traits communs* à toutes les professions, comme: stabilité du caractère, pensée logique, conscience du devoir, tact, etc., *les traits particuliers* caractéristiques pour plusieurs professions et les *traits spéciaux* concernant seulement certaines d'entre eux.

L'importance de ces analyses atomiques pour l'orientation professionnelle n'est que limitée. Il y a parmi ces traits tels qui sont très difficiles à constater, comme p. ex. la stabilité du caractère, d'autres comme le sentiment de la responsabilité, l'art de gagner la confiance, etc., qui ne résultent que d'une longue pratique professionnelle.

III. *Connaissance de l'âme de l'adolescent.*

En dépit de la richesse des courants psychologiques, la pauvreté des méthodes pratiques s'explique par la complexité du problème.

L'orientateur a à sa disposition les moyens suivants:

A. *Fiche psychologique.* La *fiche* qui suivrait l'élève pendant l'école primaire et secondaire et contiendrait toutes les observations du développement psychique et physique, rendrait les plus grands services à l'orientation. Il est à regretter que les fiches ne soient pas répandues dans nos écoles. En outre, il faut avouer que nous n'avons pas réussi à créer des fiches qui satisferaient aux exigences de l'école, et qui seraient psychologiquement bien fondées.

B. *Entretien.* Bien qu'il soit un des moyens les plus importants, il est très difficile d'en analyser les méthodes, c'est qu'il est un procédé intuitif et non strictement scientifique. Pour y réussir, il faut en première ligne savoir créer un *rapport de confiance* entre l'orientateur et l'adolescent, ce qui facilitera à ce dernier de raconter l'histoire de sa vie, d'avouer ses problèmes, plans et rêves. Là où ce rapport fait défaut, on doit renoncer à l'orientation. L'entretien n'en doit pas moins suivre quelque plan tracé d'avance et traiter 1º le milieu social de famille, 2º les périodes du développement, 3º l'attitude envers la famille, les collègues, etc., 4º les prédilections pour certaines sciences ou activités, 5º les plans pour l'avenir, etc.

Si l'on veut faire le rapport écrit de l'entretien, on éprouve vivement comme l'art de mener la conversation se prête mal à l'analyse, il est presque impossible de rendre par les mots le charme unique de l'individualité humaine.

C. *Les tests.* Les aptitudes pour les carrières libérales existent-elles réellement? Je ne veux pas ici discuter ce problème, vu l'incertitude des définitions psychologiques. Les spécialistes de ces métiers qui les ont analysés du point de vue psychologique, ont toujours répondu affirmativement à cette question. La nécessité s'impose donc d'introduire des moyens plus objectifs que la fiche ou l'entretien et d'essayer de faire des tests. Ce sont deux facteurs principaux qui en ont inspiré la méthode: 1º la théorie de Spearman et 2º les expériences faites dans l'orientation professionnelle des élèves des écoles primaires. Un niveau assez haut d'intelligence générale et des aptitudes spéciales — ce sont deux qualités nécessaires pour la réussite dans les hautes études universitaires. Bien que nous soyons encore loin de voir clair dans la question des aptitudes pour ces études, admettons que nous avons réussi à créer les tests d'intelligence et des aptitudes professionnelles pour chaque carrière libérale. Alors la méthode du profil psychotechnique s'impose, représentée schématiquement dans la *fig. 1.* Outre les tests d'intelligence générale, nous examinons l'adolescent avec des tests spéciaux pour la médecine, le droit, la philosophie, les sciences techniques, etc. et si nous exprimons les résultats en centiles de 0 à 100, le profil entier se dégagera facilement. On voit que l'individu représenté par la fig. 1 est un jeune homme d'intelligence supérieure, il ne possède pas des aptitudes juridiques ou littéraires, il est plus doué pour les sciences naturelles et excelle surtout dans l'architecture. Inutile d'ajouter que ce profil n'est qu'idéal, je voulais l'embellir pour le montrer dans sa forme achevée, tandis qu'en réalité nous ne possédons pas encore les tests pour toutes les professions. Mais je voudrais vous suggérer que le problème n'est pas insoluble et que les tests une fois créés nous indiquent la direction à suivre pour les améliorer.

J'insiste encore sur un point caractéristique de la méthode: *c'est que chaque individu est examiné dans toutes les directions c'est-à-dire par tous les tests.* Ce fait contribue essentiellement à l'augmentation du pronostic de l'examen. C'est chose curieuse d'observer comme la méthode fait refléter les goûts et les intérêts de l'adolescent, comme

401

les aversions et les antipathies sont mises en lumière pendant les tests. Non seulement notre analyse psychologique gagne ainsi en profondeur, mais encore un avantage méthodique en résulte: bien que les tests ne soient encore que très imparfaits, le profil n'en dégage pas moins les inégalités bien distinctes, ce qui est très important pour l'examen approfondi de la personnalité.

En passant aux tests eux-mêmes, ils proviennent de deux sources: les tests introduits déjà en Amérique qui développent une grande activité dans ce domaine et les conversations avec les professeurs des écoles supérieures et les spécialistes éminents de différentes carrières libérales.

a) *Les tests d'intelligence.* Sans entrer ici dans le problème complexe de l'intelligence, il suffit de décrire sommairement les tests que nous avons introduits. Ils contiennent les épreuves bien connues du raisonnement logique, des analogies et contradictions, de définition, etc. On apprécie le résultat de ces tests quantitativement d'après le nombre des réponses bonnes et des fautes, et en outre qualitativement parce qu'il y a souvent des omissions caractéristiques: les uns détestent les épreuves mathématiques, les autres préfèrent les épreuves logiques, etc.

Au cours de quelques années nous avons examiné avec ces tests des collégiens et des étudiants de différentes écoles supérieures de 16 à 25 ans au nombre de 1706. Le tableau 2 contient les résultats de ces examens en valeurs moyennes des bonnes réponses pour chaque âge, ce qui est représenté graphiquement par la fig. 2.

	Académiciens				Autres		
âge	centiles			âge	centiles		
	25	50	75	25	50		75
16	29	32	35		21		
17	32	36	39		23		
18	35	38	43	18	24		32
19	37	41	46	19	26		34
20	39	44	49	20	27		36
21	40	45	50	20	28		38
22	41	46	51	21	30		39
23	42	47	52	22	31		40
24	43	48	53	22	31		41

S'il est vrai que ces tests peuvent être envisagés comme une certaine mesure d'intelligence, il résulte de ces expériences que le niveau intellectuel se développe hors de la 6e année d'une façon remarquable. Si l'âge de 14 à 16 ans était, selon certains psychologues, désigné comme l'âge-limite du développement, c'est que les tests n'étaient pas bien adaptés au degré du développement mental de la jeunesse au-dessus de 16 ans.

Pour vérifier cette hypothèse, nous avons aussi examiné les non-étudiants du même âge avec les même tests. C'étaient les élèves des écoles professionnelles, les employés inférieurs (des postes, etc.), au nombre de 576. Les résultats de ces examens en valeur moyenne pour chaque âge sont représentés dans le tableau 2 graphiquement par la fig. 2. La différence entre les deux groupes est énorme. Provient-elle de dispositions innées ou doit-elle être attribuée à ce que les étudiants continuent leur éducation, tandis que les non-étudiants ne le font plus? Une question délicate. Le fait suivant semble témoigner contre la dernière supposition.

Bien que nous ayons cherché à éviter autant que possible les questions de connaissance dans nos épreuves, il n'y en avait pas moins un certain pourcent (plus de 10%) de non-étudiants d'intelligence très haute, équivalente à celle des étudiants. Eh bien, il est remarquable que la plupart d'entre eux avaient été obligés d'interrompre leurs études pour des raisons pécuniaires. Ces jeunes hommes gagnaient leur vie, n'ayant aucun contact avec l'école et les études, il est donc d'autant plus remarquable qu'ils aient eu dans les tests un si bon résultat.

b) *Les tests professionnels.* Au lieu de discuter la nature des *tests* professionnels, il suffirait de décrire un exemple: les tests *juridiques.* Guidés par les indications de la psychologie structurelle, nous n'avons pas tenu compte de l'analyse atomique des professions du droit qui consiste dans la division un peu artificielle en fonctions particulières, mais nous avons essayé de faire les épreuves synthétiques qui unissaient en soi plusieurs traits partiels en les mettant en action tous à la fois.

Voici un exemple de ces tests. L'examiné reçoit plusieurs thèses et sa tâche est d'inventer le plus grand nombre possible d'explications en faveur de ces thèses. Bien entendu, les thèses doivent être élaborées de telle façon que pour leur explication une connaissance du droit ne soit pas nécessaire.

Un pareil test repose sur plusieurs thèses qui doivent être combattues par les arguments les plus nombreux.

Un autre test contient différentes notions économiques comme: budget, dépôt, crédit, sabotage, etc., que l'on doit définir.

Plusieurs étudiants en droit de l'Université de Cracovie ont été soumis à ces tests et nous avons trouvé que 1o les solutions différaient entre elles d'une manière surprenante, aussi bien sous le rapport quantitatif (pour la même thèse un étudiant n'a su inventer qu'un argument tandis qu'un autre en a donné 12) que qualitatif, les différences des valeurs d'arguments sautaient aux yeux, 2o les étudiants des cours ultérieurs ont donné des solutions meilleures que les bacheliers.

On ne doit pas du tout regarder ces tests comme décisifs, nous nous rendons bien compte de leurs défauts et imperfections, mais la suggestion des tests professionnels une fois faite, une série de travaux doit être continuée dans cette direction pour augmenter le diagnostic du psychologue.

c) *Intérêts professionnels*. Lorsqu'on demande aux bacheliers le motif de leur choix d'études, on obtient très souvent les réponses vagues: « Je ne sais pas pourquoi, mais je sens intuitivement que la carrière de médecin me conviendra mieux. » C'est que les étudiants ne réussissent pas toujours à analyser cet intérêt. A vrai dire, si peu de recherches sur la nature de l'intérêt ont été entreprises par les psychologues qu'il est resté bien obscur. C'est dans l'interrogatoire avec l'adolescent que l'on doit faire intervenir les goûts et les intérêts. Une mesure plus objective de l'intensité des intérêts est possible si l'on donne la forme du test à ces questions.

De ces *tests d'intérêt* son caractère *social* s'ensuit. Quels sont les rapports de l'étudiant avec son entourage, la famille, l'école, la société, ce qu'il aime et ce qu'il n'aime pas, tout cela est caractéristique pour la nature de ses intérêts.

J'ai donné une suite de questions sur ce qu'on préfère dans les travaux professionnels, par exemple:

Préférez-vous un poste public ou privé?

La soumission à la direction ou diriger soi-même?

Une grande ou petite responsabilité?

L'analyse des réponses a montré que ces intérêts forment des types différents pour les professions diverses. Les fig. 3, 4 et 5 représentent ces types d'intérêt pour le médecin, l'ingénieur et le soldat.

Un psychologue américain *Strong* a composé un test d'intérêt contenant 420 questions et l'ayant beaucoup mieux élaboré au point de vue statistique il a obtenu le même résultat: il y a des intérêts caractéristiques pour certaines carrières universitaires. Autant que je sache, des pareils résultats ont été obtenus par le prof. *Šeracký* à Prague. Un tel accord international est remarquable.

d) *Détermination du facteur caractérologique*. Nous sommes tous d'accord que le caractère, le tempérament, etc., de l'adolescent exercent une influence sur la vie professionnelle parfois plus grande que les autres facteurs. Malheureusement on ne dispose pas en l'état actuel de la psychiatrie et de la psychologie de méthodes précises. L'orienteur peut les employer, à défaut de mieux, mais l'expérience les améliorera sans doute, surtout si le rapport entre la psychiatrie et la psychologie d'une part et la psychotechnique d'autre part est plus étroit. Nous allons aborder maintenant les moyens que l'orienteur peut et doit employer pour déterminer le facteur caractérologique.

1. *Observations et exploration de l'entretien*.

C'est une source très précieuse de nos renseignements sur le caractère de l'adolescent et en dépit de leur nature intuitive aucun autre moyen ne peut la remplacer.

2. *Observations pendant les tests*.

Un bon observateur peut noter beaucoup de traits caractérologiques, bien qu'ils soient passagers et de courte durée. Il importe de savoir si le trait observé ne tient pas plus au test lui-même qu'au tempérament de l'examiné. Il y a sans doute des traits qui peuvent être observés d'une façon objective, mais il ne le sont pas tous. Nous avons à cet égard fait l'expérience suivante. On a classé 47 étudiants comme prompts, lents et moyens à l'aide de plusieurs épreuves: a) observations pendant l'entretien, b) observations pendant les tests, c) un test spécial de vitesse de l'écriture, d) l'autoanalyse de l'étudiant. Or tous ces moyens, sauf d) s'accordaient entre eux dans 78% des cas.

3. *Autoanalyse des étudiants.*

Il est très important au point de vue pédagogique et social que chaque adolescent tâche de s'analyser lui-même, ces analyses représentent un matériel de premier ordre pour le psychologue. Pour apprécier la valeur authentique il nous manque encore le criterium convenable. Nous avons comparé l'autoanalyse des étudiants avec les données obtenues par d'autres moyens (observations, tests) et nous avons constaté une certaine sur-estimation des qualités bonnes chez les uns, tandis que les autres font leurs défauts trop accentués. Le premier phénomène est presque normal, le second trahit quelques traits psychopathiques.

4. *Tests du caractère.*

La plupart de ces tests viennent de l'Amérique, il y en a peu en Europe (test de Rohrschach). Ils se laissent subdiviser en deux groupes: les uns, que je nommerais *indirects* contiennent les questions se rapportant aux diverses situations de la vie et les réponses sont typiques pour certaines qualités du caractère, les autres, *directs*, relèvent directement, sans l'analyse psychologique, un trait du caractère.

Je citerai comme exemple des tests indirects les nombreux tests *d'introversion — extroversion.* L'examiné doit souligner la réponse, qui le caractérise le mieux, à des questions comme la suivante:

Les sentiments étaient-ils blessés par les remarques ou les actions d'autrui?

Très souvent,

parfois,

je me sentis rarement affligé,

je n'y ai pas imputé de mauvaises intentions,

je ne faisais pas du tout attention, etc.

Ou bien *le test d'émotivité* introduit par *Pressey* où l'adolescent doit souligner un ou plusieurs mots qui lui sont désagréables, pénibles.

Aux seconds appartiennent les tests de *Downey* qui analysent l'écriture et attachent certains traits du caractère comme par exemple l'impétuosité ou manque d'équilibre psychique aux certaines formes et l'écriture. En général toute la graphologie scientifique nous fournit les tests du caractère et quoiqu'en disent les adversaires on doit admirer par exemple l'œuvre de *Saudek* en Angleterre.

Au lieu de discuter les tests particuliers, je préfère y consacrer quelques remarques générales. Peut-on examiner le caractère à l'aide des tests? Lorsque je réponds *oui*, il y a des précautions à prendre.

Premièrement, le test du caractère ne se laisse pas si aisément normaliser comme d'autres tests, parfois c'est presque impossible. On ne peut examiner par ce test n'importe qui et n'importe quand. Le résultat dépend, à un degré beaucoup plus fort que dans les autres tests, de l'attitude de l'examiné. Tel étudiant est très intéressé par le test, réfléchit sur chaque question, il tient à ce que ses réponses soient un véritable reflet de son âme, tel autre remplit vite les rubriques, n'attache pas beaucoup d'importance à ses réponses, traite toute l'affaire avec indifférence. Dans le premier cas le test peut être diagnostique, dans le second il doit échouer. Ou bien autrement, le résultat du test dépend de ce que l'orienteur réussit à éveiller l'intérêt de l'examiné. Tel test est diagnostique chez un individu, tandis qu'il fait défaut chez l'autre.

En second lieu l'appréciation du résultat du test doit être surtout *qualitative,* parce que tout l'examen du caractère doit être personnel, intime, intensif, pas extensif. Cela ne veut pas dire qu'il ne soit pas accessible aux évaluations statistiques, mais il ne faut jamais perdre de vue le but final: analyse de la personnalité.

Enfin une particularité des tests du caractère est que l'examiné doit absolument ignorer le but du test, par conséquent ils ne doivent pas tomber aux mains de la jeunesse, on ne devrait pas les imprimer, etc. Une fois que le test du caractère est connu, il perd toute sa valeur.

IV. *Conseil de l'orienteur.*

Le conseil est *une synthèse* de toutes les phases précédentes. Bien qu'il repose sur le profil psychotechnique, il n'en est pas moins suggéré par l'intuition psychologique de l'orienteur, très difficile à analyser. Voici quelques exemples en style un peu télégraphique:

J. P. 27 ans, fait impression d'être plus âgé à cause de son toupet grisonnant et de son front ridé. Après le baccalauréat, une année à l'Ecole d'éducation physique, deux années d'études commerciales, 4 années de chimie à l'Université, mais il n'a rien fini. Quelque temps il fût maître de gymnastique dans un collège, mais il s'y sentait mal, depuis deux ans il dirige un magasin qu'il tient de son père, mais ses associés l'ont trompé, le magasin ne prospère pas.

Résultats de l'examen: haute intelligence (centile 89), très bon en tests de commerce (86), tests de sciences naturelles faibles. Examen caractérologique: grande impétuosité, persévérance petite, nervosité. Dans le test de Pressey il a souligné les mots: vol, immoralité, intrigue, spéculant, etc. Interrogé là-dessus il émet l'avis que tout le commerce se base sur la duperie.

Avis de l'orienteur: il n'a pas de qualités pour un marchand indépendant ni pour le métier pédagogique non plus; vu son intelligence et le bon résultat dans les tests commerciaux il serait bon employé, teneur de livres, etc. et il devrait finir ses études commerciales

J. B., bachelier, fils d'un médecin, songeait d'abord à la carrière pédagogique, mais il pense qu'il doit y rénoncer parce qu'il aime surtout la liberté et un instituteur est toujours guidé et contrôlé. Comme il n'aime pas la médecine, c'est le droit ou le commerce qu'il devrait choisir. Dans l'entretien, peu communicatif, attitude un peu mystérieuse.

Examen: Intelligence un peu au-dessus de la moyenne, en tests de commerce faible, droit et technique aussi, sciences naturelles et médecine très bon. Caractère: grande maîtrise et équilibre d'âme, une haute précision dans le travail, nature subtile et fine.

Un cas difficile: les tests font conclure sur l'aptitude aux sciences naturelles et à la médecine, l'entretien sur le manque de goût pour ces études. Une remarque a attiré mon attention: les relations entre les parents mauvaises, le fils tient du côté de la mère. J'ai conçu le soupçon qu'il fallait peut-être chercher là le motif de son aversion pour la médecine. En effet j'ai réussi à tirer de lui une sorte d'aveu.

Avis: la médecine.

V. *Pronostic de l'orientation professionnelle.*

L'orientation professionnelle des bacheliers n'existe pas depuis assez longtemps pour qu'il y ait beaucoup d'occasion d'en contrôler les résultats. Il faut de longues années afin que ses fruits mûrissent.

Mais réfléchissons un peu sur la possibilité de sa vérification. Le progrès du jeune homme dans les études est-il un bon vérificateur? N'y a-t-il pas d'étudiants médiocres qui sont devenus de bons praticiens dans leur métier? La réussite dans la vie professionnelle? Si quelqu'un ne réussit pas dans la vie pratique, est-ce qu'il n'arrive pas qu'il est victime de conditions défavorables? On voit qu'il faut nous arrêter et préciser notre critère en *progrès dans les études.*

Je citerai deux exemples du contrôle de nos examens. Le premier se rapporte aux étudiants de l'Ecole des Mines à Cracovie, qui furent examinés par nous. Au bout de 4 années nous avons reçu l'opinion de l'Ecole. Le résultat de la comparaison entre l'examen psychotechnique exprimé en 5 notes et l'opinion de l'Ecole exprimée aussi en 5 notes est représenté dans la *fig. 6.* Il s'ensuit que de ceux qui dans l'examen psychotechnique ont obtenu la note 5 (la meilleure) ont à l'Ecole dans 67% la note 5 et 33% la note 4, etc. En général, il y avait un accord complet sur 34% des cas, différence d'une note dans 54%, de 2 notes sur 12%. Comme la différence d'une note n'est pas significative dans ces conditions, nous pouvons juger l'accord de 88 %. Le coefficient de corrélation d'après Pearson est $r = 0,45$.

Un autre exemple. 43 étudiants en droit de l'Université de Cracovie furent examinés par nous et après 3 ans la Faculté du droit nous a informés si le candidat a réussi dans le premier examen juridique ($+$) ou non ($-$). Les résultats de l'examen psychotechnique au-dessus de la moyenne étaient regardés comme positifs, au-dessous de la moyenne comme négatifs. La *fig.* 7 nous montre la comparaison. De ceux qui ont bien réussi dans l'examen psychotechnique 59% ont passé l'examen juridique et de ceux qui ont mal réussi à l'examen psychotechnique 92% ont échoué à la Faculté. Le coefficient de corrélation d'après Yule est 0,48.

Il importe de noter que malgré l'imperfection des tests, dont nous nous rendons bien compte, le pronostic des tests monte en moyenne à 80%.

VI. *Thérapeutique de l'orientation.*

Le rôle de l'orientation ne se borne pas à donner des conseils. Les adolescents pendant leurs études se heurtent aux difficultés qu'ils ne savent pas toujours vaincre, souffrent de conflits parfois funestes. C'est une des causes pour lesquelles un si grand pourcentage d'étudiants rénonce à continuer leurs études, surtout au bout des premières années. C'est notre devoir social de nous intéresser à ce gaspillage de forces. Les bacheliers ont besoin souvent d'un appui : non seulement le changement du milieu (le jeune homme guidé et contrôlé par les pédagogues se trouve tout à coup devant la liberté académique) y joue un rôle, mais encore l'adolescence est une période de développement impétueux, fécond en problèmes et difficultés. Enumérons-en brièvement quelques-unes.

Difficulté d'adaptation au milieu.

En général les étudiants ne trouvent pas de difficultés à cet égard, ils font connaissance de leurs camarades, se lancent dans l'activité sociale, etc. Mais il y a toujours un certain pourcentage — plus grand que nous ne supposons — qui se heurte à des obstacles.

C. L. est en 3e année à l'Ecole Polytechnique mais affirme qu'il ne peut pas se débrouiller dans ses études. Il n'a pas de courage pour se présenter aux examens, n'a aucune confiance dans ses forces, se croyant toujours insuffisamment préparé. Les dessins lui prennent beaucoup de temps, il n'y est jamais prêt à temps. Bon élève au collège il étudie à l'Ecole Polytechnique sans aucun résultat.

Difficultés émotionnelles.

Chez beaucoup d'étudiants la vie affective, les instincts, désirs, sentiments manquent de coordination, ils ne les maîtrisent pas et ce n'est que quand les troubles qui en résultent deviennent trop graves, qu'ils mènent aux habitudes de moins en moins convenables, que le psychologue peut constater cet état morbide.

S. W. a échoué au dernier examen à la Faculté des lettres, injustement, comme il dit. Le tort subi influença toute sa carrière. Au lieu de se présenter une deuxième fois à l'examen, comme les autres camarades, il a pris un tel dégoût de l'Université qu'il a abandonné les études. Il trouva un poste d'instituteur dans un collège mais à cause de querelles avec le directeur fut contraint de chercher un poste dans un autre collège, où ses relations avec les parents sont devenues insupportables. Ses rapports avec les enfants son singuliers. En entrant dans la classe il se sent devant une puissance hostile et se rend bien compte qu'il n'y a que deux alternatives: ou il dominera la classe ou la classe le dominera. Ainsi sa sévérité maintient la discipline, mais ça lui coûte beaucoup d'efforts. Il est hors de lui quand' l'élève ne sait pas quelque chose ou ne le comprend pas, il doit se maîtriser de toute sa force pour ne pas le frapper.

Difficultés d'analyser ses aptitudes.

Il faut aider beaucoup d'étudiants dans l'analyse d'eux-mêmes, ce dont ils ne sont pas capables.

P. J. a deux années d'études commerciales et en vient à se consulter au sujet de ses aptitudes. Il a déjà occupé deux postes, mais sans succès, dans une maison on le congédia, dans une autre c'est lui qui donna congé. Il raconte qu'après son baccalauréat il avait une grande inclination pour une carrière technique, cependant il s'inscrivit aux études commerciales qui étaient plus faciles, parce qu'il n'y avait pas là un examen d'entrée comme à l'Ecole Polytechnique. Comme le métier de marchand ne lui plait pas, il voudrait bien savoir s'il a des aptitudes pour devenir employé de banque.

Difficultés caractérologiques.

Si l'étudiant ne dispose pas d'une assez forte volonté pour dresser un certain plan de sa vie, il court risque de se dévoyer.

M. L., un jeune homme extrêmement bien fait, a dans toute sa personnalité quelque chose de délicat, velouté, féminin. Au collège très bon élève, fils de riches parents qui ne lui refusaient rien, il vivait comme un papillon sautillant d'une fleur à l'autre, est-ce que l'on peut résister à cette vie séduisante, lorsque les fleurs — sont les femmes? Il dit lui-même que ses triomphes étaient trop faciles. Il en souffre même, mais n'a pas de force pour y résister. Après le baccalauréat il s'incrit à l'Ecole Polytechnique, mais il n'avance pas du tout dans ses études. « J'ai un tel caractère — dit-il — que je ne peux pas tenir longtemps à une chose. Une passion m'envahit pour la photographie, je m'y lance et je photographie un mois, au bout de ce temps je ne peux plus regarder l'appareil. Une autre fois une fureur pour la danse m'embrase, je passe les nuits aux dancings et je dors le jour. »

On pourrait énumérer beaucoup d'autres problèmes et conflits qui tourmentent notre jeunesse, mais c'est le côté thérapeutique de cette question qui nous intéresse ici. D'après mes expériences le *service psychologique* peut être extrêmement utile aux étudiants. En s'entretenant avec les jeunes hommes, les analysant, les suggérant, on peut supprimer ou modérer beaucoup de conflits qui s'aggravent inutilement sans cela.

Or dans l'organisation actuelle des écoles secondaires et surtout supérieures il n'y a personne qui pourrait s'en occuper. Il est absolument nécessaire qu'il existe un service qui continuerait les travaux de l'Office de l'orientation, qui se préoccuperait de jeunes hommes et femmes s'accommodant mal à leur milieu, de leurs conflits et difficultés. L'opinion se propage peu à peu que c'est même le devoir des écoles.

C'est l'Amérique qui en a pris l'initiative, il y a là dans chaque collège un office de l'orientation qui s'occupe des problèmes personnels. Le nombre de ces institutions augmentent toujours, la nécessité de collaboration entre eux s'imposa, ce qui a contribué à la création d'une société: American College Personnel Association. Voilà le premier point de son statut: Le but du travail personnel dans les collèges et les universités est d'aider les étudiants dans leurs activités professionnelles, dans leurs conflits et difficultés, dans le développement de leur caractère. En Allemagne, depuis quelques années les offices d'orientation professionnelle s'intéressent à ces questions. En Pologne les psychologues scolaires furent introduits dans chaque école secondaire.

Je suis au bout de mes remarques. Mon but était de jeter un coup d'œil synthétique sur les méthodes de l'orientation professionnelle pour les bacheliers, qui ouvre un vaste champ d'activité pour les psychologues et les psychotechniciens. Il est vrai qu'il y a beaucoup d'incertitudes et de tâtonnements dans ce domaine, mais cela ne devrait pas cependant faire rejeter toute tentative. La psychologie et la psychotechnique n'ont pas l'ambition de fournir les diagnostics certains. « Mieux vaut une méthode donnant des résultats incertains sans doute, mais affectés d'un certain coefficient de probabilité, que pas de méthode du tout. » (Claparède.)

EIN BEITRAG ZUM PROBLEM DER AUSLESE FÜR DAS HÖHERE STUDIUM.

JAN DOLEŽAL (Praha).

1. Die Auslesefunktion der Mittelschule.

Schon der Name „Mittelschule" verrät, daß es sich bei dieser Schulinstitution um ein Vermittlungsglied zu der höchsten Schulgattung (zu den Hochschulen) handelt. Wenn es auch in der letzten Zeit ziemlich häufig vorkommt, daß die Abiturienten dieser Schulen in die Praxis — in den privaten oder staatlichen Beamten- oder Angestelltendienst — übergehen, so liegt der ursprüngliche Sinn dieser Schulart doch vor allem in der Vorbereitung für die Hochschulen. Der immerhin ziemlich häufige Abgang der Abiturienten in eine Praxis, die meist für die Absolventen der höheren Fachschulen bestimmt war, ist z. T. eine Folge ungenügender finanzieller Möglichkeiten, weit häufiger aber die Folge ungenügender geistiger Fähigkeiten zum Hochschulstudium. Während der erste Grund nur mechanischer Art ist und durch richtige Organisation der Volksbildung durch den Staat beinahe beseitigt ist, oder zumindestens beseitigt werden könnte, ist der andere Grund wesentlich ernster zu nehmen. Er beweist, daß die Mittelschule die ihr zugedachte Auslesefunktion nicht genügend gut erfüllt. Man ruft deshalb in der letzten Zeit auch immer häufiger nach der Verschärfung der Prüfungen in der Mittelschule, vor allem nach der Verschärfung der Ansprüche in den höheren Klassen. Zugleich werden aber auch Stimmen laut, die auf die Überbürdung der Schüler mit Wissensstoff hinweisen und so indirekt den Beweis liefern, daß von der rein schulmäßigen Seite dieses Problem nur schwierig zu lösen ist. Den Besuch der Hochschule von dem Erlangen einer bestimmten Zensur (oder Durchschnittszensur) an der Mittelschule abhängig zu machen, ist schon deshalb nicht ratsam, weil man die Erfahrung gemacht hat, daß nicht selten durchschnittliche oder schlechte Schüler gute Hochschüler und mindestens ebenso häufig gute Fachleute im praktischen Leben oder in der Wissenschaft geworden sind. Die Leistung in der Mittelschule ist also kein vollkommen verläßliches Kriterium für die Eignung zum Hochschulstudium und vor allem nicht für die Leistung auf den Arbeitsgebieten, für die die Hochschule vorbereitet. Wenn wir also von dem Grundsatz ausgehen, daß an die Hochschule vor allem diejenigen zugelassen werden sollen, die zu diesem Studium und zu den hinterher harrenden Aufgaben die nötige geistige Eignung besitzen, so müssen wir bei der Auslese für das Hochschulstudium neben der Leistung in der Mittelschule noch andere geeignete Mittel hinzuziehen.

Die erwünschte Auslese der Begabten für das Hochschulstudium und für die höheren geistigen Arbeitsfunktionen in der organisierten menschlichen Gemeinschaft kann nicht durch ein einmaliges sicher wirksames Mittel erreicht werden. Es ist vielmehr notwendig, daß diese Auslese eine systematische ist und durch die ganze Zeit der Vorbildung anhält. Sie soll gleich bei dem ersten Schritt in die Mittelschule und sogar schon in der Volksschule einsetzen. Die Mittelschule muß sich dieser Aufgabe ständig bewußt sein und den festen Willen haben, sie gewissenhaft und gerecht zu erfüllen. Diese Auslese muß aber auch systematisch sein, gut organisiert und rationell angewandt werden. Die Auslesemittel müssen so beschaffen sein, daß sie progressiv wirken, zuerst nur die wirklich Ungeeigneten und erst nach und nach die Mindergeeigneten entfernen. Es widerspricht dem Prinzip der Stetigkeit der Auslese, wenn die geistigen Forderungen der Schule eine ungleichmäßige Verteilung der Steigerung aufweisen. Es darf z. B. nicht so sein, daß in den beiden ersten Klassen verhältnismäßig geringe Forderungen gestellt werden, die auch von den deutlich Minderbegabten erfüllt werden können und daß erst in der dritten oder in einer noch höheren Klasse die Aufgaben eine plötzliche Erschwerung erfahren. Eine solche nicht gleichmäßig steigende Aufteilung der Forderungen der Schule erschwert nicht nur die Auslese, sondern sie hat oft auch schwere pädagogische Nachteile. Bei den Eltern wird durch den guten Schulerfolg am Anfang die oft nicht berechtigte Hoffnung geweckt, daß das Kind in der Lage sei, die Schule zu absolvieren. Schwachbegabte Schüler, die durch Fleiß in den unteren Klassen noch eine durchschnittliche oder sogar bessere Zensur erreichen, werden von der Schule häufig noch eine zeitlang besser beurteilt, als ihren tatsächlichen Fähigkeiten und Leistungen entspricht.

Die Auslese soll unbedingt zu einem geeigneten Zeitpunkt erfolgen. Es lassen sich viele nicht zu unterschätzende Schwierigkeiten vermeiden, wenn an die notwendige Auslese rechtzeitig und mit Rücksicht auf das praktische Leben gedacht wird. In die erste Klasse der Mittelschule dürften z. B. keinesfalls Schüler aufgenommen werden, die auch bei gutem Fleiß nicht in der Lage sind, mindestens die unteren vier Klassen zu absolvieren. Es ist dann, bei einem etwaigen Mißerfolg in den ersten Klassen, sehr schwierig, die Eltern dazu zu bewegen, ihr Kind aus der Schule zu nehmen und einer ihm zugänglicheren Schulung zuzuführen. Immer wieder werden die Eltern durch Druck auf die Schule und durch sehr häufig aussichtsloses Repetierenlassen der Kinder, mindestens die Absolvierung der unteren Klassen zu erzwingen versuchen, um das Zurückschicken der Kinder in die Bürgerschule zu vermeiden. Es ist nur selbstverständlich, daß die Kinder selbst dabei schwierige Krisen durchzumachen haben.

Noch schlimmer verhält es sich mit der Möglichkeit der Auslese in den höheren Klassen. Praktisch ist es so, daß von den Schülern die in die oberen Klassen gekommen sind, ein kaum noch nennenswerter Teil die Schule vor dem Abschluß der Matura verläßt. Dies aber nicht etwa deshalb, weil die Auslese beim Übergang von den unteren in die oberen Klassen wirklich so gut wäre, daß keine zum höheren Studium Unfähigen in die oberen Klassen gelangen würden, sondern deshalb, weil jedes an der höheren Mittelschule ohne Erlangen des Reifezeugnisses verbrachte Jahr verlorene Zeit ist und darum das Erlangen der Matura um jeden Preis angestrebt wird.

Sehr wichtig ist auch, daß das Werkzeug, das zur Auslese dient, und das ist vor allem die Beurteilung der Leistung durch die Schule, einwandfrei funktionieren kann. Häufig vermissen wir bei den Lehrern die Fähigkeit, den Schüler zu der möglichen Leistung zu bringen. Aber auch die technische Seite der Leistungsbeurteilung in der Schule ist nicht vollkommen. Man braucht bloß darauf hinzuweisen, daß in der Mittelschule immer noch das vierstufige Notensystem zur Anwendung gelangt, bei dem die Bedeutung der einzelnen Noten stark wechselt. Wenn in den unteren Klassen die Note drei noch als eine beinahe durchschnittliche Leistung bezeichnet werden kann, so verschiebt sich ihre Bedeutung in den oberen Klassen nach der schlechteren Seite hin. Dasselbe, aber nach der Mitte zu, geschieht mit der Note zwei. Die beiden Noten drücken mit einer schwankenden und unbestimmten Bedeutung die durchschnittliche Leistung aus, weil es keine eigentliche mittlere Note gibt. Eine fünfstufige Notenskala würde die Funktion der Leistungsbeurteilung wesentlich verbessern.

Wenn die Auslese für das Hochschulstudium auf der Mittelschule reibungslos durchgeführt werden soll, so darf sie in gewissem Umfang auf Prognose nicht verzichten, mit anderen Worten, sie muß immer mit Rücksicht auf die auf den höheren Stufen der Schulen zu erwartenden Schwierigkeiten erfolgen und neben der jeweiligen Schulleistung auch die Gesamtfähigkeit zum Studium im Auge behalten. Es ist nur selbstverständlich, daß sie sich dann auch solcher Mittel bedienen muß, die eine solche vorausschauende Auslese erlauben. Ein wesentliches Hilfsmittel wird dabei sicherlich die Psychotechnik bilden, die auf diesem Arbeitsgebiet die meisten Erfahrungen hat. Allerdings ist auch die Psychotechnik nicht das einzige und allein wirksame Mittel, mit dem die Auslese durchgeführt werden kann, sondern es soll nur ein wichtiges Hilfsmittel sein, das ebenfalls systematisch und zweckmäßig angewandt werden muß. Die eigentliche Durchführung der Auslese muß dabei allerdings immer der Schule überlassen bleiben. Die Psychotechnik kann und soll vor allem Wesentliches zu einer besseren Kenntnis des Schülers beitragen. Der Psychotechniker soll durch weitgehende und genaue Analyse der Gegebenheiten (der psychophysischen Konstitution des Schülers und seiner Umwelt im weitesten Sinne des Wortes) die Voraussetzungen für die zweckmäßigen und erfolgreichen Entscheidungen der Erzieher und der Schüler schaffen, er soll also meistens nur beraten (positive Auslese) und vor falschen und aussichtslosen Zielen und Absichten warnen (negative Auslese). Die Entscheidungen selbst müssen diejenigen treffen, die dazu berufen sind, die eigentliche Verantwortung zu tragen. Dies schließt allerdings nicht aus, daß für bestimmte Gebiete, genaue konstitutionelle Minimalforderungen aufgestellt werden, die vorhanden sein müssen, wenn jemand von der Gemeinschaft die Erlaubnis erhalten soll, sich auf einem dieser Gebiete zu betätigen. Die Gemeinschaft kann z. B. verlangen, daß Personen, die die öffentlichen Angelegenheiten zu verwalten haben, soviel Intelligenz besitzen, um die komplizierten Zusammenhänge dieser Angelegenheiten einigermaßen zu übersehen. Sie wird auch sicherlich nicht gestatten, daß solche Berufe, wie z. B. den des Arztes, Menschen ergreifen dürfen, deren Begabung ein vollkommenes und zuverlässiges Erfassen und Handhaben der medizinischen Wissenschaft nicht gewährleistet. Ebensowenig wird sich ein Erzieher finden, der damit einverstanden wäre, daß der Schüler (wegen seiner geringen Begabung) den Lernstoff nur mechanisch beherrscht, ohne in der Lage zu sein, seinen Sinn zu begreifen und das angeeignete Material selbständig zu gebrauchen.

Oberhalb solcher Grenzen (die übrigens niemals punktuell festzusetzen sind) wird es bei der Entscheidung für ein bestimmtes Studium oder einen bestimmten Beruf mannigfaltiges Für und Wider geben. Hier wird die Aufgabe des Psychotechnikers darin bestehen, das Für und Wider herauszuarbeiten und dem Bewerber, beziehungsweise den verantwortlichen Faktoren klarzulegen.

Die Ablehnung von Zwang bei der Berufswahl auch dann, wenn die Eignung in einer bestimmten Richtung mit psychotechnischen Methoden festgestellt wurde, ist nicht etwa ein Zeichen der Selbstunsicherheit der psychotechnischen Methode, oder das Eingeständnis ihrer wissenschaftlichen Unzulänglichkeit. Sie ist nur ein Beweis dafür, daß der Psychotechniker die Dynamik der menschlichen Persönlichkeit und des menschlichen Wollens richtig erfaßt hat und sich dessen bewußt ist, in welchem Ausmaß das Verlegen des Strebens und des Wollens in eine bestimmte Richtung die objektive Leistung des Menschen beeinflussen kann. Auch vom Standpunkt der Erziehung zur persönlichen Verantwortung kann eine restlose Regelung des menschlichen Strebens nicht als erwünschtes Ideal angesehen werden. Die Gemeinschaft würde sich dadurch jeder Dynamik berauben, die solche Spannungen erzeugt, welche schöpferische Kräfte wecken und den weiteren Fortschritt ermöglichen. Ebensowenig kann aber als Ideal ein Zustand angesehen werden, wo Menschen blind und unwissend sich Ziele setzen, die in keinem Verhältnis zu ihren Kräften stehen; und so nicht nur erfolglos und ohne Freude im Leben stehen sondern noch die Kräfte der Gemeinschaft vergeuden, ihre Entwicklung hemmen und ihr schaden.

Die Möglichkeit der Beratung und der Auslese in Bezug auf bestimmte Berufe, Schulen und Arbeitsaufgaben überhaupt setzt die Kenntnis der psychophysischen Konstitution des Einzelnen voraus. Es ist selbstverständlich, daß die Beratung umso genauer und auch überzeugender sein kann, je umfassender diese Kenntnis ist. Wir wollen uns allerdings in diesem Zusammenhang etwas näher nur mit der Frage der Begabung, also mit der intellektuellen Seite der Konstitution befassen, und zwar vor allem bei den Abiturienten.

2. Die Intelligenzprüfungen bei den Abiturienten.

Die Intelligenzuntersuchungen für Zehn- bis Fünfzehnjährige, die bei der Auslese in der Mittelschule in Frage kommen, sind schon gut durchgearbeitet und wir verfügen auf diesem Gebiet sicherlich über gute und zuverlässige Tests. Etwas anders ist es damit bei den Abiturienten, wo es darum geht, die Intelligenz bei einer Gruppe von intellektuell hochstehenden, erwachsenen Menschen mit praktisch genügender Zuverlässigkeit festzustellen. Diese Aufgabe wird dadurch etwas erleichtert, daß es sich um Menschen handelt, die alle eine ungefähr gleiche Vorbildung haben und außerdem auch gleichaltrig sind.

Die meisten Tests, die zu der Feststellung der Intelligenz dienen, sind Leistungstests. Es sind also Zusammenstellungen von mentalen Aufgaben, bei denen aus der Leistung in einer bestimmten Zeit auf die intellektuelle Konstitution (unter sonst gleichen Umständen) geschlossen wird. Wir stoßen hier allerdings sofort auf das Problem des Zusammenhanges zwischen der Schnelligkeit bei der mentalen Arbeit (Leistung in der Zeiteinheit) und der Intelligenz. Dieser Zusammenhang ist noch nicht ganz geklärt. Wir gehen aber wahrscheinlich nicht fehl, wenn wir annehmen, daß das Arbeitstempo in mentalen Aufgaben von ihrer subjektiven Schwierigkeit und von dem subjektiven Tempo des Untersuchten abhängig ist. Unter der subjektiven Schwierigkeit verstehen wir dabei das Verhältnis zwischen dem mentalen Niveau (dem Grad der Intelligenz) des Arbeitenden und der objektiven Schwierigkeit (Grad der intellektuellen Kompliziertheit) der Aufgaben. Eine Aufgabe ist also subjektiv desto leichter, je höher intellektuell derjenige steht, der sie zu bewältigen hat und je einfacher diese Aufgabe ist und umgekehrt. Unter dem subjektiven Tempo verstehen wir eine allgemeine Tendenz zur rascheren oder langsameren Arbeitsweise, das Bestreben immer mit einer bestimmten dem Individuum adäquaten Geschwindigkeit zu arbeiten, wobei es dahingestellt bleiben mag, ob es ein solches subjektives Tempo generell für alle reaktiven Äußerungen des Menschen gibt, oder ob ein solches Tempo in den verschiedenen Arbeitssphären (geistige, manuelle Arbeit u. ä.) oder sogar bei einzelnen Funktionen innerhalb solcher Sphären (Rechnen, sprachliche Gedankenformulierung, Urteilen usw.) verschieden ist (was allerdings ziemlich unwahrscheinlich erscheint).

Um nicht falsch verstanden zu werden, betone ich nochmals, daß ich mit dem subjektiven Tempo nicht die objektive Arbeitsgeschwindigkeit oder Leistung meine, sondern nur die intendierte Arbeitsgeschwindigkeit. Die objektive Arbeitsgeschwindigkeit kann eventuell bei einem Menschen mit schnellerem Tempo langsamer sein als bei jemanden, der an sich ein langsameres Tempo hat, dem aber die Arbeit subjektiv leichter erscheint, weil er dazu geistig oder physisch besser ausgerüstet ist. Man kann also das subjektive Tempo vergleichsweise nur bei gleicher subjektiver Schwierigkeit der zu bearbeitenden Aufgaben oder (theoretisch-objektiv) dort, wo sich die Schwierigkeit der Null nähert, bestimmen.

Neben verschiedenen qualitativen Unterschieden, die hier vorläufig außer acht gelassen werden sollen, wollen wir also bei der mentalen Begabung die beiden folgenden Faktoren unterscheiden: Das mentale Niveau, das durch den Grad der Komplexität bestimmt wird, bis zu welchem jemand mentale Aufgaben noch zu lösen vermag. Als Maßstab für die Kompliziertheit der Aufgaben kann dabei ihre relative Schwierigkeit dienen, die durch den relativen Anteil derjenigen Individuen in einem Kollektiv bestimmt wird, die die betreffende Aufgabe auch in praktisch unbeschränkter Zeit entweder überhaupt nicht oder falsch lösen. Zweitens unterscheiden wir das mentale Tempo, unter dem wir das subjektive Tempo auf dem mentalen Arbeitsgebiet verstehen wollen. Diese beiden Funktionen sind wahrscheinlich unabhängig. Danach kann man also aus der Schnelligkeit in mentalen Aufgaben (aus der Testleistung) nicht unter allen Umständen sicher auf die Intelligenzhöhe schließen. Zwei gleich intelligente Menschen können verschiedene Resultate in einem intellektuellen Leistungstest haben, und zwar weil der eine zu einem schnelleren Arbeitstempo

neigt als der andere. Schnelleres Denken, auch wenn es unter manchen Umständen zweckmäßiger sein mag als ein langsameres, kann
man aber nicht ohne weiteres als das intelligentere bezeichnen.

Dieser Auffassung steht diejenige entgegen, welche das schnellere
Denken als unmittelbaren Ausdruck höherer Intelligenz ansieht.
Danach wäre derjenige, der schneller denkt, unter allen Umständen
auch intelligenter. Wenn diese Auffassung auch nicht immer so
formuliert wird, so liegt sie doch der praktischen Handhabung einiger
Intelligenztests und Intelligenzprüfverfahren zugrunde. Alle Intel-
ligenzprüfserien, die aus relativ sehr einfachen Aufgaben bestehen,
für die eine bestimmte Zeit gegeben wird und bei denen die Leistung
nach der Menge der in einer bestimmten Zeit gelösten Aufgaben
bestimmt wird, arbeiten nach diesem Prinzip. Als Beweis für die
Richtigkeit dieser Auffassung wird unter anderem die Feststellung
angegeben, daß die Reihenfolge der Leistungen in einem bestimmten
Kollektiv sich bei solchen einfachen, mentalen Aufgaben (z. B. nach
der Art des Army Alfa Testes) nicht ändert, wenn man die Zeit für
die Aufgaben auch wesentlich verlängert. Die Korrelation zwischen
der in der einfachen und der in der doppelten Zeit vollbrachten
Leistung ist nämlich sehr hoch (bei dem A. A.-Test 0.97).

Die große Korrelation der beiden Leistungen in einfacher und
doppelter Zeit kann aber die Einwände gegen die Gleichsetzung der
Schnelligkeit in mentalen Aufgaben mit der Intelligenz nicht wider-
legen. Der Zeitfaktor ist in der verlängerten Arbeitszeit ebenfalls in
vollem Umfang enthalten und so kann die hohe Korrelation zwischen
den beiden ungleich langen Darbietungen vielleicht gerade als Beweis
für die Existenz eines ziemlich konsistenten Tempofaktors angesehen
werden. Das Gegenteil unserer Auffassung könnte nur damit bewiesen werden, daß sich ähnlich hohe Korrelationen solcher Aufgaben
auch mit einem *richtig* konstruierten *Niveautest* (ohne praktische
Zeitbeschränkung) ergeben würden.

Wenn der eben angedeutete Zusammenhang zwischen Intelligenz
und Leistung in den mentalen Aufgaben besteht, so kann daraus
gefolgert werden, daß man aus der Leistung in mentalen Tests auf
die Intelligenz nur dann mit gewisser Sicherheit schließen kann,
wenn die Aufgaben angemessen schwierig sind, so daß ihre Lösung
für den Untersuchten tatsächlich eine intellektuelle Arbeit darstellt.
Sind die Aufgaben zu leicht, so werden sie für die Prüflinge zu einem
Test für das mentale Tempo. Dies wäre der Fall, wenn man die für
durchschnittliches Intelligenzniveau bestimmten Gruppentests für die
Abiturienten verwenden wollte. Der weitaus größere Teil der Abiturienten steht in Bezug auf die Intelligenz deutlich über dem Durchschnitt der Population (IQ = 95 bis 150). Die Beurteilung der Intelligenz mit einem solchen Test kann in der mittleren Begabungs-
sphäre (um IQ 100 herum) noch einigermaßen richtig sein, in der
oberen ist jedenfalls die Möglichkeit, das mentale Tempo statt die
Intelligenz zu messen, immer wahrscheinlicher. Hiergegen können

416

auch die Berechnungen nichts beweisen, die [nach den Spearmanschen Formeln für die Bestimmung des G-Faktors] auch bei den
Prüfungen von höheren Begabungen eine hohe Sättigung solcher
Aufgabensammlungen mit der Intelligenz beweisen sollen. Die hierbei erhaltenen Zahlen (R_{tg} häufig größer als 0,9) können ebenso
daldurch zustande gekommen sein, daß die Testserie neben dem
gemeinsamen Faktor G (Intelligenz) noch den, ebenfalls allen Aufgaben gemeinsamen, Faktor T (Tempo) enthalten, von dem wir
schon die Vermutung ausgesprochen haben, daß er eine hohe Konsistenz aufweist und deshalb leicht ein sehr hohes G vortäuschen
kann. Das Vorhandensein dieses zweiten gemeinsamen Faktors kann
dann allerdings mit Hilfe des Kriteriums der tetradischen Differenzen
nicht nachgewiesen werden, eben deshalb, weil er allen Einzeltests
in der Serie gemeinsam ist, und sich somit bei der Berechnung wie
ein G-Faktor verhält. Erst ein Vergleich mit einem Niveautest, beziehungsweise mit den Ergebnissen in relativ reinen Tempoaufgaben
(deren intellektuelle Schwierigkeit nicht wesentlich von O verschieden ist) könnte ihn nachweisen.

Das Vorhandensein des Tempofaktors kann nicht durch etwaige
geringe Korrelationen zwischen wirklichen Arbeitszeiten in verschiedenen Aufgaben (auch mentaler Art) widerlegt werden. Wie
schon angeführt wurde, hängt die Leistung im Test [Menge in der
Zeiteinheit bzw. Dauer einer bestimmten Menge] von beiden Faktoren ab, so daß je nach der Konstellation der Schwierigkeiten scheinbar hohe Korrelationen zwischen Zeit und Güte und eventuell scheinbare niedrige Korrelationen (jedenfalls verschiedene Korrelationen
zwischen Zeit und Zeit) entstehen können.

Gleichgültig also, ob wir uns bei den Abiturienten für die reinen
Niveautests (ohne praktische Zeitbeschränkung, volle Breite der
Schwierigkeiten) oder für zeitbeschränkte Tests der bisher bekannten
Art entschließen, in beiden Fällen brauchen wir mentale Aufgaben,
die dem Intelligenzniveau des untersuchten Kollektivs angemessen
sind. Wir brauchen also bei einem Niveautest Aufgaben, deren
Schwierigkeit (gemessen an der relativen Häufigkeit der falschen
oder nicht vollbrachten Lösungen) die ganze Breite der Schwierigkeit zwischen 0 und 1 in möglichst gleichmäßiger Abstufung aus-
füllt, wenn wir dagegen nach dem Prinzip der Leistungstests arbeiten wollen, so müssen die Aufgaben mindestens einen für die Abiturienten merklichen Schwierigkeitsgrad (etwa bis zu 0,5) erreicht
haben.

Die Konstruktion solcher Aufgaben bereitet keine unüberwind-
baren Schwierigkeiten, wenn man sich mit komplexen Arbeitsaufgaben begnügen will. [Es wird z. B. die Schilderung eines juristischen Tatbestandes vorgelegt und zur Aufgabe gemacht, die logischen Konsequenzen aus ihm zu ziehen. Oder es wird statistisches
Material über relativ komplizierte Erscheinungen zur Analyse dargeboten.] Es ist aber sofort klar, daß bei solchen Aufgaben die

materielle Seite die rein intellektuelle Arbeit stören kann. Die tatsächlichen Kenntnisse, moralische Einstellung, die gefühlsmäßige Beurteilung usw. können die Lösung wesentlich beeinflussen. Außerdem erfordern solche Aufgaben zu ihrer Lösung meistens sehr viel Zeit, so daß man sich mit einer geringeren Anzahl (3 bis 5) begnügen muß, was aber die Sicherheit der Beurteilung keineswegs verbessert. Es kommt noch hinzu, daß es meist unmöglich ist, eine richtige Standardlösung als Maßstab für die Beurteilung aufzustellen. Man bekommt nämlich größtenteils wiederum komplexe Leistungen, deren Qualität man nur abschätzen kann. Die statistische Verarbeitung von solchem Material ist fast unmöglich und wir nehmen uns dadurch die Möglichkeit, alle jene Methoden der Kontrolle der Intelligenzmessung anzuwenden, die die wissenschaftliche Psychotechnik vor der bloßen subjektiven Beurteilung auszeichnet. Es kommt noch dazu, daß solche charakteristische Aufgaben sehr leicht merkbar sind und deshalb auch in dieser Beziehung in ihrem Wert unsicher sind und meistens bald durch ihr allgemeines Bekanntsein wertlos werden.

Keiner dieser Nachteile haftet den normalen Leistungstests an. Die Aufgaben sind hier meist formaler Art und die einzelnen Tests enthalten immer eine größere Anzahl von ihnen. Die richtigen Lösungen sind eindeutig und ihre Korrelation zu einem geeigneten Kriterium kann meistens ohne Schwierigkeiten bestimmt werden. In dem größten Teil der Aufgaben ist nur eine Lösung vollkommen richtig. Wenn wir Nebenlösungen zulassen (und dies ist eines von den Mitteln, die Aufgabe zu erschweren), so ist ihre Anzahl gering und sie sind deshalb tabellarisch leicht zu erfassen. Der überwiegend formale Charakter der Aufgaben schützt sie vor einer unerwünschten Gebundenheit an spezielle Kenntnisse und vor einem leichten Merken. (Kenntnisse, deren allgemeiner Charakter durch die gemeinsame Schulung der Geprüften unbedingt garantiert ist, kann man als Material für die formalen Aufgaben ruhig verwenden.) Die Zahl der Aufgaben kann, da sie zur Lösung meist nur kürzere Zeit erfordern, soweit vergrößert werden, als es eine zweckmäßig große Konsistenz des Testes erfordert. Man kann also bei solchen Tests die Konstruktion so durchführen, daß ein zuverlässiges und quantitativ ziemlich restlos erfaßbares Werkzeug zur Beurteilung der Intelligenz entsteht. Es besteht also kein Zweifel, daß für die Messung der Intelligenz nur Aufgaben solcher Art in Frage kommen, wenn auch für manche spezielle Zwecke komplexe, materielle Aufgaben wichtig und zweckmäßig sein können. Wenn wir also bei den Abiturienten die Intelligenz messen wollen, so stehen wir vor der Aufgabe, die aus der Praxis bekannten Testarten so umzugestalten, daß sie genügende Schwierigkeit aufweisen. Diesen Versuch habe ich nun mit folgenden Testarten unternommen:

1. Dunajevsky-Test.
2. Analogien (Relationen).
3. Mathematische Aufgaben.

4. Sprichworte.

Als fünfter Test wurde der Army Alfa-Test genommen, an dem nur wenige und unbedeutende formale Änderungen durchgeführt wurden.

3. *Dunajevsky-Test.*

Der Dunajevsky-Test stellt eine Abwandlung der Zahlenreihen dar, wobei die Zahlen durch geeignete Bilderreihen ersetzt werden. Die Aufgabe besteht dann darin, aus der vorgezeichneten Bilderreihe die Regel herauszufinden, nach der sich die Bilder fortschreitend ändern und dann zwei weitere Bilder, so wie sie folgen sollen, zu zeichnen. Die von mir zur Prüfung der Abiturienten benutzten Dunajevsky-Aufgaben sind in Abb. 1. zusammengestellt. Ein Teil der Aufgaben [die mit (*) bezeichneten] sind aus Testserien anderer Autoren entnommen. Die meisten in anderen Testserien vorgefundenen Aufgaben waren aber zu leicht, so daß ich eigene Beispiele konstruieren mußte. Der Test besteht aus 20 Aufgaben und wurde 40 Min. dargeboten.

In der ersten Säule der Abb. (als q bezeichnet) ist die relative Schwierigkeit der einzelnen Beispiele angegeben, wie sie sich bei der Prüfung einer homogenen Gruppe von 239 Abiturienten ergeben hat. Die Zahl gibt also an, wie groß der Anteil derjenigen Abiturienten war, die die Aufgabe nicht oder falsch gelöst haben, wenn wir die ganze Gruppe von 239 Abiturienten gleich 1 setzen.

Die zweite Zahl neben jedem Beispiel gibt die Korrelation dieses Beispieles mit dem Gesamtskore in dem Test wieder. Der Korrelationskoeffizient wurde nach der Biserial-Formel gerechnet:

$$r = \frac{M_2 - M_1}{\sigma} \cdot \frac{p \, q}{z}$$

Dabei bedeutet M_2 das arithmetische Mittel der Ergebnisse in dem gesamten Test bei denjenigen Abiturienten (aus der Gruppe von 239), die dieses Beispiel richtig gelöst haben, M_1 das arithmetische Mittel der Gesamtlösungen derjenigen Abiturienten, die dieses Beispiel falsch oder nicht gelöst haben. Die Zahl q ist die relative Schwierigkeit der Aufgabe und p ist gleich 1 — q, d. h. es ist die relative Anzahl derjenigen, die dieses Beispiel richtig gelöst haben. Unter σ ist die Gesamtstreuung der Leistung der 239 Abiturienten in dem Test zu verstehen (gleich 3,78). Die Zahl z ist zu dem zugehörigen q und p aus den Tabellen von Kelley[1]) entnommen.

Wenn wir uns die q-Zahlen ansehen, so finden wir, daß es durchaus möglich ist, Beispiele dieser Art mit einer für die Abiturienten genügenden Schwierigkeit zu konstruieren. Es ist sogar so, daß in unserem Test die Schwierigkeit etwas zu hoch ausgefallen ist. (Zwischen den Schwierigkeitsgrenzen 0,0—0,25 befinden sich nur zwei Beispiele.)

---

[1]) T. L. Kelley: Statistical Method.

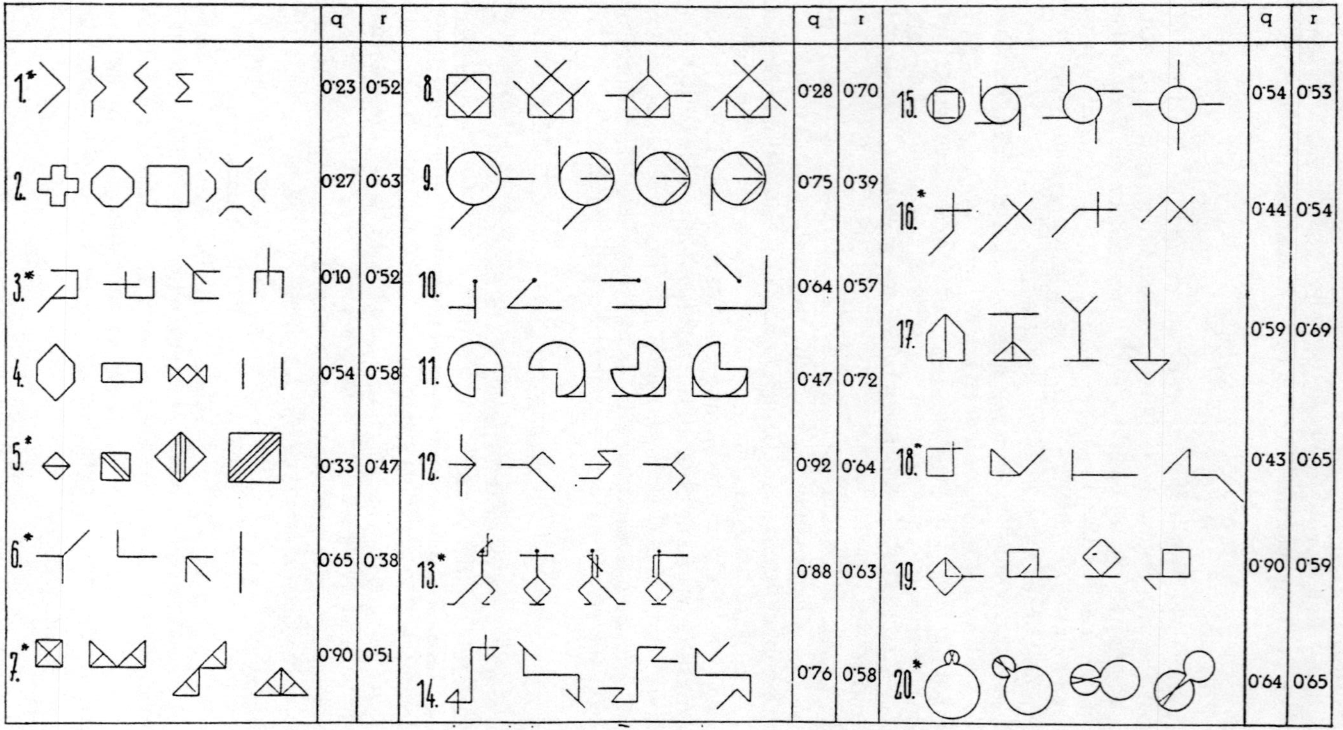

Abb. 1. EINE MODIFIKATION DES DUNAJEWSKY-TESTES

Die mit (*) bezeichneten Beispiele sind Testserien anderer Autoren entnommen

Die Korrelationskoeffizienten der einzelnen Tests zeigen, daß es nicht schwierig ist, Aufgaben dieser Art zu konstruieren, deren Zusammenhang mit dem Gesamtergebnis im Test größer ist als 0,5. Nur 3 Aufgaben (5, 6 und 9) zeigen kleinere Korrelationskoeffizienten. Bei der Neubearbeitung dieses Testes werden nur Beispiele mit Korrelationskoeffizienten die größer sind als 0,6 verwendet.

Ein wichtiges Kriterium der Brauchbarkeit eines Testes ist seine Verläßlichkeit. Wenn wir die Faustregel aufstellen, daß die Korrelation des Ergebnisses in einem Test mit dem, was der Test mißt, mindestens 0,85 betragen soll, so muß die Verläßlichkeit (das Quadrat dieser Zahl) mindestens 0,72 betragen. Die Verläßlichkeit wurde gerechnet nach der Formel:

$$ r_{11} = \frac{2\,r_{\frac{1}{2}11}}{1 + r_{\frac{1}{2}11}} $$

Dabei bedeutet $r_{\frac{1}{2}11}$ die Korrelation zwischen der einen und der anderen Hälfte des Testes (in unserem Fall die Korrelation zwischen den geraden und den ungeraden Beispielen). Die Wurzel aus der Zahl, als $r_{1\infty}$ bezeichnet, gibt uns dann die oben erwähnte Korrelation des Ergebnisses in dem Test mit dem, was der Test mißt. Bei diesem Test betrug $r_{\frac{1}{2}11}$ 0,64 und r_{11} 0,78; $r_{1\infty}$ ist dann gleich $\sqrt{0,78}$, ist gleich 0,88, also größer als 0,85. Die statistische Kontrolle zeigt also, daß es uns gelungen ist, einen genügend zuverlässigen und auch genügend schwierigen Test für die Abiturienten zu konstruieren, der sich außerdem in Bezug auf die Gleichmäßigkeit der Verteilung der Schwierigkeit und auch in Bezug auf die Verläßlichkeit noch gut verbessern läßt.

4. Analogien-Test.

Einer der am häufigsten bei der Intelligenzuntersuchung benützten Tests ist der Analogien-Test. Da von allen Autoren übereinstimmend bezeugt wird, daß es sich um eine der besten Intelligenzprüfungen handelt, lag mir sehr daran, ihn auch für Abiturienten verwendbar zu machen. Der Test kommt am häufigsten in der Form vor:

$$ A : B = C : x \quad (\text{gegeben: a, b, c, d}) $$

aus den Begriffen a, b, c, d . . . . . . soll derjenige herausgesucht werden, der für x eingesetzt sich zu C so oder ähnlich verhält, wie B zu A.

In dieser Form ist der Test sehr leicht und es wäre kaum möglich Beispiele dieser Art zu finden, die für Abiturienten genügend schwer wären.

Die erste Möglichkeit den Test zu erschweren besteht darin, daß man einige solche Beispiele zu kleinen Gruppen zusammenfaßt, den Test also etwa in folgender Form zur Darbietung bringt:

$$A_1 : B_1 = C_1 : x_1$$
$$A_2 : B_2 = C_2 : x_2$$
$$A_3 : B_3 = C_3 : x_3 \text{ usw.}$$

(gegeben: a, b, c, d, e, f usw.; eine etwa vier bis fünfmal so große Anzahl von Einzelbegriffen als Beispiele in einer Gruppe zusammengefaßt sind, wobei für jedes Beispiel ein richtiger Begriff darunter vorkommt).

Eine andere Möglichkeit, diesen Test zu erschweren, besteht darin, daß man fortschreitend ein bekanntes Glied durch ein unbekanntes ersetzt. Wenn die erste Form lautet:

$$A : B = C : x \quad \text{(gegeben: a, b, c, d)}$$

so lautet die zweite:

$$A : B = y : x \quad \text{(gegeben: a, b, c d, ...)}$$

die dritte:

$$A : z = y : x \text{ (gegeben: a, b, c, d, ...)}$$

und schließlich die vierte:

$$p : z = y : x \text{ (gegeben: a, b, c, d, ...)}.$$

Beide Möglichkeiten der Erschwerung kann man außerdem noch kombinieren. Man kann also auch die Beispiele der zweiten und dritten Form zu Gruppen zusammenfassen. Die Aufgaben der vierten Form in Gruppen zu geben hat sich als technisch ungünstig erwiesen.

Als Beispiel führe ich drei Aufgaben zweiter, zwei Aufgaben dritter und eine Aufgabe vierter Form an:

1. *Erde*   : *Sonne*   = ... : .... 1.
2. *Nahrung*   : *Körper*   = ... : .... 2.
3. *Fisch*   : *Vogel*   = ... : .... 3.

Krokodil — Temperatur — Netz — Fixstern — Wachstum Mittelpunkt — Tüchtigkeit — Nebelfleck — Licht — Wasser Motor — Flugzeug — Stern — Federn — Planet — Unterseeboot Benzin — Geschoß — Reptil — Boot.

4. *Zucker*   : .... = ... : .... 4.
5. *Seide*   : .... = ... : .... 5.

Feuer — Wachs — bitter — Freund — Gesundheit — Spinngewebe — Seidenraupe — Zivilisation — Spinne — Blatt — Wein Kleid — Kartoffel — Gold — süß — rot — Essig — Belohnung Galle — Zuckerrohr.

6. .... : .... = ... : .... 6.

Streichholz — Lampe — Krankheit — Wärme — Zimmer Abend — Unglück — Licht — Tag — Vater — Baum — Ofen.

Der ganze Test enthält 26 Aufgaben, davon 6 zweiter, 10 dritter und 10 vierter Form. Die Zeit für die Lösung dieses Testes wurde auf 30 Minuten festgesetzt. In dieser Zeit waren etwa 80% der Abiturienten vollkommen fertig geworden.

Aus Raummangel kann ich bei diesen und den weiteren Tests nicht die ganze Fassung veröffentlichen. Ich gebe also nur die Zahlen an, die die Beurteilung, wie weit uns die gestellte Aufgabe gelungen ist, gestatten.

Tabelle 1 zeigt die relative Schwierigkeit (q) der einzelnen Aufgaben und ihre Korrelation mit dem Gesamtergebnis im Test an.

Tabelle 1.

Nr.	1	2	3	4	5	6	7	8	9	10	11	12	13
q .	0.15	0.22	0.24	0.20	0.14	0.49	0.47	0.17	0.06	0.26	0.37	0.20	0.39
r .	0.57	0.61	0.61	0.65	0.54	0.33	0.46	0.43	0.50	0.47	0.62	0.57	0.69

Nr.	14	15	16	17	18	19	20	21	22	23	24	25	26
q .	0.45	0.41	0.40	0.29	0.05	0.18	0.18	0.39	0.05	0.43	0.39	0.46	0.14
r .	0.58	0 48	0.52	0.63	0.74	0.66	0.56	0.55	0.43	0.63	0.49	0.44	0.88

Der Schwierigkeitsindex der Testaufgaben liegt im ganzen etwas niedriger als bei dem vorhergehenden Test. Von 26 Aufgaben haben 13 die Schwierigkeit in den Grenzen von 0,0—0,25 und 13 von 0,25—0,50. Nach den bisherigen Erfahrungen wird es kaum möglich sein, die Schwierigkeit der Aufgaben noch wesentlich zu steigern, ohne heterogene Komponenten in den Test hineinzutragen. Die erreichte Schwierigkeit der Aufgaben genügt zwar vollkommen für die Konstruktion eines für die Abiturienten angemessen schwierigen Leistungstests, genügt aber nicht zur Konstruktion eines Niveautests.

Auch die Korrelationskoeffizienten der einzelnen Aufgaben mit dem Gesamtskore des Testes sind etwas kleiner als beim Dunajevsky-Test. Man wird sich hier schon mit einem Korrelationskoeffizienten von 0,4 bis 0,5 begnügen müssen.

Bei der Prüfung der Verläßlichkeit hat der Test gut abgeschnitten. Die entsprechenden Zahlen sind:

$$r_{\frac{1}{2}\,II} = 0.72, \; r_{II} \text{ also} = 0,835 \text{ und } r_{I\infty} = 0,91.$$

Es wäre möglich, daß die einzelnen Formen der Relationen wie wir sie in unserem Test verwendet haben, psychologisch verschiedene Aufgaben darstellen. Vor allem bei dem Übergang von der zweiten zu der dritten Form könnte eine wesentliche Verschiebung der Aufgabe stattfinden. In der zweiten Form ist nämlich noch die Grundbeziehung zwischen A und B gegeben, von der ausgegangen werden kann, bei der dritten Form aber nicht mehr. Es war deshalb notwendig, sich durch Berechnung der Interkorrelationen zwischen den einzelnen Aufgabegruppen darüber Klarheit zu verschaffen. Zuerst seien die Korrelationskoeffizienten für die Form 2, 3 und 4 angeführt, denn nur diese haben wir in unserem Test verwendet:

$$r_{23} = 0.55, \; r_{24} = 0\,48, \; r_{34} = 0.52 \; (N = 313)$$

Man kann feststellen, daß bei dem Übergang von Form 3 zu Form 4 die Korrelationskoeffizienten mit der Form 2 kleiner werden, jedoch in Anbetracht der geringen Anzahl der in den einzelnen Gruppen zusammengefaßten Aufgaben noch so groß sind, daß wir mit gutem Recht behaupten können, daß alle Formen dasselbe prüfen. Wenn wir die Sättigung der einzelnen Formen mit dem gemeinsamen Faktor (g) nach der Spearmanschen Formel[2]) berechnen, so bekommen wir:

$$r_{2g} = 0.71, \; r_{3g} = 0.76. \; r_{4g} = 0.67$$

und die Sättigung des ganzen Testes mit dem gemeinsamen Faktor beträgt:

$$R_{tg} = 0.87,$$

welche Zahl, wie zu erwarten war, etwas kleiner ausgefallen ist als die oben festgestellte Korrelation $r_t \infty$, mit welcher sie der Bedeutung nach identisch ist.

Interessant ist der Vergleich unserer Aufgabengruppen mit dem siebenten Teil des Army Alfa-Testes, wo ebenfalls Analogien vorkommen aber nur in der ersten Form. (Die Schwierigkeit dieser Aufgaben war nirgends größer als 0,2.) Die Korrelationskoeffizienten zwischen diesem Test und den einzelnen Formeln von unserem Test waren:

$$r_{12} = 0.43, \; r_{13} = 0.37 \; \text{und} \; r_{14} = 0.37 \; (N = 313) \; \text{und} \; r_{tg} = 0.55$$

Hier zeigt sich deutlich, daß der Übergang von Form 2 zu 3 und 4 eine merkliche, wenn auch nicht wesentliche Abnahme des Korrelationskoeffizienten zu Folge hat. Man kann aber trotzdem sagen, daß die Zusammenfassung der vier Formen der Relationen zu einem Test durchaus möglich ist. Die psychologische Verschiedenheit ist nur gering, am größten ist sie noch zwischen der ersten und der zweiten Form im Vergleich zu der dritten und der vierten.

Interessant ist auch, daß die Korrelationskoeffizienten der ersten Form mit den drei anderen kleiner sind als der drei letzten untereinander. Die Erklärung ist wahrscheinlich darin zu suchen, daß die Form 1 im Army Alfa-Test in wesentlich höherem Maße den T-Faktor enthält, der bei den übrigen Formen fast keine Bedeutung haben kann.

5. *Mathematischer Test.*

Mathematische Aufgaben haben sich, zumal als eingekleidete Schlußaufgaben, bei der Intelligenzprüfung ebenfalls gut bewährt. Da es sich bei der Mathematik um ein Gebiet handelt, das an der Mittelschule Lehrgegenstand bildet, wäre es verhältnismäßig leicht, solche Aufgaben aus dem Wissensstoff zusammenzustellen, die genügend schwierig wären. Man würde allerdings dadurch vor allem die mathematischen Kenntnisse prüfen und die erhaltenen Ergebnisse würden sich in ihrem Wert der Schulzensur nähern. Es ist nur selbstverständlich, daß der Test dadurch an der Fähigkeit, Intelligenz zu prüfen, verlieren würde. Es galt also auch hier Aufgaben

---

[2]) C. Spearman: The Abilities of Man.

zu finden, die an mathematischem Wissen nur sehr wenig voraussetzen, jedenfalls nicht mehr als bei jedem Abiturienten unter allen Umständen vorausgesetzt werden kann. Die Tabelle 2 zeigt die Zusammenstellung der Schwierigkeitsindexe und der Korrelationskoeffizienten mit dem Gesamtskore in den einzelnen von uns verwendeten Aufgaben.

Tabelle 2.

Nr.	1	2	3	4	5	6	7	8	9	10	11	12	13	14	15
q	0.38	0.30	0.30	0.16	0.71	0.58	0.74	0.85	0.90	0.67	0.89	0.50	0.40	0.61	0.74
r	0.52	0.45	0.56	0.59	0.69	0.66	0.89	0.73	0.45	0.55	0.79	0.76	0.77	0.68	0.67

Die Korrelation $r_{\frac{1}{2}}$ ₁ war 0,64, die Verläßlichkeit r_{11} 0,78 und $r_{1\infty}$ danach 0,88. Die Korrelationskoeffizienten mit dem Gesamtskore zeigen, daß man bei der Neubearbeitung des Testes in den einzelnen Aufgaben eine Korrelation von mindestens 0,5 erreichen kann. Im Gegensatz von dem vorhergehenden Test muß dieser noch durch einige leichtere Aufgaben ergänzt werden.

6. Sprichworte-Test.

In der von Thorndike angegebenen Weise wurden in diesem Test Sprichworte zu Gruppen von je 4, 6, 10, 6 und 4 (insgesamt 30 Aufgaben) zusammengestellt. Zu jeder Sprichwortgruppe wurde eine dreifache Anzahl von Aussagen angegeben, aus denen zu jedem Sprichwort diejenige Aussage herausgesucht werden sollte, die den gedanklichen Inhalt des Sprichwortes am besten wiedergab. Zu jedem Sprichworte gehörten also drei Aussagen, von denen eine vollkommen richtig war, oder zumindest relativ die beste, eine als beinahe richtig bezeichnet werden konnte (in verschiedenem Grad) und die dritte deutlich falsch war. Der Test wurde 30 Minuten dargeboten. In dieser Zeit waren etwa 90% Abiturienten damit vollkommen fertig geworden. Die Schwierigkeitsindexe gebe ich in folgender Übersicht an: Zwischen 0,0 und 0,25 lagen zwei Fälle, zwischen 0,25 und 0,50 neun Fälle, zwischen 0,50 und 0,75 13 Fälle und zwischen 0,75 und 1,0 6 Fälle. Was also die Schwierigkeiten betrifft, besteht durchaus die Möglichkeit, bei der Neubearbeitung des Testes eine gleichmäßige Verteilung über das ganze Bereich zu erzielen. Etwas anders verhält es sich mit dem Korrelationskoeffizienten der einzelnen Aufgabe mit dem Gesamtskore im Test. Ich gebe sie ebenfalls in Übersicht an. Zwischen 0,0 und 0,2 lagen drei Fälle, zwischen 0,2 und 0,4 vierzehn Fälle und zwischen 0,4 und 0,6 dreizehn Fälle. Von den Korrelationskoeffizienten sind also drei sogar kleiner als 0,2, welche Zahl als die äußerste Grenze nach unten betrachtet werden kann, wenn ein Beispiel in einem Test noch brauchbar sein soll. Danach wären also drei von unseren Beispielen unbedingt zu entfernen. Keiner von den Korrelationskoeffizienten ist größer als 0,6, wogegen bei dem

Dunajevsky-Test 8 von 20, bei dem Analogien-Test 10 von 26 und bei dem mathematischen Test 9 von 15 größer als 0,6 waren. Es zeigt sich also, daß es bei diesem Test wesentlich schwieriger ist, jene Homogenität zu erreichen, die bei den anderen Tests erreicht wurde. Dies zeigt sich auch bei der Bestimmung der Verläßlichkeit, Die entsprechenden Zahlen waren:

$$r_{\substack{1\ 1\\2\ 11}} = 0,59, \quad r_{11} = 0,74 \quad \text{und} \quad r_{1\infty} = 0,86.$$

Wir haben uns also in der Verläßlichkeit des Testes schon der Grenze genähert, bei der überhaupt ein Test noch als brauchbar bezeichnet werden kann. Die Neubearbeitung wird zeigen, ob es gelingt, eine wesentliche Verbesserung der Homogenität und somit auch der Zuverlässigkeit zu erreichen. Es scheint aber in dem Charakter des Testes zu liegen, daß er die Ansprüche in dieser Richtung nur in geringem Maße befriedigt. Die Ursache ist wahrscheinlich in der Durchsetzung mit materiellen Komponenten zu suchen. Die Bedeutung eines Sprichwortes ist nicht nur eine logische Angelegenheit, sondern es schwingen dabei immer auch gefühlsmäßige und erfahrungsmäßige Komponenten mit. Bei der Identifizierung mit einer logischen Aussage spielt dies natürlich eine wesentliche Rolle und erschwert die rein logische Klarstellung. Die Erfahrung mit diesem Test mahnt zu allergrößter Vorsicht bei der Benutzung von komplexen, materiell bedingten Aufgaben. Es kann sehr leicht vorkommen, daß wir hierbei etwas anderes als Intelligenz prüfen, zumal wenn die Unmöglichkeit statistischer Analyse durch die geringe Anzahl von solchen Aufgaben und die überwiegend qualitative Bewertung sehr erschwert oder unmöglich gemacht wird.

Als fünfter Test wurde bei den Abiturientenuntersuchungen, wie schon erwähnt, der Army-Alfa-Test verwendet. Da ich bei diesem Test fast keine Änderung durchgeführt habe und die Analyse dieser Testserie (von Yoakum und Yerkes: Psychological Examining in the United States Army) schon durchgeführt wurde, werden unsere Erfahrungen mit diesem Test bei den Abiturienten bei einer anderen Gelegenheit veröffentlicht.

7. Der diagnostische Wert der Testserie.

In den vorhergehenden Kapiteln habe ich zu zeigen versucht, daß man einige der bekannten Testformen so umarbeiten kann, daß sie auch für die Abiturienten angemessen schwierige, mentale Arbeitsaufgaben darstellen. Es bleibt noch zu untersuchen, wie sich die von uns verwendeten Tests praktisch bewährt haben.

Das nächstliegende Kriterium für die Brauchbarkeit der Tests bildet ihre Korrelation mit dem Schulerfolg. Es ist zwar richtig, daß die Tests in erster Linie die Intelligenz messen sollen und daß der Schulerfolg nicht nur durch die Intelligenz bestimmt ist, immerhin ist aber das praktische Ziel der psychotechnischen Untersuchung die Erfolgsprognose, so daß die Intelligenzmessung, wie auch jedes andere Hilfsmittel der psychotechnischen Untersuchung nur dann einen Wert haben, wenn sie zur Erfolgsprognose wesentlich beitragen. Es fragt sich nun, wie weit unsere Tests ein brauchbares Werkzeug für die Prognose des Erfolges in der Schule sind und wie weit sie noch durch die Kenntnis anderer Faktoren ergänzt werden müssen.

Bei der Berechnung der Korrelation mit dem Schulerfolg wird am häufigsten das arithmetische Mittel aller oder der wichtigsten Schulnoten als Vergleichsgrundlage genommen. Aus der Erfahrung ist aber bekannt, daß zu mindestens zwischen den sprachlichen und mathematischen Gegenständen oft kein Zusammenhang oder sogar ein Gegensatz in Bezug auf Erfolg und Begabung bestehen kann. Zwischen diesen beiden Gruppen liegt dann die unbestimmte Gruppe der beschreibenden Gegenstände, zu denen in erster Linie Geschichte, Geographie und auch die naturwissenschaftlichen Gegenstände zu rechnen sind. Bei der Berechnung der Korrelationen habe ich also diese drei Gruppen getrennt genommen. In die Gruppe der mathematischen Fächer habe ich die Mathematik, die Physik und die deskriptive Geometrie einbezogen, in die sprachliche Gruppe alle an der Mittelschule vorkommenden Sprachen. Um eine größere Zuverlässigkeit der Schulnoten zu erreichen, wurde das arithmetische Mittel aller in jeder Gruppe vorkommenden Zensuren in den letzten vier Klassen der Mittelschule gebildet. Die getrennte Berechnung der Korrelationen der Tests mit den drei Gruppen von Unterrichtsgegenständen kann uns auch darüber Aufschluß geben, ob in unserer Testserie unter den spezifischen Faktoren nicht jene der einen oder der anderen Gruppe überwiegen.

Die einzelnen Gruppen von Unterrichtsgegenständen kann man M (mathematisch), S (sprachlich) und B (beschreibend), und die Tests mit den Zahlen 1 bis 5 (Dunajevsky-Test 1, Analogien 2, mathematischer Test 3, Sprichworte-Test 4 und Army Alfa-Test 5 bezeichnen. Die entsprechenden Korrelationen waren dann:

$$r_{M1} = 0.36 \quad r_{M2} = 0.45 \quad r_{M3} = 0.45 \quad r_{M4} = 0.24 \quad r_{M5} = 0.37$$

$$r_{S1} = 0.08 \quad r_{S2} = 0.32 \quad r_{S3} = 0.33 \quad r_{S4} = 0.35 \quad r_{S5} = 0.42$$

$$r_{B1} = 0.08 \quad r_{B2} = 0.29 \quad r_{B3} = 0.30 \quad r_{B4} = 0.24 \quad r_{B5} = 0.29$$

$$r_{MS} = 0.76 \quad r_{MB} = 0.81 \quad r_{SB} = 0.81$$

In der mathematischen Gruppe zeigen die größte Korrelation der Analogien-Test und der mathematische Test, die geringste Korrelation besteht in dieser Gruppe zu dem Sprichworte-Test. Der Erfolg in sprachlichen Gegenständen zeigt den größten Zusammenhang mit dem Army Alfa-Test, den kleinsten mit dem Dunajevsky-Test. Die Korrelationen mit dem Erfolg in den beschreibenden Gegenständen sind durchweg kleiner als in den übrigen Gruppen, so daß man sagen kann, daß die durch die Tests gemessenen Faktoren (die Intelligenz) darin eine geringe Rolle spielen.

Mit Hilfe der Mehrfachkorrelation kann man dann noch feststellen, wie groß die Korrelation der ganzen Testserie mit den einzelnen Kriterien ist. Die entsprechende Formel lautet:

$$R^2{}_{0\,(123\ldots n)} = 1 - (1 - r^2{}_{01})\,(1 - r^2{}_{02\,1})\ldots(1 - r^2{}_{0n\,.\,12\ldots n\text{-}1})$$

wobei mit dem Index „O" das Kriterium und mit den Indexen 1 bis n die einzelnen Variablen bezeichnet werden. Die Rechnung ergibt:

$$R_{M\,(12345)} = 0.54,\quad R_{S\,(12345)} = 0.53\ \text{und}\ R_{B(12345)} = 0.43$$

Schließlich kann man noch die Mehrfachkorrelation sämtlicher Noten (Z) mit der ganzen Testserie (T) bestimmen:

$$R_{TZ} = \sqrt{1 - (1 - R^2{}_{TM})\,(1 - R^2{}_{TS\,.\,M})\,(1 - R^2{}_{TB\,.\,MS})} = 0.59$$

Dieses Ergebnis ist sicherlich befriedigend. Obwohl die Streuung sowohl der Schulnoten wie auch der Intelligenz in dem Kollektiv der Abiturienten im Vergleich mit Schülermaterial, bei dem die Auslese noch nicht jenen Grad erreicht hat, wie bei den Abiturienten, verkürzt ist, bekommen wir Korrelationskoeffizienten ungefähr gleicher Dimension, wie sie auch in dem, in Bezug auf die Streuung ungekürzten Schülermaterial, üblich ist. Interessant ist dabei, das die Testserie ungefähr gleich genau die sprachlichen wie die mathematischen Fähigkeiten diagnoziert. Die Gewichte der einzelnen Tests sind dabei natürlich sehr verschieden. Die nähere Untersuchung (die Bestimmung der partiellen Regressionskoeffizienten der höchsten Ordnung) zeigt zum Beispiel, daß bei der Bestimmung des Zusammenhanges zwischen der Testserie und dem Erfolg in mathematischen Gegenständen nur das Ergebnis in dem mathematischen und in dem Analogientest von Bedeutung ist. Der Koeffizient der Mehrfachkorrelation:

$$R_{M(23)} = \sqrt{1 - (1 - r^2{}_{M\,2})\,(1 - r^2{}_{M3.2})} = 0.53$$

unterscheidet sich nur um ein Hundertstel von jenem, den wir erhalten, wenn wir alle übrigen Tests noch hinzunehmen ($R_{M(12345)}$)

Bei der Diagnose der sprachlichen Fähigkeiten ist das größte Gewicht dem Army Alfa-Test beizulegen. An zweiter Stelle steht der Sprichworte-Test. In dieser Gruppe ist aber der Beitrag der einzelnen Tests zu dem Gesamtergebnis ziemlich gleichmäßig. Eine genauere Analyse der spezifischen Faktoren der einzelnen Tests kann im Rahmen dieses Berichtes nicht erfolgen.

Nachdem eine befriedigende diagnostische Brauchbarkeit der Testserie in Bezug auf den Schulerfolg nachgewiesen wurde, wollen wir noch den diagnostischen Wert unserer Tests in Bezug auf die Intelligenzmessung bestimmen. Die Berechnung stützt sich auf die Spearman'sche Theorie von zwei Faktoren. Hier werden nur die Ergebnisse mitgeteilt, näheres über die Berechnungsweise und die zugrundeliegende Theorie muß in der einschlägigen Literatur nachgesehen werden.[1]) Zunächst die Tafel der Interkorrelationen der Tests:

	1	2	3	4	5
1	—	0.628	0.557	0.229	0.385
2		—	0.427	0.413	0.542
3			—	0.330	0.448
4				—	0.412

Die Prüfung mit dem Kriterium der tetradischen Differenzen ergab, daß der Dunajevsky-Test gemeinsame spezifische Faktoren mit einigen anderen (vor allem mit dem mathematischen Test und mit dem Analogien-Test) aufweist. Er muß also bei der Berechnung der Korrelationen mit dem G-Faktor ausscheiden. Die Tetraden und die tetradischen Differenzen der vier übrigen Tests sind:

$$r_{23} \cdot r_{45} = 0.176 \; (I) \qquad t_{(I-II)} = -0.009$$
$$r_{24} \cdot r_{35} = 0.185 \; (II) \qquad t_{(I-III)} = -0.003 \qquad \left.\right\} \; WF = 0.022$$
$$r_{25} \cdot r_{24} = 0.175 \; (III) \qquad t_{(II-III)} = +0.006$$

Der Vergleich der tetradischen Differenzen mit den zugehörigen Gruppenfehlern (WF) zeigt, daß wir die Korrelationen mit dem G-Faktor rechnen dürfen. Sie wurden nach der Formel:

$$r_{ag} = \sqrt{\frac{r_{ab}\, r_{ac} + r_{ab}\, r_{ad} + \cdots \cdot r_{am}\, r_{an}}{r_{bc} + r_{ba} + \cdots \cdot r_{mn}}}$$

bestimmt und die Berechnung ergab:

$$r_{2g} = 0{,}74, \quad r_{3g} = 0.59, \quad r_{4g} = 0.56 \text{ und } r_{5g} = 0.75$$

Nachdem wir den diagnostischen Wert jedes einzelnen Tests in Bezug auf den allen Tests gemeinsamen Faktor (Intelligenz) bestimmt haben, bleibt noch die Korrelation der ganzen Testserie (ohne Dunajevsky-Test) mit der Intelligenz zu berechnen.

$$R_{Tg} = \frac{1}{\sqrt{1 + \dfrac{1}{S}}} = 0.88,$$

wobei S die Summe $(W_u \cdot r_{ug})$ bedeutet und W_u gleich $\dfrac{r_u}{1-r'_u}$ ist.

Das Ergebnis zeigt, daß wir in unserer Testserie ein brauchbares Werkzeug zum Feststellen der Intelligenz besitzen. Die erreichte Korrelation mit der Intelligenz ist umso höher einzuschätzen, als es sich nur um vier Tests handelt, die erst im ersten Entwurf vorliegen und, wie unsere Untersuchung gezeigt hat, in vieler Hinsicht noch verbessert werden können.

---

[1]) Vor allem bei C. Spearman: The Abilities of Man (Appendix).

TESTVERSUCHE ZUM THEORETISCHEN UND GEGEN-STÄNDLICHEN DENKEN.

JOSEF KALTOFEN und WALTER SIMON (Aussig a. E.).

Es wurden die Testleistungen von rund 360 Jungen, die im Schuljahr 1933/34 den III. Jahrgang einer Aussiger Bürgerschule besuchten, verglichen. Die Intelligenztests wurden im Monat Jänner 1934 abgenommen, die Einzeltests in den Monaten März bis Juni 1934. Die Bewertung der Testleistungen erfolgte in 5 Stufen. Zur Untersuchung gelangten folgende Tests:

JN   = Intelligenzniveau, auf Grund einer Serie von 5 Tests;

T 1   = Lückentest innerhalb der Serie von 5 schriftlichen Tests;

T 20   = Bildertest (Bild mit 10 Lücken, dazu 20 kleine Bilder zum Ausfüllen der Lücken);

Ap 19 = Winkeltrieb;

S 11 und S 12 = Aufbauversuch und Pumpwerk der „Schul"-Serie;

S 2   = Aufmerksamkeitsprobe (Nummern aufhängen auf dem Universalbrett 1 nach Dr. Schulz-Düsseldorf).

Gemessen und verglichen wurde bei T 1, JN und T 20 die Trefferzahl, bei S 2, S 11, S 12 und Ap 19 die Zeit. S 11 und S 12 mußten ausgeschaltet werden, weil die Zeit allein (ohne Beobachtung) für die Bewertung und den Vergleich nicht ausreicht. Es wurden Korrelationen gerechnet, diese analysiert und dann Einzelanalysen angestellt.

Ergebnisse:

1. Die Korrelationsrechnungen ergaben folgende Koeffizienten (in Klammern die mittleren Fehler):

zwischen JN	:	S 2	+ 0,3567	(0,05491)
„ Ap 19	:	Ap 19	+ 0,179	(0,0693)
„ S 2	:	T 20	+ 0,0419	(0,08103)
„ JN	:	Ap 19	— 0,0184	(0,0662)
„ JN	:	T 20	+ 0,0423	(0,08083)
„ T 1	:	T 20	+ 0,0184	( )

Da es sich um ungemein homogenes Material handelt (gleiches Geschlecht, gleiches Alter, gleiche Vorbildung), sind auch die kleinen Koeffizienten nicht ganz wertlos. Zwischen theoretischer Intelligenz, wie sie die schriftlichen Tests erfassen (JN und T 1) und gegenständlicher, wie sie Ap 19 vorwiegend erfaßt, besteht *keine* Korrelation. Es handelt sich also um zwei wesentlich verschiedene Arten des Denkens.

Zwischen der theoretischen Intelligenz (JN, T 1) und dem bildhaft-anschaulichen Kombinieren (T 20) besteht ebenfalls keine Korrelation und ebensowenig zwischen dem gegenständlichen Denken (Ap 19) und dem bildhaft-anschaulichen (T 20). Das bildhaft-anschauliche Denken steht also selbständig zwischen dem theoretischen und dem gegenständlichen Denken.

Die Aufmerksamkeitsprobe (S 2) zeigt positive, wenn auch geringe Korrelationen sowohl mit dem theoretischen, wie mit dem gegenständlichen Denken, doch ist die Korrelation mit dem theoretischen Denken größer. Es kann nicht entschieden werden, welcher Zusammenhang zwischen Intelligenz und Aufmerksamkeit besteht.

2. Die Aufteilung der einzelnen Fälle der Korrelationstafeln in drei Gruppen (ab = überdurchschnittliche, c = durchschnittliche, df = unterdurchschnittliche) ergibt folgende Prozentwerte:

	JN → : S2 ↓				Ap 19 →: S2 ↓				JN → : Ap 19 ↓		
	ab	c	df		ab	c	df		ab	c	df
ab	15	82	3	ab	28	56	16	ab	9	79	12
c	15	85	10	c	30	47	23	c	10	85	5
df	5	84	11	df	17	50	33	df	13	81	6

	JN ↓ : T 20 ↓				T 1 → : T 20 ↓		
	ab	c	df		ab	c	df
ab	11	80	9	ab	37	47	16
c	4	89	7	c	19	57	24
df¹)	10	45	45	df¹)	14	28	28

Also: bei JN und Ap 19 steigt der Anteil der ab-Gruppe der theoretischen Intelligenz (JN) mit fallender Leistungsgruppe der gegenständlichen, während die df-Gruppe der theoretischen Intelligenz im Anteil absinkt. Man muß negative Korrelation erwarten, tatsächlich ist dieser Koeffizient der einzige negative, wenn auch im Zahlenwert nichtssagend wegen des großen Fehlers.

Bei JN : S 2 dagegen zeigt die ab-Gruppe der theoretischen Intelligenz mit fallenden Gruppen der Aufmerksamkeit sinkende Anteile, die df-Gruppe dagegen steigende. Ebenso bei Ap 19 : S 2. (Bei Ap 19 ist die ab-Gruppe verhältnismäßig stärker besetzt als bei JN.)

Bei JN : T 20 und T 1 : T 20 zeigen sich dieselben positiven Beziehungen wie zu S 2. Doch ist die df-Gruppe von T 20 nur mit 7 Fällen besetzt, so daß diese Prozentwerte höchstens tendenzmäßigen Wert haben. Also ist zwischen bildhaft-anschaulichem Denken anscheinend eine etwas engere Beziehung vorhanden als zwischen theoretischem und gegenständlichem.

3. Die Einzelanalyse, die eine Erklärung der statistischen Ergebnisse geben soll, gelangt zu folgendem: Theoretisches und gegenständliches Denken stellen anlagemäßige Verschiedenheiten in der

---

¹) Nur 7 Fälle!

Art der intelligenten Reaktion dar. Der Unterschied ist nicht so sehr darin zu finden, daß die eine Art zu denken von der unmittelbaren Wahrnehmung, die andere, theoretische, von der Erinnerungsvorstellung ausgeht, denn auch das gegenständliche Denken braucht weitgehend die Erinnerungsvorstellung. Der Unterschied liegt vielmehr in der Art der zu erfassenden Beziehungen: beim gegenständlichen Denken sind beide „Fundamente" der Beziehung objektiv gegebene, sinnlich wahrnehmbare Dinge; beim theoretischen Denken dagegen sind die Fundamente der Beziehung unanschauliche, durch sinnliche Wahrnehmung (Gebärde, Gesichtsausdruck usw.) nur indirekt erschließbare, „soziale" Dinge. Löst man beide Arten zu denken von der anschaulichen Vorstellungsgrundlage möglichst los, so führt das gegenständliche Denken zur Zahl, das theoretische zum abstrakten Begriff.

Hier treffen sich beide wieder, es gibt daher auch ein theoretisch-gegenständliches Denken. Dieser eine Unterschied vermag daher die Korrelationsergebnisse noch nicht voll zu erklären. Wir müssen daher noch eine Verschiedenheit heranholen, zu der die Einzelanalyse ebenfalls hinleitet: Das gegenständliche Denken wird schwer von der anschaulichen Grundlage und damit schwer von der Gesamtsituation der denkenden Person mit ihren Wünschen, Hoffnungen, Trieben losgelöst; das theoretische Denken leicht. Dieses wird daher leicht zum Denken um des Denkens willen, zum technischen Denken, zur Denkvirtuosität, das an die Gesamtsituation des Denkenden möglichst wenig gebunden ist, daher leicht und gern verallgemeinert. Dagegen bleibt das gegenständliche meist an die Gesamtsituation des Denkenden gebunden, vor allem an das Gefüge der ihn leitenden Zwecke. Daher ist es meist diesem Gefüge unmittelbarer, persönlicher Zwecke angeschlossen, ihm dienstbar, auf Überwindung konkreter, gegebener Schwierigkeiten gerichtet. Dieses Denken soll „praktisches" Denken heißen. Es geht hier nicht um Denken des Denkens wegen, sondern immer spielen persönliche Interessen, Schwierigkeiten oder wenigstens persönliches Pflichtgefühl als Motive entscheidend mit. Dieses praktische Denken deckt sich mit dem gegenständlichen nicht, weil es das theoretisch-gegenständliche Denken nicht mehr umfaßt, dagegen das bildhaft-anschauliche Denken mitumschließt.

Das theoretische Denken umschließt also einmal das soziale und abstrakte Denken im Gegensatz zum Gegenständlichen. In anderer Bedeutung umfaßt es aber das gegenständlich-theoretische und das abstrakt- (sozial-) theoretische im Gegensatz zum praktischen Denken, zu dem dann das praktisch-gegenständliche und das bildhaft-anschauliche Denken gehören.

ZUR PSYCHOLOGIE UND PSYCHOTECHNIK DES ÄRZTEBERUFES.

F. KALZ (Praha).

Die Berufsberatung der Abiturienten steht in den letzten Jahren im Vordergrund des Interesses der Psychotechniker, denn die Überfüllung der akademischen Berufe ist in manchen Ländern so katastrophal, daß unbedingt Abhilfe gesucht werden mußte.

Wir glauben, daß mit der üblichen Prüfung der allgemeinen Intelligenz allein nicht viel erreicht werden kann, sondern daß es notwendig ist, eine spezielle für bestimmte Berufe und Berufsgruppen ausgearbeitete Untersuchungsmethode zu schaffen.

Der Einwand, daß eine Eignungsprüfung für die sogen. „höheren" Berufe unmöglich sei, ist bereits von Giese vortrefflich widerlegt worden. Giese hat nachgewiesen, daß der „Gegensatz Kopf-Hand" unhaltbar ist. Ferner, daß beim „Facharbeiter und beim Handarbeiter überhaupt natürliche geistige Funktionen in hohem Maße mitsprechen, ja, daß die psychophysische Energie, die notwendigerweise aufzuwenden ist, beträchtlich ist. Man darf nicht vergessen, daß an der Wiege des Kopfarbeiters zunächst meist die Trägheit steht, es ist unendlich bequem epigonenhaft überkommene, vielleicht jahrhundertalte Traditionen nachzubeten. Es ist unendlich einfach, zumal als Geisteswissenschaftler, bei ein wenig Fleiß und etwas gutem Gedächtnis die üblichen Examenshöhen zu erreichen. Kommt Sinn für diplomatische Menschenbehandlung, für Sichanpassen, für liberale Rückhaltlosigkeit hinzu, so ist keine Schwierigkeit, daß auch der mittelmäßigste Kopf Konsistorialrat oder Direktor oder Minister wird.

Jedenfalls ist kein Grund vorhanden, die Berufsberatung in den sogen. „höheren Berufen" als anders geartetes Problem als die Beratung in den „niederen" und „mittleren" Berufen zu betrachten.

Man hat sehr viel von Eigenschaften gesprochen, die der gute Arzt haben soll, aber meist geschah dies vom Standpunkt allgemein ethischer Gesichtspunkte. Hinweise und Anhaltspunkte, die es dem Psychologen ermöglichen würden, den richtigen, tüchtigen Arzt auszulesen, fehlen bisher fast ganz.

Wir gingen von Anfang an mit der Absicht an die Arbeit, etwas praktisch Anwendbares für die Berufsberatung zu schaffen. Wir haben uns die Frage gestellt: was muß der Arzt in seiner praktischen Tätigkeit können, um den Beruf gut auszuüben? Wenn wir hier vom Arzt sprechen, so ist selbstverständlich darunter der in der Praxis stehende, praktische Arzt gemeint. Wir haben die Forschungstätigkeit und auch die spezielle Arbeit eines Chirurgen außer Acht gelassen, da diese Arbeiten in wesentlichen Punkten anders geartet sind, als die eines Arztes, der die allgemeine Praxis ausübt. Andererseits wird unser Berufsbild wohl für viele Spezialfächer mehr oder weniger anwendbar sein, wie auch die Befragung verschiedener Spezialisten gezeigt hat, daß der Denkprozeß und der Grundzug des ärztlichen Handelns im Wesentlichen gleich sind.

Wir wendeten folgende Arbeitsmethode an:

1. Befragen der Ärzte mittels Fragebogen,

2. Beobachten der Ärzte bei der Arbeit.

Unser Fragebogen war so aufgebaut, daß die Ärzte erst frei verschiedene Ansichten über ihren Beruf äußern und dann ganz präzis gefaßte Fragen beantworten sollten. Der frei zu beantwortende Teil des Fragebogens bestand aus drei Teilen:

1. sollte frei angegeben werden, welche Eigenschaften als berufswichtig anzusehen sind,

2. mußte möglichst genau und detailliert analysiert die Arbeitsweise einiger Ärzte beschrieben werden, die der Befragte bei der Arbeit genau beobachten konnte und die nach der Ansicht des Befragten für den Beruf besonders tauglich waren. Nachträglich mußte hiefür eine genaue Begründung gegeben werden.

3. Dieselbe Frage mußte auch für solche Ärzte ausführlich beantwortet werden, die nach Ansicht des Befragten als besonders berufstauglich zu bezeichnen waren.

Nach Beantwortung dieser ersten Gruppe mußten weitere 18 Fragen beantwortet werden, die bereits in vorbereitender Arbeit von uns festgelegt worden waren und die gewisse berufswichtige Eigenschaften des Arztes betrafen. Wie schon erwähnt, wurden diese Fragen erst vorgelegt, nachdem die erste Gruppe beantwortet worden war.

Die Beobachtung der ärztlichen Arbeit betraf die Art der Diagnosenstellung. Es wurde dabei genau darauf geachtet, welche Arbeitsweise einer Diagnose zugrunde liegt und jeder Fall mit dem betreffenden Arzt durchgesprochen.

Im folgenden geben wir die Berufsanalyse als Ergebnis unserer oben geschilderten Arbeit an:

1. Der Arzt soll eine gute allgemeine Intelligenz besitzen. Wichtig ist eine gute Kombinationsfähigkeit. Seine Denkweise soll einer besonderen Art des analytisch-synthetischen Denkens gerecht werden, wie es bei der Stellung der Differenzialdiagnose notwendig ist. Dieser Denkprozeß verläuft nach folgendem Schema: der Patient kommt zum Arzt mit einem Symptomkomplex, der sofort feststellbar ist und den wir S nennen wollen. Dieser Komplex S läßt z. B. drei Möglichkeiten zu, die wir L, H, G nennen. Jede dieser drei Möglichkeiten hat gemeinsame und nicht gemeinsame Komponenten. Auf Grund einer näheren Untersuchung schließt man eine Möglichkeit nach der anderen aus, wenn man festgestellt hat, daß eine oder mehrere der zugehörigen Komponenten fehlen. Schließlich bleibt nur eine Möglichkeit offen und wenn sämtliche entsprechenden Komponenten vorhanden sind, stellt man die endgültige Diagnose.

2. Der Arzt muß eine gute Aufmerksamkeitsleistung zeigen, eine gute Distribution.

3. Er muß die Fähigkeit haben, sich rasch einen richtigen Gesamteindruck vom Patienten zu bilden. (Beobachtung des Ganges, des Benehmens, der Hautfarbe usw.)

4. Es ist wichtig, daß der Arzt die Fähigkeit besitzt, das Wesentliche des Krankheitsbildes rasch zu erfassen und sich nicht in Details zu verlieren. Die einzelnen Teile eines Gesamtbildes muß er richtig bewerten, insbesondere in ihrem Verhältnis zum Ganzen. Sehr wichtig ist in diesem Zusammenhang die Fähigkeit Widersprüche zu erkennen.

5. Die Erinnerungsbilder müssen so parat sein, daß die Stellung der Diagnose in vielen Fällen automatisiert ist. (Schnelle Komplexergänzung.)

6. Der Arzt muß im Verkehr mit den Patienten schlagfertig sein und rasch Entschlüsse fassen.

7. Er muß eine starke Selbstbeherrschung zur Überwindung unlustbetonter Situationen besitzen.

8. Er soll bei Ausübung seines Berufes eine stark entwickelte Festigkeit gegen erotische Einflüsse haben. Dies soll aber niemals in Prüderie oder asketische Weltanschauung ausarten.

9. Er muß Geduld haben und auch bei langwierigen Behandlungen unangenehmer und schwieriger Patienten seine Pflicht erfüllen.

10. Er muß ein stark entwickeltes psychologisches Verständnis haben, Verständnis für Milieuverhältnisse und soziale Zusammenhänge. Ebenso wichtig ist soziales Empfinden.

11. Er soll Menschen leicht beeinflussen können, eine starke Suggestivkraft besitzen.

12. Hingegen soll er nicht leicht einer Suggestion unterliegen und gegen Beeinflussungen eine angemessene Festigkeit bewahren. Er soll aber nicht allzu starr auf seinem Standpunkt beharren, sondern gute Umstellbarkeit haben, wenn dies eine geänderte Sachlage erfordert. Starke Perseveration ist schädlich.

13. Er soll selbstbewußt sein, das Selbstbewußtsein darf aber nicht so weit ausarten, daß er z. B. Krankheiten behandelt, die er nicht versteht.

14. Der Arzt darf keinesfalls geldgierig sein.

15. Er muß verantwortungsbewußt und verantwortungsfreudig sein.

Wir haben zur Diagnose dieser berufswichtigen Eigenschaften die entsprechenden Testmethoden ausgearbeitet.

DIE EIGNUNG FÜR DIE JURISTISCHEN BERUFE: RICHTER, VERWALTUNGSBEAMTER, ADVOKAT.

L. KRAUS (Praha).

Material.

Die rechtswissenschaftliche Fakultät der Universität bietet dem Hörer nicht nur Kenntnis der Rechtsinstitutionen, der Rechtsnormen und ihrer Entstehung, sondern auch Einblick in einen mehr oder weniger weiten Ausschnitt der sozialen Wissenschaften. Dadurch ist es bedingt, daß Juristen nicht nur in jenen Berufen tätig sind, welche die Anwendung und Fortbildung des Rechtes zur Aufgabe haben, sondern auch an vielen anderen Stellen des sozialen und wirtschaftlichen Lebens, wo ihnen außer den erworbenen Kenntnissen auch die aus dem Wesen des Rechts als in sich geschlossenem Gedankengebäude notwendig resultierende Logik zugute kommt. Diese Betätigungsfelder wollen wir nicht untersuchen, sondern uns rein auf jene Berufe beschränken, deren einzige Aufgabe die praktische Anwendung des Rechts ist, d. h. der von den legislativen Organen erflossenen Normen.

Diese Berufe gliedern sich zwangsläufig in drei Gruppen. Die erste Gruppe, die Richter, hat die Aufgabe, unparteilich und überparteilich in strittigen Fällen auf Grund dieser Normen Entscheidungen zu treffen, welche für den konkreten Fall und zwischen den Strittparteien Recht bilden. Die zweite Gruppe, die Verwaltungsbeamten, hat die Aufgabe, für und im Namen des Staates Recht zu schöpfen, wobei ihnen die Staatsbürger als andere Partei gegenüberstehen, wobei diese Arbeit meist auf Grund der Aktenlage erfolgt. Die dritte Gruppe, die Advokaten, sind dazu berufen, mit Rücksicht auf die bestehenden Gesetzesvorschriften die Parteien zu beraten, insbesondere auch schon bei rechtlich relevanten Handlungen, wie z. B. Vertragsabschlüssen, unter Berücksichtigung der Normen, den Willen und die Absicht der Partei zu lenken (Kautelarjurisprudenz), in Fällen, in denen Gerichte angerufen werden, ihre Partei vor dem Gericht zu vertreten und schließlich den Verwaltungsbehörden gegenüber ebenfalls den Standpunkt und die Interessen ihrer Partei zu wahren. Eine weitere Unterteilung in beratende und plädierende Anwälte (z. B. barristers u. connaillers) wie sie besonders im Westen üblich ist, konnte hier nicht vorgenommen werden, da das hiesige Gesetz den Anwalt sowohl zur Beratung in allen Rechtsangelegenheiten, als auch zur Intervention vor allen Gerichten und Behörden berechtigt.

Wenn wir nun im nachstehenden von Richtern, Verwaltungsbeamten und Advokaten sprechen werden, so soll dies im Rahmen obiger Abgrenzung geschehen, denn es gibt Fälle, wo die dienstliche Stellung des einzelnen nicht mit obigen Begriffen übereinstimmt. Es gibt

z. B. Richter, die nicht zwischen Parteien Recht zu sprechen haben, sondern Verwaltungsagenda besorgen, wie der Vormundschaftsrichter, der Grundbuchsrichter, der Richter, der Exekutionsakten bearbeitet usw. Es gibt Verwaltungsbeamte, welche zur Entscheidung von strittigen Angelegenheiten berufen sind, wie z. B. manche Polizeibeamte und Beamte in Angelegenheiten, welche den Verwaltungsbehörden vorbehalten sind, bei uns z. B. das Wasserrechtsverfahren, und schließlich gibt es Anwälte, deren Tätigkeit sich nicht auf dem oben angeführten Gebiet bewegt, sondern eher auf kommerziellem oder politischem.

Methode.

Gemeinsam ist allen diesen Tätigkeiten die gleiche Methode, denn Richter, Anwalt und Verwaltungsbeamter, jeder hat von seinem Standpunkte aus dreierlei Aufgaben zu erfüllen: 1. Den Tatbestand festzustellen, 2. ihm die juristisch relevanten Tatsachen zu entnehmen, 3. diese Tatsachen unter die entsprechende Rechtsnorm zu subsummieren. Freilich geschieht dies bei jedem von einem anderen Standpunkte aus: beim Richter vom Standpunkte der Unparteilichkeit und Überparteilichkeit, beim Verwaltungsbeamten vom Standpunkte des Staatsinteresses, das allerdings nicht in Willkür ausarten darf, sondern auch auf das Gesetz und das Objekt Rücksicht zu nehmen hat, beim Anwalt schließlich vom einseitigen Standpunkt seiner Partei aus.

Es ist daher klar, daß jede dieser Tätigkeiten besondere Eigenschaften verlangt und deshalb wurden durch Fragebogen bei den Vertretern aller dieser Berufe Daten gesammelt, die im Folgenden wiedergeben werden. Die Fragen wurden von 20 Richtern, 10 Verwaltungsbeamten und von 20 Anwälten beantwortet, wobei dahin getrachtet wurde, die Fragen vor allem solchen Herren vorzulegen, die durch ihre Stellung im Berufe und ihre Erfolge Garantie für Kenntnisse des Faches und im Fach u. allseitige Intelligenz zu bieten schienen. Hiebei handelte es sich durchwegs um Vertreter aller Altersklassen, wobei die jüngsten mindestens 5 Jahre im betreffenden Fache tätig waren, die ältesten Herren an der Altersgrenze standen. Schließlich ging das Bestreben dahin, nach Tunlichkeit sowohl Herren aus der Stadt, als auch solche, die in der Provinz tätig sind, heranzuziehen. Freilich waren alle die Fehlerquellen und Bedenken bekannt, welche gegen solche Fragebogenaktionen meist mit Recht vorgebracht wurden, doch schien es mit Rücksicht darauf, daß es sich um ein völlig unbearbeitetes Gebiet handelt wichtig, nicht bloß eine individuelle Ansicht vorzubringen, sondern die Ansichten einer Reihe von Praktikern zu hören. Leider zeigen die tiefer angeführten Antworten eine Reihe jener typischer Fehler, welche all diesen Fragebogenaktionen anhaften, doch wird es dennoch nicht ohne Interesse sein, dieselben zu prüfen.

Motive und Zeitpunkt der Spezialisierung.

Es wurde an alle einerseits die Frage gestellt, warum sie sich für das Rechtsstudium überhaupt entschieden haben und andererseits warum für ihren Spezialberuf. Hiebei erging die Antwort, daß dies um des Berufes selbst willen oder aus Überzeugung von einer besonderen Begabung für den Beruf des Juristen geschah: bei 70% der Richter, bei 50% der Verwaltungsbeamten und bei 40% der Anwälte.

Über Wunsch der Familie oder aus irgendwelchen Familienrücksichten oder -traditionen hat das Studium 20% der Richter, 40% der Verwaltungsbeamten und 35% der Anwälte gewählt.

Schließlich hat dies eine Reihe auf Grund negativer Erwägungen getan, z. B. Überfüllung der anderen Berufe, ablehnende Einstellung zu den sonstigen akademischen Berufen etc. u. zw. waren dies 10% der Richter, 10% der Verwaltungsbeamten und 25% der Anwälte.

Die Frage, warum sie sich speziell dem gewählten Beruf zugewendet haben beantworteten 60% der Richter, 20% der Verwaltungsbeamten und 60% der Anwälte dahin, daß dies aus Neigung zum Beruf oder auf Grund der angenommenen Sonderbefähigung geschehen sei; 20% der Richter, 40% der Verwaltungsbeamten und 30% der Anwälte taten es auf Wunsch der Familie, resp. Familientradition; die ökonomische Seite, d. h. entweder gesicherte Stellung, oder aber (bei Anwälten) die Möglichkeit wirtschaftlichen Erfolges, betonten 20% der Richter, 40% der Verwaltungsbeamten und 10% der Anwälte.

Laut ihren Angaben entschlossen sich für ihr Spezialfach während der Studien 55% der Richter, 50% der Verwaltungsbeamten und 60% der Anwälte, der Rest erst nach Beendigung der Studien.

Obzwar die Ansicht nicht von der Hand zu weisen ist, daß die Angaben der Motive manchmal ex post subjektiv zugefärbt sein dürften, folgt aus Obigem, insbesondere aus der Fluktuation der Motivzahlen dennoch, daß die Frage nach der Eignung für das Spezialfach frühestens bei Beendigung der Studien gestellt werden kann.

Eigenschaften.

Die Frage nach den wichtigsten Eigenschaften, die für die einzelnen Spezialgebiete erforderlich sind, wurde von allen 50 Befragten nur in einem Punkte einhellig beantwortet, indem alle als eine der wichtigsten Eigenschaften „Gerechtigkeitssinn" angaben. Wollen wir diese Antwort nicht als Phrase ansehen, ginge daraus hervor, daß trotz des Abstandes von fast 2000 Jahren die Juristen noch heute an Celsus Definition des Rechtes als ars boni et aequi festhalten. Die weiteren Antworten gehen auseinander.

Bei den Richtern betrachten 90% psychologisches und menschliches Begreifen, 80% Unterscheidungsvermögen, 75% gute Nerven (wohl ein trauriges Zeichen unserer Zeit), 75% gutes Gedächtnis, 45% Allseitigkeit, 40% Entschiedenheit, 25% feste Gesundheit und 15% Fleiß als unerläßliche Eigenschaften.

Bei den Verwaltungsbeamten votierten 100% für Gewissenhaftigkeit, 90% für Genauigkeit, 70% für Entscheidungsvermögen, 70% für Fleiß und 50% für Subordinationsgefühl.

Bei den Anwälten führte mit 95% gutes Gedächtnis, 90% fordern gutes Auftreten, 75% Allseitigkeit, 60% psychologisches Verständnis, 60% moralische Grundsätze, 55% gute Nerven und 40% Erfahrung.

Die von den Praktikern aufgestellte Tabelle erscheint besonders mangelhaft. Es fehlt völlig jene Art von Logik und Kombinationsgabe, die wir bei Kant in der Kritik der reinen Vernunft so treffend mit folgenden Worten charakterisiert finden:

„Ein Richter oder ein Staatskundiger kann viele schöne juristische oder politische Regeln im Kopfe haben, in dem Grade, daß er selbst darin ein gründlicher Lehrer werden kann und wird dennoch in der Anwendung derselben leicht verstoßen, entweder, weil es ihm an natürlicher Urteilskraft (obgleich nicht am Verstande) mangelt, und, er zwar das Allgemeine in abstracto einsehen, aber ob ein Fall in concreto darunter gehöre, nicht unterscheiden kann, oder auch darum, weil er nicht genug durch Beispiele und wirkliche Geschäfte zu diesem Urteile abgerichtet worden ist."

Ferner finden wir keine Erwähnung jener speziellen Eigenschaft, welche sich einerseits in einer gewissen intellektuellen Resistenz dahin äußert, daß der Betreffende nicht jedem Argumente ausgeliefert sein darf, welche aber wiederum eine gewisse Konzilianz nicht ausschließen darf, welche auf die Ansicht beider Parteien eingeht und so oft zum Abschlusse eines günstigen Vergleiches führt, der eher der Gerechtigkeit entspricht, denn ein Urteil, denn „summum jus, summa iniuria".

Schließlich ist es gewiß nicht ohne Interesse darauf hinzuweisen, daß keiner der Anwälte Rednergabe als eine für den Anwaltsberuf nötige Eigenschaft angeführt hat. Wenn auch derzeit die Überlastung der Gerichte die Rolle der forensischen Eloquenz aufs Äußerste eingeengt hat, ist dennoch zu hoffen, daß das fortschrittlichere mündliche Verfahren sich behaupten und Beredsamkeit eine wichtige Eigenschaft des Anwaltes ist und sein wird.

Bevor mit weiteren Fragen darauf hingezielt wurde, welcher Methode sich die Befragten zur Ausübung der zu Beginn erwähnten drei Tätigkeiten, der Tatbestandsfeststellung, der Kritik des Tatbestandes und der Subsumption, bedienen, sollte erhoben werden, ob sie rasche Reaktion für notwendig erachten oder nicht. Bejahend antworteten 60% der Richter, nur 30% der Verwaltungsbeamten und 80% der Anwälte.

Auf die Frage, wie der einzelne bei Feststellung des Tatbestandes also bei Beurteilung der Beweise und Personen vorgehe, z. B. bei Beurteilung von widersprechenden Zeugenaussagen, antworteten 40% der Richter, daß sie dies nach dem persönlichen Eindruck täten, während 60% sich an die Akten, bzw. die darin enthaltenen Urkunden, unbestrittenen Tatsachen usw. halten. Von den Verwaltungsbeamten erklärten 60% keinerlei Gelegenheit zu einer solchen Würdigung zu haben, 30% betonten formelle Gesichtspunkte und bloß einer, also 10%, berief sich auf den persönlichen Eindruck. Bei den Anwälten waren 80% für ein Urteil gemäß den gesammelten Erfahrungen, 20% gemäß dem ersten Eindruck.

55% der Richter erklärten, das Primum ihrer Entscheidung beruhe auf dem Gefühl und dann erst suchten sie die Begründung im Gesetz, während 45% bei ihren Entscheidungen zuerst vom Gesetz ausgehen. Bei den Verwaltungsbeamten und den Anwälten ist es umgekehrt. 90% der Verwaltungsbeamten und 85% der Anwälte halten sich in erster Reihe an das Gesetz.

Eine kritische Beurteilung dieser Angabe wäre freilich bloß möglich, wenn festgestellt werden könnte, inwieweit bei den obangeführten Techniken eine Selbsttäuschung vorliegt, die durch das im Unterbewußtsein fortwirkende Gefühl und die zur absoluten Denkmethode gewordene Methodik und Begriffsbildung des Gesetzes verursacht wird und inwieweit die sich stets zwischen den Polen Gesetzesnorm — Freirecht bewegende Rechtsphilosophie auf die Urteile Einfluß hat.

Äußere Merkmale.

Die Frage nach der Bedeutung äußerer Merkmale, also einem angenehmen Äußeren oder negativ Freisein von körperlichen Mängeln wurde wie folgt beantwortet: 90% der Richter, ebenso wie 90% der Verwaltungsbeamten erachteten diese Eigenschaften für irrelevant, hiegegen erkannten 80% der Anwälte den Einfluß äußerer Merkmale als wichtig an.

Kritische Einstellung.

Auf die Frage, ob es geboten sei, daß der Richter, der Beamte, resp. der Anwalt kritisch zu Gesetzen, Verordnungen und übergeordneten Personen eingestellt sei, antworteten 70% der Richter, bloß 20% der Verwaltungsbeamten und 100% der Anwälte positiv.

Weitere Fragen.

Die Frage nach dem Idealtyp des einzelnen Berufes, die mehr als Kontrollfrage gedacht war, wurde äußerst verschieden beantwortet und eine Beleuchtung dieser Antworten würde den Umfang dieser Abhandlung überschreiten. Hiegegen scheint es wichtig darauf hinzuweisen, daß den Anwälten die Frage gestellt wurde, nach welchem Grundsatze sie sich bei moralischen Kollisionen richten, denen besonders dieser Beruf häufig ausgesetzt ist, und folgende Antworten gaben: die Majorität von 75% sprach sich für unbedingte Wahrung der Interessen des Klienten aus, während der Rest sich auf die allgemeinen Moralbegriffe berief.

440

Obige Ausführungen sind nur ein bescheidener erster Schritt auf einem bisher unbearbeiteten Gebiete und sie können daher keinerlei Anspruch erheben, vollständig oder richtig zu sein. Es sei jedoch noch besonders darauf hingewiesen, daß Anwendung und Auslegung des Rechtes ein ethischer Beruf kat exochen ist und daß zu demselben nur ethische Männer und Frauen berufen oder gar auserwählt sind.

CINQ ANS D'EXPÉRIENCES FAITES AVEC LES TESTS DES ÉTUDIANTS DE L'UNIVERSITÉ DE PRAGUE.

OTAKAR MATOUŠEK (Prague).

Il y a quelques années que je suis revenu des Etats-Unis où j'ai eu la meilleure occasion d'étudier l'intérêt qu'ont les Américains à bien connaître leurs collégiens. En effet, il est certain que nous donnons beaucoup à nos étudiants aux universités, mais il est vrai d'autre part que nous ne savons rien de leurs capacités, de leurs intérêts ni de leurs désirs. Je m'occupe de la science de l'éducation seule et non d'éducation ou de psychologie au sens propre du mot, mais je suis certain que c'est mon devoir d'aider et de faire de mon mieux pour organiser un système de tests et d'informations sur nos étudiants. Je l'ai essayé sur plusieurs points en revisant l'inscription des étudiants, en organisant de vraies écoles forestières à l'Université pendant chaque été, etc.

Aujourd'hui j'ai l'intention de dire quelques mots sur mes tests à la Faculté des sciences naturelles.

Depuis quatre ans ces tests sont obligatoires pour tous les étudiants de la première année de notre Faculté. Voici ce que ces étudiants ont à faire:

1º remplir anonymement un questionnaire,

2º subir ensuite deux tests d'intelligence générale,

3º tests de connaissances de différentes matières (non seulement en science),

4º test portant sur la connaissance de la langue tchèque ainsi que des langues étrangères,

5º test de tricherie,

6º à part de ces tests mentaux il y a l'examen obligatoire physique

7º et anthropologique.

J'ai un plaisir spécial à vous citer quelques détails sur nos expériences.

D'abord le questionnaire. Il a été démontré qu'un questionnaire anonyme donne au moins sur quelques sujets les meilleurs résultats. Il y avait beaucoup de questions. Nous avons su que les contrées les mieux connues de la Tchécoslovaquie, naturellement excepté Prague, sont les Hauts Tatras. Des pays étrangers, les étudiants ont surtout visité la mer Adriatique. Beaucoup de jeunes filles connaissent Paris, mais seulement très peu de jeunes gens, ce qu'on explique par l'intérêt spécial des jeunes filles pour Paris, mais aussi par leur situation sociale. Nous avons souvent remarqué par plusieurs points que la situation sociale des jeunes filles est plus élevée que celle des jeunes gens.

Les sports favoris sont: la natation et le ski. Nous fûmes surpris de voir que très peu d'étudiants et pas du tout de jeunes filles s'intéressent au football.

Du point de vue culturel, la plupart des étudiants aiment la littérature, le théâtre, la musique, les arts et la danse. Seulement quelques-uns ont un intérêt spécial pour les sciences — et s'ils l'ont — ils parlent souvent de la philosophie en général, mais non de la science proprement dite.

La question suivante se rapporte aux intérêts politiques des étudiants. Cet intérêt est très varié, quelques-uns seulement avouent ne sympathiser avec aucun parti politique. Or, nous pouvons voir une chose: cinq ans auparavant il y avait un grand intérêt pour les socialistes et communistes, mais maintenant les autres partis politiques ont gagné du terrain. Il est curieux que les étudiants qui quittent l'Université avec un diplôme, ne comprennent pas le point de vue politique de ceux qui viennent de s'inscrire. Nous avons remarqué aussi un changement pendant les cinq dernières années au point de vue religieux. Il y a dix ans un jeune homme sur cinq et une jeune fille sur trois étaient sans confession. Aujourd'hui seulement 10% sont sans confession et beaucoup des jeunes filles spécialement, qui étaient si radicales il y a quelques années — sont non seulement catholiques mais catholiques pratiquantes.

La situation sociale des étudiants est variée, mais celle des jeunes filles est beaucoup meilleure que celle des jeunes gens. Nous trouvons certains étudiants vivant avec cinq autres personnes dans une chambre; nous trouvons en outre des familles de 14 enfants. (Ce sont des exceptions.) Nous avons demandé aux étudiants d'écrire ce qu'ils avaient à nous dire. Ils se sont plaints de différentes choses, mais une des plaintes nous paraît dangereuse. Plusieurs disent plus ou moins franchement n'avoir aucun intérêt pour les sciences ni pour les études. Mais ils ont choisi d'étudier parce qu'ils n'avaient pas d'autre but et rien d'autre à faire. Ce manque de plan nous donne à réfléchir.

*

Quelques mots maintenant des tests de connaissance des étudiants. Il y avait différents types de questions, y compris les « attrapes », etc. Généralement les connaissances ne sont pas aussi grandes qu'on pourrait l'attendre officiellement des bacheliers tchécoslovaques.

Le premier devoir comprenait une liste de 50 noms d'hommes éminents dont les étudiants devaient écrire une caractéristique quelconque, pour montrer que le nom ne leur est pas étranger. Nous fûmes très étonnés de savoir qu'Edison et Comenius (le pédagogue tchèque) sont les deux seuls noms connus de tous. Les jeunes filles surtout ne connaissent que les faits qu'on enseigne en classe. Il arrive ainsi que 20% des jeunes gens et 35% des jeunes filles ne savent pas qui est Lindberg. (Une fois je trouve comme réponse qu'il est président des Etats-Unis ou que Linné était un mathématicien, etc.) Les noms le plus connus étaient les suivants: Comenius, Edison, Chateaubriand, Gebauer, Newton, Beethoven, Michel-Ange, Rousseau, Pasteur, Fibich, Mendéljev, Robespierre, Franklin, Galilée, Ford. D'autre part nous avons trouvé que les noms suivants sont particulièrement inconnus de beaucoup d'étudiants: Carnegie, Mommsen, Savonarole, Pestalozzi (un étudiant a pensé que Pestalozzi était un poète, etc.), Mendel (un des maîtres tchécoslovaques de l'histoire naturelle, connu dans le monde entier!), Velasquez, Rodin, Malthus, Slavíček (peintre tchèque), Peary, etc. Nous avons obtenu aussi cette réponse au sujet du nom de Locke, au lieu de: « Un philosophe anglais du XVIIme siècle », nous avons été surpris d'entendre dire: « Un recordman américain sur 200 yards ». Nous n'avons naturellement pas attendu une telle caractéristique, mais nous fûmes surpris d'apprendre que la réponse était quand même exacte.

Il y avait aussi un autre questionnaire concernant l'art, la politique, l'histoire, etc. Les connaissances historiques étaient généralement très bonnes, celles d'économie politique extraordinairement faibles, ce qui veut dire que nos écoles secondaires donnent très peu de connaissances pratiques. Des connaissances très médiocres furent constatées en géographie. Plus de 80% ne savent pas où se trouve la Rhodésie. La moitié ne sait point où est le Guatemala, plus d'une moitié ne connaît pas la capitale du Canada (beaucoup d'étudiants pensent que Montréal est en France).

Il y avait 50 différentes questions en science. Quelques-unes tout à fait élémentaires, d'autres plus difficiles. Plus des ⅔ des étudiants pensent que le dauphin est un poisson. Les connaissances des jeunes filles et des jeunes gens sont différentes. Par exemple la moitié des jeunes gens ne savent pas ce que c'était que la théorie du « phlogistone », mais pas une jeune fille ne répondit à cette question. En général les jeunes filles connaissent le mieux ce qu'elles ont appris en classe, mais elles ne s'instruisent pas en dehors de cela.

Finalement, je dois mentionner que l'année passée, j'ai posé les mêmes questions aux étudiants avant leur départ de l'Université. Il a été démontré que d'habitude pendant ces quatre ans ils ont oublié toutes leurs connaissances historiques, mais d'autre part ils connaissent beaucoup mieux la politique et les autres matières qu'ils ne les connaissaient auparavant. Je suis sûr que tous ces tests démontrent très clairement que nous devons réformer très énergiquement nos écoles secondaires.

Des connaissances très médiocres furent constatées par les tests de langues. En tchèque aussi furent commises beaucoup et de graves fautes. Les étudiants reçurent des paragraphes écrits en allemand, français et anglais qu'ils devaient traduire, autant qu'ils étaient capables de le faire. Nous avons classifié combien de pensées, non de mots, les étudiants comprenaient. Je ne peux entrer dans les détails, mais il a été démontré qu'à part quelques exceptions (spécialement des Juifs) la connaissance passive des langues est très faible. La meilleure était peut-être la connaissance du français. Si nous disons que la connaissance de l'allemand est de 50 points, alors que la connaissance du français est de 64 points et celle de l'anglais environ 11!

Je suis persuadé que les connaissances des étudiants étrangers ne sont pas meilleures, souvent elles sont d'habitude plus faibles. D'autre part nous devons veiller à mieux apprendre les langues que nous ne le faisons.

La tricherie. Nous avons essayé de faire des tests de tricherie avec les étudiants de première année, mais nous l'avons fait seulement deux fois. Il était plutôt difficile de répéter la méthode, parce que les étudiants reconnaissaient bientôt ce que nous allions demander. Nous avons essayé 5 différents tests indépendants: 3 tests graphiques (Völker, Cady et plusieurs modifications). Le principe était que les étudiants devaient fermer les yeux et tracer des lignes. Ils devaient dessiner des traits ou placer des points de telle façon qu'ils ne pouvaient y arriver sans tricher.

Un autre test consistait à souligner des noms d'écrivains ou de livres sur une liste dans le cas où ils étaient sûrs de les avoir lus. Nous savons que c'est le test le plus problématique, mais si nous comparons plusieurs tests, nous pouvons voir comment les étudiants trichent. Le dernier test était le plus objectif: il consistait en une feuille spéciale intitulée: Test des connaissances mathématiques. En effet, c'était la liste de différentes formules quelquefois très difficiles ou impossibles. Après avoir collectionné ces papiers, mes aides copièrent secrètement les réponses. Ensuite nous rendîmes les papiers aux étudiants et je leur demandai de revoir les réponses. Le but de ce test fut expliqué comme informatif, pour critiquer les écoles secondaires. Les résultats précis furent dits et je demandais aux étudiants de remarquer si leurs réponses étaient justes ou non. Dans aucun cas il ne fut permis de changer quelque chose.

Après la comparaison nous avons remarqué que beaucoup d'étudiants changèrent le texte. Voici le résultat général des tests de tricherie: environ la moitié des étudiants a essayé de tricher. Il faut remarquer d'autre part que les autres n'ont presque pas triché. Les jeunes filles trichèrent beaucoup plus que les jeunes gens, mais lorsque (l'année suivante) nous avons demandé aux étudiants très amicalement de ne pas tricher du tout, ce furent les jeunes filles qui obéirent mieux que les jeunes gens.

Il faut mentionner aussi les tests d'intelligence. Nous avons essayé deux tests indépendants d'intelligence verbale. Un de ces tests est celui du Dr Příhoda, un des meilleurs tests que nous possédons pour les écoles secondaires tchèques. L'autre test a été préparé par moi-même spécialement pour les collégiens. La corrélation entre ces deux tests était bonne, car en effet le coefficient de Pearson était très élevé, comme l'a montré la revision. Le schéma graphique montre aussi que la déviation était très petite. A part trois exceptions l'étudiant doué ou l'étudiant médiocre fut classé parallèlement par les deux tests.

Nous avons indiqué les noms des meilleurs étudiants aux membres de la Faculté, les noms des étudiants médiocres et faibles restèrent secrets. Après avoir terminé cette expérience nous avons remarqué que non seulement tous les étudiants indiqués par nous comme doués passèrent les premiers leurs examens, mais d'autre part que presque tous les étudiants qui passèrent les premiers leurs examens furent parmi ceux que nous avions le mieux classés.

On a un intérêt spécial à comparer le test d'intelligence avec celui de tricherie et celui d'achèvement. Généralement les connaissances des étudiants doués sont plus profondes que celles des étudiants médiocres. Du point de vue de la pure intelligence les étudiantes ont toutes à peu près les mêmes connaissances que les jeunes gens. Mais jamais une jeune fille n'a obtenu le maximum des points, quoique la moyenne soit plus élevée que celle des jeunes gens.

D'autre part leur connaissance des faits n'est pas si profonde que celle des hommes. Les connaissances des jeunes filles sont plus uniformes et, comparées avec les classifications individuelles, elles sont plus faibles. Si nous choisissons des couleurs variées pour les bacheliers des différentes écoles secondaires qui ont passé avec un bon succès et ceux qui ont passé moins brillamment, nous trouvons une corrélation intéressante avec les tests d'intelligence générale. Je fus étonné de voir cela. Personnellement je comprends qu'un bon succès aux écoles secondaires ne signifie pas toujours un bon succès dans la vie.

De ce point de vue je comprends que notre test d'intelligence nous montre très bien l'intelligence générale, non la capacité individuelle, telle que par ex. la capacité pour les investigations scientifiques. Je regrette de devoir avouer ceci. Tout de même il a été démontré qu'il est bon de connaître l'intelligence générale. Nous avons examiné s'il y a une relation quelconque entre l'intelligence et le lieu de l'école ou entre l'intelligence et le type de l'école secondaire (gymnase, école réale, etc.). Je n'ai qu'à remarquer que, si cette relation existe, elle n'est pas très prononcée.

Nous avons d'autre part remarqué une bonne corrélation entre le test d'intelligence et celui de tricherie. Parmi les 10 étudiants les plus doués seulement 1 ou 2 trichent, mais 6 à 8 étudiants trichent parmi les médiocres. Un bon étudiant n'a pas besoin de tricher autant qu'un mauvais étudiant et peut-être même que son caractère est meilleur.

445

Un jeune homme peu malin se sert de chaque occasion pour tricher, il pense qu'aucun contrôle ne peut exister.

C'est ce que j'ai à dire brièvement sur les tests mentaux. Je ne peux pas entrer dans les détails sur la santé physique des étudiants individuellement comme l'ont fait le professeur Matiegka et ses collaborateurs médicaux. Pour autant que je sache, la santé est pratiquement bonne avec quelque peu d'exceptions. Les gens atteints de tuberculose ou de maladies de cœur furent envoyés à l'hôpital. Nous avons organisé en même temps un examen anthropologique. Aucune relation ne fut constatée clairement entre l'intelligence des différentes races.

J'ai voulu donner un aperçu général de nos expériences avec les tests des étudiants de première année. Une étude spéciale s'en occupera avec tous les détails.

Je ne dis pas que notre méthode ait été parfaite, elle ne l'est pas, et, je le répète encore une fois, je ne suis point spécialiste pour le faire. Mais j'aime mes étudiants et je désire les connaître et les aider, et aider nos écoles. Il était nécessaire de commencer et c'est ce que nous avons fait.

DIE PERSÖNLICHKEITSFESTSTELLUNG BEI MATURANTEN.

VINZENZ E. NEUBAUER (Graz).

Trotz des kurzen Bestandes der Psychotechnik hat diese schon einige bemerkenswerte Wandlungen durchgemacht. Ich erinnere beispielsweise nur an die Aufgaben und die daraus entspringenden Methoden, die *Münsterberg* noch der Psychotechnik zugewiesen hat und von denen wir zum Teil schon abgegangen sind. Eine der letzten großen Wandlungen der Psychotechnik ist die von der Funktions- zur Persönlichkeitserfassung. Wir sind heute der Überzeugung, daß nur dann ein eindeutiges psychotechnisches Urteil gefällt werden kann, wenn nicht einzelne Funktionen, sondern der ganze in Tätigkeit stehende Mensch erfaßt wird.

Ist diese Tatsache schon für die gewerblichen Berufe von Wichtigkeit, so wird sie zur Notwendigkeit bei den akademischen Berufen, bei denen die Berufstüchtigkeit nicht von einer bestimmten Teilanlage, etwa von einer guten Handgeschicklichkeit, oder einem guten praktischen Verständnis, sondern vom Wesen der Gesamtpersönlichkeit abhängt. Auch Begabungen, die über die engere Berufstätigkeit hinausweisen, können in akademischen Berufen meist nutzbringender verwertet werden als in gewerblichen Berufen, eine Tatsache, auf die schon *Lipmann* vor vielen Jahren hingewiesen hat.

Man erkennt also schon lange die Notwendigkeit, bei den akademischen Berufen das ganze Feld der intellektuellen Begabungen, aber auch das Gemüts- und Willensleben, Temperament und Charakter festzustellen, doch fehlten bisher die nötigen Erfahrungen, um den richtigen Weg zu finden. Auch heute noch stehen wir mitten im Suchen um die Wege der Persönlichkeitserforschung. Erschwerend wirkt der Umstand, daß die allgemeine Psychologie bisher noch keine halbwegs gesicherte und anerkannte Charakterologie liefern konnte. So muß sich die angewandte Psychologie, die Psychotechnik, mit den ihr zur Verfügung stehenden Mitteln helfen und von der Praxis her, die Frage zu lösen versuchen.

Auszugehen hat jede Persönlichkeitsforschung von der „Struktur der jeweiligen Entwicklungsstufe" des Individuums. So wie wir bei der Prüfung der intellektuellen Begabungen auf die Vorbildung, auf die erworbenen Kenntnisse Rücksicht nehmen müssen, um die Tests den Kenntnissen und Erfahrungen entsprechend abzufassen, so müssen wir auch bei der Erfassung der Gesamtpersönlichkeit auf die allgemeine Entwicklungshöhe des Individuums und der dieser Entwicklungsstufe adäquaten Eigenart Rücksicht nehmen. Es liegen uns schon eine Reihe von Untersuchungen vor, die die geistige Haltung und die Entwicklungseigenart der Maturanten behandeln. Ich habe im 8. Jahrgang der „Psychotechnischen Zeitschrift" Untersuchungen veröffentlicht, die an unserem Grazer Material gewonnen wurden und die Stellung des Abiturienten zu Schule und Beruf betreffen. An Hand von Schüleraussagen konnte ich die seelische Entwicklungsstruktur der Maturanten untersuchen. Danach ist — kurz zusammengefaßt — die psychische Eigenart der Abiturienten in folgender Weise gekennzeichnet:

1. Der 18- bis 20jährige Schüler einer höheren Schule ist vor allem beherrscht vom Streben nach Erforschung der Wahrheit. Er gibt sich nicht mehr mit allgemeinen Erklärungen zufrieden, er nimmt nicht mehr autoritätsgläubig die Erläuterungen des Lehrers hin, sondern versucht in rastlosem Erkenntnisstreben selbst forschend den Dingen und Erscheinungen auf den Grund zu gehen. Er will erkennen „was die Welt im Innersten zusammenhält".

2. Das Erforschen der Wahrheit soll dazu dienen, die Natur- und Selbsterkenntnis zu einem einheitlichen Weltbild, zu einer wissenschaftlich fundierten Weltanschauung zusammenzuschließen. Nicht mehr einzelne Wissenskomplexe will der Maturant anhäufen, sondern sein Streben geht dahin, sich ein einheitliches wissenschaftlich begründetes Weltbild zu schaffen, das eine Synthese zwischen Außen- und Innenwelt, zwischen Erlebnis und Erscheinung darstellt.

3. Schließlich soll sein Schaffen nicht fern der Wirklichkeit, dem Leben stehen; er will seine Arbeit in den Dienst des Volkes oder der Menschheit stellen. Sein Studium ist ihm nicht Selbstzweck, sondern Mittel zur Erfüllung höherer Pflichten.

Diese geistig-seelische Grundhaltung, die den höheren Schüler kennzeichnet, kommt bei den Berufswünschen der Maturanten immer wieder zum Durchbruch. Bei allen Motivierungen der Berufswahl wird das Erforschen der Wahrheit, das Streben nach einem geschlossenen, wissenschaftlich fundierten Weltbild und der Dienst am Menschen betont. Natürlich wird je nach dem Beruf, dem man zustrebt, die Verwirklichung dieser Grundstrebungen der Berufsidee entsprechend modifiziert. An den wichtigsten Berufsgruppen sei dies kurz gezeigt.

Beim angehenden *Mediziner* ist das Forschen nach der Wahrheit gleichbedeutend mit dem Streben nach Erkennen der Natur. Er will die Wunder und Herrlichkeiten, aber auch die Geheimnisse der Natur ergründen, um sie mit dem Wesen des menschlichen Seins zu vergleichen und so um so sicherer den Schwächen des menschlichen Körpers nachgehen zu können. Aus dem naturwissenschaftlichen Unterricht in der höheren Schule erwächst dem zukünftigen Arzt das Verständnis für seinen Beruf. Daß sein Dienst an der Menschheit darin besteht, diese von ihrem körperlichen Leid zu befreien, ist selbstverständlich.

Der *Jurist* baut seine Weltanschauung nicht auf die Naturerkenntnis auf, sondern bei ihm spielen die realen Beziehungen des Berufs- und Wirtschaftslebens eine ausschlaggebende Rolle. Er freut sich, durch „scharfes und richtiges Denken", auf das es seiner Meinung nach beim Juristen vor allem ankommt, seine Schlüsse ziehen zu können und so die Wahrheit zu ergründen. Er will der Menschheit helfen, indem er der Gerechtigkeit dient. Wahrheitsstreben heißt für ihn Suchen der Beziehungen von Rechten und Pflichten, wobei vielfach historische Begründungen herangezogen werden. Geschichte ist daher dem angehenden Juristen eines der wichtigsten Unterrichtsfächer.

Dem Schüler, der der *Philosophie,* d. h. dem Mittelschullehrfach zustrebt, liegen wieder die im Beruf selbst gelegenen Ziele näher. Seine Weltanschauung fußt auf humanistischen Idealen, die in den Menschheitsideen verankert liegen und er strebt nach der Wahrheit, um sie in den Dienst der Erziehung zu stellen. Die Höherentwicklung des Menschengeschlechtes nimmt in seinem Streben eine bevorzugte Stellung ein.

Der angehende *Techniker* ist in seiner geistigen Haltung dem Mediziner verwandt; auch er forscht vor allem den Gesetzen der Natur nach. Sein Ziel ist jedoch nicht, diese biologisch zu verwerten, sondern sie mathematisch-physikalisch zu erfassen und für seine technische Arbeit auszunützen. Die Erkenntnis dient ihm dazu, die Natur dem Menschen zu unterwerfen. Er baut dementsprechend sein Weltbild auf physikalische Grundlagen auf und seine liebsten Schulgegenstände sind die realistischen Fächer.

Der Berufsberater darf an dieser Geisteshaltung nicht achtlos vorbeigehen, wenn er nicht Fehlurteilen unterliegen will. Um nun die verborgenen Triebkräfte, die in diesen Entwicklungsstrukturen wirksam sind, bloßzulegen, genügt natürlich eine Funktionsprüfung in ihrer alten Form, mit Testen allein, nicht. Hier muß der Psychologe zu Forschungsmitteln greifen, die über die Methode der bisherigen Eignungsfeststellung hinausgehen, ohne diese deshalb überflüssig zu machen.

Vielenorts ging man fast gleichzeitig an die Lösung dieser Aufgaben heran. Alle Psychologen, die sich mit Begabungsprüfungen und Berufsberatung an höheren Schülern befassen, sind in der Überzeugung einig, daß neben den objektiven Leistungsbefund der psychologische „Erfassungsbefund", die Feststellung des Verhaltens treten muß. Darum hat in den letzten Jahren die Beobachtungstechnik einen gewaltigen Ausbau erfahren. Über das Ziel, über die Notwendigkeit einer „Tiefenpsychologie" ist man sich also einig, die Wege sind allerdings noch vielfältig und verschieden. Die folgenden Ausführungen sollen nun kurz zeigen, wie die akademische Studien- und Berufsberatungsstelle in Graz diesen Anforderungen, die Berufspersönlichkeit eines Maturanten zu erfassen, entspricht.

Der Gang der Beratung ist folgender: Etwa drei Monate vor Schulschluß wird in den Abschlußklassen ein Vortrag gehalten, der sich mit dem Wert der Berufsberatung und mit der Ausfüllung der Fragebogen befaßt. Dieser Fragebogen, der schon 1920 entworfen und seither mehrfach umgearbeitet wurde, hat folgenden Inhalt:

Die erste Fragengruppe wird vom Schüler zu Hause beantwortet, die andere vom Berufsberater bei der Beratung, bzw. nach der Eignungsprüfung ausgefüllt.

Nach dem einleitenden Vortrag in der Schule werden von Vertretern der wichtigsten akademischen Berufsgruppen Vorträge über die Berufstätigkeit des Arztes, Mittelschullehrers, Juristen, Technikers, der sozial tätigen Frau gehalten und ein Vortrag, der die Berufsaussichten der Maturanten in nichtakademischen Berufen behandelt.

Diese Vorträge finden an drei Vormittagen zu je zwei Stunden statt und sind für alle Maturanten von der Schule aus verpflichtend.

Zur selben Zeit erhalten die Schulleitungen andere Fragebogen, in die die Klassenvorstände ihre Beobachtungen an den Schülern und die Schulärzte ihre Gutachten eintragen. Der Klassenvorstand hat Angaben zu machen über die allgemeine Begabung, Arbeitsweise, Charaktereigenschaften, soziale Einstellung des Schülers, diese möglichst durch konkrete Beispiele zu belegen und sonstige Beobachtungen festzuhalten. Alle Niederschriften, auch die der Schüler werden selbstverständlich streng vertraulich behandelt.

Tiefe Einblicke gewährt die statistische Bearbeitung der Selbstaussagen der Schüler und der Lehrerurteile. Bezüglich der Schüleraussagen sei auf meinen Aufsatz in der „Psychotechnischen Zeitschrift", 8. Jhrg., Heft 6, Dezember 1933, verwiesen. Von den Lehrergutachten sei als Beispiel erwähnt, wie ganz verschieden die Mädchen in Mädchenschulen oder in gemischten Schulen (Knaben und Mädchen in einer Klasse) beurteilt werden. Wegen der Kürze der Zeit kann darauf nicht eingegangen werden.

Rund ein Monat vor Schulschuß werden beide Bogen vom Berufsamt zurückgefordert und einer Vorbehandlung bezüglich der Berufswünsche unterzogen. Es zeigt sich dabei, daß sich die Berufswünsche
wohl der wirtschaftlichen Struktur, den Berufsaussichten anpassen,
doch viel weniger intensiv als dies bei den handwerklichen Berufen
der Fall ist, die stark den Konjunkturschwankungen unterliegen. Die
Berufswahl der Maturanten hängt doch stärker von Persönlichkeits-
faktoren ab als die Berufswahl eines 14jährigen Hauptschülers, weil
die Persönlichkeit des Maturanten schon stärker ausgeprägt ist.

Den Abschluß bildet dann die Einzelberatung und die psychotechnische Eignungsfeststellung, die für Maturanten grundsätzlich in
einer Einzelprüfung besteht. Auf Gruppen-Vorprüfungen in der
Schule haben wir bisher verzichtet. Es lassen sich bei ihnen doch
die störenden Einflüsse weniger ausschalten.

Da es mir in diesem Zusammenhang nicht darum zu tun ist, unsere
Eignungsprüfungen zu besprechen, sondern den Wert und die Methode der Persönlichkeitserforschung, gehe ich auf unsere Eignungsprüfung selbst nicht ein. Erwähnt muß nur werden, daß sich neben
dem objektiven Leistungsbefund aus den meisten Proben auch arbeits-
charakterliche Feststellungen machen lassen. Dies gilt vor allem von
den zeichnerischen, manuellen, den Sortier- und Ordnungsproben,
kurz von jenen Aufgaben, die spontanes oder schöpferisches Verhalten fordern. Über die Technik der Beobachtung sind schon beachtens-
werte Arbeiten erschienen, ich erwähne nur *Gieses* „Psychologische
Beobachtungstechnik bei Arbeitsproben" und die Arbeit von Betty
Katzenstein in der Z. ang. Psl.

Ich will hier noch auf einen Fragebogen eingehen, den wir von
Prof. *Rupp* in Berlin übernommen haben. *Rupp* hat in Zusammenarbeit mit Dr. *Wienert* mehrere Fragebogen, die die Fach- und Berufsneigung, Verhaltensweisen und Charaktereigenschaften erforschen sollen, aufgestellt. Ich gehe hier auf den Bogen näher ein, der
die Berufsneigungen enthält. Als Berufe sind z. B. angegeben: Volksschullehrer, Richter, Polizeioffizier, Betriebsingenieur, Maler, Bild-
hauer, Journalist, Farmer, Tierarzt usw. usw. Der Schüler soll nun
angeben, ob er jeden der angegebenen Berufe sehr gern, gern, ungern, auf keinen Fall ergreifen würde, oder ob er ihm gleichgültig
ist. *Rupp* verwendet nun diesen Bogen, um mit ihm die allgemeine
Neigungslage, ob der „Schüler z. B. mehr geistes- oder naturwissenschaftlich eingestellt ist, ob er gebundene Berufe, Büroarbeit usw.
ablehnt, ob er künstlerisch interessiert ist, ob er sich an den Journa-
listen-, Diplomaten-, Politikerberuf wagt", zu untersuchen. Ich habe
mir nun anschließend an die Ausfüllung dieses Bogens eine Aus-
sprachmethode zurechtgelegt, die nicht nur Einblick in die allgemeine
Neigungslage gewährt, sondern geradezu im psychoanalytischen Verfahren die, dem Prüfling meist selbst unbekannten, Triebfedern seines Berufs-Entschlusses aufdeckt und Fehler des Bogens ausglei-
chen soll. An einem Beispiel sei dieser Vorgang kurz illustriert.

V. H. ist Maturant des Realgymnasiums, 18 Jahre alt und Sohn eines höheren Verwaltungsbeamten. Er bezeichnet sich selbst als unbeständig, temperamentvoll, manchmal übertrieben ausdauernd, starrköpfig, ironisch; er arbeite meist schnell, in einem Zug, weiß viel Begebenheiten, merkt alles, was um ihn her vorgeht, ist in Sport und Spiel der Voranstürmende; er wünscht einen Beruf mit freier Stellung, nimmt dabei gerne das damit verbundene Risiko auf sich, hält sich für vielseitig begabt, dabei aber mehr oberflächlich als gründlich. Er schreibt: „Meine Tätigkeit soll möglichst viel Abwechslung bringen, da ich für ein genau geregeltes, bürokratisches Leben keine Eignung zu haben glaube." Er hat starke künstlerische Begabung, zeichnet und malt sehr gerne und mit Erfolg. Seine liebsten Lehrgegenstände waren Zeichnen, Darstellende Geometrie, Deutsch und Geschichte. — Seiner Körperkonstitution nach ist er Astheniker.

Er will Professor der Kunst- und Kulturgeschichte werden, doch spricht eine erschwerte Anstellungsmöglichkeit gegen die Wahl dieser Laufbahn, weshalb er zunächst Architektur studieren wird, um so seinen künstlerischen Neigungen am nächsten tätig zu sein. Dadurch verschafft er sich die gewünschte unabhängige Stellung und hat doch die Hoffnung, die erstrebte Hochschulprofessur zu erreichen.

Das Lehrergutachten und das Ergebnis der psychotechnischen Eignungsprüfung stimmen mit seiner Selbstbeurteilung sehr gut überein. Der Klassenvorstand schildert ihn als sehr gut begabten, aber ungleichmäßigen Arbeiter, einen ehrlichen, offenen Charakter, der in der Klassengemeinschaft gerne führt, sich aber auch dem Gesamtwillen unterordnet. Er könnte leicht Vorzugsschüler sein, bemüht sich darum aber nicht.

Die Eignungsprüfung zeigt ihn als sehr gut begabt in sprachlich-logischem und abstrakt-begrifflichem Denken, mit rascher Auffassungsgabe und raschem Arbeitstempo, guter distributiver Aufmerksamkeit, aber etwas geringer Ausdauer. Raum- und Formensinn sind ebenso gut wie die zeichnerische Wiedergabe. Die feineren Handfunktionen sind gut, bei den gröberen stört etwas seine nervöshastige Arbeitsweise.

Aus dem oberwähnten Berufsfragebogen von *Rupp* entnehmen wir nun folgendes: Er würde sehr gerne Ingenieur im Konstruktionsbüro, Hochschullehrer, Maler-Bildhauer, Architekt, Journalist, Leiter einer größeren Fabrik werden. Unter keinen Umständen will er Beamter bei Bahn, Post oder Polizei, Volksschullehrer, Lehrer bei Anbrüchigen oder Schwererziehbaren, Arzt der allgemeinen Heilkunde oder eines Spezialgebietes, Priester oder selbständig tätiger Handwerker werden.

Diese Fragebogenausfüllung sagt uns auf den ersten Blick nichts neues, sondern zeigt seine künstlerischen Neigungen, seine Vorliebe für einen möglichst unabhängigen Beruf, auch wenn er mit einem Risiko verbunden ist, seine Abneigung gegen eintönige, gleichbleibende Berufstätigkeit. Auffällig ist seine entschiedene Ablehnung aller medizinischen Berufszweige.

Wertvoll wird nun dieser Fragebogen durch die anschließende Aussprache, die folgendes interessante Ergebnis zeitigt: Lehrer will er nicht werden, weil die Kinder noch zu klein und zu blöde sind; „ich brauche Opposition, und das ist bei Volksschülern noch nicht der Fall", sagt er. Wir lernen hiemit einen Grundzug seines Wesens kennen, der über die allgemeine Abneigung gegen einen eintönigen Beruf viel tiefer blicken läßt. Ähnlich ist es, wenn er ablehnt, Priester zu werden, weil er nicht so „salbungsvoll" ist; und wenn er nicht selbständig tätiger Handwerker sein will, mit der Begründung: „weil ich zu ehrgeizig bin". Wir lernen ihn also aus diesen Begründungen als eine von rastlosem Ehrgeiz beseelte Kampfnatur, einen Heißsporn kennen. Dies stimmt mit der Tatsache überein, daß seine Matura aus disziplinären Gründen um ein halbes Jahr verschoben wurde.

Ich ging dann seiner Abneigung gegen den ärztlichen Beruf nach. Darüber kann er lange keine aufschlußreichen Antworten geben, er bleibt in nichtssagenden Motivierungen stecken. „Ich habe gar kein Interesse dafür: ich bin zu gleichgültig, es wäre mir Wurst, ob der Patient stirbt oder lebt"; „man muß dort sitzen und dem Kranken allerhand vormachen, von dem man weiß, daß es sowieso nicht wahr ist"; „ich habe eine Abneigung gegen die Kranken, die ich nicht spezialisieren kann".

Außer der ihm eigenen Ironie, die in diesen Antworten liegt, zeigt der Schüler eine nicht näher zu beschreibende Abneigung gegen Kranke. Nun ist die Tatsache interessant, daß er auf Wunsch des Prüfleiters menschliche Gestalten in den verschiedensten Situationen und Variationen, bei Spiel und Sport zeichnete und dabei auf die Stellung der Gliedmaßen, auf die Bewegungen großen Wert legt. In dieser liebevollen Hingabe an den lebenden, sich bewegenden Menschen einerseits und in der tiefgehenden Abneigung gegen den Kranken, Siechen, äußert sich seine künstlerische Eigenart vielleicht am klarsten. Der gesunde, tätige Mensch ist seinem unruhigen, lebhaften Wesen ebenso adäquat, wie ihm der kranke, sterbende Mensch zum Abscheu ist. So sehen wir, daß sein Berufswunsch, Künstler zu werden, nicht einer momentanen Laune, oder einer spielerischen Betätigung seiner Begabung, noch einer Beeinflussung von außen entspringt, sondern seinem innersten Wesen, seiner Gesamtveranlagung.

Ich glaube an diesem kurz skizzierten Einzelfall gezeigt zu haben, daß dieser und jeder Fragebogen tiefenpsychologisch nur dann wertvoll wird, wenn eine eingehende Aussprache die unbewußten Triebfedern des Wollens aufdeckt. Der Fragebogen hat aber auch nur dann Wert, wenn er durch eine eingehende Eignungsprüfung ergänzt wird. Ebenso ist es nötig, daß verschiedene Beobachter verschiedene Fragebogen, die sich auf die gleiche Person beziehen, ausfüllen. Nur die Zusammenfassung all dieser Äußerungen gibt dann ein stichhältig Bild von der Persönlichkeit des Ratsuchenden.

452

ZUR PSYCHOLOGIE UND PSYCHOTECHNIK DES ÄRZTEBERUFES.

TRUDA NEWEKLUFOVÁ (Prag).

Zum Punkte 1 meiner Vorredner (Frage der Übervölkerung d. akademischen Berufe) möchte ich hervorheben, daß mir nicht das bloße statistische Moment der zu großen Ärzteanzahl vor allem wichtig erscheint; sondern es ist für jeden Denkenden evident, daß der Ärztestand sich heute in einer schweren Krise befindet, die sich rein mathematisch weder erklären noch lösen läßt, — weswegen ihr auch mit den Mitteln einer geläufigen psychotechnischen Auslese, nach Art etwa des Chauffeurberufes, in keiner Weise beizukommen ist. Bevor wir daher von einem etwas anderen Standpunkt als die Herren Referenten unser Thema der Berufsauslese der Ärzte beginnen, ist es nötig, auf das Problem dieser inneren Krise des Standes etwas näher einzugehen.

„Es gibt zu viele Ärzte". D. h. es gibt unter den Ärzten „Arbeitslose", solche, die eine fix besoldete Stelle nicht haben und denen aus irgendwelchen Gründen die Möglichkeit fehlt, sich in der Privatpraxis durchzusetzen, dort ihren Lebensunterhalt zu erwerben. Das stimmt auf den ersten Blick. Hingegen stimmt auch, daß es einerseits Ärzte gibt, die ihrer Privatpraxis überhaupt nicht genügen können und jedenfalls sehr viel mehr als ihren Lebensunterhalt daran verdienen — auf die Frage der Kumulierung von fix besoldeten Stellen erübrigt sich hier einzugehen, da mir diese rel. klar und wenigstens theoretisch leicht zu lösen scheint — und es gibt andererseits neben einer Überzahl von Ärzten z. B. in Prag, sogar auf einem so begrenzten Terrain wie der ČSR, große Gebiete, wo ein effektiver Ärztemangel herrscht. Also zwei Widersprüche gegen die These „es gibt zu viele Ärzte", und es wird daher das Ziel der Eignungsprüfung nicht nur und nicht so sehr eine Beschränkung der Ärztezahl als eine Hebung ihres Niveaus sein müssen. Es wäre nun wieder nicht besonders schwer, eine psychotechnische Analyse des erfolgreichen und des erfolglosen Privatarztes durchzuführen und ich bin überzeugt, daß dies in kleinem Kreise häufig genug geschieht. Eine andere Frage ist, ob die Resultate, zu denen wir auf diese Weise gelangen, sich dann mit unserer Idee eines guten und eines schlechten Arztes decken werden. In vielen und sogar extremen Fällen wird dies sicher der Fall sein; in vielen anderen ebenso sicher nicht. Denn der Zulauf des Publikums ist kein eindeutiges Kriterium für die Fähigkeiten eines Arztes, weil der Laie in keiner Weise in der Lage ist, sich über das medizinische Können und Wissen des Arztes eine eigene begründete Meinung zu bilden, was schon daraus hervorgeht, daß dasselbe Vertrauen, das in dem einem Falle ein wirklich guter Arzt genießt, in dem anderen Falle bedenkenlos einem Schwindler, Kurpfuscher etc. entgegengebracht wird; ja es liegt überhaupt im Zug unserer

Zeit u. ist eines der alarmierendsten Symptome für die Tatsache einer Krise des ärztlichen Standes und der ärztlichen Wissenschaft, daß das Vertrauen des Publikums langsam vom akademischen Arzt abwandert und sich dem Nichtakademiker, dem Nichtarzt als Arzt zuwendet; und zwar ist dies in typischer Weise auch beim intellektuellen Publikum der Fall. Wir kommen also in Gefahr, bei der Berufsanalyse des heute erfolgreichsten, als des Idealarztes, auf die akademische Bildung, auf sein theoretisches Können überhaupt, keinen Wert mehr legen zu müssen — womit dieser Versuch, der Lösung unseres Problemes näher zu kommen, ad absurdum geführt erscheint; denn auch bei einer weniger intellektualistischen Ansicht, wie wir sie zum Unterschied gegen unsere Vorredner vertreten, bildet theoretisches Wissen und praktische, hochschulmäßige Schulung, bildet vor allem eine starke Intelligenz allerwesentlichste Faktoren des „guten" Arztes.

Immerhin sehen wird bereits soviel, daß das brennendste Problem der kritischen Situation nicht das rein äußerliche einer bloßen Überfüllung ist, — die vielleicht überhaupt nur scheinbar besteht, — sondern daß es viel tiefer liegt. Ein Symptom dessen haben wir erwähnt: das wachsende Mißtrauen des Laien zum akademischen Arzt und ein Abwandern zum Kurpfuscher, ja sogar das Kopieren von kurpfuscherischen Methoden durch den Arzt. — Uns scheint einer der wesentlichen Gründe dafür der zu sein, daß heute der Arzt, ähnlich wie der Priester jeder Konfession, in die kapitalistische Wirtschaftsordnung eingebaut ist wie auch der Vertreter jedes anderen freien oder Intelligenzberufes und daß der Laie deutlich das Gefühl, oft auch den Beweis hat, daß für den ausübenden Arzt — und Priester — sein Beruf eine Branche, ein Mittel zum Zweck des Broterwerbs ist wie für den Kaufmann oder den Agenten. Nun hat aber für jeden, insbesondere natürlich für den kranken Menschen seine leibliche und geistige Gesundheit — vielleicht deshalb die Identität von Arzt und Priester auf dem Weg über den Psychiater — einen anderen psychischen Ort als seine Branche und als sein Broterwerb und der Patient fühlt sich durch dieses, ihn peinlich berührende Mißverhältnis persönlich getroffen, und dies um so mehr, je deutlicher diese Zweiteilung in Erscheinung tritt. Es ist dies ein Punkt, auf den wir noch zurückkommen werden und auf den wir bei einer geplanten Berufsauslese ein großes Gewicht werden legen müssen.

Als ein weiterer Punkt erscheint wichtig, was jeder denkende Arzt täglich erlebt: daß sowohl unserer medizinischen Erkenntnis als auch unserer ärztlichen, helfenden Tätigkeit sehr enge Grenzen gezogen sind. Wir sind oft aus Gründen mangelnden Wissens und Könnens gehandicapt und müssen uns sagen, daß der erste Meister unseres jeweiligen Faches es ebenso wäre, — in d. Psychiatrie z. B., — noch öfter sind wir es aus sozialen Gründen: im Falle der Tuberkulose, des Diabetes und anderer innersekretorischen Ausfälle, Ernährungsschäden der Kinder usw. in's ungemessene; besonders als Arzt von Arbeitslosen. Hier deckt sich ärztliche Krise mit Weltkrise überhaupt und es ist weiter nichts dazu zu sagen. Aber vielleicht können wir mit diesem Standpunkt bei der neu zu bauenden Berufsauslese etwas anfangen.

Bei den bisherigen Ausführungen dürfte bereits klar geworden sein, daß außer den Punkten, die die Herren Referenten ausgeführt haben, eine Auslese nach dem Charakter in allerweitestem Sinne von eminenter Wichtigkeit für eine ärztliche Eignungsprüfung ist. Wenn wir den Stand in seinem Niveau heben wollen und nur das kann unser Zweck sein, dann können wir dies nicht vom Standpunkt der Intelligenz allein. Ist dies schon in anderen Berufen nicht möglich, z. B. so überraschend das klingt, auch bei Chauffeuren nicht, — wir werden sofort einen beweisenden Fall anführen, — dann am allerwenigsten beim Arzt, dessen berufliche Tätigkeit mit seiner ganzen Persönlichkeit auf's engste verknüpft ist.

Der zu erwähnende Fall ist folgender: Dr. Mayerhofer hatte öfters mit einem Herrenfahrer zu tun, der eine auffallende Unfallshäufung aufwies. Trotzdem waren seine psychotechnischen Ergebnisse stets erstklassig. Das Rätsel löste sich erst, als Dr. M. eine kurze Strecke durch die Stadt mit Vp. fuhr und ihn dabei *beobachtete*. Einmal schob Vp. auf dieser kurzen Strecke mit den Hinterrädern ein Stück Papier beiseite, einmal fuhr er in schnellem Tempo auf eine alte Frau los und bremste erst ganz scharf vor ihr ab: die Lösung des Rätsels lag in einer *Charakter*eigenschaft des Fahrers, — Hypomanie mit einer sadistischen Note, — die sich der exakten Messung entzog und erst einer Beobachtung zugänglich wurde. (Persönliche Mitteilung). Uns scheint dieser Fall typisch zu sein für eine Einstellung, die sich nach M. dahin formulieren ließe, daß das Schwergewicht in der Psychotechnik von der Technik etwas zur Psyche verschoben werden müßte. Nun läßt sich die Psyche nicht immer exakt messen und wir müssen, neben der Messung, die Beobachtung in einem größeren Ausmaß in die Disziplin einführen, besonders wenn wir an Probleme wie die Hebung des ärztlichen Niveaus herangehen wollen. Auch bez. der Chauffeure hat M. bereits in dieser Weise gearbeitet: „Fahrtüchtigkeit und Neurose" und dabei den für uns wichtigen Punkt klargelegt, daß eine psychiatrische Untersuchung — neben der psychotechnischen — auch für andere Berufe wichtig ist; wir können wohl sagen, für jeden Beruf.

Wenn wir jetzt glauben, das Allgemeine unseres Themas ausgeführt zu haben, wollen wir einige spezielle Punkte besprechen und versuchen, dabei zwei Gefahren auszuweichen: 1. parteimäßig zu werden, 2. uns zu sehr auf eine bestimmte Facharzt- oder Arzttype überhaupt festzulegen, wobei wir jedoch berücksichtigen werden, daß gewisse Berufsbedingungen des Arztes in einzelnen Fächern besonders deutlich zu studieren sind. Immerhin glauben wir folgendes vertreten zu können: Der Arzt hat eine eminente soziale Sendung. Dieser sozialen Aufgabe, die wir noch genauer ausführen wollen, — obwohl sie bereits angedeutet ist, — muß er gerecht werden können, und nach dieser ist seine Berufseignungsprüfung auf- und auszubauen. *Der Arzt hat über die Gesundheit seiner Mitmenschen zu wachen und sie im Krankheitsfalle wieder herzustellen zu versuchen:* daraus folgt, daß ihm diese — körperliche und seelische — Gesundheit des Nebenmenschen einen Wert an sich bedeuten und, wegen der engen Verquikkung von Gesundheit und Wohlergehen, das Wohl des Mitmenschen überhaupt als solches am Herzen liegen muß, zunächst ohne Rücksicht auf den persönlichen Nutzen, den er im Einzelfalle oder überhaupt daraus zieht. Wir werden also als erste Bedingung für den Charakter des künftigen Arztes die stellen, daß er altruistisch, sozial, — nicht egoistisch und berechnend, auf eigenen Nutzen bedacht sei.

An diesem Punkt erweist sich deutlich, was wir bereits erwähnten: es wird nicht leicht sein, einen Test zu finden oder zu konstruieren, mit dem eindeutig eine so komplizierte Charaktereigenschaft wie die Sozialität geprüft und gemessen werden könnte, und es wird aussichtsreicher sein, die Vp., außer dem von M.-K. angegeben Test zu beobachten oder sich dahingehende Beobachtungen über sie zu verschaffen: Schülerbeschreibungsbogen, vielleicht auch Berichte von Mitschülern etc. Es ist mir zwar nicht bekannt, ob in den Schülerbeschreibungsbogen, die jetzt hie und da verlangt werden, über die Sozialität und Kameradschaftlichkeit des betreffenden Schülers, überhaupt über seinen Charakter — außer ev. Schwierigkeiten — berichtet wird; aber es ist mir bekannt, daß in dem heute allerhäufigsten Typus der Mittelschule, aus der sich die Hochschüler ja rekrutieren, meist auf die Beobachtung und Pflege dieser Seite der Persönlichkeit weniger Wert gelegt wird als auf die intellektuelle, obwohl auch diese letztere zu erziehen und durch „Erziehung" zu verderben möglich ist. Wir müssen also auch im Rahmen unseres Themas die Forderung nach einer Reform der Mittelschule streifen, aber weniger nach der Seite des Lehrplanes als nach der der Charakterbildung, wobei ich die freie Mittelschule von Prof. Metzner in Leitmeritz und Hammerstein als ein mögliches Beispiel erwähnen möchte.

Aber selbstverständlich ist für unsere Zwecke noch wichtiger als die Reform der Mittelschule die der Hochschule, bezw. des Medizinstudiums; diesen Punkt müssen wir allerdings mehr als nur streifen.

Wir werden wiederum die Forderung stellen, daß auf die Charaktererziehung des künftigen Arztes, auf die Erziehung einer sozialen Einstellung jedem, vor allem dem kranken Mitmenschen und seinen Angehörigen gegenüber, ein viel größeres Gewicht gelegt werde als bisher. Wir werden fordern, daß an den Beginn des Medizinstudiums — außer der Theorie der vorbereitenden Fächer und ihrer Praxis — die praktische Ausübung der sanitären Tätigkeit trete, erste Hilfe bei Unfällen, Rettung Ertrinkender usw., ja ein richtiger Wärterdienst. So sieben auch die Jesuiten durch einen besonders harten Dienst im Anfang ihre Mitglieder und noch mehr die buddhistischen Priester;

dadurch fällt das ungeeignete ab und was bleibt, ist nicht nur das beste Material, sondern es ist auch bereits durch eine gute Schule gegangen. — Wir fordern für den weiteren Verlauf des Medizinstudiums außerdem einen engeren Arbeitskontakt zwischen Lehrer und Schüler und eine Verbreiterung des Lehrkörpers zu diesem, nur zu diesem Zwecke, damit die leere Farce der Prüfungen endlich ihrer grotesken Tragikomik entkleidet wird. In einer halbwegs modernen Mittelschule weiß der Lehrer auch ohne Prüfung jeden Schüler richtig einzuschätzen; ich glaube nicht, daß allen Hochschulprofessoren diese Fähigkeit abgeht. Aber es kann nicht ein Mensch Hunderte Schüler eines Jahrganges kennen, denen er bloß vorliest und mit denen er nie zusammengearbeitet hat. Die Erfolge sind danach. Man sehe sich Kandidaten bei klinischen Rigorosen an, rechne die auch bloß mißbräuchliche — Prüfungspsychose ab, und man wird immer noch entsetzt sein über die mangelhafte Ausbildung der beinahe fertigen Ärzte, vor allem aber auch über ihre „menschliche" Einstellung zum Kranken, was man hier bloß unter Anführungszeichen sagen kann. Zur Frage der Mittel- und Hochschulreform gelangten wir von der Forderung nach einer starken sozialen Einstellung der Ärzte, die wir anders als durch Erziehung und Beobachtung nicht glaubten, lösen zu können. Es gibt aber noch eine weitere Reihe von Forderungen, die wir an einen guten Arzt in unserem Sinne stellen müssen, die sich auf dem Wege der Testprüfung nur zum Teil und nur unvollkommen werden lösen lassen.

Hieher gehört z. B. das Vermögen der Einfühlung. Wir sagten bereits oben, daß der kranke Mensch eine andere als rein sachliche Einstellung des Arztes zu seiner Krankheit verlangt, der ähnlich, die er selbst hat, nämlich eine magische. So wie die Krankheit ihn, aus dem Unbekannten kommend, überfallen hat, soll der Priester, Arzt — wir begegnen hier wieder dieser Identität — sie bannen. Wir glauben nicht zu irren, wenn wir annehmen, daß der Arzt, der diesem magischen Bedürfnis mehr entgegenzukommen vermag, der hierin die bessere Einfühlung hat, ceteris paribus, auch der bessere sein wird und zwar deswegen, weil das größere Vertrauen zum Arzt einen starken Heilfaktor bedeutet. Das geht so weit, daß wegen dieses Punktes des blinden Vertrauens zuweilen der mittelmäßige Arzt, ja der Kurpfuscher die besseren Erfolge erzielt. Siehe Zeileis... Wir müssen also versuchen, diese Fähigkeit, die sich schwer in ihrer Gänze durch ein Wort umschreiben läßt, in die Berufseignungsprüfung für Ärzte höheren Niveaus hereinzunehmen und werden gerade damit vielleicht der Tendenz des Abwanderns zum Kurpfuscher und zur Wunderquelle wirksam entgegenarbeiten. Ich möchte einen Test vorschlagen, der mir geeignet erscheint, eine Komponente dieser Fähigkeit bei einem Prüfling klarzustellen: Das Vorlegen von photographischen Porträts, aus denen die Persönlichkeit des Photographierten zu konstruieren ist. Es ist leichter als es scheint, u. vor allem, es gibt in dieser Fähigkeit sehr große individuelle Unterschiede, die nicht schlechter zu messen, möglich ist, als bei irgendwelchen anderen Tests. Allerdings muß der künftige Arzt auch noch die Fähigkeit haben, sich über die bloße Einfühlung hinaus das Vertrauen des Kranken zu erwerben, und vor allem: es müssen die für den Arzt besonders wichtigen Fähigkeiten während des medizinischen Studiums auch geübt werden, ebenso wie alle anderen auch; es können leichter schwache Anlagen jeder Art durch einen richtig reformierten Studiengang gefördert werden als daß man erwarten kann, die besten Anlagen nach einem Studium, wie es heute möglich ist, nach dessen Abschluß zur Ausübung fertig ausgebildet vorzufinden. Der Arzt steht heute bei uns am letzten Tage des Studiums vor dem ersten Tag seiner Ausbildung und nur das an manchen Orten geforderte Praktikantenjahr gibt dafür einen mageren Ersatz; mager deshalb, weil es wiederum zu sehr intelektualistisch aufgefaßt wird. Wiederum kommt die Charakterausbildung dabei zu kurz, die sich allerdings auch nicht in ein Jahr von sechs zusammenpressen läßt, ebenso wie das letzte Studienjahr nicht das gegebene ist, um eine Auslese in welcher Richtung immer zu treffen. Diese muß am Anfang des Studiums und nicht an dessen Ende stehen.

Wir können die Frage der Berufsauslese nicht behandeln, ohne dabei das Problem der für diesen Beruf bevorzugten Typen wenigstens zu streifen. Vielleicht wird es leichter sein einer Antwort näherzukommen, wenn wir erst einmal die nicht oder wenig geeigneten Typen ausschließen. Zu diesen scheinen uns alle rein Schizoiden zu gehören und zwar deshalb, weil uns zur ärztlichen Praxis eine gewisse Lebensnähe und realistisches Denken wichtigt erscheint. Wir würden also einem mehr pyknischen, hypomanischen Typus den Vorzug geben, wobei wir aber wieder einige Untertypen als weniger, bzw. nicht geeignet ausschließen möchten: so den zirkulären, bzw. manisch-depressiven, weiter den neurasthenisch-reizbaren, den logorrhoischen Typus; selbstverständlich den Hochstapler und Pseudologen, aber auch den Salonlöwen wie nat. den Salondebilen; auch der ständige Plänemacher kommt weniger in Frage — aber ebenso der unsensitive Polterer und Grobian; andererseits soll ein Arzt auch kein kaltes Phlegma sein. — Wir sehen, daß wir beim Feststellen des Typus überall an die Grenze des Psychopathologischen gelangen und müssen daher die Forderung nach einer gründlichen psychiatrischen Untersuchung des Abiturientenmaterials erheben. Bei dieser Untersuchung ist die Konstitution zu bestimmen und sind aber auch Komplexe im Sinne eines Minderwertigkeitsgefühles oder einer pathologischen Fixierung auszuschließen — wir wissen, daß die soziale Persönlichkeit in diesen Fällen defekt entwickelt ist — und ist das Fehlen jeglicher Psychose auch leichten Grades und aller ev. Manifestationen krimineller oder perverser Triebe festzustellen, ebenso aller Süchtigkeiten oder der Neigung zu solchen: Alkohol, vor allem Morphinismus und Kokain. Wir wissen, wie deletär ein solcher Defekt bei Ärzten sich auswirkt; aber es ist uns bisher nie eingefallen, solche Persönlichkeiten vom Ärzteberuf fernzuhalten.

Ich möchte, da von der Eignungsprüfung für einen der höchstqualifizierten Berufe die Rede ist, eine mögliche Hilfe erwähnen, die es dem darin Geübten erleichtert, ein plastisches Bild der Persönlichkeit mit ihren Trieben und Neigungen zu bekommen. Und zwar meine ich nicht die Graphologie, über deren Möglichkeiten ich kein Urteil habe, sondern die Motorik: Das Bewegungsgesamte einer Person ist in seiner Geschlossenheit oder Zerrissenheit, der Weite oder gedrückten Enge der Exkursionen, dem eilenden oder schleppenden Tempo und in einer Anzahl anderer Belange ein transponiertes Abbild des Psychischen. Die exakte Phänomenologie dieses neuen, auch für die Psychotechnik äußerst wichtigen Faches steht noch aus; aber bei der nötigen Intuition, Übung und Vorsicht kann sie auch heute schon angewendet werden. So kennen wir die flüssige, runde, reiche und rasche Motorik des Hypomanikers mit großen Exkursionen der Arme und Beine, die immer ausgeglichen bleibt; wir wissen, daß eine Motorik, die alle diese Charaktere in besonderem Maße enthält, auf den Hochstapler hinweist. Und wir kennen das Gegenteil: das langsame, gehemmte, ärmliche Bewegungsbild des Depressiven mit kleinen und gehemmten Exkursionen, die einem Minderwertigkeitsgefühl entsprechen; weiter das Bizarre der Bewegungen des Schizoiden, das labile Gleichgewicht des „gleichgewichtsgestörten Psychopathen" und was für uns wesentlich ist: fast alle diese Bewegungscharaktere sind prinzipiell meßbar: sowohl die Größe der Exkursionen als auch natürlich das Tempo, die Gleichartigkeit oder Störung im Rhythmus, die Energie, mit der jede Bewegung geführt wird und der Widerstand gegen Störungen des Gleichgewichts (unter Absehen vom Eigengewicht). Diese Stichprobe genüge zur Andeutung der zahlreichen, diagnostisch verwertbaren Möglichkeiten der Motorik.

Wir kommen damit zum letzten und praktisch wichtigsten Punkt unserer Arbeit: Wie sind die Eignungsprüfungen durchzuführen?

Auch wir vertreten die Meinung, daß es vorzuziehen ist, wenn die Abiturienten sich freiwillig dieser etwas unheimlichen Prozedur unterziehen, da sonst ihr inneres Widerstreben das Resultat deutlich beeinflussen kann. Doch würden wir vorschlagen, diese Freiwilligkeit durch Prämien zu unterstützen, indem z. B. eine Klassifizierung A bei der psychotechn. Prüfung eine Befreiung vom Kollegiengeld für das I. Semester bedeuten könnte — ebenso wie die Auszeichnung bei der Matura — nur, wie es uns scheint, mit etwas mehr Recht — oder ähnliches. Im Verlaufe dieser Prüfung müßte der Beobachtung der Vp. unter möglichst freien Bedingungen ein weites Feld eingeräumt werden; wir stellen uns zwanglose Unterhaltung, Gesellschafts- und Geländespiele vor, immer in kleineren, leicht übersehbaren Gruppen, wobei wir über die Persönlichkeit, den Charakter und den Typus des Prüflings sehr viel erfahren können: seine Art, Gespräche zu führen, — s. Hauptreferat K.-M. — seine Sozialität im Sinne der Einordnung in eine Gruppe, seine Kameradschaftlichkeit, weiter, ob und wie weit er ein Übergewicht, etwas Führendes gegenüber den Genossen hat,

— s. Hauptreferat — und seine Motorik. In diesen freien Teil der Prüfung könnte auch das psychiatrische Examen eingeschoben werden.

Über das soziale Empfinden des künftigen Arztes werden wir uns teils auf die Weise informieren, wie es M.-K. angeben; als weitere Hilfe werden wir die Beschreibungsbogen heranziehen, von denen wir weiter oben sprachen, und die Berichte von Mitschülern übereinander; junge Menschen pflegen ein reineres Gefühl für soziales Empfinden zu haben als ältere, berufstätige. Dabei fällt, nach Biegeleisen, eine Charakteristik des Schildernden selbst als erwünschter Nebeneffekt ab. Für die Prüfung der Einfühlungsfähigkeit schlage ich bereits oben folgenden Test vor: Bei einer Reihe von Photographien von der Vp. unbekannten Personen sollen bei Dauerdarbietung eine Reihe von Charaktereigenschaften des Dargestellten angegeben werden. Bei einigen Vorversuchen konnten wir feststellen, daß das 1. weitgehend möglich ist und 2. bei verschieden Vp. deutlich variiert; es läßt sich ziemlich leicht eine nach Punkten auswertbare Versuchsanordnung herstellen.

Offen bleibt allerdings auch für uns die Frage, wie weit wir präformierte Anlagen oder Fähigkeiten von Abiturienten verlangen müssen und wie weit wir erwarten können, daß sich manifest noch nicht Vorhandenes im Verlaufe eines — reformierten — Studiums noch entwickeln kann; wir zweifeln, daß sich diese Frage auf einem Nebengeleise entscheiden läßt und glauben, daß dazu besondere, längere Arbeiten und Beobachtungen notwendig sind.

Wohl mit am schwierigsten psychotechnisch zu erfassen scheint uns die Frage des Egoismus, der Geldgier etc., trotz des schönen Testes von M.-K. Aber wir glauben, daß der Kranke erst dann aufhören wird, ein Opfer des Arztes zu sein, und der Arzt aufhören wird, gleichzeitig Opfer und Nutznießer einer verfallenden Gesellschaftsordnung, wenn die ganze Frage der Bezahlung des Arztes durch den Kranken in einer Form geregelt sein wird, wie wir sie heute nur andeuten können: es müßte gleichzeitig ein Ausweg aus dem möglichen Mißbrauch der Privatpraxis und dem heute herrschenden System der Verkassung — und der Kumulierung der Kassen — gefunden werden, ein Abbau der Überzahl der Ärzte an einem Ort und Abhilfe des Mangels an einem anderen, so daß der Trugschluß von der Überproduktion an Ärzten behoben würde — kurz eine vernünftig geregelte Planwirtschaft der Ärzte unter Berechnung des Bedarfes, Auswahl durch unsere Methoden der Eignungsprüfung, Studienreform und Verteilung nach Spezialfach und Bedarf: eine vom Staate organisierte Armee der Medizin für den Kampf gegen Krankheit, Unterdrückung und Krieg, für Gesundheit und Frieden.

ÜBER DIE BERUFSBERATUNG VON ABITURIENTEN IN DEUTSCHLAND.

HANS RUPP (Berlin).

Die Berufsberatung von Abiturienten ist für die Volkswirtschaft von größter Bedeutung. Sie soll diejenigen, die das Bildungsziel der „Höheren Schule" erreichen und im allgemeinen für mittlere und höhere Aufgaben berufen sind, nunmehr auf den richtigen Weg führen. Besonders soll sie entscheiden helfen, wer den Weg des akademischen Studiums beschreiten und welches Studium er ergreifen soll.

Für die Psychotechnik (= praktische Psychologie) erhebt sich die Grundfrage, ob sie Verfahren angeben oder nach und nach entwickeln kann, die eine zuverlässige Entscheidung ermöglichen. Wir waren anfangs skeptisch und gingen nur zögernd zu Werke. Es zeigte sich aber während der Arbeit, daß sich bei ernstem Bemühen leichter Wege finden lassen, als wir anfangs zu hoffen gewagt hatten. Wir glauben heute bereits über eine Reihe brauchbarer Methoden der Eignungsprüfung und Beratung zu verfügen.

Das darf freilich nicht so verstanden werden, als ob wir unsere Aufgabe schon für gelöst hielten. Wir können nur sagen, daß wir fürs erste über brauchbare Methoden verfügen und daß diese Methoden einen wesentlichen Fortschritt gegenüber den bisherigen praktischen Maßnahmen bedeuten. Die Forschung muß aber in den nächsten Jahren noch intensiv weiterarbeiten. Denn es bestehen einerseits noch viele Lücken, und wir müssen andererseits die bestehenden Verfahren noch viel klarer wissenschaftlich unterbauen, damit sie sicherer angewandt werden können.

Die Aufgabe dieses und des folgenden Referates (Dr. Wienert) ist es, den augenblicklichen Stand der Abiturientenberatung in Deutschland zu schildern. Trotz verschiedener Verfahren im einzelnen dürften die grundsätzliche Stellungnahme und die grundsätzlichen Wege an allen maßgebenden Stellen die gleichen sein.

Einige Unterscheidungen.

Es seien einige Unterscheidungen vorangestellt und die praktischen Folgerungen, die mit ihnen zusammenhängen, geschildert.

Man kann unterscheiden zwischen *allgemeiner* Berufsberatung von Abiturienten und zwischen *akademischer Berufsberatung*. Die erstere will alle Abiturienten beraten und daher alle Berufe berücksichtigen, die ein Abiturient ergreifen kann, auch oder gerade auch die nicht akademischen. Die letztere will vor allem entscheiden helfen, wer akademisches Studium ergreifen soll und wer nicht, und für diejenigen, welche für das akademische Studium geeignet erscheinen, entscheiden helfen, welches Fach und welchen späteren Beruf sie am besten wählen. Die erstere Aufgabe kommt hauptsächlich den allgemeinen Berufsämtern (Arbeitsämtern), die letztere den Akademischen Berufsämtern an den Hochschulen zu. (Über die Organisation vergl. das folgende Referat.)

Die gesamte Beratung enthält drei Teilaufgaben: Die *Eignungs-feststellung,* die *Berufsberatung* und die *Vermittlung* einer Arbeits-oder Ausbildungsstelle. Die letztere kommt allerdings bei akademi-scher Berufsberatung zur Zeit nicht in Frage. Grundsätzlich könnte sie nach Vollendung des Studiums in Wirksamkeit treten. Berufs-eignungsfeststellung fassen wir dabei im weitesten Sinne auf: zu ihr gehören nicht nur eigene Aufgaben oder „Prüfungen", sondern auch die Ausfüllung von Fragebogen, das Verfassen von Lebensbeschrei-bungen, die Beurteilung der Persönlichkeit durch den Berater auf Grund von Beobachtungen, Besprechungen und sonstigen Erkundi-gungen usw., Eignungsfeststellung, Berufsberatung und Vermittlung, soweit sie durchgeführt wird, müssen aufs engste Hand in Hand arbeiten. Sie greifen ineinander über und müssen sich gegenseitig beeinflussen. Sie brauchen nicht in der angegebenen Folge ausgeführt zu werden. Das Ideal ist, daß derselbe Berater alle drei Aufgaben durchführt, weil so alles am besten aufeinander bezogen wird.

Eine weitere Unterscheidung ist die in *Einzel-* und *Klassenaufnah-men.* Eine gewissenhafte Durchführung der ganzen Aufgabe erfor-dert viel Zeit. Andererseits stehen in der Regel nur wenig Kräfte und wenig Zeit zur Verfügung. Wenn daher die Güte der Durchführung nicht ernstlich leiden soll, so muß mit Kraft und Zeit auf das äußer-ste gespart werden. Dadurch ergibt sich die Notwendigkeit, dort, wo es angeht, d. h. wo die Zuverlässigkeit nicht leidet, die Schüler zusam-menzuziehen und Aufnahmen mit der ganzen Klasse zugleich durch-zuführen. Man darf nicht allgemein für oder gegen die Klassenauf-nahme sprechen, sondern muß die Entscheidung auf den einzelnen Fall beziehen: Manche Prüfungen oder Besprechungen können ohne Schaden mit der ganzen Klasse gemeinsam durchgeführt werden; unter Umständen kann sogar die Klassenbesprechung fruchtbarer sein als die Einzelbesprechung (z. B. zur Auflockerung des Fragen-komplexes). In vielen anderen Fällen wiederum ist die Klassenauf-nahme dürftig und darum wertlos, z B. weil sie nur die Endleistung und nicht die genauere Art des Arbeitens zeigt, oder weil sie allen Schülern dieselbe Aufgabe stellt, statt zu individualisieren. Grund-sätzlich wird in Deutschland wohl von allen maßgebenden Psycholo-gen und Beratern der Standpunkt vertreten, daß Klassenaufnahmen allein nie ausreichen, sondern daß sich das zusammenfassende und entscheidende Gutachten stets auf die Beobachtungen und auf das individualisierende Gespräch in der Einzelbesprechung stützen muß. Endlich sei folgende Unterscheidung besprochen: Entweder kommt der Berater zur *Schule* und spricht — wenigstens zunächst — zur ganzen Klasse; oder der einzelne Schüler kommt zur *Beratungsstelle* und holt sich dort Rat. Im letzteren Falle kommt der Schüler selbst als Suchender und Fordernder. Er hegt bereits ein gewisses Ver-trauen, sonst würde er nicht kommen. Im ersteren Falle kommt ein

Fremder, der Berater, an die Schüler heran. Er ist der Fordernde, er will etwas von den Schülern. Die Schüler, namentlich die ganze Klasse stellen sich in diesem Falle vielfach passiv, abwartend, reserviert ein. Der Berater hat nun die Aufgabe, diesen Widerstand zu überwinden, zu erreichen, daß die Schüler aus sich heraustreten und ihm vertrauend entgegenkommen. Diese Aufgabe darf nicht unterschätzt werden; sie gelingt erfahrungsgemäß keineswegs jedem Berater.

Die Eignungsfeststellung allein könnte allenfalls von einem Psychologen oder von einem psychologisch geschulten Lehrer (Schulpsychologen) ausgeführt werden. Die Beratung und besonders die Vermittlung dagegen setzt eine besondere Schulung voraus: Der Berater muß über die mannigfaltigen Berufe, ihre eigenartigen Anforderungen und Ausbildungswege unterrichtet sein und muß vor allem im Sinne der vom Staate verfolgten volkspolitischen und volkswirtschaftlichen Gesichtspunkte wirken. Denn die Berufswahl hat nicht nur den individuellen Begabungen und Wünschen des einzelnen zu genügen, sondern muß auch den großen biologischen, sittlichen und wirtschaftlichen Anforderungen des Staates und Volkes entsprechen.

Die Bewährung der Verfahren.

Die psychotechnische Wissenschaft ist, wie schon erwähnt, ihren eigenen Methoden von Anfang an kritisch gegenüber gestanden. Daher hat sie mit Nachdruck *Bewährungsuntersuchungen* (Erfolgskontrollen) gefordert. Wir kennen eine Reihe solcher Bewährungsverfahren. Gerade die beweiskräftigeren unter ihnen sind aber für unseren Fall der höheren Berufe umständlich und zeitraubend, so daß sie z. Zt. noch nicht oder sehr beschränkt durchgeführt sind.

Man kann zwei Gruppen von solchen Verfahren unterscheiden: Das subjektive oder intuitive und das objektive. Bei dem ersteren bildet man sich subjektiv einen Eindruck einerseits vom Wesen und den psychologischen Anforderungen der Berufe, andererseits von der individuellen Eigenart des Abiturienten und hält dann beide Eindrücke gegeneinander, um sich zu entscheiden, welcher Beruf für den einzelnen Abiturienten am besten paßt. Als besser werden dann die Eignungsfeststellungsverfahren angesehen, die die Unterschiede zwischen den Abiturienten klarer und überzeugender hervortreten lassen, oder die Verfahren, deren Unterschiede für verschiedene Berufe charakteristischer erscheinen. Eine gewisse Sicherung bedeutet es, wenn die subjektiven Urteile von einem zweiten Berater bestätigt werden, oder wenn die Urteile über die Eigenart des Abiturienten, die durch verschiedene Aufgaben oder durch verschiedene Beobachtungen gewonnen sind, übereinstimmen. Auch die Bestätigung durch Lehrer der Schule ist erwünscht. Bei der objektiven Bewährungsuntersuchung begnügt man sich damit nicht, sondern verfolgt die Geprüften mehr oder weniger eingehend in ihrer Berufstätigkeit selbst, um festzustellen, ob die Diagnose der Prüfung sich im Beruf bewahrheitet oder nicht. Oder — ein schnellerer Weg — man wendet die Eignungsfeststellungsverfahren an bereits gut oder mangelhaft bewährten Berufsangehörigen an (vorgeschrittene Studenten; Studenten, die eben das Examen gut oder schlecht bestanden haben; ältere Berufsangehörige), um wieder zu sehen, ob ihre Berufstüchtigkeit mit dem Ergebnis der Eignungsfeststellung übereinstimmt. Hierbei kann man das ganze Eignungsfeststellungsverfahren oder einzelne Aufgaben oder Symptome (z. B. Schulzeugnisse, Ausfüllung von Fragebogen) der Untersuchung zu Grunde legen.

Diese objektiven Verfahren sind, wie erwähnt, meist umständlich und zeitraubend und sind daher bis jetzt nur vereinzelt angewendet worden. Es wird die Aufgabe der nächsten Jahre sein, diese Lücken aufzufüllen. Vorläufig müssen wir uns hauptsächlich auf die zuerst genannten subjektiven Erfahrungen stützen. Auch die folgenden Ausführungen haben im wesentlichen diese subjektive Grundlage.

Befragungen (Erhebungen).

Die einzelnen Verfahren zur Eignungsfeststellung kann man in zwei Gruppen trennen: In Befragungen (Erhebungen) und in Aufgaben (Prüfungen). Für die Aufgaben oder Prüfungen ist charakteristisch, daß sie *Leistungen* verlangen, die gut oder schlecht gelöst werden können. Bei den Befragungen (in unserem engeren Sinne) fällt dieser Unterschied weg: es sind Mitteilungen über das äußere oder innere Leben, über Züge oder Eigenschaften, die von den Abiturienten selbst oder von anderen, auch vom Berater selbst, abgegeben werden. Man will nicht wissen, ob er die Frage gut oder mangelhaft beantwortet, sondern will den befragten Tatbestand erfahren. Nebenbei kann freilich auch die Güte oder die Art der Antwort interessieren. Wir besprechen zuerst die Befragungen. Ich habe verschiedene Verfahren gesammelt, sie durch eigene ergänzt, habe sie ausprobiert und nach meinem Eindruck gesiebt oder verbessert. Ich gebe die wesentlichen Verfahren an, die sich mir dabei ergeben haben.[1])

a) Fragebogen über Fach- oder Tätigkeitsneigungen und über Berufsneigungen. Der Fragebogen enthält mehr als 20 verschiedene Fächer und Tätigkeiten und mehr als 50 verschiedene Berufe. Bei jedem soll durch ein kurzes Zeichen (// / 0 — =) angegeben werden, ob der Schüler ihn „sehr gern", „gern" in seinem späteren Leben ausführen würde, ob er ihm „gleichgültig" gegenüber steht, oder endlich, ob er ihn „ungern" oder „unter gar keinen Umständen" wählen würde. Abbildung 1 gibt einen Ausschnitt des Bogens mit den Ausfüllungen zweier Abiturienten M. und N.

Was ist der psychologische Sinn eines solchen Fragebogens? Wir sind weit entfernt zu glauben, daß wir schon ein endgültiges Urteil

---

[1]) Man vergleiche dazu meinen Aufsatz „Zur Berufsberatung für Abiturienten", Psychologische Zeitschrift, 8. Jahrgang, Heft Nr. 1, 2 und 3.

über die innerste Berufsneigung vor uns hätten. Wohl aber erfahren wir — und das ist uns sehr wertvoll — wie der Schüler auf die verschiedenartigsten Berufe reagiert.

Dabei ist wichtig, daß er schnell und spontan urteilt und nicht lange grübelt; wir wollen sein unbefangenes, mehr instinktives Urteil hören, das eben darum mehr triebartig verankert sein wird.

Wir stellen ihn in Gedanken vor die verschiedenartigsten Berufe. Wir wollen nicht nur seine Neigungen erfahren, sondern wir legen ebensoviel Wert auf kräftige Ablehnung. Wir wollen möglichst das ganze Gebiet von Berufstätigkeiten abstreifen, um uns so einen Überblick über seine gesamten Neigungen und Abneigungen zu verschaffen. Diese Vielseitigkeit hat noch den anderen Vorteil, daß der Schüler zu manchen Berufen Stellung nimmt, an die er vielleicht bisher überhaupt noch nicht gedacht hat. Der Fragebogen soll also anregen und seine Gedanken und Pläne auflockern.

Natürlich kommen auch unbekannte Berufe vor. Das gibt Anlaß zu Fragen und zu lehrreichen Diskussionen in der Klasse. Sie sollen aufklären und wiederum auflockernd wirken.

Der zunächst in der Klasse ausgefüllte Fragebogen gibt später in der Einzelbesprechung sehr gute Anknüpfungspunkte für ein genaues Eingehen auf die Neigungen. Der Schüler hat sich inzwischen vielerlei Gedanken gemacht, man kann seine Stellungnahme auf ihre Festigkeit prüfen, man kann falsche Vorstellungen über Berufe (z. B. über den vielfach leidenschaftlich abgelehnten Lehrerberuf) berichtigen, manche Widersprüche oder manche überraschende Stellungnahme aufklären usw. Auf diese Weise führt der Fragebogen zu einem ziemlich klaren Bild über Neigungen und Abneigungen des Ratsuchenden.

b) Eigenschaftsbogen. Auf diesem Bogen soll sich der Schüler hinsichtlich einer Zahl berufswichtiger Eigenschaften (20—30) selbst einschätzen. Es hat sich gut bewährt, die Eigenschaften als Gegensatzpaare zu geben und die Stellungnahme durch einen Strich innerhalb einer Skala zum Ausdruck zu bringen. *Abbildung 2* gibt einen kleinen Ausschnitt aus einem solchen Bogen mit den Ausfüllungen zweier Abiturienten M. und N.

STUDIENFÄCHER.			BERUFE.		
	M	*N*		*M*	*N*
1. Deutsche Sprache und Literatur	//	?	1. Volksschullehrer	=	/
2. Fremde Sprachen . .	//	//	2. Studienrat	=	/
3. Geschichte, Geographie	/	//	3. Lehrer für Blinde, Taubstumme, Krüppel, Sprachgestörte	—	—
4. Biologie, Botanik, Zoologie		?	4. Erzieher bei Schwachsinnigen, schwer erziehbaren Kindern	—	—
5. Physik	—	—			
6. Chemie	—	O			

	M	N
7. Mathematik	—	/
8. Philosophie	//	=
9. Astronomie	—	=
10. Archäologie (Altertumskunde)	=	/
11. Nationalökonomie	/	/
12. Jura (Rechtswissenschaft)	//	=
13. Medizin	—	—
14. Technische Wissenschaften	=	?
15. Landwirtschaft	=	/
16. Forstwissenschaft	=	/
17. Handelswissenschaft	O	=
18. Theologie	=	

	M	N
5. Sozialbeamter (Jugendfürsorge, Wohlfahrtspflege, Gefängnisfürsorge)	—	—
6. Rechtsanwalt	//	—
7. Richter, Staatsanwalt	=	—
8. Mittlerer Verwaltungsbeamter (bei Bahn, Post, Magistrat)	=	//
9. Höherer Verwaltungsbeamter (bei Bahn, Post, Magistrat)	=	//
10. Polizeibeamter (Kriminalkommissar)	=	?
11. Polizeioffizier	=	/
12. Offizier a) Reichswehr	=	?
b) Reichsmarine	=	?
13. Schiffskapitän (Handelsmarine)	=	?

Abbildung 1.

1. Gesellig — einsam . . . .
2. Unbedingt sich durchsetzend, herrisch — nachgebend . . . .
3. Optimistisch — pessimistisch . . . . . .
4. Handwerklich geschickt — ungeschickt . .
5. Erregbar, heftig — gleichmütig, ruhig . .
6. Empfindlich — „dickes Fell" . . . . . .
7. Barsch — freundlich . . . .
8. Grübelnd, kritisch — einfach hinnehmend, unkompliziert . . . .
9. Pedantisch genau — mehr großzügig . .
10. Diplomatisch, schlau — offen, gerade . .
11. Schlagfertig, gewandt — langsam, überlegend . . . .
12. Gesprächig — schweigsam . . . . . .

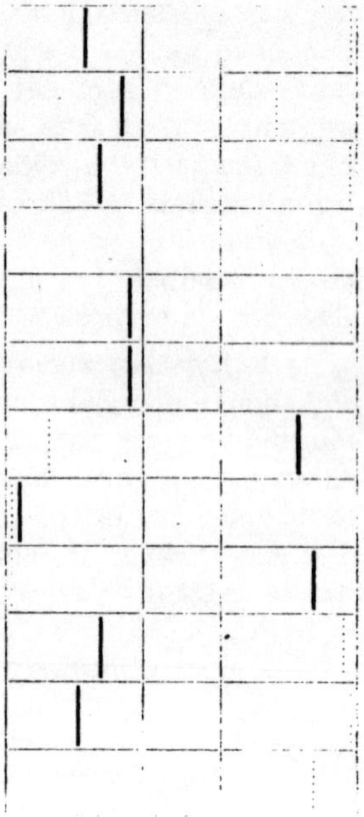

Abbildung 2.

Auch diese Ausfüllungen sollen schnell und spontan durchgeführt werden. Bei Unsicherheit hinsichtlich einer Eigenschaft kann die Ausfüllung fortbleiben. Bei der Erläuterung wird darauf hingewiesen,

466

daß jeder z. B. manchmal lieber in Gesellschaft, manchmal lieber für sich allein ist; daß man aber doch in der Regel sagen kann, ob er im allgemeinen oder im Vergleich zu den Klassenkameraden mehr zur Geselligkeit oder zur Einsamkeit neigt.

Der Sinn dieses Fragebogens ist ein ähnlicher wie der des vorigen. Er zeigt in erster Linie und mit Sicherheit an, wie sich der Schüler selbst einschätzt. Das ist uns von hohem Wert. Es ist z. B. charakteristisch, wenn der eine Schüler vorwiegend extreme Urteile abgibt, der andere sich fast immer in der Mitte hält; oder wenn der eine sich sehr günstig beurteilt, der andere objektiv oder gar rücksichtslos auch ungünstige Urteile fällt. Vor allem ist natürlich charakteristisch, ob er sich bei einer Eigenschaft auf die eine oder auf die andere Seite einsetzt.

Wir möchten aber darüber hinaus wissen, welche Eigenschaften ihm wirklich, objektiv gesehen zukommen, wie weit also das subjektive Urteil richtig ist. Zu dem Zweck haben wir zunächst den Fragebogen nach längerer Zeit (bei der Einzelbesprechung) ein zweites Mal ausfüllen lassen. Obwohl die Schüler immer wieder versicherten, daß sie von der ersten Ausfüllung keine Ahnung mehr hätten, stimmten die Urteile doch ziemlich gut überein. Das zeigt, daß die Selbsteinschätzung keineswegs etwa willkürlich hin und hergerissen wird, sondern eine ziemliche Festigkeit besitzt.

Wir haben ferner das Eigenurteil mit dem Urteil der Klassenkame-

M   N

1. Gesellig - einsam   [nachgebend
2. Unbedingt sich durchsetzend, herrisch -
3. Optimistisch - pessimistisch
4. Handwerklich geschickt - ungeschickt
5. Erregbar, heftig - gleichmütig, ruhig
6. Empfindlich - „dickes Fell"
7. Barsch — freundlich   [unkompliziert
8. Grübelnd, kritisch - einfach hinnehmend,
9. Pedantisch genau - mehr großzügig
10. Diplomatisch, schlau - offen, gerade
11. Schlagfertig, gewandt - langsam, über-
12. Gesprächig — schweigsam   [legend
13. Ordentlich - unordentlich
14. Viel - wenig praktischen Sinn
15. Kampfnatur - nachgiebig
16. Draufgänger - vorsichtig überlegend
17. Leichtathletik - Schwerathletik
18. Sparsam - Geld leicht ausgebend
19. Freigebig - in Gelddingen zurückhal-
20. Leichter Sinn - schwernehmend   [tend

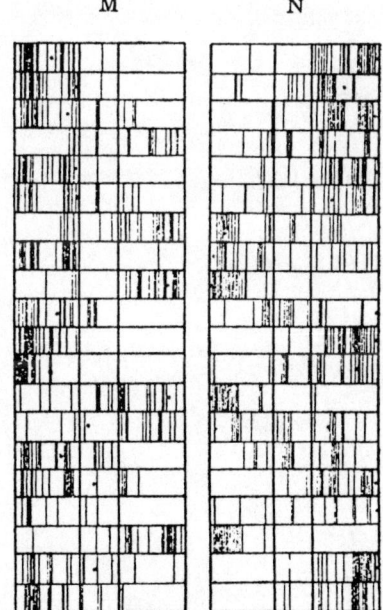

Abbildung 3.

raden verglichen. Wir ließen in mehreren Klassen jeden Schüler über jeden der Klassenkameraden urteilen. *Abbildung 3* bringt ein Beispiel einer solchen Aufnahme für die zwei Schüler M. und N. Die Eigenurteile sind durch Punkte gekennzeichnet. Man erkennt, daß die Urteile der Kameraden zwar gelegentlich stark abweichen, daß sie sich aber doch in einer bestimmten Zone häufen, und daß der Zentralwert der Klassenurteile, der durch ein Kreuz gekennzeichnet ist, mit dem Eigenurteil in der Regel ziemlich gut übereinstimmt. Das weist darauf hin, daß das Eigenurteil in der Regel ziemlich das Richtige trifft; denn, wenn die ganze Klasse in ähnlicher Weise urteilt wie der Schüler selbst, so kann dies doch nur darauf beruhen, daß die Eigenschaft in der betreffenden Ausprägung dem Schüler wirklich zukommt.

Andererseits ergeben sich doch auch allgemeine Abweichungen vom Eigenurteil, die die ganze Gruppe der Kameraden aufweist. *Abbildung 4* zeigt für eine größere Zahl von Eigenschaften den Durchschnitt der Eigenurteile (Kreuz), und das durchschnittliche Urteil aller Schü-

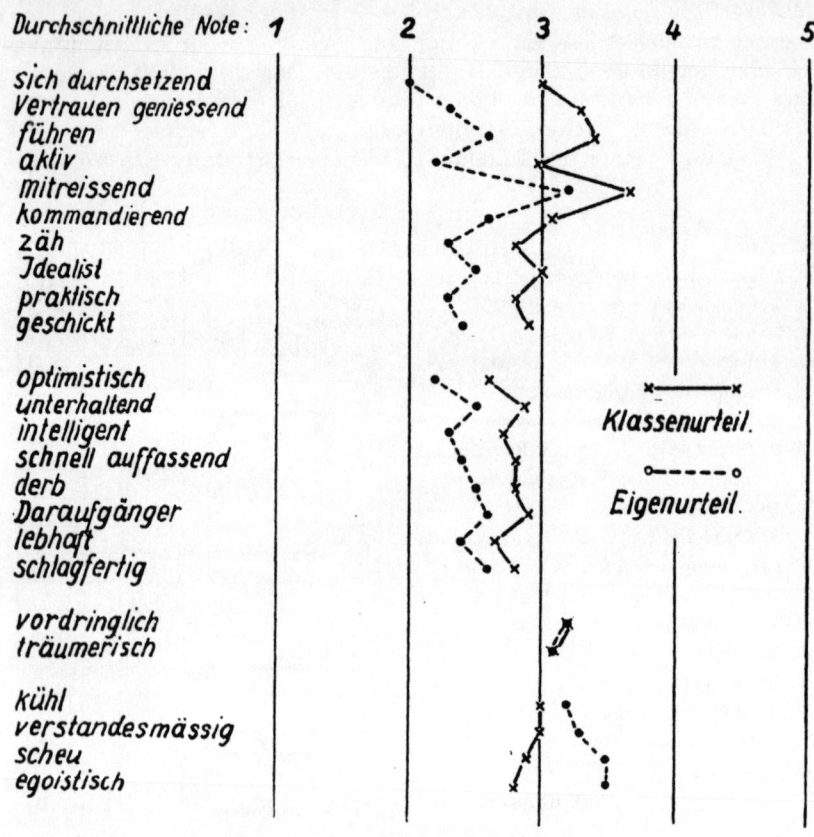

Abbildung 4.

ler über alle Kameraden (voller Kreis). Man sieht, daß die Eigenurteile fast bei allen Eigenschaften günstiger lauten als die Klassenurteile. Namentlich gilt dies für die mittlere Gruppe der Eigenschaften, die auf Geltung unter Kameraden und anderen Menschen gehen. Hier möchte offenbar jeder möglichst gut abscheiden; Schwächen will er sich nicht eingestehen. Diese allgemeine Tendenz des Eigenurteiles müssen wir also, wenn wir die wirklichen Eigenschaften feststellen wollen, berücksichtigen.

Wir haben endlich unsere eigenen Urteile (1 Psychologe, 1 Berufsberater) und die Urteile einiger Lehrer mit dem Selbsturteil der Schüler verglichen. Hier kamen im einzelnen wieder große Abweichungen vor, ähnlich wie bei den Kameradenurteilen; ja die Lehrerurteile wichen vom Eigenurteil und von einander noch mehr ab. Das hängt wohl damit zusammen, daß die Speziallehrer die Schüler vielfach nur in einem engen Lebensbereich kennenlernen. Würde man, ähnlich wie bei der ganzen Klasse, 20—30 derartige Urteile zusammennehmen und den Mittelwert bilden, so würde sich wahrscheinlich ein ziemlich richtiger Wert ergeben.

Diese Erfahrungen mahnen zur Vorsicht. Es ergeben sich einige grundsätzliche, auch theoretisch wichtige Feststellungen. Das Eigenurteil ist zunächst eben nur ein Eigenurteil und darf nicht ohne weiteres als objektiv richtig angesehen werden. Wir haben gesehen, daß sich die Beurteilung bei manchen Eigenschaften eigenliebig verschiebt; wir haben erwähnt, daß der eine zu extremen, der andere zu mittleren, der eine zu optimistischen, der andere zu pessimistischen Urteilen neigt usw. Das Eigenurteil kann also mit den wirklichen Eigenschaften nur angenähert stimmen.

Es gibt aber noch andere Ursachen für Abweichungen: Die augenblickliche Lebenslage kann z. B. zur Einsamkeit oder zum Pessimismus drängen; oder jemand ist in gewissem Milieu einsam und zurückhaltend, in anderem Milieu ist er gesellig und geht aus sich heraus: Mann kann nun darüber verschiedener Ansicht sein, ob er „im allgemeinen" als mehr gesellig oder mehr einsam anzusehen ist. Oder einer ist wohl im Grunde optimistisch, d. h. seine Natur drängt nach heiterer Lebensauffassung; bittere Erfahrungen haben ihn aber pessimistisch gemacht. Man kann nun wieder verschiedener Ansicht sein, ob er als optimistisch oder als pessimistisch zu bezeichnen ist. Und Ähnliches mehr.

Dazu kommt, daß die Eigenurteile voneinander abhängen. Dasselbe Urteil, z. B. „nachgebend", kann für einen, der sich für einen „Optimist" erklärt, anderes bedeuten als für einen „Pessimisten". Alle die genannten Unsicherheiten sind geringer, wenn wir in der Einzelbesprechung alle Beobachtungen und Angaben über den Schüler vereinigen und gegeneinander halten. Der Eigenschaftsbogen allein läßt vielfach unbefriedigt. Man ist unsicher, wenn man aus dem Bogen ein Gesamtbild des Schülers entwerfen will. Nur in extremen Fällen, oder wenn verschiedene Angaben sich sehr gut stützen, ist ein klares Urteil möglich. Der Bogen liefert also wohl wertvolle Beiträge, aber noch kein abschließendes Gesamturteil und die einzelnen Urteile dürfen noch nicht als zuverlässige Eigenschaftsfeststellungen gelten. Wir kommen darauf am Schluß zurück.

c) Fragebogen über Lebensverhältnisse, Beschäftigungen usw. Er verlangt Angaben über den äußeren Lebensgang, über die Familie, über Krankheiten, Reisen, über Beschäftigungen außerhalb der Schule, besonders Lieblingsbeschäftigungen usw.

d) Aufsätze über die eigene Entwicklung und über Zukunftspläne. Hier soll sich der Schüler über seine eigene Entwicklung und über die Faktoren, die sie beeinflußt haben, Rechenschaft ablegen und andererseits den Blick in die Zukunft wenden. Diese Aufsätze haben sich sehr gut bewährt und geben wichtige Aufschlüsse. Vielfach gewinnt man schon aus ihnen allein ein lebendiges Bild von der Persönlichkeit.

Voraussetzung ist freilich, daß der Aufsatz offen und von innen heraus geschrieben ist. Man muß bereits soviel Kontakt gewonnen und soviel Vertrauen erworben haben, daß die Schüler sich ehrlich äußern wollen und ungehemmt aus sich heraustreten. Es ist gut, mit der Schilderung der äußeren Verhältnisse zu beginnen; die inneren werden dann leichter eingefügt oder können wenigstens „zwischen den Zeilen" gelesen werden. Die Aufsätze werden zu Hause geschrieben und sind freiwillig; es ist keiner genötigt, den Aufsatz zu schreiben. Es hängt von den Verhältnissen in der Schule ab, ob der Aufsatz Lehrern bekanntgegeben oder nur für den Berater geschrieben wird. Selbstverständlich ist er vom Berater als Amtsgeheimnis zu behandeln.

e) Neben diesen Erhebungen, die durch den Berater selbst vorgenommen werden, ist es notwendig, die Urteile der Lehrer und die Urteile der Führer der Jugendverbände, in denen sich die Schüler befinden, zu hören. Die letzteren bilden eine notwendige Ergänzung. Denn diese Führer lernen die jungen Leute in ganz anderen Lebenslagen, als sie die Schule bietet, kennen und können daher wertvolle Aufschlüsse namentlich in charakterologischer Hinsicht geben.

Aufgaben.

Die Befragungen, die eben geschildert wurden, ergeben bereits ein ziemlich gutes Bild; insbesondere sind sie für das Gesamtbild, das wir für den Schüler entwerfen wollen, fast unerläßlich. Aber dieses Bild ist doch noch lückenhaft. Wir machen immer wieder die Beobachtung, daß man sich über die Leistungsfähigkeit in bestimmten Richtungen, etwa über Intelligenz, über technisches Verständnis, über künstlerische Begabung, über Geschicklichkeit usw. vielfach noch ganz im Unklaren ist. Es sind daher für diese speziellen Begabungen eigene Aufgaben oder Leistungsprüfungen erforderlich. Diese Aufgaben geben außerdem durch die besondere Art ihrer Lösung über manche der schon oben erwähnten Züge wertvolle Aufschlüsse. Mußte man diese Züge dort aus dem Selbsturteil, aus dem persönlichen Eindruck usw. erkennen, so werden sie hier aus dem akuten Verhalten bei einer Arbeit festgestellt; man ertappt das Individuum sozusagen auf frischer Tat.

Die Psychotechnik hat viele Aufgaben für Eignungsprüfungen entwickelt. Ein großer Teil ist allerdings für Abiturienten nicht geeignet, weil sie zu leicht sind oder sich auf Begabungen beziehen, die hier nicht interessieren. Umgekehrt sind gerade die höheren, uns interessierenden großen Praxisaufgaben (z. B. Organisation, Verwaltung, gerichtliche Entscheidungen, ärztliche Diagnosen usw.) bisher wenig in kurzen Prüfungsaufgaben (Proben) gewissermaßen eingefangen worden. Es ist anzunehmen, daß die weitere Entwicklung viele neue Aufgaben bringen wird.

Nicht immer sind diese Proben als Klassenaufgaben durchführbar. Einige erfordern apparative Hilfsmittel, oder sind nur mündlich durchzuführen, oder verlangen genaue Beobachtung während der Arbeit, oder verlangen Einwirkung auf andere Personen (pädagogische Proben, Führerproben).

Wir beschränken uns darauf, einige wenige Proben zu besprechen, die uns grundsätzlich Beachtenswertes zu bieten scheinen.

a) Als Intelligenzaufgabe verwenden wir u. a. die *Definition*. Wir geben 6—8 wohl ausgewählte Begriffe, die in der üblichen Weise so definiert werden sollen, daß die Definitionen nur auf den genannten Begriff passen. Wir haben die Lösungen zunächst so ausgewertet, daß wir die Leistung quantitativ bestimmt haben. Man kann bei jedem Begriff einigermaßen sicher feststellen, welche Merkmale zu seiner Definition nötig sind, kann auch zwischen leichter und schwerer auffindbaren Merkmalen unterscheiden und bei richtiger Lösung dementsprechend ein oder zwei Punkte geben. Werden mehrere Begriffe vorgegeben, so erhält man eine genügend differenzierende Leistungszahl, die man weiter in Noten umwerten kann.

Allein diese Leistungszahl befriedigt nicht. Wenn man die Lösungen aufmerksam durchsieht, gewinnt man den Eindruck, daß manche Lösungen mit gleichen Noten doch verschiedenwertig sind. Gleichzeitig springen andere Unterschiede als die in Punkten gemessene Leistung heraus, die für unseren Zweck gerade wertvoll sind.

Wir geben einige typische Beispiele. Ein Schüler A schreibt kurz, bündig, sagt nur das Nötigste, die Darstellung ist „geschlossen", d. h. jedes Wort fügt sich streng und sicher in den Bau des Ganzen. B schreibt viel, bringt immer wieder neue und richtige Gedanken, korrigiert auch gelegentlich. Seine Leistung ist durch ihren Reichtum und Scharfsinn als besser zu bezeichnen als die von A, es sprudelt mehr in ihm; andererseits ist das Gefüge nicht so geschlossen und zielstrebig. C schreibt kurze Skizzen, schlagwortartig wie A, jedoch zunächst tastend und mangelhaft, dann erst den Nagel auf den Kopf treffend; ferner geht er zwar unbedingt auf das Ganze und Wesentlichste, ist aber vielfach nicht vollständig. D als Gegenstück dazu gebraucht viele Worte, ähnlich wie B, schreibt manches Unwesentliche, auch Falsche, beginnt mit Nebensachen, das Ganze ist vielfach unfertig und keinesfalls geschlossen. Der bloßen Leistungsmessung nach könnten C und D ungefähr die gleiche Punktzahl erhalten. Dennoch macht C bei dieser Aufgabe und auch sonst einen viel klareren und zielbewußteren Eindruck.

In den geschilderten Unterschieden findet man Gegensätze tiefgehender Natur, wie sie von verschiedenen Seiten, besonders klar von der Tübingener Schule (Kroh und Schüler), beobachtet worden sind.[')]

Von erheblichem Einfluß scheinen Übung und Milieu zu sein. In einer Schule in bemittelter Gegend war die logische Form der Definition von allen Schülern getroffen worden, in einer Schule in proletarischer Gegend wurde eine freiere, vielfach unbeholfene Form gewählt, die die Lösungen viel mannigfaltiger und typologisch differenzierter heraustreten ließ.

b) Ähnliche qualitative Unterschiede zeigen sich bei der von uns ausgebildeten Aufgabe, aus einer graphischen *statistischen Darstellung* der deutschen Volkszählung aus dem Jahre 1925 nach Alter, Berufstätigkeit und Familienangehörigkeit möglichst viele Tatsachen und Ursachen herauszulesen. Die Aufgabe kommt der Aufgabe eines höheren Verwaltungsbeamten nahe, der über ein neues, noch nicht geklärtes Gebiet auf Grund vorliegender Erhebungen Zusammenhänge feststellen und so das Gebiet aufklären soll. Auch hier zeigen sich zunächst Leistungsunterschiede, indem der eine viel, der andere wenig, der eine nur das Nächstliegende, der andere auch das Tieferliegende sieht. Allein diese Leistungsmessung genügt nicht; es zeigen sich noch andere typologisch wichtige Unterschiede: Der eine springt herum, sieht bald dieses, bald jenes und schreibt die Lösung auch in dieser Weise nieder. Der andere ordnet, systematisiert. Er beginnt erst zu schreiben, wenn er mit der Ordnung fertig ist. Der eine denkt an sehr Verschiedenartiges, der andere klebt an einzelnen formalen Gesichtspunkten, die er gerade gefunden hat. Der eine hält sich nüchtern an Zahlen, beim anderen sprudelt es von Folgerungen bis in verschiedene Gebiete des praktischen Lebens hinein usw.

Auch hier sind gelegentlich Umwelteinflüsse zu beobachten. Eine Abiturientinnenklasse, die allerdings überhaupt hohes Niveau zeigte und besonders naturwissenschaftlich interessiert war, lieferte durchwegs bessere, klarere und geordnetere Lösungen als sämtliche bisher untersuchten männlichen Klassen. Es könnte damit zusammenhängen, daß die Jungen überhaupt problematischer, stürmischer denken („Sturm- und Drangperiode"), die Mädchen dagegen leichter, schlichter, so daß sie eher über der Sache stehen.

c) Recht gut bewährte sich in der Einzelprüfung die Rangierprobe

---

[')] Vergl. dazu besonders die eben erschienene Schrift von Hartnacke und Wohlfahrt „Geist und Torheit auf Primanerbänken".

nach Auderieth. *Abbildung 5* gibt zwei Beispiele. Jede Figur stellt einen Rangierbahnhof dar mit drei Geleisen. Die zunächst unregelmäßig verstreuten Wagen a, b, usw. sollen von der Lokomotive L so rangiert werden, daß sie, wenn sie zum Schluß nach links abfährt, die Wagen in alphabetischer Folge nach sich zieht. Es werden nach Bedarf mehr oder weniger Beispiele gegeben. Man merkt meist schon nach wenigen Minuten, ob die Aufgabe klar überblickt wird, ob die Wagen in Gedanken gut geordnet, ob die gefundenen Teillösungen gut festgehalten, ob ungünstige Versuche klar abgewiesen werden, vor allem ob energisch und zielstrebig vorgegangen wird, oder ob man sich mehr passiv seinen Einfällen überläßt.

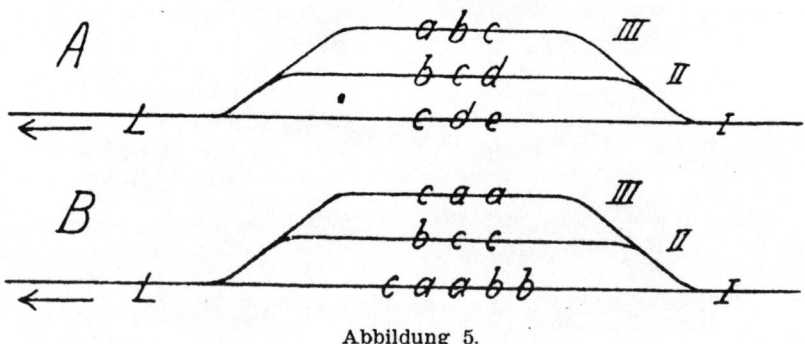

Abbildung 5.

Zeitmessung genügt nicht. Denn der Langsamere kann doch Klarheit zeigen, wenn er auch schwerfällig ist; ebenso kann einer, der alles mögliche probiert, dabei auch gute Gedanken haben und trotz vieler Fehler verhältnismäßig schnell vorankommen.

Die drei Aufgaben a, b, c stimmen zwar in den Leistungen nicht gut überein, zeigen aber gute Übereinstimmung, wenn man sich auf bestimmte Züge (z. B. Zielstrebigkeit, Klarheit) beschränkt.

d) Bei den Mädchen hat sich eine schon früher bei Schneiderinnenprüfungen verwendete Probe recht gut bewährt. Die Abiturientinnen sollten ein *Oval mit buntem Papier schmücken,* indem sie ganz nach freiem Ermessen Stücke von dem Papier mit der Hand abreißen und aufkleben. Bezeichnenderweise hat sich das Schneiden mit der Schere schlecht bewährt. Die bunten Papiere sind auf der Rückseite gummiert und werden nach Befeuchten mit einem Schwämmchen aufgeklebt. Die Aufgabe kann nur in der Einzelprüfung ausgeführt werden, da die Schülerinnen ganz getrennt arbeiten müssen.

Zunächst zeigen sich Unterschiede in der Geschicklichkeit und in der Sauberkeit des Arbeitens. Die eine Lösung ist plump und nachlässig, in der anderen werden selbst dünne Stäbe staunenswert regelmäßig und sauber mit der Hand „gerissen".

Allein viel wichtiger sind andere Züge, die in tiefere Schichten der

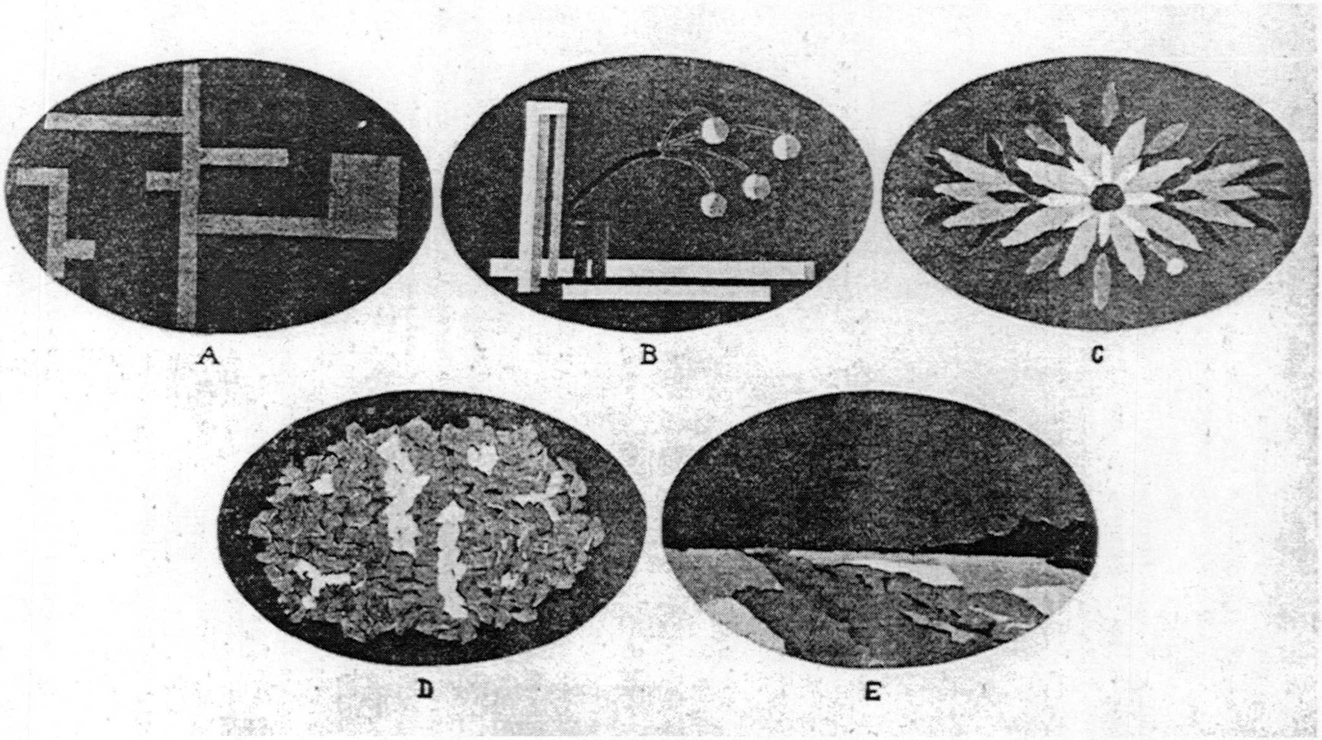

Abbildung 6.

Persönlichkeit hinabreichen. Man vergleiche die Abbildungen 6, A bis E. A liefert nur geradlinige Formen in einer einzigen gedämpften Farbe; die Abiturientin ist ihrem Wesen nach reserviert, will nicht auffallen, ist dabei aber in der Form streng und wohlausgeglichen, distinguiert. B zeigt ausgesprochen frische Farben, ihr Oval mutet fröhlich, lachend an; auch die Formen sind freier, kecker als bei A, dabei aber gut gestaltet. Sie möchte sich dem Kunstgewerbe widmen. C hat ebenfalls frische, starke Farben, den Formen entsprechend wohl abgestimmt. Dabei ist sie aber ausgesprochen regelmäßig und systematisch. Das entspricht auch ihrem klaren, systematischen Denken, wie es aus den früher besprochenen Aufgaben und aus eingehenden Besprechungen zu erkennen war. Schwierig ist D zu erkennen: Blauer Grund mit einigen roten Flecken. Das Ganze ausgeglichen; aber es ist, wie wenn sie feste, an bestimmte Dinge erinnernde, oder gar geometrische Formen unbedingt vermeiden wollte. Das Oval erinnert an manche Perserteppiche. Das Mädchen macht den Eindruck eines mehr instinktmäßigen, gefühlsmäßigen Wesens, im Gegensatz zu verstandesmäßigen oder gar nüchternen Wesen. Dabei ist sie in Intelligenzaufgaben nicht etwa schwach, sondern zeigt mehr natürlichen schlichten Hausverstand. Ein Gegenbeispiel bietet E mit einer klar gegenständlichen, dabei aber gut ausgeglichenen Landschaftsdarstellung (das einzige Beispiel dieser Art, das wir bisher erhalten haben). Im ganzen ergibt also diese Aufgabe sehr klare, individuelle Unterschiede. Das liegt daran, daß sie frei, ungebunden ist; dadurch kann sich das Individuum ganz seiner Eigenart entsprechend äußern. Ferner daran, daß diese Eigenart in dem Produkt klar zum Ausdruck kommt; die Probe gehört zu den „sprechenden".

Wir wollten uns überzeugen, ob die subjektiven Eindrücke, die wir erhalten haben, zuverlässig sind. Eine gewisse Kontrolle ergab sich durch folgende Versuche. Die Ovale wurden einem guten Jugendkenner vorgelegt; ebenso erhielt er die Lichtbilder der einzelnen Abiturientinnen. Er sollte versuchen, beide einander zuzuordnen. Diese Zuordnung ging schlecht. Als ihm jedoch auf der einen Seite die Reihe der Ovale, auf der anderen die von uns gegebenen Beschreibungen der Abiturientinnen, die natürlich jeden Bezug auf die genauere Lösung der Ovalaufgabe streng vermieden, vorgelegt wurden, wurde zu jeder Beschreibung das richtige Oval, fast immer als erstes oder zweites genannt. Die Schülerinnen selbst, die ihre Bilder mit ganz wenigen Ausnahmen gegenseitig nicht kannten, bestimmten oft mit staunenswerter Sicherheit die Urheberin jedes Bildes. Die Bilder mußten also so wesentliche Züge enthalten, daß sich daraus allein schon die Urheber erkennen ließen. Umgekehrt muß dann aber ein guter Psychologe aus dem Bild wesentliche persönliche Züge herauslesen können.

Drei grundsätzliche Schlußbemerkungen.

a) Beim Eigenschaftsbogen wurde die Relativität der einzelnen Eigenschaften hervorgehoben. Das einzelne Urteil kann erst dann richtig gewürdigt werden, wenn man auch eine Reihe anderer Züge kennt, die auf das erste Urteil Einfluß nehmen können. Diese Relativität gilt nicht nur von den Eigenschaften, sondern in höherem oder geringerem Grade von allen Äußerungen oder Urteilen. Allerdings gibt es Unterschiede: relativ selbständige Züge oder Leistungen und solche, die in erheblichem Maße von anderen Zügen abhängig sind.

Infolge dieser Relativität sind einzelne Urteile und Leistungen so häufig unsicher und unbefriedigend. Grundsätzlich sollten alle Einzelzüge aufeinander bezogen werden. Das ist die große Aufgabe und Bedeutung der Zusammenfassung oder „Zusammenschau" am Schluß aller Erhebungen und Aufgaben. Sie erfolgt in der Einzelbesprechung, weil hier die lebendigen, persönlichen Eindrücke als wichtiger Faktor hinzukommen, und weil sich auf dem persönlichen äußeren Eindruck als Grundlage alle anderen Züge, wie Beobachtungen gezeigt haben, leichter aufbauen und organisch zusammenfügen lassen.

Eine abermalige Erweiterung dieser Zusammenschau tritt ein, wenn das Persönlichkeitsbild mit den Berufsverhältnissen zusammengehalten wird, sowohl mit den Anforderungen und Aussichten des einzelnen Berufes, wie auch mit den allgemeinen Forderungen des Staates und des Volksganzen. Auch hier ist eine allseitige Bezugnahme am ehesten durch eine subjektive Zusammenschau gewährleistet.

b) Diese Zusammenschau ist vorläufig im wesentlichen subjektiv und intuitiv. Wir müssen dies offen zugeben.

Der Berater soll daher einen sehr offenen und weiten Blick haben. Er soll feinfühlig sein, so daß jeder Zug leicht in ihm anspricht, und daß sich die Züge leicht in ein einheitliches Ganzes zusammenfügen.

c) Man könnte nun meinen, daß Beratung ebendarum eine Kunst sei, daß jeder Fall ein nie wiederkehrender Individualfall sei, und daß Erfahrung und Wissenschaft eigentlich keinen Fortschritt bringen könnten, weil es in diesen konkreten und lebendigen Einzelfällen keine festen Formen und Gesetze gebe.

Diese Folgerung ist falsch. Sie läßt sich nicht aus der grundsätzlichen allseitigen Bezogenheit jedes Zuges ableiten. Denn diese Bezogenheit ist praktisch keineswegs eine endlos mannigfaltige. Es gibt, wie wir schon betonten, auch ziemlich feste Züge; man möchte sie fast absolut nennen. Andere sind zwar relativ, aber doch nicht endlos bezogen. Erfahrung und Wissenschaft werden nach und nach die Grenzen dieser Bezogenheit erfassen, es werden sich uns immer mehr Gesetzmäßigkeiten ergeben, die allerdings nur unter bestimmten Bedingungen gelten. Die Untersuchungen über Korrelationen, auch Profile verschiedener Berufstypen können als erste Versuche hierher gerechnet werden. Die endgültigen „Strukturen" werden allerdings mannigfaltiger sein.

Wir wagen vorläufig noch nicht, schon festere Strukturen für verschiedene Typen und Berufe anzugeben und uns endgültig auf sie zu stützen. Wir strecken zwar überallhin die Fühler nach möglichen Strukturen und Zusammenhängen aus, hüten uns aber vor verfrühter Festlegung und Erstarrung. Wir müssen uns daher zunächst größtenteils auf Intuitionen stützen. Nach und nach aber werden sich, durch das gemeinsame Bemühen von Erfahrung und Wissenschaft, festere Formen herausbilden.

Diskussionsbemerkung.

W. Eliasberg (Wien).

Die praktische Verwendung von Tests, sowohl in der Konkurrenzauslese, als auch in der Individualberatung, hängt davon ab, daß man die Schwierigkeit des Tests kennt. Nach welchem Maßstab wird die Schwierigkeit des Tests beurteilt? Oder anders ausgedrückt: wie wird er geeicht? Man denkt für gewöhnlich zuerst an objektive Methoden, wobei Fehlerzahl oder Lösungszeit oder Häufigkeit oder Seltenheit einer Leistung im intra- oder interindividuellen Vergleich herangezogen werden. Es läßt sich leicht zeigen, daß diese Methoden unzulänglich sind, weil die Funktionsabläufe, durch welche die Leistung zustandekommt, auf verschiedenen Stufen des Seelischen ganz verschieden sind. Vergl. hierzu Eliasberg (2). Es konnte dargetan werden, daß eine Leistung regelmäßig von einem 2½jährigem Kinde besser durchgeführt wird, als von einem Universitätsprofessor. Die Gründe hierfür konnten gezeigt werden. Weitere Methoden sind die Untersuchung der Leistung und der tragenden Funktionen im ferner stehenden Seelenleben. Orthogenetische Vergleiche, tierpsychologische Vergleiche, völkerpsychologische Vergleiche, pathologische Entwicklungsreihen. Sodann Heranziehung der Methoden der generellen Psychologie unter Berücksichtigung von Faktoren wie Übungswirkung, Förderung oder Hemmung usw. Endlich als abschließende Methode, die der Selbstbeobachtung des reifen Bewußtseins.

Eine Reihe von Kriterien, die sich bei einer solchen unser heutiges Wissen zusammenfassenden Betrachtungsweise ergeben, habe ich zusammengestellt. Vergl. Eliasberg 3, 4.

Schwieriger ist das ichfernere Denken, das nicht symbolische, sondern sachliche Denken, das nicht durch aktuelle Situationen nahe gelegte Denken; das Denken, das aus irgendwelchen Gründen auf Formulierungen verzichten muß. (Sprachstörungen.) Ferner wurde dargetan, daß das Ach'sche Gesetz der speziellen Determination, welches besagt, daß die speziellere Determination rascher und sicherer die Verwirklichung erreicht, weder bewiesen noch plausibel ist. Auf die Kritik von G. E. Müller (5) an diesem Gesetz und die Gegenkritik von Dücker (1) wird hingewiesen.

Es wird an alle sowohl theoretisch wie praktisch interessierten Testforscher die Bitte gerichtet, den Fragen der Schwierigkeit der Tests Aufmerksamkeit zu schenken.

Literatur:

1. *Düker:* Über das Gesetz der speziellen Determination. Untersuchungen zur Psychologie, Philosophie und Pädagogik. Herausgegeben von Narziss Ach, Göttingen, Bd. 4, H. 2.
2. *Eliasberg, W.:* Über die Schwierigkeit und Ausschließlichkeit im Seelischen. Arch. f. d. gesamt. Psychologie. Bd. 74. H. 1—2. 1930.
3. *Derselbe:* Über die Schwierigkeit im geistigen Geschehen und das Ach'sche Gesetz der speziellen Determination. Arch. f. d. ges. Psychologie. Bd. 76. H. 12. 1930.
4. *Derselbe:* Über die Schwierigkeit seelischer Vorgänge und über Ausschlußgesetze im Seelischen. Sonderdruck aus: Bericht über den V. Kongreß für Heilpädagogik. München, 1931. S. 120 ff.
5. *Müller, G. E.:* Zur Analyse der Gedächtnistätigkeit und des Vorstellungsverlaufes, I.
Weitere Literatur in den angeführten Arbeiten von Eliasberg.

ZUR FRAGE DER INTELLIGENZ UND INTELLIGENZ-UNTERSUCHUNG.

FRANZ SCOLA (Prag).

Es ist nicht möglich und nicht beabsichtigt, das Problem der Intelligenz in seinem ganzen Umfang und nach seinen verschiedenen Richtungen hin an dieser Stelle aufzurollen. Vielmehr soll nur eine der Fragen, die bei der praktischen Arbeit im Dienste der Berufsberatung immer wieder auftritt, in mehr allgemeiner Weise besprochen werden.

Ich denke vorerst nur an die sogenannte theoretische Intelligenz. Dort unterscheide ich zwischen der Aufgabe der Intelligenz*messung* und der Intelligenz*untersuchung* und glaube, daß diese Unterscheidung bei allen unseren Diskussionen über Intelligenztests berücksichtigt werden muß. Bei der Messung handelt es sich um die *quantitative* Bestimmung zumeist der *Gesamtintelligenz,* während die Untersuchung auf deren *qualitative Besonderheiten* gerichtet ist. Beide Fragen mögen in der Praxis nicht scharf geschieden werden können. Immerhin gibt es einerseits Fälle, wo die Intelligenzmessung (z. B. bei der Ein- oder Umschulung von Kindern), andersseits solche, wo die Untersuchung der Intelligenz im Vordergrund steht, wie z. B. bei der Maturantenberatung, bei der die Studien- und Berufszuweisung vorzüglich auf Grund der qualitativen Intelligenzunterschiede zu erfolgen hat.

Aus bekannten historischen Ursachen hat sich die Haltung der angewandten Psychologie dem Problem der Intelligenz gegenüber so entwickelt, daß auf die Messung der Gesamtintelligenz das Hauptaugenmerk gerichtet war. Ich verweise auf die Prüfserie von Binet-Simon, die auf qualitative Differenzen gar keinen Wert legt; auf die immer wieder auftauchende Tendenz, einen „Universaltest" zu finden, der dank seiner hohen Korrelation mit der Gesamtintelligenz deren Grad schnell und sicher zu erkennen gestattet; und selbst der Abweis dieser Bemühungen um einen Universaltest, wie wir ihn etwa bei Stern finden, läßt die ursprüngliche Haltung noch erkennen, indem nicht die innere Mannigfaltigkeit der Intelligenz ins Feld geführt wird, sondern die Erwägung, daß nur bei „Einkalkulierung" aller Einzelheiten das Ganze richtig „errechnet" werden kann.

Aber das sind historische Dinge. Lange schon hat die Praxis gebieterisch eine qualitative Differenzierung der Intelligenz gefordert. Und es entwickelte sich die heute wohl gangbarste Methode einer *Verbindung* von Intelligenzmessung und -Untersuchung, bei der eine gewisse Anzahl von Tests, mehr oder weniger sorgfältig ausgewählt, einerseits über die qualitativen Besonderheiten der Intelligenz, anderseits und *gleichzeitig,* –– das ist das Entscheidende — über deren Gesamtgrad Rechenschaft geben soll. Daß mit dieser Methode Erfolge erzielt werden können und faktisch erzielt worden sind, kann und soll nicht geleugnet werden. Daß sie aber anderseits doch auch recht beträchtliche Schwierigkeiten in sich birgt, und zwar hauptsächlich in Hinsicht auf die qualitative Untersuchung der Intelligenz, wird jeder, der mit ihr gearbeitet hat, zugestehen. Davon soll hier nur das besprochen werden, was offensichtlich gerade auf die Verbindung von Messung und Untersuchung und auf die überall durchdringende Tendenz der Vorherrschaft des rein Quantitativen, Meßbaren zurückgeht.

Jede Messung setzt voraus, daß das zu Messende in Hinsicht auf das Maßprinzip homogen ist, d. h. qualitative Gleichheit der Einheiten aufweist. Nun ist bekannt, daß die Intelligenz nichts Homogenes ist. Wollte man sie dennoch messen, so müßte man notwendig dazu übergehen, jede Besonderheit allem anderen gegenüber zu *isolieren,* getrennt *für sich* zu behandeln und *für sich* zu messen. Schon daraus also ergibt sich im großen und ganzen das Bild eines Nebeneinander von qualitativ einfachen, in sich homogenen Fähigkeiten, deren verschiedene Bedeutung für die Gesamtheit lediglich als verschieden hohes „Gewicht" erscheint und die durch ihren überall gleichen Charakter, als koordinierte Fähigkeiten, dem Ganzen doch wieder genügend Homogenität verleihen, um die Anwendung des Prinzips bloßer Zusammenstellung und Durchschnittsrechnung zu rechtfertigen. Jede dieser Fähigkeiten wird, eben infolge ihrer qualitativen Homogenität, nur quantitativ variierbar gedacht, ein Gedanke, der in seiner Konsequenz dazu führte, die der einzelnen Fähigkeit entsprechenden Leistungen abermals in qualitativ gleichwertige Einzelleistungen aufzuspalten, jeden Test also aus so und so vielen Einzelaufgaben zusammenzusetzen. Daraus ergab sich schließlich die Tendenz, die Einzelaufgaben selbst schon so zu stellen, daß auch die Lösungen ihrerseits untereinander gleichwertig sind und sein müssen: Der ideale Test ist also bei solcher auf Messung ausgehenden Grundhaltung derjenige, bei dem jede Lösung eindeutig als richtig oder falsch, d. h. jede Aufgabe als gelöst oder nicht gelöst gewertet werden kann.

Nun bedenke man, daß es ein psychologisches „Richtig" oder „Falsch" gar nicht gibt, daß also, wenn eine Leistung an diesen beiden Kategorien gemessen werden soll, der logische Gesichtspunkt zu Hilfe genommen werden muß. Daraus aber ergibt sich einerseits die immer weitergehende Abkehr von dem, was man ursprünglich im Auge hatte: die Prüfung der psychischen Grundfähigkeiten; anderseits, was noch wichtiger ist, es ergibt sich die Abkehr vom Psychologischen überhaupt und die *Tendenz zur logischen Eindeutigkeit,* weil ohne sie das Richtig oder Falsch nicht entschieden werden kann. Diese Tendenz führte im weiteren dazu, die Aufgaben durch Vordruck und Instruktion so zu gestalten, daß die Lösung über das logische Plus oder Minus hinaus wenn irgend möglich kein weiteres Beiwerk aufweist, daß sie gar nichts anderes als richtig oder falsch sein kann. Bei jener messenden Grundhaltung ist die Lösung also im Idealfall nur noch ein einziges Wort, durch das das vorgegebene Schema der Aufgabe eindeutig zu vollenden ist. Kurz: die Tendenz zur Messung führte dazu, daß jede Aufgabe mehr und mehr eine Art von *„Lückentest"* wurde, weil sie als Aufgabe schon bis auf den logischen Schlußpunkt hin spezialisiert war, weil der gesamte Lösungsweg bis zum letzten Schritt durch sie vorgezeichnet wurde und nur dieser letzte Schritt noch vom Prüfling gegangen oder verfehlt werden kann. Wird er gegangen, wird die „Lücke" richtig ausgefüllt, die Antwort richtig gegeben, dann können wir immer nur *mutmaßen,* daß das Lösungserlebnis im Bewußtsein des Prüflings dem Schema unserer Aufgabe und Instruktion gemäß verlaufen ist. Wird aber der letzte Schritt verfehlt, dann haben wir *in Form einer logischen Sinnlosigkeit ein psychologisches Rätsel* vor uns: Wir sehen den Schlußschritt am Ende eines Weges, den der Prüfling sicher nicht gegangen ist, wir sehen das nicht passende Füllsel im Schema einer Aufgabe, die der Prüfling so, wie wir sie gedacht haben, sicher nicht gedacht hat. *Wie* er sie aber gedacht hat, bleibt unklar, weil ihm über das Lückenfüllsel hinaus kein Raum zur Äußerung gegeben ist. Durch die eindeutige und bis auf den logischen Schlußpunkt spezialisierte Aufgabenstellung verdecken wir also alles das, was vor diesem Schlußpunkt psychologisch gelegen ist. So kommt es, daß die qualitative Differenzierung der Intelligenz, die uns bei solcher Methode übrigbleibt, sich auf das ein für allemal gegebene und starre Schema unserer Prüfserie beschränkt. Die Reduktion aller qualitativen Mannigfaltigkeit auf diese Prüfserie folgt notwendig aus dem Bemühen, zu einem einheitlichen Maßwert zu gelangen.

Ich möchte nicht mißverstanden werden und betone deshalb ausdrücklich, daß keineswegs alle heute im Gebrauch befindlichen Tests dem soeben skizzierten Prinzip entsprechen. Gemeint ist hier nur die Grundtendenz, die der bisherigen Methode innewohnt und derzufolge das Ideal der Tests in der oben angedeuteten Richtung liegt. Unbemerkt wird jeder Test hinsichtlich seiner Brauchbarkeit an diesem Ideal gemessen und eine Aufgabe, die ihm nicht genügt, deren Lösung sich also nicht durch die Kategorien „richtig" oder „falsch" eindeutig einfangen läßt, wird allzuleicht wie ein schwarzes Schaf unter den durch klare Eindeutigkeit des Resultats ausgezeichneten spezialisierten Tests empfunden.

Sodann sei ausdrücklich hervorgehoben, daß hier nur die Tests in ihrem Wesen gemeint sind, nicht aber die mit ihnen ausgeführte Arbeit des praktischen Psychologen. Jeder von uns weiß schon lange sowohl um die Notwendigkeit einer qualitativen Intelligenzuntersuchung, wie auch um die Schwierigkeiten, die sich ihr auf dem bisher gegangenen Wege entgegenstellen. Und jeder bemüht sich, sie weitestmöglich zu meistern, indem er Anzahl und Verschiedenheit der gebrauchten Tests erhöht, indem er hinter das bloße Richtig oder Falsch des Resultates zu dringen versucht, indem er die Einzellösung analysiert, um einen Einblick in das seelische Geschehen zu gewinnen, dem sie entsprungen ist. Und sicherlich lassen sich manche Fälle aufzeigen, die als Musterbeispiel für die Möglichkeit einer solchen psychologischen Deutung der Einzelergebnisse dienen können. Niemand aber wird leugnen, daß der aus ihnen stammende Optimismus allzuoft doch wieder enttäuscht wird. Es ist, als ob wir mit all unsern Tests immer nur *von außen* um die Intelligenz herumgehen, während alles, was psychologisch *darinnen* liegt, der Deutung, um nicht zu sagen, dem Rätselraten anheimgegeben ist, eine Tatsache, die in dem Begriff des „Profils" der Intelligenz einen treffenden Ausdruck findet.

Wie stellt sich nun zu diesem ganzen Bild die theoretische Psychologie? Es ist selbstverständlich nicht möglich, an dieser Stelle deren Entwicklung und Stand in Hinsicht auf die einschlägigen Fragen im einzelnen darzulegen. So viel aber kann heute schon zusammenfassend gesagt werden, *daß die Tendenz der Forschungsresultate in entgegengesetzter Richtung zu der Tendenz der Testprüfungen verläuft:* Sieht man sich nämlich bei den Tests, um die Intelligenz von den verschiedensten Seiten her abzustecken, zum Ansatz immer neuer Einzelfähigkeiten gezwungen, so fühlt sich die theoretische Psychologie umgekehrt gedrängt, ihre ersten Ansätze verschiedenster intellektueller Elemente mehr und mehr zurückzuschrauben und sich mit einer relativ geringen Anzahl von Grundfunktionen zu begnügen.

Ist damit nun nicht das Ideal einer reinen Funktionsprüfung wieder näher gerückt? Ich will nicht verschweigen, daß es gewisse Forschungsresultate gibt, die den Rekurs auf die Grundfunktionen in bestimmten Fällen zu rechtfertigen scheinen. Aber aus später zu Sagendem wird doch klar, daß es sich dabei im besten Fall nur um *einen* Weg neben anderen handeln kann. Denn eine zweite wichtige Feststellung der neueren Psychologie besagt: Die intellektuellen Grundfunktionen sind, wie die Funktionen des Seelischen überhaupt, nicht koordiniert, sie wirken nicht nebeneinander, sondern *sind in hierarchischem Aufbau übereinander gelagert,* so daß das Höhere stets durch das Niedere bedingt ist, das Niedere aber durch das Höhere erst Sinn und Bedeutung erhält. Das gilt für die Wahrnehmung mit ihrer gegenständlichen Intention, für die Reproduktion mit ihrer Zielsetzung, für das Denken ganz allgemein mit seinem Grundcharakter eines formalen Aktes, dank dessen Vollzug jede niedere Leistung erst zur eigentlichen Intelligenzleistung erhoben wird. Demgemäß wird auch die Einzelleistung nicht durch diese oder jene Einzelfähigkeit, sondern durch das eigentümliche Zusammenspiel aller Grundfunktionen, durch die führende Erlebnisschicht und dadurch charakterisiert, wie weit das Niedere durch das Höhere umfaßt wird, während nur im Grenzfall die primitive Einzelfunktion relative Selbständigkeit erlangt. Je mehr wir also durch einen Test eine reine Funktion isolieren, um so mehr ist die betreffende Leistung im allgemeinen von der eigentlichen Intelligenzleistung entfernt. Demnach ist die Kenntnis der reinen Funktionsfähigkeiten, eben wegen des hierarchischen Aufbaues und des ganzheitlichen Ineinandergreifens aller Funktionen, nicht gleichbedeutend mit der Kenntnis der Intelligenz. Im Interesse der Hauptlinie, die hier zu verfolgen ist, sage ich das, obwohl ich weiß, daß einige Einschränkungen gemacht werden müssen, die aus der angedeuteten Gesetzmäßigkeit selbst folgen, einerseits nämlich bezüglich der niederen, materialgebenden Funktionen, anderseits bezüglich gewisser allgemeiner Verlaufsformen des Seelischen, die man nur mit wenig Recht als Funktionen bezeichnen würde. Daran anschließend muß sogleich noch das, was über den hierarchischen Aufbau gesagt wurde, dahin ergänzt werden, daß wir es so wenig wie mit koordinierten Fähigkeiten, so wenig auch mit koordinierten Funktionen zu tun haben, daß vielmehr Inhalte, Funktionen, Einstellungen, Methoden, Intentionen, Akte, oder wie sonst man die Terminologie wählen will, sich übereinander aufbauen. Es entspricht demnach der seelischen Wirklichkeit nicht, wenn wir etwa einen Test zur Prüfung der optischen Vorstellungsfähigkeit neben einen solchen zur Prüfung der Konzentrationsfähigkeit stellen. Denn diese Dinge sind nicht neben-, sondern übergeordnet und können deshalb auch nur in übereinanderliegenden Testschichten zum Ausdruck kommen.

Endlich eine letzte Feststellung der neueren Psychologie: Die Gesamtheit der intellektuellen Erscheinungen ist nicht, wie z. B. unser leiblicher Organismus, etwas in sich Geschlossenes. Es liegt vielmehr im Wesen der Intelligenz, daß sie, um einer wechselnden Umweltsituation gerecht werden zu können, *als Intelligenz* jederzeit *ohne Endgültigkeit* ist. Alle ihre Erscheinungen tragen mehr oder weniger *formalen* Charakter, und sie werden um so formaler, auf je höherer Schicht sie liegen. Infolge dieser formalen Natur gerade der höchsten und führenden Intelligenzschichten *bestimmt sich die Intelligenz nie von sich allein aus.* Die Gesamtheit der Intelligenzerscheinungen bildet immer nur einen mehr oder weniger ausgefüllten *Umriß konkreter Intelligenzmöglichkeiten.* Die Konkretisierung und Differenzierung im einzelnen erfolgt erst durch die intellektuelle Umwelt, die sich einer im Verkehr mit seiner Umgebung schafft, d. h. aber: durch die Erlebnisrichtung, in die einer tendiert. Die alte Geschichte vom Ei des Kolumbus, das jeder zum Stehen gebracht hätte, wenn ihm nur der richtige Einfall gekommen wäre. Zur qualitativen Kenntnis einer Intelligenz genügt es also nicht, zu wissen (um es schlagwortartig zu sagen), was einer *denken kann,* sondern was einer seiner allgemeinen Lebensintention gemäß *denken wird,* um nicht zu sagen: *denken will.* Das ist keine zufällige und unbequeme „Einmischung" anderer seelischer Sphären in den Intellekt, sondern das ist wesensgesetzlicher Zusammenhang, der daraus resultiert, daß Intelligenz primär kein „Luxus" ist, sondern erst im Ganzen des Seelischen ihren Sinn und darum auch *vom Ganzen her erst ihren Anstoß erhält.* Es ist also wohl möglich, daß wir, wie die theoretische Psychologie es tut, konkrete Intelligenz auf das Schema der Grundfunktionen zurückführen; es ist aber nicht möglich, wessen der praktische Psychologe doch bedürfte, aus dem Schema der Grundfunktionen konkrete Intelligenz in ihren qualitativen Besonderheiten abzuleiten. Kurz alles zusammenfassend: Das intellektuelle Leben gliedert sich nicht horizontal in eine Anzahl von nebeneinander liegenden und isolierbaren Fähigkeiten, sondern vertikal in eine Stufenfolge übereinander gelagerter und innerlich voneinander abhängiger Erscheinungen; es bestimmt sich nicht primär quantitativ nach Graden, sondern qualitativ nach Erlebnisrichtungen und — Schichten.

Was folgt daraus für unsere Arbeit? Zur qualitativen Untersuchung der Intelligenz brauchen wir nicht solche Tests, die, nebeneinander und jeder für sich auf eine einzelne Fähigkeit zielend, in strengster Spezialisierung nur noch ein logisches Plus oder Minus zulassen, sondern solche, die, von den Schichten des Seelischen ausgehend, bei *logischer Neutralität,* psychologischen Spielraum geben *zur qualitativen Differenzierung in sich,* die damit bei jeder Aufgabe von neuem die Möglichkeit *des natürlichen Zusammenspiels der intellektuellen Funktionen* und gleichzeitig *die spontane Auswahl der Erlebniskreise und -richtungen* zu ihrem Recht kommen lassen. Um ein Schlagwort zu haben: *Wir brauchen relativ unspezialisierte Tests.*

Ich habe nicht den Ehrgeiz, hier eine neue Erfindung vorzubringen. Vielmehr ist es so, daß wir schon Testformen besitzen, die dem gemeinten Prinzip zum mindesten recht nahe kommen. Ich denke an die sogenannten „Spontantests" (Definitionen, Dreiwort, Bildbeschreibung, Aufsatz, Lebenslauf usw.). Aber ich weiß, daß man diese Formen aus praktischen Gründen scheut; und der Name „Spontantest" sagt schon, daß man durch sie die anderwärts bereits festgestellte Intelligenz nur noch *nachträglich* auf ihre spontane Anwendung hin prüfen möchte. Demgegenüber scheint es mir notwendig, zum Zweck einer qualitativen Intelligenzuntersuchung den Blickpunkt des Interesses und demgemäß das Schwergewicht der Methode mehr und mehr grundsätzlich in der Richtung auf die unspezialisierten Tests hin zu verlagern und ihnen den Sinn, die Bedeutung und Ausgestaltung zu geben, die sie dem Wesen der Intelligenz gegenüber besitzen und besitzen müssen: nämlich *die qualitativ differenzierte Basis aufzuzeigen, von der aus jede Messung der Intelligenz allererst möglich wird.*

Ich kenne die Einwände des Praktikers: Bei solchen unspezialisierten Tests gibt es kaum etwas Allgemeines, gibt es nichts Zählbares, nichts, was mechanisiert werden kann. Aber gerade diese Tatsache sollte den Ausschlag geben. Denn erst dann, wenn wir eine Methode besitzen, die nicht mechanisierbar ist, haben wir für das, was seinem Wesen nach nicht mechanisch ist, die rechte Methode gefunden. Wir würden den Schritt tun, den auch die theoretische Psychologie zu gehen sich gezwungen sah, als sie von der meßbaren Leistung zum qualitativ auswertbaren Erlebnis überging. Und sie hat bewiesen, daß auch Qualitatives sich einfangen läßt in einem allerdings nicht starren, sondern stets beweglich gehaltenen System qualitativer Gesichtspunkte. Indem wir ihr in der Praxis nachfolgten, würde unsere Arbeit — vielleicht heute noch kaum zu bewältigen — jedenfalls nicht nur höhere persönliche Befriedigung, sondern am Ende auch besseren praktischen Erfolg gewährleisten.

AKADEMISCHE BERUFSBERATUNG DURCH DAS PSYCHOTECHNISCHE INSTITUT ZÜRICH.

PAUL SILBERER (Zürich).

Die Interessen der Gemeinschaft können mit denjenigen des Einzelnen am besten in Einklang gebracht werden, wenn die Berufsberatung über den rein quantitativen Maßstab von „Angebot und Nachfrage" denjenigen der *Eignung* setzt.

Es darf bei jungen Leuten im Maturitätsalter im Allgemeinen nicht vorausgesetzt werden, daß sie ihre Berufswahl von sich aus richtig treffen, und zwar aus zwei Gründen: weil sie sich über ihre eigene Persönlichkeit und ferner über die Anforderungen der in Frage kommenden Berufe nicht genügend klar sein können. Immerhin liegen die Verhältnisse insofern günstiger als bei der allgemeinen Berufswahl im Pubertätsalter, als doch die Fähigkeit zur Selbstbeobachtung weiter entwickelt ist.

Die Aufgabe der akademischen Berufsberatung (soweit sie sich mit der Eignung befaßt, also psychologisch orientiert ist) besteht darin, *Aufklärung* zu geben in den erwähnten zwei Richtungen: über die Persönlichkeit des zu Beratenden und über die Anforderungen der Berufe. Die Aufklärung soll einen sachlich richtigen Entschluß ermöglichen, ohne dem jungen Menschen diesen Entschluß abnehmen zu wollen. Irgend ein Zwang, selbst eine suggestive Beeinflussung

484

ist abzulehnen. Auch in negativen Fällen wird nach genügender Aufklärung der Appell an die Einsicht des Betreffenden genügen.

Der Berater soll, um sich lebendigen Einblick in die Berufe zu verschaffen, eigene *Berufsforschung* treiben und sich nicht nur auf irgendwelche Berufsprofile verlassen. Die wichtigsten Methoden sind:

1. Eigenes Erleben (alle unsere Mitarbeiter sind Akademiker verschiedener Richtung).

2. Befragung von Berufstätigen, vorwiegend durch persönliche Interviews, zur Kontrolle auch durch schriftliche Fragebogen (eine mehr psychologische als statistische Arbeit).

3. Psychologische Analyse des Berufes selbst.

4. Psychotechnische Untersuchung von erfolgreichen Berufstätigen und namentlich von Versagern.

Immer ist dabei zu beachten, daß die Berufsanforderungen sich wesentlich von den Studienanforderungen unterscheiden können.

In den sich ergebenden *Berufsbildern* kann einiges zahlenmäßig (oder in Kurven) dargestellt werden. Das beschreibende Wort ist jedoch daneben unerläßlich. Vergleichende Untersuchungen sind besonders wertvoll.

Für die Methode der *Eignungs-Untersuchung* ergibt sich folgendes:

1. Da jeder akademische Beruf den ganzen Menschen beansprucht, darf sich auch die Untersuchung nicht mit Intelligenz-Tests und Leistungsproben zufrieden geben, sondern muß tiefer dringen.

2. Alle Methoden, welche uns die Psychologie (nicht nur die Psychotechnik im engern Sinne) zur Verfügung stellt, sind anzuwenden, soweit sie etwas wesentliches aussagen (Graphologie, Rorschach, Anamnese usw.).

3. Die Ergebnisse der Selbstbeobachtung und die Urteile der Umgebung sind methodisch und vorsichtig auszuwerten.

4. Durch keine „objektive" Messung kann der Kern einer Persönlichkeit erfaßt werden, sondern nur durch einfühlendes Verständnis („Intuition"). Der wichtigste Punkt der Untersuchung ist daher die persönliche individuelle Aussprache mit dem methodisch geschulten und psychologisch begabten Untersuchungsleiter.

5. Zur Kontrolle sind gewisse Untersuchungen (Graphologie, Rorschach usw.) unabhängig durch andere Personen vorzunehmen.

6. Gruppen-Untersuchungen und Fragebogen kommen nur beschränkt für relativ Nebensächliches in Frage.

Nach Möglichkeit ist ständig eine *Kontrolle des Erfolges* (nicht nur im Studium, sondern auch im Beruf) durchzuführen.

LES EXAMENS PSYCHOTECHNIQUES DANS LES UNIVERSITÉS ET DANS LES ÉCOLES POLYTECHNIQUES EN TCHÉCOSLOVAQUIE

F. ŠERACKÝ (Prague).

Il est relativement facile de porter un diagnostic sur l'intelligence, le tempérament et le caractère des sujets qui se préparent à exercer des métiers manuels simples. Les choses deviennent plus compliquées lorsqu'il s'agit, à l'aide des examens psychotechniques, d'orienter les jeunes gens vers les professions supérieures, telles que la médecine, le professorat, la carrière d'ingénieur, le barreau. Ces professions sont complexes par nature, aussi est-il difficile de saisir les éléments qui les composent en vue de déterminer avec précision les qualités qui doivent être requises pour leur exercice. Le goût des individus pour la profession choisie et surtout l'intérêt psychologique qui s'attache aux activités liées à elle jouent ici un rôle important. On peut en juger en envisageant les préjudices que peut causer le juge — tout autant que le médecin et l'instituteur — qui n'aime pas son métier, ses connaissances professionnelles fussent-elles excellentes. Il est donc nécessaire que le choix du métier, par les individus, soit fondé non seulement sur les aptitudes intellectuelles, mais encore sur les tendances du tempérament et du caractère.

Pour discerner l'intérêt que les sujets marquent à l'égard des différentes professions, nous avons établi un questionnaire divisé en 6 parties.

Dans la première se trouvent énumérées les principales professions intellectuelles: avocat, professeur, archiviste, etc... (liste de 150 professions). Chaque candidat doit les envisager suivant ses goûts, abstraction faite de toute question d'intérêt propre, d'avenir et d'avantages matériels et sociaux. Suivant ses préférences, il enveloppe dans un petit cercle les mots: oui ou non, placés en face de chaque profession, et place un point d'interrogation devant celles qui lui inspirent un doute ou une hésitation. Dans le cas où telle occupation attire ou repousse plus particulièrement le sujet, il souligne le oui et le non tracés en majuscules en face du mot.

La seconde partie du questionnaire concerne l'intérêt qui s'attache actuellement à certains problèmes de la vie intellectuelle. Elle contient 75 sujets de conférences, entre autres ceux-ci: « Le scepticisme philosophique chez les anciens et les modernes ». « Le rôle de Gandhi dans le soulèvement national de l'Inde. » « L'organisation des maisons de commerce en Amérique. » Les candidats doivent témoigner ici comme précédemment du degré d'intérêt qu'ils portent à ces questions.

Dans la troisième partie du questionnaire se trouvent groupés les différents modes de divertissement: les plaisirs, les jeux, l'utilisation des loisirs. Par exemple: les joies qui s'attachent au jeu de football, à l'art de déchiffrer les rébus et les logogriphes, à la composition des mémoires. Là encore les sujets indiquent leurs préférences, mais ils peuvent également s'abstenir de répondre. Le questionnaire comporte 150 questions.

La quatrième partie définit les différents caractères des individus suivant le tempérament ou les aspirations, tels que: les énergiques, les optimistes, les misanthropes, etc... Il y a en tout 64 caractères. Les sujets doivent dire s'ils aimeraient se lier ou non avec les individus présentant ces caractères.

La cinquième partie se présente sous l'aspect de 37 couples:

a) Ceux qui opposent entre elles les activités. Par exemple: le travail manuel et le travail intellectuel. La manière d'enseigner aux enfants ou aux adultes. Le travail du chef d'entreprise et le travail de l'employé.

Les candidats désignent l'activité qui leur convient le mieux.

b) Ceux qui — au nombre de 23 — concernent plus particulièrement l'attitude subjective du sujet envers les personnes et les choses. Par exemple: « Êtes-vous satisfait de votre vie ou voudriez-vous l'orienter sur de nouveaux principes? » « Dites-vous tout ce que vous pensez sans vous soucier de la forme verbale dans laquelle vous vous exprimez? »

La sixième et dernière partie se compose de 50 questions touchant les habitudes, l'humeur journalière et les expériences de chacun. Voici, entre autres, le sens des questions: « Êtes-vous heureux? » « Supportez-vous de voir couler le sang? » « Rêvez-vous parfois de personnes mortes? »

C'est en 1932, à l'automne, que nous avons commencé nos premières enquêtes à la Faculté des Lettres (de l'Université) et dans quelques écoles polytechniques de Prague. 400 élèves du premier semestre, qui venaient de passer le baccalauréat, se sont offert spontanément à subir les tests.

Les résultats ont montré que les étudiants des Facultés diffèrent entre eux, non seulement en ce qui concerne leurs aptitudes, mais encore au point de vue de leurs aspirations.

Pour la première partie, nous avons classé toutes les professions en 10 groupes relatifs:

1° A l'éducation et à la pédagogie. 2° Aux investigateurs et aux savants. 3° Aux artistes. 4° Aux activités sociales (politiques, juridiques). 5° A l'hygiène sociale. 6° Aux employés. 7° Aux professions manuelles (à tendance motorique). 8° Aux activités techniques (ingénieur). 9° Au commerce et à l'industrie. 10° Au travail pratique et mécanique.

Dans le tableau n° I, nous citons en % le nombre d'étudiants de la Faculté des Lettres et de techniciens qui ont témoigné de l'intérêt pour tels groupes de professions.

Tableau I.

Groupe de vocations	Etudiants ès lettres	Techniciens
I	52,0	41,5
II	49,0	55,5
III	46,5	58,0
IV	39,5	57,0
V	30,0	39,0
VI	23,0	49,0
VII	22,5	46,5
VIII	22,0	67,0
IX	16,5	38,5
X	11,0	22,5

Les différences entre les deux groupes d'élèves se montrent avec évidence dans ce tableau. La vocation pour la carrière de l'enseignement et de la pédagogie occupe la première place chez les étudiants ès lettres, et seulement la septième place chez les techniciens. A l'opposé, le goût pour l'activité technique constructive, qui occupe la première place chez les techniciens, se trouve au huitième rang chez les étudiants ès lettres.

Les mêmes différences se marquent dans la deuxième partie du questionnaire, celle qui contient les thèmes de conférences. Voici comment se répartissent les goûts des étudiants de la Faculté des Lettres.

Questions philologiques, 95,2 %; problèmes sociaux et politiques, 80 %; questions concernant la vie intellectuelle — inventions et découvertes récentes — 74,2 %; philosophie, 73 %; histoire, 54 %; sciences naturelles, 33 %; hygiène, 17,3 %; économie politique, 6,3 % et enfin, en dernier lieu, la technique, 4,2 %.

Chez les techniciens, l'ordre est le suivant: inventions et découvertes récentes, 88,2 %; problèmes politiques et sociaux, 72,3 %; technique, 65 %; économie politique, 60,3 %; philosophie, 48,4 %; sciences naturelles, 34,8 %; philologie, 30,2 %; hygiène, 22,8 %; histoire, 22,2 %.

A l'aide de ces résultats, il est aisé de tracer le profil psychologique de l'étudiant ès lettres et de l'étudiant technicien, profils qui pourraient permettre d'examiner les bacheliers; mais, auparavant, il faut fixer les termes des questionnaires destinés aux techniciens et aux étudiants ès lettres diplômés, pour obtenir des profils de base.

Citons encore, pour préciser, quelques-uns des résultats obtenus avec la cinquième partie du questionnaire et portant sur les activités opposées.

Voici comment se répartissent les goûts:

Etudiants ès lettres. Techniciens:

94,85 % contre 70,83 % optent pour le travail intellectuel,

87,33 % contre 52,80 % préfèrent des appointements stables,

15,73 % contre 39,13 % préfèrent une situation instable avec un fort traitement,

66,25 % contre 37,73 % préfèrent la vie de ville à la vie de campagne,

39,47 % contre 19,19 % se plaisent à rédiger leurs mémoires,

25 % contre 52,95 % veulent s'attacher à dire hautement la vérité,

78,5 % contre 21,73 % aiment la musique classique,

52,16 % contre 86,27 % désirent devenir chefs d'entreprise.

Sur la demande du corps des professeurs de la Faculté des Lettres de l'Université de Prague, j'ai fait passer — avec l'aide de l'Institut Central psychotechnique tchécoslovaque — un examen psychotechnique aux étudiants du premier semestre 1933-34, qui étaient au nombre de 294.

Il comprenait:

1º Les examens d'intelligence générale et spéciale à l'aide du test d'Yerkes, par P-test, R-test, K-test.[1]) 2º Une fiche individuelle portant sur les succès scolaires et le travail à l'Université. 3º Un questionnaire relatif aux goûts et aux aspirations des candidats. 4º Un questionnaire spécial ayant pour but la recherche des aptitudes concernant le métier d'instituteur et les carrières scientifiques.

L'analyse des résultats obtenus prouve qu'il faut diviser les élèves en 3 groupes:

1º Ceux qui choisissent une carrière scientifique;

2º Ceux qui se destinent au professorat (lycées, écoles spéciales, écoles primaires);

3º Ceux qui n'étudient que pour leur plaisir personnel.

Dans le 1er groupe — celui des carrières scientifiques — on ne trouve que 24 candidats, c'est-à-dire 8,22 % du chiffre total.

Le 2e groupe comprend 228 candidats, c'est-à-dire 78,08 % de la totalité, qui se répartissent ainsi: 190 — c'est-à-dire 65,07 % — qui ont choisi le professorat dans les lycées et sur lesquels 10 ont choisi également la carrière scientifique; 6 candidats — c'est-à-dire 2,05 % — désirent être professeurs dans les écoles spéciales; enfin 32 candidats — soit 10,96 % — désirent être instituteurs dans les écoles primaires.

---

[1]) P-test (Test des Proverbes). — Dans la première partie sont cités quelques proverbes. Chaque proverbe est numéroté. Dans la seconde partie sont arrangées plusieurs phrases également numérotées, dont trois sont toujours en rapport avec un des proverbes. L'examiné doit mettre devant chaque proverbe le numéro de la phrase qui correspond le mieux au sens. Le test comprend 90 problèmes, durée totale de 30 minutes.

R-test (Test des Relations) est basé sur le même principe que le 7e test, mais la tâche est compliquée par le fait que des mots qui forment la relation, l'un après l'autre est omis et à la fin tous sont omis, mais à chaque problème est ajouté un groupe de mots, dont il faut établir la relation. 30 problèmes, durée totale 30 minutes.

K-test (Test pour examiner la concentration). — 25 lignes courbes sont données commençant à gauche de la feuille et finissant à droite. Chaque ligne est numérotée à gauche, et l'examiné doit mettre à droite où les lignes finissent le numéro correspondant. Durée: 3 minutes.

Le 3e groupe est composé de 40 candidats — soit 13,70 % — de l'ensemble. Parmi eux, ceux qui n'étudient que par plaisir sont au nombre de 23 — soit 17,88 % — et ceux qui, au plaisir d'étudier, joignent la poursuite de la carrière d'instituteur sont au nombre de 5, soit 1,71 %.

En considérant le groupe des futurs professeurs, qui se compose de 190 candidats, on peut établir une échelle des matières d'après les préférences (tableau II).

Tableau II.

Groupe d'études	Nombre des candidats	%	Groupe d'études	Nombre des candidats	%
1. Tchèque-Allemand	39	20,63	12. Latin-Philosophie	1	0,53
2. Tchèque-Français	30	15,87	12. Français-Philosophie	1	0,53
3. Allemand-Français	21	11,11	12. Histoire-Allemand	1	0,53
4. Tchèque-Philosophie	12	6,35	12. Histoire-Latin	1	0,53
5. Allemand-Anglais	8	4,23	12. Histoire-Anglais	1	0,53
5. Allemand-Gymnastique	8	4,23	12. Histoire-Hongrois	1	0,53
6. Français-Gymnastique	7	3,70	12. Histoire-Géographie	1	0,53
6. Latin-Allemand	7	3,70	12. Latin-Russe	1	0,53
6. Latin-Grec	7	3,70	12. Tchèque-Anglais	1	0,53
6. Histoire-Philosophie	7	3,70	12. Français-Russe	1	0,53
7. Histoire-Tchèque	6	3,17	12. Anglais-Russe	1	0,53
8. Latin-Tchèque	5	2,64	12. Anglais-Gymnastique	1	0,53
9. Latin-Français	4	2,12	12. Croate-Français	1	0,53
10. Allemand-Philosophie	3	1,59	12. Hongrois-Slovaque	1	0,53
10. Anglais-Français	3	1,59	12. Philosophie-Théologie	1	0,53
10. Anglais-Philosophie	2	1,06	12. Philosophie-Histoire naturelle	1	0,53
11. Histoire-Français	2	1,06			
11. Tchèque-Gymnastique	2	1,06	12. Sans décision	1	0,53

Les groupes d'études ainsi formés sont au nombre de 35. Il n'est pas étonnant que le tchèque et l'allemand constituent les matières les plus recherchées, puisque ce sont elles qui donnent le plus de chance d'obtenir un poste dans un lycée. Viennent ensuite le français et la philosophie; le latin et le grec ne se placent qu'au 6e rang ainsi que l'histoire et la philosophie, tandis que l'histoire et le tchèque atteignent le 7e rang. La philosophie se présente en tout 28 fois dans les combinaisons qui couvrent presque tout le domaine de la Faculté des Lettres.

Il est à noter aussi que plusieurs groupes d'études ne sont représentés que par un seul candidat.

En prenant pour base les questionnaires remplis par les sujets, j'ai pu déterminer les progrès scolaires réalisés par les sujets du 1er groupe en fonction des matières choisies. Le progrès scolaire n'a pu être déterminé et classé que pour 185 candidats, les 5 autres n'ayant pas répondu à la question relative à leurs progrès.

Le progrès scolaire a servi à faire la moyenne des notes pendant les 4 derniers semestres; ainsi ont été établis 8 groupes de progrès suivant les notes: très bien, bien, suffisant, en augmentant parfois d'un demi-degré, par exemple, bien + et bien —. Le candidat au lycée n'ayant pas obligatoirement de matière d'option, la classification ne porte que sur une seule matière (tableau III).

Tableau III.

Groupes de progrès scolaires	Nombre de candidats	%	Groupes de progrès scolaires	Nombre de candidats	%
I. Très bien	59	31,89			
Dans les deux matières 1-1					
II. Très bien	5	2,70			
Dans une seule matière 1					
III. Très bien et bien	54	29,19	1. Très bien et bien +	17	31,48
1-2			2. Très bien et bien	31	57,41
			3. Très bien et bien —	6	11,11
IV. Bien	43	23,24	1. Bien + et bien +	3	6,98
Dans les deux matières			2. Bien + et bien	5	11,63
2-2			3. Bien et bien	30	69,76
			4. Bien + et bien —	2	4,65
			5. Bien et bien —	3	6,98
V. Bien	2	1,08			
Dans une seule matière 2					
VI. Très bien et suffisant	2	1,08			
1-3					
VII. Bien et suffisant	17	9,19	1. Bien + et suffisant	1	5,88
2-3			2. Bien et suffisant	16	94,12
VIII. Suffisant	3	1,62	1. Suffisant + et suffisant	2	66,67
Dans les deux matières 3-3			2. Suffisant et suffisant	1	33,33

Ayant étudié, d'après le dernier certificat, le progrès scolaire moyen dans toutes les matières obligatoires, on a trouvé, sur 245 cas, les résultats portés sur le tableau ci-dessous:

Tableau IV.

Degré de classification	Nombre de candidats	%
1. Très bien	56	22,86
2. Bien +	63	25,72
3. Bien	74	30,20
4. Bien —	50	20,40
5. Suffisant	2	0,82

Les résultats ainsi obtenus donnent aussi des indications sur l'intelligence générale des 232 candidats de nationalité tchécoslovaque. La distribution des quotients d'intelligence calculés à l'aide du test d'Yerkes est la suivante:

Tableau V.

Quotient d'intelligence	Fréquence en %
Au-dessus de 115	6,4
114 — 110	21,4
109 — 105	9,3
Au-dessous de 105	5,3

On a ainsi la distribution des résultats obtenus par les tests d'Yerkes, P-test, R-test et qui aboutit au tableau ci-dessous:

Tableau VI.

Appréciation	Nombre de candidats	%
1. Excellent	31	13,36
2. Très bien	58	25,00
3. Bien	94	40,52
4. Suffisant	37	15,95
5. Insuffisant	12	5,17

A l'aide des résultats scolaires, et en accord avec ceux de nos examens psychotechniques, on peut dire que 20 % des candidats examinés sont incapables de suivre les cours de l'Université.

Nous avons interrogé ensuite ceux qui voulaient devenir professeurs de lycées sur leurs connaissances générales et sur leur pratique pédagogique, et 184 d'entre eux ont fourni des réponses satisfaisantes.

Tableau VII.

Connaissances et pratique pédagogique	Nombre de candidats	%
I. a) Ont lu des œuvres pédagogiques ou scientifiques en dehors des cours	70	38,04
b) N'ont pas lu	114	61,96
II. a) Ont enseigné ou ont donné des leçons particulières	86	46,74
b) N'ont pas enseigné	98	53,26
III. a) Possèdent une certaine expérience pédagogique	40	21,74
b) Ne possèdent pas d'expérience pédagogique	144	78,26

Il ressort de ceci qu'environ la moitié des candidats ont donné des leçons particulières, mais que ⅕ d'entre eux seulement possède une pratique pédagogique. En revanche, les ⅖ environ ont lu des livres de pédagogie ou de science.

Enfin, on a utilisé un questionnaire spécial pour étudier les goûts des candidats. J'en extrais les résultats portant sur les 3 sujets suivants: le goût des candidats pour certaines professions et pour divers genres de travail: l'intérêt apporté à l'état des différentes branches de la culture actuelle et le choix fixé sur telle ou telle des activités opposées. Pour rendre les résultats plus sûrs, j'ai entrepris la même recherche dans l'année scolaire de 1934-35. Voir les tableaux:

Tableau VIII.

Vocation pour les groupes de métiers.

Groupe de professions	Année scolaire		
	1933-34	1934-35	1932-33
	% des candidats	% des candidats	% des candidats
1. Education et pédagogie	91,0 .	94,5	52,0
2. Investigateurs et savants . . .	80,4	81,5	49,0
3. Artistes	71,7	74,0	46,5
4. Employés	62,7	66,5	23,0
5. Hygiène sociale	59,6	65,0	30,0
6. Travail pratique et mécanique .	59,6	30,5	11,0 .
7. Professions manuelles (à tendance motorique)	51,5	48,5	22,5
8. Activités sociales (politiques, juridiques)	50,2	57,5	39,5
9. Activités techniques (Ingénieurs)	46,2	45,0	22,0
10. Commerce et l'industrie . . .	38,4	53,5	16,5

Plaçons en regard des résultats obtenus dans les réponses à la 2e partie du questionnaire les thèmes de conférences.

Tableau IX.

Matière choisie	Année scolaire		
	1932-33	1933-34	1934-35
	Fréquences en %		
1. Philologie	95,2	86,5	83,3
2. Problèmes politiques et sociaux	80,0	63,6	72,5
3. Découvertes, inventions .	74,2	86,9	80,4
4. Philosophie . . . . ,	73	88,2	73,5
5. Histoire	54,0	76,2	56,4
6. Sciences naturelles . . .	33,7	50,6	35,3 .
7. Hygiène	17,3	50,2	31,9
8. Économie politique . . .	6,3	31,9	27,0
9. Technique . . . . . ,	4,2	25,5	25,5

Les classements des trois années présentent entre eux de grandes ressemblances, exception faite de quelques différences qui sont faciles à expliquer.

Plus intéressante encore est la comparaison que l'on peut faire avec les résultats obtenus dans les réponses à la 5e partie du questionnaire. Nous comparerons d'abord les résultats des trois années. Les différences sont de minime importance.

En classant les activités pour lesquelles les trois quarts des étudiants de la Faculté des Lettres ont opté, nous obtenons ceci:

Tableau X.

Activités et intérêts	1933-34	1934-35	1932-33	Moyenne
1. Travailler seul	93,80	91,68	94,19	93,23
2. Se promener dans la nature .	92,80	90,70	94,08	94,53
3. Appointement fixe	90,30	94,60	87,23	90,00
4. Ne pas se mettre en avant . .	89,90	85,46	86,26	87,21
5. Travail intellectuel	89,55	91,68	94,85	92,03
6. Place fixe avec de petits pointements	80,65	93,14	88,60	87,46
7. Changement de travail . . .	80,65	93,14	88,60	87,46
8. Ecouter les histoires d'autrui .	77,55	80,60	81,82	79,99
9. Avoir quelques amis intimes .	73,06	84,29	92,56	83,30
10. Prendre égard aux sentiments des autres	71,95	76,10	75,00	74,35
11. Acheter (plutôt que vendre) .	70,50	80,70	77,78	76,33
12. Discuter sérieusement . . .	65,95	68,10	83,19	72,41

Quand nous avons à la base de la cinquième partie de notre questionnaire obtenu dans le profil relativement constant de l'étudiant ès lettres, nous avons essayé de le comparer avec le profil du technicien, d'accord avec nos investigations.

Pour compléter encore davantage cette image, nous avons examiné aussi les étudiants en médecine et en droit de la même manière. Pour parler plus exactement: 100 bacheliers qui ont décidé eux-mêmes d'étudier le droit ou la médecine en 1933 et 50 et 50 bacheliers en 1934. Nous y avons ajouté 49 étudiants en droit et 26 médecins dans des semestres avancés, de manière que le nombre total des étudiants en droit était 199 et celui des médecins 176.

Suit la comparaison des résultats exprimés en pourcentages:

Tableau XI.

Intérêts	Etudiants ès lettres	Techniciens	Etudiants en droit	Etudiants en médecine
Se promener dans la nature	94,53	12,18	84,62	90,40
Travailler seul	93,23	84,10	76,23	78,40
Travail intellectuel . . .	92,03	70,83	92,50	84,16
Appointements fixes . . .	90,70	52,84	66,87	78,55
Changement du travail . .	87,46	96,67	71,60	84,75
Ne pas se mettre en avant .	87,21	82,06	95,70	87,28
Place fixe avec petit salaire	84,06	61,87	57,75	76,30
Avoir quelques amis intimes	83,30	77,58	77,26	55,50
Ecouter les histoires d'autrui	79,99	72,72	58,55	78,40
Acheter plutôt que vendre .	76,33	33,54	59,17	79,15
Prendre égard aux sentiments d'autrui	74,35	47,05	59,85	68,43
Discuter sérieusement . . .	72,41	54,84	69,82	78,20

Les différences entre l'étudiant ès lettres et le technicien sont très frappantes, mais les différences entre le premier et les étudiants en droit sont moins grandes. D'après nos expériences, il faut adapter le questionnaire pour pouvoir mieux distinguer les étudiants en droit et en médecine de ceux ès lettres.

Pour le travail de bureau votent 35,5% des médecins, 59,3% des étudiants en droit et seulement 18% des étudiants ès lettres. Ont l'intention de faire des demandes par écrit 49% des étudiants ès lettres, 60% des médecins et 31% des étudiants en droit. Au contraire nous trouvons des accords intéressants dans certaines questions.

Pour un travail constant votent 11% des étudiants ès lettres, 12% des étudiants en droit et 4% des médecins. 59% des étudiants ès lettres choisissent un travail qui demande de la méditation et de même 60% des étudiants en droit et en médecine.

Si nous voulions différencier les étudiants ès lettres, en droit et en médecine quant aux 30 questions de la première moitié de la cinquième partie, que nous avons divisées d'après l'introversion ou l'extroversion, nous constatons que l'introversion est la plus grande chez les philosophes :

étudiants ès lettres . . .	65,59%
étudiants en médecine . .	58,50%
étudiants en droit . . .	54,69%

En outre, les examens psychotechniques présentent un très grand intérêt pour les Universités et les écoles polytechniques qui se plaignent de l'insuffisance des élèves qui viennent des lycées et des écoles spéciales, car le baccalauréat ne peut pas fournir une appréciation certaine pour l'aptitude au succès dans l'enseignement supérieur.

Les statistiques dressées par les professeurs des Universités montrent le médiocre pourcentage de ceux qui sont parvenus à passer convenablement leurs examens dans le temps prescrit. *Or, ici aussi, les principes de l'économie doivent dominer, car il est nécessaire de ménager le temps, le travail et l'argent; ici aussi, il est nécessaire d'obtenir le maximum d'effet avec le minimum de ressources.*

Ainsi les professeurs des Universités tchécoslovaques commencent à saisir l'importance des examens psychotechniques. A Prague, ils sont désormais obligatoires pour les étudiants qui veulent entrer à la Faculté des Lettres et à la Faculté des Sciences naturelles. Suivant les résultats obtenus, on guide les candidats dans le choix de leurs études et on surveille ensuite leurs progrès. A Prague encore, ces examens sont facultatifs pour les écoles polytechniques et on commence à les introduire aux Facultés de droit et de médecine pour les premiers semestres.

L'ORIENTATION PROFESSIONNELLE VERS LES CARRIÈRES LIBÉRALES ET SES BASES PSYCHOLOGIQUES.

LÉON WALTHER (Genève).

Si le problème de l'orientation professionnelle vers les métiers a fait ces dernières années des progrès sensibles, le problème de l'orientation professionnelle vers les carrières libérales, et surtout académiques, n'a pas abouti à des résultats appréciables. Pourtant le besoin de voir clair dans ce domaine est aussi urgent que dans celui des métiers.

L'orientation professionnelle vers les professions auxquelles on accède par des études universitaires comprend deux questions:

1. Un sujet, est-il en général capable d'embrasser une carrière libérale?

2. Laquelle des professions libérales est-il capable d'embrasser?

A la première de ces questions on a tâché de répondre — et on le fait encore actuellement de la même manière, — par une organisation scolaire qui était appelée à aboutir à un triage parmi les candidats aux études supérieures. Avaient droit à poursuivre ces études ceux qui auraient réussi à passer des examens, à obtenir une « maturité ». L'acquisition de certaines connaissances et leur assimilation — voilà le critère d'une pareille maturité. Mais on s'est bientôt aperçu de l'insuffisance de ce système, et ceci déjà vers la fin du 17e siècle. A ce moment certains pédagogues allemands ont abouti à la conviction que la condition primordiale pour réussir dans les carrières libérales ne consiste pas tant dans l'assimilation de certaines' connaissances que dans l'aptitude qui permet pareille assimilation, c'est-à-dire dans l'intelligence, qui est une aptitude générale d'adaptation. Ce qui a empêché, avant tout, que cette conception n'aboutisse à une réforme de notre système scolaire en ce qui concerne l'accès aux études supérieures, c'est le manque d'un moyen approprié pour constater une telle aptitude chez les futurs étudiants. C'est grâce aux progrès réalisés par la psychologie expérimentale dans ces dernières décades qu'il nous est devenu possible de formuler un pareil diagnostic.

Ainsi nous arrivons à la conviction que la condition primordiale pour réussir dans les carrières libérales consiste dans l'intelligence et nous admettons tacitement que pour l'accomplissement d'une activité libérale il faut une dose plus grande de l'intelligence que pour les métiers et les professions industrialisées. L'homme est plus maître dans les professions libérales du choix des moyens qui l'amènent vers un aboutissement professionnel que c'est le cas dans les métiers où il est fortement lié à des moyens bien déterminés. Et cette liberté pour être bien employée exige plus d'intelligence. Mais la preuve de cette assertion fait encore défaut. Pour pouvoir l'obtenir il nous faudrait avoir groupé expérimentalement toutes les activités humaines d'après le degré d'intelligence qui intervient dans leur accomplissement. Mais ceci sera la tâche de l'avenir. Pour le moment nous possédons une preuve indirecte qui paraît nous confirmer dans notre manière de voir. Ce sont les résultats obtenus par application des célèbres Army-Tests (Alpha et Beta Tests) qui ont servi pour le recrutement de l'armée américaine pendant la guerre mondiale. L'Amérique qui jusqu'alors ne possédait aucune armée de terre se proposa de choisir pour les différents cadres les hommes d'après le degré de leur intelligence. Les plus intelligents ont été désignés pour les postes supérieurs, les moins intelligents ont été éliminés comme incapables pour le service militaire.

Pour déterminer l'intelligence générale ou globale, ou, ce qui revient au même, pour fixer le niveau mental ou son développement, nous nous servons des tests Binet — dans la révision de Terman, qui nous permettent d'examiner aussi les adultes. Ces tests sont trop connus pour être rappelés ici.

C'est cette voie — l'examen de l'intelligence générale — que nous suivons depuis plus de dix ans à l'Institut J. J. Rousseau dans nos consultations d'orientation professionnelle. Chaque fois que se présente un aspirant à une profession quelconque nous nous posons la question: quel est son niveau mental? et suivant son développement mental, nous le dirigeons vers un des trois groupements professionnels: a) le travail industrialisé — les parties discontinues d'un métier, b) les métiers pris dans leur ensemble, et c) les professions supérieures. Si le candidat présente un développement mental au-dessous de son âge réel, autrement dit, un développement insuffisant exprimé par un quotient intellectuel qui atteint à peine 90, nous le dirigeons vers le travail industriel, exercé en parties discontinues, d'un métier quelconque. Ce sont des travaux automatiques exigeant une formation professionnelles extrêmement limitée. Si le sujet possède une intelligence moyenne et qu'il se trouve parmi ceux qui ont un quotient intellectuel entre 90 et 110, nous l'orientons vers un métier ou une profession qu'il apprendra à fond en passant par des écoles professionnelles. Si son développement dépasse la moyenne et que son quotient intellectuel se trouve supérieur à 110 nous l'encourageons vers les études supérieures, écoles polytechniques ou université. Nous sommes, pourtant, tout à fait conscient que cette manière de faire présente pour le moment une hypothèse de travail, très commode, mais qui attend d'être transformée en une connaissance positive au moment où nous parviendrons à connaître avec précision le degré d'intelligence exigé par chacune des activités professionnelles.

Ainsi une certaine dose d'intelligence nous paraît être indispensable pour embrasser une profession supérieure. Et à la première question posée par nous, nous pouvons répondre que celui qui possède un développement mental plus avancé aura le plus de chance de réussir dans les carrières libérales en général; plus son intelligence est développée, plus grandes seront ses chances de réussite dans les professions académiques.

Si c'est l'intelligence globale, comme nous venons de le voir, qui est déterminante pour la réussite dans une carrière libérale en général, il est clair que cette même qualité ne peut pas être décisive dans le choix d'une profession libérale déterminée. Elle ne le peut pas, même si elle était considérée à un degré différent. Nous ne pourrions pas établir la différence entre les carrières d'un ingénieur, d'un médecin et d'un juriste en disant que celui qui possède une intelligence générale développée à un haut degré sera capable d'embrasser la profession, disons, d'ingénieur, celui qui la possède à un degré moins élevé, deviendra médecin et celui qui est encore moins intelligent deviendra juriste. Ce qui différencie ces professions, ce ne sera pas la même qualité psychique à un degré différent, mais probablement une autre qualité, toute différente de l'intelligence globale. Et nous devrons la chercher dans le domaine des aptitudes spéciales. Au moins, c'est ainsi que les choses se passent pour les métiers. Est-ce le cas aussi pour les carrières libérales? Pour le moment ce qui paraît ressortir de nos expériences, c'est que les professions auxquelles on accède par des études académiques, de mêmes que les qualités psychiques qu'elles exigent, paraissent au premier abord être incommensurables entre elles, ne pas coïncider. Mais ces différences, sont-elles d'ordre intellectuel ou autre? Pour y voir clair il nous faut nous arrêter un moment sur les aptitudes spéciales.

A l'intelligence globale, aptitude générale, nous opposons l'intelligence intégrale, aptitude spéciale. Cette dernière se présente à nous, selon Claparède, dans ses manifestations empiriques comme une aptitude spéciale. Savoir appliquer son intelligence à l'abstrait plutôt qu'au concret est bien une aptitude. De même pouvoir l'appliquer à l'invention d'une machine ou à la création d'un drame. Or, l'intelligence, quelle que soit la matière à laquelle elle s'applique, possède un *quid proprium* qui ne varie pas. Son caractère spécial, c'est d'être une recherche qui implique trois opérations capitales: une question, une hypothèse et une vérification. Un acte d'intelligence est un processus mental, suscité par un défaut d'adaptation. L'hypothèse est la recherche des moyens de réadaptation, la vérification, c'est le contrôle de l'hypothèse, c'est-à-dire la mise à l'épreuve des moyens imaginés. Ces trois opérations mentales sont communes à tous les actes d'intelligence intégrale. Mais il y a des éléments par lesquels ces actes se différencient, et avant tout c'est la compréhension et l'invention, deux formes générales de l'intelligence. Ces deux éléments sont toujours présents dans tout acte qui est un acte d'intelligence. Mais il n'est pas moins vrai que, chez un individu, l'une de ces formes peut prédominer. Il y a des génies inventifs, il y en a qui sont surtout compréhensifs.

La compréhension et l'invention sont des opérations complexes impliquant chacune une série d'opérations plus simples qui en sont comme les instruments et auxquelles Claparède donne le nom de « technique interne » de l'intelligence. Pour poser une question, il faut savoir observer. L'émission d'une hypothèse suppose aussi l'observation, la mémoire, l'imagination et même une aptitude à la combinaison. Puis la vérification de l'hypothèse nécessite le raisonnement, la déduction, la critique de la solution trouvée.

Bien que, dans l'activité intelligente, ces diverses opérations interviennent toutes ensemble, on est tenté de l'explorer séparément lorsqu'on recherche les aptitudes spéciales de l'individu.

Sont-ce ces formes d'intelligence intégrale, la compréhension et l'invention qui différencient la profession d'un ingénieur, par exemple, de celle d'un juriste? Nous ne l'admettons pas d'une façon absolue. Si l'activité d'un ingénieur implique très souvent l'invention, elle peut trouver un champ d'action où un ingénieur est relativement peu astreint à l'invention. Et, si à première vue il paraît que l'activité d'un juriste comporte avant tout des actes de compréhension, il peut être, pourtant, appelé à l'invention. Et tout ceci non seulement en ce sens que dans l'activité du premier prédomine la forme inventive et dans celle du second la forme compréhensive de l'intelligence, mais aussi en sens inverse. La profession d'ingénieur n'est pas uniforme. Il existe des catégories d'ingénieurs très nombreuses et très différentes. Les unes exigeront avant tout un effort inventif, comme c'est le cas pour l'ingénieur chimiste, les autres exigeront avant tout la compréhension, par exemple, chez les ingénieurs commerciaux. Parmi les juristes nous avons ceux qui appliquent la loi et ceux qui en rédigent de nouvelles, qui inventent une nouvelle doctrine juridique.

Faut-il chercher, alors, la différence des professions supérieures dans les opérations auxiliaires de l'intelligence intégrale plutôt que dans ses formes fondamentales? Est-ce par la présence ou l'absence de l'imagination, de la mémoire ou de toute autre fonction mentale isolée qu'est marquée celle-ci plutôt que celle-là des activités libérales? Ou est-ce plutôt par le degré d'invention de chacune de ces fonctions isolées que les carrières libérales se distinguent entre elles?

En lisant et relisant les monographies existantes sur les différentes professions libérales on est frappé de constater que les aptitudes que les différents auteurs de ces monographies font ressortir sont presque toujours semblables. On demande du jugement aussi bien à un pasteur qu'à un juriste ou un naturaliste. Le degré où intervient une aptitude intellectuelle n'est même pas mentionné.

Nous avons cru pouvoir apporter quelques éclaircissements à ce sujet en changeant de méthode d'investigation. Nous avons choisi comme sujet d'une analyse professionnelle une activité qui par un de ses côtés paraît se rapprocher du métier, de l'artisanat et par un autre d'une activité purement intellectuelle. Et ceci justement dans l'intention de faire ressortir quelques éléments d'ordre à la fois professionnel et psychologique qui la différencieraient de toute autre profession en question. C'est la profession du chirurgien.

Chirurgie veut dire: œuvre de la main, cette œuvre de la main qui fouille le corps de l'homme. C'est à l'opération même et à l'opération seule que se mesure le chirurgien. C'est ainsi que le définit Faure. Voilà un point de repère qui nous permettra, peut-être, de mieux saisir l'essentiel de cette captivante profession. C'est l'habileté, l'habileté manuelle qui paraît être parmi d'autres un des éléments essentiels de l'opération chirurgicale. Et bien, des médecins, en effet, inscrivent parmi les traits caractéristiques de cette profession dans le questionnaire que nous leur avons envoyé: « Main sûre et aussi habile que possible », « Doit être très bonne (habileté) », etc. Faure, par contre, écrit: « Il travaille plus avec son cerveau qu'avec sa main. » « Je risque le paradoxe, nous écrit un chirurgien genevois, qu'on peut devenir un excellent chirurgien sans avoir une habileté manuelle sortant de la moyenne. L'entraînement journalier est la grosse affaire. Et, puis, il y a fort peu de manœuvres dans la chirurgie habituelle (je ne parle pas de l'oculistique) qui demandent la centième partie de la précision qu'on réclame des horlogers. Lors donc que toute la population d'une contrée peut, à peu d'exception près, réussir dans l'horlogerie, il n'est pas étonnant que celui qui n'est pas positivement maladroit puisse donner un bon chirurgien s'il le veut. Car on opère en premier lieu avec son cerveau, ensuite avec ses yeux, ensuite avec ses mains. Le mot de chirurgie est mal choisi... Certes, il est désirable qu'on ait une ample provision de dextérité digitale en réserve pour les moments difficiles, pour les circonstances imprévues. Mais le chirurgien le plus habile sera celui qui aura le plus rarement à faire appel à cette réserve. »

Faut-il être lent ou rapide ? Là-dessus encore les avis divergent. Une vive réaction viso-motrice est indispensable dans les cas tragiques où on est surpris par une forte hémorragie etc. Mais je n'ai pas l'impression que les chirurgiens lents... perdent plus d'opérés que les autres: s'ils sont moins alertes, ils tombent aussi beaucoup moins souvent dans ces situations effrayantes dont on ne se tire que par des prodiges de célérité. Et lorsque Doyen se moquait des pinces hémostatiques innombrables dont Kocher garnissait préventivement le cou de ses opérés — alors que lui Doyen, coupait d'abord, et saisissait ensuite au vol ce qui « giclait » — Kocher était bien venu à lui répondre qu'en tout cas, si jamais il avait lui-même à se faire opérer, il ne choisirait pas un chirurgien avare de pinces hémostatiques. Ici encore l'art d'opérer c'est l'art de prévoir... »

« Jean-Louis Faure a même, continue le même auteur, à mon avis, prononcé une phrase malheureuse, lorsqu'il a dit qu'une intervention ne doit pas durer plus d'une heure, que si elle dure deux heures elle est grevée d'une lourde mortalité et que si elle en dure trois c'est à peine si de temps à temps un opéré en réchappe. Peut-être est-ce vrai de certaines opérations gynécologiques, où Faure est le maître

500

incontesté. Mais cela est faux de beaucoup d'autres. Actuellement, par divers artifices, et en particulier par une combinaison heureuse de divers modes d'anesthésie (locale ou générale) nous pouvons prolonger beaucoup les opérations sans tuer les malades. De la sorte, même les chirurgiens lents peuvent mener à bien des opérations de grande envergure. Et comme leur « lenteur » est souvent synonyme de « conscience » et « d'exactitude » il ne faut pas s'étonner que leurs résultats soient excellents. La plus belle série de resection d'estomac que je connaisse... est due à un chirurgien de province, en Suède, qui me tient de près. Sur un grand nombre de cas il n'a presque pas perdu de malades, et pourtant ses opérations durent 2½ heures en moyenne, si je me rappelle bien. Pour le cerveau, même observation.. ; il est avéré que les opérations intracrâniennes du grand Cushing durent de 3 à 4 heures. Et pourtant, c'est lui qui, dans le monde entier, détient la palme actuelle de cette chirurgie. Entre ses mains elle est toute minutie et précision et prudence. »

Et la légèreté de la main, n'est-elle pas indispensable pour le chirurgien, comme elle est indispensable à l'horlogère pour qu'elle ne fausse pas les spiraux en réglant les balanciers, ou à l'horloger pour qu'il ne casse pas tout au long les pivots des rouages ? Là encore nous avons des réponses qui sont plutôt négatives.

« Il est intéressant d'observer, écrit un chirurgien, les différences d'outillages d'un chirurgien à l'autre ; ici des instruments menus, légers, là d'énormes pinces massives... et pourtant les résultats obtenus sont sensiblement les mêmes. C'est donc qu'on peut manier les tissus légèrement avec de gros instruments et lourdement avec des instruments délicats. Comme toujours c'est le « cerveau qui prime ».

Puis, ce qui est très frappant, ce sont les grands déficits, voire les infirmités mineures et parfois majeures que présentent tant de chirurgiens par ailleurs très capables.

Riedel était désarticulé de la cuisse. Dahlgren, mort récemment, était borgne. Laennec, qui a bouleversé la science, était chétif et tuberculeux. Le meilleur chirurgien bâlois, nous écrit un médecin sans le nommer, était sourd, très supérieur à d'autres à l'ouïe fine. La surdité, des bourdonnements perpétuels d'oreilles, le mauvais état de ses yeux n'ont pourtant pas empêché Farabeuf de rendre d'immenses services à la chirurgie. Deux chirurgiens de la Suisse romande, mentionnés par un autre de nos correspondants, ont perdu des doigts, même à la main droite ; l'un d'eux a en outre des contractures à tel des doigts restants. Seeandes d'Upsala était cardiaque.

Ainsi il a pu sembler au premier abord que le chirurgien se rapproche de l'homme de métier par le côté moteur et sensoriel ; il n'en est rien. L'habileté n'a presque rien à voir dans sa profession, elle est primée et dominée par l'art de savoir s'adapter mentalement, autrement dit, par l'intelligence générale.

Voyons à présent ce qu'il en est des qualités purement intellectuelles. Bien des chirurgiens nous ont déclaré que pour pouvoir travailler dans la chair de l'homme d'une main qui ne connaît ni hésitation ni défaillance, il faut posséder un savoir approfondi de l'anatomie. Cette connaissance est un fondement inébranlable de la chirurgie, de la science chirurgicale, comme de l'art du chirurgien. C'est le seul élément intellectuel qui ait été relevé aussi bien par la méthode biographique que par l'enquête. Mais l'acquisition des connaissances dépend de l'essor de l'intelligence, qui est propre à bien des branches scientifiques et à bien des carrières académiques. Que ces connaissances soient acquises par la mémoire mécanique ou logique peu importe, cette circonstance ne différencie pas suffisamment la chirurgie des autres professions, comme celle d'historien, par exemple.

Restent alors les qualités de l'âme, du caractère. Plusieurs nous parlent du calme, de la possession de soi-même qui caractérise un bon chirurgien. « Plus le danger est imminent, comme ceci arrive dans des opérations au cou où la lésion des organes importants peut amener la mort en quelques instants, — plus il doit être maître de lui-même, » écrit Faure. En outre l'esprit de décision, décision parfois instantanée au cours d'une opération difficile, lorsque quelque accident survient et qu'il y faut parer sans retard.

Et si toutes ces qualités, — supposons-les pour un instant, malgré les avis opposés, indispensables à un chirurgien, — manquent à quelqu'un qui veut suivre cette voie, la lui déconseillerons-nous? le détournerons-nous de cette profession? Là encore l'expérience nous enseigne une certaine prudence. Il y a bien des cliniciens qui n'ont jamais tenu dans leurs mains un couteau et qui ont cependant rendu à la chirurgie des services inappréciables. Lannelongue qui n'eut jamais des qualités opératoires particulièrement brillantes et qui s'abstenait de les pratiquer, fut un clinicien remarquable. C'est lui qui sut déchiffrer les énigmes de la tuberculose chirurgicale. Farabeuf, dont jamais le couteau n'a fouillé dans la chair vivante, et qui n'est pour ainsi dire jamais entré dans une salle d'opération, a contribué d'une façon remarquable au perfectionnement de la technique opératoire en y utilisant les mathématiques et la géométrie. Il donna la théorie d'une opération gynécologique (La symphyséotomie) et en régla avec grande précision toutes les péripéties; c'est un autre, Pinard, qui la pratiqua.

« J'ai encore réfléchi à cette question (des aptitudes du chirurgien), nous écrit un de nos médecins genevois, et j'arrive à la conclusion que... n'importe qui peut être chirurgien. »

C'est que dans aucune des activités professionnelles les possibilités de s'extérioriser, de faire valoir ses qualités de toutes les manières imaginables ne sont aussi variées que dans les carrières libérales. Nulle part probablement la possibilité n'est aussi grande de substituer à une aptitude ou à tout un ensemble d'aptitudes manquantes ou insuffisantes, d'autres groupes d'aptitudes.

502

Ainsi, si pour le choix d'une carrière libérale c'est l'intelligence générale et son degré qui sont déterminantes, il n'en est pas ainsi pour le choix d'une profession libérale déterminée; l'intelligence intégrale et ses différentes formes ne sont pas assez nettes pour différencier les différentes activités sociales entre elles.

Mais si ce n'est pas dans le domaine purement intellectuel qu'il faut chercher cette différenciation, dans quel domaine alors faut-il poursuivre ce genre d'investigation?

A côté des aptitudes qui caractérisent la physionomie mentale d'un individu nous trouvons les attitudes qu'adopte le même individu vis-à-vis du monde extérieur, et ces attitudes sont peut-être plus déterminantes pour son activité professionnelle que ses aptitudes proprement dites.

Ces attitudes peuvent représenter des tournures spécifiquement intellectuelles de notre esprit, où l'affectivité n'intervient qu'à un faible degré. Dans ce cas nous appelons cette attitude avec Claparède « psychotropie » ou « nootropie »: orientation de l'esprit.

Mais les attitudes peuvent être fortement imprégnées par l'affectivité qui l'emporte sur l'intellect. Dans ce cas nous sommes en présence d'un penchant, d'une inclination. « Toutes les tendances, dit Ribot, traduisent les besoins de l'individu, quels qu'ils soient physiques ou mentaux: le fond, la racine de la vie affective est en elles. »

Ainsi par attitude nous entendons des orientations personnelles qui peuvent être aussi bien d'ordre intellectuel qu'affectif. Les premiers présenteront une tournure spécifique de notre esprit, les autres des tendances conscientes ou inconscientes de notre vie affective. Pour les premiers on emploie le terme psychotropie, pour les secondes penchant ou inclination.

Examinons d'abord les attitudes d'ordre intellectuel.

En ce qui concerne la psychotropie, bien des savants l'ont relevée ces derniers temps. Cette orientation de l'esprit présente deux attitudes diamétralement opposées qui amènent les individus à embrasser une activité plutôt qu'une autre, si leur choix tombe sur une même occupation, à se comporter vis-à-vis d'elle d'une façon toute différente, sinon même diamétralement opposée. Et ces attitudes sont bien caractérisées par l'intervention d'un facteur plutôt intellectuel. Elles ne se confondent pas avec celles appartenant au domaine des sentiments (comme l'égoïsme ou la sympathie) ou de la volonté (comme l'autorité ou la docilité).

Ainsi Ostwald, partant de la rapidité avec laquelle l'esprit humain réagit envers certains problèmes qui lui sont posés par les différents besoins d'adaptation à la vie, distingue deux types humains bien différents l'un de l'autre: le type « romantique » et le type « classique ». Le « romantique », c'est le type rapide, productif, sanguin. Le « classique », c'est celui qui va au fond des choses, mais qui de ce fait est lent, flegmatique. Le premier s'achemine vers les activités où il pourra faire valoir ses tendances spécifiques, il deviendra l'homme d'action, pédagogue par exemple. Le second choisira les activités d'un chercheur, d'un savant.

Mais les individus différents ou même opposés par la tournure de leur esprit peuvent dans le même domaine, dans une même activité professionnelle, réagir d'une façon différente ou même opposée. C'est ainsi que Poincaré distingue parmi les mathématiciens deux sortes d'esprits entièrement différents. Les uns sont avant tout préoccupés de logique; les autres se laissent guider par l'intuition. Les uns sont des analystes, les autres des géomètres. Les premiers restent des analystes même s'ils font de la géométrie, tandis que les autres sont encore des géomètres même s'ils s'occupent d'analyse pure. Les uns aiment mieux traiter leurs problèmes « par l'analyse », les autres « par la géométrie ». Les uns sont incapables de « voir dans l'espace », les autres se lasseraient promptement des longs calculs et s'y embrouilleraient. Et ce n'est pas non plus l'éducation qui a développé en eux l'une des deux tendances et qui a étouffé l'autre. « On naît mathématicien, dit Poincaré, on ne le devient pas, et il semble aussi qu'on naît géomètre, ou qu'on naît analyste ». Et il donne toute une série d'exemples pris parmi les mathématiciens qui confirment son observation. Ainsi, un géomètre allemand, Weierstrass, dont on peut parcourir tous ses livres sans y trouver une figure. Riemann, un autre mathématicien, au contraire, appelle toute de suite la géométrie à son secours.

Piorkowski a retrouvé ces deux types parmi les enfants d'école en testant l'aptitude à la combinaison chez 750 sujets. En leur proposant de combiner avec trois mots donnés des phrases quelconques, il consstata que les uns inventaient des phrases très courtes et précises (ce sont des « analytiques »), tandis que les autres faisaient des phrases longues, pleines de réflexion et imprégnées de sentiment (les « intuitifs »).

Binet distingue aussi deux types qui rappellent presque totalement ceci: l'objectif et le subjectif. « Nous nous trouvons, par notre nature, dit Binet, en quelque sorte à califourchon entre deux mondes: le monde extérieur, composé d'objets matériels et d'événements physiques, et le monde intérieur, composé de pensées et de sentiments. Suivant les moments et les besoins, nous faisons d'une manière plus exclusive de l'introspection ou de l'extrospection. Tantôt nous avons besoin de savoir ce qui se produit autour de nous, tantôt nous cherchons à nous replier sur nous-même pour réfléchir. Certains d'entre nous sont portés vers le monde extérieur, d'autres vers le monde interne. C'est ce qui constitue, dans les sciences, par exemple, les deux grandes familles des observateurs et des théoriciens. » Binet a pu les constater en partant de l'observation des enfants normaux, de leur façon d'observer et de raconter ce qu'ils avaient vu. Il leur proposera, entre autre chose, de décrire une cigarette allumée. Les compositions sur ce sujet ont fait clairement ressortir les deux types relevés par lui.

Jung est parti de l'analyse des psychoses; il a voulu avant tout souligner le contraste frappant qui existe entre l'hystérie et la démence précoce, la première représentant l'extraversion, et la démence l'introversion. De là sa distinction de deux types opposés dans leurs attitudes envers le monde: le type extraverti et le type introverti. « Nous dirons, écrit Jung, qu'il y a extraversion partout où c'est au monde extérieur, à l'objet, que l'individu accorde son intérêt fondamental..., il y a introversion, au contraire, lorsque le monde objectif subit une sorte de dénigrement ou de déconsidération au profit du sujet lui-même... Cette concentration sur la pensée, c'est-à-dire sur le monde intérieur, ce n'est pas autre chose que l'introversion. »

Lippmann qui a introduit l'opposition du type gnostique et du type technique qu'il fait coïncider avec les types classique et romantique d'Oswald, soutient la thèse que chacun de ces types comporte des aptitudes différentes, le gnostique sera apte à la carrière scientifique, ou à celle de fonctionnaire, il sera apte surtout à connaître, à comparer, à distinguer, à classer, — le technique réussira, au contraire, dans les carrières actives: inventeur, praticien, instituteur, avocat, etc.

Mais ce ne sont pas seulement les attitudes d'ordre intellectuel qui jouent un rôle important chez l'individu dans le choix d'une activité. L'élément affectif y a aussi sa part. Les attitudes d'ordre affectif que nous appelons dans le langage courant penchants, inclination ou tendances, poussent l'individu vers des occupations par lesquelles il parvient à les satisfaire. Ces attitudes se présentent sous la forme d'un effort qui se produit spontanément pour s'exercer dans une direction déterminée; elles correspondent à une impulsion et ne sont certainement pas autre chose que l'exercice de cette impulsion dans le domaine professionnel.

Nous pouvons distinguer différentes espèces de penchants caractérisés par une prépondérance de l'affectivité.

Avant tout rappelons les inclinations vers les matières préférées « Materialgefühl » des Allemands). Ces penchants se marquent par la satisfaction que l'individu éprouve en manipulant certaines matières. Et ce genre de penchants conditionne le succès professionnel dans une proportion très forte. Le fait de pouvoir entrer en contact avec certaines matières provoque chez l'individu une sensation de plaisir. Ainsi, certains individus ne peuvent employer leurs forces que dans le travail du bois, non dans celui du fer, d'autres dans celui du papier, non dans celui de l'étoffe; ils sentent autant d'attraction pour une certaine matière qu'ils éprouvent d'aversion insurmontable pour une autre. Il y a des personnes qui éprouvent un véritable plaisir, approchant parfois de l'extase, à sentir la terre. Nous avons connu un cas pareil dans notre pratique. Ces gens-là s'orientent vers l'agriculture où ils réussissent à satisfaire leur penchant. La sensation d'humidité qui procure l'eau coulant entre les doigts attire vers le métier de blanchisseur ou vers la teinturerie chimique.

Si ces exemples illustrent des inclinations vers certaines matières conditionnées par la satisfaction des sensations du toucher, il y en a d'autres qui poussent l'individu à satisfaire ses sensations visuelles, auditives ou gustatives.

C'est un fait bien connu que non seulement les artistes, mais les peintres en bâtiments, les peintres d'enseignes, les ouvriers des fabriques de teinturerie, les vendeuses de passementerie, etc. éprouvent un plaisir particulier à être entourés de toutes sortes de couleurs. On peut dire la même chose des musiciens: ce ne sont pas seulement les artistes auxquels un don spécial procure le plaisir de la musique et de ses tonalités; des ouvriers cherchent parfois une occupation dans les ateliers d'instruments de musique, poussés par le désir invincible de satisfaire leur oreille. Parmi les ouvriers de parfumerie on trouve une quantité de gens pour lesquels les sensations olfactives mises en jeu dans leur travail professionnel semblent être la cause principale du plaisir qu'ils trouvent à leur besogne. Et il ne s'agit pas seulement d'odeurs agréables. Des odeurs aigres, suffocantes ou même fétides sont supportées ou même recherchées pour leur agrément spécifique. Et combien de gens le penchant vers certains goûts pousse-t-il vers le métier du cuisinier et en fait des virtuoses de leur profession.

Une autre catégorie des penchants professionnels est déterminée par l'instinct sexuel. Il semble être un facteur important du penchant inconscient vers une profession. D'après Freud les différentes occupations humaines ne sont que des manifestations transformées de cet instinct. Quoique exagéré, ce point de vue peut se défendre au moins en partie, et son importance dans le choix d'une profession est évident.

Cet instinct se manifeste d'une façon immédiate dans le désir d'être en contact avec des personnes de l'autre sexe. Les médecins de femmes, les garde-malades, les masseurs ou masseuses en sont des exemples.

Des voies indirectes par lesquelles cet instinct se manifeste dans les professions sont celles du fétichisme. Les besognes professionnelles de certains vendeurs et fabricants de toute sorte d'objets comme le vêtement, la lingerie, parfois des gantiers, des cordonniers, des pédicures, des coiffeurs, etc. sont en rapport, invisible mais non douteux, avec cette inclination.

Si nous suivons les indications de la psychanalyse, nous trouverions d'autres tendances déterminantes pour l'exercice d'un profession.

Steckel, dans un article fort intéressant intitulé « Berufswahl und Kriminalität » soumet à une analyse les penchants professionnels. Il distingue cinq formes principales de motifs pour le choix d'une profession.

Le premier est l'identification avec son père. Le fils d'un médecin veut devenir aussi médecin. L'amour est un processus d'identification, dit-il, en citant les paroles de Hebel: « Lieben heißt in dem anderen sich erobern ». Mais parfois cette identification consiste à dépasser son propre père dans sa profession. Alexandre le Grand avait peur que son père Philippe ne lui laissât point de pays à conquérir.

Le second motif est la différenciation d'avec le père. Les enfants montrent parfois une tendance à choisir un métier diamétralement opposé à celui qu'exerce leur père. Le fils d'un marchand, d'un homme à tendances purement matérialistes, devient poète ou philosophe. Le fils d'un conservateur en politique devient socialiste. Steckel pense que le changement périodique des conceptions politiques chez un peuple s'explique par le penchant à la différenciation entre fils et pères (Whigs et Tories).

Le troisième groupe est représenté par des tendances qui ont pour but de sublimer un penchant érotique ou même criminel. Ceci s'accomplit par une sorte de canalisation de ces instincts antisociaux vers des activités socialement utiles. Le pharmacien, le médecin en sont parfois des exemples. Steckel estime que bien des gens pour donner satisfaction à leur penchant criminel choisissent ces professions.

Le quatrième groupe renferme les fétichistes que nous venons de mentionner plus haut.

Le cinquième est représenté par des gens pour qui leur profession représente une préservation ou une protection contre des penchants criminels. Ainsi un homme ayant un fort penchant vers le crime devient détective ou juge, dans le but de se préserver de la possibilité de commettre un crime.

Baumgarten mentionne encore un groupe d'inclinations spécifiques qu'elle désigne par le terme d'inclinations sociales.

Il y a des personnes qui fuient la société et n'aiment qu'à rester seules. Elles préfèrent demeurer pensives bien qu'elles ne soient point des « penseurs ». Telles sont, p. ex., les couturières, les brodeuses qui longtemps restent immobiles ou pensent cent fois la même chose (rumination mentale). La présence des autres leur est désagréable.

Il y a des personnes qui, au contraire, ne peuvent pas rester seules, qui aiment la société des autres, et choisissent avec plaisir les professions où elles vivent en contact avec des camarades.

Parmi les personnes sociables une catégorie incline vers une profession où elles peuvent se faire valoir. Ce penchant est un des facteurs décisifs pour les professions d'artiste dramatique, d'homme politique, etc.

Il y a aussi des personnes avec un penchant prononcé vers la domination (les chefs nés), d'autres, par contre, inclinent vers la soumission (les subalternes, les serviteurs).

Outre ces penchants il y en a encore d'autres. Le penchant à courir continuellement des risques, le penchant à la curiosité, l'inclination à combiner, qu'on rencontre chez les politiciens, les industriels.

Cette énumération des tendances n'est pas complète. Mais elle a pour but de faire ressortir toute une catégorie d'attitudes qui sont d'une très grande importance et qui doivent être prises en considération pour l'orientation professionnelle, quoiqu'elles soient encore mal étudiées et que leur dépistage chez l'individu présente maintes difficultés.

De même que les attitudes intellectuelles déterminent un comportement spécifique de l'individu vis-à-vis du monde extérieur, les inclinations se portent aussi vers une activité bien spécifiée. C'est dans l'activité qu'elles cherchent et trouvent leur satisfaction, quelle que soit la profession par laquelle cette activité se réalise. Le facteur activité est primordial, la profession est secondaire. C'est pourquoi il est faux d'affirmer qu'un individu ait, par exemple, un penchant pour la profession de chirurgien. La seule chose qu'on puisse dire, c'est que l'individu présente une inclination vers une activité ou un ensemble d'activités qui trouvent leur cristallisation dans la profession d'un chirurgien. Supposons pour le moment qu'un sujet présente un penchant vers la cruauté, le sadisme. Dès qu'il parvient à l'extérioriser il en éprouve de la satisfaction. En conséquence, il lui faut une activité qui permette à ce penchant de se manifester. Il existe pour cela des professions multiples, comme celle du boucher, du chasseur, du chirurgien, du maître d'école, du gardien de prison, du gendarme, etc. Mais nous ne voulons pas dire que l'élément caractéristique de ces professions soit la cruauté. Bien loin de cela. La seule chose que nous relevons, c'est ce que le penchant vers la cruauté peut trouver satisfaction dans ces professions plutôt que dans d'autres. Le choix même d'une de ces formes professionnelles dépendra plutôt des conditions extérieures et étrangères à l'individu. S'il est fortuné, appartenant à un certain milieu social, il choisira la profession de chirurgien plutôt que celle de boucher. Mais s'il devait pour une cause ou une autre exercer une profession différente parmi celles que nous venons d'énumérer, il en éprouverait, toutes choses égales d'ailleurs, la même satisfaction. L'individu changera, par contre, de profession aussi longtemps qu'il n'en aura pas trouvé une dans laquelle son penchant se satisfasse. Sinon, il sera un raté dans sa vie professionnelle.

Pour approfondir le problème des inclinations ou penchants professionnels il serait utile de ne pas se borner à établir une liste des différents penchants existants, mais de rechercher jusqu'à quel point des penchants définis peuvent agir ou se réaliser dans des professions différentes, autrement dit, d'étudier non seulement les penchants en relation avec les professions, mais aussi les professions en relation avec les penchants.

C'est ainsi que F. Watts en se rattachant à la théorie des instincts de McDougall pense que « pour beaucoup d'occupations, une accommodation émotionnelle ayant ses racines dans la vie des poussées instinctives est un besoin plus important que tout autre ». Il part de trois occupations principales, celle du berger, du chasseur et du cultivateur. Le jardinier, le gardien de bétail, le médecin, l'infirmier, le professeur, le religieux, l'homme d'Etat ne constituent que des variations du penchant du berger qui se manifeste « dans un souci compatissant de cultiver et de soigner la vie sous ses formes multiples ». Le plaisir actif de l'action du chasseur primitif se retrouve dans les occupations de l'explorateur, du pirate, du chef d'armée, du boxeur. Le croisement entre le type chasseur et le type berger donne le missionnaire, le juge, etc.

De même des économistes comme Schmoller ont soutenu que les professions n'ont pas surgi dans un but économique seulement, mais dans une certaine mesure pour une fin psychologique aussi, pour satisfaire certaines tendances de notre psychisme. Les hommes avaient déjà, d'après lui, aux temps les plus éloignés, des qualités diverses qui les poussaient vers des occupations différentes.

Ce qui caractérise les attitudes, aussi bien intellectuelles qu'affectives, c'est qu'elles présentent une stabilité relativement considérable et qu'elles opposent une vraie résistance aux influences et aux obstacles extérieurs. Ce qui fléchit chez l'individu au cours de sa vie c'est l'intérêt pour une profession, mais le penchant reste le même. Parfois, il est vrai, les impulsions ne lui apparaissent pas clairement, ou bien il les interprète à faux, de sorte que ses efforts l'amènent à une profession dans laquelle son rendement est faible ou insuffisant et qu'il en change parfois, sans trouver la bonne, pendant toute sa vie. Quelquefois l'individu porte successivement son intérêt sur toute une série de professions, en suivant inchangeablement le même penchant qui le pousse vers ces différentes occupations, l'une à la suite de l'autre. La psychanalyse a relevé des exemples assez frappants qui luttent en faveur de notre conception. Ainsi, le Dr. Kramer signale que, d'après l'enquête qu'il a faite parmi des écoliers entre 12 et 15 ans, les garçons changent d'intérêt pour une profession de six à neuf fois au cours de leur vie enfantine. Mais dans la plupart des cas ce changement est purement extérieur. Le penchant qui se trouve à la base de ces vœux professionnels reste identique. Voici un garçon qui veut devenir pompier, ensuite peintre. Mais en examinant de près sa composition (puisque c'est par la composition sur le thème « Ce que j'aimerais devenir » que l'enfant fut conduit), Kramer a pu constater que ce qui attirait l'enfant vers les incendies c'était la perception vive des couleurs (« Menschen aus Qualm u. Rauch retten » au lieu de « aus dem Feuer retten »). Un autre enfant chétif et dépourvu de mémoire dès son enfance désire successivement devenir boulanger, marchand de fromage, charcutier. Tout ceci dans le but de se fortifier. Dans sa fantaisie il y parvient même si bien qu'il change encore d'avis sur sa profession future : il veut devenir « brigand dans les forêts vierges de l'Amérique ». En entrant à l'école primaire sous l'influence des manquements de sa mémoire il veut devenir un maître d'école qui doit « tout savoir ». Un peu plus tard il veut devenir marin. C'est la tendance à la compensation, conséquence d'un sentiment d'infériorité qui pousse le sujet vers ces différents métiers en sauvegardant toujours un seul et même but qui détermine ces différents choix : le désir d'être fort de corps et d'esprit.

Les attitudes, comme les aptitudes, sont des éléments constitutifs de la structure psychique de la personnalité. Elles sont persistantes et stables à travers toute l'évolution de l'individu. S'il y a désaccord dans leur ajustement à la vie professionnelle, c'est qu'elles n'ont pas été reconnues d'une façon claire et précise. L'orientation de l'individu vers la profession en a été faussée.

De même, il y a un rapport assez étroit entre l'aptitude et l'attitude, quoique plusieurs faits semblent le contredire. Mais nous croyons que ceci est dû à ce qu'on ne tient pas suffisamment compte de ce que nous venons de dire. Il y a une différence énorme entre l'activité elle-même et la profession. Une attitude a toujours une tendance, peut-être inconsciente, à se réaliser dans une activité qui lui est adéquate. Où l'individu se trompe, c'est au moment où il passe au choix de la profession, dans laquelle il réalisera ses penchants ou satisfera ses aptitudes intellectuelles. Il se trompe au moment où il parle de son désir, de son intérêt pour une profession déterminée, au lieu de parler plutôt d'une activité spécifique qui lui donnera satisfaction. C'est la raison pourquoi il est tellement erroné de poser en orientation professionnelle la question: Pour quelles professions as-tu du goût? Il serait plus juste de lui demander de décrire les différents états d'activité (Betätigung) qui lui procurent de la satisfaction, du plaisir. « Aimes-tu plutôt travailler seul, ou avec d'autres personnes, dans un local enfermé ou dehors, en changeant continuellement de place ou en restant au même endroit, à t'occuper de personnes, de choses ou d'idées? Si c'est de choses, alors vers quelles matières va ta préférence; si ce sont des hommes, veux-tu les diriger ou préfères-tu être dirigé par eux? et ainsi de suite sans prononcer le nom d'aucune profession existante.

Nous lui demanderons en outre ses rêves de jour et ses rêves de nuit, et nous tâcherons d'en dégager ses tendances intimes. Nous lui demanderons de se souvenir de ses idéaux professionnels d'enfance en insistant toujours sur le « comment » et non sur le « quoi ». Supposons qu'il désirait devenir conducteur de locomotives. La question que nous lui poserons sera: « Comment te représentes-tu cette occupation, qu'est-ce qui t'attire dans la conduite des locomotives? »

Le facteur attitude est d'une telle importance pour l'individu et son orientation dans la vie sociale que, au fond, c'est par elle que devrait débuter toute investigation dans le domaine de l'orientation professionnelle. C'est seulement après la question des attitudes que se posera celle des aptitudes. Dans ces conditions, nous croyons que la question de savoir s'il existe un accord ou un désaccord entre attitude et aptitude, entre le penchant pour une activité et les aptitudes à l'accomplir, devient caduque.

Supposons que nous nous trouvons en présence d'un individu qui témoigne d'un réel penchant vers la curiosité, penchant que nous sommes parvenu à constater par la méthode décrite ci-dessus. Nous nous demanderons alors en plus quelle direction d'ordre intellectuel

510

(psychotropie) prend cette inclination. Nous trouverons, je suppose, qu'il est plutôt abstrait que concret. Alors nous poserons la question d'aptitude. Nous examinerons avant tout son niveau mental. Supposons que nous trouvions qu'il est très élevé. C'est à ce moment seulement que se posera la question de savoir quelles sont les professions qui permettent à l'individu de satisfaire son penchant vers la curiosité de la meilleure façon en prenant en considération à la fois ses attitudes et ses aptitudes. Nous conclurons alors que c'est vers les sciences qu'il doit s'orienter. Si, par contre, son intelligence générale est moins frappante, nous le dirigerons vers le journalisme, le reportage, où son penchant vers la curiosité trouvera aussi l'occasion de se satisfaire, mais sera en même temps mieux en rapport avec son niveau mental. Pour les gens d'une intelligence moindre, nous leur recommanderons entre autres des occupations dans des bureaux de placement, si propices à satisfaire la curiosité sous sa forme de coopération.

Mais même dans les cas où la discordance entre penchant et aptitude apparaît évidente, il ne faut pas conclure qu'il ne pourra pas s'établir un équilibre entre les deux éléments psychiques. L'insistance avec laquelle persiste un pareil penchant et la volonté inébranlable que l'individu met à aboutir à tout prix dans une voie déterminée peut faire surgir des fonctions compensatrices qui vont se substituer à celles qui lui manquent. N'avons-nous pas déjà vu parmi les apprentis d'horlogerie (j'ai connu un cas pareil parmi les élèves de l'Ecole d'horlogerie de Genève) des gens qui à moitié aveugles ont persisté dans leur voie et sont arrivés à faire ressortir d'autres aptitudes (finesses du toucher) qui leur ont permis de mener à bien leur formation professionnelle.

Alfred Adler a montré que les penchants très accentués vers une activité peuvent jouer parfois un rôle plus important que le fait d'être propre à cette activité. Dans le cas où il y a sentiment d'infériorité, des effets de compensation peuvent apparaître qui non seulement suppriment le défaut en question, mais le surcompensent. C'est ainsi que Démosthène, bègue, devient un brillant orateur, Byron, boiteux, un sportif remarquable.

Ainsi les attitudes sont des éléments structurels de la personnalité humaine, et dans la mesure où à travers son évolution cette personnalité ne change pas dans ses éléments constitutifs, les attitudes ne se transforment pas non plus. En outre, les attitudes entrainent après elles des aptitudes correspondantes qui permettront aux attitudes de se réaliser. Autrement dit, elles se trouveront en corrélation avec les aptitudes aussi longtemps qu'on fera abstraction des professions dans lesquelles ces attitudes devront se cristaliser.

Une remarque pourtant s'impose pour éviter tout malentendu. Nous avons parlé des attitudes comme si c'était toujours par une seule attitude que l'individu se caractérisait. Ce n'est pas le cas. Plusieurs attitudes d'un caractère différent et même opposé concourent à la fois.

511

Mais ce qui nous permet de parler comme s'il y en avait une seule, c'est le fait que très souvent une des attitudes, ou sinon un complexe d'attitudes, prédomine chez l'individu.

La coexistence de deux penchants distincts, qui pourraient être rivaux, donne souvent lieu à d'heureuses combinaisons, dont l'orienteur sait profiter pour aiguiller le candidat dans une direction qui est en quelque mesure la résultante de ses deux inclinations: le penchant aux voyages et celui à s'occuper de son prochain peuvent suggérer la carrière de médecin de la marine, une inclination vers les couleurs et un besoin de plein air nous ont un jour conduit à proposer à un adolescent la carrière de peintre de voiture, etc., etc.

A la question de savoir si n'importe qui est capable d'embrasser en général une profession libérale, les faits observés nous ont fait répondre que c'est l'intelligence générale qui est décisive.

Dans la question de savoir pour laquelle des professions libérales un individu est spécialement doué, les faits paraissent nous amener à la conclusion que ce sont des attitudes plutôt que des aptitudes qui tranchent le problème.

Comme nous avons pu le constater, ce sont des aptitudes générales qui conditionnent la réussite dans une profession libérale. Les attitudes que prend l'individu vis-à-vis de son activité professionnelle, les penchants qui l'attirent vers ces activités, le poussent à embrasser une profession qui se trouve en relation intime avec ces états psychiques. Les attitudes spéciales, si elles interviennent, le font à un degré minime et en se compensant et en se substituant entre elles avec une grande facilité.

Toute autre est la situation pour les métiers. Ce qui est déterminant ici, ce sont des aptitudes spéciales, des aptitudes professionnelles qui mènent l'individu vers le succès professionnel en harmonie, bien entendu, avec ses penchants. Ces aptitudes spéciales ne se laissent pas facilement remplacer par d'autres, la substitution ou la surcompensation ne s'exerce pas sur une échelle aussi étendue que pour les professions libérales.

D'une part de l'intelligence générale, d'autre part des attitudes bien prononcées, voilà ce qu'il faut pour réussir dans une carrière supérieure déterminée. C'est à cette conclusion que l'observation des faits paraît nous amener.

Bibliographie.

Memoirs of the National Academy of Sciences. Vol. XV. Washington, 1921: Psychological Examining in the United States Army.

Troops and Edgerton. Université de l'Etat d'Ohio. Circule comme manuscrit.

Freyer, D.: Vocational Self-Guidance. Philadeplhia, 1925.

The measurement of interest, New York, 1931.

Zyve, D. H.: Standford Scientific Aptitude Test. Californie, 1929. Standford University Press.

Ostwald, W.: Große Männer. Leipzig, 1909.

Poincaré, H.: La valeur de science. Paris, 1908.

Piorkowski: Beiträge zur psychologischen Methodologie der wirtschaftlichen Berufseignung. Leipzig, 1915.

Binet: Les idées modernes sur les enfants. Paris, 1927.

Jung: Psychologische Typen. Zürich, 1921.

Giese, F.: Psychoanalytische Psychotechnik. Imago BX.

Steckel: Archiv f. Kriminal-Anthropologie und Kriminalistik. Leipzig, 1911.

Baumgarten: Les inclinations professionnelles. Milano, 1922.

Watts: Die psychologischen Probleme der Industrie. Berlin, 1919.

Schmoller: Grundriß der allgemeinen Volkswirtschaft, 1919.

Claparède: Comment diagnostiquer les aptitudes chez les écoliers. Paris, 1927.

Lipmann: Psychologie der Berufe, 1922.

Kramer: Kindliche Phantasien über Berufswahl. Heilen & Bilden von Adler, 1914.

ÜBER AKADEMISCHE BERUFSBERATUNG IN DEUTSCHLAND.

WALTER WIENERT (Berlin).

I. Organisation der Berufsberatung in Deutschland.

Die öffentliche Berufsberatung im weitesten Sinne gehört in Deutschland zu den Aufgaben der „Reichsanstalt für Arbeitsvermittlung und Arbeitslosenversicherung". Sie wird ausgeübt von den dieser Anstalt unterstehenden „Arbeitsämtern". Mit den besonderen Aufgaben der Beratung von Abiturienten und Studenten über *akademische Berufe* befassen sich die „Akademischen Auskunfts- und Berufsämter" an den deutschen Hochschulen. Sie arbeiten Hand in Hand mit den vorgenannten Arbeitsämtern, und zwar im allgemeinen derart, daß sie in ihren Bezirken die Beratung über akademische, die Arbeitsämter über nichtakademische Berufe ausüben; in Bezirken ohne akademische Berufsämter werden sie im Bedarfsfall als Sachverständige für akademische Berufsberatung hinzugezogen.

II. Vergleichende Berufskunde.

Zum Rüstzeug des Berufsberaters gehört einerseits praktische durch psychologische Studien vertiefte Menschenkenntnis, andererseits Kenntnis von Wesen, Geschichte, Entwicklung, Ausbildungsgang, wirtschaftlich-sozialen Verhältnissen und geistig-charakterlich-körperlichen Anforderungen der Berufe. Was besitzen wir an berufskundlicher Literatur auf dem Gebiete der akademischen Berufe? Es gibt eine Reihe von Berufsmonographien, die größtenteils die Geschichte des Berufs, den Ausbildungsgang, gegebenenfalls die wirtschaftlich-sozialen Verhältnisse behandeln. Für die Praxis des Berufsberaters aber sind sie nur beschränkt brauchbar; hierfür ist notwendig eine gute Darstellung der geistig-charakterlich-körperlichen Anforderungen. Diesem Punkte wird Rechnung getragen in eigens für die Beratung geschriebenen Berufsmerkblättern oder dem „Handbuch der Berufe" (herausg. vom Landesarbeitsamt Sachsen-Anhalt; Teil II, Akademische Berufe, bearb. vom Sächsischen Akademischen Auskunftsamt für Studien- und Berufsfragen Leipzig). Das „Handbuch der Berufe" enthält unbestritten die bisher beste Darstellung der geistig-charakterlich-körperlichen Berufsanforderungen. Und trotzdem fühlen wir bei jeder Beratung, gerade über akademische Berufe, daß wir nicht recht vorankommen, daß uns ein wesentlicher Baustein aus dem Fundament fehlt; und das ist: ein Vergleich der Anforderungen eines Berufes mit den Anforderungen der anderen oder mindestens einiger anderer, strukturell verwandter Berufe. Bei der Berufsberatung steht niemals ein Beruf beziehungslos im luftleeren Raum; erst durch das Abwägen der Anforderungen mehrerer Berufe kann der Berater sich selbst klar werden und diese Klarheit dem Ratsuchenden vermitteln. Uns fehlt also eine für den praktischen Gebrauch des Berufsberaters zugeschnittene „vergleichende Berufskunde". Ein Beispiel: Die Aufgaben des Juristen, Volkswirts und akademisch gebildeten Kaufmanns in der Wirtschaft und damit die Anforderungen, die an Vertreter dieser drei Berufsgattungen gestellt werden, sind niemals einem Abiturienten, selten einem Studenten dieser Fächer klar; auch der Berufsberater muß erst durch einen gründlichen Blick in die Praxis sich diese Kenntnisse verschaffen. Hier kann nur eine vergleichende Berufskunde helfen. Sie müßte einmal die Gegensätze einander gegenüberstellen, dann aber auch die gleichen Eigenschaften durch mehrere Berufe hindurch verfolgen. So könnte man den Typus des Juristen dem Typus des Volkswirts etwa in folgender Weise gegenüberstellen:

1. Der Jurist ist Vertreter oder Anwalt der Allgemeinheit (mag man sie Volk, Staat, Nation oder Öffentlichkeit nennen); der Volkswirt ist Vertreter oder Anwalt eines Volksteiles (etwa einer Firma, Gesellschaft u. dgl.).

2. Der Jurist geht aus von den feststehenden Größen:

a) Tatbestand (den er allerdings oft erst nach Entkleidung alles Beiwerkes feststellen muß),

b) Rechtssatz,

c) Weg (durch Vergleichen des Tatbestandes mit einzelnen Rechtssätzen);

unbekannt ist das Ziel, das Urteil, das erst gefunden werden muß.

Der Volkswirt arbeitet mit zwei feststehenden Größen:

a) dem Tatbestand (besser: einem wirtschaftlichen Zustand),

b) dem zu erreichenden Ziel; unbekannt ist der Weg, den er zu gehen hat. Eine so wesentliche Größe wie ein Gesetzbuch (oder Rezeptbuch) ist für ihn nicht vorhanden.

Ein Beispiel hierfür: Die Steuerbelastung des einzelnen Bürgers ist zu groß; die Regierung beabsichtigt, die Steuerlast zu senken, ohne jedoch das Gesamtsteuereinkommen des Staates zu schmälern. Das Ziel steht also fest; Aufgabe des Volkswirts ist es, den geeigneten Weg zu finden.

3. Der Jurist darf keine Probleme sehen; er muß entscheiden auf Biegen oder Brechen; für den Volkswirt ist alles Problem.

4. Für den Juristen ist die Geschichte Vorbild und Anleitung, er greift bei seinen Urteilen zurück auf Entscheidungen höherer Instanzen; Der Volkswirt hingegen kann nicht aus der Geschichte lernen. Er hat stets neue Aufgaben vor sich, niemals die gleiche Situation. Er arbeitet ohne Vorbild und ohne Anleitung.

III. Das „Müssen" bei Berufswahl und Berufsberatung.

Als Gesichtspunkte, die der Berufswahl und Berufsberatung zugrunde zu legen, sind, werden im allgemeinen genannt: Wollen, Können, Dürfen[1]). Das ist aber nicht weit genug gesehen. Ich vervollständige: Wollen (Berufswunsch), Sein-Können (charakterlich-geistig-körperliche Eignung), Dürfen (Verbot oder sachlich-wirtschaftliche Unmöglichkeit), Müssen (persönlicher, suchlichwirtschaftlicher oder ideeller Zwang). Ich beschränke mich hier auf einen Beitrag zum Kapitel des „Müssens". Für das Müssen erkenne ich drei Anlässe:

1. Nötigung durch Personen, besonders Eltern und Erziehungsberechtigte (oft aus eigensichtigen Motiven, z. B. Ehrgeiz, Wirtschaftssinn, aber auch Tradition),

2. sachlicher Zwang (z. B. Notwendigkeit schnellen Verdienstes),

3. Bedürfnis der Allgemeinheit, und zwar

a) sachlich-wirtschaftliches Bedürfnis (z. B. Mangel an Nachwuchs),

b) ideelles Bedürfnis („der rechte Mann an den rechten Platz").

Psychologisch interessiert uns vor allem Punkt 3b. Der Berufsberater, der eine öffentliche Funktion ausübt, der seinen Auftrag von der Allgemeinheit (d. h. der Nation, dem Staate) erhält und wieder für das Ganze wirkt, hat die Synthese zu finden zwischen Mensch und Arbeit. Das wäre leicht, wenn sich Bedarf und Nachwuchs, Wollen, Können, Dürfen und Müssen deckten. Daß es meist nicht der Fall ist, wissen wir, und gerade dieser Mangel hat ja dem Berufsberater erst seine Aufgabe: aufzuklären, auszugleichen, zu leiten vermittelt. Einen kleinen Beitrag zur Korrektur des Wollens durch das Müssen möchte ich hier geben: Wir wissen, daß es bevorzugte und abgelehnte Berufe gibt. So ist mir aus persönlicher Erfahrung bekannt, daß z. B. selten ein Abiturient aus ursprünglicher Neigung den zahnärztlichen Beruf wählt. In den meisten Fällen führt ihn eine bestimmte Ueberlegung (z. B. kurzes Studium, Erwartung schnellen und leichten Geldverdienens, Übernahme der Praxis eines Bekannten usw.) dazu. Ich habe versucht, meine Erfahrungen zu erhärten durch eine Um-

---

[1]) Vgl. Hische, Die öffentliche Berufsberatung (Schriftenreihe „Arbeit und Beruf", Band 8; Bernau b. Berlin: Grüner Verlag 1931), S. 7 ff.

frage an 30 praktisch tätige deutsche Zahnärzte. Es wurde ihnen die Frage vorgelegt: War „Zahnarzt" immer Ihr einziger Berufswunsch, oder haben Sie vor dem Abiturium noch an andere Berufe gedacht, und an welche? War der Berufswunsch „Zahnarzt" für Sie nur ein Ausweg, wollten Sie ursprünglich etwas anderes werden? Wenn ja: Warum sind Sie umgeschwenkt? Entsprang der Entschluß, Zahnarzt zu werden, idealen Motiven, oder waren äußere Gründe (und welche) maßgebend?" Die Antworten zeigten folgendes Bild: Kein einziger gab rein idealistische Gründe für die Berufswahl an. Einer nannte auch idealistische Gründe, betonte aber, daß die Kürze des Studiums sehr maßgebend war. 28 nannten ausdrücklich realistische Gründe (insbesondere wirtschaftlicher Art) und 26 von diesen nannten einen anderen ursprünglichen Berufswunsch. Der dreißigste, ein früherer Dentist (Zahntechniker), möge hierbei außer Betracht bleiben. So ergibt sich, daß für 95% der Befragten der zahnärztliche Beruf nur einen Ausweg darstellte. Kenntnis von den Gründen der Bevorzugung oder Ablehnung bestimmter Berufe ist für den Berufsberater unerläßlich. Er hat im Interesse der Allgemeinheit sich dafür einzusetzen, daß Mißverständnisse und Unklarheiten, die zu unberechtigter Ablehnung einzelner Berufe führen, beseitigt werden; ja er darf gegebenenfalls nicht davor zurückschrecken, einen gelinden Druck in Richtung solcher unberechtigt abgelehnter Berufe auszuüben. In diesem Sinne gewinnt der Faktor des „Müssens" eine ideelle Bedeutung, die ihm einen beherrschenden Platz in der Berufsberatung zuweist.

IV. Das Beratungsgespräch.
A. Ausgangspunkt des Beratungsgesprächs.

Das Fundament der gesamten Begutachtung und Beratung bildet das *Einzelgespräch*. Es ist bei Mangel an Zeit und Gelegenheit wohl möglich, eine Beratung von Abiturienten nur im Einzelgespräch (ohne besondere Prüfungen) durchzuführen, nicht aber umgekehrt allein durch Prüfungen ohne Einzelgespräch. Bei Vorbereitung der Beratung durch Klassenvortrag, Prüfungsaufgaben, Gruppenbesprechung usw. hat das Einzelgespräch auf jeden Fall den Abschluß zu bilden.

Hieraus ergibt sich, daß wir zwei Arten des Einzelgesprächs unterscheiden müssen:

a) das durch Klassenvortrag, Klassenaufgaben, Gruppenbesprechungen usw. vorbereitete Gespräch,

b) das unvorbereitete Gespräch.

Das Beratungsgespräch wird, je nach dem es vorbereitet oder unvorbereitet ist, einen verschiedenen Verlauf nehmen, besonders aber einen verschiedenen Ausgangspunkt haben müssen. Theorie und Praxis der Beratung nennen als Ausgangspunkt den Berufswunsch. Mehr als zehnjährige Beratungserfahrungen lassen mich den Berufswunsch als Ausgangspunkt zum mindesten des unvorbereiteten Gesprächs ablehnen. Meine Gründe sind folgende: Erstens bildet die

Erörterung des genannten Berufes (Eignung, Ausbildung, Arbeitsmarkt usw.) eine zu schmale Basis für den Aufbau des Gesprächs; kostbare Zeit geht verloren, ohne daß das Gesamtbild des Ratsuchenden aufgenommen werden kann. Zweitens führt die Frage nach dem „Was" erfahrungsgemäß zur Frage nach dem „Warum". Die Antworten darauf sind jedoch bedeutungslos für den Verlauf des Beratungsgesprächs. In den meisten Fällen ist der Berufswunsch erfühlt, nicht erdacht. Werfen wir einen Blick auf die Quellen, denen die Berufswünsche der Jugendlichen entstammen; sie sind hauptsächlich:

a) Fähigkeit (z. B. Sprachen: Dolmetscher; Turnen: Sportlehrer),

b) Idealismus („helfen, heilen wollen"),

c) Romantik (z. B. Seefahren, Naturschwärmerei),

d) Realismus (z. B. kurze Ausbildung, große Verdienstmöglichkeit),

e) Zwang (z. B. Nötigung durch Eltern),

f) Tradition (z. B. Pfarrer, Offizier),

g) Mode (z. B. Diplomat, Politiker),

h) Verlegenheit (z. B. Jurist, Volkswirt).

In der Untersuchung von Friedrich und Voigt über „Berufswünsche und Zukunftspläne der Jugend an höheren Schulen" (Breslau: Hirt 1928), die 14000 Schüler erfaßt, finden wir in den Oberklassen hinsichtlich der Zahl der angegebenen Gründe folgende Gruppierung: idealistische Gründe 50%[2]), Fähigkeitsgründe 25%, realistische Gründe 10 bis 12%, romantische, Zwangs- und Traditionsgründe je 3 bis 5%. (Verlegenheit und Mode nennen die Verfasser nicht). Was sollen wir aber anfangen mit solchen unbestimmten Angaben wie etwa: „weil ich Lust dazu habe" (Neigung), „weil ich den Menschen helfen will" (Idealismus), „weil ich gute Zeugnisse in ... habe" (Fähigkeit), „weil ich zur See fahren möchte, weil ich die Natur liebe" (Romantik)? Sie machen nach Friedrich und Voigt 80% der angegebenen Gründe aus. Den Einwand, daß man an sie anknüpfen und auf ihnen aufbauen könne, weise ich damit zurück, daß wir uns die unverhältnismäßig große Zeitvergeudung nicht leisten können. Brauchbar für den weiteren Aufbau des Gesprächs sind höchstens die realistischen Gründe; sie spielen aber mit ihren 10—12% nur eine unwesentliche Rolle.

Die angegebenen Umstände haben mich veranlaßt, auf anderem Wege in kürzerer Zeit ein Bild der Gesamtpersönlichkeit des Ratsuchenden aufzunehmen. Hierzu bietet die beste Gelegenheit ein gut konstruierter Fragebogen, der z. B. Fragen nach Interessengebieten und Lieblingsbeschäftigungen außerhalb der Schule enthält. Desgleichen bietet sehr viele Anknüpfungsmöglichkeiten der von meinem Vorred

---

[2]) Die Verfasser trennen: Neigungsgründe und idealistische Gründe; doch sind die Unterschiede so gering, daß ich die Gründe in einer Gruppe zusammenfasse

ner, Professor Rupp, beschriebene, in unseren Berliner Abiturienten-untersuchungen angewandte Berufsneigungsfragebogen mit Aufzählung einer Reihe von Berufen. Aber es gibt natürlich noch eine große Reihe anderer Anknüpfungsmöglichkeiten (z. B. sportliches Aussehen des Ratsuchenden, Tagesereignisse usw.). Wenn der Ausgangspunkt gefunden ist, bleibt es der Fähigkeit des Beraters überlassen, durch entsprechende Fragen so schnell wie möglich in die Breite und zugleich in die Tiefe zu gehen.

B. Aufgaben während des Beratungsgesprächs.

Die Lösung von Aufgaben innerhalb der Begutachtungsaktion hat folgende Zwecke: einmal soll sie über gewisse charakterliche oder geistige Veranlagungen tieferen Aufschluß geben als es das Einzelgespräch vermag; dann soll sie das Einzelgespräch vorbereiten und damit abkürzen. So stellen wir im Massenverfahren, also bei Klassenaufnahmen, stets eine Reihe von Aufgaben zur schriftlichen Bearbeitung. Es gibt jedoch Aufgaben, die weder im schriftlichen noch im Massenfahren angewandt werden können. Hierbei handelt es sich vorwiegend um solche Aufgaben, bei denen es nicht nur auf die Lösung selbst ankommt, sondern in mindestens ebenso hohem Maße auf den Weg, der vom Prüfling zur Lösung eingeschlagen wird und auf die Beobachtung des Prüflings in jeder Phase dieses Weges. Als Beispiel hierfür will ich eine Aufgabe nennen, die ich neben anderen seit Jahren bei der Begutachtung von künftigen *Juristen* mit Erfolg angewandt habe. Ich schildere zuerst die Aufgabe selbst:

Schriftlich vorgelegt wird dem Ratsuchenden folgender Satz aus dem deutschen Strafgesetzbuch: „Wegen schweren Diebstahls wird mit Zuchthaus bestraft, wer aus einem Gebäude mittels Einsteigens eine fremde bewegliche Sache einem anderen wegnimmt, in der Absicht, sie sich rechtswidrig anzueignen". Hierauf wird ihm ein Fall aus dem Leben etwa mit folgenden Worten erzählt: „Einer Tänzerin wird ihre wertwolle Perlenkette entwendet. Der Täter, ein Garderobendiener, ist bekannt. Um ihr zu helfen, steigt A), ein Freund der Tänzerin, nachts in das Zimmer des Entwenders ein, findet die Perlenkette und bringt sie der Tänzerin zurück. Er wird beobachtet und angeklagt. Nehmen Sie an, Sie hätten als Richter diesen Fall abzuurteilen. Würden Sie den Mann A) wegen schweren Diebstahls mit Zuchthaus bestrafen, d. h. stimmen alle Voraussetzungen unseres Rechtssatzes mit dem Fall überein?" (Lösung: Nein; die „Absicht, sie sich rechtswidrig anzueignen" liegt nicht vor.) Der Berater fährt etwa fort: „Richtig; wir wollen dahingestellt sein lassen, ob A) sich einer Sachbeschädigung oder eines Hausfriedensbruches schuldig gemacht hat. Nehmen wir nun an, A) habe nach seinem Einsteigen in das Zimmmer die Perlenkette nicht gefunden, dafür aber eine goldene Uhr mitgenommen, entweder aus Rache oder um später den Entwender zu einem Austausch gegen die gestohlene Perlenkette zu veranlassen. Sie haben wieder als Richter den Fall abzuurteilen. Kommt nun der vorliegende Rechtssatz zur Anwendung?" (Lösung: Der Prüfling muß erkennen, daß es sich um zwei verschiedene Fälle handelt: a) Rache, b) Austausch. Im Falle a) war die „Absicht, sie sich rechtswidrig anzuzeignen", vorhanden, nicht aber im Falle b). Weitere Frage: „Erfolgt nun im Falle a) die Bestrafung mit Zuchthaus wegen schweren Diebstahls?" (Lösung: Nein, denn die Uhr wurde nicht „mittels Einsteigens" entwendet; den Entschluß, sie mitzunehmen, hat A) vielmehr erst nach dem Einsteigen gefaßt). Der Berufsberater schließt: „A) wird daher nur wegen einfachen Diebstahls mit Gefängnis bestraft werden." Erscheint nach Lage der Dinge es als zu schwierig, vom Prüfling die Lösung der letzten Frage zu verlangen, dann gibt der Berater die Lösung unter Hinweis auf die Eigenart juristischen Denkens.

Bei dieser Aufgabe kommt es darauf an, den Prüfling in jeder Phase des bis zur Lösung zurückzulegenden Weges zu beobachten. Hierbei erkennt man deutlich zwei Gruppen: die eine überlegt wortlos und gibt mit einem oder einigen kurzen Sätzen Lösung und Erklärung; die andere Gruppe vermag nicht Wesentliches vom Unwesentlichen zu scheiden, macht viele Worte und bringt Dinge vor, die nicht gefragt sind. Ich will eine typisch schlechte Lösung, die ich mir während des Sprechens unbemerkt notierte, im Wortlaut anführen. „Man müßte sich alle drei Personen heranholen. Von der Gunst der Tänzerin hängt viel ab, ob sie den Mann bestraft haben will. Es liegt zwar ein Diebstahl vor, aber mildernde Umstände, weil er die Kette nicht gestohlen hat, also auch nicht für seinen Zweck entwendet hat, sondern in Verfolgung eines guten Zweckes der Tänzerin zur Verfügung gestellt hat. Aus diesem Grunde also milde Strafe. Das liegt wohl bei der Tänzerin."

V. Die Bewährungskontrolle.

Professor Rupp erwähnte die Schwierigkeiten der Durchführung einer Bewährungskontrolle für die Beratung von Abiturienten; er nannte eine Möglichkeit, die Bewährungskontrolle zu ersetzen. Hierzu möchte ich einen weiteren Beitrag aus meiner Praxis geben. Geleitet von dem Gedanken, daß eine genaue, durch praktische Erfahrung vertiefte Kenntnis der negativen Seite der Berufsanforderungen, also der Eigenschaften oder Fehler, die zum Versagen in Studium und Beruf geführt haben, die Möglichkeit zu einer Gegenprobe bei der Begutachtungs- und Beratungsaktion gibt, habe ich folgende Versuche durchgeführt:

a) systematische Befragung und Begutachtung von Versagern (d. h. von Personen, die ihre akademischen Prüfungen nicht bestanden oder in der Berufsausübung Schiffbruch gelitten haben),

b) gründliches Studium der Akten von Prüfungsversagern. Zum Punkt a) möchte ich eine durch Befragung gewonnene kurze Charakteristik des Typus eines schlechten Juristen geben: A. wollte ursprünglich Förster oder Kulturbauingenieur werden. In der Schule war er ein sehr schlechter Mathematiker, aber gut in Sprachen, Deutsch, Geschichte. Während des juristischen Studiums zeigte er Interesse für Rechtsgeschichte, Strafrecht, Staatsrecht, Völkerrecht, Verwaltungsrecht, hatte viele Nebeninteressen (gerichtliche Medizin, Filmzensur, Kriminalität der Jugendlichen), beschäftigte sich mit Geschichte, Geographie, Sprachen, Politik; gegen das bürgerliche Recht aber zeigte er eine unüberwindliche Abneigung, hatte bei Lösung von Aufgaben das Gefühl wie bei mathematischen Aufgaben in der Schule. Er bestand zwar die Referendarprüfung beim zweiten Versuch, doch nur auf Grund seines Gedächtnisses, durch Geistesgegenwart, auch kleine Schwindeleien. Seine verwaltungsrechtlich-staatsrechtliche Hausarbeit hätte ein Historiker ebenso schreiben können. Während des Vorbereitungsdienstes interessierten ihn in Verhandlungen nie der Fall, die rechtliche Grundlage, sondern stets die sittlichen und sozialen Hintergründe der Straftaten, die menschlichen Schwächen und Leidenschaften. Die juristische Überlegung hielt er für Haarspalterei und Tüftelsucht. Freiwillig trat er vor der Assessorprüfung zurück und wurde Journalist, in welchem Beruf er sich noch heute glücklich fühlt.

Zum Punkt b) will ich einige Resultate aus meinem Studium juristischer Prüfungsakten mitteilen. Ich habe z. B. gefunden, daß von den Durchfällern bei der zweiten juristischen Prüfung 75% auf dem Reifezeugnis in Latein und Mathematik das Urteil 4 (mangelhaft) hatten. Bei einem weiteren großen Teil der Prüflinge fand ich die bei dem Fall A. beschriebenen Interessen für das rein Geschichtliche und im üblichen Sinne Geisteswissenschaftliche an der Rechtswissenschaft (Rechtsgeschichte, Staatsrecht, Rechtsphilosophie), das Abfallen beim eigentlich Juristischen (z. B. im bürgerlichen Recht). Die Urteile der Vorgesetzten zeigten bei einem weiteren Teil der Durchfäller ebenso wie beim Fall A. die gefühlsmäßige Einstellung zu ungunsten der verstandesmäßigen. Selbst die Lebensläufe bewiesen oft in Stil, Ausdrucksvermögen und Inhalt die völlige Uneignung zum Juristen (z. B. „Meine erste Kindheit verlief in ungetrübtem Glanze reinen Glückes. Dann aber griff der grausame Krieg mit roher Hand in meine sonnige Jugend"). Auch die bei Durchfällern sich häufig wiederholende Tendenz, die Entscheidung hinauszuziehen, dem Fertigwerden auszuweichen (z. B. durch Rückgabe der gestellten Themata, Fernbleiben von Klausurterminen, und zwar stets mit fadenscheinigen Begründungen, meist ärztlichen Attesten) gibt sehr gute Aufschlüsse.

*

Während das vorangegangene Referat im Zusammenhang einen Überblick über die geistigen Grundlagen der Berufsberatung in Deutschland gab, habe ich versucht, einige der wichtigsten Probleme aufzuzeigen, mit denen die akademische Berufsberatung im Reiche ringt. Das Ziel unserer Arbeit ist dabei nicht beeinflußt durch die

Ungunst der wirtschaftlichen Verhältnisse, also das Überangebot an Akademikern und die Überfüllung der Hochschulen; unabhängig davon wollen wir der Berufsberatung einen ständigen Platz in der beruflichen Auslese und Führung der Jugend sichern. Besonders die akademische Berufsberatung darf nicht dazu degradiert werden, in Zeiten des Überangebotes nur eine negative Ausmerze zu treiben; sie hat im Gegenteil auch in Zeiten normaler wirtschaftlicher Lage die große Aufgabe, durch ihre Methoden der Begutachtung und Sichtung die jeweils Bestgeeigneten zu finden und „ihren" Berufen zuzuführen.

Résolution
de la section pour l'orientation professionnelle des bacheliers.

1. Il est recommandé d'entreprendre partout les examens psychotechniques des étudiants des écoles supérieures, surtout au moment de leur passage des écoles secondaires aux écoles supérieures, et de conseiller les étudiants dans le choix de leurs études.

2. Lors des examens psychotechniques, il faut prendre spécialement en considération les intérêts, les goûts et les qualités caractérologiques qui sont d'une grande importance surtout pour des professions dites libérales.

3. Il est désirable d'échanger mutuellement les méthodes employées et les résultats fournis par les examens psychologiques des bacheliers dans les différents pays.

PSYCHOPATHOLOGIE
ET PHYSIOLOGIE DU TRAVAIL

BEMERKUNGEN ZUR PSYCHOPATHOLOGIE UND PSYCHOTHERAPIE DER ABHÄNGIGEN ARBEIT.

W. ELIASBERG (Wien).

Der durchschnittlich entlohnte Erwerbstätige weist in unserer Zeit charakteristische Züge auf, die deutlich werden, wenn man sie vergleicht mit der vor 100 Jahren.

Damals waren $^2/_3$ der Bevölkerung in der Landwirtschaft und ihren Nebenberufen tätig, während heute $^2/_3$ in der Industrie ihren Unterhalt finden. Ganz abgesehen von der Bevölkerungsvermehrung ist der überwiegende Teil der in der Industrie Berufstätigen durch eine oder höchstens zwei Generationen mit dem Lebenszuschnitt, der Gesinnung, der Geisteshaltung der landwirtschaftlichen Bevölkerung verbunden. Das bedeutet, daß der größte Teil der Industrie-Arbeiter in kurzer Zeit eine der stärksten Umkehrungen, Kontrastwirkungen im Seelischen erfahren hat, die wir überhaupt in unserem geschichtlichen Kulturleben kennen. Das seelische Leben der ländlichen Bevölkerung, und zwar sowohl der selbständigen kleinbäuerlichen, als auch der Taglöhner steht dem Leben primitiver Menschen näher, als etwa dem des städtischen Fabrik-Arbeiters. Die Arbeiten, die Jahreszeiten, das Haus, die Tiere als Mitarbeiter, die Werkzeuge und Pflanzen sind in einem ursprünglichen Gefühlszusammenhang eingebettet. Das Tun geschieht im Ausfluß einer Bestimmung unter der Wirkung der Tradition. Arbeit und Erholung sind durch Natur und Religion geordnet. Das ändert sich mit einem Schlage, wenn der Taglöhner „industrialisiert" wird. Man kann diese Entwicklung besonders scharf erkennen, wenn man den Arbeits-Typus in Sowjet-Rußland vergleicht mit demjenigen Typus, kurz nach der Aufhebung der Leibeigenschaft, den uns Dostojewski geschildert hat, als den Erniedrigten, mit urchristlicher Liebe alles Lebendige Umfassenden.

An seine Stelle ist urplötzlich ein in allen seinen Lebensbedingungen durchaus rationaler Mensch getreten, der überhaupt nur noch rationaler Motive fähig zu sein scheint, der nur noch um Lohn arbeitet und Lohn und Arbeitsmühe nach einem bestimmten Schlüssel zu tauschen bereit ist. (Vergl. Baumgarten: Arbeitswissenschaft in Rußland, München 1924.)

Wenn man sich die Wirkungen unserer modernen Arbeitsrationalisierung auf den Arbeiter vor Augen stellen will, so muß man sich auch klar machen, daß es sich außerdem um *Kontrastwirkungen* handelt. Früher besonders irrational, gewinnt das Leben nun in besonderem Maße eine Überschaubarkeit. Ein jeder Schritt gleicht dem anderen. Das Ziel läßt sich schon beim ersten Schritt erkennen. Man muß aber bedenken, wie sehr die inneren Spannkräfte des Lebens nur wirken können, wenn sie eigentlich verschleiert sind, wenn wir immer strebend, doch nie mit klaren und entschleiernden Worten das Ziel angeben können.

525

Diese geheimen Spannkräfte des Lebens und der Hoffnung sind dem vom Lande stammenden Industriearbeiter nicht nur genommen, sondern auch in besonders fühlbarem Kontrast mit einem Schlage genommen.

Zu dieser allgemeinen Veränderung in der seelischen Grundeinstellung kommt eine Reihe von Einzelveränderungen. Man kann sie etwa in folgendem finden:

1. In wirtschaftlicher Beziehung werden die Konsummöglichkeiten auf Grund des Arbeitseinkommens als zu gering empfunden.

2. In der Arbeitstätigkeit als solcher ist die Freude an der Arbeit, am persönlichen Tun in weitem Maße ausgeschaltet.

3. Bei allen Erwerbstätigen besteht ein vermehrtes Bedürfnis nach *Sicherung,* und zwar:

a) der körperlichen Integrität und Erwerbsfähigkeit,

b) des Arbeitsplatzes,

c) eines Einkommens (auch im Falle der Arbeitslosigkeit).

4. Das Moment der Abhängigkeit wird drückend empfunden, und zwar:

a) Als Trennung von den Produktionsmitteln.

b) Als Botmäßigkeit, das heißt Unterordnung unter den Willen eines andern.

5. Sehr vielen abhängig Arbeitenden fehlt die Möglichkeit zu einem Aufstieg. Es fehlt an einer Laufbahn — ein Moment, dessen eine Seite wir oben als gesteigerte Überschaubarkeit bezeichneten. Die andere Seite ist, daß das, was überschaut wird, nun seinerseits keine Aussicht bietet.

6. An Stelle des individuellen Arbeitsvertrages trat immer mehr die kollektive Gestaltung aller Arbeitsverhältnisse. Dabei grenzte sich in ihrem eigenen Bewußtsein die Arbeiterschaft immer mehr gegen andere Bevölkerungsschichten ab.

7. Es regte sich das Verlangen, nach Mitbestimmung auf wirtschaftlichem Gebiet, gefördert namentlich durch die Ausbreitung der politischen Demokratie — Wirtschaftsdemokratie.

8. Der Erwerbstätige wünscht Privat-Eigentum und im Speziellen Privatanteil am Betriebskapital. Dies ist nicht zu verwechseln mit der Tendenz zur Vergesellschaftung der Produktionsmittel, beruht vielmehr auf einer in der Stammes- und Einzelentwicklung sehr früh auftretenden psychologischen Tendenz zur Apropriation.

Alle diese Momente, die wir hier aufgeführt haben, sind schon oft Gegenstand sozialreformerischer Bestrebungen gewesen. Dabei ist es interessant — und wird uns noch weiter beschäftigen — daß die meisten Versuche höchst einseitig sich nur auf dieses oder jenes Moment richteten, und dennoch als Allheilmittel empfohlen wurden.

Die staatliche Sozialpolitik betont insbesondere die Momente der Sicherung und zwar speziell der Erwerbstätigkeit, und man kann nicht leugnen, daß sie damit ein wesentliches Moment erfaßt. Das ergibt sich daraus, daß große Teile der Arbeiterschaft vor dem

Kriege „diesseitig" geworden waren und ihren Frieden mit dem Kaiserreich eigentlich schon abgeschlossen hatten. Dagegen sind andere Momente lange Zeit völlig unberücksichtigt geblieben. Es sind hauptsächlich die folgenden: Unzufriedenheit mit der stark unterteilten Arbeitstätigkeit, Trennung von den Produktionsmitteln, Botmäßigkeit, Fehlen einer Laufbahn, kein Mitbestimmungsrecht.

Man muß sich alle diese Momente vor Augen halten, um die durchschnittlich emotionale Lage zu verstehen. Es sind bei weitem nicht nur die Arbeitstätigkeit als solche, und deren unmittelbare psychophysiologischen Wirkungen wie Ermüdung usw., ferner Streitigkeiten um die Lohnhöhe, die hier mitbestimmend sind. Die allgemeineren Bedingungen der Arbeit stehen im Vordergrund. Das zeigt auch der Sprachgebrauch: Wir nennen Arbeitnehmer denjenigen, der physische Arbeit gibt, Arbeitgeber denjenigen, der physische Arbeit nimmt. Mit gutem Grunde deswegen, weil eben nicht die physische Arbeit als solche, sondern die allgemein sozialen Bedingungen das Antlitz der modernen Arbeit entscheidend formen.

Durch alles dieses zusammen wird nun in der modernen Arbeit durchschnittlich eine bestimmte emotionelle Lage geschaffen. Wille und Gesamtpersönlichkeit werden in zwei entgegengesetzten Richtungen dauernd beansprucht. Das Wesentliche ist: Ein kompliziertes Zusammenspiel von Unterordnung unter den Willen eines anderen mit einem hohen Maße von Selbstbestimmung, und dies, wie gesagt, auch schon bei dem einfachsten Arbeitsvorgang, der sich ja auch wie der komplizierteste im Rahmen unserer rechtlichen sozialökonomischen Verhältnisse abspielt.

Während also einerseits für das Bewußtsein die Zweckreihe ins Unendliche verläuft, da persönliche Ziele in der Arbeitstätigkeit nicht mehr verwirklicht werden können, muß doch der Wille bereit sein, sich aufs Nächstliegende zu konzentrieren und sich dabei neue Richtungen weisen zu lassen. Es ist aber eine Grundtatsache für die Ökonomie des Willens, daß die Leistung um so schneller und qualitativ besser verläuft, je ferner das Endziel ist, das bewußt gewollt wird. Die Ökonomie des Willens wird durch Zwischenbefehle, Zwischenanordnungen, wie sie in jedem Betrieb unvermeidlich sind, dauernd gestört.

Diese Art der Tätigkeit gestaltet auch die Erholung. Die Erholung wird aus folgenden Quellgebieten gespeist:

1. Ausgleich der Ermüdung im Sinne der physiologischen Chemie und zwar:

a) Ausschwemmung, b) Einfuhr und lokaler Wiederaufbau.

2. Das Weiterwirken der Determination der Probleme aus der Arbeit.

3. Die Betätigung von Trieben, Tendenzen der Persönlichkeit, die in der Berufstätigkeit brach liegen: freie, spielende Betätigung oder Betätigung im Nebenberuf. Je nachdem 1. oder 2. und 3. überwiegen, sprechen wir von passiver Erholung oder Erholungstätigkeit.

Eine Übersicht über die tatsächliche Erholungsweise der breiten Massen zeigt, daß im Sport, im Alkoholgenuß, in der politischen Massenversammlung, im Kino und dergleichen die Passivität das entscheidende Moment ist. Daher die rein quantitativen Wirkungen im Film. Das alles ist gestellt auf den Mechanismus der identischen Wiederholung, den wir als typisch für niedere Entwicklungsstufen, für pathologische Defektzustände und eben auch für die Ermüdungszustände nach der Arbeit kennen. (Vergl. dazu Eliasberg, Grundriß einer allgemeinen Arbeitspathologie, Leipzig 1924.) Der Affekttypus des Arbeitslebens ist ungefähr das Gegenbild des Typus, den wir etwa beim manisch-depressiven Irresein finden. Bei diesem im Erlebnis unmotivierter Gefühle, über das psychisch-physische Ganze ausgebreitet, inhaltlich oft dem Gebiet der Religion, der Ethik entnommen; bei jenem gegenständlich bestimmte, unmotivierte Gefühle, gehemmte Gefühlsäußerungen als Ausdruck davon, daß nicht die ganze Persönlichkeit davon ergriffen ist. Inhaltlich meist auf die eigene Person bezogen: abstrakte Pflichtgefühle, Geltungswille, Insuffiziensgefühle, Verbissenheit, Neid, Begehrlichkeiten, Übergangsformen zwischen diesen beiden Typen wurden namentlich an erwerbstätigen Kriegshirnverletzten beobachtet.

Zum Gesamtkomplex der modernen Arbeit hat die Arbeitswissenschaft bisher unter bestimmten Abstraktionsgesichtspunkten Stellung genommen.

1. Die ältere historische Schule, die etwa durch den Namen Schmoller repräsentiert wird, untersucht die Beziehungen zweier Sinn-Zusammenhänge, namentlich die des Arbeitskomplexes und die der Persönlichkeit. Sie hat wesentliche Beiträge geliefert, entsprechend der Methode, für das Verständnis des geschichtlichen Arbeitsvorganges als Beruf, erschienen 1861, nach der dritten Auflage neu aufgelegt 1924. Diese Fragen sind noch durchaus im Fluß. Vor dem Kriege schien es, als ob die Berufsgliederung der Gewerkschaften, ausgehend von den Materialien sich durchsetzen werde. Aber auf dem Breslauer Gewerkschafts-Kongreß waren die Gegensätze so scharf, daß die Frage Berufsverband oder Industrieverband einer endgültigen Lösung nicht zugeführt werden konnte, und zwar weil das Interesse in der Berufstätigkeit beim einzelnen Arbeiter stärker ist, als theoretische und organisatorische Gründe, die für eine andersartige Zusammenfassung sprechen. An diese noch immer starken, echten Berufsinteressen sollte mehr als bisher angeknüpft werden.

2. Die wirtschafts-wissenschaftliche Abstraktionsrichtung: Psychotechnik und Taylorismus. In ihr erscheint der Arbeiter als Betriebsfaktor. Die Untersuchungen über die Eigenart der menschlichen Arbeitsleistung sind von vornherein wirtschaftlich abgezweckt. Jedes Wirtschaftselement muß sich durch seinen Ertrag rechtfertigen.

3. Die quantitativ-wissenschaftliche Abstraktionsrichtung Kraepelins: sie sieht bei der Arbeit ab von allen Momenten, außer dem der Leistung, die prinzipiell durch Maßzahlen ausgedrückt sein muß.

Es werden da individuelle, direkte psycho-physische Voraussetzungen der Leistungen untersucht, allerdings in der Annahme, daß diese Voraussetzungen wesentlicher für die Arbeit seien, als das, was wir oben als soziale Bedingungen der Arbeit bezeichneten. Der Erfolg scheint ja dieser Forschungsrichtung nicht Recht zu geben. Im Gesamtkomplex der Arbeit sind Motivationen aller Art wichtiger als unmittelbare physische Dispositionen. Aus diesen Gründen hat z. B. die Psychotechnik in den nationalisierten Betrieben in Rußland versagt. Die Träger bestimmter Dispositionen fanden sich späterhin nicht bewogen, diese Dispositionen nun auch wirklich in den Dienst der Arbeit zu stellen (S. Baumgarten, Arbeitswirtschaft in Rußland.)

4. Die Motivation wird besonders untersucht von der sozial-psychologischen Forschungsrichtung. Zwischen ihr und der psycho-pathologischen Betrachtungsweise bestehen nahe Beziehungen. (Vergl. Eliasberg, Grundriß einer allgemeinen Arbeitspathologie, Heft 28. der Schriften zur Psychologie des Wirtschaftslebens und der Berufseignung, Leipzig 1924.) Im allgemeinen wird angenommen, daß die typische Motivationshaltung der rationalen Einordnung unter dem sozialen Existenzzwang ist. Zu wenig beachtet wird, daß für das moderne Wirtschaftsleben eine andere Motivationsstufe, nämlich die übermäßige, freiwillige Einordnung von Wichtigkeit ist. Die übermäßige freiwillige Einordnung ist eine Voraussetzung für alle sogenannten Vertrauensposten. Wichtig ist, daß es immer besonders geartete Persönlichkeiten sind, die von sich aus zu einem solchen Mehr an Leistung, zu einer nicht-entgoltenen Hingabe disponiert sind. Sie bedürften des Bewußtseins, unentbehrlich zu sein. Von hier aus kommt es leicht zu paranoiden Entwicklungen. Solche Typen sind: Der Beamte, der jeden Eingriff, namentlich aber eine Versetzung, mit einem querulierenden Kampf ums Recht beantwortet; die Köchin, die schon 30 Jahre im Hause ist und nun ein unerträglicher Haustyrann ist; die Geschäftsangestellte, die für das Geschäft so sorgt, als ob es ihr eigenes wäre. Typisch ist, daß man solchen Menschen irgend eine Tätigkeit, irgend ein Recht, das man ihnen einmal eingeräumt hat, nicht mehr nehmen kann. Für die moderne Wirtschaft ist es sehr bezeichnend, daß sich in ihr der Bereich des Vertrauens ausbreitet, während die Politik immer mehr zur Domäne des öffentlichen Mißtrauens wird. Ohne solche Menschentypen, wie wir sie hier ganz kurz geschildert haben, und die allerdings häufig zu paranoider Entwicklung neigen, wäre die moderne Wirtschaftsgestaltung nicht möglich. Die Arbeit als sozial-psychische Totalität, das heißt also: die physische Arbeitstätigkeit mit allen ihren sozialpsychologischen, technischen Zusammenhängen erzeugt Veränderungen in der arbeitenden Persönlichkeit und unter den Massen der Arbeitenden, die einer psychotherapeutischen Beeinflussung im technischen Sinne des Wortes zugänglich sind. Die sozialen Gebilde, das heißt: die durch den Einzelnen und die Organisationen nur relativ wenig veränderli-

chen sozialen Zustände wirken als exogene Momente.[1]) Typus einer solchen exogenen Schädigung ist die Arbeitslosigkeit. Sie hat bei jugendlichen und allen erwachsenen Arbeitern äußerst schwere Folgen. Wir sehen hier ab von den unmittelbar körperlichen Folgezuständen der Unterernährung und Anfälligkeit. Unmittelbare psychische Folgen sind: Die Untergrabung des Selbstgefühls, das Gefühl in seiner Existenz bedroht zu sein. Wenn man den Arbeitslosen in der Sprechstunde sieht, so bietet er das Bild eines ängstlich gehemmten Menschen; ihm fällt nichts mehr ein; er weiß sich nicht zu helfen; er wiederholt stereotyp: „Mit mir ist es zu Ende, mir kann man nicht mehr helfen."

Ganz im Gegensatz neigen bekanntlich Arbeitslose in größeren Massen nicht nur zu einem starken Radikalismus der Gesinnung, sondern auch zu brutalen Gewaltakten. Psychisch besteht zwischen diesen beiden Bildern, des gehemmten einzelnen Arbeitslosen und dem der explodierenden Masse kein Widerspruch. Die ängstliche Hemmung führt zur Verzweiflung und zum Mute der Verzweiflung. Und es ist ganz klar, daß unter der Wirkung der Massen-Suggestion der Eintritt der Explosionen erleichtert wird.

Aber auch die kriminelle Handlung der Einzelnen, die Aggression, ist oft nur ein Ausdruck der inneren Hilfslosigkeit. Der verbrecherische Arbeitslose, namentlich der Jugendliche, erscheint bei näherem Zusehen wie ein Esel in der Löwenhaut der Aggression.[2])

Diese Wirkungen der Arbeitslosigkeit zeigen auch, wie sehr der Gesamtkomplex der Arbeit, und nicht die Arbeitstätigkeit als solche es ist, die bestimmend wirkt.

Die am Beispiel der Arbeitslosigkeit geschilderten psychologischen Zustände, die abgesehen von den sozialen Verhältnissen — eben durch Explosionsneigung eine ernste Gefahr bilden, sind nun der *Psychotherapie der abhängigen Arbeit* im technischen Sinne des Wortes durchaus zugänglich. Der in seiner Leistungsfähigkeit innerlich ge-

---

[1]) Der Ausdruck „*exogen*" wird hier im Anschluß an die Begriffsbestimmung Bumkes gebraucht (Z. Bl. f. d. ges. Neurologie u. Psychiatrie, Bd. 40, S. 379 ff.), wonach exogen solche Prozesse sind, wo das Gehirn unter grundsätzlich neuen Arbeitsbedingungen ersetzt wird und — psychologisch betrachtet — ein sinnloser Eingriff in das Nervensystem statt hat. Verzichtet man bei dieser Definition auf Gehirn- und Nervensystem, so ergeben sich als exogen, von der Persönlichkeit her betrachtet, sinnlose Eingriffe in die Gesamtheit der Persönlichkeit und ihre Leistungsfähigkeit. Die sozialen Gebilde sind danach für die Persönlichkeit sämtlich exogen.

[2]) Am Wesensbild des Arbeitslosen, an dem jähen Gegensatz von Verschüchterung und Brutalität, äußerster Hemmung und hemmungsloser Entäußerung ist der eingangs erwähnte Kontrast von bäuerlicher und großstädtischer, von primitiver und höchst rationalisierter Geistesart stark beteiligt.

schädigte, leidende Mensch kann nach psychotherapeutischen Gesichtspunkten behandelt werden. Dazu ist es allerdings notwendig, dem sozialen Komplex der Arbeit und dem beruflichen Verhältnisse beim nervösen Leidenszustand mehr als bisher Aufmerksamkeit zu schenken.

Wenn man die Vielgestaltigkeit sozialreformerischer Bestrebungen psychologisch erforscht und sie mit den psycho-pathologischen Erfahrungen vergleicht, dann zeigt sich, daß die einzelnen berufstätigen Menschen für die einzelnen sozial-psychologischen Schwierigkeiten und Schädigungen (s. o.) spezifisch empfindlich sind. Dieser für das Moment der abhängigen Arbeit, jener für das der Unsicherheit, ein Dritter für das Fehlen einer Laufbahn usw. Diese spezifische Empfindlichkeit ist durchaus vergleichbar der aus der Pathologie der Gewerbe-Toxikosen bekannten speziellen Empfindlichkeit für bestimmte Gifte. Und sie geht wie diese oft mit einer völligen Unempfindlichkeit gegen andere Schädigungen einher. Die Anwendung daraus für die Kritik der sozialreformerischen Versuche ergibt sich: Es gibt keine allgemein gültige Sozialreform. Ihre Wirkungen hängen vielmehr von der durchschnittlich allgemeinen Motivationsstufe der Arbeit, dann aber auch von der durchschnittlichen Artung einer bestimmten Belegschaft ab.

Die ärtzliche Psychotherapie der Arbeit hat in den sozialen Kämpfen Neutralität zu wahren. Es kann nicht von ihr verlangt werden, daß sie die sozialen Gegensätze aus der Welt schaffe. Wohl aber, daß sie die eigenartigen und gefährlichen Hemmungen, Sperrungen, sensitiven Entwicklungen in der Seele des Einzelmenschen beseitigt und kunstgemäß zur Abreaktion bringt. Der Leidende soll nicht ins Innere seines Leidens versinken, damit er nicht eines Tages explosiv wieder hervorkomme. Eine solche Psychotherapie der Arbeitenden liegt im höchsten Interesse der Einzelleistung und des Gesamtbetriebes. Die innere Reibung im Betriebe wird vermindert; von dem Einzelnen, der innerlich frei geworden ist, braucht man keine Explosionen zu befürchten, und keine Ansprüche, die nicht mehr sachlich motiviert, sondern nur als Überkompensation aufgespeicherter Verbitterung verständlich sind.

Der soziale und wirtschaftliche Wert solcher Leistungen der Psychotherapie steht außer allem Zweifel.

Auch ist die Psychotherapie, gestützt auf eine Kenntnis der Arbeitszusammenhänge und eine vertiefte Kenntnis menschlicher Reaktionsweisen (Vergl. Eliasberg, Grundriß einer allgemeinen Arbeitspathologie), durchaus in der Lage, diese Leistung zu vollbringen. Voraussetzung dafür ist allerdings, daß diese Wirksamkeit von den Krankenkassen anerkannt und gewürdigt werde. Die wirtschaftliche Rentabilität ist sicher, sowohl für die Betriebe wie für die Krankenkassen.

Da — wie hier nicht näher auszuführen ist — das Problem der

Unfallneurose, unter psychotherapeutischem Gesichtspunkte angegriffen, sehr viel weniger Schwierigkeiten bietet, sind auch die Berufsgenossenschaften an der Psychotherapie der abhängigen Arbeit interessiert.

ÜBER DIE FUNKTIONELLE BEZIEHUNG DER LINKEN HIRNHEMISPHÄRE ZUR LEISTUNGSFÄHIGKEIT DES MENSCHEN.

FR. KAFKA (Prag).

Das Prinzip der Symmetrie ist in der Natur biologisch bedingt und kommt auch während der ganzen Entwicklung beständig zur Geltung. Beim Menschen ist die Symmetrie nach der morphologischen Seite zum größten Teil erhalten. Das Gleichmaß der rechten und linken Körperhälfte wird auch nach der allgemeinen Überzeugung regelmäßig als Ausdruck einer normalen, gesunden menschlichen Entwicklung angesehen. Die morphologische Übereinstimmung der rechten und linken Seite des Menschen praejudiziert auch eo ipso eine funktionelle Übereingestimmtheit, welche den zugehörigen Systemen oder Organen entspricht.

Auf den ersten Blick würde es scheinen, daß es nichts regelmäßigeres gibt als die beiden Hirnhemisphären. Die Größe beider — die äußere Konfiguration des Hirnes, die Regelmäßigkeit der Windungen und Furchen, die Verzweigung der Gefäße, die Farbe der einzelnen Gebiete, die analoge Struktur der Schnitte — das alles scheint bedingungslos die Übereinstimmung der rechten und linken Hemisphäre zu bestätigen. Wenn wir aber die einzelnen Teile genauer untersuchen, erkennen wir, daß von einer absoluten Identität nicht zu sprechen ist. Das vergleichende Studium bezeugt, daß nicht einmal die Windungen übereinstimmend gelagert sind, daß auch die Furchen ungleiche Tiefe haben, daß die Verzweigung der Gefäße verschiedene Variationen erkennen läßt und keineswegs nur in besonderen Fällen, die mikroskopische Untersuchung zeigt sogar eine unterschiedliche Struktur einzelner Partien, z. B. der Rinde u. ä. Die Hirnpathologie liefert zahlreiche Beispiele, wie die Übereinstimmung der rechten und linken Hemisphäre dort nicht eingehalten ist, wo es um Entwicklungsstörungen geht.

Die Ungleichmäßigkeit der Rinde ist bei der Porenkephalie bekannt, die Ungleichmäßigkeit der Hirnkammern bei Epilepsie und Oligophrenie. Es handelt sich aber nicht lediglich um extreme pathologische Zustände. Auch beim gesunden Menschen besteht keine Identität beider Hirnhemisphären, weder der Morphologie noch der Struktur nach.

Die Leistungsfähigkeit des Menschen ist — wie bei den anderen Geschöpfen — an eine bestimmte Entwicklungsstufe des Gehirns gebunden. Es ist bekannt, wie einige motorische und sensorische Funktionen mit Gebieten der Hirnrinde korrelieren und wie die Funktion des Gleichgewichtes in Korrelation steht zu dem Kleinhirn und dem ihm übergeordneten System im Stirnhirn.

Schon seit jeher erweckte die Tatsache besondere Aufmerksamkeit, *daß bei den motorischen Leistungen des Menschen die rechte Hand bevorzugt ist,* deren physiologisches Korrelat die linke Hirnhemisphäre darstellt. Beim Fuß ist das Übergewicht nicht mehr so auffällig. Am leichtesten fällt in erster Reihe immer der Vergleich mit Geschöpfen einer niedrigeren Entwicklungsreihe. Die Phylogenese weist auf, daß bei den Vierfüßern keine auffälligeren Unterschiede in den Funktionen der rechten und linken Seite bestehen. Nur bei den anthropoiden Affen ist die Frage vielleicht strittig geblieben. Der Mensch benützt schon seit jeher die rechte Hand weit häufiger als die linke. Das regte zu Forschungen an, *ob die linke Hirnhemisphäre funktionell wertiger ist und ob der Grund dafür in ihrer unterschiedlichen anatomischen Struktur zu suchen ist.* Das Problem ist nicht so einfach, wie man zuerst annahm. Es geht nicht nur um die häufigere Verwendung der rechten Hand; auch bei anderen Leistungen ist das augenfällig, so z. B. beim Gang und beim Wenden des Kopfes. Ein gewichtiger Beweis aus der Hirnpathologie ist außerdem die bekannte Beobachtung von *Broca (1861),* wonach bei einer Läsion der 3. Stirnwindung in der linken Hemisphäre *die motorische Aphasie* eintritt, der Verlust der Sprachfähigkeit. Für uns ist es nicht wesentlich, ob die Ursache in einer begrenzten Schädigung im Sinne von *Broca* liegt oder in einer weitergreifenden im Sinne von *Monakow.* Gewiß bleibt soviel, daß *die motorische Funktion der Sprache bilateral nicht gleich vollkommen ist.* Das wird auch daraus klar, daß bei einer Läsion des linken *Broca'schen* Zentrums die rechte Hemisphäre den Defekt nicht kompensieren kann. Die korrespondierende rechte Stirnwindung hat wohl vikariierende Fähigkeiten, doch die Erfahrung lehrt, daß diese Fähigkeiten wesentlich beschränkt sind, wie *Henschen* bewiesen hat. Das erhellt aus Beispielen, wo nach Läsionen in der dritten linken Stirnwindung die Kranken nur undeutlich sprechen, aphatisch stottern, automatisch landläufige Phrasen reproduzieren oder paraphatisch sprechen. Wenn die Funktion der rechten Hirnhemisphäre gleich ausgiebig wäre, müßte sie nach unserem Urteil die gleiche optimale Leistungsfähigkeit erreichen wie die linke Hemisphäre. Nachdem das aber nicht der Fall ist, deduziert man mit Recht, daß *der linken Hirnhemisphäre ein funktionelles Übergewicht über die rechte Hemisphäre zukommt.*

Auf das psychische Übergewicht der linken Hirnhemisphäre läßt sich auch noch aus anderen biologischen Tatsachen schließen.

Durch das Studium der *sensorischen Aphasie* in beiden Formen, der Wortblindheit und der Worttaubheit, können wir uns von der Prävalenz der linken Hemisphäre überzeugen.

Die Worttaubheit entsteht bei einem Defekt der ersten temporalen Windung der linken Hemisphäre. Selbstverständliche Voraussetzung bleibt freilich, daß die Hörschärfe erhalten ist. Unter diesen Umständen ist die Fähigkeit, Wörter und Sätze zu verstehen, gestört oder überhaupt aufgehoben. Wenn es später zu teilweiser Restitution der Verständnisfähigkeit kommt, so geschieht das auf Kosten der rechten Temporalwindung (Bastian). Den vikariierenden Einfluß der nicht lädierten rechten Hemisphäre bezeugt dabei die Tatsache, daß bei einer Störung der linken und rechten temporalen Windung eine Restitutionsfähigkeit ausgeschlossen ist. Wenn bei einer Läsion der temporalen Windung wenigstens die Fähigkeit, Worte zu wiederholen, erhalten geblieben ist (Echosprache) — obwohl das nur ein Ausdruck erhaltener reflexer und keineswegs sensorischer Tätigkeit ist — so geht auch sie verloren bei einer Läsion der temporalen Windung auf der anderen Seite. Praktisch tritt die Worttaubheit am häufigsten als Paraphasie auf. Der Kranke hört Worte, versteht sie aber schlecht und spricht deshalb unrichtig. Bei der Paraphasie sind zwei Alternativen möglich: Wenn die Funktion des linken temporalen Lappens teilweise erhalten ist, kann der Kranke das gehörte Wort verstehen; wenn er nicht versteht und paraphatisch spricht, handelt es sich um eine Leistung des rechten Temporallappens allein. (Henschen.)

Die zweite Form der sensorischen Aphasie, die *Wortblindheit,* ist ein komplizierteres Problem als die erste. Einige Autoren (Wernicke, Déjérine, Bastian) anerkennen sie als besondere Form und zweifeln an der Möglichkeit ihrer Lokalisation, obwohl sie immer bei einer Läsion des linken g. angularis auftritt. Auch hier ist eine Restitution möglich, freilich nicht ad integrum, sondern nur soweit, daß der Kranke Silben lesen kann, jedoch keine Worte; ja er liest nicht einmal den eigenen Namen ab. Wenn er doch zuweilen zu lesen vermag, so ist das nur ein mechanischer Vorgang, wobei der Kranke nicht versteht, was er liest. In anderen Fällen liest er paralektisch, bildet neue Worte und kann sich schwer besinnen. Häufig verlieren solche Kranke die Lesefähigkeit für das ganze Leben, weil der rechte g. angularis unfähig ist, den Defekt des linken g. angularis wettzumachen und weil die Funktion des rechten g. angularis keine sensorische, sondern eine reflexive ist.

Die Überwertigkeit der linken Hemisphäre tritt auch noch in anderen Leistungen in Erscheinung, z. B. bei der Agraphie und bei der Amusie. Obwohl über die Lokalisation der *Agraphie* keine übereinstimmenden Meinungen bestehen, ist doch keineswegs strittig, daß die Schreibfähigkeit des Rechtshänders an die linke Hemisphäre gebunden ist. Einige Forscher meinten, daß das Schreibzentrum in der linken zweiten Stirnwindung sei (Henschen), aus welchem Grunde die motorische Aphasie (F_3) so häufig im Verein mit der Agraphie (F_1) auftrete. Die Frage, ob die rechte Hemisphäre die agraphische Störung bei einer Läsion in der linken Hemisphäre zu kompensieren vermag, ist auf Grund der klinischen Beobachtungen eher negativ zu entscheiden. Wenn das doch manchmal zutrifft, so in unvollkommener Weise, wie z. B. bei der Spiegelschrift. *Kleist* unterscheidet in seiner letzten großen Arbeit zwei Arten von Agraphie, die ideokinetische und die konstruktive. Bei der ideokinetischen Agraphie geht es um eine Störung der Schreibzüge, während sich die konstruktive Agraphie durch Agraphie der Silben und Worte auszeichnet, welche räumlich falsch geschrieben und unrichtig zusammengesetzt sind. Schon *Hermann* und *Pötzl* haben nachgewiesen, daß die Agraphie in der linken Hemisphäre lokalisiert werden muß. Auch *Kleist* hält für den Sitz der konstruktiven Agraphie den linken g. angularis.

Bei der Analyse der *Amusie* treffen wir ähnliche Verhältnisse an wie bei den Sprachstörungen u. Aphasien. Es gibt viele Arten von Amusie. So kann z. B. eine Störung entstehen, welche sich in der Unfähigkeit darstellt, das Gehörte musikalisch aufzufassen, ein anderes Mal wieder vermag sich eine musikalische Fähigkeit nicht motorisch-instrumental auszudrücken oder der Kranke kann musikalisch apraktisch, ja auch agraphisch sein. Was die Topographie der Amusie betrifft, so ist diese Störung nach dem Urteil der Mehrzahl der Autoren in den meisten Fällen in der linken Hemisphäre zu lokalisieren, bis auf jene Fälle, wo es sich um die Störung der musikalischen Praxis handelt, welche eine bilaterale Lokalisation voraussetzt (Klavier) oder ein Übergewicht der linken Hand (Geige u. a.). Die Fähigkeit zu singen wird in der linken 3. Stirnwindung lokalisiert, frontal vor dem *Brocaschen* Zentrum. Nach einigen Autoren (Horsley, Bechtěrev, Vogt, Semon) hat dieses Zentrum eine doppelseitige Innervation. Da man in einzelnen Fällen beobachtete, daß auch bei der motorischen Aphasie die Fähigkeit Worte zu singen, intakt geblieben war, schloß man daraus, daß diese Funktion von einem Singzentrum ausgeübt wird, das in der rechten Hemisphäre eingelagert ist. Die Fähigkeit, Musik zu hören und zu verstehen, ist lokalisiert im Pol des ersten Temporallappens in der linken Hemisphäre. Bei einer Läsion dieser Stelle kommt es zu einer Kompensation durch die rechte Hemisphäre, die aber niemals ausreichend ist. Von anderen Störungen interessieren besonders Blindheit für Notenlesen, Notenagraphie und musikalische Apraxie. Obwohl wir wenig darüber wissen, läßt sich doch heute soviel als erwiesen betrachten, daß die Notenblindheit eine Störung des linken g. angularis darstellt. Es ist unbestimmt, ob und in welchem Ausmaß der rechte g. angularis den Verlust des linken g. angularis in seiner Funktion ersetzen kann. Wie schon erwähnt, befindet sich im linken g. angularis auch das Zentrum für Lesen. Diese zwei Zentren sind aber nicht identisch. Die Lokalisation der graphischen Fähigkeit des Notenschreibens ist noch eine ungelöste Frage. Die Fähigkeit, Instrumente zu spielen, ist eigentlich eine Angelegenheit der musikalischen *Praxis*. Manche behaupten, daß es hier ein einheitliches Zentrum nicht gäbe, für das Spielen der einzelnen Instrumente seien besondere Zentren vorauszusetzen, deren Lokalisation freilich bisher mehr oder weniger auf

Annahmen beruht. So ist die Fähigkeit zum Geigenspielen (Cello) angeblich von der zweiten Stirnwindung rechts abhängig. Das würde darauf hinweisen, daß für diese Fähigkeit der Geigenspieler Linkshänder ist. *Henschen* analysiert dieses Problem bis in alle Einzelheiten. Ihm erscheint es deswegen interessant, weil sich angeblich daraus auf *die Fähigkeit der rechten Hemisphäre schließen läßt, ihre Funktion durch Erziehung und Training zu steigern.* Das hängt nach ihm mit der phylo- und ontogenetischen Entwicklung der musikalischen Fähigkeiten zusammen. *Die musikalische Fähigkeit ist eine primitivere Leistung des Gehirns als die Sprache.* Das Kind singt früher, als es spricht. Die rechte Hemisphäre hat hier eine größere Substitutionsfähigkeit als bei anderen motorischen und sensorischen kortikalen Funktionen. *Henschen* schließt auf eine größere Tüchtigkeit der rechten Hemisphäre, indem er von der Überlegung ausgeht, daß es sich bei Gesang und Musik um tieferstehende biologische Funktionen handelt, die keine weitere Erziehung nötig haben, wie das bei höher organisierten Fähigkeiten, beim Lesen und vor allem beim Schreiben der Fall ist.

Neben Aphasie, Amusie und Agraphie kennen wir aus der Pathologie der Hirnstörungen noch andere Funktionen, welche an die linke Hirnhemisphäre gebunden sind: die Fähigkeit zu rechnen, *die Orientierungsfähigkeit am eigenen Körper und im Raume, die Fähigkeit zur Farbenunterscheidung* u. ä. Die Akalkulie, Rechenstörung, pflegt gewöhnlich mit Alexie und Agraphie verbunden zu sein, denn ihre Lokalisation ist im linken g. angularis. Eine Folge seiner Läsion ist auch die bekannte Störung, die in der Unfähigkeit, die Finger zu unterscheiden, zum Ausdruck kommt. Aus zahlreichen Arbeiten über die agnostischen Störungen (Goldstein, Pötzl) folgt, daß der linken Hemisphäre ein entscheidender Einfluß zukommt. Zu *den agnostischen Störungen* läßt sich auch die Farbenagnosie zählen, die optische Agnosie für Gegenstände (mit optischer Störung zusammenhängend), Urteilsstörungen, Alexie, Zahlenblindheit (zum Unterschied von der Störung der Zahlbegriffe und des Rechnens) und die optische Raumagnosie, welche als optisch-somatische Desorientierung und als Verlust des topischen Gedächtnisses in Erscheinung tritt. *Kleist* teilt noch die zeitliche Desorientierung den optisch-agnostischen Störungen zu. Allen angeführten Störungen wird eine Lokalisation in der linken Hemisphäre zugesprochen. Auch die *konstruktive Praxis* (Zusammensetzen, Bauen, Zeichnen usf.) hat nach den letzten klinischen Erfahrungen ihren Sitz in Rinde und Mark des linken Parietallappens.

Die Physiologie und Pathologie der Hirnfunktionen des Menschen liefert deutliche Beweise, daß die linke Hirnhemisphäre ein funktionelles Übergewicht über die rechte Hemisphäre hat. Warum diese funktionelle Einrichtung beim Menschen besteht, wurde schon oftmals untersucht. Die Gründe waren nicht nur theoretisches Interesse, sondern, wie wir gleich sehen werden, auch praktischer und erziehlicher Natur.

Bei der Analyse des Problems der Rechtshändigkeit und des Übergewichts der linken Hemisphäre lassen sich folgende Gesichtspunkte wahrnehmen:

1. *Vergleichendes Studium des Menschen mit einer tieferstehenden Entwicklungsreihe.* Einige Autoren verteidigen diese Möglichkeit von einem sehr weitgefaßten Gesichtspunkt aus. Sie wiesen beispielsweise auch darauf hin, daß einige Pflanzen Spiralen nur nach rechts bilden, andere nur nach links, daß die Muscheln immer gleichseitig ausgedreht sind, daß in der Chemie rechts- und linksdrehende Strukturen bekannt sind. Das ist aber für unser Problem von geringem Belang. Unter den Lebewesen läßt sich ganz selten beim Affen ein Übergewicht einer Hand beobachten.

2. *Die Entwicklung des Menschen.* Kulturhistorische Studien verfolgten das Problem bis zum Neandertalmenschen. Man konnte feststellen, daß der Mensch schon damals mehr die rechte Hand gebrauchte als die linke. Aber nicht einmal diese Deduktion, nach der den Begriffen rechts — links schon von jeher eine wichtige symbolische Bedeutung für den Menschen zukommt, ist ein objektives Zeichen. Nach *Stier* bedeutet das Übergewicht der einen Hemisphäre beim Menschen schon eine höhere Entwicklungsstufe und eine wichtige Diskrimination den Tieren gegenüber.

3. *Erblichkeit.* Stier neigte zu der Ansicht, daß die Linkshändigkeit das rezessive Zeichen einer aussterbenden Varietät des Menschengeschlechtes darstellt, was den Mendelschen Gesetzen entsprechen würde. Dem widersprechen *Henschen* und *Bethe.* Nach *Neurath* haben rechtshändige Frauen mit latenter Anlage zur Linkshändigkeit linkshändige Söhne.

4. *Das Verhältnis von Rechts- und Linkshändigkeit in der Statistik.* Statistiken aus verschiedenen Zeitabschnitten und verschiedenen Ländern liegen vor. Am umfangreichsten ist die von *Stier.* In Deutschland gab es unter den Soldaten 4.6% Linkshänder (Stier), in Elsaß-Lothringen waren es 13% (Stier), in Amerika 2.85% (Inman und Ballin), in Rußland 3.8% (Kapustin), bei Schulkindern in Berlin fand man 4.06% (Schäfer) und in Stuttgart 7.77% (Schiller). Es existiert jedoch nicht nur absolute Rechts- und Linkshändigkeit. Es gibt auch teilweise Linkshänder, andere wieder nur mit latenter Anlage dazu. Manchmal lassen sich auch Fälle von Kreuzung der Linkshändigkeit mit einem Übergewicht der rechten Seite beim Fuß beobachten und die umgekehrte Kombination. Eine ausgesprochene Ambidextrie kommt äußerst selten vor.

5. *Linkshändigkeit und seelische Abnormitäten.* Die Korrelation zwischen Linkshändigkeit und Geisteskrankheiten wurde von einigen Autoren untersucht. So urteilt *Rosenfeld* auf Grund von Schuldaten abnormer Kinder, daß bei Kindern mit Ambidextrie und extremer Linkshändigkeit sprachliche und geistige Defekte in größerer

Anzahl vorhanden sind als bei rechtshändigen Kindern. Das Verhältnis beträgt 12—17% zu 3—4%. Bei den Kindern von sieben Hilfsschulen, untersucht in der „Vzorná práce" in Prag XIII, konnte ich kaum zwei Prozent linkshändiger Kinder feststellen. Parallel mit der Linkshändigkeit geht häufig die Epilepsie. In epileptischen Familien wurden 21.9% Linkshänder festgestellt (Redlich), ja sogar 89.5% (Steiner und Heiling). Von 470 Epileptikern der Landesanstalt für Geisteskranke in Prag II konnte ich nur 14 ausgesprochene Linkshänder feststellen, was ungefähr 3% entspricht. Zwischen den Geschlechtern bestand kein auffallender Unterschied. Bei Linkshändern ist die Neigung zum Stottern verhältnismäßig häufig durch eine Interferenz der Impulse beider Hemisphären, d. i. durch „bilaterale Symmetrie", verursacht (nach *Sachs*).

6. *Individuelle Entwicklung*. Einzelne Genetiker (Siemens, Fischer, Lenz) vertreten die Ansicht, daß für die Entwicklung nach einer bestimmten Seite die embryonale Lage ausschlaggebend ist. *Bethe* meint, daß zu 90% äußere Einflüsse bei Kindern bewirken, daß sich die Linkshändigkeit in Rechtshändigkeit umwandelt. Nach seinen Forschungen benützen die Kinder im Alter von 2—6 Jahren in gleicher Weise die rechte wie die linke Hand. Auch *Ludwig* stimmt mit ihm in der Meinung überein, daß alle Menschen ursprünglich ambidextrisch sind. *Sachs* geht von der Voraussetzung aus, daß beide Hemisphären annähernd gleich sind; sobald sich aber die Zentren für Sprache und für die psychomotorischen Funktionen fixieren, bildet sich das Übergewicht der einen Hemisphäre heraus. Auch *Gaupp* ist der Überzeugung, daß die Einseitigkeit der Leistungen Ausdruck eines funktionellen Übergewichts ist, das schon durch die Gestikulation indiziert ist. *Schiller* weist darauf hin, daß einzelne Lebenssituationen schon von frühester Kindheit an die Tendenz zeigen, vorwiegend mit der rechten Hand überwunden zu werden. Das Kind wird angehalten, immer die rechte Hand zu geben. Das Kind ahmt auch das Benehmen der Erwachsenen nach, welche ihre Verrichtungen größtenteils mit der rechten Hand erledigen, und endlich ist die Mehrzahl der Gegenstände und Maschinen der Funktion der rechten Hand angepaßt. Viele Autoren neigen zu der These, daß die menschliche Kultur durch Jahrhunderte beständig dazu führte, die rechte Hand zu verwenden. Die frühe Differenzierung des Sprachzentrums und einer der Hände hat eine funktionelle Hypertrophie des physiologischen Korrelats zur Folge. Nach *Braun* ist die höchste Differenzierung einer Funktion gleich darauf von einer Verarmung anderer Funktionen begleitet.

7. *Teste, welche auf das Überwiegen der einen Seite verweisen.* Bisher haben wir noch keine bis in alle Einzelheiten ausgearbeiteten Prüfungen für Rechts- und Linkshändigkeit. Als Symptom wird heute einfach das gewertet, was die Erfahrung des Lebens bietet. *Schiller* untersuchte bei Kindern, welche Extremität beim Zeichnen überwiegt, welche bei Handarbeiten, beim unwillkürlichen Spiel der Finger, wel-

che handfertiger beim Brotschneiden ist, beim Ballwerfen, beim Holz-
hacken. *Rosenbusch* und *Eußlin* prüften die Reaktion, mit welchem
Auge der Mensch durch ein Schlüsselloch visiert. Der Schrift der
Linkshänder widmeten *Gaupp*, *Siebert* und *Schiller* ihre Aufmerksamkeit. Die spontane Schrift mit der linken Hand ist angeblich
bei den Linkshändern schöner als die rechtshändige. Die Spiegelschrift ist angeblich ein Symptom einer unvollständigen oder häufiger noch latenten Linkshändigkeit. Nach *Schiller* ist das der „aller-
subtilste Indikator" der Linkshändigkeit. *Stern* erscheint es als nach-
weisliches Zeichen der Rechtshändigkeit, wenn sich bei brüsker
Schüttelbewegung der Kopf zuerst nach rechts wendet. Das Übergewicht des Fußes beurteilt *Schiller* beim Sprung, wobei freilich der Fuß
nicht vorgeschoben werden darf. Es wird das Abspringen, der Weit-
und Hochsprung untersucht. Den physiologischen Ausdruck der
Rechtshändigkeit sieht *Bethe* im gleichzeitigen Übergewicht der rechten Hand und des rechten Fußes und darin, daß die rechte Hand
mehr in die linke klatscht. Manchmal besteht freilich keine Homologie von Fuß und Hand, sondern das Übergewicht der Extremitäten ist gekreuzt. Auch noch andere Situationen aus dem praktischen
Leben können ein Übergewicht der einen oder anderen Extremität
erweisen. Es ist bekannt, daß einzelne Berufe eine Fertigkeit beider
Hände verlangen, ebenso einige Spiele (Klavier). Beim Sport (Fuß-
ball) ist das Übergewicht einer Extremität auch von großer Bedeutung. Es wird eine dankbare Aufgabe für die Psychotechnik bilden,
Teste zur Prüfung der einzelnen Funktionen auszuarbeiten.

8. *Praktische Bedeutung des Problems.* In erster Linie müssen wir
uns fragen, ob es nicht möglich wäre, durch Pflege beider Hände
für irgendwelche spezielle Beschäftigung die technische Fertigkeit
zu steigern, indem man Leute aussucht, bei denen Ambidextrie in
Erscheinung tritt. Eine andere wichtige Frage ist, ob man nicht von
Kindheit an bei jemandem Rechtshändigkeit züchtet und ihm nicht
übertriebene technische Anforderungen stellt, wenn bei ihm eine latente Anlage zur Linkshändigkeit vorhanden ist. Die Frage der Um-
erziehung zum Einsatz der anderen Seite gewinnt an Bedeutung nach
der Amputation der Extremitäten. Die unleugbare Wichtigkeit der
Reedukation tritt hauptsächlich bei pathologischen Hirnzuständen,
Schlaganfällen und Kopfverletzungen in Erscheinung. Wenn beim
Rechtshänder eine Lähmung der rechten Extremitäten und Sprach-
verlust eintritt, ist es wünschenswert, die Kompensation der anderen
Seite herauszubilden. Das ist nur der allereinfachste, wenn auch der
häufigste Fall. Pathologische Zustände, wo es um den Verlust einer
komplizierteren Funktion geht (Sensorische Aphasie, Amusie, Agraphie, Apraxie, Agnosie), beruhen auf demselben Prinzip. Hierher gehört auch die theoretisch interessante Frage, wie es bei Apoplekti-
kern und Polyglotten zur Restitution der Sprache kommt. Mit diesem Thema hat sich *Pötzl* eingehend beschäftigt.

Für das praktische Leben ist das Problem der Rechtshändigkeit von verschiedenen Gesichtspunkten aus bedeutsam. Es wird das Problem *der Korrelation der Intelligenz mit dem Übergewicht der Hemisphären* zu lösen sein und die Frage, ob es *physiologisch vorteilhaft ist, die Rechtshändigkeit durch Kultur und Erziehung zu protegieren.* Diese Fragen sind nicht erst neueren Datums. Aus der Geschichte ist bekannt, daß schon Lykurg auf gesetzlichem Wege den gleichmäßigen Gebrauch der rechten und linken Hand einführen wollte. Im Jahre 1930 legte *Armaingaudt* der ärztlichen Akademie in Paris einen Antrag vor, in welchem er fordert, daß bei der Erziehung auf den Gebrauch beider Hände geachtet werde; seinen Antrag begründet der Autor damit, daß durch Übung beider Hände die Fähigkeit zum militärischen Beruf und anderen Beschäftigungen gesteigert würde. Die Akademie setzte eine besondere Kommission zum Studium dieser Frage ein.

Dieses Referat erhebt keinen Anspruch auf eine erschöpfende Behandlung der Fragen. Aber aus dem Angeführten ist gewiß ersichtlich, daß das Problem schon mit Rücksicht auf seine praktischen Folgerungen erhöhte Aufmerksamkeit sowohl von seiten der *Physiologie* und *Neuropsychiatrie* als auch von seiten der *Psychotechnik* verdient.

ARBEITSMÖGLICHKEITEN PSYCHISCH ABWEGIGER.
ERNST KALMUS (Prag).

In seinem zuerst im Jahre 1911 und später im Jahre 1921 veröffentlichten berühmten Werke „Die differentielle Psychologie und ihre methodischen Grundlagen" sagte *William Stern*[1]: Die differentielle Psychologie als angewandte Wissenschaft hat sich zwei Ziele zu setzen: Menschenkenntnis (Psychognostik) und Menschenbehandlung (Psychotechnik).

Bezüglich der Psychotechnik führt *William Stern* aus, daß jeder, der praktisch mit Menschen zu tun hat, sie kennen müsse, um sie richtig zu behandeln, zu zensurieren, zu klassifizieren, zu verwenden.

Zur Menschenkenntnis gehöre zweierlei: eine Übersicht über die Varietäten des vorliegenden seelischen Gebietes, damit man weiß, mit welchen Möglichkeiten für die Einordnung des Einzelnen man zurechnen habe, anderseits zuverlässige Prüfungsmittel, um im konkreten Falle die Zugehörigkeit zu einem bestimmten Typus oder Grade der Eigenschaft feststellen zu können.

Was die Varietäten anbelangt, so sei nicht einmal die gröbste Scheidung, die hier für jede seelische Eigenschaft besteht, die zwischen *Normalität und Abnormalität* genügend bekannt, so daß tausendfältige Lehrer, Richter und andere Praktiker zu falschen Beurteilungen kommen.

Aber während in diesem Punkte durch den steigenden Anteil des Arztes am Schulwesen und an der Rechtspflege das Schlimmste überwunden zu sein scheine, sei der Praktiker *dort* ganz sich selbst überlassen, wo er innerhalb der Breite der Normalität Individualitäten zu beurteilen, d. h. in die ihm bekannten Begabungs-, Gedächtnis- und Charaktertypen einzuordnen hat.

Bezüglich der Prüfungsmittel aber stehe es nicht besser. Der *Pädagoge* verwendet zu seinen Prüfungen die *Leistungen* des Schülers, ohne sich darüber klar zu sein, welchen Anteil an der Leistung eingelerntes Wissen, allgemeine Intelligenz, Spezialbegabung, häusliche Übung habe. An eine wirkliche Feststellung der seelischen Eigenschaften komme er also nicht heran.

Der *Psychiater* mühe sich seit Jahrzehnten um Methoden der Intelligenzprüfung, blieb aber dabei viel zu sehr an der Prüfung niederer und elementarer Funktionen haften, die nur in einem sehr unbestimmten Zusammenhange mit der eigentlichen Intelligenz stehen.

Der *Graphologe* vertrete die seltsame Idee, daß von allen den unzähligen Äußerungsweisen der menschlichen Persönlichkeit eine einzige, nämlich die Schrift, allein ausreiche, um zum universellen Charakterdeutungsmittel erhoben zu werden. *W. Stern* fügt diesen seinen, damals gewiß berechtigten kritischen Bemerkungen den weiteren Satz hinzu: „Es bedarf keiner weiteren Ausführung, daß die eben genannten Teilaufgaben der Psychognostik Kenntnis der Varietätenbildung und Ausarbeitung geeigneter Prüfungsmethoden durchaus in das Arbeitsgebiet der differentiellen Psychologie gehören."

Diesem letzteren Satze ist meines Erachtens wohl entgegen zu halten, daß diese Behauptung jedenfalls nur für die Breite des normalen geistig gesunden Menschen gelten kann, daß aber alle irgendwie psychisch *Abwegigen* dem Arzte, speziell dem psychiatrisch geschulten Arzte, die Prüfung und Diagnostik psychopathologischer Zustände aber der psychiatrischen Wissenschaft zuzuweisen wären. Der oben schon erwähnte Ausspruch *Sterns*, daß der Psychiater sich seit Jahrzehnten bemühe, Methoden der Intelligenzprüfung zu finden, daß er aber zu sehr an der Prüfung niederer, elementarer Funktionen haften blieb, ist vielleicht zu seiner Zeit berechtigt gewesen. Seither hat aber die psychiatrische Diagnostik nicht nur in somatischer Beziehung, sondern auch auf dem Grenzgebiete zwischen geistiger Gesundheit und Krankheit doch wohl solche Fortschritte gemacht, daß zumindest die Mitarbeit der Arztes, speziell des Psychiaters an der differentiellen Psychologie und ganz besonders an der *Berufsberatung* heute nicht mehr entbehrt werden kann.

Poppelreuter[2] hat schon 1921 und später[3] darauf hingewiesen, daß die psychologische Berufsbegutachtung ein integrierender und wesentlicher Bestandteil der *ärztlichen* Begutachtung und damit — falls sie als allgemeine Wohlfahrtsmaßnahme ausgeübt wird — der *sozialen Hygiene* sei.

Allerdings erhebt *Poppelreuter* im weiteren mit Recht gegen die Ärzte den Vorwurf, daß sie die Praxis der psychologischen Begutachtung so sehr vernachlässigt haben, obzwar in der nervenärztlichen und psychiatrischen Methodik, fernerhin in der Praxis der gerichtlichen und ganz besonders der Erwerbseinbußegutachten, ganz besonders in der Hirnverletztenbegutachtung eine mindestens ebenso breite Entwicklungsgrundlage vorgelegen habe, als in der eigentlichen Psychologie mit ihren Nebengebieten.

Den Vorwurf, die Entwicklung versäumt zu haben, könne man nach Lage der ganzen Verhältnisse der ärztlichen Wissenschaft nicht ersparen. Sie habe Terrain preisgegeben, das wieder erobert werden müsse.

Im weiteren ist *Poppelreuter* gewiß beizustimmen, wenn er als nächstes Ziel seiner hauptsächlich für Ärzte bestimmten Abhandlung über psychologische Berufsberatung hinstellt, zu einer fruchtbaren *Zusammenarbeit* des Arztes mit den nichtärztlichen Instanzen beizutragen. Gelten die Ausführungen schon bei der allgemeinen Berufsberatung über die normalen gesunden Kinder und Jugendlichen, einschließlich der Berufsberatung für akademische Berufe, so ist die Mitarbeit des Arztes noch unentbehrlicher bei der Beratung irgendwie Defekter, sei es in körperlicher, sei es in psychischer Beziehung.

Auf die ärztlichen Aufgaben bei der Blinden-, Tauben- und Taubstummen-Fürsorge, bei der Fürsorge körperlich sonst Geschädigter kann ich aus begreiflichen Gründen hier nicht näher eingehen, da dies von meinem eigentlichen Thema zu weit wegführen würde, obzwar auch alle diese Fürsorgegebiete ihre psychologischen und psychopathologischen Seiten haben, deren Erörterung gerade auf einem internationalen Kongresse besonders lehrreich sein und eine lebhafte Diskussion hervorrufen könnte.

Ich will mich daher, meinem eigentlichen Thema entsprechend, auf die *psychisch Abwegigen* beschränken, wobei ich gleich hier hervorheben will, daß Abwegigkeit nicht ausschließlich im Sinne einer Minderwertigkeit gemeint sein soll, um so weniger, als es ja auch zahlreiche einseitig Begabte gibt, welche auf gewissen psychischen oder körperlichen Gebieten mehr oder minder große Defekte aufweisen und dadurch in ihrer Arbeitsfähigkeit beschränkt sind.

Sieht man von den ausgesprochenen Geisteskrankheiten, wie z. B. der Dementia paralytica, der Syphilispsychosen, der Psychosen des Rückbildungs- und Greisenalters, von den Schizophrenien, dem manisch depressiven Irresein, der Paranoia und den paranoiden Krankheitsbildern, den symptomatischen Psychosen bei Infektionskrankheiten, bei Gehirnerkrankungen und Gehirnverletzungen, bei Vergiftungen ab, so bleiben für die im engeren Sinne des Wortes Abwegigen hauptsächlich zwei große Gruppen übrig: die angeborenen *geistigen Schwächezustände* und die *Psychopathien*.

Wohl gibt es auch bei ausgesprochenen Geisteskranken, ja selbst bei so schweren Hirnerkrankungen, wie der Dementia paralytica, Zustände, welche eine Feststellung des Intelligenzzustandes mit feineren Methoden, wie es die psychologisch-psychotechnischen sind, erfordern würden, ihre Erörterung würde aber wohl vor einem hauptsächlich psychotechnisch eingestellten Auditorium zu weit führen und soll daher hier übergangen werden.

Dagegen erscheint es mir wesentlich, hier einiges über die diagnostische Bedeutung der Intelligenzprüfungen' vorzubringen, soweit sie für die beiden oben erwähnten Gruppen den geistigen Schwächezuständen und den Psychopathien in Betracht kommen oder wenigstens kommen sollten.

Über die Definition des Begriffes „Intelligenz" ist trotz zahlreicher Versuche keine Einigkeit erzielt worden. Am annehmbarsten erscheint mir die zuletzt von *William Stern* gegebene: „Intelligenz ist die allgemeine Fähigkeit, sich unter zweckmäßiger Verfügung über Denkmittel auf neue Forderungen einzustellen."'

Wichtig sei also nicht nur der Besitz bestimmter „Denkmittel", sondern auch die Fähigkeit, diese da einzusetzen, wo es die Sache in ihrer sinnvollen Beziehung zur Persönlichkeit nahelegt. Nach *Erich Stern* ist die Intelligenz eine Rüstungsdisposition, eine Funktion der „Mittelfindung" zu Zielen, die ihrerseits aus anderen Schichten der Persönlichkeit stammen, sie ist aber mit diesen, mit Bedürfnissen, Trieben, Neigungen, Ansprüchen der Persönlichkeit aufs engste verbunden. Sie wird um so leichter *da* ins Spiel treten, wo es sich um die Befriedigung lebenswichtiger Bedürfnisse des Individuums handelt und sie wird *da* kaum auftreten, wo das Individium vor Aufgaben steht, die zu seinem Leben und Lebenskreise keine Beziehung haben; erst auf einer sehr hohen Stufe der Entwicklung, die das Tier nie erreicht und der Mensch nicht immer, wird sie von den Lebensansprüchen unabhängig. Wir können dann von „reiner", oder „theoretischer" Intelligenz sprechen und ihr die *praktische* Intelligenz, die Intelligenz des täglichen Lebens gegenüberstellen.

Auf die sehr beachtenswerten Ausführungen *Erich Sterns*' über die praktische Intelligenz hier näher einzugehen, verbietet leider der mir zur Verfügung stehende Raum. Soviel aber möge hier noch angeführt werden: „Eingehende Untersuchungen haben gezeigt, daß die Verteilung der Intelligenz in einer ungesiebten Menschenmasse der Gaussschen Kurve entspricht, was übrigens schon *Galton* behauptet hatte.

Die Mehrzahl der Menschen in einer ungesiebten Masse besitzt eine „durchschnittliche" Intelligenz; diese geht nach beiden Seiten hin ohne scharfe Übergänge in eine Höher- bezw. Minderbegabung über, wobei es etwa gleich viel Höher- und Minderbegate gibt. Eine Frage von ganz besonderer Bedeutung ist weiterhin die *soziale Bedingtheit* der Intelligenz. Es kann heute keinem Zweifel mehr unterliegen, daß die Kinder verschiedener sozialer Schichten auch ein verschiedenes intelligentes „Verhalten" zeigen, daß sie sich hinsichtlich ihrer Leistungen unterscheiden; ebenso muß zugegeben werden, daß die größte Mehrzahl der Menschen nicht zur Stufe rein logischer Intelligenz gelangt, sondern eine vorwiegend praktische Intelligenz zeigt, daß sie schwierigen, verwickelten theoretischen Gedankengängen nicht zu folgen imstande ist. Allein hier erhebt sich die Frage, ob die Kinder niederer sozialer Schichten eine schlechtere Anlage mitbringen, oder aber, ob die Anlage hier der von den Kindern der gehobenen Schichten durchaus gleichwertig ist, aber infolge der ungünstigeren äußeren Bedingungen eine langsamere und unvollkommenere Entwicklung erfährt und ob bei den Erwachsenen die Unfähigkeit, sich reinen Denkaufgaben anzupassen, auf Anlage oder Mangel an Ausbildung der logischen Seite der Intelligenz beruht.

Mit Recht wendet sich *Erich Stern* in seinen weiteren Ausführungen dann gegen die einseitige, vorwiegend aus den Kreisen der Rasse- und Vererbungs-Theoretiker stammende Auffassung, daß bei den niederen Schichten, bei der breiten Masse die Anlage eine wesentlich schlechtere sei, daß es die Vorfahren dieser Individuen gerade deshalb nicht zum sozialen Aufstieg gebracht, sondern „unten" geblieben sind, daß die Angehörigen der sozial gehobenen Schichten hingegen das Ergebnis der Auslese in dem berühmten „Kampf ums Dasein" darstellen.

So einfach liege die Sache nicht. Gewiß sei die Intelligenz ein wesentlicher Faktor beim Aufstieg und Abgleiten, aber der sog. „Aufstieg", d. h. der wirtschaftliche Erfolg und das Hineingelangen in eine gehobene Schicht, hängt nicht nur von der Intelligenz, sondern mindestens in gleicher Weise von der Ausbildung, die das Individuum erfährt, sowie von Charaktereigenschaften ab. Unter zwei gleich Intelligenten wird oftmals *der* besser vorkommen, der energischer, beharrlicher und ausdauernder ist, sehr häufig aber auch *der,* der weniger zartfühlend, der skrupelloser, weniger rücksichtsvoll in der Wahl seiner Mittel ist. Manch einer wäre im Leben weiter gekommen, wenn er Gelegenheit gehabt hätte mehr zu lernen und nicht mit 14 Jahren an die Arbeitsbank gestellt worden wäre.

Die trotz aller Fortschritte der psychotechnischen Berufseignungsprüfung noch immer bestehenden Unzulänglichkeiten kommen ja auch auf anderem Gebiete auch heute noch klar zum Vorschein. Sehr treffend bemerkt *Poppelreuter*[1]: „Zwischen dem Extrem des einen Hochbegabten, vom Hause aus Begüterten, der etwa seiner Kunst lebend sich erfüllt und dem anderen, dem intelligenten Proletarier, der sein Leben lang in abhängigster Stellung der Allgemeinheit durch seiner Hände Arbeit fronen muß, liegen eben alle die unzähligen Übergänge der einzelnen Arbeits- und Berufsschicksale, die mehr oder weniger Kompromisse dieser zwei Forderungen darstellen. Es ist durchaus verkehrt — dies tut leider Münsterberg — der Allgemeinheit weismachen zu wollen, daß gerade die psychologischen Eignungsprüfungen dazu angetan seien, diese Harmonie herzustellen, wo sich doch schließlich nur als richtig erwies: Auch die Eignungsprüfungen können zu einer Harmonie *beitragen,* wenn man sie in diesem Sinne benutzen will."

Auf den sehr interessanten Vorschlag *Poppelreuters:* vor den Hochschulen ein „Filter" einzuschalten, eine etwa 2—3tägige Beobachtung oder noch besser „Denkkurse" in einem Vorsemester für Hochschulkandidaten, soll hier nicht näher eingegangen werden, ebenso nicht auf den Einwand der Utopie, den sich Poppelreuter selbst macht. Daß paradoxer Weise einer wohl durchgearbeiteten und sehr hochstehenden *Hilfsschulpädagogik* eine äußerst kümmerliche *Hochschulpädagogik* gegenübersteht, gilt jedoch wohl nicht nur für Deutschland, wenn auch in den letzten Jahren überall Bestrebungen im Gange sind, trotz schwierigster äußerer Verhältnisse auch hier vorwärts zu kommen. Auch in der Tschechoslovakischen Republik bestehen seit Kriegsende sehr ernste psychotechnische Bestrebungen, welche leider im Auslande nur wenig bekannt sind. Es sei mir deshalb gestattet, hier wenigstens einige kürzere Hinweise vorzubringen, welche ich zum größten Teile der freundlichen Information des Herrn Ministerialinspektors *Josef Zeman*[8] verdanke, der sich schon seit dem Jahre 1903, ganz besonders aber seit dem Bestande der Republik in hervorragender Weise mit den verschiedensten Problemen der Fürsorge für die abwegige Jugend beschäftigt hat und gemeinsam mit dem auch im Auslande bestbekannten Jugendpsychiater Prof. *Herfort* eine tschechische Zeitschrift „Úchylná mládež" (Abwegige Jugend) herausgibt, welche trotz größter Schwierigkeiten jetzt im 10. Jahrgange erscheint und sich auch außerhalb der Republik eines großen Ansehens, besonders in anderen slavischen Ländern, erfreut.

Aus einem mir zur Verfügung gestellten Berichte des *pädologischen Institutes der Hauptstadt Prag*[9] entnehme ich, daß vor dem Umsturze in den heute der Tschechoslovakischen Republik angehörigen Gebieten nur etwa 40 Hilfsklassen bestanden, daß seither etwa 180 neue Hilfsklassen, darunter 11 Anstalten für Schwachsinnige, 7 Anstalten für moralisch gefährdete Kinder, 4 Heime für Debile, 2 Fortbildungsschulen für Debile entstanden sind, daß Lehrbücher und andere Lehrmittel neu hergestellt und erfunden wurden und daß auch die tschechische literarische Arbeit über abwegige Kinder stark anwuchs. Es entstanden neue Zeitschriften, so die schon oben erwähnte „Úchylná mládež", gegründet 1925 und von Herfort und Zeman redigiert, dann eine „Revue Hluchoněmých" (Revue der Taubstummen), eine deutsche Zeitschrift „Deutsche Hilfsschule" und die „Leitmeritzer Taubstummen-Blätter". Auch durch Ausstellungen, so z. B. gelegentlich der Ausstellung für Kultur unserer Zeit in Brünn (1928) wurde das Interesse für die Heilfürsorge und die in der Tschechoslovakei verwandten Methoden der Heilpädagogik geweckt und durch Errichtung von Vereinen in Prag, Brünn und Bratislava etc. an der Ausgestaltung der praktischen Fürsorge für abwegige Jugend gearbeitet.

Einige dieser Vereine errichteten *Beratungsstellen*, speziell der Verein für Schwachsinnigenfürsorge (Spolek pro péči o slabomyslné v ČSR), einige errichteten Büchereien, von denen die von *Herfort* gegründete Bücherei des eben genannten Vereines besonders erwähnt wird, aber auch die Zemansche Bücherei des Vereines der Lehrer und Freunde der moralisch abwegigen Jugend und eine Zentralbibliothek der Taubstummenlehrer in Prag angeführt ist. Für die Lehrer der Hilfsschulen wurden *Kurse* veranstaltet, Vorträge aus dem Gebiete der Pädopathologie abgehalten. Prof. *Herfort* wurde speziell für die Psychopathologie des Kindesalters habilitiert, schließlich wurden Studienreisen und ein Lehreraustausch zwischen tschechischen, jugoslavischen und polnischen Hilfsschullehrern durchgeführt.

Zeman fordert wohl mit Recht, bei aller Anerkennung des bisher in der Tschechoslovakei Geleisteten, einen weiteren Ausbau der speziellen Fürsorge aller körperlich und geistig Abwegigen, die Errichtung einer Klinik für die Psychopathologie des Kindesalters an der *medizinischen,* den Ausbau des kriminologischen Kurses an der juridischen Fakultät, eine Vertiefung der pädopathologischen Ausbildung der Ärzte an Spezial-Anstalten, ebenso der Lehrer.

Sehr gute Dienste haben nach *Zeman* die Kongresse (Sjezdy pro výzkum dítěte) geleistet, ganz besonders der 3. und 4. Kongreß, welche in Prag und Bratislava (Preßburg) im Jahre 1930 und 1931 stattfanden. Auf Einzelheiten kann hier nicht näher eingegangen, sondern muß auf die *Kongreßberichte* verwiesen werden.

Heute bestehen nach *Zeman* 300 Hilfsklassen, in Prag allein wuchs die Zahl auf 45, bei den staatlichen Minderheitsschulen entstanden 17 Hilfsklassen, in der Slovakei 12, in Karpathorußland 9 Hilfsklassen. Außerdem wurden im Sinne des Hilfsschulgesetzes für einzelne Bezirke Bezirkshilfsklassen, z. B. in Pardubitz, Internate (z. B. in Karwin, Reichenberg, Jungbunzlau), schließlich eine Landes-Hilfsschule für die nordöstlichen Teile Böhmens errichtet. Die Einrichtungen dieser Hilfsschulen sind verschieden, einzelne besitzen auch Werkstätten.

In einem demnächst erscheinenden Überblick über seine 15jährige Tätigkeit als Ministerialinspektor für die Fachschulen für Abwegige betont *Zeman* als wichtigstes Problem der Hilfsschule die Aufgabe, die Hilfsschüler zu brauchbaren Menschen zu machen, weist auf die bisher einzige gewerbliche Fortbildungsschule in Aussig, auf die Bestrebungen der Bezirksjugendfürsorgestelle in Pilsen hin, welche in *Lochotin* den Hilfsschülern Gartenarbeit (Pflanzen- und Gemüsebau) und auf die Kolonie in *Kelč* in Ostmähren hin, wo die tschechische Landeskommission von Brünn ein großes Landgut von Debilen bearbeiten läßt.

Auch der böhmische Landesausschuß hat durch Umwandlung der früheren Irrenanstalt in Wopořan in eine modern geführte Schwachsinnigenanstalt (geleitet von Dr. *Prokop Urban* und nach dessen frühem Tode von Dr. *Macek)* viel Gutes geleistet usw.

Ein großes Verdienst um die Schwachsinnigenfürsorge in der Tschechoslovakei, speziell in Böhmen, hat sich Prof. *Karl Herfort,*[10] der als Nachfolger Dr. *Karl Amerlings* am 1. I. 1902 das im Jahre 1871 gegründete „Ernestinum" übernahm und seither in unermüdlicher Arbeit gemeinsam mit *Josef Zeman* die Fürsorge für Schwach-

sinnige auf die heutige, auch im Auslande anerkannte Stufe, brachte.
Aber auch die *Psychopathenfürsorge* beginnt in der Tschechoslovakei langsam festen Fuß zu fassen, insbesonders seit der Wirksamkeit des neuen Jugendstrafgesetzes vom 11. März 1931.[11] Ohne auf
Einzelheiten hier eingehen zu wollen, möchte ich hier auf die Bestrebungen hinweisen, welche auf kriminologischem Gebiete einsetz-
ten und in der Errichtung einer Anstalt für Kranke, hauptsächlich
psychopathische Sträflinge in Mürau (Mírov) in Nordmähren, zunächst einen praktischen Ausdruck fanden.

Der Arzt dieser Anstalt, Oberjustizarzt Dr. *Mrha* hat auf Grund
einer Aufforderung des Justizministeriums zum Zwecke der krimi-
nal-biologischen Prüfung der Sträflinge einen Fragebogen ausgearbeitet, welcher einer aus Psychiatern, Anthropologen und Psychologen zusammengesetzten Kommission vorgelegt und mit geringen
Abänderungen von dieser Kommission gutgeheißen wurde.

Die Vorschläge dieser Kommission samt interessanter vergleichen-
der Ausblicke auf die kriminalbiologischen Untersuchungen im Auslande, insbesonders in Belgien und Preußen sowie in Dänemark, finden sich in einer sehr lesenswerten tschechischen Arbeit einer der
Mitglieder der oben erwähnten Kommission, des Psychiaters *Franz
Kafka*,[12] welcher sich auf psychohygienischem Gebiete größte Ver-
dienste erworben hat. Auf Einzelheiten der Vorschläge der Kommission, auf die in der Arbeit *Kafkas* herangezogene Literatur, kann
hier selbstverständlich nicht eingegangen, sondern es muß auf das
Original verwiesen werden. Aber auch für die nicht kriminell gewordenen Psychopathen sucht man durch soziale Fürsorge eine „Re-
sozialisierung" zu erreichen, bezw. durch eingehende Untersuchung
und frühzeitige Diagnosenstellung so bald als möglich zu einem prophylaktischen Eingriffe zu gelangen. Hier wirken die schon vor dem
Umsturze gegründeten Landeskommissionen für Kinderschutz und
Jugendfürsorge, ganz besonders die tschechischen und die deutschen
Landeskommissionen für Böhmen und Mähren-Schlesien nach besten
Kräften mit, nicht nur gesunde Kinder, sondern auch alle irgendwie
gefährdeten Kinder rechtzeitig zu erfassen — und soweit es eben
die heute sehr knapp gewordenen Mittel gestatten — zu fördern und
sie davor zu bewahren, der Verwahrlosung zu verfallen.

So wurden z. B. in Mähren-Schlesien im Jahre 1933 im ganzen 3425
abwegige Kinder, darunter 1068 psychisch Defekte 107 Idioten, 82
Imbezile, 879 Debile (außerdem 134 moralisch Gefährdete) festgestellt. Dabei wurde eine *Abnahme* der Zahl der als abwegig zu
bezeichnenden Kinder festgestellt, und zwar eine den Geburtenrückgang *relativ übersteigende Zahl* von Minderwertigen. Erfreulich erscheint hiebei die Mitwirkung der psychiatrischen Klinik (Prof. H.
Prochazka) der tschechischen Masaryk-Universität in Brünn.[13]

In eine eingehende Besprechung der in der Tschechoslowakei vorhandenen Bestrebungen auf dem Gebiete der Fürsorge für Abwegige
kann hier aus begreiflichen Gründen nicht eingegangen werden, doch

glaube ich noch eine andere Bestrebung hier erwähnen zu sollen, welche über Anregung *des internationalen Kongresses für psychische Hygiene* in Washington auch in der Tschechoslovakei Fuß zu fassen beginnt. Es ist die durch *Beers* bekanntes Buch „A mind that found itself" vor mehr als 25 Jahren angeregte „Mental-Hygiene"-Bewegung, über welche ich gelegentlich einer Tagung berichtet habe."

Wenn ich nun zu meinem eigentlichen Thema „Die Arbeitsmöglichkeiten psychisch Abwegiger" zurückkehre, so muß zunächst noch etwas über die *Berufseignungsprüfung* dieser Personen gesagt werden.

Die Berufseignungsprüfung psychisch Abwegiger hat, soweit ich aus der mir zugänglichen Literatur ersehe, bisher keine zusammenfassende Darstellung erfahren. Doch gibt *Erich Stern* in der Differentialdiagnostik in der Psychiatrie einen sehr wertvollen Beitrag zur Frage der Intelligenzprüfung in der Psychiatrie, hebt ihre große diagnostische Bedeutung hervor, fügt aber wohl mit Recht einschränkend hinzu, daß die experimentellen Intelligenzprüfungen nur Bewertung von Leistungen darstellen, daß die Zuordnung bestimmter Zahlen zu gewissen Leistungen leicht das Bild einer Exaktheit erwecken können, *die in Wirklichkeit nicht besteht.*

Außerdem kommt bei Prüflingen, mit denen es der Psychiater zu tun hat, noch das Moment der Abhängigkeit von der Stimmung, von der Laune, vom guten Willen hinzu, ja manchmal, wie z. B. in forensischen Fällen habe der Prüfling eher ein Interesse an schlechter, als an vollwertiger Leistung. Auch auf die kritischen Bemerkungen *Sterns* über die Testmethoden von *Binet-Simon*,[15] von *Bobertag*[16] kann hier nicht näher eingegangen werden, doch scheint es wichtig, auf die von *Charlotte Bühler*, bezw. *Hildegard Hetzer* und *Käthe Wolf* ausgearbeiteten Baby-Tests hinzuweisen, nach welchen schon die Entwicklung der Funktionen in den ersten Lebensmonaten des Kindes geprüft werden kann. Ebenso bedarf das „psychologische Profil" *Rossolimos* hier Erwähnung, da es sich nach Erich Stern in der Heilpädagogik und Berufsberatung trotz der auch diesem Verfahren anhaftenden Mängel eingeführt hat.

Bezüglich der von psychiatrischer Seite zusammengestellten Untersuchungsbogen, wie sie von *Otto Lippmann*[17] unter Mitwirkung von Erich Stern, Max Isserlin und Kurt Berliner herausgegeben wurden, muß wohl auch gesagt werden, daß sie nur nach kritischer Ausscheidung, bezw. entsprechender Anpassung an die *lokalen* Verhältnisse nach der Individualität des Prüflings, nach dem Milieu aus welchem er stammt, verwendet werden können.

Aber gerade hier scheinen mir neue Aufgaben für den Psychologen, bezw. die psychotechnische Berufseignungsprüfung gegeben, die wohl auf einem internationalen Kongresse eine besondere Berücksichtigung finden sollten.

Jedes Land, jedes Sprachgebiet, ja innerhalb der gleichen Sprache, haben die verschiedenen Stände so große Verschiedenheiten, daß eine

Intelligenzprüfung, ja ein Vergleich der Intelligenzstufen auf große Schwierigkeiten stoßen muß. Es können daher auch schon bei den Kindern des vorschulpflichtigen, aber noch mehr des schulpflichtigen Alters — ich möchte sagen physiologischer Weise so große Unterschiede auftreten, daß man mit der Diagnose der psychischen Abwegigkeit, namentlich der psychischen Defektzustände sehr vorsichtig sein muß.

Vielleicht könnten hier die Kleinkinderbewahranstalten, die Kindergärten, wenn sie sonst hygienisch gut geführt sind, sehr Ersprießliches leisten, ja vielleicht schon die Säuglings- und Kleinkinder-Kliniken, die Mutterberatungsstellen. Je früher die Diagnose psychischer Defekte gestellt wird, desto eher können heilpädagogische event. ärztliche Behandlungsmethoden eingreifen, desto mehr Leid wird aber auch dem betroffenen Kinde und damit seiner eigenen oder weiteren Familie erspart, ja es gelingt in vielen Fällen die Kinder zu. brauchbaren Mitgliedern der menschlichen Gesellschaft zu machen. Die Frühdiagnose psychischer Defekte bei einem Kinde kann aber auch eine *erbliche Veranlagung* eines Elternteiles aufdecken und dadurch indirekt zur Verhütung *„erbkranken" Nachwuchses* führen.

Die Frühdiagnose ist aber auch im Interesse der Berufsberatung der Eltern wünschenswert, damit diese rechtzeitig vor allzu hochgespannten Forderungen an das Kind gewarnt werden und auch positiv über die Möglichkeiten des abwegigen Kindes beraten werden.

Hält sich die Abwegigkeit noch in den Grenzen der Lern- und Übungsfähigkeit, ist also das Kind noch bildungsfähig, dann kann die Hilfsschule und Heilpädagogik in vielen Fällen noch viel Gutes leisten.

Gregor schreibt diesbezüglich: „Der Psychiatrie kommt in erster Linie die Auswahl und Sichtung des Materiales zu, wie wir es bei der Fürsorge um die Hilfsschüler heute bereits vielfach verwirklicht sehen."

„Das Moment des Sitzenbleibens in der Schule ist ja tatsächlich ein zu vieldeutiges Symptom, um die entscheidensten Rollen behalten zu können ......" und führt dann weiter fort: „aber selbst bei ausreichender psychiatrischer Vorbildung (des Schularztes) kann die poliklinische Untersuchung nicht immer zum Ziele führen, vielmehr besteht dringende Notwendigkeit nach *Beobachtungsstationen,* in denen psychiatrisch-pädagogische Zusammenarbeit die Individualität des Kindes studiert, abnorme Züge aufgedeckt und präzise Indikationen für die Form, in welcher die weitere Erziehung geschehen soll, aufgestellt werden.

In diesem Sinne sollen meine bescheidenen Ausführungen Anregungen für das In- und Ausland bringen. Wenn sie vielleicht dadurch enttäuscht haben, daß sie nicht positive Ratschläge bringen, welche Berufe und Arbeitsmöglichkeiten für geistig Abwegige offenstehen, so liegt das wohl an der Unmöglichkeit, allgemeine Regeln für die verschiedenen Stufen und Formen der Abwegigkeit aufzustellen.

Zur individuellen Berufsberatung gehört aber zunächst eine genau psychologisch-psychiatrische Erfassung des Abwegigen. Erst dann ist eine Berufsberatung und eine Arbeitsbeschaffung möglich.

Die Beschaffung von Arbeitsmöglichkeiten für psychisch Abwegige ist jedoch nicht nur ein rein humanes, sondern auch ein wesentlich sozial-hygienisches Problem, das den eugenischen Bestrebungen, den psychohygienischen Bestrebungen, der Verhütung erbkranken Nachwuchses durchaus nicht entgegenarbeitet, sondern wohl im Gegenteil geeignet ist, die Aufmerksamkeit breiter Bevölkerungsschichten auf diese Probleme zu lenken und dadurch die Verantwortlichkeit der Eltern für ihre Nachkommenschaft zu heben.

Die Psychotechnik kann in der von mir angedeuteten Weise an der Lösung dieser Probleme mitarbeiten und damit ist wohl die Behandlung derselben auf einem psychotechnischen Kongresse gerechtfertigt.

Literatur.

1. *William Stern:* „Die differentielle Psychologie in ihren methodischen Grundlagen." Leipzig, Joh. Ambrosius Barth, 1921, 3. Aufl. pag. 7.

2. *Poppelreuter:* „Praktische Psychologie als ärztlicher Beruf." München, med. Wochenschr. 1921, Nr. 39.

3. *Poppelreuter:* „Handbuch der sozialen Hygiene u. Gesundheitsfürsorge", herausgeg. v. Gottstein-Schloßmann-Teleky. Berlin, Jul. Springer, VI. Band, pag. 526: Psychologische Berufsberatung.

4. S. Differentialdiagnostik in der Psychiatrie. (Band III. der praktischen Differentialdiagnostik von Honigmann (Gießen). Beitrag von Dr. phil. et med. *Erich Stern:* „Die diagnostische Bedeutung der Intelligenzprüfungen." Verlag von Theodor Steinkopf, Dresden u. Leipzig 1930.

5. S. Handwörterbuch der medizinischen Psychologie, herausgeg. von *Karl Birnbaum,* Georg Thieme 1930. Artikel „Intelligenz", pag. 249.

6. *Erich Stern:* „Der Begriff und die Untersuchung der natürlichen Intelligenz." Mschr. f. Psych. 1919. Zitiert nach d. Handwörterbuch der med. Psychologie, pag. 250.

7. *W. Poppelreuter:* „Eignungsprüfungen und Akademikerüberschuß". Psychotechnische Zeitschrift, 5. Jahrg., 1930, pag. 101—102.

8. Rozpravy ústavu pro výzkum dítěte a dorůstající mládež českého pedologického ústavu hl. města Prahy, 1931, čís. 77.
Zeman: Rozvoj výchovné péče a výzkum dítěte úchylného po převratu. (Die Entwicklung der Erziehungsfürsorge u. der Erforschung d. abnormen Kindes nach dem Umsturze.)

9. „Zprávy IV. sjezdu pro výzkum dítěte", Praha 1931, tiskem Emanuela Stivína a synů v Praze II.-212. (Bericht über den IV. Kongreß für Kinderforschung, Prag 1931.)

10. Eine Sammlung der wichtigsten tschechischen Arbeiten *Herforts* ist 1932 im Verlage des „Spolek pro péči o slabomyslné" erschienen, seine deutsch geschriebenen sind dort gleichfalls angeführt.

11. Gesetz über Jugendstrafgerichtsbarkeit, Sammlung der Gesetze und Verordnung Nr. 48. Eine sehr gute kritische Besprechung des Gesetzes findet sich im Prager Archiv für Gesetzgebung. Jahrgang XIII., Nr. 5.

12. *MUDr. František Kafka:* „O psychologickém výzkumu v kriminologii." Publikace sociálního ústavu ČSR, Nr. 59.

13. S. z. B. den Bericht der tschechischen Landesjugendfürsorge in Brünn über das Jahr 1933 (Zpráva o činnosti České zemské péče o mládež v Brně 1933). Tisk. Novina, Brno.

14. Tagung der Vereinigung südostdeutscher Psychiater u. Neurologen am 28. und 29. Mai 1932 in Prag. — *E. Kalmus:* Psychische Hygiene in der Tschechoslovakei: Archiv f. Psychiatrie, Bd. 97, Heft 4/5, Springer, Berlin.

15. Eine gute historische Darstellung der Schwachsinnigenfürsorge bis zum Jahre 1909 findet sich in dem Handbuch der Schwachsinnigenfürsorge von Bosbauer, Miklas u. Schiner. Wien—Leipzig, B. G. Teubner 1909, pag. 107—159.

16. *Bobertag Otto:* Über Intelligenzprüfungen nach der Methode von Binet u. Simon, 3. Auflage, Leipzig 1928.

17. S. Handbuch der psycholog. Hilfsmittel der psychiatrischen Diagnostik, Joh. Ambrosius Barth, 1922.

18. S. Handwörterbuch der psychischen Hygiene und psychiatrischen Fürsorge, herausgeg. von Bumke-Kolb-Roemer und E. Kahn, Verlag von Walter de Gruyter u. C., Leipzig 1931, pag. 189.

Außer diesen hier angeführten Literaturangaben wurden u. a. noch benützt:

Dr. phil. Franziska Baumgarten: „Die Berufseignungsprüfungen, Theorie u. Praxis 1928. München-Berlin. Verlag von R. Oldenbourg, wo sich eingehende Literaturangaben finden.

Die Berichte über den I. u. V. Kongreß für Heilpädagogik.

A. Gregor und *E. Voigtländer:* „Die Verwahrlosung." Springer, Berlin 1918.

Walter Pryll: „Handbuch der sozialen Hygiene, VI. Band: Berufsberatung pag. 410—527 mit ausführlichen Literaturangaben bis 1927."

H. Lauber: „Handbuch der ärztlichen Berufsberatung." Wien, Urban u. Schwarzenberg, 1923.

Berufsberatung, Berufsauslese, Berufsausbildung. Sonderveröffentlichung zum Reichsarbeitsblatt, 32. Sonderheft, 1925. Verlag des Reichsarbeitsblattes (Reimar Hobbing), Berlin SW 61.

Zeitschrift f. psychische Hygiene. Walter de Gruyter u. Co., Berlin-Leipzig, I. bis V. Band.

William Stern u. *Otto Wiegmann:* Methodensammlung zur Intelligenzprüfung von Kindern und Jugendlichen.

Beihefte zur Zeitschrift für angewandte Psychologie, Verlag von Joh. Ambrosius Barth, Beiheft 20.

Hische: Handbuch der Hilfsschulpraxis. Verlag von Moritz Diesterweg, Frankfurt a./M. 1927.

Fritz Giese: Psychotechnik. Jedermanns Bücherei, Verlag Ferd. Hirt, Breslau 1928.

Fritz Giese: Handbuch der Arbeitswissenschaft, Halle.

Gustav Kafka: Handbuch der vergleichenden Psychologie. Verlag von Ernst Reichard, München 1922, II. Band.

Helmut Bogen: Psychologische Grundlegung der praktischen Berufsberatung. Verlag von Jul. Beltz, Langensalza 1927.

Richard Liebenberg: Berufsberatung, Methode und Technik. Verlag Quelle & Mayer in Leipzig, 1925.

Juliana *Lancová:* Oldřich Říha, Cyril Stejskal und Šeracký: Správná volba povolání. Nákl. ústř. poraden pro volbu povolání v Praze, 1925.

Dr. I. Váňa: Psychotechnika. Verlag Duch a svět, F. Topič, Praha, čís. 58.

Encyklopedie výkonnosti: I. svazek: Člověk. Verlag: Sfinx, Boh. Janda v Praze, 1934, pod protektorátem Masarykovy akademie práce.

Eine großangelegte Enzyklopädie der Arbeitswissenschaft, an welcher die leitenden Persönlichkeiten der Masaryk-Akademie der Arbeit, speziell des psychotechn. Zentralinstitutes in Prag teilnehmen.

VARIATIONS DE LA FRÉQUENCE CARDIAQUE AU COURS D'UNE ÉPREUVE DE RÉACTIONS DE CHOIX AVEC CHOCS ÉMOTIFS.

H. LAUGIER et D. WEINBERG

(Laboratoire des chemins de fer de l'État, Paris.)

Un laboratoire du travail a été créé en mai 1933, aux Chemins de fer de l'État français (Paris, Gare St.-Lazare). — Ce laboratoire doit se saisir de tous les problèmes non médicaux qui touchent à l'utilisation rationnelle du Facteur Humain dans une grande entreprise des chemins de fer, de la classification, de la différenciation des individus au point de vue de l'orientation, de la sélection; des questions de physiologie appliquée relatives aux conditions optima du travail; de prévention des accidents, dans la mesure où cette prévention touche au « *facteur humain* ».

*

C'est dire que ce laboratoire embrasse un champ plus large, que celui de la seule psychotechnique. — La psychotechnique traditionnelle y tient certes une large place, en raison de l'état d'avancement de cette science, des nombreux et importants résultats déjà acquis par les psychotechniciens et du rôle évidemment primordial des fonctions qui font l'objet de son étude. — Mais le laboratoire a été organisé, et les recherches entreprises en partant de ce principe que la définition d'un individu, sa qualification ou sa disqualification pour une spécialité professionnelle, ne peuvent être valablement assurées que par l'utilisation de toutes les ressources d'une biométrie différentielle, ne négligeant aucun aspect de la personnalité du sujet. — L'efficience professionnelle d'un sujet est fonction à chaque instant d'un ensemble de facteurs biologiques relevant de la physiologie, de la chimie, de l'endocrinologie, de la psychologie, de la psychiatrie, facteurs liés les uns aux autres par d'étroites et précises connexions nerveuses et humorales. — C'est dire que, à côté du champ d'exploration — essentiel — réservé au médecin (élémination des sujets atteints de troubles pathologiques, incompatibles avec l'exercice d'une profession); à côté du champ — important — qu'étudie la psychotechnique, tous les autres territoires biologiques méritent d'être soumis avec attention à la mesure. — Les différenciations et classifications des individus, qui aspirent à développer des conséquences pratiques, pour la répartition judicieuse de la main-d'œuvre, doivent donc intégrer toutes données biométriques ainsi obtenues dans des profits *biotypologiques,* tenant compte à la fois des mesures anthropométriques, physiologiques, psychologiques, chimiques, hématologiques, des réactions somatiques, à l'émotion, à la fatigue, à la monotonie, etc., etc.

*

C'est-à-dire que tout un travail scientifique est ouvert, en vue de recueillir des documents sur les indices biologiques les plus divers, et de les traiter de façon à ce qu'ils se prêtent à la classification d'un individu par rapport à son groupe (étalonnages) et à la prévision de la réussite professionnelle (corrélations). — C'est dans cette voie qu'est organisée une partie importante des recherches du laboratoire. Les applications ont porté sur la sélection des apprentis des ateliers de mécanique, de menuiserie, d'électricité; sur les « élèves bureau »; sur les conducteurs d'auto-rails; sur l'étude des accidents; — plus de 1700 sujets ont été examinés entre mai 1933 et août 1934. Le gros effort de recherche a porté surtout sur l'étude biométrique de la fonction circulatoire. Nous communiquons aujourd'hui au congrès, quelques données descriptives, relatives aux variations de la fréquence cardiaque au cours d'une épreuve de réactions de choix comportant des chocs émotifs.

Technique.

L'épreuve des réactions de choix utilisée au cours de ces examens, d'une durée totale de 25 minutes environ, comportait la présentation automatique d'une série d'excitations répétée cinq fois à la file (par cinq tours de cylindre contacteur). Les excitations consistaient en signaux lumineux (lampes vertes, blanches et rouges) et un signal sonore (coup de sirène), ce dernier devant constituer un stimulus émotionnel, tant par son caractère d'intensité que par la consigne conventionnelle, le caractérisant comme un signal d'alarme et exigeant une réaction particulièrement rapide.[1])

---

[1]) L'ordre des excitants à l'intérieur d'une série n'était pas établi au hasard; il comportait d'abord, une suite pendant laquelle deux excitations (lampe verte No I et lampe rouge No I) étaient régulièrement alternées (9 fois chacune) les excitations occupant les rangs No 19, 42, 45 à l'intérieur d'une série de 53 étant constituées par des coups de sirène; pour les autres excitations les lampes étaient utilisées dans un ordre quelconque, mais bien entendu fixé une fois pour toutes.

Les réactions consistaient dans la pression sur une clef de Morse ou pédale avec la main droite ou le pied droit ou gauche, alors que la main gauche emprisonnée dans un brassard simple de Pachon permettait l'enregistrement graphique du pouls radial, pendant toute la durée de l'épreuve sur une bande de papier où les excitations et réactions étaient également enregistrées à l'aide de signaux électro-magnétiques.[2])

La détermination de la fréquence cardiaque aux divers moments intéressants de l'épreuve s'effectuait en comptant le nombre de pulsations, en règle générale par période de 15 secondes et[3]) en ramenant le nombre trouvé à la fréquence par minute.

Des moyennes établies sur un groupe de 72 sujets (fig. I) dessinent une courbe, dont il y a lieu d'examiner de plus près l'évolution en rapport avec les tâches imposées au sujet et les excitations auxquelles il se trouve soumis.

I. *Courbe moyenne du pouls pendant l'épreuve des réactions de choix.*

1º « *Pouls initial* ». Le sujet introduit dans une chambre aux murs peints en noir, mais amplement éclairée à la lumière électrique, installé commodément sur un siège, les membres placés sur les dispositions de réaction, on procède, après détermination de la pression artérielle, à l'enregistrement du pouls, pendant une durée de deux minutes.

Ce « pouls de repos » dont les points 1 et 2 de la courbe indiquent le taux établi d'après les premières et les dernières 15 secondes se montre très sensiblement supérieur aux chiffres habituellement considérés comme normaux et semble indiquer chez les sujets examinés un état d'émotion préalable.

2º *Accélération cardiaque au début des réactions simples.* L'épreuve des réactions de choix débute, après extinction des lumières, par l'apprentissage de la consigne dont les différentes parties sont expliquées successivement, chaque explication étant immédiatement suivie de quelques essais qui constituent, somme toute, de courtes séries de réactions simples.[4])

---

[2]) Le pouls était enregistré à une pression voisine de la moyenne déterminée rapidement par quelques enregistrements d'essai. Dans l'ensemble, l'enregistrement du pouls radial ne constitue qu'une technique assez grossière, mais suffisante si les renseignements qu'on lui demande se limitent à l'étude de la seule fréquence cardiaque. Son avantage, comparativement aux méthodes plus précises, en particulier celle de l'électro-cardiaque, réside dans la possibilité d'obtenir des enregistrements très longs.

[3]) A une demi pulsation près, grâce au déroulement assez rapide de la bande de l'enregistreur.

[4]) On s'abstient cependant de faire entendre le son de la sirène (tout en prévenant le sujet de son apparition ultérieure et en lui faisant exécuter la réaction appropriée) cela afin de ne pas atténuer par une accoutumance préalable, l'effet de choc qu'on cherche à produire.

Du côté de la fréquence cardiaque, ce début de l'épreuve est carac-térisé par une brusque accélération (point 3 de la courbe) qui se trouve d'ailleurs suivie d'un ralentissement (point 4 et 5), et dont on peut penser qu'elle correspond essentiellement à un changement de régime musculaire et mental. Une brusque mobilisation de l'atten-tion, peut être un trouble émotif caractéristique de l'adaptation à une tâche nouvelle sont probablement en cause.[5])

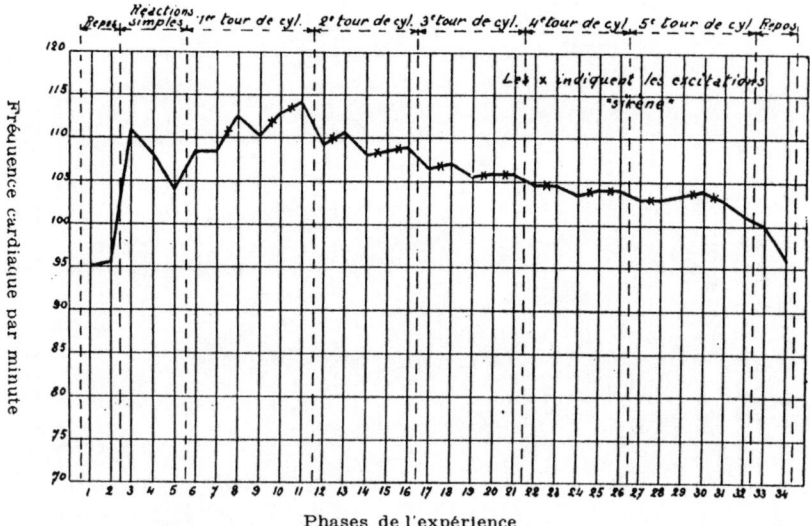

Fig. 1. — Fréquence cardiaque pendant l'épreuve des temps de réaction de choix (moyennes générales).

3° *Le début des réactions de choix est caractérisé par une nouvelle accélération cardiaque* (point 6) comparativement au pouls atteint à la fin des réactions simples (point 5). L'influence du facteur mental ou affectif apparaît plus sûrement encore, les mouvements muscu-laires étant restés les mêmes que précédemment, la tâche du sujet étant, cependant, compliquée par le choix.

4° *Le 1er bruit de sirène provoque une nouvelle accélération car-diaque* (point 8), mais, en général, peu importante: de 4,11 pulsa-tions par minute bien que d'autres signes fréquemment notés, — mouvements musculaires désordonnés, lenteur des réactions de choix immédiatement consécutives, attestent l'influence perturbatrice de ce stimulus. Mais il convient de noter le taux élevé du rythme car-

---

[5]) On pourrait rapprocher cette brusque accélération cardiaque au début des réactions de celle qu'on constate généralement *dès le début* du travail musculaire et que Johannsson et les autres auteurs après lui ont cru devoir attribuer à l'influence du facteur mental. (Cf. Bethe, Handbuch der normalen und pathologischen Physiologie, XVI, 2 p. 1269.)

diaque déjà atteint *avant* ce stimulus (108,34 pulsations par minute).
Après le premier coup de sirène, la fréquence cardiaque atteint, en
moyenne, la nombre de 112,45 pulsations par minute.

5o *Le 2ème et le 3ème coup de sirène (premier tour du contacteur)*
entrainent encore une nouvelle accélération cardiaque, très faible, il
est vrai, mais dont l'existence a été vérifiée sur plusieurs groupes de
sujets. Il paraît, cependant, légitime de supposer que l'effet de sur-

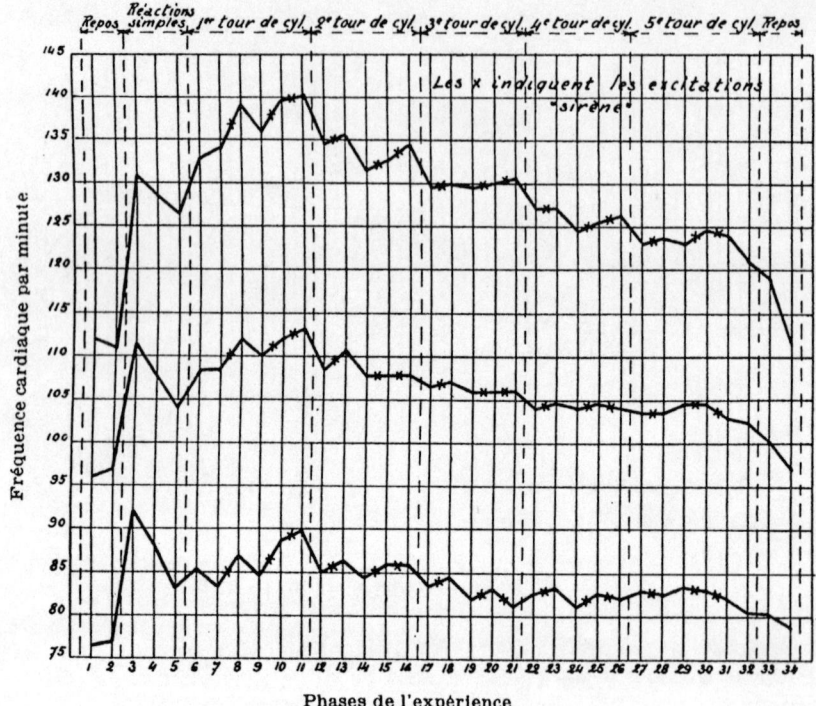

Phases de l'expérience

Fig. 2. — Fréquence cardiaque pendant l'épreuve des temps de réaction
de choix (moyennes de trois groupes de sujets).

prise soit le plus violent au premier bruit; on s'attendrait au premier abord, à ce que l'effet perturbateur des bruits suivants soit de
ce fait sensiblement amorti. Cette « accoutumance » a bien lieu, en
effet, mais à partir du 2e tour seulement; au cours du premier, on
semble assister plutôt à une sorte de « sommation émotive ».

6o A partir du 2e tour *un apaisement cardiaque commence à se*
dessiner; il se traduit, d'une part, par une baisse progressive de la
fréquence cardiaque considérée aux périodes identiques des séries
successives des réactions, et, d'autre part, par un nivellement de la
courbe, les accidents dûs à l'accélération du pouls, après les bruits
de sirène devenant de plus en plus faibles.

II° *Courbes moyennes des fréquences cardiaques pour des sujets de différentes catégories.*

La courbe moyenne recouvre évidemment une variété de courbes individuelles qui pourraient être groupées et étudiées de différentes manières. Nous indiquerons, dans cet ordre d'idées, les courbes moyennes de sujets groupés d'après la fréquence cardiaque qu'ils ont présentée après le 1er bruit de sirène, ce stimulus pouvant être considéré a priori, comme le plus violent parmi ceux que nous ayons employés.

Les sujets étant classés par ordre descendant de la fréquence cardiaque après le 1er bruit de sirène, trois groupes furent formés, les deux groupes extrêmes comprenant chacun 25% du nombre total de sujets le groupe médian en comprenant 50%.

Les courbes moyennes de fréquences cardiaques établies pour chacun de ces trois groupes séparément (fig. 2) montrent que:

1° Les trois courbes restent sur tout leur parcours sensiblement écartées les unes des autres. On peut en conclure que le classement des sujets établi d'après la fréquence cardiaque au cours d'une période aussi courte que celle employée (15″) se maintient pendant toute l'expérience (qui dure environ une demi-heure et comporte des conditions variables). Il y a là l'indication d'un degré élevé de constance individuelle, confirmé d'ailleurs, par d'autres élaborations.

2° Les trois courbes étant assez semblables, dans leur allure générale, une différence systématique apparaît, cependant, entre les trois groupes de sujets dans la marche de l'apaisement cardiaque au cours de l'épreuve. En effet, l'apaisement est le plus rapidement atteint dans le troisième groupe (sujets ayant dès le 1er bruit de sirène un pouls lent comparativement à celui des autres sujets): dès la fin du 2ème tour leur courbe ne présente plus de pente caractérisée et évolue pratiquement suivant une droite parallèle à l'abscisse. Au contraire, chez les sujets du 1er groupe l'apaisement se poursuit pendant un temps plus long; la courbe accuse une courbure des plus prononcées, le plateau n'étant pas encore atteint à la fin de l'expérience. Le 2ème groupe occupe à ce point de vue une position intermédiaire.

*

En résumé, l'épreuve classique des réactions de choix dans les conditions habituelles[6]) des examens de sélection constitue, à en juger par les variations de la fréquence cardiaque qui l'accompagnent, un excitant émotionnel considérable: le taux élevé du pouls initial, semble attester l'état d'émotivité préalable, peut-être le trac des examens; et l'adaptation à une tâche nouvelle (réactions simples ou de choix) entraîne une accélération cardiaque appréciable (de 15,80 pulsations par minute, au début des réactions de choix) due pour

---

[6]) Signalons, cependant, qu'à dessein nous avons placé cette épreuve tout au début de l'examen.

une bonne part au facteur psychologique d'attention ou d'émotion, et non réductible à l'influence du travail musculaire — d'ailleurs très peu intense, — dans les réactions de la main ou du pied.

Au fur et à mesure que l'épreuve se prolonge, un apaisement cardiaque se dessine; chez ceux des sujets qui fournissent, après le 1er bruit de sirène, un pouls particulièrement rapide, la fréquence cardiaque évolue pendant le temps de l'épreuve suivant une courbe à courbure très prononcée, le retour au calme étant plus lent que chez les autres sujets.

*

Nous nous contenterons de ces brèves remarques: une étude plus complète des résultats fournis par ces expériences et par quelques autres connexes devant faire l'objet d'une autre publication.

INFLUENCE DE L'ÉTAT SOMATIQUE SUR LA PSYCHOPATHOLOGIE DU TRAVAIL.

ZDENĔK MYSLIVEČEK (Prague).

Tout problème ainsi que toute question scientifique ou pratique gagnent beaucoup à être considérés sous différents aspects, et, par conséquent, aussi du point de vue d'une science apparentée. C'est pourquoi je me permets de présenter quelques idées d'un médecin-psychiatre relatives à la question de la psychopathologie du travail, figurant à l'ordre du jour de la session d'aujourd'hui. Or cette question constitue précisément la limite, où la psychotechnique touche à la psychiatrie clinique.

La psychotechnique se base à juste titre sur les expériences et sur la statistique; elle formule, autant que faire se peut, ses résultats numériquement. Cette façon de procéder permet à la psychotechnique de déterminer exactement les résultats, d'en déduire les moyennes et le standard, et de comparer les résultats acquis chez des personnes individuelles.

De même que les autres disciplines cliniques, la psychiatrie n'a pas, en général, la possibilité de travailler d'une façon assez précise, pour pouvoir évaluer numériquement ses résultats. Toutefois il existe de nombreuses disciplines scientifiques fondées souvent uniquement sur une simple observation et expérience, et devant se contenter d'une simple description de leurs résultats. C'est pourquoi je réclame tout d'abord une critique indulgente, si, dans ce qui va suivre, je ne suis pas à même d'exprimer quelques idées d'une manière aussi précise que l'exige la psychotechnique.

La psychotechnique pratique sait déterminer exactement toute une série d'aptitudes psycho-physiques chez la personne examinée, et elle acquiert ainsi un ensemble des qualités physiques et mentales d'un individu déterminé, ainsi que leurs rapports et les influences mutuelles de ses aptitudes. Toutes ces circonstances autorisent la psychotechnique, dans une mesure notable, à juger comment l'homme envisagé se comportera dans la vie, dans l'exercice d'une profession déterminée, et c'est pourquoi elle est en droit de conseiller également pour quelle occupation l'homme en question possède de bonnes dispositions dans ses aptitudes et dans quelle profession certaines de ses aptitudes insuffisamment développées constitueraient un obstacle à cet emploi.

Or, l'homme que l'occupation classe organiquement dans la vie n'est pas un simple système d'aptitudes psycho-physiques déterminées. Il agit comme un tout intégral, défini au mieux par l'idée de « personnalité ». Nous devons considérer cette personnalité comme unité indivisible, qui est la résultante de mécanismes vitaux fort différents et nombreux, mais dépendant mutuellement l'un de l'autre. Voilà pourquoi il n'est pas possible d'abstraire un certain groupe de ces mécanismes vitaux et de le traiter séparément, sans faire la restriction plus ou moins grande, que nous ne faisons que juger une partie de personnalité indivisible. Bien que multiplex, la personnalité n'en reste pas moins unitas. Extérieurement, la personnalité se manifeste par des aptitudes mécaniques et intellectuelles, par sa vitalité, en un mot, par la manière dont elle réagit sur son entourage, comment elle intervient dans la vie autour d'elle. Pour autant que nous avons en vue surtout le côté quantitatif de cette réaction, nous la formulons approximativement sous la définition de tempérament; si nous envisageons principalement son côté qualitatif, nous parlons du caractère. Ce que nous nommons tempérament exerce, par conséquent, une influence surtout sur la force, la rapidité et l'intensité de la réactivité vitale, tandis que sa direction, son contenu et sa nuance sont déterminés plutôt par le caractère de la personnalité. Evidemment le tempérament ainsi que le caractère ne sont que deux points de vue d'où nous pouvons observer les manifestations d'un tout indivisible. Tout le monde sait comment le tempérament détermine en même temps le caractère, et comment le caractère guide le tempérament. Mais à côté du tempérament et du caractère, nous avons aussi l'intellect. Les aptitudes intellectuelles et mécaniques, les connaissances ainsi que l'habileté ne sont, dans une certaine mesure, que des instruments que la personnalité peut utiliser dans ses manifestations. Elles constituent pourtant aussi une partie de la personnalité, car elles contribuent à déterminer la qualité ainsi que la quantité de réaction que fournira l'homme dans un cas donné, c'est-à-dire comment il agira et travaillera.

Dans les différents tests et essais psychotechniques, nous tâchons de constater et d'enregistrer celles des prestations sur lesquelles exerce en grande partie une influence quelque groupe des mécanismes psychiques; par chacun des tests sont donc constatés en grande partie les groupes limités d'aptitudes. Bien que l'examen porte surtout sur les aptitudes psychiques et somatiques, le tempérament, par exemple, constitue un élément très important lors des tests d'une orientation rapide. Même dans les tests psychotechniques, nous ne saurions exclure l'influence provenant directement du caractère.

Or, cette seule complexité de la personnalité a pour conséquence que nous ne pouvons complètement la saisir, même à l'aide d'un grand nombre d'essais psychotechniques. Et la psychotechnique, à bon droit, ne s'impose pas un pareil but. La psychotechnique pratique, en qualité de conseillère dans le choix d'une profession, détermine surtout les aptitudes, c'est-à-dire le matériel ou bien les instruments dont dispose l'homme examiné pour son occupation future. C'est lui qui, comme entité indivisible, décidera dans sa profession de la manière dont il fera usage des dons que la nature lui a accordés et que la psychotechnique lui a révélés et évalués.

Dès l'instant où sont effectués les tests proprement dits, nous devons tenir compte de l'influence perturbatrice de la personnalité intégrale. Par « influence perturbatrice » je me figure une influence telle que nous ne sommes pas en mesure de la saisir tout entière, formant ainsi une inconnue dans nos déductions. Il existe, comme on sait, des personnes sur les actes desquelles les essais psychotechniques en propre n'exerceront aucune influence essentielle, mais nous devons compter sur cette influence sur un fort pourcentage des sujets examinés. La présence de personnes étrangères, un milieu inaccoutumé, l'appareil de l'examen et la conscience que les résultats atteints seront décisifs, dans une certaine direction, pour l'avenir, tout cela est à même de stimuler chez quelqu'un l'aptitude totale de travail, de sorte que nous obtenons relativement de meilleurs résultats que ceux répondant à la norme du sujet examiné; mais, par contre, chez un autre sujet, ces circonstances ont pour effet de ralentir et de freiner tous les actes et les dispositions, et, dans ce cas, l'influence de toute la personnalité nous défigure les résultats de nos tests en les empirant; elle agira donc sur le résultat de façon perturbatrice, dans la véritable acceptation de ce mot.

Toutefois, nous devons compter d'autant plus sur le fait qu'au cours du travail se fera valoir l'influence de tout l'individu, lorsqu'il ne sera plus placé pour un court laps de temps dans un laboratoire psychotechnique, mais se trouvera jeté librement dans la vie. C'est alors qu'entreront en pleine activité également ses qualités de caractère, qui n'avaient qu'une moindre influence au cours des tests. Je rappelerai seulement à titre d'exemple le sentiment de la responsabilité, de la persévérance, la façon de réagir sur le succès ou l'insuccès, la joie du travail, la prédilection pour une occupation déterminée, etc. Ce sont toutes des qualités de caractère, à même d'accomplir des miracles même avec des aptitudes moindres pour une occupation déterminée, ou bien, au contraire, elles peuvent avoir pour effet que d'excellentes aptitudes se manifestent bien au-dessous de ce qu'on en attendait. Cette influence importante de toute la personnalité nous explique pourquoi parfois les résultats des tests psycho-

560

techniques chez les écoliers ne concordent pas avec le jugement des instituteurs, qui ont été à même de suivre les progrès de l'élève pendant l'enseignement en propre. Le Dr. R. Mudroch a récemment fait ressortir ces divergences partielles dans la littérature tchèque.

J'ai considéré comme nécessaire de m'arrêter un instant à la définition de la personnalité, avant d'aborder le thème proprement dit. Afin d'éclaircir cette question, il est réellement important de relever comment la personnalité peut parfois défigurer quelque peu même les résultats des tests psychotechniques, mais peut encore plus fréquemment et plus fortement modifier le pronostic de la vie, effectué sur la base de ces tests. J'ai tenu à accentuer cette circonstance, bien que je sache ne rien dire par là de nouveau, et que la psychotechnique compte sur cette influence, souvent difficile à déterminer.

En ce qui concerne l'influence des conditions somatiques sur la psychopathologie du travail — question formant l'objet du compte-rendu d'aujourd'hui — je désire la traiter en me plaçant précisément au point de vue de savoir comment les conditions somatiques façonnent et modifient la personalité humaine et, par là, sont à même de modifier aussi les dispositions psychiques, qui ensuite exercent une influence pathologique sur les autres aptitudes de travail.

On peut juger la personnalité de différents points de vue. Ce qui convient le mieux, à cet égard, aux buts médicaux, c'est la direction biologique, qui voit dans la personnalité une unité psychophysique. Elle en explore les conditions psychiques et somatiques et leur corrélation mutuelle. La résultante de ces conditions somatiques et psychiques se manifeste ensuite à l'extérieur comme qualité et façon d'agir d'une unité intégrale, c'est-à-dire, la personnalité humaine.

Les influences psychiques qui façonnent et forment la personnalité, nous les réunissons dans la définition de l'éducation, terme évidemment considéré dans le plus large sens du mot. Ces influences sont en substance suffisamment connues de chacun; c'est pourquoi nous ne ferons mention que de quelques conditions somatiques exerçant une influence sur les qualités psychiques de la personnalité, surtout en égard à son aptitude de travail.

Nous laisserons de côté les maladies somatiques dans le sens courant de ce terme, c'est-à-dire la plupart des maladies aiguës, qui à elles seules affaiblissent naturellement tout l'organisme et modifient une si grande partie de sa fonction en l'empirant, et, par là même aussi chacune des aptitudes psychiques nécessaires au travail, sans parler de l'habileté physique. Ici viennent se ranger également les intoxications chroniques, qui affaiblissent aussi l'organisme tout entier, agissant surtout, le cas échéant, sur le tissu cérébral, et sont à même de modifier également et pour une longue période le caractère de l'individu, ce qui aura aussi une influence sur son aptitude de travail. Parfois les modifications psychiques peuvent atteindre un tel degré qu'il s'agit directement d'une maladie mentale. L'influence de la fatigue physique ou de l'insuffisance de sommeil sur la psychopathologie du travail est un phénomène enregistré couramment par la psychotechnique moderne.

Les expériences recueillies au cours de ces dernières années ont démontré que, dans le cas d'encéphalite épidémique du cerveau, surviennent des troubles organiques dans le tissu cérébral, particulièrement dans ses ganglions de base. Ces modifications purement somatiques ont toutefois pour conséquence également certains changements du caractère. Nous ne parlerons pas ici des conséquences somatiques. C'est surtout lorsque cette maladie atteint un jeune individu, dont le caractère est encore en pleine évolution, que survient une obtusion des sensations supérieures, en même temps qu'une intolérance d'affectivité, des accès de colère et d'anxiété, un penchant à des actes malveillants, etc. Les ganglions de base sont d'anciennes parties phylogénétiques du cerveau, régularisant les fonctions fondamentales de tout l'organisme, et nous ne saurions y chercher quelques centres des qualités de caractère. Toutefois ces ganglions exercent une influence sur les fonctions totales de l'organisme avec l'entière participation du cerveau.

On sait également que les modifications organiques intéressant les parties frontales du cerveau abaissent parfois l'agilité mentale, modifiant ainsi la personnalité et son caractère, de manière à affecter de façon très défavorable le rendement du travail, même en présence de bonnes aptitudes pour une profession déterminée.

Ce sont cependant toutes des modifications somatiques qui atteignent directement le cerveau, et l'on se rend généralement compte qu'elles peuvent exercer une influence sur la psychopathologie du travail, même lorsqu'elles ne provoquent pas encore de maladies mentales.

Moins frappante est toutefois l'influence de ceux des facteurs somatiques n'ayant pas leur siège direct dans le système nerveux central, mais dans le restant du corps, bien qu'exerçant une influence sur la personnalité, sur son caractère et, en même temps, sur les conditions psychiques de ses aptitudes de travail. Ce sont des influences qui, par la voie d'instincts inconscients, contribuent à notre état d'activité psychique, à l'aide de laquelle nous prenons une décision, avec la participation de l'intellect et des sentiments plus différenciés. Nous devons chercher ces facteurs somatiques, par exemple, dans les glandes endocriniques, dans le système endocrinien. Ce système de glandes se trouve sous une influence réciproque excessivement compliquée, et agit sur le reste de l'organisme par ses secrétions, hormones, d'une part au moyen du système nerveux — des nerfs végétatifs — d'autre part, au moyen des voies humorales. La complexion de ce système découle non seulement de sa dépendance mutuelle, mais aussi de la circonstance qu'il ne s'agit pas toujours d'un organe déterminé, mais d'un appareil fonctionnel, localisé dans divers organes.

En dehors du système endocrinien, nous connaissons les influences de l'intolérance individuelle et de la sursensibilité de l'organisme à l'égard de matières déterminées, de sorte que l'individu en question réagit même contre des doses tout à fait insignifiantes, bien que cette matière puisse être inoffensive même à fortes doses pour d'autres personnes. La réaction mentionnée est d'habitude diverse; elle se manifeste fréquemment sur différents organes, mais elle peut aussi se manifester du point de vue nerveux, et est à même de modifier les dispositions psychiques du sujet affecté. Pour la psychopathologie du travail sont décisives, parmi les influences précitées, surtout des réactions moins aiguës, mais d'une plus longue durée.

Un autre facteur somatique exerçant une influence sur la psychopathologie, c'est aussi le système végétatif, qui peut être atteint directement, mais transmet plus souvent l'influence d'autres systèmes fonctionnels, ou bien intervient lui-même dans leurs fonctions.

Ces différents systèmes somatiques peuvent exercer une influence sur la personnalité et son caractère, et, par conséquent aussi directement sur son aptitude de travail, qui, dans une certaine mesure, est par conséquent dépendante de ces systèmes. Lorsque survient quelque irrégularité dans le fonctionnement de ces systèmes, elle peut se manifester parfois aussi par une modification du caractère, et influencer également les aptitudes de travail. En ce cas, des symptômes pathologiques plus prononcés n'apparaissent pas encore nécessairement, de sorte qu'un pareil sujet ne produit même pas l'impression d'un homme malade.

En présence de conditions physiologiques normales, nous observons des modifications de caractère à certaines périodes de la vie. Il n'est pas douteux que ces modifications de caractère correspondent en grande partie à des changements somatiques que nous rencontrons toujours dans ce cas. Je rappellerai seulement les notables modifications survenant au cours de la puberté, et les changements de caractère se manifestant après la puberté. De même, la ménopause ou bien la grossesse modifient de façon assez typique les caractères, surtout chez quelques individus. La psychotechnique tient compte de ces modifications physiologiques, et c'est pourquoi elle procède à un nouvel examen au bout d'une certaine période. Il est surtout recommandable de pratiquer ce nouvel examen pour les personnes qui ont été examinées une première fois à une époque voisine de la puberté. Un essai réitéré peut constater l'aptitude au perfectionnement par l'exercice ainsi que l'influence de quelques qualités de caractère qui se sont modifiées depuis le premier examen.

Les influences somatiques dont il est ici question agissent naturellement en dehors des modifications de caractère, également sur les autres fonctions somatiques de même que sur la croissance et la structure du corps entier, exerçant, par conséquent, une influence aussi sur la constitution somatique tout entière. Il est donc aisé de se figurer que des types déterminés de constitution somatique seront accompagnés aussi de qualités de caractère et de dispositions psychiques typiques. Cette question a été étudiée spécialement par Kretschmer, en ce sens qu'il a décrit les 4 principaux types de constitution somatique, et, dans le cas d'une maladie mentale, le penchant à certaines formes de psychoses. Cette régularité n'existe pas évidemment sans de fréquentes exceptions. Cette coïncidence de la constitution somatique avec le caractère se rencontre le plus régulièrement chez les pykniques. Chez les pykniques prononcés, nous constatons assez régulièrement un caractère calme et équilibré, qui sait s'adapter à la situation présente, et qui surprend rarement par une réaction imprévue. J'estime qu'une étude plus approfondie des constitutions somatiques, du point de vue des aptitudes de travail pour une occupation déterminée, serait à même d'apporter une nouvelle documentation à la psychotechnique. Evidemment, au cours de l'étude en question, il y aurait lieu d'évaluer celles des aptitudes dont le sujet en question a témoigné dans le travail de la vie réelle, et non pas seulement durant les tests psychotechniques.

Pour la psychotechnique les plus importants seront les cas qui présentent de moindres irrégularités dans la fonction de quelques systèmes somatiques bien qu'exerçant une influence aussi sur les manifestations psychiques de toute la personnalité, ces divergences totales ne sont cependant particulièrement frappantes, et il n'y a aucunement lieu de les considérer comme pathologiques. Il peut s'agir soit de divergences datant déjà de la jeunesse et aboutissant ensuite à certaines particularités d'évolution, ou bien de divergences fonctionnelles qui se sont formées lorsque l'organisme était déjà développé.

Comme premier exemple je rappellerai l'eunuchoïsme généralement connu. Les eunuques, évoluant de garçons castrés à dessein chez quelques peuples orientaux, présentent, d'une part, leurs signes typiques de structure somatique, d'autre part, également aussi des traits typiques de caractère.

Les eunuques sont évidemment des cas pathologiques, dans lesquels a été éliminée à dessein l'influence des glandes génitales mâles sur l'organisme en évolution. Mais parfois il se rencontre aussi une activité des glandes sexuelles congénitalement au-dessous de la normale, et, dans ce cas, évolue ensuite un caractère semblable à celui de l'eunuque, mais évidemment de moindre intensité.

Comme exemple se rencontrant à l'âge adulte, nous pouvons citer l'influence également bien connue de l'activité du corps thyroïde sur les manifestations psychiques de la personnalité. De tels sujets, après la diminution de la fonction du corps thyroïde, se mettent à accuser un ralentissement de la réaction psychique; ils deviennent paresseux, endormis, inattentifs et apathiques. Lorsque l'influence du corps thyroïde, vient à s'abaisser au-dessous d'un certain minimum dès la période d'évolution, il en résulte l'état pathologique connu sous le nom de « crétinisme ».

Ces deux exemples cités de l'influence des glandes en docriniques sont tirés d'un chapitre qui a été relativement assez étudié. Mais ici non plus les conditions ne sont pas aussi simples qu'elles le paraissent. Par exemple, tout ralentissement de l'activité psychique ne constitue pas a priori un signe établissant que le corps thyroïde est insuffisamment actif, même lorsque ce ralentissement se manifeste chez un sujet qui antérieurement avait été psychiquement actif. C'est seulement après avoir réussi à démontrer le syndrôme entier des signes indiquant un abaissement de l'activité du corps thyroïde, que nous pourrons diagnostiquer cette perturbation, et c'est alors qu'une intervention thérapeutique appropriée supprimera certainement aussi ce ralentissement psychique.

Toutefois d'habitude ces conditions somatiques venant modifier aussi la personnalité psychique sont si compliquées et encore si peu explorées jusqu'ici, qu'il est impossible de fournir à cet égard quelques règles ou directives déterminées, d'après lesquelles on pourrait procéder au cours de l'examen psychotechnique. Chaque fois qu'un soupçon subsistera que certaines insuffisances psychiques de travail ont pu être causées par des conditions somatiques, il sera nécessaire d'étudier individuellement un pareil sujet. Toutefois, jusqu'ici nous ne possédons pas encore de système de méthodes standardisées appropriées. Aussi une pareille enquête exigera-t-elle la connaissance de la physiologie et de la pathologie humaine, ainsi qu'une expérience clinique suffisante; c'est pourquoi l'examen médical peut aussi compléter parfois essentiellement l'enquête psychotechnique. Cet examen médical peut contribuer à déterminer plus exactement les aptitudes pour l'avenir, et, dans les cas heureux, améliorer aussi par une intervention thérapeutique les dispositions psychiques pour les aptitudes de travail.

Finalement, je me permettrai de résumer les conclusions principales de mon rapport:

La personnalité totale psychique du travailleur est décisive également sur l'aptitude du travail dans la vie pratique, et non seulement les aptitudes considérées isolément. C'est pourquoi il est recommandable de tenir surtout compte de l'âge auquel la personnalité subit habituellement des modifications essentielles, et de répéter les tests après cette époque.

Etant donné qu'en ce qui concerne la personnalité psychique sont décisifs partiellement aussi les états somatiques, il se recommande d'étudier quelques constitutions somatiques du point de vue psychotechniques; de plus s'impose la coopération plus étroite de la médecine, parce que cette dernière est à même d'expliquer quelques insuffisances, et, le cas échéant, de les écarter thérapeutiquement.

PHYSIOLOGISCHE GRUNDLAGEN DER PAUSEN-REGELUNG.

ERNST SIMONSON (Charkow).

I.

Es kann heute als gesicherte Erfahrungtatsache gelten, daß regulierte Pausen eines der mächtigsten Mittel der Steigerung der individuellen Arbeitskapazität des Arbeiters darstellen; die vielfachen Versuche, die sich in den letzten Jahren mit der Einführung von Pausen in die Praxis beschäftigten, haben fast stets zu positiven Erfolgen, d. h. zu einer Erhöhung der Produktion und einer Minderung des Ermüdungsgefühls und der Ermüdungserscheinungen geführt. Bei einer Analyse des bisher vorliegenden Materials fällt jedoch auf, wie widersprechend die Angaben über die Pausenregelung sind, sowohl was die Länge der Pausen, als auch ihre Häufigkeit und Verteilung anbetrifft. So hat das bisher rein empirisch erhaltene Material vorwiegend örtlich gebundenen Wert, eben für jene Fabrik, in der die Versuche angestellt wurden, und Verallgemeinerungen oder Übertragungen sind nicht oder nur schwer möglich. Man darf natürlich gar nicht erwarten, daß ein- und dieselbe Pausenregelung für verschiedene Arbeitstypen möglich sei. Zweifellos aber kommt man auf dem bisher angewandten rein empirischen Weg nur bis zu einer gewissen Grenze. Man ging meist so vor, daß willkürlich 3—4 verschiedene Pausenregime verglichen wurden und man wählte dann dasjenige, welches die besten Resultate gab. Zu Verallgemeinerungen, d. h. zu allgemein gültigen Regeln der Pausenverteilung, zu einer wirklich wissenschaftlichen Pausenregelung wird man nur dann kommen, wenn die Ergebnisse der Laboratoriumsforschung über die physiologischen Grundvorgänge bei den Pausen in Verbindung und zur Vereinigung gebracht werden mit den Ergebnissen der Betriebspraxis. Nachdem nun in den letzten Jahren beim Pausenproblem fast ausschließlich die Betriebspraxis betont wurde, sei heute ein kurzer Überblick über die theoretischen Ergebnisse der physiologischen Forschung der letzten Jahre gestattet.

II.

Die wesentlichste Anforderung, die an eine Pause zu stellen ist, ist die *Erholungswirkung*. Eine Pause soll nach Möglichkeit die ermüdenden Folgen der vorausgegangenen Arbeit beseitigen. Um den Erfolg einer Pause zu beurteilen, muß man also die Natur und den Verlauf der Erholungsprozesse erforschen.

Einer der wesentlichsten Erholungsvorgänge bei schwerer und mittlerer Arbeit ist die sogen. *oxydative Erholung*. Bei körperlicher Arbeit häufen sich *Stoffwechselprodukte* an, die auf den Zustand der Gewebe schädigend einwirken. Der Organismus *entledigt* sich

566

dieser angehäuften Stoffwechselprodukte auf dem Wege der *Verbrennung*. Durch Messung des *Sauerstoffverbrauchs* nach der Arbeit, bzw. in der Pause, erhält man also einen Anhaltspunkt für die Menge der angehäuften Stoffwechselprodukte, wofür ich die Bezeichnung „*Erholungsrückstand*" vorschlug. Aus dem Absinken des Sauerstoffverbrauchs ist die Dynamik der Beseitigung der Stoffwechselprodukte gekennzeichnet.

Der Verlauf des Absinkens des Sauerstoffverbrauchs in der Erholung wurde von mir und meinen Mitarbeitern näher erforscht. Wie schon Hill feststellte, verlauft er allgemein exponential. Ich konnte dem Erholungsvorgang folgende *Näherungsformel* zu Grunde legen: $RK = \frac{1}{t} \, la \, \frac{Cal \, A}{Cal \, t}$, wobei RK die Erholungsgeschwindigkeit, t die Erholungszeit, Cal A den Erholungsrückstand zu Beginn der Erholung und Cal t den Erholungszustand nach t Min. bezeichnen. Wie mein Mitarbeiter Hebestreit feststellte, entspricht diese Formel nur einem mittleren Erholungsverlauf, im Anfang verläuft die Erholung etwas rascher und am Ende langsamer, als der Formel entspricht. Es ist ferner interessant, daß das Absinken der *Atmung* und der *Kohlensäureausscheidung* nach den Untersuchungen von Hebestreit eher der reinen Formel entspricht, wobei jedoch die Erholungsgeschwindigkeiten *sich nicht decken*. — Der *exponentiale* Verlauf der verschiedenen Erholungsvorgänge ist für die *praktische Pausenregelung* von entscheidender *Wichtigkeit*. Er besagt, daß der Hauptanteil der Erholung in den *ersten* Erholungsminuten liegt, und daß die weiteren Erholungsminuten von ungleich geringerer Bedeutung sind. — Der exponentiale Verlauf der Erholung spricht also *gegen eine zu große Ausdehnung* der Pausen.

Wie lang diese nun *konkret* sein müssen, hängt natürlich ganz von den *Arbeitsbedingungen* ab. Je nach der Schwere der *körperlichen Anstrengung*, aber auch des *hygienischen Milieus*, dem *Anteil statischer Arbeit* usw. sind die *Erholungszeiten* verschieden. Auch individuelle Unterschiede sind vorhanden. Neben der oxydativen Erholung gibt es noch *andere* Erholungsvorgänge, die sich ebenfalls verfolgen lassen, z. B. Restitution des *Pulses*, der *Reflextätigkeit*, des *Hauptpotentials* usw. Bei den *verschiedenen* Arbeitstypen wird mal der eine, mal der andere Restitutionsvorgang im Vordergrund des Interesses stehen. Bei der *wissenschaftlichen Pausenregelung* sind also *verschiedene Restitutionsprozesse* zu erforschen mit kompletten Methoden, und eine sorgfältige Analyse muß ergeben, auf welche der Hauptwert im gegebenen Falle zu legen ist.

Ich möchte dabei auf eine konkrete Arbeit Bezug nehmen, die unter meiner Leitung vom Arbeitsinstitut des Ukrainischen Arbeitskommissariats in Charkow ausgeführt wurde: nämlich die *Pausengestaltung im Walzwerk*. Hier hat die *oxydative Restitution* ein vorwiegendes Interesse, wegen ihrer Beziehung zur *Wärmeregulation* und der Art der körperlichen Arbeit im Walzwerk. Meine Mitarbeiter

Dobrin und Sokolov fanden im Walzwerk Mariupol auffallend kurze Erholungszeiten; meist nach 7 Min. war bereits die oxydative Restitution beendet. Wir fanden das gleiche Resultat noch an *3 anderen* Walzwerken (Stalino, Dnjepropetrovsk, Odessa), so daß wir heute berechtigt sind, für die Arbeit im Walzwerk mit relativ kurzen Pausen — etwa 10 Minuten — zu rechnen. An einer Reihe leichterer Arbeitsplätze führten wir eine Verkürzung der Pausen durch, und nach nunmehr 2jähriger Kontrolle konnten wir nichts Nachteiliges feststellen. Es sei jedoch bemerkt, daß wir gleichzeitig in anderer Weise die Arbeitsbedingungen erleichterten. Infolge der gänzlich anderen subjektiven und objektiven Arbeitsbedingungen können die Ergebnisse nicht ohne weiteres in andere Länder übertragen werden — ich führe die Ergebnisse hauptsächlich deshalb an, weil aus ihnen die Methodologie einer wissenschaftlichen Pausenregelung hervorgeht.

In einer weiteren, bisher unveröffentlichten Versuchsreihe des Ukrainischen Arbeitsinstituts fanden meine Mitarbeiter Dobrin, Sokolov und Pjatigorskaja bei den schweren *Dampf-Schmiedehämmern* in Charkower Traktorenwerke *längere Erholungszeiten* als im Walzwerk bei ungefähr *gleicher körperlicher* Anstrengung und gleich hohem *Kraftverbrauch*. Wir führen das Ergebnis in erster Linie auf das *hygienische Milieu* zurück — auf den *höheren Feuchtigkeits-* und CO-Gehalt der Luft. Dies Ergebnis ist methodologisch wichtig; es zeigt, daß eine wissenschaftliche Pausenregelung sich nicht allein auf die Pausengestaltung als solche beschränken muß, sondern auch die Kontrolle des gesamten Arbeitsmilieus umfassen soll; die notwendige Pausenlänge unterliegt der Rückwirkung der verschiedenen Umweltfaktoren.

III.

Die *Erholungsvorgänge* stellen jedoch *nicht den einzigen* Mechanismus der Pausenwirkung dar, der die Erhöhung der Arbeitskapazität und der Leistung erklärt. Besonders bei *Kurzpausen,* d. h. solchen von 1—2 Min. Dauer, deren Effektivität praktisch wiederholt erprobt wurde, muß außer der Erholung noch ein anderer Mechanismus eine Rolle spielen, denn innerhalb von *1—2 Minuten* kann die Erholung noch nicht beendet sein. Derartige Kurzpausen sind besonders effektiv bei schweren oder statischen Arbeitsleistungen, die innerhalb kurzer Zeiten, d. h. innerhalb *20—30 Min.* bei kontinuierlicher Fortsetzung zur Ermüdung führen würden.

Um den *Mechanismus der Kurzpausen* aufzuklären, führte ich gemeinsam mit Sirkina — ebenfalls im Ukrainischen Arbeitsinstitut — Versuche aus, die bisher noch nicht veröffentlicht sind und deren Ergebnis ich Ihnen kurz erläutern möchte. Wir wählten als Arbeitstyp das Heben von Gewichten, wir untersuchten 3 verschiedene Gewichte und 3 verschiedene Geschwindigkeiten. Zuerst ließen wir bis zur *subjektiven Ermüdung* arbeiten, die Ermüdungszeiten variierten von 5—20 Min. Über 20 Minuten ließen wir die Arbeit nicht fortsetzen, weil dann andere — vorwiegend subjektive — Momente für den Ermüdungseintritt verantwortlich zu machen sind als bei den kurzen Ermüdungszeiten. Die bei den verschiedenen Varianten eintretenden Ermüdungszeiten waren verschieden; wir konnten jedoch folgende *allgemeine Gesetzmäßigkeit* bei allen 5 Vp feststellen: je *rascher* bei der Arbeit der Sauerstoffverbrauch anstieg, um so schneller erfolgte auch die Ermüdung. Wir schalteten dann *Kurzpausen* ein; auf 2 Min. Arbeit folgte 1 Min. Pause usw. Dabei fanden wir, daß die *Ermüdungszeiten* enorm hinausgeschoben wurden, um das Doppelte und mehr. Wir fanden gleichzeitig, daß sich dabei die Kurve des *Sauerstoffverbrauchsanstiegs* entsprechend abflachte. Bei einem sogen. steady state d. O_2 = Verbr. kann — wie die Erfahrung zeigt — eine Arbeit sehr lange geleistet werden. Es muß also unser Bestreben sein, bei einem Arbeitstyp ein steady state der O_2-Aufnahme zu erreichen. Die Kurzpausen wirken nun tatsächlich in dieser Richtung: oft fanden wir bei Einschaltung von Kurzpausen ein steady state, wo vorher ein Anstieg des O_2-Verbrauchs vorhanden war, und dementsprechend ein Hinausschieben der Ermüdung. Hierzu kommt noch folgendes: das *durchschnittliche Niveau* des Sauerstoffverbrauchs bei der Arbeit liegt bei der Einschaltung von Kurzpausen beträchtlich tiefer. Der Grad der Beanspruchung des Organismus geht bei vielen Arbeitstypen aber der Höhe des O_2-Verbrauchs konform — deshalb ist also bei Kurzpausen die *Beanspruchung des Organismus ungleich geringer.* Auch die sich während der Arbeit anhäufenden *Stoffwechselschlacken* sind bei Einschaltung von Kurzpausen bedeutend *niedriger.* Wir kommen also zu der interessanten Feststellung, daß die Wirkung der Kurzpausen nicht allein *durch die Erholungswirkung,* sondern auch durch Änderung der *Dynamik* der Stoffwechselprozesse bei der Arbeit zu erklären ist. Beide Wirkungen hängen übrigens zusammen. Ich will damit durchaus nicht sagen, daß damit die Wirkungen von Kurzpausen erschöpft seien — wir stehen ja erst im Anfang der wissenschaftlichen Erforschung des Pausenproblems. Aber die Richtungen, in denen wir die Wirkungen suchen müssen, werden schon klarer ersichtlich.

IV.

Bisher war nur von den positiven Wirkungen der Pausen die Rede. Pausen können jedoch auch in *negativer* Weise einwirken, in *Herabsetzung der Arbeitskapazität* und der Arbeitsleistung. Bei der praktischen Pausenregelung müssen beide Wirkungen berücksichtigt werden — und die sehr verschieden angegebenen günstigsten Pausenlängen bei den verschiedenen Beschäftigungen erklären sich größtenteils durch den wechselseitigen Einfluß der gegensätzlichen Pausenwirkungen. Worin besteht nun die negative Pausenwirkung? Sie besteht darin, daß die bei der Arbeit erworbene *Arbeitsanpassung* verloren geht.

569

Daß bei der Arbeit *eine physiologische Anpassung* des Organismus stattfindet, wurde zuerst von Hebestreit und mir nachgewiesen (noch 1929 in Frankfurt a. M.). Die praktische Bedeutung der Anpassung geht daraus hervor, daß die Produktionskurve ihr Maximum erst im Laufe einiger Zeit erreicht. Aus unseren Untersuchungen ging nun hervor, daß sich *Stoffwechsel, Kreislauf,* physikalisch-chemischer Zustand der Muskeln *erst allmählich* an die Arbeit anpassen. Hebestreit und ich stellten nun weiter fest, daß in der Pause diese *Anpassung* wieder verloren geht, so daß unter Umständen der Organismus nach der Pause — trotz der Erholung — in einem für die Arbeit *ungünstigeren Zustand* sein kann als vor der Pause. Bei den von uns untersuchten Arbeitstypen — horizontaler Zug, Gewichtheben, Kniebeugen — also bei mittlerer und schwerer körperlicher Arbeit — fanden wir nun eine *strenge Proportionalität* zwischen der *Länge der Pausen* und dem *Verlust der Anpassung.* Wir verglichen Pausen von *10 bis 30 Minuten;* bei 30 Minuten war die Anpassung bereits verloren gegangen.

Diese negative Pausenwirkung spricht gegen eine *zu lange* Ausdehnung der Pausen. Es ist *günstiger,* auf einen Teil der Erholung zu verzichten, um den Anpassungsverlust *möglichst* auszuschalten. Die Anpassungsverluste in den Pausen unterscheiden sich natürlich bei *verschiedenen* Arbeitstypen — und auch der Gewinn der Anpassung *hängt sehr von verschiedenen* Faktoren ab, wie sie in ersteren Untersuchungen von mir und Sirkina in Charkow geklärt wurden. Es ist klar, daß bei der Pausenregelung das Problem der positiven Anpassungsvorgänge bei der Arbeit ebenso eine Rolle spielt, wie die negativen Anpassungsverluste in der Pause — wir begnügen uns hier jedoch mit diesem allgemein methodologisch wichtigen Hinweis; ein näheres Eingehen auf unsere diesbezüglichen Resultate ist innerhalb der festgelegten Vortragszeit nicht möglich.

V.

Bisher war die Rede fast ausschließlich von mittlerer und schwerer Arbeit. Bereits im Anfang wiesen wir darauf hin, daß wahrscheinlich bei *leichter* Arbeit, bei der weniger die Muskelkraft als die feinere Koordination ihrer Bewegungen eine Rolle spielt, *andere* Gesetzmäßigkeiten für die Pausenregelung vorhanden sind. Wir untersuchten darum (gemeinsam mit *S. S.* und *A. S.*) in Charkow auch die Pausenwirkung auf die *motorische* Koordination. Als Arbeitstyp wählten wir den horizontalen Transport eines *Hohlzylinders* und Aufsetzen auf einen Stab — also eine Nachbildung einer *Montagearbeit.* Wir wählten folgende Methodik: auf feststehender Platte wurde der Bewegungsvorgang zehnmal aufgenommen; derartige Aufnahmeserien machten wir in Abständen von 1 bis 2 Minuten. Die am Arbeitsstück befestigte Lampe zeichnet auf der Platte eine Linie, und das Zusammenfallen der Linien drückt uns den Grad der motorischen

Koordination aus. Wenn die Linien auseinander liegen, haben wir eine schlechte Koordination und wenn sie zusammenfallen, eine gute.

Wir stellten nun fest, daß auch die motorische Koordination im Beginn der Arbeit ein Anpassungsstadium durchläuft: die Linien fallen mit der *Fortdauer der Arbeitszeit immer besser* zusammen. Die motorische Koordination ist jedoch der Ausdruck *zentral-nervöser Prozesse,* und so zeigt es sich, daß auch zentral-nervöse Prozesse bei der Arbeit ein *Anpassungsstadium* durchlaufen. Wir fanden das bei allen $\pi \cdot_p$, allen Varianten der Geschwindigkeit und Belastung, ebenfalls auch in geübtem wie ungeübtem Zustande (nur das Niveau war in den beiden Fällen verschieden).

Sodann untersuchten wir den Einfluß verschiedener Pausen, *von 6 Minuten Dauer bis 30 Minuten Dauer.* Es ist nun besonders interessant, daß wir keinen Unterschied der *Pausendauer* sahen — im Gegensatz zu den Stoffwechselvorgängen — sowohl bei den kurzen Pausen von 6 Minuten, wie bei den längeren, geht die Anpassung der motorischen Koordination vollkommen verloren; die Aufnahmeserie nach den Pausen zeigte stets eine *Verschlechterung* der Koordination. (Wir haben den Eindruck, daß es sich dabei um eine Art Kreisreaktion handelt, so daß die gesamte Arbeitseinstellung verloren geht, sobald die Arbeit unterbrochen wird. — Allerdings ist es auch möglich, — was wir noch untersuchen werden — daß sich innerhalb der ersten 6 Minuten Abstufungen zeigen; wie dem aber auch sein mag, ist das eine gesichert.) Bei zentral-nervösen Prozessen geht also anscheinend die Anpassung weit rascher verloren als bei Stoffwechselprozessen. Andererseits wissen wir, daß bei zentral-nervösen Prozessen die *Restitutionszeiten* erheblich länger sind. Bei derartigen Arbeitstypen wie Feinmechanik, Montage usw., erscheint es demnach *nicht* ratsam, Pausen von etwa *10 bis 15 Minuten* zu geben, da die Erholung nicht beendet, die Anpassung aber verloren ist. Es ist besser, Pausen von unter *5 Minuten* Dauer zu geben, dafür aber die Frist für die *Mittagspause reichlich* zu gestalten. Wir sahen bei der *Montage von Eggen* am Konveyer (Untersuchungen von Neumann ausgeführt in der Charkower Fabrik Serp i Molot) einen günstigen Effekt einer *einstündigen* Mittagspause: Sowohl die Fehler waren geringer, wie auch die Erholung des Stoffwechsels. — Bei den langen Erholungszeiten bei zentral-nervösen Prozessen erweist sich auch die Regelung der *Freizeitbeschäftigung* als wesentlicher Bestandteil der Arbeits- und Pausengestaltung im Betriebe, wie ja überhaupt das Problem der Pausengestaltung nicht isoliert von den anderen Problemen wissenschaftlicher Arbeitsgestaltung betrachtet werden kann.

VI.

Bei dem Problem der Pausengestaltung spielt auch der *individuelle* Faktor eine wesentliche Rolle. Wir fanden bei mittelschwerer und schwerer Arbeit (Gewichtheben), daß die Pausen um so *effektiver*

waren, je *schwächer* die Vp; und zwar nicht nur nach der Hinaus-
schiebung der *Ermüdungszeiten* beurteilt, sondern auch nach den
physiologischen Daten des *Gaswechsels.* Dies berührt sich wohl mit
der Erfahrung im praktischen Betriebe, daß die Pausen besonders
bei den *langsamen* Arbeitern leistungsfördernd wirken. Jedenfalls
werden durch das Einschieben von Pausen die individuellen Leistungsunterschiede *mehr ausgeglichen,* und es ist klar, daß wir dadurch
in der Einschiebung von Pausen auch ein Mittel zur besseren *Nor-
mierung der Leistung* haben.

Mein Vortrag konnte sich naturgemäß nur auf einzelne Ausschnitte des Pausenproblems erstrecken. Das Pausenproblem darf
ja, worauf ich wiederholt hinwies, nicht isoliert von den übrigen
Problemen der wissenschaftlichen Arbeitsgestaltung behandelt werden. Eine gewisse künstliche Beschränkung war darin notwendig,
und ich wählte diejenigen Gebiete, auf denen das meiste physiologische Material vorliegt. Das ist zweifellos das Problem der Pausendauer. Das Problem der *Pausengestaltung* ist bedeutend weniger
bearbeitet. Wir fanden bei Arbeit in heißer Umgebung sehr günstige
Wirkungen von Duschen in den Pausen; Beseitigung der subjektiven
Ermüdung, objektiv nachhaltige Herabsetzung der Körpertemperatur,
des Pulses, Blutdrucks und Gaswechsels. (Ich möchte an dieser Stelle
nur kurz die Versuche streifen mit gymnastischen Übungen in den
Pausen.) In meinem Laboratorium untersuchten wir den Unterschied
zwischen Steh- und Sitzpausen; die letzteren erwiesen sich überlegen.
Hier berührt sich das Pausenproblem mit dem Problem des Arbeits-
wechsels — es ist klar, daß eine völlig andersartige Arbeit, die ganz
andere Funktionen umfaßt, eine Erholung von unmittelbar voraus-
gegangener Arbeit darstellen kann.

Zweifellos stehen wir erst bei all diesen Problemen im Anfang
der Forschung. Doch hoffe ich gezeigt zu haben, daß bereits heute
manche Ergebnisse der arbeitsphysiologischen Forschung nützliche
Perspektiven für die Praxis ergeben.

PSYCHOTECHNISCHE VERSUCHE ÜBER DEN VERBRAUCH AN KOHLENSTOFF BEI GEISTIGER UND KÖRPERLICHER ARBEITSLEISTUNG DERSELBEN VERSUCHSPERSON.

MOSE WILBUSHEWICH (Haifa, Palestine).

Die Versuche sind mit der Absicht geführt worden, festzustellen,
auf welche Weise die körperliche Unterlegenheit des Europäers im
Vergleich zum eingeborenen Araber durch psychische Überlegen-
heit kompensiert werden kann. Die Versuche wurden in Bezug auf
Körpermessungen an mehr als 1000 Personen gemacht. Mehr als

DIAGRAM OF EXPERIMENTS SYSTEMATIZED ON BASAL METABOLISM FOR MENTAL AND PHYSICAL WORK

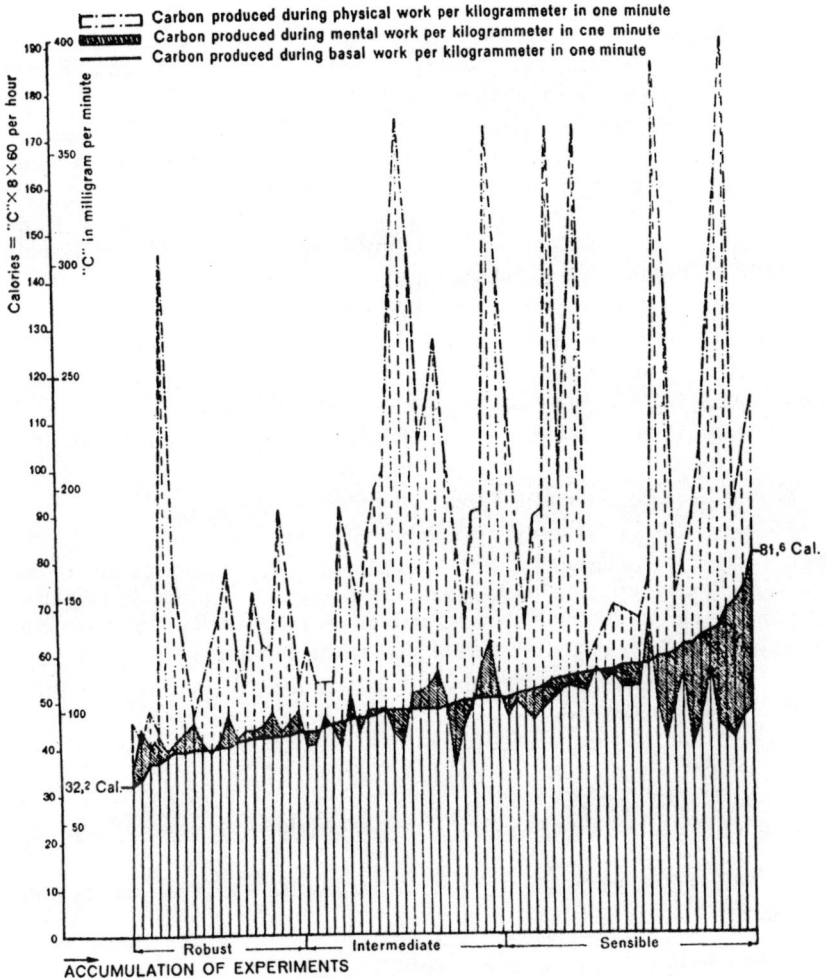

370 Personen wurden vom medizinischen Standpunkt und gleichzeitig auf Gasstoffwechsel untersucht.

Ich bin dabei, unter anderem, zu folgenden Resultaten gelangt:

1. Die während der gewöhnlichen psychotechnischen Untersuchungen gemachten Gasstoffwechselversuche ermöglichen die Feststellung der Eignung für psychische oder physische Betätigung.

2. Als Maßeinheit wurde die Quantität von Kohlenstoff, „C", angenommen, die vom Organismus per Einheit der geleisteten Arbeit ausgeatmet wird.

3. Eine Arbeit, die der physischen und psychischen Konstitution

und dem Interesse eines Menschen entspricht, wird mit einem kleinern Energieaufwand des menschlichen Körpers ausgeführt und verlangt eine kürzere Erholungszeit.

4. Das seelische Bewußtsein, eine nützliche Arbeit geleistet zu haben, ermöglicht dem europäischen Juden seine Arbeit mit einem kleinen Aufwand an Energie zu vollbringen.

Je sensibler die Konstitution eines Menschen ist, um so weniger Kohlenstoff verbraucht er von seinem Körper für psychische Arbeit, im Vergleich zu dem notwendigen Verbrauch während des Basalzustandes. Andererseits verbraucht eine Person von robuster Konstitution weniger Kohlenstoff bei physischer Arbeit als im Basalzustand, gerechnet in Meter-Kilogramm-Minute.

Meine Beobachtungen führten mich nun zu der Annahme, daß diese Tatsachen damit zu erklären sind, daß:

1. bei sensiblen Personen mit hohem Grundumsatz die geistige Betätigung an sich als näherliegend betrachtet werden kann,

2. solche Personen bei geistiger Betätigung mehr als 40% des bei Basalzustand benötigten Kohlenstoffes sparen,

3. die geistige Nahrung ihnen unentbehrlich wird,

4. somit die Lebenshaltung solcher Menschen viel teuerer zu stehen kommt, als die der robusten Typen — welche umgekehrt, bei geistiger Tätigkeit sich mehr anstrengen müssen und daher kein Bedürfnis nach geistiger Nahrung haben — weil solche Nahrung wie Theater, Musik, Literatur, Kunst etc. mehr kostet.

Aus beiliegendem Diagramm und Zahlentafel sehen wir den individuellen Verbrauch an „C":

a) während des Basalzustandes,

b) bei geistiger, und

c) bei körperlicher Arbeit.

Dies entspricht dem Nahrungsbedarf in Kalorien per Stunde, gerechnet „C" $\times$ 8 $\times$ 60.

Die Versuchspersonen haben verbraucht, in Kalorien per Stunde gerechnet:

Im Basalzustand:	ein Maximum von	81,6 Kalorien,
	Minimum von	32,2 Kalorien,
bei psychischer Arbeit:	ein Maximum von	67,2 Kalorien,
	Minimum von	35,0 Kalorien,
bei körperlicher Arbeit:	ein Maximum von	190,6 Kalorien,
	Minimum von	41,8 Kalorien.

Die Regelmäßigkeit der Ergebnisse veranlaßt mich, die Gasstoffwechseltests in Ergänzung zu den psychoanalytischen und psychotechnischen Tests zur Prüfung des geistigen und körperlichen Verhaltens des Menschen während der Arbeit zu empfehlen.

Diskussion:

Bena (Prag): stellt für die physiologische Eignungsprüfung das Prinzip der Ähnlichkeit der Faktoren und Symptome zwischen dem Intoxikations- und neurotischen Zustand einerseits und dem normalen Test andererseits auf. Reaktionsgeschwindigkeiten etc. könne man erst beurteilen auf Grund des Vergleiches mit entsprechenden pathologischen Zuständen.

Pechhold (Witkowitz): fragt nach der Möglichkeit, physiologische Experimente in die Industrie-Praxis zu übertragen.

Simonson (Charkow): wünscht Beachtung der physiologischen Experimente durch die Praktiker.

Kalmus (Prag): regt engste Zusammenarbeit zwischen Arzt und Psychologen in der Psychotechnik an. Die medizinisch-klinische, insbesondere psychopathologische Methodik, sei heute schon ohne weiteres in die psychotechnische Praxis zu übertragen.

Svoboda (Prag): weist auf die Bedeutung der Konstitutionspathologie und der Erblehre hin.

Es werden noch zwei Resolutionen angenommen, in denen engste Zusammenarbeit zwischen Arzt und Psychotechniker und Beachtung der Erbpathologie, sowie endlich Verfolgung der Ergebnisse arbeitsphysiologischer Untersuchungen empfohlen werden:

Résolution I.

La Section de Pathologie et Physiologie du Travail propose que la VIIIe Conférence Internationale de Psychotechnique attire l'attention des psychotechniciens sur les questions de constitution relatives à l'hérédité pathologique et particulièrement à l'Eugénique. Dans les cas il est nécessaire d'envisager, dans son ensemble, l'individu destiné à occuper un poste de responsabilité.

Résolution II.

La VIIIe Conférence internationale de Psychotechnique propose qu'à l'avenir dans tous les pays une attention plus grande soit donnée à la collaboration entre les psychotechniciens et les médecins et spécialement les psychiatres.

Il s'agit particulièrement de la coopération entre les spécialistes des deux domaines et entre les institutions scientifiques. Pour la prochaine Conférence devrait réserver une place plus large aux questions communes à la psychotechnique et à la médecine et discuter dans la séance plénière les résultats obtenus jusqu'à maintenant par celle collaboration.

VII

PSYCHOTECHNIQUE ET MÉDECINE

PHYSIOLOGICAL SELECTION.

EDUARD BENA (Prague).

Introduction.

Psychologic examination shows normal insufficiencies in certain mental functions. The practical use of this investigation depends on a high correlation between the result of the test and the actual proof in the vocation.

The selection on the clinical basis has to bear in mind two different aims:

a) To examine the general state of health. There is no analogy for this proceeding in the psychologic examination.

b) To find out the pathological insufficiencies in certain organic functions or the disposition to diseases of those organs which could be affected by the occupation of the individual. This proceeding finds its analogy in the psychologic methods. Of late psychologists are more than ever interested in the examination of the qualities of the character which influences the result of the apparatus of performance. The analogy to clinical selection in this direction would e. g. be the determination of those qualities of character which form the basis for a stronger temptation of the drivers to abandon themselves to alcoholism. W. Eliasberg who as psychopathologist of labour had experiences with the sphere of motivation stated e. g. that individuals with a slight paranoid conviction of their value, work with much more expenditure of time and energy than ever could be paid for.

The physiological selection shows normal physical insufficiencies in certain work. At the very first moment it may seem that we are examining the physical faculties for a certain kind of work as in psychology we are examining the mental abilities. But in reality there is nothing psychic occurring in the air but in the organism which is subjected to material changes and laws. Therefore the distinction is wrong from the theoretical point of view. The processes of memory, the exercise of movement, etc., as has been proved by the psychologists, are parallel to the material ones. The psychologists are dealing with the results of their experiments as if they were geometrical points, lines or bodies. The intelligence test examines also the effects of the material changes in the cortex of the brain which are conscious. The consciousness itself from the introspective standpoint has no such qualities that we could deal with them mathematically. But the processes of the cortex of the human brain do not manifest themselves to us in the same way as do the changes of the other organs of the human body. Yet they may be experienced by the effects as e. g. gestures, words, sentences, etc. That is why the statement of the method of their investigation is conditioned by the fact that we feel the same way as the person examined. The examination of the cortex of the human brain must therefore be left to the psychological points of view. The physiology of the cortex of the brain is up to now limited to the brain of animals and has not yet been developed in a way as to judge (from these experiments) all the processes going on in the human cortex.

The discrimination of the selection in a psychological and physiological one is really only possible by reasons of the historical development of physiology, which dealt more with the extracted organs of animals than with the reactions of the organism as a whole.

The practical use of the physiological methods for selection is therefore very little spread in comparison with the psychologic method of testing intelligence, memory, attention and so forth as well as in comparison with the use of clinical examination. Test results are too much a compound fact which must be analysed in its respective components. Still, in the analysis of the components of human efficiency we have not yet reached such a degree of knowledge as to deduce any special ability for a vocation from it.

To be able to use physiological methods for the purpose of selection, we must verify the diagnostic value of them on persons slightly abnormal, as convalescents after contagious diseases, after poisonings, persons with effort syndrome (of Th. Lewis), neurotics, etc. In the same way as the psychologists are searching for the diagnostic value of their test methods and are using for this purpose the correlation with practical life, in the meantime the physiologists have to find a verification of their methods in the comparison of normal and abnormal individuals. In consequence it would be practical, if the physiologists would use clinical material and examine cases with slight deficiencies. This way of verification of the diagnostic value of a test is of use not only for the physiological selection, but also for the psychologic one. We had good experiences in the reaction time as regards drivers and pilots. (Rothe and Mayerhofer, Bena and Mayerhofer.) It becomes impossible to make a correlation between the reaction time in front of an apparatus and the instinctive movements during the actual driving of a car. There was no correlation discovered between the simplex and complex reaction time. How can we then expect any correlation between the reaction time in front of the apparatus and the instinctive movements, in which there cannot be any conscious aim in advance?

Intercorrelations of organic functions.

For the purposes of physiological selection the complex character of any human action forces us to know the correlations between the greatest number of organic functions.

From the physiological point of view we recognise two separate groups of organic functions which participate in every human action: (1) The actions of the cerebrospinal nervous system with the sceleto-muscular apparatus, (2) the activity of the vegetative organs and nervous system. There results three groups of correlations:

I. Correlations between the actions of cerebrospinal apparatus.

II.   „   „   „   „   „ vegetative apparatus.

III.   „   „   „   „   „ both of them.

I. From the standpoint of selection we can divide the cerebrospinal functions which are the material substratum of so called abilities for vocation into two groups:

1. The functions chiefly of the brain cortex.

2. The functions chiefly of the brain subcortex.

Ad 1. The cortical functions we may divide into two groups:

a) intellectual ones,

b) the actions of so called psychophysic apparatus.

a) The intellectual functions have so far not been a subject of physiological study. The psychological point of view, hitherto, was necessarily far more important.

b) The functions of the psychophysic apparatus are: the processes of memory, reproductions, perceptions, the sensimotor reactions, etc.

So far the psychologists have studied the correlations chiefly in these two spheres of functions, either between the intellectual processes themselves (the correlations between many sorts of mental tests) or between themselves and the actions of the psychophysic apparatus. The psychologic correlations between the result in the test and in the vocation is a case of correlation between the cortex functions. From the physiological and physiopathological point of view these facts may be mentioned:

a) The slight correlations between the higher degrees of the intellectual functions and the functions of the psychophysic apparatus have their parallel in the pathological processes, for instance in cases of incipient schizophrenia the pathogenic noxa attacks the functions of the psychophysic apparatus separately and leaves intact the nervous structures of conceptional and abstract thinking.

The following case will serve to illustrate this statement: a slight case of schizophrenia, 16 years of age, could not continue in his study at the secondary school on account of defects in thinking. No changes of character could be proved neither psychopathic nor neurotic. And yet splendid results were obtained in our mental tests for final examination (constructed by Doležal). He was placed in the first 10% of the best results. The defects of his thinking did not depend on a diminution or degradation in the abstract thinking but: α) in a change of temperamental qualities of thinking, namely of feeling clearness, preciseness, limitation, etc. Instead of these qualities of thinking there set in the feeling of clumsiness, obtuseness, cloudiness, etc. The fund of abstract relations in thinking remained intact. But he could not make use of his abstract intelligence because of these new qualities of thinking which we, of course, cannot reach by our intelligence tests,

β) In diminution of the functions of the psychophysic apparatus (chiefly of memorizing).

It appeared that the functions of the psychophysic apparatus are far more fragile than the nervous substratum of conceptional thinking.

As a result of this it follows that with the help of the intelligence tests we reach the exercised nervous substratum of conceptional thinking, but we must leave the examination of the temperamental qualities of thinking to individual psychological analysis or to graphological analysis according to Ludwig Klages.

b) The American psychologists publishing chiefly in the Journal of Experimental Psychology study the problem of the speed of the most varying functions of the cerebrospinal nervous system: that of intelligence, of the simplex and complex reactions, of post-card sorting up to cerebrospinal reflexes as tendon reflexes, etc. For the physiologist this is asking the question: Is the cerebrospinal nervous system composed of segments of the same or various speeds of nervous currents? The result obtained by the psychologists up to now do not agree. They failed to discriminate between the time of the latent period of sensimotor tracts and that of coordination-time which is the greater the less the degree of training in any function. Only the times of maximum trained reactions may be correlated, but never the times of actions which are of various degrees of training. Intellectual or complicated reactions have in themselves a great number of untrained elements, but the reflexes of spinal automatism or those of the tendon are highly coordinated as has been proved by Ch. Sherrington. Therefore in all complicated nervous actions the condition of maximum coordination must be fulfilled so that the reactions may be correlated.

c) In addition to the correlation between the total actions of the cerebrospinal apparatus physiologists must from the quantitative point of view solve the problem, how the various centres and nervous tracts participate in a simple movement. These centres and tracts are described in every textbook. The lawfulness of this participation in every movement is not known quantitatively so that it can be used in selection.

The author has tried to find the association between some cerebrospinal reflexes and readiness in movement. He started with the hypothesis that hyperfunction of the tractus spino-cerebello-rubro-spinalis known from parkinsonism and appearing in high postural reflexes (Foix-Thenevard) should decrease the speed of movements, too, in normal cases in which it may occur in lower degree. On the contrary hypofunction should hasten the agonist as is the case in ataxia cerebellaris. The postural reflexes were examined by the air transmission method of Foix and Thevenard. But the association between the size of postural reflexes tested by this method in normal individuals and the readiness of movements tested only by the clinical aspexion (psychomotorium of Kretsohmer) was without result. In the case of destruction of the so called tractus pyramidalis the tendon hyperreflexy sets in. The author presupposes that very high tendon reflexes in normal cases also might show slackness of the various spinal segment from the influence of the cortex, so that they might be helpful in the diagnostic of dissociation between various movement levels which creates a stronger disposition to confusion and fright reactions. The unexpected impulses produce momentary paralysis or motor chaos in such a state of dissociation. But the size of the tendon reflexes did not show any association with the confusion reactions. No association was found between the size of the tendon reflexes on the upper and hind limb. Only irradiation of motor impulses in other motor centres is important—but for neurasthenic patients as has long been known.

b) The subcortical functions are active in some situations in driving. All involuntary defensive and aggressive reflexes in which the aim of movement is not conscious in advance belong here. We may recognise two kinds of these reactions:

1. Primitive in which the form of movement are ancient instinctive reactions as defensive against danger and catathyme reactions according to Kretschmer. The symptom of these is that none of the elements of movement learned during life are used in coordination of the movements of this kind. The pathological forms occurring in cases of driving are: the momentary dissociation between cortex and subcortex: when perceiving immediate danger the driver instead of using the motor automatism which he has learned, raises both hands or cowers down into the car. The cases of cataplexy of Kinnier Wilson in which an unexpected and surprising impulse paralyses the psychomotorium should be mentioned here, too. But this paralysis, does not take place, when the individual knows beforehand of the surprising impulse. This knowledge beforehand paralyses the effect of the surprising impulse. It would be necessary to find out, how the dividing of the whole reactive energy on more excited brain points causes the preservation of so called presence of mind. The author stated with Meyerhofer that there exists an individual optimum amount of impulses in which the person examined reacts with the greatest speed and accuracy. There are cases in which the monotony of impulses during driving a car decreases the tension of attention.

2. The cortico-subcortical reactions in which the learned automatism of driving is used. Automatic movements as the driver has learned them in practice can be used

a) in seeing the distant impulses. This situation is similar to that in front of the reaction apparatus,

b) in seeing sudden obstacles on the roadway. When they are seen, there is no time for the development of consciousness thereof and sensoric irritation proceeds along the motoric tracts. Such situations may be imitated only in a certain degree in front of our apparatus.

The pathological forms may occur with the loss of the learned driving automatisms after trauma.

As an instance the author quotes a case of a motor racer with contusion of the brain. The case was unconscious for three days after the contusion and lost his driver's automatism for half a year (frontal akinesis). Then isolated occurences of the ability to drive showed themselves. He had to learn driving automatics again. At the beginning of learning he must be aware of the succession of various driver's movements. But after a time he learned them he came back to the state of consciousness in which he suddenly forgot to use the movements learned. This is therefore a case, where the patient is not capable of using the cortical automatism. The state of his consciousness varies after two years from perfect power of racing to states in which he suddenly forgets the automatisms. This case is especially instructive because he is not taken from the groups of subsimulant traumatic neurosis, but from the other extreme: his eagerness to race forces him to the activation of driving movements, so that his wife and his friends come to our Institute impelled by fear that he could lose his life and ask that we should tell him that he is not capable of driving.

The pathological forms of reactions on the basis of discoordination between the cortical and subcortical impulses may occur, too, with loss of reaction speed after a series of danger impulses. Some drivers can avoid only one danger, but if two or three occur immediately after it, they lose their speed in the reaction. The cases of Rothe and Meyerhofer of prolonged time of recovery after unsuccessful actions belong to this group. These are not experiences from the roadway but from neurotic persons examined in front of the reaction apparatus which is, of course, of the same practical importance. The discoordination between the cortex and subcortex can be caused by poisoning, especially by alcohol and by motor exhaust gases, and by fatigue after a long time of driving.

The subcortical sphere is explorable up to now only by psychological anamnesis. The states of consciousness or physiologically the relation between the excited points of cortex and between themselves and the nervous centres of subcortex escape psychologic examination before the apparatus, because, they occur irregularly in the life of such persons. In a state of lucidity the persons examined have a quite normal or very good reaction time in front of the apparatus. From this fact the author and Meyerhofer have proved that the very best reaction time teaches nothing about the driving capacity in all possible situations, for it is only an examination of the cortical psychophysic apparatus. The subcortex participates in reaction times in front of the apparatus only regulatively as in each most simple movement. The reaction time in front of the apparatus would show the influence of the troubled coordination between cortex and subcortex, if the person were to be examined in an abnormal state as was described above. Meyerhofer and the author have shown that with persons slightly drunk the reactions in front of the apparatus show the influence of alcohol on the cen-

584

tral nervous system for sooner than the usual tests with ataxy used in clinic examination.

It is impossible to state the diagnostic value of reaction time in counting the correlation between the achievement at the apparatus and in the practical life. Some investigators did not find any correlation between the many kinds of reactions as for inst., simple, discriminate, selective reactions, post card sorting and the Army α test. It remains very doubtful in consequence if there could exist any correlation between the automatic reflex movements during the drive and reactions in front of the apparatus. Those just mentioned have always an aim given in advance in the consciousness and the others do not have this conscious aim. The doubt if there is correlation between the instinctive movements and those we are conscious of in advance, is strengthened by the experience of the neurologists during the last war. People suffering from neurosis anxiosa, agoraphobia, did not dare to cross a square, but were very brave in war attacks. I have at my disposal two cases which are instructive for this question: one of these cases suffers from anxiety neurosis, has to struggle hard before crossing a crowded square, but in front of the Forster dispositiv he will react as quickly as the pilots do. The same case experienced so great an enthusiasm in the mass movement during his illness that he felt "he could stand the danger of having his head split". The second patient (the insufficiency neurosis) shows a total inhibition, when he has to prove his personal efficiency in the presence of other people. He loses his inhibition in mass enthusiasm and has short reaction times at the apparatus. We can only prove by this that to different systems of impulses of the outer world a person will react differently. An individual has many levels of reactions at his disposal. The last case, too, reacted to unirritative words with short reaction times, but with longer ones to words, which irritated his complexes. Both these neurotics could drive cars without danger of causing any harm, if they did not, by too great a carefulness, restrain the traffic. A driver of this kind is of course not advantageous at all by comparing the greater speed of the normal drivers. He is therefore not fit in the total coordination of the traffic. The total coordination may, however, change from one town to another, therefore the selection must adjust itself to local conditions. The experimental and pedagogic psychologist has already measured long ago the exactness and reliability of different achievements of children and took for an exact measure the variation coefficient. Meyerhofer and Rothe used for evaluating the reaction times the average as well as the middle variation and the maxima and the minima. They have proved on normal and neurotic individuals that measures of dispersions are much more important for the estimation of the reaction times than averages. Bena and Meyerhofer (Central Institute of Psychotechnics, Prague) stated some rules for the selection of drivers on the basis of the reaction times. The results are published in Kwartalník Psychotechniczny at Poznaň, Poland. Let us state some of those rules: 1. The averages of the reaction times by training decreases with normal people in exponential dependence from the number of the repeated reactions. 2. The variation-coefficients don't show any geometrical function. 3. To a sudden charge of the first degree of the attention the person will react with an increasing of the variation-coefficient, of the second degree with an increasing of the averages of the reaction times; at the third degree of the charge with an increasing of the averages as well as the variation-coefficient. 4. The diagnostical value of the reaction times can only be stated in comparison with the neurotics. Some types of neurotics, as neurasthenics, psychasthenics with difficulties in concentration of the attention, desinhibited hypomanics, neurasthenics on the basis of emotional fatigue or of effort syndrom or on the organic basis on anaemia and metrorhagia react with lability, which expresses itself in an increasing of the variation-coefficient, while the averages are the same as with normal people. The anxiety neuroses react with an increasing of the averages but normal variation-coefficients. Both of them react to a sudden charge of the attention with the loss of the will compensation and with prolonged restitution of self-certitude after failed reaction. It will constitute a new task to measure the time of this restitution, which is much shorter in a healthy person.

The expression of activity of the cerebrospinal nervous system takes place in the sceleto-muscular apparatus. All heritable qualities not only of this apparatus but also of other organic factors form the so called constitution. The various physiological functions are not as yet specially correlated for every type of constitution. Only qualitatively the dispositions to certain diseases bodily or mental are known. The correlations of the various physiological functions in a certain type of constitution are the task of future investigation. This will show which correlations of functions are true of a certain constitution and which are true of all.

II. Intercorrelation between vegetative functions as: circulation, respiration, digestion, secretion and excretion.

These correlations are known only qualitatively. The task of vegetative functions is to satisfy the needs of the organism in rest and in work.

From this follows the III. group of intercorrelations, e. g. between the vegetative and cerebrospinal functions.

IV. By the side of the examination, how the vegetative functions satisfy the need of the organism, a fourth group of knowledge of the activities of the vegetative functions developed: about the excitability of all living tissues. Many factors of excitability of the vegetative organs were then correlated with the actions of the cerebrospinal activities as a whole. Psychogalvanic reflexes, segmental reactions of many vegetative organs (oculocardiac reflexes, respiration arrythmia, etc.) which have been correlated with cerebrospinal reactions belong here. This group of correlations must be treated separately.

Ad II and III. Intercorrelations between the vegetative functions which satisfy the needs of the organism and cerebrospinal functions.

The connection between them is formed for the purposes of physiological selection for hard and semihard work by the basal metabolic rate and oxygen intake during work. Our knowledge of the intercorrelations of the various vegetative functions and the cerebrospinal activities is of varying degrees of perfection for the purposes of selection:

a) Electrophysiology and some sectors of metabolism have the highest degree of knowledge, e. g. the mathematico-physical. But its results are only known in the case of extracted organs.

b) As far as we have any mathematico-physical knowledge of the functions in the whole of the organism, it is only the case in a small number of instances from human material. But for tasks of physiological selection it is necessary to have collective examination, for all our comparisons are made from man to man. This is the reason that we must make intercorrelations of functions in man collectively.

So far these intercorrelations are made only for basal metabolic rate, height, weight, sex and age. Another fault is that some authors examine the dependences between a reduced amount of functions, but not between as many as would be necessary for physiological selection. For instance some authors calculate the dependence between oxygen intake, CO_2 expiration, RQ, the number of pulsations in work and recovery and neglect the examination of cardiac output and blood pressure, some examine only pulse rate etc. It is important that all functions need not be tested but only such which are very simple and quick. But we must know intercorrelations of the greatest number of functions so that we may decide which we might neglect and which not on the basis of these calculated correlations. Hitherto we only know the general tendencies of functional changes.

c) Otherwise we have only a qualitative knowledge of functions in the organism; e. g. our knowledge of constitution is only that of association of certain signs and symptoms.

In the comparison with some psychologic test methods the physiological selection must be based on the knowledge of very complex intraorganic intercorrelations. The simpleness of some psychologic selection methods is based on the fact that in a number of vocations man may be judged according to some qualities of achievement. The other human qualities may be neglected because they are not active in his vocational work.

In what states of organism should the intercorrelation of function be calculated in order to satisfy the task of physiological selection?

587

These intercorrelations should be made in three states of the organism:

1. The intercorrelations in a state of rest.

2. The intercorrelations in steady state during work with various loads. It has been proved (Christensen) that the economy of vegetative functions during the work is quite different from that in rest.

3. The intercorrelations between the functions in the state of transition between rest and steady state and between the steady state and rest. This sector of physiological selection is most often carried out because of its simplicity and quickness. The methods here group themselves into two divisions:

a) Those of great complexity of factors investigated as the Rk-constant of Simonson, counted in the case of O_2, CO_2 and ventilation with connection with other recovery processes. The practical use of this method is described in the works of Simonson. The scale of heart insufficiency to work according to Thomas Lewis, belongs here, too. His scale of insufficiency of heart is only of practical use in cases approaching to heart insufficiency. To use this test for ability for hard work in normal cases would take very long. Many persons cease to work before the dyspnoe sets in because of very unpleasant muscular sensations. Both methods above mentioned have their proved practical value.

b) Those of problematic value such as the measuring only of blood pressure and pulses after very slight work.

McCloy proved (Arbeitsphysiol. 1931, 4. Band) by the comparison between convalescent and healthy people that they have no diagnostic value. He found that Crampton, McCurdy, Foster and Schneider tests do not appear, whether the examined circulation apparatus belongs to a normal or convalescent person. (The biserial "r" of the Crampton test with present condition = 0,101, of the McCurdy test = 0,1502, of the Foster test = 0,1928, of the Schneider test = 0,4140.)

The author intercorrelated all factors of blood pressure and pulses. Of all these correlations the correlation between diastolic pressure and pulse pressure which is always negative in the basal state, seems to be important. The author could find the same statement in the values of Herxheimer (Zeitschr. f. exp. Med., 1924), in those of Bramwell and Ellis (Arbeitsphysiologie, 1930) measured in sportsmen, in those of Colonel Čapek, M. D., (Praha) measured in pilots. This correlation is not great (in the 1000 cases measured by the apparatus of Korotkov r = — 0,20 ± 0,096) and varies in very high degree from one method of measuring blood pressure to the other (in the case of measuring by Pachon's oscillometer r = — 0,65). It is necessary to mention this statement, because it is quite opposite to the statements of Gallavardin and to Martinet's rule about the equilibrated state of circulation. It is necessary, too, to find the connections between orthostatic changes of blood pressure and such slight muscular work as is the base of some tests. With pilots (Colonel Čapek,

Praha) the author has found that almost all increasing diastolic pressures measured after 20 kneelings down are in very high degree dependent on the increase of the diastolic pressure in pure standing.

It would be very useful to ascertain whether from the processes in this period of transition the satisfactory efficiency of organs examined cannot be deduced. Simonson stated it for his Rk-constant in two directions: he found the correlations between Rk-constant and Rk'

$$\left(= \frac{O_2 \text{ per min.}}{O_2 \text{ debt}} \right)$$

which amounts to $+0,64$ to $+0,90$. From this we may deduce that processes examined in recovery period are in close connection with processes during work. On the other hand Simonson stated the diagnostic value of his Rk-constant on apprentices in a work shop. His method may be used in cases of slight anaemia and slight poisoning states. But it cannot be used for Basedow's disease, where the special course of oxygen in recovery state does not allow to calculate Rk.

As an instance of the correlation between various vegetative functions the author mentions the correlations which he calculated from the data of his colleagues Jonáš and Hořejší from Prof. Hynek's First Medical Clinic of the Czech University.

The material used for calculation consisted of 58 measurements made on 38 cases of Basedow's disease. Of these 58 measurements there were 11 cases of complete arrythmia, the others were with sinus rythm. But between the cases of sinus rythm were 9 cases of Basedow's of cardiac neurosis which had a slight increase of basal metab. rate from 3% to 29%, very high pulse rate above 106 per min., with decreased systolic output (under 37 ccm) and almost normal cardiac output. For this reason these 9 cases form a separate group in which are still less systolic contractions than in the other cases with normal rythm. The cases of cardiac neurosis are indicated on the graphs by circles, the others with normal rythm by crosses. The blood pressure is measured on the arteria bracchialis by Pachon's oscillometer. The systolic pressure was terminated at the moment in which the oscillations have suddenly crossed. The diastolic pressure at the moment in which the maximum oscillations began to lessen. Jonáš and Hořejší have measured the velocity of blood circulation by means of trypan red which, however, is not quite suitable for measuring cases of Basedow's diseases. So the correlations between the velocity of blood circulating and other vegetative functions are not reliable.

The author mentions these intercorrelations for these reasons:

1. They are given as instances of intercorrelations of such great number of measured vegetative factors as have not yet been investigated in the same moment.

2. The graphs show us a case of the high uneconomic adaptation of circulation to the needs of the organism.

3. The problem is discussed, whether we can substitute the mea-

	1.	2.	3.	4.	7.	8.	9.	12.
2.	+ 0·506 < . 01							
3.	− 0·351 . 01	− 0·050 > . 10						
4.	+ 0·368 < . 01	+ 0·515 < . 01	− 0·254 0.1—0.05					
7.			*)	− 0·313 02				
8.			*)	+ 0·808 ± 0·097	− 0·893 ± 0·026			
9.				+ 0·643 ± 0·079				
12.				− 0·123 > . 10	− 0·257 . 1	− 0·1795 > 0 1		
13.								+ 0·705 < . 01
14.					0·193 > . 10			− 0 204 > . 10
15.					+ 0 378 < 10			+ 0 13 > . 10
16.	**)	**)	**)	**)	**)	**)		**)
17.	*)	*)	*)	+ 0·39 < . 01	− 0·181 > . 10	+ 0·66 < . 01	− 0·264 .05—.10	
18.	*)	*)	+ 0·452 < 01	+ 0·153 > . 10	− 0·228 > . 10	+ 0·15 > . 10	− 0·086 > . 1	
19.	*)	*)	*)	− 0·15 > . 10		− 0 1 > 0 1	− 0·1 > . 10	
20.	*)	*)	*)	*)		*)	− 0·24 . 10	
21.	*)	*)	+ 0·303 .02—.05	+ 0·312 .05—.02		+ 0·443 < . 01	+ 0·241 . 10	
22.				+ 0·498 < . 01		+ 0·570 < . 01		

1. = Metric weight.
2. = Height in cm.
3. = Age.
4. = Basal metabol. rate in ccm O$_2$ per min.
5. = CO$_2$ expir. in ccm/1 min. (not counted).
6. = R. Q. respir. quotient (not counted).
7. = Arterio-venous difference in ccm O$_2$.

8. = Cardiac output in litres.
9. = Systolic output.
10. = Ventilation in litres per min. (not counted).
11. = $\dfrac{\text{Ventilation}}{O_2}$ C. V. Q according to Simonson (not counted).
12. = Hb in %.
13. = Red corpuscula.
14. = Blood plasma in ccm.
15. = Blood in ccm.

13.	14.	15.	16.	17.	18.	19.	20.	21.
	+ 0·922 ± 0·026							
**)	**)	**)						
	**)	**)		+ 0·304 .02−.05				
	**)	**)		+ 0·32 .02− 05	+ 0·642 ± 0·085			
	**)	**)		*)				
	**)	**)		+ 0·088 > .10	+ 0·751 ± 0·055	+ 0·05 > .10		
	**)	**)		+ 0·89 ± 0·026	+ 0·632 ± 0·086	+ 0·139 > .10		+ 0·654 ± 0·084

16. = The velocity of the circulating blood.
17. = Pulse-beats.
18. = Systolic pressure.

19. = Diastolic pressure.
20. = Pressio efficax sec. Pachon.
21. = Pulse pressure.
22. = Pulse product.

*) The correlation coefficient was not counted because of quite clear independence.

**) The correlation coefficient could not be determined because of the small number of cases as to decide any form of relation.

surement of one function by the measuring of other functions, especially, if the functions which are difficult to measure could be substituted by the examining of functions which are easy to measure.

Explanations to the table: We may divide these correlations into two kinds:

1. the spurious correlations between the indices and the fractions thereof. Here belong:

a) cardiac output $= \dfrac{O_2 \text{ intake}}{\text{arteriovenous difference in ccm } O_2}$

b) the amount of blood and the amount of the blood plasma;

c) the pulse product $=$ pulse frequency $\times$ pulse pressure;

d) the pulse pressure $=$ systolic pressure $-$ diastolic pressure;

e) Hb% and the amount of the red corpuscula.

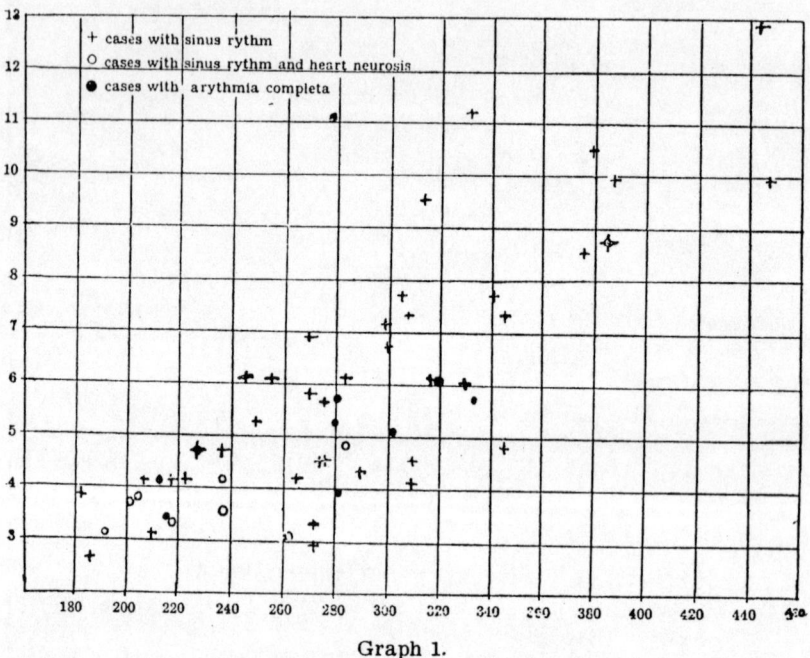

Graph 1.

Abscissa: basal metabol. rate in ccm O_2. — Ordinata: cardiac output in litres.

The degree of correlation between index and its fraction is in some cases naturally great, because the index correlates with one of its part. The form of the regression may be deduced a priori from the index and need not be sought by experiment. E. g. the cardiac output is a linear function of the oxygen intake, when arteriovenous difference remains constant, and is a hyperbolic function of arteriovenous difference, when the oxygen intake remains constant. It depends on the rate oxygen intake changes in connection with arteriovenous difference. In our cases the arteriovenous difference changes so that the correlation between oxygen intake and cardiac output r = + 0,808 ± 0,097 (see the graph No. 1). Such a high degree of correlation would not be reached, if the arteriovenous difference would change very irregulary in connection with oxygen intake.

That might happen, if we mixed individuals from non homogene groups, for inst. the Basedow's cases, anaemia cases, insufficiency of aorta, nephrosclerosis etc. In our cases the high degree of correlation between oxygen intake and cardiac output serves us as an example of homogeneity of the group examined. The same homogeneity is shown in relations between the arteriovenous difference and the cardiac output; see graph No. 2. This homogeneity is caused in our cases by the presence of an increased amount of thyroxin in blood. So the regression equation calculated from these cases may give a means of recognising to the investigator, whether any case just examined belongs to the same group of reactions of cardiac output to basal metab. rate as do the Basedow's cases. These questions belong to the clinical sphere and will be dealt with in a special paper just as the problem of linear dependence between basal metabol. rate and cardiac output in our cases.

The significance of the observed correlations was tested in the cases of small coefficients with R. A. Fisher's table V (A) p. 174 given in his book "Statistical methods for research workers", Oliver & Boyd, London, 1925. The number lying under the correlation coefficient designates the value of P of his table V. (A), e. g. $r_{12} = + 0.506 < .01$ tell us that P is less than . 01 etc. The standard error of the correlation coefficient was used in the cases of higher values of the coefficients and is designated with ±.

2. True correlations. These can be divided into two groups:

a) those between absolute values and

b) those between relative values which show the specific influence of thyreotoxin in our cases.

Ad a) The absolute values are composed of two different values: those that correspond to basal metabolic changes which in case of oxygen intake the individual ought to have according to his weight, height and age, and those which correspond to basal metabolic changes caused by thyreotoxin. Each of these two values has different significance. This is proved by the small correlation between the basal metabolic rate which the individual ought to have, and the percentile increase of the basal metabolic rate. If we leave these two values undifferentiated in absolute numbers, we cannot reach the correlation correctly which would exist between oxygen intake and other vegetative functions. E. g. the correlation between oxygen intake in ccm of O_2 and pulse rate per minute is $+ 0.39 < . 01$, but that between % increase of oxygen intake and the pulse rate is $+ 0,84 ± 0,0775$. The difference between these correlations was proved significant by using the z —table on p. 175 of R. A. Fisher's work. On the other hand

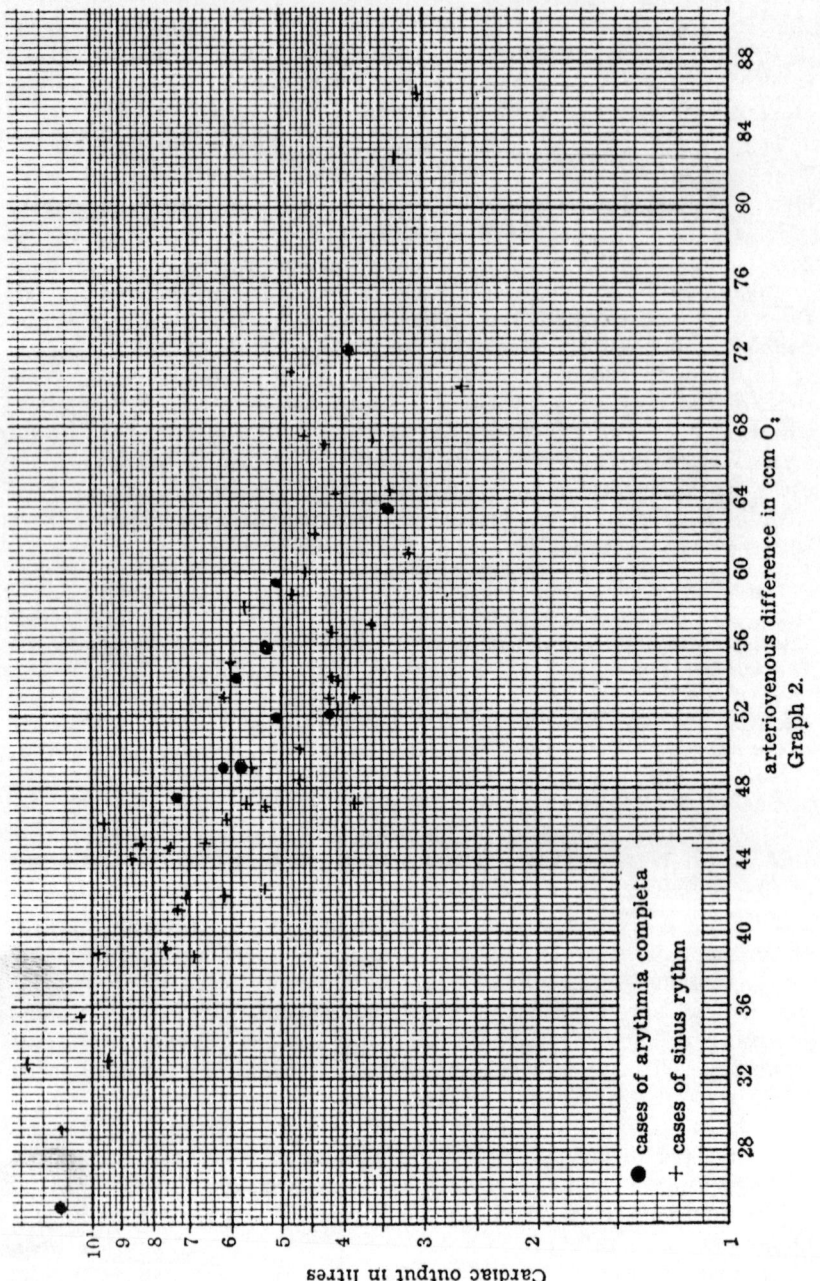

arteriovenous difference in ccm O₂

Graph 2.

cases of arythmia completa
+ cases of sinus rythm

the regression line is linear[1]) (see graph No. 3) in the case of "r" between % increase and pulse rate, but in the case of "r" between oxygen in ccm O_2 and pulse rate is not quite linear. This shows us that it is necessary to distinguish between the two quite different factors in order to know the specific influence of thyroxin.

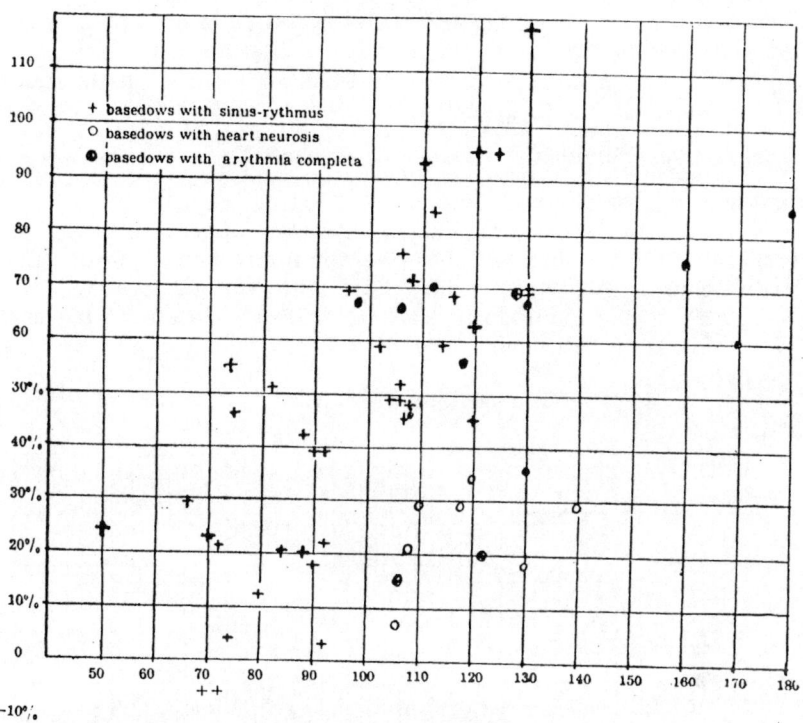

Graph 3.
Abscissa: pulses in absolute numbers. — Ordinata: basal metabolic rate in %

But every function cannot be transformed into a percentile distance from basal rest state, because it is

a) not necessary in some functions as it is the reaction of cardiac output to O_2 intake in ccm, where the r = 0,808. The correlation is diminished, if we correlate % increase of O_2 and cardiac output; in this case r = 0,62 ± 0,081. This diminution is not proved by the standard error of the correlation coefficient, but by the z-table of R. A. Fisher's work. This author has mathematically proved that tests of significance based on the standard error of the correlation coefficient are often very deceptive in small samples.

This diminution agrees with the partial correlation coefficient

_____
[1]) The cases of arrythmia completa and of cardiac neurosis are not taken in the calculation of r because of their heterogeneity.

between the cardiac output (1) and the %—increase of basal metabol. rate and the basal metabol. rate in ccm of O_2 (3) . $r_{12\cdot3} =$ $+ 0,0079$, which indicates that, when the influence of ccm O_2 is eliminated, there does not exist any relation between the cardiac output and the % increase of bas. metabol. rate ($r_{12} = + 0,808$; r_{13} $= 0,62$; $r_{23} = + 0,767 < . 01$). Therefore it has no sense to determine the relation between the % increase of oxygen consumption and the cardiac output in litres as it is done in literature.

b) impossible in some organic functions to make a distinction between the basal rate and the distance from it. This is true of blood pressure. The individual variation coefficient ($\frac{\sigma}{M}$. 100) of blood pressure is almost as great ($v = 6,3 \pm 0,56$) as the collective ($v = 10,6 \pm 2,4$). There is no fixed value in the state of rest, from which we might define the distance. The task of future investigation will remain to ascertain which values have different significance for basal state and for the state in work. Here is no place for solution these problems on Basedow's cases.

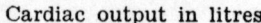

Cardiac output in litres

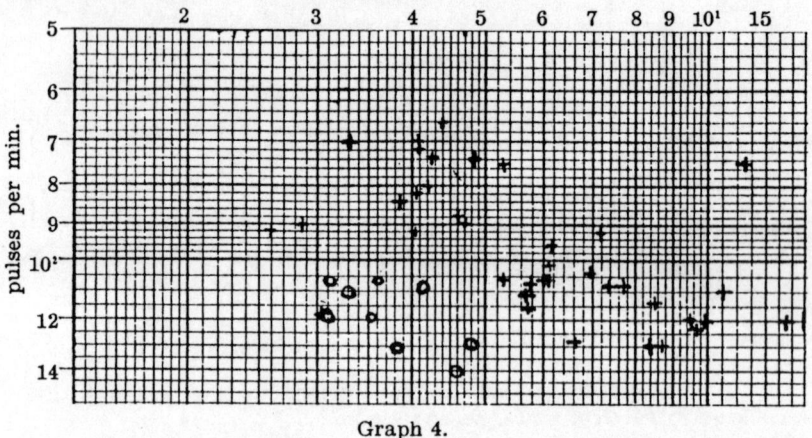

Graph 4.

The graphic indication shows us, how factors of the vegetative functions, given in absolute numbers, change from the basal state to state caused by thyroxin. The forms of the mathematical functions are $y = ab^x$ (graph No. 2) or $y = ax^n$ (the graphs No. 4, 5, 6). We may see that the linearity between log. of cardiac output and log. of pulse pressure is not reached by the function of $y = ax^n$, whereas it is reached in a sufficient manner in the case of relation between log. of cardiac output and log. of pulse rate.

The tables and graphs given above show us the mode of solving some problems important in physiological selection:

1. Can the measurement of some easily measurable factors of vegetative functions take the place of measurement of other factors the measurement of which is connected with much time and complicated apparatus? For inst. as Lovekin supposes in his paper that the measurement of oxygen and cardiac output may be substituted by the measurement of pulse product. Here it is necessary to distinguish three different calculations.

Cardiac output in litres

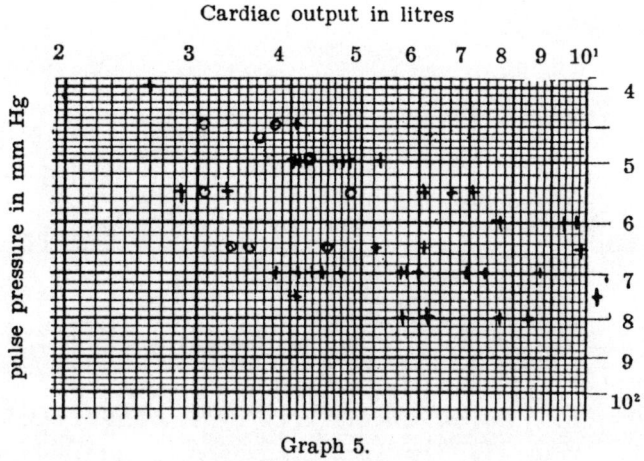

Graph 5.

a) To substitute one method by another, when both methods measure the same subject. If there is a great correlation between two methods, the first may take the place of the second. E. g. a high correlation between NO_2 and acetylene method only one may be used. This substitution is, therefore, proved.

b) To substitute the measuring of one factor by measuring an other factor, if the one of them is more or less the cause of the other or if both factors have a more or less common cause. In case of a high correlation the measuring of one factor may be substituted by that of another factor in the same group or collective.

Example: The relation between the % basal rate (1) and the pulses (2), the pulse pressure (3), the pulse product (4) may be discussed. May the measuring of the % basal metabol. rate be substituted by the measuring of: a) the pulses or b) the pulse pressure or c) the pulse product? The size of the correlation coefficient gives us the answer: $r_{12} = 0,84$, $P < 0,01$, $r_{14} = 0,875$, $P < 0,01$. Therefore the measuring of the % basal metabolic rate may be substituted by the measuring of the values 2 and 4. The practical application in the clinic is, however, limited to the cases of Basedow's disease without cardiac neurosis and arrythmia cases and, too, in these cases there is the accuracy of the counting the 10% metabol. rate from the pulses due to the size of the standard error of the regression equation. $r_{13} - 0,533 < 0,01$ is too

597

small as it would be possible to count the % basal metabol. rate from the pulse pressure. On the other hand the partial correlation coëfficient $r_{13.2} = 0,84$ P<0,01, shows us that when the pulses are eliminated, the correlation between the % basal metabol. rate and the pulse pressure is markedly increased. Therefore it is better to determine the relation between the % basal metabol. rate and pulses+pulse pressure. By this the multiple correlation coëfficient [$r^2_{1.23} = 1 - (1-r^2_{12})(1-r^2_{13.2})$] agrees with this statement ($r_{1.23} = 0,95$).

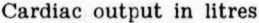

Cardiac output in litres

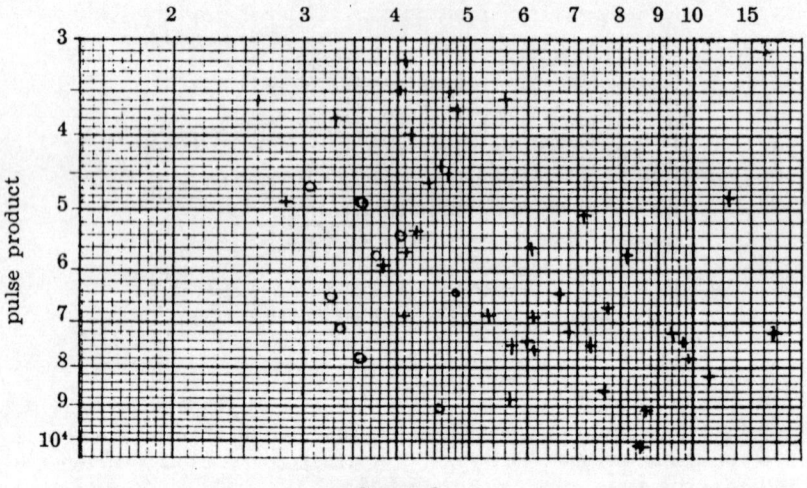

Graph 6.

The relation between the cardiac output (1) and pulses (2), the pulse pressure (3), pulse product (4) is: $r_{\log_1 \log_1} = +0,66$, P<0,01, $r_{\log_1 \log_3} = +0,44$, P<0,01, $r_{23} = +0,088$, P>0,10. $r_{\log_1 \log_3 : 3} = 0,514$. The correlation coefficients (skew) are not so great as they could serve to count the cardiac output from the pulses and the pulse pressure. The partial correlation coefficient $r_{\log_1 \log_3 : 2} = 0,514$ shows us that the relation between the cardiac output when the pulses are eliminated, is not enlarged as in the case of the relation between % basal metabol. rate and pulse pressure. Therefore the determining of the cardiac output from the pulses and the pulse pressure or from the pulse product ($r_{\log_1 \log_4} = 0,57$, P<0,1) would be performed with smaller accuracy than it is in the case of % basal metab. rate. By this the $r_{1.23} = 0,765$ tell us that we have not all physical components of the circulation apparatus at our disposal, but only a part of them, and that it is necessary to find the other components in the future investigation. The same conclusion follows from the correlations between the cardiac output (1) and the pulses (2), the systolic pressure (3), the diastolic pressure (4). The multiple correlation coefficient $r_{1.234} = +0,761$ is in agreement with the above calculated multiple correlation coefficient $r_{1.23}$, where 1 = card. output, 2 = pulses, 3 = pulse pressure.

c) Even when there is a high correlation between two measured factors, we cannot substitute one by the other, because we do not know, if the individual investigated belongs to same group. The regression lines describe quite different angles in different groups. The regression equation obtained from certain material holds only good for that material from which it was deduced. The regression coefficient which indicates, how the cardiac output increases when the basal metabolic rate increases, has the value = 30,6 ± 5 in Basedow's cases and the linear lines calculated[3]) from normal cases described by Christensen (Arbeitsphysiologie 1931) variate between 15 and 1. From this follows that in the case of physiological selection we can never substitute the measuring of the cardiac output by the measuring of the pulses or pulse pressure etc.

2. The changing regression coefficient from sample to sample (e. g. from the sample of trained sportsmen up to beginners and men of sedative manner of living up to the sample of slight heart failure) makes impossible to substitute the measuring of one factor by the measuring of the other factor in the case shown sub 1. c. We must measure both factors. The calculation of one factor by the help of regression equation tells us only, whether or not the individual examined belongs to the group of which the regression equation was deduced. We may then expect that any measuring method giving a good agreement between the theory and reality in certain samples will not be able to be sufficient for the measuring of samples of quite different qualities and conditions.

It is necessary to mention the leading principles in searching the changes which may occur in organisms under the influence of various factors as a result of the author's experience: a) All four moments of the normal distribution (μ_1, μ_2, μ_3, μ_4) may be used as to ascertain whether or not any factor involved has changed the values which we have measured by us, but—in reality—a great number of physiologists and all clinicians regard the use only the first moment, i. a. μ_1 and in most cases without any regard to the rules of mathematical statistics. The author has used the second moment in the form of variation coefficient

$$\frac{\mu_2}{\mu_1} \, . \, 100$$

in all cases of measured values where the organism sets in compensative forces to hold a sample of measured values on

---

[3]) As the $\dfrac{\text{the difference between two values of cardiac output in ccm}}{\text{the difference between two values of } O_2 \text{ in ccm}}$

the same level (represented by the mean) which the organism has had, before we have influenced it by any factor: e. g. the first degree of changes of the muscular chronaxy in Parkinson's disease is in some cases the increasing of the variation coefficient (the chronaxy was measured during 5 months in one case), whereas the dissociation of chronaxies (according to Stein) into two separate distributions with different means may occur as a second and higher degree of the changes of muscular chronaxy in Parkinson's disease (published in "Revue o neurologii a psychiatrii", 1933, Praha). The increase of the variation-coefficient is the first degree of the disturbed or fatigued attention or another total achievement of man. The second and higher degree of the changes in functions mentioned above is the decreasing of the mean, etc.

b) The changes of the correlations between the functions in the organism in various somatic conditions is an other form of the intraorganic changes by any factors.

Example: the intraindividual correlation between the cardiac output and oxygen consumption in ccm in basal state of quite normal individuals tends to zero. But only in four cases in the whole literature could the correlation coefficient be calculated by the author (i. e. the data given by L. Fisher, Arbeitsphysiologie, 1933, p. 115, table 2, the cases Kr., Ho., Kl. and table 3a p. 117 the case E. Re.) with a certainty. The $r_{12} + = 0,208 < 0,1$, $r_{13} = -0,068$, $r_{23} = -0,98$, where $1 =$ oxygen consumption, $2 =$ cardiac output, $3 =$ arteriovenous difference. This indicates us a total intraindividual independence of the cardiac output on the oxygen consumption, but a total dependence of the cardiac output on the arteriovenous difference. The conclusion is deduced that the intraindividual basal fluctuation of the oxygen consumption is not followed by parallel fluctuations of the cardiac output and that the oxygen requirement is satisfied by the highest parallelism between the cardiac output and the arteriovenous difference. Therefore the arteriovenous difference and the parallel changes in the capillary region i. e. the fluctuating increase and decrease of the capillary surface is quite a sufficient mechanism to satisfy the needs of organisms in the basal state. If it is true, there must exist an agreement with this opinion in the correlations between the systolic pressure, the pulse pressure, the pulses and the cardiac output. In the normal state there is no correlation between the factors mentioned above. It is not necessary that the heart on a given intraindividual basal level of the pressure should adapt its contraction to such small fluctuations of oxygen requirement as they occur in the basal rest. It is not yet possible to decide if there exists any interindividual correlation between the cardiac output and the oxygen consumption because of the small number of cases examined. But if the intraindividual conditions of the organism change and the distance of the momental state of the organism increases more and more from the basal rest state, then, the correlations between the functions are changed too.

600

E. g. the changes of the organic conditions in muscular work, in pathological cases, in hot bathes are followed by the changes of correlations between organic functions. Therefore it is possible to judge the degree of any change from the change of the correlation. Example: the comparison between the correlation coefficients calculated from the cases of J. L. Fisher (Arbeitsphysiologie, 1933, p. 386 and 388-391, the table 1 and 3) under the influence of light bathes and the correlation coefficient calculated from the cases of Hans Ude (Zeitschrift f. d. ges. experim. Mediz., 1932) under the influence of hot air bath shows us that the heart in the cases stated by Ude in hot air bath has much greater work to accomplish than the heart in the cases stated by Fisher under the influence of light bathes. The correlation between the cardiac output and oxygen consumption is in the cases stated by Ude r is approximately between $+0,5$ to $+0,6$ whereas in the cases stated by Fisher it tends to zero. The correlation $r_{12} = + 0,765$, $r_{13} = + 0,658$, $r_{13} = 0,504$ in the cases stated by Ude, but in the cases stated by Fisher it is quite insignificant (1 = card. output, 2 = pulses, 3 = pulse pressure). (The r card. outp.: pulse product $= 0,78$, the correlation between the cardiac output and reduced pulse product of Liljestrand and Zander $r = 0,525$.) These examples show us, how this principle of probability can be applied in calcul without any loss of time on uncertain experiments with a small number of cases or a disordered evaluating of the results.

Practical use of methods determining excitability.

A. The oculocardial reflex is only valuable in these two conditions: 1. If there appears heterotopic tachycardia (the same reaction as if the heart had been poisoned by calcium or barium as in the cases of Rothberger and Winterberg), 2. if the activity of the heart stops immediately after pressure on both eye bulbs and within a time of 10″ there is no activity neither on the part of the sinus nor in the lower centres of the heart. Such a heart reacts as if it had been poisoned by pilocarpin. Both these statements are valid, when the pressure on each bulb measures at least 30—40 dkg. Other heart reactions to this pressure have no diagnostic value.

If we cause this reflex on the eyebulb of normal persons by means of 30—40 dkg (spring oculocompressors by Courdevache), the reaction will be divided into 3 groups: a) The first group, where there appears no slackening of the pulse at all after the pressure (anaesthetic schizotymic constitutions by Kretschmer or neurasthenics), b) the second group, where the slackening of the pulse may reach 10%—90%. This group shows a normal distribution of Gauss, the arithmetical average 41% (standard $\sigma \doteq 20\%$). In this group there is no possibility left to state the slackening in absolute number of the pulse, but only in % of the pulse frequency before the excitation. The reason for this statement is that the decreased rate of

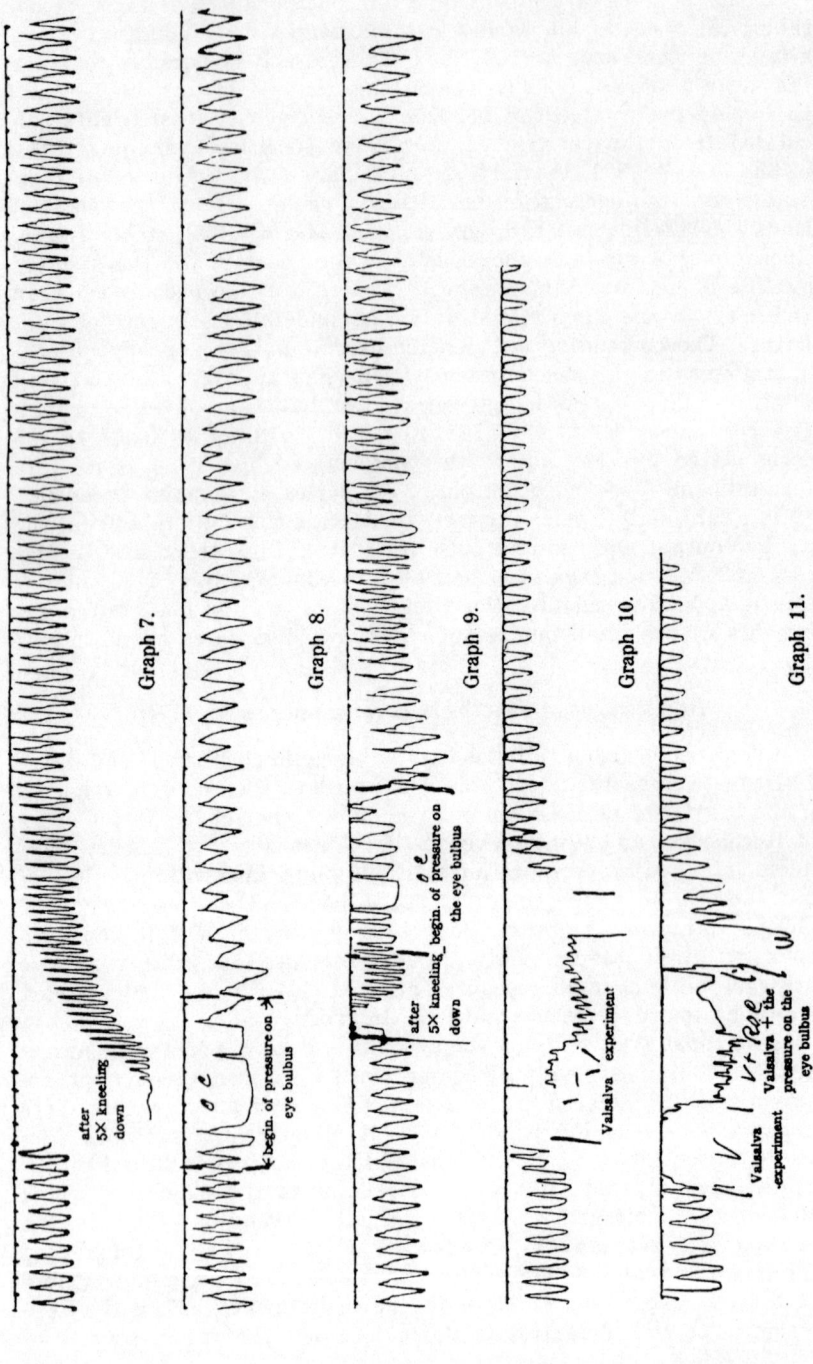

Graph 7.

after
5X kneeling
down

Graph 8.

begin. of pressure on
eye bulbus

Graph 9.

after
5X kneeling begin. of pressure on
down the eye bulbus

Graph 10.

Valsalva experiment

Graph 11.

Valsalva
experiment

V+ ʔ..?
Valsalva + the
pressure on the
eye bulbus

602

the pulse during the pressure on the eyebulb is in positive correlation (r = + 0,40 ± 0,032) with the number of the pulse before
the pressure, while the percentile slackening is in very small correlation with the number of the pulse before the pressure (r = 0,09).
The more the action of the accelerant nerve the vagus irritation con-
quers, the stronger the action of the same is, when we deduce it
from the fact of the slackening of the pulse in absolute numbers.
Considering, however, the percentile slackening, we see that the vagus
keeps the same strength.

This is, however, only valid for the so called affective tachycardia
(graph No. 8), which always shows itself in such conditions as for
inst. the psychologic examination. When tachycardia is caused
by the slightest physical movements (graph No. 7 and 9), the
vagus has not so strong a slackening influence on the increased
frequency. This difference between the affective and the movement
tachycardia may be proved in tachycardia, effected by kneeling
down five times (graph No. 7 = movement tachycardia, graph
No. 8 = movement tachycardia + slackening by vagus), where the
changes of matter can't yet have any influence on the heart. Duhrig
states that this increase may be caused even by suggestion of movement. The principal difference between the vagus impulse on
tachycardia is: 1. that the depressing influence of vagus on the
affective tachycardia tasts very long average = 60" at least 140",
while the depressing influence of vagus on movement-tachycardia will
not last longer than 8" (in maximum). 2. Beside the pressure on the
eyebulb will bring the heart frequence to the same state, the individual would have when not being under any effective expectation. E. g.
the heart frequency before the pressure came up to 120—150
pulse rate per minute and the pressure on the bulb decreases the
frequency to 60 per minute. After the influence of the vagus has
stopped, and the pulse returned to 76 beats per minute, the frequency remains on this number for ever. The lasting of this depressed
state will not be valid with every person examined. The movement
tachycardia will, however, in every case come back to the degree
it should reise to (see graph No. 7) when the vagus would not act
at all.') The author takes, too, as an example, the influence of the
vagus impulse on the tachycardia caused by Valsalva experiment
(graph No. 10 shows the effect of the pure Valsalva experiment,
graph No. 11 this of the influence of the vagus on the tachycardia
caused by Valsalva experiment) where the influence of vagus is, too,
diminished.

The diagnostic value of the returning affective tachycardia is not
proved up to now. It is necessary to emphasize it to such investigators who make no difference between the different kinds of so
called normal tachycardia and in this way would reduce the diagnostic
value of the cardiovascular reflexes at psychic irritation. We may
better state that we don't know up to now the diagnostic values of

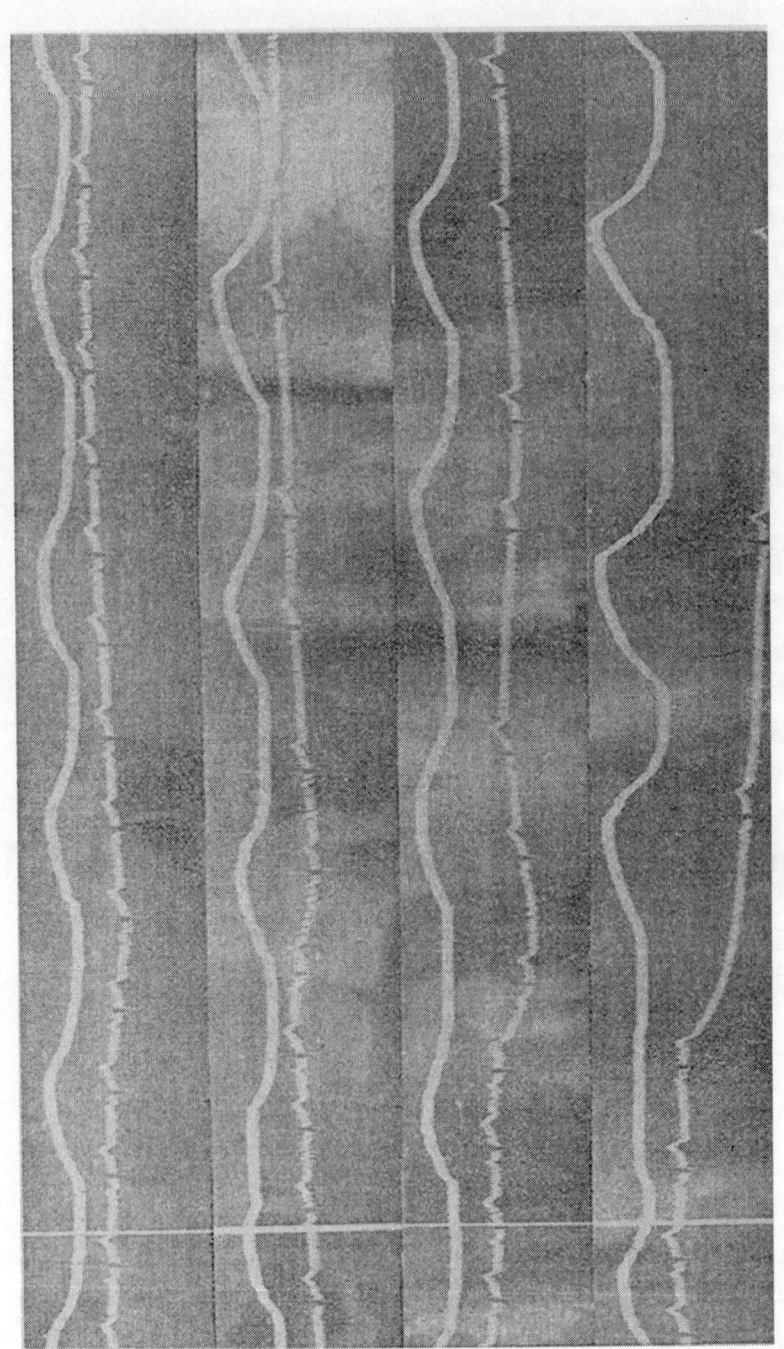

Graph 12.

some kinds of the tachycardia with each case examined, than to assure that e. g. a good will compensation in reaction times would be enough for a good driver even if that man had an unpathological and a very large tachycardia. All these graphs taken from the same person examined show the relation between the power of the vagus excited by the pressure on the eye bulb and the tachycardia caused and a very large tachycardia. All these graphs (7—11) taken from the same person examined show the relation between the power of the vagus excited by the pressure on the eyebulb and the tachycardia caused by various excitations (affectively, by movement, by Valsalva). We do not know, how many and of what kind are the nervous tracts carrying impulses to accellerans in a given case examined in the variable circumstances in laboratorium.

The relation of the power of pressure on the bulb to the latent period of time is approximately hyperbolic (A study on this subject will be issued in cooperation with P. Lukl, M.D.). The higher the pressure, the shorter the latent period and the higher the vagus effect. (Graph 12.)

b) The group in which after the beginning of the pressure on the bulb the pulse will entirely stop. Its diagnostical value was dealt with in the above mentioned paragraph. This group includes: 1. individuals with effort syndrome without any organic heart failure, 2. asthenic persons, among them some drivers, who fell asleep when driving on long white roads in the summer or in the evening at dark and rain, when they came from rough roads to smooth asphalt roads, which reflect the light. One of the 3 cases I met with at an examination, lost conscience when pressing on the bulb and showed slight clonic cramps in the upper extremities. We may state that with such drivers who fall asleep, the cortex of some of them is very sensitive to a sudden lack of oxygen as occurs when the activity of the heart stops suddenly.

B. Erbens decreasing of the pulse when bowing is not so characteristic for neurasthenic as it was believed before. It occurs almost in the same proportion with neurasthenics as with normal persons of the same age and vocation who show no neurasthenical symptoms. C. The diagnostic value of the psychogalvanic reflex is only valid in the case when this reflex remains negative. There are quite a number of works published on this subject, but none of them has any scientific value besides the works by Gildemeister (Leipzig) or the ones based on his experimental methods. His method of measuring the Ohmic resistance and the polarisation capacity of the skin is suitable to be worked out. The Ohmic resistance is increased by hypothyroid and decreased by hyperthyroid constitution, while the polarisation capacity of the skin on the contrary is increased by hyperthyroid and decreased by hypothyroid constitution. D. The variability of the systolic blood pressure has diagnostic value at the ages from 30—50 when the pressure has been measured five times and shows a great decrease between the first and the fifth measure. It refers to a vasomotor lability, which increases in vocations connected with constant excitements and difficult negotiations with people. This variability appears with essential hypertony when the individual is not able by will training to become anaesthetic towards excitement. As a mere will inhibition of inner excitement will not be sufficient, we could not help other than to advise to hypertonic individuals a longer lasting rest or an entire change of vocation. The conclusion of a particular case will of course demand a thorough knowledge of the respective condition and kind of work of that same individual. Another vocation without excitements, may be carried through by a person like this. We must state that pilots with an inner stability may show even at the age of thirty-nine after ten years of service no special decrease between the first and fifth measuring of the blood pressure, i. e. 10 mmg Hg, while the decrease of 30 mmg Hg has to be taken into consideration as a sign of vasomotor-lability. E. There is an number of vegetative reactions proved in insufficient number in normal individuals, so that it is impossible to establish their diagnostic value at all. We find them stated by Pachon et Fabre in: Exploration fonctionelle cardiovasculaire, Paris, 1933, Doin.

F. The chronaxy and latent addition by L. Lapicque: a) The chronaxy will do in the beginnings of defeats as a diagnostic measure when the mere intensity of the current does not show any special changes. The method and the normal values are in the work by G. Bourguignon: La chronaxie chez l'homme, l'Alcan, Paris 1923. The corrected values for the upper right extremity are stated in an article by Bena: Zu den Normalwerten der Rheobasen, Chronaxien und der chronaktischen Antagonistenverhältnisse, Zeitschrift für die deutsche Nervenheilkunde, 1933. They may be used as a standard in lead poisoning or in stating of latent tetany. The last mentioned we may also examine in the work of Kroll's method: we measure the chronaxy at a normal state. Then we have the person to be examined do a hyperventilation lasting three minutes, and after this we may measure again the chronaxy. With the latent tetany the chronaxy will increase to five times as much as before the hyperventilation. b) The latent addition (sec. L. Lapicque) of the vasomotors and the nervous centres manifests itself in the summation of the subthreshold irritative impulses for the upthreshold effects. The diagnostic significance of the chronaxy and latent addition of the vasomotors consists in the possibility of stating chronic alcoholism in an individual applying for a position even when it is denied. This is very important in a driver. The significance of the chronaxy and the latent addition will gradually gain greater importance as it helps to trace the leading and exciting qualities of the nervous centre.

LES RÉFLEXES DES MUSCLES STRIÉS CHEZ LES INDIVIDUS ADULTES NORMAUX.

THÉODORE DOSUŽKOV (Prague).

Le réflexe est le phénomène fondamental en neurologie; c'est pourquoi depuis une cinquantaine d'années plusieurs neurologues dans le monde entier travaillent sur la question des réflexes. En travaillant sur la même question, nous avons commencé notre travail clinique par une question qui intéresse également les cliniciens et les anthropologues, c'est-à-dire la question des réflexes normaux. Nous croyons, que cette question peut intéresser aussi les psychotechniciens. Il y a des réflexes qui ne sont décrits que chez des sujets normaux, bien portants, il y en a d'autres qui ne sont décrits que chez des sujets malades, spécialement, avec des lésions du système nerveux, enfin, il y a des réflexes qui sont à discuter: quelques auteurs ont décrit ces réflexes comme des signes anormaux, d'autres ont constaté ces réflexes chez des sujets normaux. C'est pourquoi nous commençons par le contrôle des faits précédents pour répondre encore une fois à la question de savoir lesquels de ces réflexes des muscles striés sont normaux et lesquels au contraire — anormaux. L'autre question que nous essayons d'éclairer est celle de la régularité des réflexes des muscles striés. On sait bien que tous les réflexes normaux ne sont pas toujours présents chez les sujets bien portants, mais qu'il y a des réflexes, dits normaux, qui peuvent être absents chez quelques individus, qui ne montrent pas de signes de lésion du système nerveux. Nous désirons distinguer les réflexes qui sont présents chez les individus normaux avec une régularité absolue, de ceux, qui peuvent manquer dans quelques cas chez de tels sujets et des réflexes, qui sont au contraire présents exceptionnellement chez les sujets normaux. Nous voulons savoir quels réflexes méritent le nom d' « euréflexes » (absolus ou réguliers) et quel réflexes ne sont que des « spanioréflexes » (du mot grec σπανιος-rare).

Nous avons choisis dans ce but 500 sujets bien portants agés de 21 à 60 ans, qui dans l'anamnèse et dans l'état présent n'avaient révélé aucune donnée pathologique. Voici les résultats de notre examen:

Réflexes tendineux	Présents bilatéralement %	Présents monolatéralement %	Absents bilatéralement %
1. Massetérique	98	0	2
2. Clonus d. l. mâchoire	0	0	100
3. Abdominal (« R.A.T. » d'Astvacaturov)	96	1,6	2,4
4. Fessier	95,2	0,2	4,6
5. Clonus des muscles fessiers . .	0	0	100

Réflexes tendineux	Présents bilatéralement %	Présents monolatéralement %	Absents bilatéralement %
6. Bicipital brachial	99	0,2	0,8
7. Tricipital	98	1,2	0,8
8. Des fléchisseurs de la main . .	31,6	0,6	67,8
9. Clonus de la main	0	0	100
10. Des adducteurs de la jambe . .	93,2	1	5,8
11. Rotulien	98,6	0,4	1
12. Clonus de la rotule	0	0	100
13. Sémimembraneux	94,2	0,6	5,2
14. Bicipital fémoral	93,2	0,8	6
15. Achilien	98,4	1	0,6
16. Médioplantaire	98,4	1	0,6
17. Clonus du pied	0	0	100
18. Trépidation épileptoïde de la jambe	0	0	100
19. Du jambier postérieur	18	0,2	81,8

Réflexes osseux	Présents bilatéralement %	Présents monolatéralement %	Absents bilatéralement %
1. Nasopalpébral	99	0	1
2. Médiopubique	96	1	3
3. Fessier de Haškovec	4	0	96
4. Acromial	16	0,2	83,8
5. Scapulaire	35,6	0,4	64
6. Huméral externe	26,2	0,2	73,6
7. Huméral interne	38,2	0,2	61,6
8. D'olécrane	6,8	0,4	92,8
9. Ulnaire styloïdal	94,8	0,6	4,6
10. Ulnaire cubital	95,4	0,6	4
11. Radial styloïdal	87	1	12
12. Radial supérieur	90,2	1,4	8,4
13. Carpal dorsal	2,2	0,2	97,6
14. Métacarpal dorsal	0	0	100
15. Fémoral	90,4	1	8,6
16. T.F.P.	21,6	0,4	78
17. P.F.P.	13,8	0,6	85,6
18. Cristotibial	88,8	0,6	10,6
19. De la cheville externe	6,8	0,2	93
20. De la cheville interne	89,8	0,8	9,4
21. Intermalléolaire de Bing . . .	15,2	0,2	84,6
22. Tarsal de Bechterev	0	0	100
23. Métatarsal dorsal de Davidenkov	0	0	100
24. Métatarsal plantaire de Smyslov	10,2	0,4	89,4

Réflexes cutanés et muqueux	Présents bilatérale- ment %	Présents monolatérale- ment %	Absents bilatérale- ment %
1. Cornéal	90,2	0,8	9
2. Conjonctival	22,4	0,4	77,2
3. Labial	0	0	100
4. Duropalatinal	0	0	100
5. Velopalatinal	50,4	0	49,6
6. Pharingien	47,6	0	52,4
7. Abdominal supérieur . . .	96,4	1,8	1,8
8. Abdominal moyen	95	1,8	3,2
9. Abdominal inférieur . . .	91,8	2	6,2
10. Crémastérique	84,6	1,4	14
11. Fessier	51	0,6	48,4
12. D'hypothénare (du Juster) . .	0	0	100
13. De préhension (de Ianichevski)	0	0	100
14. Margomédial pédial (de Mari-nesco)	0	0	100
15. Margolatéral pédial (de Monakov)	0	0	100
16. Plantaire	92,6	1,2	6,2
17. Hyperalgique supérieur . . .	0	0	100
18. Hyperalgique inférieur . . .	0	0	100

Réflexes musculaires	Présents bilatérale- ment %	Présents monolatérale- ment %	Absents bilatérale- ment %
1. Palmomentonier	6	2	92
2. Tibial de Boettinger	0	0	100
3. Tibial d'Oppenheim	2,6	2,2	95,2
4. Supracalcanéal de Schäffer . .	0	0	100
5. Sural de Gordon	2,6	3,6	93,8
6. Du jambier ant. (de Piotrowski)	13,2	0,2	86,6

Réflexes de défense (Marie-Foix)	Présents bilatérale- ment %	Présents monolatérale- ment %	Absents bilatérale- ment %
1. Phén. inf. des ccourcisseurs . .	0	0	100
2. Phén. inf. des allongeurs . . .	0	0	100
3. Phén. inf. rythmique	0	0	100
4. Phén. sup. des raccourcisseurs .	0	0	100
5. Phén. sup. des allongeurs . . .	0	0	100
6. « Masse-réflex »	0	0	100

Réflexes de posture élémen-taires (Foix-Thévénard)	Présents bilatérale-ment %	Présents monolatérale-ment %	Absents bilatérale-ment %
1. Bicipital brachial	98	0,4	1,6
2. Tricipital	96,8	0,8	2,4
3. Des fléchisseurs de la main . .	96,2	0,8	3
4. Des muscles fémoraux postér. .	97,2	0.8	2
5. Du jambier antérieur	97,8	0,4	1,8

Réflexes de posture comple-xes (les réflexes d'attitude et des réfl. articlaires)	Présents bilatérale-ment %	Présents monolatérale-ment %	Absents bilatérale-ment %
1. Phénomène de Léri[1])	38,8	0,6	60,6
2. Phénomène de Mayer	96,4	0,4	3,2
3. Le réfl. des art. basales des doigts de la main écrit par nous-mêmes[2])	97,6	0,6	1,8
4. Les r. prof. du cou par rotation	0	0	100
5. Les r. prof. du cou par dévia-tion latérale	0	0	100
6. Les r. prof. du cou par inclinai-son en avant	0	0	100
7. Les r. prof. du cou par inclinai-son en arrière	0	0	100

Parmi les 85 réflexes que nous venons d'examiner nous n'en avons trouvés que 29 constituant des vrais réflexes anormaux. Nous avons vu chez les sujets normaux 56 réflexes, ce sont les réflexes normaux. Nous n'avons vu aucun réflexe normal, qui serait présent absolument dans tous les 500 cas, c'est le fait qui ne peut pas frapper dans la biologie. Le plus régulier de ces réflexes, le réflexe tendineux bici-pital, fut absent dans les 3 cas bilatéralement et dans 1 cas monola-téralement. Les 36 réflexes, qui furent présents dans plus de 50% des cas sont les « euréflexes », les 20 autres réflexes, qui furent présents au moins dans 50% des cas, sont les « spanioréflexes ».

Le réflexe des muscles striés est le mouvement le plus simple et c'est pourquoi dans l'étude psychotechnique de l'aptitude manuelle, c'est-à-dire des mouvements très complexes, il est nécessaire de faire attention aux réflexes chez les individus sains.

---

[1]) « Signe de l'avant-bras » — l'absence du mouvement réflectorique.
[2]) La flexion volaire isolée de la 2me phalange du pouce est la réponse réflectorique à l'hyperextension passive des doigts (même manœuvre que dans le réflexe de Klippel et Weil).

610

EIN BEITRAG ZUR CHARAKTEROLOGIE DER MEDIZINISCHEN FACHGRUPPEN, INSBESONDERE DER INTERNISTEN.

W. FEUEREISEN und W. SCHÖNFELD.

I.

W. Feuereisen (Prag).

Der Ausgangspunkt unserer Betrachtungen war die Auffassung, daß jeder Moment ärztlichen Handelns neben den psychologischen Mechanismen, die schon wiederholt und von den verschiedensten Gesichtspunkten ebenso wie die „Patient-Situation" untersucht worden sind, weitgehend von der Persönlichkeit des Arztes abhängig sei. Die Kenntnis dieser zu fördern, erschien daher auch vom medizinischen Standpunkt wünschenswert. Will man aber über sie etwas erfahren, ist man fast ausschließlich auf Ärztebiographien und Nachrufe, Universitätsreden u. ä. angewiesen, Betrachtungen, die durch ihr Pathos die Sachlage keineswegs klarstellen. Im wesentlichen kreisen diese Ausführungen im letzten Halbjahrhundert meist um das Wort aus *Nothnagels* Antrittsvorlesung: „Nur ein guter Mensch kann ein guter Arzt sein", das jeder nach seinem Ebenbild auslegt. Die Erweiterung, die *Billroth* in einem Brief an einen Verwandten gegeben hat durch die Ergänzung „und ein gut erzogener", womit er das exogene Moment der ethischen Erziehung gegenüber Temperament und Charakter als endogenen Faktoren herausstreichen wollte, ist trotz der Wichtigkeit der Familiensituation gerade für den Arztberuf kaum der kardinale Punkt, ebenso wie etwa die *Strümpell*sche Forderung: rasche Auffassung und sicherer Blick für das Wesentliche oder wie die von chirurgischer Seite betonte manuelle Treffsicherheit.

Nicht viel ergiebiger ist ein Streifzug durch die psychologische Fachliteratur. Von den ersten psychologischen Berufsbildern mit ihrer Selbstbespiegelung und den Psychogrammen (*Lipmann* und Schule, *M. Ulrich*) an liegt keine erschöpfende Arbeit über unser Thema vor. Der Plan, den *F. Briedé* über *Heymanns* Anregung ausführte, nämlich Biographien berühmter Ärzte zu exzerpieren und in ein Charakterschema vergleichend mit ähnlichen Fächern einzureihen, mußte scheitern an der Kleinheit ihres inhomogenen und nur sehr wenig typische Ärzte enthaltenden Materials, der Zwischenschaltung eines Biographen, wodurch ihre merkwürdigen, keineswegs akzeptablen Resultate zu erklären sind.

Da wir aus einer Übersicht über unser Thema *(Šeracký)* gelernt hatten, daß nicht Wissen und Können ausschlaggebend seien für den Berufserfolg des Arztes, sondern seine Persönlichkeit, sahen wir einen Weg zur Lösung der uns vorschwebenden Aufgabe bei Erfüllung folgender Bedingungen: 1. es mußte eine genügend große Zahl von Ärztepersönlichkeiten untersucht werden, um zu eindeutigen Erkenntnissen allgemeiner Art zu kommen. 2. Es durften nur solche Ärzte gewählt werden, die mit *Erfolg* ihren Beruf ausgefüllt haben, um eine Zuspitzung typischer Eigenschaften zu erzielen. 3. War eine Methode zu wählen, die nicht die gnostischen und technischen Fähigkeiten, sondern die Charaktereigenschaften erfassen ließ.

Der Mangel einer geeigneten Testmethodik, die Unmöglichkeit, eine so große Anzahl Prominenter persönlich zu untersuchen, ließ uns auf die Graphologie verfallen. Es ist hier nicht der Ort, die Wissenschaftlichkeit dieser Methodik zu verteidigen, es genüge, das Zeugnis von *Bobertag* zu zitieren, der als Ergebnis seiner Studie über die Zuverlässigkeit der Graphologie folgerte, daß sich gegen die Verwertung der Graphologie grundsätzlich nichts einwenden ließe, ebensowenig wie etwa gegen die Erziehungsberatung, Berufsberatung und -auslese überhaupt; vorausgesetzt, daß die graphologischen Auskünfte mit dem vollen Bewußtsein der Verantwortlichkeit in vorsichtiger Weise neben anderen Auskunftsmitteln benutzt werden; besonders aber müsse der Graphologe die entsprechende Qualifikation haben. Ferner sei ein Hinweis von *William Stern* erwähnt, der die Ausdrucksmethoden zur Ergänzung der psychotechnischen Prüfungen für Persönlichkeitsforschung empfohlen hat. Eine Durchsicht der Literatur zeigte uns, daß es heute nicht mehr darauf ankommt, ob die Graphologie in der Form wie *Klages* und seine Schule, *Pulver, Saudek* u. a. sie geschaffen haben, eine wissenschaftliche Methode sei oder nicht, sondern bereits darauf, wie man die Übereinstimmung der graphologischen Auskünfte mit den auf anderen Wege erhaltenen Charaktereigenschaften nachweist. Ob dies mit der *Bobertag*'schen Zuordnungsmethode, mit der er eine relative Wahrscheinlichkeit von etwa 80% für die Graphologie aus seinen Versuchen errechnet hat, oder mit einer anderen Methode (vergl. *Krüger* und *Zietz*, das Verifikationsproblem) ist für uns gleichgültig. Die Fehler unserer Betrachtungsweise sind klein, da es sich um eine Massenuntersuchung handelt, Einzelfehler also keine große Rolle spielen; ferner kam es uns, die geschult sind an klinischer Diagnostik, nicht darauf an, mit einer Methode alles zu leisten, sondern wir ergänzen gerne die graphologische Deutung durch lebensgeschichtliche Auskünfte. Daß die graphologische Methode geniale und schöpferische Leistungen nicht aufzeigt, ist für unsere Fragestellung irrelevant.

Die Methode, die wir zur Anwendung brachten, ist die bei einigen größeren Untersuchungen der letzten Zeit bestens bewährte: erinnert sei an *Roda Wiesers's* Arbeiten über die Handschrift der Verbrecher, *Mandowsky's* Studie über die Handschrift von Geisteskranken und *Menzel* und *Schönfelds* Monographie über Handschrift und Charakter der Tuberkulösen. Die Wahl von *H. Schönfeld* als Mitarbeiter verbürgt die Erfüllung der *Bobertagschen* Forderungen.

Unser Material besteht aus 379 ausgewählten Handschriften, die auf alle in Betracht kommenden Schrifteigenschaften durchgesehen wurden. Das Ergebnis wurde nach statistischen Gesichtspunkten in tabellarischer Form zusammengefaßt. In der Tabelle I. sehen Sie eine Zusammenstellung der bei der Untersuchung von 126 Handschriften berühmter Internisten erhaltenen Resultate.

Tabelle I.

Eigenschaften (Auswahl) der Internistenschrift in Prozenten.

Regelmaß vollständig	50	Verbundenheit	87
mäßig beeinträchtigt .	50	unverbunden	3
Ebenmaß vollendet	53	Bindung stabil	28
mäßig beeinträchtigt . .	46	leicht gemischt	61
Schrift groß	13	Fadenbindung	11
mittel	50	Formen voll	35
klein	37	mager, vereinfacht . .	65
Druck stark	39	Längenunterschrift groß . . .	33
mittel	28	gering	67
schwach	33	Oberlängen > UL	41
Weite der Schrift	4	Unterlängen > OL	0
normal weit	39	Harmonisches Verhältn. OL : UL	59
enge Schrift	37	Schnelligkeit groß	43
Getönt satt	46	mittel	57
blaß	51		

Die Schrifteigenschaften dieser Gruppe unterscheiden sich keineswegs von denen anderer Geistesarbeiter, bis auf das eine Merkmal der größeren Verbundenheit, worauf noch *Schönfeld* zu sprechen kommen wird. Setzt man nun für die gefundenen Werte die Eigenschaften aus den *Klagesschen* Tabellen ein, erhält man eine zahlenmäßige Übersicht über die in der untersuchten Gruppe vorhandenen Eigenschaften (Tabelle II., die einen Ausschnitt aus unseren Resultaten darstellt). Wir haben vor uns die Bausteine, aus denen sich der Arztcharakter aufbaut. Natürlich ist der Gruppencharakter etwas anderes als der Einzelcharakter, aber die Einheitlichkeit der Ergebnisse bei größerer Untersuchungsreihe zeigt doch, daß man weitgehende Schlüsse von der Gruppe auf das Einzelindividuum ziehen kann. Allerdings fehlt in unseren Ergebnissen alles Quantitative über die Ausprägung der einzelnen Eigenschaften, über die Struktur des Charakters. So wichtig dies auch scheint, wir mußten einstweilen dieses Kapitel unbearbeitet lassen, da wir uns vorstellten, dieses Moment des Charakteraufbaues nur im Verein mit den gnostischen und technischen Fähigkeiten, die auf andere Weise herausgearbeitet werden müssen, mit breiter Schilderung der Persönlichkeiten in ihrer Ganzheit darstellen zu können, nicht aber in der bewußt vereinfachten Lösung unserer heutigen Problemsetzung.

Als erstes Ergebnis zeigte es sich, daß es eine typische Ärzteschrift nicht gibt, wie es auch einen einheitlichen Ärztecharakter nicht gibt, was den Kenner nicht weiter Wunder nimmt und was übrigens auch *Kauder* in der einzigen uns bekannten Arbeit über die

Handschrift der Ärzte aufgezeigt hat. Da ihm aber nur ein kleines unzureichendes Material zur Verfügung stand, hat er das übersehen, was uns als das Interessanteste unserer Feststellungen erscheint. Als wir die einzelnen Fachgruppen einander gegenüberstellten, erwarteten wir ja, Differenzen zu finden, immerhin hat uns die Stärke der Verschiedenheit überrascht. Es sei ausdrücklich betont, daß wir von Anfang an nichts von einer Typenbildung wissen wollten. Man ist ja bereits wiederholt an das zur Diskussion stehende Problem mit der Methode der Typenaufteilung herangetreten, aber alle Versuche konnten höchstens für eine Minderheit Geltung haben. Wenn *Briedé* eine Prädisposition des cholerischen Typus, *A. Wisse* des sanguinischen Typus für den Arztberuf annahmen, wenn man in Romantiker und Klassiker *(W. Ostwald)*, Kämpfer und Arbeiter *(v. Maday)*, technische und gnostische Naturen *(Lipmann)*, Forscher, Lehrer und Ärzte usw. bis zu den modernsten Typenbildungen von *Jung, Jänsch* hin einzuschachteln versuchten, alle diese Lösungen sind als unbefriedigend erkannt worden.

Wir wollen nun unvoreingenommen die Zahlen, die bei zwei Spezialgruppen erhalten wurden, einander gegenüberstellen.

Tabelle III.

	Internisten	Theoretiker
Zeilenabstand auffallend groß	3	43
normal	68	57
eng	29	0
Wortabstand auffallend weit	3	70
normal	95	30
eng	2	0
Zeilen- und Wortabstand auffallend weit bei gleichzeitiger Verengerungstendenz	0	43

Sie sehen hier die Zahlen für Wort- und Zeilenabstand einander gegenübergesetzt für die Gruppe der bereits besprochenen Internisten und der Theoretiker; letztere umfaßte 46 Schriften, darunter 23 Anatomen, 19 Physiologen und Pharmakologen, 4 Physiker u. Mathematiker, alles hervorragende akademische Lehrer, wieder also eine einheitliche gut vergleichbare Gruppe. Sie sehen, daß z. B. das Merkmal: „Wortabstand auffallend weit" bei den Internisten in 3, bei den Theoretikern in 70% nachweisbar war. Die Zahlen dieser Tabelle sind so eindeutig, daß sie uns das Recht geben, von einer typischen Theoretikerschrift zu sprechen, denen auch ein entsprechender Gruppencharakter entspricht. *H. Schönfeld* wird Ihnen dann die entsprechenden Schriftbilder demonstrieren.

Gehen wir nun mit dieser durch das Studium der Theoretikerhandschrift erworbenen Erfahrung noch einmal an die uns besonders interessierende Gruppe der Internisten heran, so fällt es nicht schwer, hier eine Gruppierung nach der Schrift vorzunehmen in Vorwiegend-

Theoretiker und Vorwiegend-Praktiker. Wir haben die beiden ausgesondert: der eine nach graphologischen, der andere nach lebensgeschichtlichen Erfahrungen. Die Übereinstimmung war eine auffallende. Natürlich gibt es aus dem Rahmen dieses Schemas fallende Sonderlinge und vor allem eine sehr große Mittelgruppe, von der wir nur aussagen können, daß theoretische und praktische Neigungen in einem harmonischen Verhältnis zueinander stehen. Unsere Einteilung entspricht etwa der *Liekschen* in Mediziner und Ärzte, ohne jedoch die wertende Beurteilung dieses Autors. Für den Medizinhistoriker ist es interessant die zwei gegensätzlichen Typen durch die Geschichte zu verfolgen. Ob wir nicht noch nach anderen Gesichtspunkten in Sammler von Einzelerkenntnissen und -tatsachen und in Synthetiker werden aufteilen können, lassen wir vorläufig offen.

Noch lehrreicher war die Gegenüberstellung unserer Internisten mit dem unbekannten Praktiker, einer einheitlichen Sammlung von 75 Briefen (praktizierender, in der Wissenschaft nicht hervorgetretener Ärzte) in Angelegenheit ihrer Patienten an die Klinik gerichtet, wieder also eine nach Lebensraum, Vorbildung etc. einheitliche, genügend große Gruppe.

Tabelle IV.

	berühmte Internisten	unbekannte Praktiker
Formniveau hoch	80	20
mittel	20	60
untermittel	0	20
Leserlichkeit gut	69	30
mittel	28	60
schlecht bis unleserl.	3	10

Während also das Formniveau der Internistenschrift in 80% hoch, in 20% mittelhoch gefunden wurde, war dasselbe beim Praktiker nur in 20% hoch, in 60% mittel, in 20% untermittel. Nimmt man das Formniveau mit Klages, den Wesengehalt mit Pulver, als Ausdruck der Lebendigkeit, der Lebensfülle, der Kraft der Persönlichkeit, so ergibt sich eine große Differenz zu Ungunsten des Praktikers. Da nun den Schrifteigenschaften je nach der Höhe des Formniveaus Charaktereigenschaften aus der Plus- bezw. der Minusreihe der Klagesschen Tabellen entsprechen, ergibt sich eine wesentliche Verschiebung, wenn wir werten wollen, Verschlechterung des Charakterbildes. Während auf Grund des hohen F. N. bei den Internisten vorzugsweise die auf unserer Tabelle II. gesperrt gedruckten Eigenschaften vorkommen, nur für etwa 10% die Minusvarianten in Betracht kommen, beträgt hier das Verhältnis 50 : 50. Dies ist ein außerordentlich überraschendes Resultat, es bestätigt wohl die schon bekannte Bewertung von Persönlichkeit und Charakter für den Erfolg in der ärztlichen Laufbahn, aber erwartet haben wir eigentlich doch, daß die Kapazität, der berühmte Professor, nur durch gnostische oder technische Fähigkeiten vom Medicus practicus verschieden ist. In der Tabelle sahen sie ferner die Lesbarkeit angeführt. Laienmäßig gilt die schlechte Lesbarkeit als wichtigste und einzige Charakteristik der Ärzteschrift. Aber schon *Kauder* hat diese Auffassung widerlegt und die Unkenntnis der Terminologie, der Abkürzungen dafür verantwortlich gemacht. Wie Sie sahen, ist die Lesbarkeit der Internistenschrift überdurchschnittlich, beim Praktiker allerdings bereits wesentlich schlechter. Wenn man auch erwägen mußte, daß die Praktikerbriefe aus der Sprechstunde stammen, also eiliger geschrieben sind, kann man doch diese ziemlich große Differenz auch charakterologisch auswerten. Indem man die Lesbarkeit als Ausdruck stärkerer Begrifflichkeit, klaren Denkens — bei sonst gleichbleibenden Umständen — setzt, ergibt uns dieser Befund einen Hinweis auf die erwartete größere intelektuelle Kraft der Kapazität.

Die Chirurgenschriften zeigten in etwa der Hälfte des untersuchten Materials (68 Manuskripte berühmter Chirurgen) ein einheitliches Bild, das in seiner pompösen Art gut das Bild des stolzen, von starkem Selbstbewußtsein getragenen Chirurgen widerspiegelt, wie es aus vielen Schilderungen und Anekdoten bekannt ist. Daß bei dieser Charakterbildung konstitutionelle Momente ausschlaggebend sind, ist wahrscheinlich. Denn es scheint nicht aussichtslos, durch somatische Untersuchung eine Abgrenzung der Chirurgen etwa vom Internisten zu versuchen. Erwähnt sei z. B., daß der Erfahrene, der in ein unbekanntes Krankenhaus in eine fremde Stadt kommt, gerade die Chirurgen meist aus der Gleichförmigkeit weiß bemäntelter Gestalten aussondern kann. Eine derartige Untersuchung der körperlichen Erscheinung war aber nicht möglich, einerseits wegen der geringen Zahl der uns zur Verfügung stehenden Herren, andererseits weil durch die verschiedene rassische Mischung ein neues X in die Rechnung gebracht wird. Ich meine die alte Vorliebe der Juden für die Medizin, die sich aber in einigen Fächern (Neurologie, Interne, hier wieder ganz besondere Spezialgebiete) weitaus stärker bemerkbar macht als z. B. in der Chirurgie. Eine Erörterung dieser Frage würde aber zu weit wegführen. Neben diesen vorwiegend endogenen Momenten spielen aber sicher auch äußere wie der Milieueinfluß zur Zeit der ärztlichen Ausbildung eine wesentliche Rolle für den Ausbau des Charakters. Es ist doch sicher ein Anderes und muß sich im Spiel der Regungen und Hemmungen in der „inneren Werkstatt" auswirken, ob der Arzt den Leidenden als angebundenes, narkotisiertes Objekt seiner manuellen Handfertigkeit oder aber wie der Psychiater in endlosen Zwiegesprächen kennenlernt, sich stundenlang vom Neurotiker Lebensbeichte und Leidensgeschichte erzählen lassend. An diesen beiden Gegensätzen sei dieses Problem nur kurz aufgeworfen. Dem vorhin geschilderten Typus des Chirurgen entspricht aber nur ein Teil des Materials. Der Rest von 40% läßt sich nicht von der Internistenschrift differenzieren. Kurz sei noch erwähnt, daß die alten uns zur Verfügung stehenden Chirurgenschriften aus dem 19. Jahrhundert fast ausschließlich das typische Chirurgenbild zeigten, wohingegen die jetzt Lebenden mehr zum indifferenten Typus hinneigen. Eine Erklärung für diesen Wandel im Laufe der Zeit ergibt die Tatsache, daß heute für eine akademische Karriere nicht mehr die operative Fertigkeit, sondern die experimentellen Arbeiten ausschlaggebend sind, wodurch eine Bevorzugung der mehr theoretisch veranlagten unter den modernen Chirurgen zu erklären ist. Überhaupt zeigten die alten Schriften, wir hatten eine herrliche Sammlung über 200 Jahre zur Verfügung kaum die typischen Fachschriftbilder, was gut zur Universalität der älteren Medizin paßt. Über die Entwicklung der inneren Medizin im Bilde der Handschrift werden wir gelegentlich an anderer Stelle ausführen.

Auch die Röntgenologen und Dermatologen (je etwa 20) zeigten in einem beträchtlichen Prozentsatz ein typisches Schriftbild. Bei beiden ist der visuelle Typus vorherrschend, alles ist auf Schauen und bildmäßiges Erfassen gerichtet. Bei beiden erwarten wir ein ausgesprochenes Formgefühl, wie etwa bei den Anatomen in der Gruppe der Theoretiker. Bekannt ist die Neurasthenie der Röntgenologen, die sicher exogen bedingt ist: das Arbeiten im verdunkelten Raum, das Einatmen ionisierter Luft, nicht zuletzt die verderblichen Einflüsse der Strahlen auf die Geschlechtsdrüsen, die besonders bei weiblichen Vertretern und dem Hilfspersonal sich äußert. Reizbarkeit, Impulsivität, altjüngferliches Wesen kennzeichnen dieses Bild, für das wir in der Hälfte unserer Fälle Anzeichen in der Schrift in mehr oder minder ausgesprochenem Maße nachweisen konnten.

Unser Material an Vertretern anderer Fächer ist zu klein, um sichere Schlüsse zu erlauben. Die absonderlichen Schriften, die relativ oft bei Psychiatern-Neurologen vorzukommen pflegen, erinnern daran, daß diese Gruppe die Philosophen unter den Medizinern enthält, und wenn man sich an die Psychologie der Philosophen bei *A. Herzberg* erinnert, ist die Weltfremdheit, die Schrulligkeit, das ungeschickte Auftreten nicht mehr unverständlich. Die Vernachlässigung des Äußern, der Kleidung gegenüber etwa dem eleganten und farbenfrohen Anzug der Dermatologen gehört ins Kapitel der differenziellen Charakterologie der Fachgruppen.

Ein Exkurs über Berufswechsel und das uns heute beschäftigende Thema sei mangels verfügbarer Zeit nur angedeutet.

Zum Schlusse möchte ich unsere Ergebnisse etwa so zusammenfassen: Eine Ableitung eines typischen Arztcharakters im großen Kreise ärztlicher Betätigungsmöglichkeit gelingt auch mit der von uns angewandten Methode nicht. Aber innerhalb dieser Gruppe ist die Wahl des *speziellen* Arbeitsgebietes viel mehr von Eignung und Neigung abhängig als — vielleicht — die ursprüngliche Entscheidung zum Arztberuf überhaupt. Der differenzierte Charakter der

Spezialistenschrift gibt im Zusammenhang mit unseren übrigen Erörterungen einen Hinweis darauf, daß sich im Lager der Chirurgen, Röntgenologen, Theoretiker etc., doch weitgehend verwandte Naturen sammeln, die durch Milieu und Arbeitsbedingungen noch mehr ausgeprägt werden. Kann man also nicht von einem Arztcharakter im allgemeinen sprechen, so kann man wohl von Chirurgen-, Dermatologen- etc. -handschrift und -charakter sprechen. Wie weit diese Einsicht für die hier interessierenden Probleme der Berufsberatung, Neigungsforschung verwertbar gemacht werden können, wird ihnen *H. Schönfeld* auseinandersetzen.

Tabelle II.

%-satz	Eigenschaften	Bemerkung dazu	Kriterium der Schrift
80	*Überdurchschnittliche Lebensfülle.*		hohes Formniveau
20	Unterdurchschnittlich.		mittleres „
50	*Widerstandskraft, Festigkeit, Beständigkeit, Entschiedenheit, Ausdauer, Konsequenz.*	Auskunft über die passive Willensveranlagung.	vollständig regelmäßig.
20	Neigung zu Nüchternheit, Gefühlskälte, Gleichgültigkeit.		
50	*Milderung der vorhin aufgezählten Züge durch gewisse Gefühlslebhaftigkeit.*		leicht beeinträchtigte Regelmäßigkeit.
20	Neigung zu Heftigkeit, Unberechenbarkeit.		
53	*Gelassenheit, Ruhe, Harmonie des Wesens.* Stumpfheit, Indifferenz.	Grad des persönliche Gleichmuts.	Ebenmaß vollendet.
47	*Empfänglichkeit in seelischer Beziehung, Eindrucksvermögen, Sensibilität,* Reizbarkeit, Launenhaftigkeit, Krittelei.	Grad der persönlichen Erregbarkeit.	Ebenmaß leicht beeinträchtigt.
13	a) *Tatendrang, Großzügigkeit, Weitblick.* Mangel an Konzentrationsvermögen, Flüchtigkeit, Zerstreutheit, Gewissenlosigkeit. b) *Enthusiasmus, Leidenschaftlichkeit, Überschwänglichkeit.* Mangel an Wirklichkeitssinn, Parteilichkeit, Kritiklosigkeit. c) *Stolz.* Hochmut, Dünkel, Aufgeblasenheit.	a) Willenseigenschaften, b) Gefühlseigenschaften, c) Eigenschaften d. Selbstgefühls.	Schriftgröße: große Schrift
37	a) *Konzentrationsvermögen, Sinn für engeren Wirkungskreis, Mäßigung, Präzision.* Engherzigkeit, Pedanterie, Kleinlichkeit, Kurzsichtigkeit. b) *Wirklichkeitssinn, Realismus, Besonnenheit, Sachlichkeit.* Mangel an Begeisterungsvermögen. Nüchternheit, Trockenheit, Schwunglosigkeit. c) *Bescheidenheit, Anspruchslosigkeit, Genügsamkeit.* Kleinmut, Ängstlichkeit, fehlender Wagemut.		kleine Schrift
50	*Gesundes Mittelmaß der Angeführten Eigenschaften.*		mittlere Schriftgröße

%-satz	Eigenschaften	Bemerkung dazu	Kriterium der Schrift
39	*Willenskraft, Ausdauer, Fleiß, Selbstbeherrschung, Beständigkeit, Zähigkeit, Gewissenhaftigkeit, Verläßlichkeit,* Schwerfälligkeit, Krampfhaftigkeit.	aktive Willensbegabung.	druckstarke Schrift
33	*Rührigkeit, Betriebsamkeit ohne sonderliche energievolle Durchschlagskraft.* Mangel an Widerstandskraft und Initiative, Unbeständigkeit.		druckschwache
28	*Gesundes Mittelmaß von Spannung und Spannungslosigkeit im Charakter.*		mittlere rhythm. Druckverteilung .
4	*Eifer, Strebsamkeit, Beweglichkeit.* Mangel an Geduld, Genauigkeit, Gründlichkeit.		weite Schrift
37	*Selbstbeherrschung, Haltung, Reserve, Mäßigung.* Mißtrauen, Zaghaftigkeit, Mangel an Unmittelbarkeit.		enge Schrift
59	*Zwischen diesen Extremen in harmonischem Ausgleich.*		normale Weite
49	*Anschauungsfreude, Sensualität.* Mangel an Geistigkeit.		satt getönt
51	*Spiritualität.* Gedankenbläße.		blaß getönt
28	*Innere Festigkeit der Persönlichkeit.*		Bindung stabil
11	*Vielfältigkeit der Triebe.* Unbestimmtheit.		labil
61	*Milderung der Starre, ohne daß Persönlichkeit darunter leidet.*		leichte Mischung stabiler Bind. F.
87	*Kombinationsgabe, Folgerichtigkeit, Überlegung, systematisches Denken, Abstraktionsvermögen.* Gedankenarmut, Mangel an Findigkeit und Schlagfertigkeit, Tatsachenblindheit, Gedankenflüchtigkeit.		Verbundenheit groß
3	*Beobachtungsgabe (auf Tatsachen gerichtet), Sammler von Erkenntnissen* Mangel an Logik, Sprunghaftigkeit, Mangel an Abstraktionsvermögen und Anpassungsfähigkeit.		unverbunden
35	*Vorstellungsgabe, Anschauungsvermögen, Bildnertrieb.* Geistige Unklarheit, Überschätzung des Nebensächlichen, Unsachlichkeit.	Es lagen keine extremen Fälle vor, die vollen Schr. waren nur wenig bereichert, die vereinfachten nie ganz mager.	volle Formen
65	*Verstandesstärke, geistige Klarheit, Kritik, Scharfsinn, Sachlichkeit, Erfassen des Wesentlichen, Urteilsbestimmtheit.* Mangel an Vorstellungsgabe und Anschauungsvermögen, Nüchternheit, Dürre.		zu Magerkeit neigende Formen.
33	*Strebsamkeit, Tätigkeitsdrang, Unternehmungslust.* Unzufriedenheit, Ehrgeiz.		große Längenunterschiedlichkeit. Geringe L.
67	*Zufriedenheit, Bescheidenheit, Sachinteresse, Mäßigung, Anspruchslosigkeit, Gleichgültigkeit.*	Innere Harmonie ausgeprägt.	

619

%-satz	Eigenschaften	Bemerkung dazu	Kriterium der Schrift
41	*Vorwalten geistiger Neigungen, abstraktes Denken* (Mangel an Bodenständigkeit)		Oberlängen größer als Unterlängen harmonisches Verhältnis OL : UL
0	Schwere des Geistes	kam nicht vor.	
59	*Geistige und praktische Neigungen im Gleichgewicht*		
68	*Klarheit, Abstraktionsvermögen.*		Zeilenabstand
3		vergl. Abschnitt über Theoretiker	normal
95		idem	besonders gr.
3			normaler besonders großer Wortabstand.
69	*Bestätigt Klarheit des Denkens, stärkere Begrifflichkeit*	idem	Leserlichkeit gut
28			mittel
3			schlecht
43		dadurch erhält die sorgfältige Detailausführung besondere Bedeutung	schnell
57			mittelschnell

Anmerkung: Die Eigenschaften im Sperrdruck gehören zu den Schriften mit hohem Formniveau (80%) des Materials. Bei den Schriften mit mittelhohem Formniveau besteht die Neigung zu den kleingedruckten Eigenschaften, die man bei der Hälfte der Fälle (10%) als gegeben annehmen kann.

II.

Willy Schönfeld (Komotau).

Anschließend an den Vortrag Dr. Walter *Feuereisens* zur Charakterologie der medizinischen Spezialfächer, gestatte ich mir, einen kurzen Überblick über die Ergebnisse der graphologischen Untersuchungen zu geben, die zum Teil seinen charakterologischen Ausführungen als Grundlage dienten.

Während sich die Handschriften der Mediziner durchaus nicht von denen anderer Geistesarbeiter unterscheiden, ergab die graphologisch-statistische Untersuchung der Handschriften einzelner *Ärztegruppen* teilweise recht charakteristische *Schriftbilder*.

Am Zustandekommen des Schriftbildes, wie es durch das bildhafte Betrachten der ganzen beschriebenen Fläche erfaßt werden kann, ist die seelische Eigenart des Schreibers ebenso stark beteiligt wie das Unbewußte. Während es möglich ist, Einzelmerkmale der Schrift bis zu gewissen Grenzen abzuändern, entzieht sich das Schriftbild in besonders hohem Maße der willkürlichen Beeinflussung. Das rhythmische Schriftbild, das geordnete oder ungeordnete, das bewegte oder starre u. s. f. ist typischer Wesensausdruck der Gesamtpersönlichkeit und willentlich unter keinen Umständen herstellbar. Während für die Gestaltung der Handschrift (wie besonders die experimentellen Graphologen der *Saudekschen* Richtung betonen) äußere Umstände (Nationalität, Schulvorlage, Schreibgewandtheit usw.) eine große Rolle spielen, ist der wichtigste gestaltende

Faktor für das Schriftbild das Unbewußte, das sich jedem willkürlichen Einfluß entzieht. Bei Untersuchungen ganzer Gruppen kommt dem charakteristischen Schriftbild, das dem psychologischen Ganzheitsgesichtspunkt am meisten Rechnung trägt, wie die Arbeiten *Wiesers, Mandowskys* u. a. zeigen, eine große Bedeutung zu.

Die erste Gruppe, die untersucht wurde, war die der *Internisten.* Sie zeigte das verschwommenste Bild und von ihr kann mit *Kauder* behauptet werden, daß sie die verschiedensten Temperamente und Charaktere zu beherbergen imstande ist. Graphologisch gesehen, fand sich nur ein einziges durchlaufendes charakteristisches Sondermerkmal vor, das bei den anderen Spezialistengruppen nicht in dem Maße vorhanden war: die *übermäßige Schriftverbundenheit.*

Wie die experimentellen Graphologen festgestellt haben, setzt Verbundenheit der Schrift einen schnelleren Schreibakt voraus als Unverbundenheit. Verbundenheit und Schreibegeschwindigkeit zeigen daher Anpassungsfähigkeit an neue Tatsachen, die leicht assimiliert werden, an. Der verbunden Schreibende ist vor allem der Träger der denkerischen Anpassungsfähigkeit. Die Kontinuität der Schreibzüge verrät die Fähigkeit des Schreibers, inhaltliche Zusammenhänge ungehemmt durch neuzuströmende Gedanken in logischer Folge zu entwickeln und einen Sinnzusammenhang unabgelenkt und rasch zu produzieren bezw. zu reproduzieren. *(Pulver.)*

Das weite Gebiet der internen Medizin scheint diese Fähigkeiten, wie Kombinationsgabe, Überlegung, systematisches Denken, Abstraktionsvermögen usw. in hohem Maße erforderlich zu machen. Dazu kommt, daß die Schriften der Internisten ein Mittelmaß von Flächigkeit und Magerkeit, also ein gesundes Verhältnis von Vorstellungsgabe, Phantasie und Tatsachensinn aufwiesen, daß also hier weder das Arbeiten mit Begriffen, noch das rein anschauliche Denken überwog, sondern in der Hauptsache die Verschmelzung beider Gebiete durch kombinatorische Fähigkeiten. Innerhalb der Internistengruppe ließen sich nach den Schriftbildern zwei Spezialgruppen unterscheiden: die Internisten mit vorwiegend theoretischem und die mit vorwiegend praktischem Einschlag.

Bei den Handschriften der *Pädiater* konnte kein typisches Schriftbild festgestellt werden. Sie unterschieden sich nicht von den Internisten. Es ist allerdings möglich, daß ein größeres Untersuchungsmaterial auch hier gewisse Differenzierungen erlaubt hätte.

Auch bei den *Psychiatern* konnte von keinem einheitlichen Schriftbild gesprochen werden. Einige standen graphologisch den Internisten nahe, andere wiesen besonders markante und auffallende Schriftbilder auf, die aber keine einheitlichen Züge trugen. Es hat den Anschein, als befänden sich unter den Psychiatern und Neurologen die interessantesten Persönlichkeiten. Jedenfalls konnten oft recht bizarre und eigenartige Schriften, wie sie bei keiner anderen

Gruppe vorkamen, hier beobachtet werden. Charakterologisch wäre daraus zu folgen, daß sich besonders eigenwillige, eigenartige, oft sogar sonderlingshafte Naturen gerade unter den Psychiatern und Neurologen häufig vorfinden.

Deutliche gemeinsame Züge wies die Gruppe der *Chirurgen* auf. Vor allem gelang eine zwanglose Scheidung in zwei Untergruppen. Die eine umfaßte ungefähr 40% der Schriften und stand den Internisten am nächsten. Die Zweite (mit 60%) zeigte eine Reihe von Merkmalen für aktive Energie bei vermehrter praktischer Einstellung (Unterlängen- und Druckbetonung), Impulsivität, Unternehmungsgeist (größere Längenunterschiedlichkeit), mäßige Völle bei leicht gelockerter Verbundenheit als Ausdruck von Vorstellungsgabe bei gleichzeitig vorhandenem Kombinationsvermögen, oft weite Wörter mit engen Kurzbuchstaben als Zeichen von rascher, großzügiger Entschlußkraft gepaart mit Sinn für Details. Allerdings fanden sich gerade bei den Chirurgen am häufigsten Charakterzüge, wie Stolz (größere Schriften als bei den anderen Spezialisten), Unnahbarkeit, Unbeeinflußbarkeit, Dünkel und Oppositionsgeist. Auf die in Chirurgenschriften häufigen ausfahrenden Schlußzüge und Querstreichungen als Merkmale des Scharfsinns kommt auch *Pulver* zu sprechen. Er sagt:

„Auch manche Berufe steigern den Scharfsinn, oder auch das scharfe Zugreifen-müssen, wie andererseits auch nur Menschen mit dieser Wesenstendenz in jenen Berufen erfolgreich sein können. Hier sind etwa die Kritiker und die Chirurgen zu erwähnen, von denen die ersten auf seelisch-geistigen Gebiet meistens eine ähnliche Neigung zu operativen Eingriffen zeigen können wie jene auf physischen."

Besonders markante Schriftbilder wiesen die *Röntgenologen* und *Dermatologen* auf. Sie zeigten als besonders hervorstechendes Merkmal bei mehr als 50% (die anderen glichen den Internisten) eine ausgesprochene *Pastosität* (Teigigkeit) der Schrift bei oft gleichzeitig vorhandener Fülle und Bereicherung der Buchstabengrundform.

Teigig oder pastös nennt man eine unscharfe Schrift, bei der Haar- und Grundstriche gleichstark und mit gleicher Breite geschrieben sind. Das Gegensatzpaar „teigig und scharf" drückt charakterologisch grob formuliert etwa aus „anschaulich und abstrakt" oder „sinnlich — geistig". Allerdings gibt es solche reine Gegensatzpaare in Wirklichkeit nicht. Zwischen dem vitalen und spirituellen Typus bestehen die mannigfachsten Übergänge und Legierungen, wie sie eben das Zeichen jeder reicher entwickelten Kultur sind. *Pulver*, der sich besonders eingehend mit der Pastosität der Schrift befaßt hat, sagt: „Der teigig Schreibende verläßt die Welt der Anschauung niemals, er wird immer geneigt sein, dem Bild oder Symbol größere Bedeutung einzuräumen als dem abstrakten Begriff." Der teigig Schreibende ist der „mit den Sinnen lebende Mensch", der natürlich nicht mit dem sinnlichen Menschen schlechthin identifiziert werden darf. So schreiben typische „Augenmenschen", wenn sich zu der Teigigkeit noch die vermehrte Fülle und runde Formgebung hinzugesellt. Deshalb findet man diese Merkmale besonders häufig auch bei Malern. Auf die Häufigkeit malerischer Begabungen bei den Dermatologen wies auch *Samek* in seinem Referat „Die Psychotechnik des Dermatologen" hin. Infolge des gesteigerten Anschauungsvermögens versteht der pastös Schreibende auch Eindrücke zu bewahren, zu sammeln und zu beobachten.

Die Vereinigung von Teigigkeit und Fülle, wie sie bei den Dermatologen und Röntgenologen oft zu finden war, läßt auf ein starkes Eindrucksgedächtnis, eine sinnlich anschauliche Vorstellungsgabe schließen, bei der sich jede Erinnerung oder Vorstellung mehr an Bilder als an Begriffe knüpft. Schriften mit vollen Formen gehören zum sogenannten „flächenhaften Typus", der bei Menschen mit optischem Gedächtnis und Eindrucksvermögen häufig ist.

Die interessantesten und markantesten Schriftbilder zeigten die *Theoretiker* (Physiologen, Pharmakologen und Anatomen). Als Besonderheit, wie sie keine der früheren Gruppen aufzuweisen hatte, fand sich bei den Theoretikern ein typisches Schriftbild, entweder hervorgerufen durch abnormal großen Zeilen- und Wortabstand bei gleichzeitiger Enge, oder nur starker Verengungstendenz bei ziemlich starrer, eintöniger Mittellage. Das erstgenannte Schriftbild konnte in 70%, das zweite (Verengung) in 10% festgestellt werden; die restlichen 20% zeigten ein normales Schriftbild, wie beispielsweise viele Internisten.

Reichliche Wort- und Zeilenabstände zeigen den kritischen Kopf mit Beobachtungsgabe an. Das Urteil wird hier gewonnen durch „Abrücken vom Objekt", also durch Preisgabe der Unmittelbarkeit und Spontaneität. Die urteilende Funktion überwiegt bei solchen Menschen, die klein schreiben, deren Wort- und Zeilenabstände aber bedeutend sind. Bei gleichzeitiger Verengungstendenz deuten die übergroßen Wort- und Zeilenabstände auch auf eine Isolierung des Schreibers hin, auf fehlenden Kontakt mit der Außenwelt. Der weit schreibende Mensch zeigt auch bildlich ein vermehrtes Streben in die Weite, er versucht immer Fremdes in vermehrtem Maße in sich aufzunehmen. Der eng Schreibende dagegen konzentriert sich mehr auf ein kleines Blickfeld, seine Expansionslust ist gehemmt oder verkümmert. Im rein menschlichen Verkehr sind solche Schreiber oft befangen, schüchtern und gehemmt. Es ist kennzeichnend, daß sich dieses typische Schriftbild gerade bei den Theoretikern, die am wenigsten von allen Medizinern mit dem lebenden Menschen in Berührung kommen, in zahlreichen Fällen vorfand. Alle anderen ärztlichen Berufe zeigten schon rein graphisch ein intensiveres Verhältnis zum „Du", zur Umwelt und zum Mitmenschen. Am nächsten kommen den Theoretikern noch die Psychiater, die ebenfalls häufig seelische Isolierungsbestrebungen zeigten.

Überblickt man noch einmal das bisher Gesagte, so hat die Untersuchung der Handschriften berühmter Ärzte gezeigt, daß bei den einzelnen Spezialistengruppen besondere Fähigkeiten, die bestimmten durchgängigen Schriftmerkmalen entsprachen, stark ausgeprägt waren. So beim Internisten das kombinatorische Denken und Abstraktionsvermögen, beim Chirurgen Impulsivität, rasche Urteilsfähigkeit und treffsicheres Handeln, beim Dermatologen und Röntgenologen sinnliches Eindrucks- und Vorstellungsvermögen usw. Betrachtet man nun aber die Handschriften von *„unbekannten Praktikern"*, so muß man eine merkwürdige Uniformiertheit feststellen. Nur in den wenigsten Fällen beherrscht das Schriftbild eine persönliche Note. Es fehlt ihren Charakteren jene Wesenstendenz, die wie *Pulver* bei den Chirurgen sagte, nur bei jenen Menschen vorkommt, die in gewissen Berufen erfolgreich sein können. Diese Wesenstendenz aber, die aus der individuellen Anlagestruktur hervorwächst, kann man nur als *Berufsneigung* bezeichnen. Wenn auch die Neigung, diese „rein innerseelisch geborene Tendenz der Person", wie sie *Bogen* nennt, die auf „Ausgleich innerer Spannungen, durch für die Gesamtpersönlichkeit lustvolles Abreagieren gerichtet" ist, nicht immer mit der Eignung in eindeutiger Beziehung stehen muß, so ist doch ihre Verknüpfung mit dem *Gesamtlebensverhalten* sehr eng. Wir können nun bei einem Rückblick auf die demonstrierten Charaktere verstehen, wieso beispielsweise der sinnlich erlebende, auf das Visuelle gerichtete Robinsohn gerade in der Röntgenologie, der impulsive, initiative Bier in der Chirurgie Befriedigung fanden und Großes leisteten. Wir sind mit der Untersuchung an Ärzteschriften dem inneren Gerichtetsein, der Berufsneigung näher gekommen, deren Wesen noch nicht als weitgehend erforscht bezeichnet werden kann. Da die Neigung mit den verschiedensten Lebensäußerungen einer Persönlichkeit als „untrennbares Teilganzes", innig verschmolzen ist, kann sie in vielen Fällen, wo es sich um echte, nicht um „verschleierte Neigungen" handelt, mit Recht als ein *Charakterzug* angesprochen werden. Da nun aber die Charakterzeichnung das ureigenste Gebiet der Graphologie ist, auf dem sie wie *Bobertag* sagt, eine relative Zuverlässigkeit hohen Grades erreicht, wäre die Neigungsanalyse (wie ich bereits in früheren Abhandlungen betonte), ein dankbares Feld für den wissenschaftlichen Graphologen. *Bogen* rät in seinem Handbuch „Psychologische Grundlegung der praktischen Berufsberatung", der Berufsberater möge für die Aufdeckung der Berufsneigung die verschiedenartigsten Lebensäußerungen des gleichen Individuums nebeneinander halten und versuchen, das Gemeinsame herauszuschälen. Dieses „Gemeinsame", das, wenn es genügend einheitlich ist, allen Lebensäußerungen eines Menschen den charakteristischen Stempel aufprägt, wird dem Graphologen besonders deutlich bei Betrachtung des ganzen Schriftbildes, auf dessen unbewußte Entstehungsweise bereits hingewiesen wurde. *Klages* spricht vom sogenannten *„Leitbild"*, das jede willkürbare Bewegung des Menschen unbewußt mitbestimmt und seine Ausdrucksbewegungen entscheidend formt. Viele typische Berufsschriften verdanken dem persönlichen Leitbild ihre Entstehung: die typische Kaufmannsschrift beispielsweise. Wir sahen bei der Aufstellung der verschiedenen Schriftbilder ebenfalls deutlich, wie die unbewußte Wahlverwandtschaft im Sinne des *Klagesschen* Leitbildes zu bestimmten Gestalten, Bewegungsformen und Lagerungen das Ausdrucksverhalten mitbestimmt. Für die Neigungsanalyse ein Faktor von größter Wichtigkeit! Die vorliegende Untersuchung zeigte aber auch, daß neben der Neigung die *seelische Ausfüllung des Berufes* wesentlich zum Berufserfolg beiträgt. Es scheint sich die noch ungewisse Ahnung zu bestätigen, daß bestimmte Berufe nur von bestimmten Charaktertypen erfolgreich ausgeübt werden können. Besonders deutlich wird dies beim Vergleich der Handschriften und Persönlichkeiten berühmter und unbekannter Ärzte. Auf die Wichtigkeit der Einbeziehung charakterologischer Gesichtspunkte bei der Beurteilung der Berufstauglichkeit haben *Giese, Sachs* und insbesondere *Baumgarten* und *W. Stern* bereits vor Jahren hingewiesen, ohne daß diese Ansichten restlos durchgedrungen wären.

*

Anhang. Aus dem gezeigten Handschriftenmaterial seien hier nur die wichtigsten Schriftproben wiedergegeben. Eine eingehendere Darstellung bleibt einer in nächster Zeit vorgesehenen Publikation überlassen.

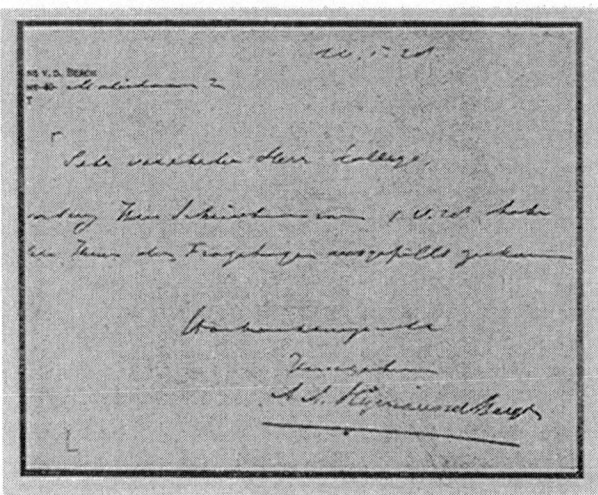

Abbildung 1: *Hijmans v. d. Bergh. Internist* mit *theoretischem* Einschlag. *Merkmale dieser Gruppe:* Meist kleine Schrift, selten mittelgroß oder gar groß, geringer Druck, blasser Schriftton, gemischte Bindung, Neigung zu Faden, vereinfachte bis skelettartige Formen, Neigung zu Magerkeit, Längenunterschiedlichkeit auffallend gering, Oberlängen größer als Unterlängen, die häufig verkümmert sind, klare Wort- und Zeilenabstände, Wortabstände häufig vergrößert, Schriftbild aufgelockert, nicht dicht.

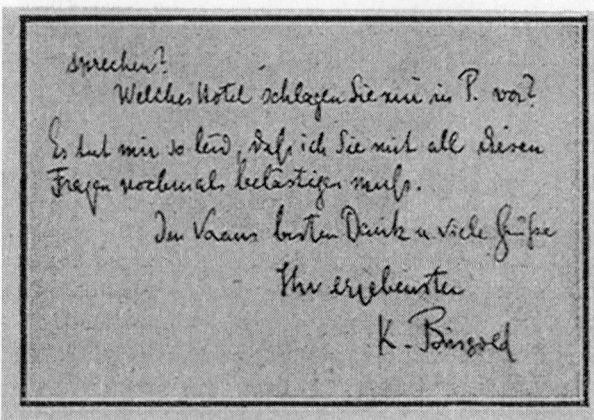

Abbildung 2: *K. Bingold. Internist* mit *praktischem* Einschlag.

Merkmale dieser Gruppe: Schrift regelmäßig bis mäßig regelmäßig, wenig beeinträchtigtes Ebenmaß, Schrift meist mittelgroß, druckstark bis mäßig druckbetont, satter Schrifton, normale Weite, stabile Bindung, selten Faden, leicht bereichert, volle Formen, ausgewogenes Verhältnis zwischen Ober- und Unterlängen, oft leichte Zeilenverstrickung, Wortabstand häufig verringert, Schriftbild dicht.

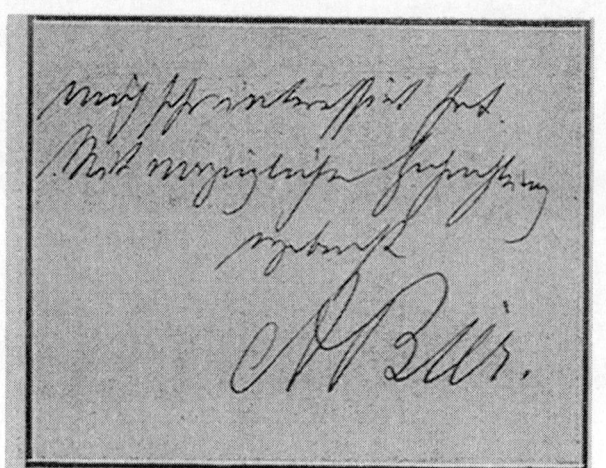

Abbildung 3: *A. Bier.* Eine typische *Chirurgenschrift* alten Schlages: Auffallende Größe, rhythmische Druckbetonnung, scharf zugespitzte, ausfahrende Schlußzüge.

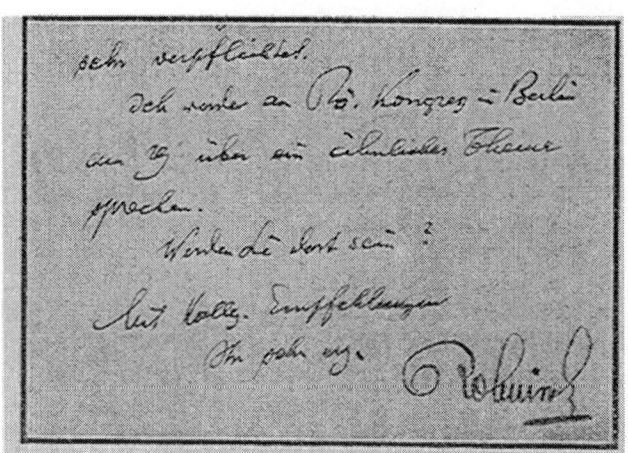

Abbildung 4: *Robinsohn*. Eine typische *Röntgenologenschrift:* Teigigkeit in Verbindung mit Neigung zu Flächenhaftigkeit.

Pulver führt die Flächigkeit der Oberlängen, wie sie besonders deutlich bei dem Röntgenologen Robinson in Erscheinung tritt, auf Kombination und Raumsinn zurück, Magerkeit der Oberlängen auf die gesteigerte Fähigkeit zur Abstraktion und Ideation (siehe Abb. 1: Hijmans van der Bergh). Über das qualitative Moment entscheidet hier wie überall das Gesamtbild.

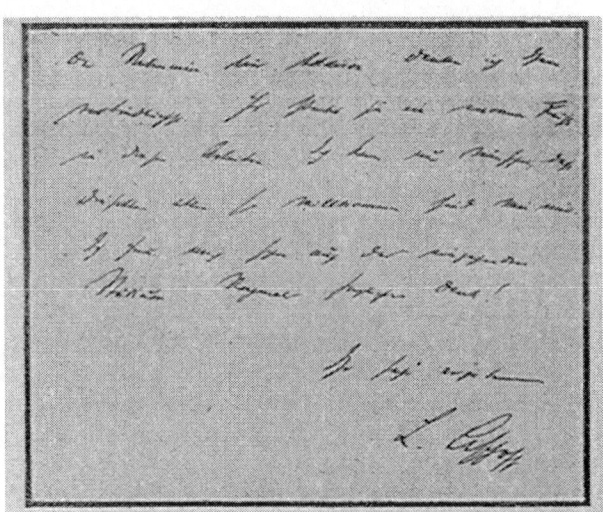

Abbildung 5: *L. Aschoff*. Eine typische *Theoretikerschrift:* Auffallend weite Wort- und Zeilenabstände bei geringer Schriftgröße und gleichzeitig vorhandener Verengungstendenz.

A CONTRIBUTION TO THE PSYCHOTECHNICAL ANALYSIS OF A PHYSICIAN AND STOMATOLOGIST.

O. HLAVÁČ (Prague).

In this paper a stomatologist analyses his own profession and gives a profile of a stomatologist from the physical and psychical points of view without paying regard to the existing stereotyped analyses. It is an attempt to ascertain the objective and subjective traits of a stomatologist, intended to aid the psychotechnologist in practical guidance. It is natural that the notion of stomatology is here defined according to the praxis and laws in force in Czechoslovakia, where the praxis and laws differ from those prevailing in the majority of European and extra-European countries.

Dental medicine in Czechoslovakia, as distinguished from the majority of other countries, where it is a completely independent scientific and practical province, is a part of general medicine, just the same as ophthalmology, otology, internal medicine, surgery, gynaecology, etc. It may be practised only by fully qualified doctors of medicine ("M.U.Dr.", i. e. medicinae universae doctor) either as a department of general practice or as a speciality. This paper will analyse dental medicine as a speciality.

Specialisation in stomatology requires first of all the status of a "doctor of all medicine", so that a stomatologist must possess in the first place those psychophysical qualities which are required in the study of general medicine. After having completed the study of medicine and passed all examinations ("rigorosa"), the student is conferred the degree of doctor of all medicine and he receives a diploma duly authorizing him to enter upon general medical practice. It is natural that every one desiring to embrace general practice continues to improve himself practically either in a clinic or in a provincial, district or private hospital and eventually passes further theoretic examinations, if he wishes to enter the public health service. If he prefers to devote himself to a medical speciality he enters the corresponding clinic where he passes the prescribed time of practical training, and then he leaves as a specialist.

A stomatologist may attain his specialisation either in some dental clinic, where he must become, at least for a year, assistant, or must undergo a year of special practical and theoretical training in the State Institute for Dental Medicine at Prague. Neither in the first nor in the second case is he obliged to pass an examination. It is entirely sufficient when the head of the Institute certifies his "absolutorium" to satisfy the legal conditions, whereafter he receives from the Medical Board after approval of the Ministry of Public Health the title of "specialist in dentistry", licensing him to perform special dental practice throughout the whole territory of Czecho-slovakia.

Besides this there exists in this country a curious law permitting some dental mechanics to perform all dental operations, including exodontia and local anaesthesia. As, however, this privilege of some artisans is valid only for their life-time and as after their departure the handwork of dental mechanics will be condemned to disappear, it is not necessary in this paper to devote to this anomaly more than a mention.

It has been said that a stomatologist must first of all become doctor of medicine, and that therefore the psychotechnologist must first ascertain whether the candidate possesses the qualities required for the study of general medicine. Only then can he proceed to look for the special traits supposed to predestinate the candidate for study of stomatology. In practice it will be rarely possible for the bureaus of vocational guidance to make such a minute analysis of the exa-minee at the end of secondary education, the more so as the special medical bent generally develops during clinical study or even later, and that the choice of a practical career is unfortunately too often determined by external accidental circumstances. It is, however, still possible that the psychotechnologist will devote himself to this analysis in rare cases of an a priori fancy or rather in cases where the outward circumstances, especially family ones, lead the "gymna-sium" graduate to this speciality, for instance when the father-dentist orientates the education of his children towards his own profession.

It would be far better to divide the psychotechnical examination into two stages. The first stage would be to ascertain if the "gymnasium" graduate is physically, mentally and morally suitable for medical study and vocation. The second stage would take place after the examinee had obtained his degree of doctor and the pur-pose of it would be to ascertain the qualities necessary for his spe-cialisation. It is possible that society will in future approach this ideal more than the present one, which permits absolute arbitrariness and chaos in the choice of such a responsible profession as that of medicine.

I. Psychophysical analysis of the doctor of medicine.

In the first place I shall permit myself to analyse the content of medicine, as in our national culture even the stomatologist is first of all obliged to practice medicine, in the preventive and hygienic senses of the word. Our legal conception of stomatology is really an excellent one and, as compared with the German, French and Anglo-Saxon conceptions, it has many advantages.

Medicine may be defined as the study of the functions of living human bodies both healthy and diseased, and as the examination

629

of methods enabling us to maintain the function at its optimum, to prevent its lesions and to eliminate or at least mitigate changes which may have already occurred. Medicine is related to many scientific provinces, particularly, of course, to natural sciences, philosophy and sociology. Thus a person, desiring to devote himself to medicine, must have a rich internal life. Pure sympathy with suffering and pure altruistic efforts are not the sole traits from which the rich, firm personality of a physician should develop. They often are only a manifestation of post-pubertal confusion, or even of a mental defect. Young persons have ordinarily inadequate and imperfect ideas concerning the nature and content and even the purpose of medicine (also of other provinces which they may choose after having finished their secondary education), owing to their limited personal experience, derived mainly from *belles lettres*. Secondary education teaches very imperfectly—if at all—that medicine is not only a question of healing, but has also its scientific, hygienic, social and philosophic problems.

We start from the principle that an ideal type of specialist may only develop from an ideal type of doctor. No specialism can be practiced with honour and success without permanent contact with general medicine. *L'art-pour-l'artism* in medicine is harmful, for medicine is first of all service to humanity. The task of psychotechnology is not only to find for an individual the best province for his activity, but also to select best workers for the province itself.

A. *Physical qualities.*

The medical profession requires first of all a sound physical constitution, especially in regard to resistance against infection. Consequently only very robust adults should be chosen for the study of medicine, and medical faculties ought to demand from their adepts a medical examination, intended to find out physical fitness and perfect condition of all senses and functions. If the death-rate of physicians could be taken to include also the death-rate of students of medicine, the number indicating the average age of physicians would prove to be much lower. The mortality of students of medicine is, in the writer's experience, a considerable one. The study does not leave to students much free time, and the laboratory work and the *"practica"* are at times very exhausting. For this reason a large percentage falls off through disgust, disappointment or failure; besides that directly due to disease and death. The author remembers that many of his colleagues died off of tuberculosis, infectional diseases and suicide during study. It would be of interest if some one would take the trouble to compile the causes of death, both of students and physicians, according to their causes and then to try and construct on these bases some psychotechnological theorems. Physical health is necessary not only for supporting the stress of difficult study and later on the often far greater strain of practice, but it is even necessary so as to enable the physician to produce a favourable impression upon his patients.

In principle, the *woman* can be as good a physician as the man: she can even enrich research and practice with valuable specific elements, owing to her special psychical constitution. It must not, however, be forgotten that the lady-doctor brings into practice the handicap of her sex. It is hard to imagine a woman as a general practitioner in rural districts. Her physiology deprives her regularly for several days a month of readiness, often even of her judgment and efficiency, not to speak of pregnancy, childbirth and lactation. Therefore the woman is determined through her sex rather to adopt a specialty.

B. Mental qualities.

1. The person desiring to devote himself to the study of medicine should first of all be possessed of *manly courage,* i. e. of a non-impulsive, non-aggressive courage, connected with genuine *altruism* and *readiness* to *aid the sufferers,* a kind of apostleship in fact. Although altruism is not required in all branches of medicine (e. g. in theoretical provinces), the altruist will even there be guided to the principal goal of medicine—the service of man.

There is perhaps no other vocation requiring so much social tact, necessary not only for justly distributing sympathy among rich and poor but also for prescribing and applying appropriate methods of treatment. Social tact must preside over all the deliberations of the physician. That an honest physician considers this as his *lex suprema,* is testified by those cases, where the physician dares to take the risk of an illegal operation, e. g. artificial abortion, in order to diminish subjective social misery.

The doctors and laymen have lost much time over discussion of euthanasia, with its legal and moral justification. In the writer's opinion every physician, expert in indications, should be firm enough to perform it. Social feeling is sometimes attenuated in persons of weak character, even if it had been previously developed; as one may encounter in literature as in life that venerable type of Harley Street physician.

In the secondary school graduate these qualities may be present in only a rudimentary form. I would assert that he must possess the necessary will and power so as to cultivate these qualities and that he must be free from inclinations capable of destroying them, e. g. a tendency to take drugs, such as alcohol and possibly even nicotine. I mean that the experimental psychologist should seek in the candidate of medicine a kind of ascetic tendency. Excess, self-display, erotic tendencies in whatever form they may occur are hardly compatible with judicious promptitude in such a vocation as that of medicine.

2. Another trait to be tested is the candidate's *intellectual capacity,* which is necessary if the candidate is to master the course of study which is anything but small. The physician's thought must be constantly presided over by clear *criticism,* a capacity of keen observation and valuation of facts on the basis of inductive and deductive reasoning and of connecting causes and effects. This criticism must lead to action, must be constructive: the logical chain must result in action. This implies not only ability to apply knowledge already acquired, but also rapidity of reaction, readiness.

3. Medicine as service to man requires not only altruistic, but also positive, creative, believing and optimistic men. Pessimists should not be permitted to practice medicine. A pessimist can never become a healer, a consoler of despairing hearts. One form of pessimism is scepticism. I have repeatedly seen medical sceptics destroying the hopes of their patients and dissatisfied with their own profession. I do not know whether there are any means of enabling an experimental psychologist to detect a mood of optimism in the heart of the candidate, since youthful hearts, not yet beyond the *melancholia maturandae aetatis,* are for the most part uneasy and full of nihilism. It is possible that optimism and pessimism are not entirely constitutional psychic qualities: it is possible that they develop as secondary characters from the physical constitution, that they are possibly the result of accumulated life experience and of erudition. It would, then, be necessary to include in the curricula of medical faculties systematic education towards optimism.

Responsibility. Certain persons are not capable of undertaking responsibility. Such persons are not adapted to take up medicine, as this requires a sense of responsibility which is more or less indispensable according to different provinces. Demagogues, collectors of sympathy, etc. will hardly be able to decide upon an operation, when there is only small probability of success. But the doctor must be able to take risks even in cases entirely unfavourable, and even if he knows that probable failure will do him material, moral and social injury.

4. The physician's mental profile does not necessarily mean, in the writer's opinion, a well balanced man in the social meaning of the phrase. Perhaps on the contrary, the physician's mental constitution should not present a character of rigidity, but a kind of unsatisfied inquisitiveness, a kind of constant Faustian revolt against the supremacy of natural forces, a kind of pioneer anxiety of endeavour to discover new worlds where nature is controlled by a firm hand, and striving to impinge on the universe the conception of Wisdom, Strength and Beauty. It is for this reason that the physician must be constantly desirous and capable of progress and improvement, and must never resign his ideals. He must be, however, judicious, so as not to become the slave of medical fashions as has

632

frequently happened in the last 30 years, when physical and chemical industries employ all means to make a doctor one of their agents.

5. Medicine accordingly consists in skill of analysis and synthesis, combined with a capacity of ready intervention at the right moment in favour of the fellow man. For this reason, the physician must be a keen observer, capable of rapid decision, of intuitive understanding of his patient—he must in short be possessed of creative imagination. It is perhaps this feature which makes the physician akin to the artist. It is surprising to observe what a degree of affinity exists between these two professions. I have said creative imagination, so as to distinguish this complex of immaterial creativeness from sensorial, passive phantasy, from the non-creative appetite of sensuous passions. Creative imagination is not only necessary in pure research work but also in current medical practice where it prevents the ordinary cases from becoming banal professional acts performed after a learned pattern. Medicine is far less of a science than it is of intuitive understanding of our fellow men.

The imagination is also connected with the problem of the physician's sex. Man seems to have generally more creative imagination than woman who, on the contrary, is far more capable of intuitive feeling. I think that both these traits in medicine can lead to the same goal.

There is no doubt that in these later times the type of physician, which has been represented in our country by *Thomayer,* is undergoing a change. The physician-observer, possessed of an ability of intuition, the physician-detective so to speak, is being transformed in our days into a laboratory type of physician, absorbed in physical, chemical, serological and other biological laboratory work. The first type, the older type of deductive empiricist, will of course always find an excellent sphere of action in general practice or in surgery (inclusive of dentistry), while the newer type, inductive and analytical, will be more suitable to adopt a specialism (as an internist, dermato-venerologist, etc.). The ability of intuitive insight depends on a prompt comprehension of men, on skill in understanding them, and in acting correspondingly in each case, and especially in adapting one's personal attitude to different patients. The physician's personality must at once induce the patient to forget his depression, to acquire his respect and to retain his confidence until the end of the cure. The patient should depend with his whole mind on the physician's authority and friendly attitude. The patient must neither feel misery, nor a sense of superiority, i. e. the physician must neither suffer from a feeling of inferiority, nor must be characterized by that pseudo-aristocratism of arrivists, a feature which may be called "complex of superiority". To neutralize this latter complex, arising from an exaggerated feeling of self-love, the physician must possess a great deal of self-control, as in particular successful doctors are liable to be flattered by society. The physician as a good judge of men must reckon with the snobism of society and must, therefore, be on his guard to strictly protect his private life. As we Czechs say, the physician must wear a "long beard" which is the same as what Miss Joyce Dennys, the witty English writer, calls "false nosery". If the physician wants to preserve the superior, distant, absolute and impartial character of a complacent observer and kind giver and guide, standing aside from the ordinary life, he must cultivate self-esteem and self-confidence, and must not feel the despair which arises from his internal isolation. The country practicioner who fulfils his cultural mission in activities connected with gymnastics, fire brigade work and educational societies and circles must be a social genius who has learned the secret of holding esteem without exhausting it.

C. Special qualities.

There is perhaps no department in medicine where mechanical inability could be of use. Manual dexterity, a kind of mechanical talent, a kind of skill to adapt oneself, ability to improvise tools (operation tables, etc.) are an indispensable equipment for every physician.

The physician needs very good memory, visual, auditory, tactual, kinesthetic, plastic (form of tumours) and for numbers (pulse), combined with spatial imagination and practical descriptive aptitude. These features may be cultivated by practice, but they must be present in the candidate at least in a rudimentary form.

The physician's relation to social life.

The majority of our physicians have no special social instincts. Physicians using society for the purposes of acquisition are merely exceptions. It is striking to observe the small interest that our physicians display in public life, its administrative aspects and organisation. One may say, that in our country there is no physician in Parliament. It is possibly for this reason that our physicians are so socially hampered, that they personally pay for all social innovations of the post-war period. Political talent among them is lacking. I do not know whether this lack of interest, this political antitalent is connected with the frame and content of medicine. The physician has no definite class-consciousness, consequently his organisations have no power.

Medical observation, thought and decision require active, energetic, emotional and impulsive men. There are doctors who look upon diseases with personal hatred. A hesitating doctor will acquire neither confidence nor success in curing. Therefore *Heymans* believes that the most suitable type for medical practice is the choleric type, as opposed to the sanguine which is generally considered as most

634

appropriate. There is no doubt that the best doctor is such who knows how to impress himself unobtrusively upon the patient as his director. The physician must possess the qualities of an autocrat. His halo must consist in a kind of mobile, active, merry obviousness. It always strikes me that people consulting a doctor do not regard so carefully his words but rather watch the play of his movements, particularly the expression of his eyes, especially during encheireses. For this reason the physician must know how to control himself, how to master his movements. One of the most important features of the physician's character must be unwavering honesty. The physician works very often without any external control and his achievements are not often subjects of supervision. A dishonest man may commit crimes ad lib. *The physician must be a real man, a definite personality.*

II. Psychophysical analysis of the stomatologist.

Dental medicine may be practiced either as a branch of research or as a practical speciality. The first case in its pure form is impossible in our country. The second case, i. e. practical dentistry, is carried out mainly as a general application covering all the provinces of dental medicine. But now and then specialisation occurs even here, e. g. dental roentgenology combined with oral surgery, or more often orthodontia. Children's dentistry (pedodontia) is so far not practised as a speciality, although there is urgent need for it and though it would be very suitable for women. Official (public) dentists do not yet exist, unless we count a few school dentists, very poorly paid by some local authorities.

The specialist in dentistry in Czechoslovakia performs his practice generally privately or, in rare cases, in the service of some relief fund, in which case he is ordinarily employed in a dental "ambulatorium" of a health insurance institution, but mostly he combines both practices. In 1933, there have been in Czechoslovakia 1106 dental physicians, whereof 268 women, or 1 dentist for 13,500 inhabitants, i. e. a rather small number of dentists. Despite this fact, the material prosperity is not too encouraging, as care for teeth in this country is not so general as in the west, as the population is poor and a large part is socially insured, as dental medicine is also performed by many practicioners as a part of their general practice and as finally the dental practice in this country is performed by more than 1500 licensed and many unlicensed dental mechanics.

The scientific level of the Czechoslovak dentist may be said to be good. There are 2 Czech dental clinics, 1 Slovak and 1 German in our 4 universities and we have a State Institute for Dental Medicine where the future dentists undergo their special training. If our legislature would care better for national health and would protect the dentists morally and socially, far better achievements in our dental medical field would be attained.

1. *Physical qualities.*

Dental medicine is a vocation suitable for both sexes. There are women-doctors in this country who are successful as good dental practicioners.

It has been believed that the performance of dental medicine requires strength, so that men of tall stature and muscular power have been designed as the suitable type. This opinion may be considered erroneous. Dental medicine is a very tiring profession, its demands on the whole organism are very high. The difficulty of stomatology does not consist in muscular work, but rather in its delicacy, in the inaccessibility of its field of action, in the great number of patients, long working hours (longest of all medical provinces), etc. Extraction of teeth does not and should not require exceptional strength. The fatigue of this discipline will best be supported by persons of lower stature (who do not need to bend much), having tender muscles, finer skeleton construction, and rather gracile musculature, belonging rather to the athletic than to the wrestler type who is more likely to give way under longer exertion. The dental physician suffers much by standing. I believe that it is rarely possible to work in a sitting position. Therefore the spine should not be predisposed to curvature, the lower limbs should be slender, with long, thin muscles, with well vaulted instep (no flat foot), and the dentist should have no tendency to varicosity. Also adipose types cannot be considered to be suitable. The work in a standing posture also strains the circulation. Therefore the candidate should possess a sound heart, kidneys and blood vessels. The working position of the trunk and head is often very tiring and affects also respiration. Thus the dental physician should have good lungs and free nasal breathing. A great snare of this profession is the continuous accommodation to a badly lighted working field. Also eyelids are greatly strained being often inflamed due to the dust and infectious substances suspended in the air expired by patients during drilling, etc. The sight in dental medicine is greatly strained, so that candidates should have good sight. Good colour and spatial vision is a necessary condition. The same applies to touch and smell. The acuity of hearing is not necessary. What is, however, required is smart appearance and a passion for cleanliness.

There are many dangers involved in the daily practice of this profession, dangers which can be classified after *Löwy* (see his report in JAMA, 1934) into three groups. (1) Those due to unsuitable postures during work: thoracic changes which may secondarily lead to cardiac and circulatory disorders, to development of flat-foot and varicose veins. Removal of tartar from teeth involves the danger of corneal injuries. (2) Infectious diseases, diphtheria, influenza, ton-

636

silitis, measles, scarlet fever and tuberculosis; there is also a certain danger of extragenital syphilitic infection. (3) Poisonings: the frequent use of roentgen apparatus likewise involves its specific dangers; the use of certain chemicals may cause eczemas. One of the frequent dangers is chronic poisoning by mercury (*Löwy* ascribes the frequent nervousness of dentists to this cause).

2. *Mental and technical qualities.*

Dental medicine is practically fine surgery and orthopedy. Therefore, it requires a sense of surgery and constructive ability. Apart from the qualities found desirable for a doctor of medicine, the dentist must possess as a necessary condition, the mechanical sense, spatial imagination, talent for reproduction, presence of mind, calmness, precision, thoroughness, ability to soothe and inspire confidence, good taste, memory for numbers, objects and space. Continuous zest for improvement is important.

3. *Character.*

Stomatology is a medical discipline which may be keenly followed by the patient, for it is generally performed during his conscious state and with his cooperation. It is also a medical discipline where the patient does not consider himself as ill, but rather regards the operation as one of a cosmetic nature, so that in normal conditions the dental specialist cannot expect to acquire that halo of greatness and glory which normally falls to the lot of successful surgeons. So long as the patient does not become the victim of a more alarming illness which makes him interesting in his own eyes, he looks upon dentistry as a sort of repair, as an occupation dealing with very banal and ordinary operations of a quasi-cosmetic importance. The day of a dentist is ordinarily a grey day without any romantic events and without any appreciable excitement. Only he who can find in every small case of caries or inflamed gum a biological problem which he solves with thoroughness and responsibility, will become convinced that even *this* occupation has its difficult tasks, that it *is* romantic and not without creative excitement. His responsibility may be understood only from the standpoint of the professional conception: the stomatologist considers himself either as a filler of holes and mender of gaps and then he does *not* feel great responsibility, or he considers himself as a prophylatic worker and protector of the normal function and giver and creator of lost functions of greatest importance, and then he feels his responsibility as a heavy burden. The responsibility for the health of patients is the more heavy, the less apparent it seems in this profession. The responsibility for the life of patients is, of course, far smaller than in some other medical branches. There are persons who cannot endure treating hopeless cases and those where the operation is connected with risk of life. Now, such persons can be recommended to take up dental medicine. Their sense of responsibility will probably make them good servants of mankind. From what has been said it follows that the stomatologist must be very modest and very patient.

To fulfil his high mission the stomatologist must give his patients much more than they demand and much more than they remunerate him for. The patient is seldom aware of the connection of his dental trouble with his constitution, rarely knows the danger resulting from a local disease or from a loss of function. He simply requires the removal of a local disorder. If the physician removes this trouble from the standpoint of preventive hygiene, he does it gratis. On the other hand, the patient appreciates in his dentist his working procedure, his "light hand", his kindness in treatment and last not least the appearance of a tissue substitute. A commercial character satisfies these demands very easily. But a conscientious doctor is obliged to do many things of which the patient has no notion, which he does not even ask for, which he does not realise, and for which he does not pay. Therefore, dental medicine requires as qualities of essential importance, the greatest firmness, consistency and honesty.

To educate the patient for the necessary cooperation is a difficult task. To succeed the physician must have a gift of influence. Many operations are laborious, lengthy and technically difficult. Many are connected with certain dangers. What is required, therefore, is not only manual dexterity, and the ability to inspire confidence, but mainly energy, readiness and perseverance. I venture to say that the dentist as indeed every medical man does not so much need manual dexterity as qualities of character, in particular honesty.

4. *Features peculiar to the profession.*

The professional men of small nations have far greater duties than those belonging to larger ones. Their lives are much more difficult, they have greater obligations towards their nation, state and profession. I have said in another connection that in our country it is not possible to study dentistry as a pure research work. This is due to the fact that the possibilities of organisation in a small state are less considerable and so are also its financial resources. Great nations do not as yet feel it their moral duty to help small nations, so that the national culture of small nations is only made possible by greater sacrifices on the part of their members. From this point of view we all feel that we must put forth greater efforts, and we desire that the demands on us should be as severe as on the professionals of great nations.

The stomatologist does not only serve the suffering. He also regards abstract ideas, such as humanity, national health, eugenics, and the improvement of mankind. Thus a dentist must also possess those qualities which enable him to fulfil his obligations towards national instruction, towards humanity and towards his own profession. He must be able to promote progress and morality. He must be a good dentist not only from the standpoint of his patients and the community in general, but also from the standpoint of stomatology itself.

To select and educate him to this end is the task not only of the special medical schools but also of psychotechnics.

Summary.

In the Czechoslovak Republic, dental medicine may be practised only by graduated physicians, either as a part of general medicine or as a specialism.

To obtain the licence of a specialist in dentistry, requires in Czechoslovakia the doctorate of medicine and an annual course of special training in the State Institute for Dental Medicine, Prague.

Thus a stomatologist should possess the general traits of a physician plus those of a dentist.

The psychotechnical examination preceding guidance should first find out the qualities required in general medicine and then proceed to ascertain the -special traits required in stomatology. In practice this examination should be divided into two stages: (1) the graduates of gymnasiums (secondary schools) should be tested for the general qualities of a physician and (2) the seniors of medicine should be tested for the special qualities required in stomatology.

I. *A doctor of medicine* should be possessed of suitable qualities, physical, technical and intellectual, which are sufficiently described in psychotechnical literature and in medical manuals regarding vocational guidance.

II. *Specific qualities required in dentistry.* Stomatology is practised in our country mainly as a practical discipline. Now and then specialisation occurs even here (orthodontia, etc.). A speciality particularly suitable for women would be the pedodontia (children's dentistry).

A specialist in stomatology should possess, apart from the general, the following special qualities:

1. *Physical:* Both sexes are suitable. Stature rather small, musculature rather gracile, straight spine, long limbs, particularly the lower ones, no tendency to varicosity and adiposity, sound heart, circulation, lungs (nasal breathing!) and kidneys. Perfect sight, good spatial and colour vision, fine touch, very fine sense of smell. Smart appearance, cleanliness.

2. *Mental and technical:* Dexterity, mechanical sense, spatial imagination, talent for reproduction (modelling), good taste, calmness, presence of mind, precision, thoroughness, sense of surgery and construction. Memory for numbers, objects and space.

3. *Character:* Patience, modesty (no great glory), energy, firmness, consistency, honesty, perseverance.

LA PSYCHOTECHNIQUE ET LA PSYCHIATRIE.

J. M. LAHY (Paris).

I. La place de la psychotechnique dans le système des Sciences.

On ne s'expliquerait pas la nature des rapports qui peuvent s'établir entre deux sciences en apparence aussi distinctes que la psychotechnique et la psychiatrie si nous ne rappellions pas d'abord que la conception rigide et fixe d'une classification des sciences est aujourd'hui périmée.

Une Science est un corps de doctrines coordonnées qui nous expliquent les phénomènes dont la réalité est constatée directement ou indirectement par nos sens.

Ces doctrines sont établies à l'aide des connaissances expérimentales réunies et classées par les diverses disciplines scientifiques.

Les progrès de chaque discipline dépendent de la division progressive du travail de recherche. Chaque fois qu'une science nouvelle se fonde, la connaissance se perfectionne. Mais cette « division des sciences » ne doit pas aller sans une coordination de plus en plus étroite des diverses disciplines.

La coordination ne signifie pas nécessairement subordination absolue. Une science qui joue un rôle secondaire dans un domaine déterminé peut, à son tour, devenir une science centrale dans un autre domaine.

C'est le cas de la psychotechnique qui, dans le domaine de la psychiatrie, n'occupe qu'un rang de collaboration modeste quoique nécessaire, mais qui, lorsqu'il s'agit de rechercher les rapports qui relient la psychologie et les techniques professionnelles — et réciproquement — devient un centre de coordination d'efforts où la psychiatrie prend nécessairement sa place.

*

Je voudrais marquer un autre caractère de la Science. C'est l'identité de nature entre la Science dite « pure » et la Science dite « appliquée ». Je l'ai montré ailleurs en ce qui concerne la psychologie générale et la psychologie appliquée.[1]) Toutefois nous ne saurions nier que les Laboratoires de psychologie générale qui se livrent à la recherche expérimentale et poussent l'étude des problèmes avec plus de minutie que dans les Laboratoires d'application ne fassent un travail *indispensable,* dont bénéficie la psychotechnique mais, c'est par l'application que ces problèmes sont posés, résolus tout au moins en partie. Et en outre, c'est dans l'application que *toujours* les résultats des recherches pures sont contrôlés et rectifiés. Une véritable science psychologique est celle qui résulte de l'emploi des deux méthodes.

*

---

[1]) J. M. *Lahy.* Les fondements scientifiques de la psychotechnique. *L'Hygiène mentale,* t. XXVII, 1932, p. 273-302.

Tout ceci est réalisé, démontré par les faits dans les créations du Dr Toulouse au Centre de Prophylaxie Mentale[2]) et pour lesquelles la Ligue d'Hygiène Mentale a été un soutien indispensable.

Il est à remarquer que toute la Russie soviétique bien que partant d'un principe idéologique différent a organisé tout son système d'Hygiène de Prophylaxie générale d'après une technique identique.

II. Collaboration apportée par la psychotechnique dans le travail psychiatrique. — Quelques résultats.

La Psychotechnique dont le nom est synonyme de psychologie appliquée, prend rang avec la biopsychiatrie, la physiologie et la chimie biologique comme science annexe.[3])

Quel est son rôle?

Donner aux médecins de l'Hôpital psychiatrique Henri Rousselle des « mesures » de fonctions mentales et psycho-motrices relatives aux sujets sur lesquels ces médecins doivent porter un diagnostic.

a) Les *Méthodes*. — 1º *Recherche de la plus grande précision possible*.

Je me suis déjà expliqué sur ce qu'il convient d'entendre par la « méthode des mesures en psychologie ».[4]) .

Si de grands progrès techniques ont été réalisés depuis, la méthode est restée la même:[5])

Se rapprocher toujours davantage dans nos mesures de la prévision des mesures obtenues dans l'étude des phénomènes physiques. Puisque « l'objet » de nos mesures est, par nature, essentiellement variable et s'oppose ainsi à l'objet des mesures physiques qui « pratiquement » est en général invariable au cours d'une mensuration, *nous faisons* appel aux méthodes de la statistique mathématique qui, entre autres secours, nous apporte la possibilité de déterminer par le calcul des probabilités les indices de précision sur les valeurs représentatives.

2º *Etalonnages sur les sujets normaux*.

Il n'y a pas d'utilisation possible des mesures, si l'on ne possède

---

[2]) Dr *Toulouse*. L'Hôpital psychiatrique. La *Prophylaxie* mentale, pp. 369-380.

Cf. Dr *Toulouse*. Le Service de prophylaxie mentale du Département de la Seine. *Methods and problems of medical education, fifth series*. New-York. The Rockefeller Foundation, 1926.

[3]) C'est sur ce principe que fut fondé à l'Ecole pratique des Hautes Etudes l'*Institut de psychiatrie et de prophylaxie mentale* dont la direction a été confiée par ses collaborateurs au Dr Toulouse.

[4]) J. M. *Lahy*. Le Laboratoire de Psychologie expérimentale et la clinique psychiatrique. *L'Encéphale*, juin 1926, No 6, pp. 417-424.

[5]) Voir notamment: J. M. *Lahy*. Le premier Laboratoire de psychotechnique ferroviaire français aux Chemins de fer du Nord. Le *Travail Humain*, 1933, No 4, pp. 1 à 23.

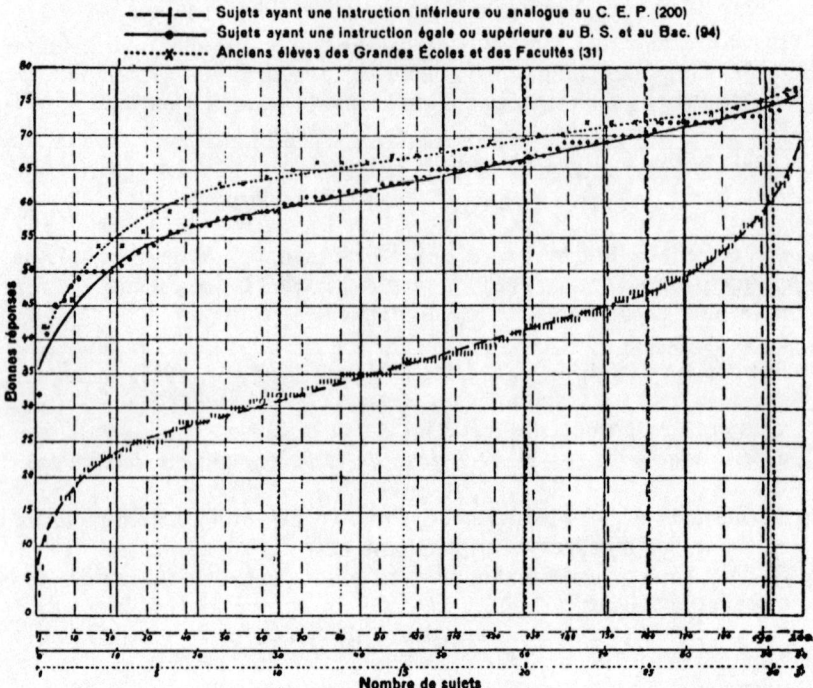

Fig. 1. — (Intelligence logique.)

pas de repères stables, c'est-à-dire des étalonnages faits sur un très grand nombre de sujets normaux, judicieusement « échantillonnés ».

Nous avons donc pu établir des étalonnages avec des mesures faites sous notre contrôle direct dans nos divers Laboratoires: Ecoles de Paris et de province, Marine nationale, T.C.R.P., Manufacture d'armes et d'automobiles, arsenaux, chemins de fer du Nord, etc. Nous disposons aujourd'hui des étalonnages sur tous les tests employés.

Remarquons que d'autres psychologues poursuivent aussi des étalonnages de divers tests avec un soin méticuleux, mais on ne peut emprunter ces étalonnages que si les appareillages et les techniques d'application sont rigoureusement identiques. Les différences entre les milieux sociaux, les pays ou encore certaines conditions particulières telles que le chômage, les concours et les examens constituent trop de variables qui changent la valeur des sujets sur lesquels sont établis les étalonnages. Cependant les étalonnages faits dans des conditions différentes peuvent toujours servir comme base de comparaison et mettre la recherche sur des voies nouvelles.

3° *Quelques résultats scientifiques.*

NIVEAU MENTAL.

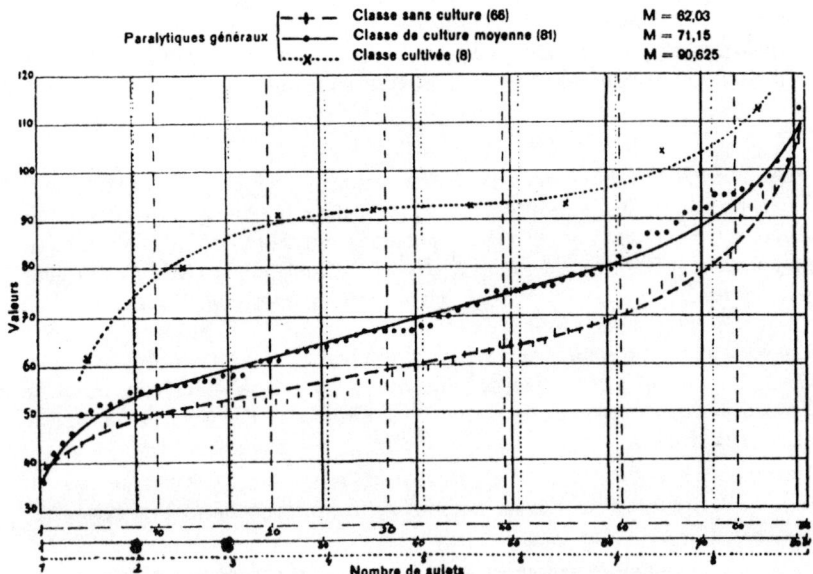

Fig. 2.

NIVEAU MENTAL.

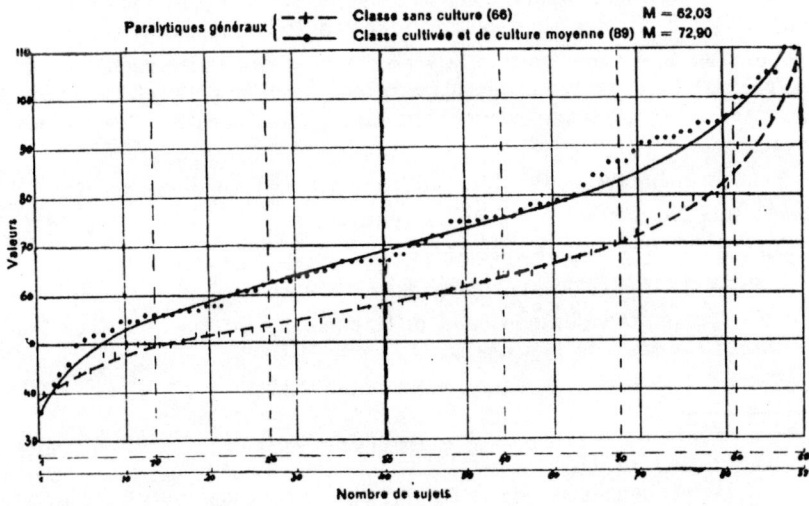

Fig. 3.

a) *Intelligence et classes sociales.*

Nous avons montré, il y a quelques années déjà, que l'intelligence dépendait des facteurs économiques.[6]) Les sujets appartenant aux classes aisées par le fait qu'elles se cultivent donnent des résultats meilleurs dans nos tests que les classes pauvres, c'est-à-dire non cultivées.

Voici deux courbes qui expriment ce fait (fig. I).

Nous nous sommes demandé si les maladies mentales qui atteignent indifféremment les sujets de l'une ou l'autre classe sociale laissaient subsister cet écart, ou si elles opéraient un nivellement de l'intelligence sans influence de la formation intellectuelle préalable du malade. Nous avons choisi parmi les maladies mentales l'une de celles qui est la plus nettement caractérisée et dont le diagnostic est, par conséquent, le plus sûr, la paralyse générale. Nos sujets étaient bien identifiés, c'est-à-dire que le diagnostic porté à l'arrivée dans le service était maintenu pendant le séjour jusqu'à l'issue, la sortie ou le transfert.

Les courbes des figures 2 et 3 montrent que l'écart qui est dû à la différence de la classe sociale se maintient dans la déchéance mentale due à la maladie.

En conséquence le psychiatre doit tenir compte dans l'appréciation du niveau mental des malades de la classe sociale à laquelle ils appartenaient. Pour cela nous avons dû faire au Laboratoire deux étalonnages différents auxquels nous nous rapportons pour déterminer le degré d'affaiblissement d'un sujet de ce genre.

Nous sommes en droit d'ailleurs de généraliser cette mesure et d'apprécier le niveau des sujets en fonction de leur classe sociale.

Nous nous sommes demandé si les autres aptitudes mentales et psychomotrices que les différentes formes de mémoire[7]) et les temps de réaction ne sont pas influencées chez les malades par les mêmes facteurs.

Pour la mémoire des mots associés, cette différence se répète. Le graphique No 4 montre 4 courbes relatives à:

Courbe No 1 — Sujets normaux cultivés.

Courbe No 2 — Sujets normaux sans culture.

On observe immédiatement la différence qui se marque dans les résultats au désavantage des sujets sans culture.

Courbe No 3 — Paralytiques généraux cultivés.

---

[6]) J. M. *Lahy*. « L'Intelligence et les classes sociales », conférence faite à l'Institut de Psychiatrie et de Prophylaxie mentale, le 3 mai 1931. Paris.

[7]) Il est pratiquement impossible d'examiner tous les malades d'après les tests dont nous disposons, nous sommes obligé de nous contenter — pour des raisons économiques — des tests en rapport immédiats avec les examens cliniques.

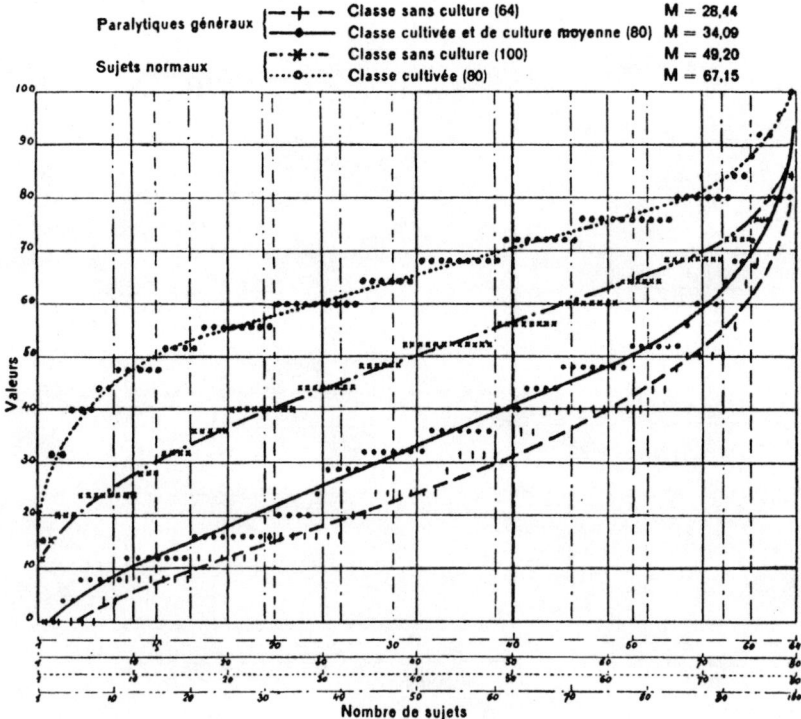

Fig. 4.

Courbe No 4 — Paralytiques généraux sans culture.

On constate d'abord la différence qui existe entre les résultats des sujets normaux et ceux des malades, mais en outre, les deux courbes relatives aux malades marquent une infériorité pour les sujets de la classe sans culture.

Pour la mémoire de fixation des *images* (Graphique 5), nous ne possédons pas de moyens de comparaison avec les sujets normaux parce que nous ne leur appliquons pas encore ce test. C'est une lacune que nous nous proposons de combler, car ce graphique montre un fait curieux. Il n'existe pas de différence entre les malades cultivés et les non-cultivés. Cela s'explique. Tandis que la mémoire des mots associés est un produit du long dressage scolaire, ce qui assure la supériorité de cette forme de mémoire dans les classes cultivées, la mémoire visuelle des *images* est conditionnée également chez tous les individus par l'exercice quotidien et naturel de cette fonction.

La rapidité des temps de réaction marque un fort ralentissement chez les malades par rapport aux normaux, mais pas de différence

appréciable entre les malades des classes sociales différentes (fig. 6).
Aussi ne les avons-nous comparés qu'aux sujets normaux, sans
culture.

MÉMOIRE D'ACQUISITION BRUTE — FIXATION.

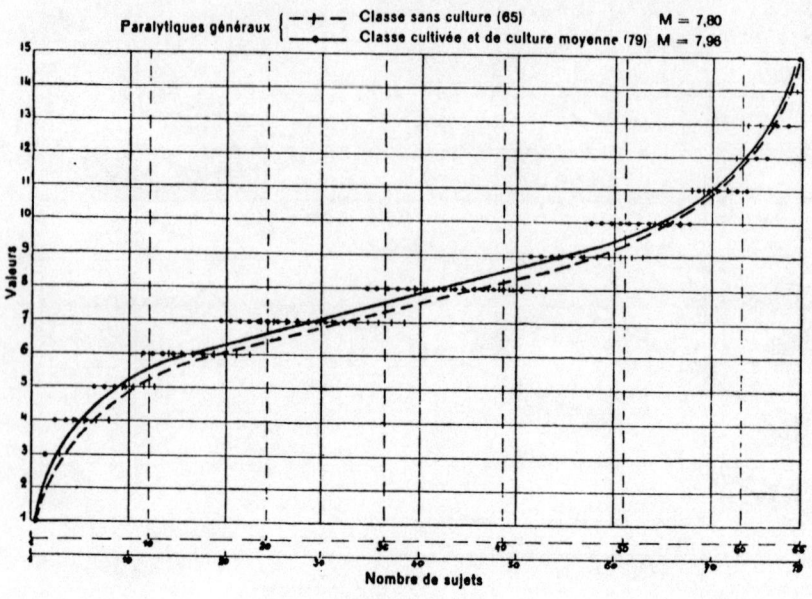

Fig. 5.

Le même phénomène se reproduit pour la régularité.

On savait certes que la fonction psychomotrice était profondément
atteinte chez les paralytiques généraux, mais on n'en possédait pas
la mesure. Grâce aux étalonnages, on peut maintenant préciser le
degré de déficience de cette fonction.

Nous allons montrer maintenant la sensibilité des épreuves psychotechniques appliquées aux problèmes que nous pose la clinique psychiatrique à l'aide de sujets moins gravement atteints que des paralytiques généraux.

L'orientation professionnelle des sujets normaux est relativement
aisée. Il en va tout autrement pour les sujets qui, sans être des
malades avérés, présentent divers troubles du comportement social
susceptibles de rendre leur orientation difficile. C'est pourquoi le
Service d'Orientation Professionnelle de l'hôpital Henri Rousselle
est amené à rendre plus de services qu'on ne le pense ordinairement.

Parmi tous les sujets qui sont passés dans ce service, nous n'avons
retenu que les sujets qui pour des raisons peu définissables avaient

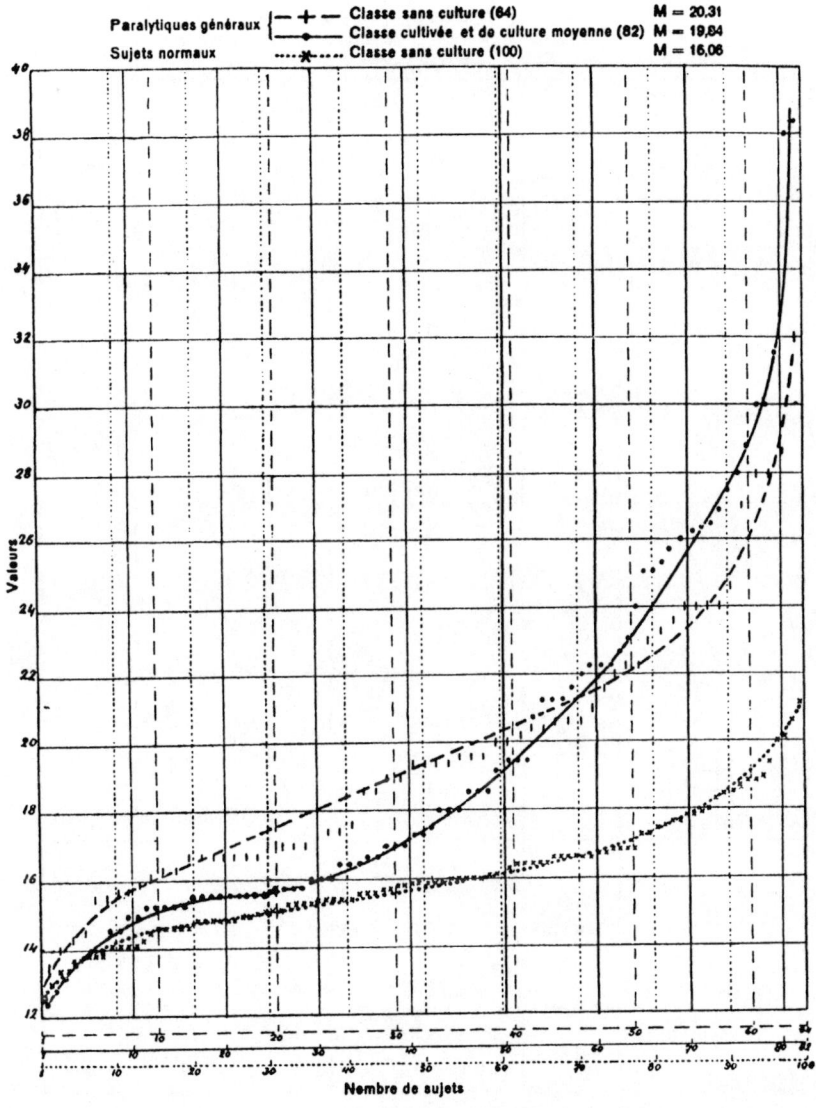

Fig. 6.

eu des échecs scolaires ou professionnels.[8]) Ce « lot » un peu spécial de sujets va pouvoir être « situé » dans l'ensemble des enfants orien-

---

[8]) Nous avons éliminé de notre étude tous les sujets orientés pour des raisons telles que le chômage ou les difficultés de famille.

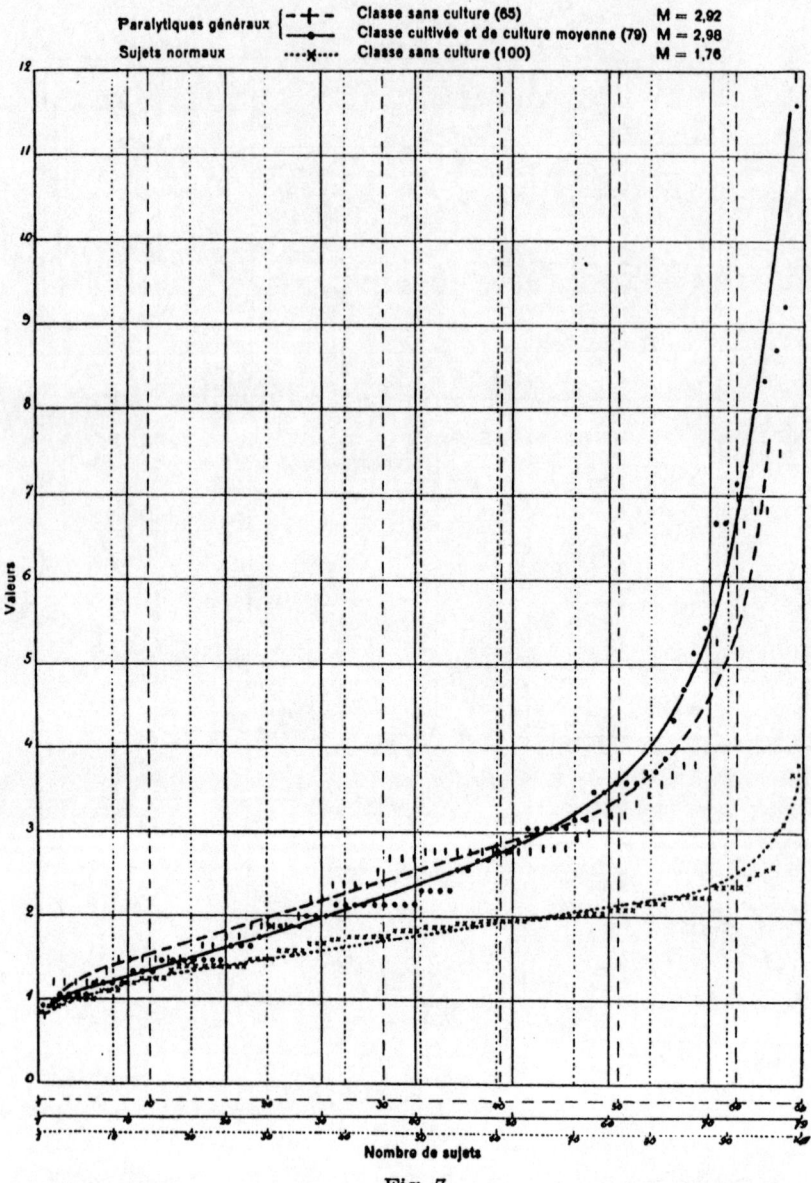

Paralytiques généraux ⌈ — + — Classe sans culture (65)   M = 2,92
                       ⌊ •———• Classe cultivée et de culture moyenne (79) M = 2,98
Sujets normaux   ····×···· Classe sans culture (100)   M = 1,76

Fig. 7.

tables et nous fournir des indications sur les causes de leurs échecs et la difficulté de leur orientation.

Intelligence. Nous avons eu 73 sujets de 14, 15 et 16 ans. Etant

648

donné ce nombre relativement faible, nous avons cumulé les résultats. La chose est possible car, à ces âges, les écarts sont assez faibles.

| Ages | Médian des réponses correctes | |
	Sujets normaux[e])	Sujets anormaux (Nbre 73)
14	46,50 ⎞	
15	48,50 ⎬	40
16	53 ⎠	

L'infériorité est nettement accusée car il n'y a que 19 sujets anormaux qui dépassent un peu le médian de 14 ans des sujets normaux.
Pour la mémoire des mots associés voici les résultats:

| Ages | Médian des mots retenus (sur 25) | |
	Sujets normaux	Sujets anormaux (Nbre 45)
14	15,6 ⎞	
15	14,8 ⎬	10,5
16	15,1 ⎠	

L'infériorité des anormaux s'accuse nettement, car sur 45 sujets, il n'y en a que 11 qui dépassent le médian des normaux de *14 ans* dont 6 ne le dépassent que d'une unité: 16 mots retenus, 3 en retiennent deux de plus, c'est-à-dire 17 et 2 seulement parviennent à retenir 20 mots sur 25 mots présentés.
Pour la mémoire du récit, voici les résultats:

| Ages | Médian des réponses correctes (sur 20) | |
	Sujets normaux	Sujets anormaux (Nbre 45)
14	12 ⎞	
15	13 ⎬	10
16	14 ⎠	

Seulement 6 sujets dépassent le médian des sujets normaux de 14 ans.

Voici maintenant un test moteur qui nécessite chez le sujet à la fois de l'attention concentrée, de l'intelligence pour profiter rapidement de l'expérience acquise grâce aux erreurs commises et une aptitude à dissocier les mouvements des mains. (Test dit du Tourneur.) Bien que ce test semble simple, il demande des aptitudes trop élevées pour que nos sujets anormaux ne marquent pas une infériorité plus nette encore que pour les épreuves précédentes.

---

[e]) Les étalonnages des normaux sont faits, pour tous nos tests sur 150 à 300 sujets pour chaque âge.

Le test fournit 3 sortes de renseignements[10]) :

1o *Nombre d'erreurs.*

Ages	Médian du nombre d'erreurs	
	Sujets normaux	Sujets anormaux (Nbre 57)
14	9	
15	7,5	25,0
16	4	

6 sujets anormaux seulement donnent un nombre d'erreurs inférieur à 9, c'est-à-dire au médian des plus jeunes normaux.

2o *Durée des erreurs.*

Ages	Médian de la durée des erreurs	
	Sujets normaux	Sujets anormaux (Nbre 57)
14	72	
15	52	228
16	28	

4 sujets seulement donnent des résultats supérieurs au médian
des normaux de 14 ans.

3o *Rapidité* (Chronométrage de l'épreuve).

Ages	Médian du temps	
	Sujets normaux	Sujets anormaux (Nbre 57)
14	3 m. 86	
15	3 m. 50	4 m.
16	3 m. 33	

La différence bien que réelle est ici moins marquée. Il s'agit là
d'un comportement lié à un trait de caractère de l'individu et peu
influencé par des troubles psychiatriques.

*

La psychotechnique collaborant avec les autres sciences annexes
de la psychiatrie peut apporter des renseignements qui, s'ils n'autorisent pas seuls à porter un diagnostic définitif, permettent au moins
de diriger l'esprit du clinicien vers une interprétation heureuse de certains cas restés obscurs. En voici un exemple:

Notre attention a été attirée par le Dr Toulouse sur ces sujets qui
— à défaut de symptômes plus précis — se plaignent d'une asthénie
constante ou passagère: ils sont dit-on aisément fatigables, de là un
état de malaise et une tendance à l'inertie.

---

[10]) Pour la description du test: J. M. *Lahy:* Notation automatique des
résultats de quelques Tests psychomoteurs. *Revue de la Science du Travail,* t. II, No I, 1930, pp. 1-17.

INFLUENCE DE LA FATIGUE SUR LES TEMPS DE RÉACTION.

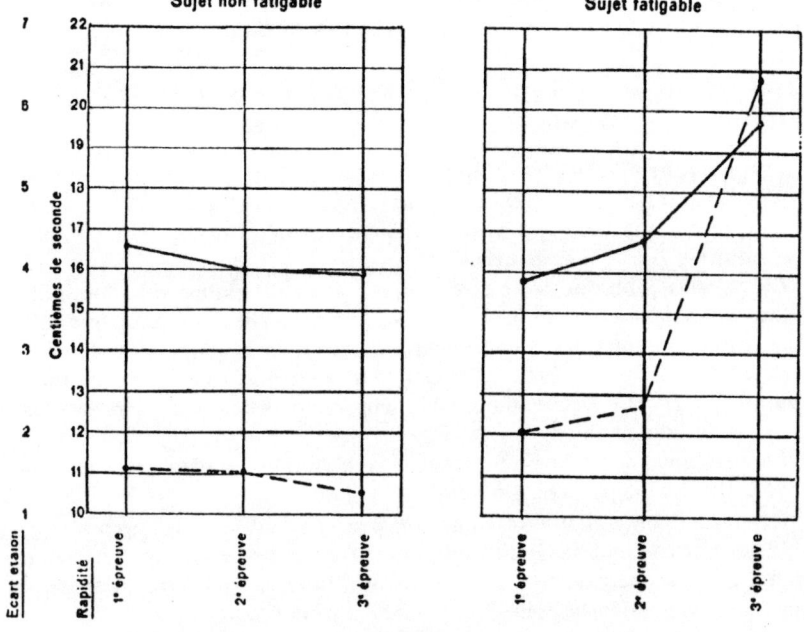

Fig .8.

Nous avons établi une méthode simple pour traduire graphiquement ces états. Nous prenons 3 séries de 30 temps de réaction et nous comparons entre eux les résultats de chacune de ces séries tant au point de vue de la rapidité que du point de vue de la régularité (fig. 8).

L'allongement manqué des temps de réaction et l'augmentation de leur irrégularité au cours de cette épreuve simple se rencontre toujours dans les cas soumis à notre examen par la clinique.

Nous avons pensé que ce fait, ainsi constaté, sans plus, est de peu d'intérêt si l'on ne peut en prévoir les causes organiques, M. Delaville, Directeur du Laboratoire de Chimie, a bien voulu examiner chez les sujets que nous soumettions à notre examen l'état de la réserve alcaline dans le sang. Il fut constaté que les sujets qui présentaient ce que MM. Delaville et Montassut appellent le rythme paradoxal de la fatigue,[1]) c'est-à-dire qui dans la période de fatigabilité ont une alcalose exagérée le matin et qui retrouvent le soir leur état psychologique normal avec une chute de leur réserve alcaline, présentent dans ces deux états des courbes inverses de fatigabilité établies par la mesure de leurs temps de réaction.

Les temps de réaction étant une mesure courante des examens

[1]) M. *Montassut* et M. *Delaville:* La dépression constitutionnelle. La Presse Médicale. No 42, Mai 1931, pp. 774-776.

psychologiques, le psychiâtre peut donc être mis en éveil par la lecture du document que nous lui transmettons et chercher une interprétation clinique dirigée vers des troubles organiques.

Avantages de la collaboration de diverses sciences pour la pratique médicale et pour la connaissance.

Ces quelques exemples n'épuisent pas tous les problèmes que le psychotechnicien et psychiâtre ont intérêt à aborder en collaboration, mais tous ceux qui se posent pour ces deux disciplines peuvent être étudiés de la même manière.

La psychotechnique avec ses règles méthodologiques qui l'obligent à s'approcher sans cesse de la précision des mesures physiques appliquées aux phénomènes psychiques apporte à la clinique des données essentiellement objectives. Ces données sont loin d'être suffisantes pour le diagnostic. Elles nous semblent même encore bien modestes, quoique indispensables.

La connaissance des phénomènes psychologiques s'en trouve améliorée. On l'a vu par les 3 exemples choisis.

Résumons les conclusions que l'on peut tirer de ce bref exposé:

1º La nature sociale de l'intelligence s'en trouve confirmée puisque, même gravement atteint, le cerveau de l'homme conserve la marque que lui a imprimée la classe à laquelle il appartient.

Insistons sur le fait que nous ne prétendons pas que la classe non-cultivée est par sa nature inférieure, au point de vue intellectuel, à l'autre classe sociale. Nous voulons simplement montrer par des méthodes expérimentales l'influence de la culture sur le développement des techniques de la pensée que l'on appelle l'intelligence et sur le perfectionnement d'un outil de travail mental: la mémoire. Nos expériences montrent, en effet, comment les facteurs économiques arrêtent l'évolution du cerveau d'une classe sociale toute entière dans notre société actuelle. Ce fait confirme d'une manière irréfutable l'hypothèse de la relation étroite qui existe entre ces facteurs et l'hygiène mentale. Ainsi se trouve posé sous son aspect biologique et social le problème de l'hygiène de l'esprit compris non seulement dans le sens étroit de la prophylaxie mentale mais dans le sens plus général du perfectionnement biologique du cerveau humain.

2º Les fonctions mentales — celles du moins étudiées ici — se perfectionnent sous l'influence de la culture. C'est en effet dans la mesure où celles sont actives que les diverses fonctions progressent.

3º On a pu dire que la conservation relative des fonctions intellectuelles chez les malades des classes cultivées provenaient du fait que, plus avisés que les autres, ils prenaient des mesures prophylactiques avant leur déchéance. Or, nous avons montré:

a) que chez les normaux, il existe aussi une différence intellectuelle due à l'influence de classe;

b) que cette différence ne se montre que dans certaines fonctions mentales exercées plus par une classe que par l'autre et qu'elle ne persiste pas dans les fonctions générales telles que la mémoire visuelle des images et la rapidité ou la régularité des temps de réaction.

*

En ce qui concerne notre travail sur les enfants à orienter :

a) A défaut de signes cliniques avérés, les échecs scolaires ou professionnels — la non-adaptation à la vie sociale — s'explique par des déficiences mesurables par nos tests, mais non-apparentes dans la vie quotidienne.

b) Si, au lieu de voir ces enfants à 14—-16 ans à l'hôpital, nous les avions « dépistés » au cours de leur vie scolaire, ils auraient pu être soignés et utilement orientés. C'est d'ailleurs sur cette méthode que, depuis 12 ans, nous avons organisé en collaboration avec le Centre de Prophylaxie mentale dans nos écoles du XXe arrondissement l'orientation professionnelle pratique.

4° Une aptitude psychomotrice (cas de la mesure des temps de réaction en rapport avec l'etat de la réserve alcaline) dont la déchéance mesurable par un test psychologique constitue un symptôme passager ou permanent de troubles psychiatriques a sa cause dans un trouble des échanges chimiques du sang. Il peut donc être traité avec des agents pharmacologiques.

DIE PSYCHOTECHNIK DES DERMATOLOGEN.

JULIUS SAMEK (Prag).

Die Analyse einer Psychotechnik des Dermatologen ist eine sicherlich dankbare, wenn auch schwierige Aufgabe, vor allem deshalb, weil dieser Fragenkomplex bisher fast gar nicht bearbeitet wurde; gerade von den großen Lehrern der Dermatologie, den Begründern berühmter Schulen, ist eine systematische Untersuchung dermatologischer Begabung bisher nicht erfolgt. Die Aufgabe vorliegender Arbeit wird es sein, festzustellen, ob und inwieweit für den Dermatologen eine spezifische Begabung in Betracht kommt. Diese Frage kann an dieser Stelle allerdings nur vom Standpunkt des Mediziners bearbeitet werden und soll dem Fachpsychotechniker als Anregung dienen, diesen Problem näherzutreten.

Das Fach der Dermatologie erfordert Begabungen in verschiedenster Richtung, so daß man wohl schlechthin von einer Psychotechnik des Dermatologen kaum sprechen kann. Nur ganz ausnahmsweise gibt es Dermatologen, die eine das ganze Gebiet des Faches umfassende Begabung an den Tag legen. Das gilt ganz besonders für das heutige außerordentlich umfangreich gewordene Gebiet der Dermatologie. Es wird daher notwendig sein, zunächst den Aufgabenkreis der Dermatologie zu beschreiben und daraus die notwendigen Begabungen zu entwickeln. Die den Psychotechniker hauptsächlich interessierende Frage, ob bei einem Mediziner die Eignung zum Dermatologen festzustellen ist, kann nur gestreift werden und muß zur weiteren Bearbeitung dem Fachmann überlassen bleiben.

Die moderne Dermatologie ist eine relativ junge Wissenschaft, gehören doch die Vertreter gegenwärtiger dermatologischer Schulen der 3. und 4. Dermatologengeneration an. Zwei Schulen haben die wissenschaftliche Epoche der Dermatologie begründet und das die Wiener Schule mit *Hebra* und die französische Schule mit *Bazin*. Die Richtung, die von beiden eingeschlagen wurde, sagt dem Psychotechniker deutlich, welche Begabung für den Dermatologen maßgebend wurde. Es stand seit *Hebras* Standardwerk aus dem Jahre 1845 „Versuch einer auf pathologischer Anatomie begründeten Einteilung der Hautkrankheiten" diese Wissenschaft unter dem Einfluß klinischer und histologischer Morphologie. Diese schon im Wesen der Dermatologie begründete morphologische Betrachtungsweise, verlangt vom Dermatologen vor allem einen ausgesprochenen Form- und Farbensinn. Aus den Arbeiten der *Krohschen* Schule hat sich ergeben, daß in der Beachtung von Form und Farbe uns eine Äußerungsweise psychischer Persönlichkeit entgegentritt, die eine Zuteilung gegebener Individuen zu Form-, Farben- und Mischtypen gestattet und daß die Angehörigen der einzelnen Typen das ganze Leben hindurch ihre Betrachtungsweise beibehalten. Inwieweit die weitere Beobachtung der *Krohschen* Schule zutrifft, daß die beiden *Kretschmerschen* Typen, die Schizothymen auf der einen mehr Formreagenten, die Cyklothymen auf der anderen Seite mehr Farbreagenten sind, kann ich als Nichtpsychologe schwer beurteilen. Jedenfalls ist es sicher, daß für den Dermatologen die Farbreaktion ausschlaggebender ist als die Formreaktion, diese jedoch auch von wesentlicher Bedeutung ist. Es wird also in diesem Sinn als idealer Typ ein Mischtypus in Frage kommen, der wesentlich mehr auf Farben reagiert. Trotzdem kann ich behaupten, daß eine leichte Farbenblindheit die Eignung zum Dermatologen zwar schwer beeinträchtigt, keineswegs aber ausschließt, da Individuen dieser Art auf Grund reicher klinischer Erfahrung diesen Ausfall zu kompensieren imstande sind. Wir müssen uns weiterhin fragen, wie auf Grund dieser Elementarforderungen der Dermatologe zur Diagnose eines Krankheitsbildes gelangt und welche Forderungen an ihn gestellt werden. Neben scharf apperzipierenden Fähigkeiten ist eine intensive assoziative Begabung erforderlich, die auf Grund der Gesichtseindrücke ausgelöste Erinnerungsbilder assoziativ entweder zur Diagnose eines bekannten Krankheitsbildes verwertet, oder auf Grund der einzelnen Symptome das Krankheitsbild systematisch einreiht, beziehungsweise ein bisher nicht bekanntes Krankheitsbild erfaßt. Das Gleiche gilt von der pathologisch-histologischen Betrachtung, die für den Dermatologen insofern wesentlicher ist als für den übrigen Mediziner, da sie ihm die Grundelemente für das klinische Bild vor Augen

654

führt. Die dermatologische Diagnose kann nun auf zwei Wegen vor sich gehen, die beide gangbar sind und auf Grund dessen sich zwei verschiedene Typen von Diagnostikern ergeben. Diese beiden Typen sind zwanglos in Analogie zu bringen zu den beiden bekannten *Ostwaldschen* Typen des Romantikers und Klassikers. Der Romantiker mit reicher, bildender Phantasie, mit seiner subjektiven Einstellung zum Objekt entwickelt seine Diagnose auf dem Wege eines subjektiven, künstlerisch stark beeinflußten Eindrucks, den er dann auf das Objekt appliziert. Dieser Weg führt zur verblüffenden, förmlich künstlerischen Diagnose, die allerdings manchmal auch Fehlentscheidung sein kann. Der Klassiker baut in primärer Anlehnung an das Objekt die Diagnose langsam aus den einzelnen Symptomen der Erkrankung auf und kommt in mühevoll synthetischem Aufbau zur Entscheidung. Für beide Wege gibt es hervorragende Vorbilder.

Das eben beschriebene Wesen dermatologischer Diagnostik kommt in gleicher Weise für den klinisch-wissenschaftlichen Dermatologen wie für den dermatologischen Praktiker in Betracht. Während nun viele Forderungen der Dermatologie durch klinische Erfahrung und Studium erlernbar sind, ist die intuitive Diagnostik des dermatologischen Romantikers eine Kunst, die in der Anlage begründet ist. Man kann vielfach im Hörsaal, im dermatologischen Praktikum den „geborenen“ Diagnostiker bereits klar erkennen. Da nun die Diagnostik einen wesentlichen Bestandteil dermatologischen Könnens ausmacht, wäre es für den Fachpsychotechniker sicher lohnend und reizvoll, diesbezüglich exakte Tests aufzustellen. Der zweite oben beschriebene Weg zur Diagnose führt auf Grund von Routine und Kenntnissen wohl ebenfalls zum Ziel, kommt aber nie über Durchschnittsleistungen hinaus; Diagnostiker dieser Art sind allerdings weitaus in der Mehrzahl, können aber, wie ich glaube, psychotechnisch wohl kaum erfaßt werden.

Wenn auch diagnostische Fähigkeiten das wesentlichste Moment zur Charakteristik des Dermatologen darstellen, darf doch nicht übersehen werden, daß heute die ätiologisch- biologische Richtung sich immer mehr Bahn bricht, Bestrebungen, die seit *Unna* eingesetzt und die Dermatologie aus der rein morphologischen Betrachtung zur Naturwissenschaft emporgehoben haben. Forscher dieser Richtung, als deren typischer Vertreter wohl *Ehrlich* zu gelten hat, unterscheiden sich in nichts vom Naturforscher. Es kann daher von einer gesonderten psychotechnischen Betrachtung abgesehen werden, zumal sich Forderungen, die an eine naturwissenschaftliche Forschernatur gestellt werden, wohl psychotechnisch nur schwer erfassen lassen.

Die ätiologisch- pathogenetische Richtung in der Dermatologie hat nun vor allem die Therapie intensiv beeinflußt, es führt uns dies zwanglos zur psychotechnischen Betrachtung des dermatologischen Therapeuten. Der Kernpunkt der Frage liegt wohl darin, ob die

Dermatotherapie Begabungen erfordert, die von denen des übrigen medizinischen Therapeuten verschieden sind.

Die Beeinflussung dermatologischer Erkrankungen kann auf drei Wegen erfolgen, als ätiologische, pathogenetische und symptomatische Therapie; diese drei Möglichkeiten gelten wohl im allgemeinen für die Therapie, kommen aber in der Dermatologie besonders scharf zum Ausdruck. Das ideale, doch nur selten erreichbare Ziel strebt nach Beeinflussung der Krankheitsursache oder doch wenigstens des Krankheitsgeschehens; leider sind wir aber in der Dermatologie aus meist mangelhafter Kenntnis der Ätiologie und Pathogenese nur in der Lage, das Symptom der Erkrankung beeinflussen zu können. Die oben genannten ätiologisch-pathogenetisch eingestellten Forscher vom Typus *Unna* und *Ehrlich* sind daher als Bahnbrecher dermatologischer Therapie zu bezeichnen; die psychotechnische Erfassung dieser Gruppe wissenschaftlicher Therapeuten ist, wie schon erwähnt, schwer, ja fast unmöglich.

Wenn wir die psychotechnischen Forderungen der Sprechstundentherapie erfassen wollen, müssen wir zunächst feststellen, welche Wege von der Diagnose zur Therapie möglich sind. Normalerweise wird Therapie und vor allem dermatologische Therapie derart betrieben, daß auf Grund von überlieferten Kenntnissen aus Klinik und Rezepttaschenbuch das zur betreffenden Krankheit gehörende Medikament verabfolgt wird. Die Begabung dieser Therapeuten ist wohl recht eintönig und psychotechnisch uninteressant; und doch ist gerade die dermatologische Therapie eine der anspruchvollsten ärztlichen Leistungen, zumal die kranke Haut ein äußerst sensibles Reagens darstellt. Der denkende Therapeut muß zunächst eine gewisse Phantasiebegabung an den Tag legen, die ihm den unumgänglich notwendigen Ideenreichtum vermittelt; das wesentlichste ist jedoch die exakte und konsequente Auswertung seiner therapeutischen Ideen. Hier ist pedantische Genauigkeit und Objektivität dringende Notwendigkeit, da ja bekanntlich therapeutische Erfolge subjektiv stark färbbar sind. Erforderlich ist absolute Einstellung auf den Patienten, es ist förmlich notwendig, sich an die Stelle des Kranken zu versetzen, da man nur so innerlich an der Therapie beteiligt sein kann. Dies gilt in gleicher Weise für die dermatologische, kosmetische und venerologische Therapie wie für die Sexualberatung. Vor allem wird der Therapeut jene Gewissenhaftigkeit aufzubringen haben, daß er in jedem einzelnen Fall eine rationelle Begründung seines Vorgehens zu geben vermag; er hat sich selbst Rechenschaft darüber abzulegen, welche Einwände sich gegen sein Vorgehen formulieren lassen und wieweit er auf dem Weg gelangen kann, den er einschlagen will. Vom psychotechnischen Standpunkt ist die Erfassung des dermatologischen Therapeuten wesentlich schwieriger als die des Diagnostikers, weil im Idealfall zwei wesentlich konträre Eigenschaften vorhanden sein müssen, die praktisch in einer Persönlichkeit nur selten vereinigt sein dürften, nämlich die Tendenz zur Exaktheit, ja förmlich Pedanterie einerseits, und eine ideenreiche Phantasiebegabung andererseits. Diese letztere wird deshalb unumgänglich notwendig sein, weil der Dermatologe durch das Gebundensein an das meist resistente Symptom der Erkrankung mit seinen erlernten Kenntnissen nicht auskommt und auf eigene Ideen angewiesen ist. Während man den Diagnostiker vielfach schon in dem Studenten der Medizin erkennen kann, wird sich der Therapeut erst im Laufe seines dermatologischen Spezialstudiums entwickeln.

Es erübrigt sich noch zu erwähnen, daß heute die dermatologische Forschung sich vielfach der Chemie und Physik als Hilfswissenschaften bedient, daß ferner die Strahlentherapie ein äußerst wichtiges Gebiet der Dermatotherapie darstellt, ein Gebiet, das seinerseits wiederum physikalische und technische Fähigkeiten erfordert, alles Begabungen, über die ich an dieser Stelle nicht mehr sprechen kann; man wird daraus ersehen, wie sehr sich die Dermatologie heute in Spezialaufgaben auflöst.

Aus den vorliegenden Ausführungen geht hervor, daß die Psychotechnik des Dermatologen dankbare Aufgaben zu erfüllen hätte; diese Aufgaben sind nicht nur dankbar, sie stellen auch eine dringende Notwendigkeit dar. Für den jungen Arzt sind bei der Wahl seines Spezialfaches meist materielle Gründe maßgebend, oder doch wenigstens ist diese Wahl ein Zufallsprodukt und nur in seltenen, glücklichen Fällen wird man Facharzt auf Grund maximaler Begabung.

BIOTYPOLOGIE ET PSYCHOTECHNIQUE.

ED. TOULOUSE (Paris).

Les quelques remarques que je veux soumettre à la discussion des membres du Congrès sont le fruit d'une évolution lente des conceptions que j'ai été un des premiers à défendre, voici de cela plus d'un quart de siècle.

A l'origine de la Psychotechnique je pourrais découvrir deux idées directrices, la première relative à la croyance que nous avons tous en la possibilité d'étudier le comportement humain par des méthodes scientifiques objectives; la deuxième vient du désir légitime que nous avons d'utiliser cette connaissance pour améliorer le bien-être des individus et des groupes.

C'est ainsi que la Psychotechnique est née du courant de psychologie expérimentale d'une part, et d'autre part des applications industrielles telles que celles de Taylor et d'autres, préoccupés d'une utilisation rationnelle du facteur humain dans l'industrie.

Mais ce n'est certainement pas un hasard que le premier schéma de l'étude de la personnalité humaine fut établi par un psychiatre allemand *Rieger*.

Au Congrès International de Psychotechnique de Paris de 1927 je fis voter un vœu, proposé par moi-même ainsi que par mes collègues: Claparède, Piéron, Mira et le regretté Ferrari, tendant à insister sur la collaboration, en une large mesure, de la psychiatrie dans la psychotechnique. Je rappelle le texte: « La quatrième conférence de Psychotechnique émet le vœu: Iº Que dans les centres psychotechniques on réalise, autant que possible la collaboration entre le psychologue et le psychiatre. 2º Que les Universités organisent dans les Facultés ou les Instituts spéciaux la formation de psychotechniciens qui devront recevoir une instruction générale complémentaire de physiologie et de psychiatrie. »

Depuis lors, la nécessité pour la psychotechnique de faire appel à ces disciplines connexes s'est précisée davantage et il est apparu que la psychotechnique devait s'intégrer dans un ensemble coordonné de sciences qui étudient la personnalité humaine, chacune à son point de vue particulier.

L'étude et l'utilisation rationnelle de l'être humain ne sauraient se baser que sur la Biotypologie qui fut inaugurée en Italie par mon collègue *Pende* et qui représente précisément la coordination nécessaire des recherches psychologiques, psychotechniques, psychiatriques.

C'est dans cet esprit que, sur mon initiative, fut créée, en juillet 1932, la Société Française de Biotypologie dont mon ami Henri *Laugier* a bien voulu accepter la Direction effective comme Secrétaire Général. Cette Société a pour but l'étude scientifique des types humains par la recherche des corrélations entre les caractères morphologiques, physiologiques, psychologiques, pathologiques, psychiatriques et l'application de ces données dans les diverses branches de l'activité humaine — eugénique, pathologie, psychiatrie, pédagogie, orientation et sélection professionnelles, organisation rationnelle du travail humain, prophylaxie criminelle.

C'est dans cet esprit aussi qu'un certain nombre de recherches furent immédiatement entreprises, la première — ayant pour but essentiel la mise au point de la méthode — a porté sur une enquête biotypologique, effectuée (en collaboration avec M. *Laugier* et Mlle *Weinberg*) et portant sur une centaine d'écoliers de la ville de Paris d'après un schéma d'examens établi avec la collaboration de MM. McAuliffe, Champy, Delaville, Piéron, Weismann-Netter et Heuyer. Ces enfants ont été soumis à des examens anthropométriques, morphologiques, sexologiques, chimiques, psychologiques, physiologiques, psychiatriques et de médecine générale. Et la confrontation de résultats aussi divers sur un certain nombre d'individus s'est révélée féconde.

Cette première enquête a montré que la méthode était applicable et que les résultats se révélaient fructueux.

Une autre enquête dans ce même esprit a été entreprise pour étudier l'influence de la syphilis des parents sur les enfants; là encore c'est la méthode biotypologique qui a été utilisée, les enfants subissant un examen complet de médecine générale, anthropométrique, psychiatrique, psychologique, chimique et physiologique.

C'est encore dans le même esprit biotypologique qu'une autre enquête a été préparée, relative à l'étude de la sénescence; un groupe de spécialistes ont élaboré un schéma d'examen biotypologique complet qui sera appliqué à des vieillards dans le service du Dr Lhermitte de l'Hospice de Villejuif, afin de pouvoir rechercher si les diverses fonctions qui caractérisent la personnalité humaine et dont dépend son efficience sociale et professionnelle se montrent solidaires ou indépendantes au cours de leur déclin.

Enfin, sous l'impulsion de mon ami, le Professeur *Laugier,* les méthodes biotypologiques commencent à pénétrer dans les milieux industriels lorsque se pose la question de l'orientation, de la sélection professionnelle ou de l'organisation rationnelle du travail.

Je pense que les plus clairvoyants parmi les psychotechniciens ont d'ailleurs bien vu l'importance essentielle de ce problème; et je me souviens que M. *Giese* avait demandé, il y a quelques années déjà, que fût instituée, à la place de la psychotechnique, dont le cadre étroit craquait de toutes parts, une véritable biotechnique.

VIII

MÉTHODOLOGIE
ET AUTRES PROBLÈMES
SPÉCIAUX

INTELLIGENZPRÜFUNGEN UND DENKPSYCHOLOGIE.

W. BLUMENFELD (Dresden).

§ 1.

Die Psychotechnik hat auf dem Gebiete der Intelligenzprüfung eine große Zahl brauchbarer Methoden entwickelt, um die Intelligenz zahlenmäßig zu bestimmen und sorgfältige Untersuchungen in speziellen Laboratorien mit allen Mitteln der statistischen Verarbeitung vorgenommen. Trotzdem ist der Gesamtstand des Intelligenzproblems (und mancher anderer in ähnlicher Weise) unbefriedigend, weil wir zwar extensiv, aber nicht in die Tiefe vorgeschritten sind. Das äußert sich u. a. auch darin, daß die Zeitschriften an Interesse verlieren: Es fehlt nicht an *Problemen,* aber an *Methoden,* sie anzugreifen. Der Grund dafür liegt tief. Wir haben keine auf die Praxis anwendbare Theorie des Denkens.

§ 2.

Die Assoziationstheorie ist vor etwa 25 Jahren gestorben, wenn es auch noch in einzelnen Gliedern gelegentlich gezuckt hat. Die Anfänge der modernen Denkpsychologie waren ganz wesentlich phänomenologisch orientiert. Fragen der Anschaulichkeit oder Unanschaulichkeit der Erlebnisse, anfangs heiß umkämpft, treten zwar heute zurück, solche der Vorgangsbeschreibung bei inneren und äußeren intelligenten Handlungen aber beherrschen zum Teil auch noch die Gestalttheorie: Beschreibungsmäßig ist wertvolle Arbeit geleistet worden. Die mit der Plötzlichkeit des produktiven Einfalls verbundene Strukturveränderung des psychischen (besonders des optischen) Feldes, die Einheitlichkeit des Ablaufs, die Übertragung einer Methode auf verwandte Fälle, neue Zusammenhänge mit der Wahrnehmung (besonders der optischen) wurden erstmalig hervorgehoben. Daneben gehen Korrelationsuntersuchungen einher, die Aufschlüsse über wahrscheinliche Zusammenhänge zwischen den verschiedenen Testergebnissen zu geben imstande sind. *Spearmans* Lehre vom „general factor" ist vielleicht die bedeutendste Leistung auf dieser Grundlage. Aber ihre Tragweite ist nicht so groß, wie man es wünschen möchte. Wenn es gelänge, in jedem Falle nachzuweisen, daß der „allgemeine Faktor" an zwei Proben, A und B mit einem bestimmten Prozentsatz, an A und C mit einem anderen. sagen wir: an Lückentext und logischen Gegensätzen, zu 90% beteiligt sei, an Lückentext und Tapping aber nur mit 10%, so läßt sich daraus nicht gerade viel ableiten. Keiner ist imstande, z. B. auch nur ungefähr die Größe einer Korrelation zwischen einem neuen und einem alten Intelligenztest zu schätzen, ehe er sie selbst bestimmt hat. Und doch müßte das für diese Theorie ein sogar bescheidenes Ziel sein.

Wenn betont wird, daß dieser general factor eine „Kraft" oder „Energie" sei, so ist das in diesem Zusammenhange nicht mehr als Worte wie „Vermögen", „Fähigkeit" etc. Und tatsächlich arbeitet ja die angewandte Psychologie in größtem Umfange ziemlich „anarchisch" mit Begriffen wie: Aufmerksamkeit, Gedächtnis, Kombinationsfähigkeit, Begriffsfähigkeit, theoretische und praktische Intelligenz etc., ohne daß man sagen könnte, wodurch sich diese von den „Vermögen" unterscheiden, gegen die sich *Herbarts* Kampf richtete. Es ist, wenn wir ehrlich sein wollen, ein großer Komplex von Einzelerkenntnissen da, aber die Erkenntnis der Zusammenhänge fehlt.

Was m. E. not tut, ist eine theoretische Vertiefung, die an die Stelle der „Fähigkeiten" sowohl wie der Deskription funktional-kausale Begriffe setzt. Ich versuche im Folgenden andeutend die Skizzierung der Grundlagen einer dynamischen Theorie der intelligenten Handlungen, die die Vorgänge in ihrer Gesetzmäßigkeit begreifen will. Dabei halte ich mich zunächst an den normal Erwachsenen.

§ 3.

Am Zustandekommen von intelligenten Handlungen sind stets unmittelbar oder mittelbar Denkvorgänge beteiligt, d. h. solche Vorgänge, in denen Wege zu einem angestrebten Erfolg gesucht, antizipiert und geprüft werden, und wäre dieser Erfolg auch nur die Klärung eines nicht oder nicht genügend durchsichtigen Sachverhaltes, gleichgültig ob die etwa anzuwendenden Verfahren bekannt sind oder erst ein brauchbares entwickelt werden muß.

Denkvorgänge sind normalerweise Willensvorgänge (nicht immer: es gibt auch z. B. bei Überreizungszuständen unwillkürliches und gegenwilliges Denken). Alle, auch die psychischen Prozesse denken wir uns von *Energie*vorräten gespeist, über deren physikalisches Äquivalent wir z. B. nichts wissen. Diese Energie hat den Charakter eines *Kausal*faktors und unterscheidet sich eben dadurch von dem *Spearmanschen* Begriff, der als der „gemeinsame Faktor" in verschiedenen Festleistungen rechnerisch abstraktiv bestimmt ist. Über diese Energie läßt sich folgendes sagen:

Die intellektuelle Energie ist 1. nicht identisch mit der gesamten *vitalen*, auch nicht mit der gesamten *psychischen* Energie, sondern nur der für Denkleistungen freie Teil von ihr; 2. ihr Quantum ist begrenzt. Es kann also trotz regenerierender Faktoren weitgehend „erschöpft" werden. 3. Es ist individuell verschieden groß und wächst im Laufe der kindlichen Entwicklung, nimmt im hohen Alter ab. 4. Es ist auch bei jedem reifen Individuum in gewissen Grenzen variabel (Momentanwert). 5. Im allgemeinen wird nicht die ganze momentan *vorhandene* intellektuelle Energie für eine Aufgabe *verfügbar* sein, da immer ein Teil durch andere Bezirke des psychischen Feldes gebunden ist.

§ 4.

Damit Energie manifest wird, bedarf es einer überschwelligen Störung des psychischen Gleichgewichtes. Das äußert sich darin, daß an irgendeiner Stelle des *psychischen „Feldes"* Probleme, Fragen auftreten, die Lösung verlangen. In solchen Fällen entstehen *Kräfte,* die an der dort befindlichen Materie angreifen, aber gleichzeitig auch auf die „innere Einstellung" des Handelnden rückwirken. Wir betrachten zunächst die ersteren und unterscheiden an ihnen folgende Momente:

1. Ihre *Einheitlichkeit:* Die Kräfte können entweder als Einheit oder — bei Mehrfacharbeit — gespalten auftreten, also auf eine oder mehrere Aufgaben gleichzeitig oder quasisimultan gerichtet sein. 2. Ihre *Größe:* Sie richtet sich abgesehen von der Energiegröße nach der subjektiven Schwierigkeit der Aufgabe und wird, antizipierend, verschieden dosiert, reguliert. 3. Die *Dauer* ihrer Einwirkung: sie ist abhängig a) von der Schnelligkeit des Energieabfalls unter Berücksichtigung der Schnelligkeit der Regeneration, b) von der inneren Einstellung zu Erfolg und Mißerfolg, c) von äußeren Einwirkungen: neuen Anforderungen und Feldveränderungen. 4. Ihre *Richtung* ist im Normfall durch äußere Ansprüche und Bedürfnisse vorgeschrieben. Wesentlicher ist folgendes: Im psychischen Felde gibt es i. a. eine Mannigfaltigkeit von Inhalten, die als geistiges oder physisches Tätigkeitsziel erscheinen, entweder weil sie von sich aus *locken,* also *Zug*kräfte ausüben, oder weil wir durch äußere Anlässe zu ihnen *gedrängt* werden, bei denen also *Druck*kräfte auftreten. Es ist der Gegensatz von Neigung und Pflicht, Wollen und Sollen, Hang und Zwang, der sich so als Richtungsunterschied kennzeichnet. Beide können natürlich in mannigfacher Weise förderlich oder hemmend kombiniert sein: Eine Aufgabe zieht, auf eine andere werden wir hingedrängt. Vielleicht kann man für das Kräftesystem ansetzen: actio und reactio sind gleich groß.

Ich darf darauf hindeuten, daß bei dieser theoretischen Auffassung vieles anders aussieht als in der normalen Psychotechnik: wenn wir dort die theoretische, sprachlich-logische, technisch-konstruktive, praktische Intelligenz gewissermaßen als verschiedene *Begabungen* oder *Fähigkeiten* bezeichnen, so wird es in der Tat eine Frage sein, ob und wie weit sie miteinander innerlich zusammenhängen. Sind die Leistungen aber wesentlich oder doch teilweise durch die Frage der *Zug-* oder *Druck*kräfte, also der *Interessen* bestimmt, dann muß die Diagnose offenbar anders aussehen, und die Korrelation sagt nicht mehr etwas aus über reine Wesenszusammenhänge von Fähigkeiten, sondern nur noch darüber im Zusammenhange mit der *Häufigkeit* von Interesseverteilungen.

Er ergibt sich von hier aus ein wesentlicher, in der amerikanischen Literatur auch bereits seit längerer Zeit beachteter, Gesichtspunkt der Interessenforschung.

§ 5.

Die Kräfte richten sich auf *Aufgaben;* diese sind zu bezeichnen als die im psychischen Felde an Wahrnehmungsgegenständen vorfindliche oder doch repräsentierbare, wissensmäßig disponible *Denkmaterie,* insofern sie dem Subjekt als *problemhaltig* erscheint. Dabei ist zu bemerken, daß real verwertbares Wissen und Kenntnisse selbst erst durch Vermittlung intellektueller Prozesse auf Grund früher wirkender Kräfte entstanden sind. Sie können *nur* insoweit real angewendet, verwertet werden, als das der Fall ist, und nicht etwa uneinsichtige „Dressur" (Einprägung isolierten Stoffes ohne organische „Einverseelung" durch Zusammenhangserfassung) sie erzeugte. Indem Kräfte an dieser Materie angreifen, die ihr einen *Widerstand* entgegensetzt, leisten sie Arbeit, meist eine Formänderungsarbeit. Der Widerstand entspricht der Schwierigkeit der Aufgabe. Er hängt von objektiven und subjektiven Faktoren ab.

1. *Objektiv* a) von der *Qualität* des Problems; diese ist zwar nicht immer leicht vergleichbar mit anderen. Immerhin hat die Aussage einen Sinn: es ist bestimmt schwerer zu erkennen, daß bei ebenen Schnitten durch einen Würfel Fünfecke als Schnittfiguren entstehen können, als daß dabei Drei- oder Vierecke möglich sind. Kant ist schwerer zu verstehen als Schopenhauer; b) von der *Quantität,* dem *Umfange* der Komplexe: ein größeres gedankliches Ganze zu erfassen ist i. a. schwerer als einzelne selbständige Aussagen, auf denen es aufgebaut ist. Die Folgen eines lebenswichtigen Entschlusses sind schwerer zu übersehen als die eines Einkaufs.

2. *Subjektiv:* a) von dem Besitz an momentan verfügbaren Kenntnissen und Erfahrungen, b) von der Vertrautheit im Umgang mit der betreffenden Materie („Gefügigkeit", nach N. Ach) und c) mit den betreffenden Methoden, was mit b) nicht identisch ist, wie leicht nachweisbar sein dürfte.

Ein Vergleich der „Intelligenz" zweier sonst gleichartiger Individuen ist also nur möglich 1. bei gleicher Interessenrichtung, 2. bei gleicher Schwierigkeit der Aufgabe. Dem ersten Gesichtspunkt läßt sich nur gewissermaßen statistisch durch Mannigfaltigkeit der Gebiete Rechnung tragen, auf die sich die Aufgaben verteilen, so daß sich die Verschiedenheit der Interessen ausgleicht. Darauf scheint mir die Tatsache zu beruhen, daß man bei Intelligenzprüfungen nicht mit *einer* Art von Aufgaben auskommt, sondern eine größere Menge davon benötigt. Hierdurch wird es aber bei entsprechender Aufmerksamkeits*richtung* des Prüfenden möglich, genauer die Richtung der natürlichen Neigungen zu erkennen; den zweiten Gesichtspunkt bemüht man sich ohnehin stets zu berücksichtigen, obwohl man bei manchen Tests Zweifel haben könnte, inwieweit bei allen Prüflingen gleiche Vertrautheit mit der einschlägigen Materie und den anzuwendenden Verfahren vorauszusetzen ist. Wer z. B. mit Gleichungen zu arbeiten gelernt hat, ist bei der Lösung eingekleideter Rechenaufgaben im Vorteil. Sie sind für ihn leichter lösbar.

§ 6.

Der Angriff der intellektuellen Kräfte auf das Problem bedeutet einerseits eine Modifikation dieser *Materie* im Hinblick auf das Ziel, andererseits eine solche des *Individuums.* Wir betrachten zunächst die sich an der Materie abspielenden Prozesse, ohne dabei zu vergessen, daß mannigfache Verflechtungen zu höheren Einheiten vorkommen:

I. Suchvorgänge: Bemühung um Auffindung schematisch antizipierter Inhalte:

1. im Wahrnehmungsfelde (z. B. Zahlenquadrate),
2. reproduktiv: Besinnung auf Wissensinhalte, auch Verfahren.

II. Formative Vorgänge:

1. *Zersetzung vorliegender Materie:*

a) *Isolierung* relativ selbständiger Teile, z. B. des für die Aufgabe Wesentlichen (Erzählung, juristischer Tatbestand, Telegrammformulierung).

b) *Analyse* unselbständiger Momente an anschaulichen und unanschaulichen Inhalten zwecks Feststellung von Gleichheit, Ähnlichkeit, Unterschieden, Gegensätzen (Unterschied zwischen Leiter und Treppe, Gegensatz von Neid etc.). Auch die Angabe der 4. Proportionale (Wind: Sturm $=$ Regen: x) verlangt eine solche Analyse (interessant die Varianten a: b $=$ x: c und a: b $=$ x: y) etc. Bewegungsanalyse an technischen Getrieben.

c) *Zerbrechung* oder Lockerung fester Gestaltverbände:
Optische Gestalten (Charkow — Test),
Sinnverbände (Unsinn produzieren über x).

2. *Kombination:*

a) *Zusammenfassung* disparaten wahrnehmungsmäßig oder vorstellungsmäßig gegebenen Materials (zerschnittene optisch gegebene Figuren oder Bilder) unter bekannten oder neu zu findenden Gesichtspunkten.

b) *Ergänzung:* Einfügung passenden Materials in gekennzeichnete oder zu findende Lücken: Silben, Wörter verschiedenen Funktionswertes, Teile von Figuren. Vollendung einer Geschichte, Finder einer Pointe etc. (Die zu suchenden Ergänzungsstücke sind entweder aus einer Reihe gegebener auszuwählen oder frei zu finden.) Auch die Deutung eines Bildes gehört hierher. In all diesen Fällen geht der Ergänzung eine Analyse voraus, wenn die Lösung überhaupt denkend und nicht reproduktiv erfolgt.

c) *Planung:* mit vorgelegtem Material soll ein bestimmtes Ziel erreicht oder ein Wirkungszusammenhang hergestellt werden (konstruktive Aufgaben).

3. *Umbau der Gesamtmaterie* in eine dem Ziel gegenüber sinnvollere bezw. leichter bearbeitbare Form:

a) *Umordnung:* Punktzählung, Aufträge in sinnvoller Weise erfassen, disponieren in Zeit, Raum und nach logischen Gesichtspunkten.

b) *Umformulieren:* Definitionen. Übersetzung in andere sprachliche oder sonstige symbolische (z. B. zeichnerische) Form.

c) *Umzentrierung:* Verlegung des Akzents auf andere Teile oder Momente eines Ganzen, meistens unter gleichzeitiger Umformulierung: eingekleidete Gleichungen, physikalische Überlegungen, Schlüsse in anderer als der Normalform.

III. Erfassungsvorgänge: Sie stehen normalerweise am Ende jedes intellektuellen Prozesses, kommen aber auch selbständig vor:

1. *Erkennung und Wiedererkennung:*

a) *Inhalte:* Worte, Figuren, Bilder, Gegenstände, Personen, Wege, Bewegungen (Labyrinthe);

b) *Beziehungen:* Kausalität, Zweck, Funktionen in Folgen von Zahlen, Figuren und Bildern.

c) *Verfahren:* Nachahmung von vorgemachten Handlungen, richtige Zentrierung.

2. *Verstehen von Sinnzusammenhängen:*

Instruktion, Aufträge, Sprichwörter, Fabeln.

Über die mannigfachen Verflechtungen der Grundprozesse miteinander zu sprechen fehlt hier der Raum.

§ 7.

Früher wurde gesagt, daß die bei den Denkprozessen wirksamen Kräfte auch an der Struktur der geistig arbeitenden Person angreifen. Die dabei eintretende Modifikation dieser Struktur hängt von der gesamten Vorgeschichte des Individuums ab, soweit dieses bereits eine intellektuelle Formung erfahren hat. Die Formung ist nur erkennbar an dem Bestande des *verfügbaren* (anwendbaren) Wissens und Könnens, und schon aus diesem Grunde sind Tests berechtigt, welche Kenntnisse auf sprachlichen, technischen und anderen Gebieten stichprobenmäßig erfassen. (Fremdwörter, Synonyma, Werkzeuge etc.). Aber sie finden auch darin ihre Begründung, daß Wissen und Erfahrungen i. a. nicht dressurmäßig erworben werden, sondern mindestens für die Dauer nur dann, wenn ein ausreichendes spontanes Interesse vorliegt, dessen diagnostische Bedeutung schon erwähnt wurde. Die an der Person des intellektuell arbeitenden Individuums angreifenden Prozesse sind im wesentlichen folgende:

1. *Absperrungsvorgänge:*

a) *Konzentration* auf die Tätigkeit an dem vorliegenden Problem (Abwehr von Störungen).

b) *Widerstand* gegen Fremdsuggestion.

c) *Distanzierung* von eigenen emotional getönten Erwartungen und Wünschen hinsichtlich der Ergebnisse der Denkarbeit.

2. *Ein- und Umstellungsvorgänge:*

a) *Wahl und,* wenn das angewandte Verfahren nicht befriedigt, *Wechsel der Methode.*

b) *Kritik* und Reproduktion von Gegeninstanzen gegen die Ergebnisse eigener und fremder Denkarbeit.

3. *Erfolgs- und Mißerfolgswirkungen* auf die weitere Arbeit.

Es liegt nahe, anzunehmen, daß Absperrungsprozesse in den sogenannten Aufmerksamkeitstests isoliert untersucht werden, und daß diese deshalb bei Intelligenzprüfungen eine berechtigte Rolle spielen. Der Nachweis für die Zulässigkeit dieser Annahme scheint mir indessen bisher noch nicht erbracht zu sein. Was die Umstellungsvorgänge betrifft, so hat *Marbe* nachdrücklich auf ihre Bedeutung hingewiesen. Indessen ist hier wie auch anderwärts zu bedenken, daß es einen Unterschied ausmacht, ob ein solcher Wechsel der Einstellung von außen her provoziert oder infolge von Denkprozessen spontan eingeleitet wird, ferner in welchem Tempo und in welchem seelischen Zustande (während oder nach Abschluß einer Tätigkeit) er erfolgt. Umstellungen lassen sich naturgemäß bei manuellen Proben am besten beobachten. Erfolgs- und Mißerfolgsauswirkungen sind für die Intelligenzfeststellung von Bedeutung, weil sie unter anderem Aufschluß geben über die Zähigkeit der Denkarbeit, also über die verfügbare Energie.

§ 8.

Die bisherigen Erörterungen bedürfen einer Ergänzung, welche die individuelle Entwicklung der Intelligenz berücksichtigt. Die wesentlichen Unterschiede zwischen Erwachsenen und Nichterwachsenen lassen sich wohl auf folgende Momente zurückführen:

1. Die größere Armut an Kenntnissen über Sachen, Beziehungen, Gesetze u. dergl. im jüngeren Alter;

2. die schlechtere Beherrschung (geringe Automatisierung) der Bearbeitungsmethoden;

3. die geringere Spannweite der Erfassungsfunktionen;

4. den größeren Einfluß der Interessen (Zugkräfte) gegenüber den Druckkräften, dem aber

5. die leichtere Anregbarkeit von Interessen gegenübersteht;

6. den engeren Zusammenhang der verschiedenen seelischen Funktionen, der es begreiflich macht, daß in allen Staffelsystemen (Binet, Terman etc.) auch rein reproduktive und motorische Leistungen als Intelligenztests mit Erfolg verwendet wurden. (Zahlennachsprechen, Tapping). Zur Erklärung dieser auffälligen Tatsache kann man zwei Hypothesen heranziehen: entweder geht die Entwicklung dieser heterogenen Funktionen zunächst hinreichend genau parallel mit denen des Denkens vor sich, oder aber sie sind von ihnen überhaupt längere Zeit hindurch nicht scharf getrennt, sondern stark integriert. Versuche von *Burt* und *Abelson* haben sichergestellt, daß einerseits die Korrelationen zwischen motorischen und Denktests bei normalen Kindern mit wachsendem Alter abnehmen und jenseits von

11—12 unbedeutend werden, daß andererseits die Korrelationen von Denkleistungen und anderen Aufgabelösungen bei geistig defekten Kindern durchgängig höher liegen als bei normalen.

§ 9.

Die Gesamtproblematik der Intelligenzfeststellungen ist also sehr viel komplizierter, als man es in der Psychotechnik meistens annimmt. So lange es sich um eine bloße überschlägliche Gesamtdiagnose handelt, werden die bisher entwickelten Methoden ausreichende Dienste leisten. Aber für die feinere Untersuchung der Persönlichkeitsstruktur reichen sie nicht aus. Es ist nicht gleichgültig, ob jemand in der Prüfung versagt, weil seine psychische Energie zu schwach oder nur in ihren Äußerungen gebremst ist, ob Kraftentfaltung wesentlich nur in Richtung der Interessen oder auch in anderen Richtungen möglich ist, ob die Kenntnisse unzureichend sind oder nur die Bearbeitungsmethoden nicht genügend beherrscht werden, ob die Erfassungs- oder die formativen Funktionen besser entwickelt sind und dgl.

Es ist m. E. eine nicht nur für die theoretische, sondern auch für die praktische Psychologie wichtige Aufgabe, durch genauere Erforschung der Denkvorgänge in Verbindung mit Korrelationsrechnungen einen tieferen Einblick in die individuelle Psyche zu ermöglichen. Im übrigen dürfte die hier skizzierte theoretische Einstellung Konsequenzen haben, die weit über den Bereich des Intelligenzproblems hinausreichen.

ZUR METHODIK
DER „REINEN VERSTANDESPRÜFUNGEN".

STEFAN v. BODA (Budapest-Szeged).

I.

1. In einem Vortrage, gehalten am Kopenhagener X. internat. Psychologenkongresse unter dem Titel: *„Die Intelligenzprüfungen und die sogenannten reinen Verstandesprüfungen"* (1932), habe ich über die *theoretischen Grundlagen* meiner Verstandesprüfungen berichtet. Der Gedanke dieser reinen Verstandesprüfungen wuchs teilweise aus einer gegen die gewöhnlichen *Intelligenz*prüfungen gerichteten kritischen Einstellung hervor. Es wurde zuerst eine eingehende Kritik gefällt über den *Intelligenzbegriff* selbst, auf welchen die gewöhnlichen Intelligenzprüfungen, mehr oder weniger logisch, aufgebaut werden. Nicht nur, daß bis heute ein einheitlicher, auf allgemeine Anerkennung mit Recht Anspruch erhebender Intelligenzbegriff *fehlt*: wir sollen *jeglichen* Intelligenzbegriff *prinzipiell* für ungenügend halten. Es hat seinen tiefen Grund, daß viele Forscher die Abgrenzung des Begriffes *einer allgemeinen* Intelligenz fast für

einen Unsinn erklären, oder daß man einen Unterschied zwischen *theoretischer* und *praktischer* Intelligenz zu machen suchte, oder daß man diese schon begonnene Zerstückelung des Intelligenzbegriffes noch weiterführte.[1]) Doch ist unleugbar, daß man den *Bedarf* und auch die *Nützlichkeit* eines solchen Einheitsbegriffes wohl fühlt, der die Gesamtheit — und zwar eine gut strukturierte Gesamtheit — all der Faktoren, die ein Urteil oder einen Akt als „intelligent" — oder „verständig, verstandesmäßig" — stempeln, auszudrücken imstande wäre. Wie ist also der Zwiespalt zwischen der *Ungenauigkeit* des Intelligenzbegriffes und des *reellen Bedarfs* für einen solchartigen Begriff aufzuheben? Mit einem Worte: anstatt des Begriffes der „Intelligenz" empfehlen wir den aus theoretischen Gesichtspunkten *reineren* Begriff des *„Verstandes"* in den Mittelpunkt der experimentellen Forschungen zu stellen. Die These bedarf aber einer näheren Begründung.

2. Der übliche Begriff der Intelligenz ist theoretisch ungenügend vor allem schon dadurch, daß man in diesen Begriff psychologisch *sehr verschiedene* Faktoren zusammenzufassen strebt. Dieser Begriff ist letzten Endes ein *Leistungsbegriff* — und alle „Leistung" (auch die „intelligenteste") — ist durch sehr verschiedenartige Faktoren bedingt. Neben den *Verstandesfähigkeiten* (z. B. Sinn für bestimmte — logische, mathematische, chemische usw. — Zusammenhänge; kritischer Sinn, Abstraktionsfähigkeit usw.) spielen auch in den „intelligenten" Leistungen die *Verwendungsfähigkeit* und die *Anpassungsfähigkeit* (aktive und passive Akkomodationsfähigkeit) eine wichtige Rolle, dann nicht strenggenommene „verstandesartige" Faktoren: Gedächtnis, erlerntes Schulwissen und andere *Kenntnisse;* eine überaus wichtige Rolle spielen *Tradition, Milieueinflüsse, Gewohnheiten,* fertige Urteils- und Aktionsschemen usw.; außerverstandesartige Faktoren, wie *Aufmerksamkeit* und *volitive* Faktoren, *Einstellung;* als besonders wichtige Faktoren *Gefühls-* und *Stimmungsfaktoren,* Vorhandensein oder Nichtvorhandensein von subjektivem *Interesse,* auch äußere Zufälle usw. Diese Frage braucht bestimmt nicht weiter erörtert zu werden und man wird auch anerkennen, daß all diese sehr verschiedenen Teilfaktoren eines „intelligenten" Leistungsganzen allzu *undifferenziert* den Gehalt eines solchen Intelligenzbegriffes bestimmen, der auch nur sehr weniges aus dem spezifisch *individuellen* Charakter eines gegebenen individuellen Geisteslebens auszudrücken vermag. Als prinzipiellen Hauptmangel des Intelligenzbegriffes betrachten wir daher erstens seinen *unbestimmten Leistungscharakter,* zweitens seinen *ungegliedert global-synthetischen* Charakter, und drittens die Tatsache, daß er sich nur sehr mangelhaft zum Ausdruck des individuellen Geistescharakters eignet. Es ist

---

[1]) Wir verweisen für die Einzelheiten auf den genannten Kongreßvortrag (ein Auszug daraus wurde im *Arch. f. die ges. Psych.,* 1934) veröffentlicht.

daher kein Wunder, daß die gewöhnlichen Intelligenz*prüfungen,* die
sich auf einem solch ungenügenden Intelligenzbegriff aufbauen, schon
prinzipiell an großen Schwierigkeiten und Mängeln — in Problemstellung, Aufbau, Methode, Bewertung der Prüfungsergebnisse, Pro-
blemlösung usw. — leiden sollen, wovon doch diesmal nicht mehr
die Rede sein kann.[2]) In unseren Verstandesprüfungen stützen wir
uns also nicht mehr auf den theoretisch wie praktisch ungenauen
Intelligenzbegriff[3]), sondern auf den *Verstandesbegriff,* der eine genaue *Fähigkeitsabsonderung* und eine sichere *Fähigkeitsgliederung*
ermöglicht. Hier ersetzt eine ausgesprochene *Fähigkeits*prüfung *analytischen* Charakters die globalen Leistungsprüfungen der meisten
Intelligenzprüfungen und in diesem theoretisch reinen Prüfungssy-
stem nehmen die ausgesprochenen und hochwertigen *Verstandesfähigkeiten* die zentrale Stelle ein und den (die Verstandesarbeit beeinflussenden) heterogenen Faktoren — die sonst ebenfalls einer experimentellen *Analyse* unterworfen werden — kommt nur eine ergänzende Rolle zu. Diese Verstandesprüfungen sind nicht nur auf *anderen Gestaltungsprinzipien,* als die üblichen Intelligenzprüfungen,
aufgebaut, sondern sie besitzen auch andere *Fortschrittsmöglichkei-
ten* und man soll ihnen gegenüber auch andere *methodische Forderungen* erheben. Auch die ihnen angemessenen verschiedenen theoretischen und praktischen *Aufgabenkreise* sind endlich andere, als die
Prüfungskreise, wo wir auch jetzt die Intelligenzprüfungen für praktisch angemessener halten: auch in dem genannten Kongreßvortrag
versuchten wir die Aufgabenkreise genauer zu bestimmen, die sich
entweder für Verstandesprüfungen, oder gewöhnliche Intelligenzprüfungen besser eignen.

II.

1. Es ist aber selbstverständlich, daß die kurz charakterisierten
Verstandesprüfungen mit vorwiegend analytischem Charakter nur
dann theoretisch berechtigt und von praktischem Nutzen sind, wenn
es möglich ist a) den Verstandesbegriff als den Begriff einer genügend *festen* und *scharf begrenzbaren,* ferner gut differenzierbaren
und *strukturierbaren* Fähigkeitseinheit zu verwerten, dann b) die einzelnen Verstandesfähigkeiten voneinander genau *abzusondern* und
c) auch nach ihrem *individuellen* Wert genau zu bestimmen. Wie dies
möglich ist, wollen wir — statt langweiliger theoretischer Erörterungen — besser durch eine *schematische Tabelle* veranschaulichen, wo wir die Struktur des menschlichen (individuellen und all-
gemein-menschlichen) Verstandes — wie folgt — darzustellen versuchen:

---

[2]) Näheres darüber s. besonders in unserer Abhandlung: *A következtető
képesség mint „értelmiség-vizsgálati" feladat* (Magyar Psychologiai Szem-
le, 1931, auch in Sonderabdruck, mit deutschem Auszug).

[3]) Eine eingehendere Kritik zu üben, liegt außerhalb unserer heutigen
Aufgaben.

Tabelle I.

Struktur des Verstandes.

1. *Allgemeine Verstandesfähigkeiten,* wie z. B. die Fähigkeit zur Abstraktion, die Fähigkeit der scharfen Differenzierung, der Sinn für das Wesentliche usw.
2. *Spezielle Verstandesfähigkeiten,* d. s. die verschiedenen spezifischen *Verknüpfungssinne* (Relationssinne), wie Sinn für *logische* Relationen (vom „Grund" zur „Folgerung"), Sinn für *kausale* Zusammenhänge (von Ursache zu Wirkung; mechanische und dynamisch-vitale Kausalität), Sinn für *mathematische* Beziehungen, für *geometrische* Beziehungen, für chemische, ökonomische, psychologische etc. Zusammenhänge; Sinn für verschiedene *Struktur- und Entwicklungs*relationen usw.
3. *Dynamischer Äußerungscharakter* („Temperament") des Verstandes), wie Rhythmus, Tempo, Energie der Denkarbeit.
4. Psychische *Vorbedingungen* der höheren, verknüpfenden Verstandesarbeit, wie Merkfähigkeit, schon (allgemeine und spezielle) psychische Sensibilität, Empfindungen, Gedächtnis, Assoziationen, Aufmerksamkeit etc.
5. Beeinflussende *heterogene* (und auch heteronome) *Faktoren,* wie Interesse, Geübtheits- und Gewohnheitsfaktoren, Traditions- und Milieufaktoren, Stimmungen, Gefühle, Willensfaktoren, Anpassungs- und Anwendungsfähigkeit, Einstellung usw.

Zum rechten Verständnis dieser Tabelle scheint mir notwendig, einiges hinzuzufügen.

2. Echte Verstandesarbeit bedeutet immer: *Verknüpfung.* Die Verstandesoperationen sind Verknüpfungen von Elementen oder Einheiten (Begriffe, Urteile, aber auch schon Vorstellungen usw., noch eher: „Sinnungen"⁵) aller Art), die für eine bestimmte Zeitdauer (und aus bestimmten Gesichtspunkten) als *fixe* und mit sich selbst *identische* Elemente betrachtet und in die Denkoperationen einbezogen werden. Wir sollen zuerst *spezielle* Verstandesfähigkeiten annehmen, durch deren Höhe oder Entwicklunsgrad die Tatsache bestimmt wird, daß ein Individuum in dieser oder jener Verknüpfungsart — z. B. in mathematischen oder in geometrischen oder in psychologischen usw. Verknüpfungen — Höheres oder Niedrigeres zu leisten befähigt ist.

---

⁴) Derselbe Ausdruck, in etwas anderem Sinne, wurde auch von *A. Wenzl* verwendet (auf dem Leipziger Kongreß der Deutsch. Gesellsch. für Psych., 1933. — S. im *Bericht* über den genannten Kongreß 1934).

⁵) „*Sinnung*" nennen wir *alles,* was aktuell oder *früher,* klar bewußt, oder in irgendwelchem Grad (oder nur scheinbar) „*unbewußt*" bleibend perzipiert wurde. „Sinnung" ist ein, für jede wirklich *einheitliche* (auch aus analytischen Gesichtspunkten genügende und allen nötigen Faktoren Rechnung tragende) psychologische Anschauung notwendiger letzter Grundbegriff. (Näheres darüber Verfassers Kongreßvortrag „*Die Organisation der Empfindungen.* [*Ergebnisse ungarischer analytischer Forschungen*]" am XIV. Kongr. d. Deutsch. Gesellsch. f. Psych., Tübingen, 1934.)

So sollen wir systematisch in den Mittelpunkt unserer Verstandesprüfungen die verschiedenen speziellen Verknüpfungs- oder Relationssinne des Individuums stellen, die — wie schon durch die alltägige Le-
benserfahrung, aber natürlich noch besser durch die experimentelle
Forschung bestätigt wird — nur *in beschränktem Maße* einer fördernden (z. B. erzieherischen) *Beeinflussung* zugänglich sind: der
Knabe z. B., der sich schon in der Schule als ein mathematisches
„Antitalent" auszeichnete, kann sich regelmäßig nie zu einem hervor-
ragenden Mathematiker entwickeln, aber dem Individuum, welches
einen speziellen Sinn *in hohem Grade* besitzt, wären *große Entwick-
lungsmöglichkeiten* zuzuschreiben: daraus folgt auch die pädagogische Forderung, daß man sich auch in der Schule mit den *Befähigten* — und mit allen den einzelnen Schülern in denjenigen Gegenständen, wo sie sich als „befähigt" zeigen — *mehr* und mit den Unbefähigten relativ weniger beschäftigen sollte: wir alle wissen, daß
auch das heutige Schulwesen die besten erzieherischen Mühen auf
die Unbefähigten verwendet.[6])

3. Welche zentrale Stellung aber im Gefüge der Verstandesarbeit
den speziellen Relationssinnen systematische auch immer zuzuerken-
nen ist, so stellen diese nicht die *allgemein-wichtigsten* und bedeutend-
sten Verstandesfähigkeiten dar. Für eine wirklich hochwertige geistige
Leistung genügen auch die bestentwickelten speziellen Fähigkeiten für
sich allein nicht. Ein spezieller Verstandessinn bestimmt also noch
nicht die *allgemeine Verstandeshöhe;* diese allgemeine Verstandeshöhe ist nach unseren Ergebnissen in allererster Reihe durch gewisse *allgemeine Fähigkeiten* bedingt, unter denen eine außerordentlich wichtige Rolle den folgenden drei Fähigkeiten zukommt: Sinn
für das *Wesentliche,* Sinn für Vertiefung, Fähigkeit für *umfassendes
Ineinsfassen.* — Was nennen wir *„Sinn für das Wesentliche"?* Sinn
für das Wesentliche ist der Sinn, der das Individuum befähigt, *das* zu
erfassen, was in den „Dingen", in ihren Zwischenrelationen, in den
Situationen usw. eben als ihr *„Wesentliches"* gilt, d. h. was notwendigerweise *eben* diese und nicht andere Dinge ausmacht, wodurch sie
eben diese oder jene bestimmten Dinge oder Situationen etc. sind.
Dieser Sinn ist sehr mangelhaft bei den „Olygophrenen" (Debilen,
Imbezillen, Dementen), er ist wenig entwickelt bei den Kindern, er
ist aber außerordentlich entwickelt bei allen jenen höchstwertigen Geistern, die alle — in welchen theoretischen oder praktischen Kulturkreisen sie sich immer auszeichnen — fähig sind,
sich sozusagen in das „Zentrum" der Dinge und Dingzusammenhänge,
oder in das „Wahre" zu versetzen. — Wir verstehen unter *„Sinn für
Vertiefung"* den Sinn, die Dinge und Dingzusammenhänge (auch Situationen, dann Gesetze und Prinzipien) durch *andere,* und zwar

---

[6]) S. Verfassers Abhandlung: *Az értelmi nevelés feladatairól* (Mag.
Psych. Szle, 1933, auch im Sonderabdruck; mit deutschem Auszug: Über
die Aufgaben der Bildung des Verstandes).

„*tiefere*", d. i. *grundlegendere* und *letztere* Dinge, Prinzipien usw. zu verstehen: durch immer tiefer liegende logische *Gründe,* durch immer tiefere *Ursachen,* durch immer letztere *Prinzipien* (z. B. auch *Struktur*prinzipien), durch immer grundliegendere „*Motiven*" usw. (Der Fähigkeit der Vertiefung wohnt also ein dynamisches Prinzip inne.) — Sinn für *Synthese* bedeutet endlich den Sinn, der das Individuum befähigt, möglichst viele Dinge in einer *umfassenden Einheit* zu schauen. Der hohe Entwicklungsgrad dieses Sinnes befähigt das Individuum nicht nur dazu, *viele* Dinge in Eins zu fassen, sondern die in Einheit gesehenen Dinge auch als voneinander gut *abgesonderte* und in ihrer großen Einheit gut geordnete und gut *strukturierte* Dinge zu betrachten. Diese Fähigkeit ist also etwas *Zusammengesetztes,* einer weiteren Analyse fähig — was aber für uns jetzt nicht von Bedeutung ist.

4. Aus diesen einfachen Andeutungen wird man leicht ersehen, daß diese drei allgemeinen Verstandesfähigkeiten auch dadurch an Bedeutung gewinnen, daß sie *zueinander* interessante und tiefe *Beziehungen* haben, weil z. B. das *Wesentliche* in den Dingen immer auch schon etwas „*Tiefes*" ist, und durch ein *tieferes* Verstehen ein *umfassendes synthetisches Schauen* erleichtert wird (ein tiefliegender Grund bedingt eine größere Menge von Konsequenzen, von einer letzteren Ursache hängen mehr Wirkungen ab usw.). Man wird vielleicht auch leicht erkennen, daß die genannten Fähigkeiten auch in innerer Beziehung mit dem Begriff der „*Wahrheit*" stehen (wirklich „*tief*" und wirklich „*wesentlich*" in den Dingen und Dingzusammenhängen kann nur etwas sein, was auch „*wahr*" ist). Solche Beziehungen aber — wovon wir anderswo mehr berichtet haben[1]) — können uns heute wenig interessieren. Wir müssen aber noch erwähnen, daß *alle* drei genannten allgemeinen Verstandesfähigkeiten *gut entwickelt* sein sollen um eine *hervorragende* geistige Leistung — in irgendwelchen theoretischen, praktischen und auch künstlerisch schaffenden Kulturgebieten — hervorbringen zu können. Große Denker und Wissenschaftler, ebenso wie große Politiker und Kaufleute, oder auch wirklich große Künstler sind alle fähig, Wesentliches zu erfassen, sich in ihren Problemkreis, in das Leben- und Menschenverstehen usw. zu vertiefen, viele Dinge —- und sogar Dinge auf den ersten Blick von disparatem Charakter — in einem umfassenden Bild, in einem Ganzen, in einer Lebensanschauung oder in einem Weltbild usw. ineinszufassen.

5. Noch eine auch für das methodologische Problem wichtige Bemerkung: Die erwähnten drei höchstwertigen Fähigkeiten (denen wir auch eine zentrale Rolle zur Lösung des psychologischen *Genie-*

---

[1]) S. besonders in Verfassers Abhandlung: *A zseni lélaktanához* (Mitteilungen d. Ung. Psychol. Gesellsch., N. 5, 1932; mit deutschem Auszug: Zur Psychologie des Genies).

problems zuerkennen sollen"), sind alles Fähigkeiten des guten, rechten, wahren *Verstehens,* aber nicht Fähigkeiten der Denk*operationen* selbst, nicht Fähigkeiten der *Denktechnik.* Wir wollen ausdrücklich betonen, das die logisch notwendige Folgerung der wirklichen Sachlage,") d. i. die Folgerung, daß das rechte, tiefe, umfassende *Verstehen* etwas viel *wichtigeres als die Denktechnik* bedeutet, auch durch die experimentellen Befunde völlig bestätigt wird. Es ist eben das Verstehen, das eine feste Basis für die Denkoperationen bildet, und die eventuellen falschen logischen oder mathematischen Denkschlüsse lassen sich leicht erkennen und korrigieren, wenn die Verstehensbasis als Ausgangspunkt eine richtige ist, demgegenüber werden aber die falschen Grundlagen auch die ausgezeichnetsten logischen oder mathematischen Geister nur zu immer falschen neueren und neueren Schlußergebnissen führen können. Ich glaube, daß man gerne der These zustimmen wird, daß wir uns in unseren Schulen zuviel mit den Denktechniken (Denkoperationen, Denkregeln) beschäftigen — obgleich vermutlich niemand z. B. ein wirklich besserer Logiker durch das gute Auswendiglernen und genaue Rezitierenkönnen des „*Barbara* . . ." oder der Schlußregeln geworden ist (wir selbst haben interessante diesbezügliche Experimente gemacht) — relativ weniger Sorge wird aber in der Schule für das tiefe, wahre und volle Verstehen getragen.

6. Wir sollen endlich noch ein Wort über die außerordentlich große Rolle der *heterogenen Faktoren* sagen. Es wäre, glauben wir, überflüssig darüber zu sprechen, wie sehr unsere Urteile, Handlungen usw. von diesen heterogenen Faktoren — deren Rolle schon, im großen und ganzen, von *Bacon* erkannt wurde — beeinflußt werden. Wir wollen nur auf die Tatsache hinweisen, daß durch sehr einfache Experimente die These demonstriert werden kann, daß *sehr kleine* (energetische, affektive etc.) Hindernisse (Erschwerungen), die wir in den Weg einer glatten, geübten oder gewohnten leichten Lösung der Aufgaben stellen, die rechte Lösung *außerordentlich schwer* machen können und daß irgendein Individuum im allgemeinen weit *mehr „Intelligentes"* zu leisten *imstande wäre,* als es in der Wirklichkeit vorkommt, wenn das Individuum sich besser gegen die schädliche Wirkung der heterogenen (und auch *heteronomen)* Faktoren *zu wehren* wüßte. (So z. B. in der Lösung syllogistischer Testaufgaben oder solcher Aufgaben, wo man ordentlich ge-

---

⁸) S. Anmerkung ⁷); auch in einem auf dem Kopenhagener internat. Psychologenkongreß gehaltenen zweiten Kongreßvortrag: *Pour la solution du problème psychologique du génie* (1932); im Auszug: *Journ. de Psych.,* 1934.

⁹) D. h.: Die allgemeine geistige Höhe ist einerseits in allererster Reihe durch die Entwicklungshöhe der genannten allgemeinen Fähigkeiten bedingt; diese Fähigkeiten selbst sind aber andererseits Fähigkeiten des *Verstehens* und nicht der *Denktechnik* (z. B. des logischen Schließens, usw.).

wöhnt ist, nach Tradition, Gewohnheit, Gefühl, Mode usw. zu urteilen und zu handeln.) Die durch solche Aufgaben aktivierten psychischen Hindernisse sind von zwei Arten: a) *innerpsychische subjektive* Faktoren, wie *psychoökonomische* Faktoren der Kommodität, der kleinsten Anstrengung und des leichtesten Durchkommens (teilweise mit ökonomischen Faktoren zusammenhängende), bestimmte psychische *Tendenzen,* wie z. B. die eine überaus große Rolle spielende Tendenz zu leichten *Verallgemeinerungen,* die Tendenz zur Selbstrechtfertigung, usw.; Faktoren des subjektiven *Interesses,* Gefühls- und Willenslebens, Einstellung usw., usw., b) Beeinflussungen der *Milieuwelt* und andere *äußere* Faktoren (auch Gelegenheitsfaktoren). Wir bemerken zuletzt, daß auch unsere Verstandesprüfungen sehr einleuchtend die These demonstrieren, daß die *selbständige* Verstandesleistung weit schwerer (und auch wertvoller) ist, als die rezeptive oder nachahmende (nach fertigen Mustern und fremden Anweisungen arbeitende). Ebenso klar läßt sich die Tatsache demonstrieren, daß man selbst *denselben* Fehler begeht, den man bei anderen, wenn man kritisch eingestellt ist, bemerkt und dessen Fehlercharakter man leicht zu ersehen fähig ist, wenn ein Fremder, z. B. der Versuchsleiter, darauf aufmerksam macht.

Aus dem Gesagten geht klar hervor, daß wir, wenn wir uns ein genügenderes Bild vom Wert der Verstandesfähigkeiten und Verstandesleistungen eines Individuums bilden wollen, außer der Suche nach dem Wert der einzelnen allgemeinen und speziellen Verstandesfähigkeiten auch den Charakter seiner *Haltung den beeinflussenden heterogenen Faktoren* gegenüber, mit angemessenen Tests prüfen müssen.

III.

1. Die logisch notwendige Folgerung des Gesagten ist die These (die bestimmt keiner neuerlichen Dokumentierung bedarf), daß der *methodische Aufbau* der Verstandesprüfungen sich *nach der geschilderten Verstandesstruktur* richten soll. Wir stossen aber schon bei dem ersten Schritt auf zwei grundlegend wichtige Probleme. Nach der geschilderten Verstandesstruktur ist der Verstand ein Gefüge von *sehr zahlreichen einzelnen* Fähigkeiten. „Ist aber überhaupt *eine einzelne Verstandesfähigkeit* genügend präzis prüfbar?" — so lautet die erste Frage. „Wenn sich auch die einzelnen Fähigkeiten Stück für Stück abgesondert genügend prüfen lassen, bedeutet die Verstandesprüfungsaufgabe nicht etwa soviel, als sich *in unendlichen Teilforschungen* zu verlieren, was uns nur theoretische *Einzeldaten* liefern könnte und praktisch nur *selten* (und mit größter Zeitaufwendung) durchführbar wäre?" — so heißt die zweite Frage. Wir antworten in aller Kürze folgenderweise:

2. Schon in den bisherigen Intelligenzprüfungen gibt sich das Streben stark und folgenreich kund, solche Tests zu finden, die nicht nur eine *eindeutige Interpretation* der möglichen Lösungen gestatten, sondern auch nur wenige, wenn möglich nur *eine einzige* Fähigkeit

— in relativer Reinheit — aufklären können. Wir haben die *speziellen* Verstandesfähigkeiten von den allgemeinen abgesondert: es leuchtet ein, daß die speziellen Fähigkeiten (oder Sinne) — die sich auf *ganz bestimmte Verknüpfungsarten* beziehen — einer solchen abgesonderten Prüfung *prinzipiell zugänglich* sein sollen. Und wir wissen alle, daß z. B. die *mathematischen* Relationssinne, aber auch die *logischen* Verknüpfungssinne (z. B. in den Schlußfähigkeitsprüfungen) relativ rein wirklich prüfbar und abschätzbar sind. *In derselben Weise* und in demselben Maße sind aber auch *alle* anderen Relationssinne prüfbar und abschätzbar, so daß wir behaupten können, daß bisher nicht die *Möglichkeit* fehlte angemessene Tests zu konstruieren, sondern es mangelte nur an dem *genügenden theoretischen Erkennen* der Tatsache, daß *jede* Verstandesleistung (aber auch jede „Intelligenzleistung") notwendigerweise durch eine genügend entwickelte *spezielle,* der fraglichen Verknüpfungsart angemessene Verknüpfungsfähigkeit bedingt sein soll. Ebenso wie die mathematischen Sinne sind in der Tat auch z. B. die chemischen oder die (im Wirtschaftsleben wichtigen) ökonomischen oder die psychologischen Relationssinne einer angemessenen Prüfung und Bewertung zugänglich. Wir haben nicht die dazu notwendige Zeit, bei den Einzelheiten zu verweilen und von unseren, seit einigen Jahren fortgesetzten diesbezüglichen Versuchen (wovon einiges im Ungarischen schon wiederholt veröffentlicht wurde) weiteres zu berichten. Möge heute nur die Hinweisung auf die Tatsache genügen, daß sich hier ein sehr weitreichendes Forschungsgebiet darbietet (in welchem auch durch *andersartige* neuere Versuche, z. B. durch Begabungs- und Eignungsforschungen, schon manches sehr Wertvolle geleistet wurde): der Aufgabenkreis, *geeignete Tests* für die Prüfung der so zahlreichen *Spezialsinne* herauszufinden, deren bloße *Inventarisierung* schon mit Recht als eine bisher noch nicht versuchte dankbare neue Aufgabe anzusehen ist.

3. Wenn durch den *relativ selbständigen* Charakter der *speziellen* Verstandesfähigkeiten die Aufgabe erleichtert wird, die Relationssinne *einzeln* zu prüfen, die feste und tiefe *innere Beziehungen,* die die hochwertigsten *allgemeinen* Verstandesfähigkeiten — wie schon angedeutet wurde — zueinander haben, so wird uns dadurch ermöglicht, über den *allgemeinen Verstandeswert* eines Individuums sozusagen mit einem einzigen Schlage, genauer: mit *wenigen* einfachen Versuchen rasch ein beiläufig genaues Urteil abzugeben; die Gefahr einer unendlichen und langdauernden Teilforschung bedroht uns also keineswegs. Wir verweisen nur kurz auf die Tatsache, daß schon seit langem z. B. die hohe positive Korrelation gut bekannt ist, die die Lösungsergebnisse von den *Definitionstests* mit der vermutlichen Intelligenz oder geistigen Stärke haben. Woher stammt diese hohe Intelligenz — oder noch eher: der Verstandeswert der Definitionen? Auf Grund unserer Verstandestheorie und noch mehr auf Grund der Verstandesprüfungsergebnisse ergibt sich wie von selbst die Antwort:

678

Die Definitionstests haben einen sehr großen diagnostischen Wert darum, weil eine gute Definitionslösung immer auch durch *allgemeine* Fähigkeiten bedingt ist, in allererster Reihe natürlich durch einen guten Sinn für das *Wesentliche,* dann aber auch durch einen guten Sinn für das synthetische *Ineinsfassen* — denn z. B. eine Begriffs-definition ist nur dann genügend, wenn sie auf *alle* zugehörigen Dinge paßt und es ist sehr interessant in manchen Lösungen be-obachten zu können, wie der Wert der Lösung eben durch den relativ kleineren Grad des umfassenden synthetischen Sinnes herabgesetzt wird. Daß auch die *Abstraktionsfähigkeit* eine notwendige Vorbe-dingung des guten Definierens ist, daß auch ein feiner Sinn der *Differenzierung* zur scharfen Abgrenzung eines Dinges (Begriffes) von anderen Dingen (Begriffen) nötig ist, daß das Herausfinden des Wesentlichen auch etwas *Vertiefung* verlangt usw., möge jetzt nur kurz angedeutet sein. Vielleicht genügt schon diese einzige Hin-weisung auf die Definitionsproben, um die *praktische Bestätigung* der theoretischen These über die inneren Zusammenhänge zwischen den einzelnen allgemeinen Verstandesfähigkeiten zu erbringen. In weitere Einzelheiten können wir uns nicht vertiefen und wir begnügen uns nur mit der Erwähnung, daß wir mit *Definitions-, Vergleichungs-, Analogieproben* usw., in erster Reihe den Sinn für das *Wesentliche* prüfen, mit Tests, die nach letzten Gründen, Ursachen, Motiven usw. fragen, erforschen wir in allererster Reihe den Sinn der *Vertiefung,* für die abgesonderte Prüfung des *synthetischen* Sinnes — was gar nicht immer nötig ist, weil im allgemeinen schon die *anderen* Test-lösungen genügend darüber berichten — verwenden wir endlich auch Aufgaben, wie das Heraussuchen der *zusammengehörigen Dinge,* oder Herausfinden des passendsten Oberbegriffes usw. (Solche Tests sind sehr brauchbar, weil sie auch die individuelle Selbständigkeit und Initiative, den Reichtum der Gesichtspunkte usw. entdecken lassen.) Wir beehren uns eine einzige von unseren letztgebrauchten *Test-serien* in einigen Exemplaren an die sehr geehrte Zuhörerschaft zu verteilen und wir zeigen eine Abhandlung der Szeged-Universität,[10]) wo einige andere Tests — unter ihnen auch ein solcher, der zum Teile nach den Prinzipien der *Ach*'sche „*Suchmethode*" verfertigt wurde — veröffentlicht sind.

4. Von sich selbst erhebt sich aber eine *dritte* und eine *vierte* Frage: Wie — auf welchen methodologischen Grundlagen und in welcher konkreten Weise — sind wir imstande, in den Lösun-gen die (den *einzelnen* allgemeinen Verstandesfähigkeiten zugehöri-gen) Werte a) *abzusondern* und b) genau exakt zu *messen?* Diese Fragen — und ganz besonders die letztere — sind auf das engste mit dem viel allgemeineren Problem des *Exaktheitscharakters* der Test-

---

[10]) In der Abhandlung von H. *Várkonyi:* Közlemények a szegedi Ferencz József — Tudományegyetem pedagógiai-lélektani intézetből, 1. sz. (In Acta Univ. Reg. Hung. Fr. Jos.), 1933.

wertungen verknüpft, eines grundlegenden Problems, welchem aber, unserer Meinung nach, in der Literatur bis heute noch, nicht *genügend* tief nachgegangen wurde. (Darüber näheres in des Verfassers soeben erschienener *Einführung in die Psychologie* — s. Anmerkung Nr. 13.) Wir beschränken uns darauf, was für die Verstandesprüfungen das Wichtigste ist. Auf die *dritte* Frage lautet unsere Antwort: Durch *Auseinandersetzung* der Lösungen *mehrerer* Tests, von denen die einen sich in erster Reihe z. B. zur Prüfung des Wesenssinnes, die anderen zur Prüfung des Tiefgehens usw. eignen, ist es im allgemeinen nicht schwer, den individuellen Wert auch der einzelnen *allgemeinen* Fähigkeiten abzuleiten. Auf die *vierte Frage* antworten wir folgenderweise: Bestimmtheiten wie Grad des Wesenserfassens oder des geistigen Tiefgehens können *prinzipiell nicht* durch *mathematische* Einheiten, durch *einfache Wertzahlangaben* adäquaterweise ausgedrückt werden. Das bedeutet aber gar nicht *Mangel an Exaktheit* der Wertungen, denn z. B. die *Grade* und *Grenzen* des individuellen Tiefgehens können sehr gut durch experimentelle Versuche festgestellt werden und auch schon die alltägliche Erfahrung zeigt uns, daß das eine Individuum leicht weiterzuschreiten vermag, in der Richtung der tieferliegenden Ursachen an einer Grenze, wo das andere stecken bleibt. Wertdifferenzen in geistiger Tiefe lassen sich also angemessenerweise zwar nicht mit einfachen Zahlen ausdrücken, sind aber einer sicheren und exakten Staffelung zugänglich und so bleibt es wohl möglich, die gewonnenen Lösungen nach Rangreihen, nach *Rangwerten* zu ordnen. Es bleibt eine sehr wichtige Aufgabe der Verstandesprüfungen solche Tests zu finden, die möglichst *viele*, doch *eindeutig* bewertbare Lösungen erlauben und daneben auch das individuelle Geistesgepräge (hinsichtlich der Selbständigkeit, der geistigen Initiative, der Erfindsamkeit usw.) enthüllen lassen.

5. Mit der einfachen Rangordnung begnügen wir uns aber nicht. Wir sind uns auf der einen Seite wohl des Mangels der „*Rangzahlenmethode*" bewußt") und wir wollen andererseits auch das, was praktisch nützlich in der (theoretisch zwar im allgemeinen ungenauen) „*Wertzahlmethode*" ist, verwerten. Praktisch also verfahren wir so, daß wir nach Bestimmung der Rangreihe die Lösungen in wenigen Gruppen vereinigen, deren Anzahl aber nicht wiilkürlich schon *vorher* bestimmt wird (so z. B. daß wir für einen jeden Test die möglichen Lösungen in eine schon *vorher bestimmte runde Anzahl* von Gruppen — z. B. in 5 oder 10 usw. Gruppen — hineinzwängen oder die gewonnenen Lösungen *zu je zwei oder drei* usw. in eine Gruppe *mechanischerweise* zusammenfassen). Die Einteilung und

---

") In allererster Reihe: Die wirkliche Wertdifferenz zweier nebeneinander stehenden Rangzahlen kann das eine Mal sehr klein, das andere Mal aber sehr groß sein (vergl. die Wertdifferenzen in der Reihen*mitte* und in den Reihen*enden*).

die Anzahl der Gruppen wird *von Fall zu Fall,* nach der Natur der Lösungen, in der passendsten Weise bestimmt. Wenn jetzt jede Lösung die Wertzahl der Gruppe, wohin sie paßt, erhält, so gelangen wir ebenfalls zu *Wertzahlen,* die aber durch die vorher stattgefundene genauere analytische Durcharbeitung der wirklich abgegebenen Lösungen (in der Rangordnung) und die besser durchdachte Gruppenformung den *reellen* Verhältnissen möglichst angemessen ausfallen. In dem Endurteil, daß wir über ein Individuum abgeben, sollen wir aber auch *diese* Zahlen gar nicht *für sich allein* berücksichtigen. Es liegt vielmehr im Geiste unserer Verstandesprüfungen, daß wir neben den zahlenmäßigen Resultaten eine hervorragende Rolle solchen begleitenden und ergänzenden Observationen und Bemerkungen zukommen lassen, die sich auf geistige Qualitäten beziehen, welche *nicht durch Zahlen* allein auszudrücken sind. (Solche Qualitäten sind z. B. Interessenrichtung, besondere Charakteristiken der individuellen Erfassungs- und Arbeitsweise usw., die eben genauer das *individuelle Gepräge* der individuellen Geistesarbeit gewährleisten.) Das Bild, welches sich nach solch einer analytischen Prüfung vom wirklichen Verstandeswert eines Individuums vor uns enthüllt, dieses Bild „im *Nu",* deckt sich manchmal nicht sehr gut mit dem aus den gewöhnlichen *Intelligenzprüfungen* zusammensetzbaren, oder auch mit dem nach den gewöhnlichen „psychologischen *Profilen"* herstellbaren Bild. Wenn diese Intelligenz- und Profilbilder dem Bilde, das sich durch die *Schule* oder durch die praktisch-oberflächliche *Observation* von einem Individuum (vor dem Lehrer oder einem gewöhnlichen intelligenten Zuschauer) enthüllt, ähnlich sind, so bietet uns das durch die Verstandesprüfungen gelieferte Bild oft manche *Überraschungen,* die sich in erster Reihe auf Qualitäten wie geistige Oberflächlichkeit, Enge, Unselbständigkeit, allzugroße Beeinflußbarkeit usw. beziehen. Es ist aber in solchen Fällen kaum fraglich, *welches* Bild das *wahrste* und *tiefste* sein kann: das vom *Lehrer* gelieferte Bild oder, das nach solchen erwähnten Methoden und Staffelungen gewonnene *Intelligenz*bild, das auf die Prüfung nur einiger, nicht weiteranalysierten Fähigkeitskreise aufgebaute *Profil*bild oder das von der *Verstandesprüfung* gelieferte Bild, welches in der analytischen Klärung bis auf die *letzten* Verstandesfähigkeiten durchzudringen berufen ist und — wir betonen aufs neue — überdies gar nicht bei der Feststellung der einzelnen Fähigkeiten (und des Wertes der beeinflussenden Faktoren) stecken bleibt, sondern auch ein einheitliches *ganzes Bild,* ein innerlich gut differenziertes und gut strukturiertes synthetisches Gesamtbild darstellt, eben weil die Verstandesprüfungen auf das Prinzip der *einheitlichen Struktur* des individuellen Verstandescharakters als eines ihrer grundlegenden Prinzipien aufgebaut sind. Es ist kaum fraglich, daß dieses wahrhaftigere, tiefere und organisiertere Bild auch große praktische Vorteile haben kann, z. B. für die Aussuche des *passendsten Lebens-*

berufs,[12]) für das sichere Voraussagen des mit Recht zu erwartenden Wertes einer Leistung, für die Ersparnis eventueller unangenehmer späterer Überraschungen usw.

6. Bezüglich der *theoretischen* Bedeutung, der von den reinen Verstandesforschungen zu erwartenden Ergebnisse, wollen wir uns nur mit kurzen Andeutungen begnügen. Solchartige Prüfungen sind wichtig in erster Reihe zur genaueren Klärung mancher *psychologischen* Probleme: hiezu gehört der ganze Kreis der *Verstandesoperationen* und auch ihrer *praktischen Anwendungen* im gesamten Kulturleben. Wir erwähnen einige *Einzelprobleme,* zuerst das folgende: Es ist zu fragen, ob die relativ große Einheit der allgemeinen Verstandesfähigkeiten sich nicht in enger Beziehung mit dem von *Spearman* gesuchten „allgemeinen Faktor" befindet. Es wäre wohl denkbar, daß eben die höchstwertigen allgemeinen Faktoren, die sich — wie wir sahen — in einer relativ selbständigen Einheit ordnen und in jeder hochwertigen geistigen Leistung notwendig eine Rolle neben den speziellen Fähigkeiten spielen, eben diesen allgemeinen Faktor ausmachen, der in *Spearmans* Theorie noch als ein nicht weiteranalysierter *einheitlicher* und *einziger* Zentralfaktor gilt. — Mit dem Problem der höchstwertigen allgemeinen Verstandesfähigkeiten hängt auch das psychologische Problem der *Genialität* zusammen, wo wir selbst zum Ergebnis gelangen, daß das außerordentlich starke Entwickeltsein der höchstwertigen allgemeinen Verstandesfähigkeiten für ein wirklich geniales Schaffen auch in den Kreisen des *praktischen* oder des *Kunstlebens* nicht nur *unerläßlich,* sondern gerade von *zentraler Bedeutung* ist. — Aber auch das viel allgemeinere Problem der einfachen *„Begabung"* oder des „Talentes" ist unschwer einer Lösung in unseren Verstandesforschungen zugänglich; jede Begabung gilt uns als etwas *zusammengesetztes,* wo sich mit speziellen Fähigkeiten immer auch allgemeine paaren.

7. Da die Verstandesprobleme aufs engste mit *wissenschaftstheoretischen, logischen* und *philosophischen* Problemen verknüpft sind, so ist ihre bessere Klärung von großer Wichtigkeit zur Bestimmung der *letzten Verstandesdeterminationen,* die — letzten Endes — *psychischer Natur* sind; zur Bestimmung der Arten der möglichen *Dingrelationen,* der letzteren psychischen Bedingungen der möglichen menschlichen *Weltanschauungen;* zur Bestimmung der Beziehungen der höchstwertigen Verstandesfähigkeiten zum exakten wissenschaftlichen Begriff der *„Wahrheit"*[13]) usw. Ihre Klärung ist von überaus großer Bedeutung für die Lösung mancher *logischen* Probleme, so

---

[12]) Für die *Eignungs*prüfungen dagegen halten wir selbst auch heute die Anwendung der — in diesem Falle einfacheren — *Intelligenz*prüfungen (obgleich sie theoretisch ungenauer sind) für *praktischer.*

[13]) S. Anmerk.. [7]); auch Verfassers Werk: *Bevezető a lélektanba. Egy lélektani rendszer vázlata* (Einführung in d. Psychologie. Grundriß eines psychol. Systems) in Mitteilungen des Pädag.-psychol. Instituts d. Franz Josef-Univ., Nr. 2, Szeged, 1934.

z. B. zur Lehre der *Schlußfolgerungen,* wo wir selbst auf eine neue Theorie der *syllogistischen* Schlüsse gelangen.“) — Wir erwähnen endlich — des großen praktischen Nutzens willen — nur einige *pädagogische* Probleme, obgleich *alle* Kreise des gesamten Kulturlebens einer *Umwertung* im Lichte eines besseren Erkennens der menschlichen Verstandesarbeit (und der wahren Bedeutung der Verstandesfaktoren für unser ganzes theoretisches und praktisches Menschenleben und für sämtliche Kultureinrichtungen) zugänglich sind. Es sei uns erlaubt also nur auf die Wichtigkeit des klaren Erkennens des heutigen *Mangels* einer *angemessenen Verstandeserziehung* — was eben nur eine *Fähigkeitserziehung* sein kann — auf die — relativ — widersinnig große erzieherische Müheanwendung in den Schulen auf die geistig *Unbefähigten* (und auf die relativ kleine Müheanwendung auf die angemessene Erziehung der Befähigten), auf die relativ große Müheanwendung auf die Denk*techniken* (anstatt des wahren, richtigen, tiefen, vollständigen *Verstehens*) hinzudeuten, dann auf den Mangel eines wahren und warmen, belebenden und in den erzieherischen Wirkungen immer vor Augen zu haltenden *Ideales* der Verstandesbildung — das wir in dem Ideal der *Wahrheit* bestimmen — auf den Mangel genauerer *Warnungen* vor schädlichen Einflüssen (für eine richtige Verstandesarbeit) der außerverstandesartigen heterogenen Faktoren, auf den Mangel einer Erziehung zur *gesunden* Kritik, zur *Selbstkontrolle,* zur geistigen *Selbständigkeit* und Initiative, zur *Vollständigkeit der Gesichtspunkte* usw.: wir haben diesen Problemkreis, einige Tage vorher, in einem an dem jetzt abgelaufenen internationalen Prager Philosophenkongreß gehaltenen Vortrag[15]) ausführlich behandelt.

*

Es ist uns vielleicht — durch unsere Hindeutungen auf den überaus großen Problemkreis der reinen Verstandesforschungen — gelungen, den Eindruck zu erwecken, daß im Lichte unserer Anschauungen das Bild, welches sich uns von der geistigen Arbeit enthüllt, einerseits *übersichtbarer* und *besser geordnet* ausfällt, und andererseits auch an *Bedeutung* für das gesamte menschliche Kulturleben, wir sagen auch für die gesunde Lösung der aktuellen allgemeinen menschlichen *Krise* und für das Vorbereiten eines *zukünftigen* vernünftigerweise organisierten und daher *glücklicheren Menschenlebens* gewinnt. Es soll uns für eine andere Gelegenheit *aufbewahrt* bleiben, nach den heutigen *theoretisch-methodischen* allgemeinen Erörterungen, Näheres über die *Praxis* und die *Einzelheiten* der experimentellen Forschung, der angemessenen Tests, dann über die Bewertung der Testlösungen, sowie über neuere Ergebnisse zu berichten.

---

[14]) S. Anmerk. [2]), dann Verfassers Abhandlung: *A szillogisztikus következtetés egy új elmélete* (Athenaeum, 1932), auch im Sonderabdruck (Eine neue Theorie des syllogistischen Schließens).

[15]) Unter dem Titel: *Les problèmes de l'éducation de l'intelligence.*

PRÜFUNG UND ÜBUNG HÖHERER
WAHRNEHMUNGSLEISTUNGEN (DINGKONSTANZ).

EGON BRUNSWICK (Wien).

Fragen wir in gegenständlicher Orientierung nach dem Leistungsziel der Wahrnehmung, so ergibt sich als ein besonders grundlegender Fall die richtige Abschätzung der Eigenschaften der hantierbaren Körper in unserer Umgebung, z. B. deren Größe, Form, Gewicht, Volumen, Farbe (d. h. physikalisch ausgedrückt, Reflexionskoeffizient) usw. Dabei muß das Individuum imstande sein, die Objekte in *jeder* Beleuchtung in *jeder* räumlichen Lage und *jeder* Umgebung, aus *jeder* Entfernung usw. in ihren Eigenschaften zu erkennen. Entscheidend ist die *Unabhängigkeit* der Wahrnehmung vom Wechsel aller der genannten Umstände, unter denen das Ding wahrgenommen werden kann. Die Verkleinerung des Projektionsbildes eines Körpers auf der Netzhaut des Auges beträgt 10 : 1, wenn wir den Körper aus zehnfacher Entfernung betrachten. Die Gefahr eines Fehlers der Körpergrößenschätzung aus dieser Quelle ist viel schwerwiegender als die Gefahr, die aus einer mangelhaften Präzision des Sinnesorgans als eines bloßen Meßinstrumentes erwächst, wie sie in den üblichen Sehschärfe, oder Augenmaßprüfungen untersucht wird. Ganz ähnlich steht es dann, wenn wir ein Objekt schief zur Blickrichtung oder aus dem Licht in den Schatten stellen. Die Verzerrung seiner projektivischen Größe oder Form, die Herabsetzung der Intensität der von ihm reflektierten Strahlen ist meist um ein Vielfaches größer als die gröbste Unterschiedsschwelle. „*Dingkonstanz*" im Wechsel der Umstände ist darum die zentralste Forderung, die wir an die Wahrnehmung zu stellen haben. Sie ist jene Instanz, die für die rasche und doch verläßliche Orientierung an den Dingen ausschlaggebend ist.

Wird die Größe von Körpern unabhängig von der Entfernung, in der sie sich befinden, in immer gleicher Weise richtig wahrgenommen, so sprechen wir von „Größenkonstanz" im Entfernungswechsel. Die Größenkonstanz ist eine spezielle Ausprägungsform der allgemeinen Dingkonstanz, nämlich eine Konstanz der Wahrnehmung bloß hinsichtlich der Dingeigenschaft („Gegenstandard"), „Körpergröße". Analoges gilt für die „Gestaltkonstanz" im Wechsel der räumlichen Lage. Sowohl Größen- als auch Gestaltkonstanz sind von großer praktischer Wichtigkeit für die rasche und dabei richtige und genaue Orientierung an den Dingen. Eine weitere Seite der Dingkonstanz, die „Farbenkonstanz" im Beleuchtungswechsel, ist besonders wichtig z. B. für alle Personen, die mit Kleiderstoffen und anderen in der Farbe nuancierten Dingen zu tun haben.

Bei einer experimentellen Untersuchung der Dingkonstanz[1]) erge-

---

[1]) Detailliertere Berichte über die einzelnen Experimente und deren Ergebnisse findet man in den von mir herausgegebenen *„Untersuchungen*

ben sich auf allen Gebieten immer wiederkehrende charakteristische Fehlertypen. So ist, wie fast jede Wahrnehmungskonstanz, auch die Größenkonstanz bloß „angenähert" verwirklicht. Es scheint etwa ein 7cm-Würfel aus zehnfacher Entfernung doch etwas kleiner als aus der Nähe, da die relative Kleinheit seines Projektionsbildes doch einen gewissen Einfluß ausübt, der von der Wahrnehmung nicht bis auf den letzten Rest eliminiert werden kann. Allerdings ist die Konstanz hier vergleichsweise doch recht gut, denn scheinbar gleich einem nahen 7cm-Würfel erscheint nicht der projektivisch gleiche ferne 70cm-Würfel, sondern im Mittel schon einer von der Kantenlänge 7½ bis 8 cm. Die relative Nähe des scheinbaren Gleichwertes (7½) zu 7 einerseits und zu 70 andererseits gestattet nach einer einfachen Verrechnungsformel die *quantitative Angabe des Grades der Größenkonstanz (Dingkonstanz)*. Die auf diese Weise ausdrückbaren *individuellen Differenzen* bei Dingkonstanzversuchen sind für gewöhnlich sehr groß, viel größer als etwa bei einer einfachen Prüfung des Augenmaßes ohne die erschwerende und labilisierende Umstandsverschiedenheit für die beiden Vergleichsobjekte. Es ist darum besonders wichtig, solche Prüflinge, bei denen es auf täuschungsfreie Wahrnehmungsleistung ankommt, auf den Grad ihrer Dingkonstanz hin zu prüfen.

Formal liegen die Verhältnisse für andere Gegenstandsarten weitgehend analog. Die Gestaltkonstanz im Wechsel der räumlichen Orientiertheit, die Farbenkonstanz im Wechsel der Beleuchtung, die Konstanz der phänomenalen Lautheit eines Schallsenders im Wechsel der Entfernung sind alle ebenfalls mit großen Streuungen bloß angenähert verwirklicht. Für alle diese höheren Wahrnehmungsfunktionen hat die Schärfe der Sinne eine ganz bestimmte, aber doch durchaus dienende Bedeutung: sie hilft, wie experimentell gezeigt werden konnte, die feinen Kriterien für Entfernung, Beleuchtung oder Lage aufzufinden und zu verwerten und erhöht so den Grad der Konstanz, mit dem sie dadurch in eine gewisse Korrelation kommt. Von diesem Gesichtspunkt aus hat eine Sehschärfeprüfung auch schon als solche indirekt einen positiven Wert auch als Test für die höheren komplexen Leistungsarten der Wahrnehmungsfunktion. Die eigentliche Leistung des „Inrechnungstellens" der Umstände ist aber in der Sehschärfe noch nicht enthalten und kann tatsächlich trotz hoher Sehschärfe auch fehlen.

In der Psychotechnik wurden Experimente, die den geschilderten verwandt sind, bisher hauptsächlich in Form von Aufgaben wie „Formensuchen" oder „Verlagerungsprobe" vorgenommen. In der Termi-

---

über Wahrnehmungsgegenstände", bisher 6 Beiträge in *Arch. f. d. ges. Psychol.* 88, 1933 und 91, 1934. Vgl. ferner, insbesondere für das sogleich zu besprechende „erweiterte" Konstanzproblem, mein Buch: *Wahrnehmung und Gegenstandswelt, Grundlegung einer Psychologie vom Gegenstand her*, Leipzig und Wien 1934.

nologie der Dingkonstanz ausgedrückt, prüfen diese Aufgaben 'die Gestaltkonstanz im Wechsel der Lage *in* einer frontalparallelen Ebene.

Erweiternd läßt sich das Problem der Dingkonstanz auf eine Reihe von Situationen erstrecken, die zunächst vielleicht als andersartig empfunden würden. Man kann nämlich nicht nur fragen, ob die phänomenalen Eigenschaften der Dinge konstant bleiben im Wechsel der Relationen dieses Dinges zum Beobachter oder zu anderen Dingen; sondern man kann auch noch weiter fragen, ob sie konstant bleiben *im Wechsel der übrigen Eigenschaften derselben Dinge.* Auch hier handelt es sich um die Unabhängigkeit der Auffassung der bestimmten gegenständlichen Eigenschaft vom Wechsel anderer, die aber diesmal mit jener im gleichen konkreten Körper vereinigt sind. Wir geben Beispiele. Können wir Flächengrößen oder Volumina in unmittelbarer Anschauung richtig abschätzen, bzw. vergleichen, wenn sie einmal in diese und dann in eine andere Form gegossen sind, oder wenn sie einmal in weniger, dann in mehr Teile aufgespalten sind? Gestalten, wenn sie einmal groß, dann klein sind? Mengen, wenn ihre Elemente einmal groß, dann klein, einmal wertvoll, dann weniger wertvoll sind? Gewichte, wenn sie einmal mit großer, dann mit geringer Dichte (Volumen) verknüpft sind oder einmal mit großer, dann mit kleinerer kinetischer Energie auf die Hand auftreffen usw.? Eine experimentelle Untersuchung aller dieser Fragen ergibt wiederum eine gewisse Unreinheit der Wahrnehmung, eine Vermengung der eigentlich intendierten mit sachfremden Vergleichsgesichtspunkten, eine bloß angenäherte Konstanz der betreffenden Gegenstandsarten hinsichtlich ihrer Wahrnehmbarkeit. Auch hier läßt sich wiederum ganz analog der oben beim engeren Konstanzproblem näher ausgeführte Verrechnungsmodus durchführen und der Grad der Konstanz quantitativ angeben.

Die Einzeluntersuchungen zeigten, daß am besten noch die Flächenkonstanz im Wechsel der Form und die Gestaltkonstanz im Wechsel der Flächengröße verwirklicht sind; obwohl doch auch eine deutliche Tendenz besteht, von gleichgroßen Flächen die mit längerer Kontur auch der Fläche nach größer zu sehen und von zwei gleichgeformten Gestalten die größere als plumper. In höherem Grade werden Körper von großer linearer Erstreckung und Oberfläche, z. B. Platten oder Stäbe gegenüber Würfeln auch dem Volumen nach überschätzt, die Kugel, vermöge ihrer kleineren Oberfläche unterschätzt. Anzahlen werden oft beträchtlich überschätzt, wenn ihre Elemente groß sind, oder sogar wenn sie bloß größeren Wert haben. Z. B. läßt sich das bei Vergleich von Briefmarken- oder Münzengruppen aus Elementen von verschiedenem Wert zeigen. Die Wahl erfolgt auch hier, wie bei *allen* Versuchen, „unmittelbar". Man läßt die Versuchspersonen zum Rechnen oder Zählen gar keine Zeit und fragt etwa bloß: „Schnell, welche von den beiden Objekten (Gruppen) würden Sie retten, wenn es brennt?"

686

Alle die genannten Versuche zum engeren und zum erweiterten Konstanzproblem wurden einmal im Rahmen theoretisch orientierter Einzelarbeiten (vgl. die Anmerkung oben) am Psychologischen Institut der Universität Wien, dann aber auch in geeigneter Auswahl am Wiener Psychotechnischen Institut, und zwar dort von Herrn Ing. *Unger* und Fr. *Guttenberg* im Rahmen der laufenden psychotechnischen Eignungsprüfungen *als Test* durchgeführt.

Andere Versuche mit Volumen-, Mengen- und Wertschätzungen dienten in erster Linie *praktischen* Problemen. Es interessierte uns z. B. die Frage, wie weit ein Käufer die Volumenverhältnisse verschiedengroßer Packungen in der ersten unmittelbaren Anschauung (die ja oft maßgeblich bleibt) richtig abzuschätzen vermag. Frl. *Breuer* fand dabei, daß bei Dosen (Schuhpaste, Sonnenbrandsalbe) die größeren fast immer dem Volumen nach überschätzt werden, Fläschchen (Tinte, Parfum, Kölnerwasser) schon weniger deutlich, während bei Tuben die größeren schon öfters unterschätzt werden. Die Fehler zeigen bei näherer Untersuchung nach Größe und Richtung ziemlich gesetzmäßige Abhängigkeit von den Absolutgrößen und auch von den Relationen der zu vergleichenden Objekte.

Eine andere Anwendung: es wurden Gruppen aus 18 kleinen und aus 15 großen Eiern gezeigt, deren Gesamtvolumina gleich waren. Es wird aber — offenkundig vermöge der größeren Anzahl — das Gesamtvolumen der kleineren Eier für größer gehalten. Es werden auch bei einer fiktiven Kaufhandlung die kleineren Eier bevorzugt, wenn die Preise genau auf das Volumen abgestimmt sind. (Von 22 Versuchspersonen bevorzugen dann 19 die kleineren Eier.) Der Durchschnittskäufer läßt sich durch die größere Stückzahl der kleineren Eier beirren, die er für das gleiche Geld bekommt. Auch die Preisbildung auf dem Markt folgt vermutlich dieser Täuschung: kleinere Eier werden vermutlich allgemein auch abgesehen von ihrer manchmal weniger guten Qualität, im Verhältnis zu ihrem Volumen überzahlt.

Daß es eine Art „Magie der großen Zahlen" gibt, zeigte sich in Versuchen, in denen Jahres- mit Monatsgehältern, Brutto- mit Nettogewichten, und Geldsummen, die in niedrigerer Valuta ausgedrückt waren, mit solchen höherer Valuta verglichen werden sollten. Es wurden dabei stets Reihen von je 6 rasch hintereinanderfolgenden Summanden genannt und man sollte vergleichen, welche von den beiden Reihen dem Werte nach insgesamt mächtiger erschien, ohne daß eine explizite Ausrechnung erlaubt oder auch nur möglich war. Die objektiven Summen waren stets dem Werte nach gleich. Die Täuschung hatte in diesen Versuchen allerdings oft auch entgegengesetztes Vorzeichen; die Täuschungsquelle der großen Zahlen wurde in diesen Fällen überkompensiert, so daß dann die in kleineren Absolutzahlen ausgedrückten Werte als größer erschienen.

Noch ein letztes Beispiel: es wurden Reihen, gebildet aus sog. verstümmelten Preisen (S 19.80 anstelle von 20.— usw.) verglichen mit Reihen, deren Elemente aus runden Zahlen bestanden. Es zeigt sich, daß die nichtverstümmelten Preise tatsächlich von 67% der Frauen überschätzt und nur von 19% unterschätzt werden, die Firmen also ihren Zweck vermutlich oft erreichen.

Noch ein paar Worte über das Problem der *Übbarkeit* der in Frage stehenden Leistungen. Wir greifen die Gestaltkonstanz bei Verdrehung aus der frontalparallelen Ebene heraus. Ein solcher Versuch wurde ohne jede Belehrung über die wahren Formverhältnisse und auch ohne anschauliche Erfahrungskontrolle bloß wiederholt und zwar im Laufe eines Monats 26mal. Es ergab sich eine beträchtliche Verbesserung sowohl des gestaltkonstanten als auch des projektivischen (malerischen) Sehens. Dingkonstanz ist also übbar, ebenso die *Umstellbarkeit* von einer Art des Sehens auf eine andere. — Ferner können phänomenal „unmittelbare" Eindrücke auch *abgelernt* werden. Das ist der Fall z. B. bei der unvermittelten Wahl zwischen zwei Marken- oder Münzengruppen. Dabei ist allerdings Voraussetzung, daß wiederum eine gewisse Vertrautheit durch *Häufung* des Umganges mit den betreffenden Objekten als Wertträger gewonnen wurde. Ein indirekter Beweis für diese Notwendigkeit, der uns besonders schlagend erscheint, ist auch, daß die Anzahltäuschung unter dem Einfluß von Wertverschiedenheiten nicht auftritt, wenn man den Wert der Marken zwar schon intellektuell kennt oder auf den Marken ablesen kann, aber man doch noch nicht so weit ist, daß er einem „in Fleisch und Blut" übergegangen ist.

Es sei noch angeführt, daß vermutlich 10—15jährige Jugendliche bezügl. der Dingkonstanz besonders ausgezeichnet sind. Diese *entwickelt* sich zuerst bis zu diesem Alter steil aufwärts, um dann bei den Erwachsenen wieder abzufallen. (Die Sehschärfe beginnt bekanntlich noch früher abzunehmen.) Vermutlich kompensieren die Erwachsenen die Verminderung der Leistungsfähigkeit der unmittelbaren Anschauung durch übergeordnete kritisch-diskursive Instanzen.

In einer Leistungspsychologie sollen m. E. die Personen durch diejenigen Gegenstandsarten, die sie zu bewältigen vermögen, charakterisiert werden, also „vom Gegenstand her". Wahrnehmungsleistungen im besonderen werden am besten charakterisiert durch Angabe der Reinheitsgrade der Wahrnehmbarkeit der verschiedenen Gegenstandsarten (wie Körpergröße, Gewicht, Volumen, Anzahl usw.), also durch die Güte der umstandsunabhängigen Dingkonstanz. Daneben sollte bei eingehenderen einschlägigen Eignungsuntersuchungen auch die Anlernbarkeit der Wahrnehmungsfunktion und ihre Umstellbarkeit testmäßig geprüft werden.

Diskussion:

Spielrein (Moskau) fragt, ob auch für die genannten praktischen Beispiele der Anzahl-, Volumen- und Wertschätzungen große interindividuelle Unterschiede gefunden wurden.

Vogel (Prag) fragt, ob nicht das Moment der empirischen Bekanntheit eine große Rolle für die Dingkonstanz spiele, z. B. bei Stühlen, deren Größe durch Erfahrung ziemlich genau bekannt ist.

Brunswik bejaht beide Fragen. Versuche zeigen allerdings, daß ein bloßes intellektuelles Wissen um die wahren Eigenschaften der wahrgenommenen Dinge noch nicht genüge, sondern die Erfahrung erst durch entsprechende „Dressur" dem — relativ autonomen — Wahrnehmungssystem als solchem eingehämmert werden müsse, bevor sie sich in den Wahrnehmungseindrücken selbst bemerkbar mache.

DIE ANWENDUNG DER GRAPHOLOGIE
IN DER ANGESTELLTENAUSLESE.
(Die Zusammenarbeit des Graphologen mit dem Psychotechniker.)
OTTO FANTA (Prag).

Das Referat soll an Hand einiger anschaulicher Beispiele aus der Praxis zeigen, was der Wirtschaftsgraphologe nach dem gegenwärtigen Stande der Wissenschaft als Berater bei der Angestelltenauslese leisten kann, wo die Grenzen der graphologischen Beurteilungsmöglichkeiten liegen und schließlich von welcher Bedeutung die Zusammenarbeit des Graphologen mit dem Psychotechniker in der wissenschaftlichen Angestelltenauslese ist.

Die Erfahrung hat gelehrt, daß sich die mittleren kaufmännischen und bürotechnischen Berufe am besten für eine schriftcharakterologische bzw. wirtschaftsgraphologische Untersuchung eignen, sie sollen deswegen vor allem berücksichtigt werden.

Die hier in Betracht kommenden Bewerber verfügen über eine genügende Schreibreife, welche ihre Schrift als eine natürliche und ungezwungene Ausdrucksform zu beurteilen gestatten, zum Unterschiede vom schreibungeübten und -ungewandten Handarbeiter.

Es liegen aber auch hier solche allgemeine Persönlichkeits- und Charaktereigenschaften zur Beurteilung vor, für welche bestimmte Normen aufgestellt werden können, was bei leitenden Persönlichkeiten in Wirtschaft und Industrie nicht möglich ist. Bei diesen ist es schwierig eine scharfe Grenze zu ziehen, zwischen der Leistungs- und Erfolgstüchtigkeit. Die Erfolgstüchtigkeit beruht, wie Ichheiser in einer aufschlußreichen Arbeit nachgewiesen hat, in zahlreichen Fällen auf der Verwertung sozial minderwertiger Eigenschaften wie Strebertum, Skrupellosigkeit, rücksichtslose Gewinnsucht. Der Graphologe, um sein Urteil über den Charakter eines erfolgreichen Menschen befragt, kann zu einem für den Schrifturheber wenig schmeichelhaften Ergebnis gelangen, das durch die Erfahrung widerlegt erscheint, weil Erfolgstüchtigkeit mit Leistungstüchtigkeit leicht verwechselt werden kann.

Wie beurteilt der Wirtschaftsgraphologe sachliche Leistungsfähigkeit? Die graphologischen Grundprinzipien, nach denen der Schriftcharakterologe im allgemeinen vorzugehen hat, können in diesem Kreise als bekannt vorausgesetzt werden. Der Wirtschaftsgraphologe prüft analog dem Psychotechniker die allgemeinen Intelligenz-

und Willensanlagen des Schrifturhebers, die Art und Richtung der Verwertung dieser Fähigkeiten, schließlich die besonderen berufsnotwendigen Eigenschaften.

Bei der Feststellung der allgemeinen Intelligenz- und Willensanlagen ist der Wirtschaftsgraphologe angewiesen auf die Ergebnisse der Schulgraphologie.

Die allgemeine intellektuelle Leistungsfähigkeit kommt im gesamten Schriftbild zum Ausdruck. Vor allem manifestiert sich gutes Unterscheidungsvermögen in einer Klarheit des Schriftbildes, in einem ausreichenden und gleichmäßigen Wort- und Zeilenabstand, regelmäßiger Zeilenführung, im Mangel einer Überbetonung eines bestimmten Schriftmerkmales. Definieren wir die praktische Intelligenz als die Fähigkeit auf Grundlage früherer Erfahrungen neue Situationen schnell zu meistern, so muß bei der Intelligenzbeurteilung sowohl die Reaktionsgeschwindigkeit als auch die Findigkeit und Denkgewandtheit berücksichtigt werden. Die erstere zeigt sich in der Geschwindigkeit der Bewegungsführung, im Schreibtempo, die letzteren spiegeln sich in der Art der Bewegungsführung, in der Findigkeit selbständiger Bewegungsknüpfungen.

Kritische Beurteilungsfähigkeit zeigt sich in der Schärfe der Schrift mit allen ihren Unterarten. Organisationsfähigkeit in der geschickten originellen und zweckmäßigen Anordnung des Textes.

Für die Beurteilung des Gedächtnisses stellt die wissenschaftliche Graphologie keine allgemein anwendbare Regel zur Verfügung, hier lassen sich nur indirekte Schlußfolgerungen ziehen.

Schnelle und leichte Assoziation kann bis zu einem gewissen Grad an dem Grad der Verbundenheit erkannt werden.

In Bezug auf Feststellung der Stärke und der Art des Gedächtnisses, des optischen, akustischen, haptischen Vorstellungsvermögens, der Kombinationsfähigkeit, des Organisationstalentes, des technischen Verständnisses sind die psychotechnischen Methoden den graphologischen entschieden überlegen. Der Psychotechniker wird auch besser und verläßlicher in einzelne Teilgebiete der Intelligenzbetätigung auf Grundlage der Testergebnisse vordringen können.

Günstiger ist die Sachlage für den Schriftcharakterologen auf dem Gebiete der Willensüberprüfung. Während der Psychotechniker keine direkte Untersuchung vornehmen kann — der Grad der willkürlichen Aufmerksamkeit und der Konzentrationsfähigkeit wird die wichtigsten Anhaltspunkte geben — kann der Graphologe nicht nur eine grundlegende Unterscheidung treffen zwischen der aktiven Willenskraft (Energie) und der passiven Willenseigenschaft, der Widerstandskraft und Ausdauer, d. i. der Fähigkeit äußeren Einflüssen zu widerstehen bzw. in steter Arbeit auszuharren, sondern er kann auch eine Überbetonung des Willens (Brutalität) oder psychisch bedingte Hemmungen der Willensäußerung in allen ihren Nüancierungen und Arbeiten konstatieren. Aktive Willenskraft äußert sich bekanntlich in der Druckstärke, die passive in der Regelmäßigkeit der Schrift.

690

Eine Überbetonung vor allem in einer übergroßen Wucht und Schriftgröße, Hemmungen in der Schriftenge.

Entschieden überlegen der Psychotechnik ist die Schriftcharakterologie jedoch in der Beurteilung des Charakters im engeren Sinne, in der ethisch-sozialen Einstellung des Menschen. Dem Psychotechniker stehen zwei Wege offen zur Feststellung des sozialen Verhaltens der Versuchsperson. Erstens die Methode der Selbstanalyse — die Versuchsperson hat schriftlich Fragen zu beantworten, welche einen Rückschluß auf ihr soziales und ethisches Verhalten gestatten. So aufschlußreich das Ergebnis dieser Selbstanalyse auch sein mag, der Psychotechniker hat dabei eine Schwierigkeit zu überwinden, welche der Graphologie nicht kennt, nämlich die Entscheidung, wie weit es sich bei dem Prüfling um Selbsterkenntnis und wie weit um eine Wunschvorstellung handelt. Der zweite Weg ist die persönliche Ausforschung nach durchgeführter psychotechnischer Prüfung. Hierbei spielt die Begabung des Versuchsleiters und seine empirischen Kenntnisse eine entscheidende, objektive, ein für alle Mal festgesetzte Prüfungsmethoden eine ganz untergeordnete Rolle.

Der Graphologe kann dagegen nach bestimmten Schriftmerkmalen und Merkmalsgruppen, unter denen die Rechts- bzw. Linksläufigkeit die Sperrung gegen rechts, die Eintönigkeit, Starrheit, die Überwertigkeit, die Ordnung des Schriftbildes zu den instruktivsten gehören, mit einem sehr hohen Grade der Wahrscheinlichkeit objektiv feststellen, ob der Schrifturheber bereit ist im Sinne der Individualpsychologie sachlich an die Bewältigung der ihm gestellten Aufgaben heranzutreten oder ob er, ichhaft eingestellt, durch Scheinleistungen allein sein Selbstgefühl erhöhen will, er kann mit hinreichender Genauigkeit dabei den extravertierten Typus vom introvertierten im Sinne Jungs unterscheiden.

Wir erwähnten bereits, daß die Feststellung der Intelligenz- und Willensveranlagung und die Art der Verwertung dieser Fähigkeiten erst eine Vorarbeit für den Wirtschaftsgraphologen bildet. Von entscheidender Bedeutung ist die Sicherstellung der speziellen berufsnotwendigen Eigenschaften.

Auf diesem Gebiete ist der Graphologe in erster Reihe angewiesen auf die Untersuchungen des Wirtschaftspsychologen. Dieser muß empirisch feststellen, welche berufsnotwendigen Eigenschaften jeder Spezialberuf erfordert. In Hinsicht auf die Feststellung dieser berufsnotwendigen Eigenschaften bei kaufmännischem und bürotechnischem Personal hat Siebert in Berlin eine gute Vorarbeit geleistet, die dann Kreusch bei seinen graphologischen Untersuchungen verwertete. Wir arbeiten gegenwärtig nach Tabellen, welche eine gute Übersicht über die berufsnotwendigen Eigenschaften der Spezialberufe ermöglichen. Als Beispiel seien die graphologisch überprüfbaren erforderlichen Eigenschaften eines Buchhalters erwähnt: Genauigkeit, Überlegung, gewisse Sparsamkeit, verstandesmäßige Einstellung, Kritik, Gleichmäßigkeit, Ausdauer, Sauberkeit.

Es empfiehlt sich das Vorhandensein dieser Eigenschaften nicht nur qualitativ, sondern auch quantitativ zu bewerten, etwa mit vier Noten. Der Wirtschaftsgraphologe ist dabei auf seine Kenntnisse und Erfahrungen angewiesen, beim Auftraggeber wird er sehr selten eine Unterstützung finden. Von diesem wird fast ausschließlich die Feststellung allgemeiner Charaktereigenschaften verlangt und oft solche Formulierungen verwendet, welche Eigenschaften bezeichnen sollen, die es bei strengerer Begriffsbestimmung gar nicht gibt.

Wir haben im folgenden jene Eigenschaften zusammengestellt, deren Vorhandensein bzw. Fehlen der Auftraggeber wissen will. Wir betonen, daß hier meistens Großindustrielle und Großkaufleute in Betracht kommen.

Die Reihenfolge erfolgt nach der Häufigkeit der Anfrage:

Charakter, Eignung, Ehrlichkeit, Ausdauer, Zielbewußtsein, Vertrauenswürdigkeit, organisatorische und Verkaufsfähigkeiten.

Diese Auslese zeigt, daß selbst in den Kreisen, welche bereits ein Verständnis für eine wissenschaftliche Angestelltenauslese besitzen, vollkommen die Kenntnis fehlt, daß es neben den allgemeinen Persönlichkeits- und Charaktereigenschaften vor allem auch auf die speziellen berufsnotwendigen Eigenschaften ankommt.

Es werden wohl auch noch viele Bücher geschrieben werden müssen, um der Erkenntnis zum Durchbruch zu verhelfen, daß Ehrlichkeit z. B. keine Charaktereigenschaft ist, sondern nur einen negativen Tatbestand registriert, wie Klages immer wieder betont hat.

Sowohl im Hinblick darauf, was vom Graphologen verlangt wird, als auch in Bezug auf die Vorlage der Schriftproben wird noch vielfach gesündigt. Die wichtigste Grundlage für die Analyse ist die Schriftprobe, die mit Tinte, einer schreibgerechten Feder auf gutem Papier spontan geschrieben sein und zu mindestens 20—30 Zeilen umfassen soll. Die Angabe des Alters, des Geschlechtes, der Nationalität und des speziellen Berufszweiges ist unerläßlich, weil diese Daten oft aus dem Schriftausdruck nicht erkannt werden können und für die Beurteilung der Schriftprobe außerordentlich wichtig sind.

Ein großes Hindernis für eine einwandfreie psychotechnische Prüfung ist die häufige Prüfungsangst der Versuchsperson und die dadurch bedingten Hemmungen. Dieses Hindernis fällt bei der graphologischen Untersuchung weg, wenn eine Schriftprobe vorgelegt wird, welche vollkommen spontan entstanden ist ohne Kenntnis davon, daß die Schrift später untersucht werden soll. Diesem Vorteil steht als Minusseite gegenüber die Tatsache, daß ja doch nur ein Teilausdruck der Persönlichkeit untersucht werden kann. Aus mannigfaltigen Gründen, die einzeln aufzuzählen zu lange Zeit erfordern würde, läßt sich eine absolute Sicherheit bei der graphologischen Beurteilung nicht erreichen, Fehldiagnosen lassen sich nicht absolut ausschließen. Die Wirtschaftsgraphologie ist unserer Überzeugung nach nur eine Hilfswissenschaft und muß Hand in Hand mit der Psychotechnik arbeiten. Wir wollen zum Abschluß auf einen Fall aus unserer Praxis hinweisen, der zeigt, daß es auch bei Beherrschung der in Betracht kommenden graphologischen Leitsätze zu einer Fehldiagnose kommen kann und wie wichtig die Kontrolle durch eine psychotechnische Überprüfung ist.

Bei der Intelligenzbeurteilung bieten sogenannte infantile Schriften besondere Schwierigkeiten. Bei Erwachsenen kommen infantile Schriften, bzw. solche, welche unselbständige, an die Schulvorlage angelehnte Formen enthalten, bei stark begabten, ja bei genialen Menschen vor, doch ist dabei das Kindhafte in die Gesamtstruktur verflochten, meistens ist aber eine infantile Schrift das Kennzeichen einer eingeschränkten seelischen Entwicklung.

Findet man in einer infantilen Schrift noch Unausgeprägtheit der Buchstabenform, fehlen originelle Buchstabenverknüpfungen, sind diese gar ungewandt und unzweckmäßig, so zeigt im allgemeinen die Erfahrung — die Schulgraphologie lehrt dies auch dementsprechend — daß in diesem Falle der Schrifturheber über eine unentwickelte Intelligenz, einen Mangel an Findigkeit, Schlagfertigkeit und Kombinationsgabe aufweisen wird.

Bei einer Experimentaluntersuchung, für welche ein Großindustrieller, der seine Beamten und Angestellten vor der Aufnahme psychotechnisch untersuchen läßt und der auch ein lebhaftes Interesse für die praktische Anwendbarkeit der Graphologie besitzt, Schriftproben zur Verfügung gestellt hat, ergab sich in einem solchen und nur in diesem Falle ein vollkommen divergentes Resultat. Die Schriftprobe stammt von einem 23jähr. Korrespondenten, der die Bürgerschule absolviert hatte.

Der Schriftanalytiker mußte auf Grund der Feststellung eines mehr oder minder infantilen Schriftbildes, einer auffallend schwerfälligen, ungeschickten, geradezu unintelligenten Buchstabenverknüpfung, Unregelmäßigkeit in Größe, Weite und Zeilenführung, zunehmenden Wortenden, fehlenden Ebenmasses trotz guten Wort- und Zeilenabstandes auf einen entschiedenen Mangel an den früher erwähnten Eigenschaften wie Findigkeit, Schlagfertigkeit und Kombinationsgabe bei etwaigem Vorhandensein eines zufriedenstellenden Unterscheidungsvermögens schließen. Aber auch die zahlreichen Unterbrechungen, die brüsk abgebrochenen Unterlängenschleifen und spitzen Winkelformen, die kleinen Enterhaken an den Endstrichen in einer Schrift von derartig niedrigen Formniveaus und geringen Wesensgehalte ließen keine günstige Prognose für eine zufriedenstellende Arbeitsqualität zu. Das Gutachten fiel dementsprechend auch negativ aus und stellte den Schrifturheber an den letzten Platz der nach der Güte ihrer Arbeitsqualität beurteilten Bewerber, doch mit der Einschränkung, daß der primitive Schriftausdruck ein verläßliches Schlußgutachten nicht zulasse.

Die psychotechnische Überprüfung zeigte dagegen, daß die Versuchsperson sowohl in Bezug auf ihr Assoziationsvermögen, Findigkeit, Kombinationsgabe als auch in Hinsicht auf die anderen wichtigen intellektuellen Fähigkeiten ausgezeichnet qualifiziert erscheint. In der mündlichen Aussprache (persönliche Ausforschung) konnte jedoch eine starke, die Äußerungsfähigkeit hemmende Schüchternheit bei der Versuchsperson konstatiert werden.

Ein so kurzes Referat kann nicht auf alle, wenn auch wichtigen Faktoren eingehen, welche eine Zusammenarbeit des Wirtschaftsgraphologen mit dem Psychotechniker erforderlich erscheinen lassen.

Nach unserer Überzeugung muß der Psychotechniker, der seinen Beruf meistern will, graphologisch vorgebildet sein.

Führt der Psychotechniker die Schriftanalyse selbst durch, dann sollte diese vor dem Beginn der psychotechnischen Untersuchung beendet sein. Es liegt im Wesen der synthetischen Zusammenfassung des Analysenergebnisses, die einen selbständigen, gleichsam schöpferischen Erlebnis- und Gedankenprozeß darstellt, daß keine wie immer geartete Beeinflußung außer durch den graphischen Gesamtausdruck stattfinden darf. Die Kenntnis des psychotechnischen Untersuchungsergebnisses und die Bekanntschaft mit dem Prüfling müssen naturnotwendig einen modifizierenden Einfluß auf die Auswertung der Analyse ausüben, der ihren objektiven Sicherheitswert herabzusetzen imstande ist. Dagegen kann das Ergebnis der Schriftanalyse von großem Wert für die Art und Richtung der persönlichen Aussprache sein. Aus eigener Erfahrung können wir von den Erfolgen berichten, die eine graphologische Untersuchung der Handschrift krimineller Personen aufzuweisen hat, deren Ergebnis z. B. den Untersuchungsorganen Richtlinien weisen kann, wie ein Verhör am zweckentsprechendsten mit dem Beschuldigten vorzunehmen sei.

Wir sagten bereits, daß eine graphologische Vorbildung für den Psychotechniker uns unbedingt erforderlich erscheint. Aber nicht so sehr aus dem Grunde, um selbst schriftanalytische Untersuchungen vorzunehmen, sondern um das Ergebnis der Schriftanalyse überprüfen und richtig abschätzen zu können. Die Schriftcharakterologie hat sich bereits zu einer umfassenden Wissenschaft entwickelt, deren Weiterentwicklung in einem außerordentlich schnellen Tempo vor sich geht. Der in der Praxis stehende Psychotechniker wird wohl kaum im Stande sein das Gebiet vollkommen zu beherrschen. Auch hier ist eine Arbeitsteilung notwendig geworden. Es empfiehlt sich daher, einen Berufsgraphologen, der über eine ausreichende Erfahrung und Praxis, der über genügend Zeit verfügt, um sich die Kenntnis aller neuen, wichtigen Forschungsergebnisse anzueignen, zur ständigen Mitarbeit in den psychotechnischen Instituten heranzuziehen.

Aus einer derartigen Zusammenarbeit wird sowohl die wissenschaftliche Graphologie durch die Verifizierung ihrer Ergebnisse als auch die psychotechnische Forschung reichen Nutzen ziehen, am meisten aber wird die Wirtschaft daraus profitieren, für die eine verläßliche Personalauslese von entscheidender Bedeutung ist.

VERGLEICHEND PSYCHOLOGISCHE UNTERSUCHUNG ÜBER DIE INTELLIGENZ DER VOM LANDE IN DIE STADT ABGEWANDERTEN JUGENDLICHEN.

BETTI KATZENSTEIN (Hamburg).

Ausgangspunkt dieser Untersuchung war folgendes in Amerika entstandene Problem: Es hatte sich gezeigt, daß die in die großen Städte Nordamerikas zugewanderten Neger im Vergleich zu den auf dem Lande verbliebenen ein weit höheres Intelligenzniveau aufwiesen. Zur Erklärung dieser Tatsache wurden zwei Theorien aufgestellt: 1. Es wandern die Intelligentesten, d. h. eine Best-Auslese vom Lande in die Stadt ab. 2. Es wandert ein Durchschnitt ab, jedoch heben die besseren Lebens- und Bildungsbedingungen der Großstadt diesen Durchschnitt bald über das geistige Niveau der im Ort Verbliebenen.

Die erste Theorie würde eine vorwiegend nativistische, die zweite eine vorwiegend empiristisch orientierte darstellen; m. a. W. die erste Theorie würde als wesentlichstes Kriterium die Erbanlage, die zweite das Milieu betrachten.

Im Verfolg der zu diesem Problem angestellten Forschungen der Columbia University, New York, sollte eine vergleichend psychologische Untersuchung über die Intelligenz der vom Lande in die Stadt Abgewanderten in Süddeutschland durchgeführt werden. Über die im Auftrag des Psychologischen Instituts der Hamburgischen Universität von mir durchgeführten Arbeiten, über ihren Gang und ihre wichtigsten Ergebnisse wird im Folgenden berichtet.

Der aufgeworfene Problemkreis forderte die gleichzeitige Behandlung zweier Fragen. Es galt zu untersuchen: A. *Für das Landgebiet:* wie sind die geistigen Leistungen der später Abgewanderten innerhalb der Dorfgemeinschaft gewesen? B. *Für die Stadt:* wie sind die Leistungen der Zugewanderten innerhalb der Stadtgemeinschaft bei Eintritt in diese und wie ist ihre Entwicklung während der folgenden Jahre im Lebensraum der Großstadt?

Von wissenschaftlichem Interesse ist der methodische Gang dieser Untersuchung — der, wenn auch nur im Groben dadurch bestimmt war, daß es sich um eine vergleichend psychologische Forschung handelte. Aus diesem Grunde mußte in Anpassung an die amerikanischen Untersuchungsverfahren der Versuch unternommen werden, so viel wie möglich mit Zahlenaufstellungen und -reihen zu arbeiten. (Schon hier sei erwähnt, daß uns in Deutschland und wohl überhaupt in Europa gar nicht die Zahlenmengen zur Verfügung stehen, wie es in Amerika der Fall ist.) Es wird zu berichten sein, welche Erfahrungen und Befunde wir aus der Verwendung dieser Methode ziehen konnten, welche Ergänzungen und Erweiterungen in produktiver Verbindung mit dem gesammelten Zahlenmaterial vorgenommen wurden, welche Ergebnisse das Gesamtmaterial lieferte und endlich, welche Forderungen für eine Weiterarbeit auf diesem Gebiet sich ergaben.

(Wie in dieser Zusammenfassung auch nur die Probleme der Untersuchung kurz umrissen werden konnten, so kann auch auf die Ergebnisse nur andeutend hingewiesen werden.)

Zu diesem Zwecke wurden zuerst als Untersuchungsmaterial Listen der Zeugnisnoten der Ab- bzw. Zugewanderten herangezogen. Da jedoch diese kein zahlenmäßiges Ergebnis, das die eine oder die andere der aufgestellten Theorien eindeutig belegte, geliefert hatten, wurde dieses Material durch Verwendung von Statistiken, Aktenauszügen und Beobachtungen von Lehrern ergänzt. Die Verarbeitung des Gesamtmateriales ergab:

Die in Stadt und Land zuerst als Untersuchungsmaterial herangezogenen Listen der Zeugnisnoten der Ab- bzw. Zugewanderten zeigten keineswegs ein zahlenmäßiges Ergebnis, das die eine oder die andere der aufgestellten Theorien eindeutig belegte. Ohne das zur Ergänzung mit herangezogene Material, das in Statistiken, Aktenauszügen, der Verwendung von Beobachtungen von Lehrern bestand, wäre mit den Zahlen — abhängig von der Interpretationsfähigkeit ihres Auslegers — sowohl die eine wie die andere Theorie zu stützen. Die Verarbeitung des Gesamtmaterials ergab:

Abwanderung vom Lande bezw. Zuwanderung in die Stadt als Gesamterscheinung wird nicht vom Intelligenzniveau oder der Anpassungsfähigkeit eines Individuums allein bestimmt. Die Tatsache der Abwanderung weist auf Zusammenhänge mit wirtschaftlichen und politischen Verhältnissen hin (s. die über mehrere Jahrzehnte hinweg verfolgten Statistiken der Zuwanderung). In den letzten zwei Jahrzehnten wandern vorwiegend Jugendliche zum Zweck der Berufserlernung bezw. -ausübung ab, weniger geschlossene Familien (s. Statistik der Zuwanderung, aufgeteilt nach Altersstufen). *Die Zuwanderung* hängt ferner ab von der Struktur der verschiedenen Berufe (vgl. Zuwanderung in das Graphiker- und in das Baugewerbe), von der Aufnahmewilligkeit bezw. Gesperrtheit gewisser Berufsgruppen für Zuwandernde (vgl. Nahrungsmittel- und Friseurgewerbe) u. a. m. *Die Abwanderung* ist unter anderem mitbedingt durch Berufsausbildungs- und -ausübungsmöglichkeiten, durch die Lebensbedingungen, die der Ort, aus dem die Abwanderung erfolgt, bietet.

Aus dem Ebengesagten ergibt sich, daß ebenso wie die Abwanderung eines Individuums nicht allein ein „Intelligenzproblem" ist, auch die Leistung eines Individuums in der Stadt nicht allein ein „Anpassungsproblem" darstellt: „Die Leistung ist nichts rein Psychisches mehr, wohl aber etwas Personales; denn durch sie ordnet sich die Person in die Forderungen und Ansprüche der objektiven Welt sinnvoll ein." (Stern.) Unter diesem und dem oben aufgezeigten Aspekten betrachtet, sind personale Momente wie Intelligenz und Anpassungsfähigkeit bei der Abwanderung vom Lande in die Stadt — wenn auch nicht allein bestimmend — so doch mitbestimmend.

696

VALEUR PSYCHODIAGNOSTIQUE DE QUELQUES EXPÉRIENCES SUR LES TEMPS DE RÉACTION COLLECTIFS.

M. PONZO et F. BANISSONI (Rome).

Il s'agit d'observations préliminaires recueillies par des expériences de caractère principalement clinique prépondérant faites sur des groupes d'enfants anormaux psychiques d'un *Asilo-Scuola* de Rome.

L'expérience, très simple, consistait à placer en cercle cinq ou six enfants âgés d'à peu près dix ans et à les inviter à se passer de main en main un objet (une balle, un dé, etc.) le plus vite possible et sans discontinuer jusqu'au signal d'arrêt, donné au bout de quelques minutes.

Un premier observateur tenait compte, à l'aide de la lecture sur un chronomètre à dixième de seconde, du temps voulu pour que l'objet passant de main en main retournât au sujet dont il était parti, après avoir accompli un tour entier; et ainsi de suite pour les tours successifs. Un second observateur enregistrait les difficultés, les arrêts, les chutes de l'objet passant d'une main à l'autre, leurs motifs, le maintien de chaque joueur.

Une variation à l'épreuve fondamentale était constituée par l'admission d'un nouvel élément, c'est-à-dire d'un enfant normal ou anormal, à la place d'un de ceux d'une chaîne formée par des enfants normaux ou anormaux, mis déjà d'accord entre eux par des répétitions de l'épreuve.

L'intérêt à la vitesse était fomenté par l'émulation entre les groupes d'enfants qui participaient aux expériences dans des chaînes différentes et aussi par la promesse et le don d'un prix à ceux du groupe qui aurait réussi à faire faire à l'objet le plus grand nombre de tours dans une minute.

Les expériences qui ont pris leur point de départ dans le jeu populaire du passage en rond, dans un cercle de personnes, d'une allumette brûlante jusqu'au moment où elle s'éteint, sont aptes à mettre en évidence ce qui suit.

1º Les temps collectifs dans les actions enchaînées de groupes de personnes.

2º L'influence des variations dans les conditions objectives d'expérience. Ainsi peuvent être employés, pour le passage de main en main, des objets maniables sans précaution (balle, cube en bois, etc.) ou d'autres, au contraire, qui exigent à la fois de la rapidité et de la délicatesse dans le maniement (un verre plein d'eau, un objet petit, fragile, etc.).

3º La constitution de l'exercice et la forme de la courbe dans l'exercice du groupe.

4º L'efficacité de *stimulants* sur l'action du groupe.

697

5° La rapidité de la conclusion de l'accord dans les actions coordonnées et répétées entre les composants du groupe.

6° Les modalités dans le développement de l'activité collective dirigée vers un but unique.

7° Les influences des incitations (concours, prix) sur le rendement.

8° La durée des influences des incitations.

9° L'intensité des influences des incitations.

10° Les réflexes de l'activité collective sur chacun des éléments du groupe.

11° Les réflexes de chaque élément sur les réactions du groupe.

12° La constitution, même dans des opérations homogènes uniformes, de la prédominance sur les autres de certains éléments du groupe.

13° La formation de rapports de soumission à l'élément prédominant, de la part des autres éléments du groupe.

14° Les discordances momentanées et celles qui persistent, ayant été provoquées par des éléments du groupe.

15° Les effets de l'admission d'éléments hétérogènes dans des groupes d'éléments déjà organisés entre eux.

16° Les tendances à l'accroissement de l'activité déployée par des éléments voisins, dans le cas d'impossibilité de s'adapter ou d'insuffisante adaptation d'un des éléments du groupe.

Au cas où l'on voudrait renoncer à la manœuvre libre de l'objet, en le faisant au contraire glisser sur des règles métalliques, l'observation des temps de réaction collective pourrait devenir plus précise et permettre l'enregistrement graphique des passages et la mesure de la durée de ceux-ci. Les cyclogrammes et les prises cinématographiques des manœuvres des passages pourront servir particulièrement à documenter l'insuffisance de l'adaptation d'un élément étranger dans l'action coordonnée d'un groupe harmonique préconstitué.

La méthode qui a pris son point de départ par l'observation clinique d'occupations uniformes relativement simples répétées en rond par des groupes d'enfants, peut être appliquée à l'étude d'opérations de travaux simples, uniformes, à répétitions conduites en groupes.

Cette méthode est donc une aide excellente pour l'étude du développement de l'activité d'équipes d'ouvriers qui agissent en groupe.

L'étude expérimentale de problèmes semblables a été entreprise récemment par M. Moede et par d'autres chercheurs.[1])

Dans l'activité du travail en groupe se reflètent au fond, avec des prépondérances, des rémissions, des contrastes et d'autres symptômes, ces mêmes facteurs que les expériences conduites par nous non seulement mettent, en lumière, mais rendent susceptibles de mesure.

---

[1]) Voir par exemple à ce propos: W. *Moede, Experimentelle Massenpsychologie*, Verl. S. Hirzel, Leipzig, 1920; E. *Lorenz, Zur Psychologie der industriellen Gruppenarbeit*, Verl. A. Barth, Leipzig, 1933.

DIE GRAPHOLOGISCHE INTELLIGENZBEURTEILUNG.

WILLY SCHÖNFELD (Komotau).

Die graphologische Intelligenzbeurteilung kommt der personalistischen Auffassung vom Wesen der Intelligenz am nächsten. Auch der Graphologe sieht in jedem seelischen Erlebnis oder Ablauf den Gesamtausdruck des individuellen Seelenlebens und beurteilt die Intelligenzhöhe des Schreibers nicht nach Einzelmerkmalen (vergleichbar etwa bestimmten Reaktionsweisen), sondern nach der gesamten Beschaffenheit der *Bewegungsführung* und nach der Art des *Schriftbildes*.

Grundsätzlich *graphologisch erschließbar* sind folgende Denkeigenschaften: Selbständigkeit des Urteils, Kritikvermögen, Auffassungsgabe, Logik, Kombinationsvermögen, geistige Klarheit, intellektuelle Beweglichkeit, differenziertes Denken, theoretische und praktische Intelligenz, produktive und rezeptive Intelligenz, konkretes und abstraktes Denken, Abstraktionsvermögen, intellektuelle Gewissenhaftigkeit. Weiters sind graphologisch nachweisbar die *Vorbedingungen* zur Entfaltung dieser geistigen Fähigkeiten: geistige Balance, Konzentrationsvermögen, Harmonie usw. Dagegen ist *graphologisch nicht faßbar* die Genialität einer Persönlichkeit. Auch Angaben über Stärke bzw. Schwäche des Gedächtnisses können graphologisch nicht mit absoluter Sicherheit gemacht werden.

Eine Einteilung nach *Intelligenztypen* ist graphologisch ebenso möglich wie eine Einteilung nach *Intelligenzgraden*. Die graphologische Intelligenzbeurteilung kann somit sowohl bei der Berufsberatung (und sonstigen psychologischen Beratung) als auch bei der Berufsauslese eine gewisse Rolle spielen.

Das graphologische Schrifttum ist im Gegensatz zur psychotechnischen Fachliteratur auffallend arm an Untersuchungen des Intelligenzproblems. Wegweisendes und Brauchbares findet man bei Preyer, Klages, Wieser, Becker, Hartge und Ivanovic. Die beiden letztgenannten Autoren gehen teilweise eigene Wege. Über die Intelligenzbeurteilung der Kinderschrift orientiert hauptsächlich Becker, über den Ausdruck geistiger Minderwertigkeit Lomer und Wieser. Den Intelligenzabbau bei chronisch Kranken (insbes. Tuberkulösen) und dessen Nachweis im Schriftbild behandeln eigene Arbeiten, desgleichen den graphischen Ausdruck von Intelligenzhemmungen in den Kritzeleien vorschulpflichtiger Kinder.

Die im Lichtbild demonstrierten Beispiele umfassen Schriften von Erwachsenen verschiedener Intelligenzgrade und -Typen, sowie Schriften von Jugendlichen (Vierzehn- und Achtzehnjährigen), Kindern (Sechs- und Neunjährigen) und Kindergartenzöglingen (Vier- und Fünfjährigen). Intelligenzhemmungen und geistige Minderwertigkeit wurden gezeigt an Schriften Erwachsener (kranker und gesunder Personen) und Hilfsschulkinder.

Zusammenfassend kann gesagt werden, daß der Graphologe sehr weitgehende Aussagen über die Intelligenzqualitäten eines Menschen machen kann. Seine tiefenpsychologische Betrachtungsweise ermöglicht ihm einen Einblick in das Spiel der geistigen Kräfte einer Persönlichkeit, in ihr Wirken und Verhältnis zueinander und in ihren triebhaften Untergrund. Ziel seiner Untersuchung ist, den intelligenten Menschen als unteilbares Ganzes in einer weitmaschigen Wesensschau einzufangen.

VERGLEICH DER INTELLIGENZSCHÄTZUNG MIT GRAPHOLOGISCHER UND PSYCHOTECHNISCHER METHODE.

WALTER SIMON und WILLY SCHÖNFELD (Aussig a. E.).

E r g e b n i s s e :

1. Die Korrelationsrechnung zwischen der Intelligenzschätzung von 100 Abiturienten auf Grund der Intelligenzuntersuchung mit 12 Tests (JN) und aus der Handschrift des mit Tinte geschriebenen Lebenslaufes (G) ergab folgendes: Auf die 5 geschätzten Stufen verteilen sich die Schätzungen:

	graphologisch	Intelligenzniveau
hochwertig	2	2
überdurchschnittlich	33	28
durchschnittlich	47	55
unterdurchschnittlich	18	13
minderwertig	0	2
	100	100

Die graphologische Schätzung ist besser als das psychotechnisch errechnete Intelligenzniveau in 34%, ist gleich in 37% und ist schlechte als das JN in 29%. Der Korrelationskoeffizient = + 0,33469.

Zweifellos ist also Korrelation vorhanden, aber nicht zu groß. Die Beurteilungsdifferenzen sind allerdings gering. Die Abweichung der graphologischen Schätzung vom Intelligenzniveau beträgt nach oben oder unten in 56 von 63 Fällen nur 1 Stufe, in 7 Fällen 2 Stufen.

2. Die Einzelangaben des Graphologen, die jeder Intelligenzschätzung beigefügt waren, wurden mit den Angaben des Psychotechnikers verglichen, die reichhaltiger sind, weil sie sich nicht nur auf die Testuntersuchung und den Lebenslauf stützen, sondern auch auf einen 12 Seiten umfaßenden Fragebogen mit 74 Fragen und außerdem in den meisten Fällen auf eine individuelle, mündliche Aussprache. So konnten von den 581 Einzelangaben 263 = 45% durch die psychotechnische Untersuchung bestätigt werden, 121 = 21% erscheinen im Lichte der psychotechnischen Unterlagen als zweifelhaft,

144 = 25% ermöglichen keine psychotechnische Überprüfung und nur 53 = 9% können als unrichtig erwiesen werden. Vergleicht man das Gesamtbild der Einzelangaben mit dem Gesamturteil des Psychotechnikers, so stimmt das graphologische Gesamtbild mit dem des Psychotechnikers in 37 Fällen überwiegend überein; in 30 Fällen ist die Übereinstimmung nur teilweise, teilweise sind die Angaben widersprechend; in 13 Fällen ist ein Vergleich nicht möglich und in 20 Fällen stimmt das graphologische Gutachten mit dem psychotechnischen überwiegend nicht überein.

3. Als Einzelergebnisse des Vergleiches seien erwähnt: der Graphologe findet leichter Anzeichen über „Initiative" als der Psychotechniker, dieser dagegen leichter Anzeichen für gründliches oder flüchtiges Arbeiten. Das Merkmal „nüchtern" beim Graphologen geht in 5 Fällen mit technischer Begabung beim Psychotechniker parallel, ebenso das Merkmal „Formales Denken" des Graphologen (das übrigens sehr häufig vorkommt) in 3 Fällen mit Zeichentalent des Psychotechnikers und das Merkmal „praktische Intelligenz" des Graphologen in 3 Fällen mit gegenständlich gerichteter, aber überwiegend theoretischer Intelligenz des Psychotechnikers. Überhaupt neigt der Graphologe dazu, die mehr literarisch gerichtete Intelligenz höher einzuschätzen als die gegenständlich gerichtete. In 3 Fällen erscheint schwerfälliges, langsames Denken des Psychotechnikers beim Graphologen als „seelische Störungen".

Zusammenfassend: Der Graphologe kann keine Angaben machen über Intelligenzrichtungen: ob das analytische oder das kombinatorische Denken überwiegt, das anschauliche oder abstrakte bevorzugt wird, keine Angaben über Talente wie Zeichentalent, pädagogische Begabung usw., er kann daher das psychotechnische Gutachten nicht ersetzen. Dagegen ist die graphologische Methode zu einer ersten Grobauslese zweifellos geeignet, zumal das graphologische Verfahren der Intelligenzschätzung durchaus noch nicht ausgebaut ist und vor allem noch des objektiven Bewertungsmaßstabes entbehrt. Und ebenso kann die graphologische Beurteilung in manchen Fällen dem Psychotechniker Aufschlüsse geben, die ihm erst das Verhalten des Prüflings in Intelligenzfragen verständlich machen, vor allem dort, wo irgendwelche Störungen vorhanden sind, die aber nicht so an der Oberfläche liegen, daß sie der Psychotechniker unbedingt erkennen muß.

LA PRATIQUE DE MENSURATION DE L'INTELLIGENCE.

(I. N. SPIELREIN, Moscou.)

1. Au dernier congrès j'ai parlé de l'inadmissibilité méthodique des recherches sur l'intelligence faites à l'aide de tests employés dans quelques pays capitalistes. J'ai énuméré les erreurs méthodiques de ces tests qui, à mon avis, sont fondés sur une sous-estimation de

l'influence des conditions sociales sur l'exécution des tests. C'est pourquoi les psychotechniciens traitent les objets sociaux de leur mesure comme des objets purement biologiques. J'ai dit qu'objectivement ces erreurs étaient dues au fait que la classe bourgeoise est intéressée à diminuer le rôle de la variabilité, à sous-estimer les possibilités intellectuelles des groupes opprimés de la population dans l'Etat bourgeois et qu'elle atteint ce but dans le domaine de notre science, entre autres moyens, par ceux de la biologisation des facteurs sociaux.

2. Pendant la période écoulée depuis la VIIe Conférence Internationale, quelques auteurs étrangers (Ichheiser, Mayerhofer, etc.) ont pu vérifier ce point de vue par les résultats de leurs propres recherches. Mais nous sommes aussi en possession d'un matériel expérimental obtenu en URSS. et permettant de considérer les propositions faites théoriquement en 1931 comme expérimentalement démontrées.

3. La plupart des exemples qui vont suivre ont été pris dans le domaine de la sélection ou dans celui de l'instruction professionnelle. Pour pouvoir faire une évaluation correcte de ce matériel il faudra se rappeler que dans nos conditions — vu l'absence d'une crise économique et l'absence d'une disproportion entre l'offre et la demande du travail (à la mesure de l'économie nationale) — dans les conditions de l'exigence toujours croissante de la main-d'œuvre, le problème de la qualification acquiert une importance particulière. C'est pourquoi, différemment de la pratique anglaise, par exemple, dans laquelle selon les données de l'expérience connue faite à Birmingham par l'Institut National Anglais de Psychologie Industrielle, on se borne à répartir les jeunes gens entre les différentes professions, la consultation professionnelle de l'URSS. répartit les jeunes gens dans les mêmes écoles. Il en résulte que les exigences envers l'intelligence y sont plus grandes.

4. J'ai déjà eu l'occasion de démontrer qu'une des fautes méthodiques les plus répandues consiste dans la mutilation du matériel du test. L'on introduit dans le test des éléments graphiques ou verbaux, peu connus ou totalement inconnus du sujet, et l'on constate ainsi en réalité sous forme d'une infériorité intellectuelle une connaissance inférieure de la personne ou de la collectivité testée en ce qui concerne le matériel spécifique du test donné. En utilisant des tests faits sur un matériel plus connu pour une collectivité quelconque (p. ex. en Amérique pour la jeunesse blanche de l'école bourgeoise), l'on peut constater « objectivement », en la comparant à cette collectivité, le niveau intellectuel inférieur de la jeunesse prolétaire, des colorés, des immigrés.

5. Quelques exemples d'examens expérimentaux vont montrer que des tests modifiés donnent des résultats tout à fait différents de ceux qui doivent être obtenus inévitablement si l'on emploie les systèmes de tests que je viens de citer. Ainsi, le Dr Stillermann, qui

appliqua à Tashkent (République Soviétique Usbèque) l'échelle de Binet traduite seulement en langue usbèque, obtint une supériorité très grande des enfants européens sur les enfants usbèques. Mais quand le Dr V. K. Solovieff eut ajusté les tests verbaux et graphiques aux connaissances spécifiques des paysans usbèques, la différence diminua aussitôt.

P. ex. dans la série graphique de Stillermann on trouve une scène rurale: une petite fille donne à manger aux poules. Cependant cette scène, si familière en Russie, est inconnue et incompréhensible aux enfants de l'Usbekistan où cette façon de nourrir les poules est inconnue. Peut-on s'étonner si, en utilisant des tests pareils, l'auteur trouve seulement 16,8% d'enfants normaux parmi les Usbèques! En modifiant ces tests, en s'assurant préalablement que tous les éléments du test (graphiques et verbaux) sont familiers à tous les sujets européens et usbèques, Solovieff a atteint des résultats qui démontrent pratiquement le même niveau psychique des enfants des deux races. Voici la comparaison de son dernier tableau (v. Revue « Sovietskaya Psychotechnika », v. VI, 1933, 1. p. 46) — données obtenues en 1932 — avec le tableau de 1929, quand il commença à ajuster ces tests:

	1929		1932	
% de problèmes résolus		$\pm\sigma$	M	$\pm\sigma$
Européens	48,5	—	47,13	$\pm$ 13,02
Usbèques	29,1	—	48,0	$\pm$ 13,2

Je laisse de côté les autres chiffres de V. K. Solovieff qui prouvent l'accroissement du niveau intellectuel des Usbèques d'année en année au fur et à mesure de l'industrialisation du pays et de la disparition de l'analphabétisme.

Des tests pour les autres minorités nationales ont aussi été élaborés. On fait des examens psychotechniques en langues arménienne, russe-blanche, géorgienne, juive, turque, ukrainienne. C'est ainsi qu'on surmonte le préjugé de l'insuffisance intellectuelle des nationalités, opprimées jadis par le régime tsariste.

6. Il y a une série de traités .scientifiques sur les clauses biologiques du retard intellectuel de la femme comparée avec l'homme. Quelques savants parlent de ce retard comme d'une fatalité prédestinée biologiquement. L'on a écrit des livres sur la « faiblesse d'esprit physiologique de la femme ». Ces préjugés dominent dans les entreprises à l'école et chez le psychotechnicien.

Mais dans nos conditions, où l'apprentissage des jeunes filles se perfectionne, les causes de l'inégalité disparaissent, à l'école, dans la famille, comme dans l'industrie, nous obtenons un matériel qui témoigne que le niveau d'intelligence, mesuré par les tests d'intelligence, tend à se rapprocher chez les deux sexes.

Voici quelques chiffres obtenus par V. M. Kogan. Il mesura à l'aide du cub de Link et du formvariator de Stern l'intelligence technique des ouvrières (ci-devant paysannes ou servantes) et des ouvriers mâles non qualifiés à l'usine « Roulement à billes ».

La collectivité féminine donna de moins bons résultats (de 21%). En une année et demie la différence n'était plus que de 9%.

De ces deux épreuves l'auteur tire la conclusion que la différence initiale était causée par la différence de l'acquis social des deux groupes.

En général, le coefficient de transgression pour l'intelligence technique entre les collectivités des deux sexes dans les diverses entreprises de Moscou tomba de 2,5 en 1929 à 0,8 en 1931.

Kogan a démontré aussi sur un matériel de 500 ouvriers adultes dans une usine d'avions et dans une usine de machines, que dans les conditions d'une égalité d'éducation scolaire les ouvriers qualifiés donnent de meilleurs résultats dans les tests d'intelligence verbale et technique que les manœuvres. C'est à la négligence de ce fait que nous devons aussi une des sources de traumatisme.

7. Reste la question de l'infériorité intellectuelle des classes sociales opprimées. L'on sait qu'une partie des savants considère cette infériorité comme un destin qui pèse sur le prolétariat. Stern par exemple parle d'une meilleure hérédité chez les enfants de parents ayant une bonne situation. Comme si, dans une société où la majorité est gouvernée par la minorité, l'accession sociale pouvait être expliquée par la supériorité intellectuelle. En faisant des considérations analogues, le psychotechnicien japonais Kirikava en tire même la conclusion de l'existence d'un facteur biologique inconnu qui influence le développement des enfants prolétaires au profit des enfants des classes aisées et qui garantit pour toujours la prédominance des classes qui dirigent actuellement la société.

Mais, dans ce domaine aussi, la pratique des mesurations de l'intelligence en URSS montre un changement profond au profit des ouvriers, dû à l'amélioration des conditions matérielles et culturelles de la vie de la classe ouvrière, à la polytechnisation de l'école et à l'ajustement attentif des tests à leurs tâches sociales.

8. Au dernier congrès j'ai affirmé que les psychotechniciens de l'URSS et ceux des pays étrangers capitalistes servent objectivement la classe qui domine dans leurs pays respectifs et qui leur fait des commandes sociales. Cette affirmation avait provoqué une protestation unanime de la part des collègues étrangers, qui subjectivement étaient sans doute tout à fait sincères en affirmant qu'ils ne songeaient jamais à devenir valets du capital, que la science était en dehors des partis et neutre dans la lutte des classes.

Mais après le coup d'Etat national-socialiste qui eut lieu en Allemagne, les mêmes collègues qui protestaient sincèrement contre ceux qui soupçonnaient leur travail scientifique d'une subordination politique, écrivent maintenant des articles, dans lesquels ils prouvent que la tâche d'une psychologie arienne, en connexion avec la régénération nationale consiste dans un diagnostic précoce et dans une éducation appropriée des « Führer », ou dans une chose aussi innocente dans la lutte des classes, que de « conserver la bonne humeur des ouvriers dans les conditions d'un abaissement inévitable des salaires et d'une intensification du travail ». Cette transition chez nos collègues, Rupp, Moede, etc., d'une position neutre dans la lutte des classes à une participation active à cette lutte, doit, me semble-t-il, forcer tous les psychologues, travaillant dans un domaine aussi étroitement lié avec l'actualité révolutionnaire d'aujourd'hui que notre science, à reviser leurs fondements théoriques et à déterminer leur attitude envers la commande sociale qu'ils exécutent.

„DER PROGNOSTISCHE WERT PSYCHOLOGISCHER STATISTIKEN."

NORBERT THUMB (Wien).

Die Verwendung der Statistik im Rahmen der Psychologie und insbesonders der praktischen Psychologie hat in den letzten Jahren derart an Umfang zugenommen, daß es nach und nach für jeden Psychotechniker eine Notwendigkeit und Selbstverständlichkeit wird, sich mit den prinzipiellen Möglichkeiten dieser einen Hilfsdisziplin auseinander zu setzen. Gerade wenn man die psychologisch-statistischen Arbeiten der letzten Jahre kritisch mustert, steigen einem manchmal Bedenken gegen die Verläßlichkeit der statistischen Methoden auf, ja man gewinnt in vielen Fällen den Eindruck, daß wahrscheinliche Fehler und Ähnliches keinen anderen Zweck haben, als das Gewissen des Psychologen zu beruhigen und ihn zu legitimieren, einmal gefundene Daten als allgemeingültige Gesetzmäßigkeiten hinzustellen.

Alle Bedenken und Schwierigkeiten schwinden aber, sobald man zu einem richtigen Einbau der Statistik in die Psychologie gekommen ist und diesem Thema gilt unser Referat.

Wenn man sich über die Stellung der Statistik im Rahmen der Psychologie Gedanken macht, so stößt man im Wesentlichen auf 2 Problemkreise. Der erste Problemkreis hängt innig mit dem Wesen der Psychologie und auch der Statistik zusammen; im Wesen der Psychologie liegt es, daß ihre Qualitäten nur innerhalb eines gewissen Identifikationsspielraumes quantifizierbar sind, im Wesen der statistischen Methode liegt es aber, rein quantitativ vorzugehen, so daß die Statistik als rein quantifizierende Methode in der Psychologie immer auf gewisse Schwierigkeiten stoßen muß. Das erste Problem für die Verwendung der Statistik in der Psychologie ist somit das enge Ineinander von Qualität und Quantität, ein Dickicht, das bei dem heutigen Stande der Psychologie noch nicht restlos zu durchblicken ist und das wir dementsprechend aus unseren Betrachtungen ausschließen wollen.

Der 2. Problemkreis für den Einbau der Statistik in die Psychologie, dem unser Referat in erster Linie gilt, muß jedem klar werden, der sich kritisch nach denjenigen psychologisch-statistischen Arbeiten umsieht, in denen die Statistik versagt hat. Es stellt sich nämlich heraus, daß ein Versagen nur dann auftritt, wenn auf Grund einer Statistik Prognosen gestellt werden. Wir finden also die Tatsachen, daß die auf Prognosen hinzielende Statistik in vielen Fällen versagt hat.

An diesem Punkte möchte ich nun einsetzen und eine reinliche Trennung der Statistik in 2 Aufgabenkreise vorschlagen, in einen Teil, der sich nur mit der Beschreibung quantitativer Sachverhalte beschäftigt, den man am besten *die deskriptive Statistik* nennt, und einen 2. Teil, der auf der deskriptiven Statistik aufbaut und die Aufgabe hat, Prognosen zu stellen; diesen 2. Teil fassen wir am besten unter dem Namen der *prognostischen Statistik* zusammen. Die deskriptive Statistik beschäftigt sich nur mit der Wiedergabe quantitativer Zusammenhänge und darf darüber hinaus keinen Ehrgeiz entwickeln, Prognosen zu stellen. Alle Statistiken, die in der Psychologie versagt haben, gehören in den Kreis der Deskription zurückverwiesen und sind eben in erster Linie daran gescheitert, daß sie sich unberechtigterweise Prognosen angemaßt haben.

Vor dem Eintritt in das Reich der prognostischen Statistik, dem 2. und für die psychotechnische Praxis wichtigsten Teil der Statistik, müssen wir uns eine entscheidende und überaus wichtige Frage stellen: „Unter welchen Voraussetzungen und Bedingungen darf man aus einer Statistik Prognosen entwickeln, also sie als eine prognostische Statistik bezeichnen?" Wohl jeder von ihnen würde darauf die richtige Antwort ohne Schwierigkeiten finden und etwa im Falle einer Leistungsstatistik die Antwort geben: „Man muß nachsehen, ob sich die Form der Verteilungskurve in ihrer Form ändert, wenn man noch neue Fälle in die Statistik aufnimmt." Damit wäre wohl in knappster Form die richtige Antwort gegeben, mir aber kommt es heute darauf an, die Antwort in eine auch theoretisch einwandfreie Formulierung zu bringen, umsomehr als in der letzten Zeit hierzu auch ein einwandfreies Gebäude der Theorie entstanden ist.

Wir wollen daher kurz auf die hinter der prognostischen Statistik stehende Theorie, auf die Theorie der Wahrscheinlichkeitsrechnung zu sprechen kommen. Wenn die Psychologen bis vor Kurzem über die Grundlagen dieses Zweiges der Mathematik wenig orientiert waren, so hatte dies einen tieferen Grund; es fehlte nämlich bis vor noch nicht allzulanger Zeit eine einheitliche Axiomatik der Wahrscheinlichkeitsrechnung. Gerade dieser Mangel wurde aber in den letzten Jahren von dem Berliner Mathematiker Mises behoben; dieser geht von seinem Kollektivbegriff aus und hat es verstanden, mit ihm

706

bezw. auf ihm ein einheitliches geschlossenes und vom Standpunkt der Axiomatik einwandfreies Gebäude für die Theorie der Wahrscheinlichkeitsrechnung zu errichten. Sie brauchen nicht befürchten, daß ich nunmehr mit theoretischer Mathematik komme, nein, ich möchte Ihnen im Gegenteil zeigen, daß der Kollektivbegriff, aus dem sich alle Sätze der Wahrscheinlichkeitsrechnung zwanglos ergeben, ein leicht faßlicher Begriff ist, mit dem sich viel anschaulicher arbeiten läßt als mit den bisherigen Kriterien der Prognose; dazu kommt noch, daß er eben theoretisch einwandfrei ist und daher seine Verwendung auch im Bereiche der psychologischen Statistik verdient.

Für uns ist die Tatsache wichtig, daß nach dem letzten Stande der Theorie einzig und allein der Nachweis eines Kollektivs im Sinne von Mises es gestattet, alle Erkenntnisse und Sätze der Wahrscheinlichkeitsrechnung auf die gerade untersuchte Statistik anzuwenden, d. h. noch mit anderen Worten: Für die Prognoseerstellung ist es Bedingung, daß wir in der betrachteten Statistik das Vorhandensein eines Kollektives nachweisen.

Wie ist nun das Kollektiv nach Mises definiert? Er versteht unter einem Kollektiv eine endlose, also unendliche Folge gleichartiger Beobachtungen, deren Merkmalswerte untereinander fremd sind und zwei Axiome erfüllen. In diesen beiden Axiomen werden Sie wahrscheinlich manches Bekannte wiederfinden, ich möchte aber auf die klare Fassung besonders hinweisen. Das 1. Axiom ist das über die Existenz von Grenzwerten für die relativen Häufigkeiten. Dieses erste Axiom fordert für das Vorhandensein eines Kollektives, daß mit zunehmender Zahl von Fällen sich die relativen Häufigkeiten, mit denen die einzelnen Merkmalswerte auftreten, immer mehr und mehr festen Grenzwerten nähern. Für irgendwelche Verteilungskurven heißt dies, daß sich die Form der Verteilungskurve mit zunehmender Zahl von Fällen immer mehr einer bestimmten Form anschmiegen soll. Diese für das Kollektiv geforderten Grenzwerte nennt man die Wahrscheinlichkeiten, mit denen eben ein bestimmter Merkmalswert zu erwarten ist, aber nur unter der Voraussetzung, daß auch das zweite Axiom erfüllt ist.

Dieses 2. Axiom, auch das vom ausgeschlossenen Spielsystem genannt, fordert als Bedingung für die Feststellung eines Kollektivs, daß durch keine wie immer geartete Bildung von Teilfolgen eine Veränderung der Grenzwerte der relativen Häufigkeiten entstehe. Für Verteilungskurven würde dies besagen, daß durch keine Art von Teilfolgenbildung sich eine Veränderung der Grenzwertkurvenform ergibt. Alle Teilfolgen eines Kollektivs müssen sich daher ebenso wie die gesamte Folge mit zunehmender Zahl von Fällen einer und derselben Kurvenform immer besser und besser anschmiegen.

Als Beispiel denken wir an die Aufstellung einer Leistungsstatistik beispielsweise bei einem Lückentest. Den Umfang des Kollektivs legen wir mit dem untersuchten Material fest, indem wir angenommen nur

Knaben aus der Stadt im Alter von 14 Jahren untersuchen. Die Gleichartigkeit der Beobachtungen ist durch den Lückentest als solchen gegeben, Merkmalswerte sind die Testleistungen. Wollen wir mit Hilfe einer aufgenommenen Statistik Prognosen stellen, also die Wahrscheinlichkeitsrechnung zu Hilfe nehmen, dann müssen wir den Nachweis erbringen, daß das untersuchte Material als Kollektiv im Sinne von Mises anzusprechen ist. Wir hätten dementsprechend zu zeigen, daß 1. sich bei einer Vermehrung von Fällen die Verteilungsform der Leistungen immer weniger ändert. Je mehr 14jährige Knaben wir untersuchten, umso enger und enger müßte sich die Verteilung an eine Grenzform anschmiegen und 2. dürfte sich durch alle möglichen Teilfolgenbildungen, z. B. indem wir nur jeden 2. oder 3. Knaben in eine Teilfolge aufnehmen, keine Veränderung der Grenzwertkurve ergeben; alle Teilfolgen müßten bei Vermehrung der Fälle einer und derselben Kurvenform zustreben.

Vergleicht man diese theoretischen Forderungen für das Vorhandensein eines Kollektives mit den Kontrollmöglichkeiten der Praxis, so könnte man vielleicht gegen die Einführung des Kollektivbegriffes Bedenken bekommen, aber man braucht nur seinen Blick auf andere Wissensgebiete lenken: Wir alle wissen, daß es in Wirklichkeit wohl keine ideale Kugel gibt und trotzdem wird wohl jeder die Notwendigkeit und Nützlichkeit der Begriffsentwicklung etwa im Sinne der Euklidischen Geometrie anerkennen und überdies imstande sein, in einem konkreten Falle zu entscheiden, ob ein Körper als Kugel angesehen werden kann und darf. Er wird wahrscheinlich nicht an die unendlich vielen Punkte der Kugeloberfläche und deren Definition denken, sondern wird einige wenige Umrisse des Körpers daraufhin kontrollieren, ob sie Kreise sind und wird dann die am Begriffsystem der Geometrie abgeleiteten Sätze etwa zur Berechnung des Kugelvolumens anwenden.

Genau so geht es uns bei dem Nachweis eines Kollektives. Wir können praktisch niemals eine endlose Folge von Beobachtungen durchführen und wir können auch nie unbegrenzt viele Teilfolgen bilden, sondern wir werden uns mit einer begrenzten Beobachtungsreihe und recht wenigen Teilfolgen begnügen müssen. Der große Vorteil, den uns aber der Kollektivbegriff bringt, liegt auf der Hand und ist klar: Er wird uns bei der Prognosestellung und dem Operieren mit Wahrscheinlichkeiten die Arbeit genau so erleichtern, wie der Kugelbegriff der Geometrie dem Geometer viele seiner Berechnungen ermöglicht und erleichtert.

Wir werden somit in der Praxis nie ein ideales Kollektiv antreffen können, sondern wir müssen uns darauf gefaßt machen, daß wir immer nur eine begrenzte Zahl von Fällen zusammen bekommen, die wir bestenfalls als eine Art Teilfolge oder einen Ansatz dazu ansprechen können. So eine beschränkte Folge von Beobachtungen nennt man gewöhnlich eine „Mustergruppe" oder auch „Stichprobe".

Für uns ergibt sich aber die Frage: steht hinter der Stichprobe etwas wie ein Kollektiv, ja oder nein? Wenn ja, dann steht die Stichprobe repräsentativ für das gesamte Kollektiv. Sie sehen jetzt bereits die Anschaulichkeit der Mises'schen Begriffsbildung: Die Repräsentativkraft einer Stichprobe wird umso größer sein, je mehr sich die Stichprobenverteilung an die Kollektiv- oder Wahrscheinlichkeitsverteilung anschmiegt. Sie erkennen, daß man überhaupt nur dann von Repräsentativkraft einer Statistik reden darf, wenn hinter dem aufgenommenen Material ein Kollektiv steht oder hinter der Statistik zumindestens angenommen werden darf.

Ein weiterer für die Praxis sehr wichtiger und altbekannter Begriff läßt sich mit der geschilderten Begriffsbildung ebenfalls klar fassen; wir meinen den Begriff der Homogenität des untersuchten Materiales. Ein Material ist umso homogener, je schneller, d. h. mit je weniger Fällen sich die Verteilungsform der Stichprobe an die Verteilung des Kollektivs annähert; oder mit anderen Worten: Ein Material ist umso homogener, mit je weniger Fällen bereits eine große Repräsentativkraft erzielt wird. Wir könnten somit unter Homogenität die Größe der Stichprobe verstehen, bei der eine bestimmte Annäherung an das Kollektiv erreicht wird.

Man sieht wieder, daß man nur dann von Homogenität sprechen kann, wenn hinter der Stichprobe ein Kollektiv steht.

Bisher haben sie gehört, unter welchen Voraussetzungen man mit den Begriffen der Wahrscheinlichkeitsrechnung operieren darf, wann man mit Berechtigung wahrscheinliche Fehler und überhaupt Wahrscheinlichkeiten berechnen kann; wir haben gesehen: Nur dann, wenn für die untersuchte Stichprobe die beiden Axiome erfüllt sind, 1. das über die Existenz von Grenzwerten für die relativen Häufigkeiten und 2. das vom ausgeschlossenen Spielsystem oder der Regellosigkeit.

Damit erscheint die Abtrennung der prognostischen Statistik von der rein deskriptiven bereits hinreichend geklärt und gerechtfertigt, wir wollen aber noch auf einen zweiten Grund hinweisen, der für die getrennte Behandlung der prognostischen Statistik spricht. Es ist die Tatsache, daß in der Psychologie die Identifikation zweier Qualitäten aber auch Quantitäten nur innerhalb eines gewissen Identifikationsspielraumes möglich ist und alle Quantifizierungen immer mit einer oft beträchtlichen Abweichung von einem durchschnittlichen Wert rechnen müssen. Wenn wir daher irgendwelche Gesetzmäßigkeiten auf eine mathematische Formel bringen wollen, kommen wir nicht wie in der Physik auf funktionale, sondern nur auf korrelative Zusammenhänge (Beispiel: die Spearman-Brownsche Formel für den Zusammenhang zwischen Testlänge und Verläßlichkeit eines Tests).

Die Verifikation einer derartigen Formel und Gesetzmäßigkeit im Sinne der deskriptiven Statistik ist ohne weiteres möglich, ja wir können noch einen Schritt weiter gehen und auch die Existenz eines Kollektives nachweisen, innerhalb dessen der aufgestellte korrelative

Zusammenhang mit den gefundenen Streuungen gültig sein muß. Wie steht es aber, wenn wir den korrelativen Zusammenhang dazu benützen wollen, von der einen Größe z. B. Testlänge auf die andere Größe, die Verläßlichkeit des Tests, zu schließen, ähnlich wie man etwa nach dem Gesetz des freien Falles von der Zeit auf den zurückgelegten Weg schließt? Wir können dann z. B. nur sagen, daß der Verläßlichkeitskoeffizient (= die Selbstkorrelation) bei doppelter Testlänge *im Durchschnitt* 0,8 beträgt. Die Streuung um diesen Durchschnitt bedeutet aber für unseren Schluß eine ganz beträchtliche Unsicherheit, die wir allerdings im Falle eines nachgewiesenen Kollektives in die Form einer Wahrscheinlichkeitsaussage kleiden können. Man ersieht aber daraus, daß in dem Wesen des korrelativen Zusammenhanges eine weitere Schwierigkeit für die Prognosen begründet liegt.

Besonders klar wird diese Schwierigkeit der korrelativen Zusammenhänge am Beispiel des Korrelationskoeffizienten, der eigentlich nichts anderes ist, als ein Maß für die Abweichung von einem linearen funktionalen Zusammenhang. Deskriptiv betrachtet ist eine Korrelation von 0,8 ziemlich hoch; wollen wir aber mit Hilfe der Korrelation Prognosen stellen, indem wir etwa von Körpergröße auf Körpergewicht mit Hilfe der zwischen Größe und Gewicht bestehenden Korrelationskoeffizienten einen Schluß ziehen, liegen die Dinge ganz anders. Wir benützen dazu, wie sie ja wissen werden, die Regressionsgeraden. Die Unsicherheit des Schlusses ist durch die durchschnittliche Abweichung eben von der Regressionsgeraden bestimmt.

Was hilft uns nun die Verwendung der Korrelation bezw. der Regression? Überlegen wir: Wenn wir das Körpergewicht eines uns unbekannten Menschen bestimmen wollten, könnten wir unter der Voraussetzung, daß es sich um ein Kollektiv handelt, etwa angeben, daß innerhalb eines bestimmten Intervalles um den Durchschnitt unser Unbekannter mit etwa 60% Wahrscheinlichkeit zu erwarten ist. Als Maß dieser Unsicherheit könnten wir die Streuung der Gewichtsverteilung aller Europäer betrachten. Wenn ich Ihnen aber sage, daß unser Unbekannter 190 cm groß ist, dann werden sie bewußt oder unbewußt die Regression verwenden und sich denken, daß eben so große Leute durchschnittlich 85 kg wiegen. Es ist klar, daß die Abweichung von diesem durchschnittlichen Wert von 85 kg kleiner sein wird, als die Abweichung der gesamten Gewichtsverteilung von dem durchschnittlichen Gewicht etwa des Europäers. Durch die Verwendung der Korrelation ist somit der Schluß auf das Gewicht sicherer geworden. Diesen Gewinn an Sicherheit kann man in einfachster Weise mit Hilfe des Alienationskoeffizienten berechnen. Für $r = 0,8$ beträgt der Gewinn an Sicherheit nur 40%, entsprechend einem

$$K = \frac{\delta_R}{\delta} = \frac{\delta\sqrt{1-r^2}}{\delta} = \sqrt{1-r^2} = \sqrt{1-0{\cdot}8^2} = 0{\cdot}6$$

Man sieht aus diesen Ausführungen nur eines, daß nämlich deskriptiv wertvolle Korrelationen vom prognostischen Standpunkt noch absolut nicht verwendbar zu sein brauchen. Wir sehen sogar, daß selbst im Falle, als hinter der untersuchten Gruppe ein Kollektiv steht, wir also unsere Betrachtungen in die Form von Wahrscheinlichkeitsangaben unbedenklich einkleiden können, daß selbst dann die Prognose im Falle des Schließens von der einen Größe auf eine andere nicht immer gesichert zu sein braucht.

Fassen wir noch einmal zusammen: Der Wert einer Statistik muß unbedingt von 2 verschiedenen Seiten aus gesehen werden, 1. vom Standpunkt der reinen Deskription, die keinen Ehrgeiz entwickeln darf, irgendwelche Voraussagen etwa im Sinne der Wahrscheinlichkeitsrechnung zu machen, 2. vom Standpunkt der Prognose, die nur gestellt werden darf, wenn alle Voraussetzungen für sie erfüllt sind. Wir schlagen vor, den vom Standpunkt der Theorie einwandfreien Begriff des Kollektivs auch in die Praxis der psychologischen Statistik einzuführen.

Demnach hängt der prognostische Wert psychologischer Statistiken von dem Nachweis eines Kollektives und damit von dem Nachweis der beiden Axiome ab, 1. von der Existenz von Grenzwerten für die relativen Häufigkeiten und 2. von der nachgewiesenen Unempfindlichkeit der Grenzwerte bei Bildung von Teilfolgen und Stichproben. Als Maß des prognostischen Wertes wären die Repräsentativkraft von Stichproben bezw. die Homogenität des untersuchten Materiales anzusehen, Begriffe, die zwar schon längst — zumindest was die Homogenität betrifft — bekannt waren, die aber gerade durch den Kollektivbegriff eine klarere Definition erfahren.

Weiters hängt der prognostische Wert der Statistik von der Streuung der einzelnen Qualitäten, bezw. deren Identifikationsspielraum ab.

Für die Handhabung der Statistik im Rahmen der Psychologie müssen wir aus unseren Überlegungen heraus fordern, daß immer ausdrücklich angegeben wird, ob und in welchem Umfang Prognosen erlaubt sind und wenn ja, muß ausdrücklich das Bezugskollektiv angegeben werden. Wahrscheinlichkeiten und damit auch Angaben von wahrscheinlichen Fehlern dürfen im Rahmen der deskriptiven Statistik nicht ernst genommen werden, sie dürfen höchstens zu Vergleichszwecken angegeben werden, dann aber *bewußt* in dem Gedanken, *wie es vergleichsweise wäre,* wenn man ein Kollektiv hinter dem aufgenommenen Material stehen hätte.

Abschließend sei noch darauf hingewiesen, daß sich aus der Verwendung des Kollektivbegriffes und der Unterscheidung von deskriptiver und prognostischer Statistik für die Psychologie und im Besonderen für die Leistungsprognose eine Reihe von Detailfragen ergeben, deren Behandlung aber in dieser knappen Form nicht möglich ist. Ich glaube aus meiner Erfahrung heraus sagen zu dürfen, daß unsere Prognosen und vor allem auch unsere praktischen Arbeiten durch die neue begriffliche Fassung in keiner Weise erschwert werden, daß wir im Gegenteil durch sie nur zu gewinnen haben und möchte deshalb für die Einführung des Kollektivbegriffes nach Mises und vor allem für eine *bewußte Unterscheidung zwischen Deskription und Prognose in der psychologischen Statistik* eintreten.

Diskussionsbemerkung.

Janina Hosiasson (Warschau):

1. Der Miesesche Begriff des Kollektives ist nicht so klar und einwandfrei, wie man aus den Ausführungen des Herrn Prelegenten schließen könnte.

2. Wenn man den prognostischen Wert nur der deskriptiven Statistik von Kollektiven zuschreibt, so kann eine Statistik von Gruppen von *abhängigen* Ereignissen einen prognostischen Wert haben, da ein Kollektiv (im Mieseschen Sinne) aus unabhängigen Ereignissen bestehen muß.

ZUR PROBLEMATIK DER FAKTORENTHEORIEN.

NORBERT THUMB (Wien).

Mein Referat behandelt ein außerhalb England und Amerika wenig bekanntes Anwendungsgebiet der Korrelationsrechnung, die Faktorentheorien, d. i. eine Art Strukturanalyse, die von den korrelativen Zusammenhängen einer Testreihe ausgeht und versucht aus einer Tafel von Korrelationen, also aus empirisch beobachteten Zusammenhängen, elementare Faktoren und Funktionen zu entwickeln.

Wenn man die Berechtigung der Korrelationsrechnung und die mathematisch-statistische Behandlung psychologischer Daten als sinnvoll anerkennt, kommt man leicht zu der Fragestellung, die den Faktorentheorien zugrundeliegt und an und für sich äußerst reizvoll ist: Stellen Sie sich vor, Sie wollten rein quantitativ die Zusammenhänge einer Testreihe näher untersuchen. Sie würden sich dazu wahrscheinlich die einzelnen Tests untereinander korrelieren und so viele Korrelationskoeffizienten ausrechnen, als Sie aus Ihrer Testreihe verschiedene Paare bilden konnten. Diese Koeffizienten sind leicht zu überblicken, wenn man sie wie üblich in Form einer Korrelationstafel zusammenstellt. (Tab. 1). In dieser Form kann man alle Korrelationen eines bestimmten Tests mit jedem anderen leicht überblicken und auch aus der Größe und der Verknüpfung der Koeffizienten einen ungefähren Aufschluß über das Wesen der verschiedenen Zusammenhänge erhalten.

Test		korrelliert mit Test			
Name	Gegenstand	a	b	c	d
a	Analogien		0.83	0.65	0.42
b	Lückenprobe	0.83		0.51	0.26
c	3-Wort-Probe	0.65	0.51		0.22
d	Zahlengedächtnis	0.42	0.26	0.22	

Es liegt nahe, einen Schritt weiterzugehen und die beobachtenden Zusammenhänge einer mathematischen Analyse zu unterwerfen, und eben das ist die Aufgabe, welche sich die Faktorentheorien gestellt haben. Die grundlegende Annahme, von der alle diese Theorien ausgehen, ist die, daß jede Testleistung oder allgemeiner gesagt jede Variable in eine Reihe von Faktorenleistungen zerlegbar sei. Man geht also von der Vorstellung aus, daß die einzelne Variable unter dem Einfluß einer Reihe von Faktoren zustandekommt und daß eben durch das Zusammenspiel dieser Faktoren mit ihrer für jede Testleistung charakteristischen Dosierung das bunte Bild der beobachteten Korrelation entsteht. Die zweite wesentliche Annahme ist die, daß die gesuchten Faktoren elementare Faktoren sein sollen und jeder von ihnen dementsprechend andere Funktionen vertreten soll. Das heißt mit anderen Worten, die Faktoren dürfen untereinander nicht verwandt sein, sie müssen also untereinander die Korrelation Null aufweisen.

Anhand eines Bildes möchte ich Ihnen diese geschilderte Linearkombination veranschaulichen. Stellen Sie sich vor, die Leistung einer Vp. in Test a ließe sich durch 3 Faktoren darstellen. Wir billigen jedem Faktor seinem durchschnittlichen Einfluß auf Test a entsprechend eine Gewichtszahl zu und addieren nun die gewogenen Faktorenleistungen und kommen so zur Grundgleichung für Test a und 3 Faktoren. Für weitere Vpn. B, C lautet die Grundgleichung, wie Sie sehen, ähnlich.

Die Grundgleichung:

(Linearkombination der Faktoren)

Für Test a und Person A

$$x_{aA} = a_1 x_{1A} + a_2 x_{2A} + a_3 x_{3A}$$

Dabei bedeutet:

x_{aA} = Testleistung der Person A in Test a

a_1 = Gewichtszahl des Faktors 1 für Test a

a_2 = Gewichtszahl des Faktors 2 für Test a

a_3 = Gewichtszahl des Faktors 3 für Test a

x_{1A} = Faktorenleistung der Person A in Faktor 1

x_{2A} = Faktorenleistung der Person A in Faktor 2

x_{3A} = Faktorenleistung der Person A in Faktor 3

Für Test a und Person B

$$x_{aB} = a_1 x_{1B} + a_1 x_{2B} + a_3 x_{3B}$$

Person C

$$x_{aC} = a_1 x_{1C} + a_2 x_{2C} + a_3 x_{3C}$$

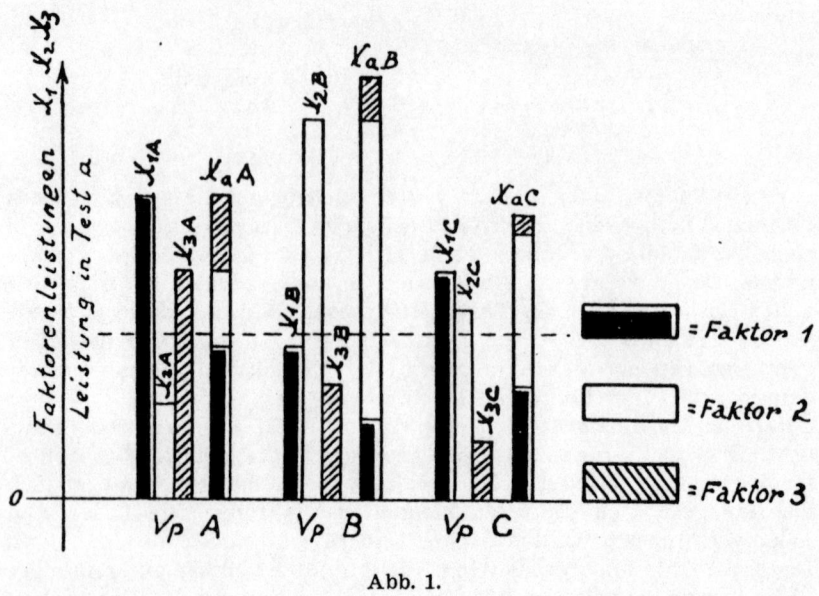

Abb. 1.

Die folgenden Tatsachen ergeben sich nun aus der Annahme, daß die Faktoren untereinander die Korrelation Null aufweisen; ich kann sie in der kurzen Zeit nicht ableiten und beweisen und kann Sie nur bitten, das Folgende als bewiesen hinzunehmen.

1. Die Gewichtszahlen sind nichts anderes als die Korrelationen zwischen Faktoren- und Testleistung. Z. B. $a_1 = r_{a1}$

2. Die Summe der Gewichtszahlenquadrate gibt für jeden Test den Wert 1. Z. B. für Test a $a_1^2 + a_2^2 + a_3^3 = 1$. Somit ergeben erst die Gewichtszahlenquadrate die perzentuelle Beteiligung der Faktoren an einer Testleistung.

3. Die Korrelation zweier Tests $r_{ab} = a_1 b_1 + a_2 b_2 + a_3 b_3$ läßt sich durch die Gewichtszahlen der beiden Tests ausdrücken.

Damit hätten wir das allen verschiedenen Faktorentheorien gemeinsame kennengelernt. Halten wir uns noch einmal die Problemstellung vor Augen. Aus einer Tabelle von Korrelationen sind für jeden einzelnen Test die bestimmenden Faktoren, bezw. deren Gewichtszahlen zu berechnen. Der Weg, den die Praxis dazu einschlägt, ist nun folgender. Man setzt ein bestimmtes Strukturmodell an, d. h. man setzt von vornherein eine bestimmte Anzahl und Art von Faktoren in einer fixen Anordnung fest und sieht dann in dem konkreten Falle nach, ob die Annahme des gewählten Schemas gerechtfertigt ist und zu brauchbaren Ergebnissen führt. Die Kontrolle, ob ein gewähltes Schema zu Recht besteht oder nicht, war selbstverständlich lange Zeit im Streit der Faktorentheorien der wunde Punkt, der zu den heftigsten Meinungsverschiedenheiten Anlaß gab.

Beispielsweise hat Spearman seiner Zweifaktorentheorie folgendes Strukturmodell zugrundegelegt:

Spearmans Strukturmodell.

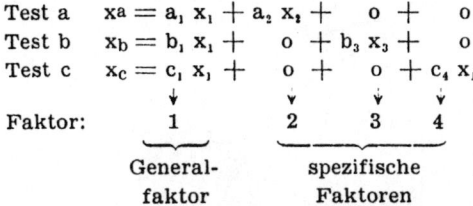

Test a $\quad$ xa $= a_1\, x_1 + a_2\, x_2 +\quad o\ +\quad o$
Test b $\quad$ xb $= b_1\, x_1 +\quad o\ + b_3\, x_3 +\quad o$
Test c $\quad$ xc $= c_1\, x_1 +\quad o\ +\quad o\ + c_4\, x_4$

Faktor: $\qquad$ 1 $\qquad$ 2 $\quad$ 3 $\quad$ 4

General-
faktor

spezifische
Faktoren

Als wichtigstes Schema möchte ich Ihnen aber hier dasjenige bringen, welches der multiplen Faktorenanalyse von Thurstone zugrundeliegt, umsomehr, als die multiple Faktorenanalyse den allgemeingiltigsten Fall darstellt und alle anderen Faktorentheorien mit ihren Strukturmodellen als spezielle Sonderfälle bereits in sich einschließt. Sie geht von der Annahme aus, daß jeder Faktor in jedem Test der untersuchten Testreihe vorkommt, daß also jeder Faktor ein allgemeiner Faktor ist. Im Prinzip haben wir mit der Grundgleichung bereits das Modell der multiplen Faktorenanalyse kennengelernt.

Thurstones Strukturmodell.

Test a $\quad$ $x_a = a_1\, x_1 + a_2\, x_2 + a_3\, x_3$
Test b $\quad$ $x_b = b_1\, x_1 + b_2\, x_2 + b_3\, x_3$
Test c $\quad$ $x_c = c_1\, x_1 + c_2\, x_2 + c_3\, x_3$

Faktor: $\qquad$ 1 $\quad\quad$ 2 $\quad\quad$ 3

alle sind allgemeine
Faktoren

Das große Verdienst Thurstones[1]) ist es, das Faktorenproblem in seiner allgemeinsten Fassung auf dem Wege einer räumlichen Interpretation einer allgemeingiltigen Lösung zugeführt zu haben. Die räumliche Interpretation knüpft zwanglos an die eingangs angeführte Tatsache an, daß die Gewichtszahlenquadrate in ihrer Summe 1 ergeben müssen. Diese Gleichung (2.) ist nämlich die Gleichung einer Kugel mit dem Radius 1. Ordnet man den einzelnen Faktoren eine bestimmte Koordinatenrichtung zu, so entspricht jeder Testgleichung, beispielsweise für Test a $a_1{}^2 + a_2{}^2 + a_3{}^2 = 1$ ein bestimmter Punkt auf der Kugeloberfläche (Abb. 2) und damit entspricht jedem Test ein bestimmt gerichteter Radius oder Vektor. (Vergl. Thurstones Artikel „The Vectors of Mind", Psy Rev. 1934.)

---

[1]) Vergl. Thurstone, The Vectors of Mind, The University of Chicago Press 1935.

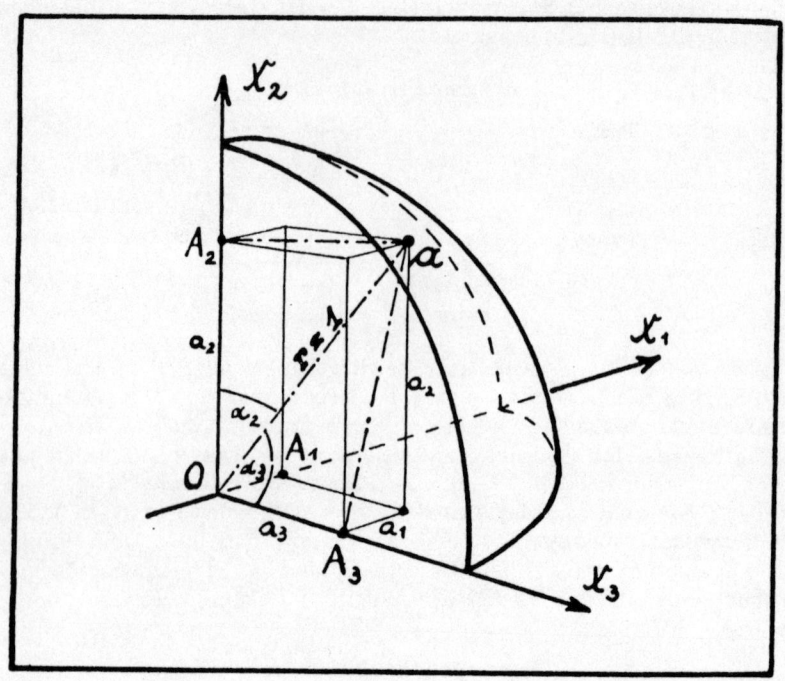

Abb. 2.
Säumliche Darstellung des Testes a mit 3 Faktoren.

Man kann auch ohne Mühe zeigen, daß jedem Korrelationskoeffizienten bei der räumlichen Interpretation der Cosinus desjenigen
Winkels entspricht, der zwischen den beiden korrelierten Tests liegt
und daß beispielsweise die Gewichtszahlen, die ja die Korrelationen
zwischen Faktor und Test geben, tatsächlich den Cosinus des zwischen Faktor und Test eingeschlossenen Winkels bedeuten.

Nehmen wir nun an, wir hätten gefunden, daß wir mit nur 2 allgemeinen Faktoren das Auslangen finden können, dann hätten wir statt
der Kugelgleichung eine Kreisgleichung und jedem Test entspräche
ein bestimmter Punkt des Kreisumfanges.

Es ist selbstverständlich, daß man das Koordinatensystem drehen
kann; doch wird dadurch selbstverständlich das Wesen der Faktoren
verändert und mit ihnen selbstverständlich auch die Gewichtszahlen,
d. s. Abszissen und Ordinaten der Testpunkte. Nach dem Gesagten
würde es das eigentliche Problem der multiplen Faktorenanalyse
sein, das Koordinatensystem möglichst praktisch zu legen. Man wird
es in den betrachteten Beispielen so legen, daß der eine Faktor direkt
durch den einen Test vertreten ist und der andere Faktor möglichst
vielen Tests nahekommt.

Im allgemeinen weiß man aber bei der multiplen Faktorenanalyse
zunächst noch nicht, wieviele Faktoren in einer Testreihe eine Rolle

spielen. Das eigentliche Problem ist es daher, die Koordinatenachsen so zu legen, daß man mit möglichst wenig Faktoren, d. h. Koordinaten, die Tafel der Korrelationen darstellen kann. Thurstone hat diese rechnerische Aufgabe gelöst, einmal unter Beschränkung auf einen mechanischen Ausgleich, indem er die Koordinatenachsen durch den Schwerpunkt einer Testpunktgruppe legt, dann aber auch unter Zuhilfenahme der Methode der kleinsten Quadrate. Ich kann auf die näheren Einzelheiten hier unmöglich eingehen. Ich muß nur noch einmal daran erinnern, daß eigentlich alle Gewichtszahlenquadrate eines Tests zusammen den Wert 1 ergeben sollten. Es kann nun vorkommen, daß die errechneten oder verwendeten Faktoren zur Darstellung eines Tests nicht genügen. Es fehlen dementsprechend eben noch Gewichtszahlen und die Summe der Quadrate aus den verwendeten Tests allein muß in diesem Falle kleiner als 1 bleiben, und so kommt es beispielsweise, daß die Testpunkte nicht auf dem Umfang des Kreises liegen, sondern auf dem Vector gegen den Mittelpunkt des Kreises zu gerückt erscheinen. Je näher demnach ein Testpunkt dem Ursprung des Koordinatensystems rückt, umso weniger wurde er durch die errechneten Faktoren erfaßt. Man wird daher so viele Faktoren entwickeln müssen, daß die Punkte möglichst nahe an den Umfang des Kreises bezw. der Kugel rücken. Durch diese Tatsache ist also die Zahl der Faktoren ungefähr bestimmt. Bevor wir nun zur Besprechung von Beispielen übergehen, sei erwähnt, daß die Anzahl der Faktoren so groß sein kann, wie die Anzahl der Tests, nur ist die Kugel in einem derartigen Fall nicht mehr vorstellbar, sondern befindet sich in einem anschaulichen — dimensionalen Raum.

1. Beispiel: Eine Interessenanalyse.[2])
2.   „   Intelligenztestreihe.
3.   „   Verhaltensanalyse.
4.   „   Neurotische Symptome.
5.   „   Gegenüberstellung einer Analyse nach Thurstone und Spearman.

Und nun einige Punkte zur Problematik der Faktorentheorie. Aus der kurzen Gegenüberstellung von multipler Faktorenanalyse und Zweifaktorentheorie haben Sie bereits entnommen, daß die Faktorentheorien klar und deutlich den Stempel der mathematischen Spekulation tragen. Gleich die grundlegende Annahme von der Linearkombination der Faktoren bringt uns dies zum Bewußtsein.

1. Wie aus der aufgeschriebenen Grundgleichung hervorgeht, wird angenommen, daß zwischen Faktorenleistung und Testleistung ein funktionaler quantifizierbarer Zusammenhang besteht. Die Existenz eines solchen wird aber von vielen Psychologen für den Bereich des

---

[2]) Die Wiedergabe der besprochenen Beispiele würde hier zu viel Raum beanspruchen, überdies lag dem Referenten mehr an der folgenden kritischen Stellungnahme, die sich nicht direkt auf die Beispiele bezieht.

Psychischen angezweifelt. Denken wir nur an die Gestaltspsychologie mit dem Begriff der Übersummativität, der besagt, daß die Ganzheit, also die Gestalt, mehr ist als die Summe der Teile (Melodie). Einem Physiker werden sich wahrscheinlich die Haare sträuben, wenn er zum ersten Male hört, daß die Testleistung mehr sein soll, als die Summe einer Reihe von Teilleistungen. Bedenken Sie aber, daß in der letzten Zeit in die moderne Psychologie ein neues Prinzip immer mehr und mehr Eingang findet, das Prinzip der Steuerung und daß wir uns in der Psychologie auf einer Entwicklungsstufe befinden, die noch keine einheitlichen Bausteine und Begriffe wie die exakten Naturwissenschaften kennt. Bernfeld bringt einmal in seinem Buch über die Meßbarkeit der psychischen Energie einen einleuchtenden Vergleich:

Das Kollektiv einer Fußballmannschaft leistet seine Arbeit mit Energien, die gewiß teilweise höherer Ordnung sind, als die gleiche Menge von Sprung-, Lauf- und Stoß-Energien aller beteiligten Einzelnen. Und doch gibt es keine eigene Kollektivenergie. Niemand ist in Gefahr, den Kollektivgeist als physikalische Form aufzufassen, sondern man weiß, daß er eine der Kräfte ist, die dem niedrigeren System Person angehören und daß sich alle Beteiligten, Spieler, Schiedsrichter wie Zuschauer, nach gewissen Spielregeln und Systembedingungen gegenseitig steuern. Die Faktorentheorien rücken aber alle Energieformen und Fähigkeiten auf eine Ebene, eben indem sie einen funktionalen linearen Zusammenhang annehmen und sie erschließen so mit der Vernachlässigung des Steuerungsprinzipes eine wichtige Fehlerquelle.

2. Hängt damit eine weitere Annahme der Faktorentheorie eng zusammen, das was Carl Bühler einmal die allgemeine Aufgeschlossenheit und Zugänglichkeit der psychischen Struktur genannt hat: Es wird angenommen, daß die zu untersuchende Struktur von jedem Element aus gleich gut erschlossen werden kann.

3. Die grundlegende Annahme der Linearkombination beinhaltet aber noch eine weitere rein mathematische Vereinfachung: Geht man von einem funktionalen Zusammenhang $x_a = f(x_1 x_2 x_3)$ aus und entwickelt man diese Funktion nach einer Taylorschen Reihe und vergleicht man sie mit unserer Grundgleichung, so sieht man, daß die Gewichtszahlen nichts anderes sind, als die ersten partiellen Ableitungen der Funktionen, z. B. $a_1 = \dfrac{\partial x_a}{\partial x_1}$ und daß alle Glieder höherer Ordnung aus der Taylorschen Reihe nicht mehr in unsere Grundgleichung übernommen sind. Also selbst bei Annahme eines funktionalen Zusammenhanges stellt die Linearkombination der Faktorentheorien nur eine erste Annäherung an die tatsächlichen Verhältnisse dar.

4. Ausgegangen wird bei den Faktorentheorien von Korrelationen. Der üblicherweise verwendete Korrelationskoeffizient ist aber nur ein Maß für die Streuung um eine Gerade, setzt also von vornherein

fest, daß irgend ein linearer Zusammenhang vorhanden ist. Dies braucht absolut nicht immer der Fall zu sein. Man erhält beispielsweise für den Fall eines idealen funktionalen — also nicht korrelativen, sondern funktionalen — hyperbolischen Zusammenhanges nach Pearson die Korrelation Null, d. h. der Koeffizient gibt trotz des vorhandenen funktionalen Zusammenhanges an, daß überhaupt kein Zusammenhang besteht. Ohne Kontrolle ob die Regressionen wirklich linear sind, kann man sich daher auf die Pearsonschen Korrelationskoeffizienten nie voll verlassen. In der Linearkombination der Faktorentheorien wiederholt sich konsequenterweise die Annahme eines linearen Zusammenhanges und die beschriebene mathematische Vereinfachung.

5. Wird man bei unseren Betrachtungen immer wieder auf die Tatsache hingelenkt, daß es sich um eine mathematische Spekulation handelt, die nur möglich ist, wenn sich die verwendeten Größen wirklich quantifizieren lassen. Dies setzt aber voraus, daß ein Test immer nur die gleiche Qualität der Leistung ergibt, daß er also einer mono-symptomatischen Auswertung zugänglich ist. Über die Berechtigung dieser mono-symptomatischen Auswertung wissen wir aber bei vielen Tests wenig. Über die Problematik der Quantifizierung im Rahmen der Psychologie zu sprechen, würde hier zu weit führen.

6. In der Psychologie gibt es eigentlich keine Funktionalen, sondern nur korrelative Zusammenhänge. Wir stoßen überall auf Abweichungen von Mittelwerten. Dementsprechend stellen die Gewichtszahlen nur durchschnittliche Werte dar, Mittelwerte aus dem durchschnittlichen Einfluß der Faktoren bei einer größeren Reihe von Personen. Dementsprechend muß die Diagnose in einem einzelnen Fall immer mit Unsicherheit behaftet sein.

7. Ein eigenes Problem für sich ist die Interpretation der Faktoren. Wieder kommt einem der mathematisch-spekulative Charakter der Faktorentheorien zum Bewußtsein. Sie haben aus den angeführten Beispielen bereits ersehen, daß die Faktoren bis zu einem gewissen Grade willkürlich wählbar sind, daß man nämlich durch Drehung des Koordinatensystems die Faktoren ändern kann. Man kann das Koordinatensystem beispielsweise so legen, daß eine Achse und damit ein Faktor durch einen bestimmten Testpunkt geht und der Faktor in Reinkultur durch den betreffenden Test dargestellt ist.

Auf ähnliche Weise erreicht Thurstone in konsequenter Durchführung des mathematischen Problems, daß er mit möglichst wenig allgemeinen Faktoren auskommt. Demgegenüber möchte ich aber die zunächst etwas theoretische Forderung aufstellen, daß die Faktoren in erster Linie doch so gelegt werden sollten, daß sie mit den Erkenntnissen der anderen Psychologie, der Physiologie und Biologie konform gehen. Diese Wissenschaften lassen uns aber in ihrem heutigen Stand diesbezüglich noch sehr im Stich, so daß wir uns wenig

Hilfe von ihr versprechen können. Es erscheint sogar mehr als fraglich, ob es möglich sein wird, mit einer sehr begrenzten Menge von Faktoren den psychischen und physiologischen Vorgängen gerecht zu werden und die psychologisch-physiologischen Tatsachen mit der Anordnung der Koordinaten in Einklang zu bringen. Man kommt eben an dieser Stelle zu der Erkenntnis, daß es ja nur darauf ankommen kann, mit den Faktorentheorien eine schematische Vereinfachung der tatsächlichen Verhältnisse zu erzielen. Ob diese Schematisierung auf dem Wege der Mathematik Sinn hat, kann einzig und allein durch die experimentellen Daten beantwortet werden. Die Ansätze lassen jedenfalls eine Fortführung der begonnenen Untersuchung als nicht aussichtslos erscheinen. Drastisch sieht man das Wesen der mathematischen Spekulation darin, daß sich bei der Analyse einer reinen Intelligenztestreihe auch negative Gewichtszahlen für einzelne Faktoren und Tests ergeben, was somit eine negative Korrelation zwischen dem entsprechenden Faktor und Test bedeutet. Solche negative Korrelationen zwischen Intelligenztest stellen aber für die Interpretation der Faktoren eine große Schwierigkeit dar, da doch soviel ich weiß, zwischen Intelligenztests bisher noch keine negativen Korrelationen beobachtet wurden.

Ich möchte abschließend noch auf einige für die psychotechnische Praxis wichtige Dinge kurz hinweisen. Uns handelt es sich nicht allein um theoretische Fragen nach den Zusammenhängen zwischen einzelnen Intelligenzfunktionen, sondern in erster Linie um praktische Probleme und von hier aus müssen wir verlangen, daß zu dem Kapitel „Bewährungskontrollen an Eignungsuntersuchungen" auch in den Faktorentheorien eine Brücke geschlagen werde. Wir müssen von der Praxis der Berufseignungsuntersuchungen her die Forderung stellen, daß auch die Berufsleistungen mit in den Kreis der Untersuchungen einbezogen werden. Wenn etwa im Rahmen einer Testserie eine verbal ability als mittlere Koordinatenachse gefunden wird, muß sich uns die Frage erheben, ob es derselbe Faktor ist, der auch im späteren Berufsleben etwa eines Vertreters von ausschlaggebender Bedeutung ist.

Sie merken aber bereits, daß wir hier zu einem für die praktische Eignungsuntersuchung wesentlichen Punkt kommen.

Die Güte einer Untersuchungsreihe liegt doch offenbar in zwei Dingen: In der Verläßlichkeit der verwendeten Tests und dann in der Korrelation dieser Tests mit der zukünftigen Berufsleistung. Im Interesse einer erhöhten Testverläßlichkeit wäre es nun gelegen, im Rahmen der Testreihe immer zumindestens einige Tests möglichst ähnlich zu halten. In Hinsicht auf die Komplexität einer späteren Berufsleistung ist es aber demgegenüber wieder angezeigt, lieber möglichst verschiedene Tests zu verwenden. Dies gilt selbstverständlich immer nur unter der Voraussetzung, daß die Tests in beiden Fällen gleich hohe Korrelationen mit der Berufsleistung haben. Diese für die Psychotechnik recht aktuellen Fragen sind auch bereits im

Rahmen der Faktorentheorien gestellt worden. Spearmans Schüler stellen zur Ermittlung der allgemeinen Intelligenz (des General-faktors) Testreihen auf, die möglichst heterogene Tests umfassen. Thurstone tritt für die Verwendung einer großen Zahl ähnlicher Tests ein.

Leider kann ich auf manchen interessanten Punkt im Rahmen der Faktorentheorie nicht mehr weiter eingehen. Ich hoffe nur, daß Sie aus meinem Referat gesehen haben, daß die Faktorentheorien mit allen ihren Sorgen und Problemen uns äußerst nahestehen, und im-stande sind, uns gerade aus ihrer Problematik heraus eine Fülle von Anregungen zu geben. Die mathematischen Schwierigkeiten sind jedenfalls nicht so groß, wie viele befürchten. Vielleicht habe ich die Problematik allzusehr in den Vordergrund gerückt und vielleicht allzusehr auf die Mängel hingewiesen, ich glaube aber, daß gerade Erkenntnis der Mängel das wichtigste für unsere Praxis sein muß und hoffe, daß Sie trotz alledem — so wie ich es tue — in den Faktorentheorien ein Hilfsmittel sehen, allerdings nicht mehr als ein Hilfsmittel, das aber einer Anwendung auf die Berufseignungs-untersuchungen und manche andere unserer Fragen würdig ist.

A CONTRIBUTION TO THE PROBLEM OF SPEED.

KAREL TŘÍSKA (Prague).

Introductory.

The problem of the existence of a special factor of speed and its relationship to the various mental activities has been attracting of late in an increasing degree the attention of students. The reason for this lies on the one hand in the theoretical and practical import-ance of the question, and on the other in the fact that the experi-mental results so far secured are to a great extent contradictory. The importance of the question needs no emphasis. Increasing the number of the factors hitherto discovered by a further independent factor of speed, or identifying the latter with other factors known or unknown would, in no small measure, enlarge our knowledge of human personality and would constitute a further important step towards a more reliable description of individuals from the psychological point of view. Such a better understanding would especially remove our present scruples in evaluating performances and facilitate among other things, more appropriate construction, administration and scoring of tests intended for their measurement.

The present status.

If we review the experimental work done in this field during our century, we see a great diversity of results which support on the whole three theories each struggling for recognition: one identifies speed with intelligence, another regards speed as a general or group factor independent of intelligence, while still another endeavours to prove that there are as many "speeds" as there are various functions.[1])

If we try to discover the reasons for this disagreement, we find that they are of several kinds. In the first place we must mention the unequal value of published results. The small number of subjects on which some studies are based, the heterogeneity of the groups tested, the small reliability of tests employed and the lack of under-standing of the functions which are measured by them, the unequal influence of practice, etc., as well as various experimental conditions (not to mention experimental errors) can easily lead to results which—often only apparently—depart from the general trend of the rest of the experimental material. Another reason is the frequent interpretation of inconclusive results. Here it is especially apparent that for proof of the existence or inexistence of the factor of speed it is not sufficient only to secure the absolute correlations between speeds or merely the correlations between speed and performance. What it is important to know is the mutual relationship of these two groups of figures, i. e. it is necessary to determine always whether one group of figures is significantly larger than the other or if the two groups of figures are equally large. This is at bottom the principle of Spearman's tetrad criterion which alone can decide which explanation we shall turn to in a given case.[2]) A further reason is the difficulty of the problem itself, especially the ambiguous meaning of the notion of speed. Various "speeds", as shown by Garrison, may have little in common and can vary mentally from test to test according to which functions are involved in a given case.[3]) Also the difficulty of the tests employed, as shown by McLeod,[4]) and the method of administration of the stimuli concerned, play a great rôle, as we shall see later. It is the task of the present paper to contribute to the disentanglement of this troublesome problem and to show that we have to do with two notions of speed not to be confounded with each other. To this end we shall report some experimental results recently secured for speed in intelligence tests.

---

[1]) For a detailed account of experimental results underlying these theories see A. Courthial, I. van de Stadt, E. Claparède, Rapidité et qualité. Arch. de Psych. XXIII, 1931 and K. Tříska, Rychlost a výkon v testech inteligence, Česká Mysl, XXXI, 1935, No. 1.

[2]) C. Spearman, The Abilities of Man (Appendix), London 1927; T. L. Kelley, Crossroads in the Mind of Man, St. Un. Cal. 1928.

[3]) K. C. Garrison, An investigation of some simple speed activities. J. Appl, Ps., XIII, 1929.

[4]) L. S. McLeod, Interrelations of speed, accuracy and difficulty, J. Exp. Psych. XII, 1929.

Tests and Methods.

The experiment on which our results are based was carried out during the school year 1932/1933 on two groups of children in Prague VII. The first group consisted of 4 classes of the first grade of upper elementary school, totalling 135 pupils of an average age of 11¾ years, the second of 2 classes of 43 third grade pupils averaging 13¾ years. Each of these groups was given two forms A and B of our group intelligence test consisting of 7 sub-tests (opposites, completion of sentences, classification, analogies, number series, word series and synonyms), covering on the whole 380 items. In administration of Form A, the work-limit method was used and the times were measured by a stop-watch. After an average lapse of about a fortnight Form B was administered with strictly limited time and the pupils were asked to work as fast as possible. The working speed was, in this case, measured by the entire number of items tried. Thus we secured for each sub-test and for the scale as a whole two measurements of performance (in tests timed and untimed) and two measurements of speed. In addition we determined further, at the end of the school year, the total school marks of all pupils tested. The results obtained were correlated for each class separately and the coefficients obtained were transformed into Fisher's values of z whose weighted average, converted again into r, gives the correlations for the entire group of pupils (N = 163).[5]) The results are shown in tables 1 to 7.

The results: A. Bernstein's experiment.

Let us first note the correlations between scores on the different sub-tests of Forms A and B as shown in Table 1 (untimed tests are designated by Arabic, timed tests by Roman numerals). As is apparent, the correlation coefficients of this table correspond to the analogous figures secured by Bernstein in 1924.[6]) Starting with the current assumption that timed tests measure intelligence plus speed, Bernstein administered to 2 groups of pupils 4 forms of his intelligence tests, two of which were shorter and liberally timed ("leisure" tests), two longer and strictly timed ("haste" tests). He then calculated the correlation between the total scores on these four forms of tests, expecting that speed, if it is independent of intelligence, would betray itself by a significant specific correlation between strictly timed tests. The result obtained was, as is known, negative (the average tetrad difference being according to Spearman .013 with a P. E. of .017[7]), from which Bernstein concluded,

---

[5]) A. Fisher, Statistical Methods for Research Workers, Edinburgh, 1930, p. 170.

[6]) E. Bernstein, Quickness and Intelligence, Brit. J. Psych. Man. Suppl. No. 7, 1924.

[7]) C. Spearman, op. cit. pp. 253 sq.

724

Tab. 1.

Correlations between scores on the several sub-tests of Forms A and B of the author's group test of intelligence (N = 163).

Test	1	2	3	4	5	6	7	I	II	III	IV	V	VI	VII
1	—	.616	.553	.583	.457	.528	.630	.653	.596	.408	.458	.355	.266	.378
2	.616	—	.490	.525	.417	.502	.542	.509	.630	.365	.437	.386	.297	.386
3	.553	.490	—	.455	.382	.512	.557	.351	.362	.502	.384	.360	.350	.247
4	.583	.525	.455	—	.493	.494	.503	.449	.479	.322	.684	.445	.098	.320
5	.457	.417	.382	.493	—	.521	.426	.333	.455	.336	.392	.616	.248	.230
6	.528	.502	.512	.494	.521	—	.549	.477	.397	.346	.473	.479	.340	.328
7	.630	.542	.557	.503	.426	.549	—	.546	.474	.405	.416	.472	.202	.389
I	.653	.509	.351	.449	.333	.477	.546	—	.567	.392	.536	.307	.320	.501
II	.596	.630	.362	.479	.455	.397	.474	.567	—	.279	.455	.340	.353	.450
III	.408	.365	.502	.322	.336	.346	.405	.392	.279	—	.321	.305	.301	318
IV	.458	.437	.384	.684	.392	.473	.416	.536	.455	.321	—	.400	.244	.370
V	.355	.386	.360	.445	.616	.479	.307	.340	.305	.400	—	.229	.202
VI	.266	.297	.350	.098	.248	.340	.202	.320	.353	.301	.244	.229	—	.209
VII	.378	.386	.247	.320	.230	.328	.389	.501	.450	.318	.370	.202	.209	—

in accordance with the results secured ten years previously by Hart & Spearman, against the existence of a speed factor. If we return to our table, we see that it gives an equally negative result. The average tetrad difference (if we eliminate from calculation the correlations between the same tests) amounts in our case to .035 with a P. E. of about .029, which is the more significant because the working speed per unit of time was on an average 59% larger in timed than in untimed tests. The question now arises how to interpret these figures, i. e. whether we should accept or reject Bernstein's conclusion. Though inclined to adopt the former alternative, we prefer for the time being to postpone our decision as we do not at the moment see any reason capable of convincing us of the necessity of the conclusion advanced. What if the results above given meant nothing more than that the timed tests, if sufficiently difficult, measure the same thing as untimed? Under these circumstances we are compelled first to clear away this uncertainty and, to this end, we shall endeavour to obtain a deeper insight into the nature of speed as ordinarily measured. Using the two measures of speed as defined above, we shall calculate the respective correlations between speed and performances and analyse the results obtained as shown in further tables. As the correlations between time and speed are necessarily negative, we shall interchange in the tables for the sake of simplicity the signs of correlations with time to obtain throughout correlations with speed. The results are contained in the following tables 2—5.

B. *Some evidence in favour of a "speed" factor.*

Tab. 2 contains correlation coefficients obtained between the following five variables: (1) total score on the untimed form A, (2) total score on the timed form B, (3) and (4) total speeds in forms A and B respectively and (5) the total of school marks. The high correlations between performances and the high correlations between speeds (3), (4) on the one hand and the slight negative correlations between speeds and performances on the other hand show plainly

Tab. 2.

Correlations between the total scores (1) and (2) on Forms A and B, the corresponding speeds (3) and (4) and total school marks (5). (N = 163.)

Test	1	2	3	4	5
1	—	.803	−.331	−.332	.482
2	.803	—	.065	.061	.406
3	−.331	.065	—	.760	−.016
4	−.332	.061	.760	—	.108
5	.482	.406	−.016	.108	—

that the given correlations are inexplicable by a unique central factor running through them. A further proof of this observation is shown in table 3. which contains correlations between speeds recorded in

Tab. 3.

Intercorrelations between speeds secured in the different sub-tests of Forms A and B (N = 163).

Speed	a	b	c	d	e	f	g	A	B	C	D	E	F	G
a	—	.589	.545	.495	.321	.499	.471	.590	.539	.437	.405	.399	.382	.355
b	.589	—	.441	.336	.403	.316	.223	.398	.379	.347	.294	.470	.269	.215
c	.545	.441	—	.632	.504	.608	.494	.507	.402	.624	.464	.408	.449	.456
d	.495	.336	.632	—	.585	.662	.631	.531	.300	.547	.615	.509	.495	.556
e	.321	.403	.504	.585	—	.528	.419	.414	.256	.389	.397	.575	.448	.397
f	.199	.316	.608	.662	.528	—	.705	.642	.576	.602	.590	.584	.603	.620
g	.471	.223	.494	.631	.419	.705	—	.717	.363	.591	.603	.498	.593	.608
A	.590	.398	.507	.531	.414	.642	.717	—	.446	.763	.656	.506	.666	.689
B	.539	.379	.402	.300	.256	.576	.366	.446	—	.420	.374	.344	.302	.352
C	.437	.347	.624	.547	.389	.602	.591	.763	.420	—	.699	.553	.728	.678
D	.405	.294	.464	.615	.397	.590	.603	.656	.374	.699	—	.502	.741	.727
E	.399	.470	.408	.509	.575	.584	.498	.506	.344	.553	.502	—	.639	.489
F	.382	.269	.449	.495	.448	.603	.593	.666	.302	.728	.741	.639	—	.768
G	.355	.215	.456	.556	.397	.620	.608	.689	.352	.678	.727	.489	.768	—

the untimed tests of Form A (designated by small letters a—h) and those secured for the timed tests of Form B (capital letters A—H). The average of these correlations is .504, or somewhat higher than the corresponding figure (.417) for Tab. 1.[8] That we have not to do with the same faҫtor as in Tab. 1, is shown by Table 4 presenting correlations between speeds and performances both in untimed

---

[8] The average tetrad difference of this table is .029 with a P. E. of about .030 which seems to confirm our view that the time in untimed and the number of all items tried in timed tests are equivalent measures of speed in intelligence tests.

tests. Here the average correlation is —.168, i. e. much less than the corresponding average correlations between scores (.511) and between speeds (.496) respectively. In place of analogical tables for correlations between scores on untimed and speeds in timed tests (2),

Tab. 4.

Intercorrelations between scores and speeds obtained in the different sub-tests of Form A (N = 163).

	a	b	c	d	e	f	g
1	.077	.002	—.128	—.211	—.222	—.361	—.224
2	.125	—.031	—.069	—.025	—.246	—.200	—.186
3	—.051	—.164	—.127	—.336	—.357	—.273	—.258
4	—.039	—.021	—.277	—.190	—.349	—.254	—.130
5	.053	.180	—.129	—.267	—.339	—.078	—.102
6	.010	—.011	—.069	—.220	—.334	—.442	—.232
7	.003	—.090	—.244	—.225	—.370	—.436	—.352

between scores on timed and speeds in untimed tests (3) and between scores on timed and speeds in timed tests (4), we give in table 5, columns II—IV, the corresponding correlations calculated merely between performances and speeds in the same tests. A comparison of the average correlation between performances and speeds in the same tests untimed (given in column 1 of Table 5) with the average of all correlations of Table 4 entitles us to believe that also the averages of the other three columns II—IV do not significantly depart from the average we should obtain if, as in Table 4, we computed

Tab. 5.

Correlations secured for the seven sub-tests (I) between performances and speeds both in untimed tests, (II) between performances in untimed and speeds in timed tests, (III) between performances in timed and speeds in untimed tests and (IV) between performances and speeds both in timed tests (N = 163).

Test	I	II	III	IV
1	.077	—.056	.338	.420
2	—.081	.103	.233	.143
3	—.127	—.223	.163	.312
4	—.190	—.160	.018	.060
5	—.339	—.078	—.218	—.197
6	—.442	—.322	.179	.394
7	—.352	—.341	.196	.313
M	—.208	—.154	.130	.207

the correlations for all combinations of the variables in question. If this be true, we see that also the other correlations between performances and speeds (represented by the averages —.154, .130 and .207) are significantly lower than the corresponding correlations between scores and speeds respectively (.511 and .573, .352

726

and .496, .352 and .573), which entitles us again to infer the presence of a special independent factor in our measurements of speed. Our next task will be to consider its nature, i. e. to ascertain whether it is identical with speed or something else.

C. "Successes" and "failures".

As we have seen, two methods of measuring speed were used in our experiment: (1) the total time recorded and measured by stopwatch in the case of untimed and (2) the total of items tried, i. e. the sum of "successes" and "failures" in the case of timed tests. Both these measures of speed have been found to be equivalent, so that we may infer their analogous structure. In particular, we may believe that even the times as mentioned under (1) are composed of reaction times of two kinds, contributed by "successes" on the one hand and by "failures" on the other, and that these two kinds of reaction times play the same rôle as, i. e. show similar correlations to the "successes" and "failures" which make up the total of items tried.[*]) Of those two component parts of our measures of speed we know so far only the rôle of "successes" and the question arises whether it is not precisely in the failures that there is contained that element whose existence we have proved above and whose nearer determination we are now striving for. An answer to this question may be found in further tables 6 and 7. Table 6 presents correlations between the total successes (1 and 2) and failures (I and II) in the two forms A and B of our group test of intelligence, the two speeds (3) and (4) and the total of school marks (5). It shows us above all that the failures and successes give a negative correlation equal to unity when their sum equals a constant (as is the case in the

Tab. 6.

Correlations between the total "successes" (1) and (2) and total "failures" (I) and (II), the two speeds (3) and (4) and the total of school marks (5). (N = 163.)

Test	1	2	I	II	3	4	5	σ
1	—	.803	—1.000	—.662	—.331	—.332	.482	24.517
2	.803	—	—.803	—.354	.065	.061	.406	16.378
I	—1.000	—.803	—	.662	.331	.332	—.482	24.390
II	—.662	—.354	.662	—	.704	.859	—.334	35.080
3	—.331	.065	.331	.704	—	.760	—.016	72.791
4	—.332	.061	.332	.859	.760	—	.108	33.316
5	.482	.406	—.482	—.334	—.016	.108	—	6.294

untimed tests of Form A, but that their correlation is far less (—.354) in timed tests (and certainly also in the case of times) where their sum is not definitely fixed. The whole trend of the cor-

---

[*]) This possibility has been suggested to us by Dr Josef Váňa.

Tab. 7.

Intercorrelations between "successes" (1 to 7) and "failures" (I to VII) in seven sub-tests of the timed Form B (N = 163).

	1	2	3	4	5	6	7	I	II	III	IV	V	VI	VII	σ
1	—	.567	.392	.536	.307	.320	.501	—.441	—.220	—.128	—.236	—.215	—.146	—.244	4.694
2	.567	—	.279	.455	.340	.353	.450	—.336	—.546	—.224	—.241	—.174	—.223	—.250	2.248
3	.392	.279	—	.321	.305	.301	.318	—.182	—.066	—.274	—.153	—.123	—.193	—.248	3.313
4	.536	.455	.321	—	.400	.244	.370	—.357	—.121	—.335	—.543	—.304	—.306	—.269	4.432
5	.307	.340	.305	.400	—	.229	.202	—.445	—.251	—.483	—.438	—.636	—.352	—.366	2.876
6	.320	.353	.301	.244	.229	—	.209	—.092	.010	—.045	—.006	—.013	—.035	—.202	3.033
7	.501	.450	.318	.370	.202	.209	—	—.161	—.101	—.035	—.034	—.066	—.024	—.142	2.881
I	—.441	—.336	—.182	—.357	—.445	—.092	—.161	—	.485	.702	.690	.629	.673	.824	5.707
II	—.220	—.546	—.066	—.121	—.251	.010	—.101	.485	—	.453	.346	.393	.360	.431	3.537
III	—.128	—.224	—.274	—.335	—.483	—.045	—.035	.702	.453	—	.743	.598	.763	.789	5.563
IV	—.236	—.241	—.153	—.543	—.438	—.006	—.034	.690	.346	.743	—	.599	.759	.768	7.067
V	—.215	—.174	—.123	—.304	—.636	—.013	—.066	.629	.393	.598	.599	—	.619	.547	6.329
VI	—.146	—.223	—.193	—.306	—.352	—.035	—.024	.673	.360	.763	.759	.619	—	.709	7.471
VII	—.244	—.250	—.248	—.269	—.366	—.202	—.142	.824	.431	.789	.768	.547	.709	—	6.886

relation coefficients as well as the relative importance of sigmas seem to indicate the presence of an important factor in the failures and a high specific correlation between successes and failures in the same test. A further confirmation of this finding is given in table 7 presenting correlations between successes (Arabic numerals) and failures (Roman numerals) for the seven subtests of our Form B. The average of correlations between successes is .352, between failures .613, whereas the average correlation between successes and failures does not exceed on an average .—183 (if we omit the correlations between successes and failures in the same tests). The average tetrad difference is thus .183, with a P.E. of about .035, which, of course, seems again to indicate the presence of a special factor in failures.

D. *Two notions of speed.*

May we assume that this factor which we shall call v is responsible for the high correlations between speeds and the low correlations between speeds and performances, as shown in tables 2, 3 and 4? Or in other words: Does the factor v form an important component part of our measures of speed? We are inclined to answer this question affirmatively. As evidence we may refer once more to the figures of Table 6. Whereas the correlations between speeds and successes in the timed form B (r_{23} and r_{21}) do not exceed .065 and .061, the correlations between speeds and failures (r_{II3} and $1r_{II4}$) amount to .704 and .859, which, of course, would show that the factor v contained in failures and the so-called factor of speed are, at least preponderantly, identical. But if we admit that the factor of speed and the factor v ("tendency to failure") are one and the same thing, have we still a right to speak of speed? It depends clearly upon how we define the latter. If we consider it in accordance with the definitions given on p. 3 as a magnitude inversely proportional to the time required for doing (whether correctly or incorrectly) a given amount of work, our answer will necessarily be affirmative, i. e. we shall be able in this case to identify speed with our factor v. The matters become, however, quite otherwise, if we base our definition of speed on the assumption with which we started in the foregoing paragraph, namely that speed is a sum of reaction times of two kinds, of which the one correlates with successes (which contain, as a chief component the factor g) and the other with failures (consisting of two principal component parts, the factors g and v). If we admit that these two kinds of times correlate, similarly to the successes and failures in timed tests, only to the extent of what they have in common (the proof of this remains to be given), we are necessarily led to a conclusion that there are as many "speeds" as there are factors or various functions or, in other words, that there exists neither a general nor any other factor of speed (e. g. identical with

729

g), but that speed — exactly like the quality of work — is merely an index of the degree of congenital or acquired ability of a given function and varies with the same. With a speed thus conceived our factor v has, of course, nothing in common.

Summary and Conclusion.

Thus we can see that we have to deal with two notions of speed: (1) the "working" speed that was measured in our experiment and that consists of "successes" and "failures", the latter containing besides g our factor v and (2) the "mental" speed which does not exist as an independent factor, being only a measure of functional ability, as is, equally, performance. If this be true, we see at once the solution of the problem of speed and the reconciliation of the three main hypotheses concerning it: In serial reactions consisting of items of various difficulty "working" speed is ordinarily measured and here of course a common factor — the factor v — appears. As regards the correlation with performance, its amount and sign will depend on the mutual relation between successes and failures, i. e. principally on the difficulty of the tests employed, as shown by McLeod. On the other hand, in simple reactions and in serial reactions highly trained, "mental" speed is measured as an index of efficiency and the correlations obtained will depend, as in the case of performance, on the mutual propinquity of the functions measured, as shown by Garrison. The same, however, appears to be true of the "successes" and "failures" making up our "working" speed, which throws a new light on the results obtained by Bernstein and Spearman and confirms again the accuracy of their conclusion. There seems to exist no independent factor of mental speed akin to g or to any other factor of this kind, speed being only a measure of innate or acquired ability of a given function, just as performance is.[10]) What does, however, exist or appears to do so, is our factor v contained in failures and forming an important constituent part of the "working"-speed. This factor, whose existence has already been several times confirmed and again denied, is most probably a character trait, and it is to be hoped that its closer investigation will soon prove its utility in mental diagnostics. What has been effected so far in this field by Downey and others appears to justify this expectation entirely.[11])

---

[10]) See also J. H. Rupp, Über Arbeitsschnelligkeit und Arbeitsgüte, Pst. Z., VII., 1932, p. 173.

[11]) Cf. S. N. Stevens & E. F. Wonderlic, The relationship of the number of questions missed on the Otis mental tests and the ability to handle office detail. J. Appl. Ps., XVIII, 1934.

ZUR SOZIOLOGIE DES BERUFES.

ZDENĚK ULLRICH (Prag).

Heute kann schon kein Zweifel mehr darüber walten, daß die Soziologie für Theorie und Praxis der Psychotechnik von erheblicher Bedeutung ist. Auf Grund der letzten Ergebnisse der sozialpsychologischen Forschung besteht ein Einfluß des sozialen Lebens auf das Seelenleben des Individuums namentlich im Sinne einer vollkommeneren oder weniger vollkommenen Entwicklung seiner angeborenen Anlagen und Neigungen sowie seiner „Sozialisierung", worunter wir hier prägnant die Entwicklung seiner Fähigkeit zu angemessener und richtiger Reaktion auf die von anderen Individuen und Gruppen ausgehenden Anregungen zu verstehen haben. Es zeigt sich ferner, daß die Intelligenz der verschiedenen sozialen Schichten und der verschiedenen Berufsklassen quantitativ und qualitativ unterschieden ist, und daß dieses Phänomen nicht nur durch die natürliche Auslese der einzelnen Individuen für die jeweiligen Berufe, sondern gleichfalls durch den Einfluß sozialer Milieubedingungen verschiedener Art auf das Seelenleben des Einzelwesens zu erklären ist. Deswegen wird vor allem die Frage der Berufsschichtung und ihrer Veränderungen für die Wahrscheinlichkeit der Erwartung bestimmter Intelligenzstufen aus gegebenen Schichten und Berufsklassen heraus und darüber hinaus für die praktische Tätigkeit der Beratungsstellen besonders bedeutungsvoll sein. Außer der psychischen Anlage und Intelligenz des Individuums wird bei der Berufswahl vorzüglich auch die *soziale Situation des zu wählenden Berufes,* die in der ganzen Gesellschaft und die für die betreffenden Einzelberufe und einzelnen sozialen Schichten geltende *Ideologie* zu berücksichtigen sein. Nur wenn wir alle diese Faktoren in Rechnung stellen, werden wir das Individuum im sozialen Ganzen richtig placieren und es als vollwertiges Mitglied in die menschliche Gesellschaft einreihen können.

Wir greifen aus der reichen Problematik der Soziologie des Berufes hier nur zwei Fragen heraus, welche für die Erwägungen des gegenwärtigen Kongresses u. E. besondere Wichtigkeit beanspruchen. Die soziale Schichtung nach Berufen unterliegt in den letzten Jahrzehnten bedeutenden Wandlungen, und unsere Aufgabe ist es, hier kurz die *Richtung dieser Wandlungen* zu bezeichnen. Objektive Tendenzen halten sich hier mit ideologischen die Waage, unter den letzteren ist namentlich die Idee des individuellen Aufstieges und die Art der Einschätzung bestimmter Berufszweige von großem Belang. An zweiter Stelle wollen wir die *Chancen einer konsequenten Durchführung einer psychotechnischen Auslese* in dieser der permanenten Wandlung unterliegenden modernen Gesellschaft prüfen.

Eine erste Wandlung der heutigen Schichtung nach Berufen zeigt sich in dem ständigen *relativen Abnehmen der in den Produktions-*

berufen und in dem raschen absoluten und prozentuellen *Anwachsen* der in unproduktiven, genauer gesagt *distributiven und organisatorischen gesellschaftlichen Funktionen* tätigen Personen. In dem gesellschaftlichen Ganzen zeigt sich also ein ständiger relativer Rückgang der Personen, die in Landwirtschaft und Industrie beschäftigt sind: dieser Rückgang ist in der Landwirtschaft schon längst bekannt, während er sich in der Industrie erst in letzter Zeit, sei es in einem verhältnismäßig langsameren Abnehmen, sei es in einer völligen Stagnation der Zahl der in den einzelnen Zweigen Beschäftigten zu bekunden beginnt. Auf der anderen Seite sehen wir ein sehr rasches Ansteigen und die Inbesitznahme eines immer größeren Sektors im gesellschaftlichen Ganzen von Seiten des Verkehrswesens, Handels, des Geldwesens, der Verwaltung u. s. w. Begründet ist diese Erscheinung durch das Verlorengehen der Monopolstellung bei denjenigen Staaten, die früher den ganzen Weltmarkt mit ihren Industrie-Erzeugnissen allein versorgten, ferner durch die Maschinisierung und Rationalisierung des Produktionsprozesses, die eine immer größere Anzahl von Arbeitnehmern ausschaltet, die früher unterzubringen waren; wer sich aus diesem Grunde in Industrie und Landwirtschaft nicht mehr durch seine Arbeit ernähren kann, wandert zu anderen Berufszweigen ab. Aber auch die Eigenstruktur der Organisations- und Distributionsberufe begünstigt diesen Zustrom, weist doch die heutige Gesellschaft eine stark gesteigerte Verästelung aller Beziehungen, einen nur durch immer zunehmende Organisation zu verwirklichenden Massenkonsum in Verbindung mit der Erhöhung des Lebensstandards der breiten Schichten auf.

Neben diesen objektiven Ursachen wirkt die allgemein verbreitete *Sehnsucht nach individuellem Aufstiege* auf der sozialen Stufenleiter und ebenso die höhere Einschätzung der in Kanzlei und Geschäft ausgeübten Berufe im Vergleich zu den in der Werkstatt, Fabrik oder gar auf dem Felde betriebenen entscheidend mit, zumal ja jedem die Möglichkeit offen steht, diesen nach der Ansicht der Gesellschaft höheren Berufen nachzustreben. Sobald in irgendeiner gesellschaftlichen Gesamtheit sich eine bestimmte Hierarchie in der Einschätzung der Berufe stabilisiert, und das Bewußtsein der Individuen hinzukommt, daß durch Beseitigung wirtschaftlicher und ständischer Schranken der Weg ihnen offen steht, setzt immer eine natürliche Verschiebung in Richtung dieser „höheren Berufe" ein. Ein großer Prozentsatz der heutigen Angestellten geht so im Wege des sozialen Aufstieges aus den Arbeiterschichten hervor. Außerdem führt eine allgemeine kulturelle Verfeinerung zu einem Widerwillen gegen die grobe Handarbeit, zu einem Streben nach einem angenehmeren Arbeitsmilieu, besserer Bekleidung, Sauberkeit, aller Bedingungen, deren Erfüllung besser durch die gesellschaftlich höher geachteten Berufe gewährleistet wird.

Mit diesen Wandlungen hängen auch die Veränderungen in der

732

persönlichen Stellung des Einzelnen in seinem Beruf eng zusammen. Hier müssen wir allerdings einen wichtigen Unterschied zwischen Stadt und Land feststellen: während sich in der *Landwirtschaft* in den letzten Jahren eine klare Tendenz zum Steigen der Anzahl der selbständig Erwerbstätigen kundgibt (in Böhmen ist deren Satz z. B. von 38% i. J. 1900 auf 51% i. J. 1930 gestiegen), und zwar infolge der ständig fortschreitenden Zerteilung des landwirtschaftlichen Besitzes und der in einer Reihe von europäischen Staaten durchgeführten Bodenreformen, zeigen die *städtischen Berufe* die umgekehrte Tendenz. Hier *sinkt die Anzahl der Selbständigen* durchwegs und steigt die der Abhängigen rasch an, was eine Folge der immer größeren Konzentration der industriellen, geschäftlichen, finanziellen und Transportunternehmungen usw. sowie auch der Kollektivierung dieser Unternehmungen, d. h. ihrer Verwandlung in Aktiengesellschaften, Genossenschaften u. ä. bildet.

Es wächst also unter der städtischen Bevölkerung allgemein die Abhängigkeit in der Ausübung des Berufes. Im Rahmen dieser abhängigen Personen zeigt sich aber eine weitere Umschichtung, und zwar im Sinne einer *steigenden Anzahl der Beamten und Angestellten,* welcher eine Verminderung oder eine *Stagnation der Zahl der Arbeiter* entspricht, unter den Arbeitern selbst aber wieder eine Tendenz zum Sinken der nichtqualifizierten und zum *Ansteigen der qualifizierten.* Die Vermehrung der Büroberufe wird heute allgemein als Entwicklung eines „neuen Mittelstandes" bezeichnet und ist durch die Vermehrung der Distributions- und Organisationsfunktionen in der Gesellschaft hervorgerufen, welche großenteils in nicht der Arbeiterklasse zufallenden Tätigkeiten ihren Ausdruck finden; aber auch in der Industrie selbst schaffen die Maschinen, welche die Menschen aus der Werkstatt vertreiben, ihnen neue Plätze in den Büros. Es wachsen also die Berufe an, in welchen die menschliche Tätigkeit noch nicht durch die Maschine ersetzt werden kann, wobei der Bedarf an Büroangestellten in den großen Kollektivunternehmungen der Gegenwart, in welchen die Privatunternehmer durch einen bürokratischen Apparat ersetzt wurden, unaufhörlich im Steigen begriffen ist. Zu dieser Entwicklung hat auch die stärkere Durchorganisiertheit der Gesellschaft als Ganzes ihren Teil beigetragen, d. h. das Entstehen solcher Organisationen und Institutionen wie Sozialversicherung, Gewerkschaftswesen, politische Parteien, Zentralorganisationen der Genossenschaften und Kartelle u. ä., die entsprechend ihrer aktuellen sozialen Bedeutung eine große Zahl von Angestellten und Beamten benötigen. Analoges gilt von dem Beamtenbedarf des Staates, dessen Aufgaben sich ständig vermehren.

Bei den *Arbeitern selbst* beobachten wir, wie schon erwähnt, die Verschiebung zu Ungunsten der nichtqualifizierten Arbeiter und Taglöhner (in Böhmen ist die Zahl der Taglöhner im letzten Jahrzehnt um 35% gesunken), während das entsprechende Ansteigen der qualifizierten Arbeiter mit immer höher geschraubten Ansprüchen der Unternehmungen in Bezug auf Ausbildung und Kenntnisse parallel geht. Die Ursachen dieser Erscheinung sind in der Kompliziertheit des heutigen Produktionsprozesses zu suchen, welche an Intelligenz und Geschicklichkeit des Arbeiters erhöhte Anforderungen stellt, freilich mehr im Sinne geistiger Aufmerksamkeit und schneller Reaktion als in dem besonderer manueller Erfahrung. Das Sinken der Gesamtzahl der nichtqualifizierten Arbeiter ist auch mit der starken Verminderung der Landarbeiterschaft und der Ersetzung der früheren Taglöhner durch Maschinenarbeit zuzuschreiben. Es scheint, daß von der früheren Tätigkeit des Arbeiters vielfach nur die *Bedienung komplizierter Maschinen* übrig bleiben soll. In subjektiver und ideologischer Beziehung können wir hier beobachten, daß die jungen Leute danach streben, sich namentlich auf den Gebieten der neuesten technischen Errungenschaften (Flugzeuge, Elektrotechnik, Feinmechanik) durchzusetzen, daß sie also von der die heutige Menschheit beherrschenden Maschinenzivilisation begeistert sein müssen. Hier wirkt sicherlich auch die allgemeine Tendenz zu besserer Bildung der breiten Volksschichten, zur Ausbildung eines Fachschulwesens und die strengeren Anforderungen der Siebung für die einzelnen Arbeiterberufe mit.

Unter den *Arbeitgebern* ist der Typ des Privatunternehmers, des Industriepioniers, der sein Unternehmen selbst aufgebaut hat und leitet, in raschem Schwinden begriffen. In der Mehrzahl der Unternehmungen wurden diese Unternehmer durch einen *bürokratischen Apparat* ersetzt: die Unternehmungen sind *„anonym"* geworden. Die Abhängigkeit der Masse der Arbeitnehmer, der Beamten, Angestellten und Arbeiter .gewinnt so einen *unpersönlichen Charakter*, alle vom höchsten bis zum niedrigsten sind in den Dienst großer Kollektivunternehmungen und -korporationen eingereiht, und ihre Arbeitsbedingungen sind standardisiert und *einheitlich geregelt*. Unter den Arbeitnehmern dieser Unternehmungen erfolgt, mit Ausnahme vielleicht der höchsten führenden Posten, trotz der hierarchischen Abstufung eine Nivellierung infolge der für alle bestehenden Abhängigkeit, welche mit einem Schwinden früherer Standesschranken und Prestigebegriffe, wie sie etwa bei Beamten, Offizieren usw. üblich waren, Hand in Hand geht.

Die institutionalisierten anonymen Unternehmungen, welche die Arbeitgeber dieser Masse moderner städtischer Arbeitnehmer vorstellen, bilden in immer steigendem Maße ein *untereinander verknüpftes organisatorisches Netz der Gesellschaft*, welches in seinen Wirkungskreis immer weitere und weitere Sphären des gesellschaftlichen Lebens einbezieht. Viele Unternehmungen und Institutionen verlieren so ihren privaten Charakter und nehmen entweder geradenwegs einen *öffentlich-rechtlichen* an oder stehen wenigstens unter starkem *Einflusse des Staates*. Sehr wenige Berufe, ob städtisch oder ländlich, sind dieser wachsenden Abhängigkeit aller von den großen Kollektiven und dem modernen Staate entgangen. Dies können wir auch an den früher selbständigen (freien) Berufen beobachten, etwa bei den Bauern, die heutzutage von den Genossenschaften, den Staatssubventionen u. s. w. abhängen, an der Abhängigkeit der Ärzte von den Kranken- und Unfallversicherungen, der Advokaten von den großen Industrieunternehmungen, usw. Der *moderne totale Staat* schließlich bildet mit seinem immer intensiveren Eingreifen und Regulieren auf allen Gebieten des sozialen Lebens den wichtigsten Faktor in dieser allgemeinen Kollektivierung und gegenseitigen Abhängigkeit der einzelnen Komponenten des sozialen Lebens. Die Fürsorge des Staates für die aus dem Arbeitsprozeß ausgeschalteten Personen, d. h. die Erwerbslosen, welche heutzutage sozusagen eine direkt vom Staat abhängige Schicht geworden sind, und seine ausgedehnte Subventions- und Sanierungspolitik, bestätigt nur diese Abhängigkeit aller von der höchsten Organisationseinheit der modernen Gesellschaft. Andererseits büßt der Staat infolge dieser Einwirkung in fortschreitendem Maße seine frühere neutrale Funktion außerhalb der Gesellschaft ein und gerät selbst unter den Einfluß der verschiedenen Interessengruppen.

Diese Tendenzen können wir in allen stark industrialisierten Ländern nachweisen, z. B. in Deutschland, England, Amerika, den westlichen Teilen der Čechoslovakischen Republik, aber sie bilden nur *einen Teil der allgemeinen sozialen Strömungen* der Gegenwart, welche auch im politischen und kulturellen Leben auf Beseitigung der trennenden und isolierenden Faktoren und auf Schaffung einer größeren gegenseitigen sozialen Abhängigkeit, auf Kollektivierung und Nivellierung abzielen. Trotz der noch bestehenden erheblichen, gelegentlich sogar noch sich vergrößernden Unterschiede in Vermögen und Einkommen, wird unserer Vermutung nach die soziale Schichtung in den erwähnten Ländern, abgesehen von extremen Fällen von Verarmung und Reichtum, in Zukunft ein ständig wachsendes Bestreben zur Bildung einer sozialen Gliederung nach Art einer imaginären Normalkurve zeigen, deren höchste Frequenzen wenigstens in den Städten die Menschen mit verhältnismäßig homogenem Lebensstandard und Kulturniveau bilden werden, die Arbeitnehmer der großen anonymen Kollektive, die politisch gleichberechtigt und ganz der Massenkultur der Gegenwart verhaftet sind, welche vielfach auch die Vermögensunterschiede verwischt.

Die beschriebenen Tendenzen der Berufsschichtung geben sicherlich auch *der psychotechnischen Auslese ein geeignetes Betätigungsfeld.*

1. Erste Voraussetzung ist die Existenz einer „demokratischen" Gesellschaft, in welcher man einzig und allein sachliche und rationelle Gesichtspunkte der Siebung durchsetzen kann, unbeeinflußt von traditionellen und irrationalen Elementen. Unter einer demokratischen Gesellschaft verstehen wir hier nicht eine solche mit demokratischer Regierungsform, sondern eine Gesellschaft von *Massencharakter,* in welcher der Nivellierungsprozeß schon einen gewissen

Grad erreicht hat, und wo alle Bevölkerungsschichten aktiv am sozialen Leben teilnehmen wie auch seiner Ergebnisse teilhaftig werden. In so einer Gesellschaft verschwinden Standesprestige, Kastenwesen und gegenseitige Isolierung der Gesellschaftsschichten, welche früher die Anwendung wissenschaftlicher und rationeller Ausleseprinzipien verhindert haben. Allen Einzelmitgliedern dieser Gesellschaft ist wenigstens potentiell die gleiche Möglichkeit des sozialen Aufstieges und der Placierung gemäß Fähigkeiten und Neigungen gegeben. Auch die Lockerung der Familienbande und der hierdurch bedingten sozialen Kontinuität wirkt in gleichem Sinne. Es kommt dahin, daß der Mensch kraft des sozialen Aufstieges einen Posten erreicht, der sich mit seinen eigenen Wünschen deckt. Wenn dieses Bild für die gegenwärtige Gesellschaft auch noch zu idealisiert erscheinen mag, so beobachten wir doch schon sichtbare Tendenzen zu seiner Verwirklichung.

2. Die allgemeine mechanisierte Abhängigkeit von großen Kollektiven und die massenhafte Beschäftigungsweise zwingt zu einer *Beseitigung persönlicher Rücksichten und zur Anwendung eines sachlichen Ausleseprinzips*. Die Mechanisierung und Standardisierung der Arbeitsmethoden und -leistungen ermöglichen einen viel leichteren Überblick über die Bedingungen der einzelnen Berufe und die für sie zu fordernden Fähigkeiten.

3. Die *Rationalisierung im Betriebe* dieser großen Unternehmungen und der immer größere Einfluß wissenschaftlicher Methoden auf die menschliche Tätigkeit wirkt in gleichem Sinne. In den großen Unternehmungen und Organisationen der Gegenwart kann man die erforderlichen Maßnahmen viel leichter durchführen als früher. Ebenso kann man auch die völlige *Spezialisierung* des Arbeitnehmers verwirklichen, welche eine genaue Schätzung der an seine geistigen Fähigkeiten zu stellenden Anforderungen erleichtert.

4. Wir dürfen indes auch die *ideologische Seite* des Problems nicht vergessen: sicherlich spielt auch die in einer gegebenen Gesellschaft herrschende *Auffassung der Arbeit* hiebei eine Rolle. Unter dem Einflusse einer Reihe sozialer Strömungen wurde die Arbeit im XIX. Jahrhundert zu einer gefeierten, besungenen und idealisierten menschlichen Tätigkeit; das war z. Zt. der industriellen Revolution, des Aufstieges der Bourgeoisie und der Anfänge der sozialistischen Ideologien. Heute ist die Arbeit zu einer *Institution* geworden. Die Konstitutionen der Sowjet-Union und des fascistischen Italiens beweisen das deutlich und zeigen auch die Richtung an, in welcher der totale Staat die Arbeitspflicht aller im modernen Gesellschaftsbetriebe institutionalisiert und so eine homogene und nüchterne Einstellung zur gesellschaftlichen Arbeit vorbereitet.

Es wäre indessen ein Irrtum anzunehmen, daß alle diese Tendenzen einmal absolut und voll verwirklicht sein werden. Wenn wir auch das in Betracht ziehen wollen, daß der Mensch durch richtige Placierung im Arbeitsprozeß *persönliches Glück* erreichen soll, so dürfen wir nicht vergessen, daß auch eine Reihe sonstiger Faktoren seine Stellung in Beruf und Arbeit bestimmt. Rationalisierung und Standardisierung zusammen mit der Spezialisierung des Arbeitsprozesses bedeuten nur die Regelung und bis zu einem gewissen Grade Verwissenschaftlichung einer Seite des sozialen Lebens. Es bleibt aber noch eine Reihe anderer Seiten zurück, die sich einem solchen Einschreiten lange widersetzen werden. Wir dürfen uns die Gesellschaft nicht als einen rationellen Organismus vorstellen, im Gegenteil spielen alogische und irrationale Faktoren sowie Reste alter Verhältnisse, etwa die ungleiche Vermögensverteilung, hier für alle Zukunft eine entscheidende Rolle. Es ist auch die Frage, ob der nach einer Seite hin spezialisierte Mensch, der nur eine anonyme Einheit des Arbeitsprozesses bildet, nicht gerade diesen irrationalen Strömungen bedeutend stärker ausgeliefert sein wird. Bei allen gesellschaftlichen Eingriffen muß man die *Totalität des gesellschaftlichen Lebens im Auge behalten,* in welcher eine Seite eng mit der andern zusammenhängt. Ohne Beachtung dieser soziologischen Grundregel kann auch ein noch so sorgfältig geplanter Eingriff keinen Erfolg haben.

THE INFLUENCE OF TRAINING OF MOTOR TEST PERFORMANCE: A NOTE ON SEX DIFFERENCES.

MORRIS S. VITELES (Philadelphia).

The author has recently reported the preliminary findings of a study designed to examine (1) the influence of "educability" on motor test performance; (2) the interrelations of motor tests; (3) the character of work curves obtained in the course of motor test performance. The present paper presents a comparison of male and female subjects used in the course of this experiment, from the viewpoints of absolute test scores and of their interrelationships.

The subjects of the study were 46 boys and 47 girls ranging from approximately 15 to 18 years in age. The boys were, in the main, unemployed continuation school students. The girls included a group of students at the Philadelphia Trade School enrolled for training in dressmaking and allied trades. All of the girls had completed the 8th grade, and a number had gone as far as the second year in high school before transferring to the Philadelphia Trade School.

The tests employed included (1) the Otis Self-Administering Test of Mental Ability (Intermediate Form A), (2) Stenquist Mechanical Assembly Test, (3) Minnesota Paper Formboard, (4) O'Connor Wiggly Block, (5) Serial Discrimeter and (6) Spool Packing Test from the Stanford Motor Skills Unit, and the (7) Roberts' Obstacle Test.

The test period was divided into two sessions. During the first session the subject was given each of the 7 tests. In this period the standard procedure followed by Seashore in giving the Serial Discri-meter and Spool Packer was employed. This consists of nine 2-minute trials on the Serial Discrimeter and there successive 3-minute trials on the Spool Packer. Trials on the two tests were alternated. In addition, the order of presentation of these tests was alternated from subject to subject. During the second test session, occurring on the average 3 days after the first session, each subject was required to spend 2 hours on the Serial Discrimeter and on the Spool Packer. The subject was placed alone in a room and graphic records of per-formance were obtained on the *Poppelreuter Arbeitsschauuhr*.

Briefly summarized, the most important findings of this study are as follows:

1. Statistically significant differences between the test scores of boys and girls are found only in the case of *Spool Packer B* (2-hour run) and of the *Stenquist Mechanical Assembly Test*.

2. An examination of intercorrelations among the tests shows the trend of correlation to be generally the same for boys and girls. Few of the coefficients undergo any pronounced change in value when the results of boys and girls are combined on a single correlation chart.

3. In general, for the boys and girls separately, as well as for the entire group of subjects, the coefficients of correlations between short and long spells of work on the *Serial Discrimeter* and on the *Spool Packer* may be described as *relatively* low, when it is re-cognized that we are dealing with the same activity on both axes of the correlation chart. This is an extremely important finding in light of the questions that have been raised by Poppelreuter, Myers, Kern, Capelrecht and others, concerning the relation between initial score on a test of short duration and "educability" in the activity in-volved therein.

4. On both *Serial Discrimeter* and *Spool Packer* the values of coef-ficients decrease as the short run is compared with successive one-half hour periods of the long run. Correlations between short and successive longer spells of work tend to be higher in the case of the boys than for girls. This is particularly noticeable on the *Spool Packer*.

738

IX

APPLICATIONS
PÉDAGOGIQUES

EXAMENS PSYCHOTECHNIQUES DANS LES ÉCOLES ET LES BUREAUX D'ORIENTATION PROFESSIONNELLE DE LA RUSSIE SUBCARPATHIQUE. (*Résumé.*)

ŠTĚPÁN CSEHILY (Mukačevo).

La presse n'informe pas toujours d'une façon exacte et objective les habitants des pays historiques sur les conditions en Russie Subcarpathique. En dépit de difficultés économiques, sociales et culturelles, la Russie Subcarpathique a réalisé de grands progrès, ce que démontre aussi le fait que dans ces pays travaillent déjà deux bureaux d'orientation professionnelle qui font subir aussi des examens psychotechniques. Ces examens ne peuvent naturellement pas être passés exactement de la même manière que dans les bureaux tchèques, parce que la jeunesse qui consulte ces bureaux n'a pas la même éducation préliminaire que la jeunesse tchèque. Les rapports économiques, sociaux et nationaux sont également différents, différente aussi est la mentalité de la population de Russie Subcarpathique. Il faut tenir compte aussi de l'éternelle question de la langue. Mais on a obtenu d'excellents résultats dans les tests de l'aptitude mécanique et la pratique a démontré que les garçons de la Russie Subcarpathique ont très bien réussi comme artisans. Dans notre bureau en Russie Subcarpathique on fait passer un examen médical, on examine la mémoire, l'adresse, l'habileté mécanique, le sens technique et l'intelligence par les tests Váňa et Kohs. Mais les tests Váňa ont été adaptés à nos conditions.

J'ai fait subir également des examens psychotechniques à des élèves de l'école primaire supérieure à l'aide des tests du psychologue américain Yerkes. Le matériel élaboré donne une impression claire des conditions intellectuelles des élèves des écoles primaires supérieures. Cette statistique est d'autant plus intéressante, que des élèves auxquels j'ai fait subir les examens, 38 % étaient russes, 12 % tchécoslovaques, 6 % allemands, 12 % hongrois, 30 % juifs et 2 % appartenaient à d'autres nationalités.

DER EINFLUSS DES KINOS AUF DIE KINDER.
(*Zusammenfassung.*)

PETER DENK (Zlín).

Der Zweck der Untersuchung lag hauptsächlich darin, zwei Seiten des Problems zu erhellen: a) In welchem Ausmaße werden die Kinder vom Kino beeinflußt; b) in welchem Verhältnis steht das kindliche Publikum zum laufenden Spielplan? Das zweite Moment — das Verhältnis der Kinder zum Filmspielplan — haben wir dadurch gelöst, daß wir die Art der einzelnen Filmszenen feststellten, die den Kindern gefielen, oder die sie ablehnten. Im ganzen befragten wir 890 Kinder, darunter 506 Knaben und 384 Mädchen im Alter von

11—16 Jahren. Bei unserer Untersuchung haben wir die Fragebogen-
methode verwendet. Wir legten den Kindern eine Reihe von Fragen
vor, auf die sie schriftlich antworteten.

Von den befragten 890 Kindern war nur *ein* Schüler überhaupt
nie im Kino gewesen, 97% der Kinder nehmen zum Kino einen beja-
henden, 2% einen ablehnenden Standpunkt ein, 1% spricht sich mit
verschiedenen Vorbehalten für das Kino aus. Die meisten Kinobesu-
cher werden von der untersten Klasse gestellt. Je reifer das Kind
ist, desto überlegter und damit seltener geht es ins Kino. Im Gegensatz dazu besuchen viele Kinder das Kino seltener als sie möchten.
Eine beträchtliche Anzahl der Kinder (45%) erklärt, daß sie keine
Gelegenheit hat — es sind dies hauptsächlich auswärtige Kinder —
22% der Kinder sind zu beschäftigt, 13% haben kein Geld für Ein-
trittskarten und bei 2% würde häufiger Besuch der Gesundheit schaden.

Die Schüler der ersten Klassen nehmen das größte Interesse an
Lustspielen (178 Kinder), die Schüler der zweiten und dritten Klassen an Abenteurerfilmen (140 und 124), in den vierten Klassen ent-
fällt der größte Prozentsatz (27 Schüler) auf Filmdramen. Von den
einzelnen Filmen hatten bei den Kindern „Emil und die Detektive"
(124 Stimmen), „Hundsköpfe" (92), „Kameraden" (80), „Die Erde
singt" (55), „Verschollene Patrioten" (55) den größten Erfolg.

Die Ergebnisse unserer Untersuchung zeigen den ungünstigen
Einfluß des Filmes auf das Sehvermögen. Bei vielen Kindern stellten wir durch Befragung fest, daß die Ermüdung des Sehnerves in
das Gehirn übergeht. Als Folgeerscheinung stellen sich dann Schwer-
fälligkeit, Ermüdung des ganzen Körpers, hauptsächlich aber Kopf-
schmerzen ein.

Die Ergebnisse unserer Untersuchung deuten nur die Umrisse des
Verhältnisses der Kinder zum Kino an. Von extensiver Massenarbeit
muß man zum systematischen und allseitigen Studium der kindlichen Reaktionen auf den Film auf dem Wege des Laboratoriums-
experiments übergehen.

MESURE DES CAPACITÉS MATHÉMATIQUES DES ÉLÈVES À L'ISSUE DE LEUR 5ème ANNÉE SCOLAIRE.
(Résumé.)

M. DISMAN (Prague).

La section mathématique outre les tâches qu'elle a à remplir, s'efforce de différencier les exigences annuelles pour les catégories et
les degrés différents des écoles. Elle se base sur les investigations
collectives et sur les expériences détaillées qui s'étendent sur l'année
entière. Elle veut constater la faculté mathématique moyenne des
élèves de tous les degrés scolaires, surtout de ceux qui terminent
leur cinquième année scolaire (écoles du 1er degré) et qui passent

à une école du deuxième degré. En 1932, ont été élaborés dans la section d'après des tests diagnostiques édités en 1931 à Los Angeles, 4 tests de 25—33 exemples, qui comprenaient approximativement la matière d'enseignement de la 1ère à la 6ème année scolaire pour l'addition, la soustraction, la multiplication et la division. Les élèves des écoles de Prague ont été examinés d'après ces tests.

Résultats:

Groupe	addition	soustrac.	multiplic.	division
en 1932	14 juin	15 juin	16 juin	17 juin
Nombre d'élèves examinés	1.632	1.643	1.645	1.630
Moyenne de réponses justes	81,50%	77,95%	80,41%	70,51%
Moyenne de temps	16'25"	15'36"	17'27"	21'38"

Conclusions tirées du nombre de fautes: a) quels genres de calcul devaient être enseignés dans un degré supérieur; b) quels genres doivent être appliqués plus particulièrement dans un degré inférieur. Des échelles des difficultés pour chaque genre en particulier et pour les 4 genres dans leur ensemble ont été établies. Des conclusions ont été tirées, pour l'enseignement du calcul, des plans d'étude entiers et des plans d'études spéciaux qui ont été contrôlés de nouveau depuis l'année 1932 à la fin de chaque semestre.

ÜBER DEN VERSUCH EINER FESTSTELLUNG DES EINFLUSSES VON THEATER UND KINO AUF DIE SCHULJUGEND IM ALTER VON 11—14 JAHREN.

(Zusammenfassung.)

Durch 16 Fragen, die 39 11—14jährigen Mitgliedern der Rezitationsklubs an der Versuchsbürgerschule in Nusle vorgelegt wurden, wurde in groben Zügen der Einfluß von Theater und Kino auf die Schuljugend festgestellt. Es zeigte sich, daß der Film die Kinder nur etwas mehr interessiert als das Theater. Das Verhältnis zum Theater erscheint tiefer, im Theater und im Film wollen diese Kinder nur die „Wahrheit, Wirklichkeit" sehen. Den Kindern gefallen im Film und Theater am besten Lustspiele mit Gesang, mit Musik, mit Tanz, mit reicher Ausstattung. Für die Oper herrscht beträchtliches Interesse, aber die Kinder beklagen sich, daß sie sie nicht „verstehen". Kindern in diesem Alter gefallen am besten Stücke für „Erwachsene". Es wurde festgestellt, daß die Kinder oft zu wertlosen, schädlichen und polizeilich verbotenen Filmen gehen und dies häufig in Begleitung und mit Wissen der Eltern (Peripherie). Das Schulkino und das Schultheater (zum Beispiel im Rahmen der Schülerversammlungen) hat einen auffallenden Einfluß auf die Phantasie der Kinder. Die 3/4 Mehrheit der Kinder verurteilt schroff die Theaterstücke für „Kinder", die Hälfte liebt nicht die „Jugendfilme". Nur 1/4 der Kinder interessiert sich für das Puppentheater. Obgleich 29 Kindern das Puppentheater mißfällt, gefällt 29 Kindern das lebende Kasperl in Märchen. Die Schilderung des Gefühls „beim Verlassen des Theaters oder des Kinos", der Gründe, warum jemand gerne Theater spielt und warum er Theater- oder Filmschauspieler sein möchte, zeigt, daß der Einfluß des Theaters und Films sehr tief geht und daß er mit geeigneteren Mitteln und an einer größen Anzahl von Schülern und auch Erwachsenen in verschiedener Umgebung verwertet werden sollte.

PROBLÈME DU DIAGNOSTIC MATHÉMATIQUE ET PERFECTIONNEMENT ÉCONOMIQUE SUR UNE BASE SCIENTIFIQUE. (Résumé.)

MIROSLAV DISMAN et JOSEF TRAJER (Prague).

L'enseignement individuel suppose le diagnostic des dispositions, capacités et connaissances de chaque élève. Pour le calcul par exemple, nous voudrions nous assurer pourquoi, comment et dans quelle mesure tel ou tel élève ne réussit pas et quelle est la voie la plus courte et la plus naturelle pour amener une amélioration. Tous les tests doivent avoir un caractère diagnostique. Par de doubles tests on a constaté, dans certains travaux, une connaissance théorique et de l'adresse dans l'exécution pratique, l'influence du classement des concepts plus difficiles et des activités disparates, une relation entre le jugement et le mécanisme mathématique etc. A l'aide de l'analyse quantitative et qualitative des enfants et des adultes, on a établi p. ex. des exercices particuliers et des exercices d'ensemble. Par une gradation contrôlée et par des examens quotidiens on a vérifié les rapports des problèmes mathématiques composés en particulier de problèmes écrits (mesure des progrès: temps et précision). L'investigation de Trajer qui s'étendait sur toute l'année 1931-32 a démontré que par un exercice attentif après le diagnostic le niveau entier de la classe s'améliorait très considérablement p. ex. dans la multiplication. La distraction chez 140 enfants comportait le 20 sept. 1931 63%-100% dans un temps de 40'—4'30", le 16 février 1932 déjà seulement 88%-100% dans un temps de 18"—2'30" et le 20 juin 1932 96%-100% dans un temps de 8'55"—2'05".

ZUR TYPOLOGISCHEN UNTERSUCHUNG DER SCHÜLER AN MITTELSCHULEN.

JAN HOŘEJŠÍ (Prag).

Der Autor berichtet über die bisherigen Ergebnisse der typologischen korrelationellen Untersuchung, die er seit 1922 an den Schülern von 2 Realschulen und eines klassischen Gymnasiums durchgeführt hat. (Im ganzen ungefähr an 800 Schülern).

Die Bedeutung der schematischen typologischen Übersicht der individuellen Unterschiede für die psychologische und pädagogische Theorie und Praxis wird anerkannt, in der Hauptsache ihre beschreibende Aufgabe und ihr Wert für die Individualisierung in der Kollektiverziehung. (Kádner, J. V. Klíma, Velínský, Příhoda, Šeracký.)

Der statistische Bericht über den ersten Versuch und sein Vergleich mit den Ergebnissen von J. V. Klíma wurde in der Zeitschrift der tschechosl. Professoren und im Jahresbericht des Rašín-Staatsgymnasiums in Hradec Králové 1931 veröffentlicht.

Die praktischen Schulübungen, die Teilnahme an der Einschreibung der Schüler nach den neuen Richtlinien und schließlich die Möglichkeit durch 12 Jahre die Entwicklung einiger individueller Schüler zu verfolgen, boten Gelegenheit, durch Untersuchung die Beziehung zwischen den zahlreichen Versuchen für eine typologische Einreihung zu überprüfen. So war es möglich im Sinne Lazurskys die statistischen Schätzungen der typologischen Variabilität in einer dynamisch und evolutionären charakterologischen Untersuchung auszuarbeiten, die für das persönliche Studium der Entwicklung und der Zusammensetzung der Persönlichkeit wertvoll sein können.

Bei der typologischen Untersuchung wird die Tatsache übersehen, daß wir alle unwillkürlich typisieren, weil wir zu einer Ersparungsstilisierung an einigen wenigen Typen neigen. Wir betonen eine bestimmte Gruppe von Kennzeichen und homologisieren verschiedene typologische Systeme, die unserem Bestreben für Übersichtlichkeit entsprechen. Der Autor bemüht sich daher, Beziehungen zwischen den heute zahlreichen gleichen Typen zu schaffen, ihre typologische und charakterologische Zusammenstellung und soweit als möglich auch die Richtung einer weiteren Genese dieser Typen herauszufinden. Er stellte sich ein apriorisches homologisches Schema von 25 Systemen zusammen, mit einer doppelstufenförmigen dichotomischen Verzweigung, das für 4 Typen ausreicht. Dadurch fiel der mittlere überzählige Typ, der oft aus statistischer Verlegenheit überfüllt zu sein pflegt, aus. Diese 4 Grade konnte man homologisch mit den geläufigen Biotypen vergleichen, mit den Typen Kretschmers, ja sogar mit den Aristotelischen Typen der Temperamente. Natürlich mußte man aber den apathischen Typ Ribots streichen, den Typ Kretschmers auf Leptosome und Asthenische aufteilen, den Jasperschen Typ des Realisten und Praktikers auf zwei Typen verteilen usw.

Dann wählte der Autor die beiden gangbaren Typen Ribots (aktiver und sensitiver) als grundlegend für den ersten Grad der Teilung und vier konstitutionelle Biotypen und mit ihnen 4 parallele Jaspersche Typen als Grundlage für die Teilung des zweiten Grades. Von den übrigen Typen des homologischen Schemas sind einige, sei es in der Auffassung oder bloß in der Benennung, nur eine Variante der grundlegenden und es ist nicht notwendig, sich allzu genau zu vergewissern, wie weit sie sich decken. Die von den Autoren angegebenen Charakteristiken fördern im Gegenteil das sichere Erkennen der Grundtypen.

Einige Typen aber, bei denen die charakteristische Einseitigkeit oder ein dominantes Kennzeichen betont ist, werden dadurch so eingeengt, daß es möglich ist, festzustellen, in welchem Prozentsatz sie sich mit den gegebenen wenigen Kennzeichen des Grundtyps decken, das heißt, wieviel Prozent der Optimisten zum Beispiel, unzweifelhaft zum Ribotschen aktiven Typ gehören.

Die Methoden der Untersuchung ergeben sich schon aus den Begriffen der einzelnen Typologien, der biologischen, psychologischen (kasuistischen und analytischen), charakterologischen, persönlich analytischen und soziologischen und jede von ihnen wiederum gegliedert nach der der ursprünglichen Auffassung zugrundeliegenden Disziplin. Durch eine Kombination der Methoden (in großen Zügen der von A. Roback in seiner Psychologie der Charaktere angeführten ähnlich) wurden die Ergebnisse gegenseitig berichtigt, so daß es möglich ist, aus den sich ergebenden Resultaten vorläufig wenigstens eine ungefähre Wertung der bisherigen Homologien abzuleiten, einige Kennzeichen in der Kategorie der unwesentlichen aber häufig beweiskräftigen Kennzeichen auszuscheiden und dann einzelne Fälle in die vier grundlegenden konstitutionellen Typen, die verhältnismäßig am deutlichsten sind, einzureihen und durch diese Kontrolle den Wert der universellen, die die grundlegenden Kennzeichen aller Bestandteile und Seiten der Persönlichkeit umfassen, festzustellen.

Jene Fälle, bei denen es unmöglich war, die notwendigen dominanten Kennzeichen festzustellen, wurden weder in die Prozente eingereiht noch eingerechnet. In der Tafel sind auch Prozentsätze über 20% angeführt, die in der Mehrheit immer eine Kombination innerhalb eines von den beiden hauptsächlichen grundlegenden Typen sind, wenn der Prozentsatz der Kennzeichen zumindest 50 erreicht. Neben der Kombination bewährte sich auch die besondere Anordnung der Methode nach dem gegebenen Erfordernis. So wurden zum Beispiel die Ergebnisse der Untersuchung nach der Termanschen Intelligenzskala im Verhältnis angeführt, ohne daß man sie zusammenzählte und daraus ergaben sich dann häufig sehr überzeugend die Dominanten, Kombinationen und Varianten des gesuchten Typs.

Die Homologie der bisherigen Typen wurde zwar nicht durch diese Prozente, die aus einem zu engen Gebiet stammen, definitiv beglaubigt, aber es zeigte sich, daß der Weg gangbar ist. Es ist schon angebracht, die bisherigen typologischen Kennzeichen wenigstens so zu konsolidieren, daß sich der weiteste Kreis von Mitarbeitern an einer weiteren Beglaubigungsarbeit beteiligen kann.

Nur auf diese Weise kann man die bisherige Arbeit in der Charakterologie praktisch verwerten und deswegen gestattet sich der Autor, folgende Vorschläge zu machen:

1. Einen Kongreß (vielleicht mit der Einrichtung einer speziellen Kommission) einzuberufen, zur Festlegung von wenigstens proviso-

rischen einheitlichen Standardtypen, hauptsächlich zu pädagogischen, Schul- und Volksbildungszwecken.

2. Die Ausarbeitung in großen Gebieten einer einheitlichen typologischen Forschungsmethode für den breitesten Kreis von Mitarbeitern.

3. Die typologischen Forscher sollen einzeln für ihre Aufgabe geschult werden, und diese allgemeine Forschung einheitlich organisiert und eingerichtet und von einer Fachzentrale aus geleitet werden.

4. Pädagogische Fachkreise arbeiten pädagogische und methodische Folgerungen für die Methodologie und die Schulorganisation überhaupt für die einzelnen Lehrer aller Grade aus.

Der Autor glaubt, daß die Typologie und Charakterologie, wenn sie auf diese Weise standardisiert wird, die psychotechnische Analyse im täglichen öffentlichen Schuldienst erleichtert, zur wissenschaftlichen Vertiefung und Aufhellung der Fragen der Persönlichkeit beiträgt und hauptsächlich den Bemühungen für eine Individualisierung der Bildung in und außerhalb der Schule eine neue Grundlage gibt.

Große und kleine Nationen fühlen heute die Pflicht, die Anlagen und Fähigkeiten ihrer Bürger in den Schulen und durch Volksbildung am nutzbringendsten zu fördern und dazu führt der Weg der individuellen Erziehungsmethode, die durchführbar ist, auch wenn die Erziehungseinrichtungen aus technischen und sozialen Gründen kollektiv bleiben. Dieses Bestreben für ein Zusammenspiel der individuellen und kollektiven Methoden kann wirksam das systematische und vergleichende charakterologische und individuelle Studium der menschlichen Persönlichkeit unterstützen.

THE PSYCHOLOGICAL ASPECT OF THE SO CALLED PRACTICAL EXERCISES IN SECONDARY SCHOOLS.
(Summary.)

JAN HOŘEJŠÍ (Prague).

The practical exercises at the above mentioned types of secondary schools have a position which is unnatural enough and different from the usual type of school work. Therefore they are not always able to fulfil all expectations which were placed in their efficacy to make school work more living, to increase the desire for working for oneself and the self-education of the pupils, to modernize the spirit of the school, to accelerate the speed and the cultural activity in it, etc.

As a rule a greater interest arises when the subject matter (chemistry, physics, biology) is in some sense a novum or at least if it appears in a new light, if the practical exercise itself is a new thing, and often of course when special motives present themselves, which make an emergency exit from the practical exercise. Nowadays we find in the final examination yearbooks a striking awakening of biological interest among non-mathematicians, non-chemists, etc.

The reasons are on the one hand material and external, on the other psychological, internal. An actual reason for the early loss of interest may be the great disappointment about the level, the methods and the results of the practical exercises, or imitation of the work in university laboratories or a shallow grinding of the subject-matter taught.

An insufficient laboratory equipment is often an external reason, insufficiency of implements, material, textbooks, with shifts, discomfort, inconvenient time and so on. Those troubles and grievances are very often present. But here attention should be paid to the internal conditions for the success of the practical exercises.

(1) The first strong motive of interest is a natural *longing for activity,* a desire to occupy oneself and to try out just one's own powers, which even remain unoccupied in the most ardent school work. For this reason interest in the practical exercises appears in men and women students of the active, Aristotelean, "mechanical" type. It is remarkable that always a higher percentage of girls than of boys apply today for those exercises, although boys are traditionally believed to be "mechanical". (Perhaps this fact may explain the failures of girls in mathematics.)

(2) Other motives of interest are: *curiosity* on account of the novelty and the new way of working; flattering self-elevation to "higher scientific work" (the first great thing to do is to buy white overalls), the hope to escape from too *systematic and theoretic* studies; the desire (perhaps subconscious) to approach the expert and to watch his working *methods,* to *study an authority* from near at hand and to imitate him; the hope that through this new experience I can correct my inferiority complex by better results than elsewhere, and a similar opinion about myself as compared with others; the view that the practical exercise explains the lectures and facilitates studies; the hope that we learn something which bears its fruits in practical life (future doctor); finally the hope to get some sensation, fun, or some flirting with a nice colleague, etc. out of it.

It is necessary to examine more generally the loss of interest than merely to point out external deficiences, "indolence of the youth of today" and similar phenomena. The first reason can either be real or unreal. (1) A sign of youth: lack of interest and unconcern (the well known complaint of social life) or (2) further a real or imaginary disappointment of some psychological expectation, very often however (3) helplessness in the searching and valuing of problems, so that he cannot feel enthusiastic about them; after the desire for new knowledge and a training in new methods is gratified they lose their interest and (4) dislike for regular work, (5) inaccustom

748

of the liberated personality to active life (outside the school). (6) Trivial disorder and unwillingness to subject oneself to regular order in the way of working, to sacrifice oneself for colleagues, etc. (7) Unwillingness to supplement the practical part by unnecessary theoretical studies and inexperience in some real independent study, etc.

The results despite all this are relatively quite good. The author would propose for further progress simultaneous psychological and preparatory work starting with the first class. Respect for individual character, more self-education, more encouragement of initiative, activity; restriction of theoretical lectures, curriculum; the practical classes should be instructive at the same time; to objectivity and utility (not mere play, not useless "research"). Opportunity should be given to the whole staff of teachers to recognize the character and value of the practical work and they should promote them. Attention must be paid by the leading specialist to the psychological side and importance of the practical work; he will then obtain a better result without wasting power and will contribute practically to the success-ful solution of the problem of an active education and transition to lifelong self-education.

THE PSYCHOLOGICAL DIFFERENCES BETWEEN SELF-EDUCATIVE SCHOOL WORK AND THAT OUTSIDE THE SCHOOL. *(Summary.)*

JAN HOŘEJŠÍ (Prague).

Private education is a less visible activity than education in the school; it is regarded as a private matter and perhaps is not even of itself necessary and is therefore neither highly organised nor systematic.

It seems however, that education outside the school cannot be brought to the same level as school education; it is an official delusion when we try to give to this phenomenon a value of its own. A child indeed makes intellectually greater progress than an adult, this is certainly due to the mother or later to the school. But education outside the school brings with it perhaps still more experience which is not less useful and valuable than within the school itself. Self-education of adults, however, is necessarily unsystematic, sometimes casual and defective like extra-scholar education of young people, but means, on the whole, a great cultural contribution to the ever changing life, experiences, mistakes and victories of each of us.

School training is as a rule unjustifiably sure of its trends, aims and methods, sinning through self-redemption, infallibility, psychological and sociological recklessness, neglects the tasks and needs of practical life, being behind the exigencies of the day. The school is reproached that it becomes an end in itself; it attracts people who go to school only to remain there as teachers for their whole life; that the school does away with personal and national individuality, disaccustoms the pupils to desire for knowledge, spontaneity, creativeness, makes them irregular, forces an artificial relation to things, breaks off from real work, real knowledge, creativeness and art. The schools themselves mutually separate from one another and alienate themselves.

The extra-scholar family education of young people and adults, private and public, gropes about quite helplessly in aims and methods and therefore even much more in the choice of material. Like school education it is in this respect derived from the present opinion of the world, or from the beliefs of the majority.

There are far fewer foundations for self-education—private and public—than for school education. It has at its disposal only parts of the time and energy of the individuals. (The school sometimes renders useful education impossible;—Masaryk visited libraries as a young man, instead of going to school, but otherwise he would not have had any time for them.) It has no organised institutions, the service of popular education is in charge up to now of volunteers who have no special training, without greater experience and tradition, with inexperienced ways and methods.

Popular education and self-education are always distracted by new principles and influences, the so-called "amusements" and commercialised recreations, by political parties, ecclesiastical intolerance, propaganda and pretensions. The influences cannot be controlled, the hidden influences are very often impenetrable and unattainable. Popular and private education also require to make up in all those matters wherein school education limps behind the needs of the moment, therefore it faces very often problems and tasks which it could only solve, if its work undertakings were better realised than those of the schools themselves. The greatest difficulty of self-education is the choice of subjects in the curriculum and methods as well as self-initiative.

The advantage the extra-scholar education has above the school education is the agreeable feeling of liberty, the free and spontaneous choice of questions, the possibility of compensation (to compensate monotonous life work by a hobby), knowledge of lasting worth acquired with a "free hand", joy of discovery, self-realisation, natural speed and perseverance, easier approach to practice etc.

The most serious problem is the transition from school to self-education. Neither intellectuals nor the uneducated succeed herein. For the school accrues a serious task from that fact and from the modern side a renewed postulate, to lead youth from the start to self-education.

If the school gives up its "mission of delivery", if it limits its mission critically to a section for which it is sufficient and leads the pupils to use thoroughly all sources and all ways to self-education, it does not weaken its activity nor alienate its pupils, but it assures lifelong attachment to the school (and by this a lifelong self-educational contact of adults with the school). If the school fulfils these conditions for extra-scholar education, then popular education fulfils its task easily of avoiding the imitation of school methods and enters on the road of a successful division of work with the school.

ERFAHRUNGEN AUS DER PSYCHOLOGISCHEN DIAGNOSTIK DER SCHÜLER·

ALEXANDR IVANOV (Prag).

Bei der psychologischen Feststellung der Begabung überhaupt und der Begabung der sich geistig erst entwickelnden Kinder im besonderen, ist die Auffassung des Begriffes „Begabung" von prinzipieller Bedeutung. Dabei kann man ungefähr zweierlei Anschauungsarten der Psychologen unterscheiden. Die einen erklären die Begabung als potentionelle Dispositionen, also als natürliche Fähigkeiten; die anderen gehen vielmehr statt von den primären, von der Kultivierung nicht beeinflußten Potentionen, von den sekundären Eigenschaften, welche unter dem Einflusse der kulturellen Entwicklung entstehen, aus. Trotz dieser Verschiedenheit der Anschauungen in dem wichtigsten Probleme der Psychotechnik bietet uns doch die psychologische laboratorische Untersuchung der Schülerbegabung sehr wertvolle Erkenntnisse. Auf Grund unserer Erfahrungen mit Kindern, welche überwiegend im 8. bis 15. Lebensjahre standen und mit verschiedenen Methoden untersucht wurden, können wir feststellen, daß geistige Leistungen bestimmte dispositionell bedingte Fähigkeiten des Verstandes voraussetzen. Es wäre aber unrecht, wenn man die Begabung nur auf Grund bloßer Feststellung der Leistungen, das ist auf Grund der vom Schüler in einzelnen Testen erreichten Resultate bestimmen möchte. In manchen Fällen kann man die Diagnose der Begabung erst durch psychologische Analyse und durch Interpretation der Testresultate bestimmen. Infolgedessen müssen wir betonen, daß wir auch auf experimentelle Weise die Fähigkeiten und Begabung nicht direkt messen können und daß wir erst aus den erreichten Leistungen das Bild der wirklichen Begabung konstruieren müssen.

Diese psychologische Interpretation ist besonders dann wichtig, wenn es sich um Bestimmung qualitativer Merkmale des Intellektes handelt. Obzwar es bekannt ist, daß qualitative Abstufungen in der Begabung der Kinder oft auch im vorpubertalen Alter erkennbar sind, was wir auf Grund unserer Erfahrungen bestätigen können, ist doch die Aufgabe des Psychologen, die spezielle Begabung des Schülers und seine einzelnen Fähigkeiten festzustellen, eine äußerst feine und verantwortliche Arbeit. Dabei müssen wir konstatieren, daß die optimistische Anschauung, welche die Möglichkeit, Teste für einzelne Arten der Begabung zusammenstellen zuläßt, nicht immer durch praktische Resultate der Untersuchung bestätigt wird. Daraus erfolgt die Forderung nach erhöhter Umsicht auch in dieser Beziehung. So zum Beispiel kommen bei der Differenzierung des Intellektes in der Richtung der sprachlichen oder realen (verbalen oder technischen) Begabung hin, auch dann, wenn eine solche Begabung beim Schüler existiert, Fälle vor, wo wir aus den Testresultaten diese Begabung nicht unmittelbar konstatieren können, sondern vielmehr erst nach der durchgeführten Analyse sämtlichen Materials, welches sich auf den untersuchten Schüler bezieht.

Aus den sämtlichen Untersuchungsmitteln heben wir folgende besonders hervor: 1. Teste, 2. psychologisches Beobachten des Schülers während der Testprüfung, 3. Angaben des von den Eltern ausgefüllten Fragebogens oder noch besser dort, wo es die Möglichkeit zuläßt, die Anamnese, welche unmittelbar nach den Aussagen der Eltern verfaßt wurde; 4. der Schulfragebogen oder die von der Schule gegebene Charakteristik des Schülers; 5. Erfassung des Schülers in Bezug auf den Charakter und eventuell auch auf seine Interessen nach dem Punkte 1, 2 und 3, und 6. auf Grund der von dem Schüler selbst verfaßten Schilderung des eigenen Lebens oder der unmittelbaren Rücksprache mit dem Schüler.

Art, Weise und Verlauf der psychologischen Untersuchung des Schülers muß sich nach dem Zweck der ganzen psychotechnischen Untersuchung richten. So zum Beispiel verlangen oft die Eltern selbst, daß die Intelligenz des im 10. Lebensjahre stehenden Kindes vom differenziellen Standpunkt mit Bezug auf seine Begabung für den gymnasialen oder realen Typus der Mittelschule beurteilt werde. Eine ähnliche Aufgabe bietet sich auch dann dar, wenn es sich um die Entscheidung über die Befähigung des Schülers zum weiteren Studium entweder auf der höheren Mittelschule oder an einer bestimmten Fachschule handelt. Beim Lösen dieser oder jener Aufgabe ist immer die Feststellung des Intelligenzniveaus des Kindes und dann die seiner speziellen Fähigkeiten das wichtigste Moment. Die Feststellung einer speziellen Begabung ist gerade bei noch intelligenten Kindern, deren partielle Verstandesfunktionen oft auf derselben Höhe stehen, machmal recht schwierig.

Obzwar sich die geistige Struktur des Kindes auf der dispositionellen, also endogenen Basis gestaltet, ist es doch notwendig, die höchste Aufmerksamkeit allen äußeren Anlässen und Einflüssen, die auf die Entwicklung des Kindes einwirken und die sich dynamisch geltend machen oder latente Voraussetzungen der Fähigkeiten bleiben, zu widmen. Gerade die dynamische Auffassung der Entwicklung des kindlichen Intellektes bietet uns die Möglichkeit, strukturelle Eigentümlichkeiten des Intellektes und eventuell auch die symptomatische Bedeutung der nicht harmonisch proportionierten Reife einzelner intellektueller Funktionen zu begreifen. Schüler, welche aus den belebtesten Vierteln der Großstadt stammen, oder Schüler, welche in der ruhigen ländlichen Umgebung aufwachsen, oder andere, die in verschiedenen materiellen oder sozialen Verhältnissen leben, fassen die gleichen äußeren Anlässe verschieden auf, reagieren in ungleicher Weise auf dieselben Testfragen und erzielen oft nur aus diesem Grunde ungleichmäßige Resultate, wenn auch, wie durch ausführliche individuelle Analyse festgestellt wurde, ihr Intelligenzniveau manchmal das gleiche war. Auf diesem Umstande beruht gerade die Bedeutung der gehörigen Bewertung des Einflusses der exogenen Faktoren, durch deren Wirkung das endogene Wesen des Einzelnen seine spezifische Gestalt gewinnt. Wir können fordern, daß der Inhalt des Testes und seine technische Zurichtung, wie auch die Untersuchungsweise selbst, also das Verhältnis des untersuchenden Psychologen zum Kinde, soweit es psychologisch nur möglich ist, im bildlichen Sinne der exogenen Physiognomie des Kindes entsprechen soll. Nur auf diese Weise können wir in die sich entwickelnde Mentalität des Kindes eindringen und die qualitativen Seiten der Begabung sicher beurteilen.

Wertvolle Erkenntnisse gewinnen wir bei der Untersuchung der Schüler, welche auf der Mittelschule entweder nur schlecht oder überhaupt nicht fortkommen. Darunter müssen wir besonders jene Gruppe von Schülern ausscheiden, bei denen die Eltern, mit Hinweis auf das schlechte Fortkommen in der Schule, anführen, daß dem Kinde von dem Volksschullehrer die Mittelschule anempfohlen worden war, da es auf der Volksschule unter die besseren Schüler gehört hatte; oder sie weisen darauf hin, daß das Kind ein sehr gutes Gedächtnis habe, aber daß es einigermaßen unbeständig sei. Aus diesem Grunde können sie es nicht begreifen und sich nicht damit versöhnen, daß ihr Kind im Studium keinen Fortschritt mache.

Was das erst angeführte anbelangt, glaube ich, daß die Beurteilung der Begabung der Schüler in der fünfklassigen Volksschule ohne psychologische Untersuchung eine recht schwierige Aufgabe sei und daß auch der gewissenhafteste Lehrer in diesem Falle falsche Prognosen nicht vermeiden könne. Außer Ursachen rein technischen Charakters, wie zum Beispiel eine überfüllte Klasse oder Überbürdung des Lehrers, gibt es hier tiefere Ursachen rein psychologischen Charakters: das 10. Lebensjahr des Kindes kann ungefähr als Wendepunkt in der Entwicklung des Kindes betrachtet werden. Bis zu dieser Zeit sichten sich durch die Entwicklung überwiegend die elementaren geistigen Funktionen, und differenzielle Unterschiede zwischen den Kindern sind, mit gewissen Ausnahmen, weniger erkennbar als im nachfolgenden Alter, wo sich die höheren Verstandesfunktionen und die Fähigkeit des abstrakten Denkens überhaupt entwickelt. Deshalb ist die Beurteilung der Begabung des Kindes beim Übergang von der Volksschule auf die Mittelschule ohne fachmännische psychologische Untersuchung recht schwierig. In dieser Richtung wäre es nur wünschenswert, daß der Gedanke der psychologischen Untersuchung der Kinder in den Lehrerkreisen baldigst allgemeine Anerkennung fände und das um so mehr, da dadurch die Wichtigkeit der persönlichen Beschreibung des Kindes von seiten des Lehrers nicht geleugnet würde.

Von dem Gedächtnis wäre zu sagen, daß seine Bedeutung nicht unterschätzt werden soll, anderseits wieder wäre es aber nicht recht, wenn man es als eine isolierte geistige Funktion überschätzte. Zwischen dem Gedächtnisse und der Intelligenz existieren nicht Beziehungen in dem Sinne, daß, je besser das Gedächtnis, desto größer die Intelligenz sei. Im allgemeinen habe ich beobachtet, daß bei höherer Intelligenz auch das Gedächtnis besser war. Wir können konstatieren, daß keine von den isoliert beurteilten geistigen Funktionen in solchem Maße das wirkliche Intelligenzniveau des Kindes verhüllte, wie die Gedächtnisfunktion. Es ist aber sicher, daß die Gedächtnisdispositionen sich in jeder Handlungsweise geltend machen. Dort, wo die Eltern auf ein gutes Gedächtnis hinwiesen, habe ich häufig durch Untersuchung ein hauptsächlich mechanisch fungierendes Gedächtnis festgestellt. Die Erklärung der Ursachen des Mißerfolges des Kindes in der Schule waren folgende: es zeigte sich, daß es sich immer um Schüler mit unterdurchschnittlichem Intelligenzniveau im Verhältnis zu dem von der Mittelschule geforderten Niveau handelte. Da in jeder höheren Klasse der Mittelschule der Unterrichtsstoff der meisten Gegenstände immer eine höhere logische Struktur aufweist, verlangt er auch von den Schülern ein logischeres Gedächtnis und eine zielbewußt geleitete Reproduktion, was wiederum einen aktiveren Geist, also ein höheres Intelligenzniveau des Schülers voraussetzt.

In einer noch engeren Beziehung als das Gedächtnis steht die Funktion der Aufmerksamkeit zu der intellektuellen Aktivität. So wie das Kind mit mechanischem Gedächtnis sich durch geringere Denkungsaktivität kennzeichnet und Impulse zur zielbewußten Erwägung entbehrt, so sinkt auch gleichfalls bei der Unfähigkeit, die Aufmerksamkeit zu konzentrieren, die Leistungsfähigkeit seines Verstandes. Bei weniger begabten Kindern zeigten sich manchmal Mängel der Aufmerksamkeit im verlangsamten Verlauf der Gedankenprozesse und in Zufälligkeiten ihrer Reproduktion.

Die Bedeutung der Aufmerksamkeit bei der Beurteilung der Begabung des Kindes beruht darin, daß sie ein unvermeidlicher Mechanismus ist, welcher sich bei jeder bewußten Reaktion geltend macht. Obzwar die Aufmerksamkeit also keine selbständige Form der Handlung vorstellt, ist doch ihre Intensität eine unerläßliche Voraussetzung der vollkommenen Gedankenarbeit. Bei Kindern, welche eine mangelhafte Aufmerksamkeit aufwiesen, beobachtete ich eine geringere Klarheit der Verstandeskundgebungen und eine geringere Sicherheit in ihren Aussprüchen. Es liegt natürlich daran, festzustellen, um welche Art des strukturellen Mangels der Aufmerksamkeit es sich handelt. Die Sache wird dabei um so komplizierter, da die Erscheinung der Aufmerksamkeit mit der Willensseite des Charakters des Kindes zusammenhängt und auch von den physiologischen Zuständen des Organismus abhängt. Soviel kann man in Kürze von den Funktionen des Gedächtnisses und der Aufmerksamkeit bei der Feststellung der Begabung der Schüler anführen. Sie bedingen also nicht allein nur das Intelligenzniveau, sondern stellen einen wichtigen Faktor in komplexer Handlungsweise des Einzelnen als eines Apparates des Intellektes in seiner Gedankentätigkeit vor.

Bei der Untersuchung der Schüler begegnen wir auch solchen Fällen, wo der schwache Schulerfolg nicht durch das herabgesetzte Intelligenzniveau und Mangel an Begabung zum Studium bedingt wird. Das Kind erzielt in den meisten Testen deutlich überdurchschnittliche Resultate. Die Ursachen dieser Erscheinung können wir nur durch ausführliche psychologische Analyse der ganzen Persönlichkeit des Schülers feststellen. Diese Ursachen können mancherlei Art sein; so zum Beispiel beruhen sie manchmal auf der Sphäre der Charakterveranlagung des Schülers, oder auf der eben durchlebten Periode der pubertalen Veränderungen, oder können schließlich dem Mangel an der häuslichen pädagogischen Leitung des Schülers entspringen. Aber sie können auch auf der außerpsychologischen Sphäre, und zwar auf dem physiologischen Wesen des Kindes beruhen und durch die neurologische Seite des Kindes bedingt werden. Manchmal durchdringen sich diese angeführten Momente gegenseitig, oder sie kommen in mannigfaltiger Vergruppung vor. Hier will ich die große Bedeutung einer ärztlichen physiologisch-neurologischen Untersuchung des Kindes, als Bestandteil einer gesamten individuellen psychotechnischen Untersuchung und die Notwendigkeit des engsten Kontaktes zwischen dem Psychologen und dem Arzte betonen. So zum Beispiel erklärt der ärztliche Befund manchmal die Ursachen eines schwächeren Erfolges des Schülers durch Nervenlabilität und schnelle Ermüdbarkeit bei größerer geistiger Anstrengung, wo kein anstrengendes Studium, wenn auch der Schüler die günstigste Voraussetzung in seiner Begabung dazu zeigte, angeraten werden darf.

Das Übergewicht der intravertiven Veranlagung des Kindes verursacht manchmal die Verlangsamung in seinen Kundgebungen, das Verbleiben in denselben geistigen Zuständen und gibt dem ganzen Ausdrucksmechanismus des Kindes ein besonderes Gepräge. Die innere intellektuelle Sicherheit des Kindes und seine breiten, manchmal sogar allzu vorzeitigen Interessen verursachen oft, daß die regelmäßige Aneignung des Schulmaterials nicht gut mit dem Kreise jener Impulse, welche die geistige Tätigkeit aktivieren, im Einklang steht.

Die pubertale Veränderung des Schülers äußert sich in seiner geistigen Tätigkeit auf mannigfaltige Weise. Gewöhnlich konnten hier Sturm, Drang und Chaos in den geistigen Kundgebungen bemerkt werden. Manchmal verursacht das pubertale Stadium wiederum eine allgemeine Leichtfertigkeit, Gleichgültigkeit gegenüber den Schulpflichten und eine gewisse Verträumtheit.

Es gibt auch solche Kinder, welche sich durch eine große Plastizität ihrer unwillkürlichen Äußerungen kennzeichnen, so daß ihre bewußten Leistungen wegen der Unfähigkeit der zielbewußten Konzentration auf die gleiche, längere Zeit andauernde geistige Tätigkeit infolge schwacher Willensenergie ein Gepräge von Ungewandtheit zeigen. In der Verstandestätigkeit eines solchen Kindes macht sich am ehesten eine unwillkürliche Eingebung von Einfällen, aber nur als eine Reihe von unzusammenhängenden Blitzen des unbeherrschten Geistes geltend. Obzwar ein solcher Schüler des Studiums und auch der intellektuellen Ausbildung fähig ist, entspricht ihm die kollektive Unterrichtsmethode in der Schule nicht gut und es wäre besser, ihm eine private individuelle Ausbildung, die ihre Energie auf das Heranbilden der Konzentrationsfähigkeit zur geistigen Arbeit anwendet, zuteil werden zu lassen.

Auf Grund meiner Erfahrungen kann ich behaupten, daß die praktische Bedeutung der psychologischen Diagnose der Begabung unbestreitbar sei. Die psychotechnische Untersuchung erleichtert den Eltern immer die richtige Wahl jener Schule, deren Forderungen den natürlichen Fähigkeiten des Kindes und seiner Möglichkeiten in dieser Richtung angemessen sind. Es wurden hier oft die elterlichen Erziehungspläne korrigiert, welche ohne diese Korrektion sicherlich im Verlauf von einigen Jahren zum völligen Versagen des Schülers, besonders auf der Mittelschule, geführt hätten.

Eine spezielle und besonders wichtige Sendung übt aber die psychotechnische Erforschung des Schülers in jenen Fällen aus, wo Schwierigkeiten bei der Erziehung des Kindes und insbesondere bei seiner Schulausbildung vorkamen. Es sind dies Winke, wie man das Kind mit Bezug auf seine eventuellen Charaktereigentümlichkeiten führen, wie man die Arbeitsdisziplin regulieren soll und das besonders dort, wo der Mißerfolg in der Schule hauptsächlich durch eine unrichtige Arbeitsweise des Schülers und eventuell durch eine mangelhafte häusliche Aufsicht auf seine Schulvorbereitung verursacht wurde usw. Kurz, eine gründliche psychologische Analyse der gesamten Persönlichkeit des Schülers kann sein Inneres erhellen und uns die Ursachen der Erziehungsschwierigkeiten klarlegen, welche nicht nur den Eltern, sondern auch der Schule versteckt und unzugänglich geblieben sind. Diese Analyse kann weiterhin diese Schwierigkeiten nicht nur entdecken, sondern auch eine psychologische Beratung, was zu tun oder zu lassen sei, um gewisse Symptome zu unterdrücken, welcher Erziehungsmittel man sich bedienen solle oder müsse, oder welche man vermeiden solle und wie man überhaupt dem Versagen in der Schule und eventuell später im Leben die Stirn bieten soll, darlegen.

Ich werde hier noch einige Belege anführen, die davon zeugen, welche wirklich komplizierten Komplexe die psychologische Untersuchung des Schülers entdecken kann und welche das oben Angeführte vollauf bestätigen.

Zum Beispiel der Fall eines Schülers der 4. Mittelschulklasse. Der Junge, welcher eine unterdurchschnittliche Begabung aufweist, aber sonst strebsam und gewissenhaft ist und mit seinem Schulerfolg unter die genügenden Schüler gehört, schildert seine Schwierigkeiten folgendermaßen: „Das Studium an der Mittelschule gefällt mir nicht sehr, da ich darin nur Unglück habe...

Nach der Reifeprüfung wollte ich Lehrer werden. Dieser Beruf gefällt mir, schon der Ferien wegen. Kinder habe ich auch sehr lieb. Als ich die zweite Klasse besuchte, hatte ich Schwierigkeiten in der Mathematik. Die Frau Professorin ließ mich die Reparaturprüfung machen. *Der Vater ärgerte sich* und ich mich auch. Die ganzen Ferien waren verdorben. Als ich diese Prüfung gemacht hatte, freute ich mich sehr. Aber nachdem ich in die höhere Klasse vorgerückt war, fiel ich wieder durch und zwar aus drei Gegenständen. *Der Vater sprach nicht mit mir.* Aber ich konnte nichts dafür. Ich konnte die Mathematik nicht begreifen. Ich wiederholte die 3. Klasse. Mit meinen Mitschülern sprach ich nicht. Alles verdroß mich. *Der Vater ging mit mir auch nicht gut um.* Jeder verspottete mich als Repetenten. Von diesem Augenblick an hörte die Schule auf, mich zu interessieren. Trotzdem lernte ich emsig, aber hatte kein Glück... Einmal kam der Vater in die Schule und geriet mit einem *Professor in Streit. Seit diesem Tage behandelte mich der Vater besser. Die Mutter ärgerte sich auch über mich.* Die Familienverhältnisse waren nicht erfreulich... Die Eltern waren lange Zeit miteinander böse. Nun sind aber die Familienverhältnisse schon geregelt. *Ich wollte mich einigemal erschießen, aber dann wurde ich mir dessen bewußt, daß der Vater meinetwegen verhaftet würde.* — Ich habe sehr hübsche Zukunftspläne, aber sie sind für mich des Unglückes in der Schule wegen nur schwerlich erreichbar. Ich möchte mit Auszeichnung studieren."

Die Wirklichkeit spricht selbst und es ist nicht Übertreibung, wenn ich sage, daß die Unterredung mit dem Vater des Schülers und die ihm gewährte Beratung über die fernere Erziehung und Leitung des Jungen das Kind vor dem Abgrunde der Verzweiflung gerettet hatte. Sie liefert gleichfalls den Beweis dafür, wie man psychologisch bis in das tiefste Innere der kindlichen Seele, die sich uns mit ihren Qualen anvertrauen kann, eindringen kann, und daß es daran liegt, daß der Psychologe das Vertrauen des Kindes gewinnt und sein Herz und seinen Mund aufschließt.

Ein anderer Fall: eine Schülerin der 4. Klasse des Gymnasiums. Sie weist ein bedeutend überdurchschnittliches Intelligenzniveau mit merkbarem Übergewicht der realen über die humanistische (sprachliche) Begabung auf. Ihr Schulerfolg war noch in der 3. Klasse besser als gut, aber in der 4. Klasse war er rapid, bis auf überwiegend ungenügend, gesunken. Sie führt an: „Das Studium gefällt mir.

Ich möchte die höhere Gewerbeschule — das Baugewerbe — und dann die Technik besuchen. Die Schule gefällt mir wirklich und ich möchte wirklich bedauern, wenn ich nicht studieren könnte. Auf dem Gymnasium steht mir die lateinische Sprache im Wege, für die ich eine große Abneigung hege, da ich denke, daß ich sie niemals im Leben brauchen werde. Genau so quälte mich die Physik und Chemie, aber nun habe ich erkannt, daß es ganz schöne und unterhaltende Gegenstände sind. Am liebsten aber von allem habe ich die Mathematik, welche ich überhaupt nicht für einen Gegenstand halte, sondern nur für bloße Unterhaltung. Sie ist wirklich so leicht, daß ich sie zu Hause überhaupt nicht lernen muß. Aber ich rechne doch den Stoff voraus und auch verschiedene Beispiele, bei denen man recht viel denken muß, durch. Dieses Jahr habe ich erkannt, daß das Studium an dem Gymnasium für mich keine Bedeutung habe, daß es für mich viel besser wäre, auf die höhere Gewerbeschule zu gehen, wo es viel praktischere und unterhaltendere Gegenstände gibt. Dann könnte ich eventuell an die Technik gehen. *Der Vater aber wollte von dieser Schule nichts hören und wollte, daß ich an dem Gymnasium weiter studiere.* Darüber war ich unbeschreiblich unglücklich und hörte auf zu lernen, die Schulbücher sah ich überhaupt nicht an und es fiel *im ersten Semester alles schrecklich aus. Der Vater begriff überhaupt nicht,* wie die einst beste Schülerin so durchfallen konnte. Ich beschwerte mich bei ihm, daß ich wieder nichts machen werde und durchfallen wolle. Da versprach er mir, daß ich also dorthin gehen könne, wohin ich wolle. Darüber freute ich mich sehr und begann sofort zu lernen. Aber solch ein schlechtes Zeugnis war recht schwer sofort wieder gutzumachen, aber bis zum 3. Vierteljahre habe ich alles verbessert. Nun ging ich wieder zum Vater, daß ich also auf die Gewerbeschule gehen werde. *Zuerst hatte er es mir versprochen, aber jetzt will er wieder nicht* und sagte, daß es für mich nichts sei, zwischen solchen Maurern zu sein und daß ich weiter studieren solle. Aber ich will dorthin nur meinetwegen gehen und deshalb kann mir die Gesellschaft, die auch hingeht, nicht im Wege stehen. Ich habe dazu große Lust und bin dazu entschlossen."

Das ist fast ein klassisches Beispiel dafür, wie es unrationell und erzieherisch direkt gefährlich ist, die Richtung des Studiums des Kindes ohne Rücksicht auf den Charakter seiner Begabung zu bestimmen und seine Interessen dauernd zu übersehen.

Ein anderes Beispiel: Auch ein Schüler der 4. Klasse der Mittelschule, welcher mit seiner Begabung in die Gruppe guter Schüler gehört, aber dessen Erfolg schwächer ist. „Das Studium an der Mittelschule gefällt mir und ich will Lehrer werden. In die Schule gehe ich gern, da sie für mich Befreiung aus dem Hausarrest ist, denn wenn ich auch gut für die Schule vorbereitet bin, muß ich zu Hause sitzen. *Das erweckte in mir eine gewisse Abneigung gegen die Schule, so daß, wenn dies nicht wäre, ich vielleicht auch besser durchkäme.* Ich bin das einzige Kind und es geht mir nicht schlecht.

Wenn ich besser lernen möchte, ginge es mir noch besser. Ich könnte lernen und besser fortschreiten, wenn über mir eine starke Hand wäre, die alles verstünde und mich immer überprüfte und mich nicht früher losließe, bevor ich nicht ordentlich vorbereitet wäre. *Ich habe gute Eltern, nur sind sie zu schwach für mich.*"')

Die Erziehung der Kinder im schulpflichtigen Alter ist eine weit kompliziertere und in ihren Folgen verantwortlichere Aufgabe, als daß man sich darin ruhig weiter auf die traditionellen und gewöhnlichen Mittel, die vielleicht in der besten Überzeugung angewandt werden, verlassen könnte. Und es ist der Vorteil unserer Zeit, daß wir die Möglichkeit haben, auf Grund der psychologischen Erforschung des Kindes alle jenen zahlreichen Irrtümer, welche in der Jugenderziehung bis jetzt verübt worden waren und jetzt noch verübt werden, zu vermeiden. Wir sind uns zwar der Schwierigkeiten unserer Aufgabe, welche der großen Kompliziertheit der erforschten Erscheinungen entspringt, und für die wir jetzt noch nicht mit immer absoluter naturwissenschaftlicher Exaktheit arbeiten können, völlig bewußt. Dessen ungeachtet aber wird die Bedeutung der wissenschaftlichen Erforschung der Voraussetzungen einer erfolgreichen Schulerziehung und dadurch der Vorbereitung für den Lebensberuf von der Praxis im ganzen bestätigt.

LES DIFFÉRENCES INDIVIDUELLES ET LE DESSIN À L'ÉCOLE PRIMAIRE SUPÉRIEURE.
(Résumé.)
VLAD. KONVIČKA (Zlín).

Le dessin à l'école primaire supérieure prend aujourd'hui un sens d'orientation esthétique et pédagogique tout nouveau. L'idée essentielle de ce dessin nouveau, c'est l'éducation du goût, reposant sur « l'esthétique pratique » moderne (principe d'utilité, principe d'hygiène, principe de beauté dans la proportion, dans la simplicité et dans l'harmonie correcte des couleurs, principe du prix de revient minimum). La seconde idée est celle du constructivisme psychologique. Elle signifie l'exactitude, l'ordre, le travail conscient de son but. La troisième idée est celle de la différenciation entre les matières et les moyens d'instruction. Ensuite: les principes d'individualisation, de différenciation et du travail personnel des élèves. Nous différencions à l'intérieur de chaque classe, nous individualisons en tenant compte de l'aptitude et des intérêts de chacun des élèves.

La pratique nous apprend de quelles circonstances dépend une individualisation plus conséquente. Des programmes établis par

---

') Mehrere Beispiele führe ich wegen Platzmangel nicht an.

écrit augmentent l'indépendance dans le travail et améliorent l'Instruction à l'école individualisante. Leur conception: certaines preuves de différences individuelles, se manifestant par la distraction pendant le travail. L'aptitude des élèves ainsi que leurs rendements sont appréciés aussi bien au point de vue qualité que quantité.

A côté des grandes différences dans l'industrialisation, des différences importantes apparaissent dans le travail indépendant des élèves. Nous apprécions les moyens: des instructions écrites et des images de dessin méthodique. Le maître n'est point un facteur négligeable, même dans une école individualisante. Le problème peut-être le plus important de l'individualisation consiste dans la solution de la relation entre la statique et la dynamique du travail. Non moins grave est le problème de la diagnose et de la prognose individuelle. De même, c'est ici qu'il faut classer la question des aptitudes spéciales.

Le problème du contrôle, destiné à prendre une forme d'auto-contrôle, est également important. La question de la distraction des élèves pendant le travail se trouve étroitement liée à la conséquence de l'individualisation et à l'instruction rationnelle à l'école, tenant compte aussi du maître. Le problème des risques du travail: ceux-ci sont plus grands. Le problème des élèves ne travaillant que lentement et en général moins doués. Nous envisagerons ces questions au cours des années prochaines.

SOZIOLOGISCHE UND PSYCHOLOGISCHE UNTER-SUCHUNGEN AN BÜRGERSCHULEN.

LADISLAV KOUBEK (Prag).

Die Bürgerschule nimmt eine besondere Stellung in der Organisation des tschechoslovakischen Schulwesens ein. Es ist dies eine Schule, die relativ allgemein obligat ist und die sich in die Schüler mit der Untermittelschule teilt. Die Relativität des obligaten Schulbesuches geht daraus hervor, daß er obligat ist für Kinder aus Orten mit Mittelschulen und aus Gemeinden, die bis 4 km entfernt sind, was man auch aus folgenden Ziffern ersehen kann: 5.3% der Schuljugend von 11—14 Jahren gehen in die Mittelschule, 36.4% in die Bürgerschule, so daß über 50% der Schuljugend unserer Republik in diesem Alter keine Gelegenheit haben, eine höhere Schule als die Volksschule zu besuchen. Ich will mich aber nicht in meinem Referate mit diesen Unzulänglichkeiten der Organisation des Schulwesens in der Tschechoslovakei beschäftigen, da meine Aufgabe darin besteht, die Kriterien zu zeigen, nach denen die Kinder nach Verlassen des 5. Jahrganges geteilt werden, welchen Weg sie einschlagen, wenn sie an diesen Scheideweg der Schule gelangen, nämlich den ihres pflichtgemäßen Schulbesuches.

Der Schulausschuß des Reichsverbandes der Bürgerschullehrer widmete dieser Frage eine ausgedehnte Untersuchung im Schuljahre 1929—30. Er sammelte Fragebogen von 58.307 Bürgerschülern, die er verarbeitete und in dem Buche „Soziologische Untersuchung der Schüler an den Bürgerschulen" veröffentlichte. Er untersuchte hauptsächlich die soziale Herkunft der Bürgerschüler, die Erwerbsverhältnisse der Eltern, die Gesundheitsverhältnisse der Schüler, das technisch-hygienische Milieu, die Erwerbsarbeit der Kinder, ihre Wünsche für ihren späteren Beruf und die Einflüsse der sozialen Umgebung auf die Klassifikation der Schüler. Der genannte Schulausschuß bemühte sich daher um eine genaue Untersuchung der sozialen Basis der Bürgerschulen. Aus dieser Arbeit geht hervor, daß die sozialen Verhältnisse eine wichtige Komponente dafür bilden, ob das Kind in seinem 11. Lebensjahr sich für den Besuch der Bürger- oder der Mittelschule entscheiden soll. Fast 50% der Kinder der Bürgerschule stammen aus den allerärmsten und sozial schwerst betroffenen Gesellschaftsklassen, Kinder Schwerarbeitender, in 88.6% elend bezahlter Eltern. Im Vergleiche zur Mittelschule weist die Bürgerschule mehr Kinder aus Arbeiterfamilien aller Art, Angestellter und Unterbeamten, Kleinbauern, Eltern unbekannten Berufes und Kinder aus Waisenhäusern auf; die Mittelschule dagegen mehr Kinder aus Familien Gewerbetreibender und Geschäftsleute, Beamten aller Art, Großbauern, Offizieren und Unteroffizieren, Ärzten und Advokaten, Lehrer und Professoren. Diese Verhältnisse haben sich heute bestimmt noch verschlimmert, denn viele Familien, die durch die Wirtschaftskrise verarmt sind, können ihren Kindern eben aus diesen Gründen einen Mittelschulbesuch nicht ermöglichen.

Die gesundheitlichen Verhältnisse der untersuchten Schüler waren sehr schlecht, so daß sie der Kläglichkeit der sozialen Verhältnisse entsprachen. In diesem Jahre hatten 21.4% der Kinder keinen eigenen Vater oder waren Waisen, eine eigene Mutter fehlte in 8.8%. Da zeigten sich wohl deutlich die Spuren des Krieges, doch wenn man bedenkt, daß mehr als ein Viertel der Todesfälle der Väter auf Lungenkrankheiten zurückzuführen ist, so sehen wir, daß diese soziale Krankheit auch durch den Einfluß schwerer sozialer Verhältnisse der Eltern entstanden ist. Der Gesundheitszustand der lebenden Eltern war ebenfalls kläglich. Jedes fünfte Kind der Bürgerschule hatte dadurch seine Jugend vergiftet. Obwohl wir die Ursachen der Erkrankungen der Eltern nicht untersuchen konnten, glauben wir doch mit Devin, daß in 75% die Krankheit die direkte Folge von Armut ist. Wir könnten in großer Menge traurige Zahlen über den Gesundheitszustand der Eltern anführen, die wir durch unsere Untersuchenden feststellten, doch wollen wir nur eine Zahl hervorheben, die von Einfluß auf die Arbeit der Schüler in der Schule ist. Fast ⅕ der Kinder klagten selbst über irgendeine Krankheit, die ihnen sicher sehr schrecklich schien, wenn wir bedenken, daß in 62.6% ein Bruder oder eine Schwester gestorben ist.

Auch das technisch-hygienische Milieu der Bürgerschüler war nicht besser. Drei Viertel wohnten in überfüllten Wohnungen, die sie in 18.8% mit fremden Leuten teilen mußten. Zur Erholung hatten die Bürgerschüler nicht genug Ruhe, denn nur ein Viertel schlief in Betten allein, auf allen anderen möglichen Lagerstätten nur 12.7%. Ein gesunder Schlaf ist nicht nur eine Erholung für das Kind und eine Stärkung zur Schularbeit, sondern — nach Dr. Nečasová-Poubová — sogar eine Gewähr für den besseren Erfolg des Kindes. Wie gering ist also die Gewähr eines besseren Schulerfolges bei den untersuchten Kindern.

Die Erwerbstätigkeit der Kinder wurde einer sorgfältigen Untersuchung unterzogen. Es wurde festgestellt, daß sich die Verhältnisse in dieser Hinsicht gebessert hatten, so daß sie, verglichen mit Housers Untersuchungen aus dem Jahre 1907, um 2% niedriger waren.

Die Frage des künftigen Berufes der Kinder spiegelte sich darin wider, daß die Kinder allgemein ein besseres Los als das der Eltern wünschten, so daß bloß ein Viertel das werden wollten, was der Vater war. Es waren dies hauptsächlich Kinder Gewerbetreibender und Bauernkinder. Obzwar diese Frage zahlreiche Ungenauigkeiten in den Antworten der Kinder zur Folge hatte, konnten wir doch als Ergebnis der Entwicklung, des Sportes und der Technik der heutigen Zeit überhaupt auch ideale Wünsche herauslesen. Wir konnten konstatieren, daß kaum 1% einen schlechteren Beruf als den der Eltern wählten.

Die sozialen Verhältnisse des Kindes haben sowohl auf seine Arbeit in der Schule als auch auf seine Klassifikation Einfluß. Deutlich geht dies aus folgenden Ziffern hervor: von Arbeiterkindern wurden in den Hauptgegenständen (Mathematik und Unterrichtssprache bloß 1.8% positiv klassifiziert, während 36% mit einer Fünf abschlossen, von Lehrer- und Professorenkindern hatten 33.7% eine Eins und 6.9% eine Fünf. Aus Wohnungen mit einem Raum gab es 9.6% Kinder mit Einsern, 27.6% mit Fünfern, aus mehrzimmerigen Wohnungen 34.8% Einser und 15.8% Fünfer. Aus diesen Zahlen ersieht man, daß der soziale Aufschwung eng verknüpft ist mit der Verbesserung der Wohnkultur und damit auch mit der Erhöhung der Lebensfähigkeit der Kinder in den Bürgerschulen und folglich auch mit dem besseren Fortgang der Schüler in der Schule. Die Frage des Einflusses des sozialen Milieus auf die Klassifikation der Kinder mußte man allerdings einer längeren Prüfung und Beobachtung unter Mitarbeit der Schulärzte und des pädologischen Institutes unterziehen, ebenso mußte man die psychischen Folgen, hauptsächlich soweit sie die Ermüdbarkeit der Schüler und deren Intelligenz betreffen, mit Hilfe vom psychotechnischen Untersuchungen unter Mitwirkung des psychotechnischen Institutes prüfen.

Wir verfolgten die Frage der sozialen Herkunft der Schüler und ihren Einfluß auf den Erfolg in der Schule auch im nächsten Schuljahr. Wir stellten fest, daß die zunehmende Wirtschaftskrise auch

762

in den sozialen Verhältnissen der Bürgerschulen deutliche Spuren hinterläßt. Der Prozeß der Auslese der Schüler nach ihrer sozialen Herkunft verschlimmert sich weiter, so daß es gegenüber 37.95% Arbeiterkinder im Schuljahre 1929/30, z. B. im ersten Jahrgang der Knabenbürgerschulen im Jahre 1930/31 schon 43.1% gab, während die Zahl der Beamtenkinder im Jahre 1929/30 noch 6.45%, im Jahre 1930/31 aber nur 4.3% betrug.

Der Kreis der gesellschaftlichen Berufe, die der Bürgerschule treu bleiben, wird also immer enger. Dies bedeutet, daß da eine soziale Rekreation vor sich geht, indem die Bürgerschule zu einer Schule der Arbeiterklasse wird.

Mit diesen Vergleichen verbanden wir im Schuljahr 1930/31 auch die Feststellung der Verhältnisse der ungeeigneten Schüler der Prima der Mittel- und Bürgerschulen. Diese Untersuchung verglichen wir gleichzeitig mit dem sozialen Ursprung der Kinder. Ein Fünftel der ungeeigneten Kinder der Mittelschule stammte aus Familien von Gewerbetreibenden und Kaufleuten, fast ein Fünftel aus Familien von Bediensteten und Unterbeamten. Durch diese Untersuchungen stellten wir auch fest, welche Kategorie der Gesellschaftsklassen am sorgfältigsten die Kinder zum Studium an den Mittelschulen auswählt. Aus Familien von Privaten und Hausbesitzern fällt in der ersten Klasse der Mittelschule jedes vierzehnte Kind durch, aus Familien von Fabrikanten jedes achtzehnte, aus Arbeiter-, Professoren- und Lehrerfamilien erst jedes vierzigste. Arbeiterfamilien wählen ihre Kinder unter dem Einfluß der schweren sozialen Verhältnisse besonders sorgfältig zum Studium aus. Der kleine Prozentsatz der durchgefallenen Kinder aus Lehrer- und Professorenfamilien bestätigt die Tatsache, daß das Milieu dieser Kinder für die Arbeit in der Schule am günstigsten ist.

In den unteren Klassen der Bürgerschulen ist das Verhältnis umgekehrt. Von Arbeiterkindern fällt jedes zehnte durch, von Beamtenkindern jedes fünfundzwanzigste, von Großgrund- und Hausbesitzerkindern jedes dreiunddreißigste. Hier tritt die Klassifikation nach der sozialen Herkunft des Kindes klar hervor. Schlechte soziale Verhältnisse verschlimmern die Stellung des Kindes in der Schule.

Weshalb machen wir nun diese vergleichenden Untersuchungen? Wir machen sie deshalb, um den Ruf nach einer Einheitsschule zu unterstützen, die in der inneren Organisation differenziert ist, indem wir beweisen, daß eine Differenzierung nach dem sozialen Ursprung der Kinder weder für die allgemeine Organisation der Schule, noch für die Schüler selbst von Nutzen ist. Wir wollen zeigen, welches Unrecht an Kindern begangen wird, die weit entfernt von der Schule wohnen und deshalb keine Gelegenheit haben, sich höher zu bilden, was am meisten die Kinder betrifft, die sozial am schlechtesten gestellt sind.

Wie die Entfernung der Mittelschule die soziale Schichtung der Schüler der Bürgerschulen beeinflußt, haben wir bei der Arbeiter-

und Beamtenkategorie verfolgt. An Bürgerschulen, die bis 10 km von einer Mittelschule entfernt waren, gab es 42.5% Arbeiterkinder, bis 20 km 34.2% und über 20 km 37.6%, während die Verhältniszahlen der Beamtenkinder für dieselben Entfernungen 5.1%, 2.9% und 7.2% waren. Der Einfluß der Mittelschule auf die soziale Struktur der Bürgerschule wirkt sich also auf den Umkreis von 20 km aus. Wir können das ganz genau an Beamtenkindern beobachten, deren Bürgerschulbesuch aus Gemeinden, die mehr als 20 km entfernt sind, fast um 5% gestiegen ist, allerdings handelt es sich da um kleine Gemeinden, wo es nur ganz wenige Beamtenkinder gibt. Doch tritt hier klar das soziale Unrecht den Kindern gegenüber hervor, die nur deshalb keine höhere Bildung erreichen konnten, weil ihnen ihre Eltern den Aufenthalt in Gemeinden mit Mittelschulen nicht bezahlen konnten.

Merklich ist der Prozentsatz der durchgefallenen Kinder dieser beiden Kategorien in Bürgerschulen gesunken, die über 20 km von einer Mittelschule entfernt sind. Bei Arbeiterkindern fiel der Prozentsatz in Orten mit Mittelschulen von 11.5% auf 6.8%, bei Beamtenkindern von 4.2% auf 1.9%. Die Bürgerschule nähert sich also der Einheitsschule II. Grades erst dann, wenn sie mehr als 20 km von einer Mittelschule entfernt ist.

Und damit gelangen wir nun zur Frage des Durchfallens der Schüler oder zur sogenannten Schulmoralität, die lebhafte Diskussion in Pädagogenkreisen bei den Verhandlungen über die Schulreform bei uns hervorgerufen hat. Wir haben diesem Problem im Schuljahr 1930/31 unser Augenmerk gewidmet. Als Objekt für die Untersuchungen dienten uns die ersten Klassen der Mittel- und Bürgerschulen, da hier die geänderte Arbeitsweise den Kindern, die aus den Volksschulen kommen, die größten Schwierigkeiten bereitet. An Mittelschulen fielen 4.2% durch, an Bürgerschulen 9.7%. Aus diesen Zahlen ist ersichtlich, daß die Behauptung unrichtig ist, daß die Mittelschule sich der schwachen Schüler bereits in der ersten Klasse entledigt und daß die große Anzahl der durchgefallenen Kinder der Bürgerschulen es erfordert, daß durch differenzierte und individuelle Arbeit den Kindern die Enttäuschung erspart wird, die mit Vertrauen in die Bürgerschule kamen, jedoch bereits nach einem Jahre einen Mißerfolg verzeichneten. So verstärkt also auch diese Tatsache den Ruf nach einer zweckentsprechenden Veränderung der bisherigen Schulorganisation, die sich in ihrer Elastizität den Kindern anpassen muß.

Und nun, nach diesen mehr organisatorischen Forschungen, wollen wir zu den soziologischen und psychologischen Untersuchungen übergehen. Dies interessiert uns aus dem Grunde, um festzustellen, wie es um den moralischen Stand der Bürgerschulen steht, da wir bewiesen haben, daß sie, was die soziale Auslese des Schülermaterials anlangt, nur begabtere Kinder und solche aus höheren Gesellschaftsklassen verkürzt. Die Notwendigkeit einer solchen Untersuchung rief der Selbstmord eines Bürgerschülers hervor, dem man mit einer schlechten Sittennote gedroht hatte. Diese Frage ist schon deshalb heikel, weil sie mit dem erregten Pubertätsalter der Kinder der Bürgerschule eng verknüpft ist. Mit der Klassifikation des Betragens soll ein Urteil über das Benehmen des Schülers gefällt werden und eine Wertung und Abstufung der sittlichen Eigenschaften der Kinder erfolgen, um das moralische Niveau der Klasse und bei den Schülern das Bewußtsein objektiver Gerechtigkeit zu erhalten. Das ist keine leichte Aufgabe. Der Lehrer muß seine Schüler nach fünf Stufen klassifizieren, nach ihrem „sittlichen" Betragen, wie es am Schulzeugnis vorgeschrieben ist. Das sittliche Betragen eines 11—15jährigen Kindes läßt sich schwer definieren, denn man kann wohl schwerlich von einem sittlichen Betragen in diesem Alter sprechen. Es fällt auch schwer, da eine Charakteristik zu geben, denn das ist ein relatives Postulat, das stark beeinflußt und hervorgerufen ist von den Lebensbedingungen, vom Milieu, in dem das Kind lebt und oft auch vom Gesundheitszustand des Kindes.

Unsere Öffentlichkeit faßt die Sittennote anders auf, als es deren Zweck ist. Es ist schon ein Fehler, daß sie im Zeugnis an erster Stelle steht, denn als Charakteristik des Betragens des Schülers sollte sie erst am Schluß angeführt werden, da sie ja meistenteils auch das Verhalten des Schülers zur Arbeit in der Schule beinhaltet. Unsere größte Aufmerksamkeit richteten wir in unseren Untersuchungen auf die Sittennote des Abgangszeugnisses, denn diese stellt eine Charakteristik dar, mit der der Schüler ins Leben tritt. Da ist die Öffentlichkeit besonders empfindlich und wertet das Kind auch in seiner weiteren Lebensarbeit danach. Und doch sollte die Sittennote soziologisch aufgefaßt werden, denn sie bedeutet ja nichts anderes, als den Beweis, wie das Kind im schulpflichtigen Alter dem Milieu der Schule sich anzupassen imstande war, in was für einem Verhältnis zu diesem es stand. Es ist ein Beweis, wie es sich den Statuten der Schule zu fügen vermocht hatte,. wie es ihre Arbeitspflicht zu erfüllen verhalf, ob sein Benehmen den Vorschriften entsprach und im Einklang mit den moralischen Gepflogenheiten der Gesellschaft seines Alters stand. Die Ansicht, daß die Sittennote ein bleibendes und sicheres Merkmal ist, nach dem der Schüler zeitlebens beurteilt werden soll, erschwert dem Lehrer die objektive Klassifikation, so daß ganz berechtigte Stimmen laut werden, die Sittennote möge wenigstens im Abgangszeugnis beseitigt werden und daß statt dessen im Schularchiv für allfällige Anfragen und amtliche Untersuchungen Aufzeichnungen darüber hinterlegt werden sollen, wie sich das Kind in der Schule benommen hatte, wie sein gesundheitlicher und sozialer Zustand war.

Vom pädagogischen Standpunkt aus gesehen, muß man die Klassifikation des Betragens als einen präventiven Eingriff betrachten, um eine Weiterverbreitung der moralischen Infektion in der Klasse zu vermeiden. Die Lehrerschaft fühlt sehr wohl, daß exzentrisch, lügenhaft und diebisch veranlagte Kinder geheilt werden sollen, und aus diesem Grunde betont sie immer wieder die Notwendigkeit der Errichtung sozial-psychologischer Beratungsstellen, in denen die Kinder mittels wissenschaftlicher Methoden auf ihren sozialen, gesundheitlichen und psychologischen Zustand untersucht werden sollen. Der Pädagoge, der Psychiater und die soziale Schwester würden mit vereinten Kräften zu einer Besserung der Sitten der sogenannten unverbesserlichen Nichtsnutze beitragen, da sie imstande wären, den Grund eines solchen Betragens, das mit der Schulordnung nicht im Einklang steht, zu finden und vielleicht auch zu beseitigen. Eine solche Beratungsstelle würde besonders die Bürgerschullehrer unterstützen, denen es obliegt, die Kinder in ihrem schwersten Lebensalter, in der Pubertät, zu erziehen.

Unsere Untersuchungen an 7.182 Schülern im Schuljahre 1932/33 zeigten, daß der sittliche Stand der Klasse von Repetenten und älteren Schülern überhaupt wesentlich verschlechtert wird. Die größten Anforderungen für die Erhaltung der Disziplin werden an den Lehrer an Knabenschulen gestellt, wogegen die Koedukation einen guten Einfluß auf das Betragen der Schüler hat. Ich will hier keine genauen Ziffern anführen, für das Gesamtbild genügt es, wenn ich sage, daß Besorgnisse wegen der strengen Klassifikation übertrieben sind, denn 95.19% verließen die Bürgerschule mit einer Eins aus Betragen und nur 0.29% mit einer Drei, 0.03% mit einer Vier. Durch die Untersuchungen während zweier Schuljahre stellten wir ferner fest, daß sich dieses Verhältnis der Sittennoten fast gar nicht ändert, obzwar im zweiten Schuljahre eine heftige Zeitungskampagne gegen die strenge Beurteilung der Bürgerschüler geführt wurde.

Es ist nicht möglich, das Vergehen aus den Noten zu ersehen, weshalb die Schüler diese schlechtere Sittennote erhielten. Bei einer Drei aus Betragen war es durchwegs ein Vergehen gegen das Strafgesetz. Bei den mit einer Zwei bestraften Übertretungen zeigte sich oft ein Verschulden, das viel eher durch die Emotion des Pubertätsalters verursacht war, als durch böse Absicht. In diesem Alter ertragen die Kinder nur mit Widerwillen die Leitung von Erwachsenen, sie sehnen sich mehr nach selbständiger Willensäußerung, indem sie schnell die Fesseln zerreißen wollen, die sie an ihr Kindesalter binden. In 82% war es ein Widersprechen dem Lehrer gegenüber, in den übrigen Fällen ein Verschulden gegen die Mitschüler und kleine Schwänzereien. Es ist interessant, daß die Vergehen gegen die Schulordnung aus sexuellen Ursachen am seltensten waren.

Aus diesen, zwar unvollkommenen Untersuchungen geht doch klar hervor, welch große sozialerzieherische Arbeit die Lehrerschaft der Bürgerschulen geleistet hat und wie notwendig und verdienstvoll eine Zusammenarbeit der Lehrer mit den Schulärzten und sozialen Institutionen wäre.

Der Schulausschuß des Reichsverbandes befaßte sich mit den Eigenheiten des Pubertätsalters auch in Hinsicht auf das Gefühlsleben. Er stellt fest, warum die Jugend in diesem Alter hypersensible erotische Lieder liebt, selbst wenn sie in Rhythmus und Text dem tschechischen Geist des Kindes nicht entsprechen, und warum sie Schlager den Volksliedern vorzieht. Die Untersuchungen sind' noch nicht beendet.

Diese neue Arbeit wurde hauptsächlich durch die Propagation der Volkslieder hervorgerufen, die von den Gesangsvereinen und dem Rundfunk im Jahre 1933 vorgenommen wurde.

Die Aufgabe der Untersuchung ist es, festzustellen,

1. wie stark ist das Gefühl des Kindes für das Volkslied in der Pubertät,

2. wie gibt ein Kind, das durch die physiologischen Veränderungen in seinem Gefühlsleben überreizt ist, dem auch in seiner Vorliebe für das Lied Ausdruck.

3. welcher Unterschied besteht hinsichtlich der Vorliebe für das Lied zwischen Knaben und Mädchen,

4. wie ändert sich die Vorliebe für das Lied mit den verschiedenen Altersstufen,

5. in welchem Maße wird die Empfindung für das Volkslied unter dem Einfluß des Trampings, des Tonfilms und der Grammophonplatten abgestumpft,

6. ob diese Empfindung dauernd oder nur durch den Einfluß der Pubertät abgestumpft ist,

7. die Aufmerksamkeit für das Volkslied zu wecken.

Vorgang der Untersuchung: Bei der Auslegung des Volksliedes im Literaturunterricht die Lust und Freude daran zu wecken und aufzuklären, wie groß der Einfluß desselben auf die nationale Erhebung war; hierauf Vorlegung eines Fragebogens folgenden Inhaltes: Welche Volkslieder, volkstümlich gewordene, künstlerische und Modelieder kennen Sie? Unterstreichen Sie die Lieder, die Sie aus der Schule kennen.

Um festzustellen, welche Lieder den größten Widerhall in der Seele des Kindes fanden, wurde für die Beantwortung jeder Frage fünf Minuten Zeit gegeben, um ein langes Nachdenken nicht zu ermöglichen.

Mir liegt das Ergebnis von ungefähr 500 Kindern der Bürgerschule vor, aus dem schon heute klar hervorgeht: Volkslieder sind den Kindern aus der Schule in 60% bekannt, von der Gesamtzahl betragen die Knaben 38.9%, die Mädchen 61.1%, wobei die Anzahl der Knaben und der Mädchen fast gleich ist. Der Altersstufe nach zeigt der II. Jahrgang die größte Kenntnis, das sind die Kinder im Alter von 12—13 Jahren. Verblüffend ist, daß die Zahl der bekannten Volkslieder den Schlagern gleichkommt. Eine geringe Abnahme der Schlager zeigt sich erst im III. und IV. Jahrgang. Daß die Pubertät einen Einfluß auf die Vorliebe für schmachtende Schlager hat, ist bei Knaben ersichtlich, die sich noch im III. Jahrgang mitten in der Pubertät befinden. Während die Vorliebe für Schlager bei Mädchen in der

3. Klasse bereits abnimmt, ist sie bei den Knaben noch im Steigen begriffen.

Aus diesen Untersuchungen gehen folgende Tatsachen hervor: Das Verzeichnis der Volkslieder stimmt fast in allen Schulen überein. Sicherlich sollte die Verschiedenheit je nach den Gegenden zum Ausdrucke kommen. Auch das Verzeichnis der Schlager ist nahezu gleich und dies auch in allen Klassen. Es ist klar, daß sie sich nur so lange erhalten, als sie modern sind. 80% der Volks- und modernen Lieder, die Kinder kennen, sind traurigen Inhaltes. Die Vorliebe für Liebeslieder wächst bei den Mädchen mit dem Alter, bei den Knaben jedoch keineswegs.

Diese unvollkommenen Resultate bilden die Grundlage für weitere Untersuchungen, die die Schulsektion beabsichtigt, besonders auf dem Gebiete der technischen Erziehung an Bürgerschulen.

Durch unsere Arbeit wollen wir nicht nur das Interesse der Öffentlichkeit für die Bürgerschule wecken, sondern auch — und das hauptsächlich — beitragen zu den Bestrebungen für eine solche Schulorganisation, die im Einklang stünde mit der psychologischen, biologischen und physiologischen Entwicklung des Kindes, sozialgerecht wäre und allen so viel bieten würde, als sie ihren Fähigkeiten nach lernen könnten. Das Ziel unserer Untersuchungen ist also nicht Utilitarismus, sondern Gerechtigkeit. Wir sind den Veranstaltern des internationalen psychotechnischen Kongresses dafür dankbar, daß sie durch Eingliederung dieses Referates in ihr Programm unsere Bestrebungen gewürdigt haben.

SUR UN TEST COLLECTIF D'INTELLIGENCE POUR ENFANTS DE 3 À 7 ANS.

N. LLADÓ (Bruxelles).

Le test B. D. élaboré par MM. O. Decroly et R. Buyse en 1923 a été beaucoup employé dans les écoles de Bruxelles et de provinces belges.

Le test B. D. est une adaptation de l'échelle de Binet-Simon mais rendue graphique et collective, et complétée par des épreuves relatives aux notions de nombre, d'espace et de dessin empruntées à Decroly, Kuhlman et Pintner, notions qui font généralement défaut dans les séries de tests et dont l'importance ne saurait être contestée.

Peu avant sa mort, le Dr Decroly nous ayant donné toutes les directives pour la révision de son test, nous avons essayé de la faire dans l'espoir de contribuer un peu à la solution de ce problème important qu'est la sélection des écoliers.

L'expérience a été faite en langue française sur 2.000 sujets de la ville de Bruxelles, de ses faubourgs et de provinces, sujets choisis dans les différents milieux sociaux: aisé, moyen et populaire.

Les résultats que nous exposons ici correspondent à ceux de 1.149 enfants de la ville de Bruxelles et appartenant au milieu populaire.[1]) L'étude de ce test a été envisagé comme suit:

1° *Connaître les moyens par âge, sexe et année scolaire;*

2° *Au moyen d'une analyse du test, nous rendre compte de sa valeur.*

Résultats par âge (1.149 sujets).

Age	4 ans	5 ans	6 ans	7 ans
Nombre de sujets	114	178	375	482
Moyenne	21,6	39,6	52,4	65,8
Err. prob.	7,4	7,4	6,4	6,2

Il y a donc une gradation en rapport avec l'âge.

Résultats par sexe.

Age	4 ans		5 ans		6 ans		7 ans	
	G.	F.	G.	F.	G.	F.	G.	F.
Nombre de sujets	48		100	78	185	190	227	255
Moyennes	22,3	20,3	36,4	40,5	50,8	55,8	65	71,6

On peut constater une légère avance des filles, à partir de l'âge de 5 ans.

Résultats par classe (ou année scolaire).
Garçons et Filles.

	Jardin d'enfants		Ecole primaire	
	Division moyenne	Division supérieure	1ère année	2ème année
Nombre de sujets	172	172	530	434
Moyennes	31,3	44,2	56,9	76,3

Ces résultats montrent un progrès sensible suivant les classes, entre la 1ère et la 2ème années, la différence est plus grande du fait que, probablement dans la 2ème année il y a un assez grand nombre d'élèves de 8 ans.

Moyennes par sexe et classe:

	Jardin d'enfants		Ecole primaire	
	Division moyenne	Division supérieure	1ère année	2ème année
Garçons	28,7	42,5	52,9	74
Filles	33,6	45,8	61,3	77,5

La différence entre les moyennes de filles et garçons est à peu près de la même importance que pour les moyennes d'âge.

---

[1]) Une étude comparative avec les autres milieux paraîtra sous peu.

Nous avons pu constater une différence sensible parmi les enfants d'un même âge, appartenant à deux classes différentes.

Moyennes par âge et année scolaire:

	4 ans		5 ans		6 ans		6 ans	
	Div. infér.	Div. moyenne	Div. moyenne	Div. supér.	Div. supér.	1ère année	1ère année	2ème année
Garçons	18,1	24,3	32,4	39,8	47,1	49,1	57,8	74
Filles	17,6	22,4	43,7	43,7	47,1	58,5	64,3	75

Bref, nous avons pu constater après cette première étude:
a) l'accroissement de moyennes d'après l'âge;
b) la différence entre les résultats selon les sexes;
c) la différence entre les moyennes d'après les classes.

2ème étude: Analyse du test.

Il a été fait sur 700 sujets; cette sélection de 700 sur 1.149 a eu pour but d'étudier autant que possible les sujets normaux, en éliminant les arriérés, retardés, surdoués, etc., ce qui nous aurait fait déprécier ou augmenter la cote normale.

Le nombre de sujets a été réparti comme suit:

100 sujets de 4 ans Jardin d'enfants, degré moyen (50 garçons, 50 filles)
200 „   „ 5 „   „   „   „ supér. (100   „   100   „)
200 „   „ 6 „ Ecole primaire, 1ère année (100   „   100   „)
200 „   „ 7 „   „   „   2ème „ (100   „   100   „)

700 sujets   (350 garçons, 350 filles)

Cette analyse par questions dont il serait trop long de dire ici l'exécution, nous a démontré:

1º que certaines épreuves étaient trop difficiles, d'autres au contraire;

Ex.: le mot et l'expression *pleure* est compris bien avant que nous l'ayons prévu: (66% enfants de 4 ans; 96% enfants de 7 ans) par contre, le mot et l'expression: *étonné* n'est compris que par 35% d'enfants de 7 ans, donc trop difficile.

2º que certains dessins offraient des confusions pour la réponse exacte, ce qui nous donna des résultats trop dispersés.

Ex.: test d'esthétique — 2ème question.

« Le plus beau cheval parmi trois, dont deux sont vilains. »

Les résultats se sont trop dispersés entre la bonne et les mauvaises réponses, voici les résultats par âge, filles et garçons:

Le plus beau cheval:

	beau	très vilain	vilain
4 ans	36%	24 %	17 %
5 ,, ...	55%	15,5%	24 %
6 ,, ...	·81%	16 %	12,5%
7 ,, ...	85%	2 %	8 %

Les enfants de 4 à 6 ans confondent les trois chevaux; ce n'est qu'à l'âge de 7 ans que les réponses sont satisfaisantes.

Nous allons modifier le dessin du 3ème cheval, pour pouvoir constater si en effet, c'est le dessin qui a influencé les enfants, ou si vraiment c'est seulement vers 7 ans que ceux-ci commencent à comparer au point de vue esthétique.

3º Nous avons pu en outre observer la production des réponses par âge.

Ex.: test des lacunes (garçons et filles).

	œil	bouche	nez	bras
4 ans	14%	4%	13%	15%
5 ,, ...	40%	8%	25%	43%
6 ,, ...	64%	19%	54%	61%
7 ,, ...	85%	44%	86%	85%

Il y a une différence très grande entre les % à tous les âges pour la lacune « la bouche ».

Nous croyons qu'elle est due aussi à un défaut du dessin, beaucoup d'enfants nous ayant donné comme réponse *le nez* (au lieu de la bouche), car celui-ci est dessiné ¾ de profil.

Nous referons l'expérience en modifiant ce dessin.

Enfin ces % par questions nous ont permis de donner un ordre graduel à notre test, ainsi que de déterminer les épreuves caractéristiques pour chaque âge, ayant en moyenne 5 tests par âge de 4 à 7 ans.

Cette étude très riche au point de vue conclusions psychologiques, nous allons la détailler autant que possible et nous espérons en publier sous peu les résultats.

Les résultats du test B. D. comparés à ceux des examens pédagogiques subis par les élèves à la fin de l'année scolaire, nous ont permis d'en apprécier aussi la valeur, car en général les résultats concordent.

Un deuxième travail de contrôle sera fait au début de l'année scolaire prochaine, en Belgique (dans les langues française et flamande) et nous souhaitons qu'il se fasse dans d'autres pays, permettant sa réalisation partout puisque c'est un test non verbal.

*

Conclusions: D'après les résultats obtenus, le test nous paraît bon pour faire une sélection rapide au point de vue intelligence des écoliers de 4 à 7 ans.

THE DIAGNOSTIC VALUE OF PUPILS' ACHIEVEMENTS IN ORTHOGRAPHY (Summary).

B. MACHAČ (Prague).

The difficulty of the Czech orthography, involving problems appealing not only to memory and concentrated attention but also to judgment, makes of it a means of high diagnostic value both in school and social life. An investigation made on 10,134 pupils entering the higher-grade schools showed that a considerable percentage of the pupils had a very sub-average achievement. The question arises whether these pupils can learn the orthography in the higher-grade school. An answer to it has been given by the results of a second study carried out with a small number of pupils, but under special conditions: In three parallel classes divided according to the average standing of the pupils, orthography was taught by the same method, by the same teacher and during the same period. The study required 1½ year during which the pupils were regularly given the same tests. In comparison with the other two groups, the most backward pupils showed the least initial increase, the greatest relapse during holidays, and the greatest variation in achievement.

WIE ES MÖGLICH IST, DIE ÜBERWIEGEND EXAKTTECHNISCHE BEGABUNG FESTZUSTELLEN.

FERD. MLÁDEK (Pardubice).

Psychotechnische Intelligenzprüfungen werden vorwiegend aus praktischen Gründen vorgenommen, und zwar als Hilfsmittel bei der Beratung zur Studienwahl, und da geschieht es oft in der Praxis, daß eine Frage vorkommt, die dann zum theoretischen Problem wird. Dieser Art ist auch das obige Thema. Das Realschulstudium ist bei uns um ein Jahr kürzer als das Gymnasialstudium; es ist also begreiflich, daß derjenige, der sich einem technischen Berufe widmen will, lieber das kürzere Realschulstudium wählt, wenn er freie Wahl hat. Er wünscht aber auch zu wissen, ob seine geistige Veranlagung seinem Wunsche entspricht und ob er für das Realschulstudium eine bessere geistige Disposition hat, als für das Studium, zu welchem das Gymnasium die nötige Vorbildungsstufe bildet.

Theoretisch entsteht da die Frage, ob man die Intelligenz nicht nur der Quantität, sondern auch der Qualität nach unterscheiden kann; darüber hat der Autor in der Zeitschrift „Střední škola" Jahrg. XIII geschrieben und ist der Meinung, daß eben die Einteilung in Natur- und Geistes-, oder auch Kulturwissenschaften, bezeugt, daß eine doppelte Art des menschlichen Denkens existiert, und zwar die naturwissenschaftliche Denkart und die kulturwissenschaftliche

772

Denkart. Diese beiden Denkarten kann man schon in den psychischen Strukturen der einzelnen Menschen voraussetzen, und bei manchen sind die beiden Bestandteile gleichmäßig oder fast gleichmäßig entwickelt, bei anderen wieder herrscht eine von den beiden vor.

Wenn bei einem Menschen diejenige Denkart, die in den Naturwissenschaften zur Geltung kommt, vorherrschend ist, wird ein solcher Mensch in den Naturgesetzen Muster alles Weltgeschehens sehen und seine Denkart wird von der Exaktheit, durch die sich eben die Naturwissenschaften auszeichnen, durchdrungen sein. Dagegen jener Mensch, der das Weltgeschehen vorwiegend aus der menschlichen Kultur zu begreifen sucht, wendet seine Aufmerksamkeit den Äußerungen des menschlichen Geistes zu, und besonders die Sprache als Verständigungsmittel bildet den Mittelpunkt seines Interesses.

Aus den obigen Betrachtungen geht hervor, daß die Neigung zu der naturwissenschaftlichen Denkart, in der Veranlagung zu der exakten Denkart, oder bestimmter gesagt in der Begabung zu der Mathematik zu sehen ist, während man in der Veranlagung zu der Sprachlogik die kulturwissenschaftliche Denkart erblicken kann.

Der Autor arbeitet schon 12 Jahre an einer passenden Anordnung der psychotechnischen Prüfung, die die Untersuchung, ob in einem Falle die exakttechnische oder die sprachlogische Begabung vorherrscht, ermöglichen sollte. Anfangs ging er in der Arbeit so vor, daß er die mathematische Begabung ganz selbständig feststellte und aus der Vergleichung mit der Gesamtintelligenz auf das Vorherrschen oder auf den Mangel derselben schloß. Abhandlungen über die Prüfungen dieser Art siehe im VIII. und IX. Jahrg. Stř. šk. Doch das Resultat der auf diese Weise vorgenommenen Prüfungen befriedigte ihn nicht vollkommen, denn die Feststellung eines bestimmten Grades der mathematischen Begabung war noch kein Kennzeichen, ob diese die sprachliche überwiegt, wenn man bloß aus der Vergleichung mit der Gesamtintelligenz schließen sollte, in welchem Verhältnisse diese beiden Bestandteile zueinander stehen.

Es war klar, daß die Prüfung anders angestellt werden mußte; dem Kandidaten wurde eine bestimmte Anzahl von Tests zur Prüfung der exakttechnischen Begabung, und dieselbe Anzahl zur Prüfung der sprachlogischen Begabung vorgelegt. Erst dann konnte man das Verhältnis beiderlei Begabung ziffernmäßig feststellen. Der Autor nahm psychotechnische Prüfungen an zwei sehr zahlreich besuchten Mittelschulen (Gymnasium und Realschule) vor, wo die Zahl der Primaner etwa 250—300 beträgt, und er konnte deshalb mit einem ziemlich befriedigenden Resultate den praktischen Wert beiderlei Testarten ausprobieren. Dabei verglich er die Resultate der einzelnen Tests mit der Schulklassifikation in der Mathematik und der böhmischen Sprache, um ihren prognostischen Wert festzustellen.

Und so hat der Autor durch mehrere Jahre dauernde Untersuchungen eine Sammlung von 10 Tests zusammengestellt, von denen

5 die exakte und 5 die sprachliche Begabung eines normalen Schülers in gleichem Maße der Prüfung unterwerfen. Die Ergebnisse dieser Arbeit sind in dem Absatze, dessen Titel deutsch „Soll ich Gymnasial- oder Realschüler werden" lautet, im X. Jahrg. Stř. šk. veröffentlicht.

Aber auch diese Sammlung befriedigte nicht vollkommen, denn es hat sich bei der jährlichen Korrelation der Tests mit der Schulklassifikation herausgestellt, daß die beiden Ergebnisse bei manchen Schülern in den ersten Studienjahren ziemlich gut übereinstimmten, dagegen in den höheren Klassen fing das Verhältnis an schlimmer zu werden. Als man den Charakter der Tests, deren Korrelation in höheren Klassen nicht schlimmer wurde, näher untersuchte, kam der Autor zu der Überzeugung, daß es diejenigen Tests sind, bei denen eine gute Leistung von der geistigen Invention, d. h. der Erfindungsgabe, abhängig war, während das Ergebnis der anderen Tests von der geistigen Rezeptivität, das heißt der Fähigkeit, die von der Richtigkeit und Geschwindigkeit solcher psychischen Reaktionen, die nur stabile Bahnen des Denkens durchlaufen, abhängt.

Da hat sich der Autor eine neue Aufgabe gestellt. Er wollte die Tests auch nach ihrem inventiven und rezeptiven Charakter teilen und aus den schon verwendeten Tests eine neue Sammlung zusammenstellen, auf deren Grund es möglich wäre, sowohl die exakte als auch die sprachliche Begabung nach ihrer rezeptiven und inventiven Seite zu beurteilen. Die Erfahrungen, die er bei diesen Prüfungen mit eintretenden Primanern und aus der Vergleichung mit der Schulklassifikation gewonnen hatte, veröffentlichte der Autor in zwei Berichten der Zeitschr. für angew. Psychol., Jahrg. XXXVII u. XXXIX. Dort hat er auch begründet, daß die Korrelation mit der Schulklassifikation besser ist, wenn die Zahl der Würdigungspunkte, die man bei den Tests inventiven Charakters gewonnen hat, die gleiche oder nur um ein wenig größer ist, als die Zahl der Punkte, die man bei den Tests rezeptiven Charakters gewonnen hat. Die Forderung, daß das Ergebnis bei den inventiven Tests nicht schlimmer sei als bei den rezeptiven, hat sich als wichtig gezeigt, als festgestellt worden war, daß die Korrelation in diesem Falle auf den höheren Klassen nicht schlimmer wird; bei schlimmerem Ergebnisse muß man die ursprüngliche Zahl der Punkte P auf P" reduzieren nach der Formel:

$$P" = \frac{P}{10} (6 + 4 \, m),$$ wobei m das Verhältnis der beiden Resultate

(des inventiven zu dem rezeptiven) bedeutet.

Inzwischen ist aber an den Mittelschulen in der Tschechoslovakei eine neue Reform eingeführt worden, nach der die untersten zwei Klassen einen einheitlichen Lehrplan haben; die Differenzierung in Gymnasial- und Realstudium beginnt erst in der dritten Klasse. Dadurch wurde auch die definitive Studienwahl bis zum 13. beziehungsweise 14. Lebensjahre verschoben. Deshalb können die angeführten Prüfungen bis an das Ende der 2. Mittelschulklasse verschoben werden, und dieser Umstand ist auch für die Zuverlässigkeit der Prüfungen sehr vorteilhaft.

Der Autor hat also die Prüfung für die eintretenden Tertianer ausgeprüft und neuerdings in folgender Weise zusammengestellt:

A. Tests der exakttechnischen Begabung

a) inventiven Charakters:

1. *Zahlenreihen:* im ganzen 15 nach einer bestimmten Regel fortlaufende Zahlenreihen, von denen 10 leichtere Reihen mit einem Punkt, 5 komplizierte mit 2 Punkten gewürdigt sind. Darunter sind arithmetische Reihen ohne Wiederholung, mit Wiederholung, mit eingeschalteten ständigen Zahlen, mit ständiger oder veränderlicher Differenz und einfache geometrische Reihen. Der Kandidat muß die Reihenfolge erfassen und zwei weitere Glieder hinzuschreiben. Es wird nur die ganze, richtig ergänzte Reihe gewürdigt.

2. *Flächenkombination.* Die Aufgabe ist, die Zeichnung im Test durch einen geradlinigen Schnitt in 2 Teile zu zerteilen, aus denen dann das auf der ersten Stelle gezeichnete Quadrat mit gleicher Fläche zusammengesetzt werden soll. Im ganzen 8 Zeichnungen, und zwar 4 leichtere, mit zwei Punkten gewürdigte (1 Punkt Schnitt, 1 Zusammensetzung) und 4 schwierigere mit 3 Punkten gewürdigte (2 Schnitte, 1 Zusammensetzung) Zeichnungen.

b) rezeptiven Charakters:

3. *Mechanisches Zählen:* 10 Gruppen der Addition zweier zweiziffrigen Zahlen mit 3 Beispielen in jeder Gruppe und 10 Gruppen der Subtraktion zweier zweiziffrigen Zahlen mit positivem Resultate und mit zwei Beispielen in einer Gruppe. Erst das richtige Resultat der ganzen Gruppe wird mit einem Punkte gewürdigt.

4. *Mechanisches Gedächtnis für Formeln.* Der Prüfende liest eine Gruppe von Zahlen und Buchstaben vor und der Geprüfte soll sie sofort nach dem Vorlesen aufschreiben. Es werden 3 Gruppen mit 5 Posten, jede mit einem Punkte gewürdigt, 4 Gruppen mit 6 Posten, mit 2 Punkten gewürdigt und 3 Gruppen mit 7 Posten, mit 3 Punkten jede Gruppe gewürdigt, vorgelesen, so daß man im ganzen 20 Punkte gewinnen kann. Es werden nur die Gruppen gewürdigt, die ganz richtig geschrieben sind.

B. Tests der sprachlogischen Begabung

a) inventiven Charakters:

5. *Analogien.* Im ganzen 20 Zeilen, in denen man zu 3 gedruckten Wörtern ein viertes, analoges aus dem Gedächtnisse hinzuschreiben soll. Jede richtig ergänzte Zeile wird mit einem Punkte gewürdigt.

6. *Ergänzung von Sätzen:* 10 gedruckte Sätze sind mit 2 weggelassenen Wörtern, dann weitere 5 Sätze mit 3 Wörtern zu ergänzen. Die ersten 10 Sätze werden mit 1 Punkte für jeden richtig ergänzten Satz, die letzteren 5 Sätze mit 2 Punkten für jeden richtig ergänzten Satz gewürdigt.

b) rezeptiven Charakters:

7. *Die Verbesserung eines fehlerhaften Textes.* Auf der linken Seite sind 20 richtige Zeilen gedruckt, während auf der rechten Seite in jeder Zeile in demselben Texte 2 bis 3 Fehler vorkommen. Der Kandidat soll sie aussuchen und verbessern. Jede richtig verbesserte Zeile wird mit 1 Punkte gewürdigt.

8. *Gedächtnis für Wörter.* Der Test besteht zuerst aus 10 Zeilen, es werden 3 Wörter (von denen das erste im Test gedruckt ist), die dem Sinne nach zusammenhängen, vorgelesen und der Geprüfte soll sie sich merken und nach dem Vorlesen aller 10 Zeilen soll er zu jedem Worte 2 weitere hinzufügen. Jede richtig ergänzte Zeile wird mit einem Punkte gewürdigt. Dann folgen 5 Zeilen mit 4 zusammenhängenden Wörtern, von denen auch nur das erste gedruckt ist; der Geprüfte soll sich die ganze Zeile merken und nach dem Vorlesen 5 Zeilen richtig ergänzen. Jede richtig ergänzte Zeile wird für 2 Punkte gerechnet.

Der Wert des Tests besteht darin, daß die Schwierigkeiten der einzelnen Tests ausgeglichen sind, so daß sich aus dem Resultate das Verhältnis der beiden Arten der Begabung ausrechnen läßt. Die Praxis beweist, daß zu der zuverlässigen Beurteilung der vorherrschenden exakttechnischen Begabung die Zahl der Punkte, die man bei den Tests der exakttechnischen Art gewann (bezeichnen wir diese Zahl mit E), zu der Zahl der Punkte, die man bei den Tests der anderen Art gewann (bezeichnen wir sie mit I), im folgenden Verhältnisse sein muß: $E \geq 3:2$; dabei muß die Zahl der Punkte, die man bei den inventiven Tests exakten Charakters gewann, zu der Zahl, die man bei den rezeptiven Tests desselben Charakters gewann (bezeichnen wir sie E_l und E_r), im Verhältnis $E_l \geq E_r$ sein.

DER SCHULPSYCHOLOGE. *(Zusammenfassung.)*

FRANTIŠEK OHERA (Znojmo).

Alle pädagogischen Reformbestrebungen in der Erziehung betonen die Bedeutung des Individuums. Wenn diese Bestrebungen verwirklicht werden sollen, muß man zuerst die Persönlichkeit des Schülers kennenlernen, denn nur so ist es möglich, daß der Mensch durch die Schulerziehung die höchste Stufe der möglichen Vervollkommnung erreicht.

Um die Persönlichkeit des Schülers vollständig begreifen zu können, ist die neue Institution eines Schulpsychologen erforderlich. Wir wollen einige seiner Pflichten nennen: Es ist die Schülerauslese bei der Aufnahmsprüfung in die Mittelschule, vor dem Eintritt in die dritte und fünfte Klasse, er soll weiter den aus der vierten Klasse an die Fachschule, eventuell ins praktische Leben eintretenden

Schülern und auch denjenigen, welche die Mittelschule absolviert haben, Ratschläge geben. Ferner soll er auch die Ursachen des Mißerfolges und plötzlichen Rückganges untersuchen. Die Fragen des Vergehens, die Familienverhältnisse, die Mentalität, das Gefühlsleben und Willensakte der Schüler sollen auch von dem künftigen Schulpsychologen gelöst werden. Weiter hat er die statistischen Daten über die Schüler zu verarbeiten und dieselben mit denen, welche bis jetzt die Schule geführt hatte, zu vergleichen. Es wird von ihm auch die Interpretation seiner Ergebnisse und Hilfe beim Zusammensetzen von Fragebogen verlangt. Im weiteren wird in diesem Referat das Verhältnis des Schulpsychologen zu den Schülern, zum Lehrkörper, zum Direktor, zu den Schulämtern, zu den Eltern und anderen Schulen, zu den wissenschaftlichen, sozialen und hygienischen Institutionen besprochen. Der Autor äußert sich auch über die Eigenschaften des Schulpsychologen, seine Bildung und Geistesfähigkeiten, und endet mit der Organisation der Schulpsychologie.

ERGEBNISSE DER INTELLIGENZPRÜFUNGEN, DAS MILIEU UND SCHULERFOLG. (Zusammenfassung.)

FRANTIŠEK OHERA (Znojmo).

Der Zweck der Untersuchung war, Einsicht zu nehmen in den Zusammenhang der Intelligenz der Kinder des V. Schuljahres und ihres Milieus, weiter in den Zusammenhang der Ergebnisse der Intelligenzprüfungen und des Schulerfolges mit Rücksicht auf die Umgebung des Schülers.

Geprüft wurden 417 Schüler und Schülerinnen aus Znaim und Umgebung.

Ergebnis der Untersuchung: IQ ist abhängig von der Umgebung des Schülers. Die städtische Schülerschaft hat ein größeres IQ als die ländliche. Die Schüler ein größeres als die Schülerinnen. Die Schüler in der Stadt haben ein größeres IQ als die Schülerinnen, auf dem Lande ist es aber umgekehrt. Die Schüler der Beamten haben das größte IQ, das kleinste die Schüler der unqualifizierten Arbeiter. Dasselbe gilt von den Schülern in der Stadt. Auf dem Lande hat das größte IQ die Schülerschaft der Landwirte (das IQ derselben gleicht fast dem IQ der Angestellten, der ,Gewerbetreibenden und der Handwerker'), das kleinste die Schülerschaft der unqualif. Arbeiter. Von den städtischen Schülern und Schülerinnen gilt dasselbe wie von der Schülerschaft in der Stadt überhaupt. Bei den Schülern auf dem Lande ist es ähnlich wie bei der Schülerschaft auf dem Lande überhaupt. Die Schülerinnen der Angestellten, der Gewerbetreibenden und Handwerker auf dem Lande haben das größte IQ, die Schülerinnen der Landleute haben aber ein etwas kleineres IQ als die der unqualifizierten Arbeiter. Diese Disharmonie mit den

Schülern auf dem Lande läßt sich erklären durch die Stellung der Mädchen in den Familien der Landleute.

Die Ursache dieser Verteilung ist die Erblichkeit, die Umgebung der Familie und die weitere Umgebung der Schülerschaft der einzelnen Schichten.

Der Zusammenhang zwischen IQ und dem Erfolge (Pearsonsche Korrelation): Auch diese ist abhängig von der Umgebung. Bei der Schülerschaft in der Stadt ist sie größer als auf dem Lande. Bei den Schülern eine größere als bei den Schülerinnen. Am größten ist die Korrelation bei der Schülerschaft der Angestellten, am kleinsten bei den Landwirten. In der Stadt ist die Korrelation am größten bei der Schülerschaft der Angestellten, am kleinsten bei der Schülerschaft der unqualif. Arbeiter. Auf dem Lande ist die Korrelation am größten bei der Schülerschaft der Angestellten, Handwerker und Gewerbetreibenden, am kleinsten bei der Schülerschaft der unqualif. Arbeiter. Bei den städtischen Schülern ist die größte Korrelation bei den Schülern der Handwerker, die kleinste bei denen der Angestellten, bei den städtischen Schülerinnen ist die größte Korrelation bei den Schülerinnen der Angestellten, die kleinste bei den Schülerinnen der unqualif. Arbeiter. Bei den Schülern auf dem Lande ist die größte Korrelation bei den Schülern der Angestellten, Handwerker und Gewerbetreibenden, die kleinste bei den Landwirten. Bei den Schülerinnen auf dem Lande ist die größte Korrelation analog wie bei der vorhergehenden, die kleinste aber bei Schülerinnen der unqualif. Arbeiter.

Im ganzen läßt sich sagen, daß fast immer den extremen durchschnittlichen Größen in IQ eine kleinere Korrelation entspricht, als den mittleren Größen in IQ.

Der Erfolg der Schüler ist kleiner als dem IQ im Vergleiche mit den Schülerinnen entspricht. Dasselbe gilt von der Schülerschaft in der Stadt im Vergleiche mit der Schülerschaft auf dem Lande. In der Stadt ist der Studienerfolg der Schüler der Beamten besser als dem IQ im Vergleiche mit den anderen Schülern entspricht. Ähnliches gilt auch von den Schülerinnen. Von den Schülern auf dem Lande haben die Schüler der Landwirte einen besseren Studienerfolg als IQ im Vergleiche mit den anderen Schülern auf dem Lande entspricht. Dasselbe gilt von den Schülerinnen der unqualif. Arbeiter auf dem Lande.

Diese Ergebnisse lassen sich erklären durch das Verhältnis der Eltern der einzelnen Schicht zur Person der Lehrenden und durch ihre gesellschaftliche Stellung.

Die Erklärung der extremen Vorfälle, so weit sie sich in den einzelnen Schichten vorfinden, geben die außergewöhnlichen Umstände und Verhältnisse der bestimmten Schüler.

L'ÉTUDE PSYCHOLOGIQUE DE LA LECTURE DE LA JEUNESSE À L'ÂGE DE LA PUBERTÉ.

RUDA RÓNOVÁ-BROŽKOVÁ (Prague).

Il y a une grande différence entre la manière d'assimilation psychologique de la lecture chez les adultes, chez les enfants et chez la jeunesse à l'âge de la puberté. Jusqu'à nos jours, ce dernier groupe n'a joui que d'une attention minime du côté des psychologues, bien qu'à cet âge, le livre exerce une influence énorme sur son lecteur.

Par mon étude, je voulais avant tout découvrir le chemin que prend le choix de livres de la jeunesse à l'âge de la puberté, quels sont les livres que les enfants d'eux-mêmes préfèrent aux autres et pourquoi, quel livre enfin représente l'idéal de la jeunesse de nos jours. On pouvait supposer que l'idéal de la jeunesse d'aujourd'hui est tout autre que l'idéal de la jeunesse il y a 50 ans, car l'époque des grandes découvertes ne reste pas sans influence sur les jeunes.

Ayant étudié les œuvres de Roubakine et de ses partisans, j'ai choisi parmi les méthodes bibliopsychologiques celle du questionnaire, dont j'ai cherché à éliminer les nombreux défauts et insuffisances en exécutant personnellement toutes les recherches, en l'absence des professeurs. C'est pourquoi les réponses des enfants furent anonymes et, par là, répondant à la vérité, car les enfants ont perdu la peur de se déclarer lecteurs de tel ou tel genre de livres, même si leur préférence n'était pas toujours d'accord avec les livres que leur offraient et recommandaient l'école et les professeurs.

J'ai complété les réponses intéressantes ou incomplètes par des questions directes et par cela j'ai réussi à ramasser des données vraiment très précises et qui correspondaient à la vérité.

Un des plus graves obstacles, menaçant de déformer l'exactitude du résultat de mon travail, fut la méfiance dont use la jeunesse à l'âge de la puberté à l'égard des adultes et l'aversion à leur dévoiler son intérieur et ses pensées.

Mais j'ai réussi à surmonter heureusement tous les obstacles et le résultat de nos recherches diffèrent beaucoup des autres recherches semblables.

Le questionnaire est composé de 24 questions, dont quelques-unes ne se rapportent pas seulement à la lecture des enfants, mais elles montrent en même temps le milieu social et familial du lecteur, qui joue un grand rôle dans le procès de la lecture.

Presque 1500 enfants, fréquentant des écoles primaires supérieures et d'enseignement secondaire, à Prague, âgés de 12—18 ans, ont été l'objet de mes recherches.

La différence très nette entre les filles et les garçons apparaît déjà lors de la comparaison des lieux où les lecteurs acquièrent les livres; 81% de filles mais seulement 61,8% de garçons empruntent leur lecture à des bibliothèques privées. Les bibliothèques publiques sont fréquentées par 89,5% lectrices et 71,9% lecteurs.

Les résultats de la VIème question sont très intéressants, car ils montrent que les filles se soumettent plus volontiers à l'influence étrangère, surtout à celle de la famille, tandis que les garçons à l'âge de la puberté échappent à l'influence de la famille presque complètement et cherchent des camarades dont l'influence est pour la plupart prépondérante.

Les connaissances littéraires ayant une fois atteint un certain niveau, le choix se fait d'après le nom de l'auteur, tandis que le choix d'après le titre du livre est pratiqué à « l'époque de la recherche » c'est-à-dire à la période ou le lecteur cherche un nouveau genre de lecture et puis au commencement de son évolution lectrice où il a recours à d'autres signes extérieurs du livre: l'illustration, la reliure, le commencement et la fin du livre, l'usure du livre c'est-à-dire si le livre fut souvent lu, etc.

Le nombre de livres lus dans un mois varie entre 3—9; aux premières années de l'évolution lectrice, il est d'un nombre plus bas, puis il augmente, dans la puberté, il baisse et puis, il se fixe à 3—7 livres par mois.

Les livres gais sont plus préférés que les livres tristes qui sont favorisés seulement aux moments critiques de la puberté par suite de l'influence de la période de pessimisme pubertal.

Si nous envisageons le contenu des livres, nous pouvons dire que les garçons montrent une préférénce très nette pour le roman d'aventures ainsi que pour le roman policier (65,3%), où nous trouvons une différence bien distincte, en ce qui concerne aussi bien la qualité que la quantité, entre les écoles municipales et celles d'enseignement secondaire: les garçons, fréquentant le premier type, surtout dans les premières années, lisent presque exclusivement des romans policiers, édités par cahiers. — La cause psychologique de cette préférence, on peut la chercher dans l'envie prépubertale de mouvement et de réalité; à l'âge de la puberté la préférence manifestée pour ces livres est justifiée par leur style, capable d'exciter l'attention fatiguée des sujets en question.

La différence très nette apparaît entre l'école primaire supérieure et celle d'enseignement secondaire en ce qui concerne le goût pour le roman et le conte. 38,9% lecteurs de l'école municipale et 67,3% de l'école secondaire lisent le roman. On doit chercher la cause de cette grande différence dans l'incompréhension du mot « roman ». Les lecteurs de l'école secondaire le comprennent précisément, tandis que ceux de l'école primaire supérieure voient en lui « le roman sentimental » qui n'est pas très favorisé dans les premières années de la puberté, doît-on chercher la cause dans le génotropisme négatif ou dans d'autres raisons?

Le conte est beaucoup plus préféré chez les élèves de l'école primaire supérieure que chez les élèves des écoles de l'enseignement secondaire: cette préférence s'exprime par un surcroît de 25% au profit de l'école de l'enseignement primaire. La cause principale repose dans des connaissances littéraires restreintes chez les élèves de celle-ci, ce qui leur empêche de faire un choix plus universel, cette universalité étant dans d'autres lieux plus visible chez les élèves de l'enseignement secondaire. Une autre raison est sans doute le manque d'esprit critique (et par là d'intelligence), ce qui leur permet de lire le roman policier, édité par cahiers.

La lecture des jeunes filles diffère nettement de celle des garçons. Ici, le genre favori est le roman sur la vie des jeunes filles, fournissant la meilleure matière aux rêves de puberté. La période de la lecture de ces romans une fois finie, une différence très nette apparaît entre les élèves de l'enseignement secondaire et celles des écoles primaires supérieures. Les premières commencent à lire le roman d'aventure, le roman historique et le roman proprement dit et en somme, on peut dire la même chose de leur lecture que de celle de leurs collègues. Par leur intérêt littéraire plus varié, elles se distinguent des élèves des écoles municipales, dont le choix se concentre sur deux genres de livres: tout d'abord le roman sur la vie des jeunes filles et ensuite, les romans sentimentaux de la « Bibliothèque rouge » ainsi que le roman « à suivre », (d'où la grande faveur dont jouissent les quotidiens et surtout les hebdomadaires), dont les thèmes se rapprochent le plus des rêves de puberté de ces jeunes filles, rêvant de la « grande aventure » et de « l'amour sans fin ».

La différence entre l'école primaire supérieure et l'école secondaire résulte non seulement de la différence du milieu social et du milieu de famille, mais aussi de la différenciation psychologique qui a ses racines justement dans la différence du milieu, dans lequel vivent les élèves de ces deux types d'école. Ces différences ressortent également de la liste des auteurs favoris, des livres et des personnages préférés qui y figurent.

Pour résumer brièvement la cause de ces préférences, on peut dire que l'action aventureuse, le style attrayant, des introductions courtes jouent le plus grand rôle; certains personnages sont préférés à cause de leur témérité, de leur hardiesse, de leur allure, de leur vie aventureuse, de leur intelligence, de leur agilité, de leur sang-froid, de leur gaîté, de leur habileté, fidélité, beauté etc.

Les différences entre les sexes et entre les types d'école différents ressortent non seulement du choix des livres, mais aussi de la manière de « digérer » un livre aussi bien au cours de la lecture, où elle se manifeste par la participation psychique plus ou moins intensive à l'action, qu'après celle-ci où elle se manifeste par le désir d'identification avec le héros de l'action, par la lecture souvent recommencée du livre, par les rêves.

L'influence de la lecture est énorme, aussi bien du point de vue psychologique que du point de vue pédagogique, le livre devenant un instrument efficace dans les mains d'un pédagogue dans la période de l'évolution de l'individu. L'influence de la lecture à l'âge de la puberté est énorme et en ce moment, il faut mener le lecteur vers des livres, correspondant à ses états d'esprit. Malheureusement, nous possédons encore peu de livres, destinés exclusivement à la jeunesse.

Si nous passons brièvement en revue les principaux représentants de l'idéal des enfants, le bilan n'est pas très satisfaisant. Je pense que la raison de cela réside moins dans la tendance de l'enfant vers le mal que dans la forme peu convenable des livres, accessibles à leur assimilation intellectuelle et préférés par eux grâce à leur variété.

La grande faveur dont jouissent le roman policier et les aventures des détectives célèbres chez les garçons et la lecture amoureuse ainsi que les périodiques pour les femmes chez les jeunes filles montre que l'idéal naturel de la jeunesse — le courage chez les garçons et l'amour chez les jeunes filles — conduit la jeunesse grâce à la lecture peu convenable qui lui est généralement offerte et par conséquent qui est lue de préférence par elle, à un culte du courage et du danger de crime chez les garçons et à l'espoir malsain de la venue d'un « millionnaire à l'automobile », à la manière d'une opérette, chez les jeunes filles.

En ce sens, une lecture nouvelle, réunissant les postulats précités, pourrait accomplir une œuvre énorme: mais nous ne la rencontrons que très rarement.

Roubakine dit dans une de ses œuvres: « Le livre lu dans la jeunesse peut avoir une influence très grande sur toute la vie du lecteur. » Nous devons nous efforcer, par conséquent, de donner à la jeunesse des livres, capables d'exercer sur elle une bonne influence pour toute la vie. Il serait avantageux, comme remarque déjà Dr Poch, de mêler la lecture pour les garçons avec celle pour jeunes filles et inversement, car le romantisme exagéré de l'action d'un côté et le romantisme exagéré de sentiment de l'autre peut avoir des conséquences néfastes dans la vie des lecteurs. Dans mes recherches, j'ai rencontré ce « mélange » surtout chez les jeunes filles, élèves des écoles secondaires. La lecture des livres, innocents en apparence, peut souvent donner naissance à un grand mal. Aussi, il faudrait éliminer, dans les romans pour jeunes filles, la réalité fausse et des tentatives impossibles de suicide des héros, les récits de voyages devraient être complétés par les cartes et par la prononciation des mots étrangers pour être rendus le plus proches possible de l'intérêt du lecteur. De même, il ne faut pas oublier le sens naissant de l'esthétique chez les enfants et il faut l'aider à se développer non seulement par la forme extérieure du livre, mais aussi par la forme de l'expression verbale. Les livres destinés à la jeunesse doivent répondre en même temps aux exigences de la logique non seulement à celle de l'étique et de l'esthétique. Un autre problème indépendant consiste dans la question de la lecture des périodiques, surtout de ceux pour femmes, et des journaux.

SELECTING PUPILS FOR SECONDARY SCHOOLS.

(The value of prognosis by the students' advisory bureau.)

CYRIL STEJSKAL (Prague).

Dispensing with an introduction, I begin straight away with significant figures.

To get a general idea of the position, the reader should note the following statistics for Czechoslovak secondary schools of any nationality (but not including Training-colleges) [1]:

	At end of school-year 1931/32	1933/34
Total number of pupils	96,250	118,165
Girls	29.6%	33.1%
First-form pupils (total)	24,275	24,677
First-form pupils (percentage)	25.3%	20.9%
Girls in first form	33.5%	36.2%
Leaving-form pupils (total)	8,291	7,224
Leaving-form pupils (percentage) . . .	8.6%	6.1%

The less expert will be not a little astonished by that last line. Does such a small percentage of pupils go right through, successfully, to the end of the school course? Well, a further set of figures will show us the state of affairs over the whole field of work and examinations that lies between the attractive beginning of studies and their end.

In the school-year 1933/34 there failed:

Form	Boys and girls (total)	Boys alone (%)	Girls (%)
I	1,646	8.2	4.2
II	1,939	9.6	4.8
III	2,950	14.8	8.8
IV	1,676	12.1	7.9
V	1,169	14.8	9.4
VI	634	10.2	3.9
VII	454	7.3	2.7
VIII	65	1.4	0.4

Last year a total of 10,533 pupils failed—that is, 8.9%. In the very first form 6.7% of its pupils failed. This number, however, is not complete. I cannot ascertain anywhere in these tables how many pupils in the first form left before the end of the school-year, when

---

[1] Based on the official returns of the State Institute of Statistics, Annual Vol. XIV (1933), Nos. 8-11, 61-65, 147-153, and Annual Vol. XVI (1935), Nos. 3-7.

their parents saw in the very first term that the children would fail.[1]) Some pupils, though fewer, leave school when they are only in the second form, because they see before them increasing difficulties of their work, and have to pay 200 Kč in fees. These pupils, too, are not included in our statistics. But even if we disregard, for the time being, those pupils that leave of their own accord because they have failed, the figures are revealing. In the first and second forms, 20% of the boys and 10% of the girls fail. At rural schools, girls' secondary schools, and German schools, the results of this classification are more lenient; in Prague itself, on the other hand, the classification is, on the whole, stricter, as another table shows.

The impression resulting from the survey given can be nothing but extremely disquieting. What a frittering away of national strength! What uneconomic waste! What a danger of moral disruption!

For the psychological worker in the field of education, the urgent problem arising from all these statistics is: How can that unnecessary loss be prevented in time? The secondary school should be a selective school, intended for children gifted above the average, or, at least, reliably average, in capacity for theoretical, intellectual work. How can we pick out these capable ones without unnecessary pain to the others, without this depressing business of failing?

Let us see, first, what the school itself does to keep the less suitable elements away from its threshold. Our last set of regulations for admission to secondary schools expressly has in view a choice based mainly on ability and intelligence, and by no means exclusively on previous school-results depending on the candidate's memory. In past years the entrance-examination used to be a mere formality; the number of rejected candidates did not reach even 1%. All the more surprising, therefore, are the following recent data, which have been kindly furnished to me from official material:

	For the year	
	1933/34	1934/35
Number of applicants for admission to the first form	29,526	27,699
Number of these that presented themselves for the entrance-examination	27,609	26,250
Spontaneously abandoned applications	6.5%	5.0%
Passed the examination and were admitted	25,058	23,945
Enforced withdrawal, therefore, of a further	9.2%	8.8%
Hence total percentage of advance failures	15.7%	13.8%

According to province and nationality the failures in the entrance-examination were as follows:

---

[1]) The last time I myself taught a first form I was able to persuade the parents of nine pupils (out of fifty-two) to transfer them in time to the higher elementary school, so that they should not lose a year.

1933:   Bohemia 7.0%,   Moravia and Silesia 6.3%,   Slovakia 16.0%,
             Subcarpathian Ruthenia 24.4%.

	Czechoslovak	German	Hungarian
1933	10.0%	2.7%	13.5%
1934	9.9%	2.4%	13.7%

If we add to these figures, for the present school-year, the number of those who will be in the first form for the second time—probably about 700—the number of pupils entering the first grade in September is seen to be about 24,650. Let us compare this number with the total population of the Republic. In the year 1924, 363,331 children were born alive. Of these I have ascertained that more than 60,000 have since died. Therefore the present year's total of our ten-year olds amounts to about 303,000. Of these 8.7% took the entrance-examination for the first form.

The surprisingly high number of applicants rejected in entrance-examination is in itself enough to satisfy all those upholders of the principle that the school itself should select its pupils. It is something to be able to separate and reject beforehand a good 9% of the less-gifted. Teaching would go on much better without those "unsatisfactories". I cannot indulge in such rosy dreams. I have no confidence that that 9% really represents the selection of those less-gifted. I have seen for myself, at Prague schools, how unequally the spirit of those entrance-examinations is understood, how irregular the selection is in practice. It would be worth while to examine it critically. Recently there have been added the technical difficulties of examining 150 unknown children in a single day. Would it not be rather rash to claim that even under those circumstances there was sound classification and accurate elimination of the incapables? It would be nearer the truth to say that in the last two years it is the technical difficulties in placing so many new pupils that have made the number of the rejected so unusually great. What has counted most has been, not the abstract, thorough, psychological ascertainment of the candidates with poor abilities, but, rather, an external reason, the excess of applications.

The problem of picking out the gifted students, or, negatively, eliminating the incapable, is, moreover, by no means simple or easy; a lot of work is still required for its solution. But the present results already give just cause for satisfaction. In the appended table I offer evidence and checking of my work at the students' advisory bureau in Prague (Praha II., Dittrichova 17). From its inception, in 1922, until 1932, I examined 3214 prospective first-form pupils there. They were examined by a two hours' Intelligence Test, regularly, in groups of 25—30 children.[)] According to the results of the examination

---

[)] Details in the author's *Child Intelligence:* I., Praha 1934, pp. 243 *et seqq.*

I classified them into five groups:

I Very capable (65 points and more),
II capable (40—65 points),
III less capable (30—40 points),
IV hardly capable (20—30 points),
V incapable (under 20 points).

We try to dissuade children in Groups IV and V—there are usually 18—20% of them—from further studies; with what success, the following figures show:

To the advisory bureau came:

	children with		
	less than 20 points	with 20—30	with 30—40
	7.05%	11.5%	18.4%
but there went on to a secondary school, as we discovered later, only .	3.9%	8.6%	17.8%

The empirical measure of the value of our guidance is the actual success of the children. Hence I followed the progress of the children examined in 1927, 1928, and 1929, dispersed among all the 29 secondary schools in Prague, up to the end of the second form. I found 843 of them. Besides this, the advisory bureau procured reports on a further group of 505 pupils, of the years 1931 and 1932. In the table they are combined into one group of 1348 children. I advise that the table be read from below, which indicates when they entered the first form (Σ_1). There some failed; the majority (Σ_2) were promoted to the second form. The row Σ_3 shows how many pupils succeeded in entering the third form, and the top rows then acquaint us with their success in their studies; the marks represent a combination of marks in the different subjects of instruction in the annual reports for the first two forms.

It would be shortsighted and rash to expect a linear conformity (expressed by a diagonal descending from left to right) between the two sets of details—intelligence, and success at school. I have indicated elsewhere[*]) how many other factors besides intelligence intervene between ability and the marks in the report. (I need hardly say, therefore, that the advice finally given to the parents is not based only on the result of the Intelligence Test; this can be only one of its factors.) Nevertheless, a clear, marked tendency towards a diagonal appears in our table, and round this central value are symmetrically disposed diverging cases, tending either upward or downward.

The great majority of our prognoses proved to be correct, either exactly or with slight deviations. But these we shall not consider here. The psychologist must be interested mainly in paradoxical cases, in which his prognosis differs considerably from the actual result. Here these fall into two extreme groups.

A) The candidate got very poor results in the Intelligence Test,

---

[*]) *Child Intelligence*, pp. 113 *et seqq.*

and accordingly was put in Group 4 or 5. But observe! Here the decisive factor is the pupil's personal record, kindly put at our disposal by the primary school before being officially sent to the authorities of the secondary school. If there is agreement between the school's verdict on the pupil and the result of our test, we try to persuade the parents to abandon the idea of the child's further studies.[5]) However, we find cases where the favourable verdict of the pupil's former teacher is at direct variance with our doubt-casting diagnosis. Among the many hundreds of pupils examined it really happens sometimes, in spite of the psychologist's care, that of thirty children he does not notice one that is indisposed for the examination, because hidden fear of the unknown examiner, strange surroundings, and the unaccustomed kind of work, unfairly lower his results. In our table, which is based only upon the results of the tests, such depressed children rank, of course, among the weakest. Comments such as: "examination-fright", "gets confused; no self-confidence; tendency to cry"; "got frightened at the fifth task, and, in spite of every encouragement, could not be persuaded to go on to further tasks", "in the second half obviously tired; no concentration" show that in such cases, fortunately rare, the psychologist is quite aware how unreliable a judgment based on such an unprecise examination would be.

There are also, however, children on whom the judgment of the psychologist and of the primary school were equally unfavourable, and yet who have passed through the first and second forms of a secondary school. Most of these pupils are girls. The school adds a note that the girl works very hard, or that her father helps her conscientiously every day with her work.

I do not wish at this point to pass over a very significant fact. When I compare the two groups, years 1926-29 and 1931-32, I notice a considerable difference in the results of the studies of the less gifted pupils.

Of children classified at the advisory bureau as:

	"IV" or "V" (less than 30%)		"III" (30—40%)		"II" (40—50%)	
	1926/29	1931/32	1926/29	1931/32	1926/29	1931/32
	%	%	%	%	%	%
there failed in the very first year	38.7	25	24.2	23	10.2	9.2
so that there were promoted to the second form	61.3	75	75.8	77	89.8	90.8
In the second form there failed a further . .	17.1	25	20.9	6.9	20.9	10.1
so that there went up to the third form . .	44.2	50	54.9	70.1	68.9	80.7

[5]) We do not, of course, allow them to know any of the contents of their information-sheet.

Results of the Intelligence Tests, and success

		I Very able			II Able
		+ 80%	+ 70%	+ 65%	+ 60%
Success in the first and second form	1	21 — 53·8	28 — 30·1	13 — 15·7	11 — 10 7
	1—2	7 — 18·—	31 — 33·3	13 — 15·7	15 — 14·6
	2	7 — 18·—	14 — 15·1	19 — 22·9	17 — 16·5
	2—3	2 — 5·1	10 — 10·8	12 — 14·5	25 — 24·3
	3	2 — 5·1	4 — 4·3	11 — 13·2	12 — 11·6
	Moved	—	—	4 — 4·8	3 — 2·9
	Took over again	—	2 — 2·1	4 — 4·8	5 — 4·9
	Σ_3	100%	95·7	91·6	85·5
	Failed 4_1	—	—	2 — 2·4	2 — 1·9
	Failed 4_v	—	1 — 1·1	4 — 4·8	7 — 6·7
	Left because they failed	—	—	—	—
	Σ_2	100%	96·8	98·8	94·1
At 1st form	Failed	—	3 — 3·2	1 — 1·2	5 — 4·9
	Left because they failed	—	—	—	1 — 1·—
	Σ_1	39 — 2·9	93 — 6·9	83 — 6·1	103 — 7·6
			15·9		

788

in studies at the end of the second year.

	II Able		III Less able	IV Hardly able	V Incapable	Σ
	+ 50%	+ 40%	+ 30%	+ 20%	20% —	
20 *6·5*		6 *1·9*	5 *2·1*	—	—	104 *7·7*
47 *15·3*		25 *7·9*	11 *4·6*	6 *5·2*	—	155 *11·5*
70 *22·7*		52 *16·5*	24 *10·—*	11 *9·5*	5 *9·6*	219 *16·2*
60 *19·5*		73 *23·2*	45 *18·8*	19 *16·5*	4 *7·7*	250 *18·6*
47 *15·3*		57 *18·2*	42 *17·5*	16 *13·9*	5 *9·6*	196 *14·5*
4 *1·2*		1 *0·3*	—	—	—	12 *0·9*
14 *4·5*		17 *5·4*	18 *7·5*	7 *6·1*	4 *7·7*	71 *5·2*
85·—		*73·4*	*60·5*	*51·2*	*34·6*	*74·6*
3 *1·—*		12 *3·8*	5 *2·1*	3 *2·6*	1 *1·9*	28 *2·1*
21 *6·8*		36 *11·4*	32 *13·3*	16 *14·—*	8 *15·4*	125 *9·4*
3 *1·—*		5 *1·6*	1 *0·4*	4 *3·5*	1 *1·9*	14 *1·—*
93·8		*90·2*	*76·3*	*71·3*	*53·8*	*87·1*
19 *6·2*		30 *9·5*	50 *20·8*	32 *27·8*	23 *44·3*	163 *12·1*
—		1 *0·3*	7 *2·9*	1 *0·9*	1 *1·9*	11 *0·8*
308 *22·8*		315 *23·4*	240 *17·8*	115 *8·6*	52 *3·9*	1348
53·8			*17·8*	*12·5*		*100%*

The conclusion I draw is that less-gifted pupils have been classified more leniently in the last few years, and have entered the third form more easily, and with better marks, than pupils of previous years.

As my own standards in intelligence tests have not altered in the least during this period, the change has evidently been elsewhere—at the school. I exclude the possibility of an accidental more lenient classification because in our model investigation the pupils were chosen in equal proportions from all the schools in Prague. I think I am nearer the right track in saying that the difference between the groups is due to school-reform. Before, bad marks were generally due to Latin; but in the reformed curriculum it is postponed until the third form. I do not regret this; on the contrary, I am prepared to argue afresh, on the same psychological grounds, that it is more suitably postponed until the pupil's thirteenth year. In Latin, however, we have lost, for the time being, a selective subject *par excellence* for the first two classes. I emphasize: it would be quite wrong and unjust to blame the reform for this. The centre of gravity of our work, intelligent schooling and selection, has simply passed to other subjects. These, however—or rather, those who teach them—have proved to be, for the moment, less elastic and adaptable than was desirable. More than once I have heard the complaint: "When you abolished Latin in the lowest forms, you left us nothing to weed out the duds with." But this is quite a false idea. Mathematics, the pupils' mother-tongue, or another language, are all subjects that permit of convenient and effective graduation of the demands made on the pupils' intelligence. Of course, if—against the spirit of the reform—we keep to the old methods of teaching, we increase the danger that a good memory and hard work will assume more importance than is desirable. That, again, is why I more often come across this in the classification of girls.

Our reform demands a redistribution of aims in secondary schools, in many ways. Hence other subjects must (and easily can) take over the selective function of Latin. The mobilization and training of the intelligence that is the special aim of secondary education.

Let us not forget, also, that in recent years the lowest forms have been overcrowded. It is not easy to ascertain reliably, from hasty schoolwork and the examination of more than sixty children, the less-gifted pupils, who perhaps mask their weak intelligence fairly successfully by hard work and conscientious home-preparation. There is absolutely no time for a closer analysis of the pupil's results. The excessive number of pupils renders more qualitative—i. e., more individual—work, impossible for the teacher.

B) If a potentially promising pupil has failed, the reason for his failure must be sought in other conditions, lying outside his intelligence. There is no space here for me to go into these highly assorted cases; I do so in the third part of my *Child Intelligence*. I hope, therefore, it will not be taken amiss if I give here mere formulae instead of elaborated living examples.

The disturbing influences may be either endogenic—that is, lying in the individual himself—or exogenic, arising from his surroundings.

I. Disturbing endogenic forces:

(1) From the purely psychological point of view:

a) The emotional relation to the object (interest), or to the method of teaching; the emotional quality of personal relations to the various teachers; emotional stability, flightiness.

b) Will, lax tone, want of perseverance.

(2) From the deeper, physiological and biopsychological point of view, bad health and disturbances in the physical foundations of mental functions.

a) Weakness and long convalescence after illness; long or frequent absence from instruction.

b) Chronic defects arising from physical inferiority and decreased ability—anaemia, "adenoids", tuberculosis, and the increased fatigue caused by them. But beware of lay ideas of asthenia! Symptoms of neurasthenia; neuropathia.

c) But the athletic (muscular) type, too, in glowing health, does badly in school.

d) The disordered functioning of the endocrine and vegetative organs, whether constitutional or a transient phenomenon of puberty, either of the sympaticotonic or of the vagotonic type. We most often find neuropsychic lability, which manifests itself in forms of un-settledness so that it is impossible, or hard, to lay one's finger on them with certainty—motor restlessness, involuntary grimaces, inattention, instability of interests, untidiness, forgetfulness, flightiness. The teacher suffers much from such pupils (although they may not be at all bad characters), and they, in turn, from their teacher. We then see the results on their certificate.

e) Hysterical individuals, who are usually gifted above the average, often develop, after early success of a marked kind, a tendency to fail.

f) Psychasthenics—children morbidly timid, scared—form a pain-ful chapter. They study conscientiously at home, and they know their work well, but in school they may never utter a single word.

g) Quite often, especially in puberty, there occurs hypobulia, a falling-off accompanied by depression, which may be the result of moral disturbances connected with onanism.

h) Syndrome of "pubertas difficilis".

II. Exogenic disturbing influences.

(1) Social, material.

a) Want and misery; help in household tasks; living conditions.

b) Pupils who travel to school every day waste a lot of time, show a lack of proper training and supervision, and are affected by the suggestions and temptations of unsuitable comrades.

c) Poverty and want break up the family and the comfort of the home, indispensable for the pupil's mental work.

(2) The home atmosphere, of fecklessness and neglect, or, on the other hand, of fussiness; sometimes there is a tendency to spoil, or the atmosphere may be one of topsyturviness and upheaval.

My own experience, attested by a precise checking of my work, would incline me to say that we have arrived at about the boundaries of possibility of group intelligence-testing. If our mass tests obtain a correlation of $+66$ with later success, we can hardly ask for still closer agreement. Yet even so, when forecasting probable success in studies we must bear in mind that we have always three variables to reckon with: intellectual endowment, previous training, and an unknown personal rate of development. Even, therefore, merely to ascertain the strength of intelligence and its future efficiency is no light matter. What is above the very best value, $+66$, is the share of irrational factors. The leaving form pupils of secondary schools can be approached, with fair chances of good results, by getting them to analyse themselves with the help of a detailed questionnaire, themselves establishing their mental profile as regards interests and character. This approach, however, is, of course, quite barred to us when we are testing a potential first-form pupil; but the conscientiously filled-up information-sheet that the teacher is now obliged to supply may be a very fruitful source of aid.

Does my report sound sceptical, suggesting that we can go no further, that in future it will never be possible to make our forecast for the new secondary-school pupils more detailed, more exactly graded? This is very far from being my intention. I am critically opposed only to the exaggerated hopes induced by the naive realism of examiners whose psychological education is superficial. I fear extensiveness (which impresses the laypublic) inasmuch as it suppresses and menaces honest intensive psychognostical penetration into the whole personality; inasmuch as, influenced by fashion, it tends to see mere "material" where growing individuals are entrusted to our care. We who are working at vocational guidance and at the psychological conduct of schools need, on the contrary, a psychology as living as possible, as much individualization as possible.

From this comes my plea that in advisory methods we should consider the mass-examination as affording only a preliminary general idea. Whenever a discrepancy or anything at all striking or suspicious is found—in a word, in every case that calls even remotely for more careful attention—provision should be made for a thorough individual examination.

Every year we decide the fate of hundreds of children, and we want thousands of them to pass through our advisory bureaux. Our responsibility is by no means small. We wish to introduce a proper plan and scientific order into the management of the nation's intellectual estate. We have seen that there is something seriously wrong with the present arrangement. To improve the present unsatisfactory state of affairs a firm, but gentle and tactful, hand is needed. Scientific yet human psychagogy of this kind would certainly prove a blessing for nation and state.

*

In conclusion I have drawn up a resolution. As, however, only propositions framed in general terms and of general importance, can be included among the official resolutions of this international congress, whereas my plea applies specifically only to our, Czechoslovak, conditions and needs, I have not even submitted my resolution for discussion. This formal disability, however, makes no difference to its contents and importance, and therefore I publish it, at least supplementarily, here.

"In view of the great economic and moral loss incurred by the entire state because every year about ten thousand pupils at our secondary schools fail and because very many of the rising generation go astray, from want of proper understanding, along paths for which they are not suited, we ask the Government, and especially the Minister of Education, to act upon the following suggestions:

(1) Vocational guidance bureaux for students should be so erected, and placed on such a footing, as adequately to serve the whole territory of the Czechoslovak Republic.

(2) Scattered vocational guidance bureaux need a centre to carry out systematic theoretical research, to elaborate and improve methods of research, and to check its value in practice. This theoretical task of systematically examining the pupils in secondary schools might be taken over by the Pedological Institute, properly equipped, of course, for this purpose.

(3) While the vocational guidance bureaux could work, as a preliminary sorting-office, mainly *en masse,* we should need for our pupils what already exists in other countries, namely, institutions to conduct the expert examination of *individual* problem-raising pupils. Work of this kind has been carried on in Prague for fifteen years by the Pedological Institute. We ask that this Institute should be saved from eclipse by timely and effective intervention.

(4) The school psychologist could well justify his position at the early elimination of unsuitable pupils. We plead that this necessary institution should gradually be realized in our secondary schools.

(5) All pupils should be accepted only on trial for the first year. Definite acceptance should be announced according to success in the first form.

(6) The secondary school has contented itself, so far, with accepting those pupils who themselves apply for admission, even if they

have very poor qualifications for study. Meanwhile, a number of very promising children are unable—mostly owing to material difficulties—even to think about further studies. This entails a double loss to the state. We urge the educational authorities to provide for a more penetrating choice of pupils for secondary schools and universities, so that unsuitable students may be eliminated in time and gifted pupils actively sought-for to replace them. The social service thereby rendered to the public would make this the best investment of the national capital."

LA SOCIOLOGIE DES ÉLÈVES DE L'ENSEIGNEMENT SECONDAIRE ET LE SYSTÈME D'INFORMATION POUR LES ÉLÈVES. (Résumé.)

I. ŠTAMPACH (Brno).

Pour que l'école puisse donner à l'élève des instructions de travail s'accordant avec sa personnalité, elle doit se rendre compte des composantes de la personnalité de l'élève et de ses conditions de travail, notamment de la composition de son milieu social et familial. Dans des foyers d'information pour élèves ceci se fait à l'aide d'un questionnaire social-caractérologique particulier, que remplissent les élèves eux-mêmes. Un autre questionnaire, dont le texte est semblable, est rempli par le professeur. L'information se procure d'autres renseignements par une libre conversation. On démontre sur des exemples l'importance de ces informations pour le choix de la carrière, pour la juridiction scolaire, pour des instructions de travail ainsi que pour la prévoyance sociale pratique, en ce qui concerne les élèves. Le but informatif des foyers d'information pour élèves et de l'Institut psychotechnique central à Prague est complété pour l'activité des psychologues scolaires, tels que les a désirés Jules Payot dans son œuvre « Le travail intellectuel et la volonté ».

RECHERCHES FAITES DANS L'ARMÉE TCHÉCO-SLOVAQUE SUR LES ASSOCIATIONS FONDAMENTALES DE LA MULTIPLICATION ET DE LA DIVISION. (Résumé.)

JOSEF TRAJER (Prague).

La Section du calcul des écoles du Ier degré à Prague a entrepris en 1932 deux grandes recherches sur les associations fondamentales de la multiplication et de la division, portant sur 250 soldats de Plzeň et sur 395 soldats de Prague.

Dans les deux cas on établissait:

le *pourcentage* et *le temps, les valeurs moyennes* (p. .ex.: pour les examens en multiplication à Plzeň = 90,78% en 7'25", à Prague = 81,77% en 6'06"; en division à Prague = 82,50% en 6'43"), *l'écart* (p. ex.: σ en division à Prague = 22,84% et 3'18"), *les résultats suivant l'instruction* (p. ex.: les soldats ayant l'instruction des hautes écoles atteignaient dans la multiplication à Plzeň 99%, à Prague 98,25%; les anciens élèves de l'enseignement secondaire atteignaient 97.46%—96,89%, les élèves de l'enseignement primaire supérieur = 93,81%—90.85%; les soldats n'ayant que l'instruction primaire élémentaire = 89,57%—76,47%); *les résultats suivant la profession des soldats soumis à l'examen, la difficulté des associations, les différentes corrélations et les coefficients de corrélation; enfin, on a fait l'analyse des fautes commises.*

Les divers enseignements qu'on en a tirés ont été mis en valeur dans la pratique scolaire.

EXPLORATION DE LA CAPACITÉ EN CALCULS DE L'ENFANT TCHÉCOSLOVAQUE ENTRANT DANS LA Iᴱᴿᴱ CLASSE SCOLAIRE. (*Résumé.*)

VÁCLAV TVRDEK (Prague).

Les membres de la Section des calculs des écoles du Iᵉʳ degré à Prague ont examiné 1152 enfants se recrutant dans la ville et à la campagne, dans le milieu industriel et paysan, dans la Iᵉʳᵉ semaine de la Iᵉʳᵉ année scolaire. Des expériences partielles avaient été effectuées déjà auparavant par nombre d'expérimentateurs tchèques, comme l'indique J. Zlámal dans son ouvrage: « Les calculs dans les Ecoles tchécoslovaques » et à l'étranger par Lay, Freeman et Mme Descoeudres, mais avec 40 enfants au maximum.

Les résultats approximatifs pour la pratique scolaire sont les suivants:

1. Les enfants imitant 5 objets par le même nombre des mêmes et autres objets et les comptant en indiquant le nom de nombre sont au nombre de 75%.

2. Les enfants comptant abstraitement (par la série des noms de nombres) forment 82%.

3. Les enfants indiquant 5 objets pour un nom de nombre donné forment 64%.

4. Les enfants évaluant en bloc 4 objets sont au nombre de 66%.

D'une façon générale, l'exploration a montré que ¾ des enfants entrant dans la Iᵉʳᵉ année scolaire manient le nombre 5 de presque toutes les manières.

LA RÉLIABILITÉ DES FICHES SCOLAIRES INDIVIDUELLES.

L. VELINSKÁ-ONDRŮJOVÁ (Prague).

Il y a deux raisons pour l'existence des fiches scolaires individuelles: 1° Évidence sur des résultats du travail scolaire, 2° enregistration des données de l'évolution de l'individu, importantes pour la diagnose et prognose psychologiques.

. Dans la formulation des projets des fiches scolaires on a pris en considération les possibilités de l'instituteur (quant au temps qu'il peut leur consacrer et quant à son érudition psychologique spéciale) et on n'a pas voulu exiger de lui un degré d'objectivité tel qu'on peut le demander à des observations de laboratoire, opérées par un psychologue spécialiste. On a envisagé les fiches scolaires individuelles — élaborées par le personnel enseignant — comme une sorte de bonne anamnèse, analogue à l'anamnèse médicale, comme une sorte de renseignements sur l'histoire de l'évolution de l'individu. On a souligné la bonne qualité de cette anamnèse. Les renseignements des parents, pris au moment de l'examen psychotechnique, ne sont que très peu instructifs à cause de leur grande subjectivité et de leur caractère incomplet. Il s'agit de cumuler les renseignements sur le milieu, dans lequel se développe l'enfant au cours de toute sa croissance et à ajouter des observations du plus grand degré d'objectivité possible. On a supposé que l'objectivité de l'instituteur, ayant une collectivité d'enfants à observer, surpasse celle des parents, et que c'est lui qui doit les rédiger.

Le problème qui s'est posé était le suivant:[1] Y a-t-il des données importantes pour la diagnose et prognose psychotechniques dans des informations qui peuvent être enregistrées par des instituteurs, 2° quel est le degré d'objectivité qui peut être atteint dans des observations faites dans des fiches scolaires.

Pour pouvoir répondre à ces questions on suppose ce qui suit: La formulation des fiches doit être telle qu'elle dirige l'instituteur pour écrire des données qui ont de l'importance pour la diagnose psychologique. En même temps elle ne doit pas dépasser les possibilités de celui qui les rédige: les indications étant courtes et faciles à obtenir.

A l'Institut Expérimental de Pédagogie à Prague on a essayé de formuler une sorte de projet de fiche scolaire individuelle répondant à ces besoins et les institutrices des jardins d'enfants de la ville de

---

[1] La fiche individuelle consiste en des données sociales, anamnèse et indications médicales, indications psychologiques outre quelques dates informatives. (L'échelle de la plupart des données est sur la base de 5 degrés.)

Prague ont été les premières à montrer une grande compréhension pour le rôle de ces fiches dans la vie de l'enfant et à les mettre en pratique dans leurs écoles, après avoir été renseignées sur la technique du travail.

L'élaboration de 1100 fiches d'enfants a montré des résultats suivants:

1º Il n'y a pas de grandes difficultés techniques à rédiger ces fiches si l'on a assez de temps pour prendre des renseignements sur le milieu de la famille et si l'on a un peu mécanisé la technique de l'enregistrement.

2º Les informations données par les parents ou l'entourage de l'enfant, combinées avec une série d'observations simples, sont bien diagnostiques pour l'enfant-individu aussi bien que pour l'ensemble de la collectivité des enfants fréquentant des jardins d'enfants. Du grand nombre des données numériques nous ne citons que le fait qu'il y a parmi ces enfants: 16 % très pauvres, 34 % pauvres, 26 % assez à l'aise, 19 % bien aisés; que 40 % de ces enfants fréquentent l'école pour avoir chaud, plus de 50 % pour obtenir à manger; que 50 % de ces enfants habitent dans des appartements avec une seule pièce; que 25 % des appartements sont mauvais du point de vue de la santé, que plus de 50 % des enfants n'ont pas leur mère à la maison parce qu'elle va gagner son pain, que plus de 55 % des enfants restent à Prague même pendant les vacances, qu'il y en a 25 % mal habillés. Ajoutons encore la misère morale du milieu de l'enfant (dans 2,5 % influence très défavorable, dans 7 % défavorable, dans 5 % assez bonne; (le reste bon et très bon). 16 % des enfants sont sans père ou mère ou entièrement orphelins. Il reste encore l'état de santé à considérer, bien défavorable souvent.

Les observations de ce genre, faites dès la petite enfance sans interruption, peuvent aider à suivre et comprendre la relation entre le milieu et l'individu et servir ainsi à la diagnose psychotechnique.

3º La réliabilité des observations faites par le personnel enseignant dépendait de la catégorie des observations à faire. Les constatations de la fréquence de l'apparition de quelques phénomènes psychiques étaient faites avec plus d'objectivité que leur appréciation, p. ex. dans l'attention, la mémoire, etc. Les constatations ont répondu généralement à la distribution probable sur la courbe de fréquence, tandis que les appréciations ont présenté généralement des déformations — le plus souvent dans le sens des données positives — même si nous avons pris en considération des déformations probables causées par l'évolution des différentes tendances observées. Il s'en suit que pour les observations un peu plus complexes du domaine de la psychologie il faut élaborer des séries de tests simples qui ont à guider les observations des instituteurs de façon analogue à celle des constatations.

On peut conclure que les inscriptions de l'instituteur dans des fiches scolaires ont une réliabilité suffisante pour le psychologue si elles ne déforment pas la forme probable de la courve de fréquence qui représente la faculté psychique dans la population des enfants au moment donné de leur évolution. L'institut s'est attaché à constater la forme probable de ces courbes et à élaborer des tests simples pour faciliter le travail des instituteurs avant de les mettre en pratique.

DEUX LOIS DE VARIABILITÉ INTRAINDIVIDUELLE À LA BASE DES RÉFORMES SCOLAIRES ACTUELLES.

S. VELINSKÝ (Prague).

La pédagogie change toujours, spécialement à partir du commencement de notre siècle. D'une science en prépondérance normative elle devient pas à pas une discipline de recherches inductives, une science empirique, qui veut savoir ce qui existe et sous quelle forme cela existe, au lieu de vouloir connaître ce qui *doit* exister.

A présent, nous sommes témoins d'un mouvement puissant dans la pratique éducative, qui fut nommée par l'éminent psychologue et éducateur américain H. Rugg: childcentered school — école centralisée autour de l'enfant.

C'est une réaction contre l'école traditionnelle qui ne se souciait pas de l'individualité enfantine. Aujourd'hui nous tâchons de transformer la pratique scolaire de telle manière que les processus d'enseignement respectent tout ce qu'il y a de valeur chez un individu. Il est bien entendu qu'une telle forme d'enseignement présuppose une connaissance profonde de l'enfant. Cela veut dire qu'un praticien scolaire doit être au courant de la psychologie de l'enfant, de la psychologie pédagogique. Il doit connaître les méthodes d'analyse psychologique, les méthodes de recherche psychologique, pour pouvoir se rendre compte de la structure de la personnalité enfantine.

Dans le passé l'instituteur connaissait l'élève par hasard et d'une manière intuitive. Aujourd'hui nous voulons qu'il le connaisse d'une manière systématique et intentionnelle. Il est d'ailleurs bien connu que l'instituteur tâche de connaître ses enfants par son initiative propre, en le ressentant comme un besoin de son métier rempli avec succès. Les secrets de la personnalité sont si nombreux et bien des fois si sublimes qu'il est nécessaire de les explorer d'une manière systématique et par des méthodes rigoureusement scientifiques. On a déjà trouvé bien des résultats dont l'importance est en même temps théorique et pratique. Un des plus intéressants résultats est celui de la variabilité individuelle. Nous pouvons documenter par là l'importance vitale des recherches psychologiques en éducation.

L'existence des différences individuelles est une constatation précieuse de la psychologie des temps derniers. Grâce à Binet, Galton, de Sanctis, Cattel, Pearson, Fechner, Wundt et beaucoup d'autres on est arrivé à formuler quelques-unes de leurs lois. La plus importante parmi elles est la loi de la probabilité de la fréquence, exprimée par la courbe de Gauss.

On peut trouver des différences individuelles dans toutes les fonctions psychiques. Cela est devenu un axiome de la psychologie contemporaine. La pédagogie tâche de connaître leur grandeur. Des recherches que nous avons faites dans 14 classes d'une école de campagne montrent que l'étendue de ces différences individuelles, mesurée relativement par rapport au rendement minimum des fonctions particulières, peut devenir jusqu'à 35 fois plus grande que le rendement minimum de la même fonction.

Les enfants présentant des différences aussi considérables ne peuvent pas suivre le même régime éducatif. Dans des écoles expérimentales on avait tâché de surmonter ces difficultés par des mesures différentes. C'est par exemple le système des classes homogènes qui tâche de respecter les différences individuelles de telle façon, qu'il produit pour chaque degré scolaire des classes séparées pour des enfants surnormaux, normaux et subnormaux. Les méthodes éducatives restent les mêmes.

Comme la forme de l'organisation scolaire est atteinte vivement par le système nommé tout à l'heure, il n'est pas sans importance de se poser les questions suivantes: Est-il possible de former des groupes d'écoliers, des classes vraiment homogènes et gardant cette homogénéité au moins pendant les limites d'une d'année scolaire? Est-ce que les enfants ont la même quantité de capacités pour tous les différents objets scolaires? Est-ce que l'efficacité du travail est pour un individu de valeur toujours constante?

La réponse positive peut confirmer, la réponse négative peut nier les fondements psychologiques du système des classes homogènes permanentes.

Pour résoudre les questions posées, il faut traiter le problème de la variabilité intraindividuelle des enfants. On l'a examiné de deux points de vue:

1° la variabilité relative d'une fonction par rapport aux autres,
2° la variabilité de la fonction elle-même.

Pour faciliter l'enregistrement des différences, on a fait la localisation des enfants sur l'ogive de Galton. On l'a divisé en cinq parties, en cinq pentades, c'est-à-dire pour les rendements très inférieurs, inférieurs, moyens, supérieurs et très supérieurs. Nous pouvions trouver régulièrement le résultat suivant: La localisation d'un même individu peut être pour une fonction dans une des pentades et pour une autre fonction dans une autre pentade. On peut constater chez un individu qu'une de ses fonctions peut être subnormale, tandis que l'autre est surnormale en même temps.

Une des plus importantes caractéristiques du travail enfantin est évidemment la vitesse du travail. Nous avons mesuré la vitesse du travail par quatre tests: le pointillage, le barrage de trois lettres, la comparaison de deux données, le calcul mécanique. On avait examiné les enfants de VIe et de VIIe classe.

On a obtenu la fréquence suivante des variations intraindividuelles :

différences très grandes	de 4 pentades	chez 12-15 %	des élèves
grandes	de 3 „	„ 29-43 %	„ „
moyennes	de 2 „	„ 26-43 %	„ „
petites	de 1 „	„ 15-26 %	„ „
très petites	de 0 „	„ 0-3 %	„ „

Cela veut dire: 12 % des élèves d'une classe, 15 % des élèves d'une autre classe ont une vitesse de travail très supérieure dans un ou plusieurs tests utilisés par nous, et en même temps une vitesse très inférieure dans l'un ou plusieurs autres tests.

L'attention, la mémoire visuelle et auditive, l'imagination de l'espace, l'abstraction, le jugement simple, la compréhension de la lecture, des analogies montrent l'étendue des variations comme suit :

différences très grandes	de 4 pentades	chez 36-46 %	des élèves
grandes	de 3 „	„ 41-43 %	„ „
moyennes	de 2 „	„ 9-15 %	„ „
petites	de 1 „	„ 2-8 %	„ „
très petites	de 1 „	„ 0 %	„ „

Pour l'ensemble de l'activité psychique l'on trouve des différences :

très grandes	chez 49-50 %	des élèves
grandes	„ 41-43 %	„ „
moyennes	„ 6-8 %	„ „
petites	„ 3 %	„ „
très petites	„ 0 %	„ „

Du point de vue interfonctionnel il y a un grand pourcentage d'individus ayant de très grandes différences dans le fonctionnement des fonctions psychiques, et il y a un petit pourcentage de ceux chez lesquels les fonctions ne diffèrent que peu.

Les grandes différences sont une règle, non l'exception.

La variabilité interfonctionnelle atteint l'étendue de 4 pentades chez 50 % des individus. Un élève sur deux peut manifester une haute supériorité dans une ou plusieures fonctions mentales tandis qu'en même temps il montre une grande subnormalité dans une ou plusieures autres fonctions mentales.

Ainsi, on ne peut diviser les élèves en des groupes homogènes fixes de façon qu'on les divise d'après un seul aspect psychique pour n'importe quelle activité scolaire.

A propos de la variabilité intrafonctionnelle :

La variabilité intrafractionnelle peut être évidente par l'observation des rendements répétés de la même fonction psychique. Il est bien difficile de trouver des tests non influencés par l'apprentissage. Mais tout de même on peut en trouver quelques-uns. Ce sont ceux où les rendements de l'individu avaient atteint par des exercices préalables une limite temporaire d'habitude, qui ne peut être dépassée que par un exercice supplémentaire réalisé avec bien de l'effort — ou par l'évolution ultérieure de l'individu.

Pour des rendements exercés à l'école et relativement stables on a choisi la compréhension de la lecture, le calcul mécanique, la composition, pour des rendements préalablement et spécifiquement non exercés nous avons utilisé le barrage des lettres, la mémoire visuelle et auditive, le pointillage.

Deux groupes d'élèves de 56 et 109 individus donnent des résultats suivants:

	différence maximum de pentades				
	0	1	2	3	4
lecture	1,85	31,57	42,61	20,37	3,70
calcul	5,45	56,38	34,54	3,63	0,0
composition . . .	8,51	42,53	35,14	10,63	3,19
barrage	0,0	36,36	40,03	14,52	9,09
mémoire auditive .	0,0	0,0	38,38	42,61	18,51
mémoire visuelle .	0,0	11,11	43,61	38,88	7,40
pointillage	0,0	11,11	52,60	29,63	16,66

En résumant on trouve les résultats globaux suivants:

	rendements exercés	rendements non exercés
différences très grandes	2-4 %	8-19 %
grandes	4-21 %	15-43 %
moyennes	35-43 %	39-53 %
petites	33-57 %	0-37 %
très petites	2-9 %	0-0 %

La fréquence de la variabilité intrafonctionnelle suit la même courbe de probabilité que la variabilité interfonctionnelle et la variabilité interindividuelle.

Mesurées par le minimum du rendement elles présentent la même étendue des variations que les variations interfonctionnelles, c'est-à-dire: le rendement maximum était cinq fois le rendement minimum. Si nous employons l'échelle par points, l'étendue de la variation atteint 8 fois le minimum.

De ces faits régulièrement constatés on peut juger *qu'il existe une grande variabilité inter- et intrafonctionnelle qui caractérise l'individu d'une manière obligatoire.*

Ainsi il faut attribuer à la personnalité humaine un signe caractéristique et indispensable — celui de la variabilité de sa structure totale, ainsi que de la structure des fonctions particulières.

C'est pourquoi on peut donner une réponse négative aux questions posées plus haut. Du point de vue pédagogique on ne peut satisfaire à ce caractère variable de la mentalité enfantine que par l'individualisation la plus complète et la plus détaillée possible de la pratique scolaire du point de vue de l'administration et surtout du point de vue des méthodes de l'enseignement.

DER EINTRITT INS LEBEN AUF DEM LANDE.
(Zusammenfassung.)

FRANZ VÝBORNÝ (Smrčna u Jihlavy).

Wenn wir den Eintritt der heutigen ländlichen Generation dieses Staates in das praktische Leben betrachten, zeigt sich uns vom volkswirtschaftlichen Gesichtspunkt eine bedeutsame und interessante Beziehung der Psychotechniker zur Frage Stadt—Land. Die Statistik zeigt, wie die Bevölkerung der Tschechoslowakei (und anderer Staaten) vom Lande in die Städte übersiedelt, eine Erscheinung, die hauptsächlich durch Unkenntnis und durch allzu helle und rosige Vorstellungen von der Stadt und der dort üblichen Lebensweise und Arbeit verursacht wird. Das Land wird entvölkert, obwohl unsere Landwirtschaft nach vielen Richtungen hin ausbaufähig ist und der Reichtum des Bodens noch nicht überall vollständig ausgenützt wurde, besonders nicht im Osten des Landes.

Diese statistische Tatsache wird uns durch das Ergebnis einer genauen Untersuchung an 120 Kindern aus ländlicher Umgebung bestätigt (die Schule in Dobronin bei Deutsch Brod vereinigt Kinder aus 12 Dörfern), die zeigt, daß nur ungefähr $^1/_7$ der Kinder aus Bauernfamilien in diesem Erwerbszweig verbleiben wollen. Die übrigen $^6/_7$ gehen in die Städte und widmen sich städtischen Berufszweigen, die katastrophal überfüllt sind, obgleich sich nur ein Teil der Landkinder für diese Berufe wirklich eignet.

Die Eltern überschätzen häufig ihre Kinder. Sie senden sie zum Großteil in Berufe, in denen sie sofort Geld verdienen (Fabrik) oder wenigstens in die Lehre mit ganzer Verpflegung, in physisch und moralisch gefährliche Berufe (Kellner). Dies geschieht häufig aus Unwissenheit und Unkenntnis der Berufe selbst und der modernen Methoden der wissenschaftlichen Auswahl einer geeigneten Arbeitstype.

Die Psychotechnik hat hier eine doppelte Aufgabe:

1. Die Kenntnis von den Berufen zu verbreiten, die Öffentlichkeit aufzuklären, die Grundbelehrung schon im Rahmen der Schule vorzunehmen, die praktische Beratung auf alle Volksschulen auszudehnen.

2. Die Regulierung und Eindämmung des Zustroms der Landbewohner in die Städte durch eine sorgfältige Auswahl der Bewerber, und im Gegensatz, das Hinüberleiten aller fähigen Bewerber in landwirtschaftliche Berufe. Dadurch wird die Psychotechnik ein Hilfsmittel zum Erhalten des volkswirtschaftlichen Gleichgewichts zwischen Land und Stadt und so ein indirekter Hilfsfaktor im Kampfe gegen die Wirtschaftskrise des Staates.

L'INTELLIGENCE DE MILLE ENFANTS ÂGÉS DE DIX ANS.

JAN ZADRAŽIL (Prague).

Mon travail est fondé sur la recherche que j'ai faite au mois de novembre de l'année 1932 jusqu'en mai de l'année 1934 dans les écoles primaires élémentaires de tous les types dans les districts d'agriculture de Český Brod, de Poděbrady et de Mladá Boleslav. J'ai testé mille enfants pris au hasard âgés de dix ans. Les méthodes employées étaient les suivantes:

1º l'entretient direct,

2º le test de l'intelligence de Terman,

3º les questionnaires pour les maîtres et les élèves.

Le premier diagramme représente la distribution du quotient de l'intelligence (I.Q.) de tous les enfants testés. La médiane du quotient de l'intelligence avait la même valeur que la moyenne arithmétique, c'est-à-dire 97,9 points. Dans la somme totale des enfants, il y avait 554 garçons et 446 filles. La médiane des quotients de l'intelligence des deux sexes était 97,9 et en même temps il avait la même valeur que la médiane des quotients de l'intelligence de tous les enfants testés.

D'après la classification sociale des parents tous les enfants sont classés en sept groupes:

1er groupe: les enfants dont les parents avaient l'éducation universitaire et les enfants des maîtres des écoles primaires et primaires supérieures (4 % du nombre total des enfants testés — médiane: 117,3 points).

2e groupe: les enfants des employés de l'Etat et des employés privés (avec ou sans éducation secondaire) et des officiers (13 % — médiane: 109,5 points).

3e groupe: les enfants des marchands, des industriels, des artisans, des dentistes, etc. (13 % — médiane 103).

4e groupe: les enfants des employés subalternes des chemins de fer et de la poste, de même que des employés subalternes d'établissements privés, des gendarmes et des sous-officiers (14 % — médiane: 101).

5e groupe: les enfants des ouvriers qualifiés (30 % — médian 97,1).

6e groupe: les enfants des paysans (10 % — médiane: 95,5).

7e groupe: les enfants des ouvriers non-qualifiés (22 % — médiane: 90,6).

Le quotient si peu élevé de l'intelligence des enfants du 5e, 6e et 7e groupe ne peut pas être expliqué par la mauvaise situation économique de leurs parents. Je suis persuadé que la puissance de l'hérédité des traits mentaux est grande et que les influences de toute sorte du milieu et de l'éducation sur la valeur des facultés mentales n'existent pas. L'héritage des meilleures qualités, d'après mon opinion, a une force plus grande que les manques économiques et sociaux et, au contraire, le milieu économique et social favorable ne peut pas réparer l'héritage des qualités inférieures. On voit souvent que malgré l'effort de leurs parents aisés, les enfants échouent dans les écoles secondaires et ne peuvent pas se soutenir dans la classe sociale de leurs parents.

Il est très intéressant de comparer le bas quotient de l'intelligence des enfants paysans (95,5) avec le quotient de l'intelligence des enfants des ouvriers qualifiés (97,1) et des employés subalternes des chemins de fer et de la poste (101). Nous voyons que le quotient de l'intelligence des enfants des ouvriers et des employés subalternes des chemins de fer et de la poste est plus haut, quoique leur milieu ne soit pas meilleur que celui des paysans habitant les districts mentionnés ci-dessus. Je pense que le bas niveau de la mentalité paysanne est causé par les facteurs suivants:

1º Les membres les plus habiles des familles paysannes s'en vont généralement dans les villes pour y étudier et choisissent, dans la plupart de cas, une vocation conforme à leurs facultés, tandis que les membres les moins habiles restent dans le village et succèdent à leurs parents.

2º Les mariages entre les familles parentes ne peuvent pas contribuer à augmenter le niveau mental.

3º Les mariages ayant pour but l'amélioration économique ne sont pas si nombreux que dans les autres classes sociales.

La distribution des enfants des différents groupes d'après le degré de leur intelligence.

Si nous considérons les enfants dont le quotient de l'intelligence est inférieur à 90 points comme sous-normaux, ceux entre 90 et 110 points comme normaux et ceux au-dessus de 110 points comme sur-normaux (doués), leur distribution dans les groupes particuliers sera la suivante:

	médiane (points):	sous-normaux	normaux	sur-normaux (doués)
		%	%	%
1er groupe	117,3	0	34,6	65,4
2e „	109,5	1,4	51,4	47,2
3e „	103	10,8	67,5	21,7
4e „	101	15,7	67,2	17,1
5e „	97,1	16,8	77	6,2
6e „	95,5	27,7	65,9	6,4
7e „	90,6	47,7	47,2	5,4

A mesure que le niveau mental des différents groupes s'abaisse, le nombre de pourcents des enfants doués devient plus petit, tandis que le nombre des enfants non-doués s'augmente.

Parallèlement avec l'abaissement de la valeur mentale s'augmente le nombre des enfants dans les familles en question. Ce fait est représenté par le tableau suivant:

Groupe	I.	II.	III.	IV.	V.	VI.	VII.
Nombre moyen des enfants	2	2	2,4	2,5	2,6	3	3,2

Les progrès politique et économique dépendent de la culture des talents. Comment notre eugenique nationale se soucie-t-elle de la qualité de la postérité?

Le quotient de l'intelligence et le certificat des fils (filles) uniques.

Si la théorie que l'éducation et le milieu favorable exercent une influence sur la qualité des facultés mentales était vraie, on pourrait s'imaginer que les fils (filles) uniques atteignent le niveau le plus haut de l'intelligence et le meilleur succès à l'école. Parmi les enfants testés il y avait 180 fils (filles) uniques. Leur moyenne des quotients de l'intelligence était 101,7 points. Elle est en effet plus haute que celle des quotients de l'intelligence de tous les enfants testés qui était 97,9 points. Mais cette augmentation n'est causée que par le fait que plus de 50 % de ces fils (filles) uniques appartiennent aux groupes dont le quotient de l'intelligence surpasse 100 points. Après avoir éliminé tous ces cas, je n'ai pris que les enfants des paysans et des ouvriers qualifiés et non-qualifiés. La moyenne de leurs quotients faisait 95,7 points. On voit alors clairement que *la mentalité des fils (filles) uniques est la même que celle des autres enfants,* quoique leur milieu soit généralement meilleur, la surveillance des parents plus soigneuse et plus parfaite; c'est-à-dire que les soins et les efforts des parents ne changent pas les facultés mentales de leurs fils (filles) uniques. Mais les circonstances favorables dont nous avons parlé ne restent pas sans influence sur le progrès scolaire des enfants, spécialement dans les écoles primaires. A l'école le succès des enfants ayant des frères et des sœurs ne correspond pas aux quotients de l'intelligence obtenus dans le test de Terman. Dans la majorité des cas, à cause de leur milieu de famille non favorable, leur succès à l'école est moindre.

L'intelligence des enfants d'après les différents types des écoles primaires élémentaires.

J'ai testé les élèves de tous les types des écoles primaires élémentaires et je suis parvenu aux conclusions suivantes:

La moyenne des quotients de l'intelligence des élèves fréquentant les écoles primaires élémentaires qui n'ont qu'une ou deux classes était 94,5 points; des élèves fréquentant les écoles primaires élé-

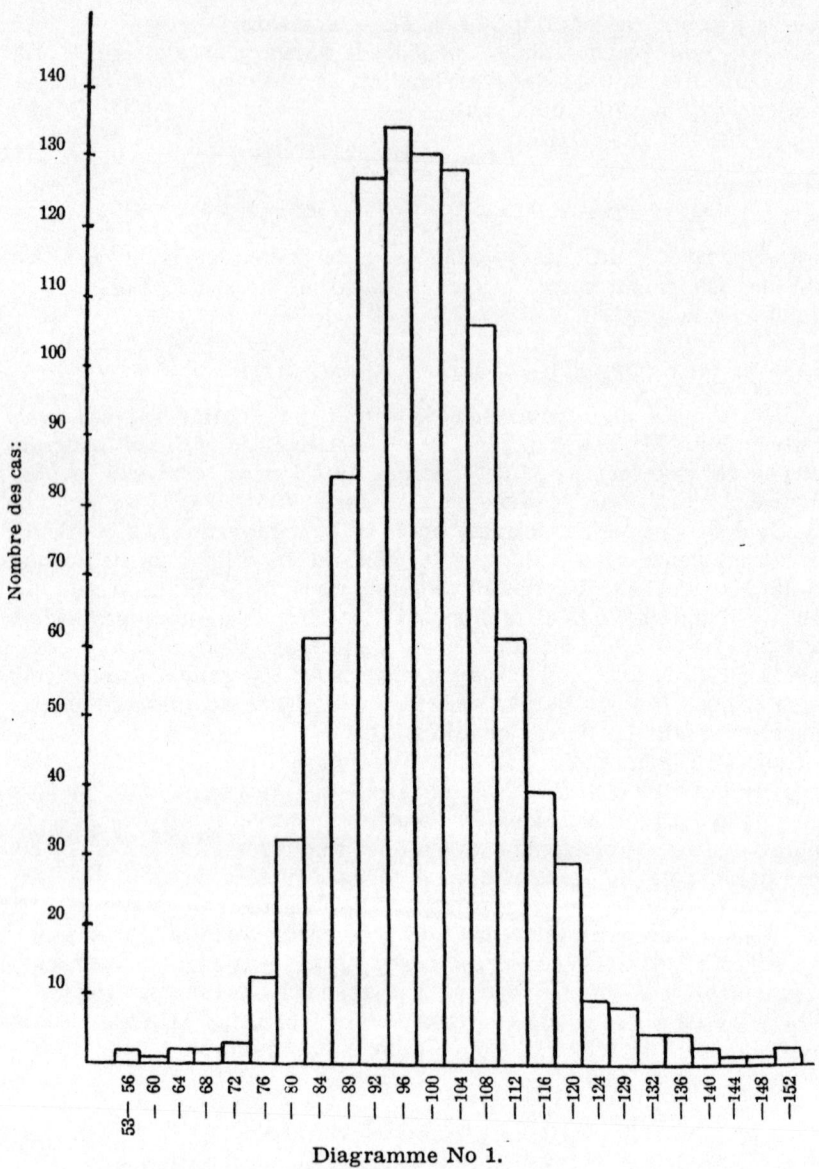

Nombre des cas:

53— 56 | 60 | 64 | 68 | 72 | 76 | 80 | 84 | 89 | 92 | 96 | 100 | 104 | 108 | 112 | 116 | 120 | 124 | 129 | 132 | 136 | 140 | 144 | 148 | 152

Diagramme No 1.

mentaires ayant trois ou quatre classes 96,5 points; les élèves des écoles primaires élémentaires situées dans les villes avaient 99 points. Nous voyons que les écoles primaires de village avaient des élèves d'une mentalité inférieure. C'est parce que la constellation sociale dans les villages est différente de celle des villes. Dans les villages avec une population plus nombreuse et dans les villes il y a un grand nombre de marchands, d'employés de l'Etat ou d'établissements privés, dont les enfants augmentent considérablement la moyenne de la classe à l'école. Dans les petits villages où se trouvent les écoles primaires élémentaires n'ayant qu'une ou deux classes, ces groupes sociaux n'existent pas. S'ils existent, ils ne sont pas si nombreux ou ils sont représentés par leurs membres moins qualifiés. Il est évident que dans ces petits villages le maître doit travailler avec plus d'énergie et plus d'enthousiasme. Ces qualités sont nécessaires non seulement dans la vie de l'école, mais aussi dans la vie publique et culturelle du village.

Le quotient de l'intelligence des enfants qui entraient dans les écoles secondaires.

Il serait nécessaire que tous les enfants fréquentant les écoles secondaires aient l'intelligence demandée par les tâches que l'école leur impose. En parlant d'après la terminologie psychotechnique, il faudrait qu'ils aient au moins 100 points de l'échelle de Terman. Mais cette demande reste un idéal loin d'être réalisé. Dans la ville de Český Brod seulement 75 % de tous les enfants testés dont l'intelligence surpassait 100 points, continuaient leurs études au gymnase réal. 25% à cause de leur médiocrité économique s'en allaient dans les écoles primaires supérieures. Dans les villes de Lysá, de Sadská et de Poděbrady, où il n'y a pas d'école secondaire, seulement 34 % des enfants doués continuaient leurs études dans les écoles secondaires des villes voisines, tandis que 66 % des enfants doués mais pauvres entraient dans les écoles primaires supérieures qui étaient dans leur localité. Parmi les élèves inscrits au gymnase réal de Český Brod il y avait 55 % des enfants doués et 45 % des enfants non-doués. A Lysá, Sadská et Poděbrady il y avait 45 % des enfants doués et 55 % des enfants non-doués. On voit alors que les villes où se trouve une école secondaire offrent une bonne occasion d'études même à des enfants de parents pauvres, tandis que dans les villes où il n'y a pas d'écoles secondaires, étudient seulement les enfants des parents riches, qui n'ont pas toujours le niveau de l'intelligence demandé par les études. Un grand nombre d'enfants pauvres mais doués est, au contraire, forcé de rester à la maison et de fréquenter l'école primaire supérieure.

En résumant tous nos résultats, nous voyons quelles sont les tâches de la psychotechnique dans la pédagogie, qui nous montreraient d'intéressants résultats scientifiques et nous rapprocheraient de l'idéal exprimé par la maxime démocratique: chaque homme à sa place.

ÜBER DEN AUFBAU DER UNTERRICHTSFÄCHER IN DEN HÖHEREN SCHULEN.

G. ZAPAN (Bukarest).

In einer früher veröffentlichten Arbeit haben wir die Bedingungen untersucht, von denen der Fortschritt im Lernen und Üben verschiedener Aufgaben abhängt.*)

Zu diesem Zweck wurde jede Aufgabe in ihrem Aufbau so verändert, daß sie durch Übung in einem Falle zu einem größeren, im anderen zu einem kleineren Fortschritt führte. Die ausgeübten Aufgaben waren folgende: Sterzinger-, Such-, Feld-, Kreisprobe, Drahtlabyrinth, Umgekehrtlesen, Schreibmaschine und Stenographie.

Es stellte sich heraus, daß die Aufgabe durch Lernen und Üben zu einem größeren oder kleineren Fortschritt führt, je nachdem: 1. ihr Inhalt konstant, bezw. unveränderlich ist; 2. die Tätigkeit sich auf objektive Organisationen (Konfigurationen) stützt, bezw. nicht stützt; 3. die Teile sich besser oder schlechter zusammenfügen (koordinieren); 4. die Teile sich gut oder schlecht im ganzen einfügen (subordinieren); 5. der Inhalt sinnvoll oder sinnlos ist; 6. die unwesentlichen Teile ausgeschlossen werden oder nicht; 7. die Tätigkeit sich auch äußerlich organisieren kann oder nicht.

Wir zogen aus diesen Bedingungen den Schluß, daß der Fortschritt im Lern- und Übungsvorgang einer besseren subjektiven und objektiven Organisation der Tätigkeit zu verdanken sei. Wir schließen daher weiter, daß das Wesen des Lernvorganges weder in der Zahl der Wiederholungen, noch in den Folgen der Lust- oder Unlustgefühle zu suchen ist, sondern in der Organisation der Tätigkeit.

Da wir die fördernden Faktoren aus verschiedenen Aufgaben abgeleitet haben, liegt der Schluß nahe, daß sie Grundbedingungen des Erlernens und Übens jedes Lernstoffes darstellen.

Wir bezogen die Faktoren sodann auf den Schulunterricht und konnten annehmen, daß auch in der Schule ein Lernfortschritt am besten dann erzielt wird, wenn im Unterricht alle Lernbedingungen berücksichtigt werden und also der Stoff möglichst zweckmäßig organisiert den Schülern beigebracht wird.

Wir haben im Laufe der Jahre 1932—34, unter Mitwirkung der Teilnehmer am Pädagogischen Seminar der Universität Bukarest, die Anwendung dieser Faktoren bei den verschiedenen Unterrichtsfächern in den höheren Schulen untersucht. Der Versuch hat — wie weiter unten gezeigt wird — teilweise zur Feststellung mancher neuen Unterrichtsmethoden in Hinsicht auf den Aufbau der Unterrichtsfächer geführt.

---

*) *G. Zapan*, Übbarkeit verschiedener Aufgaben. Psychotechnische Zeitschrift, 1932.

Bedingt durch den empirischen Wert der gefundenen Fortschritts-faktoren und gleichzeitig durch deren Evidenz sind diese Methoden anfangs zu experimentellen Versuchszwecken aufgestellt worden.

Die Methoden werden künftighin systematisch von uns im Unterricht geprüft werden. Es sei hier erinnert, daß sie größtenteils schon durch vorläufig empirische Beobachtungen in den Schulen bestätigt worden sind. Daher werden wir in der vorliegenden Mitteilung, außer über die Anwendungsart bei den Unterrichtsfächern, auch über manche der bisherigen positiven Ergebnisse berichten.

Wir werden hauptsächlich zeigen, daß es angesichts jedes Faktors zwei grundverschiedene Unterrichtsmethoden gibt: eine negative, bedingt durch die völlige Verneinung des entsprechenden Faktors und eine positive, die auf seiner vollständigen Bejahung beruht.

Wir werden der Reihe nach über die Anwendung jedes Fortschrittfaktors berichten, die wir, kurz zusammengefaßt, wie folgt benennen werden. — Zur Klarmachung dieser Faktoren werden wir gleichzeitig durch einfache Beispiele aus der oben erwähnten Arbeit die Art ihrer Feststellung zeigen und gelegentlich werden wir sie mit Hilfe anderer bekannten oder offensichtlichen Beispiele ergänzen.

1. *Die Konstanz der Aufgabe.* — Diesem Faktor gemäß würde die Übung einer Aufgabe mit konstantem Inhalt zu einem größeren Fortschritt führen, als die Übung ähnlicher Aufgaben mit veränderlichem Inhalt. So z. B. führt die Wiederholung derselben Fassung der Suchprobe zu einem viel größeren Zeitfortschritt als die Wiederholung sich immer verändernder Fassungen. Ebenso führt die Feldprobe mit konstanten Koordinaten zu einem beträchtlicheren Fortschritt als die mit veränderlichen.

Anwendungen des Konstanzfaktors im Unterrichtswesen:

a) Im Falle einer völligen Verneinung dieses Faktors würde man die Unterrichtsfächer so behandeln, daß keiner der früher gelernten Stoffe sich in einer künftigen Lehrstunde wiederholt. Die Schüler würden in den fremden Sprachen in jeder Unterrichtsstunde z. B. gewisse neue Vokabeln lernen, ohne irgendein früher gelerntes Wort zu wiederholen. Im Geschichtsunterricht würden die Schüler in jeder Stunde Kenntnisse irgendwelcher Ereignisse hinnehmen, ohne sie in Verbindung mit dem Vorausgegangenen zu bringen, usw.

b) Im Falle der völligen Berücksichtigung des Konstanzfaktors würde man in jeder Stunde die Unterrichtsfächer derart lehren, daß außer irgendwelcher neuer Kenntnisse auch sämtliche vorherigen Kenntnisse, oder wenigstens so viel wie möglich, wiederholt werden würden. Gleichzeitig würde man die wesentlichsten bevorzugen.

Eine Fremdsprache könnte man nach dieser Methode folgendermaßen erfolgreich lehren: man würde in jeder neuen Lehrstunde außer neuen Vokabeln, neuer Rechtschreibungsregeln usw. sämtliche früher behandelten Begriffe, wie z. B. Worte usw. wiederholen. Man würde sie nicht mehr als selbständige Begriffe behandeln, sondern in immer neuen Satzgefügen, neuen Gesprächen, neuen Erzählungen, neuen Lesestoffen usw. einführen.

Tatsächlich haben uns zu diesem Zwecke unternommene Beobachtungen in den Schulen bis jetzt gezeigt, daß viele Begriffe den Schülern völlig entweichen, falls diese keine Gelegenheit haben, sie in den darauffolgenden Lehrstunden zu wiederholen.

Ein für eine Fremdsprache nach der neuen Methode verfaßtes Lehrbuch, also mit völliger Bejahung des Konstanzfaktors, würde sodann für jede neue Lehrstunde außer neuen Begriffen auch Gespräche und Lesestoffe enthalten, in denen sämtliche früher behandelte Begriffe auftreten.

Die Vorteile dieser Methode sind folgende: I. Da der Schüler weiß, daß er jeden Begriff, den er in einer Stunde lernt, künftighin in sämtlichen Lehrstunden antreffen wird, wird sein Lernverhalten derart sein, daß er die Begriffe „für immer" aufspeichert und nicht wie bisher nur für eine bestimmte Stunde oder für einen gewissen Zeitpunkt. II. Außerdem wird die häufigere Wiederholung derselben Begriffe mit der Absicht einer Vervollkommnung bald zu ihrer Automatisierung führen, so daß z. B. Fremdwörter vom Schüler nicht mehr übersetzt werden, da er ihren Sinn unmittelbar erfaßt.

Die Anwendung des Konstanzfaktors bei den übrigen Unterrichtsfächern geschieht auf dieselbe Art, selbstverständlich aber mit Berücksichtigung des spezifischen Inhaltes jedes Faches.

So wird im Geschichtsunterricht, bei Gelegenheit jedes neu vorgetragenen Ereignisses eine weitgreifende Wiederholung der vorausgegangenen Ereignisse stattfinden müssen, besonders derer, mit denen das neue Ereignis in Verbindung steht.

Jedes neue Problem wird im Mathematikunterricht den Anstoß nicht nur zur Anwendung bekannter Sätze geben, sondern auch zu deren Wiederholung. Das gleiche ist von der Physik, Chemie wie auch in den übrigen Unterrichtsfächern zu sagen.

2. Förderung der Tätigkeit durch objektive Organisationen (Konfigurationen). — Die Tätigkeit führt durch Übung zu einem um so größeren Fortschritt, je mehr sie sich auf objektive Organisationen oder Konfigurationen stützt. Beispiel: bei der Feldprobe (wo ein größeres Feld in hundert kleine Felder aufgeteilt ist) werden schneller und genauer jene Felder erlernt werden, die sich an ausgezeichneten Stellen befinden, wie z. B. an den Ecken des großen Feldes. Der Fortschritt im Lesen ist ebenso selbstverständlich größer im Falle, wo die verschiedenen Wörter als optische Gestalten im Text getrennt erscheinen, als im Falle wo sie hintereinander, ohne Lücken zwischen ihnen, aufgeschrieben wären.

Es ist bekannt, daß eine Tätigkeit durch Lernen und Üben sich mehr oder weniger automatisiert, daß sie einen Organisationscharakter erhält. Obgleich dieser anfangs subjektiver Natur ist, unterscheidet er sich hinterher nicht mehr wesentlich vom objektiven

810

Charakter, z. B. von den ursprünglichen Organisationen, die durch Wahrnehmungsgestalten gegeben sind.

Wir werden deswegen im folgenden den Faktor „der Förderung der Tätigkeit durch objektive Organisationen" nicht nur auf die eigentlichen objektiven Organisationen beziehen, sondern auch auf die quasi-objektiven, die durch die Lerntätigkeit zustandekommen.

Die Unterrichtsart:

a) Wird dieser Faktor total verneint, so muß der Lehrstoff ohne Verbindung mit der Anschauungswelt der Schüler oder mit ihren früheren Kenntnissen gelehrt werden, also auf eine ganz abstrakte Weise und in völliger Abtrennung.

b) Wird dieser Faktor total bejaht, so müssen die Unterrichtsfächer — wie uns auch die Benennung des Faktors zeigt — so gelehrt werden, daß sich jeder Lehrstoff einerseits auf die Anschauungsdaten, andererseits auf die Kenntnisse und die Fertigkeiten des Schülers stützt.

Demzufolge werden die neuen Kenntnisse im Mathematikunterricht sich einerseits auf die früheren Kenntnisse stützen, wie bereits beim Konstanzfaktor gezeigt wurde, und andererseits auf möglichst klare Figuren — bei der Geometrie — und auf praktische Anwendungen auf den den Schülern bestbekannten Gebieten.

Bei den Fremdsprachen müssen die Worte möglichst unmittelbar, auf Grund von vorzuführenden Gegenständen oder Anschauungstafeln usw. gelehrt werden, und nicht durch Übersetzung.

Im Geschichtsunterricht stützen sich die jetzigen Unterrichtsmethoden zumeist auf das Gedächtnis der Schüler. Die Gedächtnisleistung tritt in der von uns vorgeschlagenen Methode völlig in den Hintergrund. Im Vordergrund bleibt die Deutung der geschichtlichen Ereignisse und Zusammenhänge. Da wir aber Geschichte nicht treiben können, ohne das notwendige geschichtliche Tatsachenmaterial zu besitzen, werden wir zu allererst zur Aufstellung dieses Materials auf objektiver Grundlage, in einer graphischen Darstellung schreiten. Verschiedene Säulen, die den verschiedenen Ländern oder Völkern entsprechen, deren Geschichte wir folgen möchten, werden auf einer Tafel aufgezeichnet. Eine Reihe horizontaler Linien führt uns die Zeit in Jahrhunderten, Jahrzehnten und gelegentlich auch in Jahren eingeteilt vor. Die jedem Lande oder Volke zukommenden Ereignisse werden graphisch mit Hilfe gewisser Zeichen oder durch ihren Namen in der entsprechenden Spalte und Zeit eingetragen.

Die vorläufigen Untersuchungen, die wir zur Begründung dieser Methode unternommen haben, haben uns gezeigt, daß nach einer kurzen Vorführung und Erklärung einer derartigen Tafel man gleich hinterher zur erfolgreichen Diskussion der Zusammenhänge der dargestellten geschichtlichen Ereignisse schreiten kann. Das ist deswegen möglich, weil ihre graphische Darstellung, in der beschriebenen Art, den Vorteil hat, uns anschaulich und klar ihre Zeitfolge bezw. ihre Gleichzeitigkeit vorzuführen.

Es hat sich weiter auf Grund von Beobachtungen herausgestellt, daß nach einer bestimmten Zahl von Wiederholungen die Schüler nicht nur besser als aus dem Gedächtnis die Zusammenhänge deuten können, sondern daß sie sich letzten Endes auch besser die Ereignisse einprägen. Diese Einprägung ist gleichzeitig deutlicher und vielseitiger als nach der bisher üblichen abstrakten Methode.

3. *Die Zusammenfügung (Koordinierung) der Teile.*

Der Fortschritt im Üben einer Tätigkeit ist diesem Faktor gemäß um so größer, je mehr die natürlichen Teile der Tätigkeit eine Zusammenfügung dieser Teile erlauben.

So z. B. erfolgt die Koordinierung der Bewegungen beider Hände besser beim runden Drahtlabyrinth, als beim eckigen, so daß beim ersten der Fortschritt größer sein wird.

Die Unterrichtsart: a) Bei völliger Vernachlässigung dieses Faktors würden die Themata eines Unterrichtsfaches ohne irgendwelchen Zusammenhang gelehrt werden.

b) Es müßte dagegen bei der größtmöglichsten Berücksichtigung dieses Faktors eine besondere Wichtigkeit den Zusammenhängen der Teile beigemessen werden.

Im Fremdsprachenunterricht würde man zu Anfang auf die Zusammenfügung der Wörter im Satz achten; hinterher auf den Zusammenhang der Sätze untereinander usw.

Dasselbe gilt im Physik-, Chemie-, Mathematikunterricht usw. und besonders bei der Geschichte.

Man ersieht aus dem Gesagten, daß dieser Faktor zu einem großen Teil mit dem Konstanzfaktor zusammenfällt; er unterscheidet sich dennoch von diesem insofern, daß die Zusammenfügung sich nicht auf die eigentliche Vergegenwärtigung bezieht, sondern daß sie auf die Herausarbeitung der Zusammenhänge hinzielt.

4. *Die Unterordnung (Subordinierung) der Teile.* — Dieser Faktor bedeutet, daß eine Tätigkeit zu einem umso größeren Fortschritt führt, je mehr die Teile als solche während der Übung verschwinden und sich dem ganzen unterordnen oder sich darin einfügen. Das Maß der Unterordnung der Teile im ganzen hängt auch von der Möglichkeit ihrer gegenseitigen Zusammenfügung ab. Es kommt zu einer besseren Einfügung in die motorische Tätigkeit, wenn eine gute Koordinierung stattfinden kann, wie z. B. beim runden Drahtlabyrinth. Einer guten Koordinierung entspricht nicht immer eine gute Subordinierung. Ein Zwiegespräch in einem Theaterstück kann, was das Spiel der Fragen und Antworten anbetrifft, sehr wohl koordiniert sein und dennoch kann es den Charakterzügen der entsprechenden Helden schlecht untergeordnet sein. Unter Umständen geschieht es, daß die Unterordnung so stark ist, daß die Teile als solche völlig verschwinden oder selbst daß sie durch andere ersetzt werden, die sich besser im ganzen einfügen. So verlieren z. B. beim Schreiben die Buchstaben ihren ursprünglichen Wert, indem sie von den Wörtern aufgesaugt werden, diese von den Sätzen usw. Im

Mathematikunterricht werden manche kompliziertere Rechenverfahren durch andere einfachere ersetzt.

Unterrichtsart:

a) Wird dieser Faktor völlig vereint, so bildet irgendein Unterrichtsfach kein in sich geschlossenes System, sondern nur eine Kenntnissammlung ohne inneren Zusammenhang.

b) Der Unterricht, diesem Faktor gemäß, müßte eine der Hauptsorgen jedes Lehrers bilden. Obgleich dieses Prinzip in der Pädagogik gut bekannt ist, sind wir jedoch der Meinung, daß man ihm nicht den ihm zukommenden praktischen Wert in den höheren Schulen beimißt, wo man öfters größeren Wert an die Gedächtnisleistung als auf die Ordnung des Unterrichtmaterials legt.

Die Anwendung des obigen Faktors erscheint sehr leicht in manchen Unterrichtsfächern, wie z. B. in der Mathematik, oder in der Physik, wo das Material schon an sich als Ganzes geordnet ist.

Wir können trotzdem selbst im Geschichtsunterricht wenigstens teilweise einheitliche und gut durchstrukturierte Systeme erzielen. So z. B. bei der Behandlung der verschienen Zeitabschnitte, indem wir die charakteristischen Züge jeder Zeitepoche betonen und indem wir hinterher die verschiedenen Ereignisse dem Zeitgeist unterordnen.

5. *Der Sinn der Aufgabe.* — Das Lernen und das Üben eines sinnvollen Inhaltes, oder eines Inhaltes, der während der Übung einen Sinn für die Vp. erlangt, führt zu einem größeren Fortschritt als das Lernen und Üben einer sinnlosen Aufgabe. Beispiele: Es können unter gleichen Bedingungen mehr sinnvolle Silben als sinnlose erlernt werden; im Schreibmaschinenschreiben macht man größere Fortschritte beim Üben eines sinnvollen Materials als bei einem sinnlosen oder bei einem Material aus einer unbekannten Sprache.

Unterrichtsmethode:

a) Sinnlos würde die Unterrichtsart sein, wenn die Schüler nichts aus dem Vortrag des Lehrers verstünden. Dasselbe geschieht im Falle einer Unachtsamkeit des Schülers den sinnvollen Darstellungen des Lehrers zum Trotz.

b) Sinnvoll dagegen würde man nicht jene Unterrichtsart nennen, die sich auf einem niedrigen Niveau hält und die uns daher die Gewißheit gibt, daß der vorgetragene Stoff von sämtlichen Schülern verstanden worden ist, sondern die, in der man zuletzthin zu einem möglichst weit über dem Niveau der Schulklasse stehenden Stoff gelangt, obwohl man von einem Stoff ausgeht, der unter oder auf dem Niveau der Schulklasse steht. Wir müssen uns jedoch gleichzeitig vergewissern, daß die Schüler das vorgetragene Material verstanden haben.

Der schwierigste Unterrichtsgegenstand, in Hinsicht auf die erforderte Verstandestätigkeit, scheint in den höheren Schulen die Mathematik zu sein. Die sinnvollste Darbietung des Mathematikstoffes würde folgendermaßen erfolgen: man würde einerseits den Stoff möglichst anschaulich oder auf gut beherrschte Kenntnisse oder bekannte Dinge angewandt behandeln; andererseits würde man die Mathematikaufgaben nicht nur auf Grund von schon gelernten Sätzen lösen, die an sich eine eigene Ableitung erfordern, sondern auch durch eine unmittelbare und selbständige Überlegung.

6. *Ausschließung unwesentlicher Teile.* — Der Fortschritt ist umso größer, je mehr wir auf der Vereinfachung einer Tätigkeit bestehen. Das geschieht durch die Ausschließung mancher Teile, die sich zunächst als notwendig erweisen, die sich aber im Laufe der Übung für eine vollkommenere Organisation der Tätigkeit als unwesentlich herausstellen. Es ist bekannt, daß die Anfänger im Tanzunterricht zunächst auf die Bewegungen ihrer Beine achten; später fällt diese Beachtung fort. Sie bedeutet ein Hindernis für den Tänzer. Ebenso zeigt im Falle des Blindschreibens an der Schreibmaschine die Vp. anfangs eine gute optische Kenntnis der Tastatur, die hinterher geschwächt und durch eine motorische Kenntnis der Tastatur ersetzt wird.

Unterrichtsart:

a) Würde man die Unterrichtsfächer mit völliger Verneinung dieses Faktors lehren, so würde man unwesentlichen Dingen, wie manchen Namen, Zahlen, Einzelheiten usw. dieselbe Wichtigkeit beimessen, wie den Prinzipien, Charakterzügen, Gesetzen usw.

b) Würde dagegen eine völlige Berücksichtigung dieses Faktors stattfinden, so würden viele Einzelheiten später in den Hintergrund treten, obwohl sie für die Entwicklung des Verständnisses vonnöten sind oder sogar beiseite gelassen werden, nachdem die Grundzüge des Unterrichtsstoffes festgestellt wurden.

So werden z. B. die Einzelheiten im Geschichtsunterricht für die Kenntnis, Motivationen und Deutung der geschichtlichen Ereignisse anfangs gebraucht, da sie zur Charakterisierung der betreffenden Zeitepoche führen, usw.

7. *Die äußere Organisation der Tätigkeit.* — Außer von den schon erwähnten Bedingungen hängt der Fortschritt beim Lernen und Üben auch von der Möglichkeit einer äußeren Organisation der Tätigkeit ab, wie z. B. von der Vorbereitung und Ordnung der Arbeitsapparate, von der körperlichen Haltung und im allgemeinen von der Lebensweise.

Unterrichtsart:

a) Bei völliger Nichtbeachtung dieses Faktors würden in der Schule die Laboratorien fehlen; außerhalb der Schule würde die Privatlektüre und die selbständige Arbeit der Schüler ausfallen, usw.

b) Im Gegensatz zum obigen negativen Prinzip geht aus der völligen Bejahung des Faktors ein anderes positives Prinzip hervor. Die Unterrichtsfächer müßten durch Benützung eines Hilfsmaterials wie Tafeln, Apparate usw. und durch besondere Stunden, die der selbständigen Arbeit der Schüler gewidmet sind, gelehrt und ergänzt werden. Die Tätigkeit in und außerhalb der Schule würde sich nach diesem Prinzip zusammenfügen und mit einander vervollständigen. Man würde so in der Schule einerseits von den Schülern in der Muttersprache z. B. manche Privatlektüren, die in Beziehung zum Unterrichtsstoff der entsprechenden Schulklassen stehen, verlangen; andererseits würde man dafür sorgen, daß die Schulpläne im Muttersprachunterricht den Privatlektüren, die von den Schülern des entsprechendes Alters vorgezogen werden, entsprechen.

Die Arbeit außerhalb der Schule müßte in der Naturkunde, Erdkunde, Geschichte, im Physik- und Chemie-Unterricht aus den Ausflügen, in denen Pflanzen gesammelt und verschiedene wichtige Ortschaften besucht werden, ebenso aus der Besichtigung geschichtlicher Denkmäler oder von Fabriken, bestehen.

Zusammenfassend bemerken wir, daß die oben erwähnten Fortschrittsfaktoren nicht unabhängig von einander sind, sondern daß jeder von ihnen — wie leicht zu ersehen war — sich teilweise mit anderen deckt. Der Grund dieses Deckens ist darin zu suchen, daß sämtliche von uns zu praktischen Zwecken aufgefundene Fortschrittsfaktoren sich, vom theoretischen Standpunkte gesehen, dem allgemeinen Faktor der „subjektiven und objektiven Organisation der Tätigkeit" unterordnen. Dieser Faktor bildet eigentlich das Wesen des Lernprozesses und des Fortschrittes. Wir werden, wie erwähnt, in künftigen, experimentellen Arbeiten ausführlich die Anwendung der Fortschrittsfaktoren in jedem Unterrichtsfach der höheren Schulen untersuchen.

X

ORGANISATION
SCIENTIFIQUE DU TRAVAIL

(RÉSUMÉS)

SCIENTIFIC ORGANIZATION IN PUBLIC ADMINISTRATION AND THE IMPORTANCE OF A CENTRAL INSTITUTE FOR RESEARCH IN ADMINISTRATION.

ROBERT KOLLAR (Prague).

The author defines scientific organization as arranging the system and functions of the process to be organized in accordance with accurately ascertained and observed facts and their interrelation, with due regard to the aim and proportions of the tasks concerned and the methods to be employed. Even though he distinguishes, in this, between material and personal organization, he stresses the importance of constant attention to the human factor, on which the work rests. Technical achievements are only aids, the value of which depends on the spirit in which they are used. By scientific organization we get the highest possible productivity out of work, i. e. the highest objective usefulness, at the lowest objective loss, with full respect for the human factor.

The basis of scientific organization is a systematic analysis of the tasks to be discharged, the given material means, and the human element (capacity and execution). In public administration the most important aids are the planning and checking of the budget. Hence the future lies in accountancy, which will have to adapt itself to the need of checking the productivity of expenditure by accounts kept with this end in view, in order to make possible not merely a formal checking of expenses, but also a survey on a national-economic scale; in other words, to approximate to a profit-and-loss account in the whole organization of public administration. The author emphasizes the value of exchanging experiences, especially those gathered from private enterprise, for development brings more and more analogies between private enterprise and public administration.

The best opportunity of a unified system of scientific organization would be provided by the establishment of a central institute of public administration, to act as a clearing-house for experiences and for methods found to be the best, and to ensure unity and scientifically objective and independent initiative.

WISSENSCHAFTLICHE ORGANISATION IN DER HEILKUNDE, IM SPITALWESEN UND IN DER BALNEOLOGIE.

ADOLF MĚSKA (Košice).

Wenn die Anwendung der wissenschaftlichen Organisation jedem einzelnen in seinem Berufe zugute kommen kann, um wieviel mehr ist diese wissenschaftliche Organisation wünschenswert, ja notwendig, in Instituten, die mit Berufen zusammenhängen, die die Aufgabe haben, den Menschen die Gesundheit zu erhalten und wiederzugeben. Das Verhältnis des Arztes zum Kranken ist zwar individuell, aber die Entwicklung der sozialen Medizin reihte in die Heilungsprozesse immer neue und neue Bestandteile ein, so daß sich hier eine ähnliche Entwicklung zeigt wie bei der Umwandlung des Handwerks zur Industrie.

Der Staat stellte zwischen Arzt und Kranken neue, wichtige Faktoren: es sind dies einerseits Anstalten, welche die ärztliche Hilfe organisieren und honorieren, andererseits Anstalten, die für Massenheilungen bestimmt sind, wie Krankenhäuser, Sanatorien und Bäder. Ein hervorragendes Kennzeichen der heutigen Medizin ist gerade die Entwicklung der Untersuchungs- und Heilbehelfe und die Organisation der finanziellen Seite dieser Gesundheitsfragen. Den ersten Teil bilden Heilanstalten (Krankenhäuser, Bäder), den zweiten dann soziale Versicherungen. Diese Kollektivierung der gesundheitlichen und sozialen Bestrebungen ist eine Folge unserer Lebensanschauung und gleichzeitig ein Kennzeichen unserer veränderten Gesellschaftsordnung.

Die öffentlichen Krankenhäuser und Bäder und die privaten Sanatorien repräsentieren im modernen Staate ein ungeheures, in die Milliarden gehendes Investitionskapital und da erfordert das öffentliche Interesse, daß dieses Investierungskapital auf das vollkommenste ausgenützt werde. Das aber erfolgt gerade auf diesem Gebiete nicht in wünschenswerter Weise.

Ein bedeutendes Hindernis ist der Mangel an Zusammenarbeit von seiten der Leiter von Krankenhäusern und Bädern mit denjenigen, die den Bau der Anstalten durchführen. So wie der Fabrikant nicht die Fabriksobjekte für die Ewigkeit baut, so sollten auch Krankenhäuser und Bäder nicht unüberlegt gebaut werden, so daß sie nicht nach einigen Jahren mit der fortschreitenden Entwicklung versteinerte Denkmäler der Unpraktischheit und Unvoraussicht werden. Eine folgerichtige Zweckmäßigkeit ist die grundlegende Erfordernis der wissenschaftlichen Organisation dieser Bauten. Alles übrige ist Belastung und Luxus. Leider geben die Bau- und Einrichtungsverhältnisse der Mehrheit unserer Krankenhäuser ein abschreckendes Beispiel.

Das Hauptprinzip ist hier jedoch sehr einfach: zuerst eine gründliche Untersuchung der Durchführung, dann die Auswahl der Arbeitskräfte, dann der Plan für den Bau der Anstalt. Vor allem handelt es sich darum, wie man die wissenschaftliche Erforschung der Durchführung des Baues anlegen soll. In anderen Gebieten der öffentlichen Interessen ist dies die Aufgabe der wissenschaftlichen Forschungsinstitute. Aber auf dem Gebiete der Krankenhäuser und Bäder ist dies weder bei uns, noch in der Fremde der Fall. Ein erster Anlauf, die verstreuten, aber teuer erkauften Erfahrungen der Einzelpersonen systematisch zu sammeln, ist der Ausbau unserer Fachzeitschrift

„Tschechoslovakische Krankenhäuser". Mit andern Forschungswegen wurde noch nicht bei uns begonnen.

Um zusammenzufassen, müssen wir für alle Bestrebungen in der Medizin, die auf wissenschaftliche Organisierung hinarbeiten, ein wissenschaftliches Forschungsinstitut als Mittelpunkt der Versuche und als Sammelplatz für Erfahrungen fordern. Das Bedürfnis nach systematischer wissenschaftlicher Forschungsarbeit macht sich gerade bei uns auf diesem Gebiete besonders geltend, wo es soviele Möglichkeiten gibt, die wissenschaftliche Organisation in Instituten, die der Gesundheit dienen, anzuwenden, die einen so wichtigen Bestandteil in unserem öffentlichen und Wirtschaftsleben bilden. Die Entwicklung einer solchen Einrichtung ist zwar bei uns auch ohne wissenschaftliche Organisation möglich, aber wenn auf ihre Grundbedingungen auch in diesem Felde geachtet wird, wird sich der Erfolg einstellen und die Entwicklung wird weitreichender sein, was im Interesse der einzelnen und des Staates liegt.

ÜBER DIE ENTWICKLUNG DER WISSENSCHAFTLICHEN ORGANISATION IN POLEN.

VACLAV MILESKI (Warschau).

Die Bestrebungen der wissenschaftlichen Organisation der Arbeit fangen in Polen fast zugleich mit der analogischen Strömung in den Vereinigten Staaten Amerikas an. Schon im letzten Jahrzehnte vorigen Jahrhundertes kann man einige Arbeiten und Entwürfe der polnischen Wissenschaftler auf dem betreffenden Wissenschaftsgebiete verfolgen. Gleichzeitig mit Taylors Publikationen über wissenschaftliche Organisation der Arbeit veröffentlicht auch Ing. Adamiecki seine ausführliche Abhandlung über die Gesetze der Harmonisation der kollektiven Arbeit und über ihre graphische Darstellung. Im Jahre 1903 wurde das Referat über Psychotechnik und Arbeit von Dr. Joteykova auf dem Kongresse in Brüssel vorgetragen.

Daraus sehen wir, daß in Polen diese Strömung noch lange vor dem Weltkriege, das heißt in der Zeit der politischen Unfreiheit vertieft worden war. Schon im Jahre 1908 ist an der Polytechnik in Lemberg ein Kateder für wissenschaftliche Organisation der Arbeit, damals der erste in der ganzen Welt, errichtet worden, wo Professor Hauswald bis zum Jahre 1914 erfolgreich arbeitete.

Der Weltkrieg verhinderte natürlich jede weitere Entwicklung, denn das ganze heutige Polen war damals ein Kriegsschauplatz. Aber schon im Jahre 1919 wurde die Tätigkeit in dieser Richtung erneuert. In den einzelnen Industriebezirken werden Vereine für wissenschaftliche Organisation der Arbeit (durch Taylors Grundsätze geleitet) gegründet. Nach der Befreiung Polens kehrt auch Ing. Adamiecki in seine Heimat zurück und wird zum Führer dieser wissenschaftlichen

Strömung. Es wächst bedeutend auch die Reihe von Originalabhandlungen und Übersetzungen aus der fremden Literatur.

Zu gleicher Zeit beginnt auch die Vereinigung der bisherigen zerstreuten Strömungen durch einheitliche Organisation. Es war das Verdienst des Warschauer Vereines, daß im Jahre 1923 der erste polnische Staatskongreß aller Fachmänner stattgefunden hat. Das Resultat dieser Versammlung war der Vereinsausschuß für die Leitung der wissenschaftlichen Organisation der Arbeit, es ist die Grundstufe zu dem eigenen Institut der wissenschaftlichen Organisation, welches im Mai 1925 gegründet wurde. Zum Direktor wurde Ing. Adamiecki ernannt, welcher zugleich als Professor der wissenschaftlichen Organisation der Arbeit an der Polytechnik in Warschau war.

Sein großes Verdienst auf diesem Gebiete ist eine genaue Formulation des Begriffes „wissenschaftliche Organisation" und die Begrenzung des Unterschiedes zwischen derselben und der „Rationalisierung". Durch seinen Tod erlitt das Institut einen großen Verlust.

In diesem Institut waren teils wissenschaftliche Studien, teils Arbeiten, welche mit der Propagation der Organisation der Arbeit zusammenhangen, vorwiegend. Dieser Arbeit blieb das Institut treu und verfolgt dieselbe durch diese Arbeitswege:

1. Es sind selbständige wissenschaftliche Abteilungen, zum Beispiel: Eisenbahn-, Bergwerkabteilung, und eine chemische Abteilung, der öffentlichen Administrative usw.

2. Das Institut gab nicht nur polnische, sondern auch fremde Fachliteratur heraus.

3. Er erschienen verschiedene Fachzeitschriften, vom Jahre 1926 besonders die Monatsschrift „Przegląd Organisacji".

4. Das Institut ist in beständiger Verbindung mit gleichartigen ausländischen Organisationen.

5. Es wurde eine ausführliche Bibliographie der Werke und Abhandlungen aus dem Gebiete der wissenschaftlichen Organisation und der benachbarten Wissenschaftsgebiete verschafft.

6. Das Institut gründete auch eine Fachbibliothek, welche 3000 Bände und 800 Zeitschriften enthält.

7. Zeitweise wurden auch Kurse und Vorträge gehalten, an denen einige Tausende Hörer teilgenommen haben.

Dieses Institut zählt heute 160 Mitglieder, davon 21 Ausländer. Der Vorsitzende ist jetzt Ing. Drzewiecki, als Vizedirektor ist der Autor dieses Referates. Außer diesem zentralen „Institut vědecké organisacje a spravy" sind in Polen einige benachbarte Institutionen, welche sich nur auf bestimmte Abschnitte der Organisation der Arbeit beschränken. Es sind namentlich:

„Polski komitet naukovej organisacji" (im Jahre 1926 gegründet), dieses arbeitet in ständiger Verbindung mit dem Zentralinstitut. Dieses Komitee organisierte „II. polski zjazd naukovej organisacji" im Jahre 1928 und bereitet soeben für das nächste Jahr die dritte

Versammlung vor. Ebenfalls ist dieses Komitee mit dem Internationalen Komitee für wissenschaftliche Organisation in Verbindung.

Bei dem Gewerbe- und Handelsministerium wurde auch „Polski komitet normalizacyjny" errichtet.

„Polskie towarzystwo psychotechniczne" bildet den Mittelpunkt aller polnischen Psychotechniker und Berufsberater.

„Instytut spraw społecznych" löst vor allem die Aufgaben der Sicherheit und Hygiene der Arbeit.

„Komitet dla usprawnenia administracji publicznej" bei dem Präsidium des Ministerrates vollendete unlängst jahrelange Arbeit über die Regelung und Organisation der öffentlichen Verwaltung.

Alle diese Institutionen arbeiten zwar ganz selbständig, aber weil sie in ständiger gegenseitiger Verbindung stehen, gelingt hier nach den Grundsätzen der Harmonisation der wissenschaftlichen Arbeit ein Werk, auf welches mit Recht der polnische Staat stolz sein kann. Die wissenschaftliche Organisation der Arbeit ist in kurzer Zeit mächtig geworden und bringt schöne Früchte.

WISSENSCHAFTLICHE ORGANISATION IM MILITÄRWESEN.

EM. MORAVEC (Prag).

Die Armee ist ein uniformiertes, genau arbeitendes Kollektiv, das einem Willem gehorcht. Der Krieg ist im Grunde ein Kampf zweier organisierter Kräfte und Willen, die sich gegenseitig überwinden wollen. Eine gute Organisation der Armee bestärkt gerade diesen Willen zum Widerstand. Wo dieser Wille nicht vorhanden ist, zerfällt im Gegenteil die Armee. Die Kunst zu siegen besteht darin, die Organisation des Feindes zunichte zu machen und dabei die eigene zu erhalten. Die Kriegstheorie stand von jeher unter dem Einfluß der zeitgenössischen Gedankenströmungen.

Im Weltkrieg wechselten einige Ansichten über den grundlegenden Faktor im Kriege ab. Die Armeen der Monarchie stellten bis zur französischen Revolution eine ausgebildete Masse ohne Geist und ohne Initiative dar. Die Revolution, die die Menschenrechte verkündete, hatte zwar schlecht ausgebildete Soldaten, aber dafür verlieh sie ihnen eine große moralische Stärke. Wenn wir die Theorie vor der Revolution als rationalistisch bezeichnen, so entscheidet zur Zeit der Revolution und Napoleons die psychologische Theorie. Mit der technischen Entwicklung im 19. Jahrhundert trat wieder die technische Vorbereitung der Armee und der Waffen in den Vordergrund, womit wiederum der Materialismus betont wurde. Mit ihm wuchs das ungesunde Selbstvertrauen der Armeen, die zur Zeit des Friedens vollkommen für den Krieg vorbereitet waren und man glaubte an einen heftigen und kurzen Krieg. Der Weltkrieg änderte aber diese allgemeine Meinung vollkommen ab. Die Armeen zeigten sich, auch bei Anwendung der allermodernsten Waffen, viel widerstandsfähiger als man dachte, der Krieg zog sich in die Länge und es kam wieder auf die moralischen Faktoren der Armee an: wer es länger aushält. Bei diesem Krieg zeigte sich wieder deutlich ein Faktor: es zeigte sich nämlich, daß weder die aktive noch die Reservearmee den Anforderungen des Krieges genügt und daß es notwendig ist, das ganze Volk zur Erfüllung der Kriegspflichten zu erfassen. Die Kriegführung wird in zwei Gebiete eingeteilt: Die Befehlshaber der Armee bemühen sich durch gute Taktik zu siegen, während die Befehlshaber der Hilfskräfte des ganzen Staates wiederum gute Strategen sein müssen, um alle Kräfte maximal auszunützen für den Krieg und die Kriegszwecke.

Diese maximale und rationelle Ausnützung aller Kräfte zu Kriegszwecken ist gerade die wichtigste Frage der Vorkriegsorganisation. Der Soldat braucht viele Helfer. Zur Lösung der Fragen von moralischem und individuellem Charakter verlangt er die Hilfe des Politikers, Soziologen, Pädagogen und Psychotechnikers, während er für die materiellen Probleme technische, organisatorische und Fachleute jeden Gebietes braucht. Die Aufgabe des Befehlshabers ist es, diese Zusammenarbeit zu organisieren und in Einklang zu bringen.

Gerade der Psychotechnik erwachsen hier viele Aufgaben. Ihre Pflicht ist, die Auswahl der fähigen Soldaten zu treffen, soweit es die psychischen Eigenschaften anbelangt, die mehr und mehr zur Geltung kommen, weiter die Erforschung der Kampftüchtigkeit der einzelnen Gruppen bei Kriegsoperationen und endlich die Wahl der geeigneten Befehlshaber aller Gruppen.

WISSENSCHAFTLICHE ORGANISATION DER FORSCHUNGSARBEIT UND BEDEUTUNG DES ZENTRALINSTITUTES FÜR FORSCHUNG IN DER TSCHECHOSLOVAKISCHEN REPUBLIK.

FR. PIŠEK (Prag).

Die wissenschaftliche Organisation der Arbeit konzentriert sich bei uns hauptsächlich auf Gebiete, die es ermöglichen, in möglichst kurzer Zeit aus deren Rationalisierungstätigkeit den möglichst größten Gewinn erwarten zu lassen. Dadurch kam es, daß sich für die Organisation der geistigen Arbeit so wenig Interesse zeigte, denn der aus ihr erwachsende Nutzen wird verschwiegen und läßt sich nicht in bestimmten Werten festlegen, da er sich erst nachträglich in praktischen Gebieten zeigt, denen er dann später als Verdienst angerechnet wird.

Zu diesen wissenschaftlichen Gebieten gehört vor allem die Forschungsarbeit, die bis vor kurzem bei uns, allerdings unverdient vernachlässigt wurde, denn Forschung soll die Grundlage und die Seele der Industrie und der praktischen Unternehmung sein.

Nach dem Umsturze wurden bei uns einige Forschungsinstitute ausgebaut, und zwar an den Technischen Hochschulen, aber ihre Tätigkeit fand bis nun noch nicht vollstes Verständnis bei unsern Praktikern der Industrie, die sich oft an ausländische Forschungsinstitute wandten. Unsere heutige Aufgabe ist, das Forschungswesen so zu organisieren, daß alle Bestandteile für eine systematische Arbeit für die Entwicklung der Industrie und jeder praktischen Unternehmung auf Grund der wissenschaftlichen Forschung verwendet werden. Folgender Standpunkt wäre von grundlegender Bedeutung:

1. Eine Zusammenarbeit der gesamten Industrie mit der Wissenschaft zu erzielen, mit dem Zwecke, die Qualität der Industrieprodukte zu verbessern und die Konkurrenzfähigkeit zu erhöhen.

2. Verwertung aller bisherigen Forschungslaboratorien.

3. Die Durchführung aller Forschungen mit möglichst geringer Regie.

4. Verhinderung der Durchführung der gleichen Forschung gleichzeitig an verschiedenen Orten.

5. Die Gewinnung eines Überblickes und die Gewährung einer qualitativen Erzeugung für die wirtschaftlichen Erfordernisse des Staates.

Die Organisation der Forschung würde dann folgendermaßen durchgeführt werden:

1. Die gesamte tschechoslovakische Industrie würde in mehrere Gruppen eingeteilt werden, die alle ihren Forschungsausschuß bilden würden, der sich aus Vertretern des Staates, der Forschung und der Industrie zusammensetzen würde. Diese Ausschüsse könnten nötigenfalls Unterausschüsse bilden, nach den hauptsächlichsten Industriezweigen.

2. Jedes Industrieunternehmen müßte Mitglied irgendeines Forschungsausschusses sein.

3. Die höchste Institution wäre der Höchste Forschungsrat, in der sich die Evidenz der gesamten Forschungsarbeit der Tschechoslovakei konzentrieren würde. Der Rat würde die Initiative zur Forschung geben und würde Verbindungen mit der Fremde unterhalten.

4. Die Beiträge zur Ersetzung der Ausgaben für die Forschung würden die Industrieunternehmungen aufbringen, gegebenenfalls der Staat, wenn die Forschung im Interesse des Staates gelegen wäre (z. B. der nationalen Verteidigung).

5. Vorschläge für Forschung könnte jedes Mitglied in seinem Unterausschuß einbringen, sie würden von dem höchsten Forschungsrat gutgeheißen werden. Mit der Forschung würden stets mindestens zwei wissenschaftliche Fachleute betraut werden in irgendeinem Laboratorium (staatlich, privat, oder technisch) oder in irgendeiner bestimmten Fabrik. Die Ergebnisse der Forschung würden soundso viel Mitgliedern, das heißt Unternehmungen, die in diese Gruppe gehören, übergeben werden, mit der Verpflichtung, sie geheimzuhalten.

6. Die Grundbedingung einer gesamten Organisation der Forschungsarbeit ist aber der Ausbau eines gesamtstaatlichen For-
schungsinstituts, das am besten ausgestattet wäre mit einem For-
schungslaboratorium und einer Fachbibliothek, so wie es in der
Fremde der Fall ist.

IMPORTANCE AND ORGANIZATION OF TECHNICAL
ECONOMIC RESEARCH AND OF CULTURAL-ECONOMIC
PROPAGANDA.

F. RADOUŠ (Hradec Králové).

The extent to which nations have got to know one another has
always been the basis of their progress. Conquest used to be the
most convenient means of doing this, and a nation, such as Rome,
that ruled over the largest number of cultural units profited most
easily from their culture and their local economic circumstances.
The technical means at the disposal of the nineteenth century led
to mighty divisions of the world, and to rules and boundaries, so that
research and propaganda have a more complicated task to pierce
through, and therefore call for good organization. Not even the
greatest nations are self-sufficing; all the more enterprising, therefore, must the smaller nations be. Difficulties due to competition,
however, must be faced by fruitful international co-operation.

A. In what ways is technical economic research to our interests?

1. In ascertaining foreign technical economic knowledge and foreign progress in technical economic ideas.

2. In enabling us to realize the resources of the world and the
possibilities of making use of them.

3. In acquainting us with foreign enterprise, with a view to adapting it for our own use.

4. In enabling us to profit from the world's inventiveness.

5. In helping us to develop suitable working-methods.

6. In guiding us in the adaptation of our activity to the world's
needs, especially in branches in which we enjoy favourable natural
circumstances.

7. In permitting us, through exchange, to win for our knowledge
and the fruits of our labour their due place in the world-market.

B. Who is to carry out the desired technical economic research
into the affairs of the outside world?

1. The official representatives of the Government, in foreign
countries, should systematically follow up technical economic activity in their part of the world, and guide and facilitate the activity
of those directly interested.

2. The representatives of interested organizations should syste-

matically investigate what could be gained by research abroad into specific needs.

3. Experts capable of getting down to important details should make themselves thoroughly familiar with those branches of work that are most important for us.

4. Heads of technical economic enterprises should establish temporary relations in the interests of a survey of the field of work that awaits doing.

5. There should be professional agents for arranging for any kind of research—local, specialized, occasional, or incidental, according to instructions.

6. Organizations and institutions are needed at home, capable of assembling, preparing, and turning to advantage, the results of research-work done in foreign countries.

7. There is need of specialists to fill up the gaps and deficiencies in research.

C. What are the best means of technical economic research abroad?

1. Technical literature, home and foreign, systematically followed by professional institutions.

2. The periodical press, as a quicker source, though it needs detailed and suitably-organized study.

3. Wireless, as the readiest channel of information, though up to the present it has hardly received enough attention.

4. Exhibitions, permitting of collective comparison and estimation of the results of technical economic enterprise, according to personal interests.

5. Co-operation in creative processes, manufacture, and marketing, permitting of penetration to the sources of the work and of a proper grasp of detail.

6. Agreements for the use of foreign technical economic experience and specialists.

7. Cultural economic advertisement of one's own efforts and work, by the same means.

D. What scheme should be drawn up with the aim of perfecting research abroad?

1. Analysis of the problems under investigation, by a committee of experts.

2. Inducement of professional and other interested organizations to co-operate in a rational and systematic investigation of literature and press, in the recording of wireless news, and in the study of exhibitions, through the medium of the Czechoslovak National Committee for Scientific Organization.

3. The creation of an organization for direct research abroad, under the guidance of the foreign public departments best adapted to this purpose. The co-operation of specialists, temporarily or permanently employed abroad, working according to a unified programme and unified instructions.

4. The establishment of an export-institute as a clearing-house for information, which, after critical analysis, would be used, in a similar way, for the benefit of the public and of interested parties, being passed on either directly or through organization and the press.

5. The directing of travel, temporary sojourn abroad, and colonization. The organization of the unemployed, with a view to proper use of the choice offered abroad.

6. The promotion of international co-operation by systematically arranged lectures by experts in different organizations, and by technical economic news.

7. The organization of propaganda for one's own country, abroad, by means of books, the press, broadcasting, exhibitions, and visits.

OUTLINE SCHEME FOR A PRIMER OF SCIENTIFIC ORGANIZATION OF WORK FOR THE SCHOOL AND THE PEOPLE.

A. SÝKORA (Prague).

Scientific organization means organizing any kind of human activity in such a way that, as the result of scientific analysis, there is the minimum expenditure of energy, material, and time, and the human agent is least wearied.

The fundamental condition of scientific organization is knowledge of the organizatory sciences, or knowledge of right order. No work can be organized without order. Organization is the regulation, or systematization, of time, energy, material, and the spirit of man, in group or individual work.

Organization of work concentrated exclusively on the work itself, and not on the factors (mentioned above) connected with it, is not yet scientific. It may, however, make use of science; and here, precisely, lies the aim of popularizing scientific experience. Organizatory science must be made generally known, exactly like the scientific organization of work itself.

A primer of the scientific organization of work would therefore have to contain sections as indicated below:

1. Introduction to the organization of work, with special regard to the possibility of making use of science.

2. Principles of organization, with examples of simple and complex order.

3. Examples of organization, and exercises.

4. Principles of the organization of work, and of functional order, with scientific methods and the use of science in general.

5. Examples as practice.

6. Subsidiary factors in the scientific organization of work for achieving success in life.

7. A list of corporate bodies occupied with scientific organization, and of those from which advice may be obtained.

8. The value of scientific organization, with an indication of the possibility of progress.

One person unaided can, indeed, sketch the outline of such a primer, but compiling the primer itself is a task for a number of collaborators, as combined effort alone can supply the required contents of a primer, such as this, intended for general use. There can be no doubt that in this way a work of incontestable value would be produced. It is for us, to complete the work outlined here, in the interests of the nation, the state, and mankind.

SURVEY OF THE DEVELOPMENT OF SCIENTIFIC ORGANIZATION SINCE THE 1924 CONGRESS IN CZECHOSLOVAKIA.

EMANUEL ŠLECHTA (Prague).

The ten years that have elapsed since the PIMCO (Prague International Management Congress) have been years of intensive development for Czechoslovakia, during which the idea of scientific organization has gained ground in all branches of human activity. Before the Congress, the principal bodies occupying themselves with questions of scientific organization were the Masaryk Academy of Labour and the Czechoslovak Standardization Society. Their activities up to the year 1926 may be described as propaganda. In 1926 there was founded the Czechoslovak National Committee for Scientific Organization, the aim of which is to promote the spread and deepening of scientific organization. It unites the work of a number of corporate bodies engaged in different branches of activity in Czechoslovakia. We may briefly indicate the position of scientific organization in production (agricultural, industrial, craft), in commerce, and in public administration, as follows:—Agriculture: Standardization of methods, implements, machinery, produce, and products; introduction of standardized accountancy for checking economic results; prevention of accidents. Industrial production: Standardization; prevention of accidents; industrial psychology; budget-checking, unified accountancy; classification of wages; time-problems; personal problems; exchange of experiences. Craft production: Standardization of conditions of skilled labour; model workshop-organization; psychotechnical selection of apprentices; unified accountancy. Commerce: Analysis; overhead costs; determination of distribution-costs. Public administration: Improved administration of fiscal departments; scientific organization of financial economy in self-administration; general organization of administration.

WOMEN IN SCIENTIFIC ORGANIZATION, AND THE IMPORTANCE OF THE INSTITUTE FOR RESEARCH IN HOUSEHOLD ECONOMICS.

M. TUMLÍŘOVÁ (Prague).

The work of women in factories and shops was the first thing to be studied in the scientific organization of labour. Work in the household, to which most women devote their lives, did not become an object of study until its importance in national economics, previously underrated, was properly realized. The initiative in this field was taken by the distinguished scholar F. B. Gilbreth, whose work was continued by Mrs. L. M. Gilbreth. In her book, "The Home-maker and Her Job", she pleads for a balance between the technical and economic importance of proper organization in household work and its ethical and social importance.

The question here is not merely one of economic efficiency in the household, but also of achieving, at the same time, contentment and a tranquil environment for bringing up children. Czechoslovakia, with the aid of experience acquired from abroad, has been studying this problem, and in 1928 established an "Institute for Research in Household Economics". This was after long and careful preparation, concentrated chiefly in the "Group of Organization of Domestic Labour", which came into existence in the very earliest days of the Republic.

The Institute fulfils three tasks, laid down in its statutes:

A. To examine the products and materials intended for household use, and to give the makers the right to indicate approved products and materials by the Institute's legally-protected mark.

B. To seek and promote the use of, improved methods of work and household aids.

C. To give useful advice and information to housewives, manufacturers, and shopkeepers, in all matters connected with the household.

From the Institute's six years of activity a good deal of general experience has been gained. It has been found that:

1. As soon as the consumer, the shopkeeper, and the manufacturer are suitably convinced that the Institute serves the interests of all three of them, they always display enough sound sense and good will to co-operate with the Institute.

2. Advocacy and advertisement of approved products officially marked by the Institute is much more effective when conducted by the Institute itself (and its medium, the schools) than by the manufacturers themselves.

3. Housewives of every social grade realize, through the activities of the Institute, the relation between their own private housekeeping and the interests of national economy. They take a deeper satisfaction in their work when they recognize its importance and economic significance.

4. Studying the suitability of different products for domestic purposes makes women better judges of these products, and interests them in methods of production. It increases their appreciation of standardized products, especially as regards the easy interchange of different parts of household appliances.

5. The importance of household labour is driven home, by the systematic work of the Institute, not only among manufacturers but also in Government departments. This increases initiative in efforts for reform in household economy.

Psychotechnics, one of the latest means of practical labour-saving, has not yet been turned to account in housework. Here too, however, it should be of invaluable aid. Although household organization has the same aim in all families and among all nations, namely to supply the daily wants of the members of the family, there are wide variations depending on national modes of life, class customs, and even the individual capabilities and tastes of every housewife. Each may excel in a certain branch of housework (plain or fancy sewing, cooking, bringing up children); and it is the task of psychotechnics to draw attention to those branches in which individuals are weak, so that by systematic instruction and training they may be harmoniously developed to the desired pitch of perfection.

Economy in household labour must be based upon the same principles as have been established by scientific research in industrial labour. Here again there is need for intelligent co-operation among manufacturers, shopkeepers, the public authorities, and, most important of all, housewives-consumers. Improving the economic organization of household labour improves, primarily, the lives of the members of the family, and at the same time creates a new and better environment for the education of the future citizen, the future member of the nation and the state.

DAS ZUSTANDEKOMMEN DES ERSTEN INTERNATIONALEN KONGRESSES FÜR WISSENSCHAFTLICHE ORGANISATION DER ARBEIT, SEINE AUFGABEN, SEINE BEDEUTUNG UND SEIN EINFLUSS AUF DIE WEITERENTWICKLUNG DES GEDANKENS.

EMIL ZIMMLER (Prag).

Der Gedanke, in Prag einen vollständig neuen wissenschaftlichen Kongreß von Weltbedeutung einzuberufen, entstand kurz nach dem Umsturze in der neugegründeten Masaryk-Arbeitsakademie.

Es gelang, dank dem persönlichen Eingreifen unseres Gesandten Dr. B. Štěpánek, den Zentralverein der Maschineningenieure in den Vereinigten Staaten zu gewinnen, welcher sofort darauf das amerikanische Nationalkomitee bildete und es mit der Vertretung beim Kongreß in Prag betraute.

Das Protektorat dieses Kongresses übernahmen liebenswürdigerweise Präsident T. G. Masaryk und der Präsident der Vereinigten Staaten H. Hoover. In Prag übernahm die Masaryk-Arbeitsakademie die organisatorische Tätigkeit und bildete ein eigenes „Komitee für die Veranstaltung des ersten internationalen Kongresses für wissenschaftliche Organisation der Arbeit" (Prague International management Congress) PIMCO genannt, zu dem mit Bewilligung unserer Regierung sämtliche europäische Staaten eingeladen wurden, Rußland eingeschlossen. Das Komitee sorgte in musterhafter Weise nicht nur für die organisatorische Seite, sondern auch für die finanzielle, so daß der Kongreß mit vollstem Erfolge in Prag abgehalten werden konnte. Von dem vollsten Gelingen der Kongreßverhandlungen legt einerseits der ungewöhnliche Widerhall in der gesamten Weltpresse, andererseits die vom *PIMCO* herausgegebenen Kongreßberichte Zeugnis ab.

Die erste Folge des Kongresses war die Gründung des „Internationalen Komitees für die wissenschaftliche Organisation der Arbeit", das mit der Abhaltung der weiteren Kongresse betraut wurde und der Schaffung von Nationalkomitees in jedem Staate. Zum Vorsitzenden wurde der italienische Senator Ing. Mauro und zum Sekretär Dozent Dr. Verunáč gewählt.

Es gelang in der Tschechoslovakei nach fruchtbaren Verhandlungen mit allen interessierten Faktoren (wissenschaftlichen, Arbeitgebern und Arbeitnehmern) unser Tschechoslovakisches Nationalkomitee für die Organisation der Arbeit zu bilden, kurz Česko genannt, das bis heute arbeitet.

Das internationale Komitee veranstaltete unterdessen Kongresse in Rom, Brüssel, Paris und dieses Jahr (1934) in Amsterdam. Diese Kongresse machten sich ungewöhnlich um die Verbreitung des Gedankens der wissenschaftlichen Organisation der Arbeit in allen Kulturstaaten verdient und es kann uns nur mit Stolz erfüllen, daß auf diesem Feld des wissenschaftlichen Fortschritts Prag der ursprüngliche Brennpunkt war, aus dem die Bewegung hervorging.

Daß die neue Wissenschaft von der Organisation der Arbeit mächtig in das Wirtschaftsleben eingriff, geht daraus hervor, daß sogar der Völkerbund in Genf eine Kommission einsetzte, die sich mit diesen Problemen befaßt. Gleichfalls in Genf wurde zu diesem Zwecke der Fonds des 20. Jahrhunderts angelegt.

Die literarische Tätigkeit auf diesem Felde ist ausgedehnt. Eine der wichtigsten Folgen des PIMCO ist die Lenkung der Aufmerksamkeit der Techniker von der Konstruktion aus toter Materie zum menschlichen Faktor und zum Studium des Einflusses der Arbeitsleistung auf Seele und Körper des, sei es mit der Hand oder mit dem Gehirn, Arbeitenden. Bei uns hat die Masaryk-Arbeitsakadedemie, die die Aufgabe der wissenschaftlichen Organisation der Arbeit erfüllt, gleich nach ihrem Entstehen das Psychotechnische Institut gegründet, das sich nun als „Tschechoslovakisches Zentralinstitut für Psychotechnik" selbständig machte. Gleichfalls aus der Tätigkeit der Masaryk-Arbeitsakademie heraus entstand die „Tschechoslovakische Gesellschaft für Normalisierung" und das „Textilinstitut". Aus Kongreßanregungen entstand das „Glasinstitut" in Hradec Králové, die „Tschechoslovakische Holzgesellschaft" und die „Keramische Gesellschaft". Besonders wichtig ist die Entstehung des „Landwirtschaftlichen Forschungsinstitutes" beim Staatsgut in Uhřiněves, das auch jetzt einen guten Ruf in der Fremde erwarb.

Davon abgesehen gab die Masaryk-Arbeitsakademie den Anstoß zu vielen organisatorischen Anregungen, zum Beispiel trug sie im Bauwesen zur Errichtung des „Institutes für Städtebau" bei. Gemeinsam mit den Witkowitzer Eisenwerken errichtete sie ein Forschungsinstitut für das Studium der Ausnützung von Hochdruckdampf. (Solcher Forschungsinstitute gibt es in der ganzen Welt nur vier.)

Als Gegenstück zum „Volkswirtschaftlichen Institut" errichtete die Masaryk-Arbeitsakademie ihr Institut für „Technische Wirtschaft", das als erstes Denkschriften und Entwürfe für eine Reform der öffentlichen Verwaltung ausarbeitete. Endlich bemüht sie sich auch in der heutigen Krisenzeit das sehr ernste Problem der Arbeitslosigkeit zu lösen, indem sie einen wirtschaftlichen Notplan und später auch einen längerwährenden Plan vorlegte.

Das, was hier angeführt wurde, sind nur die hauptsächlichen Ergebnisse der Arbeit und Bemühungen, die nach dem Prager Kongreß wachgerufen wurden. Es ist dies ein sehr ehrenvoller Erfolg, hauptsächlich wenn wir erwägen, daß all diese Arbeit ohne Hoffnung auf Entlohnung durchgeführt wurde, hauptsächlich nur aus idealem Eifer der Mitarbeiter. Wir können fest hoffen, daß dieser Weg in der Zukunft sicher zu weitern und tiefgreifenden Erfolgen führt.

ÜBERSICHT DER ENTWICKLUNG DER WISSENSCHAFTLICHEN ORGANISATION IN BULGARIEN, JUGOSLAVIEN, POLEN UND SOWJETRUSSLAND UND IHRE PSYCHOTECHNISCHE UND SOZIOTECHNISCHE ORIENTIERUNG IN DER ZUKUNFT.

IVAN ŽMAVC (Prag).

Der erste internationale Kongreß für wissenschaftliche Organisation, der im Jahre 1924 in Prag abgehalten wurde, gab den mächtigen Anstoß, daß die Aufmerksamkeit auf die Fragen der Organisation der Arbeit bei allen Kulturvölkern gelenkt wurde. Diese Probleme berührten hauptsächlich die slavischen Staaten und Nationen, von denen sich viele erst nach dem Kriege in voller Freiheit und Unabhängigkeit entwickeln konnten.

Ein charakteristisches Kennzeichen der slavischen Völker ist eine größere Empfindlichkeit und geringere Genauigkeit im Planen und Mangel an Vorliebe für organisatorische Tätigkeit. Der Slave ist fleißig, aber kümmert sich nicht um Methode und Systematik. Diese Erkenntnisse führten in der Tschechoslovakei zur Gründung der Masaryk-Arbeitsakademie und zur Einberufung des schon erwähnten ersten internationalen Kongresses.

Die Ergebnisse der Kongreßverhandlungen zeigten sich bei allen in Prag vertretenen slavischen Nationen, aber nicht bei allen in gleichem Maße.

I. In Bulgarien ist bis heutzutage die praktische Arbeit in der wissenschaftlichen Organisation in den Anfängen. Sie hat keinen wissenschaftlichen Mittelpunkt, wie zum Beispiel in Prag die Masaryk-Arbeitsakademie, die alle einzelnen Bestrebungen für eine wissenschaftliche Organisation auf allen Gebieten des wissenschaftlichen und sozialen Lebens vereinen konnte. In einem wichtigen Abschnitte bewährte sich schon die wissenschaftliche Organisation, und zwar bei den Erneuerungsarbeiten im Gebiete des südlichen Bulgarien, das im Jahre 1928 von einem katastrophalen Erdbeben betroffen wurde. In den andern Gebieten werden sicher in nächster Zeit alle Vorteile, die die wissenschaftliche Organisation der Arbeit bildet, ausgenützt werden.

II. In Jugoslavien wurde nach den Erfahrungen des Prager Kongresses das „Jugoslavische Nationalkomitee für wissenschaftliche Organisation" (JU-NA-KO) gebildet. Außerdem wurde noch die „Ingenieurkammer" geschaffen, die „Beratungsstelle für Berufswahl" und kürzlich das „Jugoslavische Komitee für Normalisierung". Der Vertreter ist Prof. Ing. Pavao Jušić.

III. Polen machte auf diesem Gebiete einen besonders großen Fortschritt. An der Spitze der Bewegung stand von Anbeginn Professor Adamiecki, der schon vor Taylor einige wichtige Grundsätze über die wissenschaftliche Organisation der Arbeit aussprach. Gleich nach dem Prager Kongreß wurde ein ähnliches Institut wie die Masaryk-Arbeitsakademie angelegt, und zwar das „Instytut Naukovej Organzacji" in Warschau. Gleichzeitig wurde mit der Herausgabe der Zeitschrift „Przegled Organizacji" begonnen. Im Jahre 1925 und 1928 wurden in Polen zwei gesamtstaatliche Kongresse für wissenschaftliche Organisation abgehalten und ein dritter Kongreß wird vorbereitet. Auch in der Literatur zeigt sich ungewöhnliche Bewegung. Es wurden Übersetzungen vieler wichtiger fremder Bücher vorgenommen und auch viele eigene Bücher herausgegeben.

IV. Es gelang nicht, aus *Rußland* genaue und direkte Nachrichten zu erhalten, obzwar die Teilnehmerzahl am Prager Kongreß nicht gering war. Das Taylorsystem und die Lehre von der wissenschaftlichen Organisation der Arbeit wurde gleich von Beginn in das Programm Lenins aufgenommen. Und so wurde schon im Jahre 1920 in Moskau das „Zentralinstitut für Arbeit" mit vielen Abteilungen und Laboratorien gegründet. Über die Tätigkeit des Institutes wird in der Zeitschrift „Naučnaja organisace truda" Bericht erstattet. Mit ähnlichen Aufgaben beschäftigt sich das „Institut für die Erforschung der Gehirntätigkeit" in Leningrad, das „Allukrainische Institut der Arbeit" in Charkov, das „Staatliche Institut für Schutz der Arbeit" in Moskau, das „Arbeitsinstitut" in Kazan und abgesehen davon wurden zahlreiche psychotechnische Institute eingerichtet. Alle Institute für wissenschaftliche Organisation sind in Rußland vereinheitlicht im Beratungsorgan beim Volkskommissariat der landwirtschaftlichen Inspektion im „Rat für wissenschaftliche Organisation".

Es ist noch notwendig hinzuzufügen, daß die wissenschaftliche Organisation der Arbeit, die sich überall in der Richtung der wissenschaftlichen Organisation der Herstellungsprozesse entwickelte, bei den slavischen Völkern durch die wissenschaftliche Organisation der Verteilung ergänzt werden muß und man auf die rechtliche und soziale Seite der technisch angelegten Wirtschaft achten muß. So eine integral erweiterte und ethisch vertiefte wissenschaftliche Organisation der Arbeit wird sicher die nationale und Weltkrise überwinden und allen slavischen Völkern eine bessere Zukunft gewähren.

Résolution.

La Commission pour l'organisation scientifique du travail auprès du VIIIe Congrès international de psychotechnique, a adopté, dans sa séance du 12 septembre 1934, la résolution suivante:

A la séance de clôture de la commission pour l'organisation scientifique du travail, il fut décidé qu'un Comité spécial pourvoirait à la tenue de conférences nationales pour l'organisation scientifique du travail. Ce comité portera le titre de *Comité Tchécoslovaque pour la tenue de conférences nationales d'organisation scientifique.*

Ce comité permanent exécutera, à l'occasion de sa première réunion, tous les travaux préparatoires. Avant tout, il doit aussi diriger son effort vers les buts suivants:

1. L'instruction de l'organisation scientifique devra être introduite dans les programmes de toutes les écoles à partir des écoles élémentaires, écoles secondaires, professionnelles, supérieures, militaires et complémentaires;

2. instituer, dans les écoles supérieures polytechniques, des cours concernant l'administration publique technique, pour la préparation des candidats aux fonctions d'Etat et d'administration;

3. éditer des livres élémentaires d'organisation scientifique;

4. en Tchécoslovaquie les travaux et les recherches d'économie nationale devront être élargis et soutenus par les administrations et institutions publiques;

5. une institution autonome pour la recherche et la réforme de l'administration publique devra être organisée;

6. des informations régulières devront être obtenues de l'étranger concernant les progrès de toutes les branches de l'organisation scientifique, et elles seront centralisées afin de pourvoir remplir une fonction utile pour la République tchécoslovaque;

7. l'organisation scientifique de l'urbanisme devra être reprise à pied d'œuvre.

DÉCISIONS PRISES

SÉANCES D'AFFAIRES.

SÉANCE DU COMITÉ DIRECTEUR DU 9 SEPT. 1934, À 10 HEURES.

Président: *Fr. Šeracký.*
Secrétaire général: *J. M. Lahy.*
Membres: *Blachowski, Claparède, Christiaens, Miles, Piéron, Rupp.*
En l'absence des délégués italiens, MM. Gemelli et Ponzo ont été priés d'assister à la séance.
Le rapport du secrétaire général est adopté.
Il est décidé qu'à l'avenir les conférences internationales soient organisées de la manière suivante:
1. Deux thèmes arrêtés au cours du congrès précédent seront seuls discutés au congrès suivant.
2. Les rapports et travaux envoyés à une date fixe feront l'objet d'un rapport général pour chaque thème.
3. Des séances seront consacrées éventuellement à des présentations des films, appareils, démonstrations techniques, réalisations psychotechniques, institutions.
4. Les commissions fonctionneront parallèlement. Elles sont dès à présent retenues comme commissions permanentes.
a) Terminologie.
b) Tests.
c) Etude de la personnalité. .
d) Accidents.
En ce qui concerne le congrès actuel sur l'organisation duquel il est impossible de revenir, il est décidé d'accorder pour les rapports généraux 20 minutes, pour les communications 5 minutes, et pour les interventions 5 minutes.
Le Comité propose pour les prochaines élections:
1. Le renouvellement du tiers sortant.
2. La nomination de Giese (pour l'Allemagne), de Germain (pour l'Espagne) et de Gemelli (pour l'Italie).
3. Le maintien de Stern à titre international.

SÉANCE DU COMITÉ DIRECTEUR DU 13 SEPTEMBRE 1934.
6 HEURES 30.

Question du tiers sortant.
Liste des membres à renouveler.

> *Myers*
> *Piéron*
> *Roels*
> *Rubin*
> *Rupp*
> *Spielrein*
> *Viteles* (remplaçant Porter)

Résolution:
A partir de ce Congrès toutes les personnes qui n'ont pas assisté à trois congrès consécutifs, sans raison valable, seront considérées comme démissionnées.

Samedi, examen des vœux à entrer à la réglementation.

Pour le prochain congrès, il y·a les propositions de l'Autriche, de la Palestine et des Etats-Unis.

La réunion du comité de directeurs aura lieu à Madrid, dans deux ans. Décision: 2 thèmes approfondis et un nombre de commissions de travail.

TRAVAUX ET VŒUX DES COMMISSIONS.

KOMMISSION FÜR VEREINHEITLICHUNG DER PSYCHOTECHNISCHEN TERMINOLOGIE.

Vorsitzende: Fr. Baumgarten-Tramer.

Die Psychotechnik, die ja eine ganz neue Wissenschaft ist, hat sich sehr schnell — dabei aber in verschiedenen Ländern verschieden — entwickelt. Die Terminologie mußte erst allmählich geschaffen werden und so ist es begreiflich, daß sich mit der Zeit eine große Uneinigkeit in den Begriffen und Berechnungen herausgebildet hat. Bereits auf dem 2. international. Psychotechn. Kongresse in Barcelona 1921 versuchte man, sich bezüglich der Festlegung einiger besonders wichtiger Begriffe zu einigen und es wird heute manchem merkwürdig erscheinen, daß man damals die Bedeutung der heute so geläufigen Worte wie Berufsauslese, Personenauslese, Berufsberatung festgestellt hat. Eine solche Festlegung bezüglich einer Reihe anderer Begriffe wurde immer notwendiger, so daß man im Jahre 1927 auf dem Kongreß in Paris beschlossen hatte, eine spezielle ständige Kommission zur Vereinheitlichung der psychotechnischen Terminologie zu bilden. Dies ist ein Jahr darauf geschehen. Die Kommission besteht aus folgenden Mitgliedern: S. Blachowski, Polen; E. Claparède, Genf; G. Corberi, Mailand; G. Darmois, Nancy; O. Décroly, Brüssel; S. Hellerstein, Moskau; G. Miles, London; E. Mira, Barcelona; H. Piéron, Paris; F. Šeracký, Prag; Weinberg, Paris. Nach dem Tode von Prof. Lipmann (Berlin) ist Herr Prof. Rupp aufgenommen worden.

Um Ihnen ein Beispiel von der Arbeit der Kommission zu geben, sei hier erwähnt, daß z. B. das Wort „Psychotechnik" in 6 verschiedenen Bedeutungen gebraucht wird, so daß die Kommission gezwungen ist, in sehr vielen Fällen eine *normative* Arbeit zu leisten, indem sie eine der Bedeutungen zu gebrauchen empfiehlt. Außerdem haben die scheinbar ganz entsprechenden Bezeichnungen in verschiedenen Sprachen nicht genau die gleiche Bedeutung, so z. B. der deutsche Begriff der angewandten Psychologie und der französische der „Psychologie appliquée" gleichen sich nicht.

COMMISSION DE TRANSPORTS.

Président *J. M. Lahy.*

La Commission de transports, réunie aux deux séances le 10 et le 14 septembre, a décidé après les délibérations à soumettre à l'Assemblée plénière du Congrès les vœux suivants:

1o Faire appel aux gouvernements de tous les pays pour qu'ils utilisent et mettent en pratique dans les services de transports, publiques et privés, les méthodes psychotechniques, et qu'ils prêtent leur appui aux recherches de cette science relatives à la sécurité de la route.

2o Organiser rationnellement un service statistique des accidents et particulièrement un service de la statistique topographique. On pourrait se référer aux décisions prises à ce sujet au Congrès de Kopenhague et à celui de Munich.

3o Faire appel aux gouvernements pour qu'ils réglementent de toute urgence la circulation sur la route. Dans ce domaine il y a à envisager deux catégories de décisions qui peuvent être prises par les gouvernements en deux étapes:

a) Les décisions qui se basent sur les résultats des études déjà accomplies par les psychotechniciens.

b) Les décisions qui résulteront des études proposées par la Commission et qui seront publiées dans les Comptes Rendus des réunions.

Les décisions relatives au premier groupe et qui peuvent être prises immédiatement se rapportent aux problèmes suivants:

L'emplacement des phares à la même hauteur du sol, l'usage obligatoire des verres jaunes, standardisation de l'emplacement du siège du conducteur, standardisation des organes de sécurité, délimitation lumineuse des dimensions des voitures, l'unification de la signalisation internationale, réglementation de la circulation concernant le service des poids lourds, surtout la circulation des remorques, ensuite celle des autobus, des tramways, des motocyclettes, des bicyclettes. La réglementation doit embrasser aussi la circulation des piétons qui très souvent créent des situations dangereuses sur la route.

4o Soumettre entre autres à l'étude approfondie les études suivantes qui doivent aboutir aux conclusions définitives: influence du brouillard sur l'efficacité et sur la sécurité de la signalisation, adaptation des outils aux mouvements instinctifs (en espèce à la direction spontanée vers la droite des mouvements des membres du corps), l'adaptation de la signalisation aux conditions psychologiques du conducteur, avantages de la signalisation mécanique sur la signalisation humaine, emplacement rationnel des instruments de contrôle, l'éclairage de la conduite intérieure, peinture rationnelle des voitures en vue de leurs visibilité, influence de l'âge sur l'adaptation à l'éblouissement, étude des temps de ré-adaptation après une réaction accomplie.

On devait réglementer la délivrance du permis de conduire ainsi qu'établir un contrôle, après chaque accident, des permis délivrés.

Suivent les vœux relatifs aux études de la personnalité professionnelle des conducteurs, aux études des aptitudes et surtout des troubles du caractère et de la personnalité. Etant donné, que le plus grand nombre d'accidents est provoqué par les jeunes conducteurs, la recherche s'impose s'il faut délivrer le permis de conduire à partir de l'âge de 18 ans.

5o Il serait désirable que, soit l'Etat, soit les institutions publiques, soit les organismes privés, organisent une police de la route analogue à celle créée en Italie et qui recouvrait une formation professionnelle appropriée aux fonctions de surveillance et de constatations en cas d'accident.

6o Vœux relatifs à la collaboration internationale des psychotechniciens des transports:

a) unification des méthodes psychotechniques employées dans tous les pays;

b) publication en commun des travaux;

c) la Commission demande au Congrès la permission de réunir une sous-commission à Paris au mois de janvier 1935 en vue d'étudier les problèmes exprimés par les vœux.

COMMISSION POUR LA CENTRALISATION DES TESTS.

Président, *H. Piéron.*

La Commission pour la centralisation des tests a pris acte des échanges de tests auxquels ont participé: l'Allemagne, la Belgique, l'Espagne (Catalogne), les Etats-Unis, la France, l'Italie, la Pologne, la Suisse et l'U.R.S.S. et émis le vœu de voir ces échanges se faire plus fréquemment et comporter des envois plus complets.

Elle a confirmé le remplacement pour l'Italie du professeur Ferrari, décédé, par le professeur Ponzo (Institut Psychologique de Rome), et celui, pour l'Allemagne, du professeur Lipmann, décédé, par le professeur Rupp (Institut Psychologique de Berlin). Elle a admis à la convention d'échanges la Tchécoslovaquie avec le professeur Velínský.

COMMISSION DE L'ÉTUDE DE LA PERSONNALITÉ ET COMMISSION DE STATISTIQUE.

Président *C. Spearman.*

Après avoir entendu un exposé du Président, la Commission de l'étude de la personnalité et la Commission de statistique ont émis les vœux suivants:

1o Etant donné l'imprécision des termes qui sont employés pour désigner, conformément aux traditions de la psychologie classique, ce que l'on a considéré comme des fonctions d'intelligence, de mémoire, d'attention, etc., il est désirable de n'employer de tels termes qu'en précisant les données expérimentales sur lesquelles on se fonde: ne pas dire qu'on a étudié l'intelligence, la mémoire, l'attention d'un sujet et leurs corrélations, mais que l'on a appliqué tels ou tels tests déterminés, et que l'on a obtenu entre ces tests telles et telles corrélations.

2o Pour faciliter l'œuvre entreprise d'analyse statistique pour la détermination du nombre de facteurs nécessaires et suffisants à la définition d'une personnalité, il est souhaitable que le matériel utilisé pour des fins pratiques puisse en même temps servir aux élaborations mathématiques et que les recherches soient faites, conformément aux exigences que les statisticiens devront fixer, avec soit publication complète de tous les éléments utiles, soit mise à la disposition des statisticiens qui le désireraient de l'ensemble des données numériques.

3o Afin de permettre cette collaboration féconde de la pratique psychotechnique avec l'analyse théorique, il sera mis à l'ordre du jour du travail de l'Association pour la préparation de la prochaine Conférence, la liste des exigences statistiques permettant l'utilisation des mesures, non seulement d'ordre intellectuel, mais aussi d'ordre affectif.

COMMISSION POUR L'ÉTUDE DE L'ENFANT.

Président *H. Wallon.*

La Commission considérant que la connaissance complète de l'enfant est la base indispensable de l'orientation professionnelle a décidé de soumettre à l'assemblée plénière les vœux suivants:

1° Que les Pouvoirs publics et les ministères d'Education publique prennent conscience de la tâche qui leur incombe de promouvoir toutes les recherches qui touchent à la psychophysiologie de l'enfant, aux techniques d'orientation et de sélection.

2° Que les maîtres des divers ordres d'enseignement reçoivent une instruction psycho-pédagogique qui les mette à même de remplir la tâche d'observation continue et de documentation qui sont nécessaires à la connaissance de l'enfant et que cet enseignement ne soit pas purement théorique, mais qu'il consiste essentiellement en exercices pratiques et en stages auprès des laboratoires de l'enfance.

3° Que le régime scolaire soit modifié de telle sorte que le maître puisse connaître et suivre individuellement chacun de ses élèves.

4° Que l'étude de l'enfant dans les écoles soit faite en liaison avec les laboratoires de l'enfance; qu'il soit prévu un personnel de liaison entre les laboratoires de psychologie et l'école (psychologues scolaires ou maîtres spécialisés); que les écoles des divers ordres d'enseignement soient largement ouvertes au personnel du laboratoire pour leurs recherches.

SÉANCE DE CLÔTURE.

La séance de clôture de la VIIIe Conférence internationale de Psychotechnique eut lieu le samedi 15 septembre, à 16 heures, dans le grand amphithéâtre de la Faculté des lettres sous la présidence de M. le professeur Piéron. Au bureau siégeaient, à ses côtés, MM. Šeracký, président du Congrès, Lahy, secrétaire général de l'Association, et le docteur Zimmler. M. Piéron se plut d'abord à signaler le grand succès de la Conférence et de tous les échanges de vues auxquels elle a donné lieu, et demanda que l'on passât ensuite à la lecture des projets de résolution adoptés par les diverses commissions (voir plus haut). Ils furent tous approuvés par acclamation, à l'exception de la résolution de la Section pour l'organisation scientifique du travail (voir p. 835). M. Spielrein (Moscou) fit valoir que cette affaire intéressait exclusivement la Tchécoslovaquie, et n'avait pas à être réglée sous un angle international. M. Piéron expliqua alors que le Comité international s'était borné à accepter le patronage de cette section tchécoslovaque, et que, dans ces conditions, il recommandait d'approuver la résolution, ce qui d'ailleurs eut lieu.

On procèda ensuite à l'élection des nouveaux membres du Comité directeur et au renouvellement des membres sortants. Ont été élus par acclamation: M. Giese pour l'Allemagne, M. Germain pour l'Espagne et M. Gemelli pour l'Italie, ainsi que MM. Myers, Piéron,

Roels, Rubin, Rupp, Spielrein, Viteles (remplaçant Porter), faisant partie du tiers sortant. M. Stern fut maintenu à titre international. M. Hackel fut nommé correspondant officiel pour l'Autriche, M. Zapan pour la Roumanie (cette dernière nomination n'étant que provisoire, en attendant une désignation définitive).

M. Piéron remercia ensuite officiellement le président de la République d'avoir bien voulu accepter le patronage du Congrès, et exprima le souhait de le voir bientôt parfaitement guéri. (Acclamations.) Il exprima aussi sa gratitude particulière au ministre de l'Instruction publique, le Dr Krčmář, au Dr Beneš, ministre des Affaires étrangères, au Dr Czech, ministre des Travaux publics, au Dr Krofta, ministre plénipotentiaire, et au maire de Prague, le Dr Baxa. Le Congrès exprima aussi sa reconnaissance au Comité d'honneur, surtout au Dr Domin, recteur de l'Université Charles IV, au Dr Milbauer, recteur de l'Ecole technique, et enfin au doyen de la Faculté des Lettres, le Dr O. Fischer.

M. Lahy prit ensuite la parole, pour remercier le président de l'Institut Central tchécoslovaque de Psychotechnique, Dr E. Zimmler, et lui remettre, au nom de ses collègues tchécoslovaques, une plaque d'honneur, en reconnaissance et en souvenir de son effort remarquable et de tous les mérites qu'il s'est acquis dans les progrès de la psychotechnique en Tchécoslovaquie. Il le pria d'agréer ce témoignage d'une amitié sincère. Le Dr E. Zimmler remercia alors de l'honneur qu'on voulait bien lui faire.

M. Piéron remercia les représentants de la Chambre de commerce et d'industrie, particulièrement le Dr Fafl, secrétaire général, le Dr Tille, président de l'Union Intellectuelle tchécoslovaque, le Comité féminin, les membres du Comité organisateur, les fonctionnaires de l'Institut tchécoslovaque de psychotechnique, et en général tous ceux qui ont apporté à l'œuvre commune leur collaboration utile et désintéressée. Il donna ensuite la parole au secrétaire général, M. J. M. Lahy. Celui-ci parla de toutes les propositions qu'il avait reçues au sujet du siège du prochain Congrès. De nombreux pays se sont proposés, parmi lesquels on peut citer la Palestine, la Yougoslavie, la Bulgarie, l'Autriche, les Etats-Unis. Il fut décidé que le prochain Congrès se tiendrait à Vienne, pour autant que le permettraient les conditions politiques, et, si celles-ci y faisaient obstacle, à New York. Les Anglais demandèrent que, au cas où le Congrès n'aurait pas lieu aux Etats-Unis, l'honneur de l'abriter fût dévolu à Londres. Quant au programme de la prochaine conférence, on a décidé d'adopter deux thèmes approfondis et de développer les travaux des Commissions. Un rapport général résumera les communications particulières réunies à une date fixée avant la Conférence.

M. Piéron remercia ensuite M. Šeracký, pour tous les efforts qu'il a faits pour assurer la tenue et la réussite du Congrès à Prague, et déclara le Congrès clôturé.

EXCURSIONS
ET RÉCEPTIONS

EXCURSIONS ET RÉCEPTIONS.

10 septembre (lundi). Thé pour les participants du congrès dans les salons de la Maison des médecins (Prague II, place Pierre le Libérateur).

11 septembre (mardi) 9 heures. Ouverture solennelle du congrès dans le grand amphithéâtre de la Faculté des Lettres de l'Université Charles IV (Prague I, Place Smetana).

Midi. Visite du tombeau du soldat inconnu, visite de l'ancien Hôtel de Ville, de l'église du Týn (tombeau de Tychó-Brahé) et de l'hôtel Ungelt (le plus ancien poste de péage d'Europe centrale).

19.30. Représentation de gala au Théâtre National.

12 septembre (mercredi) 9—12 h. Visite en autocar des monuments historiques de la ville de Prague.

14 h. Visite des institutions Masaryk (institutions sociales de la ville de Prague). Visite de l'institut modèle Jedlička pour la guérison et l'éducation des estropiés.

18 h. Thé dans les salons du sanatorium de la ville de Prague.

13 septembre (jeudi) 10—12 heures. Visite de l'Institut Central Psychotechnique à Prague I, Celetná 20.

Visite du laboratoire psychotechnique des Entreprises électriques de la ville de Prague.

13 h. Excursion en autocar au château de Konopiště.

19.30 h. Visite de la Maison Tyrš (foyer central des Sokols) et soirée sportive offerte par les membres du Sokol de Prague.

14 septembre (vendredi) 9.30—12 h. Groupe A: Visite des institutions scientifiques et des bibliothèques, spécialement de la Bibliothèque de l'Université et de la Bibliothèque publique de la ville de Prague. — Groupe B: Visite de l'École modèle à Prague XIV. Visite du Musée d'art appliqué. — Groupe C: Visite de la Galerie moderne, des galeries de tableaux, du musée technologique etc.

20.30 Réception dans les salons de Společenský klub à Prague II.

15 septembre (samedi) 14.30, excursion en autocar à Mělník, visite du château Lobkowicz et des caves, visite des vignes et participation à la fête de la vendange.

16 septembre (dimanche). Excursion de toute la journée au château de Karlův Týn et de Křivoklát et au château de Lány, siège du président de la République.

17—20 septembre. Deux grandes excursions de 4 journées, au choix des congréssistes.

I. Partie occidentale de la Bohême.

17 septembre (lundi). A 8 heures départ de Prague en autocar. Arrivée à Ústí n. Labem. Réception à l'hôtel de ville, visite du Bureau pour l'orientation professionnelle, visite des usines Schicht (de savon et de graisses alimentaires).

18 septembre (mardi). Départ pour Jáchymov. Réception par l'administration des bains. Visite des institutions balnéaires et des sources de radium. Visite des mines de radium et des usines où le radium est extrait du minerai et où l'on exécute des préparations radioactives pour tous les hôpitaux et sanatoria du monde. Départ pour Carlsbad. Visite de la ville avec son geyser, source thermale de renommée mondiale.

19 septembre. Départ pour Marienbad. Visite des sources. Départ pour Horní Bříza. Visite des mines et de l'usine de kaolin. Le soir départ pour Plzeň.

20 septembre. Visite des usines Škoda, la plus grande fabrique tchécoslovaque de machines. (Elle était autrefois la plus grande usine d'armes de l'Autriche-Hongrie.) Visite de la Brasserie Municipale à Plzeň, réception par les membres de l'administration. Soir: rentrée à Prague. Arrivée à 22 heures.

II. Partie orientale.

17 septembre (lundi). A 8 heures départ de Prague en autocar. Arrivée à Dvůr Králové en passant par la station thermale de Poděbrady. Réception par le maire. Visite de la fabrique de textiles Sochor. Après-midi départ pour Moravská Ostrava.

18 septembre (mardi). Départ pour Vítkovice. Réception par la direction des forges de Vítkovice. Visite du laboratoire psychotechnique des établissements et de l'exposition de la technique moderne pour la prévention des accidents. Visite des hauts-fourneaux, aciéries, etc. Visite des institutions sociales. (Département pour le traitement des estropiés, hôpital de l'usine.) Soir: départ pour Zlín. Réception par les directeurs des entreprises Baťa.

19 septembre (mercredi). Visite des établissements Baťa. Matin: écoles Masaryk, hôpital, Musée Baťa. Visite des ateliers, du magasin et du centre de recréation. Après-midi: visite du cimetière forestier, dépôt d'une couronne sur la tombe de Thomas Baťa, fondateur de l'usine. Excursion à l'aérodrome d'Otrokovice, circuit aérien au-dessus de Zlín. Soir: départ pour Brno.

20 septembre (jeudi). Visite de Brno, départ pour Blansko, centre du Karst morave. Visite des grottes et précipices, promenade en bateau sur la rivière souterraine Punkva. Après-midi: départ pour Prague. Arrivée à 21 heures.

———

LISTE DES PERSONNES AYANT ADHÉRÉ
À LA CONFÉRENCE

Alphandéry (Mlle H.), assistante à l'Ecole pratique des Hautes Etudes, Paris

Altrichter (Marie), Fachlehrerin, Auscha

Anfroy (Mlle Juliette), St. Leu-la-Forêt, Seine et Oise

Auderieth (Ing. Rudolf), Generaldirektion der Österreichischen Bundesbahnen, Wien

Azoy (Dr. A.), Barcelone

Bacqueyrisse (Dr. M.), directeur général de la Société des Transports en Commun de la Région Parisienne, Paris

Badonnel (Mlle Dr. A.), assistante à l'Ecole des Hautes Etudes, Paris

Bahnsen (Paul), M. A., Consulting psychologist, Municipal Office for Labour Exchange, Copenhagen

Baley (Dr. Stefan), directeur de l'Institut de psychologie pédagogique, Varsovie

Bálint (Anton), Oberrat, Leiter der psychotechnischen Sektion der ungar. psychologischen Gesellschaft, Budapest

Banissoni (Dr. Ferrucio), professeur à l'Université royale de Rome

Baumgarten-Trammer (Dr. Franziska), Universitätsprofessor, Solothurn-Rosseg

Bena (Dr. Eduard et Mme), aide à la clinique neurologique du prof. Haškovec, médecin de l'Institut central de psychotechnique, Prague.

Berg- und Hüttenwerks-Gesellschaft, Třinec

Berthold (Dr. F.), Deutsche Verkehrswacht, E. V., Berlin

Beuningen van Helsdingen (Dr. Leonhardt H. W.), Leiter des städtischen psychotechnischen Laboratoriums, Rotterdam

Bevington (Miss S. M.), B. Sc., Ph. D., National Institute of Industrial Psychology, London

Bezdíček (Josef), directeur de lycée, Brno

Biegel (Mlle Dr. R. A.), directrice du laboratoire psychotechnique des P.T.T., La Haye

Biegeleisen (Dr. Ing. Bronislav), Cracovie

Blachowski (Dr. Stefan), professeur à l'Institut psychologique de l'Université de Posen

Blumenfeld (Dr. Walter), Professor, Direktor des psychotechnischen Laboratoriums der technischen Hochschule, Dresden

Boda (Dr. Stephan von), Privatdozent der Universität Szeget, Budapest

Böhmová (Mlle Alice), étudiante, Prague

Boltounoff (A. P.), professeur à l'Université de Leningrade

Bonaventura (Dr. Enzo), professeur à l'Université royale de Florence

Bontilla (Dr. George C.), assistant à l'Université de Bucarest

Boucher (Mme P.), Moulin de Longuesse par Vigny, Seine et Oise

Brunswik (Dr. Egon), Privatdozent an der Universität, Wien

Budkiewicz (Dr. J.), Varsovie

Bureau pour l'orientation professionnelle des étudiants, Brno.

Bydžovský (Dr. Bohumil), professeur à l'Université Charles IV, Prague

Canella (Dr. Mario F.), rédacteur de la « Rivista di psicologia normale e patologica », Bologne

Carvalho (Flavio de), São Pao, Brésil

Centrale des bureaux d'orientation professionnelle, Prague
Chmelař (Dr. Vilém), assistant à l'Université de Brno
Charretier (Mlle L.), rue Lacépède, Paris
Christiaens (A. G.), professeur, directeur de l'Office intercommunal d'orientation professionnelle de l'Aglommération bruxelloise, Bruxelles
Cibulka (Ing. Josef), Witkowitzer Bergbau- und Eisenhüttengewerkschaft, Vítkovice
Cibušová (Mme Marie), institutrice, Prague
Cimická (Mlle Helena), étudiante, Prague
Císař (J.), instituteur, Zlín
Claparède (Dr. Edouard et Mme), professeur à l'Université de Genève
Cockerell (Oliver J.), National Institute of Industrial psychology, London
Courthial (Mlle Andrée), Caisse de Compensation, Paris
Cser (Dr. János), Budapest
Czehily (Štěpán), instituteur, directeur du bureau d'orientation professionnelle, Mukačevo
Čermáková (Mme Anna), directrice de l'école primaire supérieure, Prague
Černocký (Dr. Karel), professeur, Moravská Ostrava
Čížek (Vojtěch), professeur, Prague
Dachówna (Dr. H.), Varsovie
Daněk (Dr. Gustav), professeur, Prague
Denk (Petr), instituteur, Zlín
Deutsches Institut für national-sozialistische technische Arbeits-Forschung und Schulung, Düsseldorf
Diez (prof. Dr. Salvatore et Mme), Service des Chemins de fer de l'Etat, Rome
Diezgasca (Mlle Dr. Maria), directrice du Cabinet de psychotechnique, Rome
Dillinger (Dr. Miloslav), professeur, Banská Bystrica
Disman (Miroslav), instituteur, Prague
Dluhoš (Ing. Vlastimil), Société minière et métallurgique, Brno
Doležal (Dr. Jan), vice-directeur de l'Institut central de psychotechnique, Prague
Dosužkov (Dr. Theodor), neurologue, Prague
Drabs (Dr. José), professeur, directeur du laboratoire d'ergologie de l'Institut des Hautes Etudes de Belgique, Bruxelles
Dubský (Vladimír), instituteur, Zlín
Dubus-Delos (Dr.), directeur de l'Ecole supérieure de commerce, Lille
Eliasberg (Dr. Vladimir), Universitätsprofessor, Wien
Ellner (Dr. Johanna), Wien
Erdély (Dr. Michael), diplom. Volkswirt, Budapest
Fanta (Dr. Otto), Professor, Sachverständiger im Schriftfach, Prag
Feuereisen (Dr. W.), Assistent an der II. deutschen internen Klinik, Prag
Feuerstein (Dr. L.), stomatologue, Prague
Ferrari (Dr. Carlo A.), professeur à l'Université de Bologne
Filippini (Dr. Azeglio), inspecteur en chef, Service sanitaire des Chemins de fer de l'Etat, Rome
Fischer (Dr. Otakar), doyen de la Faculté des lettres de l'Université Charles IV, Prague
Freude (Helmtraud), Berufsberaterin, Brünn
Frey (J.), bibliothécaire municipal, Prague

Gan (Dr. Alexander), Wien
Geiringer-Granville (Karel), rédacteur, Prague
Gemelli (Dr. Fr. Agostino), recteur de l'Université catholique Sacré-Cœur, Milan
Germain (Dr. José), directeur de l'Institut national de psychot.·chnique, Madrid
Glos (Dr. Otakar), instituteur, Prague
Grác (A.), instituteur, Zlín
Grawitz (Paul), rue Lacépède, Paris
Gröschl (Karl), Gymnasialdirektor, Kaaden
Hackl (Ing. Karl), Leiter der Arbeitsgemeinschaft für Berufsberatung, Wien
Hájek (Antonín), professeur, Prague
Handrick (Dr. Johannes), Direktor des Dresdener Berufsberatungsamtes, Dresden
Hásková (Mlle Dr. Arnoštka), professeur, Prague
Havlíček (Ing. Josef), professeur, assistant à l'Institut central de psychotechnique, Prague
Hearnshaw (L. S.), M. A., National Institute of Industrial psychology, London
Heinis (Dr. W. A.), directeur de l'Institut d'orientation professionnelle, Genève
Hejman (Jan), professeur, Prague
Hejn (J.), professeur, Dvůr Králové n. L.
Hellerstein (S. G.), professeur à l'Institut de pédagogie de Leningrade
Hersey (Rex B.), Universitätsprofessor, Hauptvertrauungsrat der Hauptverwaltung der deutschen Reichsbahngesellschaft, Berlin
Heybrock (Dr. M. de Valkenburk et Mme), Oosterbeck
Hjelt (Mlle Dr. Ester), Inga St., Finlande
Hlaváč (Dr. Oldřich), stomatologue, Prague
Holá (Mlle Máša), professeur, Prague
Horák (František), étudiant, Prague
Hořejší (Dr. Jan), lecteur à l'Université Charles IV, Prague
Hosiasson (Mlle Dr. Janina), Varsovie
Hoyer (Dr. Karel), professeur, Prague
Hradil (F.), directeur des internats, Zlín
Hradilová (Mme M.), institutrice, Zlín
Hyhlík (Dr. František), professeur, Nové Zámky
Ichheiser (Dr. G.), Wien
Illnerová (Dr. Felicitas), professeur, Prague
Institut de psychotechnique, Valladolid
Ivanov (Dr. Alexander), assistant à l'Institut central de psychotechnique, Prague
Janko (Dr. Josef), professeur à l'Ecole polytechnique tchèque, Prague
Janoušková (Mlle Františka), professeur, assistante au laboratoire de psychotechnique, Pardubice
Jansa (Jaroslav et Mme), instituteur, Úpice
Jindrák (Dr. František), directeur de la Première Société tchèque d'Assurance mutuelle, Prague
Jirsiková (Mlle Hana), professeur, Prague
Julák (Otakar), Professor, Wien
Kacenellenbogen (Mlle A.), rue Lacépède, Paris

Kączkowska (Mlle Mg. J.), Varsovie
Kadlec (František), industriel, Prague
Kafka (Dr. František), médecin-chef à l'Asile provincial des aliénés, Prague
Kalandra (St.), directeur du lycée, Chrudim
Kalmus (Dr. Ernst), Obersanitätsrat, Dozent an der deutschen technischen Hochschule, Prag
Kaltofen (Dr. J.), Reichsarbeitsgemeinschaft für Berufsberatung, Aussig
Kalz (Dr. Friedrich), Prag
Kastner (Ing. J.), Leiter der Berufsberatung, Graz
Katzenstein (Dr. Betti), Hamburg
Kimmel (Ad.), Fachlehrer, Troppau
Klima (Dr. Jiří V.), chargé de cours à l'Université Charles IV, Prague
Kniřová (Olga), institutrice, Prague
Kohoutek (C.), instituteur, Zlín
Kollar (K. Robert), chargé de cours, conseiller ministériel à l'Office de Statistique de l'Etat, Prague
Komínková (Mlle Alexandra), étudiante, Prague
Konvička (Vladimír), instituteur, Zlín
Kopp (Mme Dr. Hélène), Paris
Korejs (Dr. Josef), professeur, Hlučín
Korngold (Mme Dr. Suzanne), assistante à l'Ecole pratique des Hautes Etudes, Paris
Kostelecký (Jilji), professeur, Tišnov
Koubek (Ladislav), instituteur, Prague
Kovář (J.), professeur, Prague
Kowalski (Dr. W.), Institut de psychotechnique de la direction des Chemins de fer polonais, Varsovie
Kožíšková (Mme Božena), directrice de l'école primaire supérieure, Prague
Král (Rudolf), étudiant, Prague
Kratochvíl (Dr. Josef), professeur, Prague
Kraus (Dr. Hans), Sekretär der I. B. K. und Leiter des Berufsberatungsamtes, Wien
Kraus (Dr. L.), avocat, Prague
Kruk (Dr. W. St.), Varsovie
Kubálek (Josef), professeur, Prague
Kuchynka (Dr. Karel), conseiller de section à l'Office de Statistique, Prague
Kühnelová (Mme Marie), directrice de l'école expérimentale, Prague
Lahy (Bernard), Paris
Lahy (J. M.), directeur du laboratoire de psychologie appliquée à l'Ecole pratique des Hautes Etudes, etc., secrétaire général de l'Association internationale de psychotechnique, Paris
Laugier (Dr. Henri), directeur du laboratoire de travail des Chemins de fer de l'Etat, Paris
Lindworski (Dr. Johannes), Universitätsprofessor, Prag
Littloch (Karel), directeur du lycée, Prostějov
Lladó (Mme Dr. Nuri), secrétaire du laboratoire de psychologie du docteur O. Décroly, Bruxelles
Lörsch (Ing. Karel), professeur, Prague
Löwy (Dr. Julius), Universitätsprofessor, Prag

Lubich (Dr. Cordelia), Reichsarbeitsgemeinschaft für Berufsberatung, Troppau

Lubsen (Dr. J.), chef du laboratoire de psychotechnique au Service médical de la municipalité, Amsterdam

Lukl (Dr. Adolf), gynécologue, Prague

Lupinek (František), inspecteur départemental de l'enseignement primaire, Klatovy

Macewicz (Dr. Piotr), Institut d'organisation scientifique, Varsovie

Machač (B.), instituteur, Prague

Mandeliková (Mlle Eva), étudiante, Prague

Mandowska (Mme Dr. Annelise), Hambourg

Mansfeld (Ing. Bedřich), secrétaire général de l'Académie Masaryk du Travail, Prague

Markalous (Dr. Bohumil), écrivain, Prague

Marklová (Mlle Bohuslava), professeur, Banská Bystrica

Marzi (Dr. Alberto), Bureau psychotechnique de la ville de Florence

Massarotti (Dr. Vito), professeur, chef du Service sanitaire de l' Azienda Tranviaria Municipale, Milan

Matoušek (Dr. Otakar), professeur à l'Université, Prague

Mayerhofer (Dr. Georg), Psychotechnisches Zentralinstitut, Prag

Měska (X. Adolf), médecin-chef, Hôpital de Košice, Košice

Miklas (Jan), directeur de l'école primaire supérieure, Prague

Milbauer (Ing. Dr. Jan), recteur de l'Ecole polytechnique tchèque, Prague

Mildner (Ing. Reinhard), Wien

Miles (G. H.), Director, National Institute of Industrial Psychology, London

Mileski (Waclaw), Institut scientifique d'organisation et de gestion, Varsovie

Mitchel (Dr. I. H.), National Institute of Industrial Psychology, London

Mizzi (Dr. Achille), directeur du laboratoire de psychotechnique de l'Azienda Tranviaria Municipale, Milan

Mládek (Dr. Ferdinand), directeur du bureau d'orientation professionnelle, Pardubice

Mls (Dr. Josef), capitaine du service sanitaire, Laboratoire de psychologie de l'Armée, Prague

Moravec (Emanuel), colonel de l'état-major, Prague

Mysliveček (Dr. Zdeněk), professeur à l'Université, Prague

Navrátilová (Mlle Vlasta), étudiante, Prague

Nestor (Dr. J. M. et Mme), directeur du laboratoire de psychologie de l'Université de Bucarest

Neubauer (Dr. Vinzenz), Privatdozent, Leiter des Psychot. Institutes am Steyerisch Arbeits- und Berufsamt, Graz

Neweklufová (Mme Dr. Trude), neurologue, Prague

Novák (Josef), professeur, Prague

Novotný (Dr. J.), lieutenant-colonel, Prostějov

Nykl (Dr. Jaroslav), directeur de l'école expérimentale, Prague

Ogoun (Dr. Josef), professeur, Prague

Ohera (Dr. František), professeur, Znojmo

Palme (Adolf), Berufsberater, Reichenberg

Pařizek (Alois), instituteur, Prague

Patzak (Marie), Lehrerin, Trautenau

Pechhold (Ing. Engelbert), Einsenwerk, Vítkovice

Pechlát (Dr. Augustin), directeur municipal, Prague
Pešek (Bohumil), instituteur, Prague
Piéron (Dr. Henri), professeur à l'Université de Paris
Piéron (Mme H.), Paris
Pilous (V.), professeur, Prague
Píšek (K. F.), professeur de l'école polytechnique tchèque, Prague
Polák (Karel), étudiant, Prague
Ponzo (Dr. Mario), professeur de psychologie à l'Université de Rome
Pospíšil (Jaromír), professeur, Prague
Pregrad (Dr. Zlatko), Berufsberatungsstelle der Handels- und Industrie-
    kammer, Zagreb
Présidence du ministère de l'Hygiène publique, Prague
Prusík (Dr. Bohumil), professeur à l'Université Charles IV, Prague
Přibylová (Věra), institutrice, Prague
Racek (Sáva), professeur, assistant à l'Institut central de psychotechnique,
    Prague
Radous (Ing. Dr. František), géomètre civil, Hradec Králové
Rameš (Dr. Jaroslav), assistant à l'Institut de psychologie de l'Université
    Charles IV, Prague
Raphael (Mrs Winifred Spielman), Superintendent of Personal Section,
    National Institute of Industrial Psychology, London
Režný (Dr. Karel), professeur, Spišská Nová Ves
Rittinger (Aurelius von), Oberinspektor, Leiter des psychologischen La-
    boratoriums des hauptstädtischen Verkehrs A. G., Budapest
Reichs-Arbeits-Gemeinschaft für Berufsberatung, Aussig
Reichsverband für deutsche Jugend, Reichenberg
Rodrigo (Mlle Mercedes), professeur de psychologie à l'Institut de ré-
    éducation, Trabajo Carabanchel, Madrid
Rónová-Brožová (Mme Dr. Rudolfa), secrétaire de l'YWCA, Prague
Rostočilová (Mlle Vlasta), professeur, Prague
Rubín (Dr. Edgar J.), professeur de psychologie expérimentale à l'Uni-
    versité de Copenhague
Rupp (Dr. Hans), Universitätsprofessor, Direktor des psychologischen
    Institutes, Berlin
Samek (Dr. Julius), dermatologue, Prague
Schönfeld (Dr. Willi), Berufsberater, Komotau
Schürer-Waldheim (Ing. Otto), Berufsberater der Bundesanstalt für Er-
    ziehungsbedürftige, Wien
Scola (Dr. Franz), Universitätsassistent, Prag
Sigmund (Ing. Jan), industriel, Lutín
Silberer (Paul), dipl. Ing., Psychotechnisches Institut, Zürich
Simon (Walter), Bezirks-Berufsberater, Geschäftsleiter der Reichsarbeits-
    gemeinschaft für Berufsberatung, Wegstädtl
Simonson (Ernst), Kharkof
Sirkin (Dr. Al.), Kharkof
Siropolko (Dr. Štěpán), professeur, Prague
Skořepa (Milan), directeur de l'école primaire supérieure, Něm. Brod.
Sloniewska (Dr. Helène), Institut de psychotechnique, Varsovie
Smržová (Anna), assistante au Bureau d'orientation professionnelle,
    Prague
Sochor (Ing. Zdeněk), industriel, Dvůr Králové

854

Soukup (Dr. František), médecin-en-chef à l'Asile provincial des aliénés, Prague

Soukup (Dr. Rudolf), professeur, Prague

Spearman (C.), Ph. D., Professor at the University of London

Spielrein (I. N.), Leiter der Psychologischen Abteilung der Kommunistischen Akademie, Moskau

Stavěl (Dr. Josef), directeur du bureau d'orientation professionnelle, Bratislava

Stawska (Mme Dr. Suzanne), Psychologe des städtischen psychotechnischen Institutes, Warschau

Stejskal (Dr. Cyril), professeur, Prague

Strnad (E.), instituteur, Prague

Studenski (S.), Professor der staatlichen Bauschule, Warschau

Suter (Dr. J.), Professor an der Universität, Zürich

Svobodová (Mlle Antonie), étudiante, Prague

Svorčik (Anna), Lehrerin, Braunau

Sýkora (Ing. Artuš), directeur de l'Institut industriel de la Chambre de commerce et d'industrie, Prague

Šeracký (Dr. František et Mme), professeur de psychologie à l'Université Charles IV, directeur de l'Institut Central de psychotechnique, Prague

Šimonová (Ludmila), étudiante, Prague

Šlechta (Ing. Dr. Emauuel), chargé de cours, secrétaire général du Comité tchécoslovaque pour l'organisation scientifique du Travail, Prague

Šlechta (Dr. Karel), neurologue et psychiatre, Prague

Šmelen (Dr. Bedřich), lieutenant-colonel, Hranice

Šolinová (Jiřina), étudiante, Prague

Špaček (Ing. N. Stanislav), conseiller ministériel au ministère des Travaux publics, Prague

Štampach (Dr. J.), professeur, Brno

Šulc (L.), instituteur, Vítkovice

Talacko (Jan), directeur de l'école primaire supérieure, Semice u Přerova

Tardy (Dr. Vladimír), professeur, Prague

Teyrovský (Dr. Vladimír), chargé de cours à l'Université Masaryk, Brno

Theuer (F.), Dipl. mercat., Moravská Ostrava

Thumb (Ing. J. Norbert), Assistent des Psychotechnischen Institutes, Wien

Tichý (Karel), directeur de l'Ecole normale, Hradec Králové

Toulouse (Dr. Edouard), médecin en chef de l'Hôpital psychiatrique Henri Rousselle, directeur de l'Institut de psychiatrie et de prophylaxie mentale de l'Ecole pratique des Hautes Etudes, Paris

Trajer (Josef), instituteur, Lniště

Třiska (Felix), secrétaire de l'Institut central de psychotechnique, Prague

Tumlířová (Ing. Dr. Marie), députée, commissaire au ministère de l'Instruction publique, Prague

Tvrdek (Václav), directeur de l'école primaire supérieure, Přivory

Tureček (Jiří), instituteur, Babice

Úbl (Ludvik), directeur de l'école primaire, Kolinec u Klatov

Ullrich (Dr. Zdeněk), commissaire à l'Office de Statistique, Prague

Union intellectuelle tchécoslovaque, Prague

Uttl (Dr. Václav), stomatologue, Prague

Váňa (Dr. Josef), directeur du Laboratoire de psychotechnique des entreprises électriques de la ville de Prague

Vanoušková (Mme F.), professeur, Pardubice

Vaňura (Alois), directeur de l'école normale, Prague

Vašiček (Ing. Jan), Brno

Velinský (Dr. Stanislav), chargé de cours à l'Université Charles IV, Prague

Velinská-Ondrůjová (Mme Ludmila), professeur, Prague

Venturi (Augusto), commissaire de l'Union provinciale des syndicats industriels, Turin

Verein der deutschen Lehrerinnen, Prague

Veselá (Mlle Dr. Jarmila), chargée de cours à l'Université, Prague

Viteles (Morris S. and Mrs), Assistant Professor of Psychology, University of Philadelphia, Pennsylvania

Vítková (Mme Marie), directrice de l'école primaire supérieure, Prague

Vlček (Josef), instituteur, Uherské Hradiště

Vošahlík (Dr. Alois), professeur à l'école normale, Prague

Výborný (František), instituteur, Smrčná u Jihlavy

Wagner (Bertha), Reichsarbeitsgemeinschaft für Berufsberatung, Aussig

Wallon (Dr. Henri et Mme), professeur à l'Université de Paris, directeur de l'Ecole pratique des Hautes Etudes, Paris

Walther (Dr. Léon), professeur et directeur scientifique de la Section d'orientation professionnelle et de psychologie du travail, Genève

Weinberg (Mlle Dr. Dagmar), chef des travaux, Laboratoire de psychologie appliquée de l'Ecole pratique des Hautes Etudes, Paris

Wienert (Dr. Walther), Leiter der Berufsberatungsstelle an der Universität, Berlin

Wilbushewich (Mose), Scientific Research Laboratory, Haifa-Palestine

Witkowitzer Berg- und Hüttengewerkschaft, Vítkovice

Wojciechowski (Ing. Jan), directeur de l'Institut psychotechnique à l'école du Bâtiment, directeur du Service psychotechnique à la direction des Chemins de fer polonais, Varsovie

Wondrak (Dr. Margarete), Berufsberaterin, Brünn

Xiran (Joaquin), professeur à l'Université de Barcelone

Zadražil (Dr. Jan), instituteur, Semice u Přerova

Zanner (Alfons), professeur, Banská Bystrica

Zapan (Dr. G.), Universitätsprofessor, Bukarest

Zavřel (Dr. Jan), professeur à l'Université Masaryk, Brno

Zbyszewski (K.), Varsovie

Zeisl (Dr. Hans), Wien

Zimmler (Dr. Emil), chef de section, président de l'Office central de psychotechnique, Nymburk

Zinsmeister (Rudolf), instituteur, Prague

Žižka (Ing. Rudolf), directeur général de la ville de Prague

Žmavc (Dr. Ivan), ancien secrétaire général de l'Académie Masaryk du Travail, Prague

TABLE DES MATIÈRES

858

860

862

863